BROCKHAUS ENZYKLOPÄDIE

JAHRBUCH 1996

F.A. BROCKHAUS
Leipzig · Mannheim

Redaktionelle Leitung:
Klaus M. Lange und Mathias Münter-Elfner
Redaktion:
Dipl.-Volksw. Michael Bauer-Emmerichs, Dipl.-Phys. Martin Bergmann,
Martin Fruhstorfer, Heike Krüger,
Heike Pfersdorff M. A., Dr. Petra Seeker, Johannes-Ulrich Wening
Infografiken: Uschi Kostelnik

Die Deutsche Bibliothek – CIP-Einheitsaufnahme

Brockhaus-Enzyklopädie: – 19., völlig neu bearb. Aufl. – Leipzig; Mannheim: Brockhaus.
18. Aufl. u. d. T.: Der große Brockhaus
20., überarb. und aktualisierte Aufl. u. d. T.: Brockhaus – Die Enzyklopädie
ISBN 3-7653-1100-6 Hldr. Goldschnitt
ISBN 3-7653-1200-2 Hldr. Goldschnitt (mit Vorauslexikon)

19., völlig neu bearb. Aufl.
Jahrbuch 1996.
[Red. Leitung: Klaus M. Lange und Mathias Münter-Elfner]. – 1997
ISBN 3-7653-1906-6
NE: Lange, Klaus M. [Red.]

Typographische Konzeption: H. P. Willberg, Eppstein
Satz: Bibliographisches Institut & F. A. Brockhaus AG, Mannheim (PageOne Siemens Nixdorf)
Druck: ColorDruck, Leimen
Papier: 135 g Offsetpapier holzfrei mattgestrichen, chlorfrei, der Papierfabrik Torras Domenech, Spanien
Bindearbeit: Großbuchbinderei Lachenmaier, Reutlingen
Printed in Germany

VORWORT

Erstmals legt die Redaktion das BROCKHAUS-JAHRBUCH in neuer Rechtschreibung vor. Der Leser wird rasch feststellen, dass sich am Erscheinungsbild unserer Schriftsprache nicht viel geändert hat. Geändert hat sich auch nichts daran, dass der Monat Dezember für die JAHRBUCH-Redaktion von wichtigen Ereignissen bestimmt war: den Protesten in Belgrad gegen die Manipulation der serbischen Kommunalwahlen, dem Tauziehen um den israelischen Truppenabzug in Hebron, der politischen Lähmung Russlands durch die Krankheit seines Präsidenten Jelzin, den Demonstrationen in Griechenland und anderen Staaten der EU gegen die von den Regierungen verabschiedeten Sparpakete und den Drang, die Kriterien des Vertrages von Maastricht zu erfüllen.

In Text und Bild fängt das BROCKHAUS-JAHRBUCH 1996 das Weltgeschehen bis zum letzten Tag des Jahres ein. Vorschau, Rückschau, Überblick und Analyse ermöglichen es dem Leser, die Ereignisse selbst einzuordnen und zu beurteilen. Dazu sollen vor allem auch wieder die Essays beitragen, für die erneut namhafte Autoren gewonnen wurden. Erstmals machte die Redaktion die gesellschafts- und sozialpolitischen Veränderungen in Deutschland zu einem Themenschwerpunkt. Sie ließ sich dabei von der Idee leiten, dass es reizvoll sein müsste, einen Gewerkschafter über das Thema ›Globalisierung der Wirtschaft‹ und einen Vertreter der Arbeitgeberverbände über die ›Krise des Sozialstaats‹ schreiben zu lassen. *Walter Riester* von der IG Metall und *Dieter Hundt,* der Präsident der Arbeitgeberverbände, haben es übernommen, ihre Gedanken über *das* Thema niederzulegen, das die jeweilige Gegenseite ›umtreibt‹. Ergänzt werden diese beiden Essays durch einen ›neutralen‹ dritten: *Ernst-Ulrich von Weizsäcker* vom Wuppertal-Institut für Umwelt und Klimaforschung fragt nach dem Stellenwert des Umweltschutzes in wirtschaftlichen Krisenzeiten. Mit einem Thema, das auch in Deutschland einige Brisanz besitzt, aber zugleich den Blick auch in andere Weltregionen lenkt, setzt sich *Udo Steinbach,* der Hamburger Orientalist, auseinander: ›Die Kurden‹ lautet die Überschrift seines Beitrags. Kompetente Autoren beschäftigen sich mit Regionen, die immer wieder für Schlagzeilen sorgen: China *(H. Bork)* und der Nahe Osten *(M. Pott).* ›Braucht Europa einen Fahrplan?‹ fragt provozierend *Rüdiger Pohl.*

Der klare Aufbau des JAHRBUCHS zur BROCKHAUS ENZYKLOPÄDIE lässt dem Leser verschiedene Möglichkeiten des Zugriffs auf den Inhalt. Dem Einleitungsessay von *Hildegard Hamm-Brücher* folgt eine *Chronik* des gesamten Weltgeschehens. Das *Lexikon A–Z* mit seinen rund 600 Stichwörtern berichtet über sämtliche Länder der Erde, erläutert aktuelle Begriffe und Schlagwörter und stellt Menschen des Jahres 1996 vor. Ein *Verzeichnis der Verstorbenen* sowie das *Personenregister* schließen den Band ab. Die zahlreichen Bilder, Grafiken und Karten ergänzen die Dokumentation des abgelaufenen Jahres, das nach Meinung von Hildegard Hamm-Brücher keine überragenden welt- oder nationalpolitischen Ereignisse gebracht hat, aber Tendenzen für Entwicklungen deutlich werden ließ.

Der Verlag dankt allen, die am Entstehen dieses Jahrbuchs beteiligt waren.

Mannheim, im Januar 1997 — F. A. BROCKHAUS

INHALT

Essays und Übersichtsartikel

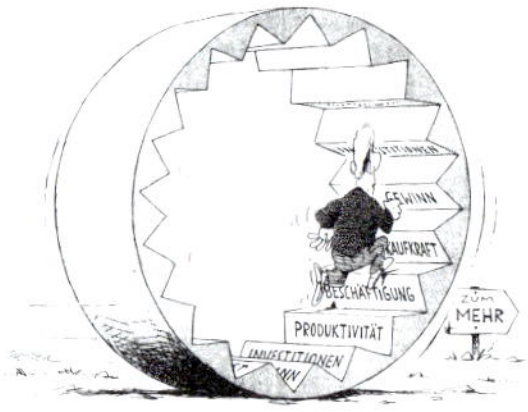

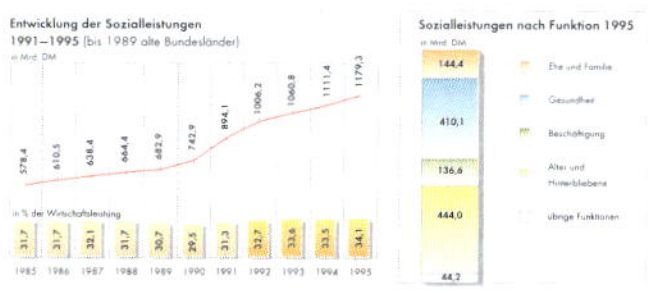

Friedrich Arnold Brockhaus (1772–1784)

Joseph Meyer (1796–1856)

Denis Diderot (1713–1784)

1996 – GEDANKEN ÜBER EIN JAHR

Die Autorin:
Hildegard Hamm-Brücher, geb. 1921. Chemikerin; 1950–66 und 1972–76 MdL in Bayern. 1967–69 Staatssekretärin im hessischen Kultusministerium, 1969–72 Staatssekretärin im Bundesministerium für Bildung und Wissenschaft, 1977–82 Staatsministerin im Auswärtigen Amt

Nun, da das Jahr 1996 zu Ende gegangen ist und es Zeit wird, Bilanz zu ziehen, woran es zu erinnern lohnt, was es uns gebracht, vielleicht auch, was es uns nicht gebracht hat, zögere ich mit einem eindeutigen Resümee: 1996 war zwar kein Jahr überragender welt- oder nationalpolitischer Ereignisse, die Eingang in künftige Geschichtsbücher finden werden, wohl aber war es ein Jahr, in dessen Verlauf sich bemerkenswerte Entwicklungen und Veränderungen angebahnt haben, die bleibende Spuren hinterlassen werden. Nicht zum ersten Mal waren es keine fest datierten Ereignisse, die den Lauf der Welt- und der Nationalgeschichte verändert haben, vielmehr waren es zunächst kaum fassbare, mittelfristig jedoch alarmierende Entwicklungen, für die sich allenfalls eine Jahreszahl festmachen lässt.

So ein Jahr war, wie ich meine, 1996: ohne historische Paukenschläge, wohl aber begleitet von immer deutlicher hörbar werdenden Signalen, die in fast allen Bereichen des politischen, wirtschaftlichen, gesellschaftlichen und im Gefolge auch des persönlichen Lebens signifikante Entwicklungen und grundsätzliche Veränderungen ankündigten und flankierten, etwa so: Bisher ist es uns seit den 1950er-Jahren – trotz mancher Aufs und Abs – immer gut und immer besser gegangen. Das ist nun vorbei! Nicht, dass es – verglichen mit anderen Ländern – rapide abwärts gehen wird, jedoch wird alles anders werden als gewohnt, schwieriger und wohl auch bescheidener.

Von solchen Signalen handelt mein zusammenfassender Rückblick auf das Jahr 1996, ergänzt durch eine kleine Chronik der Ereignisse, die mir wichtig waren und/oder mich in besonderer Weise bewegt haben.

Globalisierung – das Politikum Nr. 1

Das wohl wichtigste und nachhaltigste Signal verkündete in allen wirtschaftlichen – und im Gefolge sozialen, gesellschaftlichen und schließlich politischen – Bereichen die Botschaft von der ›Globalisierung‹. Globalisierung (des wirtschaftlichen Geschehens) – das klang zunächst nach einem neuen Modewort, nach einer Chiffre, die noch ein Jahr vorher, 1995, allenfalls von einigen Experten benutzt und als Folge rasanter wissenschaftlich-technologischer Umbrüche verstanden wurde. Heute, nur ein Jahr später, ist der Begriff zum Politikum Nummer eins geworden und in aller Munde, entweder als geheimnisumwitterte Verheißung oder als Ängste weckender Alarmruf. In jedem Fall wurde 1996 eines gewiss: Die Folgen der Globalisierung tangieren unsere Zukunft und verändern unser aller Leben! Deshalb müssen wir uns damit auseinander setzen.

Das Schicksalhafte und Umfassende dieses Prozesses hat Bundespräsident Roman Herzog am 17. Januar 1996 auf dem Neujahrsempfang der Evangelischen Akademie Tutzing mit wohltuender Nüchternheit am Beispiel eines Autoherstellers beschrieben. Ebenso nüchtern wies der Bundespräsident auf die Folgen hin, die sich aus der weltweiten Vernetzung durch die elektronischen Datennetze ergeben: » (...) Wer mit dieser neuen industriellen Revolution Schritt halten kann, dessen Chancen steigern sich in nie dagewesene Größenordnungen. Wer aber nicht Schritt halten kann, der scheint auf der Strecke zu bleiben. Also eine immer kleinere Zahl von Superstars, die immer mehr vermögen, und eine immer größere Menge von Menschen, die von diesen abhängig sind, weil sie selbst die Abläufe nicht mehr durchschauen, geschweige denn beherrschen, und die in der Folge auch von der gesellschaftlichen Entwicklung abgekoppelt werden können. (...)«

Mit über vier Millionen Arbeitssuchenden erreicht die Erwerbslosenzahl in Deutschland 1996 den höchsten Stand seit Bestehen der Bundesrepublik

Teufelskreise

Die Symptome und Folgen der Globalisierung – von ROMAN HERZOG als ›neue Unübersichtlichkeiten‹ bezeichnet – wurden im Verlauf des Jahres zu einem allgegenwärtigen Politikum. Immer mehr Bürgerinnen und Bürger bekamen sie hautnah, teilweise drastisch zu spüren, sei es beispielsweise beim so genannten ›Sparpaket‹ der Bundesregierung, beim Verlust des Arbeitsplatzes, bei der Erhöhung von Sozialbeiträgen oder bei Kürzungen gewohnter öffentlicher Zuwendungen.

Diese Folgen sind jedoch nur der sichtbare Teil eines Eisberges, dessen wahre Ausmaße noch gar nicht sichtbar und vermessbar sind. In einem erst vor wenigen Wochen erschienenen Buch, das den Titel ›Die Globalisierungsfalle‹ trägt und von seriösen Rezensenten wie ERNST ULRICH VON WEIZSÄCKER als das wichtigste Buch des Jahres bezeichnet wird, beschreiben die Autoren HANS-PETER MARTIN und HARALD SCHUMANN den Teufelskreis, aus dem auszubrechen in nationalen Grenzen der nüchternen Einsicht und im globalen Ausmaß der größten Anstrengungen bedürfen wird.

Für diesen Teufelskreis zeichneten sich 1996 erste Dimensionen ab. Ich nenne erstens unser unter globalen Wettbewerbsbedingungen um technologische Überlegenheit und damit um seine Existenz ringendes Wirtschaftssystem, das sich – selbst bei guter Ertragslage – immer weniger Ar-

beitskräfte ›leisten‹ kann. Demzufolge stagniert die Zahl der derzeit rund 4 Millionen Arbeitslosen bestenfalls auf hohem Niveau, wahrscheinlich wird sie weiterwachsen, auch deshalb, weil neue Produktionsstätten häufig in Billiglohn- und Niedrigsteuerländer verlagert werden.
Anders und ›knallhart‹ ausgedrückt: Produktionssteigerungen und damit Wirtschaftswachstum erfordern heute keine oder kaum noch personelle Expansion, sondern werden durch Rationalisierung, Computerisierung, Personalabbau, Verringerung der Lohnnebenkosten und eben durch die Verlagerung neuer Produktionsstätten in kostengünstigere Regionen erzielt. Nur Firmenneugründungen schaffen neue Arbeitsplätze, aber das ist – wie die 1996 neuerlich steil gestiegene Zahl der Firmenzusammenbrüche beweist (1994: 18 800 – 1995: 22 350 – 1996: rd. 26 000, in zwei Jahren also um fast 50 %) – leichter gesagt als getan.
Zweitens: Wachsende oder stagnierende Arbeitslosigkeit rechnet sich für Staat und Gesellschaft teuer und bedroht die Konsistenz des sozialen Netzes. Und dies nicht nur wegen der steigenden Kosten der Unterstützungsmaßnahmen, sondern auch hinsichtlich der sinkenden Zahl der Beitragszahler für Kranken- und Sozialversicherungen und bei zunehmender Teilzeitarbeit auch durch die Verringerung der zu entrichtenden Beiträge. Beides reduziert die Einnahmen der Sozialkassen und könnte sie auf längere Frist an den Rand des Ruins treiben. So ging 1996 erstmals begründete Angst um, einmal wegen der ständigen Beitragssteigerungen, begleitet von Leistungsminderungen, und zum anderen über die Sicherheit künftiger Renten.
Drittens: Von solchen Kettenreaktionen bekamen wir 1996 so manchen bitteren Vorgeschmack: Da blieb es nicht bei Hiobsbotschaften vom Arbeits- und Beschäftigungsmarkt, es folgten einschneidende Spar- und Kürzungsmaßnahmen in fast allen Bereichen des Gesundheits-, Bildungs- und Kulturwesens, des öffentlichen Dienstes und dringend notwendiger sozialer Fördermaßnahmen, womit die riesigen Haushaltdefizite und die wachsende Schuldenlast eingedämmt werden sollen. Der Schuldenstand der Bundesrepublik belief sich im September 1996 auf rund 2 Billionen DM (2 000 Milliarden!), wofür im Jahr über 137 Milliarden DM Zinsen zu zahlen sind. Das ist der höchste Etatposten aller öffentlichen Haushalte.
So nimmt es nicht wunder, dass es in der zweiten Hälfte des Jahres nicht nur zu tarifpolitischen Turbulenzen und zu zahlreichen Demonstrationen und Streiks, sondern auch zu erheblichen Zerreißproben in der Bonner Koalition über Sparbeschlüsse, Steuerreform und neue ›Milliardenlöcher‹ kam.

Der soziale Frieden wird brüchiger

Angesichts der sich stauenden und kumulierenden Probleme wurde 1996 tatsächlich zu einem Jahr ›neuer Unübersichtlichkeiten‹ und Ungewissheiten, wie wir sie zuvor nicht gekannt haben. Selbst die ersten Anzeichen wirtschaftlicher Erholung im Herbst konnten nicht darüber hinwegtäuschen, dass unsere Finanz-, Steuer-, Wirtschafts- und Sozialpolitik aus dem Tritt geraten ist, die sozialen Spannungen zugenommen haben und die politisch Verantwortlichen spürbar ratloser geworden sind.
Darüber haben sich die Fronten nicht nur zwischen Regierung und Opposition und zwischen den Tarifpartnern, sondern auch zwischen Bürgern

und Politikern verhärtet. Der über Jahrzehnte vorherrschende soziale Friede ist im vereinten Deutschland im Jahr 1996 brüchiger geworden, und es geht – vor allem in den neuen Bundesländern – die Angst vor sozialer Deklassierung um. »Die Angst vor Arbeitslosigkeit ist in den neuen Bundesländern größer als früher vor der Stasi!«, stellte der Ministerpräsident von Sachsen-Anhalt REINHARD HÖPPNER laut Süddeutscher Zeitung vom 19. September fest.

Alle Umfragen des Jahres registrierten erheblich wachsende Anzeichen für Politik(er)- und Parteienverdrossenheit. Das Vertrauen in die Kompetenz und Glaubwürdigkeit der politisch Verantwortlichen hat deutlich abgenommen – und dies wiederum vor allem in den neuen Bundesländern. So gab es am 3. Oktober – sieben Jahre nach der Vereinigung – keine euphorischen, sondern nur sehr ernüchterte Prophezeiungen mit dem Tenor: Zur ›inneren Einheit‹ ist es noch ein weiter Weg.

Die Zukunftsfähigkeit unserer Demokratie

Es geht also – und auch das signalisieren die Entwicklungen des Jahres 1996 – nicht nur um die Auswirkungen der Globalisierung auf unsere wirtschafts- und sozialpolitischen Befindlichkeiten, sondern – angesichts des wachsenden Problemstaus – auch um die Zukunftsfähigkeit unserer Demokratien westlichen Zuschnitts, ja der Weltgesellschaft, die zunehmend durch eine weltumspannende Vernetzung globaler Gefährdungen bedroht ist, wie z. B. durch organisierte Kriminalität, Korruption, Drogenhandel und weltweit gesteuerten Terrorismus.

Es geht um globale Umwelt- und Klimagefährdungen, die vor nationalen Grenzen nicht Halt machen, den kriminellen Missbrauch elektronisch jedermann zugänglicher Informationen und Daten, und es geht als jüngstes und besonders verabscheuungswürdiges Beispiel um den global expandierenden und grassierenden sexuellen Missbrauch von Kindern und Jugendlichen, um Kinderprostitution und -pornographie. Zu Recht wuchsen Empörung und Ängste, lokal und global, noch aber fehlt es an konzertierten Gegenmaßnahmen zur Bekämpfung dieser abscheulichen und abartigen Kriminalität.

Auch diese Abarten der Globalisierung stellen die im nationalen Rahmen politisch Verantwortlichen zunehmend vor schier unlösbare Probleme. Rat- und Tatenlosigkeit breiteten sich 1996 aus, aber es mehrten sich auch warnende Stimmen, dass das Stadium des Nichts- oder des Zu-wenig-Tuns endlich überwunden werden müsse und dass es hierzu neuartiger ›weltinnenpolitischer‹ Konzepte bedürfe. So hat beispielsweise der bekannte amerikanische Soziologe PAUL KENNEDY im Mai 1996 auf einer Konferenz der Herbert-Quant-Stiftung zum Thema ›Globalisierung als Signum des 21. Jahrhunderts‹ die fortgesetzte Tatenlosigkeit der Politik scharf kritisiert und prophezeit, dass ein schwerer ›Backlash‹ gegen den ›Kapitalismus des freien Marktes‹ zu befürchten sei, wenn nicht alsbald Lösungsansätze gefunden würden. Hierfür forderte er eine alsbaldige UNO-Konferenz, die sich mit allen Aspekten der unübersehbaren Folgen der Globalisierung beschäftigen und praktikable Formen für eine »verstärkte Zusammenarbeit nicht nur im Rahmen der EU, sondern in allen Himmelsrichtungen« vereinbaren müsse ...

Blick auf den Bonner Hofgarten: Am 15. Juni mobilisieren die Gewerkschaften 350 000 Menschen, die aus ganz Deutschland anreisen, um mit einer der größten Demonstrationen seit Bestehen der Bundesrepublik gegen die Sparpläne der Bundesregierung zu protestieren

Großereignisse 1996

So viel im Rückblick zum allgegenwärtigen Politikum des Jahres 1996: Globalisierung und ihre Folgen. Es prägte unsere innenpolitische Entwicklungen stärker als manche politischen Großereignisse. Hier möchte ich mich nur auf einige wenige, mir bedeutsam erscheinende beschränken.
Da gab es zum Beispiel wichtige Wahlen: in den USA und in Russland, in Israel und im militärisch, aber noch nicht politisch befriedeten Bosnien. Da gab es Fortschritte, mühsame zwar, aber doch spürbare in den Friedensprozessen im ehemaligen Jugoslawien und in Tschetschenien. Da gab es neue Krisenherde, in Afghanistan zum Beispiel und in den Kurdengebieten der Türkei und des Iraks. Da haben wir schreckliche Flugzeugkatastrophen und Terrorakte erlebt.
In der Negativbilanz des Jahres ist noch zu vermerken, dass es auch 1996 wegen des Widerstands unversöhnlicher ›Hardliner‹ im Lager der Vertriebenenverbände immer noch nicht gelang, die längst überfällige deutsch-tschechische Versöhnungserklärung zu verabschieden, dass Hunger, Nöte und Menschenrechtsverletzungen in aller Welt zunehmen und dass immer

Das Flüchtlingselend in Zentralafrika nimmt kein Ende.
Im November ist ein über 20 km langer Strom ruandischer Flüchtlinge unterwegs, die aus Zaire - im Bild in der Nähe von Goma - in ihre Heimat zurückkehren wollen

noch mehr Frauen und Kinder Opfer kriegerischer Auseinandersetzungen geworden sind.
Die deutsche und die europäische Innenpolitik lahmten vor sich hin, und es erwies sich, dass die Kriterien für eine europäische Währung allenfalls in wenigen Mitgliedsländern und auch dann nur unter Aufbietung mehr oder weniger dubioser Haushaltsmanipulationen erreicht werden können.

Die Auseinandersetzung mit der Vergangenheit

Nicht zuletzt haben mich 1996 einige Themen bewegt, die direkt oder indirekt mit unserer deutschen Vergangenheit, ihrer Aufarbeitung und unserem nationalen Selbstverständnis zu tun haben: Zum ersten Mal wurde der 27. Januar als Gedenktag für alle Opfer der NS-Zeit begangen, und es wurden endlich - nach über 50 Jahren - Urteile des Volksgerichtshofs gegen Widerstandskämpfer aufgehoben.
Vor allem aber gab es leidenschaftliche Auseinandersetzungen über zwei Bücher, die erfreulicherweise vor allem junge Menschen bewegten: Es waren die ›Tagebücher 1933 bis 1945‹ von VICTOR KLEMPERER und das im doppelten Wortsinn ›anstößige‹ Buch von DANIEL JONAH GOLDHAGEN ›Hitlers willige Vollstrecker‹. Beide Bücher standen nicht nur monatelang an der Spitze aller Bestsellerlisten, wichtiger war, dass sie - wiederum vor allem junge Menschen - zum Neu-Bedenken der Zusammenhänge zwischen Schuld, Scham und Verantwortung und zum Neu-Bedenken der Bedeutung des Erinnerns bei der Gestaltung der Gegenwart und der Zukunft anregten. Da ich solche Begegnungen und Diskussionen im Jahr 1996 immer wieder miterlebt habe, bin ich zuversichtlich, dass dies auch in den nächsten Jahren nicht verdrängt und vergessen wird - wie so manche ›Schlussstrich-Apologeten‹ hoffen -, sondern zu einem Bestandteil unseres gemeinsamen historisch-politischen Bewusstseins und damit unserer Identität heranreift.

JANUAR

1. **Deutschland.** Die Gewerkschaften Gartenbau, Land- und Forstwirtschaft und Bau-Steine-Erden schließen sich zur IG BAU (Bauen-Agrar-Umwelt) zusammen.
Deutsche Telekom AG. Wegen eines Fehlers in der Computersoftware kommt es bei der Telekom am ersten Tag des neuen, viel kritisierten Tarifsystems zu einer Panne: In etwa 550 der bundesweit 8 000 Vermittlungsstellen wird der Neujahrstag nicht als Feiertag erkannt; vielen Kunden werden daher die höheren Werktagsgebühren berechnet.

2. **Österreich.** Bundeskanzler FRANZ VRANITZKY besetzt das Finanzressort neu: Nachfolger von ANDREAS STARIBACHER wird der bisherige Verkehrsminister VIKTOR KLIMA.

3. **Polen.** Ein Gericht verurteilt Staatspräsident LECH WAŁĘSA zur Zahlung von 10 Mio. alte Zloty (rund 570 DM) Entschädigung an einen Wähler für ein nicht eingehaltenes Wahlversprechen: Der Mann hatte WAŁĘSAS Wahlslogan im Präsidentschaftswahlkampf 1990 ›100 Mio. Zloty für jeden Polen‹ (durch die Ausgabe von Anteilscheinen der zu privatisierenden staatlichen Industrie) wörtlich genommen und ihn schließlich verklagt, nachdem der Geldsegen ausgeblieben war.
Deutschland. Bundespräsident ROMAN HERZOG erklärt den 27. Januar, den Tag der Befreiung des Konzentrationslagers Auschwitz, zum ›Tag des Gedenkens an die Opfer des Nationalsozialismus‹.

4. **Türkei.** In einem Istanbuler Gefängnis werden bei einer Gefangenenmeuterei drei Menschen getötet; in der Folge kommt es zu weiteren Aufständen in mehreren Gefängnissen des Landes. Sympathisanten verüben aus Protest gegen die Haftbedingungen in der Türkei in Deutschland mehrere Brandbombenanschläge auf türkische Einrichtungen.

5. **Russland.** Der von Kommunisten und Nationalisten als zu prowestlich kritisierte Außenminister KOSYREW tritt zurück.
Japan. TOMIICHI MURAYAMA tritt als Ministerpräsident zurück. Zu seinem Nachfolger wird der Außenhandelsminister und Vorsitzende der Liberaldemokratischen Partei (LDP), RYUTARO HASHIMOTO, nominiert.
Palästinensische Autonomiegebiete. Das von Israel meistgesuchte militante Hamas-Mitglied YAHIA AJASCH kommt bei einer Explosion in Gaza ums Leben. Nach palästinensischen Angaben wurde er vom israelischen Geheimdienst getötet.

6. **USA.** Ein von Präsident CLINTON und der republikanischen Kongressmehrheit ausgehandelter Kompromiss im Haushaltsstreit beendet den mehr als dreiwöchigen (unbezahlten) Zwangsurlaub für 280 000 Bundesangestellte zum 8. Januar.

7. **China.** Die Asienabteilung der Menschenrechtsorganisation Human Rights Watch erhebt, durch eine Fülle von Beweisen untermauerte, schwere Anschuldigungen gegen das Ministerium für zivile Angelegenheiten, Mitglieder des Politbüros und lokale politische Eliten Chinas: Tausende von Kindern sollen in den staatlichen Waisenhäusern des Landes an Hunger und wegen unterlassener medizinischer Hilfeleistung, aber auch an den Folgen von Misshandlung und Folter sterben. Kinder würden von Betreuerinnen ›selektiert‹ und dem Tod preisgegeben. Peking bestreitet die Vorwürfe vehement.
Guatemala. Als Sieger aus den Präsidentschaftswahlen geht ALVARO ARZÚ hervor.

5. Januar. Das militante Hamas-Mitglied Yahia Ajasch wird durch einen Sprengsatz in seinem Mobiltelefon getötet. Am folgenden Tag wird er von zahlreichen Palästinensern in Gaza-Stadt zu Grabe getragen

9. **Russland.** Rund 200 tschetschenische Freischärler unter dem Kommando von SALMAN RADUJEW dringen in die Stadt Kisljar in der Kaukasusrepublik Dagestan ein und nehmen mehr als 3 000 Menschen als Geiseln. Am nächsten Tag ziehen sie nach Gesprächen mit Vertretern der dagestanischen Regierung unter Mitnahme von rund 150 Geiseln in Richtung Tschetschenien ab. An einer Brücke in dem Dorf Perwomajskoje werden sie von russischen Sondertruppen umstellt und verschanzen sich dort mit weiteren Geiseln.
Türkei. Staatspräsident SÜLEYMAN DEMIREL erteilt dem Vorsitzenden der bei den Parlamentswahlen im Dezember 1995 siegreichen islamischen Wohlfahrtspartei, NECMETTIN ERBAKAN, den Auftrag zur Bildung einer Regierung.
Russland. Präsident JELZIN ernennt den Chef des Dienstes für Auslandsaufklärung, JEWGENIJ MAXIMOWITSCH PRIMAKOW, zum neuen Außenminister.
Polen/Deutschland. Der neue Staatspräsident ALEKSANDER KWAŚNIEWSKI trifft bei seinem Antrittsbesuch in Bonn mit Bundeskanzler KOHL und Bundespräsident HERZOG zusammen.

Deutschland. Der frühere Bevollmächtigte der DDR für humanitäre Angelegenheiten, WOLFGANG VOGEL, wird wegen Erpressung und Beihilfe zur Erpressung, Meineids und Falschbeurkundung vom Berliner Landgericht zu einer Freiheitsstrafe von zwei Jahren auf Bewährung und einer Geldstrafe verurteilt.

9. Januar. Wolfgang Vogel und seine Frau Helga betreten den Gerichtssaal im Berliner Landgericht, das Vogel wegen verschiedener Delikte zu einer Freiheits- und Geldstrafe verurteilt

10. **Indonesien.** 17 Indonesier und sieben europäische Wissenschaftler (darunter ein Deutscher), die im Auftrag der Regierung und des World Wide Fund for Nature (WWF) im zentralen Hochland der abgelegenen Provinz Irian Jaya biologische, ökologische und ethnologische Studien durchführen, werden von Papua-Rebellen verschleppt.
Japan. RYUTARO HASHIMOTO, Vorsitzender der Liberaldemokratischen Partei (LDP), wird im Unterhaus zum neuen Ministerpräsidenten gewählt.
Italien. Ministerpräsident LAMBERTO DINI erklärt seinen Rücktritt.

12. **Deutschland.** In Berlin verständigen sich die Führungen von CDU und SPD auf eine Neuauflage der großen Koalition, die seit 1990 die Stadt regiert.
Tschechische Republik/Deutschland. Bundesaußenminister KINKEL empfängt seinen tschechischen Amtskollegen JOSEF ZIELENIEC auf dem Bonner Petersberg zu Gesprächen über die Probleme bei der deutsch-tschechischen Aussöhnung.

14. **Israel/Deutschland.** Staatspräsident ESER WEIZMAN beginnt seinen ersten Staatsbesuch in Deutschland mit einem Gedenken im ehemaligen Konzentrationslager Sachsenhausen, wo er zusammen mit Bundespräsident HERZOG einen Kranz niederlegt.
Portugal. Aus der Präsidentschaftswahl geht der Kandidat der Sozialistischen Partei, JORGE BRANCO DE SAMPAIO, als Sieger hervor.

15. **Russland/Türkei.** Truppen der Armee, des Innenministeriums und Spezialeinheiten des Föderalen Sicherheitsdienstes unter Leitung von MICHAIL BARSUKOW beginnen aus der Luft und zu Lande mit der Vernichtung des dagestanischen Dorfes Perwomajskoje, wo sich seit 10. Januar etwa 200 tschetschenische Rebellen mit rund 150 dagestanischen Geiseln verschanzt haben. – Terroristen unter einem türkischen Anführer tschetschenischer Herkunft kapern im türkischen Schwarzmeerhafen Trabzon die Fähre ›Avrasya‹ mit 191 Menschen – darunter 97 Russen – an Bord. Sie drohen mit der Ermordung der russischen Geiseln, sollte den Freischärlern in Perwomajskoje kein freier Abzug gewährt werden.

16. **Israel/Deutschland.** Staatspräsident WEIZMAN spricht als erstes Staatsoberhaupt seines Landes vor dem Deutschen Bundestag.

17. **Deutschland.** Als Nachfolger von SABINE LEUTHEUSSER-SCHNARRENBERGER (FDP), die im Dezember 1995 zurückgetreten war, übernimmt EDZARD SCHMIDT-JORTZIG (FDP) das Justizressort.

18. **Russland.** Präsident JELZIN erklärt die Militäraktion gegen Perwomajskoje für abgeschlossen. Es gibt widersprüchliche Angaben sowohl von Regierungsseite als auch von Medien und Augenzeugen über den Ablauf der Operation und die Zahl der Opfer. Sicher scheint zu sein, dass Rebellenchef RADUJEW entkommen konnte.
Lübeck. In der Hansestadt kommen bei einem Brand in einem Asylbewerberheim zehn Menschen ums Leben, 38 werden zum Teil schwer verletzt. Obwohl die Brandursache zunächst unklar ist, werden pauschal Rechtsradikale für die Katastrophe verantwortlich gemacht. Es kommt zu Protestkundgebungen und Demonstrationen gegen Fremdenfeindlichkeit. Am 19. Januar – die Ermittler sind inzwischen von einer Brandstiftung innerhalb des Hauses überzeugt – wird ein libanesischer Heimbewohner unter Tatverdacht verhaftet.
Griechenland. KONSTANTINOS SIMITIS wird von den Abgeordneten der Regierungspartei PASOK als Nachfolger des schwer kranken ANDREAS PAPANDREU zum neuen Ministerpräsidenten gewählt.
Deutschland. Der Bundestag stimmt zwei Gesetzentwürfen der Bundesregierung zu, mit denen Abkommen über soziale Sicherheit mit den USA und Israel ergänzt werden sollen. Deutschsprachige Juden aus osteuropäischen Ländern, die seit dem 1. 7. 1990 in das Fremdrentengesetz einbezogen sind, wenn sie in den USA oder Israel leben, sollen damit die Möglichkeit erhalten, freiwillige Beiträge in die Rentenversicherung zu zahlen.

12. Januar. Thema der Gespräche zwischen dem deutschen Außenminister Kinkel und seinem tschechischen Amtskollegen Zieleniec in Bonn ist die Aussöhnung zwischen Deutschland und der Tschechischen Republik

14. Januar. Der israelische Staatspräsident Eser Weizman (2. von rechts) besucht während seiner Deutschlandvisite gemeinsam mit Bundespräsident Roman Herzog (rechts) und Brandenburgs Ministerpräsident Manfred Stolpe das ehemalige KZ Sachsenhausen

19. **Türkei.** Die Entführung der Schwarzmeerfähre ›Avrasya‹ durch acht mit den aufständischen Tschetschenen sympathisierende Geiselnehmer geht nach drei Tagen im Bosporus friedlich zu Ende.

20. **Palästinensische Autonomiegebiete.** Erstmals in ihrer Geschichte wählen die Palästinenser ein legislatives Gremium und einen ›Rais‹, einen Führer. Bei einer Wahlbeteiligung von mehr als 80 % stimmen 88,1 % für JASIR ARAFAT als Vorsitzenden des 88-köpfigen Autonomierats.

23. **Österreich.** Mit der Vorsitzenden der steirischen ÖVP, WALTRAUD KLASNIC, wird erstmals eine Frau in das Amt des Landeshauptmanns gewählt.
Tschechische Republik. Die Regierung in Prag beantragt den Beitritt zur Europäischen Union.
Deutschland. Eine Jury aus Sprachwissenschaftlern und Medienvertretern wählt ›Diätenanpassung‹ zum ›Unwort des Jahres 1995‹, auf Platz 2 kommen ›Altenplage‹ und ›biologischer Abbau‹ (das altersbedingte Freiwerden von Arbeitsplätzen, die nicht wieder besetzt werden).

24. **Polen.** Nachdem die Militärstaatsanwaltschaft des Wehrbezirks Warschau mitgeteilt hat, dass sie Ermittlungen wegen des Verdachts der Zusammenarbeit mit einem ausländischen Geheimdienst gegen Ministerpräsident JÓZEF OLEKSY aufnehmen wird, tritt dieser zurück, beteuert aber seine Unschuld.
USA. Mit seinem Bericht zur Lage der Nation vor dem Repräsentantenhaus eröffnet Präsident CLINTON den Wahlkampf um das Präsidentenamt. Zur Erbitterung der Republikaner besetzt er die politische Mitte, indem er sich ›republikanische Themen‹ wie Verbrechensbekämpfung, Abwehr der illegalen Einwanderung bis hin zu einer sparsamen Haushaltspolitik zu Eigen macht.

25. **Europarat/Russland.** Trotz Bedenken wegen des Kriegs in Tschetschenien und der blutigen Ereignisse in Dagestan stimmt die Parlamentarische Versammlung in Straßburg für die Aufnahme der Russischen Föderation in die älteste zwischenstaatliche Organisation Europas.

26. **Indien/Pakistan.** An der gemeinsamen Grenze in Kaschmir kommt es erneut zu Gefechten, nachdem eine Rakete in eine pakistanische Moschee im Grenzgebiet eingeschlagen war; dabei waren 19 Menschen getötet worden.

27. **Frankreich.** Ungeachtet der weltweiten Proteste nimmt Frankreich unter dem Fangataufa-Atoll den sechsten Atomversuch seit September vor.
USA/Russland. Der Senat in Washington billigt mit großer Mehrheit den START-II-Vertrag mit Moskau über die Verringerung der atomaren Interkontinentalraketen.
Türkei/Griechenland. Nachdem zwei türkische Journalisten auf einer unbewohnten, aber zu Griechenland gehörenden Insel in der Ägäis die türkische Flagge gehisst haben, kommt es zu einer militärischen Konfrontation zwischen den beiden Staaten, die nach amerikanischer Vermittlung jedoch einen Tag später beigelegt wird.

28. **Polen.** Der des Landesverrats verdächtigte scheidende Ministerpräsident OLEKSY wird von seiner Partei, der postkommunistischen Sozialdemo-

20. Januar. Eine Palästinenserin macht in Gaza-Stadt von ihrem Stimmrecht Gebrauch

kratie der Republik Polen (SdRP) zum neuen Vorsitzenden gewählt.

29. **Südafrika.** In Alberton nahe Johannesburg schießen Unbekannte mit Schnellfeuergewehren und Pistolen in eine Menge von Arbeitssuchenden vor einer Fabrik; acht Menschen sterben, mindestens zwanzig werden verletzt.

30. **Deutschland.** Das Bundeskabinett verabschiedet ein 50 Punkte umfassendes ›Aktionsprogramm für Investitionen und Arbeitsplätze‹, das Steuersenkungen, eine Reduzierung des Solidaritätszuschlags auf 5,5% ab dem 1. 7. 1997, den Abbau von Subventionen und eine Neuregelung der Frühverrentung vorsieht.
Frankreich. Staatspräsident CHIRAC kündigt die endgültige Einstellung aller Kernwaffenversuche im Südpazifik an.

31. **Sri Lanka.** Bei dem schwersten Sprengstoffanschlag seit Beginn des 13-jährigen Bürgerkriegs kommen in der Hauptstadt Colombo mehr als 80 Menschen ums Leben, über tausend werden verletzt. Der Anschlag galt dem Gebäude der Zentralbank, in dem sich rund 3000 Menschen befanden.
Deutschland. Der als ›DDR-Devisenbeschaffer‹ bekannt gewordene ALEXANDER SCHALCK-GOLODKOWSKI wird vom Berliner Landgericht wegen illegaler Waffengeschäfte zu einer Freiheitsstrafe von einem Jahr auf Bewährung verurteilt.

FEBRUAR

1. Februar. Der neue NATO-Generalsekretär Solana trifft zu seinem Antrittsbesuch in Bonn ein, wo ihn Bundeskanzler Kohl begrüßt

1. **Russland/Ukraine.** Über eine Million Bergleute in beiden Staaten treten in einen unbefristeten Streik, um die Auszahlung ihrer seit Monaten ausstehenden Löhne zu erzwingen.
NATO/Deutschland. NATO-Generalsekretär JAVIER SOLANA MADARIAGA trifft bei seinem Antrittsbesuch in Bonn Bundeskanzler KOHL zu einem Gespräch v. a. über die Lage in Bosnien und Herzegowina sowie die Ost-Erweiterung des Nordatlantikpakts.

4. **Guatemala.** Der neue Staatspräsident ARZÚ entgeht knapp einem Attentat.

5. **Deutschland.** Nachdem die Gefangenenhilfsorganisation Amnesty International erneut schwere Vorwürfe gegen die deutsche Polizei erhoben hat, veröffentlicht die Innenministerkonferenz der Länder die Studie ›Polizei und Fremdenfeindlichkeit‹, in der es heißt, »dass es sich bei fremdenfeindlichem Verhalten weder um bloße Einzelfälle noch um ein systematisches Verhalten der Polizei handelt«, sondern dass Fehlverhalten im Wesentlichen von Stress, hoher Belastung und schlechten Erfahrungen verursacht würde.

7. **Dominikanische Republik/Deutschland.** Eine Boeing 757 mit 176 Urlaubern – darunter 165 Deutsche – und 13 Besatzungsmitgliedern an Bord stürzt kurz nach dem Abflug von Puerto Plata aus ungeklärter Ursache ins Meer. Es gibt keine Überlebenden. Der Absturz entfacht eine heftige Diskussion um die Sicherheit von Billigcharterflügen.
Bosnien und Herzegowina. Bei schweren Ausschreitungen in Mostar wird EU-Verwalter HANS KOSCHNICK von aufgebrachten Kroaten bedroht, sein gepanzerter Wagen wird beschossen. Der kroatische Polizeichef der Stadt verbietet seinen Polizisten ein Eingreifen zugunsten KOSCHNICKS und seiner Begleiter.
Russland. In der tschetschenischen Hauptstadt Grosnyj protestieren am vierten Tag in Folge mehrere Tausend Menschen gegen die russische Militärpräsenz in der Kaukasusrepublik.
Haiti. RENÉ PRÉVAL tritt sein neues Amt als Staatspräsident an.
Polen. An der Spitze einer Regierung aus Bündnis der demokratischen Linken (SLD) und Bauernpartei (PSL) wird WŁODZIMIERZ CIMOSZEWICZ (SLD) als Ministerpräsident vereidigt.

8. **Deutschland.** Die mit 4,159 Mio. höchste Arbeitslosenzahl seit Bestehen der Bundesrepublik wird von der Bundesanstalt für Arbeit bekannt gegeben. Die Arbeitslosenquote ist damit auf 10,8% gestiegen (im Westen 9,4%, im Osten 16,8%).
USA/Europäische Union. Der für Europa zuständige Abteilungsleiter im amerikanischen Außenministerium und Bosnien-Vermittler RICHARD HOLBROOKE wirft der EU gegenüber der Tageszeitung ›Washington Post‹ vor, weder Willens noch in der Lage zu sein, ihre eigenen Sicherheitsprobleme zu lösen, geschweige denn, eine gemeinsame Außenpolitik zustande zu bringen.

9. **Großbritannien/Nordirlandkonflikt.** Die Explosion eines mit Sprengstoff beladenen Kleinlasters im Londoner Geschäftsviertel tötet zwei Menschen, mehr als hundert werden verletzt; der Sachschaden geht in die Millionen. Die IRA bekennt sich zu dem Anschlag, mit dem sie die seit Ende August 1994 bestehende Waffenruhe beendet.
Russland. Durch eine Explosion bei der seit sechs Tagen andauernden antirussischen Kundgebung vor dem zerstörten Präsidentenpalast in der tschetschenischen Hauptstadt Grosnyj kommen drei Menschen ums Leben. Einen Tag später beenden die Tschetschenen ihre Demonstration.
Deutschland. Der Bundestag beschließt die Reform der Arbeitslosenhilfe. Die Bemessungsgrundlage für die Arbeitslosenhilfe wird künftig jährlich um 3% gekürzt.

7. Februar. Tschetschenische Demonstranten fordern in Grosnyj den Abzug der russischen Truppen. Im Hintergrund Plakate mit den Rebellenführern Dschochar Dudajew (links) und Schamil Basajew

11. **Algerien.** Bei zwei Bombenanschlägen, einer davon ist gegen das Pressehaus gerichtet, kommen in Algier mindestens 17 Menschen ums Leben, mehr als 100 Menschen werden verletzt.

12. **Deutschland.** Über 40 000 Mitglieder der IG Metall demonstrieren in Bonn gegen die Pläne von Bundesarbeitsminister BLÜM, die Frührente abzuschaffen.

13. **Algerien.** Mit einem Generalstreik protestieren die Angestellten zahlreicher Verkehrsbetriebe, Tankstellen und Banken sowie Ämter und Schulen gegen Gehaltskürzungen im öffentlichen Sektor, durch die die Zahlung der Gehälter von mehr als 200 000 Angestellten finanziert werden soll, die seit mehreren Monaten kein Geld mehr erhalten haben.
Deutschland. Gegen die Palästinenserin SOUHAILA ANDRAWES wird wegen der Entführung der Lufthansa-Maschine ›Landshut‹ und der Ermordung des Flugkapitäns im Jahr 1977 Anklage erhoben.

14. **Deutschland.** Die bisherige Regelung zur Frühverrentung wird außer Kraft gesetzt. Ein neues ›Gesetz zur Förderung der Teilzeitarbeit älterer Arbeitnehmer und zur Korrektur der Frühverrentungspraxis‹ mit dem Stichtag 14. Februar soll die Rentenversicherung langfristig in Milliardenhöhe entlasten.
Deutschland. Ein von Bundesamt für Verfassungsschutz und Bundesnachrichtendienst erarbeiteter Bericht weist auf die anhaltende Bedrohung der Sicherheit in der Bundesrepublik durch ausländische extremistische und terroristische Gruppierungen hin. In den vergangenen drei Jahren seien die Gewalttaten ausländischer Extremisten in Deutschland jährlich um etwa 36% gestiegen.

15. **Sea Empress/Großbritannien.** Vor der walisischen Küste läuft der unter liberianischer Flagge fahrende, mit 127 000 Tonnen Rohöl beladene Tanker ›Sea Empress‹ auf felsigen Grund und schlägt leck.
Russland. Bei einem Besuch in seiner Heimatstadt Jekaterinenburg gibt Präsident JELZIN bekannt, dass er nochmals für das Amt des Staatsoberhaupts kandidieren will. Am gleichen Tag nominieren die Kommunisten Parteiführer SJUGANOW als Präsidentschaftskandidat.
Spanien. Der Professor für Rechtsgeschichte, FRANCISCO TOMÁS Y VALIENTE, der auch Mitglied des Staatsrats war, wird von einem ETA-Terroristen erschossen.

16. **Bosnien und Herzegowina.** Die internationale Friedenstruppe (Ifor) hebt rund 40 km westlich von Sarajevo ein islamistisches Terrorkommando aus.
Australien. Als neuer, möglicherweise letzter Generalgouverneur wird der Richter SIR WILLIAM DEANE vereidigt.

11. Februar. Nur wenige Stunden nach einem ersten Bombenanschlag kommt es in Algier zu einer zweiten Bombenexplosion im Haus der unabhängigen Presse

17. **Bosnien und Herzegowina/Italien.** Beim ›Krisengipfel‹ in Rom, an dem neben den Staatspräsidenten Bosnien und Herzegowinas, Kroatiens und Serbiens auch Vertreter der internationalen Kontaktgruppe, der EU-Beauftragte CARL BILDT sowie der amerikanische Vermittler HOLBROOKE teilnehmen, wird nach schwierigen Verhandlungen eine Einigung

17. Februar. Am ›Krisengipfel‹ in Rom nehmen neben den Präsidenten Bosnien und Herzegowinas, Kroatiens und Serbiens Vertreter Italiens, Deutschlands, Frankreichs, Großbritanniens, Russlands und der USA sowie der NATO und der Ifor teil

über den Status von Sarajevo und von Mostar erzielt. Die serbische Seite stimmt außerdem der Festnahme von mutmaßlichen Kriegsverbrechern ohne Ansehen der Person zu.

18. Deutschland. In Eisleben würdigen Vertreter der evangelischen Kirchen aus dem In- und Ausland sowie hochrangige Politiker mit einem Gottesdienst und Gedenkveranstaltungen den Reformator MARTIN LUTHER, der dort vor 450 Jahren gestorben ist.
Großbritannien/Nordirlandkonflikt. Ein Sprengsatz zerreißt am Rande des Londoner Westends einen Doppeldeckerbus; der Attentäter wird dabei getötet, acht Insassen werden verletzt. Der Anschlag wird der IRA zugeschrieben.

19. Deutschland/Russland. Bei einem Besuch von Bundeskanzler KOHL in Moskau wendet sich Präsident JELZIN mit einem Wutausbruch gegen eine Ost-Erweiterung der NATO. Ansonsten zeigt sich JELZIN in der Bewertung internationaler und bilateraler Fragen mit KOHL einig.

20. Japan/Südkorea. Die im Streit um die Inselgruppe Takeshima/Tokto liegenden Staaten kündigen jeweils die Errichtung einer ›exklusiven Wirtschaftszone‹ von 200 Seemeilen um ihre Grenzen zum Japanischen Meer an.
Spanien. Bei der größten Kundgebung in Madrid seit den Demonstrationen gegen den Putschversuch im Februar 1981 protestieren fast eine Million Menschen gegen den Terrorismus der baskischen Separatistenorganisation ETA. An der Spitze der Demonstranten marschieren Ministerpräsident GONZÁLEZ, Oppositionsführer AZNAR, der frühere Ministerpräsident SUÁREZ, die regionalen Regierungschefs, die Gewerkschaftsführer, der Arbeitgeberpräsident sowie zahlreiche Künstler und Intellektuelle.
Katar. Einer offiziellen Mitteilung des Innenministeriums zufolge wurde ein Putsch vereitelt, dessen Urheber der von seinem Sohn gestürzte, im Exil lebende ehemalige Emir Scheich CHALIFA IBN AHMED ATH-THANI sein soll.
Deutschland/Bremer Vulkan Verbund AG. Mehr als 4 000 Beschäftigte der Bremer Vulkan Verbund AG demonstrieren für den Erhalt ihrer Arbeitsplätze und verlangen ein klares Bild der Lage des Konzerns, nachdem dessen Kursnotierung ausgesetzt worden war. Am nächsten Tag stellt der mit insgesamt 23 000 Mitarbeitern größte europäische Werftenkonzern beim Amtsgericht Bremen Antrag auf Eröffnung des gerichtlichen Vergleichsverfahrens.

21. Deutschland/Russland. Bei seinem Besuch in Sankt Petersburg gedenkt Bundeskanzler KOHL auf dem Piskarjowskoje-Friedhof der Opfer der deutschen Belagerung im Zweiten Weltkrieg.
Frankreich. Im ganzen Land beginnen die Gedenkfeiern zum 80. Jahrestag der Schlacht von Verdun, in der 1916 etwa 300 000 französische und deutsche Soldaten ihr Leben ließen.

22. Frankreich. Staatspräsident CHIRAC gibt bekannt, dass die Streitkräfte innerhalb von sechs Jahren von 500 000 auf 350 000 Mann verkleinert werden und dabei den Übergang von einer Wehrpflicht- zu einer Berufsarmee vollziehen sollen.

23. Irak. Nur vier Tage nach ihrer Rückkehr aus dem jordanischen Exil werden die beiden Schwiegersöhne SADDAM HUSAINS ermordet, angeblich von Mitgliedern ihres eigenen Clans, die damit die Familienehre wieder herstellen wollten. Ihre Frauen hatten sich zuvor von ihnen scheiden lassen.
Deutschland. Der Immobilienhändler JÜRGEN SCHNEIDER und seine Frau CLAUDIA SCHNEIDER-GRANZOW landen, aus Miami kommend, auf dem Frankfurter Flughafen und werden sofort festgenommen. SCHNEIDER werden Kreditbetrug und betrügerischer Bankrott vorgeworfen.
katholische Kirche. Papst JOHANNES PAUL II. reformiert die Regeln zur Wahl seines Nachfolgers und legt fest, dass der neue Papst nur mit Zweidrittelmehrheit der Kardinäle im Konklave gewählt werden kann.

24. Kuba. Kampfflugzeuge schießen zwei Privatflugzeuge einer Flüchtlingsorganisation amerikanischer Exilkubaner ab, die angeblich in kubanischen Luftraum eingedrungen seien. Die Insassen eines dritten Flugzeugs, das entkommen kann, bestreiten dies.
Sea Empress. Bergungsmannschaften beginnen mit dem Leerpumpen des leckgeschlagenen Supertankers, dessen Ladung von 123 000 Tonnen Rohöl jedoch

23. Februar. Der Immobilienhändler Jürgen Schneider trifft nach seiner Auslieferung aus den USA in Frankfurt ein bereits zum größten Teil ausgelaufen ist und eine ökologische Katastrophe vor der walisischen Küste ausgelöst hat.

25. **Israel.** Zwei Bombenanschläge von palästinensischen Selbstmördern fordern in Jerusalem, wo ein Stadtbus explodiert, mindestens 25, in der Hafenstadt Aschkalon, wo eine Bombe an einer Bushaltestelle hochgeht, zwei Todesopfer. Dutzende werden verletzt.
Bosnien und Herzegowina/Europäische Union. Der EU-Administrator der herzegowinischen Hauptstadt Mostar, HANS KOSCHNICK, gibt seinen Rücktritt bekannt. Am nächsten Tag präzisiert er, dass er schon im März sein Amt niederlegen will, sollte bis dahin ein Nachfolger gefunden sein.

26. **Israel.** In Jerusalem schleudert ein Autofahrer mit seinem Wagen in eine wartende Menge vor einer Bushaltestelle, wobei er drei Menschen tötet und 20 weitere verletzt. Passanten, die nach den Attentaten vom Tag zuvor an einen Anschlag glauben, erschießen ihn.
Albanien. Vor einem Supermarkt im Zentrum Tiranas explodiert ein mit Sprengstoff gefülltes Auto und setzt das neunstöckige Gebäude in Brand. Mindestens vier Menschen werden getötet, mehr als zwanzig verletzt.
Bremer Vulkan Verbund AG/Deutschland. Die Bundesanstalt für vereinigungsbedingte Sonderaufgaben (BvS) stellt Strafanzeige gegen den früheren Vorstand des Werftenkonzerns unter dem ehemaligen Vorsitzenden FRIEDRICH HENNEMANN wegen vertragswidriger Verwendung von Beihilfen in Höhe von 716 Mio. DM.

27. **Russland/Weißrussland.** Die beiden GUS-Republiken vereinbaren in Moskau eine engere Zusammenarbeit, die letztendlich zu einem Zusammenschluss führen könnte.

28. **Nordirlandkonflikt.** Die Regierungschefs Großbritanniens und Irlands, MAJOR und BRUTON, einigen sich auf den 10. Juni als Termin für die Aufnahme von Gesprächen zwischen allen am Friedensprozess beteiligten Parteien.

29. **Deutschland.** Der Präsident des Bundesnachrichtendienstes, PORZNER, bittet wegen Unstimmigkeiten mit dem Bundeskanzleramt um seine Versetzung in den einstweiligen Ruhestand. Das Vertrauensverhältnis war spätestens seit der Plutonium-Affäre vom Sommer 1994 gestört.
Deutschland. Der Bundestag billigt die heftig umstrittene Reform des Sozialhilferechts, zu deren Kernpunkten die Koppelung der Regelsätze für die Hilfe zum Lebensunterhalt an die Entwicklung der westdeutschen Netto-Arbeitsentgelte für eine Übergangszeit von drei Jahren gehört.
Raumfahrt/Deutschland. Der am 3. 9. 1995 zur Raumstation Mir gestartete Astronaut THOMAS REITER landet mit zwei russischen Kollegen wohlbehalten und pünktlich um 11.42 Uhr MEZ in der kasachischen Steppe.

MÄRZ

1. **ASEAN/Europäische Union.** In der thailändischen Hauptstadt Bangkok beginnt das erste asiatisch-europäische Gipfeltreffen (ASEM), an dem die Staaten der ASEAN, der Europäischen Union sowie China, Japan und Südkorea teilnehmen.

2. **Australien.** Die Parlamentswahlen bringen der konservativen Gruppierung aus Liberal und National Party einen Erdrutschsieg; neuer Ministerpräsident wird JOHN HOWARD.

3. **Israel/Palästinensische Autonomiegebiete.** Der Bombenanschlag eines palästinensischen Selbstmordattentäters auf einen Bus in Jerusalem tötet elf Israelis und sechs rumänische Gastarbeiter.
Spanien. Aus den Parlamentswahlen geht erwartungsgemäß die Volkspartei (PP) von JOSÉ MARÍA AZNAR LÓPEZ als Siegerin hervor und löst die Sozialisten unter FELIPE GONZÁLEZ MÁRQUEZ nach 16 Jahren an der Macht ab.

4. **Israel.** Bei einem Bombenanschlag der palästinensischen Terrororganisation Hamas werden um 16 Uhr Ortszeit im Zentrum von Tel Aviv mindestens zehn Menschen getötet und vierzig weitere verletzt. Israel riegelt daraufhin die Autonomiegebiete im Westjordanland durch einen 2 km breiten Sicherheitsstreifen ab.

3. März. Rettungsmannschaften suchen nach dem Bombenanschlag auf einen Bus im Zentrum Jerusalems nach Opfern

Deutschland. Die niedersächsische Staatskanzlei gibt bekannt, dass sich Ministerpräsident GERHARD SCHRÖDER und seine Frau HILTRUD getrennt haben.

5. Bosnien und Herzegowina/Europäische Union. Auf Antrag der Muslime und Kroaten verlängert die EU ihr Mandat in Mostar, das eigentlich am 23. Juli auslaufen sollte, bis Ende 1996.
Deutschland. Nach einer Entscheidung des Bundesarbeitsgerichts in Kassel verstößt die im Bremer Gleichstellungsgesetz festgelegte Frauenquote gegen Europarecht und ist deshalb nicht anzuwenden.
Litauen/Polen. Zum ersten Mal in ihrer Geschichte erkennen beide Länder wechselseitig ihre gemeinsame Grenze an.

6. Deutschland. Mit 4 270 426 Erwerbslosen im gesamten Bundesgebiet (Arbeitslosenquote: 11,1 %) im Februar meldet die Bundesanstalt für Arbeit einen neuen Nachkriegsrekord.
Österreich. Wirtschaftsminister JOHANNES DITZ teilt mit, dass ab 1. Januar 1997 flächendeckend eine Pkw-Benutzungsgebühr für alle Autobahnen und Schnellstraßen erhoben wird. Für bestimmte Strecken wie die Brennerautobahn muss weiter zusätzlich Maut bezahlt werden. Die Brennermaut war zum 1. Februar erhöht worden.

12. März. Die beiden Frauen Nicola Fleuchaus (links) und Regula Susanna Siegfried nach ihrer zehn Wochen dauernden Entführung in Costa Rica

7. Japan. Drei amerikanische Soldaten werden in Naha auf Okinawa wegen der Entführung und Vergewaltigung eines japanischen Mädchens zu mehrjährigen Haftstrafen verurteilt. Die Tat hatte zu heftigen Protesten der Bevölkerung gegen die Anwesenheit von US-Truppen geführt.

8. China/Taiwan. China beginnt mit einer Serie von Raketentests unmittelbar vor der Küste Taiwans.
Deutschland. Der Sachverständigenrat für Umweltfragen übergibt Bundesumweltministerin ANGELA MERKEL das Umweltgutachten 1996 und empfiehlt darin u. a. die unverzügliche Einführung einer Kohlendioxidsteuer.

11. Südkorea. Der Hochverratsprozess gegen die ehemaligen Präsidenten CHUN DOO HWAN und ROH TAE WOO wegen des Staatsstreichs von 1979 und des Massakers von Kwangju im Mai 1980 beginnt.

12. Österreich. Nachdem am Vortag nach dreimonatigen Verhandlungen die Koalitionsvereinbarungen von SPÖ und ÖVP unterzeichnet worden waren, vereidigt Bundespräsident KLESTIL die neue Regierung unter Bundeskanzler FRANZ VRANITZKY.
Costa Rica. Die nach zehnwöchiger Gefangenschaft im Urwald im Norden Costa Ricas von ihren Entführern freigelassene Deutsche NICOLA FLEUCHAUS und die Schweizerin REGULA SUSANNA SIEGFRIED treffen in San José ein. Die Zahlung eines Lösegeldes in Höhe von 200 000 US-$ durch die Angehörigen wird nicht bestätigt.

13. Deutschland. Bundesfinanzminister THEO WAIGEL verkündet angesichts des zu erwartenden Etatdefizits von 14 Mrd. DM eine Haushaltssperre mit Wirkung vom 15. März.
USA/Kuba. Rund zwei Wochen nach dem Abschuss zweier amerikanischer Sportflugzeuge vor Kuba unterzeichnet Präsident CLINTON in Washington ein Gesetz, das auf eine Blockade weiterer ausländischer Investitionen in Kuba abzielt.
Großbritannien. In der Turnhalle der Grundschule der schottischen Ortschaft Dunblane, 45 km nordöstlich von Glasgow, erschießt ein Amokläufer 16 Schulkinder und eine Lehrerin. Der offenbar psychisch gestörte Täter begeht anschließend Selbstmord.
Ägypten. Im Ferienort Scharm esch-Scheich findet die ›Gipfelkonferenz der Friedensstifter‹ statt, auf der Vertreter von fast 30 Regierungen aus aller Welt ihre Entschlossenheit bekräftigen, politisch motivierte Gewalt und Terror zu bekämpfen und den Nahost-Friedensprozess voranzutreiben.

14. Israel/USA. Präsident BILL CLINTON, der am Vorabend in Tel Aviv empfangen worden war (er hatte sich einem offiziellen Empfang in Jerusalem widersetzt), gibt bekannt, dass die USA Israels Vorgehen gegen islamistische Terroristen mit 100 Mio. US-$ unterstützen wollen.

15. Niederlande/Fokker. Das Landgericht Amsterdam hebt den gerichtlichen Vergleich zur Abwendung eines Konkurses auf und erklärt den Flugzeugbauer Fokker für bankrott. Die Muttergesellschaft Daimler Benz Aerospace (DASA) hatte im Januar sämtliche Finanzhilfen für das Unternehmen eingestellt.
Deutschland/Iran. Generalbundesanwalt KAY NEHM erlässt Haftbefehl gegen den iranischen Geheimdienstminister ALI FALLAHIAN, der beschuldigt wird, Drahtzieher des Anschlags auf das Restaurant ›Mykonos‹ in Berlin gewesen zu sein, bei dem 1992 vier kurdisch-iranische Oppositionelle ermordet worden waren.
UNO. In Genf eröffnet Generalsekretär BOUTROS BOUTROS GHALI die ›Sonderinitiative für Afrika‹, mit der 25 Mrd. US-$ für konkrete Projekte zur Beschleunigung der Entwicklung Afrikas in den nächsten zehn Jahren aufgebracht werden sollen.
Sierra Leone. Die zweite Runde der Präsidentenwahl gewinnt der Kandidat der Volkspartei, der frühere UNO-Diplomat AHMED TEJAN KABBAH.
Russland. Die Duma votiert mit großer Mehrheit für eine Aufhebung des Abkommens über die Auflösung der Sowjetunion vom Dezember 1991.

16. Simbabwe. Nur 31,7 % der Berechtigten geben bei der von der Opposition boykottierten Präsidentschaftswahl ihre Stimme ab; der einzige Kandidat,

19. März. Tausende von Einwohnern Sarajevos freuen sich über die Wiedervereinigung der Stadt

Amtsinhaber ROBERT MUGABE, wird mit 92,7% der Stimmen bestätigt.
Komoren. Aus der zweiten Runde der Präsidentenwahl geht der Kandidat der Nationalunion für die Demokratie auf den Komoren (UNDC), MOHAMED TAKI ABDULKARIM, als Sieger hervor.
Deutschland/Kurden. Nachdem das Verwaltungsgericht Gelsenkirchen eine in Dortmund geplante Kundgebung zum kurdischen Neujahrsfest verboten hat, beteiligen sich mehrere Tausend Kurden (v. a. in Nordrhein-Westfalen) an Autobahnblockaden und Demonstrationen, bei denen es auch zu Gewalttätigkeiten kommt. Dabei werden mehrere Hundert Menschen verletzt.

18. **Benin.** Der ehemalige marxistische Militärdiktator MATHIEU KÉRÉKOU wird zum neuen Präsidenten gewählt.

19. **Bosnien und Herzegowina.** Knapp vier Jahre nach den ersten Schießereien in den Straßen von Sarajevo übernehmen Polizeibeamte der muslimisch-kroatischen Föderation mit Grbavica den letzten von insgesamt fünf bisher serbisch kontrollierten Vororten. Die Hauptstadt ist damit wieder vereint.
GUS. Führende Politiker fast aller Staaten der Gemeinschaft lehnen die von der russischen Duma geforderte Wiederherstellung der Sowjetunion nachdrücklich ab.

20. **USA.** Nach einem überzeugenden Sieg bei den Vorwahlen im Mittleren Westen wird BOB DOLE zum Spitzenkandidaten der Republikanischen Partei für die Präsidentschaftswahl im November nominiert.
Zypern. Der Präsident der ›Türkischen Republik Nordzypern‹, RAUF DENKTASCH, erklärt, dass die 1 500 seit der Invasion 1974 vermissten griechischen Zyprioten damals getötet worden seien. Das Eingeständnis wird in Nikosia als Schock empfunden.

21. **Schweden.** Der sozialdemokratische bisherige Finanzminister GÖRAN PERSSON wird vom Parlament in Stockholm zum neuen Ministerpräsidenten gewählt.
Großbritannien/BSE. Gesundheitsminister STEPHEN DORRELL teilt mit, dass eine Notschlachtung aller 12 Mio. Rinder des Königreichs in Erwägung gezogen wird, sollten Wissenschaftler dies zum Schutz der Verbraucher für notwendig halten. Auslöser war der Bericht eines wissenschaftlichen Beraterausschusses der Regierung, der auf das Auftauchen von mindestens zehn Fällen einer neuen Art des tödlich verlaufenden Creutzfeldt-Jakob-Syndroms in Großbritannien hinweist.

22. **katholische Kirche.** Papst JOHANNES PAUL II. tritt erstmals in einem Fernsehwerbespot auf, in dem er für eine Geschenkschachtel zum Rosenkranzgebet wirbt.

23. **Taiwan.** Eindeutiger Sieger der ersten direkten Präsidentenwahl der Inselrepublik wird der Amtsinhaber LI TENG-HUI mit 54% der Stimmen.

24. März. Ministerpräsidentin Heide Simonis und der CDU-Landesvorsitzende Ottfried Henning stellen sich nach den Wahlen zum schleswig-holsteinischen Landtag einem Interview

24. **Deutschland.** Eindeutige Siegerin bei den Landtagswahlen in Baden-Württemberg, Rheinland-Pfalz und Schleswig-Holstein ist die FDP, die zur allgemeinen Überraschung den (Wieder)Einzug in alle drei Landesparlamente schafft. In Baden-Württemberg wird sie zusammen mit der CDU unter Ministerpräsident TEUFEL eine Koalition eingehen, in Rheinland-Pfalz bleibt sie Regierungspartei in einer Koalition mit der SPD unter Ministerpräsident BECK. In Schleswig-Holstein kann sich die SPD unter Ministerpräsidentin SIMONIS an der Macht behaupten, braucht aber einen Koalitionspartner. Auch Bündnis 90/Die Grünen sind in allen drei Landtagen vertreten. Die Republikaner bleiben im Stuttgarter Landtag. (BILD S. 23)

29. März. Im Mittelpunkt des Sondergipfels der Europäischen Union in Turin, an dem 15 Staats- und Regierungschefs teilnehmen, stehen die Rinderseuche BSE und die Reform der EU

25. **Bosnien und Herzegowina/Europäische Union.** Die Außenminister der EU bestimmen den Spanier RICARDO PÉREZ CASADO als Nachfolger von HANS KOSCHNICK zum neuen EU-Administrator der herzegowinischen Hauptstadt Mostar.
Frankreich/Südpazifik. Zwei Monate nach dem Ende der umstrittenen Atomversuche im Südpazifik unterzeichnet Frankreich in der Hauptstadt von Fidschi, Suva, den Zusatzvertrag zur ›Südpazifischen Atomwaffenfreien Zone‹. Auch die USA und Großbritannien verpflichten sich, in einem 30 Mio. km^2 großen Gebiet im Südpazifik keine Atomwaffen zu lagern oder zu testen.

26. **OSZE/Russland/Tschetschenien.** Die Organisation für Sicherheit und Zusammenarbeit in Europa erklärt in einem Bericht, russische Soldaten seien in Tschetschenien an Raub, Mord, Plünderungen und Brandstiftungen beteiligt. Außerdem wendeten sie unverhältnismäßige Gewalt gegen die Zivilbevölkerung an.
Großbritannien/Polen. Königin ELISABETH II. legt bei ihrem Besuch in Warschau vor dem Sejm ein Bekenntnis zur Westintegration Polens ab.
USA/Grand Canyon. Der Grand Canyon wird durch die Öffnung von vier Schleusen überflutet, um das Bett des Colorado River und die Talsohle des Grand Canyon zu reinigen und damit neuen Lebensraum für Fische und andere Tierarten zu schaffen. Die Überflutung dauert sieben Tage.

27. **Europäische Union/Großbritannien/BSE.** Trotz heftiger Gegenwehr der Regierung in London verhängt die Europäische Kommission wegen der auf der britischen Insel grassierenden Rinderseuche einstimmig ein weltweites Exportverbot für britisches Rindfleisch und Lebendvieh. Das Verbot gilt auch für Lebensmittel, Kosmetika und Arzneimittel, bei deren Herstellung Rindererzeugnisse eingesetzt werden.
Israel. Der jüdische Extremist JIGAL AMIR, der am 4. 11. 1995 Ministerpräsident ITZHAK RABIN ermordet hatte, wird in Tel Aviv zu lebenslanger Freiheitsstrafe verurteilt.

28. **Togo/Deutschland.** Ein deutscher Diplomat wird von togolesischen Soldaten bei einer Straßenkontrolle erschossen, nachdem er die Durchsuchung seines Wagens verweigert hatte.

29. **Europäische Union.** In Turin wird die Regierungskonferenz für eine Reform der EU (›Maastricht II‹) mit einem Sondergipfel der Staats- und Regierungschefs eröffnet.
GUS. Die vier Mitglieder der Gemeinschaft Unabhängiger Staaten Russland, Weißrussland, Kirgisien und Kasachstan unterzeichnen in Moskau einen Vertrag über eine Zollunion und eine engere Abstimmung ihrer Wirtschaftspolitik.
Frankreich. Während einer Polizeiaktion in Roubaix sterben bei einer Schießerei und einem anschließenden Brand fünf Mitglieder einer Verbrecherbande, vier davon Nordafrikaner. Zwei weitere Verbrecher entkommen über die belgische Grenze; einer wird von der belgischen Polizei erschossen, der zweite kann zwei Frauen für mehrere Stunden als Geiseln nehmen, bevor er von der Polizei überwältigt wird.

30. **Bangladesh.** Nach zweijährigem Machtkampf mit der Opposition gibt Premierministerin KHALEDA ZIA ihren Rücktritt bekannt. Die politische Gewalt im Zusammenhang mit dem Machtkampf hatte mehr als 230 Menschenleben gefordert.

31. **Russland.** Präsident JELZIN kündigt im Vorfeld der Präsidentenwahl ein Ende der russischen Militäroperationen in der abtrünnigen Kaukasusrepublik an und bietet den Kämpfern von Präsident DSCHOCHAR DUDAJEW indirekte Verhandlungen an.
Hongkong. Um Mitternacht läuft die Frist der Beantragung eines britischen Passes für die Bewohner der Kronkolonie ab. Allein an diesem Tag werden noch 54 178 Gesuche eingereicht.

APRIL

1. **Europäische Union/Großbritannien/BSE.** Auf einer Dringlichkeitssitzung der EU-Landwirtschaftsminister in Luxemburg teilt Großbritannien mit, es sei bereit, alle Rinder, die älter als 30 Monate sind, vom Markt zu nehmen und während der kommenden fünf Jahre jede Woche 15 000 Rinder zu schlachten, um die weitere Ausbreitung der Rinderseuche BSE zu verhindern. Die EU-Partner sagen finanzielle Hilfen zu.
Bosnien und Herzegowina. HANS KOSCHNICK beendet offiziell seine Tätigkeit als EU-Administrator der herzegowinischen Hauptstadt Mostar.
Frankreich. Die politisch unruhige Mittelmeerinsel Korsika wird von einer Serie von Bombenanschlägen

erschüttert, zu denen sich die separatistische ›Fronte Rebellu‹ bekennt.

2. Weißrussland/Russland. Die Staatspräsidenten LUKASCHENKA und JELZIN unterzeichnen in Moskau einen Vertrag über die vertiefte Integration ihrer beiden Länder in einer ›Gemeinschaft souveräner Republiken‹.

3. USA/Kroatien. Beim Absturz eines amerikanischen Transportflugzeugs nahe Dubrovnik kommen alle 35 Insassen, darunter US-Handelsminister RON BROWN und die Mitglieder einer amerikanischen Wirtschaftsdelegation, ums Leben.

4. USA/Libyen. Zehn Jahre nach der Bombardierung von Tripolis drohen die USA abermals mit einem militärischen Angriff, da Libyen in Tarhunah, südöstlich von Tripolis, eine große Chemiewaffenfabrik baue.

5. Korea. Nach Grenzverletzungen und der Ankündigung des Nordens, die Pufferzone zwischen beiden koreanischen Staaten nicht länger zu respektieren, werden die südkoreanischen und amerikanischen Truppen auf der Halbinsel in erhöhte Alarmbereitschaft versetzt.
Deutschland. Nach dem Lieferstopp eines AIDS-Tests der Firma Abbot, bei dem in mindestens vier Fällen eine bestehende Infektion nicht erkannt wurde, müssen Tausende Bluttests wiederholt werden.
USA/Unabomber. Beamte des Bundeskriminalamts FBI nehmen in einer Blockhütte bei Lincoln (Montana) den 53-jährigen ehemaligen Universitätslehrer THEODORE KACZYNSKI unter dem Verdacht fest, der seit 17 Jahren gesuchte ›Unabomber‹ zu sein. Ihm werden insgesamt 16 Briefbombenanschläge zur Last gelegt, bei denen drei Menschen starben und 23 verletzt wurden.

6. Polen. Rund 80 Mitglieder der rechtsradikalen Splittergruppe ›Polnische Nationale Gemeinschaft – Polnische Nationalpartei‹ marschieren durch Auschwitz, um »gegen polnischen und deutschen Nazismus«, aber auch für die international kritisierte Errichtung eines Einkaufszentrums in der Nähe der Gedenkstätte zu demonstrieren.

8. April. Der Außenminister Makedoniens Ljubomir Frckovski (links) und sein jugoslawischer Amtskollege Milan Milutinović vereinbaren die Aufnahme diplomatischer Beziehungen

8. Sri Lanka. Der bisher nur für den Norden und Osten geltende Ausnahmezustand wird auf das ganze Land ausgeweitet.
Bosnien und Herzegowina. Die bosnischen Serben bringen ihre letzten 16 Kriegsgefangenen, denen sie Kriegsverbrechen vorwerfen, nach Pale und erfüllen damit eine der Vorbedingungen für eine Teilnahme an der Konferenz der Geberländer, die am 12./13. März in Brüssel stattfinden soll.
Makedonien/Jugoslawien. Erstmals schließen eine ehemalige jugoslawische Teilrepublik und Rest-Jugoslawien ein bilaterales Abkommen: Skopje und Belgrad vereinbaren die gegenseitige Anerkennung und die Aufnahme diplomatischer Beziehungen.

9. Polen/Russland. Bei einem Besuch Staatspräsident KWAŚNIEWSKIS in Moskau gelingt es nicht, die Differenzen um eine Ost-Erweiterung der NATO beizulegen. Trotzdem sprechen sich KWAŚNIEWSKI und Präsident JELZIN für eine engere Zusammenarbeit ihrer Länder auf anderen Gebieten aus.
Libanon/Israel. Die schiitische Hisbollah beschießt von Südlibanon aus Ortschaften in Nordisrael; Israel antwortet in den folgenden Tagen mit massiven Luftangriffen.

11. April. Im Zuge der israelischen Luftangriffe wird am 12. April auch die libanesische Stadt Nabatije beschossen

10. **Russland.** Die Duma relativiert ihren Beschluss vom 15. März, der die Aufhebung des Gründungsvertrags der Sowjetunion annullierte, als Äußerung einer politischen Position ohne rechtliche Auswirkungen.
China/Frankreich. Beim Besuch von Ministerpräsident LI PENG in Paris kommt es wegen der Frage der chinesischen Handhabung der Menschenrechte zum Eklat. LI PENG zeigt sich mit dem Entwurf der Tischrede seines Amtskollegen JUPPÉ, in der dieses Thema angesprochen wird, unzufrieden; JUPPÉ will sich der Zensur nicht beugen. Konsequenz: Keiner der beiden Regierungschefs hält die sonst bei solchen Anlässen übliche Tischrede.

11. **Israel/Libanon.** Nach Katjuscha-Angriffen der schiitischen Hisbollah auf nordisraelische Städte antwortet Israel erstmals seit dem Libanonkrieg 1982 im Rahmen der Operation ›Früchte des Zorns‹ mit Luftangriffen auf Ziele in der Hauptstadt Beirut. Die Kämpfe weiten sich in der Folge aus. (BILD S. 25)
Rhein-Ruhr-Flughafen. Bei einem durch Schweißarbeiten ausgelösten Brand auf dem Düsseldorfer Flughafen kommen 16 Menschen ums Leben, mehr als hundert werden verletzt.
Ägypten/Afrika. 49 afrikanische Staaten unterzeichnen in Kairo den Vertrag über eine atomwaffenfreie Zone in Afrika. Damit sind Lagerung, Entwicklung, Erwerb, das Testen oder die Anwendung von Nuklearwaffen sowie die Lagerung von Nuklearabfall verboten.
USA. Beim Absturz ihrer Privatmaschine in der Nähe der Stadt Cheyenne im Bundesstaat Wyoming sterben die siebenjährige JESSICA DUBROFF, ihr Vater und ihr Fluglehrer. Das Kind wollte als jüngste Pilotin die USA überqueren und damit den Rekord eines Achtjährigen brechen.

14. April. Mit einem Wasserwerfer versuchen Polizei und Bundesgrenzschutz im niedersächsischen Dannenberg, Demonstranten gegen Atommülltransporte von den Gleisen zu vertreiben

12. **Polen.** Der Sejm beschließt ein Gesetz, mit dem die Ruhestandsbezüge ehemaliger Staatsoberhäupter geregelt werden. Der frühere Präsident WAŁĘSA hatte die Regierung in dieser Frage unter Zugzwang gesetzt mit der Drohung, seine ehemalige Tätigkeit als Elektriker auf der Danziger Werft wieder aufzunehmen.

19. April. Zu einer Regionalkonferenz treffen sich in Berlin die Regierungschefs der neuen Bundesländer und Berlins (von links nach rechts) Manfred Stolpe, Berndt Seite, Reinhard Höppner, Eberhard Diepgen und Bernhard Vogel

Bosnien und Herzegowina. In Brüssel beginnt die 2. Internationale Geberkonferenz für den Wiederaufbau des kriegszerstörten Landes.
Südkorea. Die regierende ›Partei Neues Korea‹ von Präsident KIM YOUNG SAM verliert bei den Parlamentswahlen zwar ihre absolute Mehrheit, bleibt aber stärkste Fraktion.
Großbritannien. Durch die 34. Nachwahlniederlage in Folge schrumpft die Parlamentsmehrheit der Konservativen Partei von Premierminister MAJOR auf eine Stimme.

13. **Europäische Union.** Die Finanzminister und Notenbankpräsidenten der EU beschließen bei ihrem Treffen in Verona, die Münzen der künftigen europäischen Gemeinschaftswährung ›Cent‹ zu nennen.

14. **katholische Kirche/Tunesien.** Bei seinem ersten Besuch in dem nordafrikanischen Land wendet sich Papst JOHANNES PAUL II. gegen jegliche Form von religiösem Extremismus.
Deutschland. Trotz Demonstrationsverbots protestieren im niedersächsischen Dannenberg rund 2 000 Menschen gegen einen für Anfang Mai angekündigten Atommülltransport in das Zwischenlager Gorleben und besetzen zeitweilig die Bahngleise.

15. **Polen.** Rund 6 000 junge Juden aus 38 Ländern ziehen in einem ›Marsch der Lebenden‹ vom Stammlager Auschwitz zum ehemaligen Vernichtungslager Auschwitz-Birkenau. Sie wollen damit erinnern und mahnen, künftig Ähnliches wie den Holocaust zu verhindern.

16. **Deutschland/Landminen.** Verteidigungsminister RÜHE informiert Außenminister KINKEL in einem Schreiben darüber, dass die Bundeswehr künftig auf Antipersonenminen verzichten wird.

17. **Deutschland/Jugoslawien.** Bonn erkennt Serbien und Montenegro als Bundesrepublik Jugoslawien völkerrechtlich an.
Brasilien. Bei einer Konfrontation zwischen rund 1 500 Landsuchenden und 150 Militärpolizisten auf einer von der ›Bewegung landloser Arbeiter‹ blockierten Straße bei Marabá werden mindestens 19 Menschen, darunter ein Kind, von den Polizisten erschossen.

USA/Japan. Bei ihrem Gipfeltreffen in Tokio vereinbaren Präsident CLINTON und Ministerpräsident HASHIMOTO eine ›Sicherheitsallianz für das 21. Jahrhundert‹.
Indonesien. Auf besonders rüde Weise werden Asyl suchende Timorer von indonesischem Personal der deutschen Botschaft in Jakarta ohne vorhergehende Befragung durch einen Diplomaten indonesischen Sicherheitskräften ausgeliefert, die die Asyl Suchenden noch vor der Botschaft schwer misshandeln. Menschenrechtler kritisieren dieses Verhalten scharf.

18. **Israel/Libanon.** Bei israelischen Luftangriffen werden im UNO-Flüchtlingslager Kana bei Tyrus mehr als 100 Menschen getötet, darunter auch Kinder. Die Hisbollah hatte kurz zuvor von einer Stellung in Reichweite des Flüchtlingslagers eine Katjuscha-Rakete auf Nordisrael abgefeuert.
Ägypten. Bei einem Anschlag fundamentalistischer Terroristen sterben 18 möglicherweise für Israelis gehaltene griechische Touristen in einem Hotel in Kairo. Vier Männer feuern beim Hoteleingang minutenlang mit automatischen Schnellfeuergewehren in die Gruppe.

19. **G 7/Russland.** In Moskau beginnt der ›Atomgipfel‹, auf dem die sieben wichtigsten Industrienationen und Russland zwei Tage lang über Fragen der atomaren Sicherheit beraten.
katholische Kirche/Deutschland. In Trier wird die Heilig-Rock-Wallfahrt von Bischof SPITAL mit einem festlichen Gottesdienst eröffnet. Der Rock Jesu ist bis zum 16. Mai in der Moselstadt zu sehen.
Deutschland. Auf ihrer Regionalkonferenz in Berlin wollen sich die Ministerpräsidenten der neuen Bundesländer und der Regierende Bürgermeister von Berlin u. a. über die ›kommunalen Altschulden‹ verständigen.

20. **Liberia.** Nachdem sich die Bürgerkriegsparteien auf einen Waffenstillstand geeinigt haben, übernehmen vereinbarungsgemäß die Eingreiftruppen der Wirtschaftsgemeinschaft Westafrikanischer Staaten die Kontrolle über die Hauptstadt Monrovia.

21. **Italien.** Die Parlamentswahlen erbringen für das Wahlbündnis der linken Mitte, ›Ulivo‹ (Ölbaum), und für die ›Progressiven‹ der ›Kommunistischen Wiedergründung‹ die absolute Mehrheit. ROMANO PRODI von ›Ulivo‹ wird mit der Regierungsbildung beauftragt.

22. **Polen.** Die Militärstaatsanwaltschaft des Wehrbereichs Warschau stellt die Ermittlungen gegen den früheren Ministerpräsidenten JÓZEF OLEKSY wegen des Vorwurfs der Spionage mangels beweiskräftigen Belastungsmaterials ein.
Deutschland/Bosnien und Herzegowina. 83 deutsche Polizisten brechen zur Teilnahme an der Polizeimission der UNO nach Bosnien auf, in deren Rahmen sie zusammen mit Kollegen aus 34 anderen Ländern die dortige Polizei überwachen sollen.
Russland. Nach russischen Angaben wird der tschetschenische Rebellenführer DSCHOCHAR DUDAJEW in der Ortschaft Gechi-Tschu in der Nähe von Grosnyj bei einem russischen Raketenangriff getötet. Spätere Meldungen der Tschetschenen bestätigen dies.

23. **Ukraine/Europarat.** Bei seiner Rede vor der Parlamentarischen Versammlung des Europarats in Straßburg betont Staatspräsident KUTSCHMA, dass für sein Land ein Unionsvertrag mit Russland nicht infrage kommt.

25. **Russland/China.** Während eines Besuchs in China unterzeichnen der russische Staatspräsident JELZIN und Staatspräsident JIANG ZEMIN in Peking zwölf Abkommen zur Zusammenarbeit in den Bereichen Wirtschaft, Atomenergie und Rohstoffe. Außerdem wollen sie eine auf das 21. Jahrhundert ausgerichtete Partnerschaft entwickeln. Auch lehnt JIANG ZEMIN die Ost-Erweiterung der NATO ab.
Deutschland. Nach langwierigen Verhandlungen sind sich die Bonner Koalitionspartner über ein Sparpaket einig, das v. a. Einsparungen in Höhe von rund 25 Mrd. DM bei den Sozialversicherungen bringen soll. Vorgesehen sind u. a. eine Rentenreform, Kürzungen bei der Lohnfortzahlung und im Gesundheitswesen.

20. April. Westafrikanische ECOMOG-Eingreiftruppen fahren in das umkämpfte Zentrum der liberianischen Hauptstadt Monrovia ein, um die Kontrolle zu übernehmen

26. **Libanon/Israel.** Auf syrischen Druck und durch die Vermittlung von US-Außenminister CHRISTOPHER kommt ein Waffenstillstand zwischen der Hisbollah und Israel zustande. (BILD S. 28)
Deutschland/Reemtsma. Nach der Zahlung von 30 Mio. DM Lösegeld wird der seit dem 25. März gefangen gehaltene Hamburger Großindustrielle JAN PHILIPP REEMTSMA von seinen Entführern freigelassen.

27. **Indien.** Überschattet von Bombenanschlägen und Manipulationen beginnen die Wahlen zum 545-köpfigen Bundesparlament.

28. **Australien.** Beim Amoklauf eines psychisch gestörten Mannes in der historischen Strafkolonie der Hafenstadt Port Arthur (Tasmanien) sterben 32 Menschen verschiedener Nationalität, mehrere

26. April. Der amerikanische Außenminister Warren Christopher (rechts) gibt mit Israels Regierungschef Shimon Peres das Waffenstillstandsabkommen zwischen Israel und den proiranischen Hisbollah bekannt

werden verletzt. Der Mann schießt wahllos auf Gäste von Cafés und eines Hotels, auf in Panik flüchtende Touristen, auf Autos und Ausflugsbusse. Danach verbarrikadiert er sich mit drei Geiseln in einer Pension, die er einen Tag später in Brand setzt; die drei Geiseln verbrennen. Die Polizei kann ihn schließlich überwältigen.
Pakistan. Bei einem Bombenanschlag auf einen voll besetzten Bus in Bhai Pheroo bei Lahore im Bundesstaat Punjab sterben mehr als 50 Menschen.

29. **Deutschland.** Die führenden wirtschaftswissenschaftlichen Forschungsinstitute legen ihr Frühjahrsgutachten vor, in dem sie für 1996 ein Wachstum von höchstens 0,75% prognostizieren.

30. **Israel/USA/Palästinensische Autonomiegebiete.** Beim Besuch des israelischen Ministerpräsidenten PERES in Washington unterzeichnen dieser und Präsident CLINTON ein Abkommen über die Bekämpfung des Terrorismus. Autonomieratschef ARAFAT, der sich ebenfalls in Washington aufhält, versichert in einem Gespräch mit PERES, den Weg zum Frieden weitergehen zu wollen.
Libanon. Mit einem Staatsakt werden in Tyrus die mehr als 100 Opfer des israelischen Artillerieangriffs auf das UNO-Flüchtlingslager Kana am 18. April bestattet. Dabei werden scharfe Vorwürfe gegen Israel erhoben.

MAI

1. **Deutschland.** Bei den traditionellen Maikundgebungen drohen die Gewerkschaften mit hartem Widerstand gegen das Sparpaket der Bundesregierung. Der DGB-Vorsitzende SCHULTE erklärt bei der zentralen Kundgebung in Berlin den Tag der Arbeit zum »Tag des Zornes und Protestes«. Mehrere Hundert Autonome nehmen das wörtlich und liefern sich mit der Polizei heftige Straßenschlachten.
Bremer Vulkan Verbund AG. Der einstmals größte europäische Werftenkonzern bricht endgültig zusammen, da über vier Betriebe das Anschlusskonkursverfahren eröffnet wird.

3. **Ostseegipfel.** In Visby auf Gotland findet das erste Gipfeltreffen der Regierungschefs der neun Ostsee-Anrainerstaaten sowie Norwegens und Islands statt, auf dem die Grundlage für eine eigenständige politische Zusammenarbeit gelegt wird.

4. **Weißrussland.** Der Oberste Sowjet billigt mit großer Mehrheit den Vertrag über die Bildung einer Gemeinschaft mit Russland.

5. **Deutschland.** Die geplante Fusion der Bundesländer Berlin und Brandenburg scheitert in einer Volksabstimmung an den 62,7% Nein-Stimmen in Brandenburg. In Berlin stimmen 53,4% der Wähler für die Fusion.

6. **Russland/Deutschland.** Bei seinem Besuch in Bonn spricht der kommunistische Präsidentschaftskandidat GENNADIJ SJUGANOW mit den Vorsitzenden aller Fraktionen im Bundestag sowie Vertretern der Wirtschaft. Er bemüht sich, westliche Besorgnisse für den Fall seiner Wahl zu verringern.

7. **Kriegsverbrechertribunal.** In Den Haag beginnt der erste Prozess gegen einen mutmaßlichen Kriegsverbrecher aus dem ehemaligen Jugoslawien. Der bosnische Serbe DUŠKO TADIĆ wird des Mordes, der Vergewaltigung und der Folter in mehreren Fällen sowie der Verbrechen gegen die Menschlichkeit beschuldigt.
Russland/Großbritannien. In der größten Spionageaffäre seit Ende des Kalten Kriegs beschuldigt Moskau neun britische Diplomaten der geheimdienstlichen Tätigkeit auf russischem Territorium.
Deutschland. Die Bundesregierung beschließt einen Gesetzentwurf zur Änderung der Rentenversicherung, der die Anhebung der Altersgrenze für Frauen auf 65 Jahre bis Ende 2001 aus dem Sparpaket vorwegnimmt.

8. **Südafrika.** Die verfassunggebende Versammlung in Kapstadt verabschiedet mit großer Mehrheit die neue Verfassung, die als erste in der Geschichte der Kaprepublik aus einem demokratischen Willensbildungsprozess hervorgegangen ist.
Deutschland. Mit starken Polizeikräften wird ein Atommülltransport aus der Wiederaufbereitungsanlage La Hague (Normandie) ins niedersächsische Zwischenlager Gorleben eskortiert. Bei Auseinandersetzungen zwischen Polizisten und Demonstranten gibt es auf beiden Seiten zahlreiche Verletzte.
Deutschland. Zum Abschluss ihres zweitägigen ›Sozialgipfels‹ in Köln rufen Gewerkschaften, Sozial-

5. Mai. Brandenburgs Ministerpräsident Manfred Stolpe (links) und der Regierende Bürgermeister von Berlin, Eberhard Diepgen, nehmen die erste Hochrechnung der Volksabstimmung zur Länderfusion entgegen

verbände und Kirchen gemeinsam zur Verteidigung des Sozialstaats und zum Kampf gegen die dramatisch wachsende soziale Ungleichheit auf.
Italien/Priebke-Prozess. In Rom beginnt vor einem Militärgericht der Prozess gegen den 82-jährigen ehemaligen SS-Offizier ERICH PRIEBKE, der beschuldigt wird, am 24. 3. 1944 in Rom an der Erschießung von 335 italienischen Geiseln mitgewirkt zu haben.

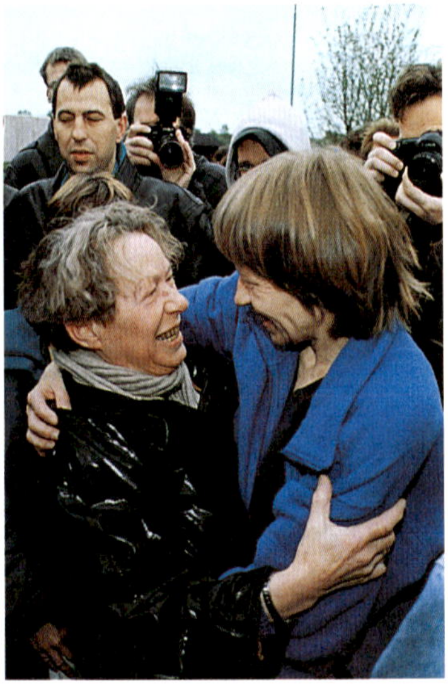

10. Mai. Die ehemalige RAF-Terroristin Hanna Krabbe wird nach ihrer Entlassung aus 21-jähriger Haft von ihrer Mutter begrüßt

9. **Russland.** Mit einer Militärparade im alten sowjetischen Stil feiert die russische Führung auf dem Roten Platz den 51. Jahrestag des Kriegsendes. An der Gegenveranstaltung der Kommunisten nehmen rund 20 000 Menschen teil.
Deutschland. Das Bundesverfassungsgericht bestätigt in vollem Umfang sein Urteil vom 21. 4. 1991, wonach die im Rahmen der Bodenreform vorgenommenen Enteignungen in der ehemaligen Sowjetischen Besatzungszone zwischen 1945 und 1949 unumkehrbar seien.
Deutschland/Transrapid. Der Bundestag billigt mit den Stimmen der Koalitionsmehrheit den Bau der Magnetschwebebahn Transrapid von Hamburg nach Berlin. Die Opposition lehnt das als ›Milliardengrab‹ bezeichnete Projekt ab.

10. **Deutschland.** Bundesinnenminister MANFRED KANTHER stellt die polizeiliche Kriminalstatistik für das Jahr 1995 vor, die dokumentiert, dass die Zahl der erfassten Straftaten gegenüber 1994 um 2% zugenommen hat. Gestiegen ist v. a. die Zahl der Gewalt- und der Drogendelikte.
Deutschland. In Lübeck wird die wegen gemeinschaftlichen Mordes in zwei Fällen und Geiselnahme zu zweimal lebenslanger Haft verurteilte ehemalige RAF-Terroristin HANNA KRABBE auf Bewährung aus der Haft entlassen.

11. **Uganda.** Staatspräsident YOWERI MUSEVINI wird von der Wahlkommission zum Sieger der ersten demokratischen Präsidentenwahl ausgerufen.

12. **Ägypten/Jordanien/Palästinensische Autonomiegebiete.** Auf Einladung Präsident MUBARAKS kommen König HUSAIN und Palästinenserführer ARAFAT in Kairo zu einem Gipfeltreffen zusammen, auf dem sie Israel zur Räumung aller besetzten Gebiete auffordern.
Deutschland/Zigarettenmafia. In einer Hochhauswohnung im Berliner Bezirk Marzahn werden sechs Vietnamesen erschossen aufgefunden. Ein weiteres Opfer wird auf einer Wiese südlich Berlins gefunden. Die Mordserie, der im Laufe des Monats noch mehr Menschen zum Opfer fallen, ist Revierkriegen der ›Zigarettenmafia‹ zuzuschreiben, die die Vietnamesen als Straßenhändler benutzt.
Italien. Unter der Federführung der separatistischen Lega Nord von UMBERTO BOSSI wird in Mantua eine ›Regierung Padaniens‹ für den Norden des Landes gebildet.

14. **Deutschland.** Der 2. Senat des Bundesverfassungsgerichts verkündet drei Urteile, die die Verfassungsmäßigkeit der Neuregelung des Asylrechts von 1993 weitgehend bestätigen.
Liberia/Ghana. Die mehr als einwöchige Irrfahrt eines kaum noch seetüchtigen Schiffes mit mehr als 3 000 liberianischen Flüchtlingen an Bord, von denen viele aufgrund der katastrophalen hygienischen Verhältnisse und des Nahrungsmangels schwer erkrankt sind, geht zu Ende. Am Tag zuvor hatte es den ghanaischen Hafen Takoradi auf Anweisung der Behörden wieder verlassen müssen, da diese einen Massenexodus aus dem bürgerkriegsgeschüttelten Land befürchten. Nun beugt sich Ghana dem internationalen Druck und nimmt die Flüchtlinge auf.

15. **Indonesien.** In der Provinz Irian Jaya befreien Sondereinheiten der Armee neun der seit dem 8. Januar von Kämpfern der ›Bewegung für ein freies Papua‹ (OPM) festgehaltenen Geiseln; zwei werden von den Rebellen getötet. Acht Rebellen kommen ums Leben. Von den ursprünglich 26 Entführten waren 15 (darunter ein Deutscher) nach und nach freigelassen worden.
Deutschland. Bundesinnenminister KANTHER ernennt PETER FRISCH zum neuen Präsidenten des Bundesamtes für Verfassungsschutz. Am gleichen Tag überträgt Kanzleramtsminister BOHL FRISCHS Vorgänger HANSJÖRG GEIGER das Amt des Präsidenten des Bundesnachrichtendienstes.

16. **Deutschland/Jugoslawien.** Bei einem Besuch von Bundesaußenminister KINKEL in Belgrad sagt die serbische Regierung die Rücknahme von rund 120 000 von Deutschland abgelehnten Asylbewerbern, meist ethnische Albaner aus dem Kosovo, zu.
Deutschland/Niederlande. Der Internationale Karlspreis der Stadt Aachen wird Königin BEATRIX »in Würdigung ihres persönlichen Einsatzes für die Überwindung von Gegensätzen und die Stärkung der Gemeinschaft der Völker Europas« verliehen.

17. **USA/Landminen.** Präsident CLINTON kündigt an, dass die USA künftig keine der als besonders gefährlich geltenden ›einfachen‹ Landminen mehr verwenden werden.

17. Mai. Der türkische Ministerpräsident Mesut Yilmaz während der militärischen Begrüßungszeremonie mit Bundeskanzler Kohl

Türkei/Deutschland. Der neue Ministerpräsident MESUT YILMAZ stattet Bonn seinen Antrittsbesuch ab.

18. **Türkei.** Auf Staatspräsident SÜLEYMAN DEMIREL wird in der Industriestadt İzmit ein Pistolenattentat verübt. Durch das rechtzeitige Eingreifen seiner Leibwächter bleibt er unverletzt; der Täter wird noch an Ort und Stelle verhaftet.
Dominikanische Republik. Zwei Tage nach der ersten Runde der Präsidentenwahl wird auf das Parteibüro des siegreichen Kandidaten PEÑA GÓMEZ von der Dominikanischen Revolutionären Partei ein Anschlag verübt, bei dem ein Politiker getötet und ein weiterer verletzt wird.

19. **Ecuador.** Die Präsidentenwahl erbringt für keinen der neun Kandidaten eine ausreichende Mehrheit, sodass eine Stichwahl im Juli erforderlich ist. Gleichzeitig wählen die Stimmbürger auch ein neues Parlament sowie die Bürgermeister in Städten und Gemeinden.

20. **Irak/UNO.** Die Regierung in Bagdad einigt sich mit der UNO auf ein Abkommen, das dem Irak für sechs Monate Erdölexporte im Wert von umgerechnet rund 3 Mrd. DM erlaubt, um damit den Kauf von Hilfsgütern für die Not leidende Bevölkerung zu finanzieren.
Deutschland. Eine Aktionswoche mit Warnstreiks und Demonstrationen im ganzen Bundesgebiet beginnt, mit der die Gewerkschaften gegen das geplante Sparpaket der Bundesregierung Front machen. Betroffen sind zunächst der öffentliche Nahverkehr und die Müllabfuhr.

21. **Südafrika/Deutschland.** Zu seinem ersten Besuch als Staatspräsident trifft NELSON MANDELA in Bonn ein, wo er von Bundespräsident HERZOG mit militärischen Ehren empfangen wird. Am nächsten Tag hält MANDELA eine viel beachtete Rede vor dem Bundestag.
Italien. Der Mafioso GIOVANNI BRUSCA, der u. a. für den Bombenanschlag auf den sizilianischen Richter GIOVANNI FALCONE im Mai 1992 verantwortlich sein soll, wird verhaftet.

22. **Deutschland.** Das Bundeskabinett beschließt die Entwürfe für das Jahressteuergesetz 1997, durch das unter anderem die Vermögensteuer vom 1. 1. 1997 an abgeschafft sowie die bisher geltenden Einheitswerte für Grundvermögen mittels eines neuen Bewertungsverfahrens erhöht werden sollen.
Indien. Einen Tag nach der Detonation einer Autobombe in Neu-Delhi, bei der zwölf Menschen ums Leben kamen, sind bei einem Bombenanschlag auf einen Bus in der Nähe von Mahua (Bundesstaat Rajastan) elf Opfer zu beklagen.

23. **Deutschland/USA.** Bundeskanzler KOHL und Präsident CLINTON unterzeichnen bei ihrem Gipfeltreffen in Milwaukee ein Luftverkehrs-Sicherheitsabkommen und eine Änderung des Luftverkehrsabkommens.
Großbritannien/Europäische Union. London macht erstmals seine Drohung war, wegen des Exportverbots für britische Rinderprodukte EU-Beschlüsse zu torpedieren, und blockiert im Zivilschutzrat drei Vorlagen zur Zusammenarbeit beim Katastrophenschutz.
Algerien/Frankreich. Die islamistische Terrororganisation Bewaffnete Gruppe (GIA) gibt den Tod der sieben von ihr am 27. März aus dem Kloster Tibehirine südwestlich von Algier entführten französischen Trappistenmönche bekannt.

25. **Bulgarien.** Der ehemalige König SIMEON II. wird bei seinem ersten Besuch in der Heimat nach 50 Jahren im Exil von rund 500 000 Menschen in Sofia begeistert empfangen.

26. **Albanien.** Zur Siegerin der von gravierenden Unregelmäßigkeiten bestimmten Parlamentswahlen ruft sich die regierende Demokratische Partei von Präsident BERISHA aus. In den folgenden Tagen kommt es zu Protestkundgebungen, Ausschreitungen und zur Verhaftung von Oppositionellen.

21. Mai. Nelson Mandela hält am 22. Mai, dem zweiten Tag seines Aufenthalts in Deutschland, eine Rede vor dem Bundestag, die mit großem Beifall bedacht wird

27. **Russland.** Nach einem zweistündigen Gespräch im Kreml schließen Präsident JELZIN und der tschetschenische Rebellenführer SELIMCHAN JANDARBIJEW ein Waffenstillstandsabkommen, demzufolge die Kampfhandlungen in Tschetschenien am 1. Juni eingestellt werden sollen. Einen Tag später trifft JELZIN überraschend in Grosnyj ein, wo er den Krieg für beendet erklärt.

29. Mai. Die Direktwahl des israelischen Ministerpräsidenten bringt für Shimon Peres – im Bild bei der Stimmabgabe – eine Niederlage

28. **Deutschland.** An den Gegenstimmen der Arbeitgebervertreter scheitert im Tarifausschuss beim Bundesarbeitsminister der Tarifvertrag über Mindestlöhne auf deutschen Baustellen; das Entsendegesetz, das seit 1. März in Kraft ist und vorschreibt, dass nach Deutschland entsandte Bauarbeiter einen für allgemein verbindlich erklärten Mindestlohn erhalten sollen, läuft damit ins Leere.
Korea. Ein aus dem Norden geflohener Luftwaffenpilot enthüllt in Seoul einen angeblichen Invasionsplan, demzufolge der gesamte Süden nach einem Überfall innerhalb einer Woche von nordkoreanischem Militär besetzt werden soll.
Frankreich. In einer Fernsehansprache teilt Präsident CHIRAC der Nation mit, dass es mit Beginn des Jahres 1997 keine Wehrpflicht mehr geben wird.

29. **Israel.** Unter äußerst strengen Sicherheitsvorkehrungen wählen die 3,9 Mio. Stimmbürger ein neues Parlament und erstmals auch direkt den Ministerpräsidenten.
USA. Im Gefolge der ›Whitewater-Affäre‹, in die auch das Präsidentenehepaar verwickelt ist, werden der Nachfolger CLINTONS als Gouverneur von Arkansas und zwei seiner ehemaligen Geschäftspartner und Freunde wegen Betrugs und Verschwörung von einem Geschworenengericht in Little Rock (Arkansas) schuldig gesprochen.

30. **UNO/GUS.** UNO-Generalsekretär BOUTROS GHALI eröffnet in Genf die Konferenz über Flüchtlinge und Vertriebene innerhalb der Gemeinschaft Unabhängiger Staaten. Seit dem Zerfall der Sowjetunion 1991 verließen mehr als neun Millionen Menschen wegen interner Konflikte und ethnischer Spannungen ihre Heimat.
Ruanda/Tansania. In der tansanischen Hauptstadt Arusha steht zwei Jahre nach dem Massenmord an etwa einer Million Ruander der erste des Völkermordes Angeklagte vor dem Ruanda-Tribunal der UNO.

31. **Israel.** Der bisherige Oppositionsführer BENJAMIN NETANJAHU vom Likud-Block wird zum Sieger der Ministerpräsidentenwahl erklärt. Das Abstimmungsergebnis löst international Besorgnis und bei den arabischen und palästinensischen Nachbarn Misstrauen aus.
Deutschland/Bundeswehr. Beim ersten öffentlichen Gelöbnis von Rekruten der Bundeswehr in Berlin kommt es zu Protestdemonstrationen von Wehrdienstgegnern.
Großbritannien/Nordirlandkonflikt. Aus der Wahl zum Nordirlandforum gehen die radikalen Parteien beider Seiten gestärkt hervor.

JUNI

1. **Ukraine.** Präsident KUTSCHMA teilt mit, dass der Abzug der Atomwaffen aus der Ukraine vertragsgemäß abgeschlossen sei.
Tschechische Republik. Bei den zweitägigen Parlamentswahlen verfehlt die Regierungskoalition von Ministerpräsident KLAUS knapp die absolute Mehrheit.
Deutschland. In Schönebeck bei Magdeburg explodiert ein Waggon eines mit Krebs erregenden Chemikalien beladenen Güterzugs. Vier Waggons brennen aus, dabei wird giftiges Vinylchlorid freigesetzt, mehr als 50 Menschen werden verletzt. Die Feuerwehr kämpft tagelang gegen die giftigen Schwaden. Das Land Sachsen-Anhalt erhebt schwere Vorwürfe gegen die Deutsche Bahn AG wegen unterlassenen Krisenmanagements und mangelhafter Informationspolitik.

2. **Russland.** Der um Mitternacht in Kraft getretene Waffenstillstand in der Kaukasusrepublik wird schon nach wenigen Stunden von beiden Seiten gebrochen.

3. **Habitat II.** In Istanbul eröffnet UNO-Generalsekretär BOUTROS GHALI die Konferenz über menschliche Siedlungen, auf der sich rund 20 000 Teilnehmer mit den Begleiterscheinungen und Folgen der weltweiten Urbanisierung beschäftigen.
NATO. Auf ihrer Tagung in Berlin beschließen die Außenminister der NATO-Staaten eine als historisch bewertete Erneuerung des Bündnisses, die von Frankreich ohne Vorbehalte mitgetragen wird.

4. **BSE/Europäische Union/Großbritannien.** Gegen die Stimmen von Deutschland, Österreich und den Benelux-Ländern wird nach einem Vorschlag der EU-Kommission das Ende März wegen der Rinderseuche verhängte Exportverbot für Gelatine, Rindertalg und Bullensamen aus Großbritannien aufgehoben.
Nigeria. Die Frau des inhaftierten Oppositionsführers und eigentlichen Gewinnners der Präsidentenwahl von 1993, MOSHOOD ABIOLA, wird bei einem Attentat in Lagos tödlich verletzt. KUDIRAT ABIOLA hatte die Kampagne zur Freilassung ihres Mannes angeführt.
Irland/Großbritannien. Staatspräsidentin MARY ROBINSON stattet Königin ELISABETH II. einen Besuch ab, die erste offizielle Visite eines irischen Staatsoberhaupts in Großbritannien.

5. **Deutschland.** Vor dem Landgericht Gießen wird das Wiederaufnahmeverfahren gegen MONIKA WEIMAR (heute MONIKA BÖTTCHER) eröffnet. In einem Aufsehen erregenden Indizienprozess war die des Mordes an ihren Töchtern KAROLA und MELANIE Angeklagte 1986 verurteilt worden, doch hatte es immer wieder Zweifel an ihrer Schuld gegeben.

6. **Deutschland/Frankreich.** Im Anschluss an das 67. deutsch-französische Gipfeltreffen in Dijon stimmen Bundeskanzler KOHL und Staatspräsident CHIRAC bei einem Gespräch in Paris ihr Vorgehen bei anstehenden internationalen Beratungen ab.
Deutschland. Beim Absturz eines Hubschraubers der Bundeswehr im Süden Dortmunds kommen 13 Menschen ums Leben, ein Passagier überlebt schwer verletzt den Sprung aus dem Hubschrauber.
OSZE. Der Italiener GIANCARLO ARAGONA wird als neuer Generalsekretär der Organisation für Sicherheit und Zusammenarbeit in Europa nominiert.
Türkei. Ministerpräsident YILMAZ kommt einem Misstrauensantrag im Parlament zuvor und reicht seinen Rücktritt ein.

7. **Polen.** Die Präsidenten von neun mittel- und osteuropäischen Staaten, darunter auch der deutsche Bundespräsident HERZOG, treffen sich auf dem südpolnischen Schloss Lancut zu Beratungen im Rahmen der Zentraleuropäischen Initiative.
Österreich/Bosnien und Herzegowina. An dem Nein Sarajevos scheitert in der Wiener Hofburg die Paraphierung des Vertrags über Rüstungskontrolle im ehemaligen Jugoslawien, der auf dem Abkommen von Dayton fußt.

15. Juni. Rund 350 000 Menschen unterstützen im Bonner Hofgarten den Protest der deutschen Gewerkschaften gegen die geplanten Sparmaßnahmen der Bundesregierung

9. **Schweiz.** In einer Volksabstimmung lehnen die Schweizer eine Regierungsreform ab, nehmen jedoch eine Verfassungsänderung an, die Leitlinien für die Agrarpolitik festlegt.
Deutschland. Erstmals können in Mecklenburg-Vorpommern Einheimische und Touristen frische Sonntagsbrötchen kaufen. Die Regierung hatte zwei Tage zuvor das Backverbot an Sonn- und Feiertagen für Orte, in denen die ›Bäderregelung‹ gilt, aufgehoben. Das Angebot stößt auf große Resonanz.

10. **Slowenien/Europäische Union.** Die ehemalige jugoslawische Teilrepublik und die EU schließen ein Assoziierungsabkommen (Europavertrag), nachdem Italien seine Vorbehalte und Großbritannien sein durch die BSE-Krise bestimmtes Veto zurückgezogen hat.

11. **Österreich.** Wirtschaftsminister JOHANNES DITZ kündigt seinen Rücktritt zum Ende des Monats und sein Ausscheiden aus der Politik an. Sein Nachfolger wird am 19. Juni JOHANN FARNLEITNER.
Russland. In einem Schacht der Moskauer U-Bahn explodiert eine Bombe und tötet vier Menschen, zwölf werden schwer verletzt.

12. **Deutschland.** Im Stuttgarter Landtag kommt es zu einem Eklat, als ERWIN TEUFEL (CDU) durch Abweichler in der eigenen Partei bei der Abstimmung nicht genügend Stimmen erhält, um im Amt des Ministerpräsidenten bestätigt zu werden. Erst im zweiten Wahlgang kann er die entsprechende Anzahl auf sich ziehen.
Großbritannien/Nordirlandkonflikt. Nach zwei Tagen erbitterten Widerstands durch die drei Unionisten-Delegationen kann der katholische amerikanische Senator irischer Abstammung GEORGE MITCHELL seinen Platz als Vorsitzender der Nordirlandkommission einnehmen.

13. **Deutschland/Tarifpolitik.** Die Vertreter der Arbeitgeber und der Arbeitnehmer im öffentlichen Dienst stimmen in der Schlichtungskommission der Empfehlung zu, die Einkommen um 1,3 % zu erhöhen.
China/Deutschland. Die chinesische Regierung schließt das Pekinger Büro der FDP-nahen Friedrich-Naumann-Stiftung wegen der Veranstaltung eines Tibet-Forums in Bonn. Ein Entschließungsantrag von Bündnis 90/Die Grünen und SPD im Bundestag, der die Bundesregierung zur Unterstützung des Tibet-Forums auffordert, wird knapp abgelehnt.

14. **Libanon.** Bei der Explosion einer Bombe werden in der von Israel beanspruchten Sicherheitszone vier Kinder getötet, ein weiteres wird verletzt. Der Sprengsatz war für eine Streife der mit Israel kooperierenden Südlibanesischen Armee (SLA) gedacht.
Deutschland. Die Abgeordnetendiäten werden nicht wie vorgesehen zum 1. Juli erhöht, da ein vom Bundestag am 13. Juni beschlossenes Gesetz, wonach die Anpassungsstufen jeweils um ein Jahr verschoben werden sollen, ohne Einspruch den Bundesrat passiert.
Habitat II. Am vorletzten Tag der UNO-Konferenz über städtische Entwicklung hält der kubanische Staatschef FIDEL CASTRO eine mit viel Beifall bedachte Rede, in der er die »Konsumländer« als eine Beleidigung für die vier Fünftel hungriger und mittelloser Erdenbürger apostrophiert.
Deutschland. 350 000 Arbeitnehmer aus allen Teilen der Bundesrepublik protestieren in Bonn gegen das Sparpaket der Bundesregierung.
Deutschland. Der als ›Dagobert‹ bekannt gewordene Kaufhauserpresser ARNO FUNKE wird in einem zweiten Urteil des Berliner Landgerichts zu neun Jahren Freiheitsentzug verurteilt. Das erste (vom Bundesgerichtshof aufgehobene) Urteil hatte auf sieben Jahre und neun Monate gelautet.

15. Juni. Ein Bombenanschlag im Zentrum von Manchester überschattet die Fußball-Europameisterschaft in Großbritannien

15. **Großbritannien.** Einen Tag vor der Austragung eines Spiels der Fußballeuropameisterschaft im dortigen Stadion explodiert in Manchester eine der IRA zugeschriebene Bombe und verletzt 207 Menschen.
Deutschland/China. Bei dem von Peking heftig kritisierten internationalen Tibet-Forum der Friedrich-Naumann-Stiftung in Bonn ruft der Dalai-Lama die chinesische Regierung zu ernsthaften Verhandlungen über die Zukunft seines Landes auf.

16. **Russland.** Aus der ersten Runde der Präsidentenwahl geht bei einer Wahlbeteiligung von rund 70 % Amtsinhaber BORIS JELZIN vor dem kommunistischen Kandidaten GENNADIJ SJUGANOW und dem ehemaligen General ALEKSANDR LEBED knapp als Sieger hervor.

17. **Großbritannien/Deutschland.** Auf Einladung der Bundesregierung besucht der Führer der oppositionellen Labour Party, TONY BLAIR, Bonn, wo er mit Bundespräsident HERZOG und Bundeskanzler KOHL zusammentrifft.
Deutschland. Eine Gruppe um die Ostberliner Bürgerrechtlerin BÄRBEL BOHLEY gründet zusammen mit Bundeskanzler KOHL und Oppositionsführer SCHARPING das ›Bürgerbüro‹, das jenen helfen soll, »die durch Willkürakte der DDR fortdauernd geschädigt sind«.

18. **Russland.** ALEXANDER LEBED wird von Präsident JELZIN zum Sicherheitsberater und zum Sekretär des Sicherheitsrats ernannt; LEBEDS Intimfeind, Verteidigungsminister GRATSCHOW, tritt zurück. Zwei Tage später entlässt JELZIN seinen obersten Leibwächter KORSCHAKOW, den Leiter des Geheimdienstes, BARSUKOW, und den stellvertretenden Ministerpräsidenten SOSKOWJEZ. Alle gelten als ›Hardliner‹.
Deutschland. Nach heftigen Protesten v. a. der Frauenverbände zieht die Bundesregierung die vorgesehene Anhebung des Rentenalters bei Frauen von 1997 an weitgehend zurück.

20. **UNO/Deutschland.** In Bonn wird in Anwesenheit von Generalsekretär BOUTROS GHALI ein ›UNO-Haus‹ eingeweiht, in dem das Freiwilligenprogramm (UNV), das Sekretariat der Klimarahmenkonvention sowie ein Informationszentrum (UNIC) angesiedelt werden.
Bremer Vulkan Verbund AG. Nach Durchsuchungsaktionen der Polizei wird der ehemalige Vorstandsvorsitzende der zusammengebrochenen Werftengruppe, FRIEDRICH HENNEMANN, verhaftet, da sich der Verdacht einer strafbaren Handlung erhärtet habe.
Deutschland. Die Häuser in der Hamburger Hafenstraße, die 15 Jahre lang Polizei und Politik beschäftigten, werden für rund 2 Mio. DM an die Genossenschaft ›Alternativen am Elbufer‹ verkauft.

21. **Europäische Union/Großbritannien/BSE.** Am ersten Tag des EU-Gipfels in Florenz legen London und die europäischen Partner ihren Streit um ein Ausfuhrverbot britischer Rindererzeugnisse mit einem Kompromiss bei, der eine schrittweise Lockerung des Verbots vorsieht.
Deutschland. Der Bundestag beschließt die Aufhebung des Nachtback- und des Sonntagsverkaufsverbots für Brot und Brötchen sowie eine Libera-

16. Juni. Journalisten und Mitglieder der Wahlkommission verfolgen in Moskau die Hochrechnungen der Wahlergebnisse

lisierung der Ladenöffnungszeiten. Ab 1. November dürfen Geschäfte an Werktagen zwischen 6 Uhr und 20 Uhr geöffnet werden.
katholische Kirche/Deutschland. Papst JOHANNES PAUL II. trifft zu einem dreitägigen Besuch im ›Land der Reformation‹ ein. Am 23. Juni spricht er in Berlin zwei Opfer des NS-Regimes, BERNHARD LICHTENBERG und KARL LEISNER, selig. Zur Weiterentwicklung der Ökumene kommen von dem Papstbesuch keine nennenswerten Impulse.

23. **Ägypten/Arabische Liga.** Die Staats- und Regierungschefs der arabischen Länder – mit Ausnahme des irakischen Diktators SADDAM HUSAIN, der nicht eingeladen war – fordern Israel bei ihrem Gipfeltreffen in Kairo zu weiteren Verhandlungen nach der Formel ›Land für Frieden‹ auf.
China/Deutschland. Wegen einer für Peking unliebsamen Tibet-Resolution des Bundestags verschiebt die chinesische Regierung den geplanten Besuch Außenminister KINKELS auf unbestimmte Zeit.

24. **Portugal.** Die Regierung erteilt 40 000 bisher illegal im Land lebenden Ausländern, meist aus den ehemaligen afrikanischen Kolonien Portugals, Aufenthalts- und Arbeitserlaubnisse.

25. **Rumänien/Deutschland.** Staatspräsident ILIESCU besucht Bonn, wo er den Wunsch seines Landes nach einem Beitritt zur EU und NATO bekräftigt.
Russland. Präsident JELZIN setzt sieben dem zurückgetretenen Verteidigungsminister GRATSCHOW nahe stehende Generäle ab. Außerdem macht er seinen neuen Sicherheitsberater LEBED zum Leiter der Kommission für Personalfragen des Militärs.
China/Spanien. Staatspräsident JIANG ZEMIN trifft bei seinem Besuch in Madrid auch mit König JUAN CARLOS zusammen.
Saudi-Arabien/USA. Eine Autobombe, die vor einem Unterkunftsgebäude der amerikanischen Luftwaffe in Dahran explodiert, tötet mindestens 19 Amerikaner und verletzt über 400 zum Teil schwer. Als Täter verdächtigt werden islamische Extremisten.

26. **Deutschland.** Der frühere SPD-Politiker KARL WIENAND wird vom 4. Strafsenat des Oberlandesgerichts Düsseldorf wegen geheimdienstlicher Agententätigkeit für die DDR zu zweieinhalb Jahren Freiheitsstrafe verurteilt. Zugleich muss er rund 1 Mio. DM angeblich empfangenen Agentenlohns an die Staatskasse zahlen.

25. Juni. Eine Autobombe zerstört ein Unterkunftsgebäude auf dem amerikanischen Luftwaffenstützpunkt in Dahran

27. Juni. Frankreichs Präsident Chirac begrüßt während des G-7-Gipfels den russischen Ministerpräsidenten Tschernomyrdin vor dem Kongresspalast in Lyon

27. **G 7.** In Lyon beginnt der Wirtschaftsgipfel der sieben führenden Industrienationen, der sich v. a. mit den Themen Terror, Rauschgifthandel, organisierte Kriminalität, aber auch mit der Beschäftigungskrise befasst.
Deutschland. Der 1. Senat des Bundesverfassungsgerichts veröffentlicht einen Beschluss, aus dem hervorgeht, dass in der neueren Rentengesetzgebung Frauen, die neben der Kindererziehung beitragspflichtig berufstätig waren oder freiwillig Beiträge zur Rentenversicherung geleistet hatten, bei der Berechnung der Renten benachteiligt wurden. Diese Ungleichbehandlung soll bis zum 30. 6. 1998 abgeschafft werden.
Deutschland. Einen Tag vor der geplanten Verabschiedung des ›Sparpakets‹ protestieren im ganzen Bundesgebiet mehr als 100 000 Menschen in Betriebsversammlungen und öffentlichen Kundgebungen gegen das Sparprogramm.

28. **Ukraine.** Das Parlament verabschiedet mit großer Mehrheit eine Verfassung, die ein Präsidialsystem, ein Einkammerparlament und die Autonomie für die Krim vorsieht.

29. **Türkei.** NECMETTIN ERBAKAN wird Regierungschef einer Koalition seiner islamistischen Wohlfahrtspartei und der Partei des Rechten Weges (DYP).
Island. Der ehemalige Finanzminister ÓLAFUR RAGNAR GRÍMSSON wird zum neuen Staatspräsidenten gewählt.

30. **Bosnien und Herzegowina.** Nach einem Ultimatum und der Drohung mit internationalen Sanktionen gegen die bosnischen Serben übergibt der als Kriegsverbrecher angeklagte ›Präsident‹ KARADŽIĆ die Amtsgeschäfte an seine Vizepräsidentin BILJANA PLAVŠIĆ, eine Geste, deren Wert von vielen bezweifelt wird. – In der herzegowinischen Hauptstadt Mostar finden Kommunalwahlen statt.
Südafrika. Die National Party unter FREDERIK WILLEM DE KLERK zieht sich aus der Regierung zurück und geht in die Opposition.
Griechenland. Ministerpräsident SIMITIS wird zum Nachfolger des verstorbenen ANDREAS PAPANDREU als Parteichef der PASOK gewählt.

JULI

1. **Rechtschreibreform.** Vertreter von acht Staaten unterzeichnen in Wien die Absichtserklärung zur Einführung einer Reform der deutschen Rechtschreibung.

2. **Frankreich.** Ein Bombenanschlag korsischer Separatisten im alten Hafen von Bastia fordert ein Todesopfer und zahlreiche Verletzte. Die Zahl der politischen Morde in Korsika im Jahr 1996 steigt damit auf sechs.

3. **Russland.** Sieger bei der Stichwahl um das Präsidentenamt wird Amtsinhaber BORIS JELZIN mit 53,7% der Stimmen vor seinem kommunistischen Kontrahenten GENNADIJ SJUGANOW, der 40,4% erhält. Am nächsten Tag beauftragt JELZIN den amtierenden Ministerpräsidenten TSCHERNOMYRDIN mit der Bildung einer neuen Regierung.
Aserbaidschan/Deutschland. Präsident GEJDAR ALIJEW trifft zu einem viertägigen Besuch in Deutschland ein.

4. **Israel.** Mit einem Ministerposten für den ›Hardliner‹ ARIEL SCHARON – für ihn wird das Ressort ›Nationale Infrastruktur‹ geschaffen – legt Ministerpräsident NETANJAHU eine Kabinettskrise bei.

5. **Deutschland.** Der Bundesrat stimmt dem Kompromissvorschlag des Vermittlungsausschusses zur Reform der Sozialhilfe zu und verzichtet außerdem darauf, wegen des Gesetzes zur Einführung der Altersteilzeit den Vermittlungsausschuss anzurufen.
Deutschland. In der ersten Lesung stößt das Jahressteuergesetz 1997 im Bundesrat auf breite Kritik über Länder- und Parteigrenzen hinweg. Es wird mit Änderungswünschen zu fast allen Punkten an den Bundestag zurückverwiesen.

6. **Russland/Deutschland.** Die Duma verabschiedet ein Gesetz über eine starke Einschränkung der Rückgabe der ›Beutekunst‹, das in Bonn als Verstoß gegen das Völkerrecht und bestehende Verträge angesehen wird.

3. Juli. Der russische Präsident Boris Jelzin gibt in Moskau beim zweiten Durchgang der Präsidentschaftswahlen seine Stimme ab

7. **Bosnien und Herzegowina/Kriegsverbrechertribunal.** Unter dem Schutz schwer bewaffneter amerikanischer Soldaten der Ifor beginnt eine Sondergruppe des Kriegsverbrechertribunals mit der Öffnung von Massengräbern in der Umgebung der ehemaligen UNO-Schutzzone Srebrenica. Die Aktion erbringt erstmals konkrete Beweise für die Ermordung vieler der vermissten Bosnier.
Ecuador. Aus der Stichwahl um das Präsidentenamt geht ABDALÁ BUCARAM als Sieger hervor.
Niger. Die erste Runde der Präsidentenwahl findet unter so chaotischen Umständen statt, dass die Militärjunta den Wahlgang um einen Tag verlängert.

9. Juli. Zwei Nächte schwerer Unruhen hinterlassen am 10. Juli in den Straßen Belfasts zahllose ausgebrannte Autos

8. **Klimakonferenz/UNO.** In Genf beginnt die 2. Konferenz der 159 Vertragsstaaten der Klima-Rahmenkonvention.
OAU. Im Mittelpunkt des Gipfeltreffens der Organisation für Afrikanische Einheit in der Hauptstadt Kameruns, Jaunde, steht die Schaffung einer Friedenstruppe für Burundi. Aber auch die blutigen Konflikte in Liberia, Somalia, Sierra Leone und Angola beschäftigen die Staatschefs.
Nordkorea. KIM JONG IL wird zwei Jahre nach dem Tod seines Vaters KIM IL SUNG offiziell zum ›Großen Führer‹ ausgerufen.

9. **Nordirlandkonflikt.** Zusammenstöße zwischen einer Marschkolonne der protestantischen ›Orangemen‹ (Mitglieder des Oranier-Ordens) und der Polizei am Rand der Provinzstadt Portadown, die Vertreibung katholischer Familien aus ihren Wohnungen und der Mord an einem Katholiken in der Nähe der Stadt führen zu einer schweren Belastung des Friedensprozesses.
Deutschland. Der Bundestag beschließt den Gesetzentwurf zur Entlastung der Rentenversicherung, der u. a. eine längere Lebensarbeitszeit für Frauen und eine Einschränkung der medizinischen und beruflichen Rehabilitation vorsieht.

10. **Israel/USA.** Bei seinem Antrittsbesuch in Washington macht Ministerpräsident NETANJAHU keine Konzessionen und stellt die Sicherheit seines Landes über den Friedensprozess im Nahen Osten. (BILD S. 36)

11. **Kriegsverbrechertribunal/Bosnien und Herzegowina.** Das Tribunal erlässt internationale Haftbefehle gegen den bosnischen Serbenführer KARADŽIĆ

10. Juli. Nach seiner Rede vor dem amerikanischen Kongress winkt der israelische Ministerpräsident Benjamin Netanjahu (unten) den Abgeordneten zu. Links der amerikanische Vizepräsident Al Gore, rechts der Sprecher des Repräsentantenhauses Newt Gingrich

und seinen Armeechef MLADIĆ als Hauptkriegsverbrecher und Schuldige an Völkermord und Verbrechen gegen die Menschlichkeit.
Nordirlandkonflikt. Nach fünf Tagen und Nächten schwerer Unruhen gibt die – protestantisch geprägte – Polizei klein bei und räumt ihre Straßensperren, damit die ›Orangemen‹ ihren Marsch durch ein katholisches Wohngebiet in Portadown fortsetzen können, mit dem sie den protestantischen Sieg über die Katholiken in der Schlacht am Boyne im Jahr 1690 feiern. Diese – so der Primas von Irland, Kardinal DALY – »Kapitulation vor dem Mob« führt zu tagelangen Straßenschlachten zwischen aufgebrachten Katholiken und der Polizei in den Städten Nordirlands sowie zu einem Bombenanschlag in Enniskillen.

12. **Großbritannien.** Der Prinz und die Prinzessin von Wales einigen sich über die Scheidungsmodalitäten. Damit können die notwendigen Formalitäten beim Familiengericht eingeleitet werden, die eine Scheidung schon Ende August ermöglichen.

13. **Deutschland.** Mit einem Überfall rechtsradikaler Jugendlicher auf einen Campingplatz bei Leisten am Plauer See, bei dem mindestens sechs junge Urlauber schwer verletzt werden, beginnt eine Serie von ähnlichen Gewalttaten v. a. im Osten Deutschlands.

14. **Frankreich/Südafrika.** In Paris wird der Nationalfeiertag in Anwesenheit des südafrikanischen Präsidenten NELSON MANDELA mit der traditionellen Militärparade begangen.

15. **Russland.** Präsident JELZIN ernennt den Radikalreformer ANATOLIJ TSCHUBAIJS zum Leiter der Präsidialverwaltung.
Deutschland. Eine vom Münchner Ifo-Institut vorgelegte Studie, in der die deutschen Lohnkosten als im internationalen Wettbewerb nicht überhöht und die Klagen über den Standort Deutschland als interessenpolitisch motiviert bezeichnet werden, stößt bei Gewerkschaften auf Zustimmung, bei Wirtschafts- und Arbeitgeberverbänden dagegen auf heftige Ablehnung.

16. **Deutschland.** Im Prozess gegen fünf Beteiligte des Berliner ›Tunnelcoups‹ werden Freiheitsstrafen zwischen sechs und 13 Jahren verhängt. Die Täter hatten im Juni 1995 eine Bank im Stadtteil Schlachtensee überfallen, 16 Menschen als Geiseln genommen und waren schließlich mit 4 Mio. DM Beute sowie 5,6 Mio. DM Lösegeld durch einen in 15 Monate langer Vorarbeit gegrabenen Tunnel entkommen.

17. **Russland.** Der Leiter der Akademie des Generalstabs der russischen Armee, General IGOR RODIONOW, wird von Präsident JELZIN zum neuen Verteidigungsminister ernannt. RODIONOW war der Wunschkandidat von Sicherheitsberater LEBED.
USA. Präsident CLINTON setzt Sanktionen gegen Drittländer im Handel mit Kuba auf der Grundlage des Helms-Burton-Gesetzes bis nach der Präsidentenwahl im November aus. Das Helms-Burton-Gesetz gibt in einer international besonders umstrittenen Passage amerikanischen Staatsbürgern das Recht, ausländischen Firmen, die in Kuba mit oder auf enteignetem Besitz Geschäfte machen, vor einem Gericht der USA zu verklagen.
Frankreich/Deutschland. Verteidigungsminister MILLON gibt in Paris bekannt, dass im Zuge der Neuorganisation des Heeres innerhalb der nächsten drei Jahre 13 französische Militärstandorte in Deutschland geschlossen werden.
Deutschland/Österreich. Bundeskanzler KOHL beginnt seinen ersten offiziellen Besuch seit zwölf Jahren in der Donaurepublik, die seit Jahren sein bevorzugtes Urlaubsziel ist.
Portugal. In Lissabon wird die ›Gemeinschaft Lusophoner Länder‹ gegründet, zu der neben Portugal Brasilien, Angola, Moçambique, Guinea-Bissau, die Kapverdischen Inseln sowie São Tomé und Príncipe gehören.
USA. Kurz nach dem Start in New York explodiert eine Boeing 747 der Trans World Airlines (TWA) mit 230 Menschen an Bord und stürzt brennend vor der Küste bei East Morriches (Long Island) ins Meer. Es gibt keine Überlebenden. Da ein Anschlag nicht ausgeschlossen werden kann, nimmt die Bundespolizei FBI Ermittlungen auf.

18. **Sri Lanka.** Bei einem Angriff der tamilischen ›Befreiungstiger‹ auf den Militärstützpunkt Mullaitivu im Nordosten des Landes sterben rund 1 000 Menschen.
Israel/Ägypten. Ministerpräsident NETANJAHU trifft in Kairo mit Präsident MUBARAK zusammen, wo er die Einhaltung bestehender Vereinbarungen durch Israel bekräftigt.

19. **USA/Bosnien und Herzegowina.** Der Sonderbeauftragte des amerikanischen Präsidenten, RICHARD HOLBROOKE, erreicht in seinen Gesprächen mit dem serbischen Präsidenten MILOŠEVIĆ, dass der als Kriegsverbrecher angeklagte bosnische Serbenführer KARADŽIĆ auf sämtliche politischen Ämter verzichtet.

Olympische Spiele/USA. In Atlanta werden die Olympischen Sommerspiele eröffnet.
Deutschland. Der Bundesrat verweist erwartungsgemäß die fünf Spargesetze der Bundesregierung an den Vermittlungsausschuss.
Deutschland. In der so genannten Herzklappen-Affäre werden nach zweijährigen Ermittlungen Verfahren gegen mehr als 1 800 Ärzte und Techniker von 418 Kliniken eingeleitet.

20. Spanien. Die bereits zwei Wochen anhaltende Terrorkampagne der baskischen Separatistenorganisation ETA gegen den Tourismus fordert erstmals Opfer; bei einer Bombenexplosion am Flughafen von Reus werden 33 meist britische Touristen verletzt.

21. Israel/Libanon. Israel und die Hisbollah beenden den unter deutscher Vermittlung ausgehandelten Austausch von Gefangenen und Gefallenen.
Türkei. Der seit 19. Mai andauernde Hungerstreik von rund 2 000 politischen Gefangenen in 40 Gefängnissen fordert ein erstes Todesopfer. Die Gefangenen wollen eine bessere Behandlung, auch ihrer sie besuchenden Angehörigen, sowie die Abschaffung von Folter und Einzelhaft durchsetzen.

24. Israel/Palästinensische Autonomiegebiete. Zum ersten Mal seit der Wahl NETANJAHUS zum Ministerpräsidenten finden Kontakte zwischen der Regierung und Palästinensern statt: Außenminister LEVY trifft den Präsidenten des Autonomierats, ARAFAT.

25. Sri Lanka. Ein Bombenanschlag der tamilischen ›Befreiungstiger‹ auf einen Personenzug in Colombo fordert mehr als 70 Menschenleben.
Burundi. Durch einen Militärputsch wird der bisherige Staatspräsident, der Hutu SYLVESTRE NTIBANTUNGANYA, von der Armeeführung abgesetzt und der ehemalige Militärdiktator Major PIERRE BUYOYA zum neuen Machthaber des Landes ausgerufen.

26. Deutschland. Die Polizei der niedersächsischen Landeshauptstadt Hannover beginnt den größten und teuersten Einsatz ihrer Geschichte. 6 000 Polizeibeamte werden aufgeboten, um das Verbot der für das erste Augustwochenende geplanten ›Chaostage‹ durchzusetzen.

25. Juli. Nach dem Sturz des burundischen Staatspräsidenten Sylvestre Ntibantunganya demonstrieren Studenten in Bujumbura gegen den neuen Machthaber Pierre Buyoya

27. USA/Olympische Spiele. Bei der Explosion einer Rohrbombe in dem zum Olympia-Komplex in Atlanta gehörenden ›Centennial Park‹ werden um 1.25 Uhr Ortszeit zwei Menschen getötet und 110 weitere verletzt.
Indonesien. In der Hauptstadt Jakarta kommt es zu den schwersten Unruhen seit 30 Jahren, als die Polizei die Zentrale der oppositionellen Demokratischen Partei stürmt und etwa 200 Menschen verhaftet. Im Verlauf der daraufhin ausbrechenden Krawalle, die sich am Tag darauf vereinzelt fortsetzen, sterben zwei Menschen, 26 werden verletzt.

29. Deutschland. Das Landgericht Passau verurteilt einen 15-jährigen Jungen wegen einer unter dem Einfluss von Horrorvideos begangenen Bluttat zu zwei Jahren Jugendstrafe auf Bewährung und verknüpft den Spruch mit ungewöhnlichen Auflagen. So darf der der gefährlichen Körperverletzung in zwei Fällen für schuldig Befundene künftig weder Horrorfilme noch entsprechende Druckerzeugnisse ansehen.

21. Juli. Die Särge von 123 Hisbollah-Mitgliedern werden nach dem Gefangenen- und Gefallenenaustausch zwischen Israel und der Hisbollah durch Beirut getragen

China. Auf dem Kernwaffentestgelände Lop Nor zündet China seinen vermutlich 45. Atomsprengsatz seit 1964.

30. **G 7.** In Paris einigen sich die Außen- und Innenminister der sieben führenden Industrienationen und Russlands auf 25 Empfehlungen zur effizienteren Bekämpfung des Terrorismus.
Deutschland. Der Bayerische Landtag beschließt mit der Mehrheit der CSU das umstrittene Schwangerenberatungs- und das Schwangerenhilfe-Ergänzungsgesetz. Einen Tag später beschließt der Landtag, dass Ärzte und Kliniken nicht mehr als 25% ihrer Einkünfte aus Schwangerschaftsunterbrechungen beziehen dürfen.

31. **Tansania/Burundi.** Wegen des Putsches in Burundi verhängen die Staatschefs mehrerer ostafrikanischer Länder auf einer Konferenz im tansanischen Arusha Wirtschaftssanktionen gegen das Militärregime und fordern eine sofortige Rückkehr zu demokratischen Verhältnissen.
Deutschland. Der Stuttgarter Reiseveranstalter Hetzel reicht beim Amtsgericht den Konkursantrag ein. Die Betreuung der 42000 Hetzel-Kunden, die zu diesem Zeitpunkt Urlaubsreisen gebucht und bezahlt haben, übernimmt der Touristikkonzern TUI.

AUGUST

5. August. Beim ersten Besuch von Israels Ministerpräsident Netanjahu (links) in Amman spricht sich König Husain von Jordanien für den Abbau aller Barrieren zwischen beiden Völkern aus

1. **Deutschland.** Der Präsident des Bundesgerichtshofs, WALTER ODERSKY, geht in den Ruhestand, sein Nachfolger wird KARLMANN GEISS, der bisherige Präsident des Oberlandesgerichts Stuttgart.
Deutschland. Das von Bundestag und Bundesrat nach einem Vermittlungsverfahren verabschiedete Gesetz zur Neuordnung der Sozialhilfe tritt in Kraft. Danach wird Beziehern von Sozialhilfe, die eine ihnen angebotene zumutbare Arbeit ablehnen, der Regelsatz um mindestens 25% gekürzt.
Großbritannien. Trotz eindringlicher Appelle von Abtreibungsgegnern vernichten britische Kliniken 3300 eingefrorene Embryonen. Die gesetzliche Frist von fünf Jahren für die Lagerung befruchteter Eizellen war abgelaufen.
Italien/Priebke-Prozess. Ein Militärgericht in Rom spricht überraschend den früheren SS-Hauptsturmführer ERICH PRIEBKE frei. Das Gericht bejahte zwar die Verantwortung des Angeklagten für die Beteiligung an der Erschießung von 335 Geiseln im März 1944 in den Ardeatinischen Höhlen in Rom, erachtete die Tat aber als verjährt. Wenige Stunden nach Prozessende wird PRIEBKE in Erwartung eines Auslieferungsantrages der deutschen Regierung wieder festgenommen.
Algerien/Frankreich. Durch die Explosion eines Sprengsatzes wird der französischstämmige katholische Bischof von Oran, PIERRE CLAVERIE, nach einem Treffen mit dem französischen Außenminister getötet.

2. **Somalia.** Der selbst ernannte Präsident MOHAMED FARAH AIDID erliegt in Mogadischu einer Schussverletzung.

3. **Deutschland.** Die von Punks angekündigten ›Chaostage‹ werden in Bremen und Hannover von einem 6000 Mann starken Polizeiaufgebot bereits im Keim erstickt, die befürchteten Ausschreitungen bleiben aus.

5. **Ägypten.** Das oberste Kassationsgericht erklärt in letzter Instanz die Zwangsscheidung des Literaturprofessors NASSER HAMID ABU SAID wegen seines angeblichen Abfalls vom islamischen Glauben für rechtskräftig und weist damit Einsprüche des Wissenschaftlers und seiner Frau IBTIHAL JUNIS gegen das Urteil vom Juni 1995 zurück. Fundamentalisten wollen in den Werken ABU SAIDS Beweise für seine Abtrünnigkeit entdeckt haben.
Israel/Jordanien. Bei seinem ersten Besuch in Amman als Ministerpräsident bekräftigt BENJAMIN NETANJAHU seinen auch von König HUSAIN angezweifelten Friedenswillen.
USA. Präsident CLINTON unterzeichnet ein Gesetz zur Verschärfung der Wirtschaftssanktionen gegen Iran und Libyen. Danach drohen allen ausländischen Unternehmen, die mehr als 40 Mio. US-$ pro Jahr in diesen Ländern investieren, Sanktionen.

6. **Deutschland.** Das Berliner Landgericht hebt die von den Nationalsozialisten gegen den Theologen DIETRICH BONHOEFFER und vier weitere Widerstandskämpfer (darunter die Geheimdienstoffiziere WILHELM CANARIS und HANS OSTER) 1945 verhängten Todesurteile endgültig auf.
Russland. Mit einem überraschenden Angriff auf Grosnyj starten die tschetschenischen Rebellen ihre größte Offensive seit Monaten und dringen bis ins Zentrum der tschetschenischen Hauptstadt vor.

7. **Raumfahrt/Mars.** Die amerikanische Weltraumbehörde NASA berichtet, dass Wissenschaftler in einem vor etwa 13000 Jahren auf der Erde aufgeschlagenen, 1984 entdeckten Meteoriten des Planeten Mars Hinweise auf primitive, mikroskopisch kleine Lebensformen entdeckt haben.

9. **Russland.** Im Kongresspalast des Moskauer Kreml wird der wieder gewählte Präsident JELZIN feierlich in sein Amt eingeführt.

10. **Russland.** Präsident JELZIN ernennt den Sekretär des Sicherheitsrats ALEKSANDR LEBED auch zu seinem Beauftragten für Tschetschenien. – Die Staatsduma bestätigt Ministerpräsident TSCHERNOMYRDIN mit großer Mehrheit im Amt.

USA. Der Präsidentschaftskandidat der Republikaner, Bob Dole, ernennt Jack Kemp zum Kandidaten für die Vizepräsidentschaft.

11. **Zypern.** Eine Gruppe von etwa 200 Motorradfahrern aus Griechenland und dem Südteil Zyperns dringt im Verlauf einer Protestaktion gegen die Teilung der Insel in die Pufferzone ein. Während der Krawalle an der Demarkationslinie wird ein junger Griechisch-Zypriot von türkischen Gegendemonstranten erschlagen.
Türkei/Iran. Anlässlich eines dreitägigen Besuchs des neuen türkischen Ministerpräsidenten Erbakan in Teheran vereinbaren beide Staaten ein Abkommen über die Lieferung von iranischem Erdgas im Wert von 20 Mrd. US-$.

12. **UNO/Deutschland.** Mit zunächst 40 Mitarbeitern nimmt in Bonn das Sekretariat der Klima-Rahmenkonvention seine Tätigkeit auf.

13. **Russland.** Die Kommandeure der russischen Truppen und der Rebellen in Tschetschenien einigen sich auf eine Waffenruhe.
Belgien. In der Nähe von Charleroi werden Marc Dutroux und zwei Komplizen unter dem Verdacht der Entführung und des Missbrauchs von Kindern festgenommen. Damit beginnt die Aufdeckung eines Skandals, der Belgien in eine Staatskrise stürzt.

14. **Bosnien und Herzegowina/Kroatien.** Die Präsidenten Izetbegović und Tudjman beschließen die Auflösung der bosnisch-kroatischen Republik Herceg-Bosna.
Zypern. An der Demarkationslinie zwischen den beiden Inselteilen schießen türkische Soldaten auf Demonstranten aus dem Südteil Zyperns, die vorher an der Trauerfeier für den am 11. August Getöteten teilgenommen hatten, und töten einen von ihnen.
USA. Beim Parteikonvent der Republikaner in San Diego wählen die Delegierten erwartungsgemäß den ehemaligen Senator Bob Dole zu ihrem offiziellen Präsidentschaftskandidaten. Jack Kemp wird als Kandidat für das Amt des Vizepräsidenten bestätigt.

15. **Russland.** Sicherheitsberater Lebed und Rebellenchef Jandarbijew einigen sich auf die Bildung einer Kommission, der die Überwachung der Waffenruhe in Tschetschenien übertragen werden soll.
Bosnien und Herzegowina. Der Flughafen von Sarajevo wird wieder für den zivilen Luftverkehr geöffnet.

11. August. Irans Staatschef Rafsandjani (rechts) empfängt den türkischen Ministerpräsidenten Erbakan in Teheran

16. **Jordanien.** Wegen der angekündigten Verdoppelung des Brotpreises kommt es in der Stadt Karak zu teilweise gewalttätigen Protesten, die in den folgenden Tagen auf weitere Orte im Süden des Landes und auf Amman übergreifen.

18. **Bosnien und Herzegowina.** Die Ifor-Truppen beginnen mit der ›Operation Vulcan‹, mit der ein Anfang August durch Zufall in Margetici entdecktes Depot mit mehr als 300 Tonnen Waffen und Munition gegen den heftigen Widerstand der bosnischen Serben binnen einer Woche geräumt wird.

19. **Russland.** Regierungstruppen starten einen Sturmangriff auf Grosnyj, um die Kontrolle über die seit dem 6. August in der Hand der Rebellen befindliche tschetschenische Hauptstadt wiederzuerlangen.

20. **Deutschland.** Bundesverteidigungsminister Rühe gibt bekannt, dass Studierende und Lehrlinge, die den Grundwehrdienst geleistet haben, ab dem 1. Oktober in Ballungsräumen für die Dauer von bis zu zwölf Monaten in Bundeswehrkasernen für 160 DM ein Zimmer mieten können; in zwölf Städten werden zunächst 150 Unterkünfte bereitgestellt.
Südkorea. Nach neuntägigen Auseinandersetzungen räumt die Polizei das von Studenten besetzte Gelände der Yonsei-Universität in Seoul, zwei Dutzend

15. August. Der amerikanische Außenminister Warren Christopher (links) eröffnet zusammen mit Bosniens Präsident Alija Izetbegović (Mitte) und dem stellvertretenden Ifor-Kommandeur Jean Heinrich den Flughafen von Sarajevo wieder für den zivilen Luftverkehr

20. August. Die südkoreanische Polizei stürmt den Universitätscampus in Seoul, wo Studenten für die Wiedervereinigung Süd- und Nord-Koreas demonstrieren

Personen werden verletzt. Die Studenten fordern die Wiedervereinigung Koreas unter kommunistischem Vorzeichen.

21. Deutschland. Das Bundesverwaltungsgericht entscheidet in Sachen Atomkraftwerk Krümmel, dass die Verwendung eines neuen Brennelementetyps in dem Siedewasserreaktor nicht von der ursprünglichen Betriebsgenehmigung gedeckt ist; die Klage einer Bürgerin, die unweit des Kraftwerks wohnt, hätte deshalb vom Oberverwaltungsgericht Schleswig nicht abgewiesen werden dürfen. Das Verfahren wird an das Schleswiger Gericht zurückverwiesen.

22. USA. Auf einem Militärstützpunkt im Bundesstaat Utah wird mit der Verbrennung eines großen Kontingents chemischer Kampfmittel begonnen; in den kommenden sieben Jahren sollen 14 000 Tonnen, fast die Hälfte des gesamten amerikanischen C-Waffen-Arsenals, beseitigt werden.
Russland. In einer eiligen Vermittlungsmission gelingt es dem Sonderbeauftragten LEBED, den für diesen Tag vorgesehenen Generalangriff russischer Truppen auf Grosnyj abzuwenden.
Deutschland/Mykonos-Prozess. Im Berliner Prozess um das Attentat von 1992 beschuldigt der ehemalige iranische Präsident BANI SADR das Regime in Teheran, mindestens 60 Terroranschläge in Auftrag gegeben zu haben.

23. Frankreich. Ein tausendköpfiges Polizeiaufgebot räumt im Norden von Paris eine seit Ende Juni von 300 Afrikanern besetzte Kirche, einen Tag später beginnt die Abschiebung eines Teils der illegal Eingereisten.
Kroatien/Jugoslawien. Kroatien und die Bundesrepublik Jugoslawien erkennen sich gegenseitig an, in Belgrad unterzeichnen die Außenminister beider Länder eine entsprechende Vereinbarung.

26. Südkorea. Das Distriktgericht in Seoul verhängt gegen die beiden ehemaligen südkoreanischen Präsidenten CHUN DOO HWAN und ROH TAE WOO drakonische Strafen. CHUN wird zum Tode verurteilt, ROH erhält eine Freiheitsstrafe von 22 Jahren.

27. Bosnien und Herzegowina. Die Organisation für Sicherheit und Zusammenarbeit in Europa (OSZE) gibt in Sarajevo bekannt, dass die für den 14. September geplanten bosnischen Lokalwahlen wegen Manipulationen bei der Erstellung der Wählerlisten v. a. auf serbischer Seite verschoben werden.
Weltkongress gegen die kommerzielle sexuelle Ausbeutung von Kindern. In Stockholm beginnt der fünftägige Kongress, dessen Ziel es ist, mit einem Aktionsplan die internationale Zusammenarbeit zur Eindämmung von Kindesmissbrauch zu verbessern.
Russland. Das Waffenstillstandsabkommen wird unterzeichnet; die Militärchefs der russischen Truppen und der tschetschenischen Unabhängigkeitskämpfer hatten sich zuvor auf Einzelheiten des Truppenabzugs und auf gemeinsame Patrouillen in Grosnyj verständigt.
USA. Die Delegierten des Konvents der Demokratischen Partei nominieren in Chicago Präsident CLINTON und Vizepräsident GORE erwartungsgemäß als Spitzenkandidaten für die Wahl am 5. November.
Großbritannien. Die Ehe zwischen dem britischen Thronfolger Prinz CHARLES und Lady DIANA SPENCER wird geschieden.

30. Deutschland/Tarifpolitik. Die Arbeitgeber in der ostdeutschen Baubranche kündigen fristlos den in den neuen Bundesländern geltenden Tarifvertrag.
Philippinen. In der indonesischen Hauptstadt Jakarta wird zwischen der philippinischen Regierung und den islamischen Moro-Rebellen nach fast dreijährigen Verhandlungen ein Abkommen paraphiert, das den seit Anfang der 1970er-Jahre andauernden Guerillakrieg beendet.

31. Irak/Kurden. Nach schwerem Artilleriebeschuss besetzen irakische Truppen die in der UNO-Schutzzone nördlich des 36. Breitengrades gelegene Kurdenstadt Erbil.

27. August. Fünf Tage dauert in Stockholm der Weltkongress gegen die kommerzielle sexuelle Ausbeutung von Kindern. Zum Abschluss des Kongresses fordert die Schirmherrin, Schwedens Königin Silvia, als »Mutter und Weltbürgerin« alle Regierungen auf, diese ›moderne Form der Sklaverei‹ zu stoppen

7. September. In der Stuttgarter Innenstadt protestieren rund 50 000 Demonstranten gegen das geplante Sparpaket der Bundesregierung

SEPTEMBER

2. **Irak/Kurden/USA.** Unter internationalem Druck beginnen irakische Truppen mit dem Rückzug aus der Kurdenstadt Erbil im nordirakischen UNO-Schutzgebiet.
Philippinen. Nach 26 Jahren Krieg im Süden des Landes unterzeichnen die Regierung und die muslimischen Rebellen in Manila ein Friedensabkommen.

3. **Belgien.** In Jumet bei Charleroi findet die Polizei die Leichen der Ende August 1995 an der belgischen Küste von dem Sexualverbrecher MARC DUTROUX entführten AN MARCHAL und EEFJE LAMBRECKS.

4. **Israel/Palästinensische Autonomiegebiete.** Erstmals treffen sich der neue Ministerpräsident NETANJAHU und Palästinenserführer ARAFAT zu Gesprächen über eine Fortsetzung der Friedensverhandlungen.

5. **Deutschland.** Der ehemalige Ministerpräsident von Sachsen-Anhalt, MÜNCH, und sein damaliger Sozialminister SCHREIBER (beide CDU) werden vom Magdeburger Landgericht vom Vorwurf des Betrugs und der Untreue freigesprochen. Das Gericht konnte nicht feststellen, dass sie Teile ihrer damaligen Gehälter durch Betrug erlangt haben oder erlangen wollten.

6. **katholische Kirche/Ungarn.** Papst JOHANNES PAUL II. beginnt seinen Besuch in Ungarn, wo er den ehemaligen Bischof von Györ, VILMOS APOR, selig spricht.
Südafrika. Erzbischof DESMOND TUTU rät Präsident MANDELA bei einem Treffen zur Heirat mit der Witwe des früheren Präsidenten von Moçambique, nachdem einige Tage zuvor die Verbindung von GRACA MACHEL und MANDELA offiziell bestätigt worden war.

7. **Deutschland.** In sechs Städten demonstrieren rund 250 000 Menschen gegen das Sparprogramm der Bundesregierung. Derweil kündigt Bundesfinanzminister WAIGEL eine deutlich höhere Neuverschuldung an als im Hauhalt 1996 vorgeschlagen.
Deutschland/Russland. Bundeskanzler KOHL spricht während seines Besuchs bei Staatspräsident JELZIN v. a. das strittige Thema der Ost-Erweiterung der NATO an.

8. **Zypern.** Bei einem Zwischenfall an der Demarkationslinie der geteilten Insel wird ein türkisch-zyprischer Soldat erschossen und ein weiterer schwer verletzt.
Belgien. Der frühere Innenminister Walloniens, VAN DER BIEST, wird unter dem Verdacht festgenommen, Auftraggeber des Mordes an dem ehemaligen sozialistischen Parteichef ANDRÉ COOLS im Jahr 1991 gewesen zu sein.
Deutschland. Beim ›Tag der Heimat‹ des Bundes der Vertriebenen wird Bundespräsident HERZOG von einem Zwischenrufer als »Vaterlandsverräter« beschimpft.

9. **Deutschland/Makedonien.** Bundespräsident HERZOG besucht anlässlich der Feiern zum fünften Jahrestag der Unabhängigkeit die ehemalige jugoslawische Teilrepublik.

10. **Kurden/Irak.** Nach den jüngsten Kämpfen zwischen den Kurdenparteien im Nordirak fliehen Hunderttausende Kurden in Richtung Iran.
Deutschland. Das Berliner Landgericht verurteilt sechs ehemalige Generäle der DDR-Grenztruppen wegen der Toten und Verletzten an den innerdeutschen Grenzen zu hohen Haftstrafen.
Russland. Präsident JELZIN, der sich auf eine schwere Herzoperation vorbereitet, überträgt einen Teil seiner Machtbefugnisse auf Ministerpräsident TSCHERNOMYRDIN.

11. **Neuseeland/China.** Ungeachtet aller Proteste der Regierung in Peking empfangen Ministerpräsident BOLGER und Außenminister MCKINNON den Dalai-Lama in Wellington zu einer als privat bezeichneten Unterredung.

12. **katholische Kirche.** In Hildesheim treffen sich mehr als 2 000 Teilnehmer unter dem Motto ›Solidarität ist unteilbar‹ zu einem viertägigen Katholischen Kongress.

13. September. Bundeskanzler Kohl wirft bei der Bundestagsabstimmung zum Sparpaket seine Stimmkarte in die Wahlurne

Schweiz/Nazi-Gold. Die Regierung in Bern sagt eine lückenlose Aufklärung der Rolle des Finanzplatzes Schweiz während der Nazi-Zeit zu. Nach einem Bericht des britischen Außenminister RIFKIND vom 10. September sollen noch beträchtliche Mengen an ›Nazi-Gold‹ auf den Banken liegen.

13. **Deutschland.** Der Bundestag verabschiedet in namentlicher Abstimmung mit der ›Kanzlermehrheit‹ das seit Monaten heftig umkämpfte Sparpaket der Bundesregierung.

14. **Bosnien und Herzegowina.** Die ersten allgemeinen Nachkriegswahlen verlaufen zur Zufriedenheit der mit der Überwachung beauftragten Organisation für Sicherheit und Zusammenarbeit in Europa (OSZE), die Delegation des Europäischen Parlaments kritisiert dagegen den Wahlverlauf in den serbisch und kroatisch kontrollierten Gebieten.

15. **Italien.** Der Chef der separatistischen Lega Nord, UMBERTO BOSSI, erklärt in Venedig die Abspaltung Norditaliens von Rom und verkündet die Unabhängigkeit der ›Bundesrepublik Padanien‹.

14. September. Nach den Wahlen in Bosnien und Herzegowina tragen tschechische Ifor-Soldaten versiegelte Urnen aus einem Wahllokal in Zovik

Deutschland. Die Kommunalwahlen in Niedersachsen, bei denen erstmals auch Jugendliche ab 16 Jahre ihr Votum abgeben dürfen, bringen CDU, FDP und SPD Stimmenverluste, lediglich Bündnis 90/Die Grünen verzeichnen Gewinne.

16. **Türkei/Kurden.** Der Europäische Gerichtshof für Menschenrechte verurteilt die Türkei wegen gewalttätiger Übergriffe ihrer Truppen auf kurdische Dorfbewohner.

Deutschland. Unter starken Sicherheitsvorkehrungen beginnt in Lübeck der Prozess gegen den Libanesen SAFWAN EID, dem vorgeworfen wird, im Januar 1996 einen Brand in einem Ausländerheim gelegt zu haben. Zehn Menschen waren ums Leben gekommen, 38 verletzt worden.

17. **Kroatien.** Ein Erdbeben der Stärke 5,8 erschüttert die kroatische Mittelmeerküste um die Adria-Stadt Dubrovnik und verursacht schwere Schäden.

18. **Syrien/Libanon/Israel.** Syrien verlegt einen Teil seiner im Libanon stationierten Truppen an die libanesisch-israelische Grenze. In Jerusalem wird die Gefahr eines Krieges als »nicht mehr gering« eingestuft.

Bosnien und Herzegowina. Der bisherige Amtsinhaber ALIJA IZETBEGOVIĆ geht aus der Wahl als erster Nachkriegspräsident der Republik hervor.

Korea. Südkoreanische Streitkräfte entdecken an der Küste nahe der entmilitarisierten Zone ein leck geschlagenes nordkoreanisches U-Boot und starten daraufhin eine Suchaktion nach den verschwundenen Insassen. Ein Überlebender und die Leichen von elf mutmaßlichen Agenten, die anscheinend kollektiv Selbstmord begangen haben, werden entdeckt. Zwei Nordkoreanern gelingt nach einem Feuergefecht mit den Sicherheitskräften die Flucht. In den folgenden Tagen werden weitere Nordkoreaner sowie südkoreanische Soldaten bei Feuergefechten getötet.

Ukraine/Tschernobyl. Wie der technische Direktor für die Betonhülle um den vierten Reaktorblock mitteilt, wurde 45 Minuten lang ein erhöhter Neutronenfluss gemessen. Die Betonhülle des Unglücksreaktors ist rissig und nur unzureichend v. a. gegen eindringendes Wasser geschützt.

19. **Deutschland/Bosnien und Herzegowina.** Die Konferenz der Innenminister von Bund und Ländern beschließt die Rückführung bosnischer Flüchtlinge in ihre Heimat ab 1. Oktober. Allerdings existiert mit Sarajevo kein Rückführungsabkommen.

katholische Kirche/Frankreich. Papst JOHANNES PAUL II. beginnt seinen fünften Besuch in Frankreich, wo er u. a. an den 1500-Jahr-Feiern der Taufe des Frankenkönigs CHLODWIG teilnimmt.

20. **BSE/Großbritannien/Europäische Union.** Nachdem die britische Regierung aufgrund eines neuen Gutachtens die im Juni vereinbarte Schlachtung von 147 000 BSE-gefährdeten Rindern aussetzt, bricht der Konflikt mit der EU über dieses Thema wieder offen aus.

Palästinensische Autonomiegebiete/Deutschland. Am zweiten Tag seines Besuchs in Hessen trifft Palästinenserführer ARAFAT mit dem Vorsitzenden des Zentralrats der Juden in Deutschland, BUBIS, zusammen, der ARAFAT zu Geduld mit der israelischen Regierung mahnt.

Pakistan. Der Bruder von Ministerpräsidentin BHUTTO, mit dem sie verfeindet ist, wird bei einer Polizeikontrolle in Karatschi erschossen.

18. September. Südkoreanische Marinesoldaten untersuchen das an der Ostküste auf Grund gelaufene nordkoreanische U-Boot

21. **Kolumbien.** Bei einer Kontrolle kurz vor dem Abflug nach New York werden im Flugzeug von Präsident SAMPER 3 kg Heroin gefunden. SAMPER darf wegen der vermuteten Finanzierung seines Wahlkampfs mit Drogengeldern nur zur Teilnahme an UNO-Sitzungen in die USA einreisen.
Indien. Bombenanschläge mit einer unbekannten Zahl von Opfern überschatten den dritten Tag der Parlamentswahlen in Jammu und Kaschmir.

22. **Griechenland.** Bei den vorgezogenen Parlamentswahlen kann die PASOK von Ministerpräsident SIMITIS trotz leichter Stimmenverluste die absolute Mehrheit der Mandate behaupten.
Armenien. Die Präsidentenwahl erbringt einen – von der Opposition allerdings angezweifelten – Sieg für den Amtsinhaber TER-PETROSJAN.

23. **Großbritannien/Nordirlandkonflikt.** Antiterrorkommandos decken bei Razzien in London und Sussex mehrere geheime Stützpunkte der IRA auf und stellen 10 t Sprengstoff sicher.
Deutschland. Der Tod der siebenjährigen NATALIE ASTNER aus Epfach (Bayern), die von einem vorzeitig aus der Haft entlassenen Sexualverbrecher missbraucht und ermordet wurde, facht auch in der Bundesrepublik eine Diskussion über härtere Strafen für Sexualstraftäter an.
Pakistan. Bei einem Massaker in einer sunnitischen Moschee der Stadt Multan erschießen vier Männer mit Schnellfeuergewehren 21 Betende. Aufgebrachte Sunniten gehen daraufhin gewaltsam gegen Bewohner der umliegenden schiitischen Wohnviertel vor, bis die Armee dem ein Ende bereitet.

24. **UNO/Teststoppabkommen.** Am Sitz der UNO in New York beginnt die Unterzeichnung des Abkommens über einen weltweiten Kernwaffenteststopp. Als Erste unterschreiben US-Präsident CLINTON und die Vertreter der anderen vier Atommächte.
Deutschland. Das Bundeskabinett stimmt den Eckpunkten für eine dritte Stufe der Gesundheitsreform zu, deren zentrale Absicht es ist, Erhöhungen der Beitragssätze für die Krankenkassen so unattraktiv wie möglich zu machen.
Israel/Palästinensische Autonomiegebiete. Die israelische Regierung lässt in der Nacht ohne Absprache mit den Palästinensern einen 2200 Jahre alten Fußgängertunnel entlang der Stützmauer des Tempelbergs (einer der heiligsten Orte des Islam) in Ost-Jerusalem öffnen, obwohl die militärische Aufklärung vor den möglichen Folgen mehrfach gewarnt hat. Es kommt zu gewaltsamen palästinensischen Protesten.

25. **Israel/Palästinensische Autonomiegebiete.** Die palästinensischen Proteste greifen auf die autonomen Gebiete über und eskalieren. Im Westjordanland kommt es zu Feuergefechten zwischen der palästinensischen Polizei und israelischen Soldaten. Mehrere Palästinenser werden getötet.

26. **Israel/Palästinensische Autonomiegebiete.** Nach erbitterten Gefechten in fast allen Teilen der besetzten oder autonomen Gebiete verhängt Israel den Ausnahmezustand über alle palästinensischen Gebiete. Ministerpräsident NETANJAHU bricht seinen Deutschlandbesuch vorzeitig ab.

26. September. Bei den schweren Straßenkämpfen in den Palästinensischen Autonomiegebieten bewerfen Palästinenser in Bethlehem israelische Militärfahrzeuge mit Steinen

Südafrika/Schweden. Vor einem Gericht in Pretoria behauptet ein ehemaliger südafrikanischer Polizeichef, dass der Geheimdienst des Apartheidsystems in den Mord an dem schwedischen Ministerpräsidenten OLOF PALME im Jahr 1986 verwickelt war.

27. **Afghanistan.** Die islamistische Taleban-Miliz erobert Kabul, Staatspräsident RABBANI und Regierungschef HEKMATYAR können sich absetzen. Der letzte kommunistische Staatspräsident NAJIBOLLAH und sein Bruder werden von den Taleban gefoltert und öffentlich gehenkt.
Deutschland. Der Bundestag beschließt, dass die geltenden Kürzungen im ostdeutschen Rentenrecht für drei Viertel der Betroffenen zum 1. 1. 1997 aufgehoben werden.
Europäische Union. Die Justizminister der EU unterzeichnen in Dublin eine Konvention zur Erleichterung der Auslieferung mutmaßlicher Straftäter, die grundsätzlich vorsieht, dass ein Mitgliedsland auch eigene Staatsangehörige ausliefern soll.

28. **USA.** Der Kongress stellt rechtzeitig vor Beginn des neuen Haushaltsjahres am 1. Oktober den Etat für 1997 fertig, nachdem mit Präsident CLINTON eine Einigung über eine Verschärfung des Einwanderungsgesetzes erzielt worden war.

29. **G 7.** Die sieben führenden Industrienationen und Vertreter des Pariser Clubs kommen überein, den 20 ärmsten Ländern der Welt einen Schuldenerlass von maximal 80% zu gewähren.

30. **Indien.** Überschattet von blutigen Zwischenfällen beginnt die letzte Etappe der Parlamentswahlen im Unionsstaat Jammu und Kaschmir.
Irland/Deutschland. Staatspräsidentin MARY ROBINSON wird bei ihrer Visite in Deutschland von Bundespräsident HERZOG in seinem Berliner Amtssitz Schloss Bellevue empfangen.

OKTOBER

1. **USA/Israel/Palästinensische Autonomiegebiete.** Mit eindringlichen Appellen an Ministerpräsident NETANJAHU und Palästinenserführer ARAFAT eröffnet Präsident CLINTON den kurzfristig einberufenen Nahostgipfel.
Deutschland. Mehr als 100 000 Beschäftigte in der Metallindustrie protestieren mit Arbeitsniederlegungen gegen die Kürzung der Lohnfortzahlung bei Krankheit.
Deutschland. Der Bund der Steuerzahler prangert in seinem Schwarzbuch 1996 die Verschwendung von Steuergeldern in Höhe von bis zu 70 Mrd. DM jährlich an. Auch die nicht ausreichende Möglichkeit der Strafverfolgung durch den Untreue-Paragraphen 266 des Strafgesetzbuches wird bemängelt.

3. **Bosnien und Herzegowina/Jugoslawien.** Sarajevo und Belgrad vereinbaren die Aufnahme diplomatischer Beziehungen und wollen in Kürze Botschafter austauschen.
Deutschland. Im Streit um die kommunalen Altschulden aus DDR-Zeiten wird ein Kompromiss gefunden: Die 8,4 Mrd. DM betragenden Schulden werden in den Erblastentilgungsfonds übernommen und damit formal Schulden des Bundes. Tilgung und Zins übernehmen Bund und Länder gemeinsam.

4. **GUS/Afghanistan.** Die Machtübernahme der Taleban in Afghanistan ist Hauptthema eines kurzfristig einberufenen Gipfeltreffens der GUS-Mitglieder Russland, Tadschikistan, Usbekistan, Kirgisien und Kasachstan in Almaty. Sie drohen mit Gegenmaßnahmen, falls der Konflikt auf die GUS übergreifen sollte.

5. Oktober. Auf dem EU-Sondergipfel in Dublin – im Vordergrund Bundeskanzler Helmut Kohl, sein österreichischer Amtskollege Franz Vranitzky (Mitte) und der österreichische Außenminister Wolfgang Schüssel – bekräftigen die Teilnehmer ihren Plan zur Reformierung der Union

5. **Europäische Union/Irland.** In Dublin beginnt ein Sondertreffen der Staats- und Regierungschefs, bei dem die Reform der EU vorangetrieben werden soll.
Türkei/Libyen. Der türkische Ministerpräsident ERBAKAN besucht Libyen. Dabei kritisiert Revolutionsführer GADDHAFI in Tripolis die westorientierte Außenpolitik der Türkei und verlangt einen eigenen Staat für die Kurden.

6. **Russland/NATO.** Sicherheitsberater ALEKSANDR LEBED trifft zu Gesprächen mit der Führung der Nordatlantischen Allianz in Brüssel ein.
Frankreich. Ein Bombenanschlag korsischer Separatisten richtet im Rathaus von Bordeaux, dessen Hausherr Ministerpräsident JUPPÉ als Bürgermeister der Stadt ist, erheblichen Sachschaden an.
Dänemark. Der ›nordische Rockerkrieg‹ zwischen Hell's Angels und Bandidos, der in eineinhalb Jahren acht Todesopfer gefordert hat, gewinnt eine neue Dimension: Bei einem Raketenangriff der Bandidos auf das Clubhaus der Hell's Angels in Kopenhagen sterben zwei Menschen, Dutzende werden verletzt.

7. **Nordirlandkonflikt.** Bei zwei Bombenanschlägen auf das Hauptquartier der britischen Armee in Lisburn werden 31 Menschen z. T. schwer verletzt, einer erliegt am 11. Oktober seinen Verletzungen.

8. **Israel/Palästinensische Autonomiegebiete.** Palästinenserführer ARAFAT besucht erstmals auf offizielle Einladung Israel. Er kommt mit Staatspräsident WEIZMAN in dessen Privathaus in Caesarea zu einem als harmonisch beschriebenen Treffen zusammen.
Deutschland. Der Europäische Gerichtshof entscheidet, dass die Bundesrepublik für die Schäden haften muss, die Urlaubern durch die verspätete Umsetzung einer Pauschalreiserichtlinie der EU entstanden sind.

1993 waren Reisenden durch den Konkurs der Firma MP Travel Line erhebliche Mehrkosten entstanden.

9. **Algerien.** Muslimische Extremisten erschießen an einer Straßensperre nahe der Stadt Laghouat über 30 Menschen.

10. **Deutschland.** Der Bundestag verabschiedet ein Gesetz zur Strafbarkeit der Vergewaltigung in der Ehe, das die umstrittene Widerspruchsklausel enthält. Der Bundesrat erhebt am 18. Oktober Einspruch gegen das Gesetz in der vorliegenden Form.

11. **Nobelpreise.** Der Friedensnobelpreis wird dem katholischen Bischof von Ost-Timor, Carlos Felipe Ximénes Belo, und dem im Exil lebenden Führer der Opposition von Ost-Timor, José Ramos Horta, verliehen.
Deutschland. Der Bundestag beschließt eine Verkleinerung des Parlaments von derzeit 672 auf 598 Abgeordnete von der nächsten Bundestagswahl (voraussichtlich 2002) an. Die Zahl der Wahlkreise soll von 328 auf 299 verringert werden.

12. **Neuseeland.** Bei den Parlamentswahlen verliert die regierende National Party ihre Mehrheit, bleibt aber stärkste Kraft.

13. **Österreich.** Bei den ersten Wahlen zum Europäischen Parlament erleidet die SPÖ große Stimmeneinbußen, die Freiheitlichen Jörg Haiders sind die absoluten Gewinner.

14. **Israel/Ägypten.** Staatspräsident Weizman trifft in Kairo mit seinem Amtskollegen Mubarak zusammen, um über die Belastungen in den bilateralen Beziehungen zu sprechen.
Belgien. Das Kassationsgericht in Brüssel entscheidet, dass dem Untersuchungsrichter im Fall Dutroux, Jean-Marie Connerotte, wegen Befangenheit die Ermittlungsbefugnis entzogen wird. In der Folge protestieren im ganzen Land Flamen wie Wallonen mit spontanen Demonstrationen und Arbeitsniederlegungen gegen die Justizbehörden.

15. **Jordanien/Palästinensische Autonomiegebiete.** König Husain besucht gemeinsam mit dem Präsidenten des Autonomierats Arafat die autonome Stadt Jericho, wo er seine Solidarität mit den Palästinensern zum Ausdruck bringt.

16. **Russland.** Innenminister Kulikow unterstellt Sicherheitsberater Lebed Putschabsichten und verhängt strengere Sicherheitsvorkehrungen im ganzen Land. Lebed weist die Vorwürfe zurück und will gerichtlich gegen Kulikow vorgehen, wenn er diese Behauptung aufrechterhält.
Guatemala. Mehr als 80 Menschen kommen im überfüllten Fußballstadion der Hauptstadt ums Leben, mehr als 100 werden z. T. schwer verletzt. Fußballfans mit gefälschten Eintrittskarten hatten das Tor zu einer Tribüne eingetreten und eine Menschenlawine ausgelöst, in der die meisten Opfer erstickten oder erdrückt wurden.

17. **Russland.** Präsident Jelzin entlässt Sicherheitsberater Lebed, da dieser eine Reihe von Fehlern gemacht habe, die Russland geschadet hätten.
Deutschland/Frankreich. Bei seinem ersten Staatsbesuch in Paris wird Bundespräsident Herzog von Bürgerrechtlern aus der ehemaligen DDR begleitet.
Frankreich. Hunderttausende Franzosen protestieren gegen die Sparpolitik der Regierung; Streiks im öffentlichen Dienst legen internationale Verkehrsverbindungen lahm.
Deutschland. Der Bundesrechnungshof legt seinen Jahresbericht vor, in dem der öffentlichen Hand die Vergeudung von Milliardenbeträgen vorgeworfen wird.

18. **Deutschland.** In heftigen Auseinandersetzungen mit der CDU/CSU kann die FDP eine Erhöhung der Mineralölsteuer, die das Milliardenloch im Bundeshaushalt stopfen sollte, verhindern, muss aber akzeptieren, dass der Solidaritätszuschlag nicht wie geplant 1997, sondern erst 1998 gesenkt wird.
UNO/Internationaler Seegerichtshof. In Hamburg werden in Anwesenheit von UNO-Generalsekretär Boutros Ghali die 21 Richter des Internationalen Seegerichtshofs vereidigt, der seinen Sitz in der Hansestadt nimmt.

19. **Fiszman-Entführung.** Die Leiche des am 1. Oktober entführten Frankfurter Unternehmers Jakub Fiszman wird in einem unwegsamen Wald des Aartals im Taunus gefunden. Fiszman war bereits drei Tage nach seiner Entführung erschlagen worden.
Frankreich/Syrien. Staatspräsident Chirac wird in Damaskus, der ersten Station seiner Nahostreise, begeistert empfangen.

20. **Belgien.** 325 000 Menschen nehmen an dem ›Weißen Marsch‹ zum Gedenken an die Opfer der Kinderschänderbande um Marc Dutroux teil. Die Großkundgebung ist der Höhepunkt der Bürgerproteste gegen die Justizbehörden, denen nach Umfragen nur noch 3 % der Belgier vertrauen.
Japan. Die Liberal-Demokratische Partei ist klarer Sieger der Parlamentswahlen.
Litauen. Die Konservative Partei des ehemaligen Präsidenten Vytautas Landsbergis siegt bei den Parlamentswahlen.
Nicaragua. Aus der Präsidentenwahl geht der konservative Kandidat, Arnoldo Alemán Lacayo, vor dem Sandinisten Daniel Ortega Saavedra als Sieger hervor.
Russland. Präsident Jelzin ernennt den früheren Parlamentspräsidenten Iwan Rybkin zum neuen Sekretär des Sicherheitsrats.

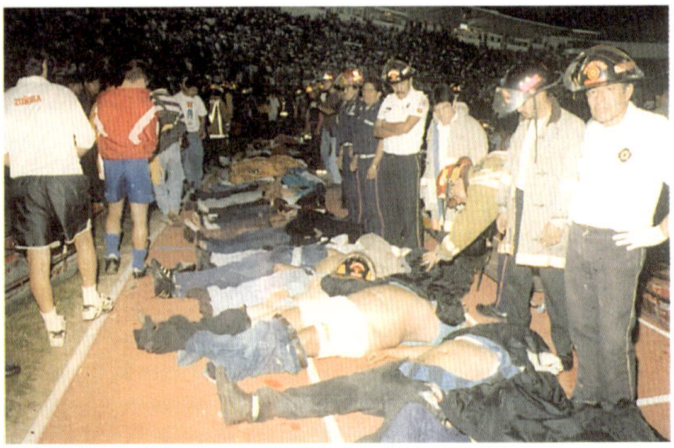

16. Oktober. Eine Panik im Fußballstadion in Guatemala bei dem WM-Qualifikationsspiel Guatemala gegen Costa Rica fordert mehr als 80 Todesopfer und zahlreiche Verletzte

21. **Deutschland/China.** Bundesaußenminister KINKEL besucht Peking, wo er die Frage der Menschenrechte nach eigenem Bekunden »deutlich, aber nicht konfrontativ« anspricht.

21. Oktober. Während seines Besuchs in China interessiert sich Außenminister Klaus Kinkel für das traditionelle Kartenspiel Chang Pei

Deutschland. Auf dem CDU-Parteitag in Hannover wird Bundeskanzler KOHL mit 95,5% der Stimmen als Vorsitzender bestätigt. Außerdem beschließen die Delegierten die Einführung eines Frauenquorums.

22. **Frankreich /Israel.** Beim Besuch von Staatspräsident CHIRAC in Ost-Jerusalem kommt es zum Eklat. CHIRAC wird von Sicherheitspersonal und Soldaten so massiv in seiner Bewegungsfreiheit eingeschränkt und von der arabischen Bevölkerung isoliert, dass er in einem Wutausbruch vor laufenden Kameras mit dem Abbruch seines Aufenthalts in Israel droht.

23. **Deutschland.** Das Bundeskabinett verabschiedet eine Reform des Energiewirtschaftsrechts, die den Grundsatz des geschlossenen Versorgungsgebiets aufhebt.
Frankreich/Palästinensische Autonomiegebiete. Staatspräsident CHIRAC wird in den Autonomiegebieten von Zehntausenden Palästinensern begeistert empfangen. Als erster ausländischer Staatschef hält er eine Rede vor dem im Januar gewählten Parlament.

24. **Deutschland.** Der Bundesfinanzhof entscheidet, dass auch künftig die öffentliche Abfallbeseitigung nicht der Körperschaftsteuer unterliegt, und wendet damit eine weitere Gebührensteigerung bei Müll und Abwasser ab.
USA. Die Erschießung eines Schwarzen durch einen weißen Polizisten an einer Straßensperre führt in St. Petersburg (Florida) zu Rassenunruhen. Am nächsten Tag verhängt der Bürgermeister den Ausnahmezustand über die Stadt.

25. **Deutschland.** Nach Durchsuchungsaktionen der Polizei in 14 Bundesländern teilen Staatsanwaltschaft und Kriminalpolizei Frankfurt am Main mit, dass ihren Ermittlungen zufolge ein erheblicher Teil der Sondermüllbeseitigung in Deutschland in den Händen einer kriminellen Vereinigung liegt.
Norwegen. Ministerpräsidentin GRO HARLEM BRUNDTLAND tritt zurück; ihr Nachfolger im Amt wird der Vorsitzende der Sozialdemokraten, THORBJØRN JAGLAND.

26. **Malta.** Die Parlamentswahlen bringen die bisher oppositionelle Arbeiterpartei unter ALFRED SANT an die Macht. Die Wahlbeteiligung liegt bei mehr als 97%.
Kanada. 300 000 Menschen protestieren in Toronto bei der bisher größten Demonstration in der Geschichte des Landes gegen die massiven Haushaltskürzungen der Regierung.

27. **Pakistan.** Mit Demonstrationen und Streiks ruft die Opposition in Islamabad zum Sturz von Ministerpräsidentin BHUTTO auf.
Ägypten. Beim Einsturz eines zwölfgeschossigen Hauses im vornehmen Kairoer Stadtviertel Heliopolis sterben mindestens hundert Bewohner und Passanten. In Kairo gilt jeder vierte Bau als einsturzgefährdet.

30. **Deutschland.** Auf einer Sondersitzung debattiert der Bundestag über die Finanzpolitik der Bundesregierung, die von der Opposition als Betrug und Stümperei bezeichnet wird. Die Regierungskoalition demonstriert trotz vorangegangener heftiger Kontroversen Geschlossenheit. An dem Fernbleiben von zwei SPD-, einem CDU- und einem FDP-Abgeordneten, die sich auf Einladung und Kosten der Deutschen Spielautomatenwirtschaft in Las Vegas aufhalten, wird heftige Kritik geübt.
Frankreich. Das Wochenmagazin ›L'Express‹ berichtet, dass der 1990 verstorbene ehemalige Verteidigungsminister (1981–85) CHARLES HERNU in den 1950er- und 1960er-Jahren für die Geheimdienste Bulgariens, Rumäniens und der Sowjetunion gearbeitet habe. Der damalige Staatspräsident MITTERRAND habe 1992 davon erfahren und angeordnet, das Belastungsmaterial als ›Verteidigungsgeheimnis‹ zu behandeln.
Georgien/Deutschland. Während einer Feierstunde in der Berliner Staatsbibliothek gibt der georgische Botschafter in der Bundesrepublik offiziell 100 000 Bücher zurück, die nach Ende des Zweiten Weltkriegs nach Georgien verlagert worden waren.

31. **Deutschland.** Die großen Ersatzkrankenkassen erhöhen zum 1. Dezember für einen Monat ihre Beiträge, um dadurch die im Beitragsentlastungsgesetz vorgeschriebene Beitragssenkung von 0,4% ab 1. 1. 1997 im Vorfeld aufzufangen.

22. Oktober. Verärgert schiebt Frankreichs Staatspräsident Jacques Chirac israelische Sicherheitsleute beiseite, die jeden Kontakt mit der arabischen Bevölkerung in Ost-Jerusalem unmöglich machen

27. Oktober. In Pakistan fordern Oppositionsführer Qasi Husain Ahmed und Hunderte Jamaat-Anhänger die Abdankung von Ministerpräsidentin Bhutto

NOVEMBER

1. Deutschland. Von diesem Tag an gilt im Bundesgebiet das neue Ladenschlussgesetz, das die Ladenöffnung an Werktagen bis 20 Uhr und an Samstagen bis 16 Uhr erlaubt.

2. Dänemark. Die Regierung in Kopenhagen (der ›Kulturhauptstadt Europas‹ für 1996) entschuldigt sich bei dem Schriftsteller SALMAN RUSHDIE für die Verweigerung der Einreise zur Entgegennahme des Aristeion-Literaturpreises der Europäischen Union am 14. November. Als Begründung war angegeben worden, die Polizei könne RUSHDIES Sicherheit nicht gewährleisten, da ihre Kräfte durch den ›nordischen Rockerkrieg‹ gebunden seien. Die empörten Reaktionen im In- und Ausland hatten eine Regierungskrise ausgelöst.

3. Bulgarien. Aus der zweiten Runde der Präsidentenwahl geht der von einem breiten Oppositionsbündnis unterstützte Jurist PETAR STOJANOW mit 59,9% der Stimmen als Sieger hervor.
Rumänien. Bei den Parlamentswahlen siegt das Oppositionsbündnis Demokratische Konvention, sein Vorsitzender EMIL CONSTANTINESCU erhält bei der gleichzeitig stattfindenden ersten Runde der Präsidentenwahl 27,7% der Stimmen.
Jugoslawien. Einen klaren Sieg erringt die Linkskoalition von Präsident MILOŠEVIĆ bei den Parlamentswahlen in Serbien. In Montenegro wird die Demokratische Partei der Sozialisten an der Macht bestätigt.
Türkei. Bei einem Verkehrsunfall in der Stadt Susurluk sterben in einem vom Direktor der Polizeiakademie gesteuerten Wagen der Fahrer, ein seit Jahren auf Fahndungslisten von Interpol und der türkischen Sicherheitsbehörde stehender rechtsradikaler Mafiachef sowie seine Geliebte; ein Parlamentsabgeordneter der regierenden Partei des rechten Weges (DYP) wird schwer verletzt. Alle hatten gemeinsam ein verlängertes Wochenende verbracht. In der Folge muss Innenminister MEHMET AGAR, der den brisanten Vorfall herunterspielen wollte, am 8. November zurücktreten.

4. Türkei/Deutschland. Staatspräsident DEMIREL versichert bei seinem Besuch in Bonn, dass sich sein Land weiterhin an den demokratischen Werten Europas orientiere und den Beitritt zur EU anstrebe.

5. USA. Bei den Präsidentschafts- und Parlamentswahlen wird BILL CLINTON im Amt bestätigt; im Kongress können die Republikaner ihre Mehrheit verteidigen.
Russland. Präsident JELZIN unterzieht sich einer siebenstündigen Operation am Herzen.
Pakistan. Staatspräsident LEGHARI enthebt verfassungsgemäß Ministerpräsidentin BENAZIR BHUTTO wegen Korruption und Verletzung der Menschenrechte ihres Amtes und löst auch das Parlament auf.
Deutschland. Die RAF-Terroristin BIRGIT HOGEFELD wird vom Frankfurter Oberlandesgericht wegen Beteiligung an drei Mordanschlägen und weiteren Straftaten der ›Rote-Armee-Fraktion‹ zu einer lebenslangen Freiheitsstrafe verurteilt.
Island. Vier Wochen nach dem Ausbruch des unterirdischen Vulkans Bardabungu überfluten riesige Mengen geschmolzenen Eiswassers den dünn besiedelten Südosten der Insel.

6. Europarat/Kroatien. Kroatien wird als 40. Mitglied in die Organisation aufgenommen.

4. November. Der türkische Staatspräsident Demirel wird von Bundespräsident Herzog in Berlin zu einem dreitägigen Staatsbesuch empfangen

7. **Deutschland.** Der Bundestag beschließt in dritter Lesung mit den Stimmen der Koalitionsfraktion die Reform der Erbschaftsteuer und die Erhöhung der Grunderwerbsteuer. Da das Gesetz keine Reform der in ihrer jetzigen Form verfassungswidrigen Vermögensteuer enthält, entfällt diese ab. 1. 1. 1997.

9. **Bosnien und Herzegowina.** Nach anhaltendem internationalen Druck wird der Oberbefehlshaber der bosnischen Serben, General RATKO MLADIĆ, von Serbenführerin BILJANA PLAVŠIĆ entlassen.

10. **Eurofor.** Frankreich, Spanien, Portugal und Italien gründen in Florenz die schnelle Eingreiftruppe der Mittelmeerländer, Eurofor.

12. **DDR-Regierungskriminalität.** Der Zweite Senat des Bundesverfassungsgerichts veröffentlicht seinen Beschluss vom 24. Oktober, der die Verurteilung der drei Mitglieder des ehemaligen Nationalen Verteidigungsrats, KESSLER, STRELETZ und ALBRECHT, wegen ihrer Verantwortung für die Tötung von Flüchtlingen an der innerdeutschen und der Berliner Grenze für verfassungsgemäß erklärt.
Ägypten. Präsident MUBARAK eröffnet in Kairo die dritte Nahost-Nordafrika-Wirtschaftskonferenz, an der auch eine israelische Delegation unter Leitung von Außenminister LEVY teilnimmt.

13. **Welternährungsgipfel.** Mit einem Appell von Papst JOHANNES PAUL II. zum Teilen des Überflusses und einem Aufruf von UNO-Generalsekretär BOUTROS GHALI zur Bekämpfung des Hungers wird in Rom die UNO-Konferenz über Ernährungssicherung eröffnet.

14. **USA.** In St. Petersburg (Florida) kommt es erneut zu Rassenunruhen, nachdem ein Geschworenengericht einen weißen Polizisten, der am 24. Oktober an einer Straßensperre einen Schwarzen erschossen hatte, freigesprochen hat.

15. **Zaire/Ruanda.** Nach schweren Kämpfen zwischen Hutu-Milizen und Tutsi-Rebellen im Osten Zaires strömen Hunderttausende entkräftete ruandische Flüchtlinge zurück in ihre Heimat.
Deutschland. Mit den Stimmen der Koalitionsfraktionen verabschiedet der Bundestag das Krankenkassen-Neuordnungsgesetz. – Der Bundesrat weist das Jahressteuergesetz in seiner vorliegenden Form zurück und ruft den Vermittlungsausschuss an.

13. November. Auf dem Welternährungsgipfel in Rom fordert UNO-Generalsekretär Boutros Ghali (links) internationale Solidarität für einen geplanten humanitären Einsatz in Zaire

16. **Russland.** In der dagestanischen Stadt Kaspijsk werden bei einem Bombenanschlag auf ein Hochhaus, in dem vorwiegend russische Soldaten mit ihren Familien wohnen, 32 Menschen getötet.
Deutschland. In seinem auf dem Kongress in Dresden verabschiedeten neuen Grundsatzprogramm bekennt sich der Deutsche Gewerkschaftsbund (DGB) zu einer ›sozial regulierten Marktwirtschaft‹ und fordert einen weiteren Ausbau sozialer Sicherungssysteme.
Iran/Deutschland. Nachdem die Bundesanwaltschaft im ›Mykonos‹-Prozess die iranische Führung als Drahtzieher des Attentats auf vier iranisch-kurdische Oppositionelle 1992 benennt, beginnen vor der deutschen Botschaft in Teheran lautstarke Demonstrationen.
Rumänien. Aus der Stichwahl um das Präsidentenamt geht der konservative Kandidat EMIL CONSTANTINESCU vor Amtsinhaber ION ILIESCU als Sieger hervor.

18. **Deutschland/China.** Bundespräsident HERZOG beginnt seinen ersten Staatsbesuch in China, wo er mit der Staats- und Parteiführung zusammentreffen wird.
Deutsche Telekom AG. An ihrem ersten Handelstag steigen die ›T-Aktien‹, deren Ausgabepreis 28,50 DM beträgt, auf 33,90 DM.

19. **Kuba/katholische Kirche.** Während einer Audienz bei JOHANNES PAUL II. lädt FIDEL CASTRO den Papst zu einem Besuch nach Kuba ein.
Deutschland. Die ehemalige palästinensische Terroristin SUHAILA ANDRAWES SAYEH wird vom Hamburger Oberlandesgericht unter Berücksichtigung der strafmildernden Kronzeugenregelung wegen der Entführung der Lufthansa-Maschine ›Landshut‹ und des gemeinschaftlich begangenen Mordes an Flugkapitän JÜRGEN SCHUHMANN im Jahr 1977 zu zwölf Jahren Freiheitsstrafe verurteilt.
Frankreich/Großbritannien. Durch ihren schnellen Einsatz können Feuerwehren beider Länder im Eurotunnel unter dem Ärmelkanal ein Katastrophe verhindern. Beim Brand auf einem Lastwagen-Transportzug erleiden 36 Personen z. T. schwere Rauchvergiftungen.

20. **Iran/Deutschland.** Die Islamische Republik fordert von der Bundesregierung eine »Klarstellung und Wiedergutmachung« für die angebliche Beleidigung ihres religiösen Führers Ayatollah KHOMEINI durch die Bundesanwaltschaft im ›Mykonos‹-Prozess. In Ghom verabschieden mehrere Tausend Geistliche und Koranstudenten eine Erklärung, die den Bundesanwälten mit der Fetwah, dem Todesbann, droht.

21. **Deutschland.** Das Bundeskabinett billigt eine Anhebung der Rentenversicherungsbeiträge von derzeit 19,2% auf 20,3% für 1997. Damit sollen 16,5 Mrd. DM mehr in die Rentenkasse fließen.
Kroatien. Nach der Entscheidung des von der Regierung kontrollierten Medienrats, die Sendelizenz für den einzigen unabhängigen Rundfunksender des Landes, ›Radio 101‹, nicht zu verlängern, formiert sich eine breite Front des Protests. In Zagreb demonstrieren bis zu 100 000 Menschen, aus dem Ausland kommen massive Proteste. Daraufhin erhält ›Radio 101‹ am nächsten Tag die Erlaubnis, vorläufig weiter zu senden.
Jugoslawien. Nach der Annullierung von Teilergebnissen der serbischen Kommunalwahlen vom

20. November. Im iranischen Ghom unterstützen Tausende Geistliche und Studenten die Vorwürfe gegen die Bundesanwaltschaft im Zusammenhang mit dem Berliner ›Mykonos‹-Prozess

17. November kommt es zu starken Spannungen. 30 000 Demonstranten in Belgrad unterstützen den Hungerstreik, in den mehrere Oppositionspolitiker getreten sind.

23. **Äthiopien/Komoren.** Ein entführtes äthiopisches Passagierflugzeug versucht wegen Treibstoffmangels die Notlandung im flachen Küstengewässer vor den Komoren. 53 der 175 Personen an Bord überleben das Unglück.
Indien. Die Wahl der ›Miss World‹ in Bangalore wird von Auseinandersetzungen zwischen Demonstranten und der Polizei überschattet, bei denen mehr als 50 Menschen verletzt werden. Hindus, Nationalisten und Feministinnen protestieren gegen die Veranstaltung, die im Widerspruch zu den geistigen Werten Indiens und in krassem Kontrast zur Lebenswirklichkeit im Lande stehe.

24. **USA/China.** Am Rande des APEC-Gipfels bei Manila vereinbaren Präsident CLINTON und sein Amtskollege JIANG ZEMIN gegenseitige Staatsbesuche.
Weißrussland. In einem Referendum über Verfassungsentwürfe des Präsidenten sowie des Parlaments stimmt die Bevölkerung für den Entwurf LUKASCHENKAS, der ihm weitestgehende Vollmachten einräumt.

25. **Frankreich.** Die seit Tagen andauernden Straßenblockaden der Fernfahrer, die bessere Arbeitsbedingungen und eine Herabsetzung des Rentenalters fordern, legen den Verkehr in weiten Teilen des Landes lahm und behindern den Grenzverkehr mit Deutschland sowie die Zufahrt zu den Kanalfähren in Calais und Boulogne.

26. **Kuba/Spanien.** Havanna zieht das Agrement für den neuen spanischen Botschafter zurück und friert damit die Beziehungen zu Madrid ein.

27. **Jugoslawien.** Die Wiederholung der serbischen Stichwahl auf kommunaler Ebene erfolgt ohne die Beteiligung des Oppositionsbündnisses ›Zajedno‹. Am Abend versammeln sich 200 000 Menschen in Belgrad zur bisher größten Demonstration gegen Präsident MILOŠEVIĆ. Am nächsten Tag schwappt die Protestwelle auf weitere Städte Serbiens über.

28. **Algerien.** Bei einer Beteiligung von 79,8 % sprechen sich 85, 81 % der Wähler in einem Referendum für die umstrittene neue Verfassung aus.

29. **Deutschland.** Der Prozess gegen den früheren DDR-Anwalt WOLFGANG VOGEL und den ehemaligen Generalmajor des Ministeriums für Staatssicherheit, GERHARD NIEBLING, wegen Erpressung ausreisewilliger DDR-Bürger endet vor dem Berliner Landgericht mit einem glatten Freispruch.

30. **Frankreich.** Nach der Unterzeichnung mehrerer Vereinbarungen zwischen Gewerkschaften und Arbeitgebern lösen die Lastwagenfahrer ihre Straßenblockaden auf.
Deutschland. GUNDA RÖSTEL aus Sachsen wird auf dem Bundesparteitag von Bündnis 90/Die Grünen in Suhl mit mehr als 70 % der Delegiertenstimmen zur neuen Vorstandssprecherin gewählt.

27. November. In Jugoslawien findet trotz der Massenproteste der Oppositionsbewegung – im Bild tags zuvor in Belgrad – die Wiederholung der annullierten Kommunalwahlen statt

DEZEMBER

1. Deutschland. In München wird mit einem Festakt das 50-jährige Bestehen der Verfassung des Freistaats Bayern gefeiert. – In Wiesbaden wird des 50. Jahrestags des Bürgervotums über die hessische Verfassung gedacht.
Moldawien. Die Stichwahl um das Präsidentenamt gewinnt der bisherige Parlamentspräsident PETRU LUCINSCHI mit 54,2% vor Amtsinhaber SNEGUR.

2. OSZE. Auf ihrer Gipfelkonferenz in Lissabon einigt sich die Organisation für Sicherheit und Zusammenarbeit in Europa auf eine Anpassung des Vertrags über konventionelle Streitkräfte in Europa (KSE) an die neue Sicherheitslage.

3. Frankreich. Bei der Explosion einer Bombe in der Pariser U-Bahn zur Hauptverkehrszeit werden zwei Menschen getötet und rund 30 verletzt.
Russland. In 160 der 190 Gruben des Landes stellen die Bergleute ihre Arbeit ein; sie fordern die Auszahlung ihrer seit Monaten ausgebliebenen Löhne und den Rücktritt der Regierung Tschernomyrdin.
Deutschland. Zehntausende Angehörige der Heilberufe protestieren auf einer Demonstration in Bonn gegen die Auswirkungen der Gesundheitsreform.

4. Bosnien und Herzegowina. In London beginnt die zweitägige Internationale Konferenz zu Bosnien, an der 43 Staaten und 13 internationale Organisationen teilnehmen.

7. Jugoslawien. Die Fronten in der Auseinandersetzung zwischen Opposition und Regierung verhärten sich, als das Oberste Gericht in Belgrad die Annullierung von Teilen der serbischen Kommunalwahlen bestätigt.
Birma. Zu einer der größten Protestdemonstrationen seit Niederschlagung der Demokratiebewegung 1988 kommen rund 1 000 Studenten in Rangun zusammen. Die Polizei löst die Kundgebung gewaltsam auf.

3. Dezember. Gegen die Gesundheitsreform demonstrieren allein in Bonn rund 25 000 Menschen

13. Dezember. Parallel zum EU-Gipfel in Dublin stellt Wim Duisenberg in Frankfurt am Main die zukünftigen Euro-Banknoten mit Nennwerten von 5 bis 500 Euro vor

8. Russland. Im Gebiet Kostroma sprechen sich im ersten Referendum dieser Art in Russland 87% der Bevölkerung für die Einstellung des Baus eines Kernkraftwerks aus.

9. Frankreich/Deutschland. Bei ihrem Gipfeltreffen in Nürnberg vereinbaren Bundeskanzler KOHL und Staatspräsident CHIRAC eine engere Zusammenarbeit in der Innen- und Rechtspolitik.

11. Israel/Palästinensische Autonomiegebiete. In Ramallah fallen eine jüdische Siedlerin und ihr Sohn einem Mordanschlag der Volksfront für die Befreiung Palästinas (PFLP) zum Opfer.
Hongkong/China. Der von Staats- und Parteichef JIANG ZEMIN designierte Verwaltungschef für Hongkong, der Reeder TUNG CHEE-HWA, wird erwartungsgemäß von den Mitgliedern der Wahlkommission zum künftigen Chef der Exekutive gewählt.
Russland. Verteidigungsminister General RODIONOW wird von Präsident JELZIN aus dem Militärdienst entlassen und damit zum ersten zivilen Verteidigungsminister der Föderation gemacht.
Deutschland. ›Sparpaket‹ ist nach dem Urteil deutscher Sprachforscher das ›Wort des Jahres 1996‹, gefolgt von ›Haushaltslöcher‹ und ›Lohnfortzahlung‹.

13. Europäische Union/Euro. Während sich die Staats- und Parteichefs der Union zu Beginn ihres Gipfeltreffens in Dublin auf den von Deutschland mit Nachdruck geforderten Stabilitätspakt für die geplante Währungsunion einigen, stellt WIM DUISENBERG, designierter Präsident des Europäischen Währungsinstituts, in Frankfurt am Main die zukünftigen Euro-Banknoten mit Nennwerten von 5 bis 500 Euro vor.
Deutschland. Der Bundestag stimmt mit großer Mehrheit (499 Ja-Stimmen, 93 Nein-Stimmen, 21 Enthaltungen) für den Antrag der Bundesregierung, Bundeswehrsoldaten im Rahmen der Sfor-Mission der NATO für 18 Monate nach Bosnien zu entsenden.

15. Jugoslawien. Die Proteste gegen die serbische Regierung erreichen einen Höhepunkt. In Belgrad demonstrieren 250 000 Menschen, in 30

anderen Städten protestieren ebenfalls Tausende gegen die Annullierung von Teilen der Kommunalwahlergebnisse im November.
Deutschland. Bundestagspräsidentin RITA SÜSSMUTH weist Vorwürfe der Presse, sie habe die Flugbereitschaft der Bundeswehr für private Reisen zu ihrer Tochter in der Schweiz genutzt, als falsch zurück.

16. **Israel/Palästinensische Autonomiegebiete.** In einem Telefongespräch vereinbaren Ministerpräsident NETANJAHU und Palästinenserführer ARAFAT die Wiederaufnahme der Gespräche über einen israelischen Truppenabzug aus Hebron.
Deutschland. Der frühere SED-Bezirkschef von Dresden und DDR-Ministerpräsident HANS MODROW wird vom Dresdener Landgericht des fahrlässigen Meineids für schuldig befunden und zu zehn Monaten Freiheitsstrafe auf Bewährung verurteilt. Er hatte 1992 vor einem Untersuchungsausschuss des Sächsischen Landtags unter Eid die Unwahrheit gesagt.
Tansania/Ruanda. Nach der Aufforderung durch die tansanische Regierung an die etwa 400 000 ruandischen Hutu-Flüchtlinge, das Land zu verlassen, setzt eine Massenflucht ins Innere Tansanias und in Richtung ruandische Grenze ein.

17. **Russland.** In Nowje Atagi nahe der tschetschenischen Hauptstadt Grosnyj werden sechs Mitarbeiter des Internationalen Komitees vom Roten Kreuz – fünf Frauen und ein Mann – bei einem Überfall auf ein Krankenhaus von Unbekannten im Schlaf erschossen.
Peru. 20 Kämpfer der Guerillaorganisation Túpac Amaru (MRTA) dringen gegen 20.30 Uhr Ortszeit in die Residenz des japanischen Botschafters in Lima ein, in der der Geburtstag des japanischen Kaisers gefeiert werden sollte, und nehmen rund 500 Diplomaten, Politiker, hohe Militärs und Wirtschaftsvertreter als Geiseln. Sie fordern die Freilassung inhaftierter Gesinnungsgenossen.
Deutschland. Sieben ehemalige DDR-Bürgerrechtler, darunter die Bundestagsabgeordnete von Bündnis 90/Die Grünen, VERA LENGSFELD und die Mitbegründerin der Ost-SPD, ANGELIKA BARBE, treten in die CDU ein.

18. **UNO.** Der Ghanaer KOFI ANNAN wird von der UNO-Vollversammlung zum Nachfolger des scheidenden Generalsekretärs BOUTROS BOUTROS GHALI gewählt.

19. **Peru.** Mehrere Diplomaten, darunter der deutsche Botschafter WÖCKEL, werden von den Rebellen freigelassen, um Verhandlungen mit der Regierung in Lima aufzunehmen.
Iran/Türkei. Staatspräsident RAFSANDJANI trifft zu einem Besuch in Ankara ein.

20. **Bosnien und Herzegowina/NATO.** Die neue internationale Friedenstruppe Sfor löst die vor einem Jahr entsandte Ifor-Truppe ab. 32 Staaten beteiligen sich mit insgesamt 31 000 Mann (darunter rund 3 000 deutsche Soldaten) an der neuen, auf eine Dauer von 18 Monaten angelegten Mission.
Deutschland/Tschechische Republik. Bundesaußenminister KLAUS KINKEL und sein tschechischer Amtskollege JOSEF ZIELENIEC unterzeichnen in Prag eine Protokollnotiz, in der sie ihr Einvernehmen über den Wortlaut der Erklärung zur deutsch-tschechischen Versöhnung feststellen. (BILD S. 52)

21. **Bulgarien.** Ministerpräsident SCHAN WIDENOW tritt als Regierungschef und als Vorsitzender der Sozialistischen Partei zurück.

22. **Nordirlandkonflikt.** In einem Vorort von Belfast wird ein Katholik bei einem Autobombenanschlag schwer verletzt. Tags zuvor hatte sich die IRA eines Anschlags auf einen Wachmann bezichtigt, der einem protestantischen Politiker zu dessen Schutz zugeteilt war.
Russland. Bei der Explosion einer ferngezündeten Mine sterben in einem Dorf nahe der Hauptstadt fünf Kinder. Einen Tag zuvor war in Grosnyj eine vierköpfige russische Familie ermordet worden.

23. **Peru.** Die Rebellen der Túpac Amaru lassen als ›eine Geste zu Weihnachten‹ 225 Geiseln frei. 140 bleiben noch in ihrer Gewalt in der japanischen Botschaft in Lima. Präsident FUJIMORI zeigt sich den Forderungen der Geiselnehmer gegenüber nach wie vor unnachgiebig.
Russland. Präsident JELZIN kehrt nach fast sechsmonatiger krankheitsbedingter Abwesenheit in den Kreml zurück.

19. Dezember. Nach der Freilassung mehrerer Diplomaten aus der von Kämpfern der Túpac Amaru besetzten japanischen Botschaft in Lima warten internationale Fernsehteams auf dem Dach eines Nachbargebäudes ab, ob es zu weiteren Freilassungen von Geiseln kommt

20. Dezember. Vor den Fahnen beider Länder beurkunden Außenminister Klaus Kinkel (rechts) und sein tschechischer Amtskollege Josef Zieleniec in Prag ihr Einvernehmen über die deutsch-tschechische Aussöhnungserklärung

24. **Deutschland.** Während der Christmette in der evangelischen Kirche im Frankfurter Stadtteil Sindlingen-Süd zündet eine geistig verwirrte Frau kurz nach 23 Uhr zwei an ihrem Körper befestigte Handgranaten und tötet damit sich und zwei weitere Frauen. 13 Gottesdienstbesucher werden zum Teil schwer verletzt.
Jugoslawien. Bei einer von der Regierung organisierten Gegenkundgebung kommt es zu gewalttätigen Zusammenstößen mit oppositionellen Demonstranten, die seit mehreren Wochen täglich gegen die Regierung protestieren. Milošević-Anhänger prügeln einen Oppositionellen zu Tode, 59 werden durch Pistolenschüsse zum Teil schwer verletzt.

29. Dezember. Nach Unterzeichnung des Friedensvertrags in Guatemala entzünden Präsident Alvaro Arzú Irigoyen (Mitte) und Rolando Moran (2. von rechts), einer der Guerilla-Kommandanten, eine Fackel als Symbol des Friedens

25. **Birma.** Nur drei Stunden nach dem Besuch des Militärmachthabers THAN SHWE werden bei einem Bombenanschlag auf die Kaba-Aya-Pagode mehrere Menschen getötet.

26. **Algerien.** Sieben Tote und 68 Verletzte fordert ein Autobombenattentat in der Hauptstadt Algier, das islamischen Terroristen zugeschrieben wird. Die Islamische Bewaffnete Gruppe (GIA) droht indessen Frankreich mit weiteren Terroranschlägen.

27. **OSZE/Jugoslawien.** In ihrem in Genf vorgelegten Bericht kommt die Untersuchungskommission der Organisation für Sicherheit und Zusammenarbeit in Europa unter Leitung von FELIPE GONZÁLEZ zu dem Schluss, dass die serbische Opposition bei den Kommunalwahlen vom 17. November in 13 Städten Serbiens und neun Bezirken Belgrads gewonnen habe. Der serbische Präsident wird aufgefordert, den Willen des Volkes zu achten.
China/Russland. Als ersten Staatsgast nach seiner Genesung empfängt Präsident JELZIN den chinesischen Ministerpräsidenten LI PENG.

29. **Guatemala.** Die Regierung und die links gerichtete Guerilla unterzeichnen in der Hauptstadt ein Friedensabkommen, mit dem der 36 Jahre dauernde bewaffnete Konflikt beendet wird. An der Zeremonie im Nationalpalast nehmen neben Staatspräsident ARZÚ und vier Guerillaführern der scheidende UNO-Generalsekretär BOUTROS GHALI sowie Staats- und Regierungschefs und Diplomaten aus 30 Ländern teil.
Korea. Mit einer bisher einmaligen Geste entschuldigt sich der Norden beim Süden für den U-Boot-Zwischenfall vom 18. September. Einen Tag später übergibt der Süden die Asche der 24 getöteten Besatzungsmitglieder. Der einzige lebend gefasste Nordkoreaner wird nicht ausgeliefert; ein weiterer ist noch flüchtig.

30. **Indien.** Bei einem Bombenanschlag der Untergrundorganisation der Bodo auf einen vollbesetzten Zug im Unionsstaat werden mehr als 30 Menschen getötet. Das Volk der Bodo kämpft seit 20 Jahren für ein eigenes Staatsgebiet in Assam.
Dänemark. Nachdem die Zentrumsdemokraten kurz vor Weihnachten ihren Austritt aus der Regierung erklärt hatten, nimmt Ministerpräsident RASMUSSEN eine Umbildung seines Minderheitskabinetts vor, in dem jetzt nur noch Sozialdemokraten und Sozialliberale vertreten sind.
Israel. Hunderttausende demonstrieren gegen die Sparpolitik der Regierung Netanjahu und legen das öffentliche Leben fast völlig lahm.

31. **Israel/Palästinensische Autonomiegebiete.** Ein israelischer Soldat schießt auf dem Marktplatz von Hebron um sich und verletzt dabei sechs Araber zum Teil schwer.
Deutschland. Die Zahl der Arbeitslosen beträgt zum Jahresende knapp 4,15 Millionen, 357 500 mehr als Ende 1995. Die Arbeitslosenquote liegt bei 10,8 % (1995: 9,9 %). Das reale Wachstum des BIP bleibt 1996 mit 1,4 % schwach (1995: 1,9 %). Das Finanzierungsdefizit des Staates liegt mit 3,9 % (137,9 Mrd. DM) deutlich über dem Maastrichtkriterium (3 %) für die Europäische Wirtschafts- und Währungsunion.

A

AEG Aktiengesellschaft: Der einst größte dt. Elektrokonzern (gegr. 1883 als ›Dt. Edison-Gesellschaft für angewandte Elektricität‹, seit 1887 als AEG, Abk. für Allgemeine Elektricitäts-Gesellschaft, seit 1994 als AEG Daimler Benz Industrie AG) wurde aufgelöst und rückwirkend zum 1. 1. 1996 auf das Mutterunternehmen Daimler-Benz AG verschmolzen. Die AEG belastete die Konzernbilanz von Daimler-Benz 1995 mit rd. 1,5 Mrd. DM. Die AEG-Unternehmensbereiche Mikroelektronik, Bahnsysteme und Postautomatisierung werden zukünftig direkt von der Daimler-Benz AG geführt, der zur AEG zählende Dieselmotorenhersteller MTU an die Mercedes-Benz AG angegliedert.

Mitarbeiter tragen am 17. Januar in Frankfurt am Main symbolisch die AEG zu Grabe, deren Auflösung am selben Tag beschlossen wird

Afghanistan

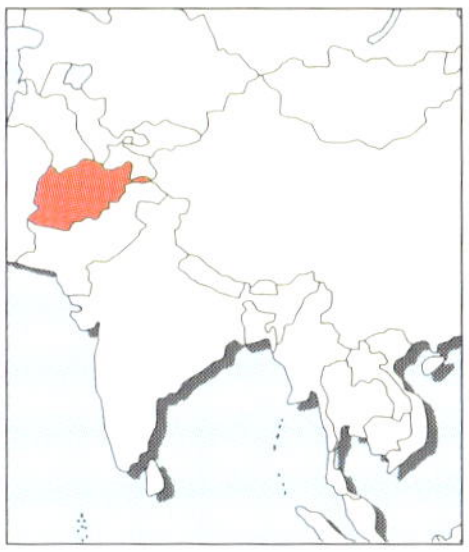

Hauptstadt: Kabul
Einwohner: 21,86 Mio.
Einwohner/km²: 33,5
Staatsoberhaupt und Regierungschef: Mullah Mohamad Rabbani (seit 27. 9. 1996)
BSP/Einwohner: rd. 250 US-$

Machtübernahme der Taleban

Die islamist., von Pakistan unterstützte Taleban-Miliz, die erstmals im Herbst 1994 als Bürgerkriegspartei in Erscheinung getreten war, nahm im Sept. zunächst Djalalabad, den Sitz einer neutralen Schura (Rat), und am 27. Sept. weitgehend kampflos die Hauptstadt Kabul ein. Interimspräsident Burhanuddin Rabbani und der erst am 27. Juni wieder ins Amt eingesetzte MinPräs. Gulbuddin Hekmatyar konnten sich absetzen. Der letzte kommunist. Staatspräs. vor dem Sieg der Mudjahedin über die sowjet. Besatzungsmacht, Najibollah, wurde gemeinsam mit seinem Bruder von den Eroberern gefoltert und öffentlich gehenkt. Der Anführer der Taleban, Mullah Mohamad Omar Achund, erklärte A. zu einem ›islam. Gottesstaat‹ und setzte einen sechsköpfigen Übergangsrat unter Mullah Mohamad Rabbani ein. Dann machten sich die Taleban daran, den Norden zu erobern, wo der bisherige Oberkommandierende der Regierungstruppen, der Tadschike Ahmed Schah Masud, und der über eine schlagkräftige, 100 000 Mann starke Armee verfügende Usbekenführer Abdul Raschid Dostum ihren Machtbereich haben. Gemeinsam bremsten diese beiden ehem. Gegner den Vormarsch der Taleban am Salangpass und starteten im Okt. eine erfolgreiche Gegenoffensive, die sie bis 25 Kilometer vor Kabul brachte. Der dt. Diplomat Norbert Holl, der erst im Juli sein Amt als UNO-Sondergesandter für A. angetreten hatte, kam mit den Taleban zu Gesprächen über Menschenrechtsfragen, besonders über die Diskriminierung der Frauen, zusammen. Frauen ist seit der Machtübernahme jegl. Berufsausübung, Mädchen der Schulbesuch verboten. Der UNO-Sicherheitsrat zeigte sich besorgt über die Lage in A. und verurteilte (trotz der Taleban-freundl. Haltung der USA) die Hinrichtung Najibollahs. Russland und die zentralasiat. GUS-Republiken kündigten auf ihrem Sondergipfel in Almaty Anfang Okt. Gegenmaßnahmen für den Fall an, dass der Konflikt von den Taleban über die Grenzen A.s hinaus getragen werde. Am 17. Nov. begann in New York eine UNO-Konferenz zu A., die den Beginn eines polit. Befriedungsprozesses mit Stufen wie Waffenstillstand und Entmilitarisierung Kabuls bringen soll. Teilnehmer sind die Mitgl. des Sicherheitsrats, die Nachbarstaaten A.s, Indien sowie Deutschland, Italien und Japan. Durch den Machtwechsel in Pakistan könnten die Aussichten auf einen Verhandlungsfrieden gestiegen sein. (Bild S. 54)

Agrarpolitik: Für den dt. Agraretat sind 1997 Ausgaben in Höhe von 12,06 Mrd. DM vorgesehen, die damit um 75 Mio. DM gegenüber 1996 gekürzt werden. Der EU-Agrarhaushalt 1997 erfährt

Taleban-Kämpfer in Afghanistan dringen am 5. November in den Norden des Landes vor

gleichfalls eine Kürzung, und zwar um 1 Mrd. Ecu gegenüber dem Mittelansatz der Kommission von 41,8 Mrd. Ecu. Betroffen sind alle landwirtschaftl. Haushaltsposten bis auf Rindfleisch und eine Reserve für die durch die Rinderseuche BSE hervorgerufenen Schäden.

Ende Juli beschlossen die europ. Landwirtschaftsmin., die Sonderregelungen für die ostdt. Landwirtschaft zu verlängern. Für die Flächenprämien bei Getreide und Raps war den neuen Bundesländern in der 1992 beschlossenen Agrarreform eine zeitlich befristete Sonderquote von 150 000 ha gewährt worden. Diese muss nun erst 1999 – zwei Jahre später als ursprünglich geplant – abgebaut werden. Auch die EU-Beihilfen für Mastrinder in Ostdeutschland bleiben vorläufig bestehen. Wegen der angespannten Versorgungslage auf dem Getreidemarkt beschloss der EU-Ministerrat eine Halbierung der Flächenstilllegung auf 5% der Ackerflächen. Dadurch dürfte die Getreideproduktion um rd. 8 Mio. t anwachsen.

Anfang April verständigten sich die EU-Agrarmin. auf ein Maßnahmenpaket zur Bekämpfung der Rinderseuche →BSE. Den Kern des Pakets bildet die Auflage, dass die bes. BSE-gefährdeten brit. Rinder über einen Zeitraum von 30 Monaten nicht mehr zum Verzehr geschlachtet werden dürfen. Die EU kommt zu 70% für Entschädigungszahlungen auf, die den Landwirten in Großbritannien für Wertverluste bei künftigen Notschlachtungsaktionen entstehen. Die übrigen 30% müssen von der brit. Reg. getragen werden. Ende Juni einigten sich die EU-Agrarmin. über die Verteilung der Einkommensbeihilfen für die betroffenen Rinderzüchter. Das Gesamtvolumen der EU-Mittel beläuft sich auf 850 Mio. Ecu. Rund zwei Drittel der Stützungsmaßnahmen (581 Mio. Ecu) setzen sich aus Schlachtprämien für Bullen und Milchkühe zusammen. Die verbleibenden 269 Mio. Ecu sollen direkt an die Mitgliedstaaten geleitet werden, die ihrerseits über die nat. Verteilung der Mittel frei entscheiden können. Im Sept. setzte die brit. Reg. das Schlachtprogramm aus, um Studien über die im Aug. nachgewiesene Übertragbarkeit von Mutterkühen auf Kälber abzuwarten.

Ägypten

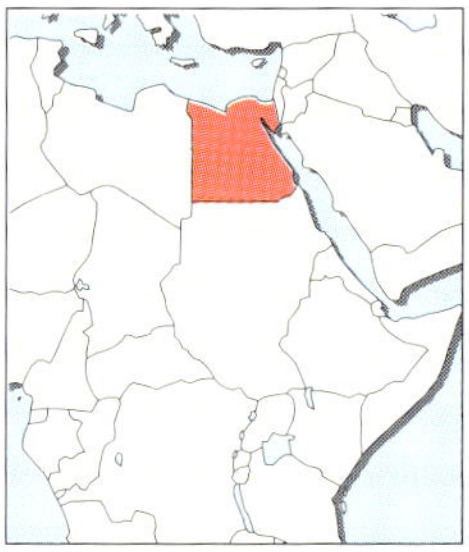

Hauptstadt: Kairo
Einwohner: 62,9 Mio.
Einwohner/km²: 63
Staatsoberhaupt: H. Mubarak
Regierungschef: K. al-Gansuri (seit 2. 1. 1996)
BSP/Einwohner: 720 US-$

Anfang Jan. wurde der bisherige Planungsmin. KAMAL AL-GANSURI im Rahmen einer Regierungsumbildung Ministerpräsident. Gründe für die Ablösung des Kabinetts Sidki dürften u.a. der seit einem Jahr ungünstige Verlauf der Verhandlungen mit dem IWF und der Weltbank, die zögerl. Umsetzung der geplanten Wirtschaftsreformen sowie Unregelmäßigkeiten bei den Wahlen Ende 1995 gewesen sein, die dazu führten, dass das Oberste Gericht im Juli die Wahl von mehr als einem Viertel der Abgeordneten annullierte. Die meisten der betroffenen Politiker gehören der von Präs. HOSNI MUBARAK geführten National-Demokrat. Partei an. Die Schaffung von Arbeitsplätzen und der Abbau bürokrat. Hürden für in- und ausländ. Investoren sind weiterhin Hauptziele der Regierung. Mitte des Jahres wurde die Privatisierung von Staatsbetrieben durch den Verkauf von Mehrheitsbeteiligungen an private Investoren eingeleitet. Zur guten Devisensituation trugen sowohl die zahlreichen ägypt. Arbeitsmigranten in den reichen Golfstaaten als auch der Tourismus bei, der trotz der Ermordung von 18 griech. Touristen durch fundamentalist. Terroristen im April nicht zurückging.

Innenpolitische Spannungen

1996 weitete sich der islamist. Terror in Ober-Ä. aus. Im Febr. wurden eine Reihe von Dörfern angegriffen und mehr als 20 Menschen getötet. Im selben Monat wurde bei einer Razzia in der als Fundamentalistenhochburg geltenden Region Minija einer der wichtigsten Offiziere der Sicherheitskräfte in Ober-Ä. bei einem Feuergefecht mit Extremisten getötet. Auf die Ankündigung des neuen Führers der Muslimbrüder, Scheich MUSTAFA MASCHHUR, eine polit. Partei gründen zu wollen, antwortete die Reg. Anfang April mit Verhaftungen von Mitgl. der Bruderschaft und verweigerte die Anerkennung als Partei. Trotz der Bindung an ein Mehrparteiensystem verbietet der ägypt. Staat religiöse Parteien. Das nach dem Protest des Journalistenverbandes von der Reg. zurückgezogene verschärfte Pressegesetz wurde in modifizierter Form vom Parlament gutgeheißen. Damit ist nun wenigstens ein Mindestmaß an Pressefreiheit in Ä. garantiert. Das aus dem Mittelalter stammende Rechtsmittel der ›Hisbah‹, das islamist. Anwälte in die Lage setzt, liberale Persönlichkeiten unter der Anklage des ›Abfalls vom Islam‹ mundtot zu machen, wurde vom

Parlament unter Einschränkungen als Teil der Gesetzgebung weiterhin anerkannt.

Vermittlerrolle

Die Vermittlerrolle Präs. Mubaraks wurde nach dem Amtsantritt Benjamin Netanjahus in Israel und den blutigen Auseinandersetzungen zw. israel. Soldaten und palästinens. Polizisten im Sept. noch schwieriger. Mubarak hielt an der in der Madrider Konferenz 1991 festgelegten Grundlage zu weiteren Verhandlungen ›Land gegen Frieden‹ fest und verurteilte bei einem Staatsbesuch in den USA Netanjahus auf Expansion ausgerichtete Siedlungspolitik. Durch intensive Kontakte mit den Reg. des Libanon, Syriens, Frankreichs (Besuch von Staatspräs. Chirac in Kairo Ende Okt.), der USA und der Palästinenser versuchte Mubarak, den brachliegenden Friedensprozess wieder in Gang zu bringen, doch das Verhältnis zu Israel verschlechterte sich ständig weiter; daran änderte auch ein Besuch des israel. Staatspräs. Weizman am 14. Okt. nichts. Vor dem UNO-Sicherheitsrat listete der Vertreter Ä.s alle israel. Verstöße gegen die Vereinbarungen mit den Palästinensern auf und verlangte von Israel, seine »sehr unkluge, sehr aggressive Politik« zu überdenken. Mubarak lehnte eine Teilnahme an dem vom amerikan. Präs. Clinton im Okt. initiierten Krisengipfel in Washington ab, den er als reinen »Fototermin« apostrophierte – eine Einschätzung, die den Ergebnissen entsprach. Als Gastgeber der dritten Nahost-Nordafrika-Wirtschaftskonferenz (12.–14. Nov.), an der auch Israel teilnahm, dämpfte Mubarak die Erwartungen mit dem Hinweis auf die Folgen der Politik Netanjahus.
Seit dem fehlgeschlagenen Attentat auf Mubarak im Juni 1995 in der äthiop. Hauptstadt Addis Abeba ist das Verhältnis zum Sudan, das als Drahtzieher gilt, angespannt. Außerdem beschuldigt Kairo die Führung in Khartum, den islamist. Terror in Ä. zu unterstützen. ■

AIDS: Nach Schätzungen der Weltgesundheitsorganisation (WHO) in Genf lebten Ende 1996 weltweit 22,6 Mio. Menschen mit einer HIV-Infektion oder litten bereits an AIDS, davon 94% in Entwicklungsländern. Etwa drei Viertel aller Infektionen treten in den afrikan. Staaten südlich der Sahara auf. In Deutschland, so das Berliner Robert-Koch-Institut, haben sich vom Beginn der Epidemie bis Mitte 1996 etwa 60 000 Menschen mit dem HI-Virus infiziert, 18 000 Menschen sind an AIDS erkrankt, 13 000 Menschen verstorben.
Nur eine sehr begrenzte Hoffnung ging im Juli vom AIDS-Kongress im kanad. Vancouver aus. Hier berichteten mehrere Forschergruppen von erfolgreichen klin. Studien mit unterschiedl., gegen HIV gerichteten Medikamenten-Kombinationen. Diese Substanzen waren in der Lage, die Zahl der im Körper vorhandenen HI-Viren um bis zu 99,6% zu reduzieren. Bisher kann jedoch noch nicht beurteilt werden, ob die Verringerung der Viruskonzentration auch zu einer höheren Lebenserwartung der behandelten Patienten führt. Experten wiesen zudem darauf hin, dass die hohen Kosten dieser Medikamente einen Einsatz in Entwicklungsländern verhindern. Praktisch keine Fortschritte ließen sich bei der Impfstoffentwicklung erzielen, von der ein größerer Einfluss auf die weltweite Bekämpfung der Epidemie erwartet wird.

Auf dem Sondergipfel der Arabischen Liga am 22. Juni in Kairo nehmen alle Mitgliedsländer bis auf Irak teil. Themenschwerpunkte sind eine gemeinsame Strategie im Nahost-Friedensprozess und die innerarabische Aussöhnung nach der Spaltung des arabischen Lagers 1990 durch den zweiten Golfkrieg

Albanien

Hauptstadt: Tirana
Einwohner: 3,4 Mio.
Einwohner/km²: 120
Staatsoberhaupt: S. Berisha
Regierungschef: A. Meksi
BSP/Einwohner: 380 US-$

Umstrittene Parlamentswahlen

Das bedeutendste Ereignis der alban. Innenpolitik waren die Parlamentswahlen Ende Mai/Anfang Juni. Im Mittelpunkt des Wahlkampfes standen die Auseinandersetzungen zw. der regierenden Demokrat. Partei (DPA) des Staatspräs. Salih Berisha und der Sozialist. Partei (SPA). Die Regierungspartei warnte vor einer Rückkehr der alten Strukturen, sofern die SPA die Wahlen gewinnen sollte. Die SPA ihrerseits prangerte den Hang der DPA-Politiker und Berishas zu Korruption und Autokratie an.
In einer durch zunehmende soziale Gegensätze und steigende Arbeitslosigkeit geprägten Atmosphäre wurde am 26. Mai der erste Wahlgang durchgeführt. Ohne das amtl. Ergebnis abzuwarten, erklärte sich die DPA zum Wahlsieger, während die

Albaniens Präsident Salih Berisha kommentiert am 27. Mai den Sieg seiner Demokratischen Partei bei den Parlamentswahlen

Opposition schwere Vorwürfe wegen Wahlbetrugs erhob und den Boykott der nachfolgenden Stichwahlen in mehreren Wahlkreisen ankündigte. Am 29. Mai legte die Wahlkommission die offiziellen Ergebnisse vor. Danach hatten die Kandidaten der DPA in 95 von 115 Wahlkreisen die absolute Mehrheit der Erststimmen erhalten, in zehn Wahlkreisen wurde eine Stichwahl erforderlich. Bei den Zweitstimmen hatte die DPA eine solide Zweidrittelmehrheit erlangt. Während sich die Proteste gegen die von unabhängigen Beobachtern bestätigten Wahlverstöße verschärften, wurden am 2. Juni in neun Wahlkreisen von der Opposition weitgehend boykottierte Stichwahlen abgehalten. Unter dem polit. Druck der USA, der OSZE und der EU wurde der Urnengang am 16. Juni in 17 Wahlkreisen wiederholt. Da die Oppositionsparteien auch diesen Wahlgang boykottierten, gewann die DPA sämtl. Mandate und verfügte anschließend über 122 der insgesamt 140 Sitze im Parlament.

Verbesserung des Verhältnisses zu Griechenland

Am 21. März traf Staatspräs. KONSTANTINOS STEPHANOPULOS zur ersten offiziellen Visite eines griech. Staatsoberhaupts in A. ein. Anlässlich dieses Besuchs unterzeichneten die Außenmin. beider Länder einen Freundschaftsvertrag. Vereinbart wurde u. a., den rd. 300 000 illegal in Griechenland lebenden Albanern entweder eine dauerhafte Aufenthalts- und Arbeitserlaubnis zu erteilen oder ihnen den Status von legalen Saisonarbeitern zu gewähren. STEPHANOPULOS erklärte, dass er die griech. Minderheit in Süd-A. als »Brücke der Verständigung« betrachte. Die 1995 angebahnte Entspannung zw. den beiden Nachbarländern konnte damit weiter geführt werden. ■

Algerien

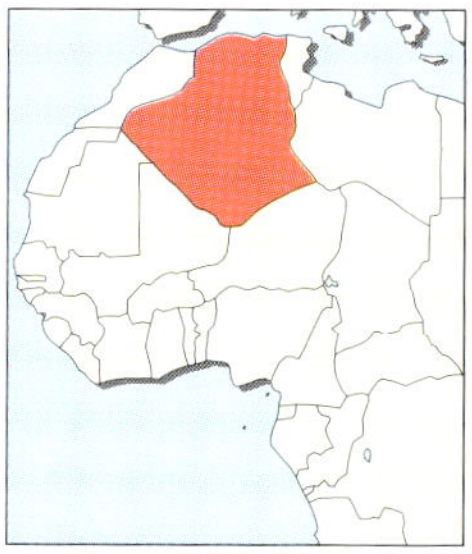

Hauptstadt: Algier
Einwohner: 27,9 Mio.
Einwohner/km²: 12
Staatsoberhaupt: L. Zéroual
Regierungschef: A. Ouyahia (seit 5. 1. 1996)
BSP/Einwohner: 1 650 US-$

Nach neuen Privatisierungsgesetzen und einem weiteren Darlehen der Weltbank, mit dessen Hilfe die Privatisierung vorangetrieben werden soll, begannen europ. Firmen zaghaft zu investieren. Umschuldungen führten zu einer Entspannung der Finanzlage. Die Arbeitslosigkeit blieb jedoch hoch, mehrfach kam es zu Streiks für bessere Arbeitsbedingungen sowie am 13. Febr. zu einem Generalstreik gegen Gehaltskürzungen im öffentl. Sektor. Die Hoffnung auf ein baldiges Ende des seit Jan. 1992 herrschenden Bürgerkriegs zw. Reg. und Islamisten nach der Präsidentenwahl im Nov. 1995 wurde enttäuscht. Die Islamisten verübten weiterhin Anschläge v. a. gegen Journalisten, Ausländer und Christen, die Reg. blieb bei ihrer harten Linie. Traurige Höhepunkte des islamist. Terrors waren im Mai die Ermordung von sieben frz. Trappistenmönchen nach zweimonatiger Entführung und am 1. Aug. die Ermordung des Bischofs von Oran, PIERRE CLAVERIE sowie die immer wieder verübten Massaker an der Zivilbevölkerung, denen im

Ein islamistischer Terroranschlag am 11. Februar auf das Haus der unabhängigen Presse in Algier fordert 17 Menschenleben und zahlreiche Verletzte

Laufe des Jahres Hunderte zum Opfer fielen. Aber auch die bewaffneten Auseinandersetzungen zw. den verschiedenen islamist. Gruppierungen, deren fanatischste und mörderischste die GIA (Bewaffnete Islam. Gruppe) ist, forderten Todesopfer.
An der zu Jahresbeginn neu gebildeten Reg. unter Ahmed Ouyahia sind verschiedene Parteien beteiligt, u.a. die gemäßigte islamist. Hamas. Vom ›nat. Dialog‹, der von der Reg. am 15. Juli wieder aufgenommen wurde und an dem etwa 30 Gruppierungen teilnehmen sollten, blieb die seit 1992 verbotene Islam. Heilsfront (FIS) weiterhin ausgeschlossen. Zwei wichtige demokrat. Kräfte, die Front der Sozialist. Kräfte (FFS) und die Vereinigung für Kultur und Demokratie (RCD), sagten ihre Teilnahme ab. Zu den im Mai von Staatspräs. Lamine Zéroual vorgeschlagenen Verhandlungsthemen gehörten eine Änderung des Wahl- und Parteiengesetzes, die Schaffung eines Zweikammersystems und die Begrenzung der Präsidentschaft auf eine Amtsperiode. Am 24. Aug. wurde die Einführung des Verhältniswahlrechts beschlossen; die Parlaments- und Kommunalwahlen sind für 1997 vorgesehen. In einem Referendum am 28. Nov. sprachen sich 85,81 % der Stimmberechtigten (Beteiligung 79,8 %) für eine neue Verfassung aus, die den Islam als Staatsreligion festschreibt, religiöse, ethn. und regionale Parteien verbietet sowie die Machtbefugnisse des Staatspräs. erweitert. ■

Allianz AG Holding, →Münchener Rückversicherungs-Gesellschaft AG.

Alternativer Nobelpreis: In Stockholm wurde am 9. Dez. der Right Livelihood Award 1996 an das Komitee russ. Soldatenmütter verliehen, das v.a. wegen seines Einsatzes gegen den Krieg in Tschetschenien bekannt geworden war. Außerdem wurden der griech. Homöopath George Vithoulkas und die ind. Vereinigung KSSP, die Entwicklungprojekte im Bundesstaat Kerala betreut, ausgezeichnet. Einen undotierten Ehrenpreis erhielt der amerikan. Wirtschaftswissenschaftler Herman Daly für seine ökologisch orientierte Forschung.

Altersteilzeitarbeit, Form der Teilzeitarbeit für Arbeitnehmer, die das 55. Lebensjahr vollendet haben, entsprechend dem am 1. 8. 1996 in Kraft getretenen Gesetz zur Förderung eines gleitenden Übergangs in den Ruhestand (**Altersteilzeitgesetz**). Dabei wird die wöchentl. Arbeitszeit auf die Hälfte der tarifl. Wochenarbeitszeit verringert (mind. jedoch 18 Stunden). Wie die Arbeitszeit über das Jahr verteilt wird, bleibt den Arbeitsvertragsparteien überlassen. Durch eine tarifvertragl. Regelung kann die verringerte Arbeitszeit sogar über einen Zeitraum von fünf Jahren beliebig verteilt werden. Damit das Arbeitsentgelt des Arbeitnehmers 70 % des bisherigen Vollzeitnettoentgelts beträgt und um die Rentenversicherungsbeiträge auf einen Betrag zu erhöhen, der 90 % des bisherigen Vollzeitentgelts entspricht, zahlt der Arbeitgeber Aufstockungsbeträge. Das Arbeitsamt ersetzt dem Arbeitgeber sowohl den Aufstockungsbetrag zw. 50 % Bruttoentgelt und 70 % Nettoentgelt als auch den Zusatzbetrag zur Rentenversicherung, sofern der Arbeitgeber für den frei gewordenen halben Arbeitsplatz einen beim Arbeitsamt gemeldeten Arbeitslosen einstellt oder einen Auszubildenden übernimmt. Dabei können auch zwei halbe Stellen mit einer Vollzeitkraft besetzt werden. Mit der Vollendung des 60. Lebensjahrs können die älteren Arbeitnehmer dann vorzeitig in Rente gehen, müssen aber wegen der ab 1997 geltenden höheren Altersgrenzen Abschläge bei der Rente in Kauf nehmen. Die A. ist eine Reaktion des Gesetzgebers auf die bisherige Praxis der Frühverrentung zu Lasten der Arbeitslosen- und Rentenversicherung (→Frührente) und soll auch die Beschäftigungschancen von Arbeitslosen erhöhen.

Amalgamfüllungen, →Zahnfüllungen.

Zu den mit dem Alternativen Nobelpreis Ausgezeichneten gehört das Komitee russischer Soldatenmütter, das aktiv für ein Ende des Tschetschenienkrieges eingetreten ist

Andorra

Hauptstadt: Andorra la Vella
Einwohner: 65 000
Einwohner/km²: 143
Staatsoberhaupt: J. Chirac und J. Martí Alanís
Regierungschef: O. Ribas Reig
BSP/Einwohner: 23 680 US-$

Angola

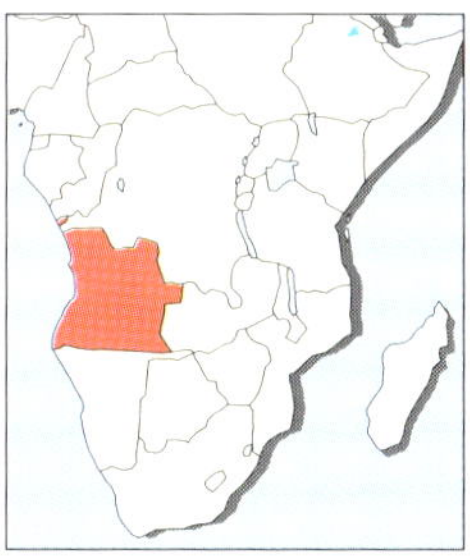

Hauptstadt: Luanda
Einwohner: 11,1 Mio.
Einwohner/km²: 9
Staatsoberhaupt: J. E. Dos Santos
Regierungschef: F. F. van Dúnem (seit 3. 6. 1996)
BSP/Einwohner: 620 US-$ (1989)

Nachdem die UNITA-Bewegung unter JONAS SAVIMBI im Nov. 1995 die im Friedensabkommen von 1994 vereinbarte Entwaffnung ihrer Guerillakämpfer gestoppt hatte, nahmen die Reg. und die UNITA, gedrängt von der UNO und den Garantiemächten des Friedensabkommens (USA, Russland und Portugal) im Jan. 1996 wieder ihre Verhandlungen auf, um den Stillstand im Friedensprozess zu überwinden.
Jeweils im Febr. und Juli verlängerte die UNO das Mandat für die Friedensmission UNAVEM (United Nations Angola Verifikation Mission). Anfang März beschlossen Präs. JOSÉ EDUARDO DOS SANTOS und SAVIMBI die Realisierung der bereits vereinbarten ›Reg. der nat. Einheit‹ sowie die Bildung einer nat. Armee unter Einbeziehung von Soldaten der UNITA. Bis zum Juli waren schließlich, wie im Friedensabkommen vom Nov. 1994 festgelegt, 62000 demobilisierte UNITA-Angehörige in die Sammellager der UNO entsandt worden. Etwa 25000 von diesen waren aber offensichtlich keine Kämpfer, sondern Zivilisten, sodass die UNITA immer noch über eine beträchtl. Streitkraft verfügen dürfte. Bei einer Kabinettsumbildung übernahm am 3. Juni der bisherige Parlamentspräs. FERNANDO FRANCA VAN DÚNEM das Amt des MinPräs., einige Ressorts wurden für Mitgl. der UNITA reserviert. Kritische Beobachter des zögerlichen Friedensprozesses weisen darauf hin, dass sich beide Seiten möglicherweise eine Option für die Wiederaufnahme der Kampfhandlungen offen halten wollen.
Eine kaum fassbare Armut, eine Inflationsrate von etwa 3000% und die weitgehende Zerstörung des Landes infolge des langen Bürgerkrieges lösten soziale Unruhen aus. Die Kommission der EU beschloss im Juni einen humanitären Hilfsplan für A., der eine Wiederaufbauhilfe in Höhe von 14 Mio. Ecu vorsieht. Die Hilfsleistungen sollen vom Büro für humanitäre Hilfe der EU (ECHO) organisiert werden. ■

Auf dem APEC-Gipfel in Manila sprechen sich die Teilnehmer – im Bild (von links nach rechts) der Sultan von Brunei, die Staatspräsidenten Chiles und Chinas, Hongkongs Finanzminister und der indonesische Präsident – am 24. November für eine weitere Öffnung der Märkte aus

Antigua und Barbuda

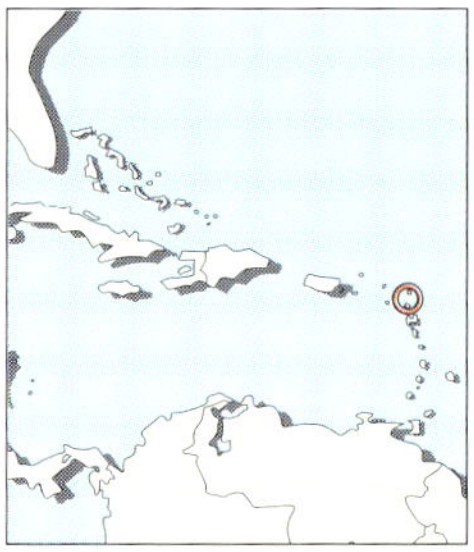

Hauptstadt: Saint John's
Einwohner: 67000
Einwohner/km²: 152
Staatsoberhaupt: Elisabeth II.
Regierungschef: L. Bird
BSP/Einwohner: 6770 US-$

Antimaterie, Form der Materie, deren Atome aus den Antiteilchen der gewöhnl. Elementarteilchen zusammengesetzt sind; Materie und A. vernichten sich beim Zusammentreffen vollständig unter Freisetzung von Energie. Wie im Jan. bekannt wurde, gelang es einem dt.-italien. Forscherteam um WALTER OELERT (Forschungszentrum Jülich) bereits im Sept. 1995 erstmals, Antiwasserstoffatome herzustellen. Die beiden Grundbausteine des Antiwasserstoffs, das negativ geladene Antiproton und das positiv geladene Positron, sind schon lange bekannt. Nun schossen die Wissenschaftler am Europ. Zentrum für Teilchenphysik CERN in Genf mit dem Teilchenbeschleuniger LEAR (›Low Energy Antiproton Ring‹) Antiprotonen auf einen Strahl aus Xenongas; dabei entstanden Positronen, die sich mit den Antiprotonen zu Atomen verbinden können. Insgesamt wurden mit einer ausgeklügelten Versuchsanordnung neun Antiwasserstoffatome eindeutig nachgewiesen, die schon nach 40 Nanosekunden ($4 \cdot 10^{-8}$ s) mit normaler Materie in Berührung kamen und zerstrahlten. Die Forscher hoffen, den Antiwasserstoff künftig in ›magnet. Flaschen‹ einschließen zu können, um höhere Lebensdauern zu erzielen. Das würde es ihnen ermöglichen, Antiatome genauer zu untersuchen, indem vom Wasserstoff bekannte Messungen auch am Antiwasserstoff durchgeführt würden. Solche Messungen könnten klären, ob A. stets den gleichen physikal. Gesetzen folgt wie Materie, und vielleicht auch die Frage beantworten, warum die heutige Welt praktisch nur Materie enthält; nach der gängigen ›Urknalltheorie‹ müssten bei der Entstehung des Weltalls nämlich gleich viele Teilchen und Antiteilchen entstanden sein.

APEC, Abk. für Asian-Pacific Economic Cooperation (dt. Asiat.-Pazif. Wirtschaftskooperation), gegr. am 6. 11. 1989 in Canberra. – Am 24./25. Nov. fand in der philippin. Hauptstadt Manila die Gipfelkonferenz der 18 APEC-Mitgliedstaaten statt. In der Frage einer umfassenden Zollsenkung auf dem Gebiet der Informationstechnologie konnte nur eine vage gehaltene Kompromissformel vereinbart werden, obwohl die USA bis zuletzt versucht hatten, ihre Partner auf das Ziel eines völligen Abbaus der Zollschranken für diesen Sektor bis zum Jahr 2000 festzulegen. An dem Ziel der Schaffung einer Freihandelszone bis zum Jahr 2020, das vor zwei Jahren in Indonesien proklamiert worden war,

Der am 20. Januar gewählte Jasir Arafat legt am 12. Februar in Gaza-Stadt seinen Amtseid als ›Rais‹ des Palästinensischen Autonomierats ab

wurde jedoch weiterhin festgehalten. Alle Staaten legten entsprechende Pläne vor, die Liberalisierungsschritte enthalten und zu einem ›Manila-Aktionsplan‹ zusammengefasst wurden. Erste Schritte zur Verwirklichung dieses Aktionsplans sollen vom 1. 1. 1997 an eingeleitet werden. Am weitesten gehen dabei Hongkong, Singapur und Neuseeland, die bis zum Jahr 2010 alle Importzölle abschaffen wollen.

Äquatorialguinea

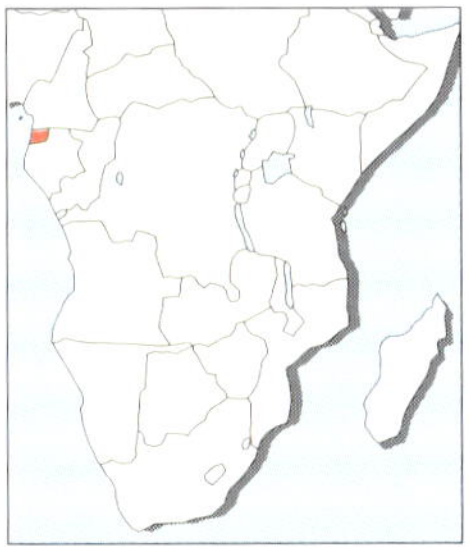

Hauptstadt: Malabo
Einwohner: 400000
Einwohner/km²: 14
Staatsoberhaupt: T. Obiang Nguema Mbasogo
Regierungschef: A. S. S. Dugan (seit 10. 4. 1996)
BSP/Einwohner: 430 US-$

Die Präsidentschaftswahlen vom 25. Febr. gerieten zur Farce. Der diktatorisch regierende Staatschef TEODORO OBIANG NGUEMA MBASOGO ließ sich erwartungsgemäß zum Wahlsieger (mit angeblich 99% der Stimmen) erklären. Drei seiner vier Herausforderer hatten sich nach massiven Einschüchterungen und aus Protest gegen Manipulationen von der Wahl zurückgezogen. Nur SECUNDINO OYONO von der Sozialdemokrat. Volksunion hatte seine Kandidatur aufrecht erhalten. Trotz fortwährender massiver Menschenrechtsverletzungen trat Frankreich weiter als Fürsprecher des Machthabers auf, den es in die Gemeinschaft der frankophonen Staaten Afrikas einbinden möchte. Ein Übereinkommen mit der ›Mobil Cooperation‹, die 1996 mit der Ausbeutung neuer Erdölvorkommen in Ä. begonnen hat, macht das Regime von ausländ. Hilfe weitgehend unabhängig.

Arafat, Jasir Mohammed, genannt Abu Ammar, palästinens. Politiker, *Jerusalem 27. 8. 1929. – Die Palästinenser in den autonomen Gebieten wählten A. am 20. Jan. zum ›Rais‹ (Führer) und damit zum Vors. des Exekutivrats des Palästinens. Autonomierats. Er erhielt 87,1% der Stimmen, auf seine einzige Gegenkandidatin SAMIHA CHALIL entfielen 9,6%.

Arbeitsmarkt: Die enttäuschende Entwicklung des A. im Jahr 1995 setzte sich 1996 fort. Die ausgeprägte Produktionsschwäche des 1. Halbjahres 1996 konnte im 2. Halbjahr nicht mehr wettgemacht werden. Mit einem Wachstum des BIP von rd. 1% wurde bei einer Stundenproduktivität von etwa 2,5% bis 3% die Beschäftigungsschwelle (jener Wert, ab dem ein bestimmtes Wirtschaftswachstum auch zu mehr Beschäftigung führt) nicht erreicht. Auch die für den A. günstige Entwicklung einer um 1% zurückgehenden Arbeitszeit bei etwa gleich bleibendem Arbeitskräfteangebot konnte einen Rückgang bei der Beschäftigung und einen weiteren Anstieg der Arbeitslosigkeit nicht verhindern.

Beharrlich hohe Arbeitslosigkeit

Diese Gesamtentwicklung für Deutschland verlief in den alten und neuen Bundesländern unterschiedlich. So lagen die Werte für Wachstum und Produktivität in den neuen Bundesländern höher als in den alten, auch die Arbeitszeit ging stärker zurück als im Westen. Das Erwerbspersonenpotenzial entwickelte sich gegenläufig, wobei der Rückgang im Osten (–100000 Personen) den Zugang im Westen (100000 Personen) ausgeglichen hat. Aus dieser Konstellation resultierte 1996 eine Beschäftigung von durchschnittlich 34,520 Mio. Erwerbstätigen (1995: 34,868 Mio.), was einem Rückgang um 1,0% entspricht. Für den Westen waren dies 28,215 Mio. Erwerbstätige (1995: 28,482 Mio.), ein Rückgang um 0,9%. Im Osten wurde mit 6,305 Mio. Erwerbstätigen (1995: 6,386 Mio.) der Vorjahreswert um 1,3% unterschritten. Korrespondierend dazu erreichte die Arbeitslosigkeit ihren bisherigen Nachkriegshöchststand mit jahresdurchschnittlich 3,965 Mio. Arbeitslosen (1995: 3,612 Mio.). Im Westen waren jahresdurchschnittlich 2,796 Mio. Menschen arbeitslos (1995: 2,565 Mio.), im Osten 1,169 Mio. Menschen (1995: 1,047 Mio.). Dies entspricht bezogen auf alle zivilen Erwerbspersonen einer Arbeitslosenquote von 10,4% (1995: 9,4%), im Westen 9,1% (8,3%), im Osten 15,7% (14,0%). Die unbefriedigende wirtschaftl. Entwicklung spiegelt sich auch in der Zahl der offenen Stellen (etwa ein Drittel wird den Arbeitsämtern gemeldet) wider. Gegenüber dem Vorjahresdurchschnitt von 321000

blieb sie mit 327 000 nahezu unverändert. Die Zahl der Kurzarbeiter ist vom vergleichsweise niedrigen Niveau von (1995) 199 000 wieder leicht auf jahresdurchschnittlich 277 000 angestiegen.
Die enttäuschende Verfassung des A. stellt sich noch deutlich schärfer dar, wenn man die entlastenden Maßnahmen der Bundesanstalt für Arbeit (BA) in die Betrachtung einbezieht. Maßnahmen der Arbeitsbeschaffung in der Größenordnung von jahresdurchschnittlich 454 000 Teilnehmern, Fortbildung und Umschulung mit durchschnittlich 546 000 Teilnehmern, Kurzarbeit, Arbeitslose ab dem 58. Lebensjahr, die der Arbeitsvermittlung nicht mehr uneingeschränkt zur Verfügung stehen müssen, Teilnehmer an Sprachlehrgängen, Rehabilitationsmaßnahmen und Bezieher von Altersübergangsgeld, um nur die wichtigsten zu nennen, verringern die Arbeitslosenzahl um rd. 1,5 Mio. Personen. Diese Personengruppen sind überwiegend Teil der stillen Reserve, die für 1996 auf rund 3,2 Mio. Personen (2,4 Mio. im Westen, 0,8 Mio. im Osten) geschätzt wird. Die registrierte Arbeitslosigkeit von jahresdurchschnittlich 3,965 Mio. Arbeitslosen führt zusammen mit der stillen Reserve zu einer Unterbeschäftigung von 7,165 Mio. Personen.

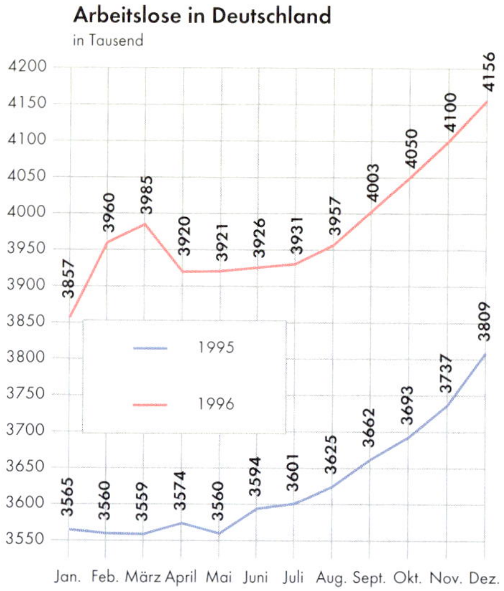

Regional ist die Arbeitslosigkeit sehr ungleich verteilt. Lässt man Berlin (Westberlin hat eine höhere Arbeitslosenquote als Ostberlin) außer Betracht, hat jedes östl. Bundesland, auch das mit der günstigsten Arbeitslosenquote, eine deutlich höhere Arbeitslosenquote als das schwächste westl. Land. Im Westen ist nach wie vor das Nord-Süd-Gefälle zu beobachten: Es reicht mit einer Arbeitslosenquote von 10,0 % in Schleswig-Holstein bzw. 15,6 % in Bremen bis zu Arbeitslosenquoten von 8,0 % in Baden-Württemberg und 7,9 % in Bayern.
Im internat. Vergleich (Stand Okt. 1996) stellt sich für Deutschland nach den standardisierten Arbeitslosenquoten der OECD die A.-Situation mit einer Arbeitslosenquote von 9,1 % ungünstiger dar als für Japan (3,4 %) oder die USA (5,2 %). Innerhalb der EU liegt Deutschland aber unter dem Durchschnitt von 10,9 %. Noch größere A.-Probleme haben z. B. Frankreich (12,5 %), Italien (12,2 %) oder Spanien (22,3 %).

Verschlechterung am Ausbildungsstellenmarkt

Der Ausbildungsstellenmarkt, der schon im Vorjahr kaum ausgeglichen werden konnte, zeigte sich 1996 in einer noch schlechteren Verfassung. In dem am 30. Sept. zu Ende gegangenen Berichtsjahr klaffte eine Angebotslücke von 107 700 fehlenden Lehrstellen. Die Zahl der gemeldeten Ausbildungsplätze ging um 3,8 % auf 609 100 zurück. Die Zahl der Bewerber erhöhte sich um 7,0 % auf 716 800. Insoweit gelang nicht einmal ein rechner. Ausgleich von Angebot und Nachfrage. In den alten Bundesländern registrierten die Arbeitsämter seit 10 Jahren erstmals mehr Bewerber (508 000) als Stellen (490 000). In den neuen Bundesländern blieb das Angebot an betriebl. Ausbildungsplätzen (119 000) in allen Regionen hinter der Nachfrage (208 800 Bewerber) zurück. Auch die ›Zukunftsinitiative Lehrstellen‹, mit der hier 14 300 meist überbetriebl. Ausbildungsplätze eingerichtet wurden, kann dieses Defizit nicht ausgleichen. Weitere Anstrengungen sind erforderlich, damit vermieden wird, dass Jugendliche Erwerbsarbeit ohne Ausbildung aufnehmen oder gezwungen sind, weiter eine allgemein bildende Schule zu besuchen.
Die Verschlechterung am Ausbildungsstellenmarkt findet ihre Entsprechung am Arbeitsmarkt. Die Arbeitslosenquote der unter 25-Jährigen lag im Dez. bei 11,0 % (im Westen 10,5 %, im Osten 13,2 %). Die Lage von Jugendlichen ohne Berufsausbildung ist dabei bes. schlecht.

Sparpaket und Reform der Arbeitsförderung

Anfang 1996 hat die Bundesreg. in Gesprächen mit den Tarifparteien über ein ›Bündnis für Arbeit‹ als Ziel proklamiert, die gegenwärtige Arbeitslosigkeit bis zum Jahr 2000 zu halbieren. Wegen des Mangels an Konsens zw. den beteiligten Akteuren scheiterten allerdings die Kanzlergespräche im April. Die Bundesreg. setzte daraufhin ihre Vorstellungen im →Sparpaket um. Das am 1. Okt. in Kraft getretene Arbeitsrechtl. Beschäftigungsförderungsgesetz als Teil des Sparpakets soll u. a. durch eine Lockerung des →Kündigungsschutzes und eine Ausweitung der Möglichkeiten für befristete Arbeitsverträge den Unternehmen die Einstellung weiterer Mitarbeiter erleichtern. Die Einschränkung der →Entgeltfortzahlung im Krankheitsfall soll die Arbeitsnebenkosten senken. Zur Entlastung des A. soll weiterhin das Altersteilzeitgesetz beitragen. Solche Effekte werden auch von dem am 1. April in Kraft getretenen Arbeitslosenhilfe-Reformgesetz erwartet. Arbeitsmarktpolitisch problematisch ist die mit dem Sparpaket ebenfalls beschlossene stufenweise Anhebung der Altersgrenzen in der →Rentenversicherung und bei Bezug von →Frührente.

Das im Juni von der Bundesreg. beschlossene Arbeitsförderungsreformgesetz (AFRG) wurde vom Bundesrat abgelehnt. Zum Jahresende liegt eine geänderte Fassung vor, in der zustimmungspflichtige Teile herausgenommen wurden, sodass das AFRG auch ohne Bundesrat vom Bundestag durchgesetzt werden kann. Es soll 1998 das aus dem Jahr 1969 stammende Arbeitsförderungsgesetz (AFG) ablösen. Teile des AFRG werden jedoch durch eine weitere AFG-Änderung schon 1997 wirksam. So sollen insbesondere die aktiven Instrumente Arbeitsbeschaffung (ABM) und Fortbildung und Umschulung (FuU) in den neuen Bundesländern auf das Westniveau zurückgeführt werden, um Einsparungen bei der Bundesanstalt für Arbeit von 1,7 Mrd. DM zu erzielen. Während das AFG auf die Anpassung der Beschäftigten bzw. der Arbeitslosen an den Strukturwandel hin konzipiert war, also an die Verbesserung der Qualifikation, Erhöhung der Mobilität usw., findet man diese Zielsetzung im AFRG nicht mehr. So ist z. B. die Erreichung eines hohen Beschäftigungsstandes und die Verbesserung der Beschäftigungsstruktur im AFRG nicht mehr genannt. Im Vordergrund stehen die Verbesserung der Erwerbschancen von Arbeitslosen und Hilfen zur Vermeidung von Arbeitslosigkeit. Neben bereits schon vorhandene Instrumente treten nun u. a. Einstellungszuschuss bei Neugründungen, Eingliederungsvertrag für Langzeitarbeitslose, Unterstützung von beschäftigungswirksamen Sozialplanmaßnahmen sowie Trainingsmaßnahmen. Die Arbeitslosen werden zur aktiven Beschäftigungssuche verpflichtet und die ihnen zumutbaren Beschäftigungen erweitert. Die schnelle Vermittlung der Arbeitslosen wird damit zentraler Bestandteil. Die Effizienz der Bundesanstalt für Arbeit soll organisatorisch erhöht, Kompetenzen in die Arbeitsämter verlagert sowie Leistungsmissbrauch und illegale Beschäftigung stärker bekämpft werden.

Arbour, Louise, kanad. Juristin, * Montreal 10. 2. 1947. – A. trat am 1. Okt. die Nachfolge des Chefanklägers bei den Kriegsverbrechertribunalen in Den Haag (Kriegsverbrechen im ehem. Jugoslawien) und Arusha (Tansania; Kriegsverbrechen in Ruanda) RICHARD GOLDSTONE an. Die engagierte Feministin war von 1974–87 Prof. für Strafrecht an der Univ. York. Seither ist sie als Richterin tätig, zuletzt am Appellationsgericht der Prov. Quebec.

Argentinien

Hauptstadt: Buenos Aires
Einwohner: 34,6 Mio.
Einwohner/km²: 12
Staatsoberhaupt: C. S. Menem
Regierungschef: E. Banzá
BSP/Einwohner: 8 110 US-$

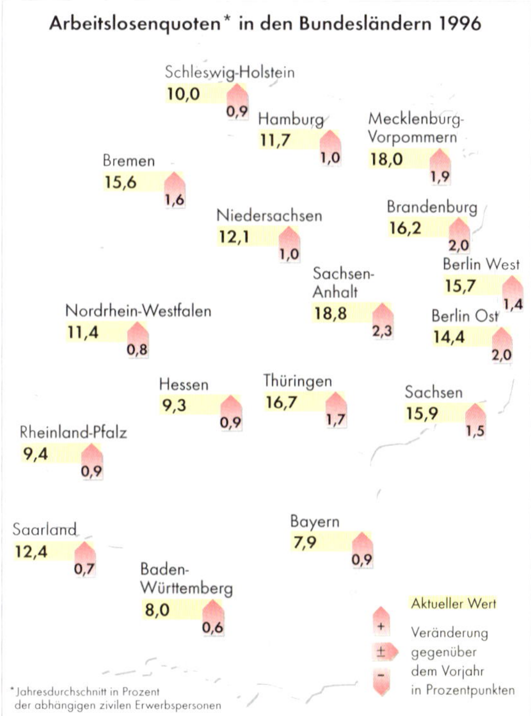

Wechsel im Finanzministerium

Nach den heftigen konjunkturellen Einbrüchen im Gefolge der mexikan. Währungskrise seit Ende 1994 verlangsamte sich der Rückgang des BIP von (1995) 4,4% im 1. Quartal 1996 merklich. Die Bilanz des Gesamtjahres 1996 offenbarte wieder ein positives Wachstum, wobei jedoch die Rekordraten von durchschnittlich 7% in den Jahren 1991–94 noch nicht wieder erreicht wurden. Der stete Aufwärtstrend der Wirtschaft war zu einem Gutteil Resultat der neoliberalen Stabilisierungspolitik, die der umstrittene Finanzmin. DOMINGO FELIPE CAVALLO seit rd. fünf Jahren verfolgte. Zu kämpfen hatte die Reg. allerdings mit einem hohen Budgetdefizit, das die Vereinbarungen über einen Stand-by-Kredit seitens des IWF zu sprengen drohte.
Die Negativbilanz der neoliberalen Politik, aufgrund derer der bislang als Garant für wirtschaftl. Stabilität angesehene Finanzmin. CAVALLO in die Kritik geriet, schlug sich v. a. in der auf rd. 17% gestiegenen Arbeitslosenquote nieder. Sogar der sonst regierungsfreundl. Gewerkschaftsverband Confederación General del Trabajo (CGT; dt. Allg. Arbeitsbund) wandte sich im Febr. von der Reg. ab und führte am 8. Aug. und am 26./27. Sept. Generalstreiks durch; am 13. Sept. hatten die Argentinier mit einem fünfminütigen Lichtlöschen gegen die Sparpolitik protestiert.
Unter dem Druck der Öffentlichkeit trennte sich Präs. CARLOS SAÚL MENEM bereits am 26. Juli von seinem Finanzmin.; zur Senkung des Budgetdefi-

zits hatte CAVALLO auf einer Steuer- und Abgabenpolitik bestanden, die v.a. den Mittelstand belastete, sowie auf sozial einschneidenden Maßnahmen. Um Kontinuität bemüht, kürte der Präs. kurz darauf den ebenfalls als neoliberal eingestuften bisherigen Zentralbankpräs. ROQUE FERNÁNDEZ zum Nachfolger. Trotz des gleich bleibenden wirtschaftspolit. Kurses kam es vorübergehend zu einer Devisenflucht.
Sicher wurde die Entscheidung, CAVALLO zu entlassen, auch durch das schlechte Ergebnis der Regierungspartei bei den Bürgermeisterwahlen am 30. Juni in der Hauptstadt beeinflusst. Dennoch wurde deren dortiger Kandidat JORGE DOMÍNGUEZ am 7. Aug. als Nachfolger des im peruanisch-ecuadorian. Grenzkonflikt von 1995 in eine Waffenaffäre verwickelten Verteidigungsmin. in sein Amt eingeführt. Am 11. Juli trat Justizmin. RODOLFO BARRA unter dem Vorwurf Mitglied einer neonazist. Organisation gewesen zu sein zurück; sein Nachfolger wurde ELÍAS JASSAN. Im Okt. erschütterte eine Reihe von Korruptionsfällen die Autorität der Staatsführung. – Anfang Aug. erhob die argentin. Justizbehörde wegen Beteiligung an dem Attentat gegen das jüd. Gemeindezentrum in Buenos Aires am 18. Juli 1994 Anklage gegen vier Tatverdächtige, darunter drei ranghohe Polizeibeamte.

Außenpolitik

Vom 25. bis zum 27. April besuchte der chilen. Präs. EDUARDO FREI RUIZ-TAGLE A. und unterzeichnete mit MENEM Abkommen, die v.a. den Zugang beider Länder zum Atlantik und Pazifik regeln sollen. Während des Gipfeltreffens der MERCOSUR-Staaten am 25. Juni wurde mit Chile ein Assoziierungsabkommen geschlossen (wirksam seit 1. Okt.); die Unterzeichnung einer Übereinkunft mit Bolivien bahnte dessen Einbindung an das Freihandelsabkommen an. Zudem wurde eine ›Demokratieklausel‹ in die Satzung aufgenommen, mit der sich die MERCOSUR-Staaten gegen die Aufnahme jener Staaten wenden, deren Reg. nicht aus freien Wahlen hervorgegangen sind. Vom 15. bis zum 17. Sept. hielt sich der dt. Bundeskanzler in A. auf, lobte den argentin. Wirtschaftskurs und warb für Aufträge an die dt. Industrie. ■

Ariane: Nach rd. elfjähriger Entwicklungsdauer und einigen Startverschiebungen startete am 4. Juni die erste europ. Trägerrakete der neuen Generation **Ariane 5** (51 m Höhe, bis zu 18 t Nutzlast, 725–740 t Startmasse insgesamt) vom frz. Raumfahrtzentrum bei Kourou (Frz.-Guayana). 37 Sekunden nach dem Zünden des Triebwerks der Hauptstufe, d.h. nach 29,5 Flugsekunden, schwenkten jedoch die Schubdüsen des Haupttriebwerks und der zwei Feststoffbooster (27 m, je 265 t) seitlich bis zum Anschlag. Die Rakete kippte in 3,5 km Höhe, brach auseinander und explodierte. Das Selbstzerstörungssystem sprengte alle Teile und die Nutzlast (vier deutsche ESA-Satelliten zur Erforschung solarterrestr. Einflüsse), sodass die niedergehenden Trümmer keine Schäden verursachte. Für die europ. Raumfahrt, die ganz auf die A. 5 als Trägersystem der Zukunft setzt, bedeutete dieser Misserfolg einen herben Rückschlag. Als Ursache stellten sich Softwarefehler heraus, durch die beide Trägheitsreferenzsysteme ausfielen und die Rakete keine Daten für Lenkung und Lageregelung mehr erhielt. Das Trägheitsreferenz- und das gesamte Lenksystem waren von der A. 4 übernommen und aus Kostengründen für die A. 5 nicht adäquat erprobt worden. Die verantwortl. frz. und europ. Raumfahrtbehörden CNES und ESA teilten mit, dass vor dem nächsten Startversuch die gesamte verwendete Software kritisch überprüft werde.

Arktischer Rat, von den Nordpolanrainern Kanada, USA, Russland, Finnland, Island, Norwegen, Schweden und Dänemark am 21. März in Inuvik (Kanada) gegr. Forum zum Schutz und zur Entwicklung der Polarregion. Mit dem A. R. wollen die Reg. ihre Umweltschutzinitiativen, Forschungs- und Verkehrsprojekte, Ureinwohnerprogramme und die ökonom. Entwicklung koordinieren. An der Spitze der Organisation steht ein Ministerrat, dessen Beschlüsse Empfehlungscharakter haben und richtungsweisend, jedoch für die Mitgliedstaaten nicht bindend sind. Eine der Hauptsorgen sind die Umweltprobleme, die das empfindl. Ökosystem der

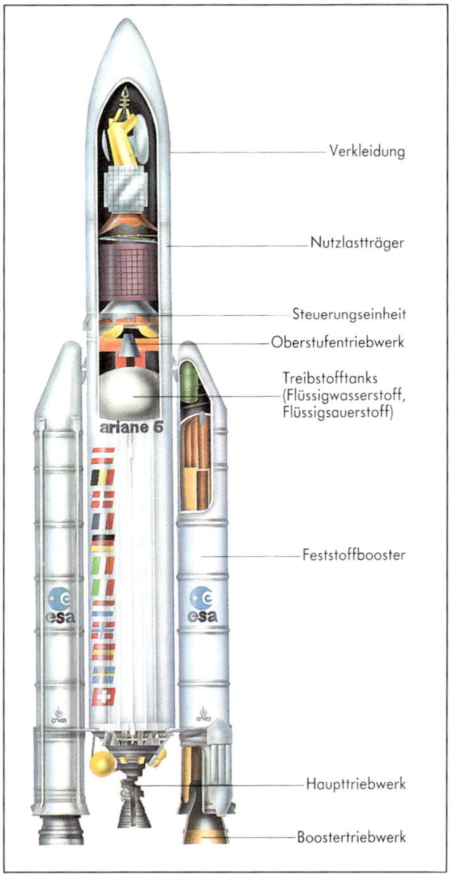

Arktis gefährden. Der Worldwide Fund for Nature (WWF) und Greenpeace begrüßten die Gründung des A. R. ebenso wie die Vertretungen der indigenen Völker. Vertreter der arkt. Ureinwohner (der Inuit, der Indianer sowie der Samen) haben im Rat Teilnehmerstatus.

Armenien

Hauptstadt: Jerewan
Einwohner: 3,6 Mio.
Einwohner/km²: 121
Staatsoberhaupt: L. Ter-Petrosjan
Regierungschef: A. Sarkisjan (seit 4. 11. 1996)
BSP/Einwohner: 680 US-$

Wirtschaftliche Stabilisierung

Trotz Steigerung des BIP verbesserte sich die Lebenslage der Bevölkerung kaum. Die durch die Konflikte um Tschetschenien, Bergkarabach und Abchasien blockierten Transportwege v. a. zum Haupthandelspartner Russland stellten die mit 10–30% ihrer Kapazität produzierenden Betriebe vor unlösbare Probleme. Neben weiteren Privatisierungen im Industrie- und im Dienstleistungssektor, einem Gesetz zum Schutz ausländ. Investitionen (Mai) u. a. zeichneten sich Fortschritte im Energiesektor ab: Der am 19. 6. 1995 wieder in Betrieb genommene und 1996 zu 90% ausgelastete Reaktorblock II des Kernkraftwerks Medsamor verhalf A. erstmals seit Jahren zu einem Winter mit Strom; außerdem wurde der Bau eines Atommülllagers mit frz. Hilfe (40 Mio. Francs) begonnen. Im Mai erhielt A. von den USA einen Kredit von 15 Mio. US-$ für den Kauf von 195 Mio. m³ Erdgas, Deutschland stellte 20 Mio. DM, die Weltbank 13,7 Mio. US-$ für den Energiesektor zur Verfügung.

Umstrittene Präsidentschaftswahlen

Nach dem Verbot der Daschnakzutjun-Partei fand im März gegen 31 ihrer Mitgl. ein Prozess wegen Vorbereitung eines Staatsstreichs statt. Im Vorfeld der Präsidentschaftswahlen am 22. Sept. stellten sich die Anhänger dieser einflussreichsten Oppositionspartei mit dem Bund für Nat. Selbstbestimmung, der Demokrat. Partei und der Organisation Karabach-Armenien auf die Seite des von der Nationaldemokrat. Union nominierten Wasgen Manukjan, des Hauptkonkurrenten von Präs. Lewon Ter-Petrosjan (Armen. Gesamtnat. Bewegung). Bei einer Wahlbeteiligung von 60,5% siegte Ter-Petrosjan mit 51,8%, Manukjan kam auf 41,3%. Unter dem Vorwurf der Wahlfälschung – laut OSZE wurden 22000 Stimmen zuviel zugunsten Ter-Petrosjans ausgezählt –, kam es in Jerewan nach der Bekanntgabe der vorläufigen Wahlergebnisse zu gewaltsamen Protesten, zu deren Niederschlagung die Reg. vom 26. Sept. bis zum 6. Okt. Panzer einsetzte. Wegen Aufwiegelung zu Unruhen drohte Manukjan, dessen Immunität wie die von sieben weiteren Abgeordneten Ende Sept. vom präsidententreuen Parlament aufgehoben wurde, ein Prozess. Nach dem Rücktritt Grant Bagratjans am 4. Nov. wurde Armen Sarkisjan neuer Min.-Präs. des Landes. Am 8. Nov. wurde im Zuge einer Regierungsumbildung das Innenministerium mit dem Ministerium für Nat. Sicherheit zusammengelegt; das Ministerium für Information wurde abgeschafft. Der Streit mit Aserbaidschan um Bergkarabach belastete den Gipfel der OSZE in Lissabon. ■

Arzú Irigoyen, Alvaro, guatemaltek. Politiker, *Guatemala 14. 3. 1946. – Nachdem A. I. am 7. Jan. als Gewinner aus der Stichwahl hervorgegangen war, trat er am 14. Jan. sein Amt als neuer Präs. Guatemalas an.
A. gründete 1985 den Partido de Avanzada Nacional (PAN; dt. Nat. Fortschrittspartei) und war 1986–90 Bürgermeister der Hauptstadt. Nach einer erfolglosen Kandidatur 1991 erzielte A. als Spitzenkandidat des PAN im ersten Durchgang der Präsidentschaftswahlen am 12. 11. 1995 mit 36,5% der Stimmen das beste Ergebnis. Im zweiten Wahlgang setzte er sich mit 51,2% gegen Alfonso Portillo, den Kandidaten des Frente Republicano Guatemalteco (FRG; dt. Republikan. Front G.s), durch. Neben dem Kampf gegen die Unterdrückung der armen indian. Bevölkerungsmehrheit, gegen Drogenhandel, Korruption und Menschenrechtsverletzungen sowie der Sanierung der Staatsfinanzen nannte A. die Beendigung des Bürgerkriegs bis Ende 1996 und die Erneuerung der Streitkräfte als seine Ziele. Ende Dez. konnte seine Reg. mit der Unterzeichnung eines Friedensabkommens mit der Guerilla Unidad Revolucionaria Nacional Guatemalteca (URNG; dt. Nat.-Revolutionäre Einheit G.s) ihren größten Erfolg feiern.

ASEAN, Abk. für Association of South East Asian Nations (dt. Vereinigung südostasiat. Staaten), gegr. am 8. 8. 1967. – Mit den Mitgliedstaaten Brunei, Indonesien, Malaysia, Philippinen, Singapur, Thailand und Vietnam umfasst die ASEAN nunmehr einen Raum, in dem rd. 400 Mio. Menschen leben. Auf ihrem fünften Gipfeltreffen im Dez. 1995 hatten die Staatschefs der Mitgliedstaaten ihre Region zur atomwaffenfreien Zone proklamiert. Dieser Vereinbarung schlossen sich 1996 Birma, Kambodscha und Laos an. Die beim Gipfeltreffen in Jakarta (30. Nov./1. Dez.) verkündete Absicht, Birma gemeinsam mit Laos und Kambodscha voraussichtlich 1997 als Vollmitgl. aufzunehmen, löste bei der EU und den USA heftige Kritik aus.
Anfang März fand der erste Gipfel von 25 asiat. und europ. Staaten (ASEM, Abk. für Asia-Europe-Meeting) statt. Die Deklaration ›Partnerschaft für stärkeres Wachstum‹ beschließt im Einzelnen die Förderung des gemeinsamen Handels und der Investitionen sowie den Ausbau des polit. Dialogs.

Auf ihrem Gipfel am 20. Juli in Jakarta sprechen sich die Außenminister der ASEAN-Staaten (von links nach rechts) Thailand, Vietnam, Brunei, Indonesien, Malaysia, Philippinen und Singapur sowie ASEAN-Generalsekretär Ajit Singh für einen nicht an Sozialklauseln über Arbeits- und Menschenrechte gebundenen freien Welthandel aus

Konkrete Resultate des Dialogs sind die Einrichtung eines europäisch-asiat. Wirtschaftsforums in Frankreich sowie die Gründung einer Asien-Europa-Stiftung in Singapur.

Aserbaidschan

Hauptstadt: Baku
Einwohner: 7,6 Mio.
Einwohner/km²: 87
Staatsoberhaupt:
G. Alijew
Regierungschef:
A. Tair ogly Rasi-zade (seit 26. 11. 1996)
BSP/Einwohner:
500 US-$

Um einen weiteren Rückgang der Produktion und v. a. der ausländ. Investitionen zu vermeiden, wurde am 9. Febr. durch Präsidentenerlass die Übergabe von Staatsunternehmen in privates oder kollektives Management ermöglicht. Am 16. Juli folgte ein Gesetz, das neben staatl. und kommunalem auch privates Eigentum an Grund und Boden zulässt und größere Rechtssicherheit schaffen soll.

»Korruption ist für unser Land so gefährlich wie Krieg« (Alijew)

Der Vorwurf der Unfähigkeit bzw. Korruption führte am 19. Juli zur Entlassung von Regierungschef FUAD GULIEW und acht weiteren Min. und zur Verwarnung der einflussreichen Vors. der zu 100% im staatl. Besitz befindl. Unternehmen Socar (Erdöl) und Aserigaz (Erdgas) wie auch des Finanzmin. FIKRET JUSIFOW. Im Sept. folgte die Absetzung des Parlamentssprechers und bedeutenden Geschäftsmannes RASUL GULIEW. Mit diesen personellen Entscheidungen reagierte Präs. GEJDAR ALIJEW u. a. auf den Druck der Öffentlichkeit, die seit den Parlamentswahlen 1995 eine wachsende ›Clanwirtschaft‹ beklagte. Bei der Präsidentenwahl in Bergkarabach am 24. Nov. wurde dort der bisherige ›Präsident‹ ROBERT KOTSCHARJAN bestätigt. Um das Verhältnis zu Russland angesichts des Tschetschenienkonflikts und der dadurch blockierten Transportwege durch Dagestan zu normalisieren, unterzeichnete A. am 29. Jan. einen ›Kaukas. Kooperationsvertrag‹ mit Russland, Georgien und Armenien. Mehrere Verhandlungsrunden unter Vermittlung Finnlands, Russlands und Deutschlands zur Lösung des Bergkarabach-Konflikts erbrachten lediglich eine Verlängerung des Waffenstillstands und einen Gefangenenaustausch. ■

Asylrecht: Nach dem politisch umkämpften ›Asylkompromiss‹ (Artikel 16 a GG in der Fassung vom 28. 6. 1993) billigte das Bundesverfassungsgericht in drei Urteilen vom 14. Mai sowohl die ›Drittstaatenklausel‹ – nach ihr haben Asylbewerber aus diesen Ländern keinen Asylanspruch, sofern sie dort Gehör für ihr Schutzanliegen finden können und keine Kettenabschiebung droht – als auch die Liste des Gesetzgebers von ›sicheren Herkunftsstaaten‹, in denen Sicherheit vor polit. Verfolgung besteht und deshalb Asylanträge offensichtlich unbegründet sind. Einen Abschiebestopp nach dem Ausländergesetz kann ein Asylsuchender jeweils dann erreichen, wenn sich verdichtet, dass ihm persönlich doch im angeblich sicheren Herkunftsland oder Drittstaat menschenrechtswidrige Behand-

Auch am Tag des Karlsruher ›Asylurteils‹, dem 14. Mai, kontrollieren Grenzschutzbeamte am Frankfurter Rhein-Main-Flughafen Passagiere aus Istanbul, um Asylbewerber abzufangen

lung droht. Bei der ›Flughafenregelung‹ wurde die Dreitagesfrist für Eilanträge an das Verwaltungsgericht auf eine Woche verlängert; rechtskundiger Beistand für Asylbewerber im Transitbereich muss künftig sichergestellt werden.
Auf Eilrechtsschutz durch das Verfassungsgericht gibt das GG keinen Anspruch, weil in erster Linie Fachgerichte sachnah über Grundrechtsschutz entscheiden. Diese Aussage des Verfassungsgerichts war innerhalb des Gerichtssenats und der Öffentlichkeit bes. umstritten.

Äthiopien

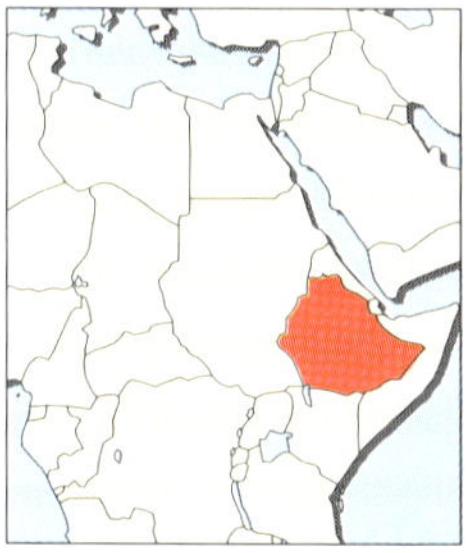

Hauptstadt: Addis Abeba
Einwohner: 55,1 Mio.
Einwohner/km²: 49
Staatsoberhaupt: N. Gidada
Regierungschef: M. Zenawi
BSP/Einwohner: 100 US-$

Die von der tigrischen Volksgruppe dominierte Reg. der Revolutionären Demokrat. Front des Äthiop. Volkes (EPRDF) unter MELES ZENAWI, 1995 in allg. Wahlen bestätigt, betreibt einen Kurs der allmählichen marktwirtschaftl. Orientierung. Diesen zu unterstützen versprach der dt. Bundespräs. HERZOG, der vom 25. bis 31. Jan. als erstes westl. Staatsoberhaupt seit Ende des Bürgerkriegs Addis Abeba besuchte. Sein Besuch fand unter strengen Sicherheitsvorkehrungen statt, da wenige Tage zuvor in einem Luxushotel der Hauptstadt eine Bombe explodiert war. ■

Australien

Hauptstadt: Canberra
Einwohner: 18,1 Mio.
Einwohner/km²: 2
Staatsoberhaupt: Elisabeth II.
Regierungschef: J. W. Howard (seit 11. 3. 1996)
BSP/Einwohner: 18 000 US-$

Gemächlicheres Wachstum

Das Zahlungsbilanzdefizit sank Ende Juni auf 1,3 Mrd. $A dank gestiegener Exporte (+4%) und geringerer Importe (−4,5%). Die wirtschaftl. Stärke des Kontinents wird weiterhin von seinen riesigen natürl. Ressourcen getragen. Bei Kohle, Blei und Wolle führt A. den Export an, bei Baumwolle, Weizen, Zucker, Eisenerz, Kupfer, Zink, Nickel, Bauxit/Aluminium, Gold und Silber gehört es

Bundespräsident Herzog besucht während seiner Ostafrikareise ein somalisches Flüchtlingslager in Äthiopien. Frauen halten ihm ein Plakat entgegen: ›Herr Herzog, wir brauchen, was Sie brauchen. Nahrung zuerst‹

zu den größten Anbietern. Für das Wirtschaftsjahr 1995/96 wurde mit einem Wachstum von 6,8% im gesamten Rohstoffbereich gerechnet. Gute Ernten nach überstandener Dürre, die Entspannung auf dem Wollmarkt und der Anstieg der Weizenpreise nach weltweiten Missernten verhalfen dem Agrarsektor zu einer neuen Blüte.
Auf dem Arbeitsmarkt hat sich die Lage seit 1992 etwas entspannt, die Arbeitslosenquote betrug Ende Juni 8,5%. Das Sparprogramm der konservativen Bundesreg. zur Sanierung des Haushalts (Sparvolumen 1996–98: 8 Mrd. $A) wird die Arbeitslosenzahl jedoch erneut ansteigen lassen.

Überraschender Wahlausgang. Regierungsprogramm

Bei den Wahlen zum Repräsentantenhaus am 2. März erreichte das aus Liberal Party of Australia und National Party bestehende Bündnis einen deutl. Wahlsieg (+30 auf 94 Sitze) über die seit 13 Jahren regierende Australian Labor Party (−29 auf 49 Sitze). Neuer Regierungschef einer konservativen Koalition wurde der Parteiführer der Liberalen, JOHN WINSTON HOWARD. Er reduzierte die Zahl der Bundesministerien von 20 auf 18, von den insgesamt 28 Min. gehören 15 zum eigentl. Kabinett. Stellv. Premiermin. wurde TIM FISHER, Min. für Handel und Vors. der National Party. Das Amt des Außenmin. erhielt der Vorgänger HOWARDS als Parteichef der Liberalen, ALEXANDER DOWNER. Bei seiner Vereidigung am 11. März leistete HOWARD den traditionellen Treueid auf die brit. Königin, verzichtete aber auf die sonst übl. Loyalitätserklärung für den Thronfolger.
Die Reg. Howard will das Haushaltsdefizit (ca. 5,6 Mrd. $A = 1,1% des BIP) ausgleichen, ohne die Steuern zu erhöhen. Die Liberalisierung des zentralisierten Lohnabschluss-Systems und eine Verringerung der Macht der Gewerkschaften werden angestrebt. Ein 1,5 Mrd. $A teures Umweltschutzprogramm soll aus dem Erlös der Privatisierung des

staatl. Telekommunikationsunternehmens Telstra finanziert werden. Die von der Laborreg. begonnenen Wirtschaftsreformen wurden fortgesetzt: Abbau der Zollschranken, Deregulierung des Finanzsektors, Verkauf staatl. Unternehmen. Ausländ. Investitionen sollen weiter gefördert werden. Durch die Liberalisierung des Handels und ein offenes internat. Handelssystem will A. besseren Zugang zu den Märkten bekommen.
In der Außenpolitik wird die Ausrichtung auf Asien vorrangig bleiben, insbesondere durch den weiteren Ausbau der Asiat.-Pazif. Wirtschaftskooperation (APEC) und durch das ASEAN-Forum für Sicherheitsfragen, doch sollen die guten Beziehungen zu Europa und Nordamerika nicht vernachlässigt werden. ■

Automobilsport: Nach anfängl. Seriensiegen war der erste Gewinn der Formel-1-Weltmeisterschaft durch den Briten DAMON HILL wegen vieler eigener Unbesonnenheiten und des kometenhaften Aufstiegs seines kanad. Williams-Teamgefährten, des Formel-1-Neulings JACQUES VILLENEUVE, bis zum letzten Rennen fraglich. Das Duo HILL/VILLENEUVE sicherte Williams-Renault auch frühzeitig die Marken-Weltmeisterschaft. Titelverteidiger MICHAEL SCHUMACHER hatte mit seinen Ferrari-Boliden zunächst erhebliche techn. Probleme und Pannen, ehe er mit Erfolgen in Spa und Monza seine Anhänger überzeugen konnte. Hinter HILL und VILLENEUVE belegte er schließlich den dritten Rang. Der österr. Benetton-Fahrer GERHARD BERGER wurde Sechster. Trotz des Titelgewinns erneuerte Williams den Vertrag mit HILL nicht; er fährt 1997 bei Arrows. Seinen Platz bei Williams nimmt der Deutsche HEINZ-HARALD FRENTZEN, diesmal Elfter der Jahreswertung, ein. Mit RALF SCHUMACHER kommt der Bruder des Ex-Weltmeisters als neue Kraft bei Jordan in den Formel-1-Zirkus.
Die Internat. Tourenwagen-Meisterschaft (ITC) gewann Titelverteidiger BERND SCHNEIDER auf Mercedes. Nach dem Verzicht von Alfa Romeo und Opel wird diese Serie mit Rennen in Europa, Brasilien und Japan 1997 neu gestaltet. Mit fünf Saisonsiegen gewann TOMMIE MÄKINEN als vierter Finne vorzeitig auf Mitsubishi die Rallye-Weltmeisterschaft.

Autoverwertung: Im Febr. verpflichteten sich die dt. Automobilindustrie und die Autoimporteure in einer gemeinsamen Erklärung, Autos bis zu einem Alter von zwölf Jahren kostenlos zurückzunehmen und wieder zu verwerten. Außerdem sagten sie zu, die nicht mehr verwertbaren Bestandteile eines Altautos von derzeit 25% des Gewichts bis 2002 auf 15% und bis 2005 auf 5% zu reduzieren. Mit der Selbstverpflichtung kam die Automobilindustrie einer Verordnung zuvor, die im Rahmen des →Kreislaufwirtschaftsgesetzes hätte erlassen werden können. Die Bundesreg. sah in der Selbstverpflichtung einen Schritt hin zu abfallarmen und recyclingfreundl. Autos und zu einem flächendeckenden Rücknahme- und Verwertungssystem für Pkw. Umweltverbände monierten v.a., dass die Selbstverpflichtung nur für Neufahrzeuge gelte, nicht jedoch für die ca. 40 Mio. Autos, die 1996 schon auf Deutschlands Straßen rollten.

Aznar López, José María, span. Politiker (Partido Popular, PP), * Madrid 25. 2. 1953. – Nach dem Sieg des PP bei den Parlamentswahlen vom 3. März wurde A. L. am 4. Mai vom span. Parlament mit 181 gegen 166 Stimmen bei einer Enthaltung zum neuen MinPräs. gewählt. In seinem Regierungsprogramm kündigte A. L. weit reichende wirtschafts- und finanzpolit. Reformen sowie den Kampf gegen Korruption und Steuerhinterziehung an.

König Juan Carlos (links) begrüßt den neuen Ministerpräsidenten José María Aznar López vor der Eröffnungssitzung des Parlaments

A. L. absolvierte ein Jurastudium und arbeitete danach als Finanzinspektor. 1979–89 engagierte er sich in der rechtskonservativen Alianza Popular (AP), deren GenSekr. er 1982–87 war. 1989 wurde A. L. zum Vizepräs. des Partido Popular (PP), einer Nachfolgepartei der AP, gewählt. Seit dem 1. 4. 1990 ist er Vors. des PP; im Febr. 1993 wurde er erstmals von seiner Partei als Kandidat für das Amt des MinPräs. nominiert.

B

Bach, Thomas, Sportfunktionär, * Würzburg 29. 12. 1953. – Zwanzig Jahre nach seinem Olympiasieg mit der dt. Florettmannschaft schrieb der Wirtschaftsanwalt aus Tauberbischofsheim erneut ein Stück Sportgeschichte: B., der seit 1991 Mitgl. des Internat. Olymp. Komitees ist, wurde im Juli 1996 als bislang sechster Deutscher in das elfköpfige Exekutivkomitee des Internat. Olymp. Komitees berufen.
Seit April 1995 ist der promovierte Jurist Präs. der Berufungskammer des Internat. Schiedsgerichts des Sports. Als Athletensprecher beim 11. Olymp. Kongress 1981 in Baden-Baden hatte B. zum ersten Mal international sportpolitisch auf sich aufmerksam gemacht. Seine Laufbahn als ›Olympiafunktionär‹ begann schließlich in der Athletenkommission

des Internat. Olymp. Komitees, der er 1981–88 angehörte. Den Aufstieg in die ›olymp. Reg.‹ hatte sich der Fechtmannschaftsweltmeister von 1976 und 1977 v. a. als Vors. der Bewertungskommission des Internat. Olymp. Komitees für die Wahl der Olympiastadt 2002 (Winterspiele) erarbeitet. Aufgrund seiner allseits gelobten Tätigkeit dort wurde ihm die Leitung des entsprechenden Gremiums für die Sommerspiele 2004 übertragen.

Backstreet Boys, →Boygroups.

Backverbot: Seit 1. Nov. dürfen Bäcker auch sonntags drei Stunden lang frisch gebackene Brötchen verkaufen. Das Nacht- und Sonntagsbackverbot wurde im Zuge des neuen →Ladenschlussgesetzes aufgehoben. Nur in einigen Bundesländern schränken Feiertagsgesetze für die Zeit der Hauptgottesdienste die Öffnungszeiten ein. Zuvor konnten nur Tankstellen und Backshops in Bahnhöfen Sonntagsbrötchen anbieten.

Baden-Württemberg

Hauptstadt: Stuttgart
Einwohner: 10,3 Mio.
Einwohner/km²: 287
Regierungschef: E. Teufel
BIP/Einwohner: 47982 DM

Wirtschaftliche Entwicklung

Die wirtschaftl. Position B.-W.s hat sich in den letzten Jahren verschlechtert. Zwar besaß das Land auch 1996 hinter Bayern die geringste Arbeitslosenquote (im Aug. 7,4%), doch konnte der Abwärtstrend der letzten Jahre nicht gebremst werden. Lediglich die traditionell starke baden-württemberg. Exportwirtschaft sorgte mit einem Weltmarktanteil von immerhin rd. 1,6% für eine positive Entwicklung.

Baden-Württembergs Ministerpräsident Erwin Teufel (CDU; rechts) und Walter Döring (FDP) besiegeln am 7. Mai in Stuttgart den Koalitionsvertrag

Wahlkampf und Landtagswahlen

Nach vier Jahren großer Koalition wird B.-W. in den nächsten fünf Jahren wieder von einer christlich-liberalen Reg. geführt. Aus den Landtagswahlem am 24. März ging die CDU als klarer Sieger hervor. Nach dem histor. Tief bei den Wahlen 1992 (39,6%) konnte sie leicht zulegen, verfehlte aber mit 41,3% die angestrebte absolute Mehrheit deutlich. Die FDP errang mit 9,6% der Stimmen ihr bestes Ergebnis seit 1968 und gelangte nach knapp 30 Jahren Abstinenz wieder in die Regierungsverantwortung. Die SPD erlitt ihr schlechtestes Ergebnis seit Bestehen des Landes, nur noch ein Viertel der Wahlberechtigten (25,1%) gab den Sozialdemokraten ihre Stimme. Ihr Spitzenkandidat, Wirtschaftsmin. DIETER SPÖRI, zog aus dem desaströsen Ergebnis die Konsequenzen und erklärte noch am Wahlabend seinen Rückzug aus der Landespolitik. SPÖRI wurde aufgrund einer populist. Wahlkampfführung die Verantwortung für das schlechte Abschneiden zugeschrieben. Zus. mit dem SPD-Bundesvors. OSKAR LAFONTAINE hatte die baden-württemberg. SPD immer wieder für einen Aufschub der Europ. Währungsunion und einen Zuwanderungsstopp für deutschstämmige Aussiedler

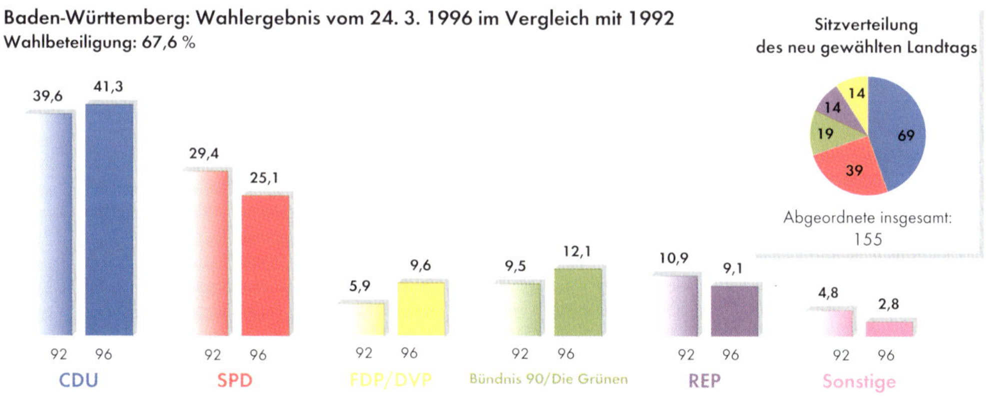

geworben. Bündnis 90/Die Grünen, die zus. mit der SPD für ein rot-grünes Reformbündnis eingetreten waren, erreichten mit 12,1% das beste Ergebnis, das sie bislang bei einer Landtagswahl in der Bundesrepublik erzielen konnten. Die Republikaner (9,1%) konnten in B.-W. im Ggs. zu anderen Bundesländern erneut die 5%-Hürde überwinden und zogen wie schon 1992 in den Landtag ein.

Regierungsbildung und Koalitionsprogramm

Die Wiederwahl ERWIN TEUFELS zum MinPräs. war von einem Eklat begleitet: Zum ersten Mal in der 24-jährigen Geschichte des baden-württemberg. Landtags erhielt ein MinPräs. erst im zweiten Anlauf die notwendige Stimmenzahl. Als Grund wurden v.a. die überraschenden Personalentscheidungen bei der Regierungsbildung genannt, die Abgeordnete der eigenen Fraktion gegen TEUFEL aufgebracht hatten. So wurde GERDI STAIBLIN (CDU; ohne Landtagsmandat) zur neuen Landwirtschaftsmin. ernannt, die nach der Auflösung des erst 1987 eingerichteten Umweltministeriums nun auch für den Naturschutz zuständig ist. Insgesamt wurde das Kabinett auf Drängen der FDP um drei Posten verkleinert. Neben dem Umweltressort wurde auch das Ministerium für Familie, Frauen, Weiterbildung und Kunst auf andere Ministerien aufgeteilt. In der Stuttgarter Staatskanzlei wurde der Ministerposten für bes. Aufgaben abgeschafft, der bisherige Amtsinhaber ERWIN VETTER zum neuen Sozialmin. bestellt. Die FDP erhielt in der neuen Landesreg. zwei Ministerposten: Neben dem FDP-Landesvors. WALTER DÖRING, der als stellv. Min.-Präs. die Leitung des Wirtschaftsministeriums übernahm, rückte ULRICH GOLL als neuer Justizmin. in das Kabinett. Der bisherige Justizmin. THOMAS SCHÄUBLE (CDU) wechselte ins Innenministerium.
In ihrer Koalitionsvereinbarung verständigten sich CDU und FDP auf die Privatisierung von Landesbeteiligungen und die Fortsetzung der Sanierung der mit 50 Mrd. DM belasteten Staatsfinanzen. Im Haushaltsentwurf für 1997 tat sich eine Deckungslücke von 2,5 Mrd. DM auf, die v.a. durch Einsparungen im Personalbereich geschlossen werden soll. ■

BAföG: Bund und Länder stellten mit der am 1. Aug. in Kraft getretenen 18. BAföG-Novelle die Weichen zur Neuordnung der Bundesausbildungsförderung. Die grundlegende Reform des BAföG wird zwar verschoben, soll aber noch in dieser Legislaturperiode im Rahmen der Steuerreform angepackt werden. Hierfür sollen die bisherigen staatl. Hilfen zur Ausbildungsförderung zu einer Grundförderung gebündelt werden. Im Nov. wurde eine Bund-Länder-Arbeitsgruppe für die BAföG-Reform eingesetzt.
Entgegen den Plänen des Bundesbildungsministeriums wird das BAföG nicht auf ein vollverzinsl. Darlehen umgestellt. Innerhalb der Regelstudienzeit bleibt das BAföG weiterhin zinsfrei, nach Ende der Regelstudienzeit wird es als verzinsl. Darlehen gewährt. Allerdings werden durch Herabsetzung der Regelstudienzeit in den meisten Fächern mehr BAföG-Empfänger ein verzinsl. Darlehen erhalten. Die Elternfreibeträge werden um 2% angehoben, die Bedarfssätze (Förderungshöchstsatz für auswärts wohnende Studierende 995 DM in den alten, 985 DM in den neuen Bundesländern) werden jedoch mangels ausreichender Finanzmittel nicht erhöht (→Meister-BAföG).

Klaus Naumann (rechts) übergibt am 8. Februar im Rahmen eines militärischen Zeremoniells sein Amt als Generalinspekteur der Bundeswehr an Hartmut Bagger. In der Mitte Verteidigungsminister Volker Rühe

Bagger, Hartmut, General, * Braunsberg (Ostpreußen) 17. 7. 1938. – Am 7. Febr. wurde B. zum Viersternegeneral befördert und als Nachfolger von KLAUS NAUMANN zum Generalinspekteur der Bundeswehr ernannt.
Nach dem Abitur 1958 war B. als Panzergrenadier in die Bundeswehr eingetreten. Seit 1960 Offizier, durchlief er in regelmäßigem Wechsel Führungs- und Stabsfunktionen auf allen militär. Ebenen und in verschiedenen Bereichen. Nach seiner Beförderung zum Oberstleutnant Mitte der 70er-Jahre war B. u.a. Dozent und Fachgruppenleiter Sicherheitspolitik an der Führungsakademie der Bundeswehr in Hamburg sowie Chef eines Divisionsstabs, später eines Korps. Ab 1990 kommandierte er die 12. Panzerdivision. Am 1. 4. 1992 wurde er zum Generalleutnant und gleichzeitig zum Stellvertreter des Inspekteurs des Heeres ernannt. Im März 1994 übernahm er das Amt des Inspekteurs des Heeres.

Bahamas

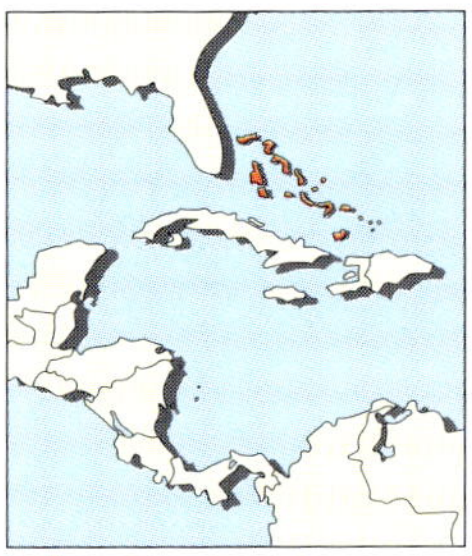

Hauptstadt: Nassau
Einwohner: 276 000
Einwohner/km²: 20
Staatsoberhaupt: Elisabeth II.
Regierungschef: H. Ingraham
BSP/Einwohner: 11 800 US-$

Bahrain

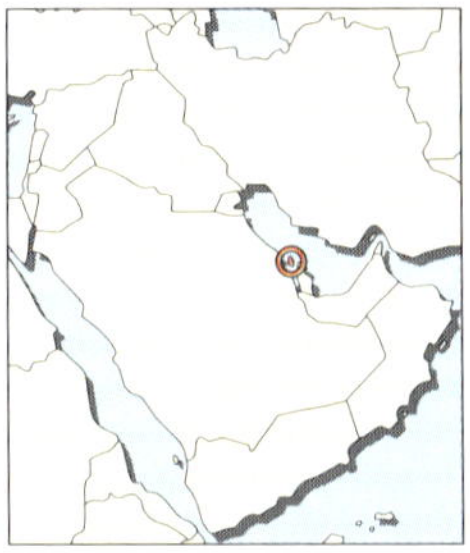

Hauptstadt: Manama
Einwohner: 564 000
Einwohner/km²: 813
Staatsoberhaupt:
Isa Ibn Sulman al-Chalifa
Regierungschef:
Chalifa Ibn Sulman al-Chalifa
BSP/Einwohner:
7460 US-$

Soziale und politische Unruhen

Die Unruhen in B. nahmen eine neue Dimension an und untergruben zunehmend auch die wirtschaftl. Grundlagen des Emirats. Ursache der anhaltenden Massendemonstrationen ist neben der polit. Diskriminierung der Schiiten, die 70% der Einwohner stellen, v.a. die hohe Arbeitslosigkeit, die rd. 25% der arbeitsfähigen Gesamtbevölkerung und bis zu 60% der Jugendlichen betrifft. Mit einer ›Bahrainisierungspolitik‹ will die Reg. die Arbeitslosigkeit eindämmen: Bei Firmengründungen muss der Anteil der Bahrainis unter den Arbeitnehmern nun 20% betragen und schrittweise auf 35% erhöht werden. Unternehmer sehen dadurch jedoch ihre Wettbewerbsvorteile gefährdet, die sie durch die billigen ausländ. Arbeitskräfte haben.

Spannungen mit Iran

Hauptziel der polit. Opposition ist die Wiedereinsetzung des 1975 vom Emir Scheich Isa Ibn Sulman al-Chalifa aufgelösten Parlaments. Religiöse oppositionelle Gruppierungen fordern hingegen einen islam. Staat nach iran. Muster. Bomben und Brandanschläge richteten sich v.a. gegen Luxushotels, Banken, Verwaltungen, Schulen, aber auch gegen Treffpunkte von Fremdarbeitern. Die herrschende Elite reagierte mit Härte. Mehr als 2000 Menschen sollen aus polit. Gründen inhaftiert worden sein; das Staatssicherheitsgericht verhängte drakon. Strafen bis hin zu Todesurteilen. Versuche einer demokrat. Öffnung wurden auch mit Blick auf Saudi-Arabien, das B. wirtschaftlich und finanziell unterstützt, abgelehnt. Die Reg. beschuldigte Iran, der Drahtzieher der Unruhen zu sein, und zog im Juni nach der Aufdeckung von Umsturzplänen einer proiran. Untergrundbewegung ihren Botschafter aus Teheran ab. Auch mit →Katar kam es zu Unstimmigkeiten. ■

In Bangladesh setzt sich Sheikh Hasina Wajed (im Bild zwei Tage vor den von ihrer Partei boykottierten Wahlen am 15. Februar) im Juni gegen Ministerpräsidentin Khaleda Zia durch

Bangladesh

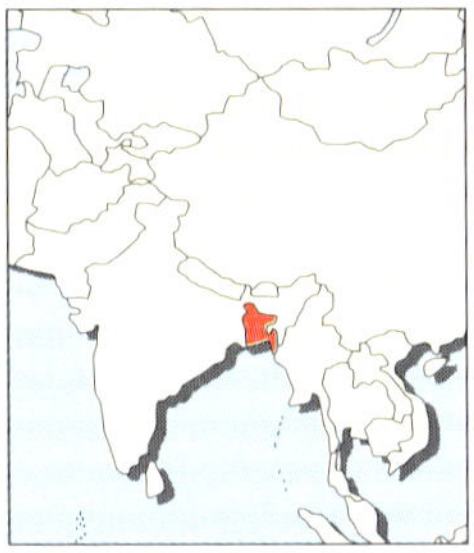

Hauptstadt: Dhaka
Einwohner:
120,4 Mio.
Einwohner/km²: 836
Staatsoberhaupt:
Shahabuddin Ahmad (seit 8. 10. 1996)
Regierungschef:
Sheikh Hasina Wajed (seit 23. 6. 1996)
BSP/Einwohner:
220 US-$

Wahlsieg der Awami-Liga

Der ›Krieg der Witwen‹ zw. den Parteiführerinnen Sheikh Hasina Wajed (Awami-Liga, AL) und Khaleda Zia (Bangladesh National Party, BNP), der mit einem Pyrrhussieg Khaleda Zias bei den Wahlen am 15. Febr. einen neuen Höhepunkt erreicht hatte, endete vorläufig im Juni mit einem Triumph Hasina Wajeds. Die AL und die mit ihr verbündete Jatiya Party (JP) des ehem. Präs. Husain Mohammed Ershad sowie die fundamentalist. Jamaat-e-Islami (JI) hatten die Februarwahlen boykottiert und weiterhin den Rücktritt der Reg. und die Einsetzung einer parteilosen Interimsreg., die Neuwahlen durchführen sollte, gefordert. Nach dem erfolgreichen Wahlboykott sah sich Khaleda dazu gezwungen, endlich auf diese Forderungen einzugehen. Sie trat am 29. März zurück; die Interimsreg. unter dem ehem. obersten Richter Mohammed Habibur Rahman beraumte für den 12. Juni Parlamentswahlen an, die zu folgendem Ergebnis führten: Von insgesamt 273 Sitzen gewann die AL 134, die BNP 103, die JP 29 und JI nur 3 Sitze. Die Verfassung schreibt vor, dass 30 Frauen (reservierte Sitze) von den Abgeordneten hinzugewählt werden. Diese Bestimmung wirkt sich zugunsten der Partei aus, die bereits die meisten Sitze gewonnen hat. Damit verfügt die AL über eine solide Mehrheit. Trotzdem bot Hasina JP und JI eine Koalition an.

Am 8. Okt. löste der frühere oberste Richter Shahabuddin Ahmad als neuer Präs. B.s Abdur Rahman Biswas ab.

Die neu gewonnene polit. Stabilität auf demokrat. Grundlage wird auch die Entwicklung der Wirtschaft B.s fördern. Dafür gab es 1996 bereits positive Anzeichen. Das Interesse ausländ. Investoren an B. wuchs. ■

Bank of Tokyo – Mitsubishi Ltd., zum 1. April durch die Fusion der Bank of Tokyo mit der Mitsubishi Bank entstandener Bankkonzern, der mit einer Bilanzsumme von rd. 107 Mrd. DM, mit 366 Inlandsniederlassungen, 83 Filialen und Repräsentanzen in Übersee sowie weltweit rd. 21 000 Beschäftigten die neue Weltspitze unter den Banken darstellt. Auch in Deutschland nimmt das Bankhaus unter den Auslandsbanken den ersten Rang ein. Das Unternehmen verspricht sich von der Fusion in erster Linie Synergieeffekte, die zu erhebl. Kosteneinsparungen führen sollen. Die Zahl der weltweit Beschäftigten soll bis zum Ende des Geschäftsjahres 1999/2000 auf rd. 18 000 abgebaut werden.

Barbados

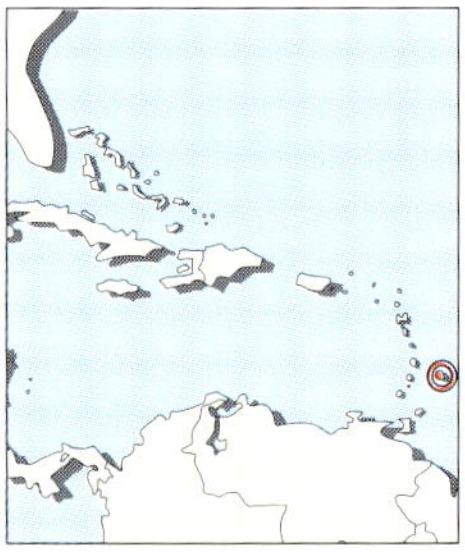

Hauptstadt: Bridgetown
Einwohner: 262 000
Einwohner/km²: 609
Staatsoberhaupt: Elisabeth II.
Regierungschef: O. Arthur
BSP/Einwohner: 6 560 US-$

Vom 3. bis zum 7. Juli war Bridgetown Schauplatz des 17. Gipfeltreffens der Gemeinschaft karib. Staaten (CARICOM). Ihr langfristiges Ziel ist die Schaffung eines einheitl. Wirtschaftsraums mit freier Arbeitsmobilität, Einheitswährung und gemeinsamen Zollaußengrenzen. Im Bunde mit Kanada kritisierten die anwesenden Regierungschefs der 14 Staaten das harte Vorgehen der amerikan. Reg. gegen das sozialist. Kuba sowie die für die CARICOM-Staaten bedrohl. Interventionen der USA im Kampf gegen den z. T. über die Karibik abgewickelten illegalen Drogenhandel. Besorgt zeigten sich die Teilnehmer über die wirtschaftl. Zukunft der karib. Inselstaaten infolge der bes. von den USA betriebenen Veränderung der Handelsbedingungen für Bananen zulasten der karib. Produzenten; die gelbe Frucht ist für die Mehrzahl der karib. Staaten das weitaus wichtigste Exportprodukt. ■

Bayern

Hauptstadt: München
Einwohner: 11,9 Mio.
Einwohner/km²: 169
Regierungschef: E. Stoiber
BIP/Einwohner: 48 635 DM

Nachdem die niederländische Königin Beatrix den Karlspreis der Stadt Aachen am 16. Mai von Oberbürgermeister Jürgen Linden (rechts) entgegengenommen hat, lässt sie sich beim Anlegen helfen

Wirtschaftliche Rezession

Erhebl. Steuerausfälle und ein beträchtl. Nachtragshaushalt von 1995 zwangen zu einem rigiden Sparkurs. Die schwierige Situation der bayer. Bauwirtschaft und Entlassungswellen bei Grundig sorgten für eine Rekordzahl an Konkursen und eine dramat. Situation auf dem Arbeitsmarkt. In weiten Teilen des Landes wurden die höchsten Arbeitslosenzahlen seit über vierzig Jahren registriert. Mit einer Arbeitslosenquote von über 7% im Mai lag der Wert für den gesamten Freistaat deutlich über der Marke des Vorjahres. B. blieb dennoch das Bundesland mit der geringsten Arbeitslosigkeit.

Garching II

Das Umweltministerium erteilte nach jahrelangem Streit im April der Techn. Univ. München die erste Teilgenehmigung zum Bau des Garchinger Forschungsreaktors ›FRM II‹. Das 720 Mio. DM teure Projekt war im Vorfeld des Genehmigungsverfahrens von heftigen Auseinandersetzungen begleitet worden. Der Streit entzündete sich v. a. an der Absicht, den Reaktor mit hoch angereichertem und damit kernwaffentaugl. Uran zu betreiben. Weltweite Proteste und eine Intervention der US-Reg. drängten darauf, die Anlage mit niedrig angereichertem Uran (LEU) zu betreiben, um der internat. Atomwaffenproliferation keinen weiteren Vorschub zu leisten. Zwar besagt die erste Teilgenehmigung noch nichts über die Verwendung der Maschinen und techn. Anlagen, doch lässt sich nach der jetzigen Baugenehmigung eine nachträgl. Umstellung auf niedrig angereichertes Material nicht mehr verwirklichen.

Kommunalwahlen

Bei den Kommunalwahlen am 10. März konnte sich die CSU klar als stärkste polit. Kraft behaupten; sie konnte sich im Vergleich zu den letzten Wahlen sogar leicht verbessern und erreichte landesweit 43,1 % der Stimmen. Die SPD, die v. a. Verluste in

Franken und in den Großstädten hinnehmen musste, kam auf 25,1%. Bündnis90/Die Grünen und die Freien Wähler legten als eigentl. Gewinner der Wahl deutlich zu und konnten 6,9 bzw. sogar 15,3% der Stimmen auf sich vereinigen. Die bei Kommunalwahlen traditionell schwache FDP erhielt nur 1,6% der Stimmen. Spektakulär verliefen die Oberbürgermeisterwahlen in Augsburg und Nürnberg. Erst in der Stichwahl konnten sich die CSU-Kandidaten gegen ihre SPD-Widersacher durchsetzen. Nürnberg wird damit zum ersten Mal in seiner Geschichte von einem CSU-Oberbürgermeister regiert.

In München wurde bei den Stadtratswahlen das Regenbogenbündnis um den SPD-Oberbürgermeister UDE knapp bestätigt. Zwar wurde die CSU mit über 40% der Stimmen erneut zur stärksten Kraft in der Landeshauptstadt, der prognostizierte Niedergang der SPD blieb jedoch aus.

Bayerischer Sonderweg im Abtreibungsrecht

Auf bundesweite Kritik stießen bayer. Sonderregelungen zum § 218 StGB. Nach heftigen parlamentar. Auseinandersetzungen und einer Klage der SPD vor dem Bayer. Verfassungsgericht verabschiedete der Landtag mit der Mehrheit der CSU-Stimmen am 30. Aug. und am 1. Sept. zwei bayer. Ergänzungsgesetze zum Abtreibungsrecht. Hiernach müssen Frauen in B. bei der vorgeschriebenen Beratung die Gründe für ihre Schwangerschaftsunterbrechung offen legen. Ärzte und Kliniken dürfen nur 25% ihres Einkommens aus Abtreibungen erzielen. Bundesjustizmin. EDZARD SCHMIDT-JORTZIG (FDP) sprach sich für eine Normenkontrollklage gegen den bayer. Sonderweg aus. Die SPD wie auch Ärzte erwogen ebenfalls den Gang zum Bundesverfassungsgericht. ■

Beatrix Wilhelmina Armgard, Königin der Niederlande, *Schloss Soestdijk (bei Baarn) 31. 1. 1938. – Am 16. Mai erhielt B. den zum 37. Mal verliehenen Internat. Karlspreis der Stadt Aachen, der ihr in »Würdigung ihres persönl. Einsatzes für die Überwindung von Gegensätzen und die Stärkung der Gemeinschaft der Völker Europas« zugesprochen worden war. Nach dem Abitur 1956 studierte B. in Leiden Geschichte, Rechtswiss. und Soziologie und schloss ihre Ausbildung mit der Promotion zum Dr. jur. ab. Seit dem 10. 3. 1966 ist sie mit dem Deutschen CLAUS VON AMSBERG verheiratet. Am 30. 4. 1980 wurde sie als Königin auf die Verfassung vereidigt; sie gilt als sachkompetente Regentin mit erhebl. Einfluss auf die Staatsgeschäfte.

Belgien

Hauptstadt: Brüssel
Einwohner: 10,1 Mio.
Einwohner/km²: 332
Staatsoberhaupt: Albert II.
Regierungschef: J.-L. Dehaene
BSP/Einwohner: 22 870 US-$

Maastrichtkriterien sollen unbedingt erfüllt werden

Die seit 1995 regierende Koalition aus Christdemokraten und Sozialisten unter MinPräs. JEAN-LUC DEHAENE hat sich die Konsolidierung des Landeshaushalts zum Ziel gesetzt, damit B. zu den ersten Staaten der Europ. Währungsunion gehört.

Im Haushaltsentwurf für 1996 wurde die wirtschaftl. Entwicklung falsch eingeschätzt, sodass bis Sept. ein Haushaltsdefizit von rd. 8 Mrd. bfr entstanden war. Statt der prognostizierten 2,2% Wachstum waren es 1996 nur etwa 1,4%. Die Wiederbelebung der Wirtschaft und das niedrige Zinsniveau werden jedoch voraussichtlich den Haushalt 1997 entlasten. Um das für 1997 erklärte Ziel zu erreichen, die Neuverschuldung auf 2,8% zu senken, müssen 1997 knapp 80 Mrd. bfr eingespart werden. Die Regierungspartner haben zudem beschlossen, den Sozialstaat zu reformieren und eine für die Wirtschaft positive Lohn- und Arbeitsmarktpolitik zu betreiben. Um diese Pläne zu realisieren, ließen sie sich vom Parlament am 28. Mai Sondervollmachten für budget- und sozialpolit. Maßnahmen

Belgien*: Außenhandel

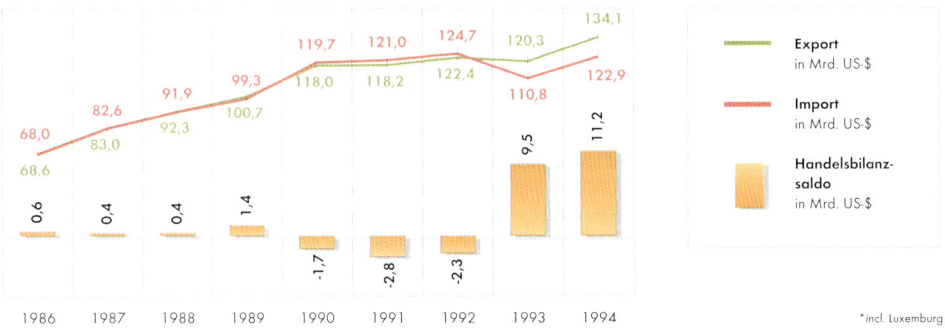

*incl. Luxemburg

übertragen. Diese Vollmachten wurden in drei vage gehaltenen Rahmengesetzen zur Beschäftigungsförderung, zur Budgetpolitik und zur Modernisierung der Sozialversicherung formuliert. Nach dem Gesetz zur Förderung der Beschäftigung fixierte die Reg. im Sept. eine Lohnnorm, die sich an der Lohnentwicklung in den Nachbarländern Deutschland, Frankreich und Niederlande orientierte. Das Rahmengesetz zur Budgetpolitik soll es der Reg. ermöglichen, alle Maßnahmen zu ergreifen, um die Maastrichter Defizitnorm von max. 3 % des BIP zu erfüllen. Ausdrücklich wurde auch die Möglichkeit eingeräumt, auf dem Verordnungsweg Steuern zu erhöhen. Dieses Gesetz soll bis zum 31. 8. 1997 gelten. Die Geltungsdauer des Gesetzes zur Modernisierung der Sozialversicherung wurde auf Ende April 1997 beschränkt. Die liberale Opposition kritisierte diese Vollmachtsgesetzgebung heftig als ›Entmachtung des Wählerwillens‹.

Die Erwerbslosenquote sank zwar leicht im ersten Halbjahr 1996 von 10,1 % auf 9,8 %, lag aber im Jahresdurchschnitt bei 9,9 %.

Auseinanderdriften der Regionen

Die divergierende Entwicklung der beiden Teilstaaten Wallonien und Flandern setzte sich 1996 fort. Die seit Jahren bestehende Kluft zw. den fläm. Separatisten und den gemäßigten Kräften, die den Teilstaaten mehr Kompetenzen geben wollen, vertiefte sich. Die Meinungsunterschiede führten am 25. Aug. zu gewalttätigen Ausschreitungen während der 69. ›IJzerpilgerfahrt‹, der jährl. Kundgebung der fläm. Nationalisten. Ein Teil der fläm. Christdemokraten, an deren Spitze der fläm. Min.-Präs. JEAN-LUC VAN DEN BRANDE steht, entwickelt ein Profil, das immer stärker auf eine Autonomie Flanderns ausgerichtet ist. Sie fordern eine Regionalisierung des Sozialstaats und eine völlige finanzielle Autonomie der Teilstaaten. Die fläm. Sozialisten sind in dieser Frage stark zerstritten. Von wallon. Seite wurde gegen eine weiter gehende Regionalisierung B.s protestiert.

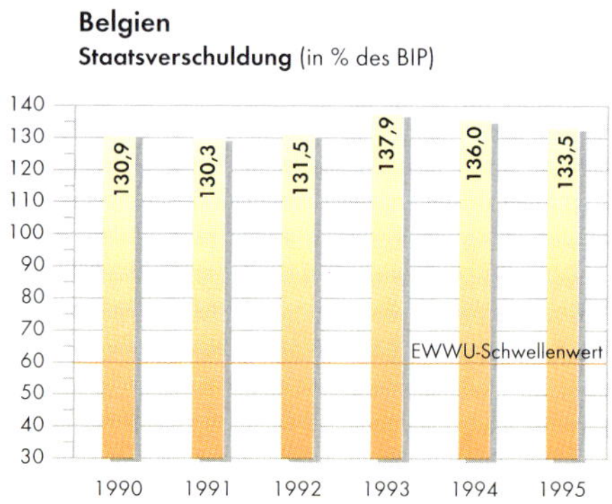

Die Amnestiedebatte über die Folgen der Repression von Kollaborateuren nach dem Zweiten Weltkrieg flammte anlässlich der nochmaligen Verurteilung von IRMA LAPLASSE, einer 1945 zum Tode verurteilten fläm. Nationalistin wieder stark auf. Am 14. Juni schaffte B. als letztes Land der EU auch offiziell die seit 1950 nicht mehr vollstreckte Todesstrafe ab. Teile der Bevölkerung forderten im Laufe der Dutroux-Affäre jedoch ihre Wiedereinführung.

Die Affären Dutroux und Cools erschüttern den Staat

Die Festnahme des Kriminellen MARC DUTROUX in Neufchâteau am 10. Aug. unter dem Verdacht der Kindesentführung, des Kindesmissbrauchs und des mehrfachen Mordes, sowie die Verhaftung des wallon. Politikers ALAIN VAN DER BIEST unter dem Verdacht, der Auftraggeber des Mordes an dem Lütticher Sozialisten ANDRÉ COOLS 1991 gewesen zu sein, brachten Erkenntnisse, die das Vertrauen der Belgier in die staatl. Institutionen nachhaltig erschütterten. Polizei und Justiz, v. a. der Stadt Lüttich (DUTROUX und VAN DER BIEST wohnten in Grâce-Hollogne bei Lüttich), hatten in beiden Fäl-

Ganz Belgien nimmt am 22. August Abschied von den Opfern der Kinderschänderbande. An der Straße bei Grâce-Hollogne liegen Hunderte von Blumensträußen, als die Särge der missbrauchten und ermordeten Mädchen Julie und Mélissa zur Trauerfeier nach Lüttich gebracht werden len trotz mehrfacher eindeutiger Hinweise die Ermittlungen verschleppt oder im Sande verlaufen lassen – im besten Falle aus Unfähigkeit, im schlimmsten Falle wegen eigener Verstrickungen in die Verbrechen oder polit. Drucks. König Albert II. mahnte die Justizbehörden mehrfach ungewöhnlich deutlich zur restlosen Aufklärung der Affären. MinPräs. Jean-Luc Dehaene kündigte am 19. Sept. eine tief greifende Justizreform an.

Der wegen Kindesentführung und Vergewaltigung vorbestrafte Marc Dutroux stand an der Spitze einer Bande, die jahrelang Mädchen entführt, gefoltert und für die Herstellung pornograph. Filme missbraucht hatte; die Leichen von zwei Achtjährigen, die verhungert waren, und von zwei ermordeten 17- und 19-Jährigen fand die Polizei am 17. Aug. und am 4. Sept.; zwei Mädchen wurden lebend befreit, mehrere Kinder werden noch vermisst. Es stellte sich heraus, dass B. als Drehscheibe eines internat. Netzwerkes von Kinderhandel und Kinderpornographie diente. Die Hoffnungen der Bevölkerung richtete sich bald ganz auf den Staatsanwalt von Neufchâteau, Jacques Bourlet, und den Untersuchungsrichter Jean-Marie Connerotte, die als integer galten und ohne Ansehen der Person zu ermitteln versuchten. Proteste, Arbeitsniederlegungen in ganz B. und eine Großdemonstration mit mehr als 325 000 Menschen in Brüssel (20. Okt.) waren deshalb die Folge, als der Kassationsgerichtshof (das oberste Gericht B.s) Connerotte am 14. Okt. wegen seiner Teilnahme an einer Wohltätigkeitsveranstaltung zugunsten der entführten Kinder, bei dem er einen Füllfederhalter als Geschenk angenommen hatte, für befangen erklärte und ihm den Fall entzog. Gericht und Generalstaatsanwaltschaft befürchteten, dass sonst die Verteidigung dies in einem späteren Prozess für einen Befangenheitsantrag nutzen und den Prozess damit zum Platzen bringen würde. Umfragen zufolge vertrauen nur noch 3% aller Belgier der Justiz ihres Landes. Zw. 200 000 und 300 000 Menschen sorgten am 20. Okt. für den größten Massenaufzug der belg. Geschichte. In einem ›weißen Marsch‹, zu dem die Eltern der vermissten und ermordeten Kinder aufgerufen hatten, demonstrierten die Teilnehmer »für die Zukunft der Kinder und eine gerechtere Gesellschaft«.

Mitte Nov. wurden der homosexuelle stellv. Min.-Präs. Elio di Rupo und der wallon. Bildungsmin. Pierre Grafé des sexuellen Missbrauchs Minderjähriger beschuldigt, doch schien kein Zusammenhang mit der Dutroux-Bande zu bestehen. Die Ermittlungen gegen di Rupo wurden am 13. Dez. eingestellt.

Die neuen Ermittlungsergebnisse im Fall Cools schürten das Misstrauen der Bevölkerung weiter, da sich auch hier herausstellte, dass der Staatsanwaltschaft Neufchâteau gegen den jetzt verhafteten Van der Biest und seinen Privatsekr. bereits 1992 eindeutig belastende Hinweise vorgelegen hatten. Dann jedoch hatte der Kassationsgerichtshof die Ermittlungen nach Lüttich verlagert; dort verlief sich die ›Spur Van der Biest‹ im Sande.

Außenpolitik

Mit Spanien kam es zu erhebl. Differenzen, nachdem das oberste belg. Verwaltungsgericht am 6. Febr. den Auslieferungsbeschluss der Reg. für zwei mutmaßliche ETA-Terroristen aufgehoben und deren Freilassung angeordnet hatte. Spanien setzte die Zusammenarbeit auf rechtspolit. Gebiet aus. ■

Belize

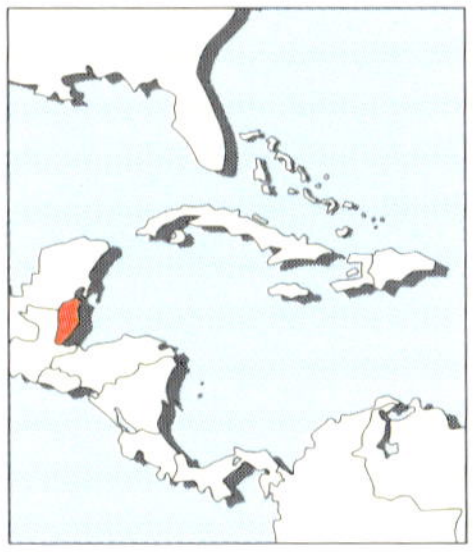

Hauptstadt: Belmopan
Einwohner: 215 000
Einwohner/km²: 9
Staatsoberhaupt: Elisabeth II.
Regierungschef: M. Esquivel
BSP/Einwohner: 2 530 US-$

Belo, Carlos Felipe Ximénes, timor. kath. Theologe, * Baucau (Ost-Timor) 3. 2. 1948. – Bischof B. erhielt zus. mit José Ramos Horta den Friedensnobelpreis 1996 für seinen Einsatz für eine gerechte und friedl. Lösung des Konflikts in Ost-Timor. B. appellierte immer wieder an den indones. Präs. Suharto und die Weltöffentlichkeit, für polit.

Bischof Belo (rechts) trifft in Dili auf Ost-Timor am 15. Oktober Staatschef Suharto, dessen Regierung die kurz zuvor bekannt gegebene Vergabe des Friedensnobelpreises an Belo scharf kritisiert

Freiheit, Menschenrechte und eine gerechte wirtschaftl. und soziale Entwicklung in der ehem. portug. Kolonie zu sorgen, und prangerte das Verhalten der indones. Armee an. Seit der Annexion Ost-Timors durch Indonesien 1976 starb rd. ein Drittel der Bevölkerung durch Terror, Krieg, Epidemien und Hunger.

B. studierte in Lissabon und Rom Philosophie und Theologie. 1980 wurde er zum Priester geweiht, 1983 von Papst Johannes Paul II. zum Apostol. Administrator für Ost-Timor berufen. 1988 folgte die Ernennung zum Bischof. Als Oberhirte der überwiegend kath. Bevölkerung Ost-Timors ist B. direkt dem Papst unterstellt und nicht Mitgl. der indones. Bischofskonferenz.

Benin

Hauptstadt: Porto Novo
Einwohner: 5,4 Mio.
Einwohner/km²: 48
Staatsoberhaupt: M. Kérékou (seit 23. 3. 1996)
Regierungschef: A. Houngbédji (seit 9. 4. 1996)
BSP/Einwohner: 370 US-$

Bei den als fair beschriebenen Präsidentschaftswahlen am 18. März erhielt Amtsinhaber NICÉPHORE SOGLO die Quittung für seine Politik, die ihm den Vorwurf des Nepotismus und unkooperativen Verhaltens eingetragen hatte. Nach einem harten Wahlkampf unterlag er in der Stichwahl dem ehem. Militärdiktator MATHIEU KÉRÉKOU, der bei den ersten freien Präsidentschaftswahlen 1991 wegen fast 20 Jahre währender sozialist. Misswirtschaft abgewählt worden war. Bei der anschließenden Regierungsbildung belohnte KÉRÉKOU seinen Bündnispartner ADRIEN HOUNGBÉDJI mit dem Amt des Regierungschefs. Seine Wahl trug zum Abbau der Spannungen mit Nigeria (Wiedereröffnung der seit 1. März geschlossenen Grenze im April) und Togo bei. ■

Auf Europas größter Baustelle, dem Potsdamer Platz in Berlin, dirigiert Daniel Barenboim am 26. Oktober zum Richtfest 19 Kranarme zu den Klängen der ›Ode an die Freude‹ aus Beethovens 9. Symphonie

Berggruen, Heinz, Sammler und Kunsthändler, * Berlin 6. 1. 1914. – Berlin ist mit der ›Sammlung B.‹ um eine Attraktion reicher: Seit dem 6. Sept. sind bis zum Jahr 2006 im Stüler-Bau gegenüber dem Charlottenburger Schloss 113 Bilder, Plastiken und Grafiken der klass. Moderne im Schätzwert von 600 Mio. DM zu sehen, darunter 69 Werke von PICASSO und 27 von KLEE; aber auch VAN GOGH, BRAQUE, SEURAT und GIACOMETTI sind vertreten. Zur Ausstellungseröffnung erschienen B.s Memoiren unter dem Titel eines berühmten Werkes von KLEE: ›Hauptweg und Nebenwege‹.
Anfang der 1930er-Jahre studierte B. Kunstgeschichte in Toulouse; 1936 emigrierte er in die USA und nahm am Zweiten Weltkrieg aufseiten der Alliierten teil. Danach arbeitete er als Journalist in München, ließ sich aber schon bald als Galerist für Malerei und Grafik des späten 19. und des 20. Jh. in Paris nieder.

Berlin

Einwohner: 3,5 Mio.
Einwohner/km²: 3 905
Regierungschef: E. Diepgen
BIP/Einwohner: 42 595 DM, 50 067 DM (B.-West), 30 143 DM (B.-Ost)

Neuauflage der großen Koalition

Gut drei Monate nach den Wahlen zum Berliner Abgeordnetenhaus wurde am 25. Jan. der neue Senat bestimmt. Nach schwierigen Koalitionsverhandlungen war es CDU und SPD doch noch gelungen, sich auf eine gemeinsame Koalition für die nächsten vier Jahre zu einigen. Strittig war v. a. die Besetzung des Finanzressorts, das nach erbittertem Streit der SPD zufiel. Es wurde mit der ehem. hess. Finanzmin. ANETTE FUGMANN-HEESING besetzt. Insgesamt wurde der Senat von 15 auf zehn Ressorts verkleinert; jeweils fünf werden in Zukunft von SPD und CDU geführt. EBERHARD DIEPGEN (CDU) wurde abermals zum Regierenden Bürgermeister von B. gewählt.

Dramatische Haushaltslage

Als eine ihrer ersten Amtshandlungen musste die neue Finanzsenatorin FUGMANN-HEESING ein massives Sparpaket mit einschneidenden Belastungen für die Berliner Bevölkerung verantworten. Bis 1999 muss eine Haushaltslücke von 32 Mrd. DM gedeckt werden. Allein 1996 betrug der Fehldeckungsbetrag 5,3 Mrd. DM. Die Einsparungen sollten vornehmlich durch Stellenstreichungen im öffentl. Dienst, Kürzungen der konsumtiven Sachausgaben, ein Moratorium der Investitionen und durch die Veräußerung von Landesvermögen verwirklicht werden. Doch schon Mitte des Jahres war klar, dass B. auch in diesem Jahr sein Sparziel verfehlen würde. Ende Aug. verhängte FUGMANN-HEESING eine Haushaltssperre bis zum Ende des Jahres und einen sofortigen Einstellungs- und Beförderungsstopp im öffentl. Dienst.

Entscheidung für den Großflughafen Schönefeld

Der neue Großflughafen für den Großraum B. soll in Schönefeld gebaut werden. Darauf einigte sich die B.-Brandenburger Flughafengesellschaft nach fünfjähriger Auseinandersetzung zw. beiden Bundesländern und dem Bund. Bis 2010 soll der ehem. DDR-Hauptstadtflughafen auf eine Kapazität von jährlich 20 Mio. Passagiere ausgebaut werden. Zahlreiche Anwohnerproteste und Bürgerinitiativen sowie ein aufwendiges Planfeststellungsverfahren sorgen aber dafür, dass mit dem Ausbau frühestens in fünf Jahren begonnen werden kann.

Richtungsentscheidung und schwarz-grüne Zusammenarbeit

MARTIN MATZ wurde zum neuen Vors. der Berliner FDP gewählt. Der erst 30-jährige Bürgerrechtsliberale konnte sich im Jan. gegen den ehem. Generalbundesanwalt ALEXANDER VON STAHL durchsetzen. Eine ungewöhnl. Konstellation gab es im Rathaus Kreuzberg. Hier bilden Bündnis 90/Die Grünen zus. mit der CDU eine Zählgemeinschaft. Der grüne Kommunalpolitiker FRANZ SCHULZ wurde in das Amt des Bezirksbürgermeisters gewählt.

Gescheiterte Fusion mit Brandenburg

Die geplante Fusion mit dem Land Brandenburg ist gescheitert. Zwar haben die Berliner in dem Referendum am 5. Mai mehrheitlich für das Zusammengehen mit dem umliegenden Bundesland gestimmt, von dem man sich bes. im wirtschaftl. Bereich neue Impulse für die Region erhoffte, doch verweigerten die Bürger Brandenburgs der Länderehe ihre Zustimmung. Statt des erwarteten Zusammenschlusses wollen beide Länder nun eine enge Kooperation ihrer Politik anstreben. Eine Vereinbarung, die die künftige Zusammenarbeit regelt, unterzeichneten die Regierungschefs beider Länder, DIEPGEN und STOLPE, am 20. November. Trotz der Abstimmungsniederlage forciert der Senat den Ausbau B.s, zumal der Umzug von Parlament und Bundesregierung nach B. bis zum 23. 5. 1999 verwirklicht werden soll.

Baustelle Berlin

Die Großbaustelle B. wurde im Sommer zur ›Schaustelle‹: Die Bauplätze dienten kulturellen Veranstaltungen oder wurden zum Kunstwerk; so verwandelte z. B. GERHARD MERZ am Potsdamer Platz Baukräne durch 2200 Neonröhren in eine Lichtskulptur. Neben den Planungen, darunter die Rekonstruktion der Schinkelschen Bauakademie nach dem Abriss des ehem. Außenministeriums der DDR und der Wettbewerb um das neue Außenministerium, gab es auch Fertigstellungen: Ende Febr. wurde die Galerie Lafayette, das erste Kaufhaus einer frz. Kette in Deutschland, eingeweiht, die in einem avantgardist. Bau des frz. Architekten JEAN NOUVEL an der Friedrichstraße residiert, am 2. Okt. wurde im umgebauten Dt. Dom am Gendarmenmarkt die Ausstellung ›Fragen an die dt. Geschichte‹ wieder eröffnet.

Beste, Hermann, ev. Theologe, *Neubukow 17. 9. 1940. – Nachdem ihn die Landessynode am 29. März gewählt hatte, wurde B. am 30. Juni im Schweriner Dom in sein neues Amt als Landesbischof der Ev.-Luther. Landeskirche Mecklenburgs eingeführt.
B., der in Leipzig und Rostock Theologie studiert hatte, wurde nach seiner Ordination 1966 zunächst Pastor in Kirch Grambow bei Schwerin. 1986–91 arbeitete er für den kirchl. Pressedienst und war Chefredakteur der Mecklenburg. Kirchenzeitung. Nach neuerl. Übernahme der alten Pfarrstelle wurde B. dann 1993 Landessuperintendent des Kirchenkreises Rostock-Land in Bad Doberan.

Beutekunst: Die dt.-russ. Kontrollkommission, die über die B. verhandeln sollte, tagte wegen der Unnachgiebigkeit der russ. Seite seit 1995 nicht mehr. Immerhin erklärte die russ. Reg. im Juli das von der Duma beschlossene B.-Gesetz, mit dem die verschleppten Kulturgüter des Zweiten Weltkriegs zu Eigentum Russlands erklärt werden sollten, für ungültig.
Ab 16. April wurden im Moskauer Puschkin-Museum 259 Troja-Funde aus dem seit 1945 z. T. in Russland unter Verschluss gehaltenen ›Schatz des Priamos‹ ausgestellt. Das Berliner Museum für Vor- und Frühgeschichte, verärgert darüber, dass es zuvor nicht einmal konsultiert worden war, stellte am 11. April seine neu strukturierte Abteilung ›Troja-Schliemann-Altertümer‹ mit verbliebenen Stücken des Schatzes und Repliken vor, um seinen völkerrechtlich gestützten Anspruch auf die Moskauer Objekte zu untermauern. – Die Rückgabe von B. wurde 1996 zunehmend zu einem gesamteurop. Thema, sodass die Heilung des durch die Raubzüge der Nationalsozialisten und der Roten Armee geschaffenen Zustandes über Einzelfallregelungen hinaus einer multinat. Einigung bedarf.

Bhutan

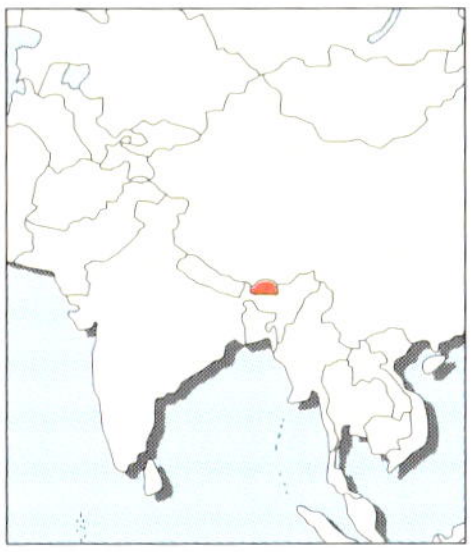

Hauptstadt: Thimphu
Einwohner: 1,6 Mio.
Einwohner/km²: 35
Staatsoberhaupt und Regierungschef: Jingme Singye Wangchuk
BSP/Einwohner: 400 US-$

Bierhoff, Oliver, Fußballspieler, *Karlsruhe 1. 5. 1968. – Noch am Vorabend des Finales der Fußballeuropameisterschaft 1996 von der ›Fachpresse‹ abgewertet, erzielte der erst in der 73. Minute des Endspiels eingewechselte Stürmer die beiden Tore für den 2:1-Sieg über die Tschech. Republik. Nach dem Ausgleichstreffer durch Kopfball gelang ihm in der Verlängerung das erste in einem Fußballspiel überhaupt erzielte, spielentscheidende →Golden Goal.

Oliver Bierhoff (vorne links) schießt im Finale der Fußball-EM das spielentscheidende »Golden Goal« in der Verlängerung

Die wechselvolle Laufbahn B.s begann bei Bayer Uerdingen, er avancierte dort zum U-21-Nationalspieler (zehn Länderspiele/sieben Tore). Weitere Stationen waren Hamburger SV, Borussia Mönchengladbach, Austria Salzburg und Ascoli Calcio (Italien). Beim italien. A-Liga-Klub Udine konnte er sich schließlich mit guten Leistungen (17 Tore in der Saison 1995/96) für den Kader der dt. Nationalmannschaft für die Europameisterschaft in England empfehlen.

Bioethik: Nachdem das Europ. Parlament 1994 den ersten Vorschlag verworfen hatte, übergab der Lenkungsausschuss B. des Europarats dem Europ. Parlament im Juli einen weiteren Entwurf einer B.-Konvention. In ihrer Stellungnahme vom 20. Sept. forderten die Europaparlamentarier wiederum zahlreiche Nachbesserungen und eine breite öffentl. Diskussion. Die Parlamentar. Versammlung des Europarats stimmte am 26. Sept. gegen die Stimmen der dt. Abgeordneten zu, forderte jedoch ebenfalls Veränderungen. Die Verabschiedung durch das Ministerkomitee des Europarats erfolgte schließlich am 19. Nov. in unveränderter Fassung unter Stimmenthaltung Deutschlands, Belgiens und Polens. Als nächster Schritt steht nun die Ratifizierung durch die nat. Parlamente an; strengere nat. Gesetze bleiben von der B.-Konvention jedoch unberührt.

Die Konvention unter dem offiziellen Titel ›Konvention über die Menschenrechte und die Biomedizin‹ sieht vor, dass die Herstellung von menschl. Embryonen zu Forschungszwecken zwar verboten sein soll, Embryonenforschung aber in denjenigen Ländern, in denen sie schon erlaubt ist, weiterhin praktiziert werden darf. Der Text enthält ein grundsätzl. Verbot der Keimbahntherapie, allerdings – und dies weicht vom dt. Embryonenschutzgesetz ab – mit einem Erlaubnisvorbehalt für Fälle, in denen der Eingriff nicht das Ziel hat, das Erbgut der Nachkommenschaft zu verändern. Auch das Verbot zur Geschlechtsbestimmung menschl. Embryonen wurde mit einer Ausnahmeregelung versehen; demnach ist die Geschlechtsbestimmung möglich, wenn sich dadurch schwere geschlechtsgebundene Erbkrankheiten erkennen lassen.

Kontrovers ist nach wie vor die Frage, ob klin. Studien an ›nicht-einwilligungsfähigen Personen‹ (z. B. Kinder, geistig behinderte und altersverwirrte Personen) zulässig sein sollen. Die B.-Konvention sieht diese Möglichkeit vor, falls die Forschung sich direkt auf eine Krankheit bezieht, an der die betreffenden Personen leiden, und von der sie einen unmittelbaren Nutzen erwarten können. – Neben dem Europarat bereitet derzeit auch die UNESCO eine B.-Konvention vor.

Birma

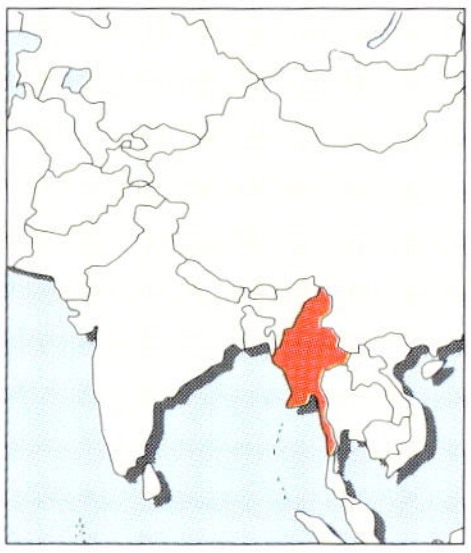

Hauptstadt: Rangun
Einwohner: 46,5 Mio.
Einwohner/km²: 69
Staatsoberhaupt und Regierungschef: Than Shwe
BSP/Einwohner: 250 US-$

Wirtschaft im Zeichen von Marktöffnung

Im Rahmen einer gezielten Marktöffnungsstrategie bemüht sich B. (Myanmar), ausländ. Investitionen in das Land zu holen. Im Aug. betrug das Gesamtvolumen der Investitionen über 4 Mrd. US-$, die v. a. in den Bereichen Energie und Tourismus getätigt wurden. Mit der schrittweisen Abschaffung staatl. Preiskontrollen sowie einer Liberalisierung und Reform des Finanz- und Steuerwesens wird versucht, die wirtschaftl. Grundlagen des Landes zu verbessern und Kapital anzuziehen. Der Devisenverkehr mit dem Ausland ist jedoch weiterhin strengen staatl. Kontrollen unterworfen. Bei einem Wirtschaftswachstum von 5% liegt die Inflationsrate zw. 20 und 30%.

Auf dem von der Oppositionsführerin Aung San Suu Kyi am 26. Mai eröffneten Treffen der NLD sind erstmals seit Jahren Parteimitglieder zusammengekommen

Innenpolitik überschattet von Menschenrechtsverletzungen

Unter Ausschluss der oppositionellen Nat. Liga für Demokratie (NLD) wurde der Entwurf einer neuen Verfassung weitestgehend fertig gestellt. Auf einem im Mai gegen den Widerstand der Militärreg. abgehaltenen NLD-Parteikongress wurde die Ausarbeitung eines eigenen Verfassungsentwurfes angekündigt. Im Vorfeld des Kongresses ließ die Militärreg. über 260 NLD-Mitglieder verhaften, von denen einige zu Freiheitsstrafen verurteilt wurden. – Im Dez. bekundeten Studenten in zahlreichen Demonstrationen ihre Sympathie für Aung San Suu Kyi und traten für Freiheit und Demokratie ein. Die Oppositionsführerin wurde angesichts der Proteste erneut in ihrer Bewegungsfreiheit eingeschränkt, B.s Militär erhöhte im Verlauf der tagelangen Protestaktionen den Druck auf die Demonstranten. Die UNO-Vollversammlung verurteilte daraufhin die fortwährende Missachtung der Menschenrechte.

Außenpolitik

Auf dem ASEAN-Gipfel im Juli in Jakarta wurde B. entgegen westl. Verlangen offiziell der Beobachterstatus eingeräumt. Eine Vollmitgliedschaft in der ASEAN wird bereits für die kommenden zwei bis drei Jahre in Aussicht gestellt. Außerdem erhielt B. in Jakarta den Teilnehmerstatus im Asian Regional Forum (ARF), das sich v. a. mit Sicherheitsfragen in der Region befasst. Im ARF sind neben den ASEAN-Staaten auch die USA, Kanada, Australien, Indien, China, Russland und die EU vertreten. ■

Bodenreform II: Die besatzungshoheitl. Enteignungen in den Jahren 1945–49 bleiben nach einem Beschluss des Bundesverfassungsgerichts vom 18. April (veröffentlicht am 12. Juni) unumkehrbar. Im Interesse der zügigen dt.-dt. Vereinigung durfte die Bundesreg. bei den Verhandlungen mit der damaligen DDR-Reg. ihrer Einschätzung folgen, dass die Enteignungen vor 1949 in der damaligen Sowjet. Besatzungszone nicht wieder rückgängig gemacht werden können. Nachträgl. Stellungnahmen von Michail Gorbatschow widerlegten nicht den Standpunkt der sowjet. Diplomatie auf vielen Verhandlungsebenen während der Zwei-plus-Vier-Gespräche; der soziale Friede auf dem Gebiet der DDR war im Fall der Restitution (Rückgängigmachung) der Enteignungen damals auch Sorge der Reg. de Maizière.

Bohley, Bärbel, Künstlerin und Bürgerrechtlerin, * Berlin 24. 5. 1945. – Am 17. Juni gründete eine Gruppe um B., zu der u. a. die Schriftstellerin Freya Klier, die Schriftsteller Jürgen Fuchs und Wolfgang Templin und der Regisseur Konrad Weiss zählen, zus. mit Bundeskanzler Helmut Kohl, Oppositionsführer Rudolf Scharping (SPD), der Ausländerbeauftragten Cornelia Schmalz-Jacobsen (FDP) und der Vors. des Petitionsausschusses des Bundestags Barbara Nickels (Bündnis 90/Die Grünen) den Verein ›Bürgerbüro e. V.‹, der jenen helfen soll, »die durch Willkürakte der DDR fortdauernd geschädigt sind«.
Nach ihrem Studium 1969–74 arbeitete B. als freischaffende Malerin und Grafikerin in Ost-Berlin. Mit anderen gründete sie Anfang 1984 die ›Initiative für Frieden und Menschenrechte‹, die 1985–88 zus. mit der ev. Kirche für eine Demokratisierung eintrat. Am 8. 11. 1989 bestätigte das DDR-Innenministerium offiziell die von B. mitbegründete Bürgerbewegung ›Neues Forum‹ als Vereinigung.

Bärbel Bohley äußert sich am 17. Juni in Berlin vor Journalisten über das Bürgerbüro e. V., zu dessen Gründungsmitgliedern sie zählt

B. verkörperte den polit. Aufbruch in der DDR. Ihre Kandidatur für die Bundestagswahl am 2. 12. 1990 zog die Bürgerrechtlerin wieder zurück, weil Demokratie für sie mehr bedeute »als einen Sitz im Bundestag«. Nach dem Studium ihrer Stasi-Akten beschuldigte B. ihren ehem. Anwalt Gregor Gysi, sie für das Ministerium für Staatssicherheit der DDR bespitzelt zu haben.

Bolivien

Hauptstadt: Sucre
Einwohner: 7,4 Mio.
Einwohner/km²: 7
Staatsoberhaupt und Regierungschef:
G. Sánchez de Lozada
BSP/Einwohner:
770 US-$

Privatisierung und Proteste

Am 2. April versuchte der Gewerkschaftsdachverband Central Obrera Boliviana (COB) mit einem Streik im Dienstleistungssektor den Rückzug des Staates aus der Wirtschaft aufzuhalten und eine 200%ige Erhöhung des Mindestlohns (= 40 US-$)

durchzusetzen. Dessen ungeachtet und ohne die Bedeutung dieses Sektors für die nat. Identität der Bolivianer zu berücksichtigen – in den 1930er-Jahren tobte ein Krieg gegen Paraguay um den Besitz der Ölfelder –, vollzog die Reg. Anfang Mai die weitgehende Entstaatlichung der Öl und Gas fördernden Industrie. Ende Sept. demonstrierten Kokabauern gegen eine Neuordnung der Landverteilung, von der sie befürchten, dass sie die Vernichtung der Kokaplantagen zur Folge haben wird.
Während das Reformwerk der Reg. im wirtschaftl. Bereich bislang nur mäßige Ergebnisse zeitigte – die Arbeitslosigkeit blieb weitgehend konstant, Teuerung (12,5%) und Wirtschaftswachstum (4%) blieben hinter den Erwartungen zurück –, zeigten v. a. die Reformen der kommunalen Verwaltung erste Ergebnisse. Mit dem 1994 eingeleiteten Programm der Participación Popular (PP; dt. Volksbeteiligung) wurden die Kommunen spürbar gestärkt.

Außenpolitik

Die Gespräche zwischen den Außenmin. der Rio-Gruppe und der EU in Cochabamba am 15./16. April mündeten in eine Erklärung über gemeinsame Anstrengungen in der Drogenbekämpfung. Im Vorfeld des Treffens war es zu Differenzen zw. Vertretern der EU und der Rio-Gruppe in der Frage der Beurteilung der amerikan. Sanktionen gegen Kuba gekommen. Bei ihrem Treffen am 27./28. Mai und am 3./4. Sept. ebenfalls in Cochabamba verurteilten die Außenmin. bzw. Regierungschefs der Rio-Gruppe das Helms-Burton-Gesetz, das ein verschärftes Handelsembargo der USA gegen Kuba vorsieht. Während des Gipfeltreffens in →Argentinien im Juni kam es zur Annäherung B.s an den MERCOSUR. ■

Bonn: Im Juni zogen einige Unterorganisationen der UNO in die Stadt: das UNO-Freiwilligenprogramm (bisher in Genf ansässig), das Sekretariat der Klimarahmenkonvention sowie ein UNO-Informationszentrum. Diese Ansiedlungen sollen eine Sogwirkung auf andere Institutionen ausüben, damit sich die ehem. Bundeshauptstadt nach dem endgültigen Umzug von Reg., Parlament und Bundesrat nach Berlin zu einem gefragten Standort internat. Organisationen entwickeln kann.
Bereits am 11. 10. 1995 hatte das Bundeskabinett ein Konzept für die ›Bundesstadt B.‹ und die Nutzung der bisherigen Bundesbauten nach dem Umzug der Bundesreg. nach Berlin beschlossen. Vorgesehen sind die Verlagerungen von Bundeskartellamt, Bundesrechnungshof, den Bundesaufsichtsämtern für Kredit- und Versicherungswesen nach B. sowie die Fertigstellung des umstrittenen Schürmann-Baus. Die Liegenschaften des Bundes, die derzeit vom Bundestag genutzt werden, sollen künftig Einrichtungen aus Bildung und Wiss. sowie aus der Entwicklungshilfe (Umzug des Dt. Entwicklungsdienstes von Berlin nach B.) vorbehalten sein.

Bookbuilding, Verfahren zur Platzierung von Aktien an der Börse, bei dem nicht nur der Emissionspreis, sondern i. d. R. auch das Emissionsvolumen erst am Ende der Zeichnungsfrist festgelegt werden im Unterschied zum traditionellen Festpreisverfahren (Emissionspreis und -volumen stehen fest). Die Emissionsbank gibt zunächst nur ein Platzierungsvolumen und einen Platzierungspreis in Form einer Spanne vor. Während der Zeichnungsphase wird die Nachfrage von der Emissionsbank (Bookrunner) in einem Orderbuch notiert. Auf der Grundlage der Informationen über die Nachfrage (gewünschter Preis, Anlagestrategie, Art des Anlegers) werden nach Ende der Zeichnungsfrist Emissionspreis und -volumen festgelegt und die Aktien den einzelnen Anlegern zugeteilt. Vor dem eigentl. B. werden durch Vorinformationen für potenzielle Investoren (Pre-Marketing) und gezielte Öffentlichkeitsarbeit (Roadshows) z. B. für Wirtschaftsjournalisten, Analysten und institutionelle Investoren die Marktbedingungen erkundet und für das Unternehmen geworben.
Die Vorteile des B. werden v. a. in der marktgerechten Preisfindung und im stärkeren Informationsaustausch zw. Unternehmen, Banken und Anlegern gesehen. Allg. in Deutschland bekannt wurde dieses in den USA übl. Emissionsverfahren beim Börsengang (Going public) der Dt. Telekom AG im Nov. 1996.

Born, Michael, Filmemacher, * Lahnstein 30. 7. 1958. – Im Febr. wurde B. zur Hauptperson einer Affäre, die die Glaubwürdigkeit dt. Fernsehmagazine erschütterte. B. hatte 1990–95 an versch. Sender insgesamt 21 Reportagen geliefert, in denen u. a. PKK-Aktivisten bei der Vorbereitung eines Bombenattentats, das nächtl. Treiben des Ku-Klux-Klans in der Eifel oder das brutale Vorgehen von Katzenjägern gezeigt wurde, die aber alle Fälschungen (›Fakes‹) von B. waren, die er mit Freunden und Statisten gestellt hatte. Die Sender von Spiegel-TV, ZAK und v. a. Stern-TV, dessen Chefredakteur GÜNTER JAUCH bes. in die Kritik geriet, zahlten bis zu 30 000 DM für einen solchen Beitrag. Das Koblenzer Landgericht, das entscheiden musste, ob B. mit seinen z. T. dilettant. Filmen die Redaktionen täuschte oder ob diese unter Verletzung der journalist. Sorgfaltspflicht über Ungereimtheiten hinwegsahen bzw. die Sensationsberichte bei ihm bestellt hatten, verurteilte B. am 23. Dez. zu vier Jahren Haft.

Börse: Die Weltbörsen entwickelten sich äußerst positiv, sodass 1996 als ›Jahr der Aktien‹ bezeichnet werden kann. Zugpferd für die Hausse an den meisten Aktienmärkten war die New Yorker Wall Street. Das bekannteste Börsenbarometer, der Dow Jones Industrial Average, zog im Jahresverlauf um 26,0% an, durchbrach am 14. Okt. die Marke von 6000 Indexpunkten und schloss zum Jahresende bei 6448,27 Indexpunkten (Jahreshöchststand: 6589,53 Indexpunkte). Sehr hohe Kursgewinne konnten an B. in Südamerika und Osteuropa erzielt werden (z. B. Venezuela + 220,0%, Ungarn + 168,3%). Unter den Industrieländern lagen bes. die Aktienmärkte in Skandinavien und Südeuropa in der Gunst der Anleger

(z. B. Finnland + 52,3 %, Spanien + 39,0 %, Schweden + 38,2 %). Enttäuschend verlief hingegen die Kursentwicklung in Japan. Bankenkrise und polit. Querelen verhinderten eine nachhaltige Erholung. Gegen Jahresende rutschte der Nikkei-225-Index sogar in die Verlustzone und schloss mit 19 361,35 Indexpunkten um 2,6 % niedriger als Ende 1995 (Jahreshöchststand: 22 666,80 Indexpunkte).
An der Frankfurter B. wurden im Jahresverlauf immer wieder neue histor. Höchststände des Dt. Aktienindex DAX® erreicht. Der 30 Standardwerte repräsentierende Index markierte im Jahresverlauf ein Plus von 28,2 % und schloss zum Jahresende bei 2 888,69 Indexpunkten. Das Jahreshoch wurde am 12. Dez. mit 2 914,61 Indexpunkten erzielt, das Jahrestief am 8. Jan. mit 2 323,48 Indexpunkten. Die Standardwerte reagierten auf die guten Rahmenbedingungen für die B. (u. a. niedrige Zinsen, stabilisierter US-Dollar, gute Gewinnerwartungen der Unternehmen) stärker als die Nebenwerte. Der MDAX®, der neu eingeführte Index für 70 Nebenwerte, stieg lediglich um 11,5 %. ›Highflyer‹ unter den DAX®-Werten waren Hoechst AG (+ 86,4 %), BASF AG (+ 83,5 %) und Bayer AG (+ 64,9 %). Demgegenüber mussten Siemens AG (- 8,0 %), Karstadt AG (- 11,6 %) und Preussag AG (- 13,4 %) Kursverluste hinnehmen. In die euphor. Börsenstimmung passte auch die erfolgreiche Platzierung der Aktien der →Deutsche Telekom AG, die am 19. Nov. im DAX® die Metallgesellschaft AG ersetzte. Bereits zum 23. Sept. änderte sich die Zusammensetzung des DAX® mit der Aufnahme der Münchener Rückversicherungs-Gesellschaft AG für die Continental AG und dem fusionsbedingten Austausch der Kaufhof AG gegen die Metro AG.
Am dt. Rentenmarkt sind die Kapitalmarktzinsen in den Herbstmonaten auf neue histor. Tiefststände gesunken. Nach dem niedrigen Stand der Umlaufrendite inländ. Rentenwerte vom Jan. mit 5,3 % zogen die Zinsen zunächst wieder bis auf 5,9 % im Juli an. Danach setzte aber ein kräftiger Zinsrückgang ein, der zu einer Umlaufrendite von 5,1 % im Dez. führte (Tiefstwert am 3. Dez. mit 5,02 %). Der dt. Rentenmarkt profitierte dabei von den anhaltend niedrigen Inflationsraten und der festen Tendenz am US-Anleihemarkt, wo die Renditen im Nov. auf ihr niedrigstes Niveau seit März fielen.
Die Devisenmärkte waren von polit. Faktoren, v. a. von Spekulationen um den Start der Europ. Wirtschafts- und Währungsunion geprägt. Der Kurs des US-Dollar stabilisierte sich im Jahresverlauf. Nachdem der Kurs der amerikan. Währung am 2. Jan. noch bei 1,4329 DM lag, übersprang der Dollar am 16. April erstmals seit Febr. 1995 wieder 1,50 DM und erreichte am 27. Dez. sein Jahreshoch mit 1,5575 DM.

Entwicklung der internationalen Aktienmärkte*

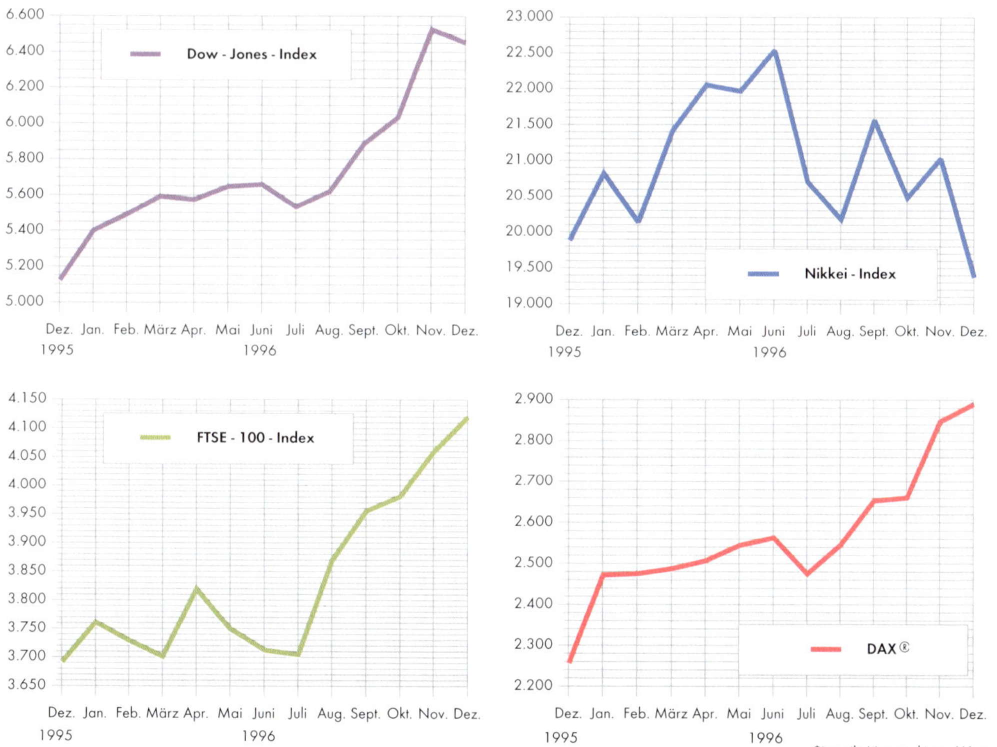

*jeweils Monatsultimo - Werte

Mit ihrem Kapitän Michael Zorc (Mitte) freuen sich (von links) Patrick Berger, Karlheinz Riedle und Thomas Franck am 18. Mai über ihre erfolgreiche Verteidigung des Meisterschaftstitels

Borussia Dortmund: Der ›BVB‹ (Ballspielverein Borussia) beendete erfolgreich den Zweikampf gegen den dt. Rekordmeister Bayern München in der Fußballsaison 1995/96 und verteidigte damit die 1995 gewonnene Dt. Meisterschaft. Der Garant für die fünfte Meisterschaft nach 1956, 1957 und 1963 (daneben gewann Dortmund 1965 und 1989 den DFB-Pokal) war die Kontinuität in der Zusammenarbeit von Trainer Ottmar Hitzfeld, Spielern und Vereinsmanagement sowie einer treuen Anhängerschaft. Die Stützen der ›Schwarzgelben‹ sind auch maßgebl. Spieler der Nationalelf: Matthias Sammer (dt. Fußballer des Jahres 1996), Jürgen Kohler, Andreas Möller, Steffen Freund und Stefan Reuter.

Bosman-Urteil: Die Entscheidung des Europ. Gerichtshofes (EuGH) vom 15. 12. 1995 in der Klage des belg. Fußballprofis Jean-Marc Bosman, die Freizügigkeitsregelung für Arbeitnehmer konsequent auf bezahlte Sportler anzuwenden, hat das ›Transfersystem‹ abgeschafft und die Gepflogenheiten im europ. Sport umgestaltet. Bosman hatte gegen die ihm verweigerte Freigabe für andere Klubs geklagt und vor dem EuGH Recht erhalten. Dieser betrachtet Profisportler als Arbeitnehmer und nicht als Unternehmer oder als bilanzierbares Wirtschaftsgut der Vereine. Das Urteil untersagt die Zahlung einer Transfersumme nach Vertragsablauf von Fußballspielern und jede Einschränkung der Wahl des Arbeitgebers in der EU. Der Dt. Fußballbund reagierte auf das Urteil, in dem er die Ablösesummen in der Saison 1996/97 halbierte und sie ab der Saison 1997/98 abschafft. Außerdem wird ein Fonds angelegt, um unterklassige Vereine für den Wechsel ihrer Spieler zu Profiklubs zu entschädigen. Aufgrund der entfallenden Transfersummen stiegen 1996 die Gehälter im dt. Fußball drastisch an.

Durch das B.-U. sind die europarechtswidrigen Beschränkungen für die Verpflichtungen von Fußballern aus anderen EU-Ländern, die ›Ausländerklauseln‹, gefallen. Das führte zu regem Spielerwechsel auch über die EU hinaus, da die Europ. Fußball-Union (UEFA) das B.-U. auf alle 49 Mitgliedsländer ausgedehnt hat. Die Entscheidung des EuGH wurde von den meisten europ. Sportverbänden übernommen.

Im Nov. 1996 folgte das Bundesarbeitsgericht in Kassel der Rechtsprechung des EuGH und entschied, dass die Pflicht zur Zahlung von Transfer- und Ablösesummen für den Wechsel von Sportlern von einem Verein zum anderen nach Auslaufen eines Vertrags grundgesetzwidrig ist. Das Gericht bezog sich ausdrücklich auf alle Transferzahlungen im dt. Sport und nicht nur auf den von ihm behandelten Fall des dt. Eishockey-Nationalspielers Torsten Kienass, der auf Rückzahlung einer von ihm geleisteten Transfersumme geklagt hatte. Das Urteil betrifft jedoch nur abgelaufene oder rechtsgültig gekündigte Verträge; wer aus einem laufenden Vertrag herausgekauft wird, muss weiterhin mit Ablöseforderungen rechnen.

Bosnien und Herzegowina

Hauptstadt: Sarajevo
Einwohner: 3,5 Mio.
Einwohner/km²: 68
Staatsoberhaupt: A. Izetbegović
Regierungschef: H. Muratović (seit 30. 1. 1996)
BSP/Einwohner: max. 500 US-$

Militärische Deeskalation und Gebietsaustausch – Exodus der Serben aus Sarajevo

Nach Unterzeichnung des Friedensabkommens von Dayton am 14. 12. 1995 in Paris begann die Stationierung der unter NATO-Kommando stehenden, über 50 000 Mann umfassenden ›Implementation Force‹ (Ifor). Bei der Umsetzung der militär. Klauseln des Dayton-Abkommens (Entflechtung der Kriegsparteien, Einlagerung der schweren Waffen in deklarierte Depots, Rückkehr der Truppen in die Kasernen, Demobilisierung der irregulären Kämpfer, Freilassung der Kriegsgefangenen) kam es zwar immer wieder zu Problemen, doch konnten die vorgesehenen Fristen im Großen und Ganzen eingehalten werden. Mitte des Jahres meldete die Friedenstruppe den Vollzug der Bestimmungen. Um auch 1997 zur weiteren Stabilisierung der Verhältnisse beizutragen, verständigten sich am

18. Nov. die NATO-Mitgl. auf eine Verlängerung des urspr. bis zum 20. Dez. befristeten Militäreinsatzes; für die Nachfolgemission ›Sfor‹ (Stabilizing Force) wurde eine Größenordnung von etwa 30 000 Mann festgelegt. Nachdem Ende Nov. die Einsatzdauer auf 18 Monate festgelegt worden war, erteilte Mitte Dez. der UNO-Sicherheitsrat das Mandat für die neue Mission.

Bereits am 20. März war die Aufteilung B. u. H.s in die Gebiete der bosn.-kroat. Föderation und der Serb. Rep. (im Verhältnis 51:49) abgeschlossen worden. Die bosn. Serben behielten ihre Hochburg Pale sowie die ehem. UNO-Schutzzonen Srebrenica und Žepa. Ganz Sarajevo sowie ein Landkorridor von der Hauptstadt zur ehem. Schutzzone Goražde fielen an die Föderation. Die strittige Frage des serb. Korridors bei Brčko im Norden Bosniens sollte von einer Schiedskommission bis Ende des Jahres gelöst werden. In Sarajevo verbesserte sich nach Beendigung der Luftbrücke am 9. Jan. und der Auflösung des serb. Belagerungsrings zwar die Versorgungslage schrittweise, andererseits spitzte sich aber im Vorfeld der Übergabe der überwiegend serbisch besiedelten Stadtteile an die Föderation die Lage dort zu Beginn des Jahres dramatisch zu. Die Führung der bosn. Serben forderte ihre Landsleute zum Exodus auf und betrieb eine ›Politik der verbrannten Erde‹.

Beginn des Wiederaufbaus und Abrüstung

Nach Angaben der Weltbank schrumpfte das BSP in B. u. H. von 8,3 Mrd. US-$ vor dem Krieg auf 2 Mrd. nach dessen Beendigung. Die Produktion sank auf 10 % des Vorkriegsniveaus. Das jährl. Pro-Kopf-Einkommen verringerte sich von 2000 auf 500 US-$. Die Arbeitslosigkeit betrug Anfang 1996 etwa 70 %, vier von fünf Bewohnern des Landes waren auf internat. Hilfslieferungen angewiesen. 1995 hatten die Exporte nur noch 1,5 % der Importe gedeckt. Den Gesamtschaden des Krieges schätzte die Weltbank auf annähernd 50 Mrd. US-$. Am 1. April wurde B. u. H. als Mitglied der Weltbank aufgenommen. Auf einer Konferenz der Geberländer zum Wiederaufbau des Landes einigten sich die Delegationen aus 55 Ländern Mitte April auf 1,23 Mrd. US-$ Aufbauhilfe für 1996.

Gemäß dem Dayton-Abkommen musste die Rüstung der Konfliktparteien beschränkt werden. Angestrebt wurde ein militär. Kräfteverhältnis zw. Jugoslawien, B. u. H. sowie Kroatien von 5:2:2, wobei für B. u. H. ein Verhältnis von 2:1 für die Föderation und die Serb. Republik gelten sollte, ein entsprechendes Abrüstungsabkommen wurde am 14. Juni in Florenz unterzeichnet. Aufgrund der genannten Obergrenzen waren Jugoslawien und die Serb. Rep. gezwungen, Waffen zu vernichten, während die bosn.-kroat. Föderation ihre Bestände aufzustocken berechtigt war. Im Aug. spürten Ifor-Truppen mehrere illegale Waffendepots der bosn. Serben auf und vernichteten ungeachtet scharfer Proteste und Drohungen des serb. Generalstabs die eingelagerten Kampfmittel.

Umsetzung der politisch-zivilen Bestimmung des Dayton-Abkommens und Entmachtung Karadžićs

Ungleich schwieriger als die Realisierung der militär. Klauseln des Friedensabkommens erwies sich die Umsetzung der polit. und zivilen Bestimmungen. Die Rückkehr der Flüchtlinge und Vertriebenen in ihre Heimatorte, die Zusammenarbeit der Konfliktparteien mit dem Kriegsverbrechertribunal in Den Haag, die Verwirklichung der bosn.-kroat. Zusammenarbeit sowie die Vorbereitung der Präsidial-, Parlaments- und Kommunalwahlen stießen auf mehr oder minder zähen Widerstand der Konfliktparteien. Rückkehrwillige Flüchtlinge sahen sich tätl. Angriffen der jeweils gegner. Bevölkerung ausgesetzt und mussten ihr Vorhaben häufig abbrechen. Nach UNHCR-Angaben kehrten von einer Million Vertriebener innerhalb Bosniens bis Anfang Sept. nur 80 000 in ihre Heimatorte zurück. Obwohl sich seit Anfang des Jahres eindeutige Beweise für die Existenz von Massengräbern in der Umgebung der früheren Schutzzone Srebrenica so-

Experten der UNO legen am 10. Juli weitere Leichen eines Massengrabs nahe Srebrenica frei; sie wurden vor einem Jahr Opfer der Truppen der bosnischen Serben unter Ratko Mladić wie an anderen Stellen in B. u. H. häuften und das Kriegsverbrechertribunal aufgrund neuer schwerer Vorwürfe einen internat. Haftbefehl gegen Serbenführer RADOVAN KARADŽIĆ und seinen General RATKO MLADIĆ ausstellte, verweigerten die bosn. Serben deren Auslieferung.

Der polit. Entmachtung KARADŽIĆS ging ein Tauziehen zw. der Führung der bosn. Serben und den Vertretern der internat. Gemeinschaft voraus. Am 15. Mai ersetzte KARADŽIĆ den als moderat eingestuften Regierungschef der Serb. Republik (SR), RAJKO KASAGIĆ, wegen ›Verrats an den serb. Interessen‹ durch den Hardliner GOJKO KLIČKOVIĆ. Drei Tage später übertrug er die Verantwortung für Verhandlungen mit dem Ausland seiner Stellvertreterin BILJANA PLAVŠIĆ. Diese dementierte sofort alle Gerüchte über einen Amtsverzicht KARADŽIĆS. Die EU stellte daraufhin ein bis zum 1. Juli befristetes Ultimatum, in dem der Rücktritt KARADŽIĆS als Präs. der SR und Vors. der Serb. Demokrat. Partei (SDS) gefordert wurde. Anderenfalls sollten die Sanktionen gegen die SR oder/und Jugoslawien wieder in Kraft gesetzt werden. Doch erst die diplomat. Offensive des amerikan. Unterhändlers RICHARD HOLBROOKE führte zu einem Erfolg. Am 19. Juli erklärte er in Belgrad, dass KARADŽIĆ schriftlich zugesagt habe, sich sofort aus dem polit. und öffentl. Leben zurückzuziehen. BILJANA PLAVŠIĆ wurde Präs. der SR und bei den Wahlen am 14. Sept. in diesem Amt bestätigt. Im ausbrechenden Machtkampf zw. polit. und militär. Führung behielt sie die Oberhand; General MLADIĆ akzeptierte Ende Nov. seine Entlassung.

Aus einem mit leeren Lebensmittelsäcken verhängten Fenster eines Flüchtlingslagers in Sarajevo beobachten zwei bosnische Frauen am 28. Mai die Straße

Der Gesamtstaat, die bosnisch-kroatische Föderation und die Krise von Mostar

Am 21. Jan. gab der MinPräs. B. u. H.s, HARIS SILAJDŽIĆ, seinen Rücktritt bekannt. Er protestierte damit gegen die von Teilen der regierenden Partei der Demokrat. Aktion (SDA) eingeleiteten Bemühungen, einen islam. Modellstaat zu errichten. Seine Nachfolge trat HASAN MURATOVIĆ an, der bis dahin für die Beziehungen zu den internat. Organisationen zuständig gewesen war.

Am 31. Jan. bestätigte die Versammlung der bosn.-kroat. Föderation die neue Reg., die bis zu den Wahlen im Sept. amtieren sollte. MinPräs. wurde der Bosniake IZUDIN KAPETANOVIĆ, sein Stellv. der Kroate DRAGO BILANDŽIJA. Föderationspräs. blieb der Kroate KREŠIMIR ZUBAK, Vizepräs. der Bosniake EJUB GANIĆ. Tatsächlich existierte die bosn.-kroat. Föderation jedoch nach wie vor nur auf dem Papier. Denn weder die Reg. der Rep. B. u. H. noch die polit. Führung der im Dayton-Abkommen nicht vorgesehenen kroat. Rep. Herceg-Bosna zeigten sich willig, einen Teil ihrer Machtbefugnisse an das 14-köpfige Föderationskabinett abzutreten. Ende April konnten sich schließlich Bosniaken und Kroaten bei Verhandlungen in Deutschland u. a. auf gemeinsame Staatssymbole für die Föderation sowie einen Fahrplan für die Aufstellung gemeinsamer Sicherheitskräfte verständigen.

Der Annäherung war eine schwere Krise in der zw. Muslimen und Kroaten geteilten herzegowin. Hauptstadt Mostar vorangegangen. Anfang Febr. hatte der von der EU eingesetzte Administrator HANS KOSCHNICK seine Entscheidung zur Gliederung Mostars in sieben Bezirke (drei muslim., drei kroat. und einen gemeinsamen Bezirk) bekannt gegeben. Als Reaktion darauf brach der Bürgermeister des kroat. Westteils der Stadt die Verhandlungen mit der EU-Verwaltung ab, KOSCHNICK selbst wurde von fanatisierten Kroaten fast gelyncht. Auf einer Gipfelkonferenz in Rom, an der außer KOSCHNICK und dem amerikan. Vermittler HOLBROOKE die Präs. B. u. H.s, Serbiens und Kroatiens teilnahmen, wurde Mitte Febr. ein den Kroaten entgegenkommender Kompromiss für die Wiedervereinigung Mostars vereinbart. Aus Verärgerung über die nachgiebige Haltung der EU gegenüber den Kroaten in Mostar trat KOSCHNICK am 26. Febr. von seinem Amt zurück. Nachfolger wurde am 22. April der Spanier RICARDO P. CASADO, der seinerseits bereits am 23. Juli wieder durch den brit. Exgeneral MARTIN GARROD abgelöst wurde. Am 30. Juni fanden die urspr. für den 31. Mai geplanten Kommunalwahlen in Mostar statt. Die bosniak. (muslim.) Partei der Demokrat. Aktion (SDA) erhielt 48% der Stimmen, die Kroat. Demokrat. Gemeinschaft (HDZ) 45%. Die HDZ bestritt unter Hinweis auf Unregelmäßigkeiten bei der Wahl deren Gültigkeit und blockierte in der Folge die Konstituierung des Stadtrats sowie die Wahl eines gemeinsamen Bürgermeisters. Die EU drohte daraufhin mit der Verhängung von Sanktionen, der Wahl eines Bürgermeisters ohne die Kroaten und mit ihrem vollständigen Rückzug aus Mostar. Nach mehrtägigen Verhandlungen konnte die Krise schließlich am 6. Aug. durch einen abermaligen Kompromiss (Einsetzung eines Kroaten als vorläufiger Bürgermeister und Überprüfung des Wahlergebnisses durch ein bosn. Gericht) beigelegt werden. Das EU-Mandat wurde bis Ende des Jahres verlängert.

Das von dem Schweizer Architekten Mario Botta entworfene ›Museum Jean Tinguely‹ mit der ›Schwimmwasser‹-Plastik Tinguelys im Vordergrund

Die bosnischen Wahlen

Als ersten Schritt zur Herstellung demokrat. Verhältnisse in Bosnien sah das Dayton-Abkommen die Durchführung freier Wahlen auf gesamtstaatl., gliedstaatl. und kommunaler Ebene vor. Am 2. Juni einigten sich in Genf die Internat. Kontaktgruppe sowie Kroatien, Serbien und Bosnien auf den 14. Sept. als Termin für die Wahl der Abgeordnetenkammer des Bundesparlaments und des dreiköpfigen Staatspräsidiums sowie der Parlamente und Staatsführungen in den beiden Gliedstaaten. Die Abhaltung der Kommunalwahlen wurde dagegen auf Beschluss der OSZE trotz vehementer Proteste der bosn. Serben verschoben. Die OSZE reagierte damit auf Berichte über offensichtl. Manipulationen bei den Wählerlisten (insbes. zugunsten der serb. Seite), durch die die Ergebnisse der ›ethn. Säuberungen‹ festgeschrieben werden sollten.
Insgesamt wurden von der OSZE 49 Parteien zugelassen. Wahlberechtigt waren rd. 2,9 Mio. Bürger, darunter 850000 Flüchtlinge und Vertriebene im Ausland, die die Möglichkeit zur Briefwahl erhielten oder auf speziellen ›Flüchtlingsrouten‹ zur Stimmabgabe in ihre Heimatorte gebracht werden sollten. Bei den Wahlen in das dreiköpfige Staatspräsidium, das bis Ende 1998 amtieren soll, erhielt der bisherige Präs. IZETBEGOVIĆ mit rd. 730000 die meisten Stimmen, er übernimmt damit den Vorsitz in diesem Gremium. Auf IZETBEGOVIĆS schärfsten Konkurrenten, den Serben MOMCILO KRAJIŠNIK entfielen 690000 Stimmen, den dritten Platz im höchsten staatl. Organ nimmt der Kroate KREŠIMIR ZUBAK ein, der 340000 Stimmen erhielt. Stärkste Kräfte in der 42-köpfigen Abgeordnetenkammer des Bundesparlaments (ein Drittel ihrer Mitgl. wurde in der Serb. Rep., der Rest in der Föderation gewählt) wurden die muslim. SDA mit 19, die serb. SDS mit 8 und die kroat. HDZ mit 7 Sitzen. Anfang Dez. einigten sich die ehemaligen Kriegsparteien auf die Bildung einer gemeinsamen Reg.; der Ministerrat wird von zwei sich wöchentlich abwechselnden Vors., einem Serben und einem Bosniaken, geleitet; stellv. MinPräs. ist stets ein Kroate. Die Min. für Äußeres, Außenhandel sowie für Zivile Angelegenheiten, Post- und Fernmeldewesen (ein Kroate, ein Bosniak und ein Serbe) haben jeweils zwei Stellv., die den beiden anderen Volksgruppen angehören. ■

Botswana

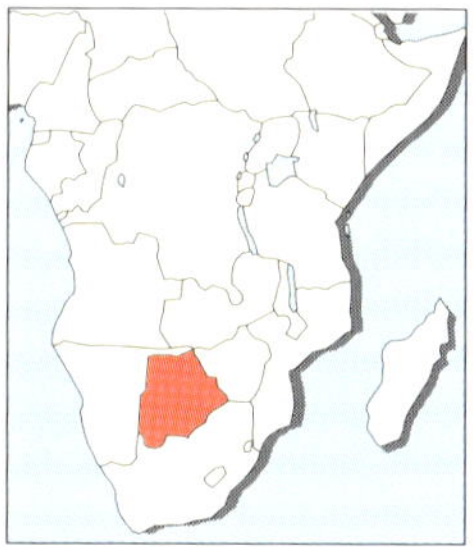

Hauptstadt: Gaborone
Einwohner: 1,5 Mio.
Einwohner/km²: 3
Staatsoberhaupt und Regierungschef: Q. K. J. Masire
BSP/Einwohner: 2800 US-$

Die Aufrüstung der Armee (Ankauf von Panzern und Kampfflugzeugen) beunruhigte das Nachbarland Namibia, das mit Botswana um eine Flussinsel im Sambesi vor dem Internat. Gerichtshof in Den Haag streitet. ■

Botta, Mario, schweizer. Architekt, * Mendrisio (Kt. Tessin) 1. 4. 1943. – 1996 trat B. mit zwei spektakulären Neubauten und einem Aufsehen erregenden Entwurf hervor.
Zu Ostern wurde die 1991–95 errichtete Kathedrale von Évry bei Paris, ein Rundbau aus rotem Ziegelstein mit abgeschrägtem Dach, als erster frz. Kathedralneubau des 20. Jh. eingeweiht. Im Juni legte B. seinen Entwurf für die Cymbalista-Synagoge der Univ. Tel Aviv vor, in dem über einem quaderförmigen Riegel zwei turmartige Baukörper aufsteigen, die die Synagoge bzw. einen Versammlungsraum aufnehmen sollen. In Basel wurde am 3. Okt. das ›Museum Jean Tinguely‹, finanziert vom Schweizer

Chemiekonzern ›Hoffmann-La Roche‹, im Solitudepark eröffnet; der rote Sandsteinbau besteht aus einer Ausstellungshalle mit markantem Turm und einem Portikus auf der Parkseite. Zum Rhein hin ist der Halle eine Passage, die ›barca‹, vorgeblendet. Am 6. Dez. wurde schließlich im bolivian. Santa Cruz das ›Monumento de las Americas‹, zwei 230 m voneinander entfernte, jeweils 25 m hohe Terrassentürme eingeweiht.

Begeisterte Mädchen warten am 30. März vor der Düsseldorfer Philipshalle auf die Ankunft ihrer Traumboys von ›Take That‹, die dort ihr letztes gemeinsames Konzert geben

Boygroups: Für die neuen B. war 1996 ein gutes Jahr. Nach dem Ende von ›Take That‹ zu Beginn des Jahres war in den Herzen der 10- bis 16-jährigen Mädchen Platz für neue Träume. Gruppen wie die ›Backstreet Boys‹, ›Caught in the Act‹ oder ›Boy Zone‹ stürmten die Hitparaden und ließen auf ihren Konzerten die Fans in Ohnmacht sinken.
Auch wenn es seit den 70er-Jahren schon Gruppen wie die ›Bay City Rollers‹, ›New Kids on the Block‹ oder ›Aha‹ gab, wurde das Phänomen der B. erst in den 90er-Jahren zur festen Größe des Musikgeschäfts. Jungen, die wenig singen, besser tanzen können, v. a. aber blendend aussehen müssen – jedoch ohne eigentl. erot. Ausstrahlung zu haben –, werden von den Plattenfirmen zu Gruppen arrangiert, auf die sich die Träume der heranwachsenden Mädchen richten können. Das Ende der B. wird dabei oft durch die erste feste Freundin eines Gruppenmitglieds markiert, das Ende der Fanzeit durch das Ausklingen der Pubertät und die Hinwendung zu den zwar nicht so idealen, dafür aber realeren Jungen im eigenen Umkreis.

BRANCHENKONJUNKTUR

Erst zum Jahreswechsel 1996/97 herrschte in der dt. Wirtschaft vorsichtiger Optimismus. Insgesamt war der Konjunkturverlauf im Gesamtjahr 1996 nicht sehr erfreulich. In den Schlüsselbranchen der Industrie wurden kaum nennenswerte Umsatzsteigerungen erzielt und die Preis- und Ertragsentwicklung war ebenfalls nicht zufriedenstellend.

Automobilindustrie

Die Abschwächung der Automobilkonjunktur setzte sich 1996 nicht in dem erwarteten Maße fort. Die Pkw-Produktion belief sich für das Gesamtjahr gemäß einer Hochrechnung auf rd. 4,8 Mio. Kraftfahrzeuge (davon rd. 4,5 Mio. Pkw und Kombis), was einem Zuwachs von knapp 4% gegenüber dem Vorjahr entspricht; das Herstellvolumen an Nutzfahrzeugen fiel etwas schwächer aus als im Vorjahr. Zugpferd der dt. Automobilbranche, die (1995) 224 Mrd. DM umgesetzt und im Jahresdurchschnitt 660 000 Menschen beschäftigt hatte, war auch 1996 der Export; im Vorjahr wurden insgesamt 2,64 Mio. Fahrzeuge ausgeführt, davon 2,47 Mio. Pkw und Kombis; auf rd. 2,8 Mio. Fahrzeuge wurde die Ausfuhr für das Jahr 1996 veranschlagt. Von Jan. bis Okt. gab es 6,5% mehr Neuzulassungen als im gleichen Vorjahreszeitraum.

Chemische Industrie

Nach einem Produktionsrückgang in den ersten acht Monaten von 2,7% gegenüber dem Vorjahreszeitraum, zog die Nachfrage in der dt. Chemieindustrie in den letzten vier Monaten spürbar an (dies gilt v. a. für Organika und Kunststoffe, aber auch die Pharmaindustrie begann sich zu erholen), sodass sich für das Gesamtjahr 1996 ein Produktionsplus von 1% ergab. Die dt. Chemieunternehmen verzeichneten insgesamt einen Umsatz von 176 Mrd. DM, der damit um rd. 1% unter dem Vorjahreswert lag. Die Wachstumsimpulse kamen nach wie vor aus dem Ausland, was die 1996 um 2% auf 82 Mrd. DM gestiegenen Auslandsumsätze belegen; im Inland setzte die erhoffte Nachfragebelebung im Juli eher zögerlich ein (auf das Gesamtjahr bezogen gingen die Umlandsumsätze um 6% auf 94 Mrd. DM zurück). Bei den auf den dt. Markt angewiesenen kleinen und mittleren Unternehmen schlug sich die gespaltene In- und Auslandskonjunktur in unbefriedigenden Erträgen wider, internat. tätige Großunternehmen hingegen fanden einen Ausgleich im Auslandsgeschäft.

Maschinen- und Anlagenbau

In der mit 940 000 Arbeitnehmern beschäftigungsstärksten Industriebranche Deutschlands änderte sich auch 1996 an der vorwiegend negativen Einschätzung der Geschäftslage und der Auftragsbestände kaum etwas. Im Gesamtjahr ging der Auftragseingang um real 6% (Inland −9%, Ausland −4%) zurück. Kapitalmäßig stand die Branche auf schwachen Beinen; der Schock der 1993er-Krise, der schlimmsten in der Geschichte des dt. Maschinen- und Anlagenbaus, hat die Reserven verschlungen und ist noch längst nicht ausgestanden. Auch der Export gab wenig Anlass zu Hoffnungen. Die Branche litt unter der schwachen Investitionskonjunktur in Westdeutschland, der wichtigsten Absatzregion; demgegenüber kamen positive Impulse aus Asien, Amerika sowie den osteurop. Reformstaaten. Für 1996 wurde insgesamt nur ein Produktionsplus von 1% erzielt.

Jorge Branco de Sampaio kann sich bei seinem Wahlkampfauftritt im Januar als Favorit für die portugiesische Präsidentenwahl fühlen

Elektrotechnik- und Elektronikindustrie

Die Stimmung in der dt. Elektrobranche blieb auch 1996 gedämpft. Im letzten Quartal 1995 mußte die Elektro- und Elektronikindustrie im Vergleich zum Vorjahreszeitraum Stagnation registrieren; die Auftragseingänge waren um 9,3%, die Exportaufträge um 12% eingebrochen. Für 1996 wurde eine Fortsetzung des Trends mit vergleichbaren Ergebnissen erwartet; dabei wurde auch von einem Arbeitsplatzabbau um 3% (fast 25000 Stellen) ausgegangen. So lag die Produktion in den drei Quartalen bis Sept. 1996 zwar um 2% über dem Vorjahresniveau, zum Jahresende hin entwickelte sich der Absatz aber wieder schlechter.

Baugewerbe

Erstmals seit der Wiedervereinigung bremste die Bauwirtschaft das gesamtwirtschaftl. Wachstum. Die Bauinvestitionen gingen 1996 gegenüber dem Vorjahr um 2,7% zurück. Die Baurezession, die Mitte 1995 in den alten Bundesländern eingesetzt hatte, erwischte nun auch voll Ostdeutschland. Großzügige staatl. Förderung hat hier insbes. zu Überkapazitäten bei Büroimmobilien geführt. So gingen im ostdt. Wirtschaftsbau die Investitionen um 6,6% zurück. Der öffentl. Bau brachte keine Entlastung, denn staatl. Bauaktivitäten machten gerade noch 15% der gesamten Bauinvestitionen aus (1992: 18%). Vergleichsweise gut sah es im Wohnungsbau aus, auf den über die Hälfte der gesamten Bauinvestitionen entfiel; dabei legte der ostdt. Wohnungsbau um 4,4% zu. ■

Branco de Sampaio, Jorge Fernando, portug. Politiker (Partido Socialista, PS, dt. Sozialist. Partei), *Lissabon 18. 9. 1939. – Bei den Präsidentschaftswahlen vom 14. Jan. setzte sich B. de S. mit 53,8% der Stimmen klar gegen den Kandidaten des Partido Social Democrata (PSD, dt. Sozialdemokrat. Partei), Cavaco Silva, durch und löste am 9. März seinen Parteifreund Mário Soàres, der nach der Verfassung nicht mehr kandidieren durfte, als Präs. Portugals ab.
1956–61 studierte B. de S. Jura in Lissabon. Bereits als Student stellte er sich gegen die herrschende Diktatur und setzte sich als Rechtsanwalt für polit. Gefangene ein. Nach der ›Nelkenrevolution‹ 1974 gründete er zunächst zwei sozialist. Gruppierungen, stieß 1978 zum PS, war Parlamentsabgeordneter (1978–83, 1985–89), Fraktionsführer (1987–89) und GenSekr. des PS (1989–92). Unter ihm rückte die Partei weiter nach links. Mit Unterstützung der Kommunisten gewann B. de S. 1989 und 1993 die Bürgermeisterwahlen in Lissabon. In diesem Amt (bis 1996) setzte er sich u.a. für die Restaurierung histor. Gebäude ein und öffnete die Hauptstadt internat. Kulturereignissen. Nach der Niederlage des PS bei den Parlamentswahlen 1991 setzte die Parteibasis seinen Rücktritt als GenSekr. durch; 1995 bewarb sich B. de S. erfolgreich um die Präsidentschaftskandidatur seiner Partei.

Brandenburg

Hauptstadt: Potsdam
Einwohner: 2,5 Mio.
Einwohner/km²: 86
Regierungschef: M. Stolpe
BIP/Einwohner: 24825 DM

Geplante Fusion mit Berlin gescheitert

Am 5. Mai waren die Bürger in B. und Berlin aufgerufen, über die für 1999 bzw. 2002 geplante Fusion beider Bundesländer abzustimmen. Während die Berliner mehrheitlich für eine Fusion votierten, sprachen sich die Brandenburger mit 62,7% dagegen aus und sorgten damit für die weitere Selbstständigkeit des Landes. Das Ergebnis wurde von den Fusionsgegnern als klarer Sieg ihrer Politik gewertet. Insbes. PDS und Bündnis 90/Die Grünen hatten bis zuletzt erbittert gegen die ›Länderehe‹ gekämpft. Für MinPräs. Manfred Stolpe (SPD) bedeutete das Abstimmungsergebnis eine herbe

›Die Antwort‹

persönl. Niederlage. STOLPE hatte im Vorfeld des Referendums sogar seinen Rücktritt bei einem negativen Ergebnis nicht ausgeschlossen. Soweit kam es jedoch nicht. Bei einer Abstimmung in Fraktion und Landesvorstand wurde ihm eindeutig das Vertrauen ausgesprochen.
Die wirtschaftl. Situation wird für B. nach der Fusionsabsage nicht einfacher. Die Arbeitslosenquote nahe der 15%-Marke konnte trotz eines dynam. Wirtschaftswachstums bislang noch nicht nachhaltig gedrückt werden. Für weitere Probleme sorgten Steuerausfälle von weit über 600 Mio. DM. Mit einer Gesamtverschuldung von 18 Mrd. DM und einer Pro-Kopf-Verschuldung von 7200 DM ist B. das höchstverschuldete unter den fünf neuen Bundesländern. Auch der Verzicht auf den Flughafen Sperenberg als neuen Großflughafen für die Region ließ die Hoffnungen auf neue wirtschaftl. Impulse für das Land unerfüllt.

Landesschulgesetz und Polizeigesetz verabschiedet. Verfassungsrichterin gewählt

Nach zähen Beratungen wurde im März das umstrittene brandenburg. Landesschulgesetz verabschiedet. Im Mittelpunkt der Auseinandersetzung stand das neue Unterrichtsfach ›Lebensgestaltung-Ethik-Religion‹ (LER) anstelle des Religionsunterrichts nach westdt. Muster. Trotz heftiger Kritik der Kirchen und angedrohter Verfassungsbeschwerden wird LER ab dem Schuljahr 1996/97 an allen Schulen in B. unterrichtet. Das neue Schulfach, das bekenntnisfrei, religiös und weltanschaulich neutral konzipiert werden soll, wird für alle Schüler des Landes verpflichtend sein. In begründeten Ausnahmefällen können Schüler jedoch zugunsten eines konfessionellen Religionsunterrichts befreit werden. Diese Befreiungsklausel war bes. innerhalb der SPD stark umstritten und galt als Konzession gegenüber der CDU und den Landeskirchen. Letztere dürfen zus. mit den Religionsgemeinschaften des Landes weiterhin bekenntnisorientierten Religionsunterricht anbieten, wenn auch nur als freiwilliges Wahlfach. Die kath. Kirche rief zu Beginn des Schuljahrs zum Boykott des neuen Unterrichtsfachs auf. Zus. mit der ev. Kirche, der CDU/CSU-Bundestagsfraktion und einer Eltern-Schüler-Gruppe strengte sie zudem eine Klage vor dem Bundesverfassungsgericht in Karlsruhe an.
Das umstrittene Polizeigesetz konnte ebenfalls die parlamentar. Hürden passieren. Es sieht u.a. das elektron. Abhören von Privatwohnungen bei vermuteten Straftaten vor (›großer Lauschangriff‹) und verdoppelt die Dauer der Vorbeugehaft zur Verhinderung von Straftaten von bisher zwei auf vier Tage. Damit ist es eines der schärfsten Polizeigesetze in Deutschland.
Die Wahl der Staatsrechtlerin ROSEMARIE WILL (SPD) zur brandenburg. Verfassungsrichterin sorgte ebenfalls für bundesweites Aufsehen. Der Potsdamer Landtag votierte mit 56 zu 29 Stimmen für die ehem. DDR-Juristin, gegen die sich v.a. die CDU ausgesprochen hatte. WILL war bis 1988 Mitgl. der SED gewesen.

Brasilien

Hauptstadt: Brasilia
Einwohner: 161,8 Mio.
Einwohner/km²: 19
Staatsoberhaupt und Regierungschef: F. H. Cardoso
BSP/Einwohner: 3370 US-$

Mäßiges Wirtschaftswachstum und Arbeitslosigkeit

Insgesamt wies die Wirtschaft 1996 nur ein mäßiges Wachstum von 3,4% auf. Hohe Zuwächse erzielten jedoch der Dienstleistungs- und Kommunikationssektor, und die Industrie verzeichnete ab April deutl. Zuwächse bei langlebigen Konsumgütern und in der Unterhaltungs- und Pharmaindustrie. Eine expandierende Viehwirtschaft verschaffte dem Agrarsektor ein Wachstum von 6%. Dennoch hatte die Landwirtschaft nach wie vor mit dem hohen Zinsniveau und knappen Krediten zu kämpfen, beides Folgen der restriktiven Geldpolitik. Die Arbeitslosigkeit erreichte bis Ende März mit 6,4% den höchsten Stand seit 1986. Am 29. April stellte der Präs. den Plan ›Proempleo‹ vor, in dessen Rahmen mit Investitionen in Höhe von über 9 Mrd. US-$ 3 Mio. Arbeitsplätze geschaffen und die Mindestlöhne angehoben werden sollten. Der Stabilisierungsplan führte zu einem weiteren Inflationsrückgang auf 12,8%; das Zinsniveau sank langsamer.
Die Zentralbank konnte die aufgrund der innenpolit. Krise drohende Abwertung des Real durch die Einrichtung eng definierter Kursschwankungsbreiten verhindern. Die Handelsbilanz wies anders als im Vorjahr wieder einen deutl. Überschuss aus, der zu einer Verringerung des Leistungsbilanzdefizits führte, das auch durch ausländ. Investitionen verbessert werden konnte; sie ermöglichten sogar eine Aufstockung der nat. Devisenreserven. Allerdings führte der Kapitalstrom zu einem starken Anstieg der Außenverschuldung auf zuletzt 170 Mrd. US-$.

Brasilien
Inflationsrate (Veränderung der Verbraucherpreise in %)

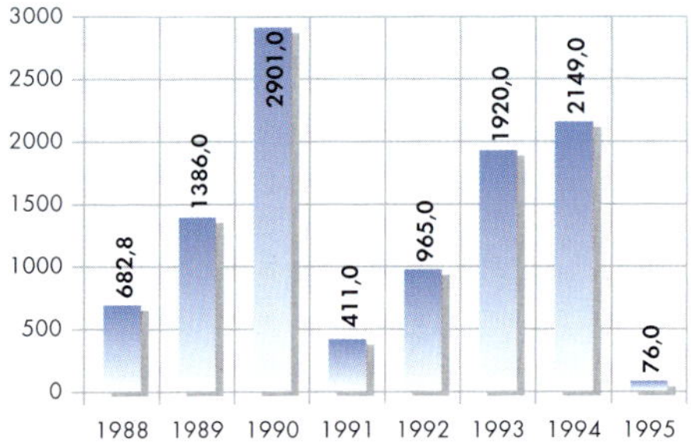

Ein schwieriges Jahr für den Präsidenten

1996 musste die Reg. Cardoso bei der Umsetzung ihres Reformprogramms einige Rückschläge in Kauf nehmen: Ein Finanzskandal um den Banco Nacional und die unklare Rolle FERNANDO HENRIQUE CARDOSOS hierbei wirkten sich nachteilig auf die Sanierungspläne der Reg. aus. Im März musste das sechstgrößte Bankhaus des Landes Konkurs anmelden, nachdem bekannt geworden war, dass es mit gefälschten Bilanzen den Konkurs zu verhindern versucht hatte. CARDOSO wurden aufgrund seiner verwandschaftl. Beziehung zum Präs. der Bank Korruption und Vernachlässigung seiner Pflichten zur Last gelegt, da er Wahlkampfspenden des Banco Nacional angenommen und eine Prüfung der Vorgänge verschleppt habe. Die Einsetzung eines Untersuchungsausschusses scheiterte allerdings am 22. März am Votum des Senats.

Brasiliens Präsident Fernando Cardoso und Bundeskanzler Helmut Kohl besiegeln mit einem Handschlag die Unterzeichnung eines Rahmenabkommens am 17. September in Brasilia

Eine Niederlage musste der Präs. am 7. März hinnehmen, als das Abgeordnetenhaus (mit Stimmen aus dem Regierungslager) die Vorlage zur Neuordnung der Sozialversicherung ablehnte. Kritik übte auch die nat. Bischofskonferenz, die im Febr. die ›Politik der Privilegien‹ der Reg. scharf kritisierte und ihr Verletzung verfassungsmäßiger Rechte der Indios vorwarf. Erst am 9. Jan. hatte CARDOSO ein Dekret erlassen, das praktisch eine Verkleinerung der ausgewiesenen Indianerreservate sanktionierte. Auf internat. Kritik stieß das harte staatl. Vorgehen gegen die seit Anfang des Jahres verstärkt in Aktion tretende Bewegung der Landlosen (MST). Am 17. April erschossen im Bundesstaat Pará Sicherheitskräfte bei einer Demonstration für eine Agrarreform 19 Campesinos. Auch in anderen Bundesstaaten kam es zu blutigen Zusammenstößen mit der Polizei. CARDOSO bezeichnete die Forderungen der Landlosen als im Prinzip gerechtfertigt, verurteilte aber scharf das gewaltsame Vorgehen des MST und die Zwangsbesetzungen brachliegender Haziendas. Er reagierte mit einer Regierungsumbildung und der Schaffung eines Ressorts für Agrarreform sowie eines Sonderministeriums für Polit. Koordinierung. Dennoch kam es am 21. Juni zu einem Generalstreik, der sich gegen den Sozialabbau richtete und für die Schaffung von Arbeitsplätzen, eine Agrarreform u.a. eintrat. Am 11. April begnadigte CARDOSO in der größten Amnestie des Landes 13 000 Strafgefangene; im Mai gab er ein nat. Menschenrechtsprogramm bekannt, das dem Abbau von sozialer Ungerechtigkeit und Rassismus dienen soll. ■

Bremen

Hauptstadt: Bremen
Einwohner: 680 029
Einwohner/km²: 1 682
Regierungschef:
H. Scherf
BIP/Einwohner:
58 512 DM

Die große Koalition im zweiten Regierungsjahr

Das Jahr 1996 stand im Land B. unter dem Eindruck des Zusammenbruchs der →Bremer Vulkan Verbund AG. Bes. für Bremerhaven ist der Konkurs der Traditionswerft ein herber Schlag. Nach massiven Konversionsproblemen durch den Abzug der amerikan. Streitkräfte sind in der Hafenstadt nun weitere Arbeitsplätze gefährdet. Mit einer Arbeitslosenquote von nahezu 20% droht Bremerhaven zu einer Problemregion ersten Ranges zu werden. Hier v.a. kam es daher im Frühjahr, wie auch in B., zu zahlreichen Demonstrationen und Protesten gegen das drohende Aus eines der größten Arbeitgeber der Stadt.
Abgesehen von den Turbulenzen bei der Vulkan-Werft herrschte in B. weiter verhaltener Optimismus. Der seit Juli 1995 regierenden großen Koalition war es weitgehend gelungen, ihre Kräfte auf die Sanierung des hoch verschuldeten Bundeslandes zu konzentrieren. Allein ein Streit um den Bau einer neuen Straßenbahnlinie bzw. eines neuen Straßentunnels drohte zu einer handfesten Koalitionskrise zu werden. Doch Rücktrittsdrohungen von SPD-Bürgermeister HENNING SCHERF und CDU-Finanzsenator ULRICH NÖLLE ermöglichten schließlich einen Kompromiss in dieser Frage. Sowohl der von der CDU geforderte Straßentunnel, der ein Automobilwerk mit der Autobahn verbinden soll, als auch die von der SPD favorisierte Straßenbahnlinie ins niedersächs. Umland sollen, wenn auch mit Einschränkungen, gebaut werden. Darüber hinaus soll ein Investitionssonderprogramm in Milliardenhöhe für weitere Schubkraft für die brem. Wirtschaft sorgen. Unverzichtbar bleibt in B. weiterhin die Privatisierung städt. Einrichtungen, um den hohen Schuldenstand von 17 Mrd. DM abzubauen.

Bremer Gleichstellungsgesetz. Durchsuchung von Redaktionsräumen

Für rechtswidrig wurde das Bremer Gleichstellungsgesetz befunden. Nach einem Urteil des Bundesarbeitsgerichts verstößt die Frauenquote in B. gegen Europarecht. In Ermangelung einer Härtefallklausel für Männer und aufgrund einer automat. Bevorzugung von Frauen im öffentl. Dienst bei gleicher Qualifikation mussten Teile des Gesetzes geändert werden. Senator Nölle betonte, dass es auch nach diesem Richterspruch verstärkte Anstrengungen zur Frauenförderung geben werde.
Für großes Aufsehen sorgte eine überraschende Durchsuchung von Redaktionsräumen bei Radio Bremen und mehreren Zeitungen. Nachdem es zu Veröffentlichungen von Details eines vertraul. Prüfungsberichts gekommen war, erhoffte sich die Bremer Staatsanwaltschaft, Hinweise auf die ›undichte Stelle‹. Die betroffenen Redaktionen und alle Parteien im Bremer Senat äußerten ihr Unverständnis über die Unverhältnismäßigkeit der Aktion. Ein von der Opposition gestellter Misstrauensantrag gegen Bürgermeister Scherf scheiterte an der Stimmenmehrheit von CDU und SPD.

Mehrere Tausend Arbeiter der Bremer Vulkan-Werften demonstrieren am 13. März vor dem Veranstaltungsort des Krisengipfels in Bremerhaven für den Erhalt ihrer Arbeitsplätze

Bremer Vulkan Verbund AG: Am 1. Mai wurde beim Amtsgericht Bremen das Anschlusskonkursverfahren für den Werftenkonzern B.V.V. AG eröffnet. Für die rd. 4 500 Werftarbeiter in Bremen und Bremerhaven wurde eine Beschäftigungsgesellschaft gegründet, die die Beschäftigten für 12 Monate aufnimmt. Am 21. Febr. hatte der mit knapp 23 000 Beschäftigten größte europ. Werftenverbund ein gerichtl. Vergleichsverfahren beantragt. Ende März teilte der Konzern mit, dass sich der Verlust für 1995 von 750 Mio. auf 1,5 Mrd. DM erhöht und damit das Anfang 1995 ausgewiesene Eigenkapital von rd. 1,4 Mrd. DM aufgezehrt hätte. Im April waren nach Vorwürfen über die Zweckentfremdung von öffentl. Fördermitteln in Höhe von rd. 850 Mio. DM die vier ostdt. Vulkanunternehmen aus dem Verbund herausgelöst worden. In dem von der Europ. Kommission im Febr. eingeleiteten Prüfungsverfahren stellte sich heraus, dass die Subventionen nicht wie vorgesehen an die ostdt. Konzerntöchter, sondern zur Deckung von Verlusten in mehreren westdt. Tochterunternehmen eingesetzt worden sind. Ein parlamentar. Untersuchungsausschuss der Brem. Bürgerschaft beschäftigt sich mit der Vorgeschichte des Zusammenbruchs des 1984 gebildeten Werftenverbundes.
Im Juni erließ die Staatsanwaltschaft Bremen gegen den ehem. Vorstandsvors. der B. V. V. AG, Friedrich Hennemann, dem im Zusammenhang mit der konzerninternen Fehlleitung von Subventionen vorsätzl., aber nicht eigennützige Veruntreuung vorgeworfen wird, Haftbefehl.

Brunei

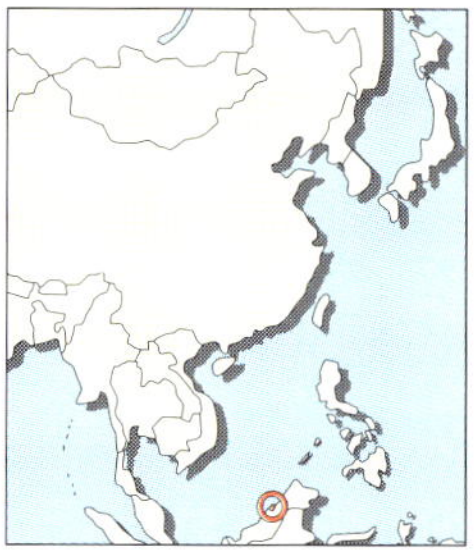

Hauptstadt: Bandar Seri Begawan
Einwohner: 285 000
Einwohner/km²: 49
Staatsoberhaupt: Haji Hassan al-Bolkiah Mu'izzaddin Waddaulah
BSP/Einwohner: 14 240 US-$

Brussig, Thomas, Schriftsteller, * Berlin (Ost) 19. 12. 1965. – Mit dem 1995 erschienenen Schelmenroman ›Helden wie wir‹ über den »Totalversager, Toilettenverstopfer, Sachenverlierer und begeisterten Onanisten« Klaus Ultzsch, der mit seinem übergroßen Glied die Mauer aufstößt, war B. 1996 der erfolgreichste Jungautor des dt. Sprachraums: Monatelang war der Abgesang auf die DDR in den Bestsellerlisten zu finden und wurde in der Bühnenfassung mit Götz Schubert in der Hauptrolle am Dt. Theater in Berlin uraufgeführt.
B., der nach Abitur und Wehrdienst u. a. als Möbelträger, Museumswärter und Hotelportier tätig war, studierte ab 1990 zunächst Soziologie, später Dramaturgie und ist als Drehbuchautor tätig. 1991 veröffentlichte er unter dem Pseudonym Cordt Berneburger seinen Erstlingsroman ›Wasserfarben‹.

BSE: Elf Jahre nach dem ersten Auftreten der ›bovinen spongiformen Encephalopathie‹ (BSE), die in Deutschland auch als ›Rinderwahnsinn‹ und in Großbritannien als ›mad cow disease‹ bezeichnet wird, zeichnete sich 1996 erstmals ab, dass diese Erkrankung auch auf den Menschen übertragbar ist und zu einem Krankheitsbild führt, das dem der seltenen Creutzfeldt-Jakob-Krankheit (CJD) ähnlich, aber mit diesem nicht identisch ist.
Am 19. März trug der zuständige Fachausschuss dem Gesundheitsmin. Stephen Dorrell vor, dass es nach Erkenntnissen der brit. CJD-Meldestelle in Edinburgh bereits zehn erwiesene Todesfälle gegeben habe, bei denen die Erkrankung wahrscheinlich durch den Genuss von BSE-verseuchtem Fleisch verursacht worden sei; bis Nov. stieg diese

Aus Protest gegen ihre Einnahmeverluste durch die Rinderseuche BSE lassen französische Bauern ihre Rinder auf dem Rasen vor dem Eiffelturm grasen

Zahl auf 14 Fälle. Die Epidemiologen stützten ihre Hypothese auf drei Indizien: Erstens verstarben in diesen Fällen junge, teils sogar jugendl. Patienten an der Gehirnerkrankung, während CJD bisher praktisch nicht bei Menschen unter 60 Jahren vorkam; zweitens unterschieden sich die Symptome der zehn erkrankten Patienten deutlich von denen bei CJD-Patienten; und drittens wiesen die Gehirne der Verstorbenen andere Schadensmerkmale auf, als dies bei CJD der Fall ist. Im Okt. erhärtete eine brit. Forschergruppe um John Collinge den Verdacht, dass die neuartigen CJD-Erkrankungen durch den BSE-Erreger ausgelöst wurden: Der biochem. Vergleich der bei BSE auftretenden, veränderten Proteine mit denen, die man aus den Gehirnen von zehn an neuartigem CJD gestorbenen Patienten isolierte, zeigte die Identität beider Proteine.

Kurz nach Bekanntwerden der im März präsentierten Informationen beschlossen mehrere europ. Staaten, darunter auch Deutschland, ein sofortiges Einfuhrverbot von Rindfleisch und Rindfleischprodukten aus Großbritannien und der Schweiz, wo ebenfalls bereits 225 BSE-Fälle aufgetreten waren. In den brit. Medien spekulierten Epidemiologen über das Ausmaß der sich möglicherweise abzeichnenden Katastrophe. Die Schätzungen schwankten zw. 5000 und zehn Mio. Todesfällen in der brit. Bevölkerung durch BSE. Die Zahl der bei der CJD-Meldestelle in Edinburgh verifizierten neuartigen Fälle erhöhte sich bis zum Nov. auf 86 Fälle, der befürchtete exponentielle Anstieg blieb aber bislang aus.

Trotz der alarmierenden Meldungen versuchte die brit. Reg., das zunächst in der EU eingeführte Exportverbot wieder zu lockern, allerdings bisher erfolglos. Im Juli beschloss die dt. Bundesreg. eine BSE-Dauerverordnung, weil die im März verfügte Dringlichkeitsverordnung nur auf sechs Monate begrenzt gültig war. Danach ist die Einfuhr von Rindfleisch und Rinderprodukten aus Großbritannien und der Schweiz bis auf weiteres verboten, zur nat. Kontrolle werden von Importeuren Herkunftsnachweise verlangt. Währenddessen erarbeiteten Experten der EU einen Schlachtplan, der 130 000 brit. Rinder einbezieht. Als finanziellen Ausgleich stellte die EU für Rinderhalter 950 Mio. DM bereit, 190 Mio. DM davon sind für dt. Rinderhalter vorgesehen.

Mitte Juli beendeten brit. Wissenschaftler einen siebenjährigen Großversuch an 546 Kälbern, von denen eine Hälfte von BSE-kranken Mutterkühen und die andere Hälfte von gesunden Muttertieren aus derselben Herde stammten. Der Versuch belegte: Zum einen ist eine Übertragung von der Mutter auf das Kalb in etwa 10% der Fälle möglich – 42 Kälber von BSE-kranken, aber nur 13 Kälber von gesunden Kühen erkrankten oder verstarben an BSE. Zum anderen wurden Kälber offenbar auch nach dem 1988 erlassenen Fütterungsverbot von Tiermehl an Wiederkäuer noch mit BSE-verseuchtem Futter versorgt, denn sonst hätten die 13 Kälber aus der ›gesunden‹ Gruppe nicht an BSE erkranken dürfen. Beunruhigend an diesem Ergebnis ist, dass sich die Kälber von BSE-erkrankten Müttern nur über Blut, plazentales Gewebe, im Uterus oder über die Milch haben infizieren können, und diese Rinderprodukte galten bisher als nichtinfektiös. Das Ergebnis bedeutet auch, dass die Epidemie in Großbritannien nicht so schnell abklingen

wird, wie die brit. Reg. zunächst angenommen hatte. Nach dem Höchststand 1992 von 36 681 BSE-Fällen sank die Zahl kontinuierlich auf 14 291 Fälle 1995 ab; bis Ende Juli 1996 waren 3 710 neue, bestätigte BSE-Fälle in Großbritannien gemeldet. Insgesamt starben rund 28 000 Rinder, die erst nach der Einführung des Fütterungsverbots von Tiermehl geboren wurden. In Deutschland wurden bislang vier BSE-Fälle nachgewiesen. Bei allen vier Tieren handelte es sich um brit. Zuchtrinder, die getötet wurden. Weltweit trat BSE bislang in zehn Ländern auf.

Der dt. Landwirtschaftsmin. BORCHERT verlangte im Aug., dass die nachgewiesene Übertragbarkeit von Mutterkühen auf Kälber in den BSE-Schlachtplan der EU einzugehen habe. Eine endgültige Entscheidung darüber, wie viele und welche Tiere getötet werden sollen, steht noch aus. Die brit. Reg. machte ihre Zustimmung zu einem solchen Vorhaben von der Aufhebung des gegen Großbritannien verfügten Exportverbots für Rindfleisch und bestimmte Rinderprodukte abhängig und setzte Mitte Sept. auch das Schlachtprogramm für Rinder aus, um weitere wiss. Studien abzuwarten.

BSE

BSE – Wie der Verbraucherschutz auf der Strecke bleibt

Der Autor:
Rolf Andreas Zell, geb. 1956. Studierte Biologie und Philosophie. Seit 1989 freiberuflicher Wissenschaftsjournalist. Spezialgebiete: Gen- und Biotechnik, Molekularbiologie, Virologie und Immunologie

Im Jahre 11 nach BSE ist die Furcht der Menschen, sich durch den Genuss von Rindfleisch eine tödliche Krankheit einzuhandeln, größer geworden. Nicht eine von Partikularinteressen und Panikmachern geschürte Hysterie ist dafür verantwortlich, sondern die Sachlage selbst. Zum ersten Mal seit Beginn der Tierseuche hat sich der Zeiger an der Waage zur Risikobeurteilung zu einer bestimmten Seite hin geneigt, und zwar zur beunruhigenden Seite. Zehn Jahre lang ließ sich aufgrund der wissenschaftlichen Befunde zu BSE und den anderen Gehirnerkrankungen dieser Gruppe die Frage nach der Übertragbarkeit des Rinderwahnsinns auf den Menschen nicht entscheiden. Seit März 1996 liegt jedoch gegen den mysteriösen BSE-Erreger ein ›dringender Tatverdacht‹ vor: Mindestens 14 Menschen im britischen Königreich und zwei Personen in Frankreich erlagen einer neuartigen Form der Creutzfeldt-Jakob-Krankheit (CJD), für deren Auftreten die Wissenschaftler keinen anderen plausiblen Grund finden als den Genuss von BSE-verseuchtem Rindfleisch. Damit ist der BSE-Erreger noch nicht überführt, aber das bislang nur als hypothetisch angeführte Risiko einer Übertragbarkeit hat damit erstmals eine reale Basis erhalten.

Und es kommt noch schlimmer: Im Oktober gelang britischen Forschern der Nachweis, dass diejenigen BSE-Proteine, mit denen sie bei Mäusen, Katzen und Makaken die tödliche Gehirnerkrankung auslösen konnten, identisch sind mit jenen Proteinen, die sich in den Gehirnen von zehn an der neuartigen CJD-Form gestorbenen Patienten befanden. Auch dieser Befund ist zwar kein endgültiger Beweis dafür, dass BSE auch den Menschen krank machen kann, aber er gilt unter Wissenschaftlern übereinstimmend als weiteres Indiz dafür.

Hierzulande betonen Wissenschaftler und Politiker, Rindfleisch deutscher Herkunft sei BSE-frei und daher sicher. Die Evidenzen, die sie dafür auf den Tisch legen, sind überzeugend und wirken beruhigend. Doch ob dies immer in den letzten Jahren so war, das ist eine offene Frage, der sich nachzugehen lohnt. Es geht dabei um die Frage, welchen Stellenwert der vorbeugende Verbraucherschutz in den beteiligten Ländern und innerhalb der Europäischen Union besitzt, welche Chancen Entscheidungen haben, mit denen ›nur‹ potenzielle Gefahren abgewendet werden können, aber tatsächliche finanzielle Verluste in Kauf genommen werden müssen.

Um es vorwegzunehmen: BSE ist der erste Prüfstein für die Europäische Union in Sachen Verbraucherschutz, bei dem es um die Gesundheit von mehreren Hundert Millionen Menschen geht. Schon jetzt, lange bevor man die Bedeutung der Seuche für den Menschen endgültig abschätzen kann, steht fest, dass der politische Versuch, vorbeugenden Verbraucherschutz gegen mächtige nationale und agrarische Interessen zu etablieren, gescheitert ist.

Der Dreh- und Angelpunkt: das Tiermehl

Im April 1985 torkeln die ersten BSE-Kühe über die Weiden der südenglischen Grafschaft Kent. Ratlosigkeit stellt sich bei den herbeigerufenen Veterinären ein. Noch sind es Einzelfälle, 1986 wahrscheinlich 17 Kühe, im nächsten Jahr bereits 420, doch dann hebt die Kurve zum Höhenflug ab, um 1992 mit 36 681 bestätigten BSE-Fällen ihren Scheitelpunkt zu erreichen.

Das Krankheitsbild und vor allem die Untersuchung der Hirne der verendeten Rinder führt die Wissenschaftler bereits 1986 auf die richtige Spur – es handelt sich um eine schwammartige Gehirnerweichung, für die sich in der Fachliteratur das Kürzel BSE (bovine spongiforme Encephalopathie) und auf der Straße der an den Symptomen orientierte Begriff ›mad cow disease‹ – Rinderwahn-

sinn – einbürgert. Die Ähnlichkeit zu der bereits 1732 beschriebenen Schafskrankheit Scrapie, ebenfalls eine schwammartige Gehirnerweichung, führt britische Wissenschaftler auch rasch auf die Spur des Urhebers der Seuche und auf den Weg, den er zurückgelegt hat. Kadaver Scrapie-infizierter Schafe werden in Tiermehlfabriken zu Proteinfutter für Milchkühe und andere Nutztiere recycelt, und aus Kostengründen eingeführte Prozessumstellungen bei der Tiermehlproduktion, welche die britische Regierung Anfang der 80er-Jahre gebilligt hatte, erlauben es dem Scrapie-Erreger zu überleben. Die übrigens bis heute noch nicht endgültig charakterisierten Erreger verbleiben als infektiöse Partikel im Tierfutter und landen schließlich im Magen der Rinder. Dort schaffen sie es, auch den für sie neuen Wirt krank zu machen – der Rinderwahnsinn nimmt seinen Lauf.
Sofort stellt sich in Großbritannien und anderswo die Frage nach dem Risiko für den Menschen. Auch der Mensch erkrankt an spongiformen Encephalopathien. Sie sind zwar extrem selten und tragen Namen wie Creutzfeldt-Jakob- oder Gerstmann-Sträussler-Syndrom, die bis zum Auftreten von BSE selbst viele Mediziner kaum kennen. Die Frage lautet aber nun: Wenn Scrapie-Erreger Rinder krank machen können, macht dann der BSE-Erreger auch den Menschen krank?
Die britische Regierung – im Einklang mit vielen Wissenschaftlern – beruhigt die Bürger im eigenen Land und außerhalb mit einem Analogieschluss: Obwohl Scrapie seit mehr als 200 Jahren auf der Insel grassiert, hat sich niemals ein Mensch mit dem Erreger infiziert. Ergo wird auch der BSE-Erreger den Menschen nicht krank machen. Einige Wissenschaftler weisen auf die Problematik von Analogieschlüssen hin – die britische Regierung räumt nun ein ›hypothetisches Restrisiko‹ ein. Doch Maßnahmen zum Eindämmen der Rinderseuche unterbleiben vorerst. Erst ab Juni 1988 – mittlerweile sind mehr als 1 500 ›verrückte Kühe‹ gestorben – wird in Großbritannien eine nationale Meldepflicht für BSE-Fälle eingeführt, einen Monat später – ein Jahr, nachdem der Übertragungsweg über Scrapieverseuchtes Tiermehl feststeht – verhängt die britische Regierung ein Fütterungsverbot für Tiermehl bei Rindern. Um den sinkenden Absatz im eigenen Land auszugleichen, intensivieren britische Tiermehlfabrikanten den Export in die europäischen Nachbarländer.
In Deutschland werden Einfuhrgenehmigungen für britisches Tiermehl erst ein Jahr später, 1989, nicht mehr erteilt. Wie viel Proteinfutter bis zu diesem Zeitpunkt nach Deutschland kam, bleibt ungeklärt, denn nur Direktimporte werden zahlenmäßig erfasst; britisches Tiermehl, das via Amsterdam nach Deutschland kam, gilt auf dem Papier als niederländisches Exportgut. Ein Land bezahlt den Tiermehlimport aus Großbritannien mit einem besonders hohen Preis: In der Schweiz erkranken 225 Rinder, davon mindestens elf Tiere, die erst nach dem Einfuhrstopp, den das Land 1989 verfügt, geboren werden. Für deren Krankheit gibt es derzeit keine schlüssige Erklärung.
Auf der europäischen Bühne tut sich noch fünf weitere Jahre nichts in Sachen Tiermehl. Die Agrarminister der EU einigen sich erst 1994 auf ein Fütterungsverbot. Auch der wiederholte Vorstoß der deutschen Delegation, wenigstens die Tiermehlproduktion sicherer zu machen, scheitert vor allem am Widerstand der Briten. In Deutschland ist für die Tiermehlproduktion eine 20-minütige Hitzebehandlung der zerkleinerten Tierkadaver bei mindestens 133 °C und einem Überdruck von 3 bar vorgeschrieben. In Großbritannien und den meisten anderen europäischen Staaten begnügt man sich mit 80 bis 100 °C für 4 bis 15 Minuten und verzichtet auf den Überdruck.
Rückendeckung für ihre sperrige Haltung erhalten die Briten von staatlich angestellten Wissenschaftlern: Sie legen ›vorläufige Ergebnisse‹ vor, wonach alle in Europa üblichen Methoden der Tiermehlproduktion den BSE-Keim sicher abtöten würden. Belegbar ist dies nur indirekt durch Fütterungs- und Injektionsversuche mit dem Tiermehl an Mäusen. Kritik an diesen Versuchen, wie sie etwa der Hohenheimer Tiermehlexperte Oskar Riedinger vorbringt, bleiben ungehört. Er bemängelt, dass die Versuche mit zu geringen Erregerkonzentrationen und unter praxisfernen Erhitzungsbedingungen durchgeführt werden. Erst im Mai 1996 räumen die beteiligten britischen Wissenschaftler ein, dass nur

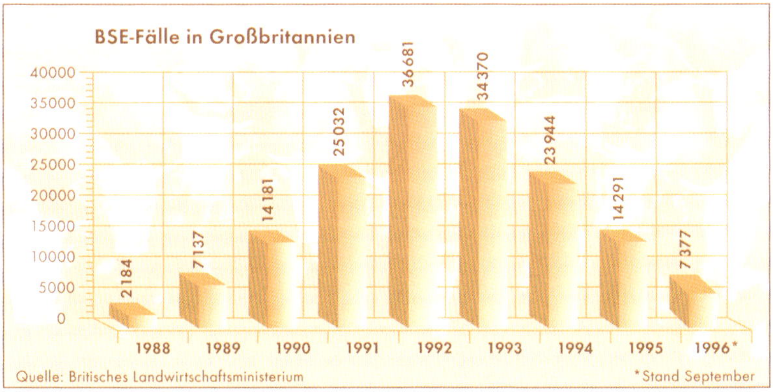

Spezielle Verbrennungsöfen dienen in Großbritannien der Beseitigung von Rindern, die an BSE zugrunde gegangen sind

die in Deutschland vorgeschriebene Methode den BSE-Keim sicher abtötet. Die EU-Agrarminister beschließen, den in Deutschland geltenden Standard in der ganzen EU ab Dezember 1996 vorzuschreiben. Erst jetzt ist damit sichergestellt, dass eine bereits seit neun Jahren bekannte Gefahr gebannt wird.

Die Rolle der Wissenschaft

Die Politik benötigt den Sachverstand der Wissenschaft, um politische Entscheidungen auf der Basis vorhandenen Wissens zu fällen. Die britische Regierung betonte noch nach den alarmierenden Todesfällen im März 1996, dass sie bei sämtlichen Entscheidungen in Sachen BSE ihrem Fachberatergremium gefolgt sei. Dem allerdings widersprach der ehemalige Vorsitzende dieses Komitees, RICHARD SOUTHWOOD, heftig. Seine Vorwürfe lauteten: Das Landwirtschaftsministerium wartete entgegen den Ratschlägen zwei Jahre lang mit der Einrichtung des ständigen Beratergremiums bis zum Jahre 1988, Vertreter des Ministeriums standen vielen Vorschlägen der Forscher ›feindlich‹ gegenüber. Einige einschneidende Vorschläge, die innerhalb des Gremiums diskutiert wurden, so SOUTHWOOD weiter, habe man gar nicht gegenüber den Ministerialbeamten erwähnt, weil man ihrer Verwirklichung ›wenig Chancen‹ einräumte.

Man mag diese ›Schere im Kopf‹ als mutloses oder gar willfähriges Verhalten verurteilen, doch das Verhalten vieler britischer Wissenschaftler ist nicht nur durch deren Persönlichkeitsstruktur zu erklären. Die britische Forschungsförderung zeichnet sich seit vielen Jahren durch massive Etatkürzungen aus. Selbst renommierte Institute blieben seitdem von Schließungen oder Privatisierungen nicht verschont, brillante Einzelforscher verloren ihre Drittmittel. Auch vor diesem Hintergrund muss man die Haltung der Forschung gegenüber der Politik sehen. Hinzu kommt, dass in Großbritannien eine Reihe von Fällen bekannt wurde, in denen Wissenschaftlern, die eine erkennbar kritische Einstellung zur BSE-Seuche hatten, Forschungsmittel verweigert wurden, sie in Einzelfällen sogar ihre Stelle verloren.

Das vielleicht eklatanteste Beispiel ist dasjenige von HARASH NARANG, der an einem Urintest zur Diagnose von BSE arbeitete. Der Virologe verlor seinen Arbeitsvertrag bei der britischen Gesundheitsbehörde und arbeitet heute in den USA. Von dort und aus den Niederlanden kommen denn auch erste Erfolg versprechende Ansätze für einen Diagnosetest bei verschiedenen spongiformen Encephalopathien. Ein solcher Test böte die Chance, eine Erkrankung beim lebenden Individuum, eventuell bereits vor dem Auftreten erster Symptome, sicher nachzuweisen. Heute ist dies erst nach dem Tod durch eine Gehirnuntersuchung möglich.

Wie wichtig ein solcher Test wäre, zeigt beispielsweise der schwelende Konflikt über Ausmaß und Konzeption eines Schlachtplans für britische Rinder, der von der EU momentan beraten wird: Solange man nicht weiß, welche Rinder tatsächlich BSE-gefährdet sind, muss man Massenschlachtungen ins Auge fassen, denen mit Sicherheit viele gesunde Tiere zum Opfer fallen. Aber ohne einen Test kann niemand sagen, welche Tiere tatsächlich infiziert sind. Weil man andererseits aus logistischen und finanziellen Gründen nicht den kompletten britischen Rinderbestand töten kann, wird man sich auf einen Kompromiss einigen, bei dem neben infektiologischen und epidemiologischen Überlegungen auch ›Sachzwänge‹ eine Rolle spielen werden.

BSE – und was nun?

Der November 1992 gilt als der Höhepunkt der Seuche, seitdem geht die Zahl der wöchentlich neu gemeldeten BSE-Fälle in Großbritannien ständig zurück. Im August legten amerikanische und britische Mathematiker eine Modellrechnung vor, nach der die Seuche bis zum Jahr 2000 erloschen sei. Diese Prognose ging allerdings noch nicht davon aus, dass der BSE-Erreger von Mutterkühen auf Kälber übertragbar ist, was sich inzwischen bewahrheitet hat. Seuchenexperten rechnen nun da-

mit, dass BSE auf niedrigem Niveau noch über viele Jahre hinweg in der britischen Rinderpopulation auftreten wird. Wie lange dies sein wird, hängt vor allem von der Ausgestaltung des BSE-Schlachtplanes für britische Rinder ab.
Völlig unklar sind hingegen die Aussichten, wie gravierend die Folgen von BSE für den Menschen ausfallen werden. Erst in den nächsten zwei Jahren wird sich abzeichnen, ob die bislang glücklicherweise raren Fälle neuartiger CJD-Erkrankungen Einzelfälle bleiben oder ob die geringe Fallzahl nur die Vorhut einer mehrjährigen Epidemie großen, vielleicht sogar katastrophalen Ausmaßes darstellt. Zur Erinnerung: Auch BSE begann zunächst mit 17 Fällen im Jahr 1986, bis Mitte 1996 fielen der Tierseuche jedoch rund 160 000 Tiere zum Opfer. Doch auch wenn das grausige Szenario, das hinter solchen Zahlen steckt, den Menschen in Großbritannien erspart bleiben sollte, wäre es fatal, das Thema BSE zu den Akten zu legen. Sowohl wissenschaftlich als auch politisch muss die Erfahrung mit dieser Tierseuche Konsequenzen haben, damit sich unfreiwillige Großexperimente dieser Art nicht wiederholen können.
Die Evolution neuer Krankheitserreger kann der Mensch nicht verhindern – die weltweite AIDS-Epidemie mag dafür ein eindringliches Beispiel sein. Doch BSE ist eine Tierseuche, die der Mensch erst ermöglicht hat. Zwar geschah dies unabsichtlich, aber unerwartet kommt ein solches Geschehen für Seuchenhygieniker nicht: Erst durch die Verfütterung von Tierkadavern und Schlachtabfällen an vegetarisch lebende Tiere erschloss sich dem Erreger mit dem Rind eine neue Wirtsart. Das wichtigste Grundprinzip bei der Vermeidung und Bekämpfung von Epidemien ist es, Infektionsketten oder -kreisläufe zu unterbrechen. Im Fall von BSE hat der Mensch eine solche Kette erst geschaffen. Wer dies tut, sollte mit der enormen Flexibilität rechnen, mit der Krankheitserreger auf neue Chancen reagieren, die sich ihnen bieten.

Die Verantwortung der Politik

Die politischen Lehren aus dem ›Fall BSE‹ sind weitaus schwieriger zu ziehen, doch sie haben Bedeutung weit über das Problem der Seuchenbekämpfung hinaus. Aussagen zu künftigen Risiken – sei es die Gefahr der Klimaveränderung durch den globalen Kohlendioxidanstieg oder die der Übertragbarkeit des BSE-Erregers auf den Menschen – können Wissenschaftler meist nicht schon dann mit absoluter Sicherheit benennen, wenn ein Problem zum politischen Handeln drängt. Bestenfalls liefern Forschungsergebnisse nur Wahrscheinlichkeitsaussagen oder geben Bandbreiten für das zu erwartende Schadensausmaß an. Der wissenschaftliche Zweifel, mit dem solche Aussagen behaftet sind, darf jedoch der Politik nicht als Legitimationsgrund für ein Nichteingreifen dienen. Der Handlungsspielraum des Menschen ist zu groß geworden, um immer abwarten zu können, bis ein Schaden eingetreten ist. Vor allem dann, wenn schädliche Entwicklungen schwer oder gar nicht mehr umkehrbar sind, muss die Politik auch ohne abschließenden wissenschaftlichen Nachweis Gegenmaßnahmen ergreifen.
Das Problem dabei: Verhältnismäßig genau bezifferbaren, tatsächlich eintretenden ökonomischen Schäden in der Gegenwart stehen nur mögliche Schäden unklaren Ausmaßes in der Zukunft gegenüber, deren Kosten zudem oft nicht genau zu quantifizieren sind. Verbraucherschutz oder Schutz der Allgemeinheit stehen damit in einem klassischen Zielkonflikt mit partikularen oder nationalen Interessen. Um in diesem Konfliktfeld ein politisch verantwortliches Handeln zu ermöglichen, müssen beide Seiten das gleiche politische Gewicht haben. Es darf bezweifelt werden, dass dies bei BSE auf der Ebene der EU-Agrarminister der Fall war. Es ist schwerlich von einem Fachminister zu erwarten, der zwangsläufig – im Falle des Agrarressorts – vor allem die Interessen der Landwirte in seinem Land gegenüber der EU zu wahren hat, dass dieser Maßnahmen zustimmt, die dieser Gruppe massiv zuwiderlaufen. Dies spricht dafür, den Verbraucherschutz innerhalb der EU zu einer eigenständigen politischen Größe zu machen.

Angesichts der existenzgefährdenden Absatzprobleme und des Preisverfalls für Rindfleisch demonstrieren Mitglieder der walisischen Bauerngewerkschaft am 17. April in London für ›ihr Beef‹

Doch auch ein eigenes ›Verbraucherschutzressort‹ würde das Problem vermutlich nicht lösen. Die Blockadehaltung der britischen Regierung in allen EU-Gremien, mit der sie den drohenden totalen Importstopp für britisches Rindfleisch noch abwenden wollte, zeigt, dass die Politik – die der EU ebenso wie die ihrer Mitgliedstaaten – zu einer Art Stufenplan bei der Abwehr von Gefahren kommen muss. Dieser Plan müsste festlegen, welche Schritte bei welchem Gefahrenpotenzial zu ergreifen sind. Eine solche von allen akzeptierte Richtschnur im Umgang mit Gefahren würde es den um Wähler oder einflussreiche Interessengruppen besorgten Politikern zumindest schwerer machen, die Gefahrenabwehr den Einzelinteressen zu opfern.

Bucaram Ortiz, Abdalá Jaime, ecuadorian. Präs. (Partido Roldosista Ecuatoriano, PRE), * Guayaquil 20. 2. 1952. – Am 7. Juli gewann B. O. in einer Stichwahl gegen JAIME NEBOT SAADI (Partido Social Cristiana, PSC) die Präsidentschaftswahl mit 54,3 % und trat am 10. Aug. die Nachfolge des scheidenden Präs. SIXTO DURÁN BALLÉN an. Bei seinem Amtsantritt kündigte B. O. ein neues Entwicklungsmodell für sein Land an und erteilte dem neoliberalen Kurs eine Absage.
Der Jurist und Sportler B. O. ist Nachfahre libanes. Einwanderer. Er gründete 1982 den PRE und bewarb sich bereits 1988 und 1992 erfolglos um die Präsidentschaft. Der allg. als Populist bezeichnete B. O. zog im Wahlkampf 1996 alle Register, um sich als Kandidat der Armen und Benachteiligten anzubieten.

Buhss, Werner, Dramatiker, * Magdeburg 14. 1. 1949. – Im Juni wurde B. für sein Stück ›Bevor wir Greise wurden‹ der Mülheimer Dramatikerpreis 1996 zugesprochen.
B. studierte Regie an der Filmhochschule Babelsberg, arbeitete im DEFA-Studio für Dokumentarfilme und inszenierte an Theatern der DDR und in Bulgarien. Seit 1981 arbeitet er als freier Autor von Hörspielen und Theaterstücken, u. a. verfasste er ›Die Festung‹ (1982), ›Pour le mérite‹ (1987), ›Nackt in Wien‹ (1987) sowie die Gogol-Bearbeitungen ›Tagebuch eines Wahnsinnigen‹ (1985) und ›Der Revisor‹ (1987). In ›Bevor wir Greise wurden‹, das im Okt. 1995 in Magdeburg uraufgeführt wurde, zeigt B. am Beispiel einer Abiturientenklasse das Politische im Privaten; das ›Volksstück in Barlachscher Manier‹, in der Zeit von STALINS Tod bis zum Aufstand am 17. Juni in der DDR-Kleinstadt Güstrow handelnd, schildert in satirisch-genauen Szenen die Pubertät eines totalitären Staates.

Bulgarien

Hauptstadt: Sofia
Einwohner: 8,8 Mio.
Einwohner/km²: 79
Staatsoberhaupt: S. Schelew
Regierungschef: S. Widenow
BSP/Einwohner: 1 250 US-$

Bulgarien
Industrieproduktion
(Veränderung gegenüber der Vorjahresperiode in %)

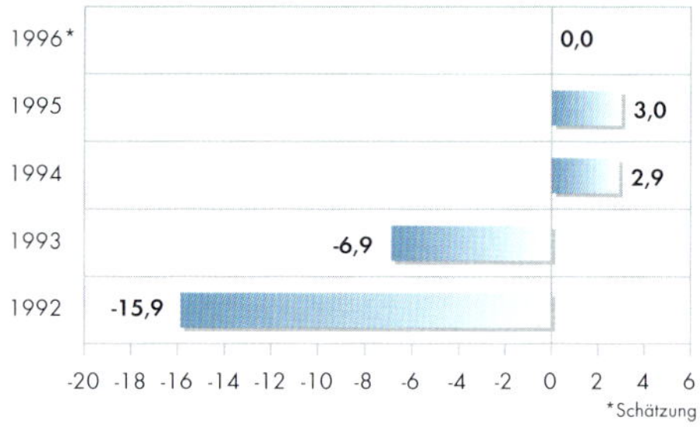

Bulgarien
Inflationsrate (Veränderung der Verbraucherpreise in %)

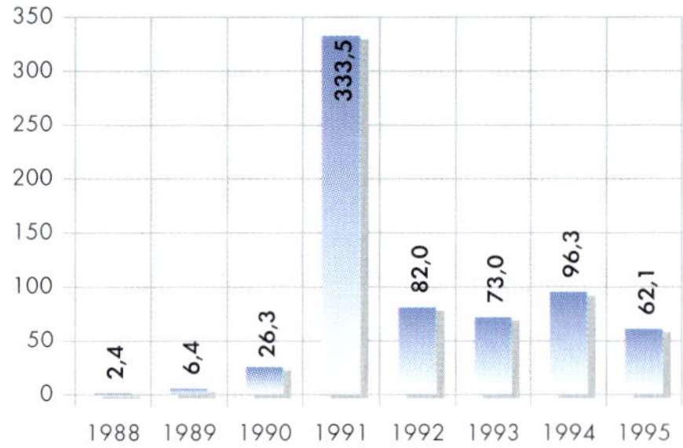

Nachdem die sozialist. Reg. SCHAN WIDENOWS schon 1995 der Kriminalität nicht Herr wurde, erwies sich 1996 auch ihr Wirtschaftsprogramm als untauglich. Sie hatte die notwendigen Reformen immer wieder mit der Begründung hinausgeschoben, dass diese die sozial Schwachen zu stark treffen würden. Aus dem Erbe der Planwirtschaft und den halbherzigen Ansätzen der Marktwirtschaft erwuchs eine dramat. Verschlechterung der Wirtschaftslage. Infolge des unbedachten Getreideexports kam es zu Engpässen bei der Brotversorgung. Die Auswechselung von Min. konnte die Konzeptionslosigkeit der Reg. nicht beseitigen. Banken mussten geschlossen werden. Der Lew verlor im Vergleich zum Vorjahr um etwa 600 % an Wert gegenüber dem US-$. Die Verschuldung des Landes erreichte fast 10 Mrd. US-$, die Zinsen konnten nur noch bedient werden, nachdem der IWF hierfür Stand-by-Kredite gewährt hatte. Die Inflationsrate lag bei 120 %.
Bei den Präsidentschaftswahlen am 3. Nov. setzte sich PETAR STOJANOW gegen seine Mitbewerber durch, der den alten Amtsinhaber SCHELEW in einer nach amerikan. Vorbild abgehaltenen parteiinternen ›Vorwahl‹ der oppositionellen Union der Demokrat. Kräfte deutlich besiegt hatte. Die Amtsübernahme durch STOJANOW war für Jan. 1997 vorgesehen. Nachdem es zu heftigen Protesten der Bevölkerung gegen die dramatisch schlechte Wirtschaftslage gekommen war, trat am 22. Dez. MinPräs. WIDENOW und das gesamte Kabinett zurück. ■

Bundeswehr: Im Mittelpunkt des öffentl. Interesses stand der Einsatz im ehem. Jugoslawien. Nach der Verlegung des Vorauskommandos des rd. 4 000 Mann starken B.-Kontingents für die Internat. Friedenstruppe im ehem. Jugoslawien (Ifor) ab 22. 12. 1995 trafen ab Ende Jan. die Hauptkräfte von GECONIFOR (German Contingent Implementation Force) in ihren Stationierungsorten an der kroat. Adriaküste ein. Ende Febr. waren die B.-Truppenteile voll einsatzbereit, im Wesentlichen umfassten sie je einen Pionier-, Transport- und Heeresfliegereinsatzverband sowie das gegenüber dem vorangegangenen GECONUNPF-Einsatz in seiner Bettenkapazität verdoppelte Feldlazarett. Der Auftrag des etwa 2700 Mann starken Heeresanteils bestand v.a. darin, die in Bosnien und Herzegowina stationierten Ifor-Truppen sanitätsdienstlich, pioniertechnisch (Bau bzw. Instandsetzung von Feldlagern, Brücken, Straßen und Eisenbahnen) sowie mit Luft- und Straßentransportleistungen zu unterstützen. Im April/Mai sowie im Aug./Sept. erfolgte je ein Kontingentwechsel des dt. Heeresanteils, sodass jeder der eingesetzten Soldaten nur vier Monate im Einsatzgebiet verblieb. Nach Aufhebung der UNO-Seeblockade in der Adria konnten die im Rahmen der Embargoüberwachung eingesetzten dt. Kriegsschiffe abgezogen werden. Der im Sommer 1995 mit der Beteiligung an der Luftunterstützung für die internat. schnelle Eingreiftruppe begonnene Einsatz von in Italien stationierten Aufklärungs- und ECR-Tornados wurde mit schwächerer Intensität fortgesetzt. Anfang Dez. beschloss die Bundesreg., dass sich die B. mit rd. 3000 Mann an der ab 20. Dez. laufenden, auf 18 Monate begrenzten Ifor-Nachfolgemission Sfor (Stabilizing Force) beteiligen wird; am 13. Dez. stimmte der Dt. Bundestag dem neuen Einsatz zu.

Im Schatten des Engagements im ehem. Jugoslawien vollzog sich die Verringerung des Grundwehrdienstes von zwölf auf zehn Monate und die Reduzierung der Gesamtpersonalstärke der B. auf jetzt 340000 Mann. Ende Jan. beendeten die ersten ›W-10-Soldaten‹ ihren Dienst. Der z.T. von Experten formulierten Kritik an der Reduzierung der Wehrdienstdauer trat die B. mit einem neuen Ausbildungskonzept für den Grundwehrdienst entgegen. Ziel ist es danach, dem jungen Wehrpflichtigen in seinen zehn Dienstmonaten gute soldat. Grundfertigkeiten zu vermitteln und ihn zur Beherrschung einer Hauptaufgabe in der ›kleinen Kampfgemeinschaft‹ zu befähigen. Die Herstellung der vollen Einsatzbereitschaft der Einheiten und Verbände ist vor dem Hintergrund nun relativ langer Vorwarnzeiten erst bei Eintreten einer äußeren Krisensituation mittels eines Krisenausbildungsprogramms vorgesehen. Im Führungsbereich der B. kam es Anfang Febr. zu wichtigen Personalveränderungen. General Klaus Naumann, seit 1991 Generalinspekteur der B., wechselte als neuer Vors. des Militärausschusses der NATO nach Brüssel; sein Nachfolger wurde der bisherige Inspekteur des Heeres, General Hartmut Bagger. Dessen Posten übernahm der bisherige Kommandierende General des Eurokorps, General Helmut Willmann.

Nachdem die B. Ende 1994 ihre nach der dt. Vereinigung eingeleitete Umstrukturierung auf der Basis einer Personalstärke von 370000 Mann im Wesentlichen abgeschlossen hatte, wurde sie durch den

Das erste öffentliche Soldatengelöbnis seit dem Zweiten Weltkrieg am 31. Mai in Berlin, an dem auch Bundespräsident Roman Herzog (rechts), Bürgermeister Eberhard Diepgen (Mitte) und Verteidigungsminister Volker Rühe teilnehmen, ruft teilweise Kritik hervor

An den Schaltern des zentralen Postamtes in Sofia herrscht am 8. Januar großer Andrang, als im Zuge der Privatisierung von über 1000 Staatsbetrieben Gutscheine ausgegeben werden; sie können später in Aktien umgetauscht werden

finanziell begründeten Entschluss von Verteidigungsmin. RÜHE, weitere 30000 Soldaten einzusparen, 1995/96 vor neue Herausforderungen gestellt. Insbes. das von der neuerl. Stärkereduzierung und der Verringerung des Grundwehrdienstes am meisten betroffene Heer sieht sich vor das Problem gestellt, angesichts einer knappen Finanzausstattung die Aufträge im ›erweiterten Aufgabenspektrum‹ (Auslandseinsätze; Herstellen der Krisenreaktionsfähigkeit) mit den zur Verfügung stehenden Mitteln zu erfüllen. Im Nov. erregte die Meldung Aufsehen, dass die Einsatzbereitschaft der Hauptverteidigungskräfte des Heeres aufgrund von Engpässen bei der Ersatzteilversorgung stark beeinträchtigt sei. Das ›neue Heer für neue Aufgaben‹ nimmt gleichwohl Konturen an; so wurde z. B. am 1. April in Calw das rd. 1000 Mann umfassende ›Kommando Spezialkräfte‹ (KSK), das künftig für die Befreiung und Evakuierung dt. Staatsangehöriger im Ausland bereitsteht, in Dienst gestellt. Insgesamt gesehen wurde mit dem Erreichen des neuen Personalumfangs von 340000 die letzte Etappe der ›B.-Radikalreform‹ eingeleitet, in den nächsten Jahren sind nur noch einzelne Teile der Binnenstruktur zu verändern.

›... fehlen nur noch die Arzneimittel!‹

Bündnis 90/Die Grünen: Die Partei hat sich 1996 eindeutig zur dritten Kaft im polit. System Deutschlands entwickelt und ist in allen Landtagen der alten Bundesrepublik vertreten. Bei den drei Landtagswahlen am 24. März konnte sie Stimmengewinne verbuchen: in Baden-Württemberg um 2,6 Prozentpunkte auf 12,1%, in Rheinland-Pfalz um 0,4 Prozentpunkte auf 6,9%. In Schleswig-Holstein steigerte sie ihr Wahlresultat von 4,97% auf 8,1% und konnte nicht nur erstmals in den Landtag einziehen, sondern steht auch gleich mit der SPD in der Regierungsverantwortung. Sie regiert nun in Hessen, Nordrhein-Westfalen, Sachsen-Anhalt und Schleswig-Holstein in Koalition mit der SPD.
Bündnis 90/Die Grünen befinden sich nicht nur im programmat. Konflikt, sondern sind auch über die zukünftige Strategie gespalten. Während der ›Realo‹-Flügel der Partei unter Führung JOSCHKA FISCHERS ein Zusammengehen mit der SPD anstrebt (erstmals verfassten Politiker beider Parteien gemeinsam ein Grundlagenpapier zur Außen- und Sicherheitspolitik) und weiter zu den bürgerl. Mittelschichten vorzudringen sucht, um so die christlich-liberale Koalition abzulösen, vertritt der ›fundamentalist.‹ Flügel unter Führung von Parteisprecher JÜRGEN TRITTIN die Doppelstrategie der Partei als parlamentar. und außerparlamentar. Kraft. Ein weiteres Strukturproblem ist die Spannung zw. Ost und West. Auf dem Mainzer Parteitag im März führten u. a. die Ablehnung einer Beitragserhöhung um eine symbol. Mark, die den finanzschwachen ostdt. Landesverbänden zugute gekommen wäre, sowie das Fehlen jegl. ›Ost-Themen‹ bei vielen ostdt. Delegierten zu tiefer Enttäuschung.
Der Bundesparteitag in Suhl (29. Nov.–1. Dez.) wählte mit GUNDA RÖSTEL erstmals eine Ostdeutsche zur Vorstandssprecherin; sie erhielt über 70% der Delegiertenstimmen. Wieder gewählt wurden Vorstandssprecher TRITTIN und Bundesgeschäftsführerin HEIDE RÜHLE. Mit klaren Mehrheiten wurden die Anträge des Bundesvorstands zum Konzept der sozialen Grundsicherung und zur Steuerpolitik angenommen. Über die Bosnienpolitik wurde nach einem Mehrheitsbeschluss nicht diskutiert. Im Dez. trat die prominente ehem. DDR-Bürgerrechtlerin und Bundestagsabgeordnete VERA LENGSFELD aus der Partei aus und zur CDU über.

Bündnis für Arbeit: Anfang Nov. 1995 schlug der Vors. der IG-Metall KLAUS ZWICKEL ein B. f. A. zwischen den Tarifparteien und dem Staat vor: Die Arbeitnehmerseite begnügt sich mit Einkommenssteigerungen in Höhe der Inflationsrate und akzeptiert untertarifl. Einstiegslöhne für Langzeitarbeitslose. Die Arbeitgeber verpflichten sich im Gegenzug dazu, für drei Jahre auf betriebsbedingte Kündigungen zu verzichten, 300000 neue Arbeitsplätze zu schaffen, zusätzlich 30000 Langzeitarbeitslose einzustellen und die Zahl der Ausbildungsplätze jährlich um 5% zu erhöhen. Die Bundesreg. verzichtet auf Verschlechterung bei Arbeitslosengeld, -hilfe und Sozialhilfe und verbessert die Rahmenbedingungen für ein ausreichendes Ausbildungsplatzangebot. Der Vorschlag wurde von Bundesreg. und Arbeitgeberverbänden aufgegriffen und führte in der ›Kanzlerrunde‹ am 23. Jan. in einem ›Bündnis für Arbeit und Standortsicherung‹ zur Formulierung des beschäftigungspolit. Ziels, bis zum Jahr 2000 die Zahl der Arbeitslosen zu halbieren. Die von der Bundesreg. im ›Programm für mehr Wachstum und Beschäftigung‹ geplanten Maßnahmen führten dazu, dass die Gewerkschaften im April eine Teilnahme an weiteren ›Kanzlerrunden‹ ablehnten. Während einerseits mit der Verabschiedung des →Sparpakets und den damit verbundenen polit. Auseinandersetzungen das B. f. A. von manchem für gescheitert erklärt wurde, wies die Bundesreg. darauf hin, dass im Jahresverlauf auf tarifvertragl. oder betriebl. Ebene zahlreiche ›kleine Bündnisse für Arbeit‹ geschlossen wurden (→Tarifpolitik).

Burkina Faso

Hauptstadt:
Ouagadougou
Einwohner: 10,3 Mio.
Einwohner/km²: 38
Staatsoberhaupt:
B. Compaoré
Regierungschef:
K. D. Ouédraogo
(seit 6. 2. 1996)
BSP/Einwohner:
300 US-$

Am 6. Febr. entstand durch die Fusion der Regierungspartei ODP-MT (Organisation pour la Démocratie populaire-Mouvement du Travail) mit zehn z. T. ehem. Oppositionsparteien der ›Congrès pour la Démocratie et le Progrès‹ (CDP). Das neue Parteienbündnis verfügt über 87 der 107 Parlamentssitze. GenSekr. der CDP wurde der bisherige Min.-Präs. MARC CHRISTIAN ROCH KABORÉ, sein Nachfolger als Regierungschef KADRÉ DÉSIRÉ OUÉDRAOGO. Dessen Aufgabe wird es sein, neben der Organisation der Wahlen die Wirtschaftsreformen voranzutreiben. Die bisher positive Entwicklung B. F.s wurde leicht getrübt, erreichte doch der Schuldenstand des Landes 1996 die doppelte Höhe des Niveaus von 1990. ■

Burundi

Hauptstadt:
Bujumbura
Einwohner: 6,4 Mio.
Einwohner/km²: 230
Staatsoberhaupt:
P. Buyoya
(seit 27. 9. 1996)
Regierungschef:
P. F. Ndimira
(seit 31. 7. 1996)
BSP/Einwohner:
160 US-$

Die blutigen Auseinandersetzungen zw. den Hutu, die die Bevölkerungsmehrheit bilden, und der traditionell mächtigen Minderheit der Tutsi eskalierten zum Bürgerkrieg, der Hunderttausende (v. a. Hutu) zur Flucht in die Nachbarländer trieb, in die S-Prov. Zaires allein 200 000. Mehr als 150 000 Menschen aus beiden Volksgruppen wurden ermordet. Unter Führung von LEONARD NYAGOMAS operierte von S-Zaire aus die Guerillaorganisation Comité national pour la défense de la démocratie (CNDD), die sich v. a. aus Bewohnern der dortigen Hutu-Flüchtlingslager rekrutierte.
In zunehmendem Maße blockierten sich Staatspräs. SILVESTRE NTIBANTUNGANYA und MinPräs. ANTOINE NDUWAYO, ein Tutsi, gegenseitig. Die UNO forderte bereits zu Beginn des Jahres einen umfassenden polit. Dialog zw. den polit. Gruppen B.s zur Beilegung des Konflikts. Unter dem Vorsitz des UNO-Vermittlers JULIUS NYERERE, des ehem. Präs. von Tansania, begannen Anfang Juni in Arusha Verhandlungen zw. den Hauptparteien B.s, der Hutu-Partei Front pour la démocratie au Burundi (FRODEBU) und der Tutsi-Partei Union pour le progrès national (UPRONA).

Bei einem Massaker im Obdachlosenlager Bugendana in Burundi werden am 20. Juli mehr als 300 Tutsi getötet

Infolge eines blutigen Überfalls von Hutu-Guerilleros auf ein Tutsi-Flüchtlingslager am 20./21. Juni spitzten sich die innenpolit. Spannungen zur Staatskrise zu. Angesichts von Gerüchten über einen Putsch der von den Tutsi beherrschten Armee flüchtete NTIBANTUNGANYA in die Botschaft der USA, andere den Hutu angehörende Politiker in die dt. Botschaft. Am 25. Juli übernahm der ehem. Militärdiktator Major PIERRE BUYOYA, ein Tutsi, die Macht. Der UNO-Sicherheitsrat verurteilte ebenso wie die OAU den Putsch gegen NTIBANTUNGANYA. Auf einer Konferenz am 31. Juli verhängten die Nachbarstaaten Wirtschaftssanktionen, um das Militärregime zur Wiederherstellung demokrat. Verhältnisse zu zwingen. Nach der Vereidigung BUYOYAS im Sept. machten die Staats- und Regierungschefs ost- und zentralafrikan. Staaten bei ihrem Gipfeltreffen in Arusha eine Aufhebung der Sanktionen von der Aufnahme von Verhandlungen zw. dem Regime und den Rebellen abhängig.
In der Folge der krieger. Auseinandersetzungen im Osten Zaires kehrten im Nov./Dez. Hunderttausende von Flüchtlingen in ihre Heimatländer B. und Ruanda zurück. ■

Busemann, Frank, Leichtathlet, * Recklinghausen 26. 2. 1975. Mit seinem zweiten Platz beim olymp. Zehnkampf in Atlanta katapultierte sich der Juniorenweltmeister über 110-m-Hürden von 1994 aus der Unbekanntheit ins Rampenlicht neben Olympiasieger DAN O'BRIEN. Unbefangen übertraf B. in seinem bis dahin erst fünften Zehnkampfwettbewerb seine Bestleistungen in vier Disziplinen und erreichte mit 8 706 Punkten den neunten Rang der ewigen Bestenliste. Der angehende Bankkaufmann, der von seinem Vater betreut wird, war erst 1995 vom Hürdenlauf zum Zehnkampf gewechselt, kündigte aber seine Qualitäten vor Atlanta als

Frank Busemann, im Bild beim Stabhochsprung während des olympischen Zehnkampfes, gehört zu den positiven Überraschungen von Atlanta

Europapokalsieger an. Das Fernziel des vom Medienrummel und der Vermarktung eingeholten Jungstars heißt Sydney 2000.

C

Cage, Nicolas, amerikan. Filmschauspieler, *Long Beach (Kalifornien) 7. 1. 1964. – ›Leaving Las Vegas‹: Für die wohl beeindruckendste Rolle seiner bisherigen Karriere, den Drehbuchautor Ben, der nach Las Vegas kommt, um sich zu Tode zu trinken, erhielt C. 1996 den ›Oscar‹ für den besten Hauptdarsteller.

C. stammt aus einer bekannten Filmfamilie: Er ist ein Neffe des Regisseurs und Produzenten Francis Ford Coppola und erhielt auch von ihm seine erste wichtige Rolle in ›Rumble Fish‹ (1983). Zunächst spielte C. v.a. gesellschaftl. Außenseiter wie einen zerstörungswütigen Gangster in Coppolas ›Cotton Club‹ (1984) oder einen Vietnamveteranen in Alan Parkers ›Birdy‹ (1984). Den Durchbruch erlebte er mit seiner Verkörperung des leicht psychopath. Sailor in David Lynchs Roadmovie ›Wild at Heart‹. Später spielte C. in ›Honeymoon in Vegas‹ (1992) von Andrew Bergman und in dem Thriller ›Red Rock West‹ (1993) von John Dahl. 1996 war er in den dt. Kinos außer in Mike Figgis' ›Leaving Las Vegas‹ mit Sean Connery in ›The Rock – Fels der Entscheidung‹ zu sehen.

Carnival Destiny, Kreuzfahrtschiff, →Schiff.

CDU, Abk. für Christlich Demokrat. Union: Bei den drei Landtagswahlen am 24. März erzielte die Partei in Baden-Württemberg 41,3 (+1,7) und in Schleswig-Holstein 37,2 (+3,4) Prozentpunkte, in Rheinland-Pfalz erreichte sie mit 38,7% das gleiche Ergebnis wie 1991. Die CDU regiert alleine nur in Sachsen, in großen Koalitionen mit der SPD in Bremen, Berlin und Mecklenburg-Vorpommern sowie in Baden-Württemberg mit der FDP. Einen Prestigegewinn bedeutete der Parteieintritt von sieben ehem. DDR-Bürgerrechtlern Mitte Dezember.

Auf dem Bundesparteitag in Hannover im Okt. beschloss die CDU ein Frauenquorum. Künftig ist bei Wahlen zu Parteiämtern und Kandidatenlisten der jeweils erste Wahlgang gültig, wenn ein Drittel der Positionen an Frauen vergeben wurde. In einem evtl. erforderl. zweiten gilt die Quote nicht mehr. Bei der Wahl der Präsidiumsmitgl. ›griff‹ das Frauenquorum bereits: Bundesfamilienmin. Claudia Nolte wurde anstelle von Johannes Gerster ins Präsidium gewählt. Zum zwölften Mal als Bundesvors. wieder gewählt wurde Helmut Kohl mit 95,5% der Stimmen. Ebenfalls bestätigt wurden seine vier Stellv. Christoph Bergner, Norbert Blüm, Angela Merkel und Erwin Teufel.

Die wichtigste programmat. Aussage wurde auf dem Parteitag mit nur einer Gegenstimme verabschiedet. Im Reformkonzept ›Tarif 2000‹ will die CDU den niedrigsten Steuersatz von bisher 25,9% auf unter 20% und den Spitzensteuersatz von 53% auf »um 35%« drücken. Als Kompensation für die Einnahmeausfälle sollen Steuervergünstigungen und Steuerfreibeträge gestrichen werden.

CentrO., Neue Mitte Oberhausen, am 12. Sept. in Oberhausen nahe dem Rhein-Herne-Kanal eröffnetes Einkaufs- und Erlebniszentrum, das eines der größten städt. Projekte in Europa mit Einzelhandels-, Freizeit-, Wohn- und Büroflächen (Investitionssumme: rd. 2 Mrd. DM) darstellt. Auf dem ehem. Industriegelände sind neben Wohnanlagen ein Einkaufszentrum (70 000 m^2 Verkaufsfläche, 200 Geschäfte), ein Multiplexkino mit neun Leinwänden, eine Sportarena für 11 500 Besucher, ein Freizeitpark, Restaurants, Hotels, Bürokomplexe sowie 10 500 kostenlose Parkplätze angesiedelt. 350 Mio. DM flossen aus öffentl. Kassen in Infrastrukturmaßnahmen und den Ausbau der benachbarten Autobahnen. Die brit. Investorengruppe erwartet einen jährl. Umsatz von rd. 1 Mrd. DM. Die benachbarten Ruhrgebietsstädte, v.a. aber die Oberhausener Innenstadt, befürchten enorme Kaufkraftabflüsse.

Dank des auf dem Bundesparteitag der CDU am 21. Oktober in Hannover beschlossenen Frauenquorums wird Bundesfamilienministerin Claudia Nolte ins CDU-Präsidium gewählt, wozu ihr der thüringische Ministerpräsident Bernhard Vogel gratuliert

Das CentrO. in Oberhausen, nach Betreiberangaben Europas größtes Einkaufszentrum, erwartet bis zu 70000 Kunden täglich

chemische Kastration: Fälle wiederholten →Kindesmissbrauchs durch entlassene Triebtäter ließen 1996 die Diskussion aufkommen, ob verurteilte Täter sich nach der Haftentlassung einer c. K. unterziehen müssen. Bisher wurden entlassene Triebtäter nur in seltenen Fällen und freiwillig auf diese Weise behandelt. Mit wöchentl. Injektionen von Hormonpräparaten lässt sich die Blutkonzentration des männl. Sexualhormons Testosteron senken. Neben den verfassungsrechtl. Fragen ist auch die Schutzwirkung einer Zwangsbehandlung umstritten. Experten wiesen darauf hin, dass eine c. K. allein nicht immer ausreicht, um beim Betreffenden eine Verhaltensänderung zu erreichen.

Chile

Hauptstadt: Santiago
Einwohner: 14,3 Mio.
Einwohner/km²: 19
Staatsoberhaupt und Regierungschef:
E. Frei Ruiz-Tagle
BSP/Einwohner:
3520 US-$

Hohes Wirtschaftswachstum

Die marktorientierte Wirtschaftspolitik des Christdemokraten EDUARDO FREI RUIZ-TAGLE erzielte mit durchschnittlich 7,4% die höchste Wachstumsrate des BIP in Lateinamerika. Diese Steigerung ist v. a. auf einen erhöhten Ausstoß der Kupferindustrie und ihrer weiterverarbeitenden Zweige sowie auf den Bausektor und den durch die erhöhte Binnennachfrage angeheizten Handel zurückzuführen. Die Expansion des Importvolumens sowie die fallenden Weltmarktpreise für Kupfer und Zellulose führten zu einer deutl. Verschlechterung der Handelsbilanz. Dieser stand allerdings eine positive Devisenbilanz gegenüber, da auch 1996 die Zuflüsse an Auslandskapital zunahmen. Dies versetzte C. in die Lage, mit dem Abbau seiner hohen Außenverschuldung zu beginnen. Eine deutlich über dem angestrebten Inflationsziel liegende Geldentwertung von 8,5% veranlasste die Zentralbank zu einer restriktiveren Geldpolitik.

Handelsabkommen mit MERCOSUR und EU. Gescheiterte Verfassungsänderung

Am 13. Jan. kündigte Präs. FREI weitere Modernisierungen und Veränderungen in Wirtschaft, Politik und Gesellschaft an; Schwerpunkte setzte er v. a. im sozialen Bereich. Ende März konnten auch die Verhandlungen mit dem MERCOSUR zur Errichtung einer Freihandelszone erfolgreich abgeschlossen werden, wobei die Assoziierung noch der Ratifizierung durch den Kongress bedarf (→Argentinien). Auch das Handels- und Kooperationsabkommen mit der EU konnte Ende Juni erfolgreich beschlossen werden. C. verpflichtete sich in beiden Abkommen zum Abbau seiner Zölle und Handelshemmnisse im Laufe der nächsten 18 Jahre.
Am 12. April scheiterte die Koalitionsreg. im Senat knapp mit einer Verfassungsänderung. Sie hätte die Aufhebung von acht Senatorenmandaten zur Folge gehabt, die 1981 von der Junta eingerichtet worden waren; diese Senatoren sind bis zum Jahr 2005 ernannt, nicht gewählt. ■

China

Hauptstadt: Peking
Einwohner:
1200,3 Mio.
Einwohner/km²: 126
Staatsoberhaupt:
Jiang Zemin
Regierungschef:
Li Peng
BSP/Einwohner:
530 US-$

Weiterhin starker Zustrom von Auslandskapital trotz Neuerungen im Außenwirtschaftssystem

Auch 1996 blieb C. als Standort für Auslandsinvestitionen sehr attraktiv, nachdem das Land bereits in den vorangegangenen zwei Jahren die höchsten Kapitalströme innerhalb der Gruppe der Entwicklungsländer auf sich vereinigen konnte. Unternehmen mit Auslandskapital tragen inzwischen mit rd. 40% zum Außenhandel sowie mit 15% zur Industrieproduktion bei und beschäftigen 17 Mio. Menschen. Allerdings haben sich die Investitionsbedingungen durch Beendigung der zollfreien Einfuhr von Kapitalgütern ab April, durch steigende Preise für die Landnutzung und durch Lohnsteigerungen zumindest teilweise verschlechtert. Die Reduzierung der Importzölle als Vorleistung für den WTO-Beitritt kompensiert diese Verschlechterung nur teilweise. Bis Mitte 1996 blieb die Außenhandelsentwicklung bei mäßigem Exportwachstum ohne großen Schwung, sodass für das Gesamtjahr kaum mit einem höheren Handelsüberschuss gerechnet werden kann und daher Auswirkungen auf das Wachstumstempo nicht auszuschließen sind. Mit dem hohen Wirtschaftswachstum war eine steigende Nachfrage nach Rohstoffen verbunden, die zunehmend über internat. Märkte befriedigt wird.

Am 24. April, dem ersten Tag seines Staatsbesuchs in China, spricht der russische Präsident Boris Jelzin (links) mit dem chinesischen Staats- und Parteichef Jiang Zemin

Weiche Landung in der Konjunkturentwicklung

Mit einem kontinuierl. Rückgang der Inflation im ersten Halbjahr 1996 auf rd. 7% bei einem realen Wirtschaftswachstum von 9,8% wurde die angestrebte Abbremsung der Konjunkturentwicklung erreicht, ohne dass Wachstumseinbrüche auftraten. Nach wie vor besteht jedoch ein Inflationsdruck, da die Teuerung größtenteils nur mit administrativen Maßnahmen und Preissubventionen reduziert werden konnte. Die wiederholte Senkung der Zinssätze für Kredite und Einlagen im Mai und Aug. weist jedoch darauf hin, dass die Zentralbank die Inflationsentwicklung unter Kontrolle hat. Die bisherige Politik der Kreditbeschränkung traf v.a. die staatl. Verlustunternehmen hart, die oftmals die Löhne nicht auszahlen und ihre Schulden nicht begleichen konnten. Dagegen hat die Bedeutung der privaten Unternehmen und der mit Auslandskapital gegr. Unternehmen hinsichtlich Beschäftigung, Beitrag zu den Steuereinnahmen und zur Industrieproduktion weiter zugenommen. Die Krise der Staatsbetriebe führte zu einer Zunahme der Arbeitslosigkeit; nach Schätzungen sind zw. 11 und 25 Mio. Arbeiter beschäftigungslos. Wichtiges Thema war außerdem die Bekämpfung der Armut, die v. a. in ländl. Regionen der Inlandsprov. herrscht.

Kampf gegen Kriminalität, Korruption und Verwestlichung

Das innenpolit. Klima war 1996 wiederum durch große Anstrengungen gekennzeichnet, Stabilität und Ordnung zur Legitimation der Herrschaft der KPCh zu verbessern. Landesweite Kampagnen zur Bekämpfung der Schwerkriminalität verfolgten das Ziel, die öffentl. Sicherheit zu verbessern und die Bevölkerung von der Regierungsfähigkeit der Partei zu überzeugen. Die Verstärkung der administrativen Kontrolle der Migrantenströme aus den wirtschaftlich schwach entwickelten Inlandsprov. in die Küstenstädte zielt ebenfalls darauf ab, die öffentl. Sicherheit zu erhöhen, da ein Großteil der städt. Kriminalität auf die ländl. Wanderarbeiter zurückgeführt wird. Warnungen vor Verwestlichung und demokrat. Einflüssen aus Taiwan verband die Partei mit Kampagnen zur Stärkung der patriot. Haltung, die auch das Aufleben antiwestl., bes. antiamerikan. Ressentiments einschlossen. Obwohl die persönl. Freiräume im Konsumbereich, bei der Arbeitsplatz- und Wohnortwahl wesentlich größer geworden sind, bleibt die Infragestellung der Herrschaft der KPCh nach wie vor ein Tabu. Die Kontrolle der Medien, die eine Schlüsselposition bei der Verbreitung der offiziellen Politik einnehmen, wurde 1996 sogar weiter verstärkt. Dies galt auch für den Zugang zum Internet, der nur mit behördl. Genehmigung und über vom Postministerium bereit gestellte Verbindungen möglich ist.

China demonstriert außenpolitische Stärke

Während der Präsidentschafts- und Nationalversammlungswahlen auf Taiwan am 23. März versuchte die Pekinger Reg. durch Kriegsmanöver Wähler einzuschüchtern. Der polit. Opposition auf Taiwan, die für eine Unabhängigkeit der Insel vom Festland eintritt, wurde der Vorwurf der ›Spaltung des Vaterlandes‹ gemacht. (→Taiwan)

Wie empfindlich die Pekinger Zentralreg. auf die Infragestellung der nat. Einheit reagiert, wurde bei der Tibet-Resolution des Dt. Bundestags im Juni deutlich. Die Erklärung des Bundestags, die die Forderung nach einer stärkeren Beachtung der Menschenrechte sowie der kulturellen und religiösen Autonomie Tibets enthielt, wurde als grobe Einmischung in C.s innere Angelegenheiten bewertet. C.s Sanktionen gegenüber Deutschland bestanden v. a. in der Ausladung von Außenmin. KLAUS KINKEL, der C. im Juli hatte besuchen wollen, sowie in der Schließung des Pekinger Büros der FDP-nahen Friedrich-Naumann-Stiftung. Sowohl die Taiwan-Frage als auch der Tibet-Konflikt dienen der Reg. dazu, das nat. Bewusstsein als neue Ideologie in der Bevölkerung Festland-C.s, aber auch in Hongkong und Taiwan zu wecken. Wie hoch die Wellen der patriot. Emotionen bereits schlagen, machten die Zwischenfälle um die Senkaku-Inseln klar. Gegen Japans Beschluss vom Juli, die Inseln in seine 200-Seemeilen-Wirtschaftszone einzubeziehen, protestierten Organisationen und Bevölkerungsgruppen in der gesamten großchin. Region.

CHINA

Nationalismus als neue Staatsideologie

Säbelrasseln angesichts der ersten demokratischen Präsidentschaftswahlen auf Taiwan

Der Autor:
Henrik Bork, geb. 1962.
Studierte Sinologie und absolvierte die Henri-Nannen-Journalistenschule. Ab 1992 Korrespondent in Peking.
Im Dez. 1995 wegen kritischer Berichterstattung ausgewiesen

Geräuschvoll drängte China zu Beginn des Jahres 1996 auf die Bühne der Weltpolitik. Und das ist durchaus wörtlich zu verstehen: ›Wie ein platzender Autoreifen‹ soll die chinesische Mittelstreckenrakete geklungen haben, die ganz in der Nähe eines taiwanesischen Leuchtturmes ins Meer schlug. Sie schreckte zunächst den Leuchtturmwärter aus dem Schlaf. Kurz darauf horchte die gesamte Weltöffentlichkeit auf, als China mit einer Serie von Raketen- und Marinemanövern unmittelbar vor der taiwanesischen Küste begann. Es waren mehr kommunistische Soldaten daran beteiligt als bei vorherigen Manövern, und die Raketen schlugen so nahe vor den großen Hafenstädten Taiwans ein wie nie zuvor.

Den Drohgebärden war die Provokation der chinesischen Führung durch den amtierenden taiwanesischen Präsidenten Li Teng-hui vorausgegangen, der sich für eine größere internationale Unabhängigkeit Taiwans einsetzte. Peking hoffte darauf, ihm schaden zu können. Ganz offen forderten kommunistische Politiker die Wähler in Taiwan auf, nicht für Li Teng-hui zu stimmen. Er wurde jedoch am 24. März 1996 mit einer satten Mehrheit von 54 Prozent im Amt bestätigt.

Obwohl die Manöver der Volksbefreiungsarmee also politischen Zielen dienen sollten und nicht als Vorbereitung einer Invasion Taiwans gedacht waren, lösten sie in der gesamten Region große Besorgnis aus. Peking hatte seit dem Ende des Bürgerkrieges im Jahr 1949 nie auf die Option einer militärischen Rückeroberung Taiwans verzichtet. Linke Kräfte in der chinesischen Führung wie Premier Li Peng hatten das auch im Laufe der jüngsten Krise noch einmal ausdrücklich betont. Gleichzeitig forderte Li in einer Rede vor dem Nationalen Volkskongress in Peking taiwanesische Geschäftsleute auf, weiterhin auf dem Festland zu investieren. Das wurde als Geste verstanden, dass Peking nicht ernsthaft an ein militärisches Abenteuer in der Meerenge von Taiwan dachte.

Dennoch musste das Säbelrasseln ernst genommen werden. Viele asiatische Politiker begrüßten es daher, wenn auch meist hinter vorgehaltener Hand, als die USA zwei Flugzeugträger in die Gewässer um Taiwan schickten. Für Washington mag das eine willkommene Gelegenheit gewesen sein, den gelegentlich angezweifelten amerikanischen Führungsanspruch im Pazifik sehr medienwirksam zu unterstreichen. Tagelang sendete der amerikanische Fernsehsender CNN Liveberichte von Bord des vor Taiwan kreuzenden Flugzeugträgers.

Nachdem sich der Pulverdampf verflüchtigt hatte, blieb ein großes Unbehagen über die neue, schwer kalkulierbare Aggressivität der chinesischen Außenpolitik zurück. Besonders die asiatischen Nachbarstaaten Chinas fragen sich, ob der wirtschaftliche Aufschwung in der Volksrepublik die chinesische Führung allmählich zu expansiven Machtfantasien und zumindest regionalem Hegemonialstreben verleitet.

Ein ideologisches Vakuum nach dem Ende des Sozialismus

Diese Besorgnis ist unter anderem deswegen wohl begründet, weil ein lautstarker Nationalismus zum beherrschenden Element sämtlicher Bereiche der chinesischen Innen- und Außenpolitik geworden ist. Damit hofft die Führung das ideologische Vakuum füllen zu können, das ihre Existenz bedroht. Die Kommunistische Partei Chinas musste das Ende des Sozialismus in der ehemaligen Sowjetunion und vielen anderen Ländern ebenso hilflos mit ansehen wie den zunehmenden Verfall ihrer Autorität im eigenen Land. Die Wirtschaftsreformen Deng Xiaopings haben in den vergangenen 17 Jahren China zwar beachtliche Fortschritte machen lassen, gleichzeitig jedoch die Macht der Pekinger Zentralregierung stetig erodiert.

Als eine den großen Vielvölkerstaat China dauerhaft zusammenkittende Ideologie taugt der Sozialismus trotz aller Wiederbelebungsversuche unter dem Motto ›Sozialismus chinesischer Prägung‹ nicht mehr viel. In dieser Situation hat die Partei den Nationalismus als kleinsten gemeinsamen Nenner einer neuen Staatsideologie entdeckt. Indem sie sich mit innen- wie außenpolitischen Manövern als

Zwei Wochen vor Ablauf der Frist zur Beantragung eines britischen Überseepasses am 31. März werden die Schlangen vor der Einwanderungsbehörde immer länger. Am 1. Juli 1997 wird die britische Kronkolonie an die Volksrepublik China zurückgegeben werden

Hüter der chinesischen Nation präsentieren, hoffen die Kommunisten ihre spätestens seit dem Pekinger Massaker vom 4. Juni 1989 verlorene Legitimation wieder zu finden. Sie basteln mit allen ihnen zur Verfügung stehenden Mitteln an einem Nationalismus chinesischer Prägung.

Die Rückgabe Hongkongs an China am 1. Juli 1997 ist bereits seit langem beschlossene Sache und eignet sich höchstens noch als Vorlage für ›patriotische‹ Kinofilme und für den Propagandaeffekt einer tickenden Leuchtanzeige auf dem Platz des Himmlischen Friedens, auf der die Sekunden bis zur Übergabe gezählt werden. Doch Taiwan eignet sich vorzüglich als Projektionsfläche nationalistischer Ambitionen. Die Wiedervereinigungsrhetorik der kommunistischen Parteiführer stößt bei der weitgehend desinformierten Bevölkerung auf offene Ohren. Auf Taiwan – und die angeblich im Hintergrund der dortigen Unabhängigkeitsbewegung die Fäden ziehenden USA – kann die wachsende, aus politischen wie wirtschaftlichen Motiven resultierende Unzufriedenheit der eigenen Bevölkerung umgelenkt werden.

Eine ›antiimperialistische‹ Außenpolitik als innenpolitischer Erfolgskurs

Aus der Sicht des chinesischen Staats- und Parteichefs Jiang Zemin mögen daher die Manöver vor Taiwan trotz des internationalen Imageverlustes für China, trotz der effektiven Wahlkampfhilfe für den verhassten Li Teng-hui und trotz der harten Reaktion aus Washington ein Erfolg gewesen sein. Konnte er sich doch mit ihrer Hilfe einerseits größeres Wohlwollen und größeren Rückhalt bei den Generälen der Volksbefreiungsarmee sichern – ein politisches Kapital, das ihm nach dem Tod des Patriarchen Deng Xiaoping zur Festigung seiner unsicheren Machtposition sehr nützlich sein wird. Und konnte er sich doch andererseits in den Augen des chinesischen Volkes als Patriot produzieren, der angeblich an die feinsten Traditionen der maoistischen Periode seiner Partei anknüpft: die Traditionen des Widerstandes gegenüber imperialistischen Mächten, die China spalten wollen und nach seinem Territorium lechzen. Das mag für westliche Ohren heute wie ein Märchen klingen, in China aber fallen solche Fiktionen auf durchaus fruchtbaren Boden. Und daher waren die Einschüchterungen Taiwans nach der Logik der Betonköpfe in der Pekinger Parteizentrale wohl durchaus ein innenpolitischer Triumph.

Die chinesisch-amerikanischen Beziehungen leiden unter diesem Klima. In allen möglichen Bereichen, sei es bei amerikanischer Kritik an Menschenrechtsverletzungen in China, sei es bei amerikanischen Vorbehalten gegenüber einer raschen Aufnahme Chinas in die Welthandelsorganisation WTO und bei der Weigerung der USA, an der Finanzierung des ökologisch umstrittenen Drei-Schluchten-Dammes teilzunehmen, entdecken die Propagandisten in Peking immer neue Belege für ihre Theorie, die USA seien Drahtzieher einer internationalen Verschwörung zur Schwächung Chinas. Kein chinesischer Politiker, der seine Chancen in dem unweigerlich auf den Tod Deng Xiaopings folgenden Machtkampf wahren will, kann sich unter diesen Bedingungen auch nur den leisesten Anschein von Nachgiebigkeit gegenüber dem außenpolitischen Rivalen USA oder seinen Verbündeten erlauben.

Schwierige deutsch-chinesische Beziehungen

Auch das in den Jahren zuvor geradezu mustergültige deutsch-chinesische Verhältnis wurde 1996 ein Opfer dieser Konstellation. Während Peking seine Nationalismuskampagne mit einer verschärften Repression angeblicher ›Separatisten‹ im besetzten Tibet und mit unversöhnlicher Rhetorik gegenüber dem als ›Vaterlandsverräter‹ verunglimpften Dalai-Lama Tenzin Gyatso verknüpfte, verabschiedete der deutsche Bundestag im Juni 1996 mit großer Mehrheit eine Tibet-Resolution. Darin wurden die andauernden schweren Menschenrechtsverletzungen der Chinesen in Tibet kritisiert und Peking zum Dialog mit dem Dalai-Lama aufgerufen. Peking reagierte, indem es eine für den Juli geplante Chinareise des deutschen Außenministers KLAUS KINKEL absagte. Die Beziehungen zwischen der Bundesrepublik und der Volksrepublik China waren auf einem Tiefpunkt angelangt. KINKEL konnte die Reise erst Monate später, im Oktober 1996, nachholen.

Die Krise in den deutsch-chinesischen Beziehungen äußerte sich auch in der Pekinger Absage eines in München geplanten chinesischen Kulturfestivals, in der zunehmend feindseligen Haltung der chinesischen Führung gegenüber deutschen Journalisten und in wiederholten verbalen Ausfällen des chinesischen Botschafters in Bonn, MEI ZHARORONG, der dem Deutschen Bundestag unter anderem ›eine Einmischung in die inneren Angelegenheiten‹ Chinas vorwarf. Obwohl Bundeskanzler HELMUT KOHL und Außenminister KLAUS KINKEL auf ihren Chinareisen stets nur sehr milde Kritik an den Menschenrechtsverletzungen in China geäußert hatten, HELMUT KOHL im November 1995 sogar einen in Bonn sehr umstrittenen Besuch in einer Kaserne der chinesischen Volksbefreiungsarmee absolviert hatte, blies der deutschen Regierung bis Herbst 1996 ein sehr kalter chinesischer Wind ins Gesicht. Erst Bundespräsident ROMAN HERZOGS Visite im Reich der Mitte im November brach die Konfrontation auf.

Trotz Bundeskanzler Kohls Besuch einer Infanteriedivision der Volksbefreiungsarmee im November 1995 in Tientsin kühlen die deutsch-chinesischen Beziehungen merklich ab

Entwicklungsland und Wirtschaftsgigant

Eine Quelle des neuen Selbstbewusstseins in Peking, das gelegentlich in Hybris umschlägt, ist das schnelle Wirtschaftswachstum. Nachdem die Wirtschaft im Vorjahr um 10,2 Prozent gewachsen war, wurde für 1996 ein Zuwachs von 9,7 Prozent vorhergesagt. Vor diesem Hintergrund wuchs der Strom ausländischer Geschäftsleute, die – vom großen Potenzial des chinesischen Marktes überzeugt – mit ihren Aktenkoffern nach Peking reisten. Die realisierten Auslandsinvestitionen lagen 1995 mit 37,5 Milliarden US-Dollar um rund 11 Prozent höher als im Jahr zuvor.

Noch schneller als die chinesische Wirtschaft wuchsen allerdings die Jubelmeldungen über sie. Übertriebene oder zumindest verfrühte Prognosen einer ›wirtschaftlichen Supermacht China‹ hatten wieder Hochkonjunktur. Beliebte Mythen wie der vom ›chinesischen Milliardenmarkt‹ lassen außer Acht, dass China nach wie vor ein Entwicklungsland ist.

Interessanterweise war es gerade die chinesische Regierung, die mit dieser Feststellung den ausländischen Übertreibungen entgegentrat. Erst rund 70 Millionen Chinesen verdienen pro Jahr umgerechnet zwischen 1 350 und 2 700 Deutsche Mark und sind somit in etwa als Angehörige eines Mittelstandes zu bezeichnen, die zu einem beschränkten Konsumverhalten befähigt sind. Optimistischen Prognosen zufolge könnte diese Gruppe bis zum Jahre 2000 auf 200 Millionen Personen anwachsen. Derzeit jedoch verdienen 70 Prozent der Chinesen im Jahr pro Kopf umgerechnet gerade einmal 180 Deutsche Mark.

Trotz vieler Anstrengungen seitens der chinesischen Wirtschaftsreformer stand das Wachstum weiterhin auf einer eher unsoliden Basis. Mehr als zwei Drittel der Staatsbetriebe – noch immer das Rückgrat der chinesischen Wirtschaft – schreiben rote Zahlen. Aus Angst vor Arbeiterunruhen wagt sich Peking nicht an drastische Reformen, die zweifellos Massenentlassungen zur Folge hätten, während das soziale Netz aufgrund des chronischen Geldmangels der Zentralregierung hoffnungslos unterentwickelt ist.

Ebenfalls aus Sorge vor Unruhen unter den Bauern und Arbeitern, wie sie vereinzelt in vielen Provinzen Chinas immer wieder aufloderten, drückte die Zentrale die Inflationsrate mittels einer strengen Austeritätspolitik im Jahr 1995 auf 14,8 Prozent, ohne jedoch die genannten strukturellen Ursachen der Inflation anzutasten.

Die Sorge um die regional sehr unausgewogene wirtschaftliche Entwicklung des Landes dominierte die chinesische Wirtschaftspolitik. Während Jahr für Jahr Millionen von Arbeit suchenden Landbewohnern in die großen Städte an der Küste strömen, wächst das Ost-West-Gefälle in China stetig weiter. Die Erfolge der Wirtschaftsreformen DENG XIAOPINGS haben sich bisher weitgehend auf den Osten des Landes beschränkt. Nun wirbt Peking verstärkt um Auslandsinvestitionen auch für die westlichen Inlandsprovinzen. Gleichzeitig sollen die Sonderwirtschaftszonen, die Experimentierfelder der Reform- und Öffnungspolitik, schrittweise ihre steuerlichen und rechtlichen Privilegien verlieren.

Jiang Zemins Rolle im Machtkampf hinter den Kulissen

Hier wie in anderen Bereichen der Politik wurden jedoch klare Entscheidungen hinausgezögert. Unausgesprochen steht der bevorstehende Tod des über neunzigjährigen Patriarchen Deng Xiaoping weiter wie ein riesiges Fragezeichen über dem Land. Während die Partei in ihrer Propaganda versuchte, ein Bild der Geschlossenheit und Einigkeit zu zeichnen, war der Machtkampf um die Nachfolge Dengs hinter den Kulissen voll entbrannt. Immer mehr Schützlinge Deng Xiaopings, wie zum Beispiel dessen Schwiegersohn und General He Ping, verloren ihre Posten. Der derzeit designierte Nachfolger, Staats- und Parteipräsident Jiang Zemin, versuchte dagegen mit gezielten Beförderungen seine Machtbasis in Partei, Militär und Regierung weiter zu festigen.

Jiang Zemin sicherte seine Manöver zum Machterhalt geschickt unter dem Deckmantel einer Kampagne zum Aufbau der ›spirituellen Zivilisation‹ ab. Unter ständiger Beschwörung seines ›Partriotismus‹ wandte sich Jiang Zemin gegen Korruption, Kriminalität und gegen das angebliche Einsickern ausländischer Dekadenz. Er bot seinen politischen Gegnern damit wenig Angriffsfläche, denn welcher chinesische Politiker könnte schon *für* Korruption, *für* Kriminalität oder, in dem neuen nationalistischen Klima, *für* ausländisches Gedankengut eintreten?

Die steuerlichen und rechtlichen Privilegien der prosperierenden Sonderwirtschaftszonen wie Shenzhen im Süden Chinas will Peking zukünftig zugunsten der rückständigen Provinzen im Inneren des Landes zurückschrauben

Die Unterdrückung politischer Gegner sowie religiöser und ethnischer Minderheiten

Gleichzeitig ging die Kommunistische Partei erneut mit einer scharfen Repressionswelle gegen die letzten noch in Freiheit lebenden Regimekritiker vor. Der bereits im Mai 1995 von der chinesischen Staatssicherheit verschleppte ehemalige Studentenführer Wang Dan wurde im Oktober 1996 in einem geheimen Politprozess als ›Umstürzler‹ diffamiert und wird für elf Jahre in Gefängnissen und Arbeitslagern verschwinden, nachdem er bereits nach dem Pekinger Massaker vier Jahre inhaftiert gewesen war. In Reaktionen auf ausländische Kritik an seinem harten Vorgehen gegen die Opposition verfolgte Peking weiterhin seine seit einigen Jahren angewendete Taktik. Gewissensgefangene werden, so wie nun auch Wang Dan, von der Regierung öffentlich als ›gewöhnliche Kriminelle‹ denunziert, deren Verurteilung dieser Logik nach dann auch nichts mit der Situation der Menschenrechte in China zu tun hätte. Dem gleichen Muster folgend wurde Guo Haifeng Anfang Oktober 1996 wegen angeblichen ›Rowdytums‹ zu sieben Jahren Gefängnis verurteilt. Wie Wang Dan hatte sich auch Guo weiterhin mit friedlichen Mitteln für eine Demokratisierung Chinas eingesetzt. Zahlreiche andere Dissidenten wurden per administrativen Erlass in Schnellverfahren zu oft mehrjähriger Zwangsarbeit in Lager eingewiesen.

Ebenfalls mit nationalistischen Untertönen verschärfte Peking seine Repression katholischer und protestantischer Kirchengruppen, sofern sie sich der absoluten Kontrolle und Bevormundung durch amtlich genehmigte ›patriotische Kirchen‹ widersetzten. Viele Gläubige, besonders aber Katholiken und Protestanten, wurden als potenzielle Sicherheitsrisiken eingestuft und besonders dann verfolgt, wenn sie über nicht autorisierte Kontakte zu Ausländern verfügten.

Besonders hart hatten die Mönche und Nonnen im von China besetzten Tibet unter der neuen Kampagne gegen die Religionsfreiheit zu leiden. Ab Anfang 1996 begannen die chinesischen Behörden bereits existierende Vorschriften in der Praxis durchzusetzen, mit denen die Höchstzahl von Mönchen und Nonnen in Tibets buddhistischen Klöstern beschränkt werden sollen. Tibetische Geistliche verschwinden weiterhin ohne Anklage und Gerichtsverfahren in Arbeitslagern, meist weil sie in kleinen Demonstrationen Unabhängigkeit für Tibet gefordert haben. Ein Drittel von ihnen sind Nonnen, von denen im Juli 1996 mindestens 74 in Tibet inhaftiert waren.

Peking hielt weiterhin den siebenjährigen Gedhun Choekyi Nyima, der vom Dalai-Lama als Reinkarnation des verstorbenen Pantschen-Lama ernannt worden war, an einem unbekannten Ort gefangen. Die Wiedergeburt des zweithöchsten tibetischen Religionsführers ist damit Chinas jüngster politischer Gefangener. Die Kommunistische Partei versuchte gleichzeitig, einen von ihr zur Wiedergeburt erklärten Jungen in Tibet als neuen Pantschen-Lama populär zu machen, um sich so einen wichtigen Fürsprecher in Tibet heranzuziehen.

Zusammenfassend zeigte sich die chinesische Politik mit ihrem harten Vorgehen gegen Oppositionelle, mit ihrer verschärften Unterdrückung der Religionsfreiheit, ihrem Hang zum Nationalismus und ihrer aggressiveren Außenpolitik im Jahr 1996 von ihrer schlechtesten Seite. Gerade zu einer Zeit, in der die Weltöffentlichkeit geneigt schien, das Massaker an den friedlich demonstrierenden Studenten vom Juni 1989 zu vergessen, stieß Peking wohlmeinende Beobachter mit immer neuen Affronts vor den Kopf. Die Pekinger Führung offenbarte ihre tiefe Verunsicherung, wie sie mit den nationalen wie internationalen Herausforderungen in einem seit dem Ende des Kalten Krieges gründlich gewandelten Umfeld fertig werden soll. Die geräuschvollen Angriffe, seien es nun Raketenmanöver vor Taiwan oder verbale Attacken auf die Regierungen in Bonn, Washington oder Tokio, klangen so gesehen verdächtig nach dem sprichwörtlichen Pfeifen im Walde.

Der neue polnische Ministerpräsident Włodzimierz Cimoszewicz in seinem Ferienhaus in Ostpolen

Cimoszewicz, Włodzimierz, poln. Politiker, *Warschau 13. 9. 1950. – Am 31. Jan. beauftragte Staatspräs. Aleksander Kwaśniewski C. mit der Regierungsbildung, nachdem MinPräs. Józef Oleksy von seinem Amt zurückgetreten war. Am 7. Febr. wurde C. mit seinem Kabinett vereidigt. In seiner Regierungserklärung kündigte er u.a. die Fortsetzung der Reformpolitik an. Außenpolitisch will C. die Integration Polens in NATO und EU voranbringen.

Der promovierte Jurist C. arbeitete 1978–85 an der Univ. Warschau. 1971–90 war C. Mitgl. der Poln. Vereinigten Arbeiterpartei (PVAP), danach schloss er sich der Demokrat. Linksallianz (SLD) an, einem Bündnis der Sozialdemokratie der Rep. Polen (SDRP, hervorgegangen aus der PVAP) und des sozialist. Gewerkschaftsbundes OPPZ. Für die SLD kandidierte er 1990 gegen Lech Wałęsa um die Präsidentschaft und erzielte 9,2% der gültigen Stimmen. Seit 1989 ist C. Mitgl. des Sejm, seit 1990 Fraktionsvors. der SLD. Im Okt. 1993 wurde C. einer der drei stellv. MinPräs. und Justizminister. Im März 1995 verließ er die Reg. und übernahm das Amt des stellv. Parlamentspräsidenten.

Clinton, William Jefferson (Bill), eigtl. **W. J. Blythe** (nach seinem leibl. Vater), amerikan. Präs. (Demokrat. Partei), *Hope (Arkansas) 19. 8. 1946. – Bei den Präsidentschaftswahlen am 5. Nov. siegte C. mit 49,9% der Stimmen über seinen republikan. Herausforderer Bob Dole. Der wieder gewählte Präs. konnte 379 Wahlmännerstimmen auf sich vereinigen, Dole lediglich 159. Der in 31 Bundesstaaten siegreiche C. ist seit 60 Jahren der erste Präs. der Demokrat. Partei, der von den Wählern im Amt bestätigt wurde. Nach Analysen verdankt C. seinen Wahlsieg v.a. den Frauen, die zu etwa 54% für ihn stimmten, und den ethn. Minderheiten. Bei den Männern erzielte C. mit 44% denselben Anteil wie Dole. Wie bereits seit 1994 muss C. bei seiner am 20. 1. 1997 beginnenden zweiten Amtsperiode mit einer republikan. Kongressmehrheit kooperieren, da die Republikan. Partei die ebenfalls am 5. Nov. abgehaltenen Wahlen zum Repräsentantenhaus und die Teilwahlen zum Senat gewann.

CLT-Ufa-Gruppe: Für Überraschung sorgte die Ankündigung des Bertelsmann-Konzerns im April, seine Tochtergesellschaft **Ufa Film- und Fernseh-GmbH** mit dem luxemburg. Medienkonzern **Compagnie Luxembourgeoise de Télévision S. A.** (Abk. **CLT**) zusammenführen zu wollen, standen doch beide Unternehmen bis dahin im Rechtsstreit wegen der durch die Ufa im vergangenen Sommer erworbenen Mehrheit am Fernsehsender RTL. Mit dem zum 1. 1. 1997 geplanten Zusammenschluss wird der luxemburg. Medienkonzern, dessen Gesamtumsatz von (1995) 4,4 Mrd. DM bisher nur zu 10% aus dem TV-Geschäft kam, zum größten Fernsehanbieter Europas. Weltkonzerne wie die Walt Disney Company oder die News Corp. des Medienzars Rupert Murdoch erhalten damit erstmals

Zusammen mit seiner Frau Hillary und Tochter Chelsea bestaunt Bill Clinton die riesige Torte, die in New York bei einem Empfang anlässlich seines 50. Geburtstags aufgetischt wird. Die rund 2 000 Gäste müssen jeweils 250 Dollar in Clintons Wahlkampfkasse zahlen, um mitfeiern zu dürfen

einen europ. Konkurrenten, ebenso erwächst der →Kirch-Gruppe in Deutschland ein mächtiger Gegner. Ziel der Fusion war somit die Stärkung der Wettbewerbsfähigkeit auch hinsichtlich der Verhandlungen um Spielfilmpakete mit US-Firmen. Zum neuen Unternehmen (Jahresumsatz voraussichtlich über 5 Mrd. DM) gehören die dt. Fernsehsender RTL, RTL 2 und Super RTL, die in einer gemeinsamen Holding zusammengefasst werden sollen, sowie VOX und der Pay-TV-Sender Premiere, in Frankreich die Sender M 6 und TMC, in Großbritannien Channel 5 sowie weitere elf Fernsehbeteiligungen in den Benelux-Ländern, außerdem 23 europ. Radiostationen und mehrere Film- und Fernsehproduktionsgesellschaften. An der Fusion soll sich über eine Zwischenholding auch die Essener Zeitungsgruppe WAZ (Westdt. Allgemeine Zeitung) beteiligen, die Mitgesellschafter von RTL ist. Die vor zwei Jahren geschlossene strateg. Allianz zw. der Bertelsmann AG und dem führenden frz. privaten Fernsehunternehmen Canal plus S. A. indes zerbrach durch diese ›Elefantenhochzeit‹, u. a. auch weil die CLT plant, in Frankreich mit einem eigenen Pay-TV-Angebot auf den Markt zu kommen und damit in Konkurrenz zu Canal plus zu treten (→digitales Fernsehen).
Im Okt. billigte die Europ. Kommission die Fusion. Durch den Zusammenschluss entstehe im Medienbereich zwar ein führender Anbieter in Europa, eine marktbeherrschende Stellung auf einem der betroffenen Teilmärkte sei aber nicht zu erwarten. Nach der Ratifizierung des neuen →Rundfunkstaatsvertrags zum Ende des Jahres konnte die Fusion im Jan. 1997 verwirklicht werden.

Commerzbank-Hochhaus, →Hochhaus.

Compactdisc, Abk. **CD,** →DVD.

Computer, →Netzcomputer.

Conrady, Karl Otto, Germanist, * Hamm 21. 2. 1926. – Nach dem überraschenden Rücktritt von Ingrid Bachér und des Präsidiums des P.E.N.-Zentrums der Bundesrep. Deutschland wurde auf einer außerordentl. Tagung am 24. Nov. C. zum neuen Präs. gewählt. Den emeritierten Prof. der Germanistik erwartet die schwierige Aufgabe, die Vereinigung mit dem P.E.N.-Zentrum (Ost) voranzubringen, ohne die Aufarbeitung der Vergangenheit des Ost-P.E.N. zu vernachlässigen und damit weitere Austritte aus dem West-P.E.N. zu provozieren

Constantinescu, Emil, rumän. Politiker, * Tighina (heute zu Moldawien) 19. 11. 1939. – C. siegte als Kandidat des Bündnisses Rumän. Demokrat. Konvention (CDR) bei der Stichwahl zum Staatspräs. am 17. Nov. mit 54,4% der Stimmen über den bisherigen Amtsinhaber Ion Iliescu von der Partei der sozialen Demokratie und trat am 29. Nov. sein Amt an. C. will v. a. die rumän. Wirtschaft auf einen marktwirtschaftl. Kurs bringen, Armut und Korruption bekämpfen sowie die Aufnahme Rumäniens in EU und NATO erreichen.
Der Jurist und Geologe war von 1991 bis 1996 Prof. für Geologie an der Bukarester Univ., seit 1992 auch Universitätsrektor. C. war 1990 Mitbegründer der Bürgerallianz, aus der 1991 die CDR hervorging. Bereits im Juni 1992 kandidierte er bei der Präsidentschaftswahl, unterlag aber bei der Stichwahl Iliescu mit 38,7% der Stimmen. Seit Ende 1992 ist C. Vors. der CDR.

Flavio Cotti, Außenminister der Schweiz, im Gespräch mit Journalisten

Costa Rica

Hauptstadt: San José
Einwohner: 3,4 Mio.
Einwohner/km²: 67
Staatsoberhaupt und Regierungschef: J. M. Figueres Olsen
BSP/Einwohner: 2 400 US-$

Im April konnte gegenüber dem Vorjahresmonat ein Rückgang der Inflationsrate um rd. 4,5% auf 18,5% erzielt werden. Andererseits bewirkte dies eine weiterhin nur schwache Zunahme des BIP. Die angesichts der hohen Teuerungsrate und der wachsenden Arbeitslosigkeit sinkende Popularität der Reg. ließ Präs. José María Figueres Olsen zum 3. Juli eine umfassende Regierungsumbildung vornehmen. Am 15./16. Febr. trafen sich die Präs. der zentralamerikan. Staaten und Mexikos in San José und unterzeichneten Vereinbarungen zur polit. und wirtschaftl. Zusammenarbeit (Schaffung einer Freihandelszone, weitere Belieferung der zentralamerikan. Staaten mit billigem Öl aus Mexiko und Venezuela, Bekämpfung des Drogenhandels u. a.).
Die Entführung (1. Jan.–12. März) der Deutschen Nicola Fleuchaus und der Schweizerin Regula S. Siegfried war u. a. mit der Forderung nach einem Lösegeld in Höhe von 1 Mio. US-$ und nach polit. Maßnahmen verbunden; Gerüchte, Nicola Fleuchaus habe eine ›Romanze‹ mit einem der Entführer, ließen die Hintergründe der Geiselnahme immer unklarer werden. ■

Cotti, Flavio, schweizer. Politiker, *Muralto (Kt. Tessin) 18. 10. 1939. – C. war 1996 als schweizer. Außenmin. auch der Vors. des OSZE-Ministerrats.
C. arbeitete 1965–75 als Rechtsanwalt und Notar in Locarno, wo er auch als Mitgl. der Christlichdemokrat. Volkspartei der Schweiz (CVP) im Stadtparlament tätig war (1964–75). 1967–75 gehörte C. dem Tessiner Kantonsparlament an, danach war er bis 1983 Mitgl. des Tessiner Staatsrats. Seine Karriere auf Bundesebene begann, als er 1984 Präs. der CVP wurde. Im Dez. 1986 wurde C. in den Bundesrat gewählt und war 1991 Bundespräsident. Als Leiter des Eidgenöss. Departements des Inneren setzte sich C. v. a. für Umweltschutz, Kultur- und Minderheitenpolitik ein. Der überzeugte Europäer übernahm im März 1993 das Eidgenöss. Departement für auswärtige Angelegenheiten.

CSU, Abk. für **C**hristlich **S**oziale **U**nion: Als Schwesterpartei der CDU muss die in Bayern regierende CSU einerseits die Landesbelange vertreten, andererseits die Bundesreg. – und somit auch die FDP – stützen. So vertritt MinPräs. EDMUND STOIBER bes. Ersteres, z. B. in der Sozial- oder der Europapolitik, während die CSU-Bundesmin. die Bundespolitik verantworten, was zu heftigen parteiinternen Auseinandersetzungen führte. So bei der Klausurtagung in Wildbad Kreuth im Jan., wo STOIBER mit Postmin. WOLFGANG BÖTSCH über die neuen Telefongebühren sowie mit Gesundheitsmin. HORST SEEHOFER über die Krankenhausfinanzierungsreform aneinander geriet, die Bayern im Bundesrat ablehnte. Das Sparprogramm der Bundesreg. fand jedoch einhellige Zustimmung, auch auf dem 60. Parteitag, der im Nov. in München stattfand.

Robert F. Curl wird für die Entdeckung der Fullerene mit dem Chemie-Nobelpreis ausgezeichnet

Curl, Robert Floyd jr., amerikan. Chemiker, *Alice (Texas) 23. 8. 1933. – Zus. mit HAROLD W. KROTO und RICHARD E. SMALLEY wurde C. der Nobelpreis für Chemie 1996 zuerkannt. Die drei Forscher entdeckten 1985 an der Rice University in Houston (Texas) gemeinsam die Fullerene, eine bis dahin unbekannte Klasse ballförmiger Kohlenstoffmoleküle, darunter als bekanntestes das ›Buckminster-Fulleren‹ oder ›Buckyball‹ genannte Molekül C_{60}.
Nach dem Studium an der Rice University promovierte C. 1957 an der University of California in Berkeley. Danach ging er als Research Fellow an die Harvard University in Cambridge (Massachusetts), bevor er 1958 als Assistant Professor an die Rice University zurückkehrte. Seit 1967 leitet er dort als Prof. für Chemie das Department of Chemistry. Er wirkte als Gastprof. an ausländ. Forschungsstätten, u. a. 1985 an der Univ. Bonn.

D

Daimler-Benz AG: Mit dem höchsten Verlust seit dem Zweiten Weltkrieg schloss die D.-B. AG das Geschäftsjahr 1995 ab. Die Konzernbilanz wies einen Fehlbetrag von rd. 5,7 Mrd. DM aus; erstmals seit 45 Jahren wurde keine Dividende ausgeschüttet. In dem Milliardenverlust schlugen die Aufwendungen für den niederländ. Flugzeugbauer →Fokker N. V. und die Teilliquidierung der defizitären →AEG Aktiengesellschaft mit rd. 1,5 Mrd. DM zu Buche. Die Kosten für die Neuordnung des Konzerns, der sich seit Sommer 1995 von sieben Geschäftsbereichen getrennt hatte, werden auf 5,1 Mrd. DM beziffert. Im Zusammenhang mit der AEG-Verschmelzung wird die D.-B. AG die im Konzern verbleibenden AEG-Aktivitäten umstrukturieren. Wichtigste Ertragsstütze der D.-B. AG blieb die Mercedes-Benz AG, die 1995 einen Gewinn von 2,28 Mrd. DM erzielte, was einem Plus von 426 Mio. DM gegenüber dem Vorjahr entspricht; der Umsatz konnte von rd. 70 auf 72,03 Mrd. DM gesteigert werden. Im ersten Quartal 1996 konnte die D.-B. AG ihren Umsatz um 7% auf 23,57 Mrd. DM erhöhen. Zu der Ausweitung trugen v. a. Mercedes-Benz mit einer Steigerung von 7% auf 18,1 Mrd. DM und die Daimler-Benz InterServices (debis) mit einem Plus von 13% auf 3 Mrd. DM bei. Im ersten Halbjahr 1996 verbesserte der Konzern seinen Gewinn auf 782 Mio. DM, der Konzernumsatz stieg um 9% auf 49,1 Mrd. DM.

Dänemark

Hauptstadt: Kopenhagen
Einwohner: 5,2 Mio.
Einwohner/km²: 121
Staatsoberhaupt: Margarete II.
Regierungschef: P. N. Rasmussen
BSP/Einwohner: 27 970 US-$

Dämpfer für die Wirtschaft

Der wirtschaftl. Aufschwung, den D. seit 1993 verzeichnete, erhielt 1996 einen Dämpfer. Die anfangs noch optimist. Prognosen wurden mehr und mehr

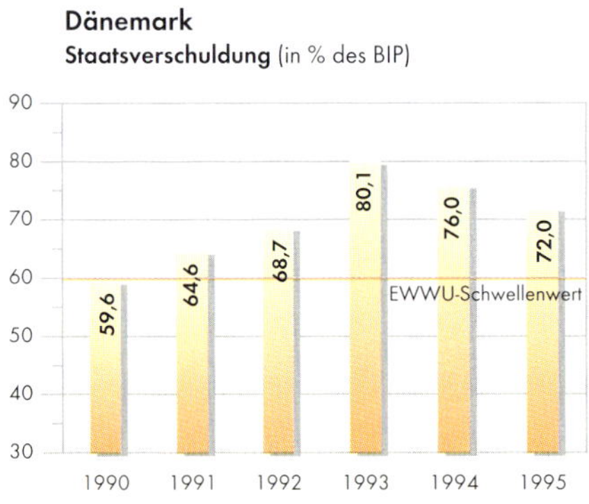

relativiert, und am Ende blieb ein Wachstum des BIP von unter 2% übrig. V.a. die Exportbetriebe spürten die Rückschläge auf einer Reihe der wichtigsten Exportmärkte des Landes in den letzten zwölf Monaten. Die Binnenwirtschaft konnte allerdings einige Zuwächse verzeichnen, was in erster Linie auf den Wohnungsbau und den privaten Verbrauch zurückzuführen war. Insgesamt war die Stagnation im dän. Wirtschaftsleben aber geringer als in den übrigen EU-Staaten. Die Mitte-Links-Regierungskoalition rechnete am Jahresende mit einem weiter zurückgegangenen Haushaltsdefizit und konnte aufs Ganze gesehen einen ausgeglichenen Haushalt vorlegen. Bei einem Gesamtvolumen der Ausgaben von rd. 390 Mrd. DKr. ist das Defizit von 20 Mrd. in der Tat gering; die Inflationsrate lag bei 2%. Sorgenkind der Reg. Rasmussen blieb weiterhin die hohe Arbeitslosigkeit von knapp 9%. Würde man alle Staatshilfen berücksichtigen, käme sie sogar auf 16%. V.a. die strukturelle Langzeitarbeitslosigkeit hielt sich auf hohem Niveau und könnte nach Expertenmeinung nur durch ordnungspolit. Maßnahmen der Reg. abgebaut werden. Da diese aber – auch im Hinblick auf die Erfüllung der Konvergenzkriterien des Maastrichter Vertrages – eher eine Verschärfung des Sparkurses anstrebte, dürften Hoffnungen auf ein deutl. Absinken der Arbeitslosenquote verfrüht sein. Andererseits hat die straffe Finanzpolitik Früchte getragen und zu einer hohen Stabilität der Dän. Krone beigetragen. Auch die Staatsverschuldung konnte weiter abgebaut werden, sie lag bei 60% des BIP und erfüllte damit die Maastricht-Kriterien.

Diskussionen über die EU-Mitgliedschaft

Die Innenpolitik war durch eine anhaltende Diskussion über den Grad der dän. Integration in die EU gekennzeichnet. In einer Entscheidung des Obersten Gerichtshofes wurde festgestellt, dass die Exekutive 1993 bei der Unterzeichnung des Maastrichter Vertrages gegen die Verfassung verstoßen habe. Der Streit drehte sich wieder einmal um die Frage, wie viel Souveränität die Reg. an europ. Institutionen abtreten dürfe. Dies sei in zu hohem Maße geschehen. Die Reg. allerdings ließ keine Zweifel daran, dass sie ihren europapolit. Kurs fortsetzen werde. Schließlich sei der Maastrichter Vertrag vom dän. Souverän in einer Volksabstimmung abgesegnet worden.
Im Herbst eskalierten schon länger andauernde Kämpfe zw. Rockerbanden. Sie hatten sich z.T. in Wohngebieten Klubhäuser eingerichtet und trugen ihre Rivalitäten, u.a. im Drogenhandel, schwer bewaffnet aus. ■

DDR-Regierungskriminalität: Die einstige Militärelite der DDR darf im Nachhinein wegen der Todesschüsse und Minensperren an der dt.-dt. Grenze von bundesdt. Gerichten bestraft werden. Die ehem. Mitgl. des Nat. Verteidigungsrates der DDR, Hans Albrecht, Heinz Kessler und Fritz Streletz, können nicht Immunität als ehem. Inhaber hoher Regierungsämter für sich reklamieren, entschied der Zweite Senat des Bundesverfassungsgerichts am 24. Okt. einstimmig (veröffentlicht am 12. Nov.). Die Immunität überdauere auch nie die Existenz des Staates. Auch das Rückwirkungsverbot des Grundgesetzes (Art. 103, Abs. II GG) verbiete nicht die Bestrafung der Mau-

Etwa 3000 dänische Fernfahrer protestieren mit ihren Blockaden im November/Dezember gegen den Abbau steuerlicher Vergünstigungen erschützen und ihrer Befehlsgeber, sofern sie sich auf einschlägige Vorschriften des DDR-Grenzgesetzes und die Befehlslage beriefen: Nur solches Strafrecht, das in einer gewaltengeteilten Demokratie zustande gekommen sei und den Grundrechten und der Forderung materieller Gerechtigkeit prinzipiell genüge, begründe das Vertrauen eines Bürgers auf das Verbot nachträgl. Bestrafung. Das

Der ehemalige DDR-Verteidigunsminister Heinz Keßler (rechts) und sein damaliger Stellvertreter Fritz Streletz nehmen am 10. September als Zuschauer am Prozess des Berliner Landgerichts gegen Exgeneräle der DDR-Grenztruppen teil

DDR-Grenzregime habe den Soldaten vermittelt, Grenzverletzer seien zu ›vernichten‹, wenn der Grenzübertritt nicht anders zu verhindern sei. Solche Unterordnung des Lebensrechts des Einzelnen unter polit. Zwecke sei schwerstes Unrecht und liefere keinen schützenswerten Rechtfertigungsgrund.
Die Existenz eines Schießbefehls, die von den Angeklagten des Politbüro-Prozesses (EGON KRENZ, HORST DOHLUS, GÜNTHER KLEIBER und GÜNTER SCHABOWSKI) vor dem Berliner Landgericht bestritten wird, ist nach Aktenfunden in der Gauck-Behörde belegt. Danach verlangte Staatssicherheitsmin. ERICH MIELKE am 24. 7. 1973 bei einer Beratung mit Min. und Generälen über die bevorstehenden Welt-Jugend-Festspiele in Berlin (Ost), dass während des Festivals keine Schüsse an der Mauer fallen dürfen. »Der Schießbefehl wird natürlich nicht aufgehoben«, soll er dabei gesagt haben. Der als Zeuge geladene STRELETZ widersprach dieser Darstellung.

Delamuraz, Jean-Pascal, schweizer. Politiker, *Vevey (Kt. Waadt) 1. 4. 1936. – D. wurde im Dez. 1995 für 1996 in das Repräsentationsamt des schweizer. Bundespräs. gewählt.
Der Jurist und Politikwissenschaftler begann seine polit. Laufbahn als GenSekr. der Freisinnig-Demokrat. Partei der Schweiz (FDP) im Kt. Waadt (1965) und als Stadtrat in Lausanne (1970). Seit 1975 ist D. Mitgl. des Nationalrats. Mit seiner Wahl zum Bundesrat im Dez. 1983 übernahm er die Leitung des Eidgenöss. Militärdepartements, 1987 wechselte er ins Volkswirtschaftsdepartement.

Depp, Johnnie, amerikan. Filmschauspieler, *Owensboro (Kentucky) 9. 6. 1963. – Mit seiner Verkörperung des William Blake in JIM JARMUSCHS ›Dead Man‹, 1996 in den dt. Kinos zu sehen, rückte D. in die erste Riege der Hollywoodschauspieler auf.
D. brach als Sechzehnjähriger die Schule ab und spielte in einer Rockband. 1984 erhielt er seine erste Filmrolle im Horrorklassiker ›A Nightmare on Elm Street‹. Mit der Fernsehserie ›21, Jump Street‹ (1987) wurde D. zum Teenageridol und machte mit JOHN WATERS ›Cry Baby‹ (1990) als ernsthafter Schauspieler auf sich aufmerksam. In ›Edward mit den Scherenhänden‹ von TIM BURTON (1990) spielte er einen einsamen Androiden, der an seiner Liebe zu den Menschen und ihrer Kälte zerbricht, in JEREMY LEVENS ›Don Juan de Marco‹ (1994) einen jungen Mann, der mit dem Bericht von seinem Leben als Frauenheld seinen Therapeuten (MARLON BRANDO) aus der Realität entführt. Seine vielleicht reifste Leistung war die Darstellung des Regisseurs ED WOOD in dem Film gleichen Titels von TIM BURTON (1994): D. spielt den ›schlechtesten Regisseur der Welt‹ als eine kuriose, von Geniewahn beherrschte Figur.

Deutscher Gewerkschaftsbund, Abk. **DGB:** Auf dem 5. außerordentl. Bundeskongress vom 13. bis 16. Nov. in Dresden wurde das neue DGB-Grundsatzprogramm ›Die Zukunft gestalten‹ beschlossen. Im Vorfeld kontrovers diskutiert wurde ein mögliches Bekenntnis des DGB zur sozialen Marktwirtschaft. Das beschlossene Programm anerkennt, dass die soziale Marktwirtschaft einen hohen materiellen Wohlstand bewirkt, ohne allerdings Massenarbeitslosigkeit und Ressourcenverschwendung verhindert oder soziale Gerechtigkeit hergestellt zu haben. Deshalb müsse die ›soziale Regulierung‹ gestärkt werden.
Die mit dem anhaltenden Mitgliederschwund bei den Einzelgewerkschaften verbundenen Mindereinnahmen spielten bei organisator. Veränderungen eine Rolle. So schlossen sich im Jan. die Industriegewerkschaft Bau-Steine-Erden mit der Gewerkschaft Gartenbau, Land- und Forstwirtschaft zur IG Bauen-Agrar-Umwelt zusammen. Beschlossen

Zur Eröffnung des außerordentlichen Bundeskongresses des Deutschen Gewerkschaftsbundes in Dresden hält der Vorsitzende Dieter Schulte am 13. November das Grundsatzreferat

wurden 1996 weiterhin die Fusionen der Gewerkschaft Textil-Bekleidung und der Gewerkschaft Holz und Kunststoff mit der IG Metall.

Telekom-Chef Ron Sommer (rechts) stellt am 20. März in Bonn gemeinsam mit Finanzminister Theo Waigel (links) und Postminister Wolfgang Bötsch den Entwurf der ›T-Aktie‹ vor

Deutsche Telekom AG: Beim Börsengang der D. T. AG am 18. Nov. wurde neben der normalen Tranche von 600 Mio. Aktien (T-Aktien) auch eine Mehrzuteilung von 90 Mio. Papieren platziert. Aus dem Verkauf dieser 690 Mio. Aktien zum Ausgabepreis von 28,50 DM bzw. 28,00 DM für Kleinanleger und dem Erlös aus 23,7 Mio. Mitarbeiteraktien flossen dem Telefonkonzern Einnahmen von rd. 20 Mrd. DM zu. Der gesamte Emissionserlös kommt der D. T. AG zugute. Die insgesamt 713,7 Mio. Papiere, die nach dem Verfahren des →Bookbuilding platziert wurden, entsprechen 26% des Grundkapitals des Konzerns. Das Tageshoch der T-Aktie mit einem Nennwert von 5 DM lag am ersten Börsentag in Frankfurt am Main bei 34,20 DM; in New York notierte die D. T. AG mit 22,13 US-$ als vorläufigem Hoch, nachdem der Ausgabepreis 18,89 US-$ betragen hatte. Nach Aufschlüsselung der Verteilung des Emissionsvolumens (ohne Mitarbeiteraktien) sind 67% der Titel in Deutschland platziert worden. Sie verteilen sich zu 41% auf Privatanleger und zu 26% auf inländ. institutionelle Anleger. In den USA, Kanada und Südamerika wurden 14% der T-Aktien abgesetzt, in Großbritannien 8%, im übrigen Europa 6% sowie in Asien und der restl. Welt zus. 5%.

Deutschland

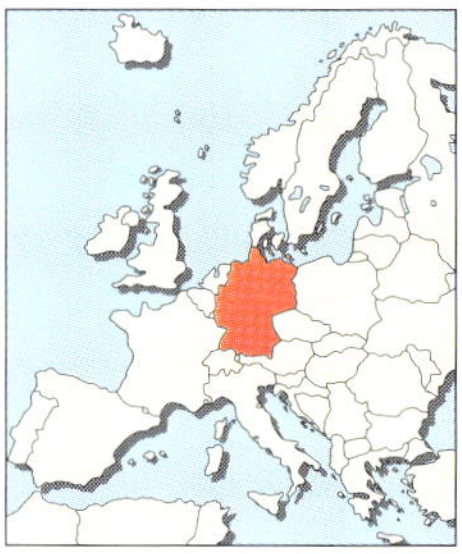

Hauptstadt: Berlin
Einwohner: 81,5 Mio.
Einwohner/km²: 228
Staatsoberhaupt: R. Herzog
Regierungschef: H. Kohl
BSP/Einwohner: 42 400 DM (25 580 US-$)

Wirtschaftliche Entwicklung

Die dt. Wirtschaft hat die seit Mitte 1995 andauernde ›Wachstumspause‹ Mitte des Jahres überwunden, dennoch bleibt die konjunkturelle Entwicklung unbefriedigend. Das Wachstum im 3. Quartal lag mit 2,4% deutlich über dem Wert vom 1. Quartal (0,2%). Im Jahresdurchschnitt stieg das reale BIP allerdings nur um 1,4%. Im mehrjährigen Vergleich bleibt damit das Wirtschaftswachstum mit Ausnahme des Rezessionsjahres 1993 auf dem niedrigsten Niveau seit der dt. Einheit.
Überdurchschnittlich beigetragen zur wirtschaftl. Entwicklung hat die Auslandsnachfrage. So sind bes. infolge des Abbaus der Überbewertung der DM und der anziehenden Weltkonjunktur die Exporte um 4,6% gestiegen. Der Handelsbilanzüberschuss hat sich in den ersten zehn Monaten um 11,5 Mrd. DM auf 80,5 Mrd. DM erhöht, das Defizit in der Leistungsbilanz ist um 1,7 Mrd. DM auf 24,1 Mrd. DM zurückgegangen. Die Ausrüstungsinvestitionen lagen aufgrund gestiegener Unternehmensgewinne und positiverer Absatzerwartungen um 2,6% über dem Vorjahr, was auf eine langsame Überwindung der Investitionsschwäche hindeutet.

Wirtschaftsindikatoren
(Angaben in %)

1996	alte Bundesländer	neue Bundesländer	Deutschland
reales Wachstum BIP	1,3	2,0	1,4
Arbeitslosenquote	10,1	16,7	11,5
Inflationsrate	1,4	2,2	1,5

Demgegenüber gingen die Bauinvestitionen um 2,7% zurück, v.a. zurückzuführen auf den überdurchschnittl. Rückgang der öffentl. Bauinvestitionen (–6,8%). Der Wohnungsbau konnte das Vorjahresniveau knapp halten. Auch der private Verbrauch entwickelte sich in gleichem Maße wie im Vorjahr. Zwar wurden die Verbraucher durch steuerl. und familienpolit. Maßnahmen entlastet. Ein deutlich zuversichtlicheres Konsumklima konnte sich aber aufgrund höherer Sozialversicherungsbeiträge, geringer Einkommenszuwächse und weiter rückläufiger Beschäftigung nicht bilden.
Nicht zuletzt wurde die wirtschaftl. Entwicklung durch die nahezu erreichte Preisniveaustabilität unterstützt. Die Verbraucherpreise erhöhten sich lediglich um 1,5%, die niedrigste Teuerungsrate seit der dt. Einheit. Die mit 2,2% etwas höhere Inflationsrate in Ostdeutschland gegenüber 1,4% in Westdeutschland geht v.a. auf die Auswirkungen des im Aug. 1995 auch in den neuen Bundesländern eingeführten Vergleichsmietsystems zurück. Begünstigt wurde die niedrige Inflationsrate u.a. durch das niedrige Zinsniveau und die bescheidenen Lohn- und Gehaltserhöhungen. So sind die Einkommen aus unselbstständiger Arbeit 1996 lediglich um 1,2% angestiegen, die Leitzinsen der Dt. Bundesbank haben Tiefststände erreicht.

Deutschland
Staatsverschuldung (in % des BIP)

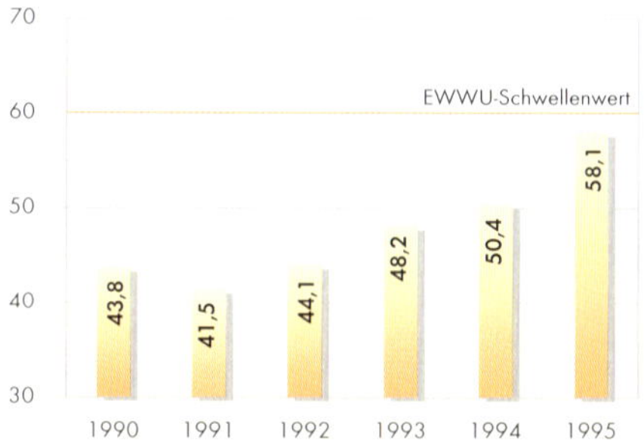

Deutschland
Arbeitslosenqote (in %)

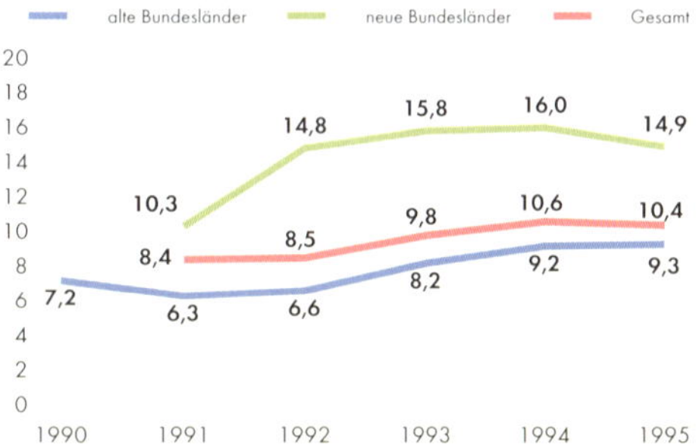

Das mäßige, aber inflationsfreie Wachstum hat allerdings bei weitem nicht ausgereicht, die Massenarbeitslosigkeit zurückzuführen. Im Gegenteil, bei der bescheidenen Zunahme des BIP und dem anhaltenden Rationalisierungs- und Kostendruck in Industrie und Baugewerbe haben sich die Probleme am →Arbeitsmarkt verschärft. Im Jahresdurchschnitt waren 3,965 Mio. Menschen als Arbeitslose bei den Arbeitsämtern registriert. Die auf die abhängigen zivilen Erwerbspersonen bezogene Arbeitslosenquote erhöhte sich in Westdeutschland im Vergleich zu 1995 um 0,8 Prozentpunkte auf 10,1%. In Ostdeutschland stieg die Arbeitslosenquote sogar um 1,8 Prozentpunkte auf 16,7%. Auch der Arbeitsplatzabbau ging weiter. Die Zahl der Erwerbstätigen ist gegenüber 1995 um 400000 auf 34,5 Mio. gesunken. Dabei ging die Zahl der Beschäftigten in Westdeutschland um 300000 auf 28,2 Mio. zurück (seit 1992 wurden 1,2 Mio. Arbeitsplätze abgebaut). In Ostdeutschland kam die 1994 und 1995 zu verzeichnende Beschäftigungszunahme zum Stillstand. Die Zahl der Erwerbstätigen sank um 100000 auf 6,3 Mio.

Der Aufholprozess in den neuen Bundesländern hat sich 1996 deutlich verlangsamt. Während 1993 in Ostdeutschland noch ein reales Wachstum von 8,9% zu verzeichnen war, ging in Westdeutschland das reale BIP sogar um 1,9% zurück. 1995 wuchs die ostdt. Wirtschaft um 5,3%, die westdt. um 1,6%. 1996 sind die Werte mit 2,0% im Osten und 1,3% im Westen noch näher zusammengerückt. Zw. 1991 und 1996 hat sich die Leistung der ostdt. Wirtschaft gemessen am BIP je Erwerbstätigen von 31% auf 57% des westdt. Niveaus erhöht.

Der Strukturwandel der dt. Wirtschaft hat sich fortgesetzt. Während das auf Konjunkturschwankungen eher reagierende produzierende Gewerbe (Industrie, Bergbau, Energie- und Wasserversorgung, Baugewerbe) weiter auf dem Rückzug ist und die Landwirtschaft seit Jahren nur einen geringen Beitrag zur Bruttowertschöpfung liefert, hat sich der Dienstleistungssektor weiter ausgedehnt. An der Bruttowertschöpfung hat das produzierende Gewerbe noch einen Anteil von 33,5% (1995: 34,4%), während der Anteil des Dienstleistungssektors von 64,5% auf 65,4% anstieg (Handel und Verkehr 13,8%, öffentl. Sektor, private Haushalte und Organisationen ohne Erwerbszweck 14,2%, sonstige Dienstleistungsunternehmen 37,4%).

Bündnis für Arbeit und Sparpaket

Nach dem Superwahljahr 1994 und der Konsolidierung der Machtverhältnisse 1995 wurde 1996 zum Jahr der Auseinandersetzung über die Zukunft des Sozialstaats. Ende 1995 hatte der Vors. der Industriegewerkschaft Metall, KLAUS ZWICKEL, ein →Bündnis für Arbeit vorgeschlagen. Hintergrund war die ungebrochen hohe Arbeitslosenzahl, die im Febr. mit einer Marke von 4,27 Mio. erwerbslosen Menschen (was einer Arbeitslosenquote von 11,1% entspricht) einen neuen Höchststand in der Geschichte der Bundesrepublik erreichte. Nach einigen ›Kanzlerrunden‹ scheiterten die Gespräche schließlich im April, als die Bundesreg. ein ›Programm für mehr Wachstum und Beschäftigung‹ vorlegte.

›Es sind doch keine Schwalben, Theo ...‹

Am 13. März gab Finanzmin. THEO WAIGEL (CSU) ein Haushaltsdefizit von 14 Mrd. DM bekannt und verhängte eine Haushaltssperre, um eine höhere Neuverschuldung als die im Haushaltsplan veranschlagten knapp 60 Mrd. DM zu verhindern. Das von der Bundesreg. vorgelegte ›Programm für mehr Wachstum und Beschäftigung‹ sah Sparmaßnahmen im Umfang von insges. 49 Mrd. DM vor. Für

Vor einer Konferenz am 13. Juni treffen sich die Ministerpräsidenten in der schleswig-holsteinischen Landesvertretung in Bonn (von links): Kurt Beck (Rheinland-Pfalz), Edmund Stoiber (Bayern), Manfred Stolpe (Brandenburg), Heide Simonis (Schleswig-Holstein), Gerhard Schröder (Niedersachsen), Kurt Biedenkopf (Sachsen), Erwin Teufel (Baden-Württemberg), Henning Scherf (Bremen)

den Bundeshaushalt 1997 wurden Einsparungen von rd. 25 Mrd. DM eingeplant, bei den Sozialversicherungen sollte mit 24 Mrd. DM fast derselbe Betrag eingespart werden. Das →Sparpaket der Bundesreg. stieß auf den erbitterten Widerstand der Opposition und der Arbeitnehmervertreter. Im Mai einigte sich der Dt. Gewerkschaftsbund mit den Wohlfahrtsverbänden auf eine ›Sozialcharta‹, die sich gegen die ›Pläne zum Abbau des Sozialstaats‹ wandte. Nach vereinzelten Warnstreiks kam es am 15. Juni in Bonn zu einer Demonstration gegen die Sparpläne, die mit rd. 350000 Teilnehmern zur größten Gewerkschaftskundgebung in der Geschichte der Bundesrep. wurde. Die Opposition legte alternativ zum Programm der Bundesreg. eigene Sparvorschläge vor. Diese sahen u. a. die Einführung einer Vermögensabgabe und eine ökolog. Steuerreform vor.

Nachdem der von der SPD beherrschte Bundesrat das Sparpaket abgelehnt hatte, wurde im Sept. endgültig über den ersten Teil des Sparpakets im Bundestag abgestimmt. Mit der ›Kanzlermehrheit‹ konnte der umstrittene sozialpolit. Teil verabschiedet werden. Die Fraktionen von CDU/CSU und FDP hatten den drei Gesetzen trotz vereinzelter Kritik geschlossen zugestimmt. Seit dem 1. Okt. gilt somit eine Reihe von einschneidenden Änderungen. Im Dez. verabschiedete der Bundestag zudem das →Jahressteuergesetz 1997, die Reg. kündigte jedoch angesichts der desolaten Haushaltslage weitere Sparmaßnahmen an.

Krise der Sozialpartnerschaft

Die Krise der dt. Sozialpartnerschaft wurde nicht nur durch das Scheitern des Bündnisses für Arbeit offenbar. Auf vielen Schauplätzen tobte der Kampf um die Zukunft des Flächentarifvertrags. Wie unter einem Brennglas traten die Probleme des dt. Tarifsystems in der Bauwirtschaft zutage. Eine für die Anwendung des →Entsendegesetzes notwendige Allgemeinverbindlicherklärung des Tarifvertrags Bau scheiterte im ersten Anlauf am Widerstand der Arbeitgebervertreter. Die ablehnende Haltung der Bundesvereinigung der Dt. Arbeitgeberverbände (BDA) im Tarifausschuss des Bundesarbeitsministeriums quittierte die Dt. Bauindustrie mit dem Austritt aus der Bundesvereinigung zum 1. 1. 1997. Die Bauarbeitgeberverbände Ost reagierten auf die anhaltende Lohnkonkurrenz aus dem Ausland mit der außerordentl. Kündigung der neu ausgehandelten Tarifverträge. Ferner wurden Einschränkungen der Tarifvereinbarungen bei den Lohn- und Urlaubsvereinbarungen angekündigt. Dem Beispiel der Bauwirtschaft schloss sich eine Reihe weiterer Arbeitgeberverbände an und kündigte die Tarifverträge für die Lohnfortzahlung im Krankheitsfall. Diese wurden daraufhin zum Kernpunkt der Auseinandersetzungen zw. den Tarifparteien.

Weiterer Umbau des Sozialstaats

Große Aufmerksamkeit erregte die Debatte um verlängerte Ladenöffnungszeiten (→Ladenschlussgesetz). Die für eine Veränderung benötigte Mehrheit in Bundestag und Bundesrat blieb lange Zeit fraglich. Doch entschied sich der mittelstandsorientierte Flügel der CDU/CSU-Bundestagsfraktion letztlich für eine Flexibilisierung. Ein Veto der SPD-Mehrheit im Bundesrat scheiterte an den Enthaltungen von Hamburg und Rheinland-Pfalz.

Parallel zum Abbruch der Bündnis-für-Arbeit-Verhandlungen kam es zu einem Umschwung in der Gesundheitspolitik (→Gesundheitsreform). Die erfolgreiche Zusammenarbeit von Bundesgesundheitsmin. Horst Seehofer (CSU) mit der SPD wurde durch ein neues Modell ersetzt. Damit näherte er sich dem von dem gesundheitspolit. Sprecher der FDP, Jürgen Möllemann, vorgeschlagenen Modell nach Vorbild der privaten Krankenkassen. Darüber hinaus wurde im Juni die →Sozialhilfe reformiert. Hiernach werden Sozialhilfeempfängern, die einen ›zumutbaren‹ Arbeitsplatz ablehnen, 25% ihres Sozialhilfesatzes gekürzt.

Demgegenüber wurde durch das In-Kraft-Treten der zweiten Stufe der →Pflegeversicherung der Ausbau des Sozialstaats fortgeführt, sodass trotz aller Änderungen das soziale Netz in Deutschland im Vergleich zu anderen europ. Industriestaaten weiterhin als relativ stabil anzusehen ist.

Weitere Gesetze

Im Mai verabschiedete der Bundestag ein neues Gesetz, das die →Vergewaltigung in der Ehe als Verbrechen ins Strafgesetzbuch aufnimmt. Der Bundesrat lehnte den Gesetzentwurf jedoch wegen seiner Widerspruchsklausel ab und rief den Vermittlungsausschuss an. Zudem brachte die Bundesreg. eine Reform des →Kindschaftsrechts auf den Weg, nach dem geschiedene Eltern zukünftig gemeinsam das Sorgerecht für ihre Kinder ausüben können.

Innere Einheit und Parteiensystem

Bei den Grünen erklärte die Bundesvorstandssprecherin KRISTA SAGER im Aug. ihren Rückzug aus der Bundespolitik. Als Nachfolgerin wurde am 30. Nov. GUNDA RÖSTEL aus Sachsen gewählt. Bündnis 90/Die Grünen erhoffen sich durch ihre Wahl u. a. einen Aufschwung in den neuen Bundesländern. Die SPD verzeichnete nach dem Wechsel von RUDOLF SCHARPING zu OSKAR LAFONTAINE neue Geschlossenheit. Die Streitigkeiten in der Führungsriege um LAFONTAINE, SCHARPING und SCHRÖDER konnten weitgehend ausgeräumt werden. Der CDU-Bundesvors. HELMUT KOHL blickte im Okt. 1996 auf eine 14-jährige Amtszeit als Bundeskanzler zurück und war damit länger im Amt als alle seine Vorgänger. In der FDP konnte das Führungsduo mit WOLFGANG GERHARDT als Parteivors. und GUIDO WESTERWELLE als GenSekr. die Flügelkämpfe beenden und der Partei neues Profil verleihen.
Der Umzug des Regierungssitzes von →Bonn nach Berlin nahm 1996 konkretere Formen an. Entgegen einer Entscheidung aus dem Jahr 1991 wird der Bundesrat ebenso wie der Bundestag vom Rhein an die Spree umziehen. Dies beschloss der Bundesrat in seiner Sitzung vom 27. Sept., lediglich Nordrhein-Westfalen, Rheinland-Pfalz und das Saarland stimmten dagegen. Der Umzug der Reg. und der Parlamente soll nach dem Willen des Bundesbaumin. KLAUS TÖPFER (CDU) bis zum Jahr 2000 abgeschlossen sein. Kontrovers wurde weiterhin über die Kosten des Umzugs diskutiert. Während Kritiker eine ›Kostenexplosion‹ befürchten, betonte die Reg., dass die vorgesehene Kostengrenze von 20 Mrd. DM nicht überschritten werde.

Innere Sicherheit

Im Streit um den großen Lauschangriff, der ein Abhören von Privaträumen erlauben soll, konnten sich die Koalitionsparteien auch 1996 nicht auf einen gemeinsamen Gesetzentwurf einigen. Einigkeit bestand lediglich in dem Grundsatz, dass das Abhören von Wohnungen potenzieller Straftäter nur bei Tötungs- und Drogendelikten, Menschen- und Waffenhandel sowie terrorist. Aktivitäten richterlich genehmigt werden soll. Strittig waren Einzelfragen in der Durchführung der Überwachungen und die Form der richterl. Genehmigung. Der große Lauschangriff wurde v. a. innerhalb der FDP kontrovers diskutiert. Das zustimmende Ergebnis einer FDP-Mitgliederbefragung hatte Ende 1995 zum Rücktritt von Justizmin. SABINE LEUTHEUSSER-SCHNARRENBERGER geführt. Der Kieler Verfassungsrechtler EDZARD SCHMIDT-JORTZIG (FDP) trat am 17. Jan. ihre Nachfolge an.

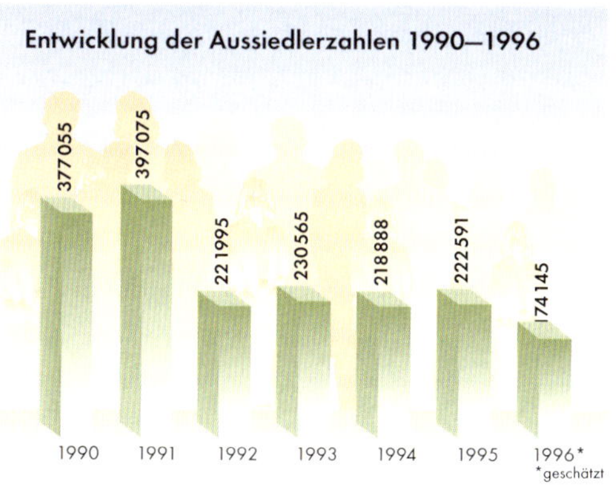

›Anstoß zur zweiten Halbzeit‹

Personelle Veränderungen gab es an der Spitze des Bundesnachrichtendienstes (BND). Im Febr. trat der Präs. KONRAD PORZNER zurück, der wegen des ominösen Plutoniumschmuggels auf dem Münchener Flughafen 1994 in die Kritik geraten war. PORZNER wies zwar im Untersuchungsausschuss des Bundestages alle Spekulationen, die den BND als Initiator des Schmuggels vermuteten, zurück, der Druck aus Politik und Öffentlichkeit wurde aber letztlich zu groß. Zu seinem Nachfolger wurde der Leiter des Bundesamtes für Verfassungsschutz HANSJÖRG GEIGER ernannt, dem auf diesem Posten PETER FRISCH folgte. Zeitgleich mit PORZNER gab auch der Präs. des Bundeskriminalamts HANS-LUDWIG ZACHERT sein Amt auf (Nachfolger: ULRICH KERSTEN). Offiziell wurde er aus gesundheitl. Gründen in den vorzeitigen Ruhestand verabschiedet. Seit dem Anti-Terror-Einsatz von Bad Kleinen im Sommer 1993 bestanden erhebl. Differenzen zw. ihm und Bundesinnenmin. MANFRED KANTHER.

Zuwanderungspolitik

In D. lebten Ende 1995 insgesamt 7,2 Mio. Ausländer, mehr als jemals zuvor. Dies ist weniger eine Folge steigender Zuwanderung als Ausdruck hoher Geburtenraten der in D. lebenden Ausländer. Ein Jahr nach In-Kraft-Treten des Schengener Abkommens und drei Jahre nach der Änderung des Asylrechts baten 1996 im Vergleich zu den Vorjahren erneut weniger Flüchtlinge um Asyl. Im Juni 1996 wurden nur 8 234 Asylsuchende registriert, dies war der geringste Monatswert seit Juni 1989 (→Asylrecht). Im Streit um die Rückführung der ca. 325 000 in D. lebenden Bürgerkriegsflüchtlinge aus

dem ehem. Jugoslawien einigten sich die Innenmin. von Bund und Ländern am 19. Sept. in Bonn auf einen Kompromiss, dem zufolge die Rückkehr der Flüchtlinge zw. dem 1. 10. 1996 und dem 1. 5. 1997 beginnen soll.
Im Febr. 1996 senkte die Bundesreg. die Zuwanderungsquote der Aussiedler um etwa 20%. Der Sprachunterricht soll künftig verstärkt in Kasachstan, Russland und den anderen Herkunftsländern stattfinden und die Zuwanderung nur nach einer erfolgreichen Sprachprüfung möglich sein. Damit wurde faktisch der von LAFONTAINE während des baden-württemberg. Wahlkampfs geäußerten Kritik an der Zuwanderung »in die Arbeitslosigkeit« zu einem Teil Rechnung getragen.

Eine Woche vor dem Gedenktag für NS-Opfer am 27. Januar übergibt Hans Freiwald (rechts), Vorsitzender des Börsenvereins des Deutschen Buchhandels, Bundespräsident Herzog die ›Sterbebücher von Auschwitz‹ und das ›Gedenkbuch – Die Sinti und Roma im Konzentrationslager Auschwitz-Birkenau‹

In der Frage eines Einwanderungsgesetzes für D. gab es wenig Bewegung. Während alle anderen Parteien ein Einwanderungsgesetz für D. forderten, blieben die Unionsparteien weiterhin bei ihrer Position, D. sei kein Einwanderungsland. Gleiches gilt auch für das Staatsbürgerrecht. Die FDP plädierte wiederholt für eine doppelte Staatsbürgerschaft für lange in D. lebende Ausländer, die CSU lehnte dies jedoch weiterhin strikt ab. Einigkeit gab es lediglich in einem Punkt: statt wie bisher nach 15 Jahren sollen Ausländer nach dem Willen der Regierungsparteien zukünftig nach acht bis zehn Jahren das Recht auf Einbürgerung erhalten. Die Ermessensentscheidung der Behörden soll einem gerichtlich überprüfbaren Rechtsanspruch weichen. Darüber hinaus kam es zu einer Lockerung des Aufenthaltsrechts für Ehegatten. Ausländ. Kinder, die aufgrund einer Behinderung nicht in der Lage sind, die dt. Sprache zu lernen oder eine Ausbildung zu beginnen, erhalten das Recht auf eine unbefristete Aufenthaltserlaubnis.
Angesichts gewalttätiger Ausschreitungen von in D. lebenden Kurden, die den Kampf der kurd. Arbeiterpartei PKK in der Türkei unterstützten, verabschiedete das Bundeskabinett im März einen Maßnahmenkatalog, der die zwingende Ausweisung von Ausländern bei schwerem Landfriedensbruch vorsieht. Zu Haftstrafen von mind. drei Jahren ohne Bewährung verurteilte Ausländer können fortan des Landes verwiesen werden.

Außenpolitik

Nach 18-monatigen Verhandlungen konnten sich kurz vor Weihnachten D. und die Tschech. Rep. auf den Text einer dt.-tschech. Erklärung einigen, die die Aussöhnung beider Staaten dokumentieren soll. Am 20. Dez. paraphierten die jeweiligen Außenmin. ein entsprechendes Abschlussprotokoll, die endgültige Unterzeichnung durch die Regierungschefs war für Jan. 1997 vorgesehen. In der Deklaration bedauert die dt. Seite das dem tschech. Volk durch die Nationalsozialisten angetane Unrecht, die tschech. Seite dagegen erstmals die Vertreibung und zwangsweise Aussiedlung der Sudetendeutschen.
Für Aufmerksamkeit sorgte darüber hinaus die Tibet-Resolution des Dt. Bundestages, in der die Politik Chinas scharf verurteilt und die Pekinger Parteiführung aufgefordert wurde, die Menschenrechtsverletzungen gegen Tibeter zu beenden. Die chin. Reg. reagierte empört auf das Votum aus Bonn und sprach von einer Einmischung in die inneren Angelegenheiten Chinas. Ein für Juli geplanter Besuch von Außenmin. KINKEL (FDP) wurde daraufhin von China abgesagt; erst ein Besuch des Bundespräs. in China im Nov. entspannte die Situation etwas.
Zu Spannungen mit Iran, mit dem D. bislang die Politik des ›krit. Dialogs‹ pflegte, kam es über den Berliner ›Mykonos‹-Prozess, in dem die Bundesanwaltschaft die Führung in Teheran des Staatsterrorismus beschuldigte. Antideutsche Demonstrationen waren die Folge, jedoch bemühten sich Bundeskanzler KOHL und Staatspräs. RAFSANDJANI im Nov./Dez. um eine Deeskalation.
Die Einbindung des vereinten D.s in die neuen internat. Strukturen schritt 1996 voran. Im Mittelpunkt stand weiter der europ. Integrationsprozess. Obwohl D. nicht sämtl. Stabilitätskriterien für die Europ. Währungsunion erfüllte, wurde eine Änderung der Maastricht-Kriterien von dt. Seite abgelehnt. Die →Europäische Wirtschafts- und Währungsunion soll wie geplant bis zum 1. 1. 1999 verwirklicht werden. Parteiübergreifend wurde die Forderung erhoben, die EU-Beitragszahlungen D.s ab 1999 zu senken. D. ist mit einem jährl. Beitrag von 22 Mrd. DM und einem Anteil von knapp 30% des Gesamtbudgets der mit Abstand größte Nettozahler der EU.
Im Sept. erklärten sowohl Repräsentanten der SPD als auch der Bundesverteidigungsmin., die Bundeswehr solle ab Dez. 1996 voll an der Implementierung der Friedensregelungen in Bosnien und Herzegowina teilnehmen. Am 13. Dez. stimmte der Bundestag dem Antrag der Bundesreg. zu, dt. Soldaten im Rahmen der Sfor-Truppe der NATO in den nächsten 18 Monaten in Bosnien zu stationieren.

DEUTSCHLAND

Die Globalisierung der Wirtschaft – eine Gefahr für das deutsche Wirtschafts- und Sozialsystem?

Der Autor:
Walter Riester, geb. 1943. Seit 1993 Zweiter Vorsitzender der Industriegewerkschaft Metall. 1988–93 Bezirksleiter der IG Metall, Bezirk Stuttgart. Seit 1988 gehört er dem Präsidium der SPD im Südwesten an

Das Schlagwort des Jahres 1996 könnte das von der Globalisierung der Wirtschaft sein. Politische Maßnahmen werden mit ihm begründet, Arbeitgeber argumentieren mit ihm, Arbeitnehmer beginnen, es zu fürchten, weil es zum Synonym für Arbeitsplatzverlust wird, wissenschaftliche Kolloquien beschäftigen sich mit ihm. Im Zentrum der Auseinandersetzung steht die These, dass die internationale Verflechtung der Wirtschaft eine neue Qualität angenommen und unmittelbare Auswirkungen auf die nationalen Wirtschafts- und Sozialsysteme habe.

Deutsche Wirtschaft – Erfolgsgeschichte auch in Zeiten der Globalisierung?

Schon seit Jahrzehnten ist die deutsche Wirtschaft auf dem Weltmarkt präsent. ›Made in Germany‹ galt als Markenzeichen, das europäische, aber auch außereuropäische Märkte eroberte. Dass Unternehmen im Ausland investierten, galt als Ausdruck wirtschaftlicher Potenz und diente in erster Linie dazu, neue Märkte zu erschließen – und dies unter den Bedingungen scharfer Konkurrenz zwischen den Weltmarktführern der Triade, also zwischen Japan, Westeuropa und den USA. Die deutsche Wirtschaft profitierte aufgrund ihrer hohen Produktivität und Qualität, ihrer Innovationskraft, ihrer qualifizierten Arbeitnehmerschaft und der hohen sozialen Stabilität von der internationalen Verflechtung. Konjunkturelle Einbrüche und strukturelle Verwerfungen, wie etwa in der Stahlindustrie und im Bergbau, konnten durch ein effizientes Sozialsystem, das von Staat, Arbeitgebern und Arbeitnehmern gleichermaßen in seinen Grundzügen getragen wurde, abgefedert und durch eine gezielte Wirtschaftspolitik ausgeglichen bzw. korrigiert werden. Insofern spielte in Deutschland etwa im Gegensatz zu den USA, Japan, aber auch anderen europäischen Ländern die Protektionismusdebatte kaum eine Rolle. Ein Land wie Deutschland scheint für die Globalisierung mehr als gut gewappnet.

Das gilt auch heute, wenn man die Gewinnmargen, die Exportüberschüsse der führenden deutschen Unternehmen oder ihre Investitionen in neue Märkte betrachtet. Vier Parameter haben sich jedoch in den letzten Jahren tief greifend verändert und lassen es ungewiss erscheinen, ob die Erfolgsgeschichte der deutschen Wirtschaft einfach für die Zukunft fortgeschrieben werden kann:

1) Aufgrund des Zusammenbruchs des Ostblocks, aber auch der Mutation einer sozialistischen Großmacht wie China zu einem kapitalistisch agierenden Land haben sich die Märkte erheblich erweitert. Es entstehen neue Märkte, aber auch neue Standorte und Unternehmen sind – oft mit qualifizierten Beschäftigten bei niedrigen Entgelten – hinzugekommen. Und in Deutschland gilt: direkt vor der Haustür.

2) Zugleich sind Schwellenländer von einfachen Massenproduzenten zu Qualitätsproduzenten aufgestiegen. Die Zahl der Unternehmen, die um Produktivität, Innovation und Qualität konkurrieren, wird größer. Damit steigt der Druck auf die deutschen Unternehmen, ihren relativen Wettbewerbsvorsprung zu halten. Dies gelingt vor allem in den Bereichen, in denen sie traditionell erfolgreich sind; in den neuen Zukunftsmärkten konstatieren viele Experten dagegen Defizite. Zugleich wachsen die Märkte nicht proportional zum Produktausstoß, ein harter Preiswettbewerb ist in Gang gesetzt worden. Auswirkungen verspüren die Großindustrie ebenso wie die Klein- und Mittelbetriebe.

3) Know-how, ein wesentlicher qualitativer Standortfaktor, wird durch die Entwicklung der Informations- und Kommunikationstechnologie zum transportablen Gut. Und selbst konventionelle Güter können aufgrund der stetig sinkenden Transportkosten um den Globus geschickt werden.

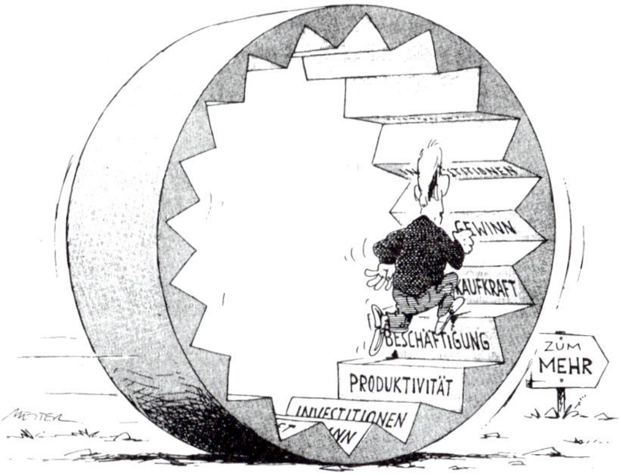

4) Und wir haben es seit den 70er-Jahren mit einer zunehmenden Internationalisierung der Finanzmärkte zu tun bei gleichzeitiger Abnahme von internationalen Regeln. Beschleunigt trennen sich die Finanzmärkte von der Wertschöpfung ab. Nur noch zwei bis drei Prozent des Geldhandels dienen der direkten Absicherung von Handel und Industrie. Diese internationalen Kapitalmärkte beeinflussen die ›realen‹ Märkte in hohem Maße.

Viele Experten betonen, dass die Auswirkungen der Globalisierung auf die einzelnen Länder dramatisiert und auch instrumentalisiert werden, um sich aus ideologischen und weniger aus ökonomischen Gründen der Regeln kooperativen wirtschafts- und sozialpolitischen Handelns zu entledigen. Es entstünden vielmehr neue Formen internationaler Arbeitsteilung, bei der Deutschland noch immer einen guten Platz einnehme. Dabei spiele die Kostenfrage eine geringere Rolle als Fragen nach der Innovationsfähigkeit der Wirtschaft und der Attraktivität der Märkte. Das ist richtig.
Anlass zur Beruhigung bietet die Situation allerdings auch nicht. Zum einen erfordert es zunehmend mehr Anstrengungen, den relativen Wettbewerbsvorsprung zu halten, zum Zweiten aber geht die Rechnung, dass eine prosperierende Wirtschaft Arbeitsplätze schaffe, angesichts der oben beschriebenen Rahmenbedingungen und der damit einhergehenden immensen Produktivitätssprünge so nicht mehr auf. Und zum Dritten haben manche Branchen wie etwa der Maschinenbau erhebliche Probleme, sich auf den Beinen zu halten. Deutlich wird, dass die sich verfestigenden Probleme auf dem Arbeitsmarkt nicht nur hausgemacht, sondern auch Ausdruck verschärfter Konkurrenzbedingungen sind.

Auswirkungen zunehmender Internationalisierung

Die Auswirkungen dieser Entwicklungen haben alle westeuropäischen Länder zu spüren bekommen – in Deutschland mit leichter Verspätung, da der wirtschaftliche Boom in den ersten zwei Jahren nach der deutschen Einheit die Probleme überdeckte. Als Reaktion hierauf hat sich ein europäisches Politikmuster herausgebildet, das in seinen Grundzügen relativ einfach ist und am ehesten als eine verkürzte Angebotspolitik umschrieben werden könnte.
Um Unternehmen und Kapital im Lande zu halten, versuchen die nationalen Regierungen deren Bedingungen zu verbessern, und zwar auf drei Ebenen:
1) Durch eine massive Liberalisierungspolitik, die auf der europäischen Ebene durch die Europäische Union (EU) bzw. die Europäische Wirtschafts- und Währungsunion (EWWU), auf der internationalen Ebene durch die Welthandelsorganisation (WTO) verfolgt wird. Handelshemmnisse werden systematisch abgebaut. Damit korrespondieren auf der nationalen Ebene Maßnahmen zur Aufhebung staatlicher Monopole, die dem Wettbewerb ausgesetzt werden sollen (vgl. in Deutschland die Post- und Bahnreform).
2) Kombiniert wird dies mit einer Deregulierungspolitik: Die Anforderungen an die Unternehmen werden gesenkt. Ein Beispiel dafür ist das Abschmelzen der Auflagen für biotechnische Anlagen. In die Diskussion geraten sind zudem die Umweltschutzauflagen, die von einigen Unternehmen als Standortnachteil deklariert werden.
Ähnliches gilt für die Regeln, an die sich Unternehmen in ihrer Funktion als Arbeitgeber zu halten ha-

Neujahrsrede des Bundespräsidenten Professor Dr. Roman Herzog vor der Evangelischen Akademie Tutzing am 17. Januar 1996 (Auszug)

Die Verunsicherung in der Arbeitswelt gehört zu den brisantesten Fragen, die wir uns an dieser Jahreswende stellen müssen. Nirgendwo ist der Widerspruch zwischen der immer deutlicheren Tatsache des globalen Zusammenhangs und der immer undeutlicheren Zukunft eines Einzelnen auffälliger als hier. Wenn in Amerika ein Autohersteller Boden an die deutsche Konkurrenz verliert, geht vielleicht in Frankreich eine Polsterei in Konkurs, die dem amerikanischen Autohersteller die Sitze geliefert hat. Weil die französische Polsterei schließt, kann vielleicht eine indische Textilfirma nicht weiter bestehen, weil sie von der Lieferung von Stoffbezügen nach Frankreich lebt. Weil infolgedessen ein indischer Besteller von Textilmaschinen wegfällt, muss vielleicht eine Maschinenbaufirma in Baden-Württemberg einen älteren Metallfacharbeiter in den Ruhestand schicken. Ich frage mich, wie dieser Metallfacharbeiter die Situation empfindet. Kann man von ihm verlangen, er solle selbst darauf kommen, dass in seinem ganz persönlichen Fall zufällig die deutsche, vielleicht sogar baden-württembergische Konkurrenz des amerikanischen Autoherstellers der Auslöser der Kausalkette war? Was schützt ihn oder andere ... vor dem gefährlichen Schluss: »Weshalb überhaupt Auslandsgeschäfte, wieso diese ganze Internationalisierung, wozu Europäische Union, wenn am Ende doch alles bewirkt, dass ich arbeitslos bin?« Aber soviel wird er wissen: Dass sein Unglück nicht von irgendeinem anonymen Schicksal verursacht ist, und dass es ihm schon gar nicht vom lieben Gott geschickt ist, sondern dass es ihm – auf welchen Wegen auch immer – von Menschen gemacht worden ist – von »denen da oben«, von irgendwelchen Kapitalisten oder von sonstwem. (...)

Ein zweites Symptom hängt ebenfalls eng mit der Arbeitswelt zusammen. Je gewisser die Entwicklung zur Informationsgesellschaft und der Wandel der Wirtschaft durch technische Innovation wird, desto unsicherer werden die althergebrachten Arbeitsplätze und Lebensumstände. Je neuer das Informationsangebot sich darstellt, desto veralteter erscheint das bisherige Wissen. Je umfassender das Internet die Kontinente und Gesellschaften durchdringt, desto unüberschaubarer wird es. (...)

Ein drittes Unübersichtlichkeitssymptom ist die zunehmende Unübersichtlichkeit unseres Staates. Der Bürger begreift seinen Staat nicht mehr. (...) Die Sache sitzt tiefer, nicht zuletzt auch beim Bürger selbst, der – bei aller Distanz gegenüber »denen da oben« – doch auch wieder erwartet, »die da oben« müssten in aller Unübersichtlichkeit der Welt und ihrer Probleme doch noch am ehesten Bescheid und Abhilfe wissen. Aber die Folge ist, dass derselbe Staat dabei auf eine Hydra von unendlich vielen Köpfen gehetzt wird, mit deren Bekämpfung er sich – zumindest zum Teil – übernimmt, und die Folge ist das, was man den überforderten Staat nennt. (...)

ben. Durch deren Lockerung (z.B. Abschaffung des Kündigungsschutzes für Arbeitnehmer in kleineren Betrieben, Absenkung der Entgeltfortzahlung im Krankheitsfall) erhofft sich die Regierung eine höhere Attraktivität des Standortes.

3) Und nicht zuletzt wird eine Umverteilungspolitik verfolgt, indem die steuerlichen Belastungen der Unternehmen gesenkt werden. So nahm in Deutschland von 1982 bis 1994 die Arbeitnehmerbelastung durch Steuern und Abgaben um mehr als fünf Prozent zu, während die Unternehmen um neun Prozent entlastet wurden. Die öffentliche Hand finanziert sich inzwischen fast ausschließlich über die Lohn- und Einkommensteuern.

Alle drei Politikmuster haben erhebliche Konsequenzen auf die nationale Ökonomie und die Gesellschaft und bedürfen wenigstens der politischen Flankierung, in einigen Fällen auch der grundlegenden Korrektur.

Liberalisierungspolitik

Die Liberalisierungspolitik geht nicht einher mit einer Harmonisierung der Wirtschaftspolitik. Die nationalen ›Stoßdämpfer‹ wie Zölle, Subventionen, Währungspolitik werden ausgebaut, Turbulenzen auf den Märkten, qualitative und quantitative Unterschiede schlagen voll auf die nationale Ökonomie durch. Es gibt weder eine internationale Verabredung über Fragen der Geldpolitik noch über soziale und ökologische Mindeststandards. Dies ist ebenso wenig ein Plädoyer für neue Mauern und Grenzen wie eine Entschuldigung für Untätigkeit nationaler Regierungen, vor allem bei steigender Arbeitslosigkeit. Festgestellt werden muss aber, dass es bislang – auch aufgrund divergierender Interessen – keine wirksame Antwort auf die Folgen der Liberalisierung der Märkte gibt.

Innerhalb der Europäischen Union besteht dagegen das gemeinsame Ziel der Schaffung eines prosperierenden, deutungsmächtigen Wirtschaftsraumes. Die Hinnahme sozialer Friktionen und Spannungen, wachsender Arbeitslosigkeit, eines sinkenden sozialen Niveaus und der Verschlechterung der Infrastruktur widerspricht diesem Ziel.

Die Signale, die jedoch von der Europäischen Union ausgehen, sind ambivalent:

Die im Maastrichter Vertrag angestrebte Währungsunion soll Europa zu einem größeren Gewicht im internationalen Wettbewerb verhelfen. Zugleich wurden Konvergenzkriterien definiert, die so ausgelegt werden, dass der Spielraum für Initiativen der Regierung, die der Beschäftigung, der Siche-

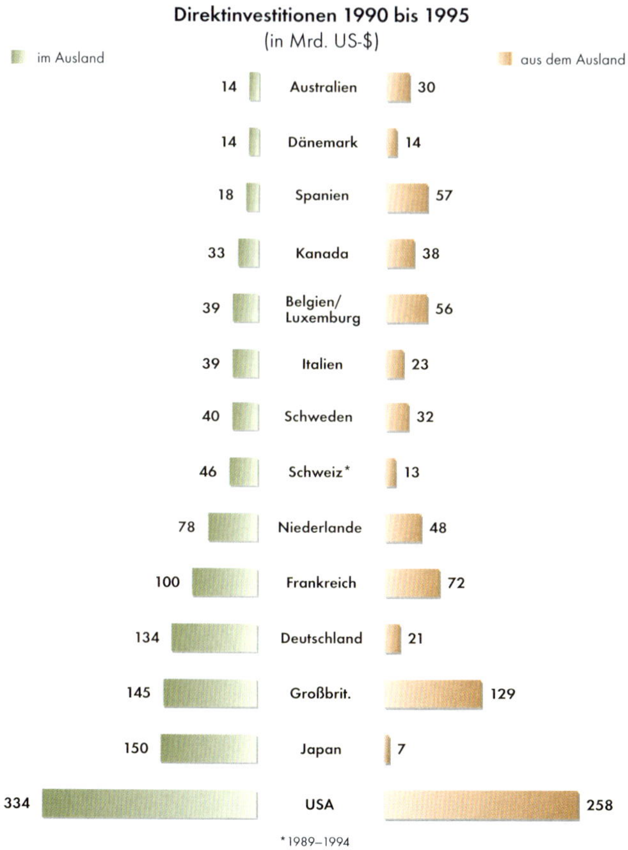

Zunehmende Kapitalverflechtungen von Unternehmen mit dem Ausland durch Direktinvestitionen sind Anzeichen für eine verstärkte internationale Geschäftstätigkeit. Investieren die meisten Industrieländer vor allem im Ausland, sind die USA auch das wichtigste Zielland von Direktinvestitionen. Demgegenüber legt Deutschland eine unausgeglichene Bilanz der Direktinvestitionen vor; während der Umfang der deutschen Auslandsaktivitäten durchaus angemessen ist, ist das Interesse des Auslands am deutschen Markt eher gering

Die Beschäftigten des Kasseler Mercedes-Werkes protestieren am 1. Oktober gegen Lohnkürzungen im Krankheitsfall. Nach ihrer Auffassung gefährdet diese Regelung den sozialen Frieden

rung sozialer Standards sowie dem Ausbau der Infrastruktur dienen, deutlich begrenzt ist. Der Kreis der Länder, die überhaupt der Währungsunion beitreten könnten, schrumpft.
Zum anderen aber wurden Instrumente, um auf europäischer Ebene gegenzusteuern, in den letzten Jahren geschaffen: Die Europäische Kommission erhielt mit dem Maastrichter Vertrag ein erweitertes Mandat für eine aktivere Regionalpolitik und verfügt über einen Strukturfonds sowie einen Kohäsionsfonds, um die Südregionen der Gemeinschaft sowie Randregionen zu fördern. Sie hat durch Programme zur Förderung von Infrastruktur- und Branchenpolitik sowie europäische Forschungs- und Technologiepolitik ein Mandat für aktive Industriepolitik. Allerdings sollten diese Instrumente stärker auf die Beschäftigungswirksamkeit ausgerichtet sein.

Deregulierungspolitik

Ähnliches gilt für die Deregulierung. Nicht jede Regel sollte in Stein gemeißelt werden, viele müssen dem Wandel entsprechend umgestaltet werden und manche Vorschrift mag ihren Ursprung in bürokratischer Freude am Regelwerk als solchem haben. Doch bedarf es der Differenzierung. So haben die Auflagen zum Umweltschutz etwa dazu geführt, dass in Deutschland in den Jahren 1993/94 nur eine Branche boomte und sich zum Exportschlager entwickeln konnte: die Umwelttechnologie.
Besonders kritisch sind die Deregulierungen in der Arbeitswelt zu betrachten. Dabei ist zu unterscheiden zwischen direkten deregulierenden Eingriffen und einer Deregulierung durch Untätigkeit des Gesetzgebers. Unter einem direkten Eingriff ist die Auflösung des Kündigungsschutzes oder auch das Arbeitszeitgesetz mit seinen Ausweitungen der Arbeitszeiten zu verstehen. Untätigkeit liegt dann vor, wenn die bestehenden Regeln nicht an neue Entwicklungen angepasst werden. Das gilt für Teile des Arbeitsrechts, die von klassischen Unternehmenskonstruktionen ausgehen, die sich immer mehr auflösen. Da greifen dann Mitbestimmungs- und Schutzrechte kaum noch.
Der Preis für beide Formen der Deregulierung ist hoch: Regulierung der Arbeitswelt ist mehr als Paragraphenwerk – sie ist Ausdruck gemachter historischer Erfahrungen, des kulturellen Selbstverständnisses einer Gesellschaft und zugleich auch Instrument der Zivilisierung ökonomischer Konflikte und sozialer Auseinandersetzungen. Wer sich dieser Regeln entledigen will, riskiert, qualitative Standortfaktoren wie den sozialen Frieden in den Betrieben, Motivation und Kompetenz der Beschäftigten, die Suche nach kooperativen Formen der Krisenbewältigung zu zerstören. Eine wesentliche Konsequenz aus der Globalisierung müsste sein, diese Faktoren jenseits der reinen Kostenbetrachtung durch Reformen, die die veränderten Unternehmens- und Arbeitsorganisationen aufnehmen, zu stärken. Dies ist vor allem Aufgabe der nationalen Regierungen. Mittelfristig wird es jedoch notwendig sein, vor allem in Europa eine stärkere Harmonisierung der Arbeitnehmerrechte sowie der Sozialpolitik anzustreben.

Umverteilungspolitik

Auch die Politik der steuerlichen Entlastungen von Unternehmen ist problematisch. Nicht nur, dass die relative Freistellung der Unternehmen von der Finanzierung des Gemeinwesens Fragen nach der sozialen Gerechtigkeit aufwerfen muss. Die Folgen sind unmittelbar national und regional bis in die kleinste Gemeinde zu spüren: Die Steuereinnahmen in Deutschland sinken, die Finanzlöcher im öffentlichen Haushalt klaffen tief.
Der Spielraum der öffentlichen Hand, durch Investitionen und Infrastrukturmaßnahmen gegenzu-

steuern, sinkt. Das macht selbst unter angebotspolitischen Gesichtspunkten wenig Sinn: Die Investitionsentscheidungen werden in hohem Maße davon bestimmt, in welchem Umfeld sich das Unternehmen befindet, also wie die Infrastruktur, die sowohl Forschungseinrichtungen, Hochschulen, attraktive Städte und soziale Einrichtungen bis hin zu Verkehrsanbindungen umfasst, gestaltet wird. Nicht umsonst wird in der aktuellen Debatte immer wieder darauf hingewiesen, dass Globalisierung einhergeht mit einer Regionalisierung, also der Betonung des regionalen Netzwerkes, in dem sich Unternehmen befinden.

Diese Situation wäre schon in Zeiten wirtschaftlichen Wohlergehens und der relativen Vollbeschäftigung schwer zu verkraften. Da aber die Entlastung der Unternehmen nicht einhergeht mit einer Entspannung auf dem Arbeitsmarkt, sondern mit einer Ausweitung der Arbeitslosigkeit, verschärfen sich die Probleme der öffentlichen Haushalte. Die unteren und mittleren Einkommen werden immer stärker nicht nur mit Steuern, sondern auch mit Sozialabgaben belastet. Diese Politik stößt zunehmend an ihre sozialen und ökonomischen Grenzen. So steigt zum einen die Armut in der Bevölkerung, vor allem in Familien mit Kindern, zum anderen wird Kaufkraft im Binnenmarkt abgeschöpft. Deutschland als Markt wird unattraktiver.

Diese Entwicklungen treffen zugleich das deutsche System der sozialen Sicherungen im Nerv. Es speist sich in Deutschland vor allem aus der Erwerbstätigkeit, nur zu einem geringen Teil aus Steuern. Mit zunehmender Arbeitslosigkeit aber sinken die Beiträge und steigen die Anforderungen. Zusätzlich wurden infolge der deutschen Einheit soziale Leistungen, die die Allgemeinheit aus Steuern hätte aufbringen müssen, auf die Sozialversicherungen übergewälzt. Vor allem die Renten- wie auch die Krankenversicherung stehen vor einer Zerreißprobe.

Die Beitragszahler können die steigenden Belastungen nicht vollständig ausgleichen: Nicht nur weil mit einem weiteren Heraufsetzen der Beiträge die Arbeitskosten immer teurer werden, sondern auch weil viele unteren und mittleren Einkommen an ihre Belastungsgrenzen gestoßen sind. Da zudem die stützenden Bundeszuschüsse immer mehr zusammengestrichen werden, wird das Niveau der sozialen Leistungen, egal ob der Arbeitslosen-, Kranken- oder Rentenversicherungen schrittweise abgesenkt.

Beschäftigungswirksame Angebotspolitik – mögliche Alternative zu bisherigen europäischen Politikmustern

Die nationale Politik scheint sich in einem Teufelskreis zu befinden: dem harten Wind der internationalen Konkurrenz ausgesetzt, begrenzt durch die Auflagen der EWWU, gebeutelt durch Finanznöte und herausgefordert durch wachsende Bedarfe der Gesellschaft trägt sie selbst zu einer Verschärfung der Lage bei. Allerdings gibt es Alternativen, wenn die politischen Akteure bei der Hauptursache der Probleme ansetzen: also bei der Bekämpfung der Arbeitslosigkeit. Dazu bedarf es eines gemeinsamen Vorgehens der Regierung, der Wirtschaft und der Arbeitnehmerschaft. Dieser Weg wurde etwa in den Niederlanden oder Dänemark mit Erfolg beschritten und könnte mit dem Begriff einer ›beschäftigungswirksamen Angebotspolitik‹ umschrieben werden.

Hier sollen nur einige Elemente dieser Politik skizziert werden: Sie setzt auf die gezielte Stärkung der Wettbewerbsfähigkeit der Unternehmen durch die Förderung ihrer Produktivität, Qualität und Innovationsfähigkeit. Dazu bedarf es eines Bündels von Maßnahmen: beginnend mit der Stärkung der Infrastruktur, vor allem in der Forschung und Entwicklung, über den Erhalt und Ausbau der qualitativen Faktoren, die der Regulierung der industriellen Beziehungen innewohnen, bis hin zur gesetzlichen Intervention, durch die zukunftsträchtige Branchen wie etwa die Umwelt- und die Kommunikationstechnologie gefördert werden können. Dabei wird ein besonderes Augenmerk den Klein- und Mittelbetrieben gelten müssen.

Zugleich müssen gezielte Maßnahmen zum Beschäftigungsaufbau ergriffen werden. Auch hier wird nicht eine Maßnahme allein helfen können: so setzen neue Modelle des Teilens von Arbeit die soziale und rechtliche Absicherung der Beschäftigten, vor allem der Teilzeitbeschäftigten, voraus. So wird es notwendig sein, die Belastungen der mittleren Einkommen zu senken, um deren Nachfrage nach privaten Dienstleistungen zu stärken. So wird die Förderung von gesellschaftlich nützlicher Arbeit einhergehen müssen mit neuen Modellen der privaten und öffentlichen Mischfinanzierung. Und so werden die jetzt zur Finanzierung von Arbeitslosigkeit bereitgestellten Mittel gezielt zur Subventionierung von Arbeit umgesteuert werden müssen. Das wird auch eine Verständigung über das Verhältnis von beitragsfinanzierten Leistungen aus den Sozialversicherungen und steuerfinanzierten Transferleistungen voraussetzen.

Voraussetzung für einen solchen Weg ist eine dialogorientierte und -fähige Politik, die sich mit den verschiedenen Akteuren auf Maßnahmen im Rahmen eines Interessenausgleichs einigt. Es kann kein Zweifel bestehen: die Globalisierung wird nur dann zur Gefahr für unser Sozial- und Wirtschaftssystem, wenn Politik nur noch den scheinbaren Vorgaben der Konkurrenz folgt und sich ihrer gestaltenden Aufgabe entledigt. Sie ist dann auch Chance, wenn sich die Gesellschaft zu gemeinsamem Handeln zusammenfindet und jeder mit seinen Möglichkeiten zur Bewältigung der Herausforderungen beiträgt.

DEUTSCHLAND

Sozialstaat in der Krise

Der Autor:
Dieter Hundt, geb. 1938.
Unternehmer. Verhandlungsführer der Metallarbeitgeber in Nordwürttemberg/Nordbaden. Seit Dezember 1996 Präsident der Bundesvereinigung der Deutschen Arbeitgeberverbände

Ausgangstatbestände

Der ›Sozialstaat Deutschland‹ ist in den vergangenen Jahren in die Diskussion geraten. Angesichts der strukturellen und konjunkturellen Schwierigkeiten, der Folgewirkungen der deutschen Einheit und der nicht zuletzt auch daraus resultierenden hohen Abgabenbelastung stellt sich die Frage, ob das Sozialsystem an die Grenzen des finanziell und ökonomisch Verkraftbaren gelangt ist. Die konzeptionelle Neugestaltung der Sozialpolitik ist deshalb in der politischen Diskussion des Jahres 1996 das beherrschende Thema. Teilweise wird die unveränderte Weiterführung der traditionellen Sozialpolitik, ja sogar deren Erweiterung, teilweise wird der radikale Abbau sozialstaatlicher Strukturen gefordert. Notwendig ist jedoch eine Korrektur des Sozialsystems, indem berichtigt wird, was es als Fehlentwicklungen gibt, ohne dass dabei erhaltenswerte Elemente des sozialen Sicherungssystems aufgegeben werden.

›... Versuchen Sie es doch mal gegenüber‹

Das soziale Leistungssystem, wie es sich in den letzten Jahrzehnten entwickelt hat, ist zum einen Ausdruck eines für richtig erkannten Wirtschaftssystems, der sozialen Marktwirtschaft, und zum anderen Ausdruck eines sozialen Grundkonsenses unserer Gesellschaft, der da heißt: Solidarität, individuelle Freiheit und soziale Verantwortung. Die freiheitliche Wirtschaftsauffassung und der Sozialstaat sind nach dem überwiegenden gesellschaftlichen Grundverständnis komplementäre Erscheinungen. Jeder dieser beiden Grundpfeiler des Gesellschaftssystems wurde in der geschichtlichen Entwicklung einmal mehr, einmal weniger stark betont oder bevorzugt. Immer bestand jedoch eine von der Gesellschaft akzeptierte Balance zwischen ihnen. Diese Balance scheint heute nicht mehr gegeben zu sein, zu stark sind die Verwerfungen im wirtschaftlichen Bereich, zu weit reichend ist der sozialstaatliche Interventionismus und zu extrem sind die Forderungen an das Sozialsystem. Im Jahr 1996 befindet sich deshalb die Wirtschafts- und Sozialpolitik Deutschlands in der schwersten Krise ihrer Geschichte. Noch vor wenigen Jahren schienen nach fast einem Jahrzehnt ununterbrochenen wirtschaftlichen Wachstums die Systeme der sozialen Sicherung in glänzender Solidität dazustehen. Mochte es einzelne Probleme geben, so reichten sie doch nicht aus, den Wohlstand, die Wohlfahrt, das Wohlergehen des Einzelnen oder die Stabilität des Ganzen zu gefährden.

Man kann sich aber schlecht des Eindrucks erwehren, dass das letzte Jahrzehnt bis in die jüngste Zeit dadurch gekennzeichnet war, dass das Krisenbewusstsein hinter der Krise herlief. Die Politik war laufend gezwungen, eine Kriseninterpretation zugunsten einer jeweils anderen, dramatischeren aufzugeben, die sich dann ihrerseits als nicht situationsgerecht erwies, also ersetzt werden musste. Dabei waren die Krisensymptome für den sichtbar, der sie sehen wollte. Das System der sozialen Sicherheit wies durchaus beachtliche Risse auf. Erinnert sei an die Kostendämpfungsgesetze, an die Gesundheitsstruktur- und -reformgesetze, an das Rentenreformgesetz und an die jährlichen Novellen des Arbeitsförderungsgesetzes.

Das gesamtgesellschaftliche Krisenbewusstsein war und ist jedoch bemerkenswert unterentwickelt. In dem Slogan ›Weiter so‹ am Ende der 80er-Jahre schwang die Hoffnung mit, dass sich die Wirtschaft und die sozialen Sicherungssysteme – von selbst oder nach kürzester Zeit – erholen würden wie von einem Schnupfen. Und auch heute noch hält es eine Mehrheit der Bürger für ausgeschlossen, dass es ein Übermaß an sozialer Absicherung geben könnte, und sie fordert, Sozialleistungen aus jeglichen Kostensenkungsprogrammen auszuklammern. Die gleiche Mehrheit ist sich jedoch gleichzeitig bewusst, dass gespart werden muss.

Der wiedervereinigungsbedingte Wirtschaftsboom verschleierte zunächst das Ausmaß der Krise, um sie jedoch dann umso wuchtiger zum Vorschein zu bringen. Der Zerfall der einstigen Machtblöcke, das Aufbrechen sämtlicher Grenzen und die Globalisierung der Märkte in den vergangenen Jahren

zwingen Wirtschaft und Politik, die Krise mit Umstellungen in der Beschäftigung, der Produktion und der Nachfrage zu beenden und gestaltend auf die sektorale und regionale Produktions- und Erwerbsstruktur, auf die Leistungsbereitschaft und Qualifikation der Erwerbstätigen sowie die Entwicklung in Technik und Wissenschaft einzuwirken. Der Strukturwandel ist nicht nur die schmerzliche Folge einer Krisenüberwindung, sondern deren notwendige Voraussetzung.
Es zeigt sich allerdings auch, dass im Laufe der Zeit unsere Gesellschaft einen großen Teil jener Anpassungsfähigkeit verloren hat, die einst ihren Erfolg ausmachte, und dass die Strukturen der Systeme in bedenklichem Maße Starrheiten aufweisen, die einer notwendigen Strukturanpassung im Wege stehen.

Ökonomische, soziale und demographische Rahmenbedingungen

Das System der sozialen Sicherung befindet sich in Deutschland auf einem sehr hohen Niveau. Das Sozialbudget hat seit 1992 in ständig steigendem Ausmaß jährlich jeweils die Billionengrenze überschritten und wird 1996 voraussichtlich 1 165 Mrd. DM betragen; die Sozialausgaben je Einwohner haben sich seit 1980 annähernd verdoppelt. Die Entwicklung des Bruttoinlandsprodukts hielt damit nicht Schritt. Der Anteil der Steuern und Sozialversicherungsbeiträge am Bruttoinlandsprodukt stieg von durchschnittlich 39,8 % in den 80er-Jahren auf nunmehr über 42 %.
Schon diese wenigen Zahlen verdeutlichen, dass die notwendige Balance zwischen Sozialaufwand auf der einen und Wirtschaftskraft auf der anderen Seite nicht mehr gegeben ist. Die Folge davon ist, dass Sozialkosten und Abgabenbelastungen kontinuierlich ansteigen, während Investitionstätigkeit und Beschäftigung stagnieren oder sogar deutlich zurückgehen. So hatte 1995 die westdeutsche Industrie mit 45,52 DM je Arbeiterstunde die weltweit höchsten Arbeitskosten zu verkraften. Die Personalzusatzkosten erreichten 20,44 DM je Arbeiterstunde bei einem Direktentgelt von 25,08 DM. In den neuen Bundesländern ist die hohe Personalzusatzkostendynamik bemerkenswert. Belegte die ostdeutsche Industrie 1994 erst den 15. Rang im internationalen Vergleich, war es 1995 mit 29,85 DM je Arbeiterstunde (davon 13,98 DM Personalzusatzkosten) schon der 12. Rang.
Für 1996 zeichnet sich insbesondere durch den kräftigen Anstieg bei den Beitragssätzen zur Sozialversicherung eine weitere Verschlechterung der deutschen Arbeitskostenposition ab. In der Summe werden sich die Beitragssätze in der gesetzlichen Sozialversicherung Ende 1996 auf 40,9 % belaufen: Rentenversicherung 19,2 % (ab 1. 1. 1997 20,3 %), Krankenversicherung durchschnittlich 13,5 %, Pflegeversicherung 1,7 %, Arbeitslosenversicherung 6,5 %. Für diesen Kostenschub ist seit Mitte der 80er-Jahre ausschließlich der Gesetzgeber verantwortlich.
Zu diesen sozialen Komponenten kommt noch erschwerend hinzu, dass die deutsche Wirtschaft veränderten ökonomischen Rahmenbedingungen gegenübersteht. Es gilt nicht nur, die Probleme der Wiedervereinigung zu lösen, sondern auch den Herausforderungen einer zunehmenden Globalisierung gerecht zu werden. Weltweit entstehen neue Konkurrenten, die erheblich kostengünstiger produzieren können und sich aufgrund des Wegfalls des ›Eisernen Vorhangs‹ seit 1989/90 zum Teil in unmittelbarer Nähe befinden. Neue regionale Wachstumsmärkte sind aufgrund moderner Kommunikations- und Verkehrswege eng miteinander verflochten.
Das langfristig größte Problem für die sozialen Sicherungssysteme, die zu rund 95 % im Umlageverfahren finanziert werden, stellt jedoch die demographische Entwicklung dar. Allen Bevölkerungsprognosen zufolge wird nicht nur die Zahl der über 60-Jährigen bis zum Jahr 2030 um rund 45 % zunehmen, sondern auch ihr Anteil an der Gesamtbevölkerung von derzeit knapp über 20 % auf etwa 35 % steigen. Für die Sozialversicherungssysteme, aber auch für die steuerfinanzierten Sozialleistungsbereiche resultieren aus dieser Überalterung der Bevölkerung durch Geburtenrückgang und Verlängerung der Lebenserwartung gewaltige Finanzierungsprobleme, die ihre Leistungsfähigkeit und Finanzierbarkeit infrage stellen. Nach heutigem Erkenntnisstand führt allein die Überalterung der Bevölkerung dazu, dass die Beitragssätze bis zum Jahr 2030 auf 26–29 % in der Rentenversicherung und

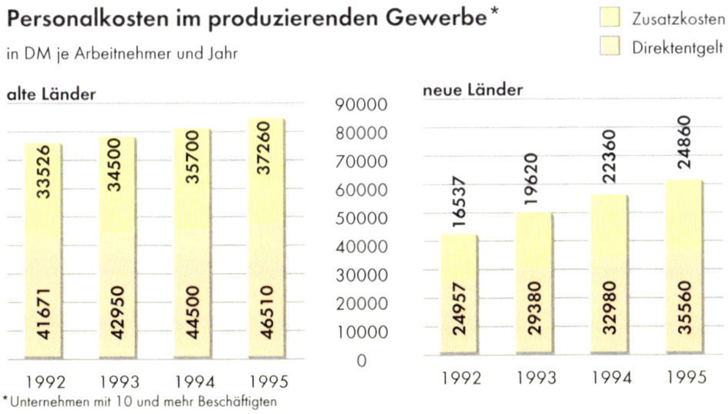

auf über 27% in der Krankenversicherung angehoben werden müssten, und in der Pflegeversicherung wird mit einer Verdoppelung des von 1996 an geltenden Satzes von 1,7% gerechnet. In der Summe stiege damit das Beitragssatzniveau bei gleichzeitiger Berücksichtigung auch der Arbeitslosenversicherung auf über 60%. Es liegt auf der Hand, dass dies wirtschaftlich nicht zu verkraften ist. Der Investitions- und Arbeitsplatzstandort Deutschland verlöre bei solch einer Entwicklung jede Wettbewerbsfähigkeit. Als Folge wäre zugleich die Finanzierung der Sozialversicherungssysteme gefährdet. Vor dem Hintergrund der erdrückenden Sozialkostenbelastung sowie der veränderten ökonomischen und insbesondere demographischen Rahmenbedingungen sind im Bereich der sozialen Sicherung deshalb durchgreifende Korrekturen unumgänglich.

Vom Sozialsystem zum Wohlfahrtssystem

Das Kennzeichen der Sozialversicherungssysteme in den vergangenen Jahrzehnten lautete ›Expansion‹. Die Zahl der Versicherten bzw. Mitversicherten ist bis nahe an die natürliche Grenze erhöht worden. Das letzte Glied in dieser Kette ist die Pflegeversicherung, die in ihrer zweiten Stufe am 1. 7. 1996 in Kraft trat. Die Leistungen sind in allen Zweigen zumindest in der Summe kontinuierlich gewachsen, zumal die immer größeren technischen und therapeutischen Möglichkeiten zur Leistungsausweitung drängten. Dass dies alles teurer wurde und zwischenzeitlich Kumulationseffekte eintraten, ist nicht überraschend. Auch die Expansion der Kosten war daher vorprogrammiert. Sie ist Folge, nicht Ursache. Diese Expansion schien nur so lange die Kraft einer Naturgewalt zu haben, als es noch ökonomisches Wachstum zu verteilen gab. Da sich das Volksvermögen in der Nachkriegszeit vervielfachte, schien lange Zeit alles in bester Ordnung. Inzwischen staut sich vieles an der Kostenbarriere. Nur das Notwendige scheint noch finanzierbar. Aber auch das, was als notwendig erachtet wird, ist noch immer umfangreich genug und wird in den anderen Teilen der Erde als Luxus empfunden.
Ein weiterer Grund der Expansion liegt in den veränderten sozialen Bedingungen. Heute hat sich die Kleinfamilie – und z. T. auch schon der Einzelhaushalt – als Lebensform durchgesetzt, die nicht mehr in der Lage ist, die Problemfälle zu Hause zu versorgen. Der oft zitierte ›Schoß der Familie‹ ist kein Zufluchtsort mehr. Die vielfältigen Sozialsysteme entlasten die Kleinfamilie, machen sie aber auch gleichzeitig immer unfähiger, die Hilfe selbst zu leisten. In einem derartig ausufernden sozialen System liegt die Eintrittskarte in das ›Reich der Selbstbetäubung‹, der Selbstbetäubung durch Hingabe an Instanzen, die dem hilflosen Bürger sagen, was gut für ihn ist.
Die Entwicklung der Bundesrepublik Deutschland zu einem sozialen Rechtsstaat war ein wohl begründeter Schritt. Durch die Expansion der Sozialsysteme wurde jedoch eine Dynamik in Gang gesetzt, die mit schier unaufhaltsamer Notwendigkeit in ein Wohlfahrtssystem hineinführte; eine Dynamik, die deshalb nur schwer zu bremsen ist, weil sie fortwährend jene Antriebskräfte produziert, die sie am Laufen halten. Ein Sozialsystem als Wohlfahrtssystem jedoch, in dem die Sozialleistungsträger quasi in die Rolle der Versicherer von Glück und Lebensfreude gedrängt werden, stellt sich selbst infrage. So ist es mit einem Sozialsystem nicht vereinbar, wenn sich unter den Maßnahmen der allgemeinen Gesundheitsvorsorge, für die die Krankenkassen 1995 insgesamt rund 1,5 Mrd. DM aufgebracht haben, z. B. auch Bauchtanz- und Snowboardkurse und individuelle Unterstützungen für die Teilnahme am Vereinssport befinden. Die Kurmaßnahmen in der Gesetzlichen Krankenversicherung stiegen von 1992 bis 1995 um 50% und im ersten Quartal 1996 allein um 22% und dies bei einem durchschnittlichen Urlaubsanspruch von 30 Arbeitstagen. Das Wesensmerkmal solcher Maßnahmen ist nicht mehr das Gemeinwohl, sondern schlichte Expansion um ihrer selbst willen.
Es geht daher darum, das Wohlfahrtssystem auf seine Wurzeln zurückzuführen. Das heißt, Leistungen im Hinblick auf das Gemeinwohl zu überprüfen, gegebenenfalls infrage zu stellen und wenn nötig abzuschaffen. Dabei sind die Grundsätze der Subsidiarität und Solidarität wieder zur Geltung zu bringen. Das Prinzip der Solidarität bedeutet, dass alle Bürger an den Möglichkeiten und an den Ergebnissen der wirtschaftlichen und sozialen Entwicklung teilhaben. Dabei ist der Leistungsschwache auf den Beitrag, den der Leistungsstarke erbringt, angewiesen. Das Wohlfahrtssystem missversteht das Prinzip der Solidarität. Es versteht sich als ein fürsorgliches System, welches umfassend in die Lebensbereiche des Bürgers eingreifen will. Die persönliche Entfaltung des Bürgers, aufbauend auf Freiheit und Eigenverantwortung, wird zwangsläufig zurückgedrängt. Letztendlich entwickelt sich das Wohlfahrtssystem zu einem Leistungssystem ausschließlich für diejenigen, die Leistungen erhalten. Diejenigen, die diese Leistungen erbringen, werden außer Acht gelassen und fragen sich dann zu Recht: Welchen Sinn hat ein solches System noch? Der Gedanke der Solidarität ist unvereinbar mit der Vorstellung, dass der Einzelne das, was er mit eigenen Kräften leisten kann, nicht mehr erbringt, sondern stattdessen auf Kosten der anderen haben will. Dem Einwand, dass die mit dem Wohlfahrtssystem verbundenen Effizienzeinbußen aufgewogen werden durch ein Mehr an sozialer Gerechtigkeit, kann nicht gefolgt werden. Es ist wichtig und richtig, dass ein gewisses Maß an sozialstaatlicher Umverteilung zugunsten der Leistungsunfähigen oder vermindert Leistungsfähigen nötig ist, doch ist das Ausmaß der auf Umverteilung abstellenden Maßnahmen im Wohlfahrtssystem damit nicht gerechtfertigt.
Als Korrektiv des Solidaritätsprinzips fungiert das Subsidiaritätsprinzip, jenes Prinzip, das dem Staat gebietet, nur jene Aufgaben an sich zu ziehen, die der einzelne Bürger oder Gemeinschaften nicht selbstständig lösen können. Risiken, die der Ein-

Entwicklung der Sozialleistungen 1991–1995 (bis 1989 alte Bundesländer)

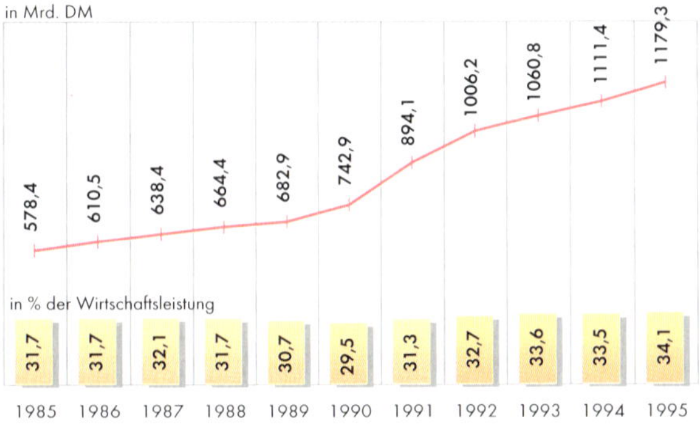

Sozialleistungen nach Funktion 1995

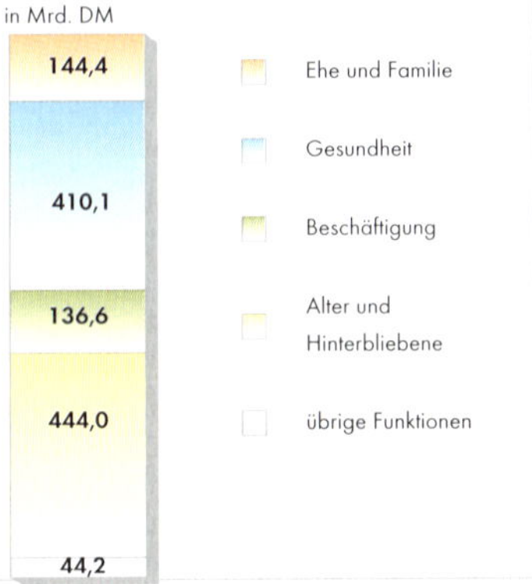

zelne, die Familie oder andere soziale Einheiten selbst abdecken können, bedürfen keiner Einbindung in das öffentlich-rechtliche Sozialsystem. Eine auf diesem Prinzip angelegte soziale Sicherung ermöglicht Solidarität und wirksamen Schutz in sozialen Notlagen. Angesichts des gestiegenen Wohlstandes breiter Bevölkerungsschichten bedarf es einer stärkeren Betonung dieses Prinzips; denn ein hohes und steigendes Wohlstandsniveau auf der einen Seite und ein immer engmaschigeres soziales Sicherungsnetz auf der anderen Seite sind ein Widerspruch in sich.

Die Notwendigkeit eines Bewusstseinswandels

Ausgangspunkt für eine Umkehr ist eine Neuorientierung des Bewusstseins in der Gesellschaft und zwar im wirtschaftlichen und im sozialen Bereich. Wir haben uns angewöhnt, den wirtschaftlichen Erfolg als etwas Selbstverständliches anzusehen, Verteilungskämpfe nur um den Zuwachs zu führen, den Besitzstand also jeweils zum Ausgangspunkt zu nehmen. In einer Zeit aber, in der der Wettbewerb härter und Verteilungsspielräume enger werden, kann nicht mehr jeder Besitzstand tabuisiert werden. Wir müssen uns wieder mehr bewusst werden, dass wir von der Wirtschaft leben und unsere gesellschaftliche wie politische Entwicklung von einer international wettbewerbsfähigen Wirtschaft abhängt. Eine Aufgeschlossenheit gegenüber technischem Fortschritt, das Erkennen des Eingebundenseins in den Welthandel und eine positive Einstellung zum Leistungsgedanken sind das Fundament für die Sicherung einer guten wirtschaftlichen Zukunft.

Ändern muss sich auch das Bewusstsein der Gesellschaft und des Einzelnen gegenüber den oben beschriebenen Prinzipien des Sozialsystems. Es geht dabei um die Frage, welche Einstellungen, Verhaltensweisen und Erwartungen der Einzelne mitbringen muss, damit das Sozialsystem seine Aufgaben und Funktionen erfüllen kann. Der Leistungsgedanke kann auch auf das Sozialsystem übertragen werden. Leistung in diesem Sinne heißt Bereitschaft, Verantwortung sich selbst und dem Sozialsystem gegenüber zu tragen. Jeder Einzelne in der Gesellschaft muss erkennen, dass dieses System nur zu erhalten ist, wenn er bereit ist, die notwendige Belastung zu tragen, ohne immer direkte und unmittelbare Gegenleistung zu berechnen und einzufordern. Nicht alles, was rechtlich möglich ist, ist auch sachlich geboten und muss in Anspruch genommen werden. Und nicht alles, was wünschenswert ist, muss befürwortet und durchgeführt werden.

Mögliche Reformansätze

Einhergehend mit dieser notwendigen Einstellungsveränderung, zum einen dem wirtschaftlichen Geschehen und zum anderen dem Sozialsystem gegenüber, ist eine wichtige Ebene sozialpolitischen Reformbedarfs die Überprüfung der einzelnen Bestandteile des sozialen Netzes. Bei der Rentenversicherung lauten die Stichworte verlängerte Beitragszeit, versicherungsmathematische Abschläge bei vorzeitiger Inanspruchnahme, Neuordnung der Erwerbsminderungsrenten und der Hinterbliebenenrente sowie Abbau versicherungsfremder Leistungen. Bei der Krankenversicherung sind folgende Reformen unabdingbar: verstärkte Eigenbeteiligung, Wahltarife mit unterschiedlichem Leistungsumfang und Ausgrenzung medizinisch nicht notwendiger Leistungen aus dem Katalog der gesetzlichen Krankenversicherung.

Mit dem am 13. September vom Deutschen Bundestag beschlossenen →Sparpaket hat der Gesetzgeber erste wichtige Schritte zur Verbesserung der angebotsseitigen Rahmenbedingungen für Wettbewerbsfähigkeit, Wachstum und Beschäftigung eingeleitet. Mit anderen geplanten Gesetzesvorgaben (z. B. Arbeitsförderungsreformgesetz) wird diese Strategie weiter verfolgt. Die nunmehr durchgeführte gesetzliche Reform der →Entgeltfortzahlung erscheint als der wesentlichste Beitrag zur langfristigen Senkung der Personalzusatzkosten, da die Entgeltfortzahlung die wichtigste betriebliche Sozialleistung darstellt. 1995 kostete sie die Unternehmen über 60 Mrd. DM. Hinzu kommen mehr als 10 Mrd. DM, die die Krankenkassen als Krankengeld bei mehr als sechswöchiger Krankheitsdauer gezahlt haben. Dieses System ist aus mehreren Gründen reformbedürftig und reformfähig. Das deutsche gesetzliche Sicherungsniveau war höher, die Absicherung umfassender und lückenloser als im Ausland. Zudem passte eine 100%ige Entgeltfortzahlung nicht zu den deutlich gesenkten Unterstützungssätzen beim Arbeitslosengeld, bei der Arbeitslosenhilfe, der Arbeitsförderung und der Sozialhilfe. Dringend erforderlich ist nun die rasche und umfassende Umsetzung der Änderung des Entgeltfortzahlungsgesetzes durch die Tarifparteien. Die Ansatzpunkte des gesetzgeberischen Handelns zielen auf eine Verbesserung der Rahmenbedingungen. Positive Wirkungen können dabei nicht augenblicklich, sondern in der Regel nur mittelfristig erzielt werden. Umso wichtiger ist die konsequente Fortsetzung des Kurses einer spürbaren Verbesserung der Angebotsbedingungen.

Politisches Handeln erforderlich

Es gilt, die Einsicht zu gewinnen, dass dem Sozialsystem Grenzen gesetzt sind. Die Grenzen werden gezogen durch den ökonomischen, demographischen und gesellschaftlichen Wandel. Nur wenn das Sozialsystem wandlungsfähig ist und geänderten Rahmenbedingungen angepasst werden kann, ist es überlebensfähig. Nicht alles, was wünschenswert ist, kann auch tatsächlich durchgeführt werden. Neue Leistungen kommen hinzu und alte Leistungen entfallen.
Wir dürfen nicht der Versuchung erliegen, Ausgaben der Sozialsysteme durch schlichte Umwidmung auf den Staatshaushalt zu retten. In letzter Zeit mehren sich Forderungen, Ausgaben und Mehraufwand mit einer Erhöhung der Mehrwertsteuer zu finanzieren. Dies ist aber nur eine scheinbare Patentlösung. Die Steuerrücküberwälzung auf die Arbeitskosten bleibt dabei außer Betracht. Gleiches gilt auch für den Versuch, lohnbezogene Abgaben durch eine Ökosteuer zu ersetzen. Wenn der Teufelskreis ›hohe Arbeitskosten – hohe Arbeitslosigkeit‹ durchbrochen werden soll, führt kein Weg daran vorbei, die Ausgaben der Sozialsysteme zu senken. Dabei müssen alle Sektoren der sozialen Sicherung auf den Prüfstand.
Für die große, im Wohlstand lebende Mehrheit der Bevölkerung bedarf es keines sozialen Vollkaskoschutzes mehr. Stattdessen sollten die kollektiven sozialen Sicherungssysteme auf ihren Ursprung zurückgeführt werden, damit sie Sorge tragen für eine wirksame Absicherung großer Risiken. An Vorschlägen zu einer Neujustierung auch der sozialen Sicherungssysteme fehlt es in der gesellschaftlichen Diskussion nicht. Gefragt ist jetzt zielgerichtetes und konsequentes Handeln aller Beteiligten, um die Sozialsysteme in Deutschland zu sichern und zu festigen.

Dienstleistungszentrum: Mit dem vom Bundesministerium für Arbeit und Sozialordnung mit Zuschüssen geförderten D. im rheinland-pfälz. Frankenthal sind seit 1. April Arbeitsplätze in den Bereichen Haushaltshilfe, Familienbetreuung und Beratung entstanden. Die stundenweise oder vollzeitbeschäftigt in Privathaushalte vermittelten Frauen entrichten alle Sozialabgaben. Sie haben außerdem die Möglichkeit, sich berufsbegleitend weiterzubilden (z. B. im Bereich der Altenpflege). In Frankenthal sind außerdem Frauen beschäftigt, die das Zentrum leiten, die Termine disponieren und Verwaltungsarbeiten erledigen. Auch für die potenziellen Kundinnen und Kunden bringt das D. Vorteile: Sie können sicher sein, dass auch im Krankheits- oder Urlaubsfall der angeforderten Kraft eine Vertretung zur Verfügung steht. Das dreijährige Modellprojekt soll dazu beitragen, den Privathaushalt als Arbeitsplatz aus dem Schatten der geringfügigen Beschäftigung und der Schwarzarbeit herauszuführen.

digitales Fernsehen, die Übertragung von Fernsehsignalen in digitaler statt analoger Technik, wodurch bis zu 15 Programme über einen Kanal übertragen werden können. Für die Umwandlung der digitalen Daten in analoge Bildsignale des Fernsehers ist ein Decoder (Set-Top-Box) notwendig. Der Startschuss für das d. F. in Deutschland fiel am 28. Juli mit der Übertragung des Formel-1-Rennens vom Hockenheimring allerdings unter Ausschluss der Öffentlichkeit, da der erforderliche Decoder zu diesem Zeitpunkt im Handel noch nicht erhältlich war. Die →Kirch-Gruppe bietet über Satellit das Programm **DF 1** als Abonnementfernsehen an. Das Pay-TV-Programmangebot umfasst seit 1. Nov. 25 Film-, Serien-, Kinder-, Jugend-, Musik-, Sport- und Dokumentationskanäle sowie 30 digitale Hörfunkprogramme (DMX). Die monatl. Abonnementkosten für die versch. Programmpaketvarianten liegen zw. 10 DM und 40 DM. In Österreich wird DF 1 seit 18. Sept. angeboten.
Der mehr als ein Jahr lang währende Streit um die Einführung eines einheitl. Decoders – die ›Mediabox‹ der Multimedia-Betriebsgesellschaft MMBG mit den Gesellschaftern ARD, ZDF, RTL, CLT, Canal plus, Debis und der Dt. Telekom u. a. konkurrierte mit der ›d-box‹ der Kirch-Gruppe – wurde im Juli mit Zugeständnissen des Bertelsmann-Konzerns an die DF 1 GmbH & Co. KG zunächst beendet, nahm aber neue Konturen an, als der Marktführer im frz. Abonnementfernsehen, Canal plus S. A., durch Unternehmenskauf in den Besitz beider in Deutschland konkurrierender Zugangssysteme kam. Dies veranlasste die Dt. Telekom, ihren Rückzug aus der MMBG bekannt zu geben. Auch die CLT-Ufa-Gruppe entschied sich für einen Austritt aus der MMBG und stellte ihr eigenes Pay-TV-Projekt Club RTL vorerst zurück. Der Privatsender Pro 7 stoppte ebenfalls den für Nov. geplanten Start seines digitalen Programmpakets 7 Plus. Die Kirch-Gruppe baute durch eine strateg. Allianz mit dem brit. Pay-TV-Sender BSkyB (Brit-

ish Sky Broadcasting Group plc) des Medienunternehmers Rupert Murdoch ihre Marktposition hingegen aus. Ungeklärt ist noch der Zugang von DF 1 zu den Kabelnetzen der Dt. Telekom AG.
Das d. F. kann zum **interaktiven Fernsehen** erweitert werden. Durch die Verwendung eines videotaugl. Personalcomputers oder die Erweiterung des Fernsehgeräts um einen Rückkanal in Form einer Verbindung von Modem und Telefonleitung oder einer Set-Top-Box wandelt sich die bisherige einseitige Fernsehkommunikation zu einer dialogorientierten, aktiven Zweiwegekommunikation. Dadurch wird es dem Zuschauer ermöglicht, aus bis zu 500 Fernsehkanälen auszuwählen und sich unabhängig von der Tageszeit individuell ein Programm zusammenzustellen. Der Nutzer kann z. B. Spielfilme abrufen (Video-on-demand), bei Spielshows aktiv mitwirken, bei Sportereignissen versch. Kameraperspektiven wählen, Dienstleistungen wie Teleshopping und Telebanking in Anspruch nehmen, Computerspiele abrufen oder elektron. Post (E-mail) nutzen. Sechs u. a. von den Landesmedienanstalten und der Dt. Telekom getragene Pilotprojekte, in denen Technik, Inhalte, Akzeptanz und Kosten des interaktiven Fernsehens getestet werden sollten, wurden immer wieder verschoben oder konzeptionell geändert, das Projekt in Stuttgart im Nov. sogar ganz eingestellt. Auch das Programm DF 1 hat mit bisher wenigen Tausend Abonnenten noch bei weitem nicht die Erwartungen des Anbieters erfüllt.

Dion, Céline, kanad. Sängerin, *Charlemagne (Prov. Quebec) 30. 3. 1968. – Der Sängerin, die in Kanada, den USA und Frankreich bereits seit den 80er-Jahren ein Star ist und bei der Eröffnungsfeier der Olymp. Spiele in Atlanta am 19. Juli den Titel ›The Power of My Dreams‹ sang, gelang 1996 auch in Deutschland der Durchbruch.
Nach der Veröffentlichung von neun französischsprachigen Alben begann D. auch engl. Titel herauszubringen, u. a. 1993 ›The Colour of My Love‹, sang aber weiterhin ihre Liebesballaden auch auf Französisch wie auf dem Album ›D'Eux‹; ihr aktuelles Album ›Falling into You‹ erreichte sofort die Spitze der internat. Hitparaden. 1992 erhielt das von D. gesungene Titellied des Disney-Films ›Die Schöne und das Biest‹ den ›Oscar‹ für den besten Originalsong.

Di Pietro, Antonio, italien. Jurist und Politiker, *Montenero di Bisacca 21. 10. 1950. – Am 15. Mai übernahm Di P. als ›unabhängiger Technokrat‹ im Kabinett Prodi das Ministerium für öffentl. Arbeiten, das sowohl für das staatl. Bauwesen als auch für die Auftragsvergabe für Eisenbahnen, Krankenhäuser und Schulen zuständig ist.
Bekannt wurde Di P., nachdem er als Mailänder Staatsanwalt 1992 Praktiken illegaler Parteispenden aufgedeckt hatte. Die Ermittlungsverfahren der Sonderkommission ›Mani pulite‹ (›saubere Hände‹), der Di P. vorstand, führten zur Enthüllung eines Korruptionsskandals, der das polit. System Italiens erschütterte. Er selbst wurde zu einer Symbolfigur im Kampf gegen Korruption und für die Erneuerung der italien. Gesellschaft. Im Dez. 1994 schied Di P. aus dem Staatsdienst aus, nachdem er unter starken polit. Druck geraten war, und musste sich mit Vorwürfen und Verdächtigungen, u. a. des Amtsmissbrauchs und der Bestechlichkeit, auseinander setzen. Deshalb forderte er im Juni 1995 Ermittlungen gegen sich selbst, die im März 1996 eingestellt wurden. Im Sept. 1996 wurde gegen vier Beteiligte am polit. Komplott gegen Di P. in Brescia der Prozess eröffnet. Nach neuen Korruptions- und Erpressungsvorwürfen trat Di P. am 14. Nov. von seinem Ministeramt zurück. Nach zwölf wegen erwiesenermaßen falschen Anschuldigungen eingestellten Ermittlungsverfahren gegen ihn sieht sich Di P. als Opfer einer Verschwörung.

Die kanadische Sängerin Céline Dion während eines Konzerts im Januar in Frankreich

DJ BoBo, eigtl. **René Baumann,** schweizer. Tänzer und Sänger, *Kölliken (Kt. Aargau) 5. 1. 1968. – 1996 war DJ BoBo mit Kurt Burger (alias Curtis J. Vincent) und Daniel (Dani) Burkart gleich zweimal in Europa auf Tournee, zunächst mit der ›Love-is-the-Price-Tour‹, einer Fortsetzung der erfolgreichen Tournee von 1995, ab Herbst dann mit dem neuen Album ›World in Motion‹. Hinter Michael Jackson, bei dem er 1996 auf einigen Konzerten als ›Special Guest‹ auftrat, gilt DJ BoBo mit seiner eingängigen, am Computer produzierten Mischung aus Rap, Techno und Reggae als der derzeit erfolgreichste Tänzer-Sänger; auch seine Auftritte sind eher multimediale Ereignisse als traditionelle Konzerte.
Begonnen hatte DJ BoBo als Breakdancer und Sprayer – mit dem Kürzel BoBo –, bevor er als Diskjockey in die Musikszene einstieg. Seit 1993 veröffentlichte er vier Alben und erreichte, u. a. mit dem Titel ›Freedom‹, mehrere Gold- und Platinprämierungen. (Bild S. 126)

Der Schweizer Tänzer und Sänger DJ BoBo hat es geschafft, mit einem eingängig produzierten Stilmix in die erste Liga der Popmusik aufzusteigen

Djibouti

Hauptstadt: Djibouti
Einwohner: 577 000
Einwohner/km²: 25
Staatsoberhaupt:
H. G. Aptidon
Regierungschef:
B. G. Hamadou
BSP/Einwohner:
740 US-$

Im März wurde die ehem. Guerillaorganisation der Afar, der ›Front pour la restauration de l'unité et la démocratie‹ (FRUD), als legale Partei zugelassen. Gemäß der Verfassung von 1992, die höchstens vier polit. Parteien zulässt, ist sie die letzte legalisierte Partei. – Mit Eritrea, das von D. der Souveränitätsverletzung durch die Herausgabe einer Landkarte mit falschen Grenzen bezichtigt wurde, kam es zu Grenzstreitigkeiten. ■

Doherty, Peter Charles, austral. Immunologe, *Queensland 15. 10. 1940. – Für seine mit ROLF ZINKERNAGEL geleisteten Arbeiten zur körpereigenen Abwehr virusinfizierter Zellen wurde D. der Nobelpreis für Medizin 1996 zuerkannt. Anfang der 1970er-Jahre entdeckten die beiden Forscher, auf welche Weise die Immunzellen des Körpers virusinfizierte Zellen identifizieren und welche Abwehrreaktionen eingeleitet werden.
Nach Ausbildung an der University of Queensland und Promotion an der University of Edinburgh arbeitete D. 1962–67 beim Queensland Department of Primary Industries, danach bis 1971 am Moredun Research Institute in Edinburgh. Die mit dem Nobelpreis ausgezeichnete Arbeit entstand in seiner Zeit als Stipendiat an der University of Canberra 1972–75. Nach seiner Tätigkeit am Wistar Institute in Philadelphia (Pennsylvania) ging D. 1982 als Prof. an die John Curtin School of Medical Research in Canberra. Seit 1988 leitet er das Department of Immunology des St. Jude Children's Research Hospital in Memphis (Tennessee).

Dole, Robert Joseph (kurz: Bob), amerikan. Politiker, *Russell (Kansas) 22. 7. 1923. – D. unterlag als Kandidat der Republikan. Partei bei den Präsidentschaftswahlen am 5. Nov. mit 41,5 % der Stimmen Amtsinhaber BILL CLINTON.
Der Jurist D. war 1951–53 Abg. im Repräsentantenhaus von Kansas, 1953–61 als Staatsanwalt tätig und 1960–68 Mitgl. des amerikan. Repräsentantenhauses. Bereits 1980 und 1988 bewarb sich D. um die Nominierung als Kandidat der Republikan. Partei, unterlag aber RONALD REAGAN bzw. GEORGE BUSH. Im Mai 1996 kündigte D. überraschend für Juni seinen Rücktritt als Senator von Kansas (dieses Amt hatte er seit 1968 inne) und als Mehrheitsführer des Senats an, um sich ganz dem Wahlkampf widmen zu können.

Dominica

Hauptstadt: Roseau
Einwohner: 71 000
Einwohner/km²: 95
Staatsoberhaupt:
C. Sorhaindo
Regierungschef:
E. James
BSP/Einwohner:
2 800 US-$

Dominikanische Republik

Hauptstadt:
Santo Domingo
Einwohner: 7,8 Mio.
Einwohner/km²: 161
Staatsoberhaupt und Regierungschef:
L. Fernández Reyna
(seit 16. 8. 1996)
BSP/Einwohner:
1 330 US-$

Präsidentschaftswahlen

Am 16. Mai wurden auf nat. und internat. Druck hin vorgezogene Präsidentschaftswahlen durchgeführt. Da keiner der Kandidaten des ersten Wahlgangs die absolute Mehrheit erreichte, entbrannte bis zur Stichwahl am 30. Juni, die LEONEL FERNÁNDEZ REYNA, Kandidat des oppositionellen Partido de la Liberación (PLD), mit 51,25 % der Stimmen für sich entscheiden konnte, ein heftiger Wahlkampf. Dabei griff der langjährige Amtsinhaber

Bob Dole (mit Frau Elizabeth) wird von seinen Parteifreunden bei einem Empfang am 10. Juni aus dem amerikanischen Senat verabschiedet

JOAQUÍN BALAGUER RICARDO, dessen umstrittener Wahlsieg 1994 den Grund für die Neuwahlen darstellte, mit oftmals unlauteren Mitteln zugunsten des neoliberalen FERNÁNDEZ ein. Bes. die Diffamierung des klaren Gewinners des ersten Wahlgangs, des Schwarzen JOSÉ FRANCISCO PEÑA GÓMEZ (PRD), als Abkömmling haitian. Wanderarbeiter – eine Äußerung, die auf die histor. Feindschaft der Dominikaner gegenüber ihren Nachbarn abhob – verfehlte nicht ihre Wirkung. Andererseits vereinbarte BALAGUER mit dem neuen Präs. →Haitis, RENÉ PRÉVAL, eine Verbesserung der Beziehungen zw. beiden Ländern.

Die neue Reg. veröffentlichte am 18. Aug. ein v. a. die Dominikan. Elektrizitätsgesellschaft betreffendes Privatisierungsprogramm. Mit der Weltbank wurde ein Garantiefonds für Auslandsinvestitionen vereinbart. ■

Leonel Fernández Reyna, der neue Präsident der Dominikanischen Republik, gibt am Tag nach dem ersten Wahlgang am 16. Mai eine Pressekonferenz

Donaueschinger Musiktage: Das 1921–26 als ›Donaueschinger Kammermusiktage zur Förderung zeitgenöss. Tonkunst‹ veranstaltete und seit 1950 als jährl. Querschnitt durch das zeitgenöss. Komponieren fortgeführte, vom Donaueschinger Fürst ZU FÜRSTENBERG finanziell stark unterstützte Festival wurde in seinem 75. Jahr vom Südwestfunk-Intendanten PETER VOSS wegen der Summe von 300 000 DM finanziellem Eigenanteil zur Disposition gestellt. Vehemente Proteste gegen die ›Abwicklung‹ dieses Treffens der neuen Musik führten zunächst zum Vorschlag eines Biennale-Rhythmus, der die Chancen junger Komponisten auf eine europaweite Verbreitung ihrer Ansätze – die Rundfunkaufzeichnungen werden von allen wichtigen Sendern übernommen – praktisch halbiert hätte. Nach finanziellen Zusagen durch Bund, Land und die Kulturstiftung der Dt. Bank konnten schließlich die D. M. als jährlich stattfindendes Festival bis ins Jahr 2000 gesichert werden.

Drogentote

1992	1993	1994	1995	1996*)
2 099	1 738	1 624	1 463	1 182

*) einschl. 3. Quartal
Quelle: Bundeskriminalamt

Drogenpolitik: Mit dem Hinweis auf die liberale niederländ. D. weigerte sich Frankreich nach wie vor, das Schengener Abkommen über die Aufhebung der Personenkontrollen an den Grenzen voll in Kraft zu setzen. Unterschiedl. drogenpolit. Vorstellungen v. a von Frankreich und den Niederlanden führten auch zur Verschiebung eines für Anfang März in Den Haag geplanten Rauschgiftgipfels, an dem die Staats- und Regierungschefs der Benelux-Staaten, Frankreichs und Deutschlands hätten teilnehmen sollen. Anfang April beschlossen die Niederlande nicht zuletzt auf internat. Druck eine strengere Cannabispolitik sowie eine verschärfte Bekämpfung des Handels mit harten Drogen und des Drogentourismus; im Nov. lehnten sie jedoch einen frz. Vorschlag über eine Verstärkung der prakt. Zusammenarbeit und eine Angleichung der Gesetzgebung ab. In Deutschland, wo 1996 der Konsum v. a. von Ecstasy um 68 % zunahm und die Zahl der Drogentoten wieder anstieg, wurde weiterhin über drogenpolit. Grundsatzfragen und Teilaspekte gestritten.

Cannabispolitik: Nach 14-jährigem Verbot ist seit 16. April der Anbau von rauscharmem, industriell nutzbarem Hanf erlaubt. Der Anbau muss der Bundesanstalt für Landwirtschaft und Ernährung angezeigt werden; er erfolgt z. B. in Brandenburg und im Saarland. Ein Antrag von Bündnis 90/Die Grünen im Bundestag zur Legalisierung des ›Rausch-Hanfs‹ (Haschisch/Marihuana) scheiterte im April. Auf Weisung des Bundesgerichtshofs (BGH) vom Dez. 1995 revidierte das Lübecker Landgericht Mitte Juli sein umstrittenes ›Haschisch-Urteil‹ vom

Okt. 1994. Der Handel mit mehr als 150 g steht nun wieder unter Strafe. Im Nov. machte Schleswig-Holstein einen umstrittenen Vorstoß in der D.: Ab dem 1. 1. 1997 soll in einem – zunächst auf fünf Jahre begrenzten – Modellversuch Haschisch und Marihuana in Apotheken erhältlich sein. An Interessenten ab 16 Jahre sollen zu einem etwas höheren Preis als auf dem Schwarzmarkt max. fünf Gramm Cannabis in zehn Einheiten (Tütchen) abgegeben werden. Voraussetzung für den Versuch ist allerdings die Zustimmung des Berliner Bundesinstituts für Arzneimittel und Medizinprodukte, die Ende des Jahres 1996 noch nicht vorlag.
Betäubungsmittelpolitik: Im März sprach das Bundessozialgericht erstmals einem Heroinabhängigen eine Methadonbehandlung zu und entschied damit für eine zukünftig weite Auslegung der Richtlinien. In Deutschland werden zurzeit über 10 000 Betäubungsmittelabhängige längerfristig mit Methadon/Polamidon substituiert. Die Verschreibung der Ersatzstoffe Codein und Dihydrocodein will die Bundesreg. gesetzlich einschränken. Im April wurde in der Justizvollzugsanstalt für Frauen in Vechta mit der Aufstellung eines Spritzenautomaten für abhängige Inhaftierte ein auf zwei Jahre angelegter Modellversuch (›Infektionsprophylaxe im Strafvollzug‹) begonnen. Die Bundesreg. legte im selben Monat einen Entwurf zur Änderung des Straßenverkehrsgesetzes vor, der Fahrverbote bei nachgewiesenem Drogenkonsum beinhaltet. Unabhängig davon sprach sich die FDP jedoch für eine insgesamt liberalere D. aus. Im Mai nahm der Bundesrat einen von Hamburg gestellten Änderungsantrag zum Betäubungsmittelgesetz an, der die Legalisierung von Fixerräumen vorsieht und leitete ihn dem Bundestag zu. In Baden-Württemberg stellte die FDP-Landtagsfraktion im Aug. ein Positionspapier vor, das Modellversuche zur kontrollierten Heroinabgabe an Süchtige in drei Städten des Bundeslandes und darüber hinaus die kostenlose Abgabe von Spritzen in Justizvollzugsanstalten sowie die Einrichtung von Fixerräumen vorsieht.

Düsseldorf, →Rhein-Ruhr-Flughafen.

DVD, Abk. für engl. **D**igital **V**ideo **D**isc, digitale Video-CD mit einer Speicherkapazität von max. 17 Gigabyte. Die DVD erregte 1996 das Publikumsinteresse auf den Computer- und Hi-Fi-Messen. Sie besitzt die gleiche Größe wie die herkömml. Audio-CD und CD-ROM, sodass diese auch mit DVD-Laufwerken abgespielt werden können. Das Lasersystem der DVD-Laufwerke, von denen Prototypen gezeigt wurden, arbeitet mit kürzeren Wellenlängen (635–650 nm) als bisher. Dadurch können kleinere Pits (mikroskop. Vertiefungen als binäre Dateneinheiten) dichter auf den Scheiben angeordnet werden. Zudem kann jede Seite zwei Speicherschichten tragen: Der Laser liest erst die Daten der tiefer liegenden Schicht, dann tastet er jene der oberen ab. Dadurch soll die DVD mehr als acht Stunden Film fassen können; mehrere Synchronisationsfassungen sind ebenso möglich wie die Darstellung einzelner Filmszenen aus versch. Blickwinkeln. Vor der für das Spätjahr geplanten Markteinführung gab es allerdings neuen Zwist unter den Herstellern um techn. Standards und Lizenzen. In Europa ist das MPEG-Format etabliert, in den USA und Japan NTSC, das den Digitalton nach dem Dolby-Verfahren AC-3 speichert. Dahinter wiederum aber steht Hollywood, dessen Spielfilme Soundtracks nach dieser Technik tragen und dessen Filmindustrie sich ein lukratives Geschäft von der DVD verspricht.

Erstkonsumenten ›harter Drogen‹
(Heroin, Kokain, Amphetamin, Sonstige)

	1991	1992	1993	1994	1995	1996*)
Insgesamt	13 083	14 346	13 009	14 512	13 861	10 679
davon Kokain	2 467	2 600	3 238	4 307	–	2 435
davon Heroin	9 371	10 452	8 384	8 501	6 970	4 546

*) einschl. 3. Quartal
Quelle: Bundeskriminalamt

Betäubungsmittel-Sicherstellungen

Droge	1992	1993	1994	1995	1996*)
Cannabisharz (in t)	3,8	4,2	4,0	3,8	2,2
Cannabiskraut (in t)	8,3	7,1	21,8	10,4	1,9
LSD (in Stück)	26 571	23 442	29 627	61 785	46 955
Heroin (in t)	1,43	1,09	1,51	0,86	0,68
Rohopium (in kg)	19	232,4	30,5	12,0	32,1
Kokain (in t)	1,33	1,05	0,75	1,76	0,88
Amphetamin (in kg)	113	109	120	126	115,7

*) einschl. 3. Quartal
Quelle: Bundeskriminalamt

E

Ecuador

Hauptstadt: Quito
Einwohner: 11,5 Mio.
Einwohner/km²: 40
Staatsoberhaupt und Regierungschef:
A. J. Bucaram Ortiz (seit 10. 8. 1996)
BSP/Einwohner:
1280 US-$

1996 wuchs das BIP lediglich um 2,9%. Die Wirtschaft leidet nach wie vor unter den hohen Realzinsen und der unzureichenden Energieversorgung, die die Investitionsfreudigkeit hemmen. Trotz gestiegener Einnahmen aus dem Erdölsektor erhöhte sich das seit dem Konflikt mit Peru bestehende Haushaltsdefizit auf nunmehr 2,3% des BIP. Einen positiven Wirtschaftsimpuls lieferte der Exportsektor, der auch 1996 bei steigendem Diversifizierungs- und Verarbeitungsgrad der Exportprodukte zweistellige Zuwachsraten verzeichnete. Inwiefern dadurch eine weitere Erhöhung des Handelsbilanzdefizits verhindert werden konnte, ist allerdings ungewiss, da die außenwirtschaftl. Daten durch massive Waffenkäufe in der Folge des Krieges mit Peru verfälscht wurden. Dem Abwertungsdruck des Sucre begegnete die Zentralbank mit einer Anhebung der Zinsen; damit schwächte sich das Wachstum ab. Konkursbedrohte Banken (z. B. Banco Continental) musste die Zentralbank unterstützen. Durch Umschuldungen und ausländ. Direktinvestitionen gelang es der Reg., die Auslandsschulden dem lateinamerikan. Durchschnitt anzunähern.

Parlaments- und Präsidentschaftswahlen

Während das Treffen der Außenmin. E.s und Perus in Lima am 17./18. Jan. zur Beilegung des jahrzehntealten Grenzstreits vonseiten E.s wegen der anstehenden Präsidentschaftswahlen noch von wenig Entgegenkommen gekennzeichnet war, einigten sie sich in dem Abkommen vom 29. Okt. immerhin auf ein Problemlösungsverfahren. – Aus der Stichwahl am 7. Juli ging Abdalá Jaime Bucaram Ortiz, der Kandidat des populist. Partido Roldosista Ecuatoriano (PRE), überraschend vor dem christlich-sozialen Rechtsanwalt Jaime Nebot Saadi (PSC) als Gewinner hervor. Bei den zeitgleich zum ersten Wahlgang am 19. Mai abgehaltenen Parlamentswahlen erhielt der PRE 19 von 82 Sitzen, der PSC 27, die Unión Demócrata Cristiana zwölf und die unabhängige Bürgerbewegung ›Pachakutik – neues Land‹ acht Mandate. ■

Ehec-Bakterien: Bes. in Bayern traten seit dem Sommer 1995 vermehrt schwerste Infektionen mit dem äußerst infektiösen Kolibakterium vom Typ Ehec auf, das ein Zellgift ausscheidet. Ausschließlich Säuglinge und Kinder unter 13 Jahren waren betroffen. Insgesamt kam es zu 51 Schwerstinfektionen – darunter sieben mit Todesfolge. Das Zellgift löst bei Erwachsenen meist nur ein leichtes Magengrimmen aus. Bei Kindern kann eine Infektion dagegen ein hämolytisch-urämisches Syndrom (HUS) hervorrufen, bei dem es zu Ödembildungen, Nierenversagen und Schäden an Herzmuskel und Blutgefäßen im Gehirn kommt. Unklar ist der Grund für den Anstieg der Infektionsrate und über welchen Weg sich die Kinder angesteckt haben. Untersuchungen legen den Genuss infizierter Teewurst oder Mortadella als Ursache nahe. Aber auch die Übertragung von Mensch zu Mensch über Schmierinfektionen ist nicht ausgeschlossen.

Eheschließung: Nach einem Gesetzentwurf der Bundesreg. vom 24. Jan. soll das Eherecht heutigen Maßstäben angepasst werden: Das öffentl. Aufgebot von Heiratswilligen und das ›Kranzgeld‹ entfallen, ebenso das Eheverbot wegen Schwägerschaft und die 10-monatige Wartezeit für geschiedene Frauen mit neuerl. Heiratsabsichten. Die Formalitäten bei der E. mit ausländ. Partnern sollen erleichtert werden. Neben den Änderungen im E.-Recht, das künftig im BGB zusammengefasst ist, wurden weitere Änderungen des Personenstandrechts beschlossen. Danach können auch tot geborene oder bei der Geburt gestorbene Kinder mit Namen in das Geburten- und damit in das Familienbuch eingetragen werden.

Ehrenschutz: Besonderen E. für Bundeswehrsoldaten soll nach einem Gesetzentwurf der Bundesreg. der neue Strafrechtsparagraph 109b bringen: »Wer öffentlich ... Soldaten in Beziehung auf ihren Dienst in einer Weise verunglimpft, die geeignet ist, das Ansehen der Bundeswehr oder ihrer Soldaten in der öffentlichen Meinung herabzuwürdigen«, soll künftig mit Freiheitsstrafe bis zu drei

Jahren bestraft werden. Der Gesetzesvorstoß wird damit begründet, dass in der Vergangenheit »in zunehmendem Maße Soldaten der Bundeswehr als ›Mörder‹ bezeichnet« worden seien. Namhafte Kritiker dieser ›Lex Bundeswehr‹ bezweifeln, ob der neue Paragraph im Vergleich zur geltenden Rechtslage verstärkten E. bewirken könne und werten den Gesetzesentwurf als Angriff auf die Rechtsprechung des Bundesverfassungsgerichts, das die Verwendung des Tucholsky-Zitats (»Soldaten sind Mörder«) nur dann vom Grundrecht auf Meinungsfreiheit nicht gedeckt und als strafbare Beleidigung erachtet, wenn es direkt auf einzelne Soldaten oder die Bundeswehr gemünzt wird.

elektronische Geldbörse, Bez. für eine mit einem Mikrochip ausgestattete Karte, der bestimmte Geldbeträge speichert und beim Bezahlen mit dieser Karte den gespeicherten Geldbetrag um den verbrauchten Betrag reduziert. Wie bei der Telefonkarte kann die als Bargeldersatz dienende e. G. eine Einwegkarte sein oder eine Mehrwegkarte, bei der der Mikrochip wieder mit einem bestimmten Geldbetrag aufgeladen werden kann. In Deutschland konkurrieren mehrere Systeme. Neben der ›P-Card‹ eines Verbundes mittelständ. Unternehmen und der von der Dt. Bahn AG, der Dt. Telekom AG und dem Verband Dt. Verkehrsunternehmer geplanten ›Pay-Card‹, eine weiterentwickelte Telefonkarte, die z. B. an Kartentelefonen mit bis zu 200 DM aufgeladen werden kann, geben die Banken seit Herbst 1996 die ›Geldkarte‹ heraus, eine um die Funktion einer e. G. erweiterte Eurocheque-Karte. Die Karte kann an Geldautomaten oder speziellen Terminals mit bis zu 400 DM aufgeladen werden. Mithilfe eines kleinen Lesegeräts kann der Kunde den aktuellen Inhalt seiner e. G. abfragen.

elektronisches Telefonbuch: Gerichtl. Auseinandersetzungen und heftige Preiskämpfe begleiteten den Wettbewerb um Telefonnummern-Verzeichnisse auf CD-ROM. Während der Messe ›CeBIT‹ im März präsentierte die DeTeMedien, eine Tochter der Dt. Telekom AG, erstmals ein Verzeichnis aller Telefonkunden auf nur einer CD-ROM. Es enthält rd. 43 Mio. Rufnummern von 32 Mio. Teilnehmern und tritt gegen bereits eingeführte Produkte wie ›D-Info‹ und ›Tele-Info‹ an. Die Preise des e. T. der Telekom rutschten angesichts der Billigkonkurrenz von max. über 1 000 DM auf unter 50 DM. Unterschiede zw. den versch. Versionen liegen v. a. im Bereich des Datenschutzes: So erlauben es manche umstrittene Produkte, Namen und Anschriften anhand der Rufnummer zu suchen oder alle Telefonbesitzer einer Straße herauszufiltern, während andere dies ausschließen. Bei den gerichtl. Verfahren geht es um Urheberrechtsfragen; die Dt. Telekom AG wollte klären lassen, ob sich Wettbewerber ihrer Telefonbücher bedienen dürfen.

Elementarteilchen: Am Europ. Zentrum für E.-Physik CERN in Genf gelang es im Juni nach einem Umbau des Speicherrings LEP, bei Kollisionen von Elektronen und Positronen die Energieschwelle von 2 × 80,5 GeV zur Erzeugung von W-Boson-Paaren zu erreichen. Diese 1983 entdeckten E. vermitteln mit den schon systematisch untersuchten Z-Bosonen die elektroschwache Wechselwirkung, eine der vier fundamentalen Wechselwirkungen im Standardmodell der E.-Physik. Nun wollen die Forscher mithilfe von LEP in großen Mengen W-Bosonen erzeugen und analysieren und daraus neue Erkenntnisse über die Schlüssigkeit des Standardmodells gewinnen. Im Widerspruch zu diesem stehen neue Messungen am Linearbeschleuniger Tevatron des ›Fermilab‹ in Batavia (USA). Bei der Kollision von Protonen und Antiprotonen entstanden Teilchenschauer, die auf eine innere Struktur der Quarks deuten. Diese gelten im Modell als kleinste Bausteine der Materie, die ohne Ausdehnung und nicht weiter teilbar sind.

Elfenbeinküste

Hauptstadt: Yamoussoukro
Einwohner: 14,3 Mio.
Einwohner/km²: 44
Staatsoberhaupt: H. K. Bédié
Regierungschef: D. K. Duncan
BSP/Einwohner: 610 US-$

Nach den Wahlen vom Nov. 1995 beruhigte sich die Lage im Lande weitgehend. Probleme bereiteten Übergriffe liberian. Rebellen auf das Territorium der E. Die Reg. profilierte sich als Vermittlerin im Bürgerkrieg in Sierra Leone. Schwerpunkt der Wirtschaftspolitik war die Umsetzung des 1995 formulierten Reformprogramms, das u. a. mehrere große Infrastrukturprojekte und eine Modernisierung der Wirtschaft vorsieht, basierend auf einer sich dynamisch entwickelnden Privatwirtschaft, der Privatisierung von Staatsunternehmen sowie der Förderung der Exportwirtschaft. ■

El Salvador

Hauptstadt: San Salvador
Einwohner: 5,8 Mio.
Einwohner/km²: 274
Staatsoberhaupt und Regierungschef: A. Calderón Sol
BSP/Einwohner: 1 360 US-$

Der anhaltende Wachstumstrend der letzten Jahre wurde begleitet von Reformen im Bankensektor, die die Öffnung gegenüber dem Ausland zum Ziel haben, sowie von umfangreichen Privatisierungsprojekten im öffentl. Sektor (u. a. des staatl. Tele-

kommunikationsunternehmens ANTEL, von vier Elektrizitätsgesellschaften, des nat. Flughafens und der staatl. Pensionskasse). Der amerikan. Außenmin. WARREN CHRISTOPHER sicherte der Reg. während seines Besuchs am 26. Febr. eine Finanzhilfe von 10 Mio. US-$ zu. Mit Guatemala wurde am 6. Sept. in San Salvador ein Vertrag über die Bildung einer Zollunion unterzeichnet.
Auch 1996 wurde die Landverteilung an die ehem. Kämpfer auf beiden Seiten des Bürgerkriegs nicht abgeschlossen. Die von der links gerichteten Partei und früheren Guerillaorganisation FMLN unterstützte Demonstration von Bauern am 25. April in der Hauptstadt forderte eine umfassende Agrarreform und einen völligen Erlass ihrer Schulden.
Anfang Sept. drohte eine Gruppe von Offizieren mit einem Staatsstreich, falls Präs. ARMANDO CALDERÓN SOL nicht bis zum 15. Okt. mehrere Regierungsmitgl. entlasse. Der Finanzmin., der Zentralbankpräs. und andere hohe Beamte wurden mit dem Tod bedroht. Seit Juni bedroht auch eine neue Todesschwadron in- und ausländ. Journalisten, weil sie angeblich die (rechts gerichtete) Regierungspartei verunglimpften.

Embryonenvernichtung: Etwa 3000 tiefgekühlt aufbewahrte menschl. Embryonen wurden im Juli in brit. Spezialkliniken für Reproduktionsmedizin vernichtet. Nach 1991 in Kraft getretenem brit. Recht sind die Kliniken verpflichtet, nicht übertragene Embryonen nach fünf Jahren in einer Lösung aus Alkohol und Essig abzutöten und zu verbrennen. Nur wenn die leibl. Eltern dieser Embryonen einen Antrag auf Fristverlängerung stellen, werden die Embryonen für weitere fünf Jahre tiefgekühlt konserviert. Die zuständigen Ärzte beklagten, dass sich nur ein sehr kleiner Teil der angeschriebenen Eltern meldete und eine Erklärung über den weiteren Verbleib ihrer Embryonen abgab. Daher seien sie gesetzlich verpflichtet gewesen, die nunmehr fünf Jahre lang konservierten vierzelligen Embryonen zu vernichten.

Mit der Zusammenstellung einer ›Versehrtenstreife‹ demonstrieren Krefelder Polizisten im September gegen die beabsichtigten Lohnkürzungen im Krankheitsfall

Die Aktion rief sowohl in Großbritannien als auch in anderen europ. Ländern scharfe Proteste bei Politikern, Kirchenvertretern und anderen Abtreibungsgegnern hervor. Die E. wurde teilweise als ›Massaker‹ und ›Völkermord‹ bezeichnet.
In Deutschland werden nur unbefruchtete Ei- und Spermazellen tiefgekühlt konserviert. Bei einer In-vitro-Fertilisation werden höchstens drei befruchtete, lebensfähige Embryonen übertragen. Überzählige Embryonen werden sofort abgetötet.

›Ich sags ja, Eizelle und tiefgefroren müsste man sein!‹

Ensemble Modern, Kammerorchester, das sich ausschließlich der Musik des 20. Jh. widmet und aufgrund seiner exemplar. Interpretationen einer der gefragtesten Klangkörper für zeitgenöss. Musik ist. 1996 absolvierte das E. M. seine erste Amerikatournee und erhielt den mit 100000 DM dotierten Kulturpreis der Binding-Brauerei AG.
Im Herbst 1980 als Untergruppierung der Jungen Dt. Philharmonie entstanden, tat das E. M. 1983 die entscheidenden Schritte in die Professionalität: Bei den Donaueschinger Musiktagen stellte es sich als ›Ensemble der Gesellschaft für Neue Musik‹ vor, 1985 konnte die Stadt Frankfurt am Main das E. M. institutionalisieren. Nahezu alle bedeutenden lebenden Komponisten, darunter KARLHEINZ STOCKHAUSEN, WOLFGANG RIHM und HANS WERNER HENZE, haben seitdem mit dem E. M. gearbeitet. Das ›demokrat.‹ Leitungsprinzip des E. M., über zu engagierende Dirigenten und geplante Werkaufführungen abzustimmen, wurde für viele andere Ensembles zum Vorbild.

Entgeltfortzahlung, gesetzlich garantierter Anspruch auf Weiterzahlung des Arbeitsentgelts im Krankheitsfall für die Dauer von höchstens sechs Wochen gemäß E.-Gesetz vom 25. 5. 1994 (früher Lohnfortzahlung). Mit dem →Sparpaket hat die Bundesreg. die E. von 100% auf 80% des vorherigen Arbeitsentgelts gesenkt (ausgenommen sind Berufskrankheiten und Arbeitsunfälle); alternativ können Arbeitnehmer auch für je fünf Krankheitstage auf einen Urlaubstag verzichten. Durch diese Maßnahme sollen der – auch im internat. Vergleich hohe – Krankenstand (1994 im Durchschnitt 22 Krankheitstage je Arbeitnehmer) und damit zusammenhängend auch die Arbeitsnebenkosten reduziert werden. Gleichzeitig wurde auch das von

den Krankenkassen nach sechs Wochen Krankheit gezahlte Krankengeld um zehn Prozentpunkte auf 70% des Bruttoarbeitsentgelts gesenkt.
Die Kürzung der E. wird von den Arbeitgeberverbänden seit langem gefordert. Gewerkschaften und SPD werten sie hingegen als Angriff auf hart erkämpfte Errungenschaften und als ›Sozialabbau‹. Da in den meisten Branchen die E. in versch. Weise tarifvertraglich geregelt ist, ist die Umsetzung der Neuregelung vom 1. Okt. an rechtlich umstritten und hat zu heftigen Auseinandersetzungen zw. Arbeitgeberverbänden und Gewerkschaften geführt (→Tarifpolitik).
Würde die Neuregelung in allen Unternehmen eingeführt, könnten sich nach Schätzungen der Arbeitgeberverbände beim derzeitigen Krankenstand die Kosten für die E. von 60 Mrd. DM auf 48 Mrd. DM jährlich verringern. Ob sich durch eine solche mögl. Kostenentlastung Beschäftigungseffekte erzielen lassen, bleibt offen.

Entsendegesetz: Ab 1. 1. 1997 müssen – zunächst befristet bis 31. 8. 1997 – auch ausländ. Arbeitnehmer auf dt. Baustellen tarifl. Mindestlöhne erhalten (pro Stunde 17 DM in den alten und 15,64 DM in den neuen Bundesländern). Darauf einigte sich der Tarifausschuss beim Bundesarbeitsministerium nach monatelangem Tauziehen und ermöglicht damit die Umsetzung des E. (in Kraft seit 1. 3. 1996). Damit soll der Wettbewerbsdruck entschärft werden, der durch ›Hungerlöhne‹ von 5–10 DM für Arbeitnehmer, etwa aus Portugal und Großbritannien, entstanden ist. Verstöße von Arbeitgebern gegen den Mindesttarif können mit Geldbußen bis zu 100 000 DM und mit dem Ausschluss von der Vergabe öffentl. Aufträge geahndet werden. Das E. soll dazu beitragen, den Arbeitsplatzabbau im dt. Baugewerbe zu stoppen.

Erbakan, Necmettin, türk. Politiker (Wohlfahrtspartei, RP), *Sinop 29. 10. 1926. – Nachdem im Mai die am 3. März vereinbarte Koalition zw. Mutterlandspartei (ANAP) und der Partei des rechten Weges (DYP) gescheitert war, beauftragte Staatspräs. SÜLEYMAN DEMIREL E., den Vors. der RP, am 7. Juni mit der Regierungsbildung. Ende Juni einigte er sich mit TANSU ÇILLER (DYP) auf eine Koalition, gewann am 8. Juli die Vertrauensabstimmung im Parlament und ist damit der erste islamistisch orientierte MinPräs. der Türkei. Entgegen seinen ursprünglichen polit. Vorstellungen (u. a. Austritt der Türkei aus der NATO, kein EU-Beitritt) nimmt E. als Regierungschef eine moderate Position ein.
Seit Ende der 60er-Jahre ist E. politisch aktiv. Der 1954 in Aachen promovierte Maschinenbauingenieur ist seit 1965 Prof. In den 70er-Jahren war E. als Vors. der rechtsgerichteten islam. Nat. Heilspartei an mehreren Regierungen beteiligt. Im Juli 1983 gründete er die islam.-fundamentalist. RP, die bei den vorgezogenen Parlamentswahlen am 24. 12. 1995 21,3% der Stimmen erzielte und damit stärkste Partei wurde.

In Lumpen gekleidete Bauarbeiter ziehen am 28. Mai zum Bonner Arbeitsministerium, um für die Durchsetzung des Mindestlohns im Baugewerbe zu demonstrieren

Der Führer der islamistischen Wohlfahrtspartei, Necmettin Erbakan, stellt sich am 7. Juni der Presse, kurz nachdem er von Staatspräsident Süleyman Demirel mit der Regierungsbildung beauftragt worden ist

Eritrea

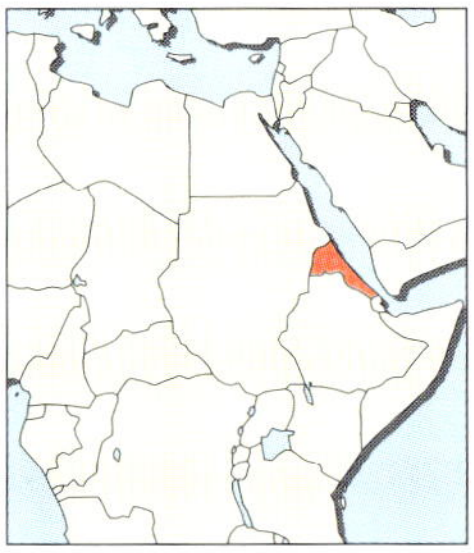

Hauptstadt: Asmara
Einwohner: 3,5 Mio.
Einwohner/km²: 29
Staatsoberhaupt und Regierungschef: I. Afewerki
BSP/Einwohner: 77 US-$ (1993)

Die Übergangsreg. des seit Mai 1992 unabhängigen jüngsten Staates in Afrika strebt eine marktwirtschaftl. Orientierung und eine behutsame Öffnung zum Mehrparteiensystem an, wobei die Regie-

rungspartei Popular Front for Democracy and Justice (PFDJ; bis 1994 Eritr. Befreiungsfront, EPLF) unter dem populären Präs. ISSAIAS AFEWERKI bemüht ist, sich eine gute Startposition für Wahlen zu schaffen. Es wird an einer Verfassung gearbeitet, nach deren Verabschiedung 1997 die Übergangsreg. durch Wahlen abgelöst werden soll. Weiterhin schwierig verlief die Integration der ehem. EPLF-Kämpfer, hinzu kam das Problem der Eingliederung der heimkehrenden Flüchtlinge.
Im Streit um die Hanishinseln im Roten Meer, auf die sowohl E. als auch Jemen Ansprüche erheben und die wegen ihrer Leuchttürme für die Suezschifffahrt wichtig sind, kam es erneut zu militär. Auseinandersetzungen. Bereits Ende Dez. 1995 waren eritr. Truppen auf der Großen Hanishinsel gelandet und hatten 180 jemenit. Soldaten gefangen genommen. Im Okt. wurde unter Vermittlung Frankreichs ein Schlichtungsverfahren eingeleitet. ■

Estland

Hauptstadt: Reval
Einwohner: 1,5 Mio.
Einwohner/km²: 34
Staatsoberhaupt:
L. Meri
Regierungschef:
T. Vähi
BSP/Einwohner:
2 820 US-$

E. scheint der Sprung in die Marktwirtschaft gelungen zu sein. Die Währung ist stabil, der Wechselkurs der Estn. Krone gegenüber der Deutschen Mark hat sich in den letzten Jahren nicht verändert. Die Privatisierung der Wirtschaft ist so gut wie abgeschlossen; in staatl. Besitz befinden sich noch Unternehmen der Bereiche Energie, Telekommunikation und Schienenverkehr.
Nach insgesamt fünf Wahlgängen wurde LENNART MERI am 20. Sept. für weitere fünf Jahre zum Präs. der Republik gewählt. Nachdem MERI im Parlament in drei Anläufen die notwendige Zweidrittelmehrheit gegen seinen Herausforderer, den Exkommunisten ARNOLD RÜÜTEL, nicht erreichen konnte, wurde die ›Große Versammlung‹ einberufen, die sich aus den Parlamentariern und 273 Vertretern aus den Regionen und Gemeinden zusammensetzt. Dieses Gremium wählte MERI schließlich im zweiten und letzten Anlauf mit absoluter Mehrheit. Ende Nov. kam es zum Bruch der Koalitionsreg., als sechs Min. der Reformpartei zurücktraten. MinPräs. TIIT VÄHI besetzte die entsprechenden Ressorts mit parteilosen Fachleuten und regiert seit Anfang Dez. ohne parlamentar. Mehrheit. Seiner Sammlungspartei und der Agrarunion gehören nur 41 der 101 Abgeordneten an.
Die orth. Kirche E.s entschied im Frühjahr, dem Patriarchat von Moskau die Gefolgschaft zu verweigern und sich fortan der Jurisdiktion von Konstantinopel zu unterstellen, wie dies bis zum Zweiten Weltkrieg bereits der Fall gewesen war. Dieser Entschluss führte innerhalb der orthodoxen Kirchen Osteuropas zu erhebl. Spannungen, denn damit musste die russ.-orthodoxe Kirche eine weitere Beschneidung ihrer Einflusssphäre hinnehmen, die sich einst über das ganze Gebiet der ehem. Sowjetunion erstreckt hatte. Moskaus Patriarch ALEKSIJ II. erklärte die kanon. Bande zum Ökumen. Patriarchen von Konstantinopel BARTHOLOMAIOS I. für aufgelöst.

Eritreas Präsident Issaias Afewerki begrüßt Bundespräsident Roman Herzog in Asmara, der letzten Station seiner Ostafrikareise

Estonia: Das Wrack der am 28. 9. 1994 mit über 1 000 Passagieren an Bord in der Ostsee gesunkenen estn.-schwed. Passagierfähre E., in dem rd. 700 der insgesamt 852 Todesopfer eingeschlossen sind, sollte gegen den Willen der meisten Hinterbliebenen im April 1996 einbetoniert werden. Da dadurch jedoch Schadensersatzprozesse behindert werden könnten, verschob die schwed. Regierung das Vorhaben bis zur Klärung des Unglückshergangs. Innerhalb der estn.-schwed. Havariekommission, die den Unglückshergang untersucht, kam es wiederholt zu schweren Differenzen, die die Vorlage eines Abschlussberichts verzögerten.

Euro: Die künftige Gemeinschaftswährung der EU heißt nach einem Beschluss der 15 Staats- und Regierungschefs vom Dez. 1995 Euro. Sie soll spätestens vom 1. 1. 2002 an – drei Jahre nach dem Beginn der Europ. Währungsunion durch die Fixierung der Wechselkurse – von den Bürgern der Teilnehmerstaaten in Händen gehalten werden können. Sechs Monate später soll der Umtauschvorgang abgeschlossen sein und die nat. Banknoten und Münzen eingezogen werden.
Bis dahin ist noch ein weiter Weg: Nach einem vom 12. Febr. bis 13. Sept. laufenden Wettbewerb für die Gestaltung der neuen Banknoten wählte der Rat des Europ. Währungsinstituts nach einer Vorauswahl durch eine Expertenjury aus den 44 eingereichten Entwürfen die Vorschläge des österr. De-

signers ROBERT KALINA zum Thema ›Zeitalter und Stile in Europa‹ aus und stellte sie im Dez. der Öffentlichkeit vor. Es gibt Banknoten im Wert von 5, 10, 20, 50, 100, 200 und 500 Euro. Der höchste Nennwert der Münzen soll sich auf 2 E. belaufen, für kleinere Einheiten im Wert von weniger als 1 E. ist die Bezeichnung ›Cent‹ bzw. ›Eurocent‹ vorgesehen. Für die Produktion des neuen Geldes, die 1998 beginnen soll, sind zwei Jahre angesetzt.

Eurofor, Kw. für **Euro**pean **For**ce, eine 1996 von Frankreich, Italien, Portugal und Spanien gebildete ›schnelle europ. Eingreiftruppe‹ bzw. einen ›europ. Marineverband‹ **(Euromarfor,** Kw. für **Euro**pean **Mar**ine **For**ce). Beide Verbände sollen der WEU, der NATO und der UNO für humanitäre Einsätze, bei Friedensmissionen und bei Einsätzen in Krisengebieten zur Verfügung gestellt werden.

EUROPÄISCHE UNION

Die wichtigsten Themen der EU waren neben der →Europäischen Wirtschafts- und Währungsunion (EWWU) die Bekämpfung der Rinderseuche BSE und die Erweiterung der EU.

Trends der Wirtschaftsentwicklung. Haushalt. Streit um Subventionen und um Handelssanktionen

Aufgrund der in der zweiten Jahreshälfte einsetzenden Konjunkturbelebung wurde für 1996 mit einem Wirtschaftswachstum von 1,5% (1997: 2,4%) gerechnet. Es wurde davon ausgegangen, dass die Beschäftigung 1996 jährlich um 0,2% und 1997 um 0,6% steigt. Damit sollte die Arbeitslosigkeit 1996 bei 10,9% der Erwerbsbevölkerung liegen und 1997 geringfügig auf 10,8% zurückgehen. Für die Inflation innerhalb der EU wurden für 1996 und 1997 neue Rekordtiefs von 2,6% bzw. 2,4% prognostiziert, wobei sich die Konvergenz der Inflationsraten weiter verstärken wird. Hinsichtlich des durchschnittl. Haushaltsdefizits wurde für 1996 von einem Rückgang auf 4,4% des BIP und – unter der Prämisse einer unveränderten Finanzpolitik – für 1997 auf 3,4% des BIP ausgegangen. Dieser Defizitabbau dürfte allerdings nicht genügen, um ein weiteres Anwachsen des öffentl. Schuldenstands im Verhältnis zum BIP EU-weit auf (1996) 73,9% bzw. (1997) 74,3% zu verhindern.
Angesichts der Sparzwänge in allen EU-Ländern strebten die Finanzmin. für 1997 einen Gemeinschaftshaushalt an, der mit 155 Mrd. DM um 0,3% unter dem Etat von 1996 liegt. Die Kürzungen des Vorentwurfs der Europ. Kommission um 5,5 Mrd. DM reduzieren v.a. die Agrarausgaben und die Strukturfonds um jeweils 2 Mrd. DM sowie die Rubriken ›interne Politiken‹ und ›externe Politiken‹ mit insgesamt 1,4 Mrd. DM. Im Zusammenhang mit den Kürzungsabsichten wollte das Europ. Parlament zusätzl. Ausgaben in Höhe von rd. 2 Mrd. DM für den Ausbau der →transeuropäischen Netze festschreiben. Diesen Wunsch lehnten die EU-Finanzmin. mehrheitlich Mitte Okt. ab. Einigkeit herrschte dagegen bei der Reduzierung der Agrarausgaben und der Strukturmittel. Damit wollten die Finanzmin. v.a. der größeren Mitgliedsländer ihre Defizite im Jahr 1997 so weit unter Kontrolle halten, dass sie die Konvergenzkriterien des Maastrichter Vertrags zur EWWU erfüllen können. Unstrittig war der Nachtragshaushalt, mit dem ein Überschuss von 17,5 Mrd. DM aus dem vergangenen in das laufende Haushaltsjahr übertragen werden sollte.
Im Streit um die Subventionen des Bundeslandes →Sachsen für die sächs. VW-Werke – Sachsen berief sich auf eine Sonderregelung – trat Anfang Sept. eine Entspannung ein. Die Europ. Kommission beschloss, beim Europ. Gerichtshof keinen Antrag auf eine einstweilige Anordnung gegen die trotz EU-Sperre erfolgte Zahlung von 90,7 Mio. DM Beihilfe zu stellen, sondern auf normalem Wege gegen die Bundesreg. zu klagen – Sachsen hatte zuvor gegen die Kommission Klage eingereicht. Die Entscheidung der EU-Kommission wurde getroffen, nachdem die Bundesreg. sich bereit erklärt hatte, einen Betrag in Höhe der umstrittenen Subventionen einzufrieren. Dabei handelte es sich um einen Teil der von der EU genehmigten Investitionszulagen für VW. Dies war notwendig, da sich Sachsen geweigert hatte, seine Finanzhilfe für VW zu sperren. Kurz zuvor hatte das Volkswagenwerk bekannt gegeben, dass es das Geld bis Ende 1996 nicht abrufen werde, um eine Beilegung des Konflikts zu ermöglichen.
Der Streit zw. der EU-Kommission und der amerikan. Reg. um das im März vom Kongress als Reaktion auf den Abschuss zweier Kleinflugzeuge durch die kuban. Luftwaffe verabschiedete Helms-Burton-Gesetz (→USA) eskalierte. Die EU hatte scharf kritisiert, dass die Kubasanktionen auch Wirtschafts- und Handelsbeziehungen dritter Staaten mit Kuba einschließen. Ende Okt. einigten sich die Außenmin. der EU auf Abwehrmaßnahmen, deren Kernpunkt die Möglichkeit bildete, dass europ. Firmen amerikan. Tochterunternehmen in Europa regresspflichtig machen könnten, wenn gegen europ. Unternehmen in den USA rechtlich vorgegangen werde.

Streitfall BSE

Eines der beherrschenden Themen in der EU war der Streit um das Exportverbot von brit. Rindfleisch aufgrund der Rinderseuche →BSE. Nachdem der EU-Veterinärausschuss am 25. März empfohlen hatte, alle brit. Rindfleischexporte zu stoppen, setzte Agrarkommissar FISCHLER das Zustimmungsverfahren in Gang. Die Intervention des brit. Premiermin. JOHN MAJOR, der auf angebl. neue Erkenntnisse verwies, schob eine Entscheidung zunächst auf. Gegen den scharfen Protest der brit. Reg. verhängte die EU nach nochmaliger Anhörung der Veterinärkommission am 27. März das totale Exportverbot für Rindfleisch und Produkte aus Rindern (z.B. Gelatine). Die EU-Kommission vollzog mit ihrer Entscheidung die Importverbote für brit. Rindfleisch nach, die versch. Staaten, darunter auch Deutschland, erlassen hatten. Innerhalb der EU führte das weltweite Exportverbot zu

Auf einer der größten Baustellen Frankreichs entsteht in Straßburg das neue Gebäude des Europäischen Parlaments. Im Bild die Südseite des Gebäudes

einem erbitterten Streit zw. Großbritannien und den übrigen Ländern. Großbritannien sagte zunächst die Erfüllung aller von der EU beschlossenen Maßnahmen zu in der Hoffnung, möglichst bald die Aufhebung des Exportverbots zu erreichen. Als das Verbot jedoch beibehalten wurde, blockierte die brit. Reg. ab Mai alle einstimmig zu treffenden Entscheidungen innerhalb der EU und versuchte so, die Partnerländer unter Druck zu setzen. Erst auf dem EU-Gipfel in Florenz vom 21. bis 23. Juni verständigten sich die Staats- und Regierungschefs auf einen Stufenplan, der die schrittweise Aufhebung des Exportverbots vom Fortschritt in der Bekämpfung der Rinderseuche in Großbritannien abhängig machte.

Schwierige EU-Außenpolitik

Zum 1. Jan. trat die Zollunion zw. der EU und der Türkei in Kraft. Auswirkungen werden zunächst für den Textilmarkt erwartet, da die Türkei in diesem Sektor bereits eine starke Wettbewerbsposition besitzt. Einige Wirtschaftsbereiche, z.B. die Landwirtschaft, sind allerdings von der Zollunion ausgenommen. Überschattet wurde das Verhältnis zur Türkei durch den griech.-türk. Konflikt um die kleine Felseninsel Imia. Solange die Türkei Ansprüche auf Teile des Dodekanes erhebt, ist Griechenland nicht bereit, Finanzhilfen der EU zuzustimmen, die im Rahmen der Zollunion vereinbart worden waren. Weiterhin problematisch für die EU sind die Menschenrechtsverletzungen in der Türkei.
Insgesamt präsentierte sich die EU-Außenpolitik als nicht sehr einheitlich. Die USA kritisierten, dass die EU nicht in der Lage sei, ihre Sicherheitsprobleme allein zu lösen. Die Formulierung des Maastrichter Vertrags zur Gemeinsamen Außen- und Sicherheitspolitik bietet jedoch nur einen Koordinierungsrahmen für die Außenpolitik und lässt für die Sicherheitspolitik lediglich eine Option. Die Schwerfälligkeit der EU-Außenpolitik war auch Thema der am 27. März in Turin eröffneten Regierungskonferenz zur Überprüfung des Maastrichter Vertrags (Maastricht II). Die Schwierigkeit der Gemeinsamen Außen- und Sicherheitspolitik liegt darin, dass es die Mitgliedsländer der EU bisher versäumt haben, gemeinsame Interessen zu formulieren und diese gegen nat. Sonderwege und -wünsche zu behaupten.
Einzuschalten versuchte sich die EU sowohl in den Friedensprozess in →Bosnien und Herzogowina als auch im Nahen Osten, nachdem es in den ersten Märzwochen zu mehreren Anschlägen arab. Terroristen auf israel. Einrichtungen gekommen war. Den Bemühungen der Außenmin. KINKEL, AGNELLI und DE CHARETTE war jedoch nur geringer Erfolg beschieden. Auf ihrer Konferenz in Palermo am 10. März verurteilten die EU-Außenmin. zwar in scharfer Form die Terroranschläge, doch lehnten sie die von den USA vorgeschlagene Isolierung Irans und Libyens ab, die beide als Drahtzieher terrorist. Anschläge gelten.
Ungeklärt ist weiterhin das Verhältnis zur →Westeuropäischen Union (WEU). So soll die WEU langfristig innerhalb der EU zum Kern einer europ. Sicherheitsstruktur werden. Gegen eine Eingliederung der WEU wendet sich v.a. Großbritannien. Nach brit. Auffassung ist eine Weisungsfunktion der EU gegenüber der WEU ausgeschlossen, da es sich bei den beiden Zusammenschlüssen um unterschiedl. Mitgliederkreise handelt. Der WEU gehören lediglich zehn von 15 EU-Staaten an.

Die Erweiterung der EU

Die Erweiterung der EU um die ostmitteleurop. Reformstaaten Polen, Ungarn, Tschech. Republik, Bulgarien, Slowenien und Rumänien sowie um die balt. Staaten Estland, Lettland und Litauen wurde auch 1996 als vordringl. Projekt der europ. Politik angesehen. Die Verhandlungen mit diesen Beitrittskandidaten sollen zusammenfallen mit dem Beginn der Verhandlungen mit Zypern und Malta, mit dem frühestens sechs Monate nach Abschluss der Regierungskonferenz (Maastricht II) zu rechnen ist. Die nord. Staaten der EU traten vehement für die

Erweiterung der Union nach Osten ein. Die nicht der EU angehörenden Staaten Norwegen und Island bekundeten auf der Sitzung des Nord. Rats ihr Interesse an einer ständigen Kooperation mit den nord. Mitgliedsländern. ■

Europäische Wirtschafts- und Währungsunion: Die Vorbereitungen der für den 1. 1. 1999 geplanten Europ. Wirtschafts- und Währungsunion (EWWU) traten 1996 in eine entscheidende Phase. Zugleich gewann die Diskussion um die Auslegung der beiden Konvergenzkriterien für solide Staatsbudgets, die der Maastrichter Vertrag neben stabilen Preisen und Wechselkursen sowie niedrigen Zinsen als Voraussetzung für die Teilnahme an der gemeinsamen Währung (Euro) nennt, an Bedeutung. Der Maastrichter Vertrag definiert als Obergrenzen für das Budgetdefizit 3% des BIP, für den gesamten Schuldenstand 60% des BIP.
Am 25. Nov. konnte die italien. Lira nach langen Bemühungen in den Wechselkursmechanismus des Europäischen Währungssystems (EWS) zurückkehren. Eine Vollmitgliedschaft im EWS noch vor dem Ende des Jahres 1996 ist eine Teilnahmebedingung für die EWWU.

Die Vorarbeiten für die Währungsunion wurden Mitte Dez. beim EU-Gipfeltreffen in Dublin abgeschlossen. So einigten sich die Staats- und Regierungschefs auch auf einen (lange verhandelten) Stabilitätspakt zur dauerhaften Sicherung der Haushaltsdisziplin. Dieser sieht im Kern ein Frühwarnsystem für das Auftreten übermäßiger Haushaltsdefizite sowie eine verstärkte Überwachung der Haushalte der Mitgliedsländer vor. Für einen neuen Wechselkursmechanismus (EWS II), in dem die ersten Teilnehmer der Währungsunion (›Eurokern‹) mit den Währungen der zunächst außerhalb bleibenden Länder verbunden werden, wurden Vorschläge unterbreitet. Die künftige Europ. Zentralbank (EZB) erhält ein Initiativrecht zur Einleitung von Verhandlungen über Wechselkursänderungen.

EUROPÄISCHE WIRTSCHAFTS- UND WÄHRUNGSUNION

Braucht Europa feste Fristen und Termine?

Der Autor:
Rüdiger Pohl, geb. 1945. Professor für Volkswirtschaftslehre. 1986–94 Mitglied des Sachverständigenrates zur Begutachtung der gesamtwirtschaftlichen Entwicklung. Seither Präsident des Instituts für Wirtschaftsforschung Halle

Zeitplan für die Einführung der einheitlichen Währung

Die europäische Staatengemeinschaft will auf dem Weg zur weiteren Integration einen historischen Schritt wagen: Mit der Europäischen Wirtschafts- und Währungsunion (EWWU) sollen die nationalen Währungen durch eine gemeinsame Währung und durch eine gemeinsame Geld- und Währungspolitik ersetzt werden. Der vereinbarte Zeitplan sieht wie folgt aus:
1) So früh wie möglich im Jahr 1998 wird (auf der Basis der wirtschaftlichen Daten des Jahres 1997) festgestellt, welche Mitgliedstaaten der Europäischen Union (EU) die Voraussetzungen für die Einführung der einheitlichen Währung erfüllen.
2) Am 1. Januar 1999 wird die EWWU mit der unwiderruflichen Festsetzung der Wechselkurse für die Umrechnung der Währungen der teilnehmenden Staaten in ihrem Verhältnis zueinander und zur gemeinsamen europäischen Währung (Euro) in Kraft gesetzt. Die Europäische Zentralbank (EZB) wird errichtet; sie wird fortan die europäische Geld- und Währungspolitik verantworten.
3) In einer Übergangsphase bleiben die nationalen Währungen neben dem Euro bestehen, und Bürger und Unternehmen können ihre Verträge zunächst weiter in nationaler Währung oder schon in Euro abschließen. Spätestens am 1. Januar 2002 werden die Euro-Banknoten und Euro-Münzen zusätzlich zu den nationalen Banknoten und Münzen in Umlauf gebracht, und spätestens sechs Monate danach werden die Landeswährungen in allen teilnehmenden Mitgliedstaaten vollständig durch den Euro ersetzt; damit ist die Einführung der einheitlichen Währung vollendet.

Ob der Fahrplan eingehalten wird, ist freilich ungewiss. Denn die EWWU stößt in Europa auf Vorbehalte; in Deutschland wird sie Umfragen zufolge von der Bevölkerung mehrheitlich abgelehnt (von der Wirtschaft überwiegend gefordert). Einige Vorbehalte gegen die EWWU beruhen auf Fehlinterpretationen (so ist die Währungs*union* keine Währungs*reform,* die die Ersparnisse entwertet); doch gibt es auch handfeste Sorgen. Weshalb, so fragen viele Menchen, soll die vertraute Deutsche Mark überhaupt durch eine europäische Währung abgelöst werden? Wie steht es um die Stabilität der neuen Währung? Und werden nicht als Folge der EWWU die innereuropäischen Transferzahlungen anschwellen und Deutschland weitere finanzielle Lasten aufbürden? Diesen Vorbehalten müssen die Regierungen noch viel Überzeugungsarbeit entgegensetzen, wenn sie die EWWU mit und nicht gegen den Willen der Mehrheit der Bevölkerung schaffen wollen.

Die Währungsunion folgt der Verschmelzung der europäischen Märkte

Für das Projekt EWWU haben die europäischen Regierungen gute politische Gründe: die Sicherung und Festigung der Friedensordnung in Europa durch eine gemeinsame Währung und Währungs-

Zeitplan des Übergangs zur einheitlichen europäischen Währung Euro

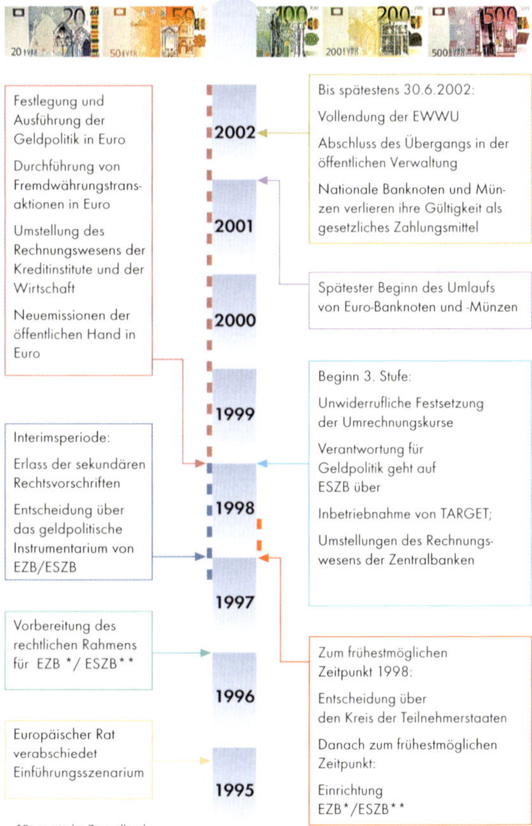

*Europäische Zentralbank
**Europäisches System der Zentralbanken (EZB und nationale Zentralbanken)

politik zu untermauern. Vor allem aber gibt es gewichtige volkswirtschaftliche Gründe. Seit vielen Jahren findet in Europa ein Prozess der wirtschaftlichen Verschmelzung statt: Die nationalen Grenzen zwischen den Gütermärkten sind gefallen, die Finanzmärkte wachsen zu einer Einheit zusammen. Allerorten ist die immer schärfere, längst über die nationalen Grenzen hinausgreifende Standortkonkurrenz zu verspüren. Historisch gesehen findet die Entnationalisierung der europäischen Volkswirtschaften statt und ihre Regionalisierung in einer einheitlichen Wirtschaft Europa. Die Verschmelzung der Wirtschaftsräume in Europa drängt auf die Vereinheitlichung der Währung. Die einheitliche Währung erspart der Wirtschaft Transaktionskosten, die sonst bei Finanztransaktionen zwischen verschiedenen Währungen anfallen. Die EWWU schafft größere Finanzmärkte in einheitlicher Währung, damit mehr Liquidität, und sie schärft den innovatorischen Wettbewerb im europäischen Finanzsektor. Innerhalb der EWWU wird die Anfälligkeit der grenzüberschreitenden Handelsströme gegenüber volatilen (schwankenden) Kapital- und Wechselkursbewegungen beseitigt. Für die integrative Kraft einer einheitlichen Währung steht vor allem das Beispiel der Vereinigten Staaten von Amerika, in denen der Dollar einen Wirtschaftsraum von über 250 Mio. Einwohnern erschließt, während in der Europäischen Union 15 Währungen (bei 365 Mio. Einwohnern) nebeneinander stehen.
Die Vereinheitlichung der Währungen wird langfristig zu einer Effizienzsteigerung der Wirtschaft, zu höheren Einkommen und zu mehr Arbeitsplätzen in Europa führen (wenngleich sich der Umfang dieser Effekte nicht verlässlich angeben lässt und auch nicht euphorisch überschätzt werden sollte). Allerdings müssen sich die Teilnehmerländer mit der EWWU auf einen verschärften Standortwettbewerb einstellen. Weil Wechselkursüberlegungen für Standortentscheidungen innerhalb der EWWU entfallen, werden andere Bestimmungsgründe der Standortwahl – unter anderem regionale Unterschiede in den Lohn- und Gehaltsniveaus, steuerlichen Lasten, Regulierungen, Qualifikationen der Arbeitnehmer – umso stärker wirksam werden. Die Vorteile der EWWU fallen dem einzelnen Teilnehmerland nicht automatisch in den Schoß, sondern müssen durch Verbesserung der Standortbedingungen gesichert werden.
Bei der EWWU geht es neben der wirtschaftlichen Effizienz um eine bedeutende institutionelle Innovation in der Währungspolitik. Der wirtschaftliche Integrationsprozess zwischen den europäischen Ländern wird politisch nur stabil bleiben, wenn Entscheidungen von gemeinsamer Bedeutung in gemeinschaftlichen Institutionen getroffen werden. Dies ist in der Währungspolitik heute nicht der Fall. Das bisherige Europäische Währungssystem (EWS) stellt lediglich einen Modus für das Nebeneinander von ansonsten in nationaler Verantwortung belassenen Währungen dar. Es gibt keine gemeinsam verantwortete Geld- und Währungspolitik. Doch die Verschmelzung der Märkte bindet die Länder wirtschaftlich aneinander. In der Konsequenz dominiert in Sachen Geld- und Währungspolitik die Deutsche Bundesbank als Notenbank der größten europäischen Wirtschaft und Währung. Ihre Aktivitäten stellen Vorgaben dar, denen sich die europäischen Partnerstaaten praktisch anpassen müssen.
Eine solche Konstellation ist problematisch. Entweder berücksichtigt die Bundesbank die europäischen Interessen mit (verhält sich also faktisch wie eine europäische Zentralbank), dann stellt sich die Frage der Beteiligung der anderen Länder an den Entscheidungsprozessen. Oder sie berücksichtigt diese Interessen nicht; dann kommt es wie des Öfteren schon zu Konflikten, die währungspolitische Verwerfungen zulasten der Wirtschaft auslösen können. Auch wenn es aus deutscher Sicht reizvoll erscheinen mag, dass eine deutsche politische Institution mit ihrer Politik Vorgaben für ganz Europa machen kann, ist der Ausschluss der Partnerstaaten von den Entscheidungsprozessen ein kritischer Punkt, der den europäischen Zusammenhalt schwächt.

Die wesentlichen Vorkehrungen für die Stabilität des Euro sind getroffen

Die integrationspolitischen Vorteile der EWWU würden zunichte gemacht, wenn der Euro zu einer ›weichen‹ Währung würde, die sich im weltweiten Wettbewerb der Währungen nicht durchsetzen könnte. Die Öffentlichkeit sorgt sich um die Stabilität des Euro. Dabei wird aber häufig übersehen, dass mit den Vereinbarungen von Maastricht bereits strenge institutionelle Regelungen in den EG-Vertrag (EGV) eingebaut wurden, die Voraussetzungen für die Stabilität der künftigen europäischen Währung schaffen:

›Probleme mit dem BIPzeps‹

1) Der EZB wird strikt untersagt, öffentliche Defizite zu finanzieren oder öffentliche Schulden zu monetisieren (Art. 104 EGV). Damit wird einer inflationären Staatsfinanzierung ein Riegel vorgeschoben.
2) Die europäischen Regierungen können die EZB nicht zu einer Politik des ›leichten‹ Geldes nötigen, denn die EZB bleibt von Weisungen des Staates völlig unabhängig (Art. 107 EGV).
3) Die EZB hat bei allen ihren Aktivitäten dem Ziel der Preisstabilität den Vorrang einzuräumen (Art. 105 EGV).

Diese Regelungen entsprechen (teilweise in verschärfter Form) denen, die im Gesetz über die Deutsche Bundesbank zu finden sind und die Grundlage für die Stabilität der Deutschen Mark bilden.
Die Kritiker wenden ein, die strengen Regeln würden nichts nützen, weil die EZB weniger Reputation besitze als die Bundesbank und von daher nicht Kraft und Willen aufbringen werde, um einer inflationären Entwicklung wirklich entgegenzutreten. Richtig ist, dass die EZB als neue Institution einen guten Ruf erst erwerben muss. Aber: Das Eigeninteresse der EZB, sich als unabhängige und verlässliche Institution zu etablieren, wird sie vor allem in der Anfangszeit eher zu einer strafferen Geldpolitik veranlassen, als es von den wirtschaftlichen Gegebenheiten her nötig wäre.

Weiter heißt es, die EZB könnte sich von einer unsoliden Finanzpolitik doch zu einer Finanzierung der Staatsdefizite und -schulden nötigen lassen. Wer dies behauptet, unterstellt der EZB, dass sie gegen bindende Verbote des EG-Vertrags verstoßen wird. Solche Unterstellungen mögen Emotionen gegen die EWWU auslösen, haben jedoch keine sachliche, schon gar keine wissenschaftliche Qualität.
Schließlich wird befürchtet, die EZB werde sich zu einer Politik des ›leichten‹ Geldes (unter Inkaufnahme inflationärer Effekte) hinreißen lassen, um die hohe Arbeitslosigkeit in Europa zu bekämpfen. Dagegen steht aber, dass die europäischen Staaten in den letzten Jahren eine wichtige Lektion gelernt haben: dass mit mehr Inflation nicht mehr, sondern letztlich weniger Arbeitsplätze erzielt werden. Aus dieser Erkenntnis heraus haben die europäischen Staaten ihre noch in den Siebzigerjahren sehr hohen Inflationsraten deutlich zurückgeführt; viele Partnerstaaten haben in den Neunzigerjahren sogar niedrigere Preissteigerungen erreicht als Deutschland. Bedenkt man noch, dass die jahresdurchschnittliche Preissteigerungsrate in Deutschland in den letzten 30 Jahren bei nicht weniger als 3,5 % lag, ist damit ein Maß gesetzt, an dem gemessen die gemeinsame europäische Währung Euro sogar stabiler sein sollte.

Konvergenzkriterien im Widerstreit: fiskalische Stolpersteine überwinden

Die Vereinbarungen von Maastricht sehen keineswegs vor, dass alle EU-Staaten (nicht einmal alle Gründungsmitglieder der Europäischen Gemeinschaft) von Anfang an der EWWU angehören müssen. Über die Teilnahme soll – völlig zu Recht – nicht nach politischer Opportunität, sondern nach volkswirtschaftlichen Kriterien entschieden werden. Da innerhalb der EWWU Änderungen der Wechselkurse nicht möglich sind, sollten sinnvollerweise nur Länder von Anfang an teilnehmen oder später beitreten, die den wirtschaftlichen Anpassungsdruck, den weltweiter struktureller Wandel und internationaler Wettbewerb permanent

Der Präsident des Europäischen Währungsinstituts (EWI), Alexandre Lamfalussy (Mitte), Bundesbankpräsident Hans Tietmeyer (links) und Bundesfinanzminister Theo Waigel im Gespräch über den Fahrplan zur Vollendung der EWWU

Fiskalkriterien – Ausgangsposition 1996

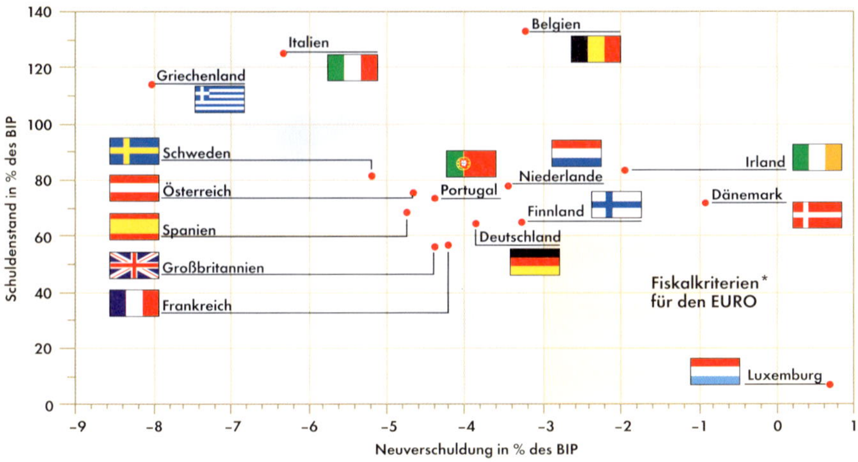

*Die Fiskalkriterien zur Aufnahme in die EWWU fordern im Referenzjahr 1997 eine Begrenzung der öffentlichen Haushaltsdefizite auf max. 3% und des öffentlichen Schuldenstands auf max. 60% in Relation zum BIP.

auslösen, auch ohne Veränderung der Wechselkurse verkraften können. Länder mit chronischen Wettbewerbsschwächen, die immer wieder durch Abwertungen ihrer Währungen gemildert werden müssen, sind nicht reif für eine Währungsunion. Würden sie dennoch in die EWWU aufgenommen, müssten sie wohl mit Transferzahlungen von den Partnerstaaten gestützt werden, und die EWWU wäre bald als ›Transferunion‹ diskreditiert.
Die Einigung für die Teilnahme an der EWWU soll gemäß Maastricht-Vertrag (Art. 109j EGV) anhand von fünf volkswirtschaftlichen Kriterien (Konvergenzkriterien) geprüft werden. Wenn in dem Vertrag auch alle Kriterien als gleichgewichtig betrachtet werden, ist aus volkswirtschaftlicher Sicht das Wechselkurskriterium entscheidend. Da die EWWU auf absolut feste Wechselkurse zwischen den Teilnehmern zielt, ist es eine unverzichtbare Bedingung, dass die Teilnehmerländer bereits in den Jahren zuvor faktisch stabile Wechselkurse untereinander hatten, und zwar ohne Interventionen der Zentralbanken und dies über eine längere Zeit. Die Zeitdimension ist wichtig. Nur wenn der Strukturwandel in einem Land und im Verhältnis zwischen Ländern über einen längeren Zeitraum ohne Wirkung auf die Wechselkurse geblieben ist, kann dies als erfolgreicher Test darauf gewertet werden, dass diese Länder Anpassungslasten anders als über Veränderungen der Wechselkurse durchstehen können. Über mehrere Jahre unveränderte Wechselkurse sind zugleich ein Beleg dafür, dass auch in der Einschätzung der Finanz- und Devisenmärkte zwischen den beteiligten Währungen keine fundamentalen Unterschiede bestehen, die Änderungen der Wechselkurse erforderlich machen. Länder, die wegen anhaltenden Abwertungsbedarfs ihrer Währung noch nicht für die EWWU reif sind, können folgerichtig auch nicht durch feste, sondern nur durch flexible Wechselkurse mit dem Euro verbunden werden.
Stabilität der Wechselkurse ist auf die Dauer nur zu erreichen, wenn die Preissteigerungen und die Zinssätze zwischen den Ländern ähnlich sind. Diese Voraussetzungen werden im EG-Vertrag mit zwei weiteren Kriterien, dem Preiskriterium und dem Zinskriterium, eingefordert. Dabei wird zugleich bestimmt, dass die Teilnehmerländer nicht nur gleiche, sondern vor allem auch niedrige Inflationsraten haben müssen, ein Votum dafür, dass die neue Währung nicht nur einen größeren Wirtschaftsraum umfassen soll, sondern zugleich auch eine stabile Währung sein muss. Dem sollte niemand widersprechen.
Gemessen an den drei monetären Kriterien (Wechselkurs-, Preis- und Zinskriterium) erfüllen sieben Länder bereits heute (1996) die Voraussetzungen für die EWWU: Belgien, Dänemark, Deutschland, Frankreich, Luxemburg, die Niederlande, Österreich. Diese Länder könnten mit der Währungsunion sofort beginnen, wenn da nicht noch die beiden anderen Kriterien wären: die Fiskalkriterien. Die Fiskalkriterien fordern eine Begrenzung der öffentlichen Haushaltsdefizite auf maximal 3 % und des öffentlichen Schuldenstands auf maximal 60 % in Relation zum Bruttoinlandsprodukt. Die meisten Länder (möglicherweise auch Deutschland) werden diese Kriterien im Stichjahr 1997 nicht erfüllen. Darf, ja muss auf die EWWU wegen nicht erfüllter Fiskalkriterien verzichtet werden? Diese Frage hat sich zum Hauptstreitpunkt im Vorfeld der EWWU entwickelt.
Man sollte den EG-Vertrag daher ganz genau lesen: So streng, wie es Gegner der EWWU vielfach unterstellen, sind dort die Fiskalkriterien gar nicht formuliert. Auch wenn ein Land die beiden Referenzwerte (3 %/60 %) überschreitet, kann ihm Haus-

haltsdisziplin und damit Teilnahmeberechtigung an der EWWU bescheinigt werden, sofern die Defizitquote »erheblich und laufend zurückgegangen ist« und die Schuldenstandsquote »hinreichend rückläufig« ist (Art. 104c EGV). Was aber ist ›erheblich‹ und was ›hinreichend‹? Hier besteht ein konfliktträchtiger Interpretationsspielraum. Für eine strenge Interpretation wird votieren, wer die ›Aufweichung‹ der Konvergenzkriterien befürchtet (dies könnte Länder in die EWWU führen, die der Sache nach dafür nicht reif sind). Für eine pragmatische Interpretation wird votieren, wer sonst den EWWU-Plan scheitern sieht (womit auch die Integrationsvorteile der EWWU ausblieben). Die Kontroverse zwischen diesen Positionen ist in vollem Gange. Doch die Kontroverse hat etwas Paradoxes; der Stellenwert der Fiskalkriterien für die Währungsunion wird in der Sache weit überschätzt. Dies ist ein heikler Punkt, und deshalb darf kein Missverständnis aufkommen. Es geht nicht darum, im EG-Vertrag vereinbarte Kriterien nachträglich auszuhebeln, weil sich ihre Implikationen plötzlich als unliebsam erweisen könnten. Aber es muss erlaubt bleiben, die Fiskalkriterien auf ihren finanzpolitischen und auf ihren währungspolitischen Gehalt hin zu überprüfen. Zunächst zur finanzpolitischen Seite: In einem wirtschaftlich und politisch zusammenwachsenden Europa sollten sich die Länder einem Kodex für die Finanzpolitik unterwerfen und ›Haushaltsdisziplin‹ (Art. 104c EGV) üben. Dafür liefern die Fiskalkriterien brauchbare Maßstäbe. Übermäßige Staatsdefizite sind zu vermeiden, weil sonst die Zinsen überhöht und dadurch die private Wirtschaft beeinträchtigt würde. Die Staatsschuld darf nicht zu hoch werden, weil dies dem Staat wachsende Zinslasten aufbürden und so die Wahrnehmung seiner Aufgaben erschweren würde. An den Vorschriften des EG-Vertrags zur Finanzpolitik gibt es insoweit nichts zu rütteln.

Nun zur währungspolitischen Seite. Hier geht es nicht um die Solidität der Finanzpolitik, sondern um diese Frage: Inwieweit enthalten die Fiskalkriterien notwendige Funktionsvoraussetzungen für eine Währungsunion. Zunächst gibt es zwischen der Finanzpolitik und der Währung Schnittstellen. Staatliche Budgetdefizite können inflationär wirken, wenn sie ›über die Notenpresse‹ finanziert werden; Staatsschulden sind inflationär, wenn sie von der Notenbank monetisiert werden. Aber gerade dies ist in der EWWU ausgeschlossen. Denn die genannten Regelungen des EG-Vertrags (Verbot der Staatsfinanzierung durch die EZB, Unabhängigkeit der EZB) verhindern, dass staatliche Schulden oder Defizite monetär wirksam werden. Die EWWU ist durch dieses Regelwerk gegen finanzpolitischen Missbrauch wirksam abgesichert – auch wenn Defizite und Staatsschulden größer sind, als es nach den Fiskalkriterien zulässig wäre. Fazit: Die Fiskalkriterien sind als Voraussetzung für die EWWU nicht zwingend erforderlich.

Paradox wäre es und ein Rückschlag für die europäische Integration, wenn die EWWU wegen nicht erfüllter Fiskalkriterien scheitern würde, obwohl diese Kriterien keine zwingenden Funktionsvoraussetzungen für die EWWU enthalten. Was ist zu tun? Der Sache nach wäre es angemessen, die Realisierung der Fiskalkriterien von der Realisierung der EWWU zu entkoppeln. Die EWWU kann gestartet werden, auch wenn die Fiskalkriterien nicht zeitgleich erfüllt werden. Das heißt nicht, die Fiskalkriterien zu streichen. Sie sind unabhängig von der Währungspolitik mit dem Ziel einer soliden Finanzpolitik erforderlich und durchzusetzen – und dies übrigens auch dann, wenn die EWWU nicht zustande kommen sollte.

Welche Risiken Europa mit der Errichtung der EWWU eingeht, stand bisher im Vordergrund des öffentlichen Interesses. Heute sollten die Risiken mitbedacht werden, die ein Scheitern mit sich bringen könnte. Das Projekt EWWU ist längst aus dem Stadium einer bloßen Idee heraus. Die konkreten Vorbereitungen durch das eigens dafür errichtete Europäische Währungsinstitut (EWI) sind in vollem Gange. Die Wirtschaft, Banken etwa und außenhandelsorientierte Unternehmen, stellen sich auf die EWWU bereits ein. Vermögensanleger treffen heute Anlageentscheidungen, die in die Zeit nach dem avisierten Übergang zur europäischen Währung hinein reichen. Scheitert die Errichtung der EWWU (eine Verschiebung käme einem Scheitern gleich), würden die vorbereitenden Anstrengungen und Aufwendungen obsolet. Das mag man noch hinnehmen. Kritisch würde es, wenn mit dem Scheitern der EWWU eine Abkehr vom Leitbild der europäischen Integration ausgelöst würde. Es kann trotzdem nicht darum gehen, die EWWU um jeden Preis zu realisieren. Aber die entscheidenden Regierungen müssen im Bewusstsein handeln, dass mit der Währungsunion auch die Glaubwürdigkeit europäischer Integrationspolitik auf dem Spiel steht.

Europarat: Am 22. Jan. wurde mit Leni Fischer erstmals eine Frau zur Präs. der Parlamentar. Versammlung des E.s gewählt. Um die Aufnahme Russlands in die Organisation entspannen sich wegen des Kriegs in Tschetschenien heftige Diskussionen; am 25. Jan. stimmte die Versammlung schließlich dem russ. Aufnahmegesuch zu, am 28. Febr. wurde die Aufnahme vollzogen, nachdem auch das russ. Parlament die Mitgliedschaft am 21. Febr. ratifiziert hatte. Die Aufnahme Kroatiens verschob der Rat am 14. Mai auf unbestimmte Zeit, obwohl sich die Parlamentar. Versammlung bereits am 24. April dafür ausgesprochen hatte. Es war dies das erste Mal, dass der Rat einer Empfehlung des Parlaments nicht folgte. Am 3. Juli stimmte dann der E. der Aufnahme Kroatiens als 40. Mitgl. zum 6. Nov. zu. – Der E. verabschiedete 1996 auch die Konvention zur →Bioethik.

Leni Fischer, die neue Präsidentin der Parlamentarischen Versammlung des Europarats

evangelische Kirchen: Mit zahlreichen Gottesdiensten und Veranstaltungen begingen die e. K. 1996 das →Lutherjahr, in dem sich MARTIN LUTHERS Todestag zum 450. Mal jährte. Dabei wurde LUTHERS nicht nur als Reformator gedacht, sondern auch seine Bedeutung für Christen aller Konfessionen herausgestellt.

Die Vereinigte Ev.-Luther. Kirche Deutschlands (VELKD) und die Mennonit. Kirche vereinbarten im Frühjahr die gegenseitige Einladung zum Abendmahl. Durch diese Vereinbarung, der sich auch die Ev. Kirche in Deutschland (EKD) anschloss, ging ein jahrhundertealter Streit zw. Lutheranern und den ›Wiedertäufern‹ zu Ende.

Im März wurde zw. EKD und Bundesverteidigungsministerium eine bis 2003 befristete Rahmenvereinbarung über die Militärseelsorge getroffen. Diese sieht vor, dass – unbeschadet des weiterhin geltenden Militärseelsorgevertrags von 1957, dem die ostdt. Kirchen zu große Staatsnähe vorwerfen – künftig in Ostdeutschland Pfarrer im Kirchendienst als Militärseelsorger tätig werden können, ohne in den Staatsdienst zu wechseln. Dieser Kompromiss in einem seit der dt. Vereinigung ausgetragenen Streit fand nach wiederum kontroversen Debatten die Zustimmung der meisten ostdt. Synoden, allerdings unter bestimmten Vorbehalten und mit der Maßgabe, eine in Ost und West gemeinsame Grundlage für die Seelsorge an Soldaten nach 2003 zu finden.

Zum Thema ›Homosexualität und Kirche‹ veröffentlichte der Rat der EKD Mitte März eine Orientierungshilfe. Darin wird einerseits an Ehe und Familie als Leitbild festgehalten, andererseits eine zunehmende Toleranz gegenüber gleichgeschlechtlich lebenden Menschen gezeigt. Ihnen wird das Pfarramt grundsätzlich geöffnet, auch eine Segnung homosexuell lebender Menschen wird im seelsorgerl. Rahmen – außerhalb des Gottesdienstes – befürwortet. Die Orientierungshilfe stieß auf heftige Kritik konservativer Verbände und Gruppen. Wie umstritten das Thema nach wie vor ist, zeigte sich u. a. daran, dass gegen einen ähnlich lautenden Beschluss der Synode der Nordelb. Kirche das Bischofskollegium erstmals seit Bestehen dieser Landeskirche sein Veto einlegte.

Die Ev. Kirche in Berlin-Brandenburg sowie das kath. Erzbistum Berlin erhoben im Juli Verfassungsbeschwerde gegen einige Bestimmungen des Schulgesetzes des Landes Brandenburg. Diese richtete sich gegen die gesetzl. Ausgestaltung des Schulfachs →LER, durch die in die Rechte der Kirchen auf Religionsunterricht nach Art. 7 Abs. 3 GG eingegriffen werde. Seit Beginn des Schuljahres 1996/97 wird das Pflichtfach LER an 71 Schulen der Sekundarstufe I (rd. 135 000 Schüler) durch 170 Lehrer unterrichtet.

Ein ›Crusade‹ genannter Techno-Gottesdienst, der am 16. Febr. in der Hamburger Katharinenkirche mit mehr als 2 000 Teilnehmern (und rd. 200 Journalisten) veranstaltet wurde, löste heftige innerkirchl. Proteste aus, sodass Fortsetzungen dieses Projekts einer Begegnung der jugendl. Techno-Szene mit dem Christentum in anderen Großstädten abgesagt wurden.

Evans, Nicholas, engl. Drehbuchautor und Schriftsteller, * 1950. – Mit seinem Erstlingsroman ›Der Pferdeflüsterer‹, der in über 30 Sprachen übersetzt wurde, führte E. 1996 mit mehr als 500 000 verkauften Exemplaren auch in Deutschland monatelang die Bestsellerlisten an.

Der Roman handelt von einem Mädchen, das bei einem Reitunfall ein Bein verliert, dem Pferd, das dabei bösartig wird, und einem Cowboy in Montana, der als ›Pferdeflüsterer‹ Pferd und Mädchen heilt. Von der Kritik als Trivialroman abgetan, stillte das Buch weltweit das Bedürfnis nach myst. Natur- und Liebesgeschichten. Einer der begeisterten Leser war ROBERT REDFORD, der sich die Filmrechte sicherte und selbst die Hauptrolle des Films übernahm, der 1997 in die Kinos kommen soll.

Express, Abk. für engl. **Ex**perimental **re**-entry **s**pace **s**ystem, Testsatellit für Wiedereintrittstechnologien. Nach einer Kursabweichung der am 15. 1. 1995 in Japan gestarteten Trägerrakete glaubte

Ein Mitarbeiter der DARA fotografiert am 4. Januar in einem Hangar in Tamale die unter kuriosen Umständen wiederentdeckte Express-Kapsel

man, die mit dt. und japan. Experimenten bestückte russ. Landekapsel E.-1 (405 kg Masse, 1,3 m Länge, 1 m max. Durchmesser) sei in den Pazifik gestürzt. Zeitungsberichte in Ghana vom Febr. 1995 über die dortige Landung eines unbekannten Flugobjekts mit der Form einer Raketenspitze wurden jedoch im Nov. 1995 in einer austral. Zeitschrift als mögl. Landungsort der E. gedeutet. Als Mitarbeiter der Dt. Agentur für Raumfahrtangelegenheiten (DARA) diesen Hinweisen einen Monat später im Nordosten Ghanas nachgingen, konnten sie am 4. Jan. in Tamale das ›Ufo‹ als die vermisste E.-Kapsel identifizieren. Die Rückkehr von ihrer Odyssee nach Deutschland Ende Febr. ließ E.-1, die erst die Erde in nur 110 km Höhe dreimal umkreist und dann den Fallschirm in 6 km Höhe aktiviert hatte, nun wenigstens zu einem Teilerfolg werden.

F

Farnleitner, Johann, österr. Politiker (ÖVP), *Weikersdorf am Steinfeld 5. 4. 1939. – Am 19. Juni wurde F. als Nachfolger des zurückgetretenen JOHANNES DITZ zum Bundesmin. für wirtschaftl. Angelegenheiten ernannt.
Der promovierte Jurist war 1962–64 im Verwaltungsdienst der niederösterr. Landesreg. tätig. In den folgenden Jahren arbeitete F. zunächst in der wirtschaftspolit. Abteilung der Handelskammer Wien, später bei der Bundeskammer der gewerbl. Wirtschaft (seit 1. 1. 1995 Wirtschaftskammer Österreich), in der er 1978–82 Leiter der rechts- und gewerbepolit. Abteilung und 1982–95 Leiter der wirtschaftspolit. Abteilung war. Am 1. 4. 1992 wurde er zum stellv. GenSekr. der Wirtschaftskammer Österreich ernannt. F. war auch Vors. der Kath. Männerbewegung Österreichs (1972–84) und der Internat. Vereinigung Kath. Männer (1978–94). Seine Arbeitsschwerpunkte als Wirtschaftsmin. sind die Stärkung der Wettbewerbsfähigkeit der österr. Wirtschaft, insbes. auch des Mittelstands, und die Förderung der Ost-Erweiterung der EU.

FDP, Abk. für **F**reie **D**emokrat. **P**artei: Nach der deprimierenden Niederlagenserie bei den Landtagswahlen 1994/95 sah die FDP nach den Wahlen am 24. März in Schleswig-Holstein (5,7 %, +0,1 %), Rheinland-Pfalz (8,9 %, +2 %) und Baden-Württemberg (9,6 %, +3,7 %) erstmals wieder Land. Die bes. durch ihre Funktion als notwendiges Regierungskorrektiv zu erklärenden Erfolge stärkten auch ihre Position in der Bundesregierung. Getragen von diesem Aufschwung ging die FDP 1996 in die programmat. Offensive. Auf dem Karlsruher Bundesparteitag vom 7. bis zum 9. Juni wurde der Entwurf eines neuen Grundsatzprogramms diskutiert, das 1997 endgültig verabschiedet werden soll. In ihm strebt die FDP eine Abkehr von der ›Gefälligkeitsdemokratie‹ und die Schaffung einer ›Verantwortungsgesellschaft‹ an; entsprechend dem Subsidiaritätsprinzip sollen immer mehr Aufgaben durch das Individuum wahrgenommen und somit eine Entlastung des Wohlfahrtsstaats angestrebt werden. Weitere Forderungen sind tief greifende wirtschafts- und sozialpolit. Reformen sowie die Senkung und Vereinfachung von Lohn-, Einkommen- und Körperschaftsteuer (die sie im Ggs. zur CDU schon 1998 in Kraft setzen will), die Begrenzung staatl. Leistungen und ein im Grundgesetz verankertes Neuverschuldungsverbot.

Erfolg stimmt heiter: Einen Tag nach den drei Landtagswahlen am 24. März haben (von links) FDP-Generalsekretär Guido Westerwelle, Jürgen Koppelin (Schleswig-Holstein), Walter Döring (Baden-Württemberg), FDP-Vorsitzender Wolfgang Gerhardt und Rainer Brüderle (Rheinland-Pfalz) gut lachen

Fernández Reyna, Leonel, dominikan. Jurist und Politiker (Partido de la Liberación Dominicana, PLD), *Santo Domingo 26. 12. 1953. – Am 30. Juni gewann F. R. die Stichwahl um das Amt des Präs. mit 51,25 % der Stimmen.
Nach seinem 1978 mit Promotion abgeschlossenen Jurastudium in Santo Domingo studierte F. R. auch in Mexiko und den USA. Zwar engagierte sich F. R. seit 1973 in der PLD, schlug beruflich aber die akadem. Laufbahn an der Universität von Santo Domingo ein.
F. R. profitierte bei den auf 1996 vorgezogenen Präsidentschaftswahlen davon, dass sich der langjährige Präs. der Dominikan. Rep., JOAQUÍN BALAGUER, angesichts des Vorsprungs des schwarzen demokrat. Sozialisten JOSÉ FRANCISCO PEÑA GÓMEZ noch im Mai zu einem Bündnis mit seinem langjährigen polit. Gegner und PLD-Gründer JUAN BOSCH veranlasst sah, dessen Kandidat F. R. war. So konnte F. R. seinen Rückstand von 7 % im ersten Wahlgang in einen Vorsprung von 2,5 % umwandeln. Bei seinem Amtsantritt am 16. Aug. versprach F. R., die v. a. unter BALAGUER entstandene Vetternwirtschaft in Staat und Verwaltung zu bekämpfen.

Ferres, Veronica, Schauspielerin, *Solingen 10. 6. 1965. – In der Komödie ›Das Superweib‹, SÖNKE WORTMANNS Verfilmung des Erfolgsromans von HERA LIND, war F. 1996 mit der Rolle der Franziska Herr, die sich von der vernachlässigten Haus- und Ehefrau zur selbstständigen Persönlichkeit mausert, erfolgreich.

F., die schon 1985 unter der Regie von AUGUST EVERDING an der Bayer. Staatsoper ihr Bühnendebüt gab, trat nach einem Studium der Germanistik und Theaterwiss. in München u. a. in TSCHECHOWS ›Drei Schwestern‹ und MOLIÈRES ›Der eingebildete Kranke‹ auf. Ihre Film- und Fernseharbeit umfasst ein breites Spektrum, nicht nur beliebte Fernsehserien wie ›Unser Lehrer Dr. Specht‹ (1991) oder ›Kommissar Rex‹ (1994), sondern auch schräge Produktionen wie WALTER BOCKMAYERS ›Geierwally‹ (1987) oder HELMUT DIETLS Hitlertagebuchparodie ›Schtonk‹ (1991), die sie auch bei einem breiten Kinopublikum bekannt machten.

Fidschi

Hauptstadt: Suva
Einwohner: 784 000
Einwohner/km²: 43
Staatsoberhaupt: Ratu Sir Kamisese Mara
Regierungschef: Sitiveni Rabuka
BSP/Einwohner: 2 250 US-$

FILM

Kino-Apokalypsen

Am 2. Juli kamen die Außerirdischen. Ein gigant. Raumschiff, fast so groß wie ein Planet, nimmt Kurs auf die Erde und überdeckt die amerikan. Fahne auf dem Mond mit seinem Schatten. Kurze Zeit später brodeln die Wolken, riesige Schatten schieben sich über unseren Planeten. Der Himmel teilt sich, Raumschiffe tauchen auf, rund und riesig wie ganze Großstädte. Sie schweben über Los Angeles, New York, Washington und den anderen Metropolen der Erde. Das Militär ist ratlos, die Bevölkerung reagiert panisch, nur ein paar in die Jahre gekommene Hippies begrüßen auf dem Dach eines Hochhauses die Außerirdischen mit einem Transparent: »Get me out of here – Holt mich hier raus«. So beginnt ROLAND EMMERICHS ›Independence Day‹, und kurz vor dem amerikan. Unabhängigkeitstag startete am 2. Juli in den USA die 71-Millionen-Dollar-Produktion, die auf dem besten Weg ist, zum erfolgreichsten Film aller Zeiten zu werden.
1996 war das Jahr der Katastrophen im Kino. In ›Twister‹ reist eine Gruppe von Tornado-Experten den verheerenden Wirbelstürmen nach, um in ihrem Zentrum ein Forschungsgerät zu platzieren. In ›Einsame Entscheidung‹ wollen islamist. Terroristen mit einer Bombe an Bord die gesamte amerikan. Ostküste vernichten. Ein Veteran der Marines bedroht in ›The Rock – Fels der Entscheidung‹ San Francisco mit Giftgasraketen, um seine Forderungen durchzusetzen, und in ›Independence Day‹ vernichten die Außerirdischen am 3. Juli die Metropolen der Welt. Die Zerstörungsphantasien aus Hollywood bedienen sich dabei simpler Geschichten, virulenter Ängste und Erlösungsmythen sowie der Vorbilder und Stereotypen aus der Filmgeschichte. ›Independence Day‹ etwa plündert ungeniert nicht nur H. G. WELLS' Roman ›Der Krieg der Welten‹, sondern auch Außerirdischen-Filme aus der Zeit des Kalten Krieges, Katastrophenfilme der 70er- und den Actionfilm der 80er- und 90er-Jahre.

Digitale Illusionen

Die Kassenknüller und Megaproduktionen des letzten Jahres versuchen dem Zuschauer Erfahrungen zu vermitteln, die er in der Realität nie erleben könnte. Actionfilme mit Stars wie ›Eraser‹ mit ARNOLD SCHWARZENEGGER und ›Mission: Impossible‹ mit TOM CRUISE waren die Ausnahme: Im Vordergrund des modernen Actionkinos stehen die Effekte. In ›Twister‹ kann der Zuschauer mitverfolgen, wie sich der Tornado fauchend nähert, wie er alles zerstört und Äste, Bäume, Kühe und sogar Lastwagen durch die Luft wirbelt. In ›Independence Day‹ ist die Vernichtung der Welt als eine zehnminütige Zerstörungsorgie aus Feuer sowie berstendem Beton und Glas inszeniert.
In Hollywood fand in den letzten Jahren eine techn. Aufrüstung sondergleichen statt und der Anteil an Tricksequenzen im Film selbst nahm immer mehr zu. Auch wenn ein großer Teil der Special Effects in ›Independence Day‹ noch mithilfe klass. Tricktechnik entstand, so ist die digitale Bildbearbeitung heute kaum noch aus der Filmproduktion wegzudenken. Die spektakulären, ›lebensecht‹ wirkenden Dinosaurier aus STEVEN SPIELBERGS ›Jurassic Park‹ (1993), insgesamt übrigens nur sechs Minuten zu sehen, oder der sich aus kleinen Tropfen wie-

›Der Unhold‹: Der Kriegsgefangene Abel Tiffauge (John Malkovich) rettet als moderner Christopherus am Ende einen jüdischen Jungen, den er in der SS-Ritterburg versteckt gehalten hatte

›Independence Day‹: Ein gigantisches Raumschiff der Außerirdischen geht für den Angriff auf New York in Stellung. Der Film füllt vor allem wegen seiner Spezialeffekte weltweit Kinos und Kassen

der zusammensetzende Roboter aus JAMES CAMERONS ›Terminator 2‹ (1991) bildeten den Anfang einer tricktechn. Revolution, die heute jedes gewünschte Bild möglich werden lässt. Bei der digitalen Nachbearbeitung speisen die Computertechniker real aufgenommene Sequenzen Bild für Bild in den Rechner ein und können anderswo aufgenommene Modellaufnahmen, aber auch im Computer entworfene Kreationen hinzufügen. In ›Independence Day‹ etwa kam der Todesstrahl, der das Weiße Haus vernichtet, aus dem Computer, in ›Twister‹ entstanden alle Tornadosequenzen mit Schauspielern in den Rechnern der Special-Effects-Schmiede ›Industrial Light & Magic‹,

Mit ›Toy Story‹ brachte die Walt Disney Company 1996 auch den ersten ausschließlich im Computer entstandenen Film in die Kinos. Der Film, für den JOHN LASSETER verantwortlich zeichnet, erzählt von Spielzeugfiguren, die abends zum Leben erwachen, und kommt ganz ohne Realszenen, ohne Schauspieler und ohne Kulissen aus. Seine 77 Filmminuten entstanden mithilfe von 117 3-D-Hochleistungscomputern, die zusammen ungefähr 800 000 Stunden benötigten, um die 114 000 Einzelbilder für die 1 561 Einstellungen des Films durchzurechnen. Den Computeranimatoren ist es gelungen, ihren Figuren mit simulierten Kamerafahrten und differenzierter Mimik Glaubwürdigkeit und Leben einzuhauchen; sie benutzten dabei eine Story, die der Zuschauer aus dem klass. Trickfilm kennt.

Internationale Filmpreise 1996
(Auswahl)

Academy Awards (›Oscars‹) der Academy of Motion Picture Arts and Sciences, Los Angeles-Hollywood (USA): Preis für den besten Film für ›Braveheart‹ (Mel Gibson, USA), für den besten ausländischen Film für ›Antonias Welt‹ (Marleen Gorris, Niederlande), für die beste Darstellerin an Susan Sarandon (›Dead man walking‹), für den besten Darsteller an Nicolas Cage (›Leaving Las Vegas‹), für die beste Nebendarstellerin an Mira Sorvino (›Geliebte Aphrodite‹), für den besten Nebendarsteller an Kevin Spacey (›Die üblichen Verdächtigen‹), für die beste Regie an Mel Gibson (›Braveheart‹), Ehrenoscar an Chuck Jones und John Lasseter

46. Internationale Filmfestspiele Berlin (›Berlinale‹): ›Goldener Bär‹ an Ang Lee für ›Sinn und Sinnlichkeit‹ (Taiwan/USA)

49. Internationale Filmfestspiele Cannes (Frankreich): ›Goldene Palme‹ für ›Lügen und Geheimnisse‹ (Mike Leigh, Großbritannien), Preis für die beste Darstellerin an Brenda Blethyn (›Lügen und Geheimnisse‹), Preis für den besten Darsteller an Daniel Auteuil und Pascal Duquenne (›Am achten Tag‹), Preis für die beste Regie an Joel Coen (›Fargo‹)

53. Internationales Filmfestival Venedig (Italien): ›Goldener Löwe‹ an ›Michael Collins‹ (Neil Jordan, Irland), Preis für die beste Darstellerin an Victoire Thivisol (›Ponette‹), Preis für den besten Darsteller an Liam Neeson (›Michael Collins‹)

Markt und Verdrängung

Die Kassenknüller aus Hollywood mit ihren gigant. Produktionsbudgets – 1995 kostete ein durchschnittl. Hollywoodfilm 55 Mio., die Werbung 26,5 Mio. DM – starteten in den Kinos mit vielen Kopien. ›Independence Day‹ etwa lief in den USA mit etwa 4 000 Kopien an, manche Kinos zeigten ihn rund um die Uhr. Die Bundesrepublik ist für die Major Companies aus Hollywood der zweitgrößte Absatzmarkt, und mit entsprechendem Aufwand und hoher Kopienzahl werden auch hier die potenziellen Renner ins Kino gebracht: ›Independence Day‹ startete am 19. Sept. mit rund 700 Kopien, ›Twister‹, ›Eraser‹ und ›Mission: Impossible‹ mit ungefähr jeweils 500. »Wollt ihr den totalen Film?« titelte der Berliner ›Tagesspiegel‹ und meinte damit eine Vereinheitlichung des Kinoprogramms. Pro-

duktionen aus anderen Filmländern, selbst europ., erreichen den dt. Kinomarkt kaum noch.
Für die dt. Produktionsfirmen hieß das Zauberwort 1996 immer noch ›Komödie‹. Sönke Wortmanns ›Das Superweib‹ nach dem Erfolgsroman von Hera Lind, Detlev Bucks ›Männerpension‹ oder der Zeichentrickfilm ›Werner – das muss kesseln‹ führten zu einem höheren Marktanteil des dt. Films als in den letzten Jahren. Das mag auch die amerikan. Großverleiher dazu bewogen haben, dt. Produktionen wie ›Echte Kerle‹ von Rolf Silber oder ›Alles nur Tarnung‹ von Peter Zingler in ihr Programm aufzunehmen. Filme, die eine lange Auswertungszeit benötigen, bis sich ihre Qualität herumspricht wie Hans-Christian Schmids leise Komödie ›Nach fünf im Urwald‹, haben es aber nach wie vor schwer auf dem dt. Markt.
Auch Volker Schlöndorffs internat. Großproduktion ›Der Unhold‹, mit großem Werbeaufwand gestartet, konnte sich an den dt. Kassen nicht durchsetzen. Schlöndorff hat Michel Tourniers Roman ›Der Erlkönig‹ adaptiert, den Blick eines Franzosen auf den dt. Faschismus, erzählt aus der Perspektive eines Mannes, der immer ein großes Kind geblieben ist und sich unter den ›Mantel der Unschuld‹ geflüchtet hat. In einem Wechsel von schwarzweißen und farbigen Passagen rekapituliert ›Der Unhold‹ die Geschichte des Abel Tiffauges, den es auf die Ritterburg Kaltenborn verschlägt, wo die SS Hunderte von Jungen im Rassenwahn zu arischen Elitesoldaten ausbildet. Hier geht Abels Glauben an seine Bestimmung eine fatale Verbindung mit den Rasse- und Jugendmythen des Nazireichs ein: Als ›Erlkönig‹ durchstreift er die Wälder, auf der Suche nach Jungen, die er für die Eliteschule rekrutiert – wenn nötig auch mit Gewalt. ›Der Unhold‹ sieht den Faschismus aus der Perspektive eines Außenseiters – ein Verfahren, das Schlöndorff schon in ›Die Blechtrommel‹ anwandte – und reflektiert darüber, wie ein Unschuldiger schuldig werden kann. Schlöndorff geht es in ›Der Unhold‹ um die Wirkung von Mythen, die Faszinationskraft des Faschismus. Die dt. Presse hat den Film verrissen, während der Filmfestspiele von Venedig wurde er eher mild aufgenommen. Sicher hat er Schwächen, ist zu linear, zu eindeutig erzählt, aber er gehört immerhin zu den wenigen film. Auseinandersetzungen der letzten Jahre mit dem nat.-soz. Regime. Und er ist keine Komödie. ■

Filmhits 1996 in Deutschland

1. **Independence Day**
   USA 1996. 9,1 Mio. Zuschauer. Start: 19.9.1996. Regie: Roland Emmerich. Mit Will Smith, Bill Pullman, Jeff Goldblum, Mary McDonnell.
2. **Werner – Das muss kesseln**
   Deutschland 1996. 4,9 Mio. Zuschauer. Start: 27.6.1996. Regie: Michael Schaack.
3. **James Bond – Goldeneye**
   USA 1995. 4,2 Mio. Zuschauer. Start: 28.12.1995. Regie: Martin Campbell. Mit Pierce Brosnan, Sean Bean, Izabella Scorupco, Framke Jansen.
4. **Ein Schweinchen namens Babe**
   USA 1995. 4,1 Mio. Zuschauer. Start: 7.12.1996. Regie: Chris Noonan.
5. **Twister**
   USA 1996. 3,7 Mio. Zuschauer. Start: 5.9.1996. Regie: Jan De Bont. Mit Helen Hunt, Bill Paxton, Cary Elwes, Jami Gertz, Lois Smith.
6. **Dangerous Minds – Wilde Gedanken**
   USA 1995. 3,5 Mio. Zuschauer. Start: 4.1.1996. Regie: John N. Smith. Mit Michelle Pfeiffer, George Dzundza, Courtney B. Vance, Robin Bartlett.
7. **The Rock – Fels der Entscheidung**
   USA 1996. 3,4 Mio. Zuschauer. Start: 11.7.1996. Regie: Michael Bay. Mit Sean Connery, Nicolas Cage, Ed Harris, David Morse, Michael Biehn.
8. **Mission: Impossible**
   USA 1996. 3,304 Mio. Zuschauer. Start: 8.8.1996. Regie: Brian De Palma. Mit Tom Cruise, Jon Voight, Emmanuelle Béart, Vanessa Redgrave.
9. **Männerpension**
   Deutschland 1995. 3,303 Mio. Zuschauer. Start: 1.2.1996. Regie: Detlev Buck. Mit Til Schweiger, Detlev Buck, Marie Bäumer, Heike Makatsch, Leander Haußmann.
10. **Der verrückte Professor**
    USA 1996. 2,9 Mio. Zuschauer. Start: 17.10.1996. Regie: Tom Shadyac. Mit Eddie Murphy, Jada Pinkett, James Coburn, Larry Miller, John Ales.

Finnland

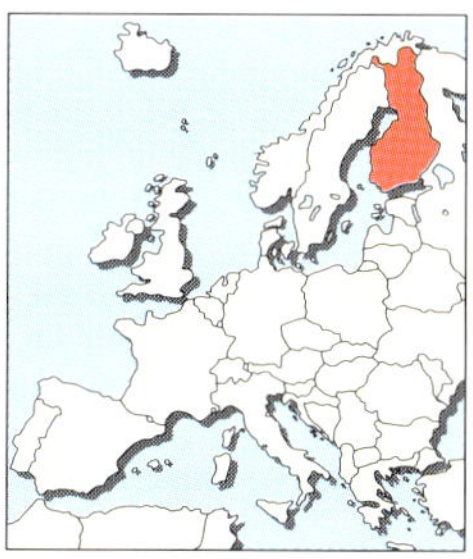

Hauptstadt: Helsinki
Einwohner: 5,1 Mio.
Einwohner/km²: 15
Staatsoberhaupt: M. O. Ahtisaari
Regierungschef: P. T. Lipponen
BSP/Einwohner: 18 850 US-$

Langsameres Wirtschaftswachstum

Die Steigerung des BIP lag 1996 nur noch bei 2,5% und ist damit im Vergleich zu 1994 und 1995 um fast die Hälfte zurückgegangen. Nach Einschätzung der OECD besaß F. weiterhin eine ungesunde Zweiteilung in Außen- und Binnenwirtschaft. Dies führte zu Problemen, da der Konjunkturmotor Export, der wesentlich dazu beigetragen hatte, dass sich F. aus der tiefen Krise zu Beginn der 1990er-Jahre herausarbeiten konnte, an Schubkraft verlor (gegenüber 1995 um 10%), ohne dass dies durch die Binnennachfrage hätte kompensiert werden können. Privater und öffentl. Konsum sind im Vergleich zum Vorjahr sogar leicht zurückgegangen.
Das größte Problem der Wirtschaft war aber weiterhin die Massenarbeitslosigkeit. Die Arbeitslosenquote lag trotz leichten Rückgangs noch immer über 16%. Daneben bereitete das Haushaltsdefizit der Finanzpolitik die größte Sorge. Die Gesamtver-

schuldung des Staates lag knapp über der im Maastricht-Vertrag festgeschriebenen Grenze von 60% des BIP. Immerhin konnte die Inflationsrate, die im Jahresdurchschnitt bei 1,5% lag, um die Hälfte gesenkt werden. Sie war damit eine der niedrigsten in den EU-Ländern.

Maßnahmen gegen die gesellschaftliche Desintegration

Die anhaltend hohe Arbeitslosigkeit belastete zunehmend die Innenpolitik, denn die Massenarbeitslosigkeit begann, Spuren im Sozialverhalten der Betroffenen zu hinterlassen – festzustellen an einer sich ausbreitenden ›Arbeitslosenkultur‹ und an vermehrtem ›unsozialem‹ Verhalten, insbes. von Jugendlichen. Für den auf gesellschaftl. Konsens aufgebauten Wohlfahrtsstaat skandinav. Zuschnitts sind diese Zeichen gesellschaftl. Desintegration von bes. negativer Tragweite. Durch Flexibilisierung der Arbeitszeit, Liberalisierung der Arbeitsschutzbestimmungen, Steuersenkungen und andere Anreize soll die Arbeitslosenquote bis 1999 auf 10% gedrückt werden.
Eine Vorzugsbehandlung erfuhren die mittleren und kleineren Betriebe, also jene, durch die eine Ankurbelung des Binnenmarktes erhofft wird. Im Frühjahr 1996 rang sich die Reg. sogar dazu durch, die Anspruchskonditionen der Arbeitslosenunterstützung zu verschärfen und die Leistungen zu kürzen, in der Hoffnung, dadurch die Eigeninitiative zu fördern. Die vom konservativen Finanzmin. SAULI NIINISTÖ, der den in die Privatwirtschaft abwandernde Amtsinhaber IRO VIINANEN am 2. Febr. ablöste, vorangetriebene Sparpolitik führte im Sommer zu Spannungen in der ›Regenbogenkoalition‹ des sozialdemokrat. Regierungschefs PAAVO TAPIO LIPPONEN: die beteiligte Linkspartei stimmte nur widerstrebend zu, und die den Sozialdemokraten nahe stehenden Gewerkschaften stemmten sich bis zuletzt der avisierten Reduktion vehement entgegen.
Der außenpolit. Kurs der Reg. war dagegen unumstritten. Die auf den Beitritt F.s zur Europ. Wirtschafts- und Währungsunion ausgerichtete Politik wurde von der Bevölkerung mitgetragen. Auf dem Feld der Sicherheitspolitik erlegte die unmittelbare Nähe des großen Nachbarn Russland weiterhin Zurückhaltung in allen mit einem möglichen Beitritt zur NATO zusammenhängenden Fragen auf. ■

Birgit Fischer beendet mit den Olympischen Spielen in Atlanta ihre beispiellose Sportlerlaufbahn

Fisch: Die dt. Fischereiwirtschaft kämpfte auch 1996 mit zwei großen Problemen: Zum einen werden die Meere immer weiter überfischt, zum anderen überschwemmen Überkapazitäten der Fangflotten anderer EU-Staaten, Billigimporte aus Osteuropa und Asien den Weltmarkt und drücken so auf die Preise. Nach UNO-Angaben ist das Ausmaß der Überfischung als dramatisch zu bezeichnen. Dies gilt auch für die Fanggründe der dt. Fischer in Nordsee und Atlantik, sodass deren Anteil an der heim. Versorgung auf 22% geschrumpft ist und die Seefischerei mit sinkenden Erträgen kämpft.
Der Verbrauch der dt. Konsumenten stieg zwar in den letzten zehn Jahren um fast 3 auf 15 kg/Jahr (einschl. Kopf und Gräten), im internat. Vergleich aber hinkt Deutschland Frankreich und Portugal mit 30 bzw. 60 kg pro Kopf und Jahr hinterher. Als vermutl. Gründe werden Negativschlagzeilen hinsichtlich mangelnder Frische des Frischfischs sowie das ›Meisterkochimage‹ angeführt, das eine schwierige Zubereitung von F. suggeriert. So werden meist nur traditionelle Fischarten wie Hering, Seelachs, Kabeljau oder Rotbarsch gekauft. Dabei wird am liebsten auf Tiefgefrorenes (27%) oder auf die Dose (33%) zurückgegriffen. Frischfisch (6%) wird i.d.R. fertig filetiert gekauft, mikrowellentauglich und grätenfrei; der Trend geht also weg vom ganzen Fisch. Darauf stellen sich die Tiefkühlfischproduzenten mit so genannten Convenienceprodukten nach dem Motto ›aus der Tüte – fertig – leicht – lecker‹ ein; auch ›Ethnic-food‹ läuft bes. gut, Originalgerichte aus Asien oder Mexiko, die nur erhitzt werden müssen.
Auf der Bremer Fischmesse wurden erstmals Absatz versprechende ›exot.‹ Fischarten präsentiert. So z.B. der proteinreiche, aber cholesterinarme Catfish, eine amerikan. Zwergwelsart, die in Fischfarmen im Süden der USA aufgezogen wird und daher weder durch Überfischung noch durch Wasserverschmutzung gefährdet ist.

Fischer, Birgit, Kanusportlerin, * Brandenburg 25. 2. 1962. – Als dt. Fahnenträgerin bei der Abschlussfeier der Olymp. Spiele von Atlanta beendete die erfolgreichste Kanutin aller Zeiten ihre olymp. Karriere. Mit insgesamt fünf Gold- und zwei Silbermedaillen ist F. drittbeste dt. Olympionikin überhaupt. Sie gewann 1980 und 1992 im Einer-Kajak, 1988 im Zweier-Kajak, 1988 und 1996 im Vierer-Kajak. Olympiazweite wurde sie 1988 im Einer-Kajak und 1996 im Zweier-Kajak. Absoluter Rekord sind ihre 21 Weltmeistertitel seit 1979, davon 1981–83 in allen drei Konkurrenzen. Die im DDR-Staatssport groß gewordene Diplomsportlehrerin hat nach der Vereinigung ihre größte Leistung vollbracht, als sie mit zielstrebiger Energie die Klippen des Systemwechsels trotz einer dreijährigen Wettkampfpause bravourös überwand.

Innerhalb kürzester Zeit gelingt es der Popgruppe Fool's Garden, sich an die Spitze der deutschen Hitparade zu singen

Fiszman-Entführung: Der am 1. Okt. in Frankfurt am Main entführte 40-jährige Unternehmer ABRAHAM JAKUB FISZMAN wurde am 19. Okt. in einem Wald bei Reckenroth im Taunus ermordet aufgefunden. Am 16. Okt. hatten Beamte des Landeskriminalamts in Wiesbaden, Langen und Frankfurt fünf Tatverdächtige festgenommen und das am 10. Okt. gezahlte Lösegeld in Höhe von 4 Mio. DM sichergestellt. Der Hauptverdacht richtete sich gegen den mehrfach wegen Gewaltdelikten vorbestraften RAINER KÖRPPEN, dessen Ehefrau RENATE in der Firma FISZMANS angestellt war, und seinen Sohn SVEN. Dieser legte ein umfassendes Geständnis ab, in dem er seinem Vater den Mord anlastete. Gegen KÖRPPEN wird jetzt außerdem in drei weiteren Entführungsfällen ermittelt, darunter die Verschleppung eines damals sechs Jahre alten Neffen FISZMANS im Jahr 1991.

Aufsehen erregte die Tatsache, dass sämtl. Haftstrafen für RAINER KÖRPPEN (der u. a. 1977 seine erste Frau erwürgt hatte) vorzeitig zur Bewährung erlassen worden waren. Er war außerdem – obwohl bei einem Freigang straffällig geworden – immer wieder in den Genuss des offenen Strafvollzugs gekommen. Als erste Konsequenz verfügte der hess. Justizmin. VON PLOTTNITZ, dass während eines Freigangs straffällig Gewordene bei einer neuerl. Verurteilung nicht mehr in den offenen Vollzug kommen dürfen. Außerdem will er mittels einer Bundesratsinitiative eine Gesetzeslücke schließen, die dazu führt, dass eine neue Straftat nicht zum Widerruf der Bewährungsfrist führen kann, wenn sie von einem Freigänger im offenen Vollzug begangen wird.

Fokker N.V., niederländ. Flugzeughersteller mit Sitz in Amsterdam. Am 22. Jan. beschloss der Aufsichtsrat der Daimler-Benz AG, die finanzielle Unterstützung für die 1993 mehrheitlich übernommene Flugzeugbaufirma einzustellen. Die Verhandlungen mit der niederländ. Reg. (der niederländ. Staat hielt noch ca. 11 % der Fokkeraktien) über die gemeinsame Förderung waren zuvor gescheitert. Die Aufwendungen der Daimler-Benz AG für F. wurden auf netto 2 bis 2,5 Mrd. DM beziffert. Die mit 2,9 Mrd. DM verschuldete F. N. V. meldete am 15. März Konkurs an, nachdem kein Übernahmepartner für das Traditionsunternehmen gefunden worden war. Von den insgesamt 7 900 Beschäftigten wurden 5 664 ohne Sozialplan entlassen. Mitte Juli übernahm der niederländ. Maschinenbaukonzern Stork N. V. die aus dem Konkurs hervorgegangene Nachfolgefirma F. Aviation.

Fool's Garden, englisch singende dt. Popgruppe. – Mit dem Erfolgsalbum ›Dish of the Day‹, v. a. aber mit dem melancholisch-verträumten Titel ›Lemon Tree‹, eroberte die zuvor unbekannte Gruppe innerhalb von drei Monaten die Spitze der dt. Hitparade und wurde mit mehreren Gold- und Platinprämierungen ausgezeichnet. 1991 hatten sich PETER FREUDENTHALER (Gesang), VOLKER HINKEL (Gitarre, Gesang), THOMAS MANGOLD (Bass), ROLAND RÖHL (Keyboards) und RALF WOCHELE (Schlagzeug) als Quintett zusammengetan. Das Ergebnis ihrer Arbeit ist ein bunter, britisch angehauchter und melodiöser Gitarrenpop mit deutl. Anklängen an die großen Songs der Beatles, der genau den Geschmack der Zeit trifft.

Forbes, Malcolm Stevenson jr. (›Steve‹), amerikan. Verleger und Politiker (Republikaner), * Morristown (New Jersey) 18. 7. 1947. – Multimillionär F. gab am 14. März sein Ausscheiden im Rennen um die Kandidatur der Republikan. Partei für die Präsidentschaftswahlen im Nov. 1996 bekannt.

F. trat 1970 nach Abschluss eines Studiums der Geschichte in das väterl. Unternehmen Forbes Inc. ein, das er nach dem Tod seines Vaters 1990 übernahm. Seither ist er Präs. und Hg. des auflagenstarken ›Forbes Magazine‹. F. zählt zu den 300 reichsten Männern der USA. Erfahrungen in der Politik sammelte er zu Beginn der Achtzigerjahre, als er in einem Beraterkreis des damaligen Präs. RONALD REAGAN mitwirkte. Im republikan. Ausscheidungskampf konnte F. mit seiner optimist. Botschaft einer ›Flat tax‹, einer einheitl. Besteuerung der Arbeitseinkommen, sowie mit hohen persönl. Wahlkampfinvestitionen zunächst eine gute Position erzielen, wurde schließlich aber von seinem Mitbewerber BOB DOLE überholt.

Frankreich

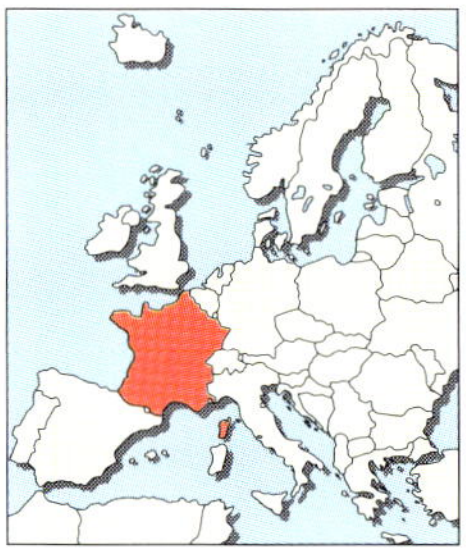

Hauptstadt: Paris
Einwohner: 58,0 Mio.
Einwohner/km²: 107
Staatsoberhaupt: J. Chirac
Regierungschef: A. Juppé
BSP/Einwohner: 23 420 US-$

Wirtschafts- und Sozialpolitik

Premiermin. ALAIN JUPPÉ musste nach den massiven Streiks im Nov./Dez. 1995 Teile seines Reformvorhabens zurücknehmen (Anheben des Rentenalters im öffentl. Dienst; Neuordnung der Staatsbahn SNCF), aber das Kernstück, die Reform der gesetzl. Krankenversicherung (u.a. Anhebung von Beiträgen, Leistungskürzungen, Einschränkung der Selbstverwaltung der Sozialpartner durch Beteiligung des Parlaments), wurde von der Reg. mithilfe von gesetzesvertretenden Verordnungen durchgesetzt. Gleichwohl stieg das Haushaltsdefizit auch 1996 weiter an. Trotz JUPPÉS eisernem Sparwillen, der sich in der Einschränkung von Sozialausgaben (z.B. Kürzung der Arbeitslosenhilfe und Aussetzung der Kindergelderhöhung) ausdrückte, und trotz der Erhöhung einiger Abgaben (Gewerbe-, Tabak-, Alkohol- und Mineralölsteuer) konnte angesichts des geringen Wirtschaftswachstums (1,3 %) und der unverändert hohen Arbeitslosenquote (12,58 %) die Verschuldung der öffentl. Haushalte nicht wesentlich gesenkt werden, sodass F. dieses Fiskalkriterium für den Beitritt zur Europ. Wirtschafts- und Währungsunion nicht erfüllte. Die Einnahmen aus dem rückläufigen Privatisierungsprogramm (u.a. die Teilprivatisierung der staatl. Telefongesellschaft France Télécom) könnten das Haushaltsdefizit nur kurzfristig senken, die Strukturschwächen halten aber an.

Die konsequente Weiterverfolgung der Währungspolitik zahlte sich aus: der Franc blieb stabil. Die einzelnen Maßnahmen unterlagen den unveränderten Prioritäten der Reg., Reduktion der Staatsverschuldung und Währungsstabilität. Es fehlte aber ein umfassendes Konzept für eine Wirtschaftssanierung. Grundlegende Reformen, wie ein neues Steuergesetz, wurden 1996 nicht realisiert. Auch die Bekämpfung der Arbeitslosigkeit blieb in Ansätzen stecken (z.B. die Arbeitszeitregelung) oder wurde wegen der schlechten Haushaltslage eingeschränkt.

Von Mitterrand zu Chirac

Der Tod von FRANÇOIS MITTERRAND am 8. Jan. intensivierte die Aussöhnung der frz. Bevölkerung mit dem immer wieder umstrittenen ehem. Staatspräs. (1981–95). Auch polit. Gegner würdigten nun seine Verdienste (Abschaffung der Todesstrafe, Dezentralisierung, Auflösung des staatl. Rundfunkmonopols u.a.), drückten Bewunderung aus für seine imperialen Gesten, mit denen er F. repräsentiert hatte, für seine meisterhafte Inszenierung nicht nur der (real abnehmenden) Macht, sondern auch seines eigenen Lebens bis über seinen Tod hinaus (zwei Bücher zur Rechtfertigung seiner zweifelhaften Haltung während der Besatzungszeit und während der dt. Wiedervereinigung erschienen im Frühjahr). Selbst der Anstieg der Arbeitslosigkeit war nun verzeihlich, zumal sich gezeigt hatte, dass auch die neue Reg. sie nicht eindämmen konnte. Eine gewisse Aussöhnung fand aber auch mit dem technokrat. Staatspräs. JACQUES CHIRAC statt, dessen Bodenständigkeit und Direktheit, dessen populist., um Transparenz bemühte Amtsführung im krassen Ggs. zum intellektuellen Habitus des republikan. Monarchen MITTERRAND steht.

Skandale und Streit zwischen Rechts und Links

In der frz. Gesellschaft machte sich angesichts der anhaltenden Wirtschaftsflaute, der ausbleibenden grundlegenden Reformen und der unzureichenden

Frankreich
Staatsverschuldung (in % des BIP)

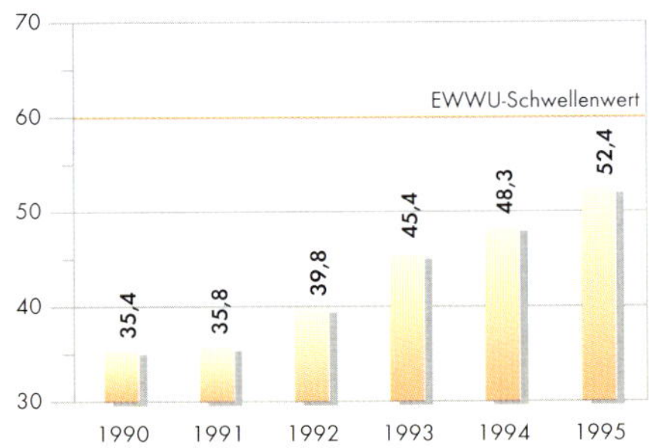

Frankreich
Wirtschaftswachstum (realer Zuwachs des BIP in %)

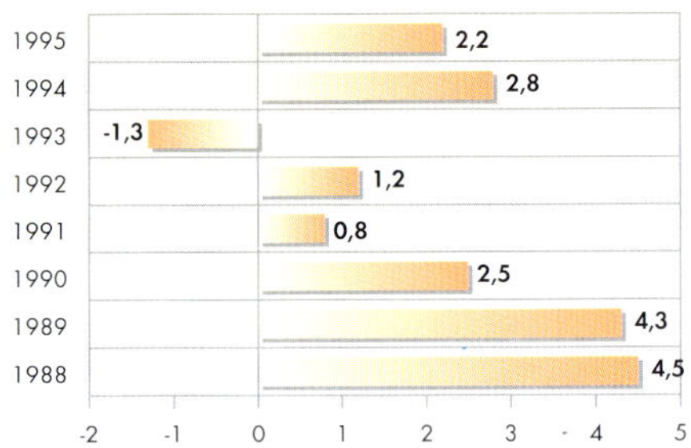

Wirkung polit. Einzelmaßnahmen eine mürrische Stimmung breit. Dazu trugen immer neue Skandale um Korruption und Amtsmissbrauch bei, in die Politiker aller Parteien (darunter auch Premiermin. JUPPÉ) und die Leitungen der größten nat. Unternehmen verwickelt waren. Durch Einflussnahme der Reg. fiel die Strafverfolgung jedoch unterschiedlich für Beschuldigte aus dem rechten oder linken Lager aus. Ferner war die frz. Gesellschaft durch innere Zerrissenheit gekennzeichnet. Das Regierungslager blieb zerstritten. Sowohl zw. den beiden Koalitionspartnern, dem neogaullist. Rassemblement pour la République (RPR) und der liberalkonservativen Union pour la Démocratie Française (UDF), als auch innerhalb der beiden Formationen bestanden personelle wie inhaltl. Streitigkeiten fort. Der rechtsextreme Front National, der sozialen Protest kanalisiert, findet nach wie vor viele Anhänger. In Nachwahlen zur Nationalversammlung am 26. Febr. konnte aber auch die Sozialist. Partei, die unter der Führung von LIONEL JOSPIN neue Konzepte (für einen ›Linksrealismus‹) erarbeiten will, viele Sitze gewinnen.

Fragmentierung der Gesellschaft

Im sozialen Bereich blieb es bei der Ausgrenzung der sozial Schwachen, der z.T. explosiven Atmosphäre in den Vorstädten, der man mit der Einführung von gewerbesteuerfreien Zonen begegnen will, v.a. aber bei der steigenden Bedeutung der Ausländerproblematik. Durch die auf immer größere Resonanz stoßende rechtsextremist. Stimmungsmache des Front National, dessen Parteivors. sich erstmals offen zu einer rassist. Weltanschauung bekannte, geriet die Reg., die an einer Politik der Einwanderungsverhinderung festhielt, unter Druck und wies Ende Aug. Hunderte von illegalen Einwanderern aus. Der innere Frieden wurde auch durch die gewaltsamen Auseinandersetzungen um die Unabhängigkeitsbestrebungen auf Korsika bedroht. Angesichts dieser Gefährdungen des nat. Zusammenhalts wundert es nicht, dass sich die Reg. der 1500-Jahr-Feier der Taufe des Frankenkönigs CHLODWIG bediente, um die Geburt des kath. F. und die Kontinuität der Nation zu beschwören.

Außenpolitik

Die Dynamik der Politik CHIRACS kam v.a. in der Außenpolitik zur Geltung, die er in gaullist. Tradition ganz und gar zu seiner eigenen Domäne gemacht hat. Dabei stimmte er sich nicht immer mit seinen europ. Partnern ab (z.B. zunächst in der Nahostpolitik), wenngleich er bestrebt war, F. als soliden Partner besonders in den dt.-frz. Beziehungen, aber auch zunehmend im frz.-brit. Verhältnis (v.a. auf militär. Gebiet) und als verlässl. Mitgl. der EU darzustellen. Auch CHIRAC hat die Einsicht gewonnen, dass F. nur als Teil Europas seinen internat. Einfluss bewahren kann, wenn es ihm gelingt, hier seine führende Rolle zu behaupten und durch neue Impulse noch zu verstärken.

Die zunehmende Reintegration in die NATO mit dem Ziel, hier einen europ. Pfeiler zu entwickeln, in

Die französische Schauspielerin Emanuelle Béart (Mitte) besucht am 16. August die afrikanischen Immigranten, die in der Pariser Saint-Bernard-Kirche seit 43 Tagen mit einem Hungerstreik für eine Aufenthaltsgenehmigung kämpfen

dem F. mit seinem Nuklearwaffenpotenzial eine herausragende Position einnehmen möchte, zeigt, dass CHIRAC neue Wege zur Sicherung der frz. Einflussmöglichkeiten bei veränderter internat. Lage und eingeschränkten Finanzmitteln beschreiten will. Davon zeugen im militär. Bereich u.a. die Abschaffung der Wehrpflicht, die CHIRAC am 22. Febr. ankündigte, und der geplante Aufbau einer auf 350000 Mann verkleinerten Freiwilligenarmee, die mit schnellen Einsatztruppen in internat. Krisengebieten eingreifen kann; ferner im wirtschaftlichen Bereich die Bemühungen um eine Umstrukturierung der Rüstungsindustrie, um sie machtvoll zu konzentrieren, und die Koordination von Außenhandelsbeziehungen im Präsidentenamt. Die Menschenrechtsfrage war dagegen von untergeordneter Bedeutung (z.B. beim Besuch des chin. MinPräs. LI PENG in Paris). Auch dies ist eine Abkehr von der Politik MITTERRANDS, der F. zum Vorreiter der Menschenrechte machen wollte. ■

Freyer, Achim, Bühnenbildner, Regisseur und Maler, * Berlin 30. 3. 1934. – Einen marionettenhaften Don Giovanni ließ F. im März in Venedig in einem Zelt, Ersatz für die abgebrannte Oper ›La Fenice‹, von einer ›Meta-Ebene‹ zur anderen springen; Hände und Arme ohne Körper übernahmen dabei eine brechtsche Kommentar- und Korrekturfunktion zur Bühnenhandlung der Mozartoper. Am 30. April brachte F. bei den Schwetzinger Festspielen J. S. BACHS h-Moll-Messe mit ROSAMUND GILMORES ›Laokoon Dance Group‹ als modernes Tanztheater in einem weißen Kasten auf die Bühne; ohne theolog. Deutung wurde der heutige Mensch als einsam Handelnder in neun halbabstrakte Figuren gesplittet.

Ab dem Ende der 50er-Jahre arbeitete F. als Bühnen- und Kostümbildner; seit 1972 in Berlin (West), wurde er 1976 Prof. an der Hochschule der Künste Berlin. Mit seinen lyrisch verschlüsselten und perspektivisch geheimnisvollen Inszenierungen von PHILIP GLASS' Opern ›Satyagraha‹, ›Echnaton‹

und ›Einstein on the beach‹ in den 80er-Jahren in Stuttgart avancierte F. zu dem Visionär des dt. Theaters.

Frisch, Peter, Jurist, * Reichenbach 21. 4. 1935. – F. wurde am 15. Mai als Nachfolger von HANSJÖRG GEIGER, der zum Bundesnachrichtendienst wechselte, Präs. des Bundesamtes für Verfassungsschutz. Seit April 1987 war F., der der SPD angehört, dort bereits Vizepräs. gewesen. Der gelernte Versicherungskaufmann und promovierte Jurist arbeitete zunächst beim Bundesverwaltungsamt (1969), dann im Bundesinnenministerium (1970–75) und im niedersächs. Innenministerium. 1984 ernannte ihn der damalige niedersächs. MinPräs. ERNST ALBRECHT (CDU) zum Präs. des Landesamtes für Verfassungsschutz.

Am 12. Februar demonstrieren in Bonn 4 500 Beschäftigte der Metallindustrie gegen die Abschaffung der Frührente

Frührente, die Rente, auf die der Versicherte im Falle des vorgezogenen Übergangs vom Arbeitsleben in den Ruhestand Anspruch hat. Urspr. war die F. als reine Schutz- und Entlastungsmaßnahme zugunsten älterer Arbeitnehmer gedacht. Seit Mitte der 70er-Jahre wurde sie jedoch v. a. von Großunternehmen zunehmend auch zur sozial abgefederten Verminderung des Personalbestands durch vorzeitigen Ruhestand älterer Arbeitnehmer eingesetzt, z. B. in Gestalt der ›59er-Regelung‹. Dabei kündigten Arbeitgeber den über 59-jährigen Arbeitnehmern, um diesen die Möglichkeit für vorgezogene Altersrente wegen Arbeitslosigkeit (in den letzten 1,5 Jahren mindestens ein Jahr arbeitslos) zu eröffnen. Finanziert wurde die F. fast ausschließlich von der Renten- und der Arbeitslosenversicherung. Deren Budgets wurden durch die umfangreiche Inanspruchnahme der F. stark belastet (1992: 54 000 Neurenten, 1995: 290 000 Neurenten). Berechnungen zufolge kostet die Frühverrentung je 100 000 Frührentner die Rentenversicherung 12,7 Mrd. DM, die Arbeitslosenversicherung 9,2 Mrd. DM, die Unternehmen lediglich 1,8 Mrd. DM.
Der Gesetzgeber hat auf die Finanzierungsprobleme der F. mit dem am 1. 8. 1996 in Kraft getretenen Altersteilzeitgesetz reagiert. Danach wird die Teilzeitbeschäftigung älterer Arbeitnehmer gefördert (Altersteilzeitarbeit) und die Altersrente wegen Arbeitslosigkeit und nach Altersteilzeit eingeführt. Diese Rente kann wie bisher im Falle von Arbeitslosigkeit oder im Falle einer mind. zweijährigen Altersteilzeitarbeit gewährt werden. Allerdings wird gleichzeitig die Altersgrenze in den Jahren 1997–99 in Monatsschritten von 60 auf 65 Jahre angehoben. Wer weiterhin Altersrente ab Vollendung des 60. Lebensjahres beziehen will, muss eine Minderung der Rente um 3,6% pro Jahr hinnehmen. Die Bundesreg. verspricht sich mit diesen Neuregelungen Einsparungen für die Rentenversicherung bis 2003 von rd. 15 Mrd. DM und hofft, dass durch tarifvertragl. oder betriebl. Regelungen die Möglichkeiten der Altersteilzeitarbeit genutzt werden, ohne die Sozialversicherungen zu belasten.

Fußball: Die Dreipunkteregel für einen Sieg sorgte in der Bundesliga für eine Zunahme der Unentschieden und für einen Rückgang der Torquote auf 831 Treffer. Der Zweikampf zw. →Borussia Dortmund und Bayern München wurde erst in der vorletzten Runde durch die Münchener Niederlage in Bremen zugunsten des Titelverteidigers aus Dortmund entschieden. Die ›Bayern‹ lieferten immer wieder Schlagzeilen: so durch die Beurlaubung von OTTO REHHAGEL nach knapp acht Monaten Tätigkeit, die nochmalige Übernahme des Traineramtes durch FRANZ BECKENBAUER, den Gewinn des UEFA-Pokals im Mai und die Querelen zw. LOTHAR MATTHÄUS und JÜRGEN KLINSMANN. Neben KFC Uerdingen stiegen zwei Gründungsmitgl. der Bundesliga ab: Eintracht Frankfurt und der 1. FC Kaiserslautern, der sich mit dem Pokalgewinn über den Karlsruher SC tröstete. Ins Oberhaus kehrten der VfL Bochum, MSV Duisburg und nach einem Durchmarsch von der Regionalliga Arminia Bielefeld zurück.
In Österreich gewann Rapid Wien durch ein 2:0 über Mitbewerber Sturm Graz im Endspurt die 30. Meisterschaft. Sturm Graz entschädigte sich durch den Pokalgewinn. In der Schweiz gab es erfolgreiche Titelverteidigungen durch Meister Grasshoppers Zürich und Pokalsieger FC Sion.
Die europ. Szene prägten v. a. Frankreichs Nationalelf bis zum EM-Halbfinale mit 26 Spielen ohne Niederlage sowie Deutschland, das den EM-Titel gewann. Ajax Amsterdam verlor in Rom das Finale der Champions League gegen Juventus Turin im Elfmeterschießen mit 2:4. Als erster frz. Klub gewann Paris St. Germain den Pokal der Pokalsieger durch ein 1:0 über Rapid Wien. Bayern München hat nach den Erfolgen über Girondins Bordeaux im UEFA-Pokal alle drei europ. Pokale gewonnen.
Neben der Europameisterschaft bestimmten drei Reizworte die Diskussionen: Das →Bosman-Urteil, das →Golden Goal und die →Kirch-Gruppe. Diesem Medienkonzern verkaufte der Weltverband FIFA die Fernsehrechte an den Weltmeisterschaften 2002 und 2006 für 3,4 Mrd. DM. Wirtschaftl. Erwägungen führten auch zu dem Entschluss, mit Beginn der Saison 1997/98 die Champions League auf 24 Teilnehmer aufzustocken.

FUSSBALL-EUROPAMEISTERSCHAFT

Die vom 8. bis 30. Juni in England erstmals mit 16 Teilnehmern ausgetragene 10. Fußball-EM endete mit einem Novum. Das erste →Golden Goal der Fußballgeschichte entschied in der Verlängerung das im Londoner Wembleystadion ausgetragene Finale Deutschland–Tschech. Rep. mit 2:1 für die dt. Elf. Der Treffer gelang in der 95. Spielminute OLIVER →BIERHOFF, der zuvor auch für den Ausgleich des tschech. Führungstreffers gesorgt hatte. Mit dem Turniersieg errang BERTI VOGTS seinen ersten ganz großen Erfolg als Bundestrainer. Der Erfolg beruhte auf einem konsequenten Aufbau einer Mannschaft, die das Turnier trotz Verletzungen und Gelbsperren dank ihrer Kampfmoral ungeschlagen überstand. Bereits nach der Vorrunde waren mit Italien, Bulgarien und Titelverteidiger Dänemark stärker eingeschätzte Mannschaften aus-

Kapitän Jürgen Klinsmann stellt der britischen Königin Elisabeth II. vor dem Endspiel der ›Euro 96‹ im Londoner Wembleystadion die deutsche Mannschaft vor

Fußball-Europameisterschaft

Vorrundenspiele:			
Gruppe A:		Gruppe B:	
England - Schweiz	1:1	**Spanien** - Bulgarien	1:1
Niederlande - Schottland	0:0	Rumänien - **Frankreich**	0:1
Schweiz - **Niederlande**	0:2	Bulgarien - Rumänien	1:0
Schottland - **England**	0:2	**Frankreich - Spanien**	1:1
Schottland - Schweiz	1:0	**Frankreich** - Bulgarien	3:1
Niederlande - England	1:4	Rumänien - **Spanien**	1:2
Gruppe C:		Gruppe D:	
Deutschland - Tschechische Republik	2:0	Dänemark - **Portugal**	1:1
Italien - Russland	2:1	Türkei - **Kroatien**	0:1
Tschechische Republik - Italien	2:1	**Portugal** - Türkei	1:0
Russland - **Deutschland**	0:3	**Kroatien** - Dänemark	3:0
Russland - **Tschechische Republik**	3:3	**Kroatien - Portugal**	0:3
Italien - **Deutschland**	0:0	Türkei - Dänemark	0:3
Viertelfinale:			
Spanien - **England**	0:0 n.V. 2:4 n.E.	**Frankreich** - Niederlande	0:0 n.V. 5:4 n.E.
Deutschland - Kroatien	2:1	**Tschechische Republik** - Portugal	1:0
Halbfinale:			
Frankreich - **Tschechische Republik**	0:0 n.V. 5:6 n.E.	England - **Deutschland**	1:1 n.V. 5:6 n.E.
Endspiel (London, Wembleystadion):			
Deutschland - Tschechische Republik	2:1 n.V.	Die Siegermannschaft: Köpke; Sammer; Babbel, Struntz, Eilts (Bode), Helmer, Ziege; Häßler, Scholl (Bierhoff); Klinsmann, Kuntz; Trainer: Berti Vogts.	

fettgedruckt: Die Mannschaft erreichte die nächste Runde.
n. V. = nach Verlängerung
n. E. = nach Elfmeterschießen

Bundestrainer Berti Vogts und Matthias Sammer fallen sich nach dem Endspielsieg bei der Fußball-Europameisterschaft am 30. Juni begeistert in die Arme. Von rechts stürmen Thomas Strunz, Andreas Köpke und Jens Todt dazu, links im Bild Fredi Bobic

geschieden. Auch die Schweiz, die mit einem unerwarteten 1:1 im Eröffnungsspiel gegen England ihren einzigen Punkt holte, überstand die Vorrunde nicht. Mit einer Einnahme von 204 Mio. DM für die UEFA wurde die EM zu einem außergewöhnl. finanziellen Erfolg. Im organisator. Bereich kam es dagegen zu Pannen. So klafften, obwohl 1,052 Mio. Tickets verkauft worden waren, oftmals große Lücken auf den Rängen. Auch die Qualität mancher Schiedsrichterleistungen gab zu krit. Bemerkungen Anlass. ■

G

G 7, Gruppe der Sieben, Siebenergruppe: In Lyon trafen sich die Staats- und Regierungschefs der sieben wichtigsten westl. Wirtschaftsnationen (Deutschland, Frankreich, Großbritannien, Italien, Japan, Kanada, USA) vom 27. bis 29. Juni zu ihrem jährl. Weltwirtschaftsgipfel. Wichtigstes Ergebnis im Bereich der internat. Wirtschaftspolitik war das Versprechen der G-7-Staaten, sich in stärkerem Maße als bisher für unterentwickelte Länder einzusetzen und diese zu unterstützen. Die G-7-Staaten kündigten darüber hinaus eine weitere Öffnung ihrer Märkte sowie den Abbau Wachstum hemmender innerstaatl. Vorschriften an. Nach dem Ende des Ost-West-Konflikts wurde Russland zunehmend in die G-7-Beratungen über allg. weltpolit. Probleme einbezogen, sodass neben dem Weltwirtschaftsgipfel (G 7) inzwischen ein polit. Gipfel (P 8) entstanden ist. Der russ. MinPräs. TSCHERNOMYRDIN vertrat in Lyon Präs. JELZIN, der zum polit. Teil der Konsultationen eingeladen war, seine Teilnahme aber abgesagt hatte.

›Dreamteam mit Spielball‹

Gabun

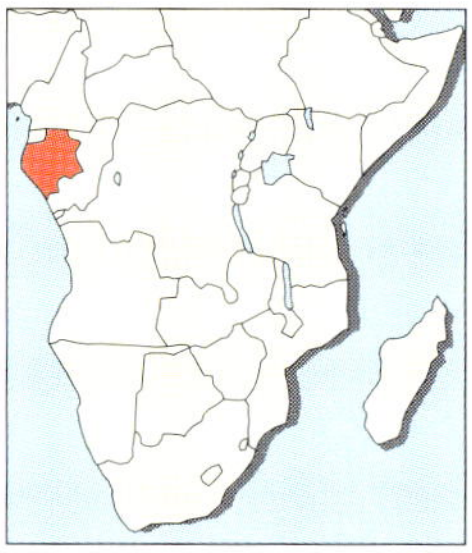

Hauptstadt: Libreville
Einwohner: 1,3 Mio.
Einwohner/km²: 5
Staatsoberhaupt: O. Bongo
Regierungschef: P. Obame Nguema
BSP/Einwohner: 3 880 US-$

Nach der Umschuldungsvereinbarung G.s mit den Gläubigerländern im Pariser Club und einem Kreditabkommen mit dem IWF vom Nov. 1995 schloss im März 1996 auch Deutschland ein Umschuldungsabkommen in Höhe von 148 Mio. DM mit dem zentralafrikan. Land ab. Der frz. Staatspräs. JACQUES CHIRAC sicherte seinem Freund und Partner OMAR BONGO bei einem Staatsbesuch im Juli sogar einen Schuldenerlass von etwa 120 Mio. DM zu. G. musste sich aber verpflichten, Geld in gleicher Höhe in die Infrastruktur des Landes zu investieren. Aufgrund reicher Ölvorkommen und der relativ geringen Bevölkerungszahl verfügt G. über ein weitaus höheres BSP pro Ew. als andere Länder der

Region. Von den Öleinnahmen profitieren im Wesentlichen die städt. Eliten, nicht jedoch die Landbevölkerung. Die Reg. hat es bisher versäumt, die Gewinne aus dem Ölgeschäft für eine nachhaltige wirtschaftl. Entwicklung des Landes zu nutzen.
Am 22. Sept. fanden Kommunalwahlen statt. Die für April 1996 geplanten Parlamentswahlen wurden zunächst verschoben, dann aber im Dez. durchgeführt. Dabei konnte die regierende Parti Démocrate Gabonais (PDG) zusammen mit den Gruppierungen der Nouvelle Alliance die Mehrheit der Sitze erringen. ■

Galileo: Nachdem die amerikan. Raumsonde am 7. 12. 1995 Jupiter erreicht und eine Abstiegskapsel in die Atmosphäre geschickt hatte, wurden im Jan. deren Ergebnisse veröffentlicht. Die Kapsel war während der 58 Minuten Messzeit bis 156 km unterhalb der Wolkendecke abgestiegen und hatte dabei Temperaturen von –160 °C an der Wolkenoberseite bis zu + 152 °C am Ende der Messstrecke registriert. Die Temperaturen in der Jupiteratmosphäre sind eine der Ursachen der registrierten Windgeschwindigkeit von 640 km/h. Überraschend waren der Nachweis von nur wenig Wasser und der Hälfte der erwarteten Heliummenge sowie von nur einer Wolkenschicht statt drei.
Vier langellipt. Umläufe um Jupiter führten G. 1996 insges. achtmal an den großen Monden Io, Ganymed, Europa und Kallisto i. d. R. sehr nahe vorbei. Die Aufnahmen und Messdaten zeigen bei Ganymed eine Eisoberfläche und Anzeichen für seism. Aktivität, Ganymed und Io weisen einen Eisenkern und ein eigenes Magnetfeld auf. Auf Europa gibt es möglicherweise einen Wasserozean unter der Eisoberfläche. Zudem machte G. aus größeren Abständen Fotos von Jupiter und von Vulkanausbrüchen auf Io.

Gambia

Hauptstadt: Banjul
Einwohner: 1,1 Mio.
Einwohner/km²: 99
Staatsoberhaupt und Regierungschef: Y. Jammeh
BSP/Einwohner: 330 US-$

Unter anhaltendem internat. Druck musste sich das Militärregime zur Durchführung von Wahlen bereit erklären. Die im Aug. durch Referendum gebilligte zentralist. Verfassung und die starke Gängelung von Presse und Parteien gewährleisteten jedoch den Machterhalt der Offiziere. Insbes. Politiker, die unter dem 1994 gestürzten Präs. JAWARA aktiv gewesen waren, wurden in ihren Aktivitäten behindert. Daher setzte sich bei den Präsidentschaftswahlen am 26. Sept. Militärführer YAYAH JAMMEH durch. Er finanzierte seine Politik mit Krediten, die durch neue Bündnisse ermöglicht wurden (z. B. Aufnahme der Beziehungen zu Taiwan 1995), der Aufschwung der nat. Wirtschaft kam aber weiterhin nur langsam voran. ■

Am 22. Juli nimmt der Staatspräsident Gabuns, Omar Bongo, seinen französischen Amtskollegen Jacques Chirac in Empfang

Ganz, Bruno, schweizer. Schauspieler, *Zürich 22. 3. 1941. – Seit dem 18. Mai hat G. als der »bedeutendste und würdigste Bühnenkünstler des deutschsprachigen Theaters« zu gelten – der unter diesen Kriterien auf Lebenszeit vergebene Ifflandring wurde dem Schauspieler von JOSEF MEINRAD testamentarisch zugesprochen und im Wiener Burgtheater verliehen. Seine erste Rolle als Ifflandringträger war der Odysseus in der Uraufführung des Botho-Strauß-Stückes ›Ithaka‹ unter der Regie

Das Ende Juni von der Raumsonde Galileo aus 2,24 Mio. km Entfernung aufgenommene Bild des Jupitermonds Io zeigt vulkanische Aktivitäten und deutliche Veränderungen gegenüber den Aufnahmen der Voyager-Sonden vor 17 Jahren

von DIETER DORN im Juli an den Münchener Kammerspielen; im Sept. spielte er in ›Der Pol‹ von VLADIMIR NABOKOV, inszeniert von KLAUS MICHAEL GRÜBER an der Berliner Schaubühne und war als Obdachloser in einem Krimi der Tatortreihe zu sehen.
Schon seit Jahrzehnten ist G. einer der herausragenden Schauspieler im deutschsprachigen Raum. Zunächst arbeitete er mit dem Regisseur PETER STEIN in Bremen und v.a. an der Schaubühne in Berlin. Nach mehrjähriger Theaterpause, in der er ausschließlich in Filmen auftrat, stand G. wieder auf der Bühne, u.a. als Hamlet in GRÜBERS Inszenierung an der Berliner Schaubühne (1982) oder als Coriolan in STEINS Inszenierung bei den Salzburger Festspielen 1993.

Hansjörg Geiger (Mitte), neuer Präsident des Bundesnachrichtendienstes, bei seiner Amtseinführung am 4. Juni mit Geheimdienstkoordinator Staatsminister Bernd Schmidbauer (links) und Kanzleramtsminister Friedrich Bohl

Geiger, Hansjörg, Jurist, *Brünn 1. 11. 1942. – Am 15. Mai wurde G. als Nachfolger des Ende Febr. aus dem Amt geschiedenen KONRAD PORZNER Präs. des Bundesnachrichtendienstes. Er übernahm damit eine schwierige Aufgabe, da der BND wegen der ›Plutoniumaffäre‹ sowie einer Führungs- und Legitimationskrise monatelang in der öffentl. Diskussion stand.
Nach seinem Studium arbeitete der promovierte Jurist mit dem Spezialgebiet Rechtsinformatik in der Bayer. Staatskanzlei (1972/73), als Staatsanwalt und Richter (1974–77) und im Bayer. Staatsministerium der Justiz (1977–80). Von 1980 bis 1990 war G. beim bayer. Datenschutzbeauftragten tätig. Im Okt. 1990 wurde G. Direktor beim ›Bundesbeauftragten für die Unterlagen des Staatssicherheitsdienstes der ehem. DDR‹ und baute mit JOACHIM GAUCK die ›Gauck-Behörde‹ auf. G. verstand die Öffnung der Stasiarchive als einen Beitrag zum Rechtsfrieden, insofern sie »Klarheit und Aufklärung für die Opfer« schaffen. Im Aug. 1995 übernahm der parteipolitisch nicht gebundene G. die Leitung des Bundesamtes für Verfassungsschutz.

Geiß, Karlmann, Jurist, *Ellwangen 31. 5. 1935. – G. ist seit dem 1. Aug. Präs. des Bundesgerichtshofs. Nach seinem jurist. Studium in München und Tübingen war er 1965–76 im baden-württemberg. Justizministerium tätig. 1976 wurde G., der der SPD angehört, Landgerichtspräs. in Ulm. Von 1989 bis 1996 war er Präs. des Oberlandesgerichts in Stuttgart.

Geld- und Währungspolitik: Im Frühjahr setzte die Dt. Bundesbank ihre Zinssenkungspolitik fort. Am 19. April reduzierte sie den Diskontsatz und den Lombardsatz um jeweils einen halben Prozentpunkt auf 2,5% bzw. 4,5% und damit auf einen Tiefstand, der zuletzt nach dem ›Börsenkrach‹ im Herbst 1987 erreicht worden war. Am 22. Aug. beschloss der Zentralbankrat, den Zins für Wertpapierpensionsgeschäfte (Pensionssatz) von 3,3% auf 3,0% zu senken. Damit nutzte die Bundesbank den Spielraum für ihre Offenmarktpolitik am Geldmarkt, den sie sich mit der Reduzierung des Zinskorridors im April verschafft und danach regelmäßig überprüft hatte.
Nach den Übersteigerungen im ersten Quartal beruhigte sich das Geldmengenwachstum zusehends; bes. im zweiten Halbjahr war der Anstieg der Geldmenge M 3 relativ gering. Dadurch näherte sie sich zunehmend dem diesjährigen Zielkorridor von 4% bis 7%. Im Juli übertraf die Geldmenge M 3 den Durchschnittsstand vom vierten Quartal 1995 mit einer Jahresrate von 8,6%, verglichen mit 10,5% im Mai und 12,8% im Februar. Insofern waren die monetären Voraussetzungen für die Herabsetzung des für den Geldmarkt maßgebl. Pensionssatzes gegeben. Hinzu kam die günstige Preisentwicklung mit Inflationsraten von 1,4% im Juni und 1,5% im Okt., wozu auch die diesjährigen Lohn- und Gehaltsrunden beitrugen. Schließlich fügte sich die Zinssenkung in das internat. Umfeld ein. Insgesamt konnte allerdings das Geldmengenziel für 1996 mit einem Anstieg der Geldmenge M 3 im Okt. von 8,4% und im Dez. von 7,9% nicht erreicht werden.
Nicht nur die Notenbankzinsen waren 1996 in Deutschland sowohl in histor. als auch in internat. Vergleich sehr niedrig, sondern auch die Kapitalmarktzinsen und die Zinssätze bei Banken. So lag die Umlaufrendite bei 5,6% (1995: 6,5%), der durchschnittl. Zinssatz für Spareinlagen im Jahresverlauf zw. 1,94% im Dez. und 2,02% im Januar. Auch die Effektivverzinsung von zehnjährigen Hypothekarkrediten stabilisierte sich mit Werten von 7,69% im Juli und 7,09% im Dez. unter dem langjährigen Durchschnitt vom 8,5%.

Georgien

Hauptstadt: Tbilissi
Einwohner: 5,5 Mio.
Einwohner/km²: 78
Staatsoberhaupt:
E. Schewardnadse
Regierungschef:
O. Pazazia
BSP/Einwohner:
580 US-$ (1993)

Die stabilitätsorientierte Wirtschaftspolitik wurde bes. mit Boden- und Gesundheitsreformen fortgesetzt. Am 22. März verabschiedete das Parlament ein neues Privatisierungsgesetz für Grund und Boden, das jedoch Ausländer von Kauf und Verkauf ausschließt. Im Mai trat ein v.a. von der Weltbank finanziertes Programm zur Verbesserung der medizin. Versorgung in Kraft.
Nach den Präsidentschafts- und Parlamentswahlen 1995 und der Verabschiedung einer neuen Verfassung, die G. zum Bundesstaat deklariert, konzentrierte sich die Reg. auf die Lösung der Konflikte um Abchasien und Südossetien, wobei sie auf eine stärkere Zusammenarbeit mit Russland und der GUS setzte: Am 17. Jan. ratifizierte das Parlament den Freundschaftsvertrag mit Russland. Nach mehreren Treffen zw. dem abchas. Führer Wjatscheslaw Ardzinba und russ. Vertretern in Moskau beurteilten letztere die Haltung der Abchasen als ›destruktiv‹; auf dem GUS-Gipfel vom 19. Jan. kündigte der russ. Präs. Boris Jelzin an, russ. Waffenlieferungen an die Abchasen einzustellen und Wirtschaftskontakte abzubrechen. Gegen den Widerstand G.s wurden am 24. Nov. in Abchasien Parlamentswahlen abgehalten (30 von 35 Abgeordneten wurden gewählt). Am 16. Mai gaben Russland, G. und Vertreter Nord- und Südossetiens eine Gewaltverzichtserklärung ab. Am 27. Aug. traf Eduard Schewardnadse eine Vereinbarung mit Südossetien zur Einsetzung einer gemeinsamen Kommission über dessen künftigen Status.
Am 19. März sprach sich Schewardnadse in Moskau gegen die Ost-Erweiterung der NATO aus und unterzeichnete im Juli ein Abkommen über eine militär. Zusammenarbeit mit Russland, die bereits zum Aufbau einer 30000 Mann starken Armee führte und Äußerungen über eine mögliche militär. Rückeroberung Abchasiens und Südossetiens nicht verstummen ließ. Ungelöst blieb weiterhin das Flüchtlingsproblem (April 1996: 288764 Menschen). Auf Bitten G.s verlängerte der UNO-Sicherheitsrat die Stationierung der Beobachtertruppe UNOMIG (UN Observer Mission in Georgia), wodurch auch internat. Hilfsleistungen fortgesetzt wurden. ■

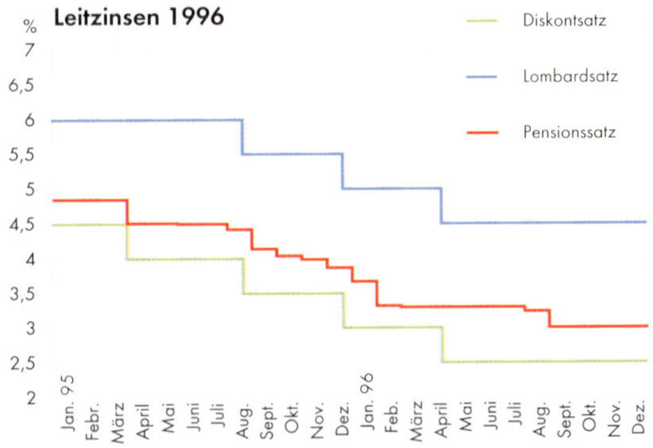

Gesellschaft für Schwerionenforschung mbH, Abk. **GSI:** Unter der Führung von Peter Armbruster, dem leitenden Wissenschaftler der GSI, sorgte die Großforschungseinrichtung in den letzten Jahren mit der Herstellung schwerer Elemente immer wieder für Aufsehen. Bisher wurden an der GSI schon sechs neue chem. Elemente entdeckt – zuletzt im Febr. das nunmehr schwerste Element 112 (→Transurane). Ziel der Wissenschaftler ist es, sich an das Element mit der Ordnungszahl 114 heranzuarbeiten, das nach der Theorie einige Tage stabil sein sollte, bevor es radioaktiv zerfällt. – Im April wurden die GSI-Physiker Sigurd Hofmann und Gottfried Münzenberg für die Herstellung der Elemente 107 bis 111 mit dem Otto-Hahn-Preis der Stadt Frankfurt ausgezeichnet.

Gesundheitsreform: Die Bestrebungen der Bundesreg. zur G. zielen in Weiterführung eines von Gesundheitsmin. Horst Seehofer eingeleiteten Kurswechsels v.a. darauf, die Selbststeuerung im Gesundheitswesen zu stärken und die Beitragssätze zur Finanzierung der Gesundheitspolitik zu stabilisieren. Hierdurch sollen zugleich die medizin. Versorgung weiterhin gewährleistet, die Kostensteigerung im Gesundheitswesen gestoppt, Rationalisierungsreserven mobilisiert und die Krankenkassen einem stärkeren Wettbewerbsdruck aus-

Entwicklung der Leistungsausgaben der gesetzlichen Krankenversicherung 1991–1996

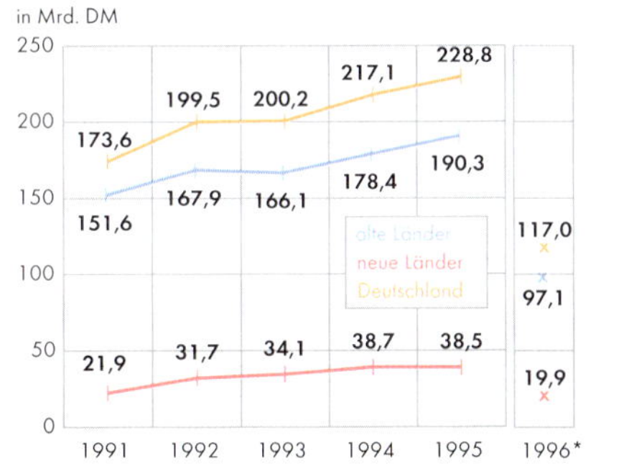

*1. Halbjahr

Struktur der Leistungsausgaben der gesetzlichen Krankenversicherung 1996 (1. Halbjahr)

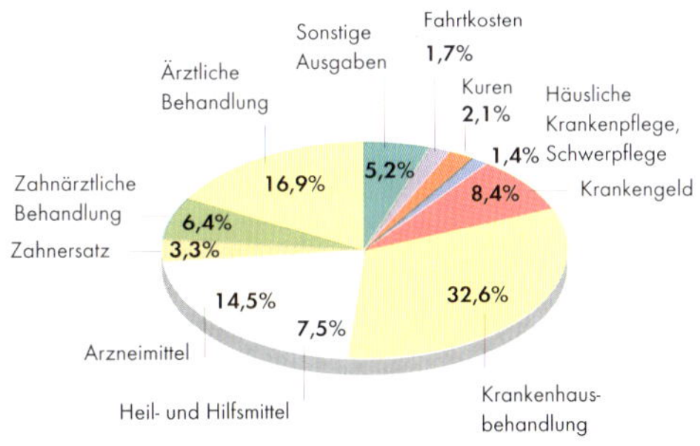

gesetzt werden. So wurde ab 1. 1. 1996 die freie Krankenkassenwahl eingeführt: Die in der gesetzl. Krankenversicherung (GKV) Versicherten können demnach jeweils zum Jahresende unter Einhaltung einer dreimonatigen Frist ihre Mitgliedschaft kündigen und zu einer anderen Krankenkasse wechseln; ein Krankenkassenwechsel ist erstmals zum 1. 1. 1997 möglich. Die Leistungsausgaben der GKV sind von (1992) 199,6 Mrd. DM auf (1995) 228,8 Mrd. DM gestiegen. Die durchschnittlichen Beitragssätze erhöhten sich von (1992) 12,46% (neue Bundesländer 12,73%) auf (1996) 13,46% (13,65%).

Der größte Teil der Gesetzesvorhaben der Bundesreg. zur dritten Stufe der G. scheiterte im Sommer an der SPD-Mehrheit im Bundesrat und im Vermittlungsausschuss (z.B. die Pläne zur Neuordnung der ambulanten Versorgung und zur Reform der Krankenhausfinanzierung). Das Beitragsentlastungsgesetz jedoch, das nicht der Zustimmung des Bundesrats bedurfte, wurde als Teil des →Sparpakets von den Fraktionen der Regierungsparteien im Bundestag beschlossen.

Das **Beitragsentlastungsgesetz** verbietet bis Ende 1996 Anhebungen von Beitragssätzen in der GKV und ordnet an, die Beitragssätze zum 1. 1. 1997 um 0,4 Prozentpunkte zu senken. Hiervon werden Einsparungen von 7,5 Mrd. DM erhofft. Diese sollen durch weitere zum 1. 1. 1997 in Kraft tretende Maßnahmen erwirtschaftet werden: Erhöhung der Zuzahlungen der Versicherten für Arzneimittel und für jeden Tag eines Klinikaufenthalts um je 1 DM sowie für Kuren von 12 DM auf 25 DM (alte Bundesländer) bzw. von 9 DM auf 20 DM (neue Bundesländer) je Kurtag, Wegfall des Kassenanteils für Brillengestelle und der Zuschüsse für Zahnersatz bei Versicherten ab Jahrgang 1979, Senkung des Krankengelds um zehn Prozentpunkte auf 70% des Bruttoarbeitsentgelts. Außerdem werden Arbeitnehmern bei Kuren je Kurwoche zwei Urlaubstage angerechnet und die Regeldauer der Kuren auf drei Wochen gekürzt.

Der Fund des ›Keltenfürsten‹, einer Sandsteinstatue aus dem 5. Jh., ist das spektakulärste Ergebnis der Grabungen am hessischen Glauberg

Weitere im Herbst vorgelegte Gesetzentwürfe (1. und 2. Neuordnungsgesetz der GKV) sollen auch künftig Erhöhungen der Beitragssätze erschweren und diejenigen Krankenkassen bestrafen, die dennoch höhere Beiträge erheben. So ist z.B. vorgesehen, dass die Krankenkassen bei künftigen Beitragserhöhungen zwingend auch die Zuzahlungen der Versicherten für Arznei- und Heilmittel, Klinikaufenthalte und Fahrtkosten erhöhen müssen. Die Opposition wertet die Regierungsvorhaben zur dritten Stufe der G. als übertriebene Sparpolitik und als Weg in die ›Zweiklassenmedizin‹. Befürchtet werden u.a. eine weitere Zunahme der Selbstbeteiligung der Versicherten, eine Ausdünnung des Leistungskatalogs der GKV durch Ausweitung der freiwilligen Leistungen zu Lasten der Pflichtleistungen und damit eine Verstärkung der Tendenz zu einer nur medizin. Grundversorgung.

Ghana

Hauptstadt: Accra
Einwohner: 17,5 Mio.
Einwohner/km²: 73
Staatsoberhaupt und Regierungschef: J. J. Rawlings
BSP/Einwohner: 410 US-$

Am 7. Dez. fanden Präsidentschafts- und Parlamentswahlen statt. Mit rd. 57% der Stimmen gewann Amtsinhaber JERRY J. RAWLINGS die Präsidentschaftswahlen deutlich vor seinem Herausforderer von der Oppositionsallianz, der rd. 40% erreichte. RAWLINGS gelang es damit, als erster gewählter Präs. des Landes nicht nur seine Amtszeit zu Ende zu bringen, sondern auch noch wiedergewählt zu werden. Bei den Parlamentswahlen erzielte RAWLINGS Partei National Democratic Congress (NDC) die absolute Mehrheit der Mandate, die in der Oppositionsallianz zusammengeschlossenen Gruppierungen New Patriotic Party und People's Convention Party akzeptierten ihre Niederlage. ■

Glauberg, Basaltkuppe südlich des Vogelsbergs in Hessen. – Am 24. Juni wurde der ›Keltenfürst‹ ausgegraben, eine aus dem 5. Jh. v. Chr. stammende mannshohe, vollplastische Sandsteinstatue. Archäologen sprechen von einem Jahrhundertfund, denn die Figur ist in Erhaltung, Ausarbeitung und Stil einzigartig.

Die Grabungen am G., die Reste eines kelt. Fürstensitzes zutage fördern, gehen bis in die 1930er-Jahre zurück. 1994 hatte man einen Grabhügel mit einem Durchmesser von 48m mit einer Prozessionsstraße, umgeben von einem breiten Graben, entdeckt, der zwei unberührte Fürstengräber mit zahlreichen Fundstücken hoher kunsthandwerkl. Qualität enthielt. Ob die am Fuß des Grabhügels

Daniel Jonah Goldhagens Buch über die Rolle der Deutschen beim Holocaust sorgt in Deutschland für einiges Aufsehen

gefundene Stele einen Keltenfürsten, Gott, Heros oder einen Wächter über die beiden Fürstengräber darstellt, ist unklar, ebenso, ob die Figur kult. oder Erinnerungsfunktion hatte. Noch ist nicht sicher, wo man die Funde zukünftig besichtigen kann; den Bau eines Museums vor Ort hat das Land Hessen bisher nicht erwogen.

Golden Goal, das entscheidende Tor in der Verlängerung eines Fußballspiels. Danach wird das Spiel vorzeitig beendet. Es ersetzt das Elfmeterschießen nach einer unentschiedenen Verlängerung. Das G. G. entspricht dem ›Sudden Death‹ im Eishockey und entschied 1996 das Endspiel um die →Fußball-Europameisterschaft sowie mehrere Begegnungen des olymp. Turniers in Atlanta.

Goldhagen, Daniel Jonah, amerikan. Politikwissenschaftler, *Boston (Massachusetts) 30. 6. 1959. – Der in Europa bis dato unbekannte Assistenzprof. an der Harvard University provozierte mit seinem Werk ›Hitlers willige Vollstrecker. Ganz gewöhnliche Deutsche und der Holocaust‹ (engl. ›Hitler's willing executioners. Ordinary Germans and the Holocaust‹) und der darin aufgestellten These, die Deutschen hätten seit Jahrhunderten den Wunsch und das Ziel, die Juden zu vernichten, lebhafte Auseinandersetzungen in der Öffentlichkeit und unter Historikern. Seine Dissertation, die dem Buch zugrunde liegt, wurde 1994 von der American Political Science Association ausgezeichnet. G. glaubt an eine spezifisch dt. Form des Antisemitismus, der schon im 19. Jh. alle sozialen Schichten erfasste und tief im polit. und kulturellen Leben des Landes verwurzelt war. Der Nationalsozialismus habe sich lediglich eines in der Kultur bereits manifesten Verlangens zu bedienen brauchen. G. versucht seine Thesen zu erhärten, indem er das Verhalten der Angehörigen der Polizeibataillone, der Zivilisten im Umkreis der Konzentrationslager und der Wachmannschaften der Todesmärsche analysiert. Sein Ergebnis lautet, dass v. a. durchschnittl. Deutsche aus allen Schichten und mit bürgerl. Moralvorstellungen am Werk waren, dass sie hier erstmals den latenten Vernichtungswunsch – juristisch abgesichert – ausleben konnten.

Abgesehen von einigen wiss. Unsauberkeiten und der Tatsache, dass G.s Thesen nicht auf eigenem Quellenstudium, sondern fast ausschließlich auf einigen Standardwerken beruhen, wurde v. a. kritisiert, dass G. die Ergebnisse fast fünfzigjähriger Forschungsarbeit ignoriert, den Holocaust remythisiert und ihn damit einem rationalen Zugriff entzieht. Seine Thesen seien vereinfachend und monokausal, ein Vergleich mit anderen Nationen werde nicht angestellt. Andererseits sei es G. durch seine populärwiss. Darstellung und provozierenden Thesen gelungen, die Geschichte des Holocaust wieder zu thematisieren.

Gowda, Deve, ind. Politiker, *Haradanahalli (Karnataka) 18. 5. 1933. – Als Kandidat der Vereinigten Front (National Front – Left Front), einem Bündnis von 14 linksorientierten Parteien, wurde G. am 1. Juni Premiermin. Indiens. Mit G. übernahm erstmals ein Angehöriger einer niederen Kaste dieses Amt. Am 12. Juni gewann seine Minderheitsreg. mit Unterstützung der Kongresspartei die Vertrauensabstimmung im ind. Unterhaus.

Der gelernte Bauingenieur und Fachmann für Bewässerungssysteme war auch Bauunternehmer. Seine polit. Laufbahn begann G. als Mitglied der Kongresspartei (1953–62). Nach deren Spaltung schloss er sich der sozialdemokratisch orientierten Janata Dal an, zu deren Vors. und Fraktionschef er 1994 gewählt wurde. Von 1994 bis 1996 bekleidete G. das Amt des MinPräs. von Karnataka. Bereits seit 1962 war er Abgeordneter im Parlament dieses Bundesstaates.

Zu Beginn des Prozesses vor dem Mannheimer Landgericht berät sich Peter Graf (links) mit seinem Anwalt Franz Salditt

Graf-Steueraffäre: Im April erhob die Staatsanwaltschaft Mannheim Anklage wegen Steuerhinterziehung gegen PETER GRAF sowie dessen Berater JOACHIM ECKARDT. Sie sollen in den Jahren 1989 bis 1993 Steuern in Höhe von ca. 19,6 Mio. DM hinterzogen haben. Einnahmen der Tennisspielerin STEFANIE GRAF aus Werbeverträgen, Turnieren und Kapitalanlagen (rd. 42 Mio. DM) wurden nach Ermittlungen der Finanzbehörden nicht ordnungsgemäß versteuert, sondern über von den Angeklagten gegr. Strohunternehmen in den Niederlanden und auf den Niederländ. Antillen verschoben.

Am 5. Sept. wurde der Prozess gegen Peter Graf und Joachim Eckardt vor dem Landgericht Mannheim eröffnet. Am ersten Prozesstag bestätigte Peter Graf die von der Steuerfahndung ermittelten Beträge, wies jedoch den zuständigen Steuerbehörden eine erhebl. Mitverantwortung zu. Anfang Nov. zog die Vierte Mannheimer Wirtschaftsstrafkammer die rechtl. wie auch die finanzielle Größenordnung der Anklage in Zweifel und deutete eine Reduzierung des Vorwurfs von einem schweren auf einen einfachen Fall der Steuerhinterziehung (Höchststrafe fünf Jahre Haft) an. Auch die stark umstrittenen Turnier- und Siegprämien sowie die Umsatz- und Vermögensteuerkomplexe könnten nach Meinung der Richter aus dem Prozess ausgegrenzt werden, was eine Reduzierung des Hinterziehungsvolumens von bisher 19,6 auf etwa 17 Mio. DM zur Folge hätte. Mitte Nov. setzte das Mannheimer Landgericht die Haftbefehle gegen Peter Graf und Joachim Eckardt gegen Kaution außer Vollzug.

Grand Canyon: In einem bislang einzigartigen ökolog. Experiment wurde der G. C. im amerikan. Arizona überflutet, um die Renaturierung der berühmten Naturschönheit einzuleiten. Am 26. März öffneten sich die Schleusen des 1963 erbauten Glen-Canyon-Damms für eine Woche, sodass sich die Wassermassen des aufgestauten Lake Powell mit fast 1 300 m^3 je Sekunde in den Colorado River ergossen, der die rd. 350 km lange Schlucht durchfließt. Das Ziel der ca. 6 Mio. DM teuren künstl. Flut, Flussbett und Canyon auf natürl. Weise zu reinigen und mithilfe angeschwemmter Sedimente neue Sandbänke zu schaffen, wurde zur Zufriedenheit der beteiligten Wissenschaftler voll erreicht. Zudem bildeten sich an vielen Stellen neue Wasserflächen, die zusätzl. Lebensraum für Fische und Vögel bieten. Eine Begleitstudie soll nun die langfristigen Auswirkungen auf die Tier- und Pflanzenwelt des G. C. untersuchen.

Grenada

Hauptstadt: Saint George's
Einwohner: 92 000
Einwohner/km²: 267
Staatsoberhaupt: Elisabeth II.
Regierungschef: K. Mitchell
BSP/Einwohner: 2 630 US-$

Während des Treffens der Regierungschefs der Gemeinschaft karib. Staaten (CARICOM) mit dem kanad. Premiermin. Jean Chrétien am 3. März wurde die Frage erörtert, wie die CARICOM-Staaten in eine mögl. Erweiterung der NAFTA eingebunden werden können. Die Haltung der USA gegenüber →Kuba wurde gemeinsam verurteilt (→Barbados). ■

Griechenland

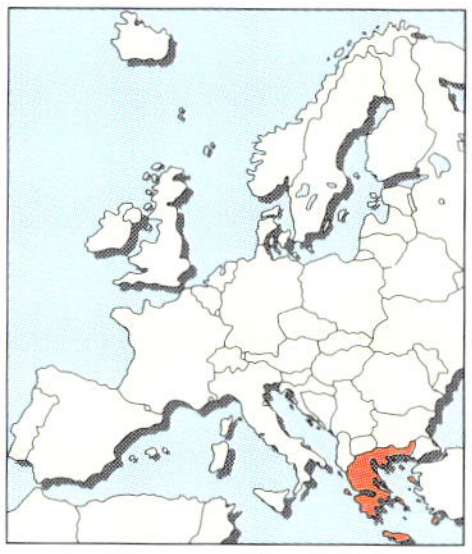

Hauptstadt: Athen
Einwohner: 10,4 Mio.
Einwohner/km²: 79
Staatsoberhaupt: K. Stephanopulos
Regierungschef: K. Simitis (seit 22. 1. 1996)
BSP/Einwohner: 7 700 US-$

Von den Maastricht-Konvergenzkriterien noch weit entfernt

Mit einem Haushaltsdefizit von 8% des BIP und einer öffentl. Verschuldung von 112% des BIP blieb G. trotz beträchtl. Sanierungsbestrebungen von den Maastricht-Konvergenzkriterien noch weit entfernt. Die Inflationsrate (Sept. 1996: 8,5%) war für griech. Verhältnisse relativ niedrig, aber sie entsprach nicht ganz den Hoffnungen der Regierung. Die notor. Ineffizienz der aufgeblähten öffentl. Verwaltung blieb bestehen. Von Großprojekten (z. B. dem Bau des internat. Flughafens ›Elftherios Venizelos‹ in Spata bei Athen) erhoffte man sich einen Wachstumsschub von 4% und eine Senkung der Arbeitslosenquote, die bei 10% lag.

Von Papandreu zu Simitis

Am 15. Jan. unterzeichnete der schwer erkrankte MinPräs. Andreas Papandreu im Onassis-Spital in Athen eine Erklärung, die als Demission vom Amt des MinPräs. interpretiert wurde, obgleich sie das Wort ›Rücktritt‹ nicht enthielt. Am 18. Jan. wählte die Parlamentsfraktion der regierenden Panhellen. Sozialist. Bewegung (PASOK) Konstantinos Simitis zum neuen Regierungschef; Papandreu blieb PASOK-Präs. Am 22. Jan. wurde die neue Reg. durch Staatspräs. Konstantinos Stephanopulos vereidigt. Der 4. Parteikongress der PASOK wählte Simitis am 30. Juni zum Präs. der ›Bewegung‹, nachdem Papandreu am 23. Juni gestorben war.

Der Abschied vom Charismatiker Papandreu bedeutete für die PASOK in doppelter Hinsicht eine tiefe Zäsur. Mit der Wahl Simitis' praktizierte die PASOK erstmals seit ihrem Bestehen eine nicht vom Paternalismus verwässerte demokrat. Prozedur. Zudem wurde mit Simitis ein ›Antipode‹ Papandreus gewählt. Zwar zählte Simitis zu den Mitgründern der PASOK, er war indes mit seiner nüchternen Art stets ein Fremdkörper in ihren Reihen gewesen.

Zwist mit Ankara und vorzeitige Parlamentswahlen

Die ›traditionellen‹ Divergenzen zw. Athen und Ankara (Zwistigkeiten über die Territorialgewässer, über den Festlandsockel und den Luftraum in der Ägäis, das ungelöste Zypernproblem) erfuhren eine Akzentuierung durch die plötzl. Infragestel-

Am 26. Juni findet für den verstorbenen griechischen Ministerpräsidenten Andreas Papandreu eine feierliche Totenmesse statt. Im Bild seine Ehefrau Dimitra Liani-Papandreu

lung des Status bestimmter ägäischer Inseln, so z. B. der Felseninsel Imia, durch die Türkei. Nachdem türk. Journalisten am 27. Jan auf Imia die griech. Flagge durch die türk. ersetzt hatten, eskalierte der Streit und geriet bis an den Rand einer bewaffneten Auseinandersetzung. Das Eingreifen der USA verhinderte schließlich Schlimmeres.
SIMITIS entschloss sich zur Durchführung vorzeitiger Parlamentswahlen und bat am 23. Aug. Staatspräs. STEPHANOPULOS um die Auflösung des Parlaments und die Ausschreibung von Neuwahlen für den 22. Sept. Die außenpolit. Probleme dienten dabei vordergründig als verfassungsrechtl. Argument. Maßgebend für seinen Entschluss, die im Okt. 1997 auslaufende Legislaturperiode nicht voll auszuschöpfen, war v. a. SIMITIS' Bestreben, von seiner persönl. Popularität zu profitieren und mehr Zeit zu haben, um die dringenden sozioökonom. Probleme anzupacken. Die Wahlen ergaben folgende Konstellation im neuen Parlament:

Parlamentswahlen

Partei	Stimmen in % 1996	Stimmen in % 1993	Mandate 1996	Mandate 1993
Panhellenische Sozialistische Bewegung (PASOK)	41,49	46,90	162	170
Nea Dimokratia	38,12	39,29	108	111
Kommunistische Partei Griechenlands	5,61	4,53	11	9
Allianz der Linken und des Fortschritts	5,12	2,94	10	–
Demokratische Soziale Bewegung	4,43	–	9	–
Politischer Frühling	2,94	4,87	–	10
sonstige	2,29	1,47	–	–

Außenpolitische Entspannung in der Region

Nachdem im Vorjahr der Streit mit Makedonien um dessen Flagge durch deren Veränderung beigelegt worden war (die makedon. Reg. verzichtete in der Flagge auf die Verwendung des sechszehnstrahligen ›Stern von Vergina‹ und halbierte die Zahl der stilisierten Sonnenstrahlen auf acht), stand einer vollständigen Normalisierung der Beziehungen zum nördl. Nachbarn weiterhin der Streit um dessen Staatsnamen im Wege. Während Skopje auf der Bez. ›Republik Makedonien‹ besteht, beharrt die griech. Reg. nach wie vor auf dem Namen ›Ehemalige Jugoslaw. Rep. Makedonien‹, unter welchem das Land international noch immer firmiert. Das Verhältnis zu Albanien konnte erheblich verbessert werden. Mit Staatspräs. STEPHANOPULOS besuchte am 24. März erstmals ein griech. Staatsoberhaupt das Nachbarland. Die beiden Außenmin. PANGALOS und SERREQI unterzeichneten bei dieser Gelegenheit einen Vertrag über Zusammenarbeit und Freundschaft. Im Rahmen der EU stimmte G. zwar dem EU-Zollabkommen mit der Türkei zu, blockierte aber wegen des Streits mit Ankara sämtl. EU-Gelder an den östl. Nachbarn. ■

Grímsson, Ólafur Ragnar, isländ. Politikwissenschaftler und Politiker, * Ísafjördur 14. 5. 1943. – Bei den Präsidentschaftswahlen am 29. Juni erhielt G. mit 40,9 % die meisten Stimmen. Am 1. Aug. trat er sein Amt als Nachfolger von VIGDIS FINNBOGADÓTTIR an, die nach vier Amtsperioden auf eine erneute Kandidatur verzichtet hatte. G. gilt in Island wegen seiner polem. Art als umstrittener Politiker, will sich aber als Präs. aus der Tagespolitik heraushalten und ausgleichend wirken.
Nach dem Studium der Wirtschafts- und Politikwiss. in Manchester war G. 1973–91 Prof. für Politikwiss. an der Univ. von Island in Reykjavík. 1978–83 und ab 1987 war er Abgeordneter im isländ. Parlament, 1988–91 auch Finanzmin. und 1987–95 Vors. der sozialist. Volksallianz.

Großbritannien und Nordirland

Hauptstadt: London
Einwohner: 58,3 Mio.
Einwohner/km²: 239
Staatsoberhaupt: Elisabeth II.
Regierungschef: J. Major
BSP/Einwohner: 18 340 US-$

Flaue Konjunktur

Wie die Mehrheit der EU-Mitgliedstaaten kämpfte auch G. u. N. darum, die Kriterien des Maastrichter Vertrags für die Europ. Wirtschafts- und Währungsunion einhalten zu können. Zwar betrug die Inflationsrate im Jahresdurchschnitt 2,5 %, doch lag das Haushaltsdefizit über dem im Maastrichter Vertrag festgelegten Referenzwert. Nach Schätzungen der EU-Kommission konnte G. u. N. seine Neuverschuldung 1996 auf 4,4 % des BIP

Großbritannien
Wirtschaftswachstum (realer Zuwachs des BIP in %)

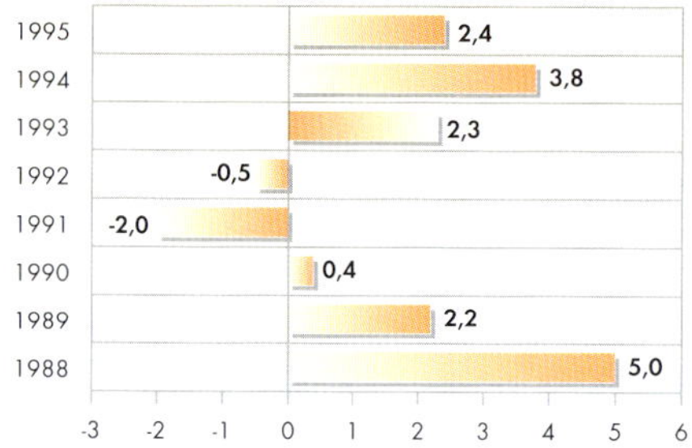

Großbritannien
Staatsverschuldung (in % des BIP)

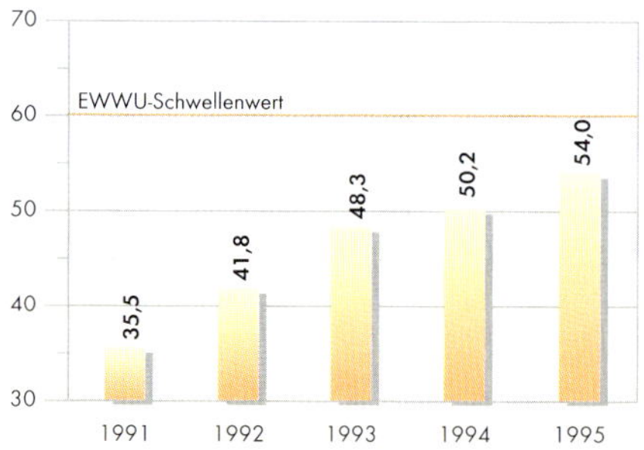

(1995: 6%) mindern und wird 1997/98 eine Defizitquote von 3,7% des BIP erreichen.
Zur Belebung der schwachen Konjunktur senkte Schatzkanzler KENNETH CLARKE – teilweise gegen den Widerstand der Bank von England – seit Jahresbeginn in mehreren Schritten die Leitzinsen. Die Arbeitslosenquote fiel bis Okt. auf 7,2%. Für das Wirtschaftswachstum wurde eine Steigerung von 2% erwartet.

Streit um BSE

Überschattet war das gesamte Jahr 1996 vom Streit um die Rinderseuche →BSE, an der 1995 noch immer 12000 Tiere erkrankt waren. Immer mehr zeigte sich, dass die brit. Reg. durch ihr unentschlossenes Taktieren die Ausbreitung der Seuche begünstigt hatte. Zudem ergaben Kontrollen, dass 40% der überprüften Schlachthöfe die gesetzl. Vorschriften zur Bekämpfung von BSE nicht erfüllten. Am 21. März gestand die Reg. ein, dass BSE möglicherweise auf den Menschen übertragbar ist und sorgte damit für Aufregung bei den europ. Partnerstaaten (→Europäische Union). Als mögl. Reaktion auf die wiss. Erkenntnisse behielt sich die brit. Reg. die Notschlachtung des gesamten brit. Rinderbestands vor. Zur Sicherheit verhängte die Reg. außerdem ein Verbot, Tier- und Knochenmehl an landwirtschaftl. Nutztiere zu verfüttern. Als Folge des brit. Eingeständnisses brach der Markt für Rindfleisch zusammen. Am 25. März verhängte der ständige Veterinärausschuss der EU gegen brit. Widerstand ein Exportverbot für lebende Rinder jeder Altersklasse, Rindfleisch, Embryonen und Rindersamen aus G. u. N., das auch für den Export in Drittstaaten galt. Das Verbot bezog auch pharmazeut. und kosmet. Produkte ein, die mittels brit. Rinderprodukte hergestellt worden waren. Die brit. Reg. erhielt die Auflage, alle zwei Wochen über ihre Maßnahmen zur Eindämmung der Seuche an die EU-Kommission zu berichten.
Die National Farmers Union (NFU; dt. Nat. Bauernverband) forderte von der Reg. die Notschlachtung aller älteren Milchkühe und Rinder, da die von der Reg. angekündigten Maßnahmen nicht ausreichten, um das Vertrauen der Verbraucher zu gewinnen. Mit größtem Erstaunen registrierte die Öffentlichkeit, dass Gesundheitsmin. STEPHEN DORRELL am 26. März erklärte, der Verzehr von brit. Rindfleisch sei nur mit geringem Risiko verbunden. Diese Erkenntnis verdankte er einem von brit. Wissenschaftlern erarbeiteten Bericht, der die Ansteckungsgefahr für Kinder, Babys, Schwangere und Kranke wie für die Bevölkerung insgesamt als gering einstufte. Vor diesem Hintergrund reagierte die brit. Reg. zutiefst verärgert über das von der EU verhängte Exportverbot. Nachdem der ständige Veterinärausschuss aber bei seiner Empfehlung geblieben war, bestätigte die EU-Kommission am 1. April das Exportverbot. Dies veranlasste die brit. Reg. zu einer Kehrtwende ihrer Politik, nun rückte der Verbraucherschutz in den Mittelpunkt allen Bemühens, um das Vertrauen der Konsumenten wieder zu gewinnen. Gegen das von ihr als illegal betrachtete Exportverbot erhob die brit. Reg. am 24. Mai Klage vor dem Europ. Gerichtshof. Die Schlachtung BSE-verdächtiger Rinder machte die Reg. davon abhängig, dass die Partner in der EU einem Zeitplan für die Aufhebung des Exportverbots zustimmten. Landwirtschaftsmin. DOUGLAS HOGG stellte die Schlachtung von 40000 Tieren in Aussicht. Nachdem die brit. Vorstöße ergebnislos geblieben waren, erwog die Reg. ab 13. Mai Vergeltungsmaßnahmen und beschloss am 21. Mai, bis zu einer Aufhebung des Exportverbots für Rinderprodukte und Rindfleisch, einstimmig zu fassende Beschlüsse der EU zu boykottieren. Am 23. Mai schließlich wurde die Drohung umgesetzt, und drei Vorlagen zum Zivilschutz wurden zurückgewiesen. Um die Situation zu entschärfen, lockerte die EU-Kommission am 5. Juni das Exportverbot und ließ die Ausfuhr von Bullensperma, Gelatine und Rindertalg wieder zu.
Die brit. Blockadepolitik in den Gremien der EU wurde jedoch bis kurz vor der Gipfelkonferenz der Staats- und Regierungschefs in Florenz am 21. Juni fortgesetzt. Dort wurde der Streit schließlich mit einem Kompromiss beigelegt: G. u. N. verpflichtete sich, sein Schlachtprogramm auf die Tiere des Jahrgangs 1989/90 auszudehnen (damit müssen rd. 147000 Tiere geschlachtet werden) und sein Identifizierungssystem zur Rückverfolgung aller BSE-Fälle zu verfeinern. Im Gegenzug wurde das Ex-

portverbot schrittweise gelockert. Ein brit. Vorstoß zur Reduzierung des Schlachtprogramms auf 44000 Tiere im Sept., der auf der Grundlage eines Gutachtens der Univ. Oxford erfolgte, wurde von den EU-Staaten mit Verärgerung aufgenommen. Die Landwirtschaftsmin. warnten davor, dass damit die Kompensationszahlungen der EU in Höhe von rd. 370 Mio. Ecu in Frage gestellt würden.

Bröckelnde Mehrheit der Tories

Neben den Auseinandersetzungen um die EU hatte Premiermin. JOHN MAJOR um seine parlamentar. Basis zu kämpfen. Im Jan. kehrte die ehem. Vizepräs. der Konservativen Partei, EMMA NICHOLSON, ihrer Fraktion den Rücken und trat zu den Liberaldemokraten über. Durch Nachwahlen schmolz die Mehrheit von fünf Mandaten im Unterhaus bis April auf eine Stimme zusammen, am Jahresende schließlich hatte G. u. N. eine Minderheitsregierung.
Auch der Parteichef der Labour Party, TONY BLAIR, musste sich mit innerparteil. Gegnern auseinander setzen. Der Vors. der Bergarbeitergewerkschaft, ARTHUR SCARGILL, verließ am 1. Mai die Labour Party und gründete mit der Sozialist. Arbeiterpartei eine neue Linkspartei. Dem euroskept. Flügel der Konservativen suchte Premiermin. MAJOR entgegenzukommen, indem er ein Referendum über die brit. Zukunft in der EU ankündigte. Auch die Labour Party schwenkte im Verlauf des Jahres auf die euroskept. Linie ein und schloss sich im Nov. dem Wunsch nach einem Referendum an.

Die Windsors

Auch die königl. Familie bot Anlass zu allerlei Spekulationen. Nachdem sich Prinz CHARLES und seine Frau DIANA unter reger Anteilnahme der brit. Presse Ende Mai über ihre Scheidungsmodalitäten geeinigt hatten, wurde die Ehe am 28. Aug. geschieden. Kurz zuvor hatten auch der Bruder des Thronfolgers, Prinz ANDREW, und seine Frau SARAH FERGUSON, die Herzogin von York, ihre Ehe durch den Scheidungsrichter beenden lassen. Königin ELISABETH II. hatte ihre gesamte Autorität eingesetzt und erhebl. Druck v.a. auf Prinz CHARLES und seine Frau DIANA ausgeübt, damit eine Einigung erzielt wurde und die gerichtl. Verfahren in Gang gesetzt werden konnten. In der lebhaften Diskussion über die künftige Rolle der Monarchie war v.a. die Frage interessant, ob Prinz CHARLES nach der Scheidung überhaupt König und damit zugleich Oberhaupt der anglikan. Kirche werden und ob er seine langjährige Geliebte CAMILLA PARKER-BOWLES heiraten kann. Staatsrechtler und Theologen sahen in einem geschiedenen König kein Hindernis, eine Wiederverheiratung des Kronprinzen lehnten sie allerdings ab. Um das Ansehen der Monarchie zu retten, trat Königin ELISABETH die Flucht nach vorne an, und kündigte am 19. Aug. Reformen an, die das Überleben der Monarchie sichern sollen. So ist u.a. daran gedacht, die ›Zivilliste‹, also die Aufwandsentschädigung für die königl. Repräsentationsverpflichtungen, abzuschaffen. Sie soll durch Einkünfte aus den königl. Gütern ersetzt werden. Schon vor längerer Zeit hatte sich Königin ELISABETH bereit erklärt, Steuern zu zahlen. Außerdem sollen der Titel ›Königl. Hoheit‹ auf die engsten Familienmitgl. beschränkt und die strengen Thronfolgeregelungen gelockert werden.

In Belfast demonstrieren am 12. Februar Tausende von Menschen mit weißen Tauben aus Papier für den Frieden

Der Dialog in Nordirland

Vor dem Hintergrund ihrer bröckelnden Unterhausmehrheit tat sich die Reg. schwer damit, stärker auf die nordir. Sinn Féin zuzugehen, da sie im Parlament nicht auf die Unterstützung der loyalist. nordir. Parteien verzichten konnte. Da ihr die Entwicklung des Dialogs nicht konstruktiv erschien, setzte die Terrororganisation IRA den einseitig von ihr 1994 verkündeten Waffenstillstand aus (→Irland, →Nordirlandkonflikt).
Am 25. März kündigte Premiermin. MAJOR Wahlen für Nordirland an, die zu wählende 110-köpfige Versammlung sollte die Teilnehmer der für den 10. Juni festgesetzten Allparteiengespräche bestimmen. Die Wahlen am 30. Mai wurden zu einem Triumph der radikalen Parteien beider Seiten: Sinn Féin erreichte mit rd. 15% der Stimmen 17 Mandate, die gemäßigte Social Democratic Labour Party (SDLP) erhielt zwar 21%, aber aufgrund des Wahlverfahrens nur 21 Mandate. Die protestant. Democratic Unionists erreichten fast 19% (24 Mandate), ihre Konkurrenten von den Ulster Unionists kamen auf 24% (30 Mandate). Die Alliance Party errang 6% bzw. 7 Mandate, die UK-Unionist Party erhielt nur 3,7% (3 Mandate). Die Allparteiengespräche begannen unter dem Vorsitz des ehem. amerikan. Senators MITCHELL, der als Vermittler seit 1995 in Nordirland tätig ist. ■

Guatemala

Hauptstadt: Guatemala
Einwohner: 10,6 Mio.
Einwohner/km²: 98
Staatsoberhaupt und Regierungschef: A. Arzú Irigoyen (seit 14. 1. 1996)
BSP/Einwohner: 1 200 US-$

1996 konnte ein Wirtschaftswachstum zw. 4% und 5% erzielt werden, zu dem die Verdoppelung der Erdölproduktion seit Ende 1995 entscheidend beitrug. Da die Importe trotz Zollsenkungen zurückgingen, verbesserte sich 1996 die Handelsbilanz. Dagegen zwang die drast. Verschlechterung der öffentl. Finanzlage in der ersten Jahreshälfte die Reg. zu Notmaßnahmen wie einer zeitlich befristeten Solidaritätssteuer und Notanleihen.
Das 1995 in Mexiko abgeschlossene bilaterale Kooperationsabkommen für die Bereiche Handel, Finanzen, Erziehung, Wiss. und Technologie wurde im Febr. erweitert und bis Juni 1997 verlängert. Erklärtes Ziel der Reg. ist der Abschluss eines Freihandelsabkommens zw. beiden Staaten.

Beendigung des Bürgerkriegs durch die neue Regierung

Wie bereits der erste Präsidentschaftswahlgang war auch der zweite am 7. Jan. von Gewalt und Terror überschattet: Am Tag zuvor wurden zwei der sechs Mandatsträger des linksgerichteten Frente Democrático Nueva G. (FDNG; dt. Demokrat. Front Neues G.) ermordet. Der Gewinner der ersten Wahlrunde, ALVARO ARZÚ IRIGOYEN, ging auch aus der zweiten mit 51,2% der Stimmen vor seinem von Exdiktator JOSÉ EFRAÍN RÍOS MONTT unterstützten Herausforderer vom Frente Republicano Guatemalteco (FRG; dt. Republikan. Front G.s) siegreich hervor.

Die Militärrevolte in Guinea Anfang Februar hinterlässt etwa 50 Tote, zahlreiche Verletzte und einen weitgehend zerstörten Präsidentenpalast

ARZÚ, der sich im Parlament seit Nov. 1995 auf eine Mehrheit des Partido de Avanzada Nacional (PAN) von 43 (von 80) Parlamentssitzen stützen kann, konnte rasch erste Erfolge bei der Befriedung des Landes erzielen: Seit dem 20. Jan. nahm ARZÚ personelle Veränderungen im militär. Oberkommando vor, die von Menschenrechtsorganisationen G.s als »energ. Schritte gegen die Straffreiheit« begrüßt wurden. Am 10. April verkündete die Guerillabewegung URNG (Unidad Revolucionaria Nacional Guatemalteca) erstmals seit 37 Jahren Bürgerkrieg eine unbefristete Waffenruhe. Am 6. Mai unterzeichneten Reg. und URNG ein Teilabkommen über Sozialpolitik und Landreform, das u. a. auf eine Verbesserung der Lebensbedingungen der indian. Landbevölkerung und eine Stärkung der Frauenrechte zielt und das v. a. durch die Schaffung eines Fonds den Zugang der Bauern zu Landbesitz und dessen effektive Nutzung fördern soll. Eine groß angelegte Operation gegen Korruption, Schmuggel, Schwarzhandel und Erpressung führte ab dem 18. Sept. zu einer Welle von Entlassungen bei Armee, Polizei und Zollbehörden. Mit den letzten Teilabkommen wurde die Zurückstufung der traditionell starken Armee und Polizei (19. Sept.), ein formeller Waffenstillstand (4. Dez.), eine Verfassungsreform (7./8. Dez.) und die Integration der URNG (11. Dez.) vereinbart. Mit dem am 29. Dez. in der Hauptstadt unterzeichneten Friedensabkommen zw. Reg. und Guerilla wurde der Bürgerkrieg offiziell beendet. ■

Guinea

Hauptstadt: Conakry
Einwohner: 6,7 Mio.
Einwohner/km²: 27
Staatsoberhaupt: L. Conté
Regierungschef: S. Touré (seit 11. 7. 1996)
BSP/Einwohner: 520 US-$

Die mit der Sparpolitik einhergehende Verkleinerung der Armee führte Anfang Febr. zu einer Militärrevolte; Präs. LANSANA CONTÉ konnte sich jedoch trotz vorübergehender Geiselnahme wegen interner Differenzen zw. den Putschisten im Amt behaupten. Die innenpolit. Aufarbeitung der Geschehnisse ließ erneut Konflikte mit der Opposition aufbrechen, eine Lösung versprach sich der Präs. durch eine Regierungsumbildung im Juli. Hierbei verlor Innenmin. ALSENY R. GÓMEZ, der von vielen als der starke Mann der Reg. angesehen worden war, sein Amt. Gleichzeitig wurde erstmals seit Jahren wieder das Amt des MinPräs. eingeführt und mit dem Technokraten SIDIA TOURÉ besetzt. Dies deutete auf den Willen der Staatsspitze hin, die bisherige Wirtschafts- und Reformpolitik beizubehalten. ■

Guinea-Bissau

Hauptstadt: Bissau
Einwohner: 1,1 Mio.
Einwohner/km²: 30
Staatsoberhaupt:
J. B. Vieira
Regierungschef:
M. S. da Costa
BSP/Einwohner:
240 US-$

Eine Regierungsumbildung im Jan. stellte lediglich eine Ämterrotation zw. den Ministern dar und konnte daher der anhaltend heftigen Kritik an der Politik nicht begegnen. Die Streiks und sozialen Proteste hielten daher auch 1996 an. ■

Am Ende des GUS-Gipfeltreffens vom 17. Mai in Moskau, auf dem die Anwesenden ihre Unterstützung für die Kandidatur des russischen Präsidenten Boris Jelzin bekundet haben, geben der georgische Staatspräsident Eduard Schewardnadse (links), GUS-Generalsekretär Iwan Korotschenja (Mitte) und Boris Jelzin eine Pressekonferenz

GUS, Abk. für Gemeinschaft Unabhängiger Staaten: Trotz eines 1993 vereinbarten Rotationsverfahrens bestätigten die Staatschefs der Gemeinschaft den russ. Präsidenten Boris Jelzin am 19. Jan. erneut als Vors. des Rates der GUS. Ein Verteidigungsbündnis aller Mitgliedsländer fand wiederum keine Mehrheit. Auf einhellige Ablehnung stieß auch der Beschluss der russ. Duma vom 15. März, die Auflösung der Sowjetunion für ungültig zu erklären. Der ukrain. Präsident Leonid Kutschma bekräftigte seine Ablehnung eines Zusammenschlusses mit Russland. Die Absage eines Staatsbesuchs Jelzins Anfang April und eine Erhöhung der Importzölle für ukrain. Waren um 20% zum 1. Okt. erinnerten an fortbestehende Differenzen in den russ.-ukrain. Beziehungen.
Im Zuge einer Ostorientierung der russ. Außenpolitik konnte jedoch die schrittweise Integration einzelner Staaten zum Kern einer künftigen Euras. Union vorangebracht werden. Ein Vertrag Russlands mit Kasachstan, Kirgisien und Weißrussland vom 29. März über eine ›Gemeinschaft Integrierter Staaten‹ ging über alle bisherigen Vereinbarungen der GUS hinaus. Ziel ist es, diese Staaten auf wirtschaftl. und humanitärem Gebiet, in der Geldpolitik, bei der Grenzsicherung, im Kampf gegen Terrorismus und Kriminalität und durch eine abgestimmte Außenpolitik enger als etwa die EU zusammenzuschließen. Ein bilateraler Vertrag Russlands mit Weißrussland vom 2. April wies sogar in Richtung eines Einheitsstaates.
Auf dem Gipfeltreffen am 3. Juni erklärten die Präs. Russlands, Georgiens, Armeniens und Aserbaidschans ihre Absicht, die ethn. Konflikte der Kaukasusregion gemeinsam zu lösen und ›Separatismus und Terrorismus‹ zu bekämpfen. Am 3. Mai und 28. Juli waren Militärabkommen Russlands mit Armenien und Georgien unterzeichnet worden. Die militärpolit. Interessen Russlands hoben Außenmin. Jewgenij Primakow und MinPräs. Wiktor Tschernomyrdin ausdrücklich neben den politischen und wirtschaftlichen in einer Erklärung vom 29. Juli hervor, wobei Russland eine Art ›Angelpunkt‹ der GUS darstelle. Ein Sondergipfel in Almaty am 4. Okt. reagierte auf die Herrschaftsübernahme durch die Taleban-Milizen in Afghanistan, das an die Südflanke der GUS grenzt. Befürchtungen über einen Einmarsch in Usbekistan wurden ebenso laut wie die Sorge vor einer weit reichenden Destabilisierung der Region.

Guyana

Hauptstadt:
Georgetown
Einwohner: 835 000
Einwohner/km²: 4
Staatsoberhaupt:
C. B. Jagan
Regierungschef:
S. Hinds
BSP/Einwohner:
530 US-$

Auf dem Gipfeltreffen der Gemeinschaft karib. Staaten (CARICOM) am 29. Febr./1. März in Georgetown befassten sich die Regierungschefs der 14 Staaten mit der von ihnen angestrebten Währungsunion und bereiteten die Begegnung der CARICOM mit dem kanad. Premiermin. Jean Chrétien auf →Grenada vor. ■

H

Habitat II: Vom 3. bis zum 14. Juni fand in Istanbul die UNO-Konferenz über menschl. Siedlungen statt, eine Folgetagung von Habitat I im kanad. Vancouver 1976. Es wurde die Planung eines angemessenen Wohnraums für alle Menschen angestrebt und Diskussionen über die Entwicklung der Wohnqualität auf der zunehmend verstädterten

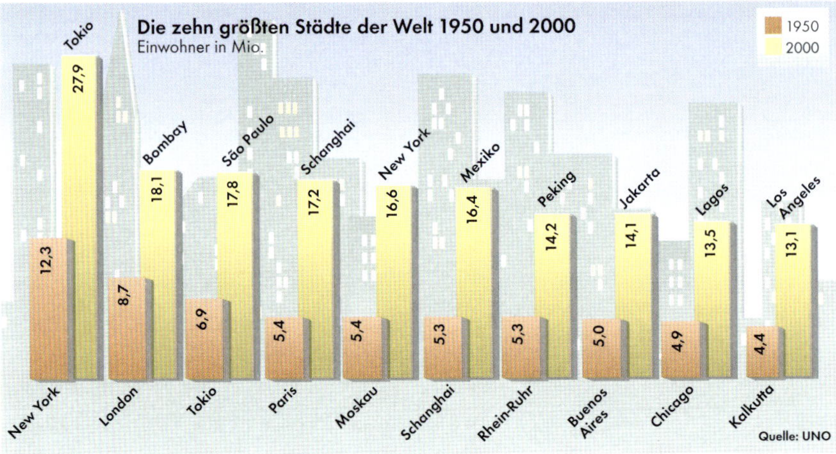

Erde geführt. Das Wachstum der Städte wird größten Einfluss auf die Entwicklung der Erde in der ersten Hälfte des 21. Jh. haben. Bereits heute leben 2,6 der insgesamt 5,8 Mrd. Menschen in Städten oder Agglomerationen; über 60% der Stadtbewohner leben in Regionen der Dritten Welt, wo sich auch alle neuen Millionenstädte und elf der 15 größten Städte der Erde befinden. 1950 gab es 83 Städte bzw. Stadtgebiete mit mehr als 1 Mio. Ew., 1996 sind es bereits 280. Tokio ist der größte Ballungsraum mit 26,5 Mio. Menschen.
Die Konferenz endete nach heftigen Auseinandersetzungen mit der ›Deklaration von Istanbul‹, in der das Ziel verankert wurde, jedem Menschen Wohnraum zur Verfügung zu stellen, sowie mit der ›Agenda für lebenswerte Städte‹, die einen Katalog von Vorhaben und Empfehlungen enthält.

Haiti

Hauptstadt: Port-au-Prince
Einwohner: 7,2 Mio.
Einwohner/km²: 259
Staatsoberhaupt: R. Préval (seit 7. 2. 1996)
Regierungschef: R. Smarth (seit 27. 2. 1996)
BSP/Einwohner: 230 US-$

Neue Staatsspitze

Der am 17. 12. 1995 gewählte und am 7. Febr. in sein Amt eingeführte René Préval sprach sich für eine Politik der Stärkung der demokrat. Institutionen und der Weiterführung des bereits im Vorjahr mit dem IWF vereinbarten Privatisierungs- und Strukturanpassungsprogramms aus. Ohne massives Engagement ausländ. Investoren, so die Einschätzung des Präs., ist die Stabilisierung allerdings kaum durchführbar.

Am 15. Febr. stellte Präs. Préval den 55-jährigen Agronomen Rony Smarth als neuen MinPräs. vor, der am 4. März sein neues Kabinett präsentierte und ankündigte, sich für umfassende Reformen im Bildungs-, Gesundheits- und Justizwesen sowie im Wohnungsbau und für eine Mittelstandsförderung einzusetzen. Die alltägl. Gewalt auf der Straße, die mangelnde Rechtssicherheit für Wirtschaft und Gesellschaft sowie die bittere Armut blieben jedoch zunächst unverändert bestehen. Anfang Aug. erschütterte eine Gewaltwelle den Karibikstaat, am 19. Aug. verübten unbekannte Täter einen Anschlag auf den Nationalpalast.

Überwindung der historischen Feindschaft zwischen Haiti und der Dominikanischen Republik

Am 12./13. März reiste Préval als erstes haitian. Staatsoberhaupt seit der Unabhängigkeit vor bald 200 Jahren in die benachbarte Dominikan. Rep. Préval durchbrach damit eine Tradition der Feindschaft. In den Verhandlungen mit dem dominikan. Präs. Joaquín Balaguer ging es v. a. um die Verbesserung der beidseitigen Handelsbeziehungen (Abbau von Handelsbarrieren). Daneben spielten aber auch die ca. 200 000 illegalen haitian. Arbeitsmigranten, die – immer rechtzeitig zur dominikan. Zuckerrohrernte – alljährlich die Grenze zur Nachbarrepublik überschreiten, eine wesentl. Rolle. Beide Präs. kamen überein, ein neues Kapitel in den Beziehungen zw. ihren Staaten aufzuschlagen. – Nach mehr als 30-jähriger Unterbrechung wurde am 7. Febr. die Wiederaufnahme der diplomat. Beziehungen zu Kuba verkündet. ■

Halbleiterlaser: Dem japan. Unternehmen Nichia Chemical Industries in Anan auf Shikoku gelang es erstmals, einen blau strahlenden H. herzustellen. Chefentwickler Shuji Nakamura stellte die Laserdiode auf der Weltkonferenz der Halbleiterphysik in Berlin vor, und zwar als Leuchtzeiger, der bei Zimmertemperatur scharf gebündeltes Licht mit einer Wellenlänge von 404 nm ausstrahlt. Das fertigungstechn. Problem, aus Galliumnitrid defektfreie atomare Schichten aufzubauen, lösten die Entwickler, indem sie Indium-Gallium-Nitrid (InGaN) schichtweise auf ein Substrat aus Industrie-Saphir aufdampften. Der H. strahlt bisher nur im Pulsbetrieb, aber die Einführung marktgängiger Ausführungen ist absehbar. Hiervon werden Auswirkungen auf digitale Speichermedien erwartet, da die Informationsdichte einer Compactdisc von der Wellenlänge des verwendeten Lasers abhängt. Im Ggs. zum bisherigen langwelligen roten oder infraroten Licht könnten künftig mit kurzwelligen blauen H. sehr viel mehr Daten auf einer Platte abgespeichert werden.

Hamas (arab. ›Eifer‹, ›Kampfgeist‹), Kw. für **Harakat al-muqawama al-islamija** (›Bewegung des Islam. Widerstandes‹), islamist. Terrororganisation. Auf ihr Konto gehen die Anschläge, die im Febr./März in Israel 62 Todesopfer forderten. – Zentrales Ziel der unter Führung von Scheich AHMED YASIN aus dem palästinens. Zweig der Muslimbruderschaft hervorgegangenen Organisation ist laut ihrer am 18. 8. 1988 veröffentlichten Charta die Bildung eines islam. Staates auf dem gesamten Territorium des histor. Palästina mit Jerusalem als Hauptstadt. Dieses Ziel soll durch eine Re-Islamisierung der palästinens. Gesellschaft und den bewaffneten Kampf gegen Israel erreicht werden.
Anfangs auf Gaza begrenzt, konnte die H. durch Nutzung der sozialen und religiösen Infrastruktur der Muslimbruderschaft Einfluss auf große Teile der Bevölkerung in den besetzten Gebieten gewinnen und behauptete sich trotz wiederholter israel. Versuche, sie zu zerschlagen, neben der PLO als gewichtigster Faktor der palästinens. Politik. Unterstützung fand sie u.a. in Iran, Saudi-Arabien, Syrien und Jordanien sowie bei islamist. Gruppen in Westeuropa und den USA.
Während sich der polit. sowie der militär. Flügel (die Izzed-Din-al-Kassem-Brigaden) mit den Exilgruppen in der radikalen Opposition gegenüber Israel einig sind, gibt es Meinungsverschiedenheiten über die Strategie, mit der das Ziel eines islam. Staates durchgesetzt werden soll. Pragmat. Kräfte streben eine Machtbeteiligung an und wären bei entsprechender Gegenleistung ARAFATS zu Kompromissen – mit Ausnahme einer formalen Anerkennung Israels – bereit.

Der neue Präsident Haitis, René Préval (rechts), am Tag seiner Amtsübernahme mit seinem Vorgänger Jean-Bertrand Aristide und dessen Frau

Die Attentatsserie der Hamas im Febr./März in Israel hat die Verhaftung zahlreicher Mitglieder der Organisation zur Folge

Hamburg

Einwohner: 1,7 Mio.
Einwohner/km²: 2 258
Regierungschef:
H. Voscherau
BIP/Einwohner:
78 833 DM

Weiterhin angespannte Haushaltslage

H. konnte auch 1996 wieder die höchste Pro-Kopf-Wirtschaftsleistung aller Bundesländer verzeichnen und gehörte weiterhin zu den Nettozahlern im Länderfinanzausgleich. Gleichwohl hatte die Stadt mit Strukturproblemen und einer hohen Arbeitslosigkeit zu kämpfen. Im Febr. entschloss sich die Hamburg. Bürgerschaft daher, eine private Arbeitsvermittlungsagentur zu engagieren. Das nach niederländ. Vorbild tätige Dienstleistungsunternehmen soll nach den Vorstellungen des Senats pro Jahr 300 Sozialhilfeempfängern einen Arbeitsplatz vermitteln. Dadurch erhofft man sich jährl. Einspa-

rungen bei den Sozialhilfeausgaben in Höhe von 3,6 Mio. DM.
Die Haushaltslage der Stadt war weiterhin angespannt; noch Mitte des Jahres wies der Hamburger Haushalt bei einem Gesamtvolumen von 18,3 Mrd. DM eine Lücke von 1,4 Mrd. DM auf. Weitere 1,9 Mrd. DM fehlten in der Investitionsplanung der Stadt. Die schwierige Finanzlage führte den Senat sogar zu dem Versuch, über eine Bundesratsinitiative das Weihnachtsgeld für Beamte zu kürzen, nachdem im März aufgrund weiterer Steuerausfälle eine Haushaltssperre verhängt worden war. Durch die Veräußerung städt. Vermögens versucht die Regierungskooperation von SPD und Statt-Partei die Hansestadt aus der schwersten Rezession seit Kriegsende herauszuführen.

Reformen und Regierungskrise

Die Streitigkeiten über die Reform der Bezirksverwaltung brachte das Hamburger Regierungsbündnis an den Rand des Scheiterns. Auf Drängen der Statt-Partei sollten die sieben Hamburger Bezirke mit größeren Kompetenzen ausgestattet und u.a. die Zuständigkeiten für die Bauleitplanung und Landschaftsgestaltung auf die Bezirke übertragen werden. Bürgermeister VOSCHERAU legte gegen den Beschluss der Bürgerschaft sein Veto ein und erzwang eine Abschwächung der seit Jahren umstrittenen Reform. Nach der Verwaltungsreform im April wurde im Juni die ebenfalls heftig umstrittene Hamburger Parlaments- und Verfassungsreform verabschiedet. Sie enthält eine Richtlinienkompetenz des Bürgermeisters und die Verkleinerung des Parlaments von 121 auf 101 Mandate.

Weitere Polizeiskandale

Nach nur zehn Monaten Amtszeit trat am 23. Juli der Hamburger Polizeipräs. ARVED SEMERAK spektakulär zurück, gegen den harte Beschuldigungen im Zusammenhang mit dem Entführungsfall →Reemtsma erhoben worden waren. Gleichzeitig sorgten die Gerichtsverfahren gegen zwei Polizeibeamte, die sich wegen des Verdachts der Körperverletzung im Amt zu verantworten hatten, für Aufsehen. Beide Polizisten wurden wegen unverhältnismäßigen und rechtswidrigen Vorgehens gegen einen Journalisten bei einer Demonstration im Mai 1994 zu Geldstrafen verurteilt.

Vor den Bürgerschaftswahlen 1997

Bei den Bürgerschaftswahlen im Herbst 1997 wird für Die Grünen/GAL wieder KRISTA SAGER als Spitzenkandidatin ins Rennen gehen. SAGER erklärte nach nur zwei Jahren ihren Rücktritt als eine der beiden Bundesvorstandssprecherinnen von Bündnis 90/Die Grünen und wird sich fortan der Landespolitik widmen. Ihr neues Amt als Landesvors. trat sie im Aug. an.

Am 22. Juli gewinnt Dagmar Hase bei den Olympischen Spielen in Atlanta die Silbermedaille über 400 m Freistil

Hartung, Hans Heinrich Ernst, frz. Maler und Grafiker dt. Herkunft, *Leipzig 21. 9. 1904, †Antibes 8. 12. 1989. – 1996 präsentierte die Stiftung, die H. mit seiner 1987 verstorbenen Frau, der norweg. Malerin ANNA-MARIA BERGMAN, in Antibes ins Leben gerufen hatte, H.s bislang unbekanntes Spätwerk: Der an den Rollstuhl gefesselte und zunehmend gelähmte Künstler hatte, unterstützt durch Assistenten, mit Besen und Pressluftzerstäubern großformatige Malerei in erstaunl. Spontaneität geschaffen. Eine Auswahl des umfangreichen Nachlasses zeigten 1996 die Londoner Tate Gallery und die Kunsthallen von Dijon und Fréjus; das Musée Picasso in Antibes widmet dem Künstlerehepaar seit Juni einen Ausstellungsraum.

Hase, Dagmar, Schwimmerin, *Quedlinburg 22. 12. 1969. – Mit dreimal Silber (400 m, 800 m und 4 × 200 m Freistil) sowie Bronze über 200 m Freistil beendete sie als erfolgreichste dt. Schwimmerin bei den Olymp. Spielen von Atlanta ihre Laufbahn mit insgesamt sieben Olympiamedaillen. Höhepunkt ihrer Karriere war der überraschende Olympiasieg in Barcelona 1992 über 400 m Freistil. Dazu kommen olymp. Silber über 200 m Rücken und in der 4 × 100 m-Lagenstaffel 1992, eine Weltmeisterschaft und vier Europatitel. Unvergessen bleibt ihr Verzicht auf die Finalteilnahme über 200 m Freistil bei den Weltmeisterschaften 1994, mit dem sie der eigtl. nicht qualifizierten FRANZISKA VAN ALMSICK den Titelgewinn in Weltrekordzeit ermöglichte.

Hashimoto, Ryūtaro, japan. Politiker (Liberaldemokrat. Partei, LDP), *Tokio 29. 7. 1937. – Am 11. Jan. wurde H. vom Unterhaus des japanischen Parlaments zum Nachfolger des sozialdemokrat. MinPräs. TOMIICHI MURAYAMA gewählt. Am 27. Sept. löste er überraschend das Parlament auf. Bei den vorgezogenen Unterhauswahlen am 20. Okt. verfehlte die LDP allerdings ihr Wahlziel der absoluten Mehrheit. Daraufhin bildete H., der am 7. Nov. in seinem Amt bestätigt wurde, eine Minderheitsreg., die nur aus LDP-Min. besteht und fallweise von den bisherigen Koalitionspartnern, der Sozialdemokrat. Partei und der sich von der LDP abgespaltenen Partei Sakigake, unterstützt wird.
H. schlug nach Abschluss seines Jurastudiums 1960 die polit. Laufbahn als Mitgl. der LDP ein und ist

seit 1963 Abgeordneter im Unterhaus (damals jüngster LDP-Abgeordneter). In den 70er-Jahren stieg H. sowohl innerhalb der LDP als auch in versch. Regierungsämtern auf. Während seiner Zeit als Transport- (1986/87) und Finanzmin. (1989–91) setzte er sich mit Erfolg u. a. für die Privatisierung von Staatsunternehmen ein. Von 1994 bis zum Rücktritt MURAYAMAS leitete H. das Ministerium für Internat. Handel und Industrie (MITI). Als Handels- und Industriemin. führte er 1995 u. a. die Verhandlungen im Handelsstreit mit den USA. Im Sept. 1995 wurde H. Vors. der LDP, im Okt. 1995 stellv. Ministerpräsident.

Ryūtaro Hashimoto (links) verbeugt sich nach seiner Wahl zum Ministerpräsidenten am 11. Januar vor den Abgeordneten des japanischen Unterhauses

Haushalts- und Steuerpolitik: Bereits im Frühjahr mussten Bund und einige Länder Haushaltssperren erlassen. Im Herbst wurde endgültig deutlich, dass durch die schwächer als erwartet ausfallende Entwicklung des Steueraufkommens und durch Mehrausgaben aufgrund der hohen Arbeitslosigkeit die tatsächl. Neuverschuldung des Bundes gegenüber dem Haushaltsentwurf von rd. 60 Mrd. DM auf rd. 74 Mrd. DM steigen und damit über der verfassungsrechtl. Grenze des Umfangs investiver Ausgaben (66 Mrd. DM) liegen wird. Die Neuverschuldung aller öffentl. Haushalte verfehlte mit 4,2 % des BIP das Konvergenzkriterium für die Europ. Wirtschafts- und Währungsunion (EWWU) klar, beim Schuldenstand wurde das Referenzkriterium von 60 % des BIP gerade noch erfüllt.
Die Planungen des Bundeshaushalts 1997 standen im Zeichen der Bemühungen um Ausgabenkürzungen. Überlegungen, die Konsolidierung der öffentl. Haushalte mit Blick auf die EWWU-Kriterien in einem nat. Stabilitätspakt zu regeln, stießen bei den Ländern auf Ablehnung. Der am 29. Nov. vom Bundestag verabschiedete Bundeshaushalt 1997 sieht ein Ausgabenvolumen von 439,9 Mrd. DM vor (1996: 451,1 Mrd. DM). Die geplante Neuverschuldung liegt bei 53,3 Mrd. DM.
Im Mittelpunkt der Steuerpolitik und der Beratungen des Jahressteuergesetzes 1997 standen der Wegfall der Vermögensteuer und die rückwirkende Neuregelung der Erbschaft- und Schenkungsteuer zum 1. 1. 1996. Die Vermögensteuer wird ab dem 1. 1. 1997 nicht mehr erhoben. Die Abschaffung des Vermögensteuergesetzes selbst scheiterte am Widerstand der Bundesländer, die die Vermögensteuer auf private Vermögen beibehalten möchten. Bei der Erbschaft- und Schenkungsteuer hatte das Einheitswerturteil des Bundesverfassungsgerichts vom 22. 6. 1995 eine Neuregelung der Bewertung von Immobilien notwendig gemacht (bei der Grundsteuer bleibt es bei den alten Einheitswerten). Bebaute Grundstücke werden nunmehr nach dem Ertragswertverfahren mit dem 12,5fachen der im Durchschnitt der letzten drei Jahre erzielten Jahreskaltmiete und damit gegenwartsnäher bewertet. Damit steigt der steuerl. Grundstückswert auf etwa die Hälfte des Verkehrswerts. Als Alterswertminderung werden 0,5 % für jedes Jahr seit der Bezugsfertigkeit abgezogen. Bei Ein- und Zweifamilienhäusern werden wegen der im Vergleich zu Mietshäusern großen Grundstücksflächen 20 % auf den ermittelten Wert aufgeschlagen.
Die Zahl der Steuerklassen sinkt von 4 auf 3, die Zahl der Tarifstufen verringert sich von 25 auf 7, die Skala der Steuersätze reicht je nach Steuerklasse und Wert des steuerpflichtigen Erwerbs von 7 % bis 50 %. Die persönl. Freibeträge erhöhen sich für Ehegatten von bisher 250 000 DM auf 600 000 DM, für Kinder von 90 000 DM auf 400 000 DM und für die übrigen Personen der Steuerklasse I auf 100 000 DM. Der Versorgungsfreibetrag für Ehegatten verdoppelt sich auf 500 000 DM. Für Betriebsvermögen gilt weiterhin ein zusätzl. Freibetrag von 500 000 DM, der 1996 eingeführte Bewertungsabschlag für darüber hinausgehende Vermögenswerte wird von 25 % auf 40 % angehoben. Insgesamt steigt trotz der Erhöhung der Freibeträge das Aufkommen aus der Erbschaft- und Schenkungsteuer um rd. 2,1 Mrd. DM. Zum weiteren Ausgleich der Einnahmeausfälle der Länder aus der Nichterhebung der Vermögensteuer (rd. 9,3 Mrd. DM) wird die Grunderwerbsteuer von 2 % auf 3,5 % erhöht (Mehreinnahmen rd. 5,6 Mrd. DM). Die vorgesehene Abschaffung der Gewerbekapitalsteuer sowie die Absenkung der Gewerbeertragsteuer scheiterten erneut wie bereits 1995 am Widerstand der Mehrheit der Länder im Bundesrat. Die Regierungskoalition beschloss daraufhin im Dez., die Gewerbekapitalsteuer zum 1. 1. 1997 auch in den neuen Bundesländern einzuführen. Auf die tatsächl. Erhebung der Steuer soll aber zunächst verzichtet werden.

Bei der Einkommensteuer wurde die bereits im Jahressteuergesetz 1996 festgelegte Anhebung des Grundfreibetrags um ein Jahr auf 1998 verschoben. Die gleichzeitig angestrebte Verschiebung auch der zum 1. 1. 1997 vorgesehenen Erhöhung des Kindergelds um jeweils 20 DM auf 220 DM für das erste und zweite Kind und des Kinderfreibetrags von 6 264 DM auf 6 912 DM konnte nicht durchgesetzt werden. Weiterhin wurde u. a. der Sonderausgabenabzug für eine sozialversicherte Haushaltshilfe von 12 000 DM auf 18 000 DM angehoben und die Eigenheimzulage bei Ausbauten wie schon bei der Altbauförderung halbiert (acht Jahre lang 2,5 % der Kosten, höchstens aber 2 500 DM bei Baubeginn

›... und wieder abwärts ...‹

nach dem 31. 12. 1996). Existenzgründer können im Gründungsjahr und in den fünf Folgejahren zur Verbesserung der Eigenkapitalbasis eine Rücklage von 600 000 DM bilden. Für unentgeltl. Sachleistungen im Rahmen von Kundenbindungsprogrammen (z. B. Vielfliegergutschriften) wird ein Freibetrag von 2400 DM eingeführt.

Haußmann, Leander, Regisseur und Intendant, * Berlin (Ost) 26. 6. 1959. – H., der mit der Spielzeit 1995/96 die Leitung des Schauspielhauses in Bochum übernommen hatte, sorgte 1996 mit der Inszenierung der Uraufführung von HEINER MÜLLERS letztem Drama ›Germania 3 – Gespenster am Toten Mann‹ in Bochum und SHAKESPEARES ›Ein Sommernachstraum‹ bei den Salzburger Festspielen für Aufsehen; zudem war er 1996 in DETLEV BUCKS Spielfilm ›Männerpension‹ zu sehen.
Nach dem Schauspielstudium in Berlin (Ost) war H. zunächst als Schauspieler tätig, ehe er mit seiner ersten Regiearbeit, IBSENS ›Ein Puppenheim‹ in Weimar, 1991 zum Berliner Theatertreffen eingeladen wurde. Seine Inszenierungen – v. a. ›klass.‹ Stoffe, die mit frechem Spielwitz und Rockmusik aufgefrischt werden – machten H. zu einem der gefragtesten Regisseure des dt. Sprachraums. Zur Eröffnung seiner Intendanz brachte H. im Okt. 1995 in Bochum an zwei Abenden erstmals die ungekürzte Fassung von TSCHECHOWS Erstling ›Die Vaterlosen‹ heraus.

Hessen

Hauptstadt: Wiesbaden
Einwohner: 6,0 Mio.
Einwohner/km²: 283
Regierungschef: H. Eichel
BIP/Einwohner: 56 910 DM

Weiterhin größter Zahler im Länderfinanzausgleich

H. war wie schon im vergangenen Jahr auch 1996 der größte Nettozahler im Länderfinanzausgleich. Der Haushalt 1996 umfasste Ausgaben in Höhe von 37,2 Mrd. DM, die Gesamtverschuldung stieg auf knapp 39 Mrd. DM. Wegen zu erwartender Steuerausfälle verhängte die hess. Reg. im März eine 30%ige Ausgabensperre für Teile des Haushalts. Im Juni musste Finanzmin. KARL STARZACHER aufgrund der angespannten Haushaltslage sogar eine vollständige Haushaltssperre verhängen. Die seit 1991 regierende Koalition aus SPD und Bündnis 90/Die Grünen geriet über den Umfang und die Verwendung des erforderl. Nachtragshaushalts in einen handfesten Streit. Fraglich waren v. a. die Kürzung der Wohnungsbaumittel und die Absicht, die umstrittene Grundwasserabgabe nicht mehr allein zweckgebunden zur Wasservorsorge, sondern auch für andere Projekte einzusetzen. Nach einem Kompromiss konnte schließlich am 15. Juli ein 750 Mio. DM umfassender Nachtragsetat verabschiedet werden. Aufgrund der schwierigen Situation der öffentl. Haushalte wurden in H. Stimmen laut, die Regularien des Länderfinanzausgleichs zu ändern.

Misstrauensantrag gegen Ministerpräsident Eichel. Rücktritt des höchsten Richters Hessens

Gleich zu Beginn des Jahres starteten CDU und FDP im hess. Landtag einen Misstrauensantrag gegen MinPräs. HANS EICHEL (SPD). Die Opposition warf EICHEL Perspektivlosigkeit bei der Haushaltssanierung und Stillstand in der hess. Wirtschaftsförderung vor. Mit den Stimmen der Regierungskoalition wurde der Antrag am 1. Febr. mit 57 zu 53 Stimmen abgelehnt. Auslöser für den Antrag war der Rücktritt des Fraktionsvors. von Bündnis 90/Die Grünen, FRITZ HERTLE, am 18. Jan., der für seine polit. Positionen die Fraktion nicht mehr geschlossen hinter sich gesehen hatte. Sein Nachfolger, der frühere Staatssekr. im hess. Jugendministerium ALEXANDER MÜLLER, war in der Fraktion umstritten und konnte sich in einer Kampfabstimmung gegen die Landtagsabgeordnete PRISKA HINZ nur knapp durchsetzen.
Justizmin. VON PLOTTNITZ (Bündnis 90/Die Grünen) geriet in die Kritik, weil mehrere potenzielle Straftäter aufgrund des massiven Personalmangels der hess. Justiz aus der Untersuchungshaft entlassen werden mussten, da in angemessener Zeit kein Prozesstermin anberaumt werden konnte. Zudem gab es eine Reihe von Ausbrüchen aus den Justizvollzugsanstalten des Landes. Ende Mai sah sich VON PLOTTNITZ daraufhin einem Entlassungsantrag der Opposition gegenüber, der jedoch scheiterte.
Der Präs. des Hess. Staatsgerichtshofs HORST HENRICHS trat am 22. Nov. von seinem Amt zurück, nachdem er wegen eines Gutachtens für die IG Metall in die Kritik der Landtagsfraktionen geraten war. HENRICHS hatte im Rahmen einer vom Justizministerium genehmigten Nebentätigkeit eine

Untersuchungskommission für die IG Metall geleitet und dafür ein Honorar von 1,34 Mio. DM erhalten. Gegen HENRICHS, zugleich Vors. des Frankfurter Oberlandesgerichts, wurde ein Disziplinarverfahren eingeleitet.

Korruptionsaffäre am Frankfurter Flughafen

In den Ende 1995 bekannt gewordenen Korruptionsskandal um den 1994 fertig gestellten Terminal 2 des Frankfurter Rhein-Main-Flughafens sollen nach Angaben der Staatsanwaltschaft mehr als 20 Firmen und über zehn Mitarbeiter der Flughafen Frankfurt/Main AG (FAG) verwickelt gewesen sein.

Arafat-Besuch

Internat. Beachtung fand der Besuch des Präs. des Palästinens. Autonomierats, JASIR ARAFAT, der im Sept. Gast des hess. MinPräs. HANS EICHEL war. ARAFAT bekannte sich in seiner Rede vor dem Hess. Landtag in Wiesbaden zum Friedensprozess mit Israel und traf in Frankfurt mit dem Vors. des Zentralrats der Juden in Deutschland, IGNATZ BUBIS, zusammen. ■

Nach Fertigstellung des Rohbaus im Juni überragt das Commerzbank-Hochhaus in Frankfurt am Main den Messeturm (im Hintergrund links) als bisherigen europäischen Rekordhalter um rund zwei Meter

Hisbollah, Hizbullah (arab. Ḥisb Allah, ›Partei Gottes‹), islamist. schiit. Organisation im Libanon. – Wiederholte Raketenangriffe der H. auf israel. Gebiet forderten im Frühjahr die Operation ›Früchte des Zorns‹ heraus.
1983 aus der Islam. Amal hervorgegangen, wuchs sie mit personeller und finanzieller Unterstützung durch Iran und mit dem Wohlwollen Syriens zur stärksten muslim. Miliz in Libanon heran und dehnte ihren Einflussbereich von der Bekaa-Ebene und Baalbek auf Westbeirut und den Süden aus. Die auf 3000–10000 Mitgl. geschätzte H., die einen dem iran. Regime bedingungslos verpflichteten Kurs verfolgt, steht unter Leitung islamist. Geistlicher. GenSekr. ist seit dem Tode von Scheich ABBAS AL-MUSAWI im Jahre 1992 Scheich SAJJID HASAN NASRALLAH. Als prominentester geistl. Inspirator gilt Scheich MUHAMMAD HUSAIN FADLALLAH. Das ›Polit. Programm‹ von 1985 formuliert als Hauptziele die Errichtung einer islam. Republik, die Zurückdrängung westl. Einflusses im Libanon und in der Region sowie die Beseitigung des israel. Staates. Nach dem Abkommen von Taif, mit dem 1989 der libanes. Bürgerkrieg formal beendet wurde, wandelte sich die H. von einer militär. Untergrundbewegung in eine polit. Partei und ist seit 1992 im Parlament vertreten (1996: sieben Mandate). Ihre Einbeziehung in das neu gestaltete demokrat. System des Libanon bewirkte jedoch keine Änderung ihrer Ziele.

Hochhaus: Eine Rekordhöhe erreichten die 1996 fertig gestellten Zwillingstürme der staatl. Mineralölfirma Petronas in der malays. Hauptstadt Kuala Lumpur, die mit 451,90 m den Sears Tower in Chicago (Illinois), das bislang höchste H., um 8,90 m überragen. Anfang 1997 sollen die Petronas Towers bezugsfertig sein.
Richtfest hatte auch der Neubau der Commerzbank in Frankfurt am Main, als das nunmehr höchste Bürogebäude Europas im Sept. auf 258,70 m angewachsen war; nach Montage der Antenne werden es 298,74 m sein. Das Gebäude hat insgesamt 62 Etagen, als Besonderheit beherbergt jede der zwölfgeschossigen Einheiten drei verglaste Gärten. Es handelt sich um eine Stahlskelettkonstruktion, die anders als in den USA in Europa nicht sehr verbreitet ist. Das H. wiegt dadurch rd. 200000 t, etwa ein Drittel weniger als in Betonbauweise. Ab Mai 1997 sollen hier ca. 2400 Menschen arbeiten. Neben Büros finden sich auch Veranstaltungszentren, Läden und Gastronomiebetriebe. Das Gebäude wird weitgehend natürlich belüftet und beleuchtet, für den brit. Architekten NORMAN FOSTER eine radikale Umorientierung im Hochhausbau. Die Klimatisierung besorgen Kühlschlangen, die in die Decken eingelassen sind.

Hoechst AG: Der Hoechst-Konzern sorgte 1996 wiederum, ähnlich wie bei den schweren Störfällen 1993, mit Chemieunfällen für Schlagzeilen. Im Hoechst-Werk in Frankfurt-Griesheim trat am 27. Jan. etwa eine Tonne eines gesundheitsschädl., Krebs erregenden Wirkstoffs aus, der für ein Pflanzenschutzmittel verwendet wird. Der Stoff wehte bis nach Schwanheim, Kinder durften nicht mehr im Schnee spielen, in der Nähe wachsendes Wintergemüse wurde für unverzehrbar erklärt. Einen Tag später gelangten 1,5 t eines Stoffs, aus dem Schmerzmittel hergestellt werden, in den werkseigenen Abwasserkanal des Betriebs Frankfurt-Höchst und von da aus später teilweise in den Main.

Hoechst verfügte zunächst nicht über Informationen zur Gefährlichkeit des Stoffs. Die Begründung lautete, dass es sich um ein Zwischenprodukt handele, das normalerweise nicht in die Umwelt gelangen könne. Später bezeichnete das Unternehmen den Stoff als ›akut nicht gefährlich‹. Der Hoechst-Vorstandsvors. JÜRGEN DORMANN entschuldigte sich schließlich bei den Anwohnern und gestand ein, die Bevölkerung sei zu spät über die Störfälle informiert worden.

Am Tag nach dem Störfall im Hoechst-Werk Frankfurt-Griesheim am 27. Januar entleert ein Arbeiter eine Kehrmaschine mit verseuchtem Schnee

Honduras

Hauptstadt: Tegucigalpa
Einwohner: 5,7 Mio.
Einwohner/km²: 50
Staatsoberhaupt und Regierungschef: C. R. Reina Idiaquez
BSP/Einwohner: 600 US-$

Wirtschaftlich war 1996 in allen Sektoren außer der Bauwirtschaft ein Aufschwung zu beobachten. Bes. die Landwirtschaft registrierte einen kräftigen Produktionsanstieg von 7%, der auf die erhöhten Absatzpreise für Kaffee und Bananen sowie auf die Krabben- und Langustenzucht zurückzuführen war. Durch Überschwemmungen im Nov. kam es jedoch zu hohen Ernteausfällen. Wichtigstes wirtschaftspolit. Ziel für 1996 war die Rückführung des Haushaltsdefizits durch Kürzung öffentl. Ausgaben sowie durch Mehreinnahmen aufgrund des konjunkturellen Aufschwungs. Zudem konnte die Inflationsrate verringert werden. Steueranreize, die Flexibilisierung des Arbeitsrechts und eine Justizreform zur Schaffung klarer Rahmenbedingungen sollten die private Investitionstätigkeit weiter fördern.

Weniger Einfluss des Militärs

Ende Jan. erklärte der Oberste Gerichtshof, dass die in den 80er-Jahren erlassene Generalamnestie nicht für zehn wegen Menschenrechtsverletzungen angeklagte Offiziere gilt. Am 7. Febr. wurde das Amt des Oberbefehlshabers der Streitkräfte abgeschafft. Dessen Funktion ging auf den Verteidigungsmin. über (seit 12. Febr. Oberst JOSÉ LUIS NUÑEZ BENETH). ■

Hongkong: Zur Rücknahme der brit. Kronkolonie am 1. 7. 1997 bildete die chin. Reg. am 26. Jan. ein Vorbereitungskomitee mit 150 Mitgl., davon stammen 56 vom chin. Festland und 94 aus H. Dieses hat u.a. die Aufgabe, ein Wahlkomitee für die Nominierung des ersten Regierungschefs von H. nach der Übergabe, einer dann chin. Sonderverwaltungsregion (SVR), zu wählen. Dem Wahlkomitee gehören 400 aus H. stammende Mitgl. an, wobei 100 aus dem Industrie-, Handels- und Finanzsektor, 100 aus Berufsorganisationen, 100 aus Gewerkschaften, Basisorganisationen und religiösen Gemeinschaften sowie 100 aus polit. Kreisen (26 Hongkonger Abgeordnete des chin. Nat. Volkskongresses und 34 Hongkonger Mitgl. der Polit. Konsultativkonferenz des Chin. Volkes sowie 40 Politiker von H.) stammen.
Die Mitgl. des Wahlkomitees wurden Anfang Nov. gewählt. Am 11. Dez. wählte dieses Gremium den Reeder TUNG CHEE-HWA zum ersten Regierungschef der SVR; er erhielt 320 der 400 Stimmen. Trotz Warnungen von brit. Seite ließ die chin. Führung am 21. Dez. ein Übergangsparlament bestimmen, das bereits ein halbes Jahr vor der Übergabe H.s seine Arbeit aufnehmen soll. Die Wahl des Provisor. Legislativrats war wegen erwarteter Demonstrationen und der Ablehnung des Schattenparlaments durch die amtierende Hongkonger Reg. in die südchin. Stadt Shenzhen verlegt worden. Die Reg. in London und Peking lieferten sich einen heftigen Schlagabtausch.
Trotz der herannahenden großen polit. Wende ist eine früher von vielen befürchtete Panik in der Gesellschaft bislang ausgeblieben. Die Wirtschaft blieb ebenfalls stabil. Offiziellen Schätzungen zufolge soll das BIP 1996 wie im Vorjahr um 4,7% steigen. Die Devisenreserven lagen Ende Juni 1996 bei 60 Mrd. US-$, damit steht H. weltweit an siebter Stelle. Zw. Mitte 1995 und Mitte 1996 sind 119 330 Personen mehr ein- als ausgewandert. Zum Zuflussüberschuss trugen v.a. die Rückwanderer aus dem Ausland sowie die Einwanderer aus China bei. Die brit. Kronkolonie hatte Ende Juni 1996 nach offizieller Schätzung 6,3 Mio. Einwohner.
Mehrfach kam es 1996 in den vietnames. Flüchtlingslagern von H. zu Revolten und Ausbrüchen, da die dort lebenden Vietnamesen auf Drängen Chinas in ihre Heimat abgeschoben werden sollen. Die Polizei ging gewaltsam gegen die Flüchtlinge vor, die Behörden ließen ihre Entschlossenheit erkennen, die Abschiebung trotz der heftigen Proteste der Betroffenen fortzusetzen.

John Winston Howard, der Vorsitzende der australischen Liberal Party, ist der neue Premierminister seines Landes

Howard, John Winston, austral. Politiker, *Earlwood 26. 7. 1939. – H. löste am 11. März nach dem überwältigenden Wahlsieg des Bündnisses von Liberal Party (LP) und National Party über die Labor Party bei den Parlamentswahlen am 2. März Premiermin. PAUL KEATING ab.
Nach Abschluss seines Jurastudiums 1962 war H. als Anwalt tätig. Gleichzeitig schloss er sich der LP an, für die er seit 1974 als Abgeordneter im Repräsentantenhaus vertreten ist. Von 1975 bis 1983 bekleidete H. versch. Ministerämter (u. a. Schatzmin. 1977–80). In den Jahren der Opposition (1983–96), die durch Rivalitäten und mehrere Führungswechsel innerhalb der LP gekennzeichnet waren, war H. seit 1985 Parteivors. und Oppositionsführer, wurde jedoch auch für eine der Wahlniederlagen verantwortlich gemacht und musste im Mai 1989 zurücktreten. Seit Jan. 1995 wieder Oppositionsführer und seit Ende 1995 wieder Parteivors., gelang es H. jedoch, die Opposition zu einen und die Labor Party zu besiegen.

Hund, Friedrich, Physiker, *Karlsruhe 4. 2. 1896. – Mit H. wurde einer der bedeutenden Pioniere der Quantenmechanik 100 Jahre alt.
Gemeinsam mit PETER DEBYE, WERNER HEISENBERG und MAX BORN, dessen Assistent er von 1922 bis 1927 war, lieferte er viele wichtige Beiträge zum Aufbau dieser physikal. Theorie. Er erkannte den auf der Wellennatur von Teilchen beruhenden Tunneleffekt, der in der modernen Halbleiterphysik und Elektronik eine große Rolle spielt, und gab mit seinen Arbeiten zum Aufbau komplexer Atome und zur Theorie physikal. Bindungen einer ganzen Forschungsdisziplin die Richtung vor. Noch heute werden die Regeln H.s verwendet, um komplizierte atomare Spektren zu deuten. Trotz dieser Leistungen trat sein Name gegenüber denen anderer großer Physiker etwas in den Hintergrund. Er selbst bezeichnete sich in heiterer Art als den ›Kärrner‹ der Quantenmechanik und ist einer der letzten Zeugen der Jahre, in der die Atomphysik neu geschrieben wurde.

Hundt, Dieter, Unternehmer und Verbandsfunktionär, *Esslingen am Neckar 30. 9. 1938. – Auf einer außerordentl. Mitgliederversammlung im März wurde H. zum neuen Präs. der Bundesvereinigung der Dt. Arbeitgeberverbände (BDA) gewählt. H. trat am 12. Dez. die Nachfolge von KLAUS MURMANN an.
H. studierte Maschinenbau an der ETH Zürich mit abschließender Promotion und war seit 1964 zunächst als Vorstandsassistent und Vertriebsleiter bei der AEG Telefunken AG tätig; nach der Fusion der Reaktorbereiche von AEG und Siemens arbeitete er als Bereichsleiter bei der Kraftwerkunion AG. 1975 trat er als geschäftsführender Gesellschafter in das mittelständ. Maschinenbauunternehmen Allgaier-Werke GmbH & Co. KG ein und ist seit 1976 Alleingeschäftsführer. Dem BDA-Vorstand und -Präsidium gehört der begeisterte Sportler und Musikliebhaber seit 1990 an; 1994 wurde H. auch zum Präs. der Landesvereinigung baden-württemberg. Arbeitgeberverbände gewählt. Als Verhandlungsführer der Metallarbeitgeber im Tarifbezirk Nordwürttemberg/Nordbaden und als Vizepräs. von Gesamtmetall prägte er die Tarifpolitik der Metallarbeitgeber wesentlich mit und war an einer Reihe von Pilotabschlüssen beteiligt.

Hyakutake, Ende Jan. am Südhimmel durch den japan. Amateurastronomen YUJI HYAKUTAKE entdeckter Komet. H. erreichte am 25. März mit rd. 15 Mio. km seinen erdnächsten Punkt und war Ende März/Anfang April auf der Nordhalbkugel mit bloßem Auge als milchiger Flecken zu sehen. H. dürfte seit 1556 der hellste Komet sein, der die Erde so nah passiert hat.
Entgegen vorherigen Schätzungen ergaben Messungen am 70-m-Radarteleskop des Jet Propulsion Laboratory in Goldstone (Kalifornien) einen Kerndurchmesser von nur 1 bis 3 km. Am 27. März nahm der Satellit Rosat die erste Röntgenfotografie eines Kometen auf. Dabei präsentierte H. eine Röntgenstruktur, die v. a. von der Koma und nicht vom Kern ausging. Das Entstehen der Strahlung ist noch nicht völlig klar; vermutlich regt die Röntgenstrahlung der Sonne die Wassermoleküle in der Gaswolke des Kometen an.

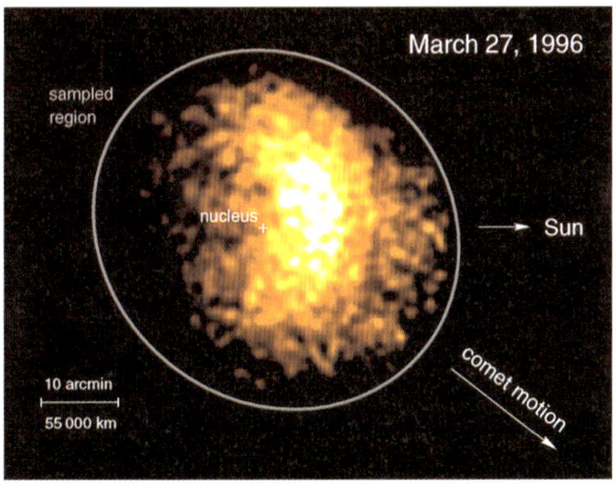

Die Rosat-Röntgenaufnahme des Kometen Hyakutake zeigt, dass die größte Röntgenintensität von der Koma ausgeht; links daneben ist der Kometenkern markiert. Die Pfeile geben die Richtung der Kometenbewegung und der Sonne an

I

Ifflandring, →Ganz, Bruno.

Indien

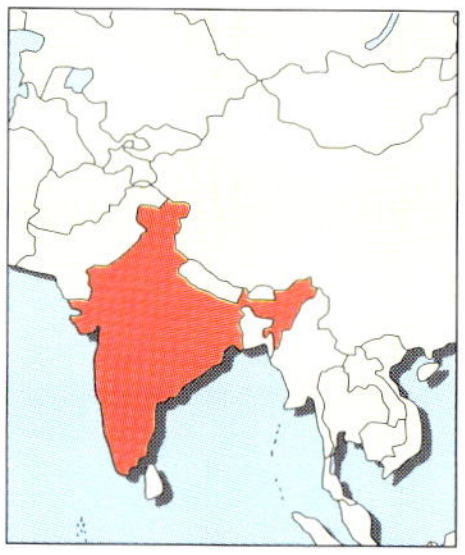

Hauptstadt: Delhi
Einwohner: 935,7 Mio.
Einwohner/km²: 285
Staatsoberhaupt: S. D. Sharma
Regierungschef: D. Gowda (seit 12. 6. 1996)
BSP/Einwohner: 310 US-$

Vernichtende Wahlniederlage für die regierende Kongresspartei

Das wichtigste Ereignis des Jahres waren die Wahlen zum Unionsparlament, die am 27. April begannen und in mehreren Runden abgehalten wurden. Die regierende Kongresspartei erlitt dabei eine vernichtende Niederlage. Von den insgesamt 534 Sitzen hatte die Bharatiya Janata Party (BJP) 160, der Indian National Congress (INC) 136, der Janata Dal (JD) 43, die Communist Party of India (Marxist) (CPM) 11, die Communist Party of India (CPI) 11 und die Samajvadi Party (SP) 17 errungen; hinzu kamen Regionalparteien, die jeweils nur in einem Gliedstaat Kandidaten aufgestellt hatten, und zwar in Tamil Nadu der vom INC abgespaltene Landesverband Tamil Maanila Congress (TMC) mit 20 und die Dravida Munnetra Kazhagam (DMK) mit 17 sowie die auf Andhra Pradesh beschränkte Telugu Desam Party (TDP) mit 16 und die Shiv Sena (SS) Maharashtras mit 15 Sitzen. Splitterparteien und unabhängige Kandidaten erhielten insgesamt 88 Sitze. Die BJP war v. a. in fünf nördl. Gliedstaaten vertreten, sie wurde von der SS und einigen Splitterparteien mit unterstützt, kam damit aber nicht über 194 Sitze hinaus. Der INC genoss nach wie vor eine regional breit gestreute Unterstützung, doch hatte der Parteivors. P. V. NARASIMHA RAO durch eine Fehlentscheidung Tamil Nadu verloren. Der INC war dort ein Bündnis mit der AIDMK des MinPräs. JAYALALITHA JAYARAM, der RAO gegen den Protest seiner Partei die Treue hielt, eingegangen. Darauf verließ diese Partei, die die Niederlage JAYARAMS in den gleichzeitig mit der Wahl zum Bundesparlament stattfindenden Wahlen zur Legislative des Gliedstaats vorausgesagt hatte, den INC. Die ihr angehörenden Min., darunter Handelsmin. PALANIAPPAN CHIDAMBARAM verließen RAOS Kabinett noch vor den Wahlen. Die vom JD angeführte Vereinigte Front, ein Bündnis von 14 linksorientierten Parteien, hatte hinsichtlich eines klaren polit. Programms noch weniger zu bieten als BJP und INC, deshalb musste der Staatspräs. die BJP zur Regierungsbildung auffordern. Mit ATAL BEHARI VAJPAYEE als Premiermin. bildete die BJP am 15. Mai eine Reg., die aber bis zum 31. Mai eine Mehrheit finden musste, um die dann anstehende Vertrauensfrage zu überstehen. Als sich abzeichnete, dass dies der Reg. nicht gelingen würde, erklärte VAJPAYEE seinen Rücktritt, noch bevor die Vertrauensfrage gestellt wurde. Nun war die Vereinigte Front an der Reihe, die sich auf eine Duldung durch den INC verlassen konnte, aber es schwierig fand, sich auf einen Kandidaten für das Amt des Premiermin. zu verständigen und ein gemeinsames Minimalprogramm auszuhandeln. Schließlich einigte man sich auf den MinPräs. von Karnataka, DEVE GOWDA (JD). Der von ihm am 12. Juni gebildeten Minderheitsreg. traute man keine großen Überlebenschancen zu, doch erwies sie sich als recht stabil.

RAO musste Ende Sept. den Vors. der Kongresspartei niederlegen, nachdem er wegen Betrugs, Verschwörung und Korruption angeklagt und am 9. Okt. vorübergehend festgenommen worden war. Ende Dez. räumte RAO schließlich das letzte ihm noch verbliebene Amt in der Partei, den Fraktionsvors. im Parlament.

Fortführung der liberalen Wirtschaftsreformen

Die liberalen Wirtschaftsreformen, die die Reg. Rao 1991 eingeleitet hatte, wurden vom neuen MinPräs. GOWDA fortgeführt. Das war nicht

Indien
Wirtschaftswachstum (realer Zuwachs des BIP in %)

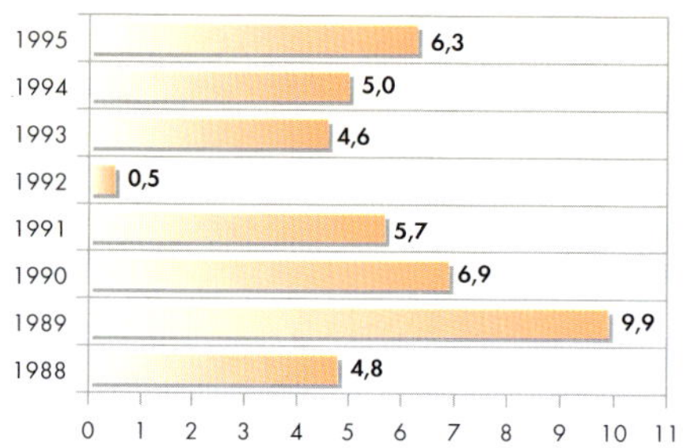

Indien
Inflationsrate (Veränderung der Verbraucherpreise in %)

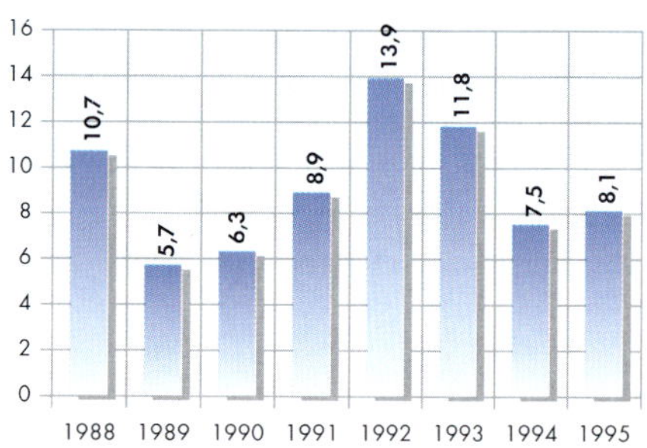

Der neue indische Ministerpräsident Deve Gowda (rechts) und Staatspräsident Shankar Dayal Sharma

selbstverständlich, denn sogar der INC war im Wahlkampf ein Stück weit von den Reformen abgerückt, weil die Opposition Kritik an den sozialen Folgen der Liberalisierung und an der Begünstigung ausländ. Investoren geübt hatte. Doch DEVE GOWDA ernannte den für seinen Reformwillen bekannten früheren Handelsmin. CHIDAMBARAM zum Finanzmin., und dessen erste Haushaltsvorlage Ende Juli 1996 zeigte, dass die Reformpolitik weitergeführt würde, wenn sich CHIDAMBARAM dabei auch an die verabredete Zunahme öffentl. Leistungen halten musste. Trotz einer geplanten Ausweitung der Staatsausgaben um rd. 10% soll das Haushaltsdefizit von 5,9 auf 5% des BSP gesenkt werden. Ein weiteres Signal in Richtung Reformpolitik war die Ernennung von MURASOLI MARAN, auch aus dem Gliedstaat Tamil Nadu, zum Industrieminister.

Ablehnung des Teststoppabkommens

Außenpolitisch isolierte sich I. durch seine Ablehnung eines umfassenden Atomteststoppvertrages (Comprehensive Test Ban Treaty, CTBT). Es war eine Ironie des Schicksals, dass ausgerechnet I. diesen Vertrag im Sept. nicht unterschrieb, obwohl in den 1950er-Jahren der damalige MinPräs. JAWAHARLAL NEHRU sich unermüdlich für das Verbot der Atomtests eingesetzt hatte. I. wies u.a. auf die mögl. Bedrohung durch die benachbarte Atommacht China hin. Die Ablehnung der CTBT-Unterzeichnung wird von allen ind. Parteien trotz – oder wegen – des massiven internat. Drucks unterstützt.

Neubeginn in Kaschmir?

Im Sept. fand die Wahl zum Parlament des ind. Gliedstaates Jammu und Kaschmir statt – nach sieben Jahren Direktverwaltung aus Delhi und einem Bürgerkrieg mit Tausenden von Toten. Das Kabinett von FAROOQ ABDULLAH, dessen Partei National Conference (NC) 59 Sitze erringen konnte, wurde am 9. Okt. vereidigt. ABDULLAH vertrat im Wahlkampf einen harten, aber indientreuen Autonomiekurs; für ihn ist der Beitritt Kaschmirs zur Ind. Union nicht mehr rückgängig zu machen. – Das Schicksal der seit Juli 1995 von der Separatistenorganisation Al-Faran festgehaltenen Touristen blieb auch 1996 ungewiss. ■

Indonesien

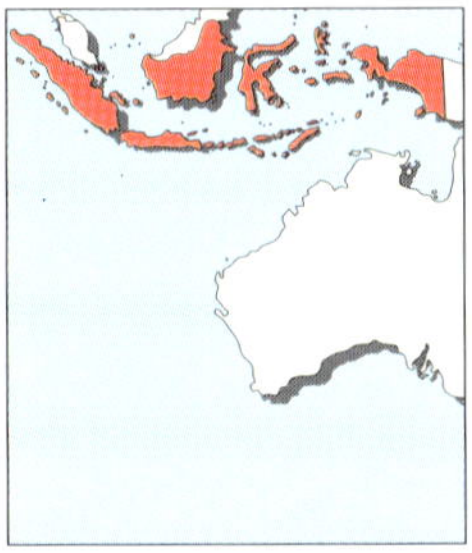

Hauptstadt: Jakarta
Einwohner: 197,6 Mio.
Einwohner/km²: 104
Staatsoberhaupt und Regierungschef: Suharto
BSP/Einwohner: 880 US-$

Nach dem Tod der einflussreichen Ehefrau des Präs. SUHARTO Ende April und einem Klinikaufenthalt des 75-jährigen Staatsoberhaupts Anfang Juli in Deutschland überschattete die Frage der Nachfolge des Präs. 1996 alle anderen Themen. Dabei scheint SUHARTOS bes. Vertrauen auf Forschungs- und Technologiemin. HABIBIE zu liegen; nach dessen Vorstellungen soll I. in kurzer Zeit zu einem Hochtechnologieland werden (v.a. Aufbau einer heim. Flugzeug- und Automobilindustrie), aber auch weiterhin als Rohstoffexporteur (v.a. Erdöl) hervortreten. Insgesamt sollten die Exporte 1996 um 19% wachsen. Die wirtschaftl. Gesamtentwicklung war durch weiterhin hohe Wachstumsraten (rd. 7% im Gesamtjahr) gekennzeichnet.
Vor dem Hintergrund der sich zuspitzenden Machtfrage um die Nachfolge SUHARTOS waren 1996 deutl. Einigungstendenzen bei der bis dahin zerstrittenen Opposition zu erkennen. Von bes.

Einen Tag nach ihrer Abwahl als Vorsitzende der oppositionellen Demokratischen Partei Indonesiens spricht Megawati Sukarnoputri (Mitte) am 23. Juni vor Anhängern ihrer Partei

Bedeutung ist v.a. die vom pensionierten General BAMBANG TRIANTORO organisierte ›Erklärung vom 1. Juli‹, die die erste gemeinsame Stellungnahme eines breiten Bündnisses einflussreicher Militärs, Politiker und Intellektueller aller Religionen I.s darstellt. Darin wird die Amtsführung SUHARTOS kritisiert und eine Aufwertung des Parlaments, der Parteien und der Gerichtsbarkeit gefordert. Bes. polarisierend wirkte Ende Juni die von SUHARTO betriebene Abwahl von MEGAWATI SUKARNOPUTRI, der Tochter des ersten Präs. SUKARNO, als Vors. der Demokrat. Partei I.s (PDI). Tagelange Unruhen, die schwersten seit über 20 Jahren, waren Ende Juli die Folge. Die Reg. brandmarkte die erst im April gegr., sozialdemokratisch orientierte Demokrat. Volkspartei (PRD), die u.a. von der austral. Labor Party unterstützt wird, als ›kommunist.‹ Drahtzieher. Die indones.-austral. Beziehungen, die sich erst im Dez. 1995 durch ein Sicherheitsabkommen gebessert hatten, wurden dadurch erneut belastet.
Präs. SUHARTO begegnete am 15. Okt. bei einem Besuch in dem von I. annektierten Ost-Timor (seinem ersten seit 1988) dem Friedensnobelpreisträger, dem kath. Bischof von Ost-Timor, CARLOS FELIPE XIMÉNES BELO, mit dem er allerdings kein Wort wechselte. I. hatte die Preisvergabe an die beiden Menschenrechtler – neben Bischof BELO der im Exil lebende Führer der Opposition JOSÉ RAMOS HORTA – heftig kritisiert. ■

Wie hier in Hamburg gehören die Inline-Skater mittlerweile in vielen deutschen Städten zum Straßenbild

Infektionskrankheiten: I. sind weltweit auf dem Vormarsch. Dies war das Fazit der Weltgesundheitsorganisation (WHO) in ihrem Jahresbericht 1996. Demnach sterben jährlich rd. 17 Mio. Menschen weltweit an den zehn häufigsten Infektionskrankheiten. Für die mit 4,4 Mio. Toten größte Zahl sorgen akute Infektionen des Atmungstraktes, danach folgen Tuberkulose und Diarrhö (jeweils 3,1 Mio.), Malaria (2,1 Mio.) und Hepatitis B sowie AIDS (jeweils etwa 1 Mio.). Gegenüber der letzten Erhebung 1994 ergeben sich Steigerungsraten zw. 13% bei Tuberkulose und 5% bei Malaria. Als Gründe für diese Entwicklung gab die WHO die zunehmende Verarmung v.a. in den Städten der Entwicklungsländer sowie die wachsende Resistenz der Erreger gegenüber Medikamenten an.
Auch in den Industriestaaten kommt es wieder zu einer Zunahme einiger I., wie etwa der Tuberkulose (Tbc). In Deutschland setzte sich dagegen der langjährig positive Trend einer Abnahme von Tbc-Erkrankungen fort. Die Zahl sank von 12982 Erkrankungen 1994 um 6% auf 12198 gemeldete Fälle 1995. Besorgnis erregend ist jedoch die Beobachtung von ›Multi-Drug-Resistenzen‹ (MDR) bei der Tbc. Immer mehr Krankenhäuser berichten von Erregerstämmen, die gegen mehrere, in einigen Fällen sogar schon fast alle Antibiotika resistent geworden sind.

Inline-Skating, In-Line-Skating: Rd. 3 Mio. Jugendliche und Erwachsene gingen 1996 bundesweit einem neuen Freizeitsport nach: auf Rollschuhen (Skates), deren Rollen in einer Linie (inline) angeordnet sind und damit dem Schlittschuh ähnlicher sind als dem Rollschuh, bewegen sich v.a. Jugendliche in großer Geschwindigkeit durch die Innenstädte. Bei der Ausübung des schnellen und wendigen Sports werden Schützer für Hände, Handgelenke, Ellenbogen und Knie getragen. Obwohl mittlerweile schon Kurse angeboten und erste Vereinsaktivitäten erprobt wurden, bewegt sich der typ. Skater lieber alleine oder in kleinen Gruppen.

Internationaler Seegerichtshof: In Anwesenheit von UNO-GenSekr. BOUTROS BOUTROS GHALI und des dt. Außenmin. KLAUS KINKEL wurden am 18. Okt. im Hamburger Rathaus die 21 Richter des neuen I. S. vereidigt; es hatte 15 Jahre gedauert, bis ein entsprechendes Seerechtsabkommen, das mittlerweile 107 Staaten unterzeichnet haben, fertig gestellt worden war. Der I. S., ein ›Gericht auf Abruf‹, ist zuständig für ›meeresrelevante Streitigkeiten‹: u.a. für Grenzprobleme zw. einzelnen Staaten, für Fischereikonflikte und zwischenstaatl. Auseinandersetzungen bei der Meeresforschung oder der wirtschaftl. Ausbeutung des Meeresbodens.
Am gleichen Tag wurde der Grundstein für das Gebäude gelegt, in dem die Richter von 1999 an arbeiten sollen; bis dahin nutzen sie Büros in der Hamburger Innenstadt.

Internationaler Währungsfonds, Abk. **IWF:** Auf der Frühjahrstagung des IWF in Washington wurde die Einführung anspruchsvoller Richtlinien für die Veröffentlichung von Wirtschaftsdaten verabschiedet. Diese ›Special Data Dissemination Standards‹ (SDDS) richten sich zunächst v.a. an diejenigen Mitgliedsländer, welche die internat. Kapitalmärkte in Anspruch nehmen. Die SDDS, die sich auf den realen Sektor der Wirtschaft, den gesamten Fiskalbereich, den Finanzsektor sowie die Außenwirtschaft beziehen, sollen v.a. im Sinne eines ›Frühwarnsystems‹ Finanzkrisen vermeiden helfen.
Ende Mai einigten sich die Länder der Zehnergruppe und weitere Mitgliedsländer in Europa und

Asien darauf, den Kreditrahmen des IWF für Krisenfälle auf 49 Mrd. US-$ zu verdoppeln. Die Staaten des Zehnerclubs werden die Hälfte der Kreditrahmenaufstockung übernehmen. Die andere Hälfte der Kreditlinie wird von einer Ländergruppe getragen, der u. a. Dänemark, Österreich, Spanien, Saudi-Arabien, Australien, Thailand und Malaysia angehören.
Der Streit um den Goldverkauf aus Beständen des IWF zur Finanzierung der Erweiterten Strukturanpassungsfazilität (ESAF) konnte auf dem Weltwirtschaftsgipfel in Lyon nicht beigelegt werden. Beim Goldstreit geht es um die Frage, ob Goldverkäufe zur Finanzierung des IWF-Anteils an einem gemeinsam mit der Weltbank aufzulegenden Trustfonds zur Finanzierung der ESAF herangezogen werden sollen. Mithilfe der ESAF werden armen und hoch verschuldeten Ländern Kredite zu Vorzugskonditionen eingeräumt.
Im März gewährte der IWF Russland einen Kredit in Höhe von 6,9 Mrd. Sonderziehungsrechten (SZR) im Rahmen der erweiterten Kreditvereinbarungen. Die Auszahlung der fünften Tranche des Kredits verzögerte sich, da Russland vom vereinbarten Wirtschaftsprogramm abgewichen war. Mit Argentinien einigte sich der Fonds im April über einen Bereitschaftskredit in Höhe von 720 Mio. SZR. Nachdem Venezuela ein Reformprogramm eingeleitet hatte, gewährte der IWF im Juli einen Bereitschaftskredit in Höhe von 975 Mio. SZR.

Internationales Jahr für die Ausrottung der Armut: Der Empfehlung des Weltsozialgipfels in Kopenhagen vom 6. bis 12. 3. 1995 folgend, stellte die UNO das Jahr 1996 unter das Ziel, die Armut zu bekämpfen. UNO-GenSekr. Boutros Boutros Ghali hatte in der dän. Hauptstadt ausgeführt, dass weltweit 1,3 Mrd. Menschen in völliger Armut lebten; Frauen stellten dabei rd. 70%. Das von den UNO-Organisationen entwickelte Konzept der ›20/20-Initiative‹ – 20% der Entwicklungsgelder und 20% der Haushalte der Empfängerländer werden für soziale Aufgaben aufgewendet – war in der EU auf ein unterschiedl. Echo gestoßen. Anlässlich des Internat. Tags der Armut am 17. Okt. veröffentlichte das Entwicklungsprogramm der UNO (UNDP) Zahlen, wonach die Zahl der extrem Armen, die täglich mit weniger als 1,50 DM zum Leben auskommen müssen, jedes Jahr um 25 Mio. Menschen zunimmt.

Irak

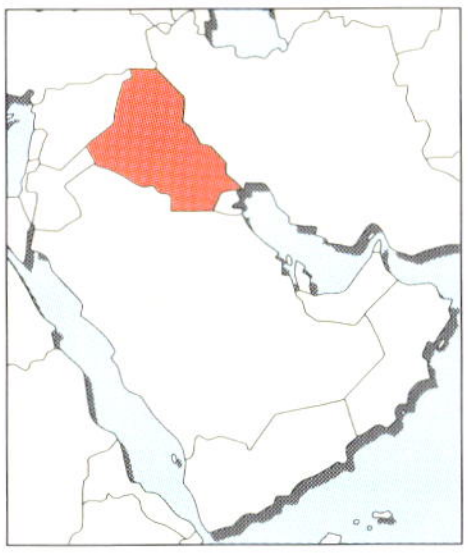

Hauptstadt: Bagdad
Einwohner: 20,4 Mio.
Einwohner/km²: 47
Staatsoberhaupt und Regierungschef: Saddam Husain
BSP/Einwohner: 2 140 US-$ (1986)

UNO-Generalsekretär Boutros Boutros Ghali (Mitte) unterzeichnet am 18. Oktober die Ernennungsurkunde der Richter des neu eingerichteten Internationalen Seegerichtshofs

Humanitäre Krise und Verhandlungen mit der UNO

In I. blieb die Situation explosiv, die wirtschaftl. Lage infolge der UNO-Sanktionen katastrophal. Ernteausfälle von 30% gegenüber dem Vorjahr verschärften die humanitäre Krise; mehr als die Hälfte der Bevölkerung lebt unter der Armutsgrenze, v. a. Kinder, Kranke und Alte sind unterernährt. Nachdem Jordanien im Jan. die Halbierung seiner Warenexporte nach I. angekündigt hatte, nahm Bagdad schließlich im Febr. Verhandlungen mit der UNO über die Resolution 986 des Sicherheitsrats auf. Diese erlaubte den einmaligen Export von Erdöl im Wert von 2 Mrd. US-$ für humanitäre Zwecke und zur Bezahlung von Reparationen. Der neue, am 20. Mai vereinbarte Vertrag sah vor, dass I. sechs Monate lang alle 90 Tage Erdöl im Wert von 1 Mrd. US-$ exportieren darf. Die UNO behielt sich die Überwachung der Verwendung des Erlöses vor (300 Mio. US-$ für Reparationen, 50 Mio. US-$ für Kosten der UNO-Operationen, der Rest für humanitäre Zwecke). Außerdem wurde zw. I. und der Türkei die Wiedereröffnung der Pipeline von Nord-I. zum Mittelmeer vereinbart.

Militärisches Eingreifen im Kurdengebiet

Um eine Bedrohung künftiger Erdölexporte über die Türkei durch die von Iran unterstützte Patriot. Union Kurdistans (PUK) zu verhindern und nach einem Hilfeersuchen der Demokrat. Partei Kurdistans (DPK) überschritten irak. Truppen den 36. Breitengrad und unterstützten die DPK vom 31. Aug. bis 3. Sept. bei der Eroberung des kurd. Verwaltungssitzes Erbil in der UNO-Sicherheitszone (→Kurden). Als Vergeltung bombardierten die USA am 4./5. Sept. Militäreinrichtungen in Süd-I. und dehnten die Flugverbotszone vom 32. auf den 33. Breitengrad aus. Die Erlaubnis für Erdöllieferungen

Mangel in Irak: Wie viele Mütter findet auch diese im Mai noch keine preiswerte Milch auf dem Markt von Bagdad. Die Erlaubnis der UNO, wieder Öl zu exportieren, soll die Versorgungslage der Bevölkerung verbessern

rungen für humanitäre Zwecke wurde bis Dez. ausgesetzt. 2 500 proamerikan. Oppositionelle flüchteten aus Angst vor ›Säuberungen‹ im Kurdengebiet in die Türkei. Kritik am amerikan. Vorgehen übte v.a. Russland, aber auch andere Staaten (z.B. Frankreich, China, die Arab. Liga, Italien und Spanien) äußerten ihre Besorgnis.

Tod der Schwiegersöhne Saddams. Parlamentswahlen

Nachdem es den beiden nach Jordanien geflüchteten Schwiegersöhnen Saddam Husains nicht gelungen war, sich an die Spitze der irak. Exilopposition zu setzen, kehrten sie mit ihren Familien überraschend am 20. Febr. nach I. zurück. Am 24. Febr. wurde der Tod von Saddam Kamil Hasan und Husain Kamil Hasan bekannt gegeben; sie seien der Blutrache ihres eigenen Familienclans zum Opfer gefallen. Am 22. Febr. waren sie von ihren Frauen auf deren Antrag hin geschieden worden. Im März fanden ›Parlamentswahlen‹ statt, bei denen die Baath-Partei erwartungsgemäß die absolute Mehrheit erzielte. Zum Parlamentspräs. wurde der ehem. Regierungschef Saadun Hamadi gewählt. Im Dez. bekannte sich eine radikale Schiitenorganisation zu einem Anschlag auf den ältesten Sohn des Präs., Udai. ■

Der iranische Staatspräsident Rafsandjani gibt bei den Parlamentswahlen am 8. März in Teheran seine Stimme ab

Iran

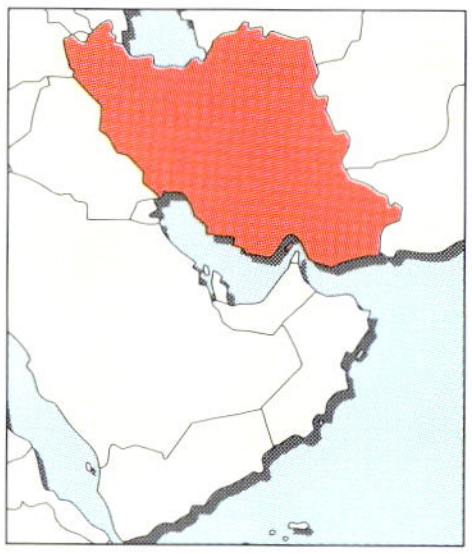

Hauptstadt: Teheran
Einwohner: 64,2 Mio.
Einwohner/km²: 39
Staatsoberhaupt und Regierungschef: Ali Akbar Haschemi Rafsandjani
BSP/Einwohner: 2 040 US-$

US-Embargo verschärft

Auch 1996 kam I. nicht aus seiner wirtschaftl. Talsohle heraus. Ursache ist v.a. das amerikan. Wirtschaftsembargo, das die USA im Juli ausweiteten und nun auch ausländ. Firmen mit Konsequenzen bedroht, die in I. investieren. Japan, Russland, die EU und auch die Golfstaaten kritisierten diese Maßnahme.

Neue ›Eiszeit‹ nach den Wahlen

Bei den Wahlen zur Madjles (Parlament) im März/April setzte sich die ›konservative‹, antiwestl. Fraktion um den im Amt bestätigten Parlamentspräs. Ali Akbar Nateq Nuri durch. Er gilt jetzt als Favorit für die Wahl des Nachfolgers von Staatspräs. Ali Akbar Haschemi Rafsandjani im Frühjahr 1997. Dessen ›gemäßigte‹, auf Ausgleich mit dem Westen bedachte Fraktion brachte nur wenige Kandidaten in die Madjles. Den Wahlen folgte eine neue Welle von Repressionen. Im Juli trat ein neues Strafrecht in Kraft, mit dem schärfer gegen Dissidenten vorgegangen werden kann. Journalisten, Schriftsteller und Professoren wurden Opfer von Übergriffen regimetreuer Extremisten und erhielten Berufsverbot; mehrere gingen ins Exil. Das ›Verschwinden‹ des krit. Journalisten Faradsch Sarkuhi und die Ermordung des Schriftstellers Gaffar Hosseini im Nov. sind in diesem Zusammenhang zu sehen. Im Dez. kam es nach dem Begräbnis eines angesehenen sunnit. Geistlichen, dessen Tod zu Spekulationen Anlass gegeben hatte, zu tagelangen schweren Zusammenstößen zw. der sunnit. Minderheit in der Prov. Kermanschah und Sicherheitskräften.

Außenpolitik

Besuche Außenmin. Welajatis in mehreren GUS-Staaten im März sowie die Visite des Staatspräs. in der Türkei im Dez. dienten der Vertiefung der bilateralen Beziehungen. Grenzüberschreitende iran.

Militäraktionen gegen →Kurden im Nordirak im Aug. gaben Iraks Diktator SADDAM HUSAIN einen Anlass zum Einmarsch in das Kurdengebiet. I. steht nach wie vor in dem Ruf, den Terrorismus zu stützen. Die Beziehungen zu Deutschland verschlechterten sich, nachdem Generalbundesanwalt NEHM im März einen Haftbefehl gegen Geheimdienstmin. ALI FALLAHIAN erlassen hatte. Er wird verdächtigt, der Auftraggeber des Anschlags auf iran.-kurd. Oppositionelle 1992 im Restaurant ›Mykonos‹ in Berlin gewesen zu sein. Einen Tiefpunkt erreichten die Beziehungen, als die Bundesanwaltschaft im Nov. (→Mykonos-Prozess) die iran. Führung des Staatsterrorismus beschuldigte. Nach massiven antidt. Demonstrationen in Teheran und Ghom sowie Todesdrohungen gegen die Bundesanwälte kamen Forderungen auf, die Bundesreg. solle den umstrittenen ›krit. Dialog‹ mit Teheran abbrechen. Ein Brief Bundeskanzler KOHLS, in dem er auf die Unabhängigkeit der dt. Justiz verwies und darlegte, dass weder die Justiz noch die Bundesreg. »die religiösen Gefühle des iran. Volkes noch seiner geistl. Führer« verletzen wollten, entschärfte die Lage. Staatspräs. RAFSANDJANI bemühte sich seinerseits, die Wogen in seinem Land zu glätten. ■

Irland

Hauptstadt: Dublin
Einwohner: 3,6 Mio.
Einwohner/km²: 51
Staatsoberhaupt: M. Robinson
Regierungschef: J. Bruton
BSP/Einwohner: 13 530 US-$

›Tigerstaat‹ in Europa

Angesichts seiner konstanten Stabilitätspolitik konnte I. in den letzten Jahren zahlreiche Investoren in das Land ziehen. Für 1996 wurde ein Wirtschaftswachstum von 4,8% erwartet. Die Inflationsrate lag bei 2,3%. Trotz der guten wirtschaftl. Entwicklung war die Arbeitslosenquote mit 13,1% recht hoch. Angesichts seiner Wirtschaftsdaten rechnet I. damit, die Konvergenzkriterien des Maastrichter Vertrages erfüllen und zu den ersten Mitgl. der Wirtschafts- und Währungsunion gehören zu können.

Der Streit um Nordirland

Innen- wie Außenpolitik wurden von den Vorgängen in der brit. Prov. Nordirland überlagert, für die I. von brit. Seite schon seit 1985 ein Mitspracherecht eingeräumt worden war. Der Vorschlag des ir. Außenmin. SPRING, nach dem Vorbild der Dayton-Konferenz für Bosnien und Herzegowina eine Friedenskonferenz über Nordirland einzuberufen,

Irland
Wirtschaftswachstum (realer Zuwachs des BIP in %)

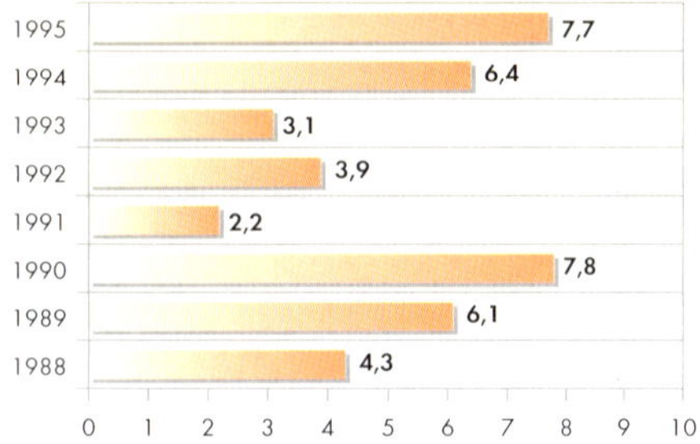

wurde von brit. Seite vehement abgelehnt. Einer der Streitpunkte ist die Frage, ob die vorgeschlagenen Wahlen vor oder nach dem Beginn der Allparteiengespräche stattfinden sollen. Hinzu kommen Differenzen zw. dem nordir. Unionistenführer DAVID TRIMBLE und dem ir. MinPräs. BRUTON, da sich TRIMBLE weigert, direkte Kontakte zu Außenmin. SPRING anzuknüpfen. Die Verzögerungen führten dazu, dass die IRA den 18 Monate alten Waffenstillstand aufkündigte und am 8. Febr. eine Bombe in den Londoner Docklands explodieren ließ. In der Folge eskalierte wieder die Gewalt; die nordir. Protestanten setzten gegen ein massives Polizeiaufgebot am 11. Juli einen Marsch des ›Orange Order‹ durch die kath. Viertel der Stadt Portadown durch (→Nordirlandkonflikt).
In der zweiten Jahreshälfte hatte I. turnusgemäß den EU-Ratsvorsitz inne. Erstmals seit 70 Jahren besuchte am 4. Juni mit Staatspräs. MARY ROBINSON ein ir. Staatsoberhaupt offiziell Großbritannien. Der Besuch soll zur Entkrampfung des ir.-brit. Verhältnisses beitragen, das durch die jahrhundertealte Kolonialgeschichte geprägt ist. ■

Island

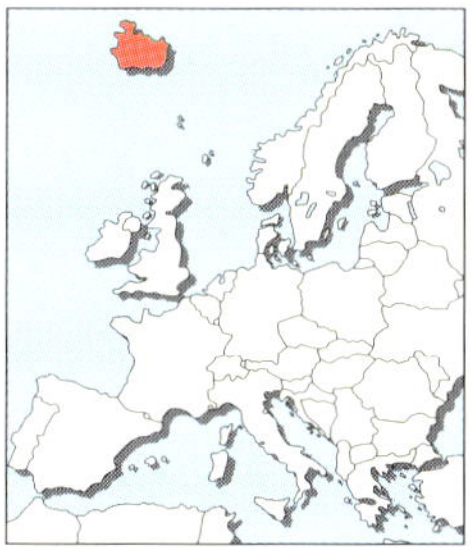

Hauptstadt: Reykjavík
Einwohner: 269 000
Einwohner/km²: 3
Staatsoberhaupt: O. R. Grímsson (seit 1. 8. 1996)
Regierungschef: D. Oddson
BSP/Einwohner: 24 630 US-$

Wirtschaftliche Blüte

Auch 1996 stand die isländ. Wirtschaft im Zeichen der Blüte. Als treibende Kraft wirkte der private Konsum (+6%), der im Wesentlichen durch Lohnsteigerungen hervorgerufen wurde. Der Anstieg des BIP lag 1996 bei 4,5%. Mit einer Teuerungsrate von 2,5% lag I. über dem Durchschnitt der OECD-

Länder. Hinsichtlich der Arbeitslosigkeit stand I. im europ. Vergleich mit knapp 5% zwar recht gut da, für die spezifisch isländ. Wirtschaftsstruktur war dies aber weiterhin sehr hoch.

Wechsel im Amt des Staatspräsidenten

Nach der16-jährigen Amtszeit Vigdis Finnbogadóttirs bedeutete die Amtsübernahme am 1. Aug. durch den linksgerichteten Olafur Ragnar Grímsson, der bei der Wahl am 29. Juni mit 40,9% der Stimmen über seinen größten Kontrahenten, den konservativen Petur Hafstein (29,2%) siegte, den Beginn einer neuen Ära. Grímsson gilt aus seiner Zeit als Finanzmin. (1988–91) als Architekt der wirtschaftl. Stabilität der Insel. Durch seine von den Gewerkschaften unterstützte Austeritätspolitik war es gelungen, die jährl. Inflationsrate von 80% auf 20% zu senken.
Ein Ausbruch des unter dem Gletscher Vatnajökull liegenden Vulkans Bardabungu im Okt. brachte das Eis zum Schmelzen und setzte rd. vier Wochen später gewaltige Wassermassen frei, die auf dem Weg zum Atlantik fast die gesamte Infrastruktur im dünn besiedelten SO der Insel zerstörten; Menschen kamen nicht zu Schaden.

Außenpolitik zwischen EU und USA

I.s internat. Position war auch 1996 durch den Umstand kompliziert, dass die sicherheitspolit. Bedürfnisse zwar umfassend durch einen Verteidigungspakt von amerikan. Seite abgedeckt werden, dass sich das Land aber in wirtschaftl. Hinsicht in erster Linie auf Europa konzentriert. Über zwei Drittel des Handelsaustausches wurden mit der EU und der EFTA abgewickelt. Die Reg. konnte nicht verhindern, dass die USA in den letzten Jahren ihre Truppen um ein Drittel auf 2000 Mann reduziert haben. ■

Israel

Hauptstadt: Jerusalem
Einwohner: 5,6 Mio.
Einwohner/km²: 267
Staatsoberhaupt: E. Weizman
Regierungschef: B. Netanjahu (seit 2. 6. 1996)
BSP/Einwohner: 14530 US-$

Rückläufige Wirtschaftsdaten. Asien – Markt der Zukunft

Nach der expansiven Wirtschaftsentwicklung der vergangenen zwei Jahre schlug sich die polit. Unsicherheit in I. und der Region u. a. in einem auf 3,5% nach unten korrigierten prognostizierten Wirtschaftswachstum nieder. Der weiterhin hohe private und öffentl. Verbrauch förderte einen Anstieg der Inflation auf 11% und damit über die anvisierte

Der neue israelische Ministerpräsident Benjamin Netanjahu (links) reicht seinem Handelsminister Natan Scharansky die Hand, nachdem sein Kabinett am 18. Juni von der Knesset bestätigt worden ist

10%-Grenze hinaus; das Defizit des Staatshaushalts überstieg mit 8,8 Mrd. NIS bereits Ende Sept. das für 1996 gesetzte Limit um 1,3 Mrd. NIS. Aus Protest gegen die für 1997 von der Reg. angekündigten Budgetkürzungen im Sozialbereich und die entschiedenere Durchsetzung der Privatisierungspolitik fanden im Juli und Dez. massive Streiks statt, zu denen die Gewerkschaft Histadrut aufgerufen hatte. Auch die Pläne der Reg., den Siedlungsbau zur ›nat. Priorität‹ zu erklären und stärker zu subventionieren (Dez.) stießen daher auf heftige Kritik.
Das Kernstück des Außenhandelskonzepts zur Verringerung des Defizits und der großen Abhängigkeit vom Warenaustausch mit dem wichtigsten Markt, der Europ. Union, ist die polit. und wirtschaftl. Zusammenarbeit mit Asien. Ihr wird höchste Priorität eingeräumt. Nach Abschluss der letzten Phase der seit 1991 betriebenen Importliberalisierung für Waren aus ›Drittländern‹ Ende 1996 wird eine Zunahme der asiat. Importe, aber auch ein verschärfter Wettbewerb für israel. Produzenten erwartet.

Politik unter Peres

Nach der Ermordung von Itzhak Rabin am 4. 11. 1995 setzte die Mitte-Links-Reg. aus Arbeitspartei und Meretz unter dem neuen MinPräs. Shimon Peres den von Rabin eingeschlagenen Kurs fort. I. und Jordanien unterzeichneten am 16. Jan. ein für die Realisierung des im Okt. 1995 abgeschlossenen Handelsvertrags bedeutsames Transportabkommen. Die Knesset ratifizierte am 17. Jan. mit 48:44 Stimmen das israel.-palästinens. Abkommen über die Erweiterung der Autonomie vom 28. 9. 1995. Entsprechend einer Vereinbarung vom Jan. eröffnete I. am 15. April in Tunis ein Verbindungsbüro. Shimon Peres' Reise nach Oman und Katar (1./2. April) diente der Förderung von Wirtschaftsbeziehungen. Während des ersten offiziellen Besuchs eines türk. Staatsoberhaupts in I. (11.–14. März) schloss Süleyman Demirel ein

Abkommen über polit., wirtschaftl. und militär. Zusammenarbeit. Die während des Besuchs von PERES in Washington (28.–30. April) unterzeichneten weit reichenden Verträge über militär. Kooperation festigten die »bisher einmalige strateg. Zusammenarbeit« zw. den beiden Staaten.

Wahlen. Benjamin Netanjahu wird Regierungschef

SHIMON PERES beantragte am 12. Febr. die Auflösung des Parlaments, da er sich von Neuwahlen ein eindeutiges Mandat für seine Friedenspolitik erhoffte. Vier Selbstmordattentate der →Hamas (25. Febr., 3. und 4. März), bei denen in Jerusalem, Tel Aviv und Ashkelon 62 Menschen getötet wurden, sowie die fortgesetzten Raketenangriffe der libanes. →Hisbollah auf Nord-I., die zur Vergeltungsaktion ›Früchte des Zorns‹ (11.–26. April) führten, machten die Frage der Sicherheit I.s zum zentralen Thema des harten Wahlkampfs. Die Wahlen am 29. Mai (Beteiligung: 79,7%) fanden erstmals unter dem 1992 beschlossenen Wahlrecht statt, das eine Direktwahl des Regierungschefs vorsieht, die bindend ist und dem Sieger ungeachtet der Kräfteverhältnisse in der Knesset ein vierjähriges Mandat überträgt. Das Ergebnis fiel knapp zugunsten des Likud-Führers BENJAMIN NETANJAHU und seines Programms ›Frieden mit Sicherheit‹ aus: 50,49% der 3,933 Mio. Wahlberechtigten stimmten für ihn, 49,51% für SHIMON PERES.
Durch die Zweitstimmen blieb die Arbeitspartei in der Knesset stärkste Gruppierung (34 Mandate), gefolgt von der gemeinsamen Wahlliste von Likud/Gescher/Zomet (32 Mandate). Diese verfügt jedoch in Koalition mit der von Einwanderern aus der Sowjetunion/GUS gegründeten Jisrael ba-Alijah (7 Mandate), den religiösen Parteien (23 Mandate) und einer Abspaltung der Arbeitspartei (4 Mandate) über 66 der 120 Sitze. Bei der Regierungsbildung zeigte sich, dass NETANJAHU starken innerparteil. Zwängen unterliegt: Er hatte die beiden Likud-›Hardliner‹ DAVID LEVY und ARIEL SCHARON zunächst nicht in sein Kabinett aufgenommen, musste LEVY jedoch schließlich auf Druck aus eigenen Reihen das Außenministerium überlassen und für SCHARON ein Ministerium für nat. Infrastruktur schaffen, das die Siedlungspolitik verantwortet. NETANJAHU direkt unterstellt wurden die beiden neu geschaffenen Gremien Nat. Sicherheitsrat und Wirtschaftsrat.

Politik unter Netanjahu

In der westl., v.a. aber in der arab. Welt löste NETANJAHUS Sieg Bestürzung und Misstrauen aus. Zwar betonte er mehrfach, geschlossene Verträge halten zu wollen, lehnte jedoch einen eigenständigen palästinens. Staat ab und zögerte den längst fälligen Truppenabzug aus Hebron hinaus. Die Aufhebung des Siedlungsstopps im Westjordanland und im Gazastreifen verschärfte die Gegensätze zu den arab. Nachbarn, die sich in einer Ablehnungsfront zusammenfanden. Nach der Begegnung mit Ägyptens Staatspräs. HOSNI MUBARAK am 18. Juli in Kairo und dem Treffen mit König HUSAIN von Jordanien in Amman (5. Aug.) fand schließlich am 4. Sept. am Grenzübergang Erez ein von den radikalen Vertretern des Likud als Fehler bezeichnetes, aber von 82% der Israelis befürwortetes erstes Treffen des neuen MinPräs. mit Palästinenserpräsident JASIR ARAFAT statt. Substanzielle Erfolge waren jedoch nicht zu verzeichnen. Die unter amerikan. Vermittlung geführten Gespräche über den israel. Truppenrückzug aus Hebron kamen nicht voran; überaus zäh und verbissen wird um takt. und polit. Vorteile gerungen. In der aufs höchste angespannten Atmosphäre zw. I. und den Palästinensern wirkte die von der israel. Reg. angeordnete Öffnung eines histor. Tunnels unter dem Jerusalemer Tempelberg (einer der heiligsten Orte des Islam) am 24. Sept. wie ein zündender Funke; zunächst gewaltlose palästinens. Proteste weiteten sich zu Intifada-ähnl. Auseinandersetzungen aus, bei denen 68 Palästinenser und 15 israel. Soldaten getötet wurden. Innerhalb kürzester Zeit hatte die Reg. Netanjahu die jahrelange Friedensarbeit von ITZHAK RABIN und SHIMON PERES damit fast zunichte gemacht. Um ein Zeichen zu setzen, empfing Staatspräs. WEIZMAN, ein Befürworter des Friedensprozesses, JASIR ARAFAT am 8. Okt. in seinem Haus in Caesarea zu einem Besuch. Bis zum Ende des Jahres kamen jedoch keine neuen Impulse für den Friedensprozess von der israel. Regierung.

›Man kommt sich näher…‹

Beziehungen zu den USA und zu Europa

Seine erste Auslandsreise führte BENJAMIN NETANJAHU in die USA (9.–14. Juli), wo sich beim Treffen mit Präs. CLINTON (wie auch bei dem erneuten Besuch in Washington am 9./10. Sept.) die unterschiedl. Haltungen zum Friedensprozess deutlich zeigten. Der von CLINTON einberufene Nahost-Krisengipfel am 1. Okt. brachte trotz starken amerikan. Drucks auf NETANJAHU nicht den erhofften Durchbruch.
Die Antrittsbesuche NETANJAHUS in Großbritannien, Frankreich und Deutschland (24.–26. Sept.) galten insbes. der Bekräftigung der Wirtschaftsbeziehungen zur EU, die sich gerade im vergangenen

Palästinenserpräsident Jasir Arafat (links) und der israelische Staatspräsident Eser Weizman rufen am 8. Okt. in Caesarea dazu auf, den nach dem Amtsantritt des neuen israelischen Ministerpräsidenten Netanjahu verschärften israelisch-palästinensischen Konflikt mit friedlichen Mitteln zu lösen

Jahr in einem steilen Anstieg der Kapitaleinfuhr niedergeschlagen hatten. Ein Besuch des frz. Staatspräs. CHIRAC (21./22. Okt.) im Rahmen seiner Nahostreise, bei dem dieser eine stärkere Einflussnahme der Europäer auf den Friedensprozess forderte, verlief wegen der starken Abschirmung des Staatsgastes durch israel. Soldaten und Polizisten und dessen deutlich araberfreundl. Einstellung nicht im besten Einvernehmen. ■

israelisch-palästinensischer Konflikt: Nach der Ermordung des Bombenbauers der →Hamas, YAHIA AJASCH (5. Jan.), die diese dem israel. Geheimdienst anlastete, kündigten Hamas und Islam. Djihad Vergeltung an. In der Folge kam es zu den schwersten Anschlägen seit der Unterzeichnung des Abkommens von Oslo im Sept. 1993. Selbstmordattentäter nahmen in Jerusalem (25. Febr. und 3. März), Aschkelon (25. Febr.) und Tel Aviv (4. März) insgesamt 62 Menschen mit in den Tod. Die Reg. Peres reagierte mit der Abriegelung der besetzten Gebiete, die – mit kurzen Unterbrechungen und für eine nur geringe Anzahl von palästinens. Arbeitskräften mit Arbeitsgenehmigungen für Israel – bis Jahresende aufrecht erhalten blieb. Der gemäß dem Oslo-II-Abkommen vom 28. 9. 1995 bis Ende März geplante Teilabzug der israel. Truppen aus Hebron wurde aufgeschoben.

Krise des Friedensprozesses

Die Wahl von BENJAMIN NETANJAHU (Likud) zum neuen MinPräs. und der Sieg des rechten Parteienspektrums in Israel im Mai verhinderte eine Fortsetzung des Friedensprozesses. Die Leitlinien der neuen Reg. stießen auf Ablehnung bei Palästinensern und arab. Staaten. Auf dem Sondergipfel von 21 Staaten der Arab. Liga am 22./23. Juni in Kairo wurde die Notwendigkeit zur Solidarität der arab. Länder und das Festhalten am Prinzip ›Land gegen Frieden‹ bekräftigt. Der israel. Regierungsbeschluss vom 2. Aug. über die Aufhebung des Siedlungsstopps im Westjordanland und Gazastreifen sowie die Genehmigung zur Errichtung von 300 Mobilhäusern und zum Bau von 900 Wohnungen in der Westbank verhärteten die Fronten weiter.
Immerhin kam es nach dem ersten Gespräch des neuen israel. Außenmin. DAVID LEVY mit Palästinenserpräs. ARAFAT in Erez (23. Juli), der Wiederaufnahme der israel.-palästinens. Verhandlungen (14. Aug.) und der Begegnung ARAFATS mit Oppositionsführer PERES in Gaza (22. Aug.) auf amerikan. Druck hin zu einem ersten Treffen zw. NETANJAHU und ARAFAT (4. Sept.).
Die angestauten polit. und sozialen Spannungen unter der palästinens. Bevölkerung entluden sich nach der Öffnung eines histor. Tunnels entlang der Westmauer des Tempelbergbezirks in Jerusalem am 24. Sept. in einem Aufleben der Intifada. Die schweren Auseinandersetzungen zw. israel. Militär und Palästinensern, auf deren Seite auch palästinens. Polizisten in die Kämpfe eingriffen, führten endgültig in eine Krise auf der israel.-palästinens. Regelungsschiene. Beim Nahostgipfel in Washington (1./2. Okt.) wurde die Fortsetzung der israel.-palästinens. Gespräche vereinbart, doch gab es keine Hoffnung auf einen baldigen Durchbruch. Um dem Friedensprozess einen Impuls zu geben, empfing der israel. Staatspräs. ESER WEIZMAN JASIR ARAFAT am 8. Okt. in seinem Haus in Caesarea.

Italien: Leistungsbilanzsaldo

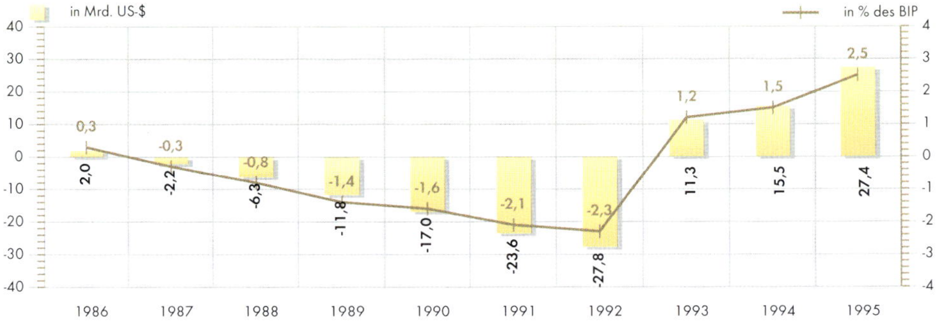

Die Anhänger des Mitte-Links-Bündnisses ›L'Ulivo‹ feiern in Rom am 21. April begeistert ihren Wahlsieg über die Rechtsallianz ›Pol der Freiheit‹

Nach drei Wochen ergebnisloser Verhandlungen über den Teilrückzug der israel. Armee aus Hebron unterbrach der amerikanische Beauftragte für den Nahen Osten, DENNIS ROSS, seine Vermittlungsmission bis Dez.; nach einem Mordanschlag der Volksfront für die Befreiung Palästinas (PFLP), bei dem am 11. Dez. in Ramallah zwei Israelis getötet wurden, und dem darauf folgenden Beschluss der israel. Reg., den Ausbau der Siedlungen als ›nat. Priorität‹ zu behandeln, wurden die Verhandlungen erst Mitte Dez. wieder aufgenommen. Das Attentat eines israel. Soldaten, der am 31. Dez. in Hebron sechs Araber durch Schüsse verletzte, brachte Israel in Zugzwang.

Italien

Hauptstadt: Rom
Einwohner: 57,2 Mio.
Einwohner/km²: 190
Staatsoberhaupt:
O. L. Scalfaro
Regierungschef:
R. Prodi
(seit 18. 5. 1996)
BSP/Einwohner:
19 300 US-$

Verbesserung der wirtschaftlichen Daten

Wie die anderen EU-Staaten auch, versucht I. mit zu den ersten Ländern zu gehören, die die im Maastrichter Vertrag festgelegten Kriterien für die Wirtschafts- und Währungsunion erfüllen. Dazu verfolgte die Reg. eine strikte Austeritätspolitik, die sie bei der Erarbeitung des Haushalts für das Jahr 1997 noch verschärfte. Der am 30. Sept. vorgelegte Etat sieht Ausgabenkürzungen von 25 Bio. Lit und zusätzl. ordentl. Einnahmen von 12 Bio. Lit vor. Dazu ist zur Verringerung des Defizits eine Sondersteuer geplant, die 13 Bio. Lit erbringen soll. Mithilfe dieser Maßnahmen soll der Kreditbedarf auf 3% des BIP gedrückt werden (z. Z.: 6%). Nachdem am 18. Nov. der Haushalt im Abgeordnetenhaus beraten und der Reg. zur endgültigen Fertigstellung überwiesen worden war, kehrte die italien. Lira in das Europ. Währungssystem (EWS) zurück, aus dem sie 1992 ausgeschieden war. Im Nov. hatte die italien. Inflationsrate mit 2,6% den niedrigsten Stand seit 1967 erreicht.

Regierungswechsel: Von Dini zu Prodi

Zu Beginn der italien. EU-Präsidentschaft trat am 11. Jan. MinPräs. LAMBERTO DINI zurück, als klar wurde, dass ihm in der Abgeordnetenkammer eine Mehrheit aus Altkommunisten und der Rechten um SILVIO BERLUSCONI das Vertrauen verweigern würde. Der Unabhängige ANTONIO MACCANICO scheiterte mit der Regierungsbildung an unterschiedl. Auffassungen der Parteien über die Verfassungsreform, und Staatspräs. OSCAR LUIGI SCALFARO löste am 16. Febr. das Parlament vorzeitig auf. Bei den Neuwahlen am 21. April bildete sich zur Unterstützung einer Ministerpräsidentschaft des Wirtschaftsprof. und früheren Managers ROMANO PRODI ein neues Parteienbündnis mit dem

Italien
Wirtschaftswachstum (realer Zuwachs des BIP in %)

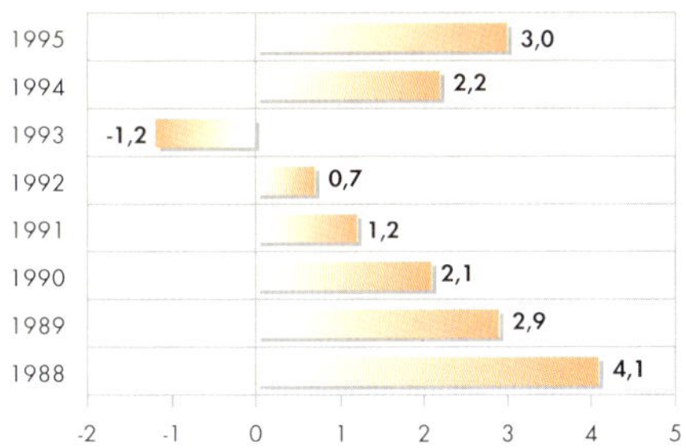

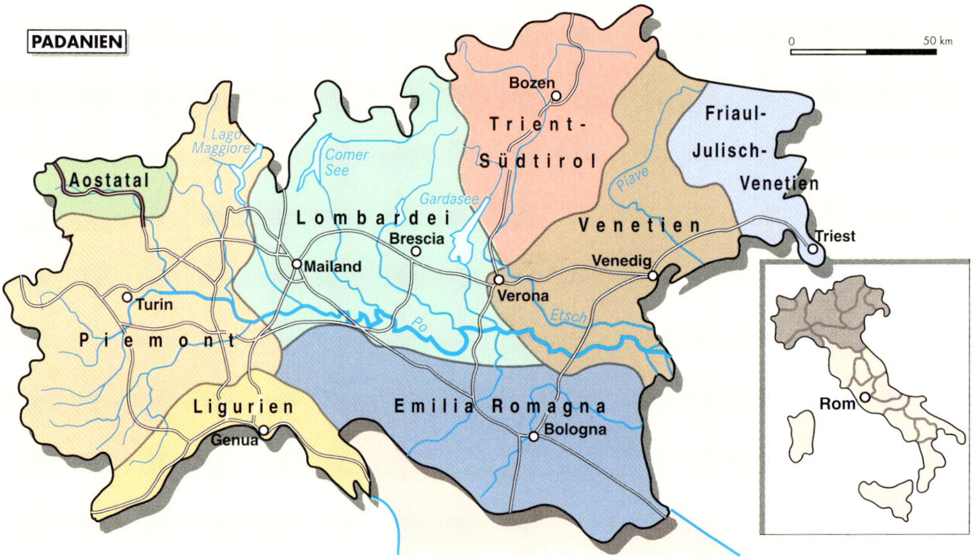

Namen ›L'Ulivo‹ (Der Ölbaum). Zu ihm gehören als stärkste Partei die aus dem Reformflügel der Kommunisten entstandene PDS unter MASSIMO D'ALEMA sowie die Grünen, PRODIS sozialkath. Volkspartei PPI und die reformer. Liste Dini. Die wahlentscheidenden Stimmen kamen aus der Mitte und brachten erstmals seit Kriegsende einem Mitte-Links-Bündnis eine relative Mehrheit (284 von 630) in der Kammer und eine beinahe absolute Mehrheit (157 von 315) im Senat. Verlierer der Wahl war das weiterhin von BERLUSCONI dominierte Rechtsbündnis Polo per la Libertà (246 Abgeordnete und 116 Senatoren) aus seiner eigenen Partei Forza Italia, den früheren Neofaschisten der Alleanza Nazionale unter GIANFRANCO FINI und den Christdemokraten. Die nicht mehr mit BERLUSCONI verbundene Lega Nord von UMBERTO BOSSI und die Altkommunisten der Rifondazione Comunista (RC) hielten ihr Ergebnis.

MinPräs. PRODI stellte am 18. Mai seine auf 20 Mitgl. verkleinerte Reg. vor. Sein Stellv. wurde Kulturmin. WALTER VELTRONI (PDS), das Außenministerium übernahm sein Vorgänger DINI, das Schatz- und Haushaltsministerium der frühere Notenbankchef und MinPräs. CARLO AZEGLIO CIAMPI und das Bauministerium der als Vorkämpfer gegen die Korruption bekannt gewordene Untersuchungsrichter ANTONIO DI PIETRO, der aber schon im Nov. wieder zurücktrat. PRODIS Reg. erhielt bei der Vertrauensabstimmung am 30. Mai die Unterstützung der ihr fern gebliebenen Altkommunisten der RC, auf die sie angewiesen ist; seit Juli zeichnete sich aber ein Konflikt mit der RC über die geplanten Sparmaßnahmen ab, der mit Massendemonstrationen im Nov. einen Höhepunkt erreichte und den MinPräs. zwang, seine Pläne zurückzustellen.

Gestützt auf sein vor allem in Norditalien erzieltes Wahlergebnis, änderte BOSSI den Namen seiner Partei in Liga für die Unabhängigkeit Padaniens (die Poebene) und rief Norditalien am 15. Sept. vor 10 000 Anhängern in Venedig zur ›Bundesrep. Padanien‹ aus, deren Sezession vom übrigen I. er für 1997 ankündigte. Staatspräs. SCALFARO warnte am 18. Sept. in seiner ersten Botschaft an das Parlament vor den »unheilvollen Thesen« BOSSIS, forderte aber auch tief greifende Reformen, weil es Gründe für diesen Protest gebe.

Im Rahmen ihres Dezentralisierungsprogramms übertrug die Reg. Prodi der Südtiroler Landesreg. die seit langem erstrebte Zuständigkeit für das gesamte Schulwesen in der Region.

Wegen Korruption wurde der seit drei Jahren in Tunesien lebende frühere MinPräs. BETTINO CRAXI am 17. April in Abwesenheit zu mehr als acht Jahren Haft verurteilt, das Oberste Gericht bestätigte am 13. Nov. das Urteil. Am 15. Sept. wurde LORENZO NECCI, Chef der italien. Eisenbahnen, wegen Betrugs und Bestechung verhaftet. Großes Aufsehen erregte der Prozess gegen den ehem. SS-Hauptsturmführer ERICH PRIEBKE (→Priebke-Prozess).

Italienischer EU-Vorsitz

Wegen der Regierungskrise und der aktuellen BSE-Diskussion rückte bei der EU-Regierungskonferenz in Turin am 29./30. März das italien. Programm für eine bürgerfreundlichere EU und die Einführung von Mehrheitsentscheidungen in den Hintergrund. Das Gipfeltreffen der Staats- und Regierungschefs in Florenz am 21./22. Juni konnte unter italien. Vorsitz den BSE-Streit mit Großbritannien nur vorläufig eindämmen. Den bisherigen italien. Widerspruch gegen eine EU-Assoziierung Sloweniens gab die neue Reg. Prodi auf; am 10. Juni wurden das lange verzögerte Abkommen mit der EU unterzeichnet und am 10. Sept. ein bilaterales Militärabkommen abgeschlossen. ■

J

Jagland, Thorbjørn, norweg. Politiker, *Lier 5. 11. 1950. – Nachdem MinPräs. Gro Harlem Brundtland am 25. Okt. zurückgetreten war, wurde J. zum neuen norweg. MinPräs. gewählt. J. will die Politik seiner Vorgängerin fortsetzen. Dazu zählt bes. die Unterstützung sozialer Randgruppen, die Stärkung der europ. Integration (Ziel: EU-Beitritt Norwegens) sowie die Förderung von Forschung, Technologie und Weiterbildung, um der weltwirtschaftl. Globalisierung begegnen zu können. Nach dem Studium der Wirtschaftswiss. wurde J. hauptberuflich Funktionär in der sozialdemokrat. Arbeiterpartei und stieg im Sept. 1986 zu deren GenSekr. auf. Nach dem Rücktritt Harlem Brundtlands wurde J. am 8. 11. 1992 zum Parteivors. gewählt. Ab Sept. 1993 war er Parlamentsabgeordneter und Fraktionsvorsitzender.

Jahressteuergesetz 1997: Der Werdegang des J. 1997 bestätigt die Erfahrung von 1996, dass durch die bewusste Zusammenfassung vieler unterschiedl. steuerl. Änderungen in einem Jahressteuergesetz – durch das J. 1997 werden 31 Gesetze und Verordnungen geändert – die Realisierung der Vorhaben verzögert wird.

Der Regierungsentwurf des J. 1997 wurde am 22. Mai beschlossen. Der Bundestag verabschiedete das Gesetz am 7. Nov., der Bundesrat lehnte den Entwurf am 15. Nov. ab. Umstritten waren bes. die Abschaffung der Vermögensteuer, die Verschiebung der bereits im Jahressteuergesetz 1996 für 1997 beschlossenen Anhebung des einkommensteuerl. Grund- und Kinderfreibetrags sowie des Kindergelds um ein Jahr auf 1998. Erst am 5. Dez. kam der Vermittlungsausschuss zu einer Einigung, der der Bundestag am 15. Dez. und der Bundesrat am 19. Dez. zustimmten. Die erneut geplante Abschaffung der Gewerbekapitalsteuer und die beabsichtigte Senkung des Solidaritätszuschlags waren schon aus dem ursprüngl. Entwurf des J. 1997 wieder herausgenommen worden. Auch die Aufhebung der Vermögensteuer ist nicht Bestandteil des J. 1997 geblieben. Das Vermögensteuergesetz gilt weiterhin, die Steuer kann aber in der bestehenden Form nach der Entscheidung des Bundesverfassungsgerichts vom 22. 6. 1995 ab 1997 nicht mehr erhoben werden. (→Haushalts- und Steuerpolitik)

Jamaika

Hauptstadt: Kingston
Einwohner: 2,4 Mio.
Einwohner/km²: 223
Staatsoberhaupt: Elisabeth II.
Regierungschef: P. J. Patterson
BSP/Einwohner: 1 540 US-$

Die zurückgetretene Ministerpräsidentin Norwegens Gro Harlem Brundtland wünscht ihrem Amtsnachfolger Thorbjørn Jagland am 25. Oktober in Oslo viel Glück

Jandarbijew, Selimchan, tschetschen. Politiker, *Grosnyj 1952. – Nach dem Tod des tschetschen. Rebellenführers Dschochar Dudajew am 22. April wurde der Schriftsteller J. dessen Nachfolger.

Der selbst vielen Tschetschenen unbekannte Politiker gründete 1989 die Wainach. Demokrat. Partei, die sich von Anbeginn an die Unabhängigkeit Tschetscheniens zum Ziel gesetzt hatte. J. verfolgte

Der neue Tschetschenenführer Selimchan Jandarbijew wird am 30. Mai, zwei Tage vor Inkrafttreten des Waffenstillstands, von der tschetschenischen Bevölkerung jubelnd begrüßt

dieses Ziel auch an der Seite DUDAJEWS im Pannationalen Kongress, einer Organisation der tschetschen. Opposition gegen die Kommunist. Partei in der Kaukasusrepublik. 1991 ernannte DUDAJEW den ›Ideologen‹ der Aufständischen zum Vizepräs. Tschetscheniens. Der als Vertreter einer harten Linie geltende J. rief zur Rache für den Tod DUDAJEWS auf, unterzeichnete aber am 27. Mai einen Friedensvertrag und blieb auch nach dessen Verletzung von russ. und tschetschen. Seite in Verhandlungen mit Moskau. Seit Aug. löste ihn dabei teilweise der Stabschef der Rebellen, ASLAN MASCHADOW, ab.

Japan
Arbeitslosenquote (in %)

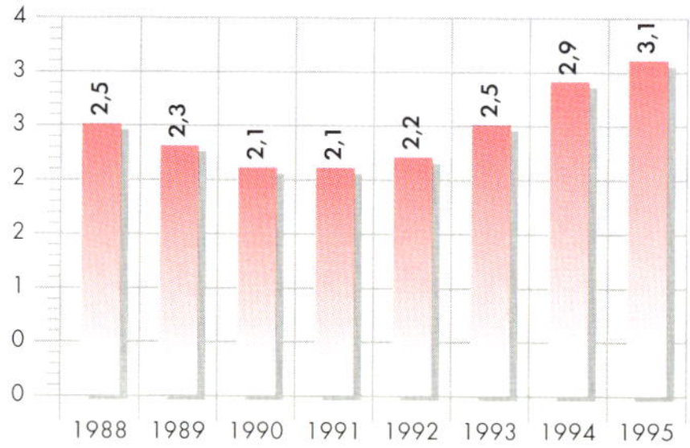

Japan

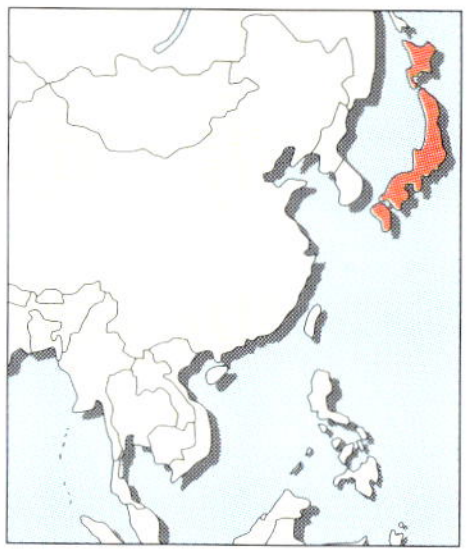

Hauptstadt: Tokio
Einwohner: 125,4 Mio.
Einwohner/km²: 331
Staatsoberhaupt: Akihito
Regierungschef: R. Hashimoto (seit 11. 1. 1996)
BSP/Einwohner: 34 630 US-$

Wirtschaft erholt sich

Wie das Wirtschaftsplanungsamt im Mai mitteilte, ist die japan. Wirtschaft dabei, sich von der Rezession zu erholen, was v.a. einer Belebung der Baubranche zuzuschreiben sei. J.s Außenhandelsbilanz war weiterhin positiv, wenn auch erstmals seit fünf Jahren um 11,4% auf 107 Mrd. US-$ zurückgegangen. Die japan. Währung war am 3. Juli mit 110 Yen für 1 US-$ auf ihrem tiefsten Stand seit Jan. 1994, was auch auf den starken US-Dollar zurückgeführt wurde.

Der am 30. Aug. bekannt gegebene Haushaltsentwurf für 1997 sieht eine Ausgabensteigerung von 3,4% vor. Der Etat wird demnach 44,62 Bio. Yen betragen.

Der amerikanische Präsident Bill Clinton (links) und der japanische Minsterpräsident Ryutaro Hashimoto – im Bild beim Tausch der Vertragsdokumente – bekräftigen am 17. April in Tokio ihre bilateralen Beziehungen mit einer gemeinsamen Sicherheitserklärung

Politischer Wechsel

Gleich zu Beginn des Jahres, am 5. Jan., gab TOMIICHI MURAYAMA seinen Rücktritt vom Amt des Premiermin. bekannt. Sein Nachfolger wurde RYUTARO HASHIMOTO, der am 11. Jan. die Führung der Dreiparteienkoalition aus Liberaldemokraten, Sozialdemokraten und Sakigake übernahm. Mit HASHIMOTO wurde nach zwei Jahren erstmals wieder ein Liberaldemokrat Premier.

Für große Aufregung in der japan. Öffentlichkeit sorgte J.s erster Skandal um die Immunschwächekrankheit AIDS. Zu Beginn der 80er-Jahre war es zur Infizierung von Hämophilen durch importierte HIV-verseuchte Blutkonserven gekommen. Das Gesundheitsministerium gestand im Febr. erstmals ein, dass es bereits 1983 Erkenntnisse über das Risiko von HIV-Infektionen aufgrund unerhitzter Blutprodukte gegeben hatte. Während des gesamten Jahres kam es immer wieder zu Enthüllungen und Verdächtigungen gegen die in den Skandal verwickelten Verantwortlichen, die ihren Höhepunkt mit der Verhaftung von TAKESHI ABE, des ehem. Leiters einer von der Reg. eingesetzten HIV-Forschungsgruppe, am 30. Aug. erreichte.

Das zweite große Politikum 1996 waren die Ereignisse um den Bankrott mehrerer Baufinanzierungsfirmen, für den indirekt das Finanzministerium verantwortlich gemacht wurde. Das eigentl. Ärgernis aber war der Beschluss der Reg. Hashimoto, die entstandenen Verluste in Höhe von ca. 680 Mrd. Yen durch Steuergelder auszugleichen. Die Regierungspläne passierten letztlich mit Zustimmung der oppositionellen Neuen Fortschrittspartei (NFP) am 10. April das Unterhaus.

Japan: Leistungsbilanzsaldo

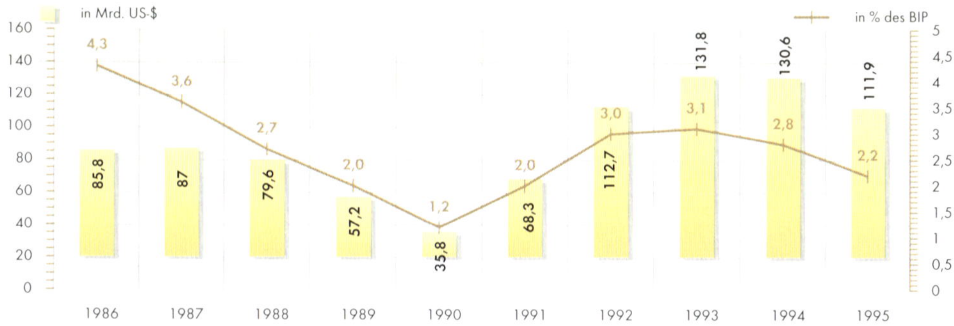

Anlässlich des 51. Jahrestages des Kriegsendes am 15. Aug. bedauerte MinPräs. HASHIMOTO als erster liberaldemokrat. Regierungschef die Invasionen der japan. Armee in SO-Asien während des Pazif. Krieges. Bereits im Juli hatte die Reg. Entschädigungszahlungen für Zwangsprostituierte der japan. Armee während des Krieges angekündigt, und HASHIMOTO hatte persönlich sein Bedauern den Zwangsprostituierten gegenüber zum Ausdruck gebracht. Auf Unverständnis bei den Oppositionsparteien, den Medien und weiten Teilen der Bevölkerung stieß jedoch HASHIMOTOS ›Privatbesuch‹ des Yasukuni-jinja-Schreines am 29. Juli, der den Gefallenen des Pazif. Krieges – wozu auch verurteilte Kriegsverbrecher zählen – geweiht ist. HASHIMOTOS Beispiel folgten noch fünf liberaldemokrat. Kabinettsmitgl. am 15. August.

Bewegung in die Parteienlandschaft kam im Aug. durch die Abspaltung der Hatoyama-Fraktion von der Koalitionspartei Sakigake. HATOYAMA, vormals Generalsekr. von Sakigake, will seine Zusammenarbeit mit der Reg. von den jeweils anstehenden Entscheidungen abhängig machen. Der neuen, im Okt. gegründeten Partei traten auch Mitgl. der Sozialdemokrat. Partei bei. Ende Dez. verließen zehn Unterhausabgeordnete und drei Mitgl. des Oberhauses die NFP und schlossen sich zur ›Sonnenpartei‹ zusammen.

Bei den vorgezogenen Unterhauswahlen vom 20. Okt. gewann HASHIMOTOS LDP zwar 16 Mandate hinzu und erreichte insgesamt 239 Sitze, verfehlte aber das Ziel der absoluten Mehrheit. Am 7. Nov. wurde HASHIMOTO, wenn auch in einer geschwächten Position als Chef einer Minderheitsreg., vom Parlament im Amt bestätigt; er erhielt 262 von 498 abgegebenen Stimmen. Seine bisherigen Koalitionspartner SDP und Sakigake hatten nach schweren Verlusten bei den Wahlen eine Fortsetzung des Regierungsbündnisses abgelehnt, sich aber in zähen Verhandlungen auf eine ›lose Allianz‹ bei einzelnen Gesetzesvorhaben festlegen lassen.

Außenpolitik

Mit MinPräs. HASHIMOTO behielt J. seinen alten Kurs bei und blieb so ein berechenbarer Faktor in der Weltpolitik. Das betraf auch und v. a. das Verhältnis zu den USA. Anlässlich des japan.-amerikan. Gipfeltreffens vom 16.–18. April bekräftigten Präs. BILL CLINTON und HASHIMOTO den bilateralen Sicherheitsvertrag und sprachen sich für eine verstärkte militär. Kooperation aus.

Problematisch gestaltete sich das japan.-amerikan. Verhältnis auch angesichts des zunehmenden Widerstandes der Bevölkerung auf Okinawa gegen die amerikan. Truppenpräsenz auf der Insel. Streitpunkt sind v. a. die Luft- und Landübungen der Armee. Um die Lage zu entschärfen, sollen Übungen mit scharfer Munition auf die japan. Hauptinsel verlegt werden, doch wird es sich als schwierig erweisen, die dortige Bevölkerung für diese Pläne einzunehmen. Bei einer Volksabstimmung am 8. Sept. auf Okinawa sprachen sich 89% der Bevölkerung für eine Verringerung der amerikan. Militärpräsenz auf der Insel aus (allerdings lag die Wahlbeteiligung nur bei 59%). MinPräs. HASHIMOTO hatte u. a. vom Ausgang des Referendums den Termin für Neuwahlen zum japan. Unterhaus abhängig gemacht. ■

Auch führende Mitglieder der oppositionellen Fortschrittspartei – links die früheren Ministerpräsidenten Tsutomu Hata und Toshiki Kaifu – demonstrieren am 4. März gegen die Pläne der Regierung, öffentliche Gelder für die Liquidation bankrotter Bauunternehmungsfirmen zu verwenden

Jelzin, Boris Nikolajewitsch, russ. Politiker, *Swerdlowsk 1. 2. 1931. – J. konnte sich am 3. Juli, im zweiten Wahlgang der Präsidentschaftswahlen gegenüber seinem kommunist. Herausforderer GENNADIJ SJUGANOW mit 53,7% der Stimmen durchsetzen.
J., dessen polit. Anfänge in die Zeit der Sowjetunion fallen, wurde am 13. 6. 1991 erstmals zum Präs. Russlands gewählt. In den Tagen nach dem ersten Wahlgang am 16. Juni gelang es J., sich der Unterstützung des mit 14,7% der Stimmen überraschend erfolgreichen ehem. Generals ALEKSANDR LEBED zu versichern. Nach J.s Vereidigung am 9. Aug. gehörte LEBED zus. mit ANATOLIJ TSCHUBAJS und WIKTOR TSCHERNOMYRDIN einem sorgfältig installierten Machtdreieck an. Angesichts der geplanten Herzoperation bzw. der dadurch zugespitzten Frage nach J.s Nachfolger wurden LEBEDS erfolgreiche Bemühungen zur Beendigung des Tschetschenienkriegs – J. hatte 1994 der gewaltsamen Eingliederung der Kaukasusrep. zugestimmt – Spielball der polit. Auseinandersetzung und Ansatzpunkt von Profilierungsbestrebungen versch. Politiker einschließlich LEBEDS. Diesen entließ J. daraufhin am 17. Okt. aus allen Ämtern. Bereits im Vorfeld der Operation am 5. Nov. hatte J. alle Vollmachten an TSCHERNOMYRDIN abgetreten.

Jemen

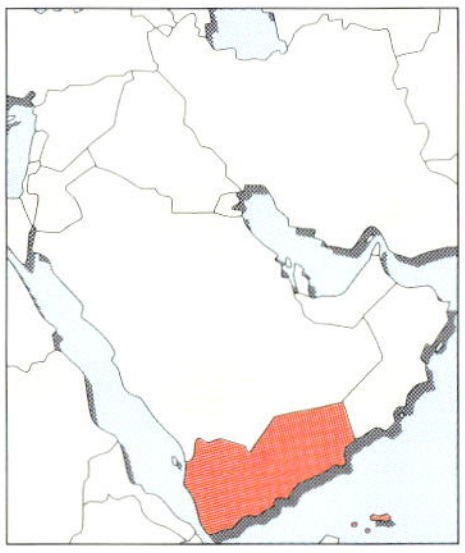

Hauptstadt: Sanaa
Einwohner: 14,5 Mio.
Einwohner/km²: 27
Staatsoberhaupt: A. A. Saleh
Regierungschef: H. Abu Bakr al-Attas
BSP/Einwohner: 280 US-$

Hauptstütze der Wirtschaft des ärmsten Landes der arab. Halbinsel blieb die Erdöl fördernde Industrie (350000 Barrel pro Tag; bis 1997 soll die Förderung auf 400000 Barrel angehoben werden). Mithilfe eines vom IWF erarbeiteten Reformprogramms versuchte die Reg., die durch Bürgerkrieg, Vereinigungsfolgen, Arbeitslosigkeit, Inflation und Auslandsverschuldung (rd. 8 Mrd. US-$) völlig zerrüttete Wirtschaft zu konsolidieren. Ein strenger Sparhaushalt führte zu scharfen Einschnitten bei der Grundversorgung; die Preise für Grundnahrungsmittel und Treibstoffe stiegen sprunghaft. Bei sozialen Unruhen in Mukalla wurden am 6. Juni 19 Personen getötet und 40 verwundet.
Die im Jan. in Den Haag tagende Konferenz von Geberländern und internat. Organisationen einigte sich auf eine Finanzhilfe von 500 Mio. US-$. Erfolgreich abgeschlossen wurden im Juli Umschuldungsverhandlungen mit dem Pariser Klub.
Ein Staatsbesuch von Präs. SALEH in Saudi-Arabien im Aug. erbrachte die Bildung einer gemischten Kommission zur Festlegung des Grenzverlaufs sowie die Anerkennung der 1934 erfolgten Abtretung dreier Prov. an Saudi-Arabien. Er entlastete die Beziehungen aber nicht, weil Saudi-Arabien nach wie vor die Abtretung eines 100 km breiten Gebietsstreifens entlang der Grenze zu Oman von J. verlangt, um über einen Zugang zum Ind. Ozean zu verfügen. ■

Johnson, Earvin ›Magic‹, amerikan. Basketballspieler, *Lansing (Michigan) 14. 8. 1959. – Die Erfolge des 2,05 m großen Profis der Los Angeles Lakers charakterisieren den ›Zauberer unter den Körben‹ ebenso wie der mutige Umgang mit seiner HIV-Infektion, die er 1991 öffentlich eingestand. J. war 1979 amerikan. Universitätsmeister, gewann mit den Los Angeles Lakers fünfmal den NBA-Titel (1980, 1982, 1985, 1987 und 1988), stand weitere viermal im NBA-Finale und wurde von 1982–1992 ununterbrochen unter die NBA-All-Stars gewählt. 1992 war er Mannschaftskapitän des ›Dream Teams I‹ bei den Olymp. Spielen in Barcelona, anschließend beendete er seine Karriere. Trotz mancher Anfechtungen wegen seiner Krankheit kehrte J. 1995 zu den Lakers zurück (anfangs als Trainer und dann wieder als Spieler) und trat 1996 erneut zurück.

Johnson, Michael, amerikan. Leichtathlet, *Dallas (Texas) 13. 9. 1967. – Der neue amerikan. Nationalheld erfüllte brillant die in ihn gesetzte Erwartung, wie bei den Weltmeisterschaften 1995 auch als erster Sportler bei Olymp. Spielen die 200 m- und die 400 m-Strecke zu gewinnen. Noch mehr Aufsehen als dieser Doppelsieg bei den ›Jahrhundertspielen von Atlanta‹ erregte der Fabelweltrekord des fast aufrecht laufenden Texaners über 200 m. Nachdem er im Vorfeld der Olymp. Spiele bei den amerikan. Trials die seit 17 Jahren bestehende Bestzeit von PIETRO MENNEA (19,72) bereits auf 19,66 sek. verbessert hatte, war er im olymp. Endlauf mit 19,32 sek. nochmals wesentlich schneller. Die Tatsache, dass die Französin MARIE-JOSÉ PEREC in Atlanta ebenfalls die 200 m sowie die 400 m gewann, ging im J.-Rummel unter. Seine ersten Weltmeistertitel hatte sich J. 1993 über 400 m und mit der 4 × 400-m-Staffel geholt, mit der 4 × 400-m-Staffel errang er 1992 seinen ersten Olympiasieg und 1995 in Göteborg erneut den WM-Titel.

Jordanien

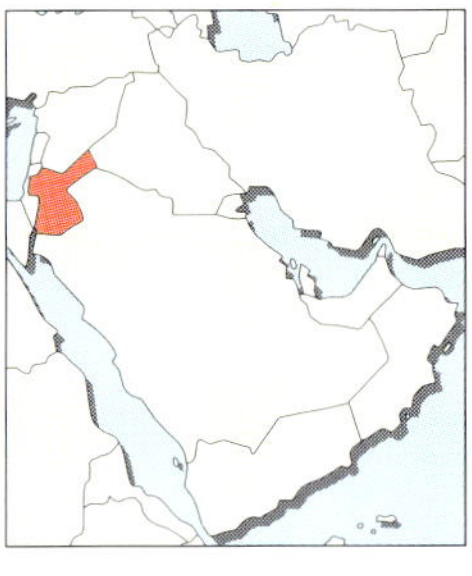

Hauptstadt: Amman
Einwohner: 5,4 Mio.
Einwohner/km²: 56
Staatsoberhaupt: Husain II.
Regierungschef: Abd al-Karim al-Kabariti (seit 4. 2. 1996)
BSP/Einwohner: 1 440 US-$

Infolge der schweren Unruhen nach der Verdoppelung der Brotpreise wird am 17. Aug. in Jordanien eine Ausgangssperre verhängt, deren Einhaltung – wie hier in der südjordanischen Stadt Karak – von Soldaten kontrolliert wird

Regierungsumbildung. Wirtschaftlicher Reformkurs. Brotunruhen

König HUSAIN sah sich im Land einer zunehmend unzufriedenen Stimmung gegenüber. Im Febr. ernannte er den bisherigen Außenmin. ABD AL-KARIM AL-KABARITI, einen Förderer des Ausgleichs mit Israel, zum neuen Regierungschef und berief 21 neue Mitgl. ins 30-köpfige Kabinett, in dem die Islamisten nun nicht mehr vertreten sind. Die konjunkturelle Expansion setzte sich fort. Neben dem für 1996 prognostizierten Anstieg des BIP um 6,5%, der hauptsächlich durch ausländ. Investitionen im Infrastrukturbereich finanziert wurde, und der relativ niedrigen Inflationsrate von etwa 4% blieb das Außenhandelsdefizit von rd. 2 Mrd. US-$ erhalten. Der mit dem IWF ausgearbeitete Plan zur Strukturanpassung der Wirtschaft wurde weiterhin programmgemäß realisiert; so wurden zum Jahresanfang drast. Zollsenkungen vorgenommen.
Die am 13. Aug. verkündete Kürzung der seit mehr als zwei Jahrzehnten bestehenden Subventionen für Brot führte in mehreren Teilen des Landes zu Unruhen und gewalttätigen Demonstrationen. Diese resultierten aber auch aus der tiefen Enttäuschung in der Bevölkerung über das Ausbleiben der erhofften wirtschaftl. Vorteile aus dem Friedensvertrag mit Israel. Die Stagnation des Friedensprozesses aufgrund der unnachgiebigen Haltung BENJAMIN NETANJAHUS in der Territorialfrage und das ungelöste Problem der palästinens. Flüchtlinge trugen ebenfalls zur Unzufriedenheit der Bevölkerung bei.

Enttäuschung über Israel

Die weitere Verbesserung der Beziehungen zu den arab. Staaten zeigte sich bei den Treffen König HUSAINS u.a. mit dem ägypt. Präs. HOSNI MUBARAK und Palästinenserpräs. JASIR ARAFAT (12. Mai) sowie mit Präs. HAFIS AL-ASSAD in Syrien (3. Aug.) und mit König FAHD in Saudi-Arabien (11. Aug.); am 15. Okt. stattete der König zum Zeichen seiner Solidarität mit dem palästinens. Volk gemeinsam mit ARAFAT der Stadt Jericho einen Besuch ab. Die Enttäuschung des Königs über die Politik NETANJAHUS führte zu einer Abkühlung des Verhältnisses zu Israel. Zwar gab es Berichte über ein angebl. Geheimtreffen HUSAINS mit NETANJAHU im Juli in London, doch wurde das Tempo der Normalisierung gedrosselt, zumal auch die Umsetzung des am 15. Jan. unterzeichneten weit reichenden jordan.-israel. Transportabkommens unbefriedigend blieb. Im Okt. nahm der König nach anfängl. Zögern am Nahost-Krisengipfel in Washington teil, der aber wie befürchtet ergebnislos verlief.
Bei seinem Besuch in Deutschland im Mai plädierte HUSAIN für ein stärkeres Engagement der EU im Friedensprozess und eine stärkere Beachtung des europ. Absatzmarktes angesichts des J. von Israel gewährten Zugangs zu israel. Häfen am Mittelmeer. ■

Jugendkriminalität: Nachdem der deutl. Zuwachs an Kriminalität zu Beginn der 90er-Jahre in den letzten beiden Jahren erkennbar abgenommen hat, zeigt sich nunmehr, dass dies für die J. nicht gilt: Männl. Jugendliche zw. 14 und 25 Jahren sind in der polizeil. Kriminalitätsstatistik deutlich überrepräsentiert, v.a. bei den quantitativ häufigsten Gewaltdelikten Raub und gefährl. Körperverletzung. Die Gewaltkriminalität ist bei den 16- bis 21-jährigen männl. – oft in Banden organisierten – Jugendlichen dreimal so hoch wie bei den 25- bis 40-Jährigen und ca. 13-mal höher als bei den 16- bis 21-jährigen Frauen, deren Beteiligung an brutalen Gewaltdelikten allerdings zunimmt. Den höchsten Zuwachs gegenüber 1994 hatte die Kriminalitätsrate von Kindern unter 14 Jahren mit 16,5% (Ladendiebstahl, Brandstiftung, aber auch Raub und räuber. Erpressung). Besorgnis erregend ist ferner die Tatsache, dass die Zahl der männl. und weibl. minderjährigen und heranwachsenden Opfer von Gewaltkriminalität zunahm, während die Zahl der erwachsenen Opfer in den letzten Jahren fast unverändert blieb.
In der Diskussion dieser Zahlen wendet sich die Aufmerksamkeit inzwischen auch auf eine wirkungsvollere Gewaltprävention und auf die Beachtung des sozialen und familiären Umfeldes der Täter und Opfer.

Jugoslawien

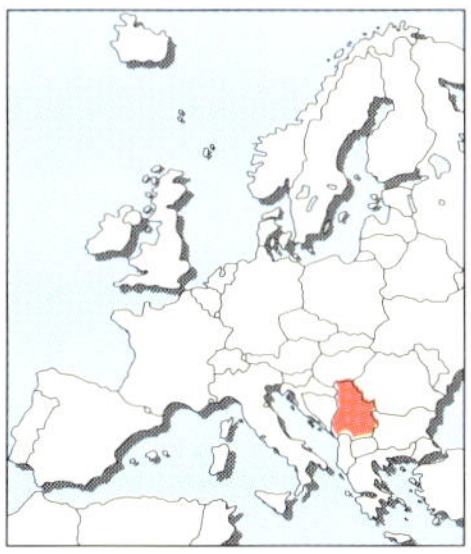

Hauptstadt: Belgrad
Einwohner: 10,8 Mio.
Einwohner/km²: 106
Staatsoberhaupt:
Z. Lilić
Regierungschef:
R. Kontić
BSP/Einwohner: -

Desolate Wirtschaftslage

Die aus den Teilrep. Serbien und Montenegro zusammengesetzte Bundesrep. J. (BRJ) befand sich nach Unterzeichnung des Friedensabkommens von Dayton in einer bedenkl. wirtschaftl. Lage. Während des Krieges in Kroatien und Bosnien waren die Wirtschaftsreformen der Reg. stecken geblieben, und es hatte sich eine (halb)kriminelle Parallelwirtschaft herausgebildet. Die Rolle des Staates im Wirtschaftsleben blieb ungeklärt, die Frage, auf welche Weise die im Grundsatz bejahte Privatisierung durchzuführen sei, umstritten. Durch den Übergang vom Krieg zum Frieden wurde der Weg vom Selbstverwaltungs-Sozialismus zur freien Marktwirtschaft zusätzlich kompliziert. Die am 21. 11. 1995 ausgesetzten Sanktionen hatten verheerende Folgen gezeitigt. Die industrielle Produktion brach weitgehend zusammen; die Arbeitslosenquote lag 1996 faktisch bei 50%, die Inflationsrate betrug etwa 100%. Die soziale Situation war durch die Aufnahme von etwa 750000 Flüchtlingen aus den Kriegsgebieten dramatisch verschärft worden. Solange die Regelung der Auslandsschulden des ehem. J. ungeklärt blieb, war an Finanzhilfen aus dem Ausland oder seitens des IWF nicht zu denken. Die Politiker der BRJ hatten daher ein elementares Interesse daran, die Kreditwürdigkeit des Landes zu steigern, die internat. Isolierung ihres Landes zu durchbrechen, eine erneute Inkraftsetzung der Sanktionen unter allen Umständen zu vermeiden und den völkerrechtl. Status der BRJ zu klären.

Überwindung der internationalen Isolierung

Serbiens Präs. Slobodan Milošević wurde von den internat. Friedensvermittlern weiterhin als Schlüsselfigur bei der Umsetzung des Friedensabkommens für Bosnien und Herzegowina betrachtet. Bes. während der Krise, die in der ersten Jahreshälfte 1996 wegen der polit. Entmachtung des bosn. Serbenführers Radovan Karadžić und des Generals Ratko Mladić entstand, wurde Milošević unter massiven internat. Druck gesetzt und mit einer Wiederaufnahme der Sanktionen gegen die BRJ gedroht. Milošević sah sich genötigt, an der Umsetzung des Friedensabkommens von Dayton mitzuwirken, doch gab die mangelnde Zusammenarbeit der jugoslaw. Behörden mit dem Internat. Tribunal für Kriegsverbrechen in Den Haag immer wieder Anlass zu Klagen.

Die Beziehungen zw. Belgrad und den anderen exjugoslaw. Staaten sowie mit der EU normalisierten sich weiter. Am 7. Aug. vereinbarten Milošević und Kroatiens Präs. Franjo Tudjman die gegenseitige Anerkennung ihrer Staaten und die friedl. Regelung des Streits über die Halbinsel Prevlaka und die Zukunft Ostslawoniens. Am 8. April erkannte die Belgrader Reg. die Rep. Makedonien offiziell an. Damit war der Weg für die Anerkennung der BRJ durch die EU-Staaten frei. Dem Beschluss zur Aufnahme diplomat. Beziehungen zw. Deutschland und der BRJ am 17. April folgte am 16. Mai der erste Besuch des dt. Außenmin. Kinkel in Belgrad

Das Zentrum Belgrads ist am 9. März Schauplatz einer Demonstration der Opposition gegen den serbischen Präsidenten Slobodan Milošević. Im Bild (von links) der Vorsitzende der Demokratischen Partei Zoran Djindjć, die Vorsitzende der Bürgerallianz Vesna Pešić und der Vorsitzende der Serbischen Erneuerungsbewegung Vuk Drašković

seit fünf Jahren. Dabei wurde u.a. eine Rückkehr der in Deutschland lebenden rd. 120000 Flüchtlinge vereinbart.

Die Anerkennung J.s durch die EU bedeutete allerdings nicht die automat. Rückkehr des Landes in die internat. Institutionen. Nach Auffassung der EU existiert die ehem. Sozialist. Föderative Rep. Jugoslawien (SFRJ) nicht mehr, sodass alle fünf Nachfolgestaaten gleiche Rechte haben. Dagegen hielt Belgrad an seinem Anspruch auf alleinige Rechtsnachfolge der SFRJ fest. Die Preisgabe dieser Doktrin käme dem Eingeständnis gleich, dass der Einsatz der Jugoslaw. Volksarmee in Slowenien, Kroatien und Bosnien eine völkerrechtswidrige Aktion gewesen ist.

Opposition gegen das Milošević-Regime. Betrug bei den Kommunalwahlen

In der Innenpolitik setzte Milošević seinen autoritär geprägten Kurs fort. Zwar gab es in Serbien Anfang 1996 etwa 200 registrierte Parteien und eine Vielzahl von Gewerkschaften, doch die damit verbundene Zersplitterung der polit. und gesellschaftl. Interessen kam letztlich der Stabilität des Regimes zugute. Die im Febr. erfolgte fakt. Gleichschaltung des bislang unabhängigen Belgrader Fernsehsenders ›NTV Studio B‹ und die damit verbundene Entlassung regimekrit. Journalisten schränkte die öffentl. Meinungsfreiheit weiter ein. Auf einer Demonstration der Oppositionsparteien (der Serb. Erneuerungsbewegung unter Vuk Drašković, der Bürgerallianz von Vesna Pešić und der Demokrat. Partei des Zoran Djindjć) am 9. März übten die Teilnehmer scharfe Kritik am Milošević-Regime und warnten vor der Gefahr einer ›postmodernen Diktatur‹.

Am 3. Nov. fanden drei Wahlen statt. Diejenige zum montenegrin. Republiksparlament wurde von der regierenden Demokrat. Partei (DPS) mit absoluter Mehrheit gewonnen. Bei der Wahl zum Parlament der BRJ siegte mit etwa 52% der Stimmen der von MILOŠEVIĆS Sozialist. Partei Serbiens (SPS) angeführte regierende Linksblock. Bei den Kommunalwahlen in beiden Teilrepubliken kam es nach dem ersten Durchgang in zahlreichen Stimmbezirken am 17. Nov. zur Stichwahl. Nachdem bei dieser das Oppositionsbündnis ›Zajedno‹ (dt. Gemeinsam) in zahlreichen Stimmbezirken gesiegt hatte (so errang es in 15 von 18 größeren Städten die Mehrheit der Mandate), annullierten örtl. Gerichte auf Antrag der SPS unter Hinweis auf angebl. Unregelmäßigkeiten die Ergebnisse in den meisten der an Zajedno gefallenen Wahlkreise; die Reg. setzte eine Wahlwiederholung für den 27. Nov. an. Diese Entscheidung löste die größte gegen MILOŠEVIĆ gerichtete Protestwelle seit fünf Jahren aus, die Reg. versetzte die Armee in Alarmbereitschaft. Bei den zunächst nur gegen den Wahlbetrug gerichteten Demonstrationen wurde schließlich der Rücktritt des serb. Präs. gefordert; nach der von der Opposition boykottierten ›dritten Runde‹ der Kommunalwahl – bei der schließlich die Sozialisten das gewünschte Ergebnis erzielten – nahmen die Proteste noch an Stärke zu. Ein am 27. Dez. vorgelegter Untersuchungsbericht der OSZE bestätigte den Sieg der Opposition. ■

K

Kambodscha

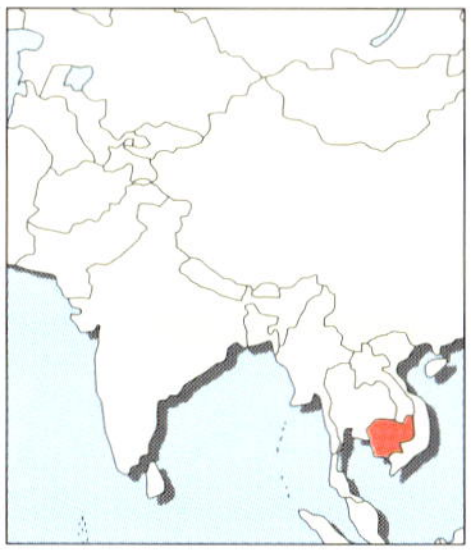

Hauptstadt: Phnom Penh
Einwohner: 10,3 Mio.
Einwohner/km²: 57
Staatsoberhaupt: N. Sihanouk
Regierungschef: N. Ranariddh und Hun Sen
BSP/Einwohner: 290 US-$

Wachstum unter chaotischen Rahmenbedingungen

Die kambodschan. Wirtschaft erreichte 1996 trotz der innenpolit. Schwierigkeiten ein geschätztes BIP-Wachstum von 7% (1995: 7,6%). Schon im ersten Quartal beliefen sich die ausländ. Gesamtinvestitionen auf 174 Mio. US-$ (1995: insgesamt 587 Mio. US-$, das entspricht rd. 20% des BIP). Zu den Hauptproblemen der kambodschan. Volkswirtschaft gehören nach wie vor Strom-, Energie- und Rohstoffengpässe.

Die polit. Macht in Phnom Penh ist zersplittert und auf viele Kräfte in höchst diffuser Weise verteilt. Die Zerrissenheit der Führung in Phnom Penh wurde ausgerechnet zu einem Zeitpunkt virulent, als die Gefahr durch die Roten Khmer nachzulassen begann, nachdem abtrünnige Freischärleroffiziere und wichtige Rebellenverbände im Aug. zur Reg. übergelaufen waren.

Anfang 1996 kam es an der südostkambodschan. Grenze zu Territorialstreitigkeiten mit Vietnam. Der Streit wurde dadurch verschärft, dass Min.-Präs. RANARIDDH bei einer Tagung der FUNCINPEC offen die Aufkündigung des Koalitionsabkommens mit der Volkspartei des zweiten MinPräs. HUN SEN androhte. Der Grenzkonflikt mit Vietnam wurde am 10. April in Phnom Penh durch eine Aussprache mit dem vietnames. MinPräs. VO VAN KIET geschlichtet, doch gingen die damit zusammenhängenden innenpolit. Querelen weiter.

Außenpolitische Wirren

Außenpolitisch bedeutsam war die Ankündigung Chinas, dem Königreich K. militär. Hilfe zukommen zu lassen. Nachdem die VR China jahrelang den Roten Khmer unter die Arme gegriffen hatte, war dies eine erneute Bekundung an die Adresse Phnom Penhs, dass es in Zukunft keine chin. Zusammenarbeit mit den Rebellen mehr gebe.

Am 2. April stellte K. den offiziellen Antrag auf Mitgliedschaft in der ASEAN noch Mitte 1997. Dieser wurde von der Organisation wohlwollend entgegengenommen.

Am 10. Mai nahm HUN SEN im Namen der Reg. eigenmächtig diplomat. Beziehungen zu Süd-Korea auf. Dies war insofern heikel, als König SIHANOUK viele Jahre Asyl in Nord-Korea genossen hatte und dem verstorbenen Staatspräs. und Parteiführer KIM IL SUNG freundschaftlich verbunden war. ■

Kamerun

Hauptstadt: Yaoundé
Einwohner: 13,2 Mio.
Einwohner/km²: 28
Staatsoberhaupt: P. Biya
Regierungschef: P. M. Mafany (seit 19. 9. 1996)
BSP/Einwohner: 680 US-$

Am 21. Jan. fanden in K. die in den vergangenen drei Jahren immer wieder verschobenen Kommunalwahlen statt. Unter katastrophalen Bedingungen – die Reg. hatte schon in der Vorbereitungsphase versucht, das Wahlgeschehen zu manipulieren – gelang es der oppositionellen Social Democratic Front (SDF), die Mehrheit der Stimmen in fast allen größeren Städten zu gewinnen. Die Reg. setzte sich jedoch über die Wahlsiege der SDF in Yaoundé kurzerhand hinweg und ernannte dort Mitgl. der Regierungspartei Rassemblement démocratique du peuple camerounais (RDPC) zu Bürgermeistern. Insgesamt stellen Oppositionsparteien nun 64% aller Kommunalvertreter des Landes, die SDF allein 40%. Den Sozialdemokraten ist es damit gelungen, über ihre urspr. Basis im anglophonen Westteil des Landes hinaus eine breite Zustimmung innerhalb der Bevölkerung zu erlangen.

Die RDPC musste dagegen landesweit große Verluste hinnehmen. Staatspräs. PAUL BIYA missachtete das Wahlergebnis, verhängte für die Stadträte in den 20 bedeutendsten Städten einen Sonderstatus und unterstellte sie so genannten Regierungsdelegierten. Darüber hinaus verletzte das reformunwillige Regime auch 1996 in vielen Fällen wieder die Menschenrechte und behinderte die freie Presse. – Im Juli fand in Yaoundé die Gipfelkonferenz der Organisation für Afrikan. Einheit (OAU) statt. Gastgeber BIYA wurde zum neuen Vors. der Organisation gewählt. ■

Kanada

Hauptstadt: Ottawa
Einwohner: 29,5 Mio.
Einwohner/km²: 3
Staatsoberhaupt: Elisabeth II.
Regierungschef: J. Chrétien
BSP/Einwohner: 19 570 US-$

Atempause im Verfassungskonflikt

Nach der Niederlage im Referendum über die Unabhängigkeit Quebecs vom 30. 10. 1995 trat JACQUES PARIZEAU, MinPräs. und Parteiführer des Parti Québécois, im Jan. von beiden Ämtern zurück. Seine Nachfolge übernahm LUCIEN BOUCHARD, der bisherige Führer des Bloc Québécois in Ottawa. Unter BOUCHARDS Führung ist die Frage der Unabhängigkeit seither hinter den drängenderen Reformnotwendigkeiten in der Wirtschaft der Prov. zurückgetreten. BOUCHARD geriet deswegen zunehmend in die Kritik; auf dem Parteitag im Nov. musste er die Parteibasis mit Rücktrittsdrohungen auf seinen polit. Kurs zwingen.
Die beiden Kammern des Bundesparlaments räumten durch Gesetzesbeschluss vom Febr. Quebec den Sonderstatus der ›eigenständigen Gesellschaft‹ ein und erfüllten damit eine der Hauptforderungen der frankophonen Bevölkerung. Zugleich wurde jeder der zehn Prov. ein Vetorecht in Fragen der Verfassungsänderung zugestanden. Die Bundesreg. bemühte sich, die durchweg föderalistisch gesinnten Ureinwohner durch Erfüllung von Land- und Autonomieforderungen positiv zu stimmen: Im Febr. wurde ein Vertrag mit den in British Columbia lebenden Nisga'a-Indianern unterzeichnet, der nach 20-jährigen Verhandlungen Landrechte und finanzielle Entschädigung regelt und den Nisga'a weit reichende Kompetenzen bei der Selbstregierung einräumt.

Wirtschafts- und Sozialpolitik

Die ›verfassungspolit. Atempause‹ gab der Bundesreg. die Möglichkeit, sich den drängenden Alltagsproblemen wie den Fragen der Restrukturierung der Wirtschafts- und Sozialpolitik unter den Bedingungen der Globalisierung und Kontinentalisierung zuzuwenden. Mit Blick auf die angestrebten Konsolidierungsziele ist man dabei in K. weit besser vorangekommen als in den meisten anderen G-7-Staaten: Zwar hat sich das Wachstum der Volkswirtschaft verlangsamt (BIP 1994: 4,6%; 1995: 2,3%; 1996: geschätzt: 2,2%), doch erreicht die Inflationsrate 1996 voraussichtlich nur 1,6% (1995: 1,9%). Die Arbeitslosigkeit sank seit 1995 unter 10%; allein von Nov. 1995 bis Aug. 1996 wurden 200000 neue Arbeitsplätze geschaffen. V.a. aber waren die Haushaltsdefizite stark rückläufig: Lag das Defizit des Bundes 1993 bei 6% des BIP, so sank die Kreditaufnahme seit der vom liberalen Finanzmin. PAUL MARTIN 1995 durchgesetzten haushaltspolit. Wende und wird 1996/97 unter der 3%-Marke bleiben. Die Gesamtverschuldung liegt jedoch noch immer über 70% des BIP. Sieben der zehn Prov. haben bereits ihre Haushalte ausgeglichen; in Ontario und Quebec ist die Wende zumindest eingeleitet. Konsequenzen der strikten Sparpolitik sind jedoch auch ein Abbau von 15% der Arbeitsplätze im öffentl. Dienst des Bundes und eine Reduktion der Programmausgaben um 20% seit Anfang 1995, bes. im Sozial-, Gesundheits- und Bildungssektor, deren hohe Standards dadurch nicht beibehalten werden können. Insgesamt sind die Transferleistungen des Bundes an die Prov. von 5% auf 4% des BIP zurückgegangen. Dies betrifft insbes. die wirtschaftlich schwächeren Atlantikprov., führt zu ungleichen Lebensverhältnissen, verschärft die sozialen Verteilungskonflikte und fördert die Entsolidarisierung in der Gesellschaft.

Kanada
Arbeitslosenquote (in %)

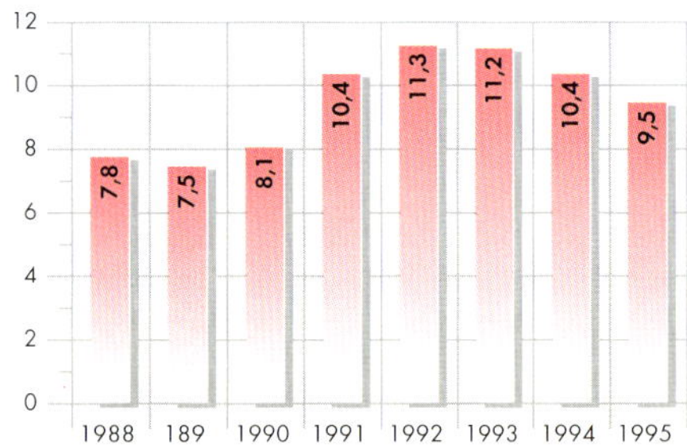

Außenpolitik mit multilateralem Engagement

Gegensätzl. Tendenzen bestimmten das Verhältnis zu den USA. Die ohnehin starke ökonom. und sozio-kulturelle Integration schreitet im Gefolge von FTA und NAFTA unaufhaltsam voran. Unverändert werden mehr als 80% des Außenhandels mit den USA abgewickelt, während der Warenaustausch mit Europa weiter an Bedeutung einbüßt und den Diversifizierungsbemühungen der Handelsbeziehungen nach Asien enge Grenzen gesetzt sind. Andererseits sind die Beziehungen zu den

USA keineswegs spannungsfrei. Zu Auseinandersetzungen kam es im März 1996 über die Lachs-Fangquoten vor Alaska und die bis dahin nicht angezweifelte kanad. Souveränität über die ›Inside Passage‹. Belastet wurden die Beziehungen ferner durch die Verschärfung des amerikan. Handelsembargos gegen Kuba durch das Helms-Burton-Gesetz. Die kanad. Reg. sagte betroffenen Unternehmen rechtl. und finanzielle Hilfen zu; sie fand sich mit ihrer Haltung an der Seite der Europäer, wie überhaupt die Außenpolitik wieder stärkeres Gewicht auf multilaterales Engagement legt; u. a. im Rahmen der UNO und deren Friedensmissionen (z. B. auf dem Balkan, in Afrika, Asien), der NATO und weiterer internat. Organisationen, in denen K. aktiv mitarbeitet. Mit seinem Einsatz für eine Schutztruppe im Krisengebiet Zaire/Ruanda/Burundi knüpfte die Reg. wieder an eine Strategie an, die das Renommee K.s in der internat. Politik einst begründet hatte. ■

Kap Verde

Hauptstadt: Praia
Einwohner: 392 000
Einwohner/km²: 97
Staatsoberhaupt: A. Mascarenhas Monteiro
Regierungschef: C. A. W. de Carvalho Veiga
BSP/Einwohner: 910 US-$

Kasachstan

Hauptstadt: Almaty
Einwohner: 17,1 Mio.
Einwohner/km²: 6
Staatsoberhaupt: N. Nasarbajew
Regierungschef: A. Kaschegeldin
BSP/Einwohner: 1 110 US-$

Bestrebungen zur Verbesserung der desolaten Wirtschaft

Mitte des Jahres wurde die Zahl der Arbeitslosen mit offiziell 146 700 angegeben; 574 Betriebe waren stillgelegt, wodurch 62 000 Arbeiter ›pausierten‹, 1 232 Unternehmen arbeiteten verkürzt. Die monatl. Inflationsrate wurde mit 2,9 % angegeben. Dem wirtschaftl. Niedergang sollte mit der Ausbeutung der Rohstoffe begegnet werden: Zu Jahresbeginn wurde mit der Erschließung des Gold- und Kupfervorkommens des Gebietes Samara durch die Bergbaugesellschaft Asier/AG Karagandageologija und die brit. ThreeK begonnen (geschätztes Vorkommen: 1,5 Mio. t Kupfer, 5 000 t Molybdän, 65 t Gold, 260 t Silber); ferner wurde der gemeinsame Plan einer Erschließung des Gebietes Schatyrkul (15 Mio. t Erz) vorgestellt.
Neben einer weiteren Vertiefung der Zusammenarbeit mit Russland – am 27. April unterzeichneten Boris Jelzin und Nursultan Nasarbajew in Almaty Dokumente über eine Zusammenarbeit bei der Nutzung des Kasp. Meeres – kam es zu einer Reihe von Verhandlungen mit asiat. Partnern. Mit Iran wurde am 11. Mai ein Abkommen über den Export von jährlich 2,5 Mio. t Erdöl und die Realisierung von 17 Handels- und Industrieprojekten unterzeichnet.

Innen- und Außenpolitik

Nach dem Ausbau der Machtposition Präs. Nasarbajews im Vorjahr blieb die Verabschiedung des ›Gesetzes über gesellschaftl. Vereinigungen‹ (31. Mai) ein Zugeständnis an die demokrat. Fassade des Landes. In der Eröffnungsrede der zweiten Sitzungsperiode des Parlaments Anfang Sept. setzte Nasarbajew folgende Prioritäten: beschleunigte Gesetzgebung zur Förderung kleinerer und mittlerer Betriebe bes. in der Baubranche (der Privatbesitz von Grund und Boden war am 26. 12. 1995 gesetzlich zugelassen worden), Verbesserung des Investitionsklimas, wobei auch ›Schwarzgeld‹-Investitionen zugelassen werden sollten und die Verschärfung der Verbrechensbekämpfung.
Stabilisierend dürfte sich ein erstes Grenzabkommen vom 26. April in Schanghai zw. Russland, China, K., Tadschikistan und Kirgisien auswirken, das gegenseitigen Gewaltverzicht und vertrauensbildende Maßnahmen im militär. Bereich vorsieht. Am 29. März wurde der Vertrag über die Bildung der Gemeinschaft Integrierter Staaten unterzeichnet (→GUS). ■

Katar

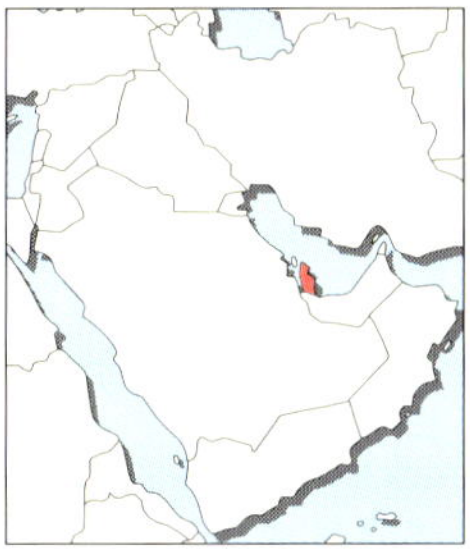

Hauptstadt: Doha
Einwohner: 551 000
Einwohner/km²: 50
Staatsoberhaupt und Regierungschef: Hamad Ibn Chalifa ath-Thani
BSP/Einwohner: 14 540 US-$

Ein Putschversuch gegen den neuen Emir Hamad Ibn Chalifa ath-Thani, als dessen Drahtzieher sein in Abu Dhabi im Exil lebender Vater Chalifa Ibn Ahmed ath-Thani genannt wurde, schlug im Febr. fehl. Der alte Emir konnte jedoch die Kontrolle über die rd. 3 Mrd. US-$ betragenden Staatsreserven erlangen und das Emirat dadurch in ernsthafte finanzielle Schwierigkeiten bringen. Da die in K. entdeckten Erdgasvorkommen aber zu den größten der Region zählen, erhielt K. umfangreiche

Kredite und Kreditzusagen. Beim Staatsbesuch des israel. MinPräs. PERES in Doha im April wurden auch Gaslieferungen nach Israel vereinbart. Der Besuch brüskierte andere Golfstaaten, zu denen sich die Beziehung seit der Machtübernahme HAMAD IBN CHALIFA ATH-THANIS ohnehin kompliziert gestaltet. So zu Bahrain, das an dem Gipfeltreffen des Golf-Kooperationsrats in Doha im Dez. wegen Grenzstreitigkeiten mit K. nicht teilnahm.

KATASTROPHEN UND UNGLÜCKSFÄLLE

Januar. Der Jahresanfang bringt für Deutschland gefrierenden Regen, der in weiten Teilen zu vereisten Straßen führt und den Verkehr zum Erliegen bringt. Von der Nordseeküste über Hessen bis Bayern kommen bei Tausenden von Unfällen insgesamt 17 Menschen ums Leben, rd. 200 werden verletzt.

Januar. Einer der gewaltigsten Schneestürme dieses Jahrhunderts bedeckt den Osten der USA mit einer bis zu 80 cm dicken Schneedecke. Das öffentl. Leben kommt weitgehend zum Erliegen, rd. 20 Todesopfer sind zu beklagen. Von den Neuenglandstaaten bis Georgia wird der Notstand ausgerufen.

Januar. Bei verheerenden Überschwemmungen in Südfrankreich kommen Ende des Monats vier Personen ums Leben, Hunderttausende werden aufgefordert, ihre Häuser zu verlassen.

8. Januar. Beim Absturz eines russischen Frachtflugzeugs auf einen belebten Markt in Kinshasa (Zaire) sterben mehr als 350 Menschen.

7. Februar. Ein mit 176 dt. Urlaubern und 13 Besatzungsmitgliedern besetztes Charterflugzeug der Birgen Air stürzt auf dem Flug von Puerto Plata nach Deutschland vor der Nordküste der Dominikan. Republik ins Meer. Es gibt keine Überlebenden. Eine Untersuchungskommission kommt zu dem Schluss, dass Piloten- und Instrumentenfehler zum Absturz führten.

11. April. Auf dem Rhein-Ruhr-Flughafen in Düsseldorf bricht bei Schweißarbeiten ein Brand aus, dem 16 Menschen zum Opfer fallen.

14. Mai. Durch einen Wirbelsturm kommen in Bangladesh mehr als 400 Menschen ums Leben, mehr als 33 000 werden verletzt.

Juni. Schwere Unwetter in Kärnten und Norditalien richten große Schäden an und fordern in der Toskana und in Friaul zwölf Menschenleben. Bei stürm. See sterben außerdem zehn Badeurlauber.

Juni/Juli. Wochenlanger Dauerregen in der Region des Jangtsekiang und seiner Zuflüsse führt zu den schwersten Überschwemmungen in China in diesem Jahrhundert. 200 Mio. Menschen sind durch die Fluten bedroht; bis Ende Juli werden 1 600 Tote registriert.

17. Juli. Beim Absturz eines Jumbo-Jets der amerikan. Fluggesellschaft TWA wenige Minuten nach dem Start in New York kommen alle 230 Insassen ums Leben. Nach einer Explosion an Bord stürzt das Flugzeug brennend vor der Küste Long Islands ins Meer. Die Unglücksursache bleibt unklar; ein Anschlag wird nicht ausgeschlossen.

7. August. Mind. 76 Personen werden auf dem mit rd. 700 Gästen voll besetzten Campingplatz Virgen de las Nieves bei Biescas in den span. Pyrenäen von einer Schlamm- und Geröllawine in den Tod gerissen, mehr als 180 werden verletzt.

Oktober. Wolkenbrüche, Windhosen und Gewitterstürme hinterlassen in ganz Italien eine Spur der Verwüstung und fordern mehrere Menschenleben. Ein Erdbeben der Stärke 5 auf der Richterskala am 15. Oktober, gefolgt von mehr als 70 Nachbeben, und neue Unwetter führen zur Ausrufung des Katastrophenalarms in weiten Teilen des Landes.

16. Oktober. Bei einem Massenansturm von Fußballanhängern kommen im überfüllten Fußballstadion von Guatemala Stadt mehr als 80 Menschen ums Leben, über 100 werden z. T. schwer verletzt. Fußballfans mit gefälschten Eintrittskarten hatten das Tor zu einer Tribüne eingetreten und eine Menschenlawine ausgelöst, in der die meisten Opfer erstickten oder erdrückt wurden.

27. Okober. Durch den Einsturz eines Hauses in dem vornehmen Kairoer Stadtviertel Heliopolis, das illegal von acht auf zwölf Etagen aufgestockt worden war, sterben mind. 100 Bewohner und Passanten.

6. November. Wirbelstürme mit Spitzengeschwindigkeiten von 200 km/h, gefolgt von bis zu fünf Meter hohen Springfluten verwüsten mehr als 1 Mio. Hektar fruchtbaren Landes im ind. Unionsstaat Andra Pradesh. Über 2 000 Menschen sterben, 400 000 Familien verlieren ihr Hab und Gut.

12. November. Ein saudi-arab. und ein kasach. Passagierflugzeug stoßen 65 km südwestlich der ind. Hauptstadt Neu-Delhi in der Luft zusammen; alle 350 Insassen sterben.

13. November. Ein Erdbeben der Stärke 6,4 auf der Richter-Skala erschüttert den Süden Perus und fordert elf Menschenleben. Von 300 in einer Goldmine bei Huanca verschütteten Bergarbeitern werden am nächsten Tag drei lebend geborgen; die Suche nach den anderen wird am 17. November ergebnislos eingestellt.

17. November. Beim Brand in einem Istanbuler Hotel kommen 17 Touristen, meist aus der Ukraine, ums Leben, 41 werden verletzt.

Der Wirbelsturm vom 14. Mai verwüstet Zentralbangladesh und fordert mehrere Hundert Menschenleben

Sintflutartige Regenfälle im Juni führen dazu, dass einige Gemeinden und Weiler an der italienischen Küste bei Viareggio und im bergigen Hinterland von der Umgebung abgeschnitten sind und nur aus der Luft versorgt werden können

21. November. Bei der schwersten Brandkatastrophe in Hongkong seit vier Jahrzehnten sterben in einem Hochhaus 39 Menschen, rd. 80 werden verletzt. Hunderte von Feuerwehrleuten brauchen mehr als 21 Stunden, um das Feuer unter Kontrolle zu bringen.
23. November. Ein entführtes äthiopisches Passagierflugzeug versucht wegen Treibstoffmangels die Notlandung in flachem Küstengewässer vor den Komoren. Das Flugzeug bricht jedoch auseinander; nur 48 der 175 Personen an Bord überleben.
Dezember. In ganz Europa fordert der kälteste Winter seit 28 Jahren mit Tiefsttemperaturen zw. 30 und 40°C bis zum Jahresende mehr als 150 Todesopfer, darunter viele Obdachlose. Starke Schneefälle führen darüber hinaus zu zahlreichen Verkehrsunfällen. Im Kaukasus werden 300 Autofahrer durch eine Lawine in einem Tunnel eingeschlossen. Schneestürme und schwere Überschwemmungen fordern auch in den USA Menschenleben.

katholische Kirche: Papst JOHANNES PAUL II. unternahm trotz seiner angegriffenen Gesundheit mehrere Auslandsreisen: im Febr. nach Mittelamerika (Guatemala, Nicaragua, El Salvador, Venezuela), im April nach Tunesien, im Mai nach Slowenien. Vom 21. bis 23. Juni besuchte er erstmals das vereinigte Deutschland. Dabei stand das Thema Einheit im Vordergrund: die Einheit Deutschlands, die Einheit Europas und die Einheit der Christen, die im →Lutherjahr bes. Gewicht hatte. Der Papst sprach das Versagen der kath. Kirche als Grund der Kirchenspaltung durch die Reformation an, nahm jedoch nicht die von vielen erwartete Rehabilitierung LUTHERS vor. Während eines Gottesdienstes im Berliner Olympiastadion sprach er die Priester BERNHARD LICHTENBERG und KARL LEISNER, die beide ihren Widerstand gegen den Nationalsozialismus mit dem Tod bezahlt hatten, selig.
Im Sept. besuchte der Papst zuerst Ungarn und dann Frankreich. Dieser fünfte Besuch bei der ›ältesten Tochter der Kirche‹ hatte v. a. den 1 500. Jahrestag der Taufe des Frankenherrschers CHLODWIG zum Anlass. In dem Land, das seit der Frz. Revolution einen ausgeprägten Laizismus und seit 1905 eine strikte Trennung von Staat und Kirche kennt, löste diese Papstreise schon im Vorfeld eine leidenschaftl. Debatte aus. Eine Festlegung der Nation auf ihre in der Taufe CHLODWIGS symbolisierten christl. Wurzeln sowie eine Stärkung der polit. Rechten wurden befürchtet. Beim Gedenkgottesdienst in Reims selbst stellte der Papst jedoch lediglich die Bedeutung der Taufe für jeden einzelnen Christen heraus.
Die 1995 von den dt. Bischöfen beschlossenen ›vorläufigen Richtlinien‹ zur Schwangerenberatung führten zu Konflikten mit versch. Bundesländern, die darin einen Verstoß gegen die gesetzl. Beratungsvorschriften sahen und deshalb mit dem Entzug der staatl. Anerkennung von kirchl. Beratungsstellen drohten. Diese waren auch innerkirchlich umstritten, da manche Kreise und Bischöfe darin eine moralisch nicht vertretbare Beteiligung an Abtreibungen erblickten. Vom 19. April bis 16. Mai

Mit dem ›Papamobil‹ trifft der Papst am 23. Juni zum Gottesdienst mit rund 90 000 Gläubigen im Berliner Olympiastadion ein wurde in Trier zum dritten Mal in diesem Jh. nach 1933 und 1959 der Heilige Rock ausgestellt. Anlass dazu war der 800. Jahrestag der Errichtung des Ostchores des Trierer Doms, in dessen Altar die Reliquie 1196 eingemauert worden war, die nach der Legende die ungenähte Tunika Christi darstellt. Da sie heute, unabhängig von Fragen der histor. Echtheit, als Symbol des Menschseins Jesu und der Einheit der Kirche gedeutet wird, stellte der Trierer Bischof HERMANN JOSEF SPITAL die Wallfahrt unter das Motto ›Mit Jesus Christus auf dem Weg‹ und verlieh ihr einen ökumen. Akzent. Etwa 650000 Menschen – auch aus nichtkath. Kirchen – nahmen an der Heilig-Rock-Wallfahrt teil.

Kemal, Yaşar, türk. Schriftsteller, →Yaşar Kemal.

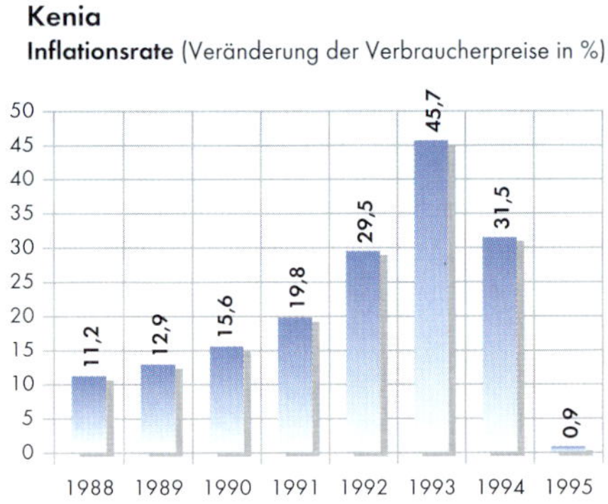

Kenia

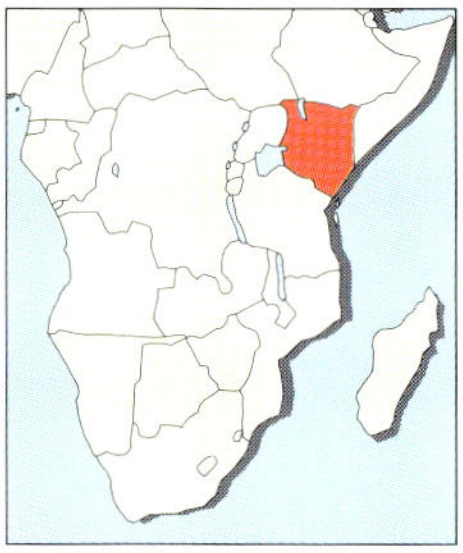

Hauptstadt: Nairobi
Einwohner: 28,3 Mio.
Einwohner/km²: 49
Staatsoberhaupt und Regierungschef: D. arap Moi
BSP/Einwohner: 260 US-$

Nach einer drei Jahre währenden Unterbrechung nahm der IWF mit 220 Mio. US-$ die wirtschaftl. Hilfe an K. wieder auf. Im Ggs. zur kenian. Opposition, die in K. weiterhin Misswirtschaft am Werk sieht, bescheinigte der IWF der Reg. Haushaltsdisziplin, was bes. in der Verringerung der Inflationsrate von (1993) 45,7% auf (1995) 0,9% deutlich wurde. Mit einer Fortsetzung der Privatisierung der Staatsbetriebe will die Reg. den wirtschaftl. Reformprozess weiter vorantreiben; für 1996 wurde ein Anwachsen des BIP um 6% erwartet.

Präs. DANIEL ARAP MOI und seiner Reg. wurde (v. a. von Amnesty International) vorgeworfen, im Umgang mit der Opposition die Menschenrechte in hohem Maße zu verletzen. Eine Spezialabteilung der Sicherheitsbehörde sowie die Kriminalpolizei foltere und ermorde polit. Häftlinge. Unter dem Vorwurf, illegale Versammlungen abgehalten und aufwiegler. Schriften verteilt zu haben, stellte die Reg. im Aug. 21 Mitgl. der für die Verbesserung von Haftbedingungen und die Abschaffung repressiver Sicherheitgesetze eintretenden kenian. Gefangenenhilfsorganisation Release Political Prisoners (RPP) vor Gericht.

Von einer im Febr. geschaffenen ›Antikorruptionseinheit‹ versprach sich die Reg. wirksame Schritte bes. gegen bestechl. Manager in den Staatsbetrieben.

KERNENERGIE

Zehn Jahre nach Tschernobyl – Wo steht die Kernenergie heute?

Der Autor:
Bernhard Eusemann, geb. 1952. Physiker und Wissenschaftsjournalist. Robert-Mayer-Preis 1997 des Vereins Deutscher Ingenieure. Zahlreiche Veröffentlichungen zu Energietechnik und -politik mit dem Arbeitsschwerpunkt Entwicklungsländer

Manchmal kann die Menschheit sogar aus Katastrophen lernen. Für →Tschernobyl aber, wo vor einem Jahrzehnt der Reaktorblock 4 ›Amok‹ lief, gilt das bislang nur bedingt. Weder sind mittlerweile jene Atommeiler von zweifelhafter Sicherheit abgeschaltet, noch wissen wir heute Entscheidendes mehr um die biologische Wirkung radioaktiver Strahlung. Und der Umbau unserer Energiesysteme hat noch nicht einmal in Ansätzen stattgefunden.

Die Katastrophe von Tschernobyl

Doch wenigstens den Unfallhergang haben die Techniker bis ins kleinste Detail analysiert: Am frühen Morgen des 26. 4. 1986 kam es beim Abfahren des Reaktors zu einer starken Leistungsabsenkung. Bei geringer Leistung sind die Typen der sowjetischen Baulinie RBMK – und um einen solchen handelte es sich in Tschernobyl – jedoch instabil. Deshalb hätte der Reaktor eigentlich auch sofort abgeschaltet werden müssen. Nun sollte aber an diesem Morgen getestet werden, in welchem Umfang die Rotationsenergie der auslaufenden Turbine für die Notstromversorgung des Reaktors nutzbar ist. Die Bedienungsmannschaft schaltete also nicht ab, sondern fuhr manuell die Steuerstäbe aus dem Reaktorkern, um die Leistung anzuheben. Damit war die vorgeschriebene Sicherheit bei den Abschaltsystemen nicht mehr gegeben. Der Test aber wurde durchgeführt. Dadurch verringerte sich der Kühlmitteldurchfluss im Reaktorkern, der Dampfblasengehalt nahm zu, die Leistung stieg. Es setzte ein selbstverstärkender Prozess ein: Mit der Leistung ging die Temperatur hoch, das führte zu noch mehr Dampfblasen und weiter erhöhter Leistung.

Jetzt endlich versuchten die Verantwortlichen eine manuelle Reaktorschnellabschaltung. In dieser Konstellation sorgte die Konstruktion der Abschaltstäbe aber nicht für ein Ende der Kettenreaktion. Ganz im Gegenteil, sie wurde gar noch weiter beschleunigt, sodass binnen weniger Sekunden die Leistung noch einmal stark anstieg und dabei sehr viel Wärme freigesetzt wurde. Die Brennelemente wurden zerstört, der Brennstoff zerlegt. Das als Kühlmittel dienende Wasser verdampfte, der Druck zerstörte die Rohre und die hohen Temperaturen spalteten das Wasser in Wasserstoff und Sauerstoff. Heißes Graphit setzte sich in Brand und Wasserstoffexplosionen zerstörten das Reaktorgebäude. Radioaktives Kernmaterial wurde dabei hoch hinausgeschleudert und vom Wind verweht. Die Techniker wissen also minutiös, was an jenem Morgen in Tschernobyl passierte. Sie glauben auch, ein Unfall in dieser Form sei heute nicht mehr möglich. Denn ein bisschen hat man schon gelernt: Die Abschalteinrichtungen wurden verbessert, die Betriebsvorschriften geändert. Mehr noch, man hat sich sogar die reaktorphysikalische Auslegung der RBMK-Baulinie vorgenommen. Wirklich sicher sind diese Reaktoren – das Kürzel steht sinngemäß für ›wassergekühlter graphitmoderierter Druckröhrenreaktor‹ – aber nach wie vor nicht. Brandschutz und Leittechnik etwa entsprechen nicht dem westlichen Sicherheitsverständnis. Die Mängel sind bislang nicht überall beseitigt, speziell die alten Anlagen haben keine Notkühlsysteme und Sicherheitsbehälter. Selbst von einem Abschalten dieser auch heute noch als risikobehaftet erkannten Reaktortypen ist man zehn Jahre nach Tschernobyl weit entfernt. Ursprünglich handelte es sich bei der sowjetischen RBMK-Linie um ›Militärreaktoren‹, die waffenfähiges Plutonium erzeugen sollten. Daher waren sie, im Gegensatz zu anderen Baulinien, auch nie für den Export bestimmt. Sie wurden ausschließlich in der Sowjetunion errichtet, und zwar an den fünf Standorten Leningrad, Kursk, Smolensk, Ignalina und eben Tschernobyl.

Das atomare Erbe der Sowjetunion

Die Sowjetunion ist mittlerweile auseinander gebrochen, noch immer sind aber 15 RBMK-Reaktoren in Betrieb, nun jedoch in verschiedenen Staaten: Die ersten drei Standorte liegen in Russland, der letzte in der Ukraine. Ignalina aber gehört zu Litauen, und die beiden dort stehenden Reaktorblöcke trugen mit einem Anteil von rund 85% des erzeugten Stroms 1995 die Elektrizitätsversorgung des Landes fast allein. Zwar weist der nationale Energieplan keinen Bedarf an zusätzlichen Kapazitäten bis zum Jahr 2000 aus, doch haben die Behörden 1997 zu befinden, ob die Lizenz für Ignalina 1 erneuert werden soll. Dazu wird eine Sicherheitsanalyse erstellt und der Bedarf an weiteren Investitionen bewertet. Spätestens 1998 stehen also Entscheidungen über die Zukunft der Kernenergie im Baltenstaat an. In Russland und der Ukraine ist die Lage zwar nicht so dramatisch – die RBMK-Reaktoren liefern dort jeweils weniger als 10% des Stroms –, aber die Lage ist angespannt. Die Energiesektoren der beiden Länder sind nicht gerade in bestem Zustand, wie etwa der Streik ukrainischer Bergleute in mehr als 70 Gruben des Kohlereviers Donbas offen legte: Ihre Geduld war im Juli endgültig erschöpft, nachdem sie seit Monaten keine Löhne mehr ausbezahlt bekommen hatten.

Die Luftaufnahme zeigt das völlig zerstörte Reaktorgebäude des Blocks 4 kurz nach der Katastrophe von Tschernobyl im April 1986

Die Forderung nach Abschalten wenigstens der besonders kritischen RBMK-Reaktoren stößt trotz des vergleichsweise geringen Anteils sofort auf die Frage nach Ersatz. Denn auch die anderen Atommeiler in Osteuropa, Druckwasserreaktoren meist, arbeiten oft mit weit geringerer Verfügbarkeit als westliche Anlagen. Sie können einen Ausfall nicht ohne weiteres auffangen: Zwar sind sie von anderer Bauart als der Unglücksreaktor von Tschernobyl, dessen inhärente, systembedingte Unsicherheit sie nicht aufweisen; Sicherheitsdefizite zeigen sie gleichwohl, zumal in den älteren Baulinien. Und als Novum für Russland fand im Dezember ein Volksentscheid statt, bei dem die Bevölkerung der Region Kostroma die Fertigstellung eines Kernkraftwerks mit großer Mehrheit bindend ablehnte, dessen Bau 1986 nach der Katastrophe erst einmal eingestellt worden war. Und immerhin: Während die

Statistik der International Atomic Energy Agency (IAEA) für die 29 russischen Reaktorblöcke nur einen Anteil von knapp 12% an der Elektrizitätsversorgung ausweist, speisten die 16 Einheiten in der Ukraine 1995 fast 38% des gesamten Stroms ins Netz. Zudem ging trotz Tschernobyl das Atomzeitalter nicht zu Ende. Im Gegenteil, die Inbetriebnahme von Saporoschje 6 wurde 1995 als Durchbruch für die Nukleartechnik in schwieriger Zeit gefeiert. Es handelt sich um einen Druckwasserreaktor vom Typ WWER-1 000 russischer Bauart, durch den der Standort mit nunmehr 6 000 MW elektrischer Bruttoleistung die Nummer 1 in Europa vor dem französischen Kernkraftwerk Gravelines ist. Sogar weltweit sind nur Fukushima in Japan (10 Blöcke, 9 096 MW) und Bruce in Kanada (7 Blöcke, 6 372 MW) noch größer.

Kernkraftwerke sind also auch künftig feste Größen in der Energieplanung. Weitere fünf Reaktoren sind derzeit im Bau, und zwei von ihnen – Rowno 4 und Kmelnitzki 2 mit je 1 000 MW elektrischer Leistung – sollen als Ersatz bereitstehen, wenn Tschernobyl im Jahr 2000 vom Netz geht. Es gibt freilich auch abweichende Analysen. Das Deutsche Institut für Wirtschaftsforschung (DIW) in Berlin etwa kam zu dem Schluss, der langfristig vorausgesagte Stromverbrauch könne mit bestehenden Kraftwerkskapazitäten gedeckt werden. Nach dieser Prognose wird die Ukraine mittelfristig aber in großem Umfang von Energieeinfuhren abhängig bleiben. Und es gibt erhebliche Zweifel daran, ob die bis 2010 mit etwa 1 Mrd. US-$ pro Jahr veranschlagte Modernisierung von Kraftwerken überhaupt bezahlt werden kann.

Wegen der desolaten Wirtschaft in den Nachfolgestaaten der Sowjetunion hebt die Abschaltforderung automatisch die Gretchenfrage nach einer westlichen Beteiligung auf die Tagesordnung, wobei es natürlich vor allem um Kapital geht. Darum wird seit Jahren in vielen Gremien auf allen Ebenen gefeilscht: Im Juli hieß es in Moskau, amerikanische Investoren wollten sich mit etwa 8 Mrd. US-$ an der Entwicklung des russischen Energiesektors beteiligen, wenn nur der Rahmen stimme. Mit der Ukraine haben die Europäische Union und die Gruppe der sieben wichtigsten Industriestaaten Vereinbarungen getroffen. Als erste konkrete Maßnahme wird ein Kohlekraftwerk modernisiert und mit höherer Leistung ausgestattet. Schon seit Anfang der 1990er-Jahre laufen Hilfsprogramme der Europäischen Union, die das Sicherheitsniveau der WWER-Druckwasserreaktoren heben sollen. Aus westlicher Sicht ist der Erfolg bislang eher unbefriedigend, da konkrete Maßnahmen nur in weni-

gen Fällen verwirklicht wurden. Von diesem Typ sind 62 Anlagen unterschiedlicher Baulinien in den Reformstaaten Osteuropas in Betrieb oder im Bau, denn im Gegensatz zum RBMK ist der WWER stets auch für den Export bestimmt gewesen. Mangels Geld und entsprechender Programme ist derzeit auch nicht absehbar, bis wann alle diese Reaktoren den anerkannten Standards entsprechen.
Klarer ist immerhin, woran es fehlt. Denn es liegen umfangreiche Analysen der einzelnen Reaktortypen vor, und internationale Gremien haben damit die unterschiedlichen WWER-Generationen an den ›Reactor Safety Standards‹ gemessen, den Sicherheitsanforderungen der IAEA. Auf diese Weise hat man die Defizite identifiziert, aber auch nach ihrer Relevanz eingeordnet. Was getan werden müsste, ist also ziemlich genau bekannt. Hier und da wird auch etwas angepackt, an einigen Standorten unter Beteiligung westlicher Firmen modernisiert, und für die dritte WWER-Generation mit einer Blockleistung von 1000 MW gibt es Pläne. Nahe St. Petersburg aber, in Sosnowi Bor, wächst nun der Prototyp des neuen russischen Kernkraftwerks heran. Dieser WWER-640 soll dereinst höchsten Sicherheitsansprüchen genügen, und auch wenn das deutsche Unternehmen Siemens mit im Boot sitzt, handelt es sich doch um einen fast reinen russischen Typ: Denn das Konzept stand bereits, als das Tschernobyl-Unglück Suche nach Ersatz auslöste. Dieser Reaktor wurde nun als erster von den dortigen Behörden durch ein Genehmigungsverfahren gezogen. Die Gesellschaft für Anlagen- und Reaktorsicherheit (GRS) in Köln trat als unabhängiger Gutachter auf und wird baubegleitend das neue Konzept sicherheitstechnisch auch weiterhin bewerten.

Kernreaktoren weltweit

	in Betrieb	im Bau	Stromerzeugung (in TWh)	Anteil an der nationalen Stromerzeugung (in %)
Argentinien	2	1	7,07	11,79
Armenien	1	–	–	–
Belgien	7	–	39,20	55,52
Brasilien	1	1	2,50	0,97
Bulgarien	6	–	17,26	46,43
China	3	–	12,38	1,24
Deutschland	20	–	154,14	29,09
Finnland	4	–	18,13	29,91
Frankreich	56	4	358,60	76,14
Großbritannien	35	–	77,64	24,99
Indien	10	4	6,46	1,89
Iran	–	2	–	–
Japan	51	3	286,90	33,40
Kanada	21	–	92,31	17,26
Kasachstan	1	–	0,08	0,13
Korea (Süd)	11	5	63,68	36,10
Litauen	2	–	10,64	85,59
Mexiko	2	–	8,44	6,00
Niederlande	2	–	3,70	4,86
Pakistan	1	1	0,46	0,88
Rumänien	–	2	–	–
Russland	29	4	99,38	11,79
Schweden	12	–	66,70	46,61
Schweiz	5	–	23,49	39,92
Slowakische Rep.	4	4	11,44	44,14
Slowenien	1	–	4,56	39,46
Spanien	9	–	53,10	34,06
Südafrika	2	–	11,28	6,48
Taiwan	6	–	33,93	28,79
Tschechische Rep.	4	2	12,23	20,10
Ukraine	16	5	65,64	37,83
Ungarn	4	–	13,20	42,30
USA	109	1	673,40	22,49
Total	437	39	2227,94	

1 TWh = 1 Mio. MWh = 1 Mrd. kWh
Quelle: IAEA-Statusbericht für 1995

Kernenergie – eine Dauerkontroverse

Überhaupt demonstriert die Branche zehn Jahre nach Tschernobyl eine erstaunliche Zuversicht, nicht nur im Osten. Dabei war die Bilanz in den westlichen Industriestaaten letzthin ziemlich bescheiden, nennenswerte Zuwächse fanden kaum statt. In Deutschland ging seit den 1980er-Jahren kein neuer Block mehr in den kommerziellen Betrieb, ebenso in den USA. Lediglich Frankreich baute nahezu ungebremst weiter und hatte 1995 eine Gesamtleistung von 58493 MW in 56 Einheiten installiert, die gut 76% des Stroms lieferten. Nur die USA verfügen mit 109 Einheiten und 98784 MW über ein größeres Potenzial, das aber nur einen Anteil von gut 22% an der Elektrizitätsproduktion des Landes hält. Zum Vergleich die analogen Zahlen für Deutschland aus der IAEA-Statistik: Rund 30% des Stroms stammen aus 20 Blöcken mit 22017 MW.
Einen Erfolg der Kernenergiegegner mag die kerntechnische Industrie aber nicht sehen. Vielmehr sei einfach der geplante Ausbau im Grundlastbereich vieler westlicher Industrienationen abgeschlossen. Wie es weitergeht, zeige sich, wenn die alten Reaktoren nach und nach vom Netz gehen und durch andere ersetzt werden müssen. Weltweit gesehen schwillt die Stromerzeugung aus Kernenergie bislang weiterhin an: In rund 30 Ländern sind mehr als 470 Kernkraftwerke in Betrieb oder im Bau, sie lieferten 1995 etwa 17% der Weltelektrizitätsproduktion. Vor allem in Asien werden neue Einheiten in großem Maßstab hoch gezogen, sind zusätzliche Blöcke auch künftig fest eingeplant, so in Korea. Inzwischen führt die Nuklearindustrie zu ihren Gunsten das Klima ins Feld: Weil der Energiehunger jedenfalls global noch lange nicht gestillt ist, zugleich aber die Emission von Kohlendioxid drastisch verringert werden muss, sieht man die Position der Kernenergie neu erstarken.
Freilich, den anhaltenden Widerstand kann man ebenfalls nicht übersehen, der sich in Deutschland erneut um CASTOR-Transporte und radioaktiven Abfall gar mit Gewalt entlud. Durch Sabotageakte versuchten militante Gegner, die Bahn zur Aufgabe von Atommülltransporten zu zwingen. Doch auch in friedlichen Bevölkerungsgruppen gibt es noch

immer ein Unbehagen, das dann in offizieller Diktion als ›Akzeptanzproblem‹ erscheint.
Die biologisch-medizinischen Folgen von Tschernobyl sind jedenfalls bis heute nicht überschaubar: Sprach ein Jahr zuvor der ukrainische Gesundheitsminister SERDJUK von 125 000 Toten, so sollen es nun nach einer Studie von Europäischer Union, Weltgesundheitsorganisation und IAEA nur noch rund 30 direkte Todesopfer sein. Der große Wirrwarr unmittelbar nach der Katastrophe entstand damals zwar aus Vertuschung und Desinformation, dahinter aber steckten auch Wissenslücken. Tschernobyl wird sie nicht füllen. Die Zahlendifferenzen lassen sich durch die bemühten statistischen Unterschiede nicht erklären. Exakte wissenschaftliche Erkenntnis droht zwischen politisch motiviertem Beschwichtigen und Aufbauschen auf der Strecke zu bleiben. Für die Zahl zusätzlicher Krebstoter gilt das völlig analog, nur dass die Lage hier noch vertrackter ist als bei den Toten durch Strahlenverseuchung. Die Unwägbarkeit rührt mit aus der Unkenntnis darüber, wie anfänglich harmlose Gendefekte später doch zur Zellentartung führen können. Und genetische Veränderungen fanden die Forscher auch in zahlreichen Pflanzen und Tieren der Reaktorumgebung. Dank der Reparaturleistung von Zellen hat diese Häufung mittlerweile abgenommen. Aber defekte Gene treten nicht immer sofort und klar erkennbar in Erscheinung.
Der Hinweis auf die Sicherheit deutscher Kernkraftwerke nützt den Betreibern da auch nicht viel, wie die lange Debatte um das Kraftwerk Krümmel und die Leukämiefälle in der Elbmarsch zeigt; das Akzeptanzproblem bleibt. Mehr noch, mit einem Urteil vom August trug das Bundesverwaltungsgericht den Bürgerängsten sogar besonders Rechnung und hob die Schadensvorsorge auf ein ganz hohes Podest. Die Hersteller wollen das mit noch mehr Sicherheit auffangen, zumal das neue Atomgesetz die Anforderungen für künftige Reaktoren weiter verschärft. Im Grunde läuft es darauf hinaus, dass jeder irgendwie denkbare Unfall – auch die Kernschmelze, und sei sie noch so unwahrscheinlich – außerhalb der Anlage selbst keine negativen Folgen haben darf. Ob das Ängste nehmen und die Gegner milder stimmen wird, ist dennoch äußerst fraglich.
Die nämlich bezweifeln schon mal vorsorglich auch für den EPR, den in deutsch-französischer Kooperation neu projektierten Europäischen Druckwasserreaktor (›European pressurized water reactor‹), dass eine weit reichende Katastrophenvorsorge damit hinfällig sei. Im Falle einer Kernschmelze, die für diesen Typ noch unwahrscheinlicher werden soll, rutscht die Glutmasse in ein feuerfestes Becken, wird dort überflutet und erstarrt in wenigen Stunden. Auf der Suche nach dem sicheren Reaktor hat die kerntechnische Industrie hier den Pfad der Weiterentwicklung des Bestehenden gewählt: Obwohl die Gefahr der Kernschmelze ein prinzipieller Schwachpunkt von Leichtwasserreaktoren ist, beharren die neuen Konzepte auf dieser Technik. Was auch damit zu tun hat, dass sie mit etwa 400 Einheiten den meist verbreiteten Reaktortyp repräsentiert. Der zweite Weg, den schlimmsten Unfall durch eine physikalisch andere Konzeption auszuschließen, wird derzeit nur von einer kleinen Technikergemeinde verfolgt. Ein Kandidat hierfür war der Hochtemperaturreaktor, der sich politisch aber nicht hat durchsetzen lassen.

Wie geht es weiter?

Von einem Energiekonsens sind wir jedenfalls weit entfernt. Sogar in Japan fegte die Kleinstadt Maki im August per Volksentscheid ein seit gut 25 Jahren geplantes Kernkraftwerk erst einmal beiseite. Die Folgen für das Atomprogramm des Landes sind bislang nicht absehbar. So kontrastiert der öffentliche Optimismus der Branche doch augenfällig mit dem Pessimismus großer Teile der Bevölkerung. Trotz des Verweises auf den Klimaschutz und trotz der Warnung vor begrenzten Vorräten bei anderen Primärenergieträgern scheint die Kernenergie in wichtigen Ländern derzeit politisch nicht durchsetzbar.
Freilich, im Blick auf ein Energiesystem der Zukunft hat auch die Kernspaltung den Status einer Übergangslösung und gleicht in einem wichtigen Punkt den fossil befeuerten Kraftwerken: Der Brennstoff ist begrenzt, selbst der massive Einstieg in die Brütertechnologie würde die Uranvorräte nur zeitlich strecken, obschon beträchtlich. Das gilt zwar technisch als machbar, doch hinter der Wirtschaftlichkeit steht ein großes Fragezeichen. Zudem wäre eine konsequente Nuklearwirtschaft nur im Verbund von Wiederaufarbeitung und Brennstoffkreislauf sinnvoll, einhergehend mit wachsenden Risiken beim Transport großer Mengen an Kernbrennstoff und deren Kontrolle. So zeigen die wenigen Versuche in diese Richtung auch eine zwiespältige Bilanz: Der französische Brutreaktor ›Superphénix‹ etwa lief seit 1984 nur dreieinhalb Jahre mit voller Leistung und wurde vom staatlichen Rechnungshof kürzlich negativ bewertet, was die finanzielle Seite anbelangt.
Umgekehrt verzichten Länder wie Korea (Süd) oder China trotz ihrer Atompläne gerade nicht auf fossile Kraftwerke, sondern bauen diesen Zweig ebenfalls massiv aus. Tatsächlich ist die Technik noch nicht ausgereizt, die Wirkungsgrade können weiter angehoben werden. Dennoch sieht sich die Welt zur Jahrtausendwende in der etwas anachronistischen Lage, dass der wachsende Energiedurst künftig erst einmal aus nicht erneuerbaren Energiequellen gestillt werden soll, obwohl andere Möglichkeiten erkennbar sind.
Der Blick auf vergangene Energieszenarien zeigt, dass die jeweils gewählte Option offenbar so lange praktiziert wird, bis es nicht mehr geht, warum auch immer. So hat die gegenwärtige Brennholzkrise in vielen Teilen der Welt durchaus ihre historische europäische Entsprechung. Daher darf man vermuten, dass die nun eingespielte energetische Infrastruktur aus thermischen Kraftwerken mit fossilen und nuklearen Brennstoffen noch eine ganze Weile kultiviert wird, bis eine andere Ener-

giewirtschaft an ihre Stelle tritt. Das beinhaltet nicht allein die viel zitierten erneuerbaren Energien oder die schöne neue Wasserstoffwelt. Es bedeutet auch einen anderen Umgang mit Energie: So lassen sich noch viele Produktionsprozesse energetisch optimieren, manche Transporte durch Informationsaustausch ersetzen. Die Bausteine für solche Szenarien sind vorhanden, die Frage ist nun, wie sie zu einem sinnvollen Ganzen gefügt werden. Eins aber scheint schon sicher: Im Orchester der Energieformen wird die Elektrizität eine noch wichtigere Rolle spielen als bisher.

Kernwaffenteststopp, →Teststoppabkommen.

Kersten, Klaus Ulrich, Jurist, *Berlin 19. 4. 1941. – Am 1. April wurde K. Präs. des Bundeskriminalamts (BKA) als Nachfolger von HANS-LUDWIG ZACHERT, der nach Auseinandersetzungen mit Bundesinnenmin. MANFRED KANTHER ein Jahr vor Ende seiner Amtszeit aus dem Dienst schied.
Der promovierte Jurist arbeitete seit 1970 mit einer kurzen Unterbrechung 1972/73 beim Bundesinnenministerium, zuletzt als Leiter der Abteilung Bundesgrenzschutz. K. ist der erste BKA-Chef mit dem Status eines polit. Beamten, der jederzeit in den einstweiligen Ruhestand versetzt werden kann.

Kfz-Haftpflichtversicherung: Seit Jahresmitte begann etwa die Hälfte der Autoversicherer mit der Einführung des in 16 Klassen in einer Skala von 10 bis 25 eingeteilten Typentarifs; die restl. Anbieter ziehen voraussichtlich bis zum 1. 1. 1997 nach. Nach dem Typentarif, der zwingend nur für Neuverträge gilt (›Altverträge‹ können freiwillig aufgegeben werden), werden v. a. Fahrer älterer Modelle, PS-starker Dieselfahrzeuge, sportl. Pkw, von Kleinbussen und Geländewagen zur Kasse gebeten. Viele Neuwagen, Oldtimer, Roadster und Cabriolets fahren dagegen billiger. Auch neue Rabatte für bestimmte Berufe, Garagenwagen oder eine jährl. Kilometerzahl von weniger als 9000 km wirken sich prämienmindernd aus; falsche Angaben dagegen werden z. T. hart geahndet. Neuverträge sehen aber u. a. auch Verschlechterungen in einigen Schadensfreiheitsklassen und eine Selbstbeteiligung bis zu 10000 DM für betrunkene oder unter Drogen stehende Unfallverursacher vor. Hintergrund der veränderten Kfz-H. sind die Unfallzahlen der vergangenen drei Jahre, die zeigen, dass versch. Fahrzeugtypen gleicher PS-Klasse unterschiedlich häufig in Unfälle verwickelt sind.

Kinderarbeit: Neuregelungen zur K. enthält der Gesetzentwurf der Bundesreg. zum Jugendarbeitsschutzgesetz vom 5. Sept., mit dem die EG-Richtlinie 94/33 umgesetzt werden soll. Das grundsätzl. Verbot von K. wird künftig von 14 auf 15 Jahre heraufgesetzt. Zugleich wird eine Beschäftigung von 13- und 14-Jährigen bis zu zwei Stunden am Tag (z. B. Babysitten) zugelassen. Verboten bleiben weiterhin Arbeiten für Jugendliche, bei denen sie körperlich oder psychisch überfordert werden oder sittl. Gefahren ausgesetzt sind.

KINDESMISSBRAUCH

Der sexuelle Missbrauch von Kindern – ein Tabuthema in der Diskussion

Das Thema des sexuellen Missbrauchs von Kindern wurde 1996 häufig und teilweise erregt diskutiert. Dafür gab es mehrfach Anlass. Zum einen der Stockholmer Weltkongress gegen Kinderhandel, Kinderpornographie und Kinderprostitution, der eine international getragene Resolution gegen sexuellen Kindesmissbrauch und Kinderpornographie verabschiedet hat. Der zweite Anlass war außerordentlich traurig und empörend: die Entdeckung von Morden an sexuell missbrauchten und physisch misshandelten Kindern in Lüttich, die Opfer eines Ringes von kriminellen Missbrauchern und Pornographieproduzenten geworden waren. Die Empörung steigerte sich noch, als allmählich sogar eine Verbindung zu belgischen Regierungskreisen unabweisbar erschien. Wirksame Maßnahmen gegen die sexuelle und kommerzielle Ausbeutung von Kindern wurden gefordert, eine Forderung, die auf allgemeine Zustimmung trifft. Im Konzert der Stimmen erhoben sich aber auch wieder die Rufe nach Einführung der Todesstrafe

Der Autor:
Gottfried Fischer, geb. 1944. Ordinarius für Klinische Psychologie und Psychotherapie an der Universität Köln, Forschungssupervisor am Institut für Psychotraumatologie Köln/Freiburg, Psychotherapeut und -analytiker

für ›Kinderschänder‹ und die alte ›Schwanz-ab-Parole‹, dankbar aufgegriffen von populistischen Politikern. Dass das Thema und damit die Not missbrauchter und misshandelter Kinder so große Beachtung gefunden haben, ist zu begrüßen, in meinem Essay möchte ich aber auch einen Beitrag leisten zu einer differenzierten Betrachtung des Phänomens.

Ein Tabuthema, das magisches Denken provoziert

1996 wurde über sexuellen Kindesmissbrauch und Kindesmisshandlung so viel gesprochen und geschrieben, dass das Thema von manchen bereits als

325 000 Belgier nehmen am 20. Oktober in Brüssel am ›Weißen Marsch‹ zum Gedenken an die Opfer der Kinderschänderbande um Marc Dutroux teil

›Modethema‹ abgetan wurde. Wir sollten jedoch nicht vergessen, dass der Missbrauch über lange Zeit überhaupt kein Thema war, obgleich es keinen Grund zur Annahme gibt, dass er früher seltener vorkam als heute. Lange blieb er ein Tabuthema. Wenn wir uns entscheiden müssten, würde ich jedoch sagen: Lieber ein Modethema als tabuisiert und damit gar kein Thema. Sexuell missbrauchte Kinder sind mit ihren Problemen oft in einer kaum vorstellbaren Weise allein gelassen. Missbrauchende Erwachsene fürchten die Entdeckung und drohen den Kindern Strafen und Racheaktionen an, falls sie außenstehende Personen ins Vertrauen ziehen. Tun sie es dennoch, treffen sie nicht selten auf Unglauben und werden als Lügner und Verleumder beschuldigt.

Ein besonders streng gehütetes Geheimnis stellt Missbrauch in der Familie dar. Nicht der oder die missbrauchende Erwachsene bringt Schande über die Familie, sondern ein Kind, das eine so hässliche Anschuldigung vorbringt – manchmal sogar gegen den eigenen Vater oder die eigene Mutter. Die Zwiespältigkeit, mit der die soziale Umgebung auf die Enthüllung reagiert, kommt etwa im Begriff ›Kinderschänder‹ zum Ausdruck. Wer, so stellt sich die Frage, schändet hier eigentlich wen? Wird wirklich das Kind durch sexuellen Missbrauch ›geschändet‹ oder schändet der ›Kinderschänder‹ sich selbst? In solchen sprachlichen Wendungen zeigt sich bereits ein weit verbreitetes magisches Denken, das in der Nazizeit besonders krass zum Ausbruch gelangte. Unter dem Naziregime wurden pädophile Erwachsene mit dem Tode bestraft oder zum Aufenthalt in einem Konzentrationslager verurteilt. Kaum besser erging es den kindlichen Opfern. Sie galten als abartig und pervers, was damals mit ›erbgeschädigt‹ gleichgesetzt wurde. Dies war für das rassistische Regime die Legitimation, solch ›lebensunwertes Leben‹ zu beseitigen.

Aber auch bei uns sind noch Relikte dieser magischen Denkweise zu beobachten. Man sucht sich einem ethischen Problem zu entziehen, indem man Tätern und Opfern gleichermaßen die Schuld gibt oder womöglich sogar besonders die Opfer beschuldigt. Noch heute findet sich die Rede von den verführerischen kleinen Lolitas, denen der Erwachsene nicht widerstehen kann. Diese häufig auch von Tätern verwendete Rechtfertigung beruft sich auf die schon durch SIGMUND FREUD theoretisch gewürdigte Beobachtung, dass Kinder in ihrer normalen Entwicklung auch sexuelle Wünsche und Impulse zum Ausdruck bringen, während einer bestimmten Entwicklungsphase, der ›ödipalen‹, häufig auch gegenüber Erwachsenen. Das ethische Problem und damit die Schuldfrage beim sexuellen Kindesmissbrauch lassen sich wiederum nicht dadurch lösen, dass man diese Tatsache leugnet. Für die in der kindlichen Entwicklung begründete Problematik kann es vielmehr nur eine Lösung geben: Es ist das Recht des Kindes, eigene sexuelle Wünsche zu erleben und diese zum Ausdruck zu bringen, und es ist die Pflicht der Erwachsenen, ›abstinent‹ zu sein, das heißt auf die Wünsche, soweit sie auf Erwachsene gerichtet sind, nicht einzugehen, und so das kindliche Recht auf sexuelle Selbstbestimmung zu schützen.

Verbreitung und typische Konstellationen

Zur Verbreitung ergibt sich in internationalen Untersuchungen ein relativ einheitliches Bild. In den meist landesweit repräsentativen Untersuchungen berichten rd. 30% der Frauen und 10% der Männer von unfreiwilligen sexuellen Kontakten vor dem 18. Lebensjahr. Bei den Jungen sind die Täter überwiegend außerfamiliär, bei den Mädchen handelt es sich in 16% der Fälle um engere Verwandte, bei durchschnittlich 4,5% sind Väter die Täter. Die Täter sind überwiegend männlichen Geschlechts. Während jedoch bislang die Auffassung vertreten wurde, dass der Anteil weiblicher Täter verschwindend gering sei (bei 1% und darunter), kommen neuere Direktbefragungen, wie etwa von CLAUDIA HEYNE in dem Buch ›Täterinnen‹ dargelegt, zu Werten von durchschnittlich etwa 10% Frauenbeteiligung am sexuellen Missbrauch. Befragungen von männlichen Sexualstraftätern ergaben sogar eine Häufigkeit von durchschnittlich 40% Missbrauch in ihrer Kindheit durch Frauen, mehrheitlich durch die Mutter.

Bei den Motiven ist zwischen außer- und innerfamiliären Konstellationen zu unterscheiden. Außerfamiliär spielen immer häufiger kommerzielle Interessen, vor allem an der Vermarktung von Kinderpornos eine Rolle, daneben aber natürlich auch pädophile Triebmotive. Beim innerfamiliären Missbrauch durch Vater oder Stiefvater lassen sich zwei typische Täterpersönlichkeiten unterscheiden. Beim einen handelt es sich um einen despotischen Vatertypus, der die Familienangehörigen, darunter die Tochter, als sein Eigentum betrachtet und daraus ein Recht ableitet, auch sexuell über sie zu verfügen. Hier finden sich Fälle mit oft jahrelang fort-

Die traumatogenen Dynamiken nach David Finkelhor

1) Traumatische Sexualisierung
Dynamik: Das Kind wird belohnt für altersunangemessenes sexuelles Verhalten, es tauscht Aufmerksamkeit und Zuwendung gegen die Sexualität des Täters; das Kind lernt falsche Annahmen über sexuelles Verhalten und sexuelle Moral; sexuelle Aktivität wird je nach Fall assoziiert mit negativen Emotionen und Erinnerungen. *Psychische Folgen:* Betonung sexueller Angelegenheiten, Verwirrung bezüglich der eigenen Identität sowie sexueller Normen, Vermischung und Verwechslung von Sexualität mit Liebe und Fürsorge; Aversion gegen sexuelle Intimität. *Symptome:* Zwanghaftes sexuelles Verhalten, Promiskuität, Prostitution, Vermeidung von Sexualität, Sexualisierung von Beziehungen, auch zu den eigenen Kindern.

2) Stigmatisierung
Dynamik: Der Täter beschimpft und erniedrigt sein Opfer, er erpresst es, die Handlungen geheim zu halten. Demzufolge schämt sich das Opfer für die Aktivitäten. Das Kind erntet schockierte Reaktionen auf Offenlegungsversuche. Es wird von anderen verantwortlich gemacht. Das Opfer wird von Außenstehenden wie verdorbene Ware (›damaged goods‹) bewertet. *Psychische Folgen:* Schuld- und Schamgefühle, erniedrigtes Selbstwertgefühl, Gefühle der Entfremdung von anderen. *Symptome:* Isolation, Delinquenz, Selbstverletzung, Drogen- und Alkoholkonsum, Suizidhandlungen.

3) Verrat
Dynamik: Das Vertrauen und die Verletzbarkeit des Kindes werden ausgenutzt. Erwartungen von Schutz und Fürsorge durch Bezugspersonen werden verletzt, das Wohlbefinden des Kindes missachtet. Unterstützung und Schutz vonseiten der nicht missbrauchenden Bezugspersonen bleiben aus. *Psychische Folgen:* Trauer, Depression, extreme Abhängigkeit, Nicht-Einschätzen-Können der Vertrauenswürdigkeit anderer, Misstrauen, vor allem gegenüber Männern, Ärger, Feindseligkeit. *Symptome:* Anklammerungsverhalten, erhöhte Anfälligkeit für weitere Missbrauchserfahrungen und Ausbeutung in intimen Beziehungen, transgenerationale Weitergabe an die eigenen Kinder, Isolation, aggressives Verhalten, Delinquenz.

4) Ohnmacht
Dynamik: Körpergrenzen werden gegen den Willen des Kindes überschritten; es werden Gewalt oder Manipulation eingesetzt, um das Kind zu verführen; das Kind fühlt sich unfähig, sich selbst zu schützen oder den Missbrauch zu stoppen; das Kind kann sich nicht glaubwürdig mitteilen. *Psychische Folgen:* Verletzbarkeit der Körpergrenzen, Angst, verringerte Selbstwirksamkeit, Selbstwahrnehmung als Opfer, Kontrollbedürfnis, Identifikation mit dem Aggressor. *Symptome:* Albträume, Phobien, somatische Beschwerden, Ess- und Schlafstörungen, Depression, Dissoziation, Weglaufen, Schulprobleme, Schuleschwänzen, Probleme am Arbeitsplatz, Gefahr später wieder zum Opfer zu werden, aggressives Verhalten, Delinquenz, Wechsel von der Opfer- in die Täterrolle.

gesetztem Kindesmissbrauch, wobei die Tochter durch Drohungen und Misshandlungen zur Verschwiegenheit veranlasst wird. Vom despotischen lässt sich ein eher ›schwacher‹ und trostsuchender Typus unterscheiden, der die Tochter, oft die älteste, in eine Elternrolle drängt. Sie wendet sich nun hilfreich unterstützend dem Vater zu und wird deswegen zu seinem Lieblingskind, das er sogar der Mutter vorzieht. Dies wiederum verstärkt die Entfremdung der Ehepartner, sodass es naheliegt, wenn die Tochter auch in sexueller Hinsicht zunehmend die Mutter ersetzt. Kontrovers diskutiert wird die Frage, ob und wieweit die Mutter untergründig beteiligt ist und insgeheim den Vater-Tochter-Inzest unterstützt. Eine Verallgemeinerung dieser Annahme unterschätzt sehr leicht die realen Machtverhältnisse, wie sie besonders in Familien bestehen, in denen die Mutter keinem eigenen Beruf nachgeht. Kommt der Inzest an die Öffentlichkeit, so riskiert die Frau, mit der Bestrafung des Mannes und eventuell der Scheidung, auch ihren Lebensunterhalt zu verlieren. Viele Inzesttäter, auch die vom ›sanften Typus‹, verstehen es, eine solche Konstellation auszunutzen. Daneben gibt es auch Fälle, in denen die Frauen bewusst Komplizen des missbrauchenden Vaters sind und diesen im Falle einer Anklage bedingungslos verteidigen.

Folgeerscheinungen bei den Opfern

Auf die negativen Langzeitfolgen von sexuellem Kindesmissbrauch hatte schon FREUD in seinen ›Studien zur Hysterie‹ aufmerksam gemacht. Seine anfängliche Behauptung jedoch, dass alle hysterischen Störungen ihre Ursache in sexuellem Missbrauch haben, hat er später relativiert. Erst in jüngster Zeit werden die Folgen sexueller Traumatisierung systematisch untersucht. Während die Traumathemen in fast allen einschlägigen Wissenschaften lange Zeit vernachlässigt oder sogar geächtet wurden, hat sich in letzter Zeit eine eigene wissenschaftliche Disziplin herausgebildet, die Psychotraumatologie (Lehre von seelischen Verletzungen, den ›Traumata‹, und ihren Folgen). Die USA können hier als Vorreiter genannt werden. Inzwischen haben sich aber auch in Deutschland Initiativen und Einrichtungen gebildet. So entstand 1991 in Freiburg ein wissenschaftliches Institut für Psychotraumatologie, das inzwischen auch über eine Zweigstelle in Köln verfügt. Das Institut führte in den vergangenen Jahren eigene Studien durch zum sexuellen Kindesmissbrauch und zu sexuellem Missbrauch in Psychotherapie und Psychiatrie, wobei sich eine bemerkenswerte strukturelle Ähnlichkeit zwischen beiden sexuellen Deliktgruppen und den psychotraumatischen Folgen zeigte.
Da beim sexuellen Kindesmissbrauch sehr verschiedenartige situative Konstellationen zusammenkommen können, ist mit unterschiedlichen Folgeerscheinungen zu rechnen, die sich nach einem Vorschlag des Soziologen und Psychotraumatologen FINKELHOR unter vier ›traumatogene‹ (Trauma erzeugende) Dynamiken zusammenfassen lassen. Jeder dieser Faktoren entfaltet eine beson-

dere pathogene Wirkung, die sich im Zusammenspiel mit anderen vervielfältigen kann. Angesichts der Vielfalt von Symptomen und Folgeerscheinungen, die nach sexuellem Missbrauch zu erwarten sind, sollten wir vermeiden, einen Umkehrschluss zu ziehen und aus dem Vorliegen einzelner Symptome sexuellen Missbrauch bei einem Kinde zu folgern. Wird diese Regel missachtet, so kann es zu Fehlbeschuldigungen und hexenjagdartigen Verfolgungszenen kommen.

Unter den Langzeitfolgen werden unterschiedliche Krankheitsgruppen diskutiert. Relativ gut gesicherte Ergebnisse liegen für das Borderline-Syndrom vor, ein Störungsbild im Grenzbereich zwischen Neurose und Psychose, das durch voneinander isolierte, sich verselbstständigende persönlichkeitstypische Stimmungslagen gekennzeichnet ist. Aber auch dieses Syndrom kann verschiedene Ursachen haben, sodass aus seinem Vorliegen nicht zwingend auf eine bestimmte Entstehungsgeschichte geschlossen werden kann. In manchen der sich verselbstständigenden Zustände wirken die Patienten (überwiegend Frauen) wie geistesabwesend und erleben die unerträglichen Szenen ihrer Kindheit von neuem. Einer der Pioniere der Psychotraumatologie, der um die Jahrhundertwende in Paris wirkende Arzt und Universitätslehrer Pierre Janet, hat den Entstehungsmechanismus der Krankheit in einer ›Dissoziation‹ von Erlebniszuständen gesehen. Der Zusammenhang zwischen dissoziativen Störungen einerseits und sexuellem Kindesmissbrauch in Verbindung mit schwersten Formen von Kindesmisshandlung andererseits kann wissenschaftlich als vergleichsweise gut gesichert gelten.

Therapeutische Maßnahmen

Hier muss zwischen den Bedingungen von Kinder- und Erwachsenentherapie unterschieden werden, obgleich einige Therapieregeln für beide Gruppen gelten. Bei der Kindertherapie kommt es zunächst darauf an, den Missbrauch zu stoppen. Dies ist oft sehr schwierig, da Inzesttäter häufig über ein besonderes Gespür für soziale Machtverhältnisse verfügen. Der Inzest ist meist gut getarnt, die Täter wirken überrascht, legen ein gewinnendes Wesen an den Tag und zögern nicht selten, die Beschuldigung umzukehren. Intelligenzdefekte, auch aufgrund von Alkoholmissbrauch, sind in dieser Tätergruppe weit seltener als lange angenommen wurde. Entfernung der Kinder aus den Familien war die bislang häufigste sozialtherapeutische Maßnahme. Zum Inzesttrauma kam dann noch ein Deprivations- oder Trennungstrauma hinzu. In zunehmendem Maße wird daher der Vater aus der Familie verwiesen. In Deutschland ist diese für das Kind sicher vorteilhafte Variante rechtlich bislang kaum durchzusetzen. Manche Mütter werden so intensiv in die vom Vater beherrschte Machtdynamik des Familiensystems eingebunden, dass sie lieber das Verhalten des Vaters decken und den Inzest dulden als ein Zerbrechen der Familie zu riskieren mit den Folgen von Armut und sozialem Abstieg. In manchen Fällen bleibt nichts anderes übrig, als eine Fortsetzung des Missbrauchs vorübergehend hinzunehmen, bis eindeutige Beweise vorliegen.

Ist der reale Missbrauch beendet, kann in einer Therapie versucht werden, die Folgen aufzuarbeiten bzw. einzudämmen. Das weiter reichende Ziel besteht darin, den unterbrochenen kindlichen Entwicklungsprozess wieder in Gang zu bringen. Das ist besonders schwierig in der psychosexuellen Entwicklungslinie. Sowohl bei Kindern wie Erwachsenen müssen die oben geschilderten traumatogenen Dynamiken in der Therapie differenziert berücksichtigt werden. Die *traumatisierende Sexualisierung* erfordert vom Therapeuten, sich weder als verführbar noch als weit distanziert, das heißt ängstlich ablehnend, zu erweisen. Männliche Therapeuten haben große Schwierigkeiten, diese Gratwanderung zu verwirklichen. So zeigte eine von Monika Becker-Fischer und Gottfried Fischer unter dem Titel ›Sexueller Mißbrauch in der Psychotherapie – was tun?‹ veröffentlichte Untersuchung an 60 Patientinnen, die sexuellen Missbrauch in einer Psychotherapie erlebt hatten, dass rund ein Drittel von ihnen schon in der Kindheit sexuell missbraucht worden war.

Dieses Ergebnis ist besonders bedauerlich, da sich der Missbrauch nun ausgerechnet in einer therapeutischen Situation wiederholt, es kann aber auch als Hinweis auf die Schwierigkeit verstanden werden, eine in der Kindheit vorgenommene falsche Weichenstellung wieder zu verändern. In einer gelingenden Therapie machen Kinder und Erwachsene die Erfahrung, dass sie uneigennützige und konstante Zuwendung erhalten, ohne sie durch Sexualität oder Sexualisierung der Beziehung erkaufen zu müssen. Findet eine solche Erfahrung in der emotional wichtigen therapeutischen Beziehung statt, so kann auch außerhalb der Therapie, in den alltäglichen sozialen Beziehungen, die Sexualisierung abgebaut werden.

Für erwachsene Betroffene ist es oft notwendig, die Missbrauchserfahrung in einer Langzeittherapie, einer traumatherapeutisch fundierten Psychoanalyse etwa, aufzuarbeiten. Nur so kann in vielen Fällen der Mechanismus einer Weitergabe des Traumas an die nächste Generation verhindert werden. Ohne therapeutische Unterbrechung wird das Trauma bisweilen über viele Generationen hinweg weitergegeben: Die Mutter wählt sich im Rahmen ihres unbewussten Wiederholungszwangs einen Mann, der wie der Vater zum Missbrauch neigt, und ›übersieht‹ die entsprechenden Vorgänge dann bei ihrer Tochter, wie es in ihrer eigenen Kindheit geschah. Die gründliche psychotherapeutische Aufarbeitung der Lebensgeschichte hingegen bewahrt nicht nur vor eigener Erkrankung, sondern schützt auch die seelische Gesundheit der kommenden Generation.

Vorbeugende Maßnahmen

Prävention setzt einmal bei Aufklärung der Öffentlichkeit und Veränderung sozialpsychologischer Einstellungsmuster ein, die den Missbrauch durch

Bagatellisierung oder allzu rabiate Patentlösungen im Prinzip aufrechterhalten, andererseits bei einer vorsorglichen Aufklärung der Kinder. Der traditionelle Hinweis auf den freundlichen Onkel mit der Schokolade am Sandkasten war eher geeignet, das Vertrauen der Kinder in fremde Personen überhaupt zu untergraben. Auch Hinweise auf ›Anfassen‹ oder ›Betatschen‹ durch andere Personen, die manche amerikanischen Präventionsprogramme ohne den konkreten Hinweis auf sexuelle Aktivitäten enthalten, sind für das Kind irreführend und fördern eine generell misstrauische Lebenseinstellung, ohne wirklichen Schutz zu bieten. Angebracht ist hingegen die Anweisung, nicht mit fremden Personen mitzugehen, ohne den Eltern oder Betreuungspersonen vorher Bescheid zu sagen.

Der beste Schutz ist eine freiheitliche Erziehung des Kindes zu Selbstbehauptung und Selbstbestimmung unter Einschluss einer freien Sexualerziehung. So wird das Kind vertrauensvoll mit den Eltern auch über eventuelle sexuelle Erfahrungen sprechen können. Es entwickelt ein zuverlässiges Gefühl für normale Verhältnisse in Partnerschaft und Sexualität auf der einen Seite und für Übergriffe, Grenzüberschreitungen und Missbrauch auf der anderen. Wird es nicht auf bedingungslosen Respekt vor Erwachsenen hin erzogen, so kann es sich gegen Übergriffe zur Wehr setzen. Das Thema des sexuellen Missbrauchs wird leider manchmal in Anspruch genommen, um eine freiheitliche Sexualerziehung und Einstellung zur Sexualität überhaupt in Frage zu stellen. Eine solche Haltung würde jedoch alle präventiven Maßnahmen ihres eigentlichen Sinnes berauben. Denn der Schutz vor Missbrauch der kindlichen Sexualität hat letztlich den Sinn, die freie Entfaltung von Sexualität im Jugend- und Erwachsenenalter zu schützen und zu ermöglichen. Nur Kinder, denen wir gestatten, ihrer eigenen sexuellen Neugier zu folgen, ohne traumatische Sexualisierung durch Erwachsene erleben zu müssen, entwickeln sich zu sexuell erlebnisfähigen und selbstbewussten Erwachsenen. Umgekehrt trägt eine gesellschaftliche Abwertung und Unterdrückung der Sexualität dazu bei, ausbeuterische und desintegrierte Befriedigungsformen aufrechtzuerhalten. Jede sexualfeindliche und die Erotik abwertende Ethik muss kulturtheoretisch als Risikofaktor für die Entstehung von dissozialem Sexualverhalten gesehen werden, darunter besonders auch als Risikofaktor für sexuellen Kindesmissbrauch.

Der Tod der siebenjährigen Natalie Astner, die am 20. September von dem vorbestraften Sexualstraftäter Armin Schreiner entführt, missbraucht und ermordet wurde, erschütterte die deutsche Öffentlichkeit. Im Bild Christine und Hannes Astner, die am 25. September dem Sarg ihrer Tochter zur Beisetzung auf dem Dorffriedhof von Epfach folgen

Kindschaftsrecht: Das gemeinsame Sorgerecht von Eheleuten und unverheirateten Paaren für ihre Kinder, auch nach Scheidung oder Trennung, sieht die geplante Reform des K. vor. Nach dem Entwurf der Bundesreg. soll bei der Ehescheidung nur noch auf Antrag eines Elternteils das Gericht entscheiden, wie die elterl. Sorge aufgeteilt wird. Nicht verheiratete Paare sollen bei übereinstimmender Willenserklärung das gemeinsame Sorgerecht erhalten. Stimmt allerdings die unverheiratete Mutter nicht zu, bleibt sie allein sorgeberechtigt. Nichtehel. Vätern soll aber i. d. R. – auch nach einer Trennung – immer ein Umgangsrecht zugesprochen werden; sollte die Mutter sterben, steht ihm zuallererst das Sorgerecht zu. Der Gesetzentwurf räumt ebenfalls Großeltern, Geschwistern und anderen Verwandten ein eigenständiges Umgangsrecht ein, wenn dies dem Wohle des Kindes dient. Vor Gericht soll Kindern künftig ein Verfahrenspfleger – Anwalt, Sozialarbeiter oder ein Familienangehöriger – zur Seite gestellt werden.

Kirch-Gruppe, eines der größten und einflussreichsten dt. und europ. Medienunternehmen (Sitz: Ismaning bei München) u. a. mit 17 Film-, Fernseh- und Videoproduktions- und -vertriebsfirmen (darunter Taurus-Film, Beta-Film, 50%-Beteiligung an der Internat. Sportrechte-Verwertungsgesellschaft ISPR). Des Weiteren hält sie Beteiligungen an dt., italien., schweizer. und span. kommerziellen Fernseh- und Hörfunksendern (u. a. SAT. 1 43%; DSF Dt. Sportfernsehen 24,5%; Premiere 25%; Telepiù Rom 57%; Radio Arabella 15%), vier Tochtergesellschaften in der Film-, Fernseh- und Synchronisationstechnik, mehreren Tochterfirmen im Filmverleih, im Filmtheaterbetrieb und im Musikverlagswesen sowie einer 35%igen Beteiligung an der Axel Springer Verlag AG. Der Programmstock der K.-G. umfasst 15 000 Spielfilme; insgesamt verfügt das Unternehmen über mehr als 80 000 Programmstunden für Kino, Fernsehen und Video. In diesem Kernbereich wird ein geschätzter Jahresumsatz von (1995) 1,4 Mrd. DM erzielt. Die K.-G. hat rd. 1 000 Beschäftigte.

Den Grundstein für die K.-G. legte der Alleineigentümer und promovierte Betriebswirt LEO KIRCH (* 1926) 1956 mit der Gründung des ersten

dt. Unternehmens zur Verwertung von Filmrechten. Die Entwicklung vom Filmhändler zum Lenker eines Medienkonzerns hängt eng mit der Ausbreitung des Privatfernsehens in Deutschland seit den 1980er-Jahren zusammen. Sein Sohn THOMAS KIRCH (*1957) hat eigene Medienunternehmen gegr. und ist z. B. am Privatsender Pro 7 beteiligt (nach dem Einstieg der REWE-Handelsgruppe und der Umwandlung in die Pro Sieben Television AG im Jan. sank sein Anteil von 47,5% auf 24,5%).
Um für das Fernsehen der Zukunft (Pay-TV; →digitales Fernsehen) gerüstet zu sein, wurden 1996 bei vier Hollywood-Studios Filmrechte für fast 6 Mrd. DM eingekauft, außerdem mit dem amerikan. Konzern Viacom Inc. eine fünfjährige strateg. Allianz für die Übernahme der von Viacom betriebenen TV-Kanäle MTV, VH 1 und Teile von Nickelodeon in das digitale Filmpaket DF 1 vereinbart sowie ein Pay-TV-Abkommen mit der Disney-ABC-Gruppe, u. a. zur Ausstrahlung eines Disney-Kanals, geschlossen.
Als ›Medienzar‹ RUPERT MURDOCH im Juli überraschend sein Bündnis mit dem Bertelsmann-Konzern löste und stattdessen eine 49%ige Beteiligung seiner Pay-TV-Kette BSkyB an KIRCHS Tochterfirma DF 1 ankündigte – wofür ihm im Gegenzug eine Beteiligung am Pay-TV-Sender Premiere in Aussicht gestellt wurde –, veränderte sich die Ausgangssituation im Machtkampf um den neuen digitalen Medienmarkt schlagartig. Gestärkt durch die Programmzufuhr MURDOCHS (Filmstudio 20th Century Fox) und dessen Know-how im Abonnementfernsehen, wird KIRCH im digitalen Pay-TV-Geschäft in Deutschland voraussichtlich die Vormachtstellung erringen und seinem ›schönsten Traum‹, einmal ein Monopol zu besitzen, womöglich bald nahe kommen.

Breite Kritik löste Anfang Juli der Erwerb der Exklusivrechte für die Fußballweltmeisterschaften 2002 und 2006 zu dem hohen Preis von 3,4 Mrd. DM aus.
Im Okt. gab KIRCH bekannt, dass die für Außenstehende wenig überschaubare Unternehmensgruppe zum 1. 1. 1997 neu strukturiert wird, um die Eigentümerschaft in Familienbesitz zu sichern. Demnach sollen die einzelnen Unternehmen in der **Kirch Unternehmensstiftung** zusammengefasst werden. Daneben wird eine gemeinnützige Stiftung, die Kirch Stiftung, zur Förderung von Wiss., Forschung und Kunst gegründet.

Kirchhoff, Ulrich, Springreiter, *Lohne 9. 8. 1967. – K. kam als Olympianeuling nach Atlanta, ritt und siegte gleich zweimal wie ein Routinier. Der Westfale liebt offene Worte und hätte deshalb ohne die Intervention von Equipechef HENDRIK SNOEK zu seinen Gunsten die Olympianominierung verspielt. Nach dem Gewinn der Goldmedaille mit der Mannschaft im Preis der Nationen errang er mit seinem Pferd ›Jus de Pomme‹ auch in der Einzelprüfung den Olympiasieg, als er nervenstark den zweiten Umlauf als Einziger der 25 Reiter ohne Abwurf nur mit einem Zeitfehler absolvierte. Tragischerweise ging ›Jus de Pomme‹ drei Wochen nach dem ›Goldsonntag von Atlanta‹ ein.

Kirgisien

Hauptstadt: Bischkek
Einwohner: 4,7 Mio.
Einwohner/km²: 24
Staatsoberhaupt:
A. Akajew
Regierungschef:
A. Dschumagulow
BSP/Einwohner:
610 US-$

Nach seiner erneuten Wahl im Dez. 1995 ließ sich Staatspräs. ASKAR AKAJEW durch ein Verfassungsreferendum am 10./11. Febr., an dem sich angeblich 96,5% der Wahlberechtigten beteiligten, seinen Einfluss bei der Regierungsbildung sowie bei grundsätzl. Entscheidungen in der Innen- und Außenpolitik stärken. Damit näherte sich die Innenpolitik K.s analogen Entwicklungen in den anderen mittelasiat. Staaten an, und es scheint kein Zufall zu sein, dass K. zu den Mitunterzeichnern des Moskauer Vertrages über die Gründung der Gemeinschaft Integrierter Staaten am 29. März gehört (→GUS). Andererseits ergaben sich Integrationszwänge aus der anhaltend schwierigen wirtschaftl. Lage.
Obwohl die Inflationsrate (1992/93 über 1000%, 1995/96 unter 35%) nach offiziellen Angaben gesunken ist und zu den niedrigsten in Mittelasien gehört, muss davon ausgegangen werden, dass diese relative Stabilisierung auf die Kredithilfen von IWF und Weltbank zurückgeht. Zwar konnte K. 1995 Schulden in Höhe von 32 Mio. US-$ an die EU zurückzahlen, erhielt aber 1996 neue Auslandskredite in Höhe von 487,7 Mio. US-$. Die Industrieproduktion ist seit 1990 um über 40% zurückgegangen. Mitte 1996 stand ungefähr jeder fünfte Industriebetrieb still, seit Dez. 1995 wurden im öffentl. Bereich keine Löhne und Renten gezahlt. – Die Verlängerung der Rückzahlungsfrist der Gesamtschul-

den gegenüber Russland (rd. 200 Mio. DM) um fünf Jahre wurde mit einer Vertiefung der Zusammenarbeit mit Russland ›erkauft‹. ■

Kiribati

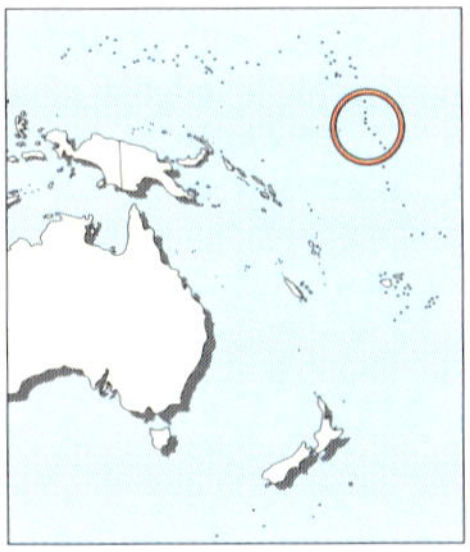

Hauptstadt: Bairiki
Einwohner: 77 000
Einwohner/km²: 106
Staatsoberhaupt und Regierungschef: T. Tito
BSP/Einwohner: 730 US-$

Kirsch, Sarah, Schriftstellerin, *Limlingerode (Kr. Nordhausen) 16. 4. 1935. – Am 13. Okt. wurde K. als »Poetin der Schönheit und der Bedrohtheit des Lebens« in Darmstadt mit dem Georg-Büchner-Preis 1996 ausgezeichnet.
K., die neben ihrer Liebes- und Naturlyrik auch Prosa zu aktuellen Themen, etwa in dem Band ›Das simple Leben‹ (1994), verfasst, verließ 1977 nach ihrem Protest gegen die Ausbürgerung WOLF BIERMANNS die DDR und ließ sich erst in Berlin (West), später in Schleswig-Holstein nieder. 1995 trat u. a. auch sie aus Protest gegen die Vereinigungsbestrebungen aus dem westdt. P.E.N.-Zentrum aus. Ihre neuesten Gedichtbände sind ›Erlkönigs Tochter‹ (1992) und ›Bodenlos‹ (1996).

Klasnic, Waltraud, österr. Politikerin (ÖVP), *Graz 27. 10. 1945. – Am 23. Jan. wählte der steir. Landtag mit 33 von 56 Stimmen K. in das Amt des Landeshauptmanns. Damit steht erstmals eine Frau an der Spitze eines österr. Bundeslandes. K. löste Landeshauptmann JOSEF KRAINER ab, der nach der katastrophalen Wahlniederlage der ÖVP bei den Landtagswahlen vom 17. 12. 1995 zurückgetreten war, und übernahm von ihm auch den Vorsitz der steir. ÖVP.
K. arbeitete 1959-63 als Verkäuferin, bevor sie mit ihrem Mann ein Transportunternehmen gründete. 1970 trat sie der ÖVP bei und engagierte sich in der Kommunalpolitik sowie in der Österr. Frauenbewegung der ÖVP. K. war Mitgl. des österr. Bundesrats (1977–81) und Abgeordnete des steir. Landtags (1981–88). Den Sprung in die Landesreg. schaffte sie 1988, als sie das Amt der Landesrätin für Wirtschaft, Tourismus und Verkehr übernahm. Seit 1993 war K. auch Stellv. KRAINERS. 1995 wurde sie zur stellv. Vors. der ÖVP gewählt.

Klemperer-Tagebücher: Die 1995 erschienenen Tagebücher des schon 1960 in Dresden verstorbenen Romanisten VICTOR KLEMPERER (*1881) ›Ich will Zeugnis ablegen bis zum letzten. Tagebücher 1933–1945‹, für die ihm postum der Geschwister-Scholl-Preis 1995 verliehen worden war, prägten 1996 die wieder erwachte Diskussion um den Nationalsozialismus mit. Die genaue Schilderung des alltägl. Lebens im nat.-soz. Deutschland eines als Nichtarier Verfolgten fand nicht nur eine große Zahl von Lesern, sondern wurde auch bei zahlreichen, z.T. mehrtägigen Lesungen zu Gehör gebracht. Außerdem wurden mehrere Hörspielfassungen erstellt, die dt. Filmrechte vergeben und Übersetzungslizenzen u. a. an Verlage in den USA, in Italien, Polen und auch Israel verkauft.
1996 erschienen zudem eine Neuauflage von ›Curriculum vitae. Erinnerungen 1881–1918‹, sowie neu ›Leben sammeln, nicht fragen wozu und warum. Tagebücher 1918–1932‹ und ›Und so ist alles schwankend. Tagebücher Juni bis Dezember 1945‹.

Klima, Viktor, österr. Politiker (SPÖ), *Wien 4. 6. 1947. – Am 2. Jan. ernannte Bundeskanzler FRANZ VRANITZKY K. zum Nachfolger des zurückgetretenen Finanzmin. ANDREAS STARIBACHER. K. will u. a. durch einen strikten Sparkurs den Bundeshaushalt sanieren. Der neue Finanzmin. gilt innerhalb der SPÖ als möglicher Nachfolger VRANITZKYS als Bundeskanzler.
Nach dem Studium der Betriebswirtschaft und Wirtschaftsinformatik in Wien arbeitete K. am Inst. für Automation für wiss. Unternehmensberatung (1967–69), wechselte dann zur Österr. Mineralölverwaltung AG (ÖMV), wo er 1990 bis zum Finanzvorstand aufstieg. Seit dem 3. 4. 1992 war K. Bundesmin. für öffentl. Wirtschaft und Verkehr. Unter seiner Amtsführung wurden die Bahnreform durchgesetzt, die Postreform vorangetrieben und weitere Unternehmen der staatl. Österr. Industrieholding AG (ÖIAG) privatisiert. Auch handelte K. das Alpentransitabkommen Österreichs mit der EU aus.

Klimakonferenz, →Weltklimakonferenz.

Klöckner-Humboldt-Deutz AG, Abk. **KHD:** Das hoch verschuldete Maschinen- und Anlagenbauunternehmen mit Sitz in Köln wies in der korrigierten Jahresbilanz für 1995 einen Fehlbetrag von 1,17 Mrd. DM aus, womit sich eine zusätzl. Ergebnisbelastung von 963 Mio. DM ergab. Diese war Folge der Ende Mai aufgedeckten Bilanzmanipulationen bei der Tochtergesellschaft Humboldt Wedag AG. Mehrere Mitarbeiter sowie drei von vier Vorstandsmitgl. hatten jahrelang Verluste im Anlagenbau verschleiert. Nur mithilfe eines u. a. von dem Hauptaktionär Dt. Bank AG, der Belegschaft (Lohnkürzung um 5%) und dem Land NRW getragenen Sanierungspakets mit einem Gesamtvolumen von 1,1 Mrd. DM ließ sich der Konkurs von KHD abwenden. Künftig soll das Unternehmen als reiner Dieselmotorenhersteller Deutz AG firmieren, der von der Humboldt Wedag AG getragene Bereich Industrieanlagen verkauft werden.

Koch, Kurt, schweizer. Theologe, *Emmenbrücke bei Luzern 15. 3. 1950. – Am 6. Jan. wurde K. zum Diözesanbischof von Basel geweiht und trat damit die Nachfolge von HANSJÖRG VOGEL an, der sein Amt wegen einer bevorstehenden Vaterschaft im Juni 1995 niedergelegt hatte. Die Bestätigung der im Aug. 1995 vorgenommenen Wahl durch Papst JOHANNES PAUL II. war erst im Dez. 1995 erfolgt, was Spekulationen über Vorbehalte des Vatikans auslöste.

Nach seiner Priesterweihe 1982 arbeitete K. in der Pfarrei St. Marien in Bern. 1987 promovierte er und wurde 1989 Prof. für Dogmatik und Liturgiewiss. in Luzern. Daneben war K. als Armeeseelsorger tätig. Noch am 1. 10. 1995 wurde er zum Rektor der Theolog. Fakultät ernannt. K. gilt als fortschrittl. Theologe und veröffentlichte zahlreiche Bücher zur Frage eines zeitgemäßen Christentums.

Kolumbien

Hauptstadt: Bogotá
Einwohner: 35,1 Mio.
Einwohner/km²: 31
Staatsoberhaupt und Regierungschef:
E. Samper Pisano
BSP/Einwohner:
1 620 US-$

Mit einem ausgebrannten Bus blockieren kolumbianische Guerilleros am 11. September den südlichen Panamerikanischen Highway und legen damit einen großen Teil des Verkehrs lahm

Wirtschaftsprobleme

Das Wachstum des BIP belief sich auf lediglich 3% (1995: 5,3%). Die offizielle Arbeitslosenquote lag mit rd. 12% deutlich, die Inflationsrate mit rd. 20% etwas über den Vorjahreswerten. Mitverantwortlich für die konjunkturelle Flaute ist neben polit. Faktoren auch das anhaltend hohe Zinsniveau, z. B. mit realen Kreditzinsen von rd. 20%.
Die außenpolit. Spannungen mit den USA, die der Reg. Samper ein zu laxes Vorgehen in der Drogenbekämpfung vorwarfen, hatten am 1. März die Kürzung der amerikan. Auslandshilfe und die Einschränkung der wirtschaftl. Zusammenarbeit zur Folge. Der deutl. Kursverfall des Peso zwang die Zentralbank zu fortgesetzten Interventionen. Auch die Außenhandelsbilanz verschlechterte sich aufgrund der sinkenden Importnachfrage weiter, obwohl die Ausfuhr traditioneller Exportprodukte deutlich gesteigert werden konnte.

Korruption und Drogenbekämpfung

Am 22. Jan. stürzte Ex-Verteidigungsmin. Fernando Botero Zea das Land in eine schwere innenpolit. Krise, als er Präs. Ernesto Samper Pisano öffentlich beschuldigte, von Spenden des Cali-Kartells für seinen Wahlkampf gewusst zu haben. Die Konservative Partei entzog der Reg. mit dem Rücktritt zweier Min. am 25. Jan. ihre Unterstützung. Obwohl das Abgeordnetenhaus den Präs. schließlich am 12. Juni mangels Beweisen freisprach, wurden die Rufe nach einem Rücktritt Sampers immer lauter. Am 21. Sept. geriet der Staatschef erneut ins Zwielicht, als in seinem Flugzeug, mit dem er zu einer UNO-Versammlung nach New York reisen wollte, 3,7kg Heroin gefunden wurden. Vizepräs. Humberto de la Calle, der Präs. Samper zum Rücktritt aufgefordert hatte, reichte am 10. Sept. selbst seine Demission ein.
Ab April wurde K. von einer neuen Welle der Gewalt erfasst, an der die linke Guerillabewegung FARC, die Armee und rechtsextreme paramilitär. Gruppen beteiligt waren. Die Reg. richtete ›Sicherheitszonen‹ ein. Im Okt. wurden Reservisten zum Kampf gegen die Guerilla einberufen. Diese hatte Ende Aug. als Reaktion auf die Zerstörung von Kokaplantagen eine große Offensive v. a. gegen Einrichtungen der Armee gestartet. Anfang Sept. hatten Angehörige der FARC mit Barrikaden in mehr als der Hälfte des Landes den Personen- und Güterverkehr gestoppt.
Am 5. März wurde einer der Köpfe des Medellín-Kartells, José Santacruz Londoño, von der Polizei erschossen; am 1. Sept. stellte sich mit Helmer Herrera der letzte der sieben Drogenbosse des Cali-Kartells. Andererseits standen allein bis Ende April 24 Abgeordnete unter der Anklage, Bestechungsgelder von der Drogenmafia angenommen zu haben. Am 12. Dez. beschloss der Kongress unter dem Druck der USA, die Beschlagnahme des Mafiavermögens (rd. 300 Mrd. US-$) zu erlauben. – Durch die Festnahme des dt. ›Privatagenten‹ Werner Mauss in Medellín Ende Nov. wurde bekannt, dass sich die dt. Bundesreg. um eine Vermittlerrolle zw. Bogotá, Drogenmafia und Guerilla bemüht (→Mauss-Affäre). ■

Komoren

Hauptstadt: Moroni
Einwohner: 653 000
Einwohner/km²: 292
Staatsoberhaupt:
M. Taki Abdulkarim
(seit 25. 3. 1996)
Regierungschef:
M. C. el-Yachroutu
BSP/Einwohner:
510 US-$

Zum ersten Mal in der Geschichte der unabhängigen K. vollzog sich am 25. März ein verfassungsgemäßer Amtswechsel. Präs. S. M. DJOHAR übergab sein Amt dem am 16. März im zweiten Wahlgang mit 64,3% der abgegebenen Stimmen zum Staatsoberhaupt gewählten Kandidaten der Union Nationale pour la Démocratie aux Comores (UNDC), MOHAMED TAKI ABDULKARIM. Der neue Präs. ließ eine neue Verfassung ausarbeiten, die in einem Referendum am 20. Okt. angenommen wurde. ■

Kongo

Hauptstadt: Brazzaville
Einwohner: 2,6 Mio.
Einwohner/km²: 8
Staatsoberhaupt: P. Lissouba
Regierungschef: C. D. Ganao (seit 27. 8. 1996)
BSP/Einwohner: 640 US-$

Im Mittelpunkt der polit. Diskussion stand die Umstrukturierung der Armee und die Auflösung der parteinahen Milizen. Seit den Parlamentswahlen 1993 verfügen alle wichtigen Parteien über bewaffnete Gruppen, die z. T. ganze Stadtteile der Hauptstadt kontrollieren. Im Dez. 1995 hatten sich Präs. und Opposition darauf verständigt, die Milizen zu entwaffnen und bis zu 1 200 der etwa 5 000 Milizionäre in die Sicherheitskräfte zu integrieren. Dies war gleichzeitig der Auftakt für eine Reform der 20 000 Mann starken Armee, der aufgrund ihrer ethn. Zusammensetzung Sympathien für den Amtsvorgänger PASCAL LISSOUBAS, den Militärmachthaber General SASSOU N'GUESSO, nachgesagt werden. Die Umstrukturierung der Armee gestaltet sich schwierig.
Am 23. Aug. trat Premiermin. JACQUES-JOACHIM YHOMBI-OPANGO zurück. Sein Nachfolger CHARLES DAVID GANAO nahm auch einige Oppositionspolitiker in seine neue Reg. auf. ■

Kopenhagen, dän. **København,** Hauptstadt Dänemarks und Kulturhauptstadt Europas 1996. – Im Mittelpunkt des kulturellen Programms stand die Idee des vereinten Europas. Über 400 Projekte und Ereignisse in allen Bereichen der Kunst waren drei Schwerpunkten zugeordnet: der nord. und skandinav. Kultur des 20. Jh., den Kulturen der Länder der Dritten Welt sowie der europ. Kultur und Kunst. Bes. Aufsehen erregend waren versch. ›Hamlet‹-Aufführungen – als Ballett am ›Originalschauplatz‹ Helsingør in der Choreographie von PETER SCHAUFUSS mit der Rockband ›Sort Sol‹, als visuell-musikal. Präsentation der Innenwelt Hamlets durch das Theater Cantabile II mit Musik von WIM MERTENS in der Schiffswerft von Helsingør und als Oper von AMBROISE THOMAS am Königl. Theater in Kopenhagen.

Kopenhagen, die Kulturhauptstadt Europas 1996. Im Vordergrund das Schloss Christiansborg und die sich rechts anschließenden Gebäude des Zeughauses

Korea (Nord-Korea)

Hauptstadt: P'yŏngyang
Einwohner: 23,9 Mio.
Einwohner/km²: 198
Staatsoberhaupt: Kim Jong Il
Regierungschef: Kang Song San
BSP/Einwohner: 923 US-$

Extreme Versorgungsprobleme

Nach verheerenden Überschwemmungen 1995 und 1996 fielen die Ernten katastrophal aus, und in einigen Teilen des Landes hungerte die Bevölkerung offenbar, nicht zuletzt weil auch die Transportsysteme zusammengebrochen sind. Nach Schätzungen der UNO wurden 1995 insgesamt 1,5 Mio. t Getreide, v. a. Reis, vernichtet; die nordkorean. Reg. spricht von 36 000 ha zerstörtem Ackerland. Die tägl. Getreiderationen pro Kopf sollten bei 600 g liegen, erreichten 1995 aber nur 450 g. Unterernährung ist inzwischen in Nord-K. weit verbreitet, einschließlich der Folgeerkrankungen. Laut UNO ist davon auszugehen, dass sich die Unterversorgung

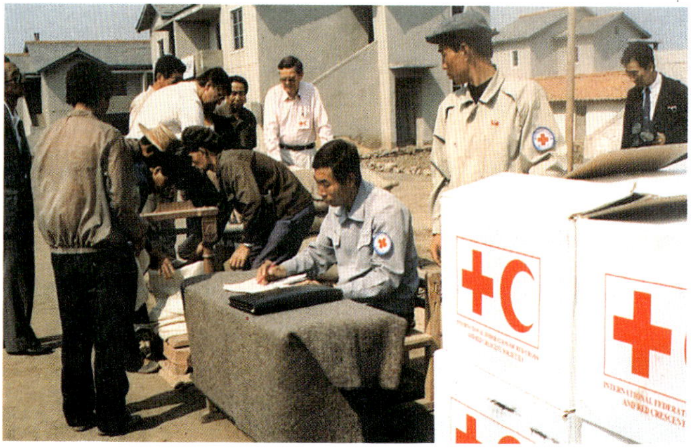

Nordkoreanische Rotkreuzhelfer verteilen südlich von P'yŏngyang Reis und Pflanzenöl an Bedürftige

der Bevölkerung auch 1997 fortsetzen wird. Um kurzfristig die Versorgungsprobleme abzumildern, sind nach Berechnungen der UNO-Experten Einfuhren von mind. 750000 t Getreide nötig.
Das BSP sank 1995 zum vierten Mal in Folge um 4,5%, die Agrarproduktion schrumpfte um 10,5%. Gleiches galt für die Stahlproduktion (–2,3%), verarbeitende Industrie (–5,3%) und Bauwirtschaft (–3,2%); dagegen zeigten Gas- und Elektrizitätserzeugung (+0,1%) sowie Dienstleistungen (+1,5%) leichte Zuwächse. Die nordkorean. Exporte erreichten 1995 7,4 Mrd. US-$, die Einfuhren lagen bei 13,1 Mrd. US-$, zum vierten Mal hintereinander wies damit die Handelsbilanz Nord-K.s ein Defizit auf.
Die Zahl der aus Nord-K. Flüchtenden stieg an, wobei zunehmend auch hochrangige Kader aus den privilegierten Schichten (Armee, Partei) ›desertieren‹; nach dem Tode Kim Il Sungs setzten sich 1994 47 Nordkoreaner nach Süd-K. ab (1993: 7); 1995 verließen 62 das kommunist. Nord-K., wobei 16% zu Partei- und Regierungskadern zählten.

Herrschaft ohne formalen Rang

Am 8. Juli waren zwei Jahre seit dem Tod des ›großen und geliebten Führers‹ Kim Il Sung vergangen, und noch immer war sein Sohn und polit. Erbe Kim Jong Il nicht offiziell als GenSekr. der Korean. Arbeiterpartei (KAP) und als Staatspräs. bestätigt. Zwar wurde in den nordkorean. Medien und in offiziellen Verlautbarungen immer wieder betont, dass er die tatsächl. Führung innehabe, insbes. als Oberster Befehlshaber die Armee kommandiere, aber es fehlt nach wie vor die letzte ›Weihe‹.

Säbelrasseln Nord-Koreas an seiner Südgrenze

Der amerikan. Präs. Bill Clinton und der südkorean. Präs. Kim Young Sam unterbreiteten Mitte April den Vorschlag für vierseitige Friedensgespräche unter Einbeziehung Chinas, nachdem nordkorean. Truppen in krasser Missachtung des Waffenstillstandsabkommens von 1953 in die entmilitarisierte Zone zw. Nord- und Süd-K. eingedrungen waren und die Reg. in P'yŏngyang mitgeteilt hatte, sie werde sich nicht mehr an dieses Abkommen halten. Nach einer zunächst brüsken Ablehnung dieses Angebots wurde Mitte Juli von regierungsamtl. Seite Interesse signalisiert – nicht zuletzt wohl wegen der desolaten wirtschaftl. Lage Nord-K.s und dem Angewiesensein auf Nahrungsmittelhilfen von außen. Ein U-Boot-Zwischenfall am 18. Sept. verschärfte die innerkorean. Spannungen erneut. Ein nordkorean. U-Boot strandete aus ungeklärter Ursache an der südkorean. Küste, die Mitgl. der Besatzung setzten sich in die nahe gelegenen Berge ab und lieferten sich immer wieder mit südkorean. Soldaten Feuergefechte, bei denen bis Nov. insgesamt 25 der 26 Besatzungsmitgl. sowie mehrere Südkoreaner getötet wurden. ■

Korea (Süd-Korea)

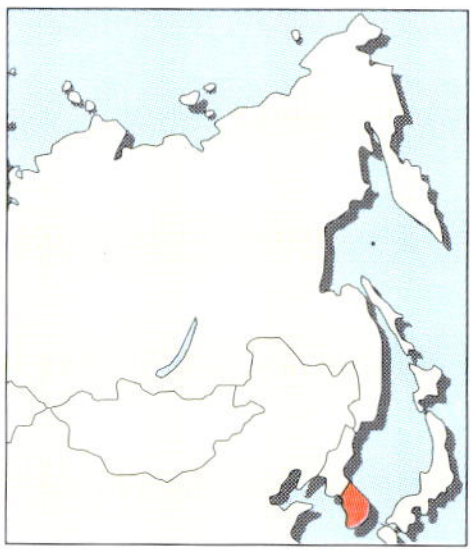

Hauptstadt: Seoul
Einwohner: 45,0 Mio.
Einwohner/km²: 453
Staatsoberhaupt: Kim Young Sam
Regierungschef: Lee Soo Sung
BSP/Einwohner: 8220 US-$

Das BIP verzeichnete für 1995 eine Steigerung um 9%. Allerdings bewirkte die allg. Erhöhung des Lebensstandards, dass die Großkonzerne begannen, arbeitsintensive Teile der Produktion wegen der gestiegenen Lohnnebenkosten ins Ausland – etwa nach China – auszulagern. Besorgnis erregend war die kräftige Zunahme des Leistungsbilanzdefizits.

Wahlerfolg der Regierungspartei

Die Parlamentswahlen am 12. April brachten Präs. Kim Young Sam und seiner New Korea Party (NKP) einen achtbaren Wahlsieg, der Präs. hatte seinen Popularitätstest bestanden. Zwar erhielt die

NKP nur 139 von 299 Sitzen, doch traten binnen kurzer Zeit unabhängige Abgeordnete und einzelne Vertreter der Opposition ihrer Fraktion bei, sodass sie über 150 Mandate und damit über die Mehrheit im Parlament verfügte. Der große Verlierer war der altgediente Oppositionspolitiker KIM DAE JUNG, dessen National Congress for New Politics (NCNP) nur 79 Mandate erringen konnte. Die Wahlbeteiligung war auf 63,9% abgesunken.

Der Wunsch Süd-K.s auf Aufnahme in die OECD, die schließlich im Dez. erfolgte, veranlasste die Reg., Liberalisierungsmaßnahmen im Bereich der Gewerkschaften vorzubereiten. Bisher gab es nur einen offiziell anerkannten Gewerkschaftsbund, die regierungsnahe Federation of Korean Trade Unions (FKTU).

Ende Dez. kam es zu Massenprotesten gegen zwei umstrittene Gesetze zur Neuordnung der Arbeitsbeziehungen und zur Stärkung des Geheimdienstes; nach Angaben der FKTU beteiligten sich landesweit rd. 360 000 Menschen an dem Ausstand. In der Hauptstadt Seoul gingen Spezialeinheiten der Polizei gewaltsam gegen demonstrierende Arbeiter vor.

Der südkoreanische Präsident Kim Young Sam und seine Frau Myung Soon Sohn geben am 11. April in Seoul ihre Stimme ab

Als bekannt wurde, dass die früheren Militärmachthaber CHUN DOO HWAN und ROH TAE WOO Schmiergelder in Höhe von umgerechnet mehreren 100 Mio. DM angenommen hatten, wurde ihnen im März der Prozess gemacht. Neben der Korruption waren auch der Putsch von 1979 und das Kwangju-Massaker von 1980 Gegenstand der Verhandlungen, die im Aug. mit dem Todesurteil für CHUN und $22^1/_2$ Jahren Gefängnis für ROH abgeschlossen wurden; Mitte Dez. wandelte ein Berufungsgericht die verhängte Todesstrafe in lebenslange Haft um und setzte die Gefängnisstrafe auf 17 Jahre herab.

Außenpolitik

Im Febr. kam es mit Japan zu einem Streit über die Zugehörigkeit der winzigen, nur 0,23 km² großen Insel Takeshima. Schon seit Jahrzehnten streiten sich die beiden Staaten um die Fischereirechte rund um diese Insel. Anfang April wurden die südkorean. und amerikan. Streitkräfte in erhöhte Alarmbereitschaft versetzt, nachdem Nord-K. einseitig die entmilitarisierte Zone zw. beiden Staaten K.s aufgekündigt hatte und in dieser Zone Truppenbewegungen zu beobachten waren.

Anfang Nov. wurde der bisherige außenpolit. und Sicherheitsberater YU CHONG HA neuer Außenmin., nachdem sein Vorgänger GONG RO MYUNG überraschend zurückgetreten war. ■

Kreislaufwirtschaftsgesetz: Nach dem am 7. Okt. in Kraft getretenen K. muss derjenige, der Abfall verursacht, stärker als bisher Verantwortung für dessen Verbleib übernehmen. Vorrangig sollen jedoch die Entstehung von Abfall vermieden und Reststoffe möglichst wieder verwendet werden. Entsorgungspflichtiger Abfall sind nach dem K. auch Stoffe, die bislang als Rückstände galten, z. B. Metallspäne aus Fabriken, alte Autos und Zeitungen. Während bisher allein die öffentl. Hand zur Müllentsorgung verpflichtet war, muss nun grundsätzlich auch die Wirtschaft entsprechende Anlagen betreiben. – Kritiker bemängeln die unzureichende Umsetzung des jurist. Rahmens in Verordnungen für die einzelnen Branchen und befürchten, dass die Rentabilität gemeindeeigener Anlagen sinken und die Müllgebühren für Privathaushalte steigen könnten.

Kriegsverbrechertribunal: Erstmals nach den Kriegsverbrecherprozessen in Nürnberg und Tokio bestrafte ein internat. Tribunal militär. Gräueltaten. Wegen seiner Beteiligung an dem Massaker der bosn.-serb. Armee nach der Eroberung der UNO-Schutzzone Srebrenica wurde der – geständige – Kroate DRAZAN ERDEMOVIĆ am 29. Nov. vom Haager K. zu zehn Jahren Freiheitsstrafe verurteilt. Sein niedriger militär. Rang und die Reue des jungen Angeklagten wurden strafmildernd berücksichtigt.

In Den Haag waren zu diesem Zeitpunkt 74 mutmaßl. Kriegsverbrecher angeklagt. Das Verfahren gegen den bosn. Serben DUŠKO TADIĆ wegen Tötung und Folterung von Kriegsgefangenen in den Lagern Keraterm, Omarska und Trnopolje wurde nach 468 Verhandlungsstunden abgeschlossen. Das Urteil soll im Frühjahr 1997 gefällt werden. Ein wichtiger Belastungszeuge hatte offenbart, er sei für seine Aussagen vom bosn. Geheimdienst instruiert worden, die Verteidigung plädierte deshalb auf Freispruch.

Als Fernwirkung der Haager Anklage gegen den Chef der bosn.-serb. Armee RATKO MLADIĆ gilt seine Entlassung aus dem Amt, allerdings verweigerte die serb. Führung in Pale bislang die im Friedensabkommen von Dayton vereinbarte Auslieferung an das Tribunal. (BILD S. 210)

›Tja, es sagt leider keiner »Herein«!‹

Kroatien

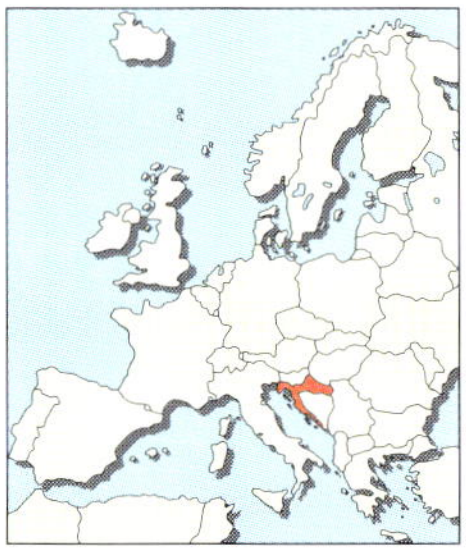

Hauptstadt: Zagreb
Einwohner: 4,5 Mio.
Einwohner/km²: 80
Staatsoberhaupt:
F. Tudjman
Regierungschef:
Z. Mateša
BSP/Einwohner:
2530 US-$

Wachsende Kritik am politischen Stil Tudjmans

Nach Einstellung der Kriegshandlungen im früheren Jugoslawien geriet der Führungsstil des Staatspräs. Franjo Tudjman immer stärker in die Schusslinie der Opposition. Kritisiert wurden die anhaltende Einschränkung demokrat. Rechte, Tudjmans Personenkult, seine diktator. Neigungen und die fortgesetzten Einschüchterungsversuche gegenüber krit. Medien. V.a. der monatelange Streit um die Besetzung des Bürgermeisteramts von Zagreb rückte das Demokratieverständnis Tudjmans in ein fragwürdiges Licht. Auch im Ausland stieß seine Politik auf zunehmende Kritik. Moniert wurden dort v.a. die mangelnde Kooperation K.s mit dem Haager Kriegsverbrechertribunal und die unzureichende Bereitschaft, das Friedensabkommen von Dayton für Bosnien und Herzegowina vorbehaltlos umzusetzen. Nach monatelangem Tauziehen beschloss der Europarat trotz einiger Bedenken schließlich, K. am 6. Nov. als 40. Mitgl. aufzunehmen.

Außenpolitik im Zwielicht

Die kroat.-nationalist. Politik großer Teile der Kroat. Demokrat. Gemeinschaft (HDZ) in Bosnien und v.a. die Verweigerungshaltung kroat. Politiker in der herzegowin. Hauptstadt Mostar schürten den Verdacht, dass auch die Führung K.s nur halbherzig an der Umsetzung der Friedensbestimmungen von Dayton mitwirke oder deren Realisierung insgeheim torpediere. Bes. Bedeutung wurde in diesem Zusammenhang der Herzegowina-Lobby in der Umgebung Tudjmans beigemessen. Die kroat. Emigranten in Kanada und Australien, die vielfach aus der Herzegowina stammen und sich traditionell als die ›besseren Kroaten‹ verstehen, hatten angeblich mit massiven Finanzhilfen die Wahlsiege Tudjmans erst möglich gemacht. Es wurde vermutet, dass sie von Tudjman für ihre Wahlunterstützung polit. Gegenleistungen erwarteten. Der kroat. Verteidigungsmin. Gojko Šušak galt vielen Beobachtern als der wichtigste Drahtzieher der kroat. Bosnien-Politik. Šušak war nach dem polit. Machtwechsel aus der Emigration in Toronto nach Zagreb gekommen und hatte dort schnell polit. Einfluss gewonnen.

Die seit längerem angebahnte Verständigung zw. K. und der Bundesrep. Jugoslawien nahm im Verlauf des Jahres 1996 konkrete Gestalt an. Am 7. Aug. vereinbarten Tudjman und Serbiens Präs. Milošević während eines ›histor. Treffens‹ in einem Hotel außerhalb Athens die gegenseitige diplomat. Anerkennung ihrer Staaten. Beide Präs. beschlossen, dass der Streit über die derzeit international verwaltete und von beiden Seiten beanspruchte Halbinsel Prevlaka (im kroat.-montenegrin. Grenzgebiet am Ausgang der Bucht von Kotor) in bilatera-

Jeder Stein der ›Klagemauer‹ vor dem UNO-Hauptquartier in Zagreb ist mit dem Namen einer toten oder vermissten Person beschrieben len Verhandlungen gelöst werden soll. Die Bestimmungen des Abkommens von Erdut vom Nov. 1995 über das weitere Schicksal Ostslawoniens wurden nochmals bekräftigt. Mitte Nov. verlängerte der UNO-Sicherheitsrat das Mandat der UNO-Übergangsverwaltung bis Mitte 1997. Obwohl die kroat.-serb. Verständigung von der internat. Gemeinschaft positiv gewertet wurde, blieben die Zweifel an der Zuverlässigkeit der kroat. Außenpolitik gegenüber Bosnien und Herzegowina bestehen. ■

Kroto, Harold Walter, brit. Chemiker, *Wisbech (Cambridgeshire) 7. 10. 1939. – In einem elftägigen Experiment ließen 1989 K., ROBERT F. CURL und RICHARD E. SMALLEY Graphitdampf kondensieren. Dabei entstand u.a. das aus 60 Kohlenstoffatomen bestehende ›Buckminster-Fulleren‹, das seither weltweit die Fantasie der Forscher anregt. Für ihre Arbeit erhielten die drei Wissenschaftler den Nobelpreis für Chemie 1996.
K. promovierte 1964 an der University of Sheffield und war danach am National Research Council of Canada in Ottawa tätig. Ab 1966 arbeitete er als Industrieforscher in den AT&T Bell Laboratories (New Jersey), bevor er 1967 an die University of Sussex wechselte. Dort wurde er 1985 zum Prof. für Chemie ernannt und 1991 zum Royal Society Research Professor. K. trat auch mit radioastronom. Studien hervor; zus. mit Astronomen am Herzberg Research Institute of Astrophysics in Ottawa entdeckte er z. B. die Existenz sehr schwerer und komplexer Moleküle im interstellaren Raum.

Kuba

Hauptstadt: Havanna
Einwohner: 11,0 Mio.
Einwohner/km²: 100
Staatsoberhaupt und Regierungschef: F. Castro Ruz
BSP/Einwohner: ca. 700 US-$

Nach amtl. kuban. Angaben wuchs das reale BIP 1996 überraschend um 7,8% (1995: 2,5%), nicht zuletzt aufgrund ausländ. Investitionen. Das verschlechterte Verhältnis zu den USA wirkte sich unmittelbar auf die Wirtschaft aus, als die amerikan. Reg. im Juli Sanktionen gegen die span. Hotelkette Sol-Meliá – größter Touristikinvestor K.s – und zwei weitere Unternehmen ankündigte.

Verschärftes Embargo nach Flugzeugabschuss

Hatte sich noch gegen Ende des Jahres 1995 eine gewisse Entspannung der kuban.-amerikan. Beziehungen abgezeichnet, so kam diese Entwicklung mit dem Abschuss zweier Privatflugzeuge der in Miami ansässigen exilkuban. Organisation Hermanos al Rescate (dt. Brüder zur Rettung) durch die kuban. Luftwaffe am 24. Febr. jäh zum Stillstand. Nach Angaben der Organisation hatten die beiden Flieger den kuban. Luftraum nicht verletzt. Das kuban. Außenministerium behauptete, die beiden Maschinen hätten wie schon öfter vorsätzlich und in provokativer Absicht die kuban. Zwölfmeilenzone überflogen und seien zudem erst nach angemessener Warnung zum Abschuss freigegeben worden. Dem am 27. Juni veröffentlichten Bericht der Internat. Zivilluftfahrtorganisation zufolge wurden die Flugzeuge neun bis zehn Meilen außerhalb des kuban. Luftraums abgeschossen; K. warf den USA vor, Untersuchungsmaterial manipuliert zu haben. Der Weltsicherheitsrat bezeichnete den Abschuss am 26. Juli als unrechtmäßig.
Nachdem die USA am 25. Febr. mit dem Versuch scheiterten, eine Verurteilung der Vorgänge durch den UNO-Sicherheitsrat zu erwirken, trat am 26. Febr. der amerikan. Präsident BILL CLINTON mit der Ankündigung einer Verschärfung des seit 1962 bestehenden Handelsembargos gemäß den Vorgaben des als Helms-Burton-Vorlage bekannten Gesetzes vor die Öffentlichkeit. Der nach ihren Verfassern (JESSE HELMS, DAN BURTON) benannte Entwurf sieht vor, dass ausländ. Firmen und deren Mitarbeiter, die bei Geschäften mit dem Inselstaat auf enteignete Eigentumswerte von in den USA ansässigen Exilkubanern zurückgreifen, dort gerichtl. Verfolgung und anderen Sanktionen ausgesetzt werden können. Auch sollen Drittländer keine in K. erworbenen Produkte in den USA verkaufen können. CLINTON unterzeichnete das Gesetz am 12. März, setzte allerdings dessen In-Kraft-Treten auf äußeren Druck hin im Juli für sechs Monate aus. Seither riss die Welle der Kritik an dem angeblich gegen internat. Recht verstoßenden Gesetz nicht mehr ab. Kanada, die EU und die in der Organisation Amerikan. Staaten (OAS) verbündeten lateinamerikan. Staaten bildeten aufgrund ihrer vielfältigen wirtschaftl. Kontakte mit K. die Speerspitze der Kritiker. So erlitten die USA auch am 12. Nov. mit 138:3 Stimmen eine herbe Niederlage bei der Abstimmung der UNO-Generalversammlung, die die Aufhebung der Sanktionen gegen K. verlangte. Ende Dez. verabschiedete das kuban. Parlament ein Anti-Helms-Burton-Gesetz, das dessen Bestimmungen für illegal erklärt, die Weitergabe sensibler Informationen an die USA unter Strafe und ausländ. Investitionen unter staatl. Schutz stellt.

Verbesserte Beziehungen

Mitte Febr. setzte eine Verhaftungswelle von Oppositionellen ein. Der Vizepräs. der Europ. Kommission, MANUEL MARIN, hatte kurz zuvor während seines Besuchs vom 9. bis 11. Febr. Maßnahmen im Bereich der Menschen- und Bürgerrechte angemahnt, die für eine Zusammenarbeit der EU mit K. erforderlich seien. Mit Deutschland schloss K. am 30. April eine Investitionsschutzabkommen ab. Der russ. Außenmin. JEWGENIJ PRIMAKOW verurteilte während seines Besuchs in Havanna am 22./23. Mai das Helms-Burton-Gesetz und erklärte Russlands

Bereitschaft, an der Normalisierung des Verhältnisses K.s zu den USA mitzuwirken. Neben dem Abschluss von Abkommen über die kuban.-russ. Entwicklung wurde eine Lösung für die rd. 20 Mrd. US-$ gesucht, die K. Russland schuldet. Die vorsichtige Annäherung zw. K. und dem Vatikan führte zu einer Audienz CASTROS beim Papst am 19. Nov., bei der der Staatschef JOHANNES PAUL II. zu einem Besuch K.s einlud.

KULTURCHRONIK

1. Januar. Im ZDF beginnt das fünfteilige Fernsehepos ›Der Schattenmann‹ von DIETER →WEDEL über die Verstrickungen von organisierter Kriminalität, Politik und Polizei.

Ab dem 2. Januar tragen Mitglieder des Berliner Ensembles Texte Heiner Müllers zu dessen Gedenken vor

2. Januar. Zu Ehren des im Dez. 1995 verstorbenen HEINER MÜLLER wird vom Berliner Ensemble eine Lesung veranstaltet; bis zum 9. Jan. tragen Schauspieler täglich mehrere Stunden lang Texte des Dramatikers vor.
13. Januar. Elfenbeinarbeiten vom Hofe des Kurfürsten AUGUST von Sachsen sind nach Restaurierungen in Erbach in den Staatl. Kunstsammlungen Dresden zu sehen (bis 21. April).
19. Januar. Mit 50 Skulpturen und Installationen und rd. 30 Zeichnungen geben die Hamburger Deichtorhallen einen Einblick in das Lebenswerk der amerikan.-frz. Bildhauerin LOUISE BOURGEOIS (bis 17. März; vorher in New York).
20. Januar. Die Tübinger Kunsthalle präsentiert eine Retrospektive AUGUSTE RENOIRS mit über 100 Bildern aus 60 Jahren (bis 27. Mai).
21. Januar. Bei der Verleihung der Golden Globes zeichnet die Hollywood Foreign Press Association u.a. ›Sinn und Sinnlichkeit‹ (bestes Drama), MEL GIBSON (beste Regie, ›Braveheart‹), SHARON STONE (beste Hauptdarstellerin Kategorie Drama, ›Casino‹), NICOLAS CAGE (bester Hauptdarsteller Kategorie Drama, ›Leaving Las Vegas‹) aus; für die ›Oscar‹-Verleihung zeichnet sich kein Favorit ab.
25. Januar. An den Münchener Kammerspielen wird ›Letzter Gast‹ von HERBERT ACHTERNBUSCH unter der Regie von ALEXANDER LANG uraufgeführt.
26. Januar. Mit der 6138. Londoner Vorstellung seit der Uraufführung am 11. 5. 1981 überholt ›Cats‹ von Sir ANDREW LLOYD WEBBER MARVIN HAMLISCHS ›A Chorus Line‹ als Musical mit der längsten Laufzeit an einem Theater.
27. Januar. Das Berliner Haus am Waldsee zeigt 200 Werke zeitgenöss. Künstler aus Russland, darunter von documenta- und Biennale-Teilnehmer ILJA KABAKOW (bis 3. März).
28. Januar. Den wichtigsten dt. Nachwuchsfilmpreis, den in Saarbrücken vergebenen Max-Ophüls-Preis, erhält die Schweizer Produktion ›Der Nebelläufer‹.
29. Januar. In Venedig brennt das Teatro La Fenice wenige Wochen vor der Wiedereröffnung nach einer Restaurierung aus. Im Herbst stellt sich heraus, dass die Mafia den Brand gelegt hatte.
30. Januar. Im Jubiläumsjahr des wichtigsten tschech. Orchesters legt GERD ALBRECHT das Amt des Chefdirigenten der Tschech. Philharmonie nach jahrelangem Streit um seine Person nieder.
30. Januar. In Liverpool wird das von PAUL MCCARTNEY mitfinanzierte Liverpool Institute for Performing Arts eröffnet (→Liverpooler Popakademie).
1. Februar. DETLEV BUCKS Film ›Männerpension‹ startet in den dt. Kinos. Neben TIL SCHWEIGER und DETLEV BUCK spielt die Viva-Moderatorin HEIKE MAKATSCH eine Hauptrolle.
3. Februar. Im Münchener Haus der Kunst beginnt eine Ausstellung mit früher frz. Freilichtmalerei aus der Schule von Barbizon um JEAN-FRANÇOIS MILLET, THÉODORE ROUSSEAU und CAMILLE COROT (bis 21. April).
12. Februar. Das 1994 eröffnete Pariser American Center des amerikan. Dekonstruktivisten FRANK O. GEHRY muss aus Finanznot geschlossen werden (→Kunstausstellungen).
15. Februar. In der Würzburger Residenz sind anlässlich des 300. Geburtstages von GIOVANNI BATTISTA TIEPOLO Gemälde und Zeichnungen aus der Würzburger Zeit des Venezianers zu besichtigen (bis 19. Mai; →Kunstausstellungen).
16. Februar. Im Wiener Akademietheater hat PETER ZADEKS später zur ›Aufführung des Jahres‹ gewählte Inszenierung von ANTON TSCHECHOWS ›Der Kirschgarten‹ mit ANGELA WINKLER und JOSEF BIERBICHLER Premiere.
23. Februar. 200 Objekte, Collagen und Zeichnungen sind in der bislang größten Überblicksschau des Pop-Art-Künstlers CLAES OLDENBURG seit 1969 in der Bonner Bundeskunsthalle vereint (bis 12. Mai; danach in London).
27. Februar. Bei der Berlinale vergibt die Jury den Goldenen Bären an ›Sinn und Sinnlichkeit‹ von ANG LEE (USA), einen Silbernen Bären (Spezialpreis der Jury) an ›Schön war die Jugendzeit‹ von BO WIDERBERG (Schweden), einen Silbernen Bären für die beste Regie zu gleichen Teilen an YIM

Ho (›Die Sonne kann hören‹, Volksrepublik China) und RICHARD LONCRAINE (›Richard III.‹, Großbritannien). Der einzige dt. Wettbewerbsbeitrag, ›Stille Nacht‹ von DANI LEVY, erhält eine lobende Erwähnung.

1. März. 23 Bilder und somit zwei Drittel des erhaltenen Gesamtwerks des niederländ. Malers JAN VERMEER sind im Mauritshuis in Den Haag ausgestellt (bis 9. Juni, davor in Washington; →Kunstausstellungen).

1., 15. und 21. März. Der 90 Jahre alte ›Kaisersaal‹ aus dem abgerissenen Bau des Berliner Grand Hotel Esplanade wird in einem einzigartigen Verfahren angehoben und in zwei Etappen um 75 m über den Potsdamer Platz verschoben.

2. März. Zum 200. Geburtstag des frz. Malers CAMILLE COROT, eines Wegbereiters des Impressionismus, präsentiert der Grand Palais in Paris 162 Bilder (bis 27. Mai; danach in Ottawa und New York).

9. März. ALEXANDER VON ZEMLINSKYS Widerstandsoper ›Sarema – Die Rose vom Kaukasus‹, 1897 in München uraufgeführt, wird erstmals im 20. Jh. inszeniert; am Trierer Theater führt MICHAEL LEINERT die Regie.

9. März. ›Prospect 96‹ in der Schirn Kunsthalle und dem Frankfurter Kunstverein zeigt aktuelle Tendenzen der Fotografie mit Arbeiten von 85 Fotografen aus 22 Ländern (bis 12. Mai).

16. März. In Köln wird die ›Geschichte der Pfeile‹ von TANKRED DORST uraufgeführt.

22. März. Unter dem Titel ›Die Warenwunder tut die Madonna erst im Museum‹ zeigt das Berliner Histor. Museum Kitsch und Kunstkuriosa, z. B. eine aufblasbare Mona Lisa oder ein Goethe-Porträt aus Schokolade (bis 14. April).

23. März. Mit mehr als 1 000 Skulpturen, Reliefs, Vasen, Münzen und Grabbeigaben aus 55 Museen gewährt der Palazzo Grassi in Venedig den bislang umfangreichsten Überblick über die antike griech. Kultur im westl. Mittelmeer (bis 8. Dez.).

23. März. Eine Karussellinstallation des amerikan. Pop-Art-Künstlers EDWARD KIENHOLZ und seiner Frau NANCY ist in der Düsseldorfer Kunsthalle aufgestellt (bis 5. Mai).

25. März. Der große Gewinner der Academy-Awards-Verleihung in Los Angeles heißt ›Braveheart‹. MEL GIBSONS Schlachtenepos gewinnt einen ›Oscar‹ für den besten Film, die beste Regie, die beste Kamera, den besten Toneffektschnitt und das beste Make-up. Weitere Oscars gehen an SUSAN SARANDON als beste Hauptdarstellerin (›Dead Man Walking‹), NICOLAS CAGE als besten Hauptdarsteller (›Leaving Las Vegas‹), MIRA SORVINO als beste Nebendarstellerin (›Geliebte Aphrodite‹) und KEVIN SPACEY als besten Nebendarsteller (›Die übl. Verdächtigen‹). Als bester nichtenglischsprachiger Film wird ›Antonias Welt‹ der niederländ. Regisseurin MARLEEN GORRIS ausgezeichnet.

28. März. Das span. Königspaar eröffnet im Madrider Prado die umfangreichste Ausstellung zum 250. Geburtstag FRANCISCO DE GOYAS mit 170 Gemälden, die allerdings zum großen Teil aus den Beständen des Museums stammen (bis 2. Juni).

Angehoben und transportfertig harrt der denkmalgeschützte Kaisersaal, in dem Kaiser Wilhelm II. seine Herrenabende abhielt, seiner Versetzung um 75 m in zwei Etappen am 15. und 21. März

29. März. Im Wiener Akademietheater wird ›Die Ballade vom Wiener Schnitzel‹ von GEORGE TABORI in der Regie des Autors uraufgeführt.

11. April. Das Berliner Museum für Vor- und Frühgeschichte stellt seine neu strukturierte Abteilung ›Troja – Schliemann – Altertümer‹ mit einigen der rd. 6 000 verbliebenen Teile des ›Schatzes des Priamos‹ vor.

12. April. Am Dt. Schauspielhaus Hamburg wird ›Stecken, Stab und Stangl‹ von ELFRIEDE JELINEK uraufgeführt.

12. April. Bundespräs. HERZOG eröffnet das neue Messegelände in Leipzig, das von dem Architektenteam von Gerkan, Marg & Partner entworfen wurde (→Leipziger Messe).

13. April. Das Karlsruher Prinz-Max-Palais zeigt erstmals im Westen 110 Werke hochrangiger frz. Künstler des 18. Jh. wie BOUCHER, WATTEAU, FRAGONARD und CHARDIN aus der Sankt-Petersburger Eremitage (bis 14. Juli).

16. April. Im Moskauer Puschkin-Museum sind 260 Trojafunde HEINRICH SCHLIEMANNS zu sehen (→Beutekunst).

26. April. Die Wittener Tage für Neue Kammermusik eröffnen instrumental-theatralisch mit der Uraufführung von FRIEDRICH SCHENKERS ›(N(ACH)T)‹ in einer Inszenierung von REINHILD HOFFMANN.

28. April. HERBERT WILLIS Oper ›Schlafes Bruder‹ nach dem Erfolgsroman von ROBERT SCHNEIDER wird im Zürcher Opernhaus in einer Inszenierung von CESARE LIEVI uraufgeführt.

28. April. Der niederländ. Genremaler JAN STEEN wird in der Washingtoner National Gallery mit einem Werküberblick geehrt (bis 18. August; danach in Amsterdam).

30. April. In einer Koproduktion mit der Bonner Oper wird BACHS h-Moll-Messe in einer Inszenierung von ACHIM →FREYER als Eröffnung der Schwetzinger Festspiele aufgeführt. (BILD S. 214)

Mit Achim Freyers Inszenierung von Bachs h-Moll-Messe werden am 30. April die Schwetzinger Festspiele eröffnet

3. Mai. Die große Retrospektive im Münchener Haus der Kunst gewährt eine neue Sicht auf das Werk des dt. Impressionisten LOVIS CORINTH (bis 20. Okt., danach in Berlin, Saint Louis, London).
9. Mai. HELMUT →OEHRINGS Kammeroper mit Tanz ›Das d'Amato System‹ wird im Rahmen der Münchener Biennale für zeitgenöss. Musiktheater unter der Regie von MAXIM DESSAU uraufgeführt.
9. Mai. Am Wiener Schauspielhaus wird das Stück ›Skizzenbuch‹ von WOLFGANG BAUER uraufgeführt.
17. Mai. Die Oper ›Der zerbrochene Krug‹ des im Konzentrationslager Auschwitz ermordeten VIKTOR ULLMANN wird in einer Inszenierung von ERHARD WARNEKE bei den Dresdner Musikfestspielen uraufgeführt.
18. Mai. Eigens für den Oberhausener Gasometer, einen seit 1994 für Kunstprojekte genutzten Gasbehälter aus den 20er-Jahren, schaffen 14 Künstler und Künstlergruppen wie KATHARINA SIEVERDING oder ESTHER und JOCHEN GERZ Arbeiten unter dem Motto ›Ich Phoenix‹ (bis 13. Okt.).
19. Mai. Im Wiener Burgtheater wird dem Schauspieler BRUNO →GANZ der Ifflandring verliehen.
20. Mai. Zum Abschluss der Filmfestspiele des 49. Festival International du Film in Cannes vergibt die Jury folgende Preise: Goldene Palme an ›Lügen und Geheimnisse‹ des brit. Regisseurs MIKE LEIGH, Großer Preis der Jury an ›Breaking the Waves‹ von LARS VAN TRIER (Dänemark), Spezialpreis der Jury an ›Crash‹ von DAVID CRONENBERG (Kanada). Den Preis für die beste Regie erhält JOEL COEN (USA) für ›Fargo‹.
21. Mai. Die Münchener Firma Arnold und Richter übernimmt den Filmverlag der Autoren, der in den 70er- und 80er-Jahren der wichtigste Verleih für den ›Neuen Dt. Film‹ war.
21. Mai. Der Mannheimer Künstler HENDRICK HACKL stellt in der marokkan. Wüste für drei Wochen die Nachbildung eines Ammoniten aus Polyesterplanen über Stahlbögen mit einem Durchmesser von 21 m auf.
24. Mai. In Bochum wird das letzte Stück von HEINER MÜLLER, ›Germania 3 – Gespenster am Toten Mann‹, in einer Inszenierung von LEANDER →HAUSSMANN postum uraufgeführt.
31. Mai. Bei der Bundesfilmpreisverleihung erhält das Filmband in Gold der Film ›Der Totmacher‹. Der Regisseur des Films, ROMUALD KARMAKAR, erhält auch den Preis für die beste Regie und Hauptdarsteller GÖTZ GEORGE den Preis als bester Darsteller. Filmbänder in Silber gehen an MICHAEL VERHOEVENS ›Mutters Courage‹ und JOSEPH VILSMAIERS ›Schlafes Bruder‹. Den Preis als beste Darstellerin kann KATJA RIEMANN (›Stadtgespräch‹) in Empfang nehmen.
9. Juni. Am Wiener Schauspielhaus wird mit ›Hochschwab‹ das letzte noch ungespielte Stück des 1994 verstorbenen österr. Dramatikers WERNER SCHWAB uraufgeführt.
9. Juni. Die Akademie und die Hochschule der Künste Berlin feiern ihr dreihundertjähriges Bestehen mit 1000 Exponaten, u.a. von ANDREAS SCHLÜTER und BERNHARD HEILIGER, in der Ausstellung ›Die Kunst hat nie ein Mensch allein besessen‹ (bis 15. Sept.).
12. Juni. Am Hamburger Thalia Theater wird das Musical ›Time Rocker‹ von ROBERT WILSON (Regie), LOU REED (Musik) und DARRYL PINCKNEY (Libretto) uraufgeführt.
12. Juni. Im Rahmen der Wiener Festwochen gelangt das Theaterepos ›The Seven Streams of the River Ota‹ des kanad. Regisseurs ROBERT LEPAGE in seiner acht Stunden dauernden Endfassung erstmals in Europa zur Aufführung.
13. Juni. Der Rohbau des rund 260 m hohen Wolkenkratzers der Commerzbank in Frankfurt am Main wird fertig gestellt. Im Frühjahr 1997 soll der höchste Büroturm Europas eingeweiht werden (→Hochhaus).
14. Juni. Mit der Überreichung der entsprechenden Urkunde wird die Grube →Messel zum ersten dt. Naturdenkmal auf der UNESCO-Liste des Welterbes der Menschheit.

14. Juni. Die amerikan. Künstlerin JENNY HOLZER verfremdet das Leipziger Völkerschlachtdenkmal, das den Befreiungskrieg gegen Napoleon 1813 verherrlicht, durch Laseraufschriften mit Aufrufen gegen Vergewaltigung (bis 16. Juni).
15. Juni. Das 2. Festival für Computer, Musik und Elektron. Medien wird im Gasometer Oberhausen mit Werken von DIRK REITH und GERALD ECKERT eröffnet.
16. Juni. In Frankfurt am Main wird die jüd. Gedenkstätte am Börneplatz eingeweiht. Der Kubus aus Resten der 1938 zerstörten Synagoge und eine Mauer mit den Namen der deportierten Frankfurter Juden wurden von NIKOLAUS HIRSCH, WOLFGANG LORCH und ANDREA WANDEL gestaltet.
22. Juni. Eine Neonröhreninstallation des frz. Malers und Plastikers FRANÇOIS MORELLET ist im höchsten Ausstellungsraum Deutschlands auf der Zugspitze zu sehen (bis 27. Okt.).
24. Juni. Am hess. →Glauberg wird bei archäolog. Grabungen ein sensationeller Fund gemacht: die lebensgroße Statue eines ›Keltenfürsten‹.
27. Juni. Der Zeichentrickfilm ›Werner – Das muss kesseln‹ erzielt mit dem Einsatz von 633 Kopien den drittbesten dt. Wochenendstart aller Zeiten mit 1,08 Mio. Zuschauern in vier Tagen. Nur ›Jurassic Park‹ und ›Golden Eye‹ waren erfolgreicher.
27. Juni. Eine Überblicksschau des 1992 verstorbenen engl. Malers FRANCIS BACON mit über 80 Arbeiten zeigt das Pariser Centre Georges Pompidou (bis 14. Okt.; danach in München).
28. Juni. In Freiburg im Breisgau wird nach vierjähriger Bauzeit das neue Konzerthaus des Architekten DIETRICH BANGERT eröffnet.
29. Juni. In Bottrop-Kirchhellen wird der Freizeitpark →Movie World eröffnet.
30. Juni. In der Kunsthalle und im öffentl. Raum von Rostock stellt die ›Ostsee-Biennale‹ nach vierjähriger Pause wieder junge Kunst der Region mit 31 Teilnehmern aus elf Ländern vor, darunter BOGOMIR ECKER sowie PINA und VIA LEWANDOWSKY.
1. Juli. HANS-JÜRGEN VON BOSES umstrittene Auftragsoper der Bayer. Staatsoper ›Schlachthof 5‹ nach dem Roman von KURT VONNEGUT wird in München uraufgeführt.

›Werner‹ schaut in die Röhre. Am 27. Juni kommt er mit ›Werner – Das muss kesseln‹ in die deutschen Kinos

3. Juli. Mit einer gigant. Werbekampagne startet in den USA das von dem Deutschen ROLAND EMMERICH inszenierte Außerirdischenspektakel ›Independence Day‹, das in den USA den besten Kinostart aller Zeiten und in nur sechs Tagen 100 Mio. US-$ an Einnahmen erzielt.
4. Juli. Bei Sotheby's wird ein Cupido, der lange Zeit als Gartenskulptur diente und kürzlich dem italien. Klassizisten ANTONIO CANOVA zugeschrieben wurde, versteigert.

11 134 Stahlblöcke mit den Namen der Opfer sind in die Mauer der am 16. Juni eingeweihten Gedenkstätte für die deportierten Frankfurter Juden eingesetzt

14. Juli. Im frz. Biron wird das ›Denkmal der Lebenden‹ des dt. Künstlers JOCHEN GERZ enthüllt, das an beide Weltkriege erinnern soll. Der steinerne Obelisk eines älteren Gefallenendenkmals wurde von GERZ mit Täfelchen belegt, auf denen die Einwohner des Ortes geschrieben hatten, wofür es sich zu leben lohnt.
14. Juli. Nach über 50 Jahren wird der Cranach-Altar der Kirche St. Wolfgang im sächs. Schneeberg, einer der ersten dt. Reformationsaltäre, nach kriegsbedingter Auslagerung und langjähriger Restaurierung wieder an seinem angestammten Platz aufgestellt.
16. Juli. Die Londoner Tate Gallery präsentiert eine erste Überblicksschau mit Papierarbeiten des Malers HANS →HARTUNG (bis 20. Okt.).
19. Juli. An den Münchener Kammerspielen wird ›Ithaka‹ von BOTHO STRAUSS in der Regie von DIETER DORN und mit BRUNO GANZ in der Hauptrolle uraufgeführt.
23. Juli. Anlässlich des Festaktes zum Jubiläum ›50 Jahre Internat. Ferienkurse für Neue Musik‹ in Darmstadt wird WOLFGANG RIHMS Orchesterkomposition ›Form / zwei Formen‹ vom Orchester des Staatstheaters Darmstadt uraufgeführt.
26. Juli. Erstmals in Deutschland sind Fotografien des brit. Fotografen JOHN DEAKIN, der eng mit FRANCIS BACON befreundet war und Stars wie GINA LOLLOBRIGIDA abgelichtet hat, in einer Ausstellung des Münchener Stadtmuseums zu sehen (bis 3. Nov.).

Mit ›Marianne und Germania‹ wird am 15. September die bislang umfassendste Ausstellung über die Geschichte der deutsch-französischen Beziehungen eröffnet. Im Bild die im Lichthof des Berliner Gropius-Baus aufgestellten Figuren der Germania (links) und der Marianne

8. August. In den dt. Kinos startet BRIAN DE PALMAS Actionthriller ›Mission: Impossible‹. In der Öffentlichkeit war v. a. das Engagement des Hauptdarstellers TOM CRUISE für die Scientology-Organisation umstritten.

9. August. ›Chateau de l'âme‹ der finn. Komponistin KAJA SAARIAHO erklingt mit dem Philharmonia Orchestra unter der Leitung von ESA PEKKA-SALONEN in der Felsenreitschule Salzburg im Rahmen der Festspiele.

13. August. Die am 30. 6. 1990 geschlossene Grenzübergangstelle (GÜSt) Marienborn, die größte an der ehem. innerdt. Grenze, wird als ›Gedenkstätte Dt. Teilung Marienborn‹ eröffnet.

18. August. Das Sprengel Museum Hannover widmet den Vortizisten, einer durch den italien. Futurismus inspirierten engl. Kunstströmung während des Ersten Weltkriegs, eine Ausstellung mit rd. 200 Werken und Dokumenten (bis 3. Nov.).

25. August. Eine Jubiläumsschau zu Ehren des venezian. Malers GIAMBATTISTA TIEPOLO zeigt die Ca' Rezzonico in Venedig (bis 9. Dez.).

28. August. Im Kölner Museum für Angewandte Kunst werden 500 Exponate der Zarenfamilie Romanow aus dem Staatl. Histor. Museum Moskau gezeigt (bis 8. Dez.).

1. September. Auf den Leipziger Jazztagen werden ›Ereignisse‹ für fünf Stimmen und virtuelles Orchester mit dem Titel ›Survival Song‹ in der Leipziger Oper uraufgeführt. Das performanceartige Werk ist eine Gemeinschaftsarbeit von BERT NOGLIK, dem künstler. Leiter des Festivals, und dem Sänger DAVID MOSS.

1. September. Beim Festival ›Welt in Basel‹ wird am Bad. Bahnhof ›Lina Böglis Reise‹ von CHRISTOPH MARTHALER uraufgeführt.

7. September. Die Preise der 51. ›Mostra Internazionale d'Arte Cinematografica‹ in Venedig werden von der Jury vergeben: Goldener Löwe an ›Michael Collins‹ von NEIL JORDAN (Irland), Spezialpreis der Jury an ›Brigands‹ von OTAR IOSELIANI (Frankreich).

8. September. Eine in dt.-frz. Zusammenarbeit organisierte Großausstellung mit 3 000 Exponaten im Mannheimer Reiss-Museum präsentiert neue Erkenntnisse über die Bedeutung der ›Franken als Wegbereiter Europas‹ (bis 2. 3. 1997; danach in Paris und Berlin).

9. September. Der bayer. Kultusminister HANS ZEHETMAIR setzt den ersten Spatenstich für die →Pinakothek der Moderne in München.

12. September. KARLHEINZ STOCKHAUSENS Oper ›FREITAG aus LICHT‹, Teil seines monumentalen Wochenzyklus, wird in Leipzig in der Inszenierung von UWE WAND und unter der Leitung des Komponisten uraufgeführt.

14. September. Am Theater Neumarkt in Zürich kommt ›Carleton‹ von THOMAS HÜRLIMANN zur Uraufführung.

15. September. ›Marianne und Germania 1789 bis 1889‹: die Nationalsymbole von Frankreich und Deutschland werden in der Hauptausstellung der Berliner Festwochen im Martin-Gropius-Bau durch 650 Bilder, Skulpturen, Karikaturen und Texte miteinander konfrontiert (bis 5. 1. 1997; danach in Paris).

21. September. In Graz wird das Theaterfestival ›steirischer herbst‹ mit der Uraufführung von WOLFGANG BAUERS Stück ›Die Menschenfabrik‹ eröffnet.

28. September. Eine große Manierismus-Schau mit 200 Meisterwerken u. a. von ROSSO FIORENTINO und IACOPO DA PONTORMO präsentieren die Uffizien in Florenz (bis 24. Nov.; danach in Hamburg und Wien).

30. September. Im Jubiläumskonzert der 10. Dresdener Tage für zeitgenöss. Musik werden Werke von FRIEDRICH GOLDMANN, REINER BREDEMEYER, MAURICIO KAGEL, MYRIAM MARBE und EDISSON DENISSOW uraufgeführt.

1. Oktober. Die 48. Frankfurter Buchmesse öffnet ihre Tore; Schwerpunktthema ist 1996 die Republik Irland.

3. Oktober. In Basel wird das Tinguely-Museum in dem Museumsneubau des schweizer. Architekten MARIO →BOTTA eröffnet.

6. Oktober. Der Schriftsteller MARIO →VARGAS LLOSA erhält für seinen Einsatz für Frieden und Gerechtigkeit in der Frankfurter Paulskirche den Friedenspreis des Dt. Buchhandels.

6. Oktober. Unter der musikal. Leitung von GERD ALBRECHT wird in Hamburg ALEXANDER VON ZEMLINSKYS in den 1930er-Jahren entstandene Oper ›Der König Kandaules‹ uraufgeführt; Intendant PETER RUZICKA hatte die Oper im Nachlass entdeckt, ANTONY BEAUMONT einzelne Teil nachinstrumentiert.

7. Oktober. Aus den Händen von Bundespräs. ROMAN HERZOG erhalten CHRISTO und JEANNE-CLAUDE für ihre Reichstagsverhüllung das Bundesverdienstkreuz.

7. Oktober. In Dresden werden drei Kisten aus dem Schatz der Hofsilberkammer des früheren sächs. Königshauses der Wettiner gezeigt (→Wettiner Silberschatz).

7. Oktober. Nach 65-jährigem Bemühen heiratet der Reporter Clark Kent, besser bekannt als Superman, in New York seine Kollegin Lois Lane.
11. Oktober. Vor dem Bonner Bundestag wird Olaf Metzels Skulptur ›Meistdeutigkeit‹ aufgestellt; die 7 m hohe Plastik aus Fahrradständern wird z.T. wegen der Kosten von 450 000 DM kritisiert.
14. Oktober. Ingrid Bachér, die Präs. des P.E.N.-Zentrums der Bundesrep. Deutschland, legt nach Querelen um die Vereinigung mit dem P.E.N.-Zentrum (Ost) mit fünf anderen Mitgl. des Präsidiums ihr Amt nieder (→P.E.N.).
18. Oktober. Die Donaueschinger Musiktage eröffnen im 75. Jahr ihres Bestehens mit Paul Hindemiths 1921 dort uraufgeführtem 3. Streichquartett opus 16 und mit Uraufführungen von Werken Nicolaus A. Hubers, Marc-André Dalbavies und Tan Duns.
24. Oktober. Im Weimarer Nationaltheater wird die international renommierte Hochschule für Architektur und Bauwesen in Bauhaus-Universität umbenannt.
29./30. Oktober. Im Wiener Museum für Angewandte Kunst versteigert Christie's rd. 1 000 Kunstwerke aus jüd. Besitz, die von den Nationalsozialisten konfisziert worden waren und jahrzehntelang in einem Kloster bei Wien gelagert hatten.
31. Oktober. Das für witzigen Big-Band-Jazz altbewährte Willem-Breuker-Kollektiv aus den Niederlanden eröffnet das Jazzfest Berlin mit anarch. Zirkusmusik.
2. November. In Köln hat ›Riefenstahl‹, das neue Tanztheaterprojekt von Johann Kresnik über die umstrittene Filmemacherin der 30er- und 40er-Jahre, Premiere.
3. November. In Berlin eröffnet im ehem. Hamburger Bahnhof, der von dem Architekten Josef Paul Kleihues restauriert und erweitert wurde, das Museum für Gegenwart – Berlin mit Werken aus der Sammlung Erich Marx.
12. November. Das Leipziger Museum der Bildenden Künste erhält die Sammlung →Speck von Sternburg, die nach dem Zweiten Weltkrieg zum Hauptbestandteil des Museums geworden war, als Dauerleihgabe.
20. November. In Peking wird ein Ludwig-Museum mit 100 zeitgenöss. Kunstwerken aus dem Besitz des 1996 verstorbenen Kunstsammlers eröffnet.
21. November. Während des ›London Filmfestival‹ sperrt ein Bezirksrat David Cronenbergs Film ›Crash‹ für die wichtigsten Londoner Kinos, noch bevor die brit. Filmaufsichtsbehörde den Film, der erot. Obsessionen im Zusammenhang mit Autounfällen thematisiert, beurteilt hat.
23. November. Die Dresdener ›Tabakmoschee Yenidze‹, 1909 von dem Industriellen Huga Zietz als Zigarettenfabrik erbaut, wird nach langjähriger Restaurierung als Gastronomie-, Büro- und Kulturzentrum wieder eröffnet.
24. November. Am Wiener Schauspielhaus wird ›Dysmorphomanie‹ von Wladimir Sorokin uraufgeführt.
24. November. In seinem ›Zweiten Zustand‹ wird Wolfgang Rihms Work-in-progress-Musiktheater ›Séraphin. Versuch eines Theaters‹ unter der Leitung von Bernhard Kontarsky zweit-uraufgeführt.
28. November. In Basel kommt ›Herbst‹, das neueste Stück von und mit Basels TanzTheater-Direktor Joachim →Schlömer zu Schuberts Streichquintett in C-Dur zur Uraufführung. (Bild S. 218)
3. Dezember. In der Sankt-Petersburger Eremitage wird die Ausstellung ›Wiederbegegnung mit Meisterzeichnungen: Schätze aus dt. Sammlungen der Vorkriegszeit‹ eröffnet, in der hochrangige Werke aus den Sammlungen dt. Industrieller ausgestellt werden (bis 30. 3. 1997). Auch sind rd. 90 ›Meisterwerke europ. Sammlungen‹ aus den dt. Sammlungen Otto Krebs, Otto Gerstenberg und Friedrich Siemens zu sehen, die als Beutekunst nach Russland transportiert worden waren (bis 30. 3. 1997).

Am Vorabend der Versteigerung der nach 1938 in Österreich von Nationalsozialisten konfiszierten Kunstwerke, die am 29. Oktober stattfindet, unterhalten sich der Leiter des Jüdischen Dokumentationsarchivs Simon Wiesenthal (links), der Präsident der Jüdischen Gemeinde Österreichs Paul Grosz und dessen Frau

4. Dezember. Martin Wuttke legt sein Amt als Intendant des Berliner Ensembles nieder, da von Kultursenator Peter Radunski keine Finanzierungszusagen über das Jahr 1998 hinaus gemacht werden.
4. Dezember. Im zweiten Veranstaltungsblock der Münchener Biennale für neues Musiktheater wird die Oper ›Solaris‹ von Michael Obst nach dem Roman von Stanisław Lem in der Regie von Anja Sündermann uraufgeführt.
5. Dezember. Die UNESCO nimmt trotz Protesten seitens der USA den ›Atombombendom‹ von Hiroshima in die Liste des Welterbes der Menschheit auf.
5. Dezember. Mit der neu formierten Kölsch-Rock-Band BAP heizt Sänger Wolfgang Niedecken in Halle (Saale) den Zuhörern gehörig ein.
7. Dezember. Aus Schloss Charlottenburg im Potsdamer Schlosspark wird das Bild ›Ansicht eines Hafens‹ von Caspar David Friedrich gestohlen.
8. Dezember. Bei der Verleihung des europ. Filmpreises ›Felix‹ werden als bester europ. Film

In Basel hat ›Herbst‹ mit Olivia Maridjan-Koop, Rob Besser und Joachim Schlömer (von links nach rechts) am 28. November Premiere

›Breaking the Waves‹ von LARS VON TRIER (Dänemark) und als bester junger europ. Film des Jahres ›Some Mother's Son‹ von TERRY GEORGE (Irland) ausgezeichnet.

14. Dezember. An den Münchener Kammerspielen inszeniert PETER ZADEK ›Alice im Wunderland‹ nach LEWIS CARROLL.

20. Dezember. In Düsseldorf wird ›Der Dichter als Schwein‹ von FRANZ XAVER KROETZ uraufgeführt.

23. Dezember. In Essen wird das nach Plänen von NORMAN FOSTER umgebaute Kesselhaus der Zeche Zollverein XII, die als Industriedenkmal unter Denkmalschutz steht, als Designzentrum der Öffentlichkeit übergeben.

31. Dezember. Der scheidende KURT MASUR wird im Anschluss an das traditionelle Silvesterkonzert zum Ehrendirigenten des Leipziger Gewandhausorchesters ernannt. ■

Kulturhauptstadt Europas, →Kopenhagen.

Kündigungsschutz: Im Rahmen des →Sparpakets vom Sept. lockerte die Bundesreg. mit Wirkung vom 1. 10. 1996 den betriebl. K. zugunsten von kleineren Unternehmen, um für Arbeitgeber die Bedingungen für die Schaffung zusätzl. Arbeitsplätze zu verbessern. Bisher waren Betriebe mit höchstens fünf Arbeitnehmern vom K. befreit, nach neuem Recht ist dieser Schwellenwert auf zehn Arbeitnehmer angehoben worden. Hierdurch fallen viele mittelständ. Handwerks- und Dienstleistungsbetriebe aus dem K. heraus. Für die bisher Beschäftigten dieser Betriebe gilt allerdings ein Vertrauensschutz: Für sie bleibt der K. für drei Jahre erhalten. Um die Teilzeitarbeit zu fördern, wurde auch festgelegt, dass Teilzeitbeschäftigte beim Schwellenwert anteilig entsprechend der Dauer ihrer Teilzeitarbeit einbezogen werden.

Im Sparpaket wurden weiterhin die Kriterien der Sozialauswahl reformiert. Nach wie vor sind bei betriebsbedingten Kündigungen bestimmte soziale Kriterien zu berücksichtigen. Allerdings wurden diese begrenzt auf 1) Dauer der Betriebszugehörigkeit, 2) Alter und 3) Unterhaltspflichten des Arbeitnehmers. Andere Kriterien wie Aussichten auf dem Arbeitsmarkt, Krankheiten, wirtschaftl. Lage der Arbeitnehmer können unberücksichtigt bleiben. Auch brauchen Arbeitnehmer, an deren Weiterbeschäftigung der Arbeitgeber aus Gründen ihrer Kenntnisse, Fähigkeiten und Leistungen oder zur Sicherung einer ausgewogenen Personalstruktur ein besonderes Interesse hat, nicht in die Sozialauswahl einbezogen zu werden. Außerdem wird die gerichtl. Überprüfbarkeit der Sozialauswahl auf grobe Fehlerhaftigkeit begrenzt. Nach Ansicht der Bundesreg. dienen diese Präzisierungen der Rechtssicherheit und der Berechenbarkeit betriebsbedingter Kündigungen für Arbeitgeber. Für Arbeitnehmer und Betriebsräte verschlechtern sich allerdings die rechtl. Einflussmöglichkeiten bei beabsichtigten betriebsbedingten Kündigungen.

KUNSTAUSSTELLUNGEN

Die Ausstellungslandschaft 1996 war geprägt durch die weltweit Aufsehen erregenden Ausstellungen ›Vermeer‹ und ›Der Schatz des Priamos‹, aber auch durch umfassende Jubiläumsschauen und Projekte im öffentl. Raum, wobei sich auch neue Möglichkeiten der Kunstpräsentation im Internet boten. 1996 konnten weltweit zahlreiche Museumsprojekte realisiert werden, doch standen auch Schließungen und empfindl. Etatkürzungen auf der Tagesordnung. Zur Lösung der chron. Finanzprobleme setzten die Museen neben bewährten Modellen wie Kooperationen mehrerer Institutionen auf eine verstärkte Kommerzialisierung des Ausstellungsablaufs durch Sponsorenbeteiligung und Devotionalienverkäufe.

Publikumsmagneten und Jubiläumsausstellungen

Eines der großen Kunstereignisse des Jahres war die Retrospektive des niederländ. Barockmalers VERMEER VAN DELFT im Mauritshuis in Den Haag. 23 von 36 erhaltenen Bildern wurden erstmals gemeinsam präsentiert und lockten im Frühjahr 438 000 Besucher aus aller Welt an. Vor der Ausstellungseröffnung waren schon rd. 300000 Karten reserviert, somit wurde schon im Vorverkauf annähernd die Besucherzahl der ersten Station Washington erreicht, wo 328000 Besucher die um zwei Bilder reduzierte Ausstellung von Nov. 1995 bis Febr. gesehen hatten. Die Tübinger Kunsthalle zeigte von Jan. bis Mai eine erfolgreiche Retrospektive des frz. Impressionisten AUGUSTE RENOIR. Erstmals in Deutschland wurden hier für eine Kunstausstellung Eintrittskarten im Vorverkauf abgegeben. Dass dieses Konzept aufging, bewiesen die über 420000 Besucher, die die Rekordeinnahmen von rd. 6 Mio. DM einbrachten.

Spektakulär war auch die lange erwartete und von dt. Seite heftig kritisierte Präsentation des ›Schatzes des Priamos‹ im Moskauer Puschkin-Museum. 259 Trojafunde aus Gold, Silber, Bronze und Stein, die im Juli 1945 als Beutekunst aus Deutschland nach Moskau verschleppt worden waren und jahrzehntelang als verschollen galten, sind seit dem 16. April ein Jahr lang zu sehen (→Beutekunst).

Zu den aufwendigen Ausstellungsprojekten des Jahres gehörte auch die der griech. Kultur im westl. Mittelmeerraum gewidmete Überblicksschau im venezian. Palazzo Grassi. Den Rahmen für die Präsentation der rd. 1000 Exponate lieferte die italien. Stararchitektin GAE AULENTI.

Von Febr. bis Mai feierte die Würzburger Residenz den 300. Geburtstag GIOVANNI BATTISTA TIEPOLOS und die kurz zuvor vollendete Restaurierung seines monumentalen Treppenhausfreskos mit einer Ausstellung von 40 Gemälden und 100 Zeichnungen, die der Venezianer während seines dreijährigen Würzburg-Aufenthaltes geschaffen hatte. Das Rotterdamer Museum Boymans-van Beuningen zeigte ab Aug. Druckgrafiken und Zeichnungen, während die Lagunenstadt Venedig ihren

Die Werkschau des niederländischen Malers Jan Vermeer zieht auf ihren Stationen in Washington und Den Haag Hunderttausende Zuschauer an. Im Bild ›Das Mädchen mit den Perlenohrringen‹

Künstler in der Ca' Rezzonico, einem Palast und Museum des 18. Jh., mit einer Auswahl an Gemälden und Zeichnungen im passenden Ambiente ehrte. Den Abschluss des Tiepolo-Jahres markierten Grafikausstellungen mit Werken des Rokokomalers und seiner Zeitgenossen im Berliner Kupferstichkabinett und in der Stuttgarter Staatsgalerie.

Den 250. Geburtstag des Malers FRANCISCO DE GOYA beging sein Heimatland Spanien mit einem großen Kulturprogramm – Konzerten, Ausstellungen und Symposien. Im März eröffnete das span. Königspaar eine Goya-Übersicht mit 170 Ölgemälden, von denen allerdings ein Großteil dauerhaft im Prado u.a. span. Museen zu sehen ist. Im Vorfeld zwang die voreilige Präsentation eines angeblich neu entdeckten Goya-Bildes, das sich als Werk eines unbedeutenderen Künstlers herausstellte, den Direktor des Prado JOSÉ MARIA LUZON zum Rücktritt. Bis zum Ende der Ausstellung im Juni waren 350000 Besucher zu verzeichnen.

Kunst außerhalb der Museen

Der öffentl. Raum stand 1996 im Mittelpunkt viel beachteter Kunstinszenierungen: Im Sommer nutzten Künstler Berliner Baustellen für ihre Projekte: GERHARD MERZ inszenierte auf dem Potsdamer Platz ein Neonröhrenensemble, während der Grieche IANNIS MARKOPULOS einen Altbau auf dem Gelände des künftigen Parlamentsviertels mit 50000 m Tauen verspannte. Das Leipziger Völkerschlachtdenkmal wurde im Juni zum Ort für Kunst; die Amerikanerin JENNY HOLZER überzog unter dem Titel ›Kriegszustand‹ zwei Tage lang das Monument mit Laseraufschriften, um Kriegsvergewaltigungen anzuprangern.

Trotz Problemen bezüglich des Schutzes von Urheberrechten gewann das Internet als ›öffentl.‹ Raum für Künstler, Kunstwissenschaftler und Ausstellungsmacher an Bedeutung. Große Museen wie das Metropolitan Museum New York, aber auch immer mehr Galerien und Kunstinstitutionen liefern dem Netz bebilderte Informationsseiten mit virtuellen Ausstellungen. Viele Künstler, z.B. CHRISTO, informieren im Internet über ihre Aktivitäten; neue Kunstserver wie das Kölner ›Art Works‹, das die Informationen der Kunstszene bündeln soll, nahmen den Betrieb im Internet auf. Auch sonst spielen elektron. Medien eine wichtige Rolle: Im österr. Linz startete im Sept. das ›Ars Electronica Center‹, das Kunst und Technologien der Zukunft verbinden will. Im Sommer lief im New Yorker Guggenheim-Museum SoHo die Schau ›Mediascape‹ mit 14 Arbeiten von BRUCE NAUMAN bis BILL VIOLA, Leihgaben aus dem Karlsruher Zentrum für Kunst und Medientechnologie.

Der traditionelle Ausstellungsbetrieb

Das Frankfurter Museum für Moderne Kunst zeigte von Okt. 1996 bis Jan. 1997 Gegenwartskünstler wie STEPHAN BALKENHOL und ROSEMARIE TROCKEL im New Yorker Whitney Museum of American Art, das anschließend mit seiner Aus-

Das mit 50 000 m rosafarbener Kunststofftaue von Iannis Markopulos ›gefesselte‹ Haus soll später umgebaut und vom Bundestag genutzt werden. Seine Anregung erhielt Markopulos von der Fesselung Gullivers durch die Liliputaner in Jonathan Swifts Roman

wahl zeitgenöss. Werke zu Gast in Frankfurt am Main sein wird. Das von der Londoner Hayward Gallery konzipierte Großprojekt ›Kunst und Macht‹, eine Ausstellung des Europarates, wurde von Juni bis Aug. nach Barcelona auch in Berlin gezeigt – 600 Bilder, Plastiken, Grafiken, Fotografien und Architekturentwürfe, die 1930–45 in den europ. Diktaturen entstanden, von der gigantomanen Staatskunst der Weltausstellung 1927 bis zur ›Entarteten Kunst‹ von KÄTHE KOLLWITZ und MAX BECKMANN. In Berlin spürte ab Sept. die dt.-frz. Gemeinschaftsausstellung ›Marianne und Germania‹, die anschließend nach Paris geht, den kulturgeschichtlichen Beziehungen zw. Frankreich und Deutschland 1789–1889, u.a. mit Werken von LEIBL, DELACROIX und RODIN, nach.

Fälschungen werden ausstellungswürdig

Kunstfälschungen dürfen – sofern sie als Plagiate ausgewiesen sind – 70 Jahre nach dem Tod eines Künstlers legal präsentiert werden. Bis Febr. waren im Würzburger Hotel Maritim über 100 Fälschungen berühmter Meisterwerke von Künstlern wie RUBENS, VAN GOGH und CÉZANNE aus dem Besitz des 1987 gegr. Zürcher International Imaginary Museums zu sehen. Ein bes. begabter Fälscher wurde postum geehrt: Die Kunsthalle Rotterdam richtete im Frühjahr dem 1947 verstorbenen HAN VAN MEEGEREN eine Werkschau aus, in der u.a. das Bild ›Die Emmausjünger‹ zu sehen war, welches lange als Meisterwerk JAN VERMEERS galt.

Neue Museumsarchitektur – verwirklicht oder abgewickelt

Trotz angespannter Finanzlage konnte eine Vielzahl an Museen geplant, gebaut oder eröffnet werden: Im Sept. wurde in München der erste Spatenstich für die →Pinakothek der Moderne gesetzt, in Nürnberg entsteht ein Museum für Gegenwartskunst und Design. Mitte Juni wurde das Museum of Contemporary Art in Chicago, ein Entwurf des dt. Architekten JOSEF PAUL KLEIHUES, eingeweiht. KLEIHUES übernahm auch den Umbau des Hamburger Bahnhofs in Berlin, der im Nov. als Museum für Gegenwartskunst seine Pforten öffnete. Im Okt. wurde in Basel das Jean-Tinguely-Museum des Tessiner Architekten MARIO →BOTTA der Öffentlichkeit übergeben. Zwei der herausragenden Ausstellungsprojekte, mit denen sich die zwölfte europ. Kulturhauptstadt →Kopenhagen vorstellte, waren mit musealen Neueröffnungen verbunden: Im von SØREN ROBERT LUND in Anlehnung an eine Schiffskonstruktion gestalteten Betonbau ›Arken‹ (›Die Arche‹), dem Neubau des Museums für Moderne Kunst in Ishøj südlich von Kopenhagen, war im Frühjahr die Eröffnungsschau mit Bildern und dekorativer Kunst des norddt. Expressionisten EMIL NOLDE zu sehen. Die Ny Carlsberg Glyptotek weihte ihren neuen Anbau mit der Präsentation von zwölf kurz zuvor erworbenen Gauguin-Keramiken ein.

Viele Museumsprojekte sind jedoch nur langfristig realisierbar, einige etablierte Museen mussten aus Finanznot aufgeben. Das Milliardenprojekt ›Berliner Museumsinsel‹ wird erst im kommenden Jahrtausend fertig gestellt sein. Einen tiefen Einschnitt in die Museumslandschaft bedeutete die Schließung des American Center Paris im Februar. Die Baukosten und die Erhaltung des erst 1994 eingeweihten Kulturzentrums von FRANK O. GEHRY waren so hoch, dass die traditionsreiche Institution ihren Betrieb nicht mehr fortführen konnte.

Finanzprobleme – Kunst und Sponsoren

Die Zuschüsse für zahlreiche Museen wurden auch 1996 weiter gekürzt, sodass Sponsoren weitgehend unerlässlich für die Organisation und Durchführung von Ausstellungen und Ankäufen wurden. Immerhin stellte die Kulturstiftung der Länder im Sommer den dt. Museen 10 Mio. DM zur Verfügung, wovon u.a. Werke von PETER PAUL RUBENS und ROGIER VAN DER WEYDEN gekauft werden konnten. In den Museen selbst etabliert sich eine wesentl. Einnahmequelle: die Museumsshops, in denen Kunstbücher und Kunstdevotionalien von der Künstlerbrosche über das Ausstellungs-T-Shirt bis zum entsprechenden Porzellanset verkauft werden, um den laufenden Museumsbetrieb zu unterstützen. Das Berliner Histor. Museum vereinte im Frühjahr passend dazu Kitsch und Kunstkuriosa in einer humorvoll-iron. Schau. ■

Kurden, Volk von rd. 23 Mio. Menschen mit einer iran. Sprache in einem weitgehend zusammenhängenden Verbreitungsgebiet v.a. im Grenzbereich von Türkei, Iran, Irak und NO-Syrien.

Bruderkriege

Im März schlossen die Patriot. Union Kurdistans (PUK) und die Demokrat. Partei Kurdistans–Irak (DPK) ein durch Iran vermitteltes Waffenstillstandsabkommen mit der Arbeiterpartei Kurdistans (PKK). In einer ersten Reaktion darauf erklärte die Türkei die noch in der Ära Özal für DJALAL TALABANI (PUK) und MASUD BARSANI (DPK) ausgestellten türk. Diplomatenpässe für ungültig. Im nordirak. Kurdengebiet hielt der Waffenstillstand zw. der PUK und der DPK nicht. Allerdings einigten sich beide Parteien Ende Mai auf eine Verlängerung der Sitzungsperiode des Regionalparlaments um ein weiteres Jahr.

Im südl. Teil des Gebiets erwuchs der PUK durch die Präsenz der Kurd. Demokrat. Partei–Iran (DPK-I) ein ähnl. Problem wie der DPK mit der PKK im Norden. Die DPK-I unter ABDULLAH HASAN ZADEH benutzte nordirak. Gebiet als Ausgangspunkt für Guerilla-Aktionen in Iran. Da Iran für seinen Teil des Kurdengebiets das einzige offene Tor zur Welt bedeutet, ist TALABANI auf ein gutes Einvernehmen mit Teheran angewiesen. Als Ende Juli 2000 Mann iran. Truppen rd. 60 km weit nach Nordirak eindrangen und das Hauptquartier der DPK-I bei Koysandschak beschossen, unterstützte die PUK denn auch diesen Vormarsch, beteiligte sich aber nicht an den Kampfhandlungen.

In der zweiten Augusthälfte lebten die Kämpfe zw. DPK und PUK wieder auf. Zwar wurde von Vertretern beider Parteien in der amerikan. Botschaft in London ein Waffenstillstand vereinbart, doch eroberten DPK-Kampfverbände gemeinsam mit irak. Militär Ende Aug. Erbil. Danach vertrieb die DPK bis Mitte Sept. die PUK mit irak. Unterstützung aus allen noch von ihr gehaltenen Städten im nordirak. Kurdengebiet einschließlich ihrer Hochburg Sulaimaniya. TALABANI und seine Leute flohen nach Iran. Ab Mitte Okt. konnte die PUK in einer – möglicherweise von iran. Revolutionsgardisten unterstützten – Gegenoffensive wieder große Teile des Gebiets einschließlich Sulaimaniyas zurückerobern. Unter amerikan. Druck kamen noch im Okt. ein Waffenstillstand sowie eine Vereinbarung zur friedl. Beilegung des Konflikts zustande, von der sich die DPK jedoch nachträglich distanzierte. Mitte Nov. versicherten DPK und PUK in Ankara bei Gesprächen unter amerikan. Vorsitz, nicht um die Intervention anderer Kräfte nachzusuchen und dadurch die Situation noch zu verschärfen.

Keine Änderung der türkischen Kurdenpolitik

Auch nach dem Amtsantritt der Reg. Erbakan im Juli änderte sich die türk. Kurdenpolitik nicht. Im Laufe des Jahres hatte das türk. Militär wiederholt Stellungen und Verstecke von PKK-Guerillas in Nordirak bombardiert und beschossen; Ende Juni waren türk. Truppen erneut auf nordirak. Gebiet vorgedrungen. Anfang Sept. gab die Türkei bekannt, dass sie eine Pufferzone in Nordirak einrichten wolle, um grenzüberschreitende Operationen der PKK zu unterbinden. Das türk. Parlament verlängerte die Stationierungserlaubnis für die alliierte Operation ›Provide Comfort‹ zur Sicherung der kurd. Schutzzone in Nordirak bis zum Ende des Jahres.

KURDEN

Keine politische Lösung der kurdischen Frage in Sicht?

Der Autor:
Udo Steinbach, geb. 1943. Professor für Orientalistik, 1971–75 Leiter des Nahostreferats bei der Stiftung Wissenschaft und Politik in Ebenhausen. Seit 1976 Direktor des Deutschen Orient-Instituts in Hamburg

Die Komplexität des Kurdenproblems

Die Meldung des Jahres bezüglich der Kurden kam Anfang September 1996 aus Irak. Nach monatelangen militärischen Auseinandersetzungen zwischen den beiden Hauptgruppierungen in den kurdischen Landesteilen Nordiraks hatte die Demokratische Partei Kurdistans – Irak (DPK) gegen ihren Gegner, die Patriotische Union Kurdistans (PUK), militärisch die Oberhand gewonnen. Einen wesentlichen Beitrag dazu hatten Verbände der irakischen Armee geleistet; gemeinsam mit ihnen hatten die Kämpfer der DPK Ende August die Stadt Erbil besetzt. Diese Verletzung der nach dem zweiten Golfkrieg im April 1991 eingerichteten kurdischen Schutzzone strafte Washington mit Luftschlägen gegen militärische Ziele in Südirak.

Schlagartig wurde einmal mehr die Komplexität des ›Kurdenproblems‹ deutlich. Denn nicht nur hatte die DPK unter MASUD BARSANI die Unterstützung des Regimes in Bagdad. Vielmehr bezichtigte diese den PUK-Chef DJALAL TALABANI der Allianz mit iranischen Revolutionsgardisten, was die DPK erst dazu gezwungen habe, sich der Unterstützung der Truppen SADDAM HUSAINS zu versi-

Die Kämpfer der von Masud Barsani geführten Demokratischen Partei Kurdistans-Irak feiern am 2. September die Einnahme der nordirakischen Stadt Erbil

chern. Zugleich kündigte die türkische Regierung an, sie wolle auf irakischem Gebiet eine Schutzzone errichten, um grenzüberschreitende Operationen der Arbeiterpartei Kurdistans (Partiya Karkeren Kurdistan; PKK) von irakischem Territorium aus, wo sie sich die Auseinandersetzungen zwischen den beiden verfeindeten Kurdenorganisationen zunutze gemacht habe, zu unterbinden.

Jahrzehnte des Kampfes

Das Kurdenproblem entfaltet neben der ungelösten Palästinafrage heute die größte politische Sprengkraft im Vorderen Orient. Wenn auch – nicht zuletzt aufgrund der Rückwirkungen in Deutschland – das Kurdenproblem in der Türkei im Mittelpunkt der Aufmerksamkeit steht, so haben doch die einleitend skizzierten Ereignisse nachhaltig deutlich gemacht, dass eine Lösung auch Iran und Irak einbeziehen muss.

Mit etwa 23 Millionen Menschen sind die Kurden nach Arabern, Türken und Persern zahlenmäßig das viertstärkste Volk im Vorderen Orient. Davon leben in der Türkei 12, in Iran 5,5 und in Irak 3,4 Millionen. Der Rest verteilt sich auf angrenzende Regionen, insbesondere Syrien (unter 1 Million) und auf den Kaukasus (ca. 100 000). Hinzu kommen in Westeuropa etwa 620 000 Kurden. Hatte noch der Vertrag von Sèvres vom Mai 1920 den Kurden Anatoliens unter bestimmten Bedingungen einen eigenen Staat in Aussicht gestellt, so war davon im Vertrag von Lausanne vom Juli 1923 nicht mehr die Rede. Nicht einmal als ethnische Minderheit tauchen die Kurden darin mehr auf.

Nur sporadisch trat das Problem seither ans Licht der Weltöffentlichkeit. Immerhin mag daran abgelesen werden, dass von einer Lösung der Kurdenfrage nicht gesprochen werden konnte und kann. In der Türkei hatten sich die Kurden zwischen 1925 und 1938 in einer Reihe von Aufständen erhoben. Sie wurden schließlich von der Regierung in Ankara so gründlich niedergeschlagen, dass die Kurdenfrage erst seit 1984, als die PKK durch erste terroristische Aktivitäten von sich reden machte, wieder auf die politische Tagesordnung zurückkehrte. In Iran hatten im Januar 1946 von Ghasi Mohammed angeführte Kurden unter dem Schirm sowjetischer Truppen, die Teile Westirans besetzt hatten, die Kurdische Republik Mahabad ausgerufen. Sie wurde von der Regierung in Teheran im Dezember desselben Jahres zerschlagen. Dass trotz der ethnischen Verwandtschaft von Kurden und Iranern das Zusammenleben nicht problemlos war, zeigte die Unterdrückung kurdischer Autonomiewünsche, die nach der Revolution von 1979 von kurdischen Führern an den iranischen Revolutionsführer Ayatollah Khomeini herangetragen wurden. In Irak geht die Auseinandersetzung zwischen Teilen der kurdischen Bevölkerung und der Regierung in Bagdad auf die frühen Zwanzigerjahre zurück. Der Kampf irakischer Kurden um Autonomie verknüpfte sich seit 1961 für fast zwei Jahrzehnte mit dem Namen Mullah Mustafa Barsani. Zwar räumte die Regierung in Bagdad unter dem damaligen starken Mann Saddam Husain in einem Abkommen vom März 1971 der kurdischen Region eine weitgehende Autonomie ein. Als dies jedoch Papier blieb, gingen die Kurden abermals zur Rebellion über. Manipulation von außen und politische Zerrissenheit verhinderten aber greifbare Erfolge. Wie ernst das Regime in Bagdad die kurdische Gefahr für die Einheit des Landes nahm, kam in einer Politik der systematischen Umsiedlung und Zerstörung kurdischer Dörfer, vor allem an den Grenzen zu den Nachbarländern, in den Achtzigerjahren zum Ausdruck. Der Einsatz von Giftgas gegen die Bevölkerung des Dorfes Halabja im April 1988, bei dem etwa 5 000 Menschen ums Leben kamen, zeigte das Ausmaß an Brutalität, mit dem das Regime das Problem zu lösen suchte.

Die PKK und die Reaktion des türkischen Staates

In den letzten Jahren freilich hat sich in Sachen Kurden die internationale Aufmerksamkeit zunehmend auf die Türkei gerichtet. Hier aber ist das Kurdenproblem untrennbar mit der PKK verbunden. In keinem anderen Staat der Region ist der Kampf zwischen der Regierung und kurdischen Organisationen so anhaltend wie in der Türkei. Keine andere Organisation hat es wie die PKK vermocht, ausländische Unterstützung zu mobilisieren. Und keine andere kurdische Organisation ist so wirkungsvoll organisiert wie diese.

Die Gründung der PKK fällt in das Jahr 1975. Zunächst Teil einer diffusen Szene kleiner und kleinster Gruppen auf dem extrem linken Ende des politischen Spektrums der damaligen Türkei, machte die Gruppe, verstärkt durch kurdische Anhänger und Sympathisanten, als ›APOcular‹ von sich reden. In dieser Bezeichnung kommt zum Ausdruck, wie sehr die PKK durch ihren Gründer Abdullah Öcalan – Apo – (kurdisch Onkel, gleichzeitig Diminutiv von Abdullah) dominiert wird. Der Verfolgung durch die Militärs, die im September 1980 die

Macht übernahmen, entzog sich ÖCALAN durch die Flucht nach Syrien bzw. in den von Syrien dominierten Libanon, wo Mitglieder der Gruppe eine militärische Ausbildung erhielten. Zugleich baute die Gruppe ihr Netzwerk in Europa, vor allem in Deutschland, aus, wo sie unter den kurdischen Migranten aus der Türkei um Unterstützung warb. Durch Schutzgelderpressung und andere kriminelle Aktivitäten konnte sie sich dort ein finanzielles Fundament für ihre Aktivitäten schaffen. Im August 1984 trat die Gruppe durch erste terroristische Anschläge hervor. Sich in den folgenden Jahren verstärkend, blieben die Anschläge nicht länger auf Einrichtungen des türkischen Staates beschränkt; auch mit diesem sympathisierende Kurden wurden Opfer eines immer brutaleren Terrors.
Trotz eines immer massiveren Einsatzes der Sicherheitskräfte gelang es bis heute nicht, die PKK auszulöschen. Vermehrt greifen nun auch die Sicherheitskräfte zu Repressalien, die sich auch gegen einen immer breiteren Kreis von tatsächlichen oder nur vermuteten Sympathisanten richten. Dem Terror der PKK steht der Terror des türkischen Staates entgegen. Die Kluft zwischen diesem und einem immer breiteren Teil der kurdischen Bevölkerung vertieft sich.

Das Dilemma der türkischen Elite

Unübersehbar tut sich die türkische Staatselite schwer, den historischen Stellenwert der ›kurdischen Frage‹ einzuordnen. Nach der Niederwerfung des letzten kurdischen Aufstandes im Jahre 1938 wurde alles Kurdische systematisch aus dem kollektiven Bewusstsein der Türken verdrängt. Getreu der Ideologie des Staatsgründers KEMAL ATATÜRK sollte die neue Türkei ihre Legitimation daraus erfahren, dass diese der Staat der Türken sein würde. Ein Vielvölkerstaat, wie es das Osmanische Reich gewesen war, sollte die neue Türkei nicht sein. Die Bezeichnung ›Kurde‹ wurde im öffentlichen Sprachgebrauch durch den Begriff ›Bergtürke‹ verdrängt.
So blieb es über Jahrzehnte. Bis zum Ende der Sowjetunion, gegen deren Expansion der NATO-Partner Türkei ein festes Bollwerk darstellte, änderte sich daran nichts. Mit dem Beginn der Neunzigerjahre waren schließlich grundlegend neue Rahmenbedingungen gegeben. Als im Frühjahr 1991 der irakische Diktator SADDAM HUSAIN die aufmüpfigen Kurden in seinem Lande zu Hunderttausenden nach Norden über die türkische Grenze trieb, wurde dies für die türkische Staatselite zu einer Herausforderung, waren es doch Kurden, die da kamen. Und nicht länger konnte man zwischen ›Bergtürken‹ auf der eigenen und ›Kurden‹ auf und von der irakischen Seite der Grenze unterscheiden. Es war Präsident TURGUT ÖZAL selbst, der die Dinge beim Namen zu nennen wagte und einräumte, dass auch auf der türkischen Seite ein Kurdenproblem bestehe.
Er ging noch weiter: Als Politiker, dessen pragmatische Orientierung die Türkei seit 1983 tief greifend verändert hatte, deutete er an, dass es dafür auch eine politische Lösung geben müsse. Das Sprachengesetz, das seit 1983 den Gebrauch der kurdischen Sprache verboten hatte, wurde aufgehoben; ÖZAL ging sogar so weit, die Zulassung kurdischsprachiger Medien anzuregen. Zugleich begann er, mit kurdischen Politikern aus Irak, vor allem TALABANI, Gespräche und Verhandlungen zu führen. Er versprach sich davon neue Verbündete gegen die PKK, die das irakische Grenzgebiet als Ausgangs- und Rückzugsbasis für Kommandounternehmen in der Türkei gebrauchte. Der plötzliche Tod des türkischen Präsidenten im April 1993 setzte dieser fast revolutionären Wende der Kurdenpolitik jedoch ein jähes Ende.
TANSU ÇILLER, die im Juni 1993 neue Ministerpräsidentin in Ankara wurde, war nicht stark genug, sich vor allem gegen das Militär durchzusetzen. Hatte ÖZAL es verstanden, dieses aus dem politischen Raum weitgehend herauszuhalten, so kehrte es jetzt dahin zurück. Vor allem über den Nationalen Sicherheitsrat dominierte es bei allen Entscheidungen, die Fragen der Sicherheit betrafen. Die Kurdenfrage gehörte und gehört definitiv dazu. Für die Armee aber gibt es keine ›Kurdenfrage‹. Diese wird reduziert auf den Kampf gegen eine terroristische Organisation, der vorgeworfen wird, die Loslösung eines Teils der Türkei zu betreiben und so die Einheit des türkischen Territoriums zu gefährden.
Die Verweigerung aller Ansätze einer politischen Lösung hat den Konflikt zwischen dem türkischen Staat und einem Teil der Kurden zeitweise zu einem Bürgerkrieg eskalieren lassen. In den Neunzigerjahren entstehende kurdische Parteien wurden eine

VERBREITUNGSGEBIET DER KURDEN

Land	Zahl der Kurden	Anteil an der Bevölkerung
Türkei	ca. 12,0 Mio.	ca. 20,0 %
Iran	ca. 5,5 Mio.	ca. 8,0 %
Irak	ca. 3,4 Mio.	ca. 17,0 %
Syrien	‹ 1,0 Mio.	‹ 7,0 %
Armenien	56 000 *	ca. 1,7 %
Georgien	33 000 *	ca. 0,6 %
Aserbaidschan	12 000 *	ca. 0,2 %
übrige Länder	ca. 0,7 Mio.	
insgesamt	ca. 23,0 Mio.	

* (1989)

Die Bevölkerung von Sirnak im Südosten der Türkei wurde von Soldaten vertrieben, weil die Regierung das Dorf für einen Unterschlupf der PKK hält

nach der anderen verboten. Dörfer wurden entvölkert und umgesiedelt; viele Kurden gingen ins Ausland, vor allem nach Europa. Journalisten, die kritisch die Zustände in den Kurdengebieten untersuchen wollten, wurden umgebracht. Bis zum Herbst 1996 haben etwa 25 000 Menschen bei den Auseinandersetzungen den Tod gefunden.

Zwar gibt es auf türkischer Seite durchaus zahlreiche Stimmen, die eine politische Lösung und die Beachtung von Menschen- und Minderheitenrechten fordern. Sie sind unter Menschenrechtsorganisationen ebenso zu hören wie unter Journalisten oder aus Kreisen der türkischen Wirtschaft. Aber sie haben noch keine Wirkung gehabt. Auf der kurdischen Seite hat die PKK kontinuierlich an Zulauf gewonnen. Aus einer militanten ideologischen Splittergruppe ist sie zu einer Partei geworden, die es immer mehr versteht, nationale Bestrebungen der Kurden zu verkörpern. Entsprechend ist PKK-Chef Öcalan in öffentlichen Erklärungen von den einstigen Forderungen und Zielen abgerückt. Nach Jahren des Kampfes für einen unabhängigen Kurdenstaat scheint er nunmehr eine politische Lösung im Rahmen der Türkei auf der Grundlage umfassender Demokratisierung anzustreben.

Deutschland als Kriegsschauplatz

Anders als in vergangenen Jahrzehnten gelingt es heute nicht mehr, die Kurdenfrage unter den Teppich zu kehren. Die Gründe liegen auf der Hand: Erstens ist mit dem Ende des Ost-West-Konflikts die feste Klammer aufgelöst, die jedem regionalen Akteur seinen unverrückbaren Platz auf der einen wie der anderen Seite gegeben hat. Zweitens gibt es im Nahen Osten selbst, namentlich im unmittelbaren Umfeld der Staaten mit einem kurdischen Bevölkerungsanteil, eine hohe Zahl politischer Akteure, die ein Interesse daran haben, das kurdische Problem auf der Tagesordnung zu halten und zu instrumentalisieren. Und schließlich hat es vor allem die PKK verstanden, in Europa Strukturen aufzubauen, über die die kurdische Sache anhaltende propagandistische wie finanzielle Unterstützung erhält.

Kurdische Protestveranstaltungen, die zum Teil von erheblichen gewalttätigen Ausschreitungen begleitet waren, haben seit 1993 schlagartig den Umstand ins Bewusstsein der deutschen Öffentlichkeit gerückt, dass es sich bei den ›Türken‹ in Deutschland zu einem guten Teil um Kurden handelt; ihre Zahl wird mittlerweile auf 500 000 geschätzt. Seit den ausgehenden Achtzigerjahren organisierte sich in ihren Reihen straff und heimlich ein Ableger der PKK. Mit ihrem marxistischen Programm und ihren kriminellen Methoden, etwa der Schutzgelderpressung, stellt die PKK in Deutschland eine eher linksextremistische Splittergruppe dar, die im Übrigen vom Bundesamt für Verfassungsschutz beobachtet und über die in dessen jährlichen Berichten referiert wird.

Die Unbeugsamkeit des türkischen Staates und die Verhärtung der Kämpfe im Südosten des Landes seit 1993 haben der PKK auch in Deutschland unter den Kurden breiteren Zulauf zuteil werden lassen. Als im Herbst 1993 die Gewalttätigkeit von Kurden auch in Deutschland eskalierte, verbot der Bundesinnenminister die PKK und alle mit ihr in Verbindung gebrachten Organisationen. Das Verbot führte jedoch teilweise zu einer weiteren Radikalisierung der Kurden. Zugleich verloren andere kurdische Organisationen, deren es seit den Achtzigerjahren zahlreiche gegeben hatte, an Einfluss zugunsten der PKK. Ende 1996 war die Partei in Deutschland zwar weiterhin verboten, andererseits blieb aber unübersehbar, dass in der ›kurdischen Szene‹ hierzulande und in Westeuropa kein Weg mehr an der PKK vorbeiführt.

Konfliktgeladener Nationalismus

Allerdings wäre es verfehlt, den politischen Stellenwert der PKK mit dem der PLO unter den Palästinensern zu vergleichen. Während diese den palästinensischen Nationalismus und seine Ansprüche gegenüber Israel, der arabischen Welt und auf in-

ternationaler Bühne vertritt, bleibt der kurdische Nationalismus noch diffus, ja in sich konfliktgeladen. Trotz des Zulaufs zur PKK reicht die politische Haltung unter den Kurden in der Türkei von der Anpassung über die Kollaboration mit Ankara und von der Unterstützung traditionalistisch-islamischer Organisationen bis eben zur Mitgliedschaft bei der PKK. Nicht minder gespalten erscheint der Rest der Kurden außerhalb der Türkei. Es kann kaum anders als tragisch bezeichnet werden, wie die kurdischen Führer in Irak die historische Chance, die sich ihnen nach dem Ende des zweiten Golfkriegs bot, verspielt haben. In der von einer internationalen Truppe geschützten Zone hätten sie die Möglichkeit gehabt, vorstaatliche Strukturen aufzubauen und damit den Nukleus eines künftigen Staates zu schaffen. Ein erster Höhepunkt in dieser Richtung schien mit den Wahlen vom Mai 1992 erreicht zu sein. Die beiden größten Gruppierungen unter den irakischen Kurden, die DPK und PUK, gingen gleich stark aus ihnen hervor.
Was danach kam, ist bekannt und gipfelt in den eingangs erwähnten Ereignissen. Die Ursachen sind vielfältig: Persönliche Rivalitäten, Stammesdenken, Machterwägungen einzelner kurdischer Führer und vor allem auch Kämpfe um Zugang zu den wenigen wirtschaftlichen Ressourcen wären zu nennen. Hinzu tritt die alte Schwäche der Kurden, sich durch auswärtige Einflüsse manipulieren zu lassen. Diese sind aber in der kurdischen Region sehr zahlreich. Die stärksten Einflüsse gehen von der türkischen, der irakischen und der iranischen Regierung aus. So haben diese keinen Zweifel daran gelassen, dass sie die Entstehung eines kurdischen Staates mit allen Mitteln verhindern würden. Dies ist ihnen bislang gelungen. Damaskus hält seine Unterstützung für PKK-Chef Öcalan, der von Syrien aus operiert, aufrecht.
Wie weit der Arm der Regierungen reicht und wie entschlossen sie sind, kurdische Bewegungen zu unterdrücken, zeigte sich unter anderem, als im September 1992 der Vorsitzende der Demokratischen Partei Kurdistans – Iran (DPK-I) in dem Berliner Restaurant ›Mykonos‹ ermordet wurde. Bald schon wiesen die Spuren auf Drahtzieher in Teheran. In dem Ende 1996 noch andauernden Gerichtsverfahren konnte die Verwicklung des iranischen Geheimdienstes bewiesen werden.

Auch die islamischen Kräfte erweisen sich als kompromisslose Nationalisten, wenn es um die kurdische Sache geht, mit der sich bei ihnen die Befürchtung von Separatismus verbindet. Damit dürfte sich auch die Hoffnung vieler Kurden in der Türkei abschwächen, dass Necmettin Erbakan, Vorsitzender der islamistischen Wohlfahrtspartei und seit Ende Juni 1996 türkischer Ministerpräsident, einen neuen Kurs in der Kurdenfrage einschlagen könnte. Das weckt historische Erinnerungen: Als im Sommer 1979 der damalige Führer der DPK-I Ayatollah Khomeini um mehr Autonomie für die kurdischen Regionen ersuchte, wurde Iranisch-Kurdistan der erste Einsatzort für die neu geschaffenen revolutionären Garden. Auch 1996 bleibt die kurdische Frage zwar gestellt, aber ohne auch nur erste Artikulationen einer Antwort.

Kuwait

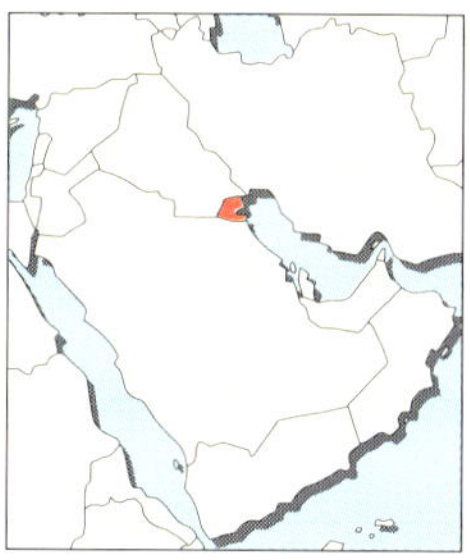

Hauptstadt: Kuwait
Einwohner: 1,5 Mio.
Einwohner/km²: 87
Staatsoberhaupt und Regierungschef:
J. al-Ahmad as-Sabah
BSP/Einwohner:
19 040 US-$

Am 7. Okt. fanden Parlamentswahlen statt, bei denen 229 Kandidaten antraten. Islamisten und ihre Anhänger sowie die Kandidaten der Reg. gewannen die meisten der 50 Sitze; eindeutige Verlierer waren die Oppositionellen, die bisher stärkste Kraft. Erstmals zog ein schiit. Religionsgelehrter ins Parlament ein. Die mit über 75 % hohe Wahlbeteiligung zeigte das unvermindert große Interesse, das die Kuwaiti an ihrer Volksvertretung haben.

Am 7. Oktober wählen die Männer Kuwaits ein neues Parlament. Im Bild das Wahlzentrum von Al Jahra, 30 km nördlich der Hauptstadt

Dass fast die Hälfte der Mandatsträger Neulinge im Parlament sind, wurde mit der Enttäuschung der Wahlberechtigten über die Arbeit der bisherigen Parlamentarier erklärt. ■

L

Ladenschlussgesetz: Die Liberalisierung des bisherigen L. durch den Dt. Bundestag im Sept. brachte in Deutschland ab 1. Nov. längere Ladenöffnungszeiten im Einzelhandel. Montags bis freitags darf zw. 6.00 und 20.00 Uhr, samstags von 6.00 bis 16.00 verkauft werden. Für die vier Samstage vor Heiligabend wurde der abendl. Ladenschluss von 18.00 Uhr beibehalten. Mehr Spielraum erhielten auch die Bäcker bei der Herstellung und dem Verkauf frischer Backwaren an Sonn- und Feiertagen (→Backverbot). Tankstellen ist zugleich der Verkauf von Waren für den Reisebedarf gestattet worden, wie sie auch auf Bahnhöfen und Flughäfen feilgeboten werden.
Die Tarifparteien haben die längeren Öffnungszeiten in ihren Abschlüssen berücksichtigt, die Beschäftigten erhalten bei längeren Öffnungszeiten Zuschläge, die sowohl in Freizeit wie in Geld abgegolten werden.

Landminen: Nach dem Abbruch der UNO-Konferenz zur Überprüfung der Konvention über bestimmte (inhumane) Waffen im Okt. 1995 wurden die Verhandlungen im Jan. und April/Mai in Genf weitergeführt. Die 58 Vertragsstaaten einigten sich schließlich auf eine Erschwerung der Ausfuhr billiger Plastiksprengsätze. Außerdem sollen nach einer Übergangsfrist von neun Jahren nur noch L. verlegt werden, die aufspürbar sind und sich nach einer bestimmten Zeit selbst entschärfen oder zerstören. Auf einer Konferenz in Ottawa im Okt. unterschrieben die Vertreter von 50 Staaten (darunter Deutschland, Frankreich, Großbritannien, Japan und die USA, aber nicht Russland; China hatte keinen Vertreter entsandt) eine Resolution zur umfassenden Ächtung von Landminen.
Im Jan. hatte die dt. Bundesreg. die unbefristete Verlängerung des seit 1994 geltenden Exportmoratoriums für Anti-Personen-Minen beschlossen, im April gab die Bundeswehr den Verzicht auf diese und die zukünftige Vernichtung aller Bestände bekannt. Im Juli startete die Bundesreg. eine diplomat. Initiative als Teil eines Aktionsprogramms gegen Anti-Personen-Minen. Im Mai kündigte der amerikan. Präs. CLINTON die Vernichtung von mehr als 4 Mio. L. an sowie die Absicht, bis zum Jahr 2001 ein generelles Verbot zu erreichen.

Ein britischer Ifor-Soldat klärt bosnische Kinder über die Gefährlichkeit von Landminen auf

Laos

Hauptstadt: Vientiane
Einwohner: 4,9 Mio.
Einwohner/km²: 21
Staatsoberhaupt: N. Phoumsavanh
Regierungschef: K. Siphandone
BSP/Einwohner: 320 US-$

Im März fand der alle fünf Jahre abgehaltene Kongress der regierenden Kommunist. Partei statt, auf dem der Kurs vorsichtiger marktwirtschaftl. Reformen bestätigt wurde. Die wirtschaftl. Lage der Bevölkerung verharrte allerdings weiterhin auf Subsistenzniveau. – 1997 soll L. gemeinsam mit Kambodscha und Birma in die ASEAN aufgenommen werden. ■

Lebed, Aleksandr Iwanowitsch, russ. General a. D. und Politiker, * Nowotscherkask 20. 4. 1950. – L., der frühere Oberbefehlshaber der russ. Truppen in Transnistrien (Moldawien), spielte 1996 bei den Präsidentschaftswahlen wie auch bei der Beendigung des Tschetschenienkriegs eine entscheidende Rolle, verlor aber als Politiker mit eigenen Ambitionen die Unterstützung BORIS JELZINS.
1991 wurde L. auch im Ausland bekannt, als er dem durch einen Putsch bedrängten damaligen Präs. MICHAIL GORBATSCHOW seine Luftlandedivision zur Verfügung stellte. Als er im Mai 1995 aufgrund seiner Kritik am Tschetschenienkrieg nach Sibirien abgeschoben werden sollte, quittierte er den Dienst und ging in die Politik. Der auch wegen seines Beitrags zur Beendigung des Bürgerkriegs in Transnistrien in Armee und Bevölkerung populäre Afghanistanveteran bewarb sich 1996 bei den Präsident-

Aleksandr Lebed (links), der neue nationale Sicherheitsberater, erhält am 18. Juni vom russischen Präsidenten Boris Jelzin seine Ernennungsurkunde

schaftswahlen, erreichte im ersten Wahlgang 14,5% der Stimmen und damit den dritten Platz hinter Amtsinhaber JELZIN und dem Kommunisten SJUGANOW. JELZIN versicherte sich vor der Stichwahl am 3. Juli der Unterstützung L.s und ernannte ihn am 25. Juni zum Sicherheitsberater und Sekr. des Sicherheitsrats. Ab 10. Aug. auch Sonderbevollmächtigter für Tschetschenien, handelte L. mit den Rebellen einen Waffenstillstand und einen Friedensplan aus, fand damit aber nur bedingten Rückhalt bei JELZIN, der L.s wachsenden Einfluss mit Misstrauen verfolgte. Die Rivalitäten zw. L. und führenden Politikern im Kreml spitzten sich so weit zu, dass ihm Innenmin. ANATOLIJ KULIKOW schließlich öffentlich Putschabsichten unterstellte. Zwar gab es dafür keinerlei konkrete Beweise, doch nahm JELZIN den Anlass wahr und entließ L. am 17. Okt. aus allen Ämtern. L. beschloss Anfang Dez. die Gründung einer eigenen Partei.

Lee, David Morris, amerikan. Physiker, *Rye (New York) 20. 1. 1931. – Für die Entdeckung der Suprafluidität von Helium 3 erhielten L., DOUGLAS D. OSHEROFF und ROBERT C. RICHARDSON zus. den Nobelpreis für Physik 1996. Obwohl der Effekt an Helium 4 schon 1938 studiert wurde, konnte er für Helium 3 erst Anfang der 1970er-Jahre nachgewiesen werden, als in der Forschergemeinde schon ernste Zweifel entstanden waren, ob dies für dieses Isotop jemals gelingen würde.
L. studierte an der Harvard University und der University of Connecticut Physik und promovierte 1959 an der Yale University. Danach ging er an die Cornell University in Ithaca (New York), wo er 1968 zum Prof. für Physik ernannt wurde. Abgesehen von einer Reihe Gastprofessuren und Forschungsaufenthalten im In- und Ausland, etwa an der Joseph-Fourier-Universität in Grenoble (1994), blieb er Cornell bis heute treu.

Leipziger Messe: Die Messeneubauten des Hamburger Architektenteams von Gerkan, Marg & Partner wurden am 12. April nach zweieinhalbjähriger Bauzeit eingeweiht. Das Projekt kostete Bund, Land und Stadt 1,35 Mio. DM und umfasst eine Ausstellungsfläche von 30 000 m^2. Das Zentrum der Neuen Messe auf dem Gelände des ehem. Flughafens Mockau im Norden der Stadt bilden die verglaste Stabnetzwerkkonstruktion einer 240 m langen, 80 m breiten und 30 m hohen tonnenförmigen Halle, mehrere mit der Tonne verbundene Ausstellungsgebäude, die Eingangshalle Ost, eine Hochhalle und das Kongresszentrum; seit März sind hier 14 der geplanten 25 Kunstwerke zu sehen, die in den Baukomplex integriert werden. Den Abschluss nach Westen bildet der Messeturm. – Das alte Messegelände im Süden Leipzigs soll in ein Geschäfts- und Wohnzentrum umgebaut werden. (BILD S. 228)

Lengsfeld, Vera, 1981–92 verh. **Wollenberger,** Politikerin (ehem. Bündnis 90/Die Grünen), *Sondershausen 4. 5. 1952. – L. geriet im Dez. in die Schlagzeilen, als sie zus. mit sechs weiteren ehem. Bürgerrechtlern der DDR überraschend der CDU beitrat. Sie begründete ihren spektakulären Schritt v. a. mit der Annäherung ihrer Partei und auch der SPD an die PDS.
L. studierte Philosophie an der Humboldt-Univ. und arbeitete danach als wiss. Mitarbeiterin der Akad. der Wiss. der DDR. 1975–83 war L. Mitgl. der SED. 1981–92 war sie mit KNUD WOLLENBERGER verheiratet. Im Herbst 1981 war L. Mitbegründerin eines der ersten Friedenskreise in der DDR. Wegen ihres öffentl. Eintretens gegen die Atomraketenstationierung in der DDR wurde sie 1983 aus der SED ausgeschlossen und mit Berufsverbot belegt. L. engagierte sich in der Friedensbewegung ›Schwerter zu Pflugscharen‹ und wurde durch ihr unerschrockenes Auftreten zu einer Symbolfigur der Bürgerrechtsgruppen. Wegen ›versuchter Zusammenrottung‹ im Jan. 1988 verurteilt, wurde sie im Febr. 1988 nach England abgeschoben. Am 9. 11. 1989 kehrte L. in die DDR zurück und schloss sich der Grünen Partei an. Vom 18. März bis 2. Okt. 1990 war sie Mitgl. der Volkskammer. Seit 5. 10. 1990 ist sie MdB.

Großes öffentl. Aufsehen erregte im Dez. 1991 der ›Fall Wollenberger‹, als sich nach Einsicht in die Stasi-Akten herausstellte, dass L. jahrelang von ihrem Ehemann für die Stasi bespitzelt worden war.

Physik-Nobelpreisträger David M. Lee im Oktober auf einer improvisierten Feier an der Cornell University

Mit ihrer riesigen Halle aus Stahl und Glas verfügt die Neue Messe Leipzig über das größte Glasgebäude Europas

LER, Abk. für **L**ebensgestaltung-**E**thik-**R**eligionskunde: Das als LER bezeichnete Unterrichtsfach für die 7.–10. Klasse wurde nach dreijährigem Modellversuch am 28. März im brandenburg. Landtag in Potsdam mit den Stimmen der SPD-Mehrheit beschlossen. Konfessioneller Religionsunterricht innerhalb der Schulräume ist nur als freiwilliges Zusatzangebot möglich. Nach der vorangegangenen kontroversen Debatte war als Kompromiss eine Klausel eingefügt worden, die eine Befreiung vom LER-Unterricht erlaubt. Mit dem beginnenden Schuljahr 1996 an 71 Schulen eingeführt, sollen in dem neuen Fach Themen wie Umgang mit Fremden und eth. Aspekte des Schwangerschaftsabbruchs, aber auch Weltreligionen und Esoterik sowie prakt. Hilfen, z. B. Bewerbungstraining, angeboten werden. Die CDU-Landtagsfraktion wie auch die Kirchen reichten im Sommer eine Normenkontrollklage beim Bundesverfassungsgericht ein. Die kath. Kirche rief Anfang Aug. die betroffenen Schüler auf, sich von LER befreien zu lassen.

Lesotho

Hauptstadt: Maseru
Einwohner: 2,1 Mio.
Einwohner/km²: 68
Staatsoberhaupt: Letsie III.
Regierungschef: N. Mokhehle
BSP/Einwohner: 700 US-$

Am 15. Jan. kam König MOSHOESHOE II. bei einem Autounfall ums Leben. Die rasche Wahl seines Sohnes als LETSIE III. zu seinem Nachfolger durch den Rat der 22 Häuptlinge am 18. Jan. und dessen feierl. Inthronisation am 7. Febr. stabilisierte die innenpolit. Lage und neutralisierte Spannungen im Machtdreieck von Armee, weit verzweigter Königsfamilie und herrschender Basutholand Congress Party (BCP), die den MinPräs. NTSU MOKHEHLE stellt.

Lettland

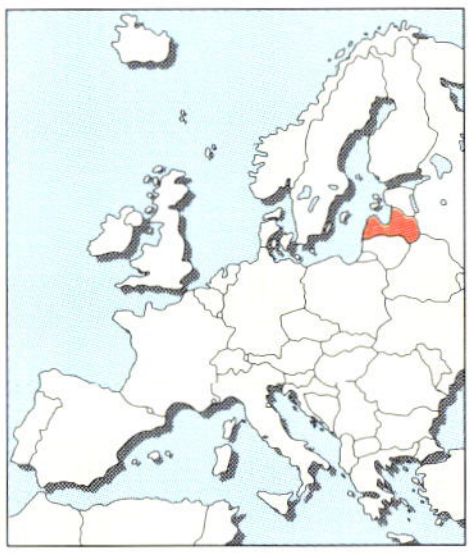

Hauptstadt: Riga
Einwohner: 2,6 Mio.
Einwohner/km²: 40
Staatsoberhaupt: G. Ulmanis
Regierungschef: A. Šķēle
BSP/Einwohner: 2290 US-$

Die lett. Wirtschaft bewegte sich auch 1996 noch in schwierigem Fahrwasser; der parteilose Regierungschef ANDRIS ŠKĒLE und sein Kabinett legten jedoch mit einem rigorosen Sparkurs, der Beschleunigung der Privatisierung und der Förderung ausländ. Direktinvestitionen die Basis für einen nachhaltigen Aufschwung in den kommenden Jahren. Nachdem das BIP auch 1995 nochmals um 2% zurückgegangen war, konnte 1996 ein Wachstum von rd. 1% verzeichnet werden. Die Inflationsrate, die im Vorjahr durchschnittlich noch 26% betragen hatte, konnte fast halbiert werden.
Das rechtsgerichtete Wahlbündnis Vaterland und Freiheit versuchte Anfang Febr., ein Volksbegehren zu lancieren, das die Möglichkeiten der Nichtletten, die v. a. ostslaw. Herkunft sind, stark einschränken sollte. Die Initianten verlangen eine Einbürgerungsquote, die 0,1% jährlich nicht übersteigt. Am 6. Mai entließ MinPräs. ŠKĒLE seinen Landwirtschaftsmin. ALBERTS KAULS von der kommunistisch orientierten Einheitspartei, der der Reg. vorgeworfen hatte, den Landwirtschaftssektor zu zerstören.

Am 18. Juni wählten die Parlamentsabgeordneten Staatspräs. GUNTIS ULMANIS mit 53 von 100 Stimmen für eine zweite dreijährige Amtsperiode. ULMANIS, der als konsequenter Verfechter einer Annäherung L.s an den Westen gilt, bekundete jedoch auch den Willen, die Beziehungen zu Russland zu verbessern. Innenpolitisch wurde von ihm das Problem der ethn. Minderheit als bes. dringlich hervorgehoben. ■

Lewis, Carlton Frederick (Carl), amerikan. Leichtathlet, * Birmingham (Alabama) 1. 7. 1961. – Mit seinem vierten Olympiasieg im Weitsprung hintereinander gewann ›Carl der Große‹ in Atlanta zugleich seine neunte Goldmedaille und holte damit den Medaillenrekord des legendären PAAVO NURMI ein. 1984 war es ihm – wie seinem Vorbild JESSE OWENS 1936 – gelungen, über 100 und 200 m, im Weitsprung und mit der 4 × 100-m-Staffel vierfacher Olympiasieger zu werden. 1988 wiederholte er den 100-m-Erfolg, 1992 den Staffelsieg. Eine Silbermedaille gewann er 1988 über 200 m. Achtmal wurde er Weltmeister: 1983, 1987 und 1991 jeweils über 100 m und mit der Staffel, 1983 und 1987 im Weitsprung; 1991 musste er sich in dieser Disziplin nach 65 ununterbrochenen Siegen in zehn Jahren seinem Landsmann MIKE POWELL geschlagen geben. Zweimal verbesserte er den 100-m-Weltrekord und lief fünfmal Staffel-Bestzeiten.

Mit diesem Satz über 8,50 m springt Carl Lewis zu seiner insgesamt neunten olympischen Goldmedaille

Libanon

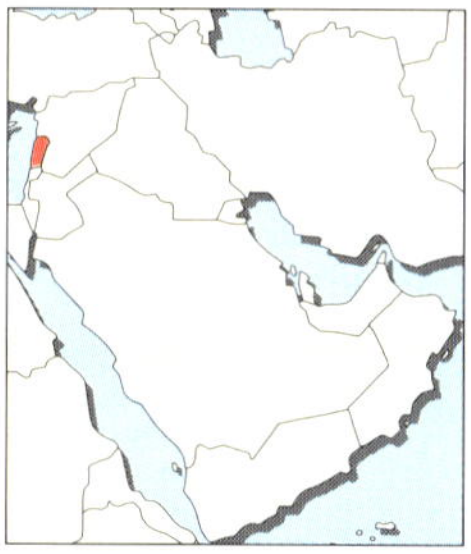

Hauptstadt: Beirut
Einwohner: 3,0 Mio.
Einwohner/km²: 289
Staatsoberhaupt: E. Hrawi
Regierungschef: R. al-Hariri
BSP/Einwohner: 1 496 US-$ (1992)

Der wirtschaftl. Aufbau wurde durch die instabile Lage in der Region stark beeinträchtigt. Für 1996 wurde nur noch ein Wirtschaftswachstum von 3 % erwartet (1995: 7 %). Die Parlamentswahlen, die in fünf Etappen stattfanden (18. und 25. Aug., 1., 8. und 15. Sept.), stärkten die Stellung von MinPräs. RAFIK AL-HARIRI; die überwältigende Mehrheit der 128 je zur Hälfte mit Christen und Muslimen besetzten Mandate in der neuen Nationalversammlung ging an prosyr. Politiker. Am 13. Juni hatte das Parlament eine Wahlgesetzreform verabschiedet, die von Kritikern als völlig ungerecht und rein politisch motiviert bezeichnet wurde.

Operation ›Früchte des Zorns‹

Wiederholte Raketenangriffe der schiit., von Syrien kontrollierten →Hisbollah auf Grenzgebiete im Norden Israels führten im März/April zu schweren Kampfhandlungen und einer Seeblockade der Häfen im Süden des Landes. Israel griff im Rahmen der Operation ›Früchte des Zorns‹ (11.–26. April) erstmals seit 1982 wieder Beirut an; das gerade wieder hergestellte Energiesystem wurde schwer beschädigt. Weitere Angriffe galten der ostlibanes. Beka-Ebene, die unter syr. Kontrolle steht, und v. a. mutmaßl. Stellungen der Hisbollah. Dabei kam es am 18. April zur Bombardierung eines Flüchtlingslagers der UNIFIL bei Qana, bei der über 100 Menschen, meist Frauen und Kinder, aber auch UNO-Soldaten, ums Leben kamen. Die Zerstörung zahlreicher Dörfer und die vielen Opfer unter der Zivilbevölkerung schafften in L. ein Klima der Unversöhnlichkeit und führten zu einer in diesem Maße sonst nicht vorhandenen Solidarität mit der

Blauhelmsoldaten bergen beim UNO-Stützpunkt Qana in Südlibanon die Leichen von Flüchtlingen, die am 18. April bei einem israelischen Vergeltungsschlag auf eine Hisbollah-Stellung getötet worden sind

Hisbollah. Am 27. April kam es unter internat. Vermittlung zu einer Waffenruhe und einem Vertrag, der Angriffe auf zivile Ziele verbietet. Nach dem Rechtsruck bei den Wahlen in Israel und den blutigen Auseinandersetzungen zw. Palästinensern und israel. Sicherheitskräften im Sept. befürchtete die Reg. ein Übergreifen der Unruhen und zog gemeinsam mit Syrien Truppen im S L.s zusammen. ■

Liberia

Hauptstadt: Monrovia
Einwohner: 3,0 Mio.
Einwohner/km²: 27
Staatsoberhaupt: R. Perry (seit 3. 9. 1996)
BSP/Einwohner: 440 US-$ (1987)

Mit der Entlassung des Min. ROOSEVELT JOHNSON, Fraktionsführer des United Liberian Movement for Democracy in Liberia (ULIMO-J), und dem Versuch, ihn wegen Mordes zu verhaften, setzten die Milizenführer CHARLES TAYLOR (National Patriotic Front of Liberia, NPFL) und ALHAJI KROMAH (ULIMO-K) eine Gewaltspirale in Gang. Sie führte im April und Mai zu heftigen Kämpfen in Monrovia, wo sich JOHNSON verschanzt hatte. Angesichts der Kämpfe und Plünderungen wurden die Europäer von amerikan. Streitkräften evakuiert, die internat. Hilfsorganisationen erhielten nur noch eine Nothilfe aufrecht. Viele Liberianer flohen in die Nachbarstaaten, z. T. in kaum seetaugl. Frachtern, die wochenlang vor der westafrikan. Küste umherirrten, da kein Staat das Risiko eingehen wollte, sich mit den Flüchtlingen möglicherweise auch bewaffnete Milizen ins Land zu holen. V. a. die Elfenbeinküste wurde mehr und mehr Opfer von Übergriffen der Rebellen. Der Druck der UNO, der USA und des amtierenden ECOWAS-Präs. JERRY RAWLINGS auf die Milizenführer sowie die Drohung, L. sich selbst zu überlassen, führten am 17. Aug. schließlich zu einem neuen Friedensabkommen. Danach sollen die rd. 60 000 Kämpfer entwaffnet und die Rebellenverbände bis Jan. 1997 aufgelöst werden. Spätestens im Mai 1997 sollen Wahlen stattfinden. Interimist. Staatsoberhaupt als Vors. des Staatsrats wurde RUTH PERRY. ■

Libyen

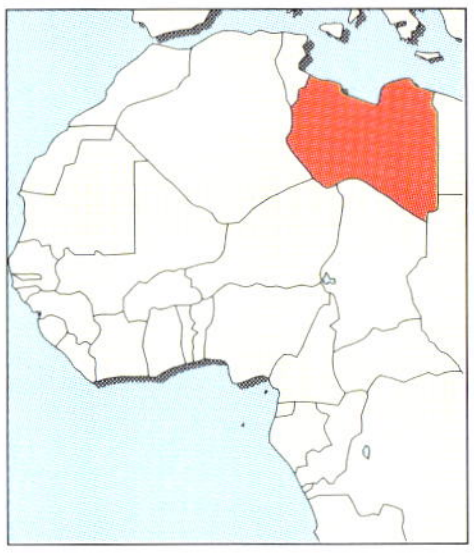

Hauptstadt: Tripolis
Einwohner: 5,4 Mio.
Einwohner/km²: 3
Staatsoberhaupt: M. al-Gaddhafi
Regierungschef: A.-M. al-Kaoud
BSP/Einwohner: 5 410 US-$ (1988)

Die wirtschaftl. Situation verschlechterte sich aufgrund des seit April 1992 andauernden UNO-Embargos gegen L. im Zusammenhang mit dem Bombenanschlag von Lockerbie im Dez. 1988 weiter. Auch die staatl. Wirtschaftspolitik, die so gut wie ausschließlich auf Öl und petrochem. Produkte ausgerichtet ist, trug dazu bei. Die Inflation blieb hoch, und die Arbeitslosigkeit lag weiterhin bei ca. 20 %. Im Zuge dieser Entwicklung verlor MOAMAR AL-GADDHAFI zunehmend an Rückhalt in der Bevölkerung, islamist. Gruppen fanden dagegen mehr Zuspruch. Wiederholt kam es zu Unruhen in der Gegend von Bengasi, deren Niederschlagung von

In Monrovia warten am 5. Mai mehr als 2 000 Liberianer auf das Auslaufen ihres Frachters, auf dem sie vor dem Bürgerkrieg in ihrem Land nach Sierra Leone fliehen wollen

der Reg. als Bekämpfung des Drogenhandels und Schmuggels dargestellt wurde. Im Sept. wurde der ›große, von Menschen gemachte Fluss‹, ein riesiges Bewässerungsprojekt, eingeweiht. Eine von der Reg. als Teil dieses Projekts ausgegebene unterird. Anlage südlich von Tripolis ist nach ausländ. Berichten die im Entstehen begriffene weltweit größte Fabrik für chem. Waffen.
Wie 1995 auch, brach L. im muslim. Pilgermonat provokativ das Luftfahrtembargo und sandte ein Flugzeug mit Pilgern nach Saudi-Arabien. Auch zum arab. Gipfeltreffen in Kairo im Juni reiste GADDHAFI trotz UNO-Verbots per Flugzeug. Wegen der Weigerung L.s, die drei des Anschlags in Lockerbie Verdächtigten auszuliefern, sowie wegen der vermuteten Unterstützung des internat. Terrorismus trat in den USA Anfang Aug. trotz des Protestes v. a. europ. Staaten ein Gesetz in Kraft, das Sanktionen gegen Firmen vorsieht, die in die Ölindustrie in L. investieren. Im Dez. besuchte der ägypt. Präs. MUBARAK überraschend GADDHAFI, der Gegner eines Friedens mit Israel ist, zu Gesprächen über bilaterale und regionale Fragen. ■

Li Donghua, schweizer. Kunstturner chin. Herkunft, * Chengdou 18. 11. 1967. – Mit dem Olympiasieg am Seitpferd krönte L. D. in Atlanta eine ungewöhnl. Karriere. 1987 hatte er am Seitpferd die chin. Meisterschaft errungen, konnte dann aber verletzungsbedingt nicht bei den Olymp. Spielen 1988 in Seoul starten. Ende 1988 heiratete er die Schweizerin ESPERANZA FRIEDLI und siedelte ein Jahr später in die Alpenrep. um. Das Warten auf die Einbürgerung zwang ihn bis 1994 zu einem Verzicht auf internat. Wettkämpfe, jedoch überstand er diese Phase ohne Leistungsverlust: Nach einem dritten Platz bei den Weltmeisterschaften 1994 wurde er, jeweils am Seitpferd, 1995 Weltmeister sowie 1996 WM-Zweiter, Europameister und als Höhepunkt Olympiasieger.

Liechtenstein

Hauptstadt: Vaduz
Einwohner: 30 000
Einwohner/km²: 188
Staatsoberhaupt:
Hans Adam II.
Regierungschef:
M. Frick
BSP/Einwohner:
54 607 US-$

In seiner Thronrede zur Eröffnung des Landtags appellierte Fürst HANS ADAM II. am 3. März an die Verfassungskommission, ihre Arbeit zu einem Abschluss zu bringen, damit die Unsicherheit über die künftige Stellung der Monarchie beendet werde. Eine Beschneidung seiner verfassungsrechtl. Kompetenzen (z. B. des Notverordnungsrechts) lehnte der Fürst ab.
Nach einem Jahr Mitgliedschaft im Europ. Wirtschaftsraum (EWR) zog die Reg. eine überwiegend positive Bilanz. In einem Abkommen mit Russland wurden Teile des als Kriegsbeute aus Österreich verschleppten Archivs der fürstl. Familie im Tausch gegen die vom Fürstenhaus erworbenen Dokumente über die Ermordung des letzten Zaren NIKOLAUS II. zurückgegeben. ■

Litauen

Hauptstadt: Wilna
Einwohner: 3,7 Mio.
Einwohner/km²: 57
Staatsoberhaupt:
A. Brasauskas
Regierungschef:
G. Vagnorius
(seit 28. 11. 1996)
BSP/Einwohner:
1 350 US-$

Nach dreijähriger Amtsführung wurde am 8. Febr. MinPräs. ADOLFAS ŠLEŽEVIČIUS wegen unkorrekten Verhaltens per Dekret von Präs. ALGIRDAS BRASAUSKAS abgesetzt. Der Regierungschef hatte 1995 sein Wissen um den bevorstehenden Zusammenbruch einer Bank dazu genutzt, seine persönl. Ersparnisse in Sicherheit zu bringen. Am 15. Febr. wählte das Parlament MINDAUGAS STANKEVIČIUS, wie sein Vorgänger und der Staatspräs. Mitgl. der Litau. Demokrat. Arbeiterpartei (LDDP), zum neuen Ministerpräsidenten.
Die Parlamentswahlen im Herbst endeten mit einer schmerzl. Niederlage der LDDP und einem Sieg der konservativen Vaterlandsunion unter dem ehem. Präs. VYTAUTAS LANDSBERGIS. Bei der ersten Runde am 20. Okt. – bei der es neben den durch absolute Mehrheit zu erringenden 71 Direktmandaten v. a. um die 70 nach dem Verhältniswahlrecht zu verteilenden Parlamentssitze ging – erreichte die Vaterlandsunion knapp 30 %, die Christl. Demokraten rd. 11 %, während die LDDP nicht über 9 % hinauskam. Nach den Stichwahlen am 10. Nov., die über die noch strittigen 67 Direktmandate entschieden, verfügte die Vaterlandsunion über insgesamt 70 der 141 Sitze; sie ging eine Koalition mit den Christdemokraten ein, die 16 Mandate erringen konnten. Neuer Regierungschef wurde Ende Nov. der als konservativ geltende Wirtschaftsfachmann GEDEMINAS VAGNORIUS von der Vaterlandsunion. Auch die neue Reg. verfolgt nachdrücklich den Kurs der Westintegration und drängt auf einen raschen Beitritt zur NATO und zur Europäischen Union.
Im Rahmen des Besuchs des poln. Präs. KWASNIEWSKI Anfang März wurde ein Abkommen über die Anerkennung der gemeinsamen Grenze unterzeichnet. Das Abkommen hat bes. psycholog. Bedeutung, da es die gutnachbarschaftl. Beziehungen, die nach der Staatsgründung 1918 sehr belastet waren, festigen soll. ■

LITERATUR

Politik und Literatur – Walser und Handke

Zwei Bücher haben 1996 die literar. Diskussion geprägt. ›Finks Krieg‹ von MARTIN WALSER und, vor allen anderen, ›Eine winterl. Reise zu den Flüssen Donau, Save, Morawa und Drina oder Gerechtigkeit für Serbien‹ von PETER HANDKE. In beiden Fällen bestimmten allerdings polit. Urteile stark die literar. Auseinandersetzung. WALSERS Roman über den dt. Justiz- und Politalltag wurde in der Frankfurter Allg. Zeitung vorabgedruckt, als Schlüsselroman annonciert und auch gleich entschlüsselt. Für noch mehr Aufregung als die Anleihen bei der Realität sorgten aber die Rachefantasien des Opfers der von WALSER dargestellten Intrige, des Titelhelden Stefan Fink. Hier fanden sich Sätze, die als nationalist. oder faschistoide Äußerungen des Autors gedeutet wurden. WALSER hat sich gegen den Vorwurf, ein verkappter Faschist zu sein, deutlich verwahrt. Tatsächlich beschreibt er in seinem Roman die psych. Folgen heutigen Machtmissbrauchs. ›Finks Krieg‹ ist der Roman eines Kleinbürgers, der sich in einen ihm selbst unsympath. Hass und Kleinkrieg gedrängt fühlt und so zum Querulanten wird.

Im Gegensatz zu WALSER, der v.a. beschreibt, ergreift HANDKE Partei. Der österr. Autor identifiziert sich mit Serbien und wendet sich gegen dessen öffentl. Vorverurteilung. Hinzu kommt HANDKES unverhohlene Ablehnung von Massenmedien und ihrer Berichterstattung. HANDKES poet. Standpunkt definiert sich durch den ausschließl. Glauben an das, was er unmittelbar sieht, es geht ihm um authent. Wahrnehmung: Die Medien seien in ihrer Huldigung des ›gedächtnislosen Molochs Aktualität‹ dagegen an der Sage von den Serben als Vergewaltiger und Schlächter interessiert. Das Buch erfuhr fast einhellige Ablehnung. V.a. das Wort von den »mutmaßl. Massakern« sorgte für Empörung. HANDKE forsche nicht nach, sondern belasse es bei Beobachtungen, war der Tenor. Außerdem wurde ihm vorgeworfen, dass er seine Erkundungen nur in Serbien, nicht aber in Bosnien, dem Land der Opfer, unternommen habe. Das holte er mit dem ›Sommerl. Nachtrag zur winterl. Reise‹ nach, der aber keine wesentlich neuen Einsichten erbrachte. Für Aufregung im literar. Leben sorgten weiterhin die Enthüllungen von KARL CORINO, STEPHAN HERMLIN habe seine Biographie frisiert, v.a. was seine und seines Vaters Internierung im KZ angehe. Im Osten Deutschlands empfand man diese Vorwürfe als selbstgerechte Sensationsmache und bewusste Demontage einer Leitfigur der ostdt. Literatur.

Neue Prosa und Dichtung

Eine eher untergründige Rolle spielt die DDR in den Büchern von CHRISTA WOLF und MONIKA MARON. CHRISTA WOLF greift in ›Medea. Stimmen‹ wieder auf die griech. Mythologie zurück, um ihre Sicht des Geschlechterverhältnisses zu beschreiben. Sie formuliert den Mythos neu, das Bild der bösen, rachsüchtigen Zauberin aus dem Osten ist bei ihr nämlich Produkt frauenfeindl. Überlieferung. CHRISTA WOLF hat ihre Geschichte von Medea auf versch. Stimmen verteilt, die allerdings alle nach CHRISTA WOLF klingen. MONIKA MARONS Auseinandersetzung mit der Ost-West-Thematik geht dagegen tiefer. Auch in ihrem Beziehungsroman ›Animal triste‹ kommt die Frau aus dem Osten, allerdings schafft MARON es durch eine raffinierte Position der Erzählerin – sie macht sich weit älter, als sie ist –, eine bündige Utopiekritik zu formulieren. MARONS Buch ist ein Eifersuchts- und Liebesroman, darunter aber liegt auch ein überzeugender Zeitroman.

Weitaus froher gestimmt, allerdings auch überfrachtet, ist ›Schönes Deutschland‹, der DDR-Abschieds-Roman von THORSTEN BECKER. Beachtung unter den jungen Autoren fanden auch JAN PETER BREMER mit seiner schlanken, federleichten Parabel ›Der Fürst spricht‹, für die er den Ingeborg-Bachmann-Preis bekam, FELICITAS HOPPE mit den skurrilen, rätselhaften Kurzparabeln, die sie unter dem Titel ›Picknick der Friseure‹ zusammengestellt hat, und MICHAEL ROES mit seinem

Bestseller 1996

In einer Brockhaus-Umfrage Ende Dezember gaben ausgewählte deutsche Buchhandlungen ihre sechs meistverkauften Titel in den Sparten Belletristik und Sachbuch an. Die jeweils häufigsten Nennungen sind in alphabetischer Reihenfolge der Autoren bzw. Herausgeber aufgeführt.

Belletristik:
Nicholas Evans: Der Pferdeflüsterer.
C. Bertelsmann, München 1995
Jostein Gaarder: Sofies Welt.
Carl Hanser, München und Wien 1993
Noah Gordon: Die Erben des Medicus.
Droemer Knaur, München 1995
John Grisham: Der Regenmacher.
Hoffmann und Campe, Hamburg 1996
Javier Marías: Mein Herz so weiß.
Klett-Cotta, Stuttgart 1996
Susanna Tamaro: Geh, wohin dein Herz dich trägt.
Diogenes, Zürich 1995

Sachbuch:
Dale Carnegie: Sorge dich nicht, lebe.
Scherz, Bern u.a. Neuausgabe 1992
Der Duden in 12 Bänden: das Standardwerk zur deutschen Sprache. Bd. 1: Duden, Rechtschreibung der deutschen Sprache.
Dudenverlag, Mannheim, Leipzig, Wien, Zürich 21. Auflage 1996
Ute Ehrhardt: Gute Mädchen kommen in den Himmel, böse überall hin.
Krüger, Frankfurt am Main 1994
Daniel Goldhagen: Hitlers willige Vollstrecker.
Siedler, Berlin 1996
Daniel Goleman: EQ – Emotionale Intelligenz.
Carl Hanser, München und Wien 1996
Günter Ogger: König Kunde – angeschmiert und abserviert.
Droemer Knaur, München 1996

Erstling ›Rub al-Khali – Leeres Viertel‹. Er hat hier zwei fiktive Tagebücher von Reisen nach Jemen kombiniert, eines aus dem 18. Jh., das andere von heute, und dabei nicht nur die Wahrnehmung des Fremden zum Thema gemacht, sondern der dt. Literatur auch ein Stück direkten Wirklichkeitsbezugs zurückerobert. Einen Absturz erlebte der Kraftmeier unter den jungen Autoren, HELMUT KRAUSSER, mit ›Thanatos‹, der sich am eigenen Universalanspruch überhebenden Geschichte eines Überfliegers. ›Verführungen‹, der erste Roman der Dramatikerin MARLENE STREERUWITZ, zeichnet sich dagegen durch äußerste sprachl. Strenge aus. In einem spröden inneren Monolog wird der Leser in bisher nicht gekannter Konzentration in den Alltag und die Erfahrungen einer Dreißigjährigen hineingezogen.

Für die deutschsprachige Lyrik war 1996 kein spektakuläres, aber ein ertragreiches Jahr: Die Bände von ERNST JANDL, FRIEDERIKE MAYRÖCKER und THOMAS KLING zeigen nicht ganz neue Seiten der Dichter, alle drei aber schreiben hier auf höchstem Niveau.

Literarische Rückschauen

Ebenfalls Unspektakuläres gab es bei den Autobiographien: LUDWIG HARIGS ›Wer mit den Wölfen heult, wird Wolf‹ zeigt v. a., wie zeitverhaftet Leben ist, GÜNTHER DE BRUYNS ›Vierzig Jahre‹ handelt von der Behauptung des Selbst in der DDR. VICTOR KLEMPERER hat in ›Leben sammeln, nicht fragen wozu und warum. Tagebücher 1918–1932‹ so unbestechlich beobachtet und notiert wie während des Dritten Reichs, doch haben die früheren Aufzeichnungen nicht die Intensität, Brisanz und Bedeutung der späteren. Für eine neue Sensibilität im Umgang mit dem Dritten Reich steht nicht nur die Diskussion um DANIEL →GOLDHAGENS Buch ›Hitlers willige Vollstrecker‹, sondern auch der Erfolg des Ungarn IMRE KERTÉSZ mit dem ›Roman eines Schicksallosen‹, der bereits zum zweiten Mal ins Deutsche übersetzt, allerdings erst jetzt wahrgenommen wurde. KERTÉSZ beschreibt darin die Deportation aus der Sicht eines Jungen – ihm ist damit der wohl authentischste Roman über das Leben und Überleben im KZ gelungen.

Weltliteratur. Vor allem Irland

Niemand verkörpert die Weltliteratur so wie SALMAN RUSHDIE. Sein neuer Roman, ›Des Mauren letzter Seufzer‹, ist wieder ein polyphones Riesenwerk, entstanden aus dem immensen Kulturraum, in dem sich RUSHDIE bewegt. Obwohl er hier auch seine Erfahrungen mit dem Fetwa verarbeitet und die Zerstörung kultureller Vielfalt beklagt, hat er ein versöhnl. Buch geschrieben. Auch ANTÓNIO LOBO ANTUNES schafft in seinen Büchern einen gewaltigen Stimmenraum, schreibt verwickelt und sprachmächtig; im Ggs. zu RUSHDIE ist der Portugiese aber wirklichkeitsnäher. In ›Die natürl. Ordnung der Dinge‹, einem Roman voll Folter und Gewalt, schälen sich aus einer Familiengeschichte langsam die Geschichte seines Landes und die Allpräsenz des Todes heraus. Kein zeitgenöss. Autor kann so wie ANTUNES wirkl. Geschichte zu einem Roman verdichten, niemand kann wie er aus einem Kaleidoskop subjektiver Stimmen ein objektives Ganzes schaffen. Für die vollkommene Wende zur Realität steht GABRIEL GARCÍA MÁRQUEZ' genaue Reportage ›Notiz einer Entführung‹. GARCÍA MÁRQUEZ zeigt nicht nur den katastrophalen Zustand Kolumbiens, er adelt mit seinem Buch auch die Reportage und macht sie wieder zu einer literar. Gattung.

Literaturpreise 1996
(Auswahl)

Friedenspreis des Deutschen Buchhandels: Mario Vargas Llosa

Georg-Büchner-Preis: Sarah Kirsch

Heinrich-Böll-Preis: 1996 nicht verliehen

Hörspielpreis der Kriegsblinden: Fritz Rudolf Fries

Ingeborg-Bachmann-Preis: Jan Peter Bremer

Johann-Heinrich-Merck-Preis für literarische Kritik und Essay: Ulrich Weinzierl

Johann-Heinrich-Voss-Preis für Übersetzung: Joachim Kalka

Kleist-Preis: Hans Joachim Schädlich

Kranichsteiner Literaturpreis: Burkhard Spinnen

Ludwig-Börne-Preis: Joachim Fest

Nobelpreis für Literatur: Wisława Szymborska

Der von Iran verfolgte britische Schriftsteller Salman Rushdie zeigt sich wieder in der Öffentlichkeit. Auf der Leipziger Buchmesse stellt er am 29. März sein neues Buch vor

Die irische Literatur war 1996 außerordentlich präsent; endlich hatte ein Schwerpunktthema der Frankfurter Buchmesse auch deutl. Auswirkungen auf das dt. Leseverhalten. FRANK MCCOURTS ›Die Asche meiner Mutter‹ wurde überraschend zum Bestseller. MCCOURT schafft das Kunststück, Verzweiflung und Witz nebeneinander bestehen zu las-

sen, der Erstling des über 60-jährigen Autors ist neben einer erinnernden Autobiographie auch ein literar. Meisterwerk. Der Nobelpreisträger SEAMUS HEANEY versucht mit seinen Oxforder Vorlesungen, die er unter dem Titel ›Verteidigung der Poesie‹ vorlegte, den Ort der Lyrik in der heutigen Welt zu bestimmen. Der erfolgreichste irische Autor, RODDY DOYLE, wurde mit ›Die Frau, die gegen Türen rannte‹ ernster, er rückt aber auch noch näher an seine Figuren heran. Und die junge irische Erzählliteratur macht vor allem den Konflikt zw. Tradition und Moderne zum Thema: PATRICK MCCABE mit ›Von Hochzeit, Tod und Leben des Schulmeisters Raphael Bell und wie dem Affengesicht Malachy Dudgeon die Liebe abhanden kommt‹, COLUM MCCANN mit ›Gesang der Kojoten‹ und JOSEPH O'CONNOR mit ›Desperados‹.
Als das große Ereignis 1996 aber dürfte sich die späte Entdeckung von WILLIAM GADDIS herausstellen. GADDIS hat sich nichts Geringeres vorgenommen, als die amerikan. Gesellschaft zu beschreiben. Gleich zwei seiner in den USA bereits in den 70er-Jahren veröffentlichten Bücher sind jetzt auf Deutsch erschienen: In ›Letzte Instanz‹ steht die Justiz im Zentrum, in ›JR‹ sind es Wirtschaft und Geld. GADDIS montiert seine Bücher aus versch. Jargons, er führt dabei ungerührt ein ungeheuer turbulentes Weltgetriebe vor, so klarsichtig und v.a. scharfzüngig wie kaum ein Autor vor ihm. ■

Liverpooler Popakademie, eigtl. **Liverpool Institute for Performing Arts,** Abk. LIPA, Hochschule zur Ausbildung des künstler. Nachwuchses, die Anfang Jan. 1996 in Anwesenheit von Königin ELISABETH II. eröffnet wurde. Ex-Beatle PAUL MCCARTNEY war Mitbegründer sowie Geldgeber der L. P., die in dem ehem. Schulgebäude untergebracht ist, in dem er und GEORGE HARRISON einst die Schulbank drückten. Die L. P. ist die erste Hochschule Europas, die den künstler. Nachwuchs umfassend auf seine Zukunft in der Unterhaltungsindustrie vorbereitet. Pro Jahrgang lernen rd. 200 Musiker, Tänzer, Schauspieler, aber auch Toningenieure, Beleuchter oder Maskenbildner aus Europa und Übersee in einem dreijährigen Studium neben ihrer weiterführenden künstler. Ausbildung, wie man sich in der Unterhaltungsbranche, etwa im Umgang mit Verträgen oder Verkaufsrechten, behauptet. Der Stundenplan beinhaltet außerdem Kurse in Kunst- und Unternehmensmanagement, möglichst angepasst an den Alltag der Unterhaltungsindustrie. Inzwischen gibt es eine eigene Hochschulband: ›The Salvation‹.

Lohnfortzahlung, →Entgeltfortzahlung.

López-Affäre: Am 29. Nov. löste der VW-Aufsichtsrat den Vorstandsvertrag von JOSÉ IGNACIO LÓPEZ DE ARRIORTÚA, der im März 1993 von General Motors (GM) zur Volkswagen AG (VW) gewechselt hatte, auf dessen Wunsch hin auf. Der damalige Wechsel des Spitzenmanagers hatte für Aufsehen gesorgt und einen langwierigen Rechtsstreit zw. VW und GM nach sich gezogen. Bereits im April 1993 hatte die GM-Tochtergesellschaft Adam Opel AG Strafantrag bei der Darmstädter Staatsanwaltschaft gegen das für Produktionsoptimierung und Beschaffung zuständige Vorstandsmitgl. LÓPEZ wegen Industriespionage zulasten der Adam Opel AG und GM gestellt.
Zur Chronologie der L.-A. 1996: Im März erhoben GM und Opel vor einem amerikan. Gericht in Detroit Schadensersatzklage gegen VW wegen des Vorwurfs der kriminellen Verschwörung und des Geheimnisverrats; im Mai reichte VW beim Frankfurter Landgericht Klage wegen Rufschädigung gegen GM und Opel ein (diese wurde im Okt. abgewiesen); am 18. Nov. kündigte das Amtsgericht Braunschweig den Beginn des Schadensersatzverfahrens für Sept. 1997 an; am 26. Nov. entschied ein amerikan. Gericht, dass VW nach einem Gesetz gegen organisierte Kriminalität angeklagt werden darf; am 27. Nov. forderten GM und Opel als Bedingung für einen außergerichtl. Vergleich die Entlassung von LÓPEZ sowie Schadensersatz und eine öffentl. Entschuldigung. Anfang Dez. erhob die Staatsanwaltschaft Darmstadt gegen ihn und drei seiner Mitarbeiter Anklage wegen Unterschlagung und Verrats von Betriebsgeheimnissen.

Feuerwehrleute bekämpfen am 18. Januar den verheerenden Brand in einem Lübecker Asylbewerberheim

Lübeck, Hansestadt L., kreisfreie Stadt in Schleswig-Holstein, rd. 210 000 Ew. – Am 18. Jan. brach in dem Asylbewerberheim in der Hafenstraße durch Brandstiftung ein Feuer aus, das zehn Menschen tötete und 38 z. T. schwer verletzte. Drei der rechtsradikalen Szene zugerechnete Männer aus Mecklenburg-Vorpommern, die in der Nähe des Tatorts gesehen worden waren, wurden festgenommen, konnten aber ein Alibi nachweisen. Die Ew. L.s reagierten auf die als fremdenfeindlich eingestufte Tat mit Solidaritätsbekundungen und Demonstrationen gegen Rassismus. Überraschend war daher die Festnahme eines der Heimbewohner; der 20-jährige Libanese SAFWAN EID soll nach Aussage eines Sanitäters die Brandstiftung gestanden haben. EID beteuerte jedoch seine Unschuld. Im Juli hob das Landgericht den Haftbefehl gegen ihn zwar auf, ließ jedoch die Klage wegen schwerer Brandstiftung und Körperverletzung zur Hauptverhandlung (seit 16. Sept.) zu. Widersprüchl. Aussagen und die während der Verhandlung zutage getretenen Differenzen zw. den Hausbewohnern sowie Versäumnisse der Ermittler erschweren die Wahrheitsfindung für das Gericht, das bis Ende 1996 noch zu keinem Ergebnis gekommen war.

Lucid, Shannon Wells, amerikan. Astronautin, *Schanghai 14. 1. 1943. – L. absolvierte vom 22. März bis 26. Sept. in der russ. Raumstation Mir den mit 188 Tagen längsten Weltraumaufenthalt einer Frau und eines westl. Astronauten überhaupt, nachdem dieser wegen verspäteter Rückholung mit dem Spaceshuttle um sieben Wochen verlängert worden war.
L., die in Bethany (Oklahoma) aufwuchs, studierte Chemie und Biochemie und war nach ihrer Promotion 1973 in Oklahoma City u.a. in der medizin. Forschung und als Pilotin tätig. 1978 wurde sie NASA-Astronautin und nahm vor der Mir-Mission bereits in den Jahren 1985, 1989 (Start der Raumsonde →Galileo), 1991 und 1993 an vier Spaceshuttle-Flügen teil. Damit kommt L. auf nunmehr 223 Tage Gesamtflugdauer.

Lutherjahr: Aus Anlass des 450. Todestags des Reformators MARTIN LUTHER († 18. Febr. 1546) fand eine Vielzahl von Veranstaltungen wie Gottesdienste, Vorträge und Ausstellungen statt. Zu diesem ersten ›runden‹ Luther-Gedenktag seit der dt. Vereinigung war das Bemühen erkennbar, Christen aller Konfessionen einander näher zu bringen. Beim Festakt der Stadt Eisleben (Sachsen-Anhalt), LUTHERS Geburts- und Sterbestadt, wies Bundespräs. ROMAN HERZOG am 18. Febr. darauf hin, dass LUTHER den Deutschen nicht allein gehöre, jedoch ihnen gemeinsam. Die zentrale Gedenkveranstaltung der Ev. Kirche in Deutschland (EKD) fand in Eisenach statt. Außerdem wurde ein gemeinsames Wort der ev. und kath. Bischöfe zur Bedeutung LUTHERS für die Gegenwart veröffentlicht. In nahezu allen deutschsprachigen Zeitungen erschienen z.T. sehr ausführliche theolog. Artikel zu diesem Anlass und seiner Thematik. Dabei wurde u.a. gefordert, die kath. Kirche solle, ähnlich wie im Fall GALILEIS, endlich ihr Urteil über LUTHER offiziell revidieren.

Shannon W. Lucid sichtet zu Beginn ihres Mir-Aufenthalts gemeinsam mit ihren russischen Kollegen (links Juri Usatschow) die Nahrungsmittelvorräte

LUTHERJAHR

Martin Luther und seine Wirkung in die Gegenwart

Der Autor:
Horst Hirschler, geb. 1933. Landesbischof der Evangelisch-Lutherischen Landeskirche Hannovers und Leitender Bischof der Vereinigten Evangelisch-Lutherischen Kirche Deutschlands (VELKD). Vizepräsident des Lutherischen Weltbunds

Vor 450 Jahren, in den frühen Morgenstunden des 18. Februar 1546, starb MARTIN LUTHER in Eisleben. Was ist durch dieses Luthergedenkjahr 1996 an Wirkungen LUTHERS in unserer Zeit sichtbar geworden?

Beobachtungen im Lutherjahr 1996

Bereitschaft zum Hören

In unserem Land ist eine erstaunliche Offenheit für LUTHER zu finden. Das zeigte sich u.a. darin, dass sich kaum eines der öffentlichen Medien dem Luthergedenkjahr verweigerte. Es gab allenthalben eine Fülle von in der Regel außerordentlich gut besuchten Veranstaltungen. Dies gilt im Übrigen auch für andere, z.B. die skandinavischen Länder, Teile der USA und Kanada. Auch der Büchermarkt nutzte dieses Gedenkjahr erfolgreich. Das liegt daran, dass im Bereich der protestantisch geprägten Bevölkerung innerhalb und außerhalb der Kirche LUTHER nach wie vor als ein Mensch gilt, mit dem man sich – zumindest teilweise – identifizieren kann und der als Ausleger der Bibel, als Zeuge eines erdverbundenen Glaubens und als Reformator der Kirche Autorität besitzt.
Im Bereich der römisch-katholischen Kirche, in der LUTHER als Antichrist beurteilt wurde – LUTHER hatte seinerseits den Papst als Antichrist bezeichnet –, ist in diesem Jahrhundert ein beachtlicher Wandel geschehen. Die Lutherforschungen von

Adolf Holl, Peter Mann, Otto-Hermann Pesch u.a. haben Luthers Glaubensverständnis und seine Person auch für katholische Christen interessant gemacht. Daneben gibt es über den kirchlichen Bereich hinausgehend eine breite kulturell vermittelte Aufgeschlossenheit und Erwartung Luther gegenüber. Immer noch spielt sein Auftritt vor Kaiser und Reich am 17./18. April 1521 in Worms eine bezeichnende Rolle. Luther gilt als Sinnbild der Unerschrockenheit und der persönlichen Gewissensfreiheit. In den Ansprachen wurden immer wieder Luthers Sätze vor dem Reichstag zitiert: »... Da mein Gewissen in den Worten Gottes gefangen ist, kann und will ich nichts widerrufen, weil es gefährlich und unmöglich ist, etwas gegen das Gewissen zu tun. Gott helfe mir. Amen.«

In der Schlosskirche zu Wittenberg wird am 31. Oktober, dem Tag des Thesenanschlags von 1517, der Reformationsgottesdienst gefeiert

Luther kommt an, weil es bei ihm fast immer um elementare Glaubenserfahrungen des normalen Menschen geht. Außerdem erweist sich die historische Verfremdung als nützlich: Seine Gedanken gelten mir nicht direkt, deshalb kann ich das gelassen auf mich wirken lassen. Zudem gibt es die religiös und kulturell gestützte Erwartung, dass bei Luther ein Zugewinn an Lebenstiefe zu holen ist. Gleichzeitig haben freilich überaus viele Menschen in unserem Land von Luther überhaupt keine Ahnung. Das Lutherjahr hat solcher Vergesslichkeit zumindest hier und da ein wenig abhelfen können.

Der Tod und das Leben

Es war nahe liegend, dass sich fast alle Redner und Verfasser von Texten mit den Berichten um Luthers Sterben und Tod befassten. Er redete sein ganzes Leben lang ohne Scheu vom Thema Tod und von seinem eigenen Tod: »Wenn ich wieder heim gen Wittenberg komm, so will ich mich alsdann in den Sarg legen und den Maden einen feisten Doktor zu essen geben.« In seinem letzten Gebet sagt er: »... Ich danke dir, dass du mir deinen lieben Sohn Jesum Christum offenbart hast, ...welchen der leidige Papst und alle Gottlosen schänden, verfolgen und lästern... O himmlischer Vater, ob ich schon diesen Leib lassen und aus diesem Leben hinweggerissen werden muss, so weiß ich doch gewiss, dass ich bei dir ewig bleiben und aus deinen Händen mich niemand reißen kann.« Dies ist die Sprache christlicher Zuversicht, ohne der harten Realität des Todes auszuweichen oder auch den Streit in der Todesstunde zu unterdrücken.

Luthers letzte Briefe, besonders die an seine Frau Katharina von Bora, haben wieder große Aufmerksamkeit gefunden: »Meiner lieben Hausfrau, Katharin, Ludherin, Doktorin, Saumarkterin zu Wittenberg, meiner gnädigen Frau zu Händen und Füßen! Gnade und Friede im Herrn. Lies, liebe Käthe, das Johannesevangelium und den Kleinen Katechismus, wovon du einmal sagtest: ›Das ist doch alles in dem Buch von mir gesagt.‹ Willst du dich sorgen für deinen Gott, gerade als wäre er nicht allmächtig? Der könnte doch 10 Doktor Martinus schaffen, wenn der einzige alte ersöffe in der Saale... Lass mich zufrieden mit deiner Sorge: Ich habe einen besseren Sorger, als du und alle Engel sind, der liegt in den Krippen und hängt an einer Jungfrau Zitzen, aber sitzet gleichwohl zur rechten Hand Gottes, des allmächtigen Vaters...« (7. 2. 1546). Die Briefe sind voll von Gottvertrauen und Humor. Man merkt ihnen nicht an, dass er mit einer schweren Angina pectoris zu kämpfen hat.

Zwischendurch freilich gibt es auch Ausfälle gegen die Juden. Briefstellen, die man – nach unserer deutschen Geschichte in diesem Jahrhundert – nur mit Grausen lesen kann. Es ist kein Rassismus, es ist das Empfinden, dass Leute, die so hartnäckig an Christus nicht glauben wollen, ihn ein Hurenkind und Maria eine Hure schimpfen, den Zorn Gottes herausfordern werden und dadurch der Gemeinschaft schaden. Dass auch seine bösen Worte Gottes Zorn herausfordern könnten, fiel Luther nicht ein. Er wusste es als jüngerer Mensch besser. Aber ein evangelischer Heiliger ist immer auch ein Mensch, der die Vergebung der Sünden real braucht.

Historische Stätten

Die Ausstrahlung der Lutherstätten zu nutzen war in früheren Jubiläumsjahren immer schon höchst erfolgreich. Die Verbindung von Tourismus und Lutherjubiläum war nützlich und ist manchmal erheiternd, so z.B. Luthers Hochzeit mit Hochzeitszug, nachgefeiert in Wittenberg am 13. Juni, Luthers und Katharina von Boras Hochzeitstag. Auch die Reise nach Worms 1521 wurde noch einmal nachgespielt und durch das Fernsehen weit verbreitet. Dabei ist typisch, dass es still wird, sobald der Schauspieler, der Luther darstellt, spricht. Vielleicht fällt doch etwas ab für das Leben. Sicherlich auch Kurioses: In Eisleben gibt es nun ›Reformatorbräu‹, obwohl doch KÄTHE das Bier braute.

Luthers Entdeckungen

Gotteserfahrungen

Vieles im Lutherjahr blieb äußerlich. Aber angestoßen dadurch kann man tiefer eintauchen. Welche Wahrheiten LUTHERS packen die Menschen heute wie damals? Ein junger Pastor aus Thüringen berichtete: »Bald nach der Wende begann ich mit dem Religionsunterricht im Gymnasium. Zum ersten Mal kam ich in das Lehrerzimmer. Ich stelle mich vor: Ich bin Pfarrer. Ich gebe jetzt hier Religionsunterricht.« Wie sich nachher herausstellt, ist von den Lehrerinnen und Lehrern niemand in der Kirche. Eine feindselige Stimmung alter Art schlägt ihm entgegen: »Was soll jetzt ein Pfarrer hier? Was soll das mit Gott? Den gibt es doch gar nicht!« Darauf sagt der junge Mann spontan: »Woran du dein Herz hängst, das ist dein Gott, sagt LUTHER.« »Wieso?«, kommt überrascht zurück. »Sie haben auch Ihren Gott«, antwortet der Pastor. »Das, woran Sie Ihr Herz hängen oder worauf Sie sich verlassen, das ist Ihr Gott.« Aus der Verblüffung darüber und dem Nachfragen entwickelte sich im Laufe der Zeit ein Gespräch mit vielen der Lehrer.
LUTHERS geniale Erklärung zum ersten Gebot im Großen Katechismus von 1528 war von dem Pfarrer spontan genutzt worden. Sie ist heute direkt verständlich. Sie reizt zur Nachfrage und zur Besinnung. Welches sind die Ersatzgottheiten unserer Zeit? An welche Errungenschaften und Ideologien hängen Menschen ihr Herz und schaden damit sich selbst und anderen? Die Nennung Gottes in der Präambel des Grundgesetzes will ideologische Ersatzreligionen abwehren. Auch wer nicht an Gott glaubt, muss ein lebendiges Interesse daran haben, dass seine Stelle zumindest unbesetzt bleibt.

Christus für uns

Zur Realität der Gotteserfahrung, die LUTHER uns vermittelt, gehört die Verborgenheit Gottes, der ›deus absconditus‹. Gott ist nicht einfach der harmlose, liebe Gott. In dem, was geschieht, handelt er oft unverständlich. Die frühe Christenheit hat das als Schlüsselereignis unserer Welt durchstanden. JESUS aus Nazareth, der ihren Gott vertrat in seiner Predigt und seinem heilenden Helfen, geriet plötzlich ins Räderwerk der Machtpolitik. Er wurde umgebracht am Kreuz. »Wer am Holz hängt, ist von Gott verflucht«, steht bei MOSE (5. Mose 21,23). Also war es nichts mit der Stellvertretung Gottes. Die Jünger flüchteten, PETRUS verleugnete ihn. Dies ist die Erfahrung des verborgenen Gottes. Dann sahen die Anhänger JESU zu Ostern den Gekreuzigten offenbar als Lebendigen. Dadurch verwandelte sich für sie alles. Das Kreuz im österlichen Licht zeigte ihnen nun auch den im Unverstehbaren anwesenden Gott. So wie JESUS aus Nazareth zu den Mühseligen und Beladenen ging und sie der Gottesnähe gewiss machte, so befindet er sich am Kreuz auch zwischen denen, die so elend und von Gott verlassen sterben müssen. Im gekreuzigten CHRISTUS, im österlichen Licht ist Gott gerade dann da, wenn er nicht mehr erfahrbar ist. Das ist LUTHERS Glaube.
1527 ist die Pest in Wittenberg. Am 1. November schreibt LUTHER : »In meinem Hause ist allmählich ein Hospital entstanden... So sind äußerlich Kämpfe, innerlich Ängste und sehr bittere; Christus sucht uns heim...« Die Pest als Heimsuchung CHRISTI? Nein, möchte man sagen, das ist doch eine Heimsuchung durch den verborgenen Gott. Aber LUTHER schreibt bewusst ›Heimsuchung Christi‹, weil er weiß, dass auch in dem Angst machenden, uns zur Gotteslästerung treibenden Geschehen der Pest der Gott wirksam ist, den er durch den gekreuzigten und auferstandenen CHRISTUS kennt. Schon in seinem frühen Bestseller ›Die Bereitung zum Sterben‹ (1519) schrieb LUTHER: »Darum sieh Christus an, der um deinetwillen von Gott ist verlassen gewesen... Da er sprach am Kreuz: ›Mein Gott, mein Gott, warum hast du mich verlassen?‹ Siehe, in dem Bilde ist überwunden deine Hölle und deine ungewisse Zukunft gewiss gemacht. Lass dir das nur nicht aus den Augen nehmen, und suche dich nur in Christus und nicht in dir, so wirst du dich ewig in ihm finden.« LUTHERS Wirkung besteht im Tiefsten darin, dass er empfiehlt, sich sowohl bei der Bewertung des eigenen Schicksals wie bei der Suche eines inneren Halts an den gekreuzigten CHRISTUS zu halten.

Die Freiheit eines Christenmenschen

In unserer Zeit wird Freiheit in der Regel als Freiheit von äußerem Zwang gedacht. Im Gegensatz dazu weist LUTHER wirksam darauf hin, dass Freiheit zuerst eine innere Freiheit angesichts der

Am 13. April startet in Wittenberg die nachgestellte Reise Luthers zum Reichstag nach Worms, die er an jenem Tag im Jahr 1521 antrat. Tags darauf macht der Tross Station im Erfurter Augustinerkloster: In der Mitte der Schauspieler Kurt Seifert als Martin Luther, links Oberbürgermeister Manfred Ruge in mittelalterlicher Tracht

Zwänge des Lebens sein muss. Zusammengefasst geht er von folgenden Grundüberlegungen aus: Wir gründen unser Selbstwertgefühl normalerweise auf unsere Taten. Leiste ich etwas, so bin ich etwas. Dadurch sind wir freilich insgeheim von einer tiefen Angst besetzt: Was ist, wenn ich nichts leiste? Was ist, wenn ich krank, wenn ich arbeitslos werde, wenn ich mein Gesicht verliere? Was rechtfertigt mein Dasein, wenn ich nichts mehr bin vor den Menschen und vor mir selbst? Wer sich auf sich selbst gründet, ist aus Angst um sich selbst in einer tiefen Weise unfrei. LUTHERS Überzeugung ist jedoch, dass die Botschaft vom gekreuzigten CHRISTUS uns frei macht von solcher Angst um uns selbst. Das Kreuz CHRISTI zeigt: Selbst wenn ich mich von Gott und allen guten Geistern verlassen fühle, dieser gekreuzigte Christus hat die letzte Gottesferne durchstanden, damit ich begreife, dass ich nie wertlos bin. Gott ist im gekreuzigten und auferstandenen CHRISTUS nahe. Dadurch bekommt der Mensch eine innere Stabilität und Zuversicht zugesprochen, die ihn verwandelt und prägt.

»Ein Christenmensch lebt nicht in sich selbst, sondern in Christus und in seinem Nächsten«, sagt LUTHER am Ende seiner berühmten Schrift ›Von der Freiheit eines Christenmenschen‹ (1520). Wer in dieser Weise einen inneren Halt hat, der hat den Kopf und die Hände frei für seinen Nächsten. Er soll seinen weltlichen Beruf als Gottesdienst im Alltag der Welt begreifen, durch den er dem Nächsten dient.

In diesem Sinne soll der Christ auch in der Politik entschlossen mitwirken. Im Menschen, sagt LUTHER, ist das Chaotische angelegt, das aus der egozentrischen Angst stammt. Gott schützt diese Welt vor dem Chaotischen auf zweierlei Weise: Da ist zuerst die Regierweise Gottes zur Rechten, nämlich die Predigt. Die Predigt soll den Menschen im Herzen treffen, damit er von innen heraus überzeugt das tut, was richtig und nötig ist. Da aber, so LUTHER, die Christen selten sind, man auch nicht warten kann, bis alle das Richtige von Herzen tun, hat Gott noch eine andere Regierweise zur Linken. Sie wird wahrgenommen durch die Vertreter der weltlichen Ordnung. Da gibt es Radarfallen, Gesetze und Strafen. Wer dieser weltlichen Ordnung dient, tut damit einen Gottesdienst.

LUTHER behauptet nun: Keine der beiden Regierweisen Gottes ist ohne die andere genug auf der Welt. Kein Staat kann existieren, wenn es nicht eine Ethik der Rechtsbefolgung aus Überzeugung gibt. Ebenso braucht die Predigt Menschen, die bereit sind, die gesellschaftliche Verantwortung zu übernehmen. In alten Kirchen ist der Sitzplatz für die Vertreter der Obrigkeit immer gegenüber der Kanzel. Das bedeutet, auch sie sollen sich zu Herzen nehmen, was gepredigt wird. Aber nachdem sie es gehört haben, sollen sie an ihren ihnen von Gott verordneten Dienst im Regiment zur Linken gehen und selbstständig unter Gott, ohne klerikale Bevormundung, mit mittlerem Augenmaß, selbst verantwortlich das für notwendig Erachtete getrost tun. Ganz dumm ist das bis heute nicht.

Luthers Wirkungen heute

Die Kirchen und Luther

Die Entdeckungen LUTHERS in der Bibel wirken nur, wenn sie wach gehalten werden. Sie werden auch in der Kirche leicht vergessen. Immer wieder ist unklar, in welchem Verhältnis das Handeln des Menschen zu seinen Hoffnungen steht. Auch in der Predigt wird die Hoffnung oft auf den durch christliche Motivation verwandelten handelnden Menschen gesetzt. LUTHER würde sagen: ›Wenn du die Hoffnung auf deine zukünftigen Taten setzt, dann Gnade dir Gott. Das ist ganz falsch. Du musst jenseits deiner Taten einen festen Halt haben. Im anderen Falle belastest du die notwendigen Taten der Menschen mit unsinnigen Heilserwartungen. Erst aus der in CHRISTUS gegründeten Freiheit eines Christenmenschen bekommt das Handeln, die Leistung, das gute Werk – alles das ist ja nötig und gut –, den richtigen relativen und pragmatischen Stellenwert. Die Taten dürfen nicht selbst Hoffnungsträger sein. Sie sind Früchte, Ergebnisse der Hoffnung, die aus dem Glauben kommt. Das erst macht sie wahrhaft menschlich. Wir sollen Menschen und nicht Gott sein.‹

LUTHERS Rechtfertigungslehre, d. h. die Lehre, wie der Mensch seine Identität findet, ist gegenwärtig ökumenisch wichtig. Nach langen Vorarbeiten, auch der Kirchen in Deutschland, wird zwischen den Kirchen des Lutherischen Weltbunds und der römisch-katholischen Kirche versucht, eine ›Gemeinsame Erklärung zur Rechtfertigungslehre‹ zu formulieren. Durch die lutherischen Kirchen sind die anderen evangelischen Kirchen in diese Gespräche mit eingeschlossen. Das ist auf einem guten Weg. Eine Verständigung in der Rechtfertigungslehre muss sich dann aber auch auf die gegenseitige Anerkennung des Abendmahls und der kirchlichen Ämter auswirken.

Luther in Kultur und Gesellschaft

Lassen sich kulturelle, gesellschaftliche Nachwirkungen LUTHERS ausmachen? Man darf sich das nicht zu einlinig vorstellen. Alle nennbaren Phänomene haben in der Regel mehrere Väter und Mütter. In Anlehnung an THOMAS NIPPERDEY will ich fünf Bereiche der Nachwirkungen LUTHERS in der modernen Welt nennen:

1. Unsere Gegenwart konzentriert sich auf den Einzelnen, seine Rechte, seine Freiheit, seine Autonomie. LUTHER vor dem Reichstag in Worms sieht aus wie solch ein Einzelner. Die Quelle seiner Freiheit freilich ist CHRISTUS.
2. Die moderne Welt ist eine Welt der Reflexion und des Wissens. Die protestantische Kultur ist nicht zuerst eine Kultur des Auges, sondern des Ohres. Die evangelischen Prediger tragen nicht das Priestergewand, sondern den Talar der Lehrenden.
3. Die moderne Welt ist eine Welt der Arbeit, der Leistung, der Disziplin und der Effizienz. Arbeit ist für LUTHER weltlicher Gottesdienst und Dienst am Nächsten. Dies ist nicht die moderne Selbstlegitimation durch Arbeit. LUTHERS Motto ist manch-

Ausschnitt aus dem Gemälde ›Die Predigt‹ von Lucas Cranach d. Ä. mit Martin Luther auf der Kanzel

mal noch bei der Feuerwehr zu lesen: ›Gott zur Ehr, dem Nächsten zur Wehr‹.
4. Die moderne Welt besteht aus dauernder Veränderung und Innovation. Die Rechtfertigung seiner Existenz ist für LUTHER nie sicherer Besitz. Er braucht den Zuspruch der Gnade immer neu. Das setzt eine unaufhörliche Selbstüberprüfung voraus.
5. Die gegenwärtige Welt steht nicht mehr unter der Vormundschaft der Kirche. LUTHER hat dem gesellschaftlich Verantwortlichen eine eigenständige Gottesunmittelbarkeit und Verantwortlichkeit gegeben. Die Sphäre christlichen Handelns ist der Alltag der Welt.
Auf diese Weise lassen sich manche Zusammenhänge feststellen. LUTHERS Ansatz lebt freilich von CHRISTUS als dem Grund christlicher Freiheit.

Such dich nur in Christus

Der entscheidende Unterschied zwischen LUTHER und unserer gegenwärtigen Welt ist, dass LUTHER den Menschen nicht von seinem Handeln her definiert oder ihn darin aufgehen lässt. Das Grunddogma unserer Gegenwart ist der die Welt gestaltende und umgestaltende Mensch. Dafür haben wir viel Sprache. Viel zu wenig Sprache hat, dass wir Kinder eines rätselhaften, auch unser menschliches Handeln im Guten wie im Bösen einschließenden, Schicksals sind. Da hinken wir sprachlos und seinsvergessen dahin. LUTHER erinnert daran, dass es vernünftig ist, dem Schicksal Sprache zu geben, sich als Gottes Geschöpf zu begreifen und zu versuchen, sich zum Danken, zum Klagen, zum Handeln oder zum Annehmen herausfordern zu lassen. Er hat dafür eine faszinierende Sprache. Als er 1546 stirbt, malt sein Freund LUCAS CRANACH D. Ä. ihm für den Altar der Stadtkirche zu Wittenberg ein Gedächtnisbild: LUTHER steht auf der Kanzel. Er zeigt nur auf den gekreuzigten CHRISTUS.
Die Luther-Zitate wurden entnommen aus: Luther, Martin: Werke. Kritische Gesamtausgabe. Auf zahlreiche Bde. in 4 Abteilungen berechnet. Weimar 1883 ff. Teilw. Nachdr. Graz 1961 ff. (Weimarer Ausgabe). – Luther im Gespräch. Aufzeichnungen seiner Freunde und Tischgenossen. Hg. v. Reinhard Buchwald. Neuausgabe Frankfurt am Main 1983.

Luxemburg

Hauptstadt: Luxemburg
Einwohner: 407 000
Einwohner/km²: 157
Staatsoberhaupt: Großherzog Jean
Regierungschef: J.-C. Juncker
BSP/Einwohner: 39 850 US-$

Das Wirtschaftswachstum L.s, das als einziges EU-Land die Maastricht-Kriterien erfüllt, ging gegenüber 1995 um 1,5 % auf etwa 2,5 % zurück. V. a. die Schwerindustrie musste Einbußen hinnehmen. Die Gewinne der Banken legten mit 5 % Steigerung kräftig zu. Die Inflation blieb mit etwa 1,7 % trotz einer leichten Steigerung zu Jahresbeginn niedrig. Am 9. Mai wurde ein Gesetz über die Besteuerung der Betriebsgewinne ab Jan. 1997 verabschiedet, das die Banken vorangetrieben hatten. Anfang des Jahres stritten sich die Gewerkschaft für öffentl. Dienste und die Reg. über eine Reform der Pensionen, die vorsieht, dass die staatl. Bediensteten einen Teil ihrer Ausnahmestellung einbüßen und selbst mehr Beiträge in die Pensionskassen zahlen.

M

Madagaskar

Hauptstadt: Antananarivo
Einwohner: 14,8 Mio.
Einwohner/km²: 25
Staatsoberhaupt: D. Ratsiraka (seit 29. 12. 1996)
Regierungschef: N. L. Ratsirahonana (seit 5. 6. 1996)
BSP/Einwohner: 230 US-$

Unter Staatspräs. Albert Zafy, der im Sommer vom Parlament wegen Überschreitens seiner Kompetenzen des Amtes enthoben wurde, sowie den MinPräs. Emmanuel Rakotovahiny und Norbert Ratsirahonana, der als MinPräs. (seit Juni) im Sept. überdies kommissarisch die Funktion des Staatsoberhauptes übernahm, gelang es auch 1996 nicht, den polit. und wirtschaftl. Reformprozess voranzubringen. Bei der ersten Runde der Präsidentenwahl am 3. Nov. konnte keiner der 15 Bewerber die absolute Mehrheit erringen. Am 29. Dez. konnte sich der ehem. Militärherrscher Didier Ratsiraka gegen Zafy, der erneut kandidierte, durchsetzen. ■

Der ehemalige Militärmachthaber Didier Ratsiraka, der als Kandidat bei den Präsidentschaftswahlen in Madagaskar am 3. November antritt, gibt sich zwei Tage zuvor gegenüber seinen Anhängern siegessicher

Magengeschwür: Mediziner im schweizer. Lausanne begannen im Frühjahr 1996 mit einem ersten klin. Test eines neuen Impfstoffs gegen den bakteriellen Erreger von M., Heliobacter pylori. Der von Tübinger Wissenschaftlern entwickelte Impfstoff hatte sich zuvor im Tierversuch als wirksam erwiesen: Bei 50–80% der behandelten Mäuse verschwanden die Bakterien. Zudem heilte die bereits geschädigte Magenschleimhaut ab. Damit eignet sich der Impfstoff nicht nur zur Vorbeugung, sondern – erstmals bei einem Impfstoff – sogar zur Behandlung bereits bestehender Infektionen. Rd. ein Drittel aller Bundesbürger ist mit Heliobacter pylori infiziert; etwa ein Fünftel von diesen entwickelt ein Magengeschwür.
Zufällig hatten austral. Forscher 1983 in dem Keim den Verursacher von M. erkannt. Seitdem werden zur Therapie außer den bisher übl. Säurehemmern zunehmend noch Antibiotika eingesetzt. Mit Ergebnissen aus der Impfstudie rechnen die Forscher im Frühjahr 1997.

Makedonien

Hauptstadt: Skopje
Einwohner: 2,2 Mio.
Einwohner/km²: 84
Staatsoberhaupt:
K. Gligorov
Regierungschef:
B. Crvenkovski
BSP/Einwohner:
790 US-$

Nach dem Ende der griech. Grenzblockade M.s und der UNO-Sanktionen gegen die Bundesrep. Jugoslawien zeichnete sich 1996 erstmals ein bescheidener ökonom. Aufschwung ab. Das BIP wuchs um 2%, die Inflationsrate verringerte sich auf 6% (1995: 10%). Bedrückend blieb jedoch die hohe Arbeitslosenquote von rd. 40%.
Die seit Dez. 1994 regierende Koalition des Sozialdemokrat. Bundes M.s (SDSM) unter MinPräs. Črvenkovski, der Liberalen Partei (LP), der Sozialist. Partei (NDS) und der alban.-makedon. Partei der Demokrat. Prosperität (PDP) brach am 10. Febr. nach wochenlangem Streit über die Privatisierung der Industriebetriebe auseinander, als der Regierungschef vier Min. der LP entließ. Vergeblich hatte Staatspräs. Gligorov eine einvernehml. Beilegung des Koalitionsstreits gefordert. Im umgebildeten Kabinett gehören zehn Min. dem SDSM, drei der NDS und sechs der PDP an.
Am 8. April unterzeichneten die Außenmin. M.s und der Bundesrep. Jugoslawien eine Absichtserklärung über die Regelung ihrer diplomat. Beziehungen und die Förderung der Zusammenarbeit. Sie erkannten sich gegenseitig an, die Belgrader Reg. ihren südl. Nachbarn unter der Staatsbez. ›Rep. M.‹. Obwohl im Vorjahr der Streit mit Griechenland um die makedon. Flagge beigelegt worden war – M. verzichtete in der Flagge auf die Verwendung des 16-strahligen ›Sterns von Vergina‹ und halbierte die Zahl der stilisierten Sonnenstrahlen auf acht –, wurden die Beziehungen weiterhin durch den Streit um den makedon. Staatsnamen belastet. Athen beharrt auf der Bezeichnung ›Ehem. Jugoslaw. Rep. M.‹, die Reg. in Skopje auf der Bez. ›Rep. Makedonien‹. ■

Malawi

Hauptstadt: Lilongwe
Einwohner: 11,1 Mio.
Einwohner/km²: 94
Staatsoberhaupt und Regierungschef:
B. Muluzi
BSP/Einwohner:
140 US-$

Malaysia

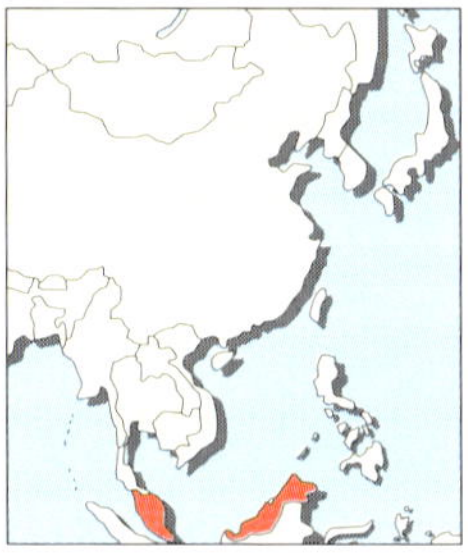

Hauptstadt: Kuala Lumpur
Einwohner: 20,1 Mio.
Einwohner/km²: 61
Staatsoberhaupt: Ja'afar Abdul Rahman
Regierungschef: D. S. Mahathir bin Mohamad
BSP/Einwohner: 3 520 US-$

M.s Wirtschaft lief weiterhin auf Hochtouren, v. a. wegen der zahlreichen Infrastrukturprojekte der Reg., darunter der ›Multimedia Super Corridor‹ im S der Hauptstadt. Gleichzeitig gab es ein Großprojekt zur Modernisierung des Bildungswesens.
Nach dem überwältigenden Wahlsieg im Vorjahr ging es MinPräs. Mahathir nun darum, seine Handlungsfähigkeit zu sichern und Störungen durch Querelen um seine Nachfolge oder durch Probleme in Kelantan, wo die streng islam. Parti Islam Sa-Malaysia (PAS) zus. mit der Parti Melayu Semangat 46 (S 46) regierte, zu verhindern. Anlässlich des 50-jährigen Bestehens der United Malays National Organization (UMNO) von MinPräs. Mahathir im Mai wurde die Rückkehr seines langjährigen Widersachers Tengku Razaleigh Hamzah und der Mehrheit der 400 000 Mitgl. der von ihm geführten S 46 in die UMNO angekündigt. Im Okt. wurde dies mit der Auflösung der S 46 verwirklicht wodurch die PAS in Kelantan ihre sichere Mehrheit verlor. ■

Malediven

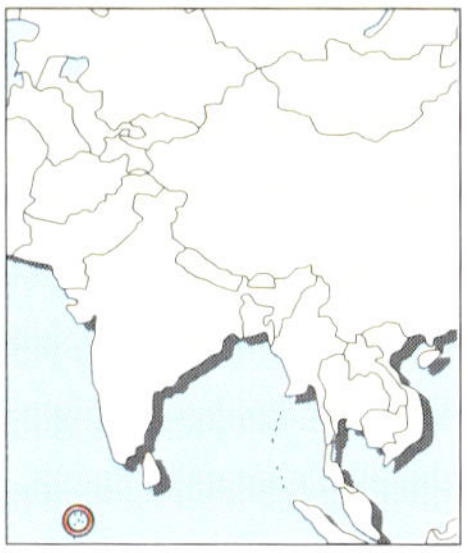

Hauptstadt: Male
Einwohner: 254 000
Einwohner/km²: 852
Staatsoberhaupt und Regierungschef: Maumoon Abdul Gayoom
BSP/Einwohner: 900 US-$

Mali

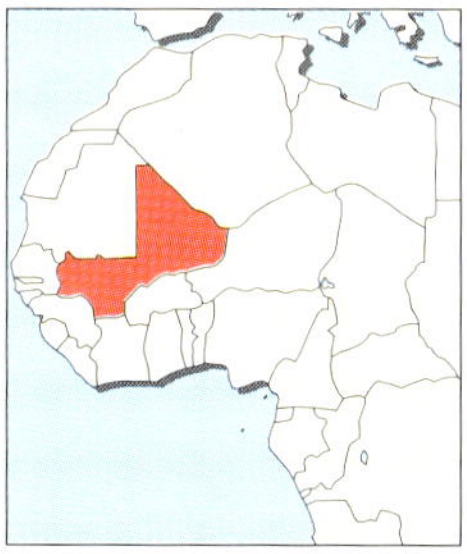

Hauptstadt: Bamako
Einwohner: 10,8 Mio.
Einwohner/km²: 9
Staatsoberhaupt: A. O. Konaré
Regierungschef: I. B. Keïta
BSP/Einwohner: 250 US-$

Mit einer weitgehend positiven Bilanz verbesserte die Reg. ihre Ausgangslage für die Wahlen 1997. Eine feierl. Waffenverbrennung markierte im März die Beendigung des Tuareg-Konflikts, die noch in den Nachbarländern lebenden Flüchtlinge wurden zur Rückkehr aufgefordert. Eine Regierungsumbildung im Juli war Folge eines Bündnisses zw. Regierungspartei und Dissidenten der wichtigsten Oppositionspartei. Außenpolit. Erfolge waren die Besuche des südafrikan. Präs. Mandela und des chin. Präs. Jiang Zemin. Das wirtschaftl. Reformprogramm, das die Privatisierung mehrerer Staatsfirmen vorsieht, wurde durch die Bewilligung eines IWF-Kredits in Höhe von 91 Mio. US-$ finanziert. ■

Malta

Hauptstadt: Valletta
Einwohner: 366 000
Einwohner/km²: 1 158
Staatsoberhaupt: U. M. Bonnici
Regierungschef: A. Sant (seit 30. 10. 1996)
BSP/Einwohner: 7 395 US-$

Da M. schon 1995 weitgehend die Konvergenzkriterien für die Europ. Wirtschafts- und Währungsunion erfüllt hatte, erwartete die Reg. einen zügigen Verlauf der Verhandlungen ab Herbst 1997. Nach ihrem Sieg bei den Parlamentswahlen leitete die Labour Party jedoch eine radikale Kehrtwende in der Politik ein. Kurz nach ihrem Amtsantritt am 30. Okt. kündigte die Reg. unter MinPräs. A. Sant das NATO-Programm ›Partnerschaft für den Frieden‹ auf und stoppte die Beitrittsverhandlungen mit der EU. In der Außenpolitik wurde eine Annäherung an die nordafrikan. Staaten, v. a. an Libyen, eingeleitet. ■

Markl, Hubert S., Biologe, *Regensburg 17. 8. 1938. – Im Juni übernahm M. die Präsidentschaft der Max-Planck-Gesellschaft (MPG) mit ihren 71 meist naturwiss. ausgerichteten Inst. und Forschungseinrichtungen und rd. 14 000 Mitarbeitern. Unter seiner Ägide soll das Ziel der MPG, bis zum Jahr 2000 bis zu 20 Inst. in den neuen Bundesländern zu gründen, verwirklicht werden.
M. promovierte 1962 an der Univ. München in Zoologie und habilitierte sich 1967 an der Univ. Frankfurt. 1968–74 arbeitete er als Prof. und Direktor am Zoolog. Inst. der Techn. Hochschule Darmstadt. Danach war er bis 1986 und wieder 1991–96 Prof. für Zoologie und Verhaltensforschung an der Univ. Konstanz. In der Zwischenzeit hatte er das Präsidentenamt der Dt. Forschungsgemeinschaft in Bonn inne. M., der als liberaler Querdenker gilt, erhielt zahlreiche wiss. Auszeichnungen und schrieb eine Reihe von Büchern zu wiss., wissenschaftspolit. und philosoph. Themen.

Marokko

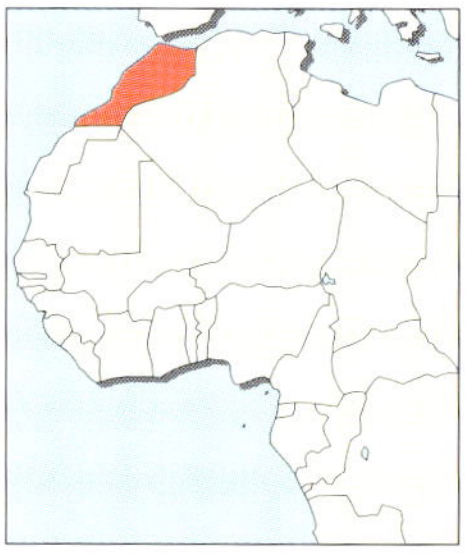

Hauptstadt: Rabat
Einwohner: 27,0 Mio.
Einwohner/km²: 61
Staatsoberhaupt: Hasan II.
Regierungschef: A. Filali
BSP/Einwohner: 1 150 US-$

Marokko
Wirtschaftswachstum (realer Zuwachs des BIP in %)

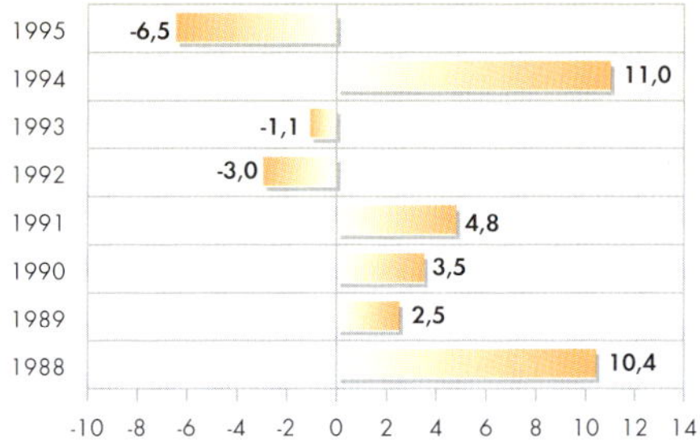

Die Entwicklung der Wirtschaft kam langsam, aber sichtbar voran. Weitere Privatisierungen wurden durchgeführt, ausländ. Investitionen nahmen zu. Aufgrund guter Ernten stieg das BIP um 9%. Um die starke Abhängigkeit vom landwirtschaftl. Sektor zu verringern, wird eine Diversifizierung der Wirtschaft (u.a. durch Zoll- und Steuersenkungen erleichtert) angestrebt. Die Inflation sank auf 5%; im Tourismussektor gab es erneut Einbußen. Die Arbeitslosigkeit blieb mit ca. 20% hoch, weshalb die sozialen Spannungen zunahmen.

Am 4. März feiert der marokkanische König Hasan II. (im Auto) sein 35-jähriges Thronjubiläum. Der Monarch wird begleitet von seinen Söhnen (erster und zweiter von links) und Prinz Moulay Ismail (rechts vom König)

Im Sommer kam es zu Unruhen und Streiks. Die polit. Dezentralisierung, schon lange ein Versprechen an die Opposition, wurde eingeleitet. Am 13. Sept. wurde in einem Referendum eine weitreichende Verfassungsreform mit großer Mehrheit angenommen. Sie sieht die Schaffung eines Zweikammersystems vor, bei dem alle Mitgl. des Unterhauses direkt gewählt werden, während die des Oberhauses (›Kammer der Räte‹) zu drei Fünfteln von regionalen Körperschaften, zu zwei Fünfteln von Berufsverbänden und Gewerkschaften bestimmt werden. Bisher wurden zwei Drittel des Parlaments direkt gewählt. Die genauen Befugnisse des Oberhauses müssen noch ausgehandelt werden. Mit dem Referendum wurden gleichzeitig die Verkürzung der Wahlperiode von sechs auf fünf Jahre, die Einsetzung eines Verfassungsgerichts und eines Rechnungshofs beschlossen. Anfang 1997 sollen Parlamentswahlen stattfinden.
In der zu zwei Dritteln von M. besetzten Westsahara dauerte die Registrierung für die Wählerlisten weiter an, ein Termin für das immer wieder verschobene Referendum zur Unabhängigkeit steht nicht fest. ■

Mars: Amerikan. Wissenschaftler glaubten 1996, Anzeichen für frühes Leben auf dem Nachbarplaneten der Erde entdeckt zu haben. In einem Meteoriten fanden sie winzige einzellige Strukturen, die Ähnlichkeit mit ird. Bakterien haben. Das Alter dieser Spuren schätzten sie auf 3 Mrd. Jahre. Erstmals in einem Marsmeteoriten konnten die Forscher damit auch organ. Moleküle entdecken. Der betreffende 2 kg schwere Meteorit Allan Hills 84001 war schon 1984 gefunden worden und vor mehr als 13 000 Jahren auf die Erde eingeschlagen. Zwar ist seine Herkunft gesichert – er wurde vermutlich vor rd. 15 Mio. Jahren von der Marsoberfläche ins Weltall geschleudert –, skeptisch beurteilte die Fachwelt jedoch die Interpretation der Funde als Hinweise auf frühes Leben. Die entdeckten polyzykl. aromat. Kohlenwasserstoffe stehen entwicklungsgeschichtlich noch weit unter den Bakterien. Solche Verbindungen entstehen zudem im interstellaren Raum in großer Zahl und können in Gaswolken nachgewiesen werden. Auch ird. Verunreinigungen des untersuchten Materials wollten die Kritiker einer allzu forschen Interpretation nicht ausschließen.

Marshallinseln

Hauptstadt: Uliga
Einwohner: 52 000
Einwohner/km²: 287
Staatsoberhaupt und Regierungschef: A. Kabua
BSP/Einwohner: 1 680 US-$

Mauretanien

Hauptstadt: Nouakchott
Einwohner: 2,3 Mio.
Einwohner/km²: 2
Staatsoberhaupt: M. O. S. A. Taya
Regierungschef: E. A. O. M. Khouna (seit 2. 1. 1996)
BSP/Einwohner: 480 US-$

M., das während des Golfkriegs noch auf der Seite des Irak gestanden hatte, vollzog noch Ende 1995 mit der Ausweisung des irak. Botschafters einen außenpolit. Kurswechsel. Etwa 100 weitere Personen, darunter Politiker und Armeeoffiziere, wurden wegen des Verdachts, einem proirak. Spionagenetz anzugehören, verhaftet.
M. erlebte 1996 ein politisch relativ stabiles Jahr. Der neue MinPräs. EL AVIA OULD MOHAMED KHOUNA bildete sein Kabinett jedoch zw. Febr. und Mai dreimal um. Bei den indirekten Wahlen zum Senat im April, bei denen ein Drittel der 56 Sitze zur Disposition stand, konnte der regierende Parti Républicain Démocratique et Social (PRDS) 17 Sitze gewinnen, ein Sitz ging an einen unabhängigen Kandidaten. Bei den Parlamentswahlen im Okt. konnte die Partei Action pour le Changement (AC) als einzige Oppositionspartei ein Abgeordnetenmandat erringen. ■

Mauritius

Hauptstadt: Port Louis
Einwohner: 1,1 Mio.
Einwohner/km²: 548
Staatsoberhaupt: C. Uteem
Regierungschef: N. Ramgoolam
BSP/Einwohner: 3 180 US-$

Mauss-Affäre: Die Verhaftung des früheren dt. Spions WERNER MAUSS und seiner Frau am 17. Nov. auf dem Flughafen von Medellín, wo sie in Begleitung der gegen Zahlung eines Lösegelds von einer kolumbian. Guerillagruppe freigelassenen Deutschen BRIGITTE SCHOENE auf den Abflug warteten, brachte die Bundesreg. in Erklärungsnöte. Sie räumte ein, dass MAUSS die Entführte mit Rückendeckung von Bonns Geheimdienstkoordinator SCHMIDBAUER, jedoch nicht in offiziellem Auftrag freigekauft habe. In Kolumbien sind Lösegeldzahlungen strafbar; die Reg. will damit unterbinden, dass sich die Guerillaorganisationen aus dieser Quelle finanzieren. Zudem warf die kolumbian. Polizei dem mit falschen Papieren reisenden ›Privatagenten‹ eine Beteiligung an der Entführung vor. Später erweiterte sie die Anklage um Waffen- und Drogenschmuggel.
Bei den Befragungen durch den Auswärtigen Ausschuss und den Bundestag am 4. Dez. verteidigte Staatsmin. SCHMIDBAUER den Einsatz von MAUSS; in bes. Lage – um einen Menschen zu befreien – bedürfe es bes. Mittel. Die Opposition kritisierte zwar, dass bei dem Einsatz gegen den Grundsatz der Gesetzmäßigkeit des Verwaltungshandelns verstoßen worden sei, sah jedoch keine Notwendigkeit für die Einsetzung eines Untersuchungsausschusses.

Mecklenburg-Vorpommern

Hauptstadt: Schwerin
Einwohner: 1,8 Mio.
Einwohner/km²: 79
Regierungschef: B. Seite
BIP/Einwohner: 22 538 DM

Strukturschwäche und Bevölkerungsrückgang

Angesichts einer Arbeitslosenquote von 16% (Aug.), der zweithöchsten im gesamten Bundesgebiet, benötigt das Land eine stabile Regierung. Der Strukturschwäche v. a. ländl. Regionen konnte von den Förderungsprogrammen des Bundes und Landes nicht ausreichend entgegengewirkt werden. Steuerausfälle von einer halben Milliarde DM machten Streichungen in weiten Teilen des Haushalts notwendig. Die Pro-Kopf-Verschuldung näherte sich der 5 000-DM-Grenze. Darüber hinaus sah sich M.-V. weiter einem erhebl. Bevölkerungsrückgang gegenüber. Auch in diesem Zusammenhang wurde im April das neue Schulgesetz des Landes verabschiedet. Als zweites ostdt. Bundesland führte M.-V. das 13. Schuljahr bis zum Abitur ein. Neben der Grundschule für die Klassen 1–4 sollen miteinander verbundene Real- und Hauptschulen (Klasse 5–10) sowie Gymnasien (ab Klasse 5) und Progymnasien (bis Klasse 9) bestehen.

Krise der großen Koalition

Im Frühjahr kam es zu der bislang größten Krise der seit 1994 regierenden großen Koalition aus CDU und SPD. Im Zusammenhang mit der Misere der Werften infolge des Zusammenbruchs der →Bremer Vulkan Verbund AG erhob die SPD schwere Vorwürfe gegen Finanzmin. BÄRBEL KLEEDEHN. Die CDU-Min. hatte zur Rettung der Ostsee-Standorte in Rostock, Wismar und Stralsund mit dem Bundesfinanzministerium einen Sanierungsplan ausgearbeitet, der ein Hilfspaket in Höhe von 1 Mrd. DM und die Gründung einer Beteiligungsgesellschaft vorsah; die Sanierungsausga-

Im Wismarer Hafen stecken im Februar die Fischerboote in einer dicken Eisschicht fest. Das wochenlange Frostwetter mit Eisbildung auf den Binnen- und Küstengewässern führt in Mecklenburg-Vorpommern zu erheblichen Behinderungen der Schifffahrt und der Fischerei

ben sollten zu zwei Dritteln vom Bund und zu einem Drittel vom Land bestritten werden. Die SPD warf KLEEDEHN daraufhin vor, die Beschlüsse gegen die vorherige Absprache und zudem noch zum massiven Nachteil des Landes getroffen zu haben, und forderte sie zum Rücktritt auf. CDU-Fraktion und CDU-MinPräs. BERNDT SEITE verwahrten sich jedoch gegen einen Rückzug KLEEDEHNS, sodass sich die Fronten zusehends verhärteten. Ein Bruch der Koalition und vorgezogene Neuwahlen konnten durch eine große Kabinettsumbildung Ende Mai abgewendet werden. Die heftig angegriffene Finanzmin. wechselte zum Bauministerium. Der SPD-Landesvors. und Wirtschaftsmin. HARALD RINGSTORFF schied aus der Reg. aus und übernahm den Posten des Fraktionsvors. im Landtag. CDU und SPD tauschten Finanz- und Wirtschaftsressort. Das Finanzministerium wurde mit SIGRID KELER (SPD) besetzt, den Posten des Wirtschaftsmin. übernahm der bisherige Baumin. JÜRGEN SEIDEL (CDU).

Soziale Probleme und Gewalt von Rechts

Die Kette rechtsradikaler Gewalt riss auch 1996 nicht ab. Im Febr. wurde die Schändung eines jüd. Friedhofs bekannt, im Laufe des Jahres kam es vereinzelt zu Angriffen auf Ausländer. Trauriger Höhepunkt der Anschläge bildete im Sommer eine Reihe von Überfällen auf Campingplätze und Urlauber an der Ostsee. Mit Baseballschlägern und Eisenketten bewaffnete Jugendliche griffen v. a. Jugendgruppen an, die in M.-V. Urlaub machten.

Meister-BAföG: Kurzbez. für das im März beschlossene und rückwirkend zum 1. 1. 1996 in Kraft getretene Aufstiegsfortbildungsförderungsgesetz, mit dem der Förderung der gewerbl. und handwerkl. Ausbildung der gleiche Rang wie der der akadem. Ausbildung eingeräumt werden soll. Fachkräfte, die einen anerkannten Ausbildungsberuf abgeschlossen haben, können während der Fortbildung in Meisterkursen (max. zwei Jahre bei Vollzeitmaßnahmen) einen Zuschuss zum Lebensunterhalt bis 373 DM monatlich beantragen. Der Betrag kann über ein zinsgünstiges Darlehen auf bis zu 1 045 DM monatlich aufgestockt werden. Außerdem sind Verheirateten- und Kinderzuschläge vorgesehen. Für diese von Bund und Ländern finanzierte neue Form der Ausbildungsförderung besteht keine Altersbegrenzung. Man rechnet mit rd. 100 000 Anträgen jährlich. Die Kosten werden derzeit auf rd. 1 Mrd. DM jährlich geschätzt (zum Vergleich: BAföG rd. 3 Mrd. DM).

Menschenrechte: Nach langwierigen Bemühungen um einen Abbau der Konfrontation zw. westl. Staaten und Entwicklungsländern bestätigte die Menschenrechtskommission der UNO bei ihrer Konferenz in Genf im April das ›Recht auf Entwicklung‹ und nahm es damit in den Katalog der allg. M. auf.
Der im Juni vorgelegte Jahresbericht von Amnesty International beschuldigte die Reg. in aller Welt, keine ausreichenden Schritte zur Verhinderung von Menschenrechtsverletzungen unternommen zu haben. Ein Rückgang von Folter, Misshandlungen, Mord und ›Verschwindenlassen‹ von Menschen sei weltweit nicht zu verzeichnen. Außerdem leide die Zivilbevölkerung zum einen zunehmend unter bewaffneten Konflikten und Bürgerkriegen, zum anderen exportiere fast jeder Industriestaat hoch entwickelte Sicherheitsausrüstungen, die für Menschenrechtsverletzungen missbraucht werden können, wie es z. B. in Indonesien und der Türkei geschehe.

Messel, Grube M., ehem. Ölschiefertagebau und Fossilienlagerstätte nordöstlich von Darmstadt, bekannt geworden v. a. durch die Urpferdfunde. Am 14. Juni wurde die Lagerstätte als erstes dt. Naturdenkmal in die UNESCO-Liste des Welterbes der Menschheit aufgenommen. Begründet wurde dies mit der Einmaligkeit und außergewöhnlich guten Erhaltung der Fossilien; keine andere

Fundstätte der Erde liefert derart umfassende Informationen zu Flora und Fauna des mittleren Eozäns vor rd. 49 Mio. Jahren. – Durch den Tagebau 1866–1971 entstand die Grube M., erste Funde wurden dabei schon 1875 gemacht. Das Vorhaben, die Grube als Mülldeponie zu nutzen, wurde nach Protesten von Bürgern und Wissenschaftlern 1990 endgültig fallen gelassen.

Metro AG: Die bereits im Herbst 1995 angekündigte Verschmelzung der drei Einzelhandelsunternehmen Kaufhof Holding AG, Asko Dt. Kaufhaus AG und Dt. SB-Kauf AG auf die neue M. AG, Köln, wurde Ende Mai auf den Hauptversammlungen der jeweiligen Unternehmen endgültig beschlossen. Die Fusion wurde rückwirkend zum 1. Jan. vorgenommen. Die M. AG umfasst unter dem Dach der schweizer. Metro Holding AG 711 Gesellschaften. Im Juli wurden die Aktien des nunmehr größten Handelskonzerns Europas (Aktienkapital: 501 Mio. DM, Eigenkapital: 5,1 Mrd. DM) erstmals an den Wertpapierbörsen in Düsseldorf und Frankfurt am Main gehandelt. Das neue Unternehmen beschäftigt 175 000 Mitarbeiter und sollte 1996 nach den Planungen konsolidiert 65,6 Mrd. DM umsetzen (1995: 62,3 Mrd. DM).

Mexiko

Hauptstadt: Mexiko
Einwohner: 93,7 Mio.
Einwohner/km²: 48
Staatsoberhaupt und Regierungschef: E. Zedillo Ponce de León
BSP/Einwohner: 4010 US-$

Wirtschaftliche Erholung

Zu Beginn des Jahres zeichnete sich ein Ende der Rezession ab, die im Gefolge der Peso-Krise Ende 1994 eingesetzt hatte. Der Rückgang des BIP verringerte sich von knapp 10% im Jahresmittel 1995 auf 1% im ersten Quartal 1996. Die starke Außenorientierung der weiter expandierenden verarbeitenden Industrie half, die Einbrüche der heimischen Nachfrage im Verlauf des Jahres 1995 zu kompensieren. Günstig entwickelte sich auch die Inflationsrate, die von der Jahreswende (52%) bis Mai 1996 auf einen Jahreswert von 34% sank. Die größten ausländ. Investoren kündigten an, ihr Engagement in Zukunft deutlich auszubauen. Weitere Fortschritte erzielte die Reg. bei der mit dem IWF abgestimmten Politik zur Haushaltskonsolidierung.

Wahlrechtsreform. Alte und neue Guerilla

Von den angekündigten polit. Reformen wurde am 1. Aug. nur eine Wahlrechtsreform verabschiedet, die u. a. den Ausschluss des Innenministeriums von der Wahlorganisation, eine stärkere Berücksichtigung der Opposition in den Medien, erweiterte Funktionen des Obersten Wahlgerichts und die Direktwahl des Bürgermeisters von Mexiko vorsieht sowie eine Regelung, wonach eine Partei, die als Gewinner einer Wahl hervorgeht, unabhängig von den erzielten Stimmprozenten nicht mehr als 300 Sitze im Kongress erhält. Im Senat wird künftig jeder Gliedstaat durch zwei in allg. Wahl gewählte Abgeordnete, durch einen dritten Abgeordneten für die erste Minderheit im Gliedstaat und einen vierten durch Verhältniswahl bestimmten vertreten sein.

Die Verhandlungen mit dem Ejército Zapatista de Liberación Nacional (EZLN; dt. Nat. Zapatist. Befreiungsarmee) in Chiapas im Süden des Landes kamen nur mühsam voran. Vom 3. bis 8. Jan. eröffnete der EZLN ein ›Nat. Indianerforum‹, das über die Probleme der Indios M.s diskutierte. Am 16. Febr. wurde mit der Reg. immerhin ein erstes Friedensabkommen unterzeichnet und das Teilabkommen vom Jan., in dem beide Seiten die Verankerung der EZLN-Forderung nach Autonomie für die indian. Bevölkerung vereinbart hatten, bekräftigt. Die weiteren Gesprächsrunden mit der Reg. zur Implementierung des Abkommens blieben allerdings ohne konkrete Ergebnisse. Vom 30. Juni bis zum 6. Juli berieten auf Einladung des EZLN über 1 000 regierungskrit. Teilnehmer auf einem Sonderforum über eine Strategie zur Erneuerung des Staates; Mitte Okt. demonstrierten Tausende von Indios in der Hauptstadt für ihre Gleichberechtigung und in San Cristóbal de las Casas für eine Entmilitarisierung der Indiogebiete.

Zu gewalttätigen Zusammenstößen kam es am 10. April im Gliedstaat Morelos zw. Sicherheitskräften und Indios, die durch den Bau eines Touristikzentrums eine Verschärfung des Wassermangels befürchteten. Am 28. Juni traten im Gliedstaat Guerrero Rebellen unter der Bez. Ejército Popular Revolucionario (EPR; dt. Revolutionäre Volksarmee) auf, die der Reg. den bewaffneten Kampf androhten, um Gerechtigkeit und Demokratie herzustellen. Mit blutigen Aktionen gegen Einrichtungen von Polizei und Militär weiteten sie ihr Vorgehen im Verlauf des Jahres auch auf die Gliedstaaten Oaxaca und Chiapas aus. – Erneute Anschuldigungen gegen Raúl Salinas de Gortari nach einem Leichenfund in seinem Garten am 10. Okt. – er war 1994 in den Verdacht geraten, die Ermordung des PRI-GenSekr. José Francisco Ruiz Massieu organisiert zu haben – erwiesen sich als fragwürdig und führten Anfang Dez. zum Rücktritt von Generalstaatsanwalt und Justizmin. Antonio Lozano Gracia.

Außenpolitik

Nach zehn Jahren besuchte erstmals wieder ein russ. Außenmin. das Land. Jewgenij Primakow unterzeichnete während seines Aufenthalts am 20./21. Mai Abkommen, die u. a. die Bekämpfung des Drogenhandels und die Kooperation im Bereich der Weltraumforschung zu friedl. Zwecken regeln. Während seines Besuchs in M. Ende Sept.

erklärten Bundeskanzler KOHL und Präs. ERNESTO ZEDILLO PONCE DE LEÓN ihre Ablehnung des amerikan. gegen →Kuba gerichteten Helms-Burton-Gesetzes. ■

Meyer, Hans, schweizer. Bankfachmann, *Aarau (Kt. Aargau) 20. 4. 1936. – Anfang Mai wurde M. als Nachfolger von MARKUS LUSSER Präs. des Direktoriums der Schweizer. Nationalbank (SNB). Der promovierte Wirtschaftswissenschaftler begann 1965 seine berufl. Laufbahn bei der SNB, ist am 1. 1. 1985 zum Mitgl. des Direktoriums aufgestiegen und seit Mai 1988 dessen Vizepräsident. Seit Mai 1996 ist M. auch Mitgl. des Verwaltungsrats der Bank für Internat. Zahlungsausgleich und schweizer. Vertreter im Gouverneursrat des Internat. Währungsfonds.

Mikronesien

Hauptstadt: Pohnpei
Einwohner: 121 000
Einwohner/km²: 172
Staatsoberhaupt und Regierungschef:
B. Olter
BSP/Einwohner:
1 890 US-$

Mirrlees, James Alexander, brit. Volkswirtschaftler, *Minnigaff (Schottland) 5. 7. 1936. – Für seine Forschung über die wirtschaftl. Anreize bei asymmetr. Informationsverteilung erhielt M. zus. mit WILLIAM VICKREY den Nobelpreis für Wirtschaftswiss. 1996. Der zu den Begründern der Informationsökonomie zählende M. lehrte 1968–95 Volkswirtschaftslehre an der University of Oxford; seither ist er Prof. für polit. Ökonomie an der University of Cambrigde.
Unter Fachkollegen bekannt wurde M. mit seiner Theorie der optimalen Besteuerung. Er formulierte die Bedingungen für eine optimale Einkommensbesteuerung zu den geringsten volkswirtschaftl. Kosten und leitete in theoret. Modellen den optimalen Steuersatz ab. Diese Theorie lässt sich allerdings nicht so einfach in die finanzpolit. Praxis umsetzen, da die Steuerzahler für den Staat nicht genau vorhersehbare Ausweichreaktionen zeigen (z.B. Schwarzarbeit). Die Informationen über das Verhalten der Steuerzahler sind somit zw. Bürger und Staat asymmetrisch verteilt; der Staat ist unvollständig informiert und kann falsche steuerpolit. Entscheidungen treffen. Die Analyse asymmetr. Informationen spielt auch auf anderen wirtschaftl. Gebieten wie den Finanzmärkten und dem Versicherungswesen eine Rolle.

James A. Mirrlees erhält 1996 den Nobelpreis für Wirtschaftswissenschaften

Mixa, Walter, kath. Theologe, *Chorzów 25. 4. 1941. – Nachdem er am 24. Febr. ernannt worden war, übernahm M. am 23. März sein neues Amt als Bischof von Eichstätt, mit dem er gleichzeitig auch Großkanzler der Kath. Univ. Eichstätt wurde.
M., der nach der Vertreibung seiner Familie aus Polen in Süddeutschland aufwuchs, wurde 1970 zum Priester geweiht und arbeitete ab 1975 als Stadtpfarrer in Schrobenhausen und Regionaldekan von Altbayern im Bistum Augsburg. Seit 1983 war er verantwortlich für die Priesterfortbildung des Bistums, seit Anfang 1996 außerdem auch Dekan in Schrobenhausen.

Moçambique

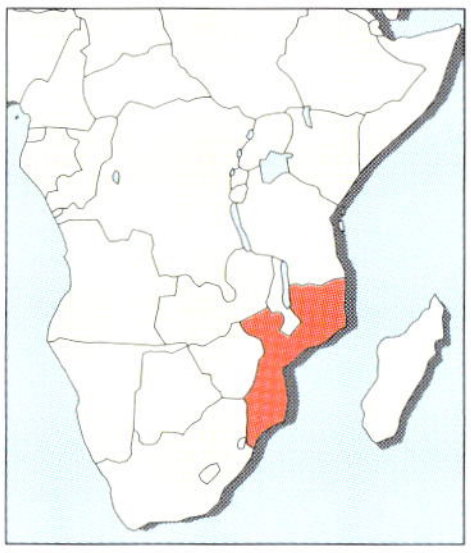

Hauptstadt: Maputo
Einwohner: 16,0 Mio.
Einwohner/km²: 20
Staatsoberhaupt:
J. A. de Chissano
Regierungschef:
P. Mocumbi
BSP/Einwohner:
80 US-$

Bei einem Besuch des dt. Außenmin. in Maputo im Juli war die Vertiefung der Zusammenarbeit mit der EU ein Thema der Gespräche, aber auch der Fortschritt bei der Minenräumung – die Bundesreg. hat seit 1993 dafür 5,2 Mio. DM zur Verfügung gestellt; ein dt. Unternehmen ist damit beauftragt. ■

Moldawien

Hauptstadt: Chişinău
Einwohner: 4,4 Mio.
Einwohner/km²: 132
Staatsoberhaupt:
M. Snegur
Regierungschef:
A. Sangheli
BSP/Einwohner:
870 US-$

Der Rückgang des BIP kam 1996 fast zum Stillstand. Aufgrund einer weitgehend kontrollierten Inflationsentwicklung blieb der Lei gegenüber dem US-Dollar stabil. Gleichzeitig setzte die Reg. die marktwirtschaftl. Modernisierung weiter fort. Dennoch fehlten dringend benötigte ausländ. Investitionen. Die hohe Verschuldung für die Lieferungen von Energie bzw. Energieträgern aus Russland blieb ein ungelöstes Problem. Aufgrund einer langen Dürreperiode konnte nur die Hälfte der übl. landwirtschaftl. Erträge erzielt werden. Verdeckte Arbeitslosigkeit und eine weitere Verschlechterung des allg. Lebensstandards kennzeichneten die Lage der Bevölkerung. Am 5. April wurde mit dem IWF ein Kreditabkommen über 200 Mio. US-$ abgeschlossen.

Die Innenpolitik wurde durch den Machtkampf zw. Präs. MIRCEA SNEGUR, der sich wiederholt als überzeugter moldauisch-rumän. Patriot zu erkennen gab, dem Parlament und MinPräs. ANDREI SANGHELI bestimmt. Zu einer Krise der Verfassungsorgane führte SNEGURS Versuch am 15. März, Verteidigungsmin. P. CRANGHEA gegen den Willen von Parlament und Reg. abzusetzen. Am 10. April musste er den General wieder einsetzen. Dem unabhängigen außenpolit. Kurs der Reg. zollte der am 5. Juli auf Staatsbesuch in Chişinău weilende rumän. Staatspräs. Anerkennung.

Da kein Kandidat bei den Präsidentschaftswahlen am 17. Nov. die absolute Mehrheit erreichte (SNEGUR: 39% der abgegebenen Stimmen, Parlamentspräs. PETRU LUCINSCHI 28%), wurde am 1. Dez. eine Stichwahl notwendig. Aus ihr ging der von den Kommunisten und der Agrarpartei unterstützte LUCINSCHI mit 54,2% der Stimmen als Sieger hervor. Daraufhin reichte auch die Reg. Sangheli ihren Rücktritt ein.

In der Transnistrienfrage (›Transnistr. Moldaurep.‹; international nicht anerkannt) gab es keine Fortschritte. Die Führung in Tiraspol setzte ihre Separationspolitik fort. Am 6. Febr. wurde ihr Antrag auf Mitgliedschaft in der GUS abgelehnt. Die Präsidentschaftswahlen vom 22. Dez. gewann der bisherige Amtsinhaber IGOR SMIRNOW. ■

Monaco

Hauptstadt: Monaco
Einwohner: 30 000
Einwohner/km²: 15 390
Staatsoberhaupt: Rainier III.
Regierungschef: P. Dijoud
BSP/Einwohner: –

Die Verantwortlichen wollen künftig die schmale industrielle Basis des Fürstentums verbreitern und seine noch bescheidene Rolle als internat. Bankplatz mit Nachdruck ausbauen. ■

Mongolei

Hauptstadt: Ulan-Bator
Einwohner: 2,4 Mio.
Einwohner/km²: 2
Staatsoberhaupt: P. Otschirbat
Regierungschef: M. Enkhsaikhan (seit 19. 7. 1996)
BSP/Einwohner: 340 US-$

Die zweiten demokrat. Parlamentswahlen am 30. Juni führten zu einer schweren Niederlage der regierenden Mongol. Revolutionären Volkspartei (MRVP), die bis dahin noch die sichere Mehrheit von 70 bei insgesamt 76 Parlamentssitzen hatte: Die Reformkommunisten erreichten nur noch 25 Mandate. Die in dem Bündnis Demokrat. Union zusammengeschlossenen bisherigen Oppositionsparteien und ihnen verbundene unabhängige Kandidaten gewannen 50 Sitze; die Wahlbeteiligung lag bei 87,4%. Die Opposition hatte neben der wirtschaftl. Depression (Inflationsrate: rd. 50%, Arbeitslosenquote: rd. 20%) auch die starke Verfilzung von Regierungspartei und Staatsapparat kritisiert.

Am 19. Juli wählte das neue Parlament den Spitzenpolitiker der Demokrat. Union, MENDSAIKHAN ENKHSAIKHAN, als Nachfolger von PUNTSAGIIN JASRAY zum MinPräs. des Landes. Ende Juli unterzeichneten die M. und die USA ein neues Sicherheitsabkommen. ■

Mortier, Gérard, belg. Kulturmanager, *Gent 25. 11. 1943. – Im Jan. verlängerte M., seit 1991 Intendant der Salzburger Festspiele, seinen Vertrag bis 2001. M., ein Gegner des Starbetriebs, lenkte das schwerfällige Festspielschiff auf Reformkurs: Das Programm wurde um Aufführungen der Musik des 20. Jh. erweitert, streitbare Regisseure für die Operninszenierungen gewonnen. Unter der Rubrik ›Next Generation‹ erhalten zeitgenöss. Komponisten Porträtkonzerte. 1996 wurde M. von dem im Streit scheidenden PETER STEIN und dem Dirigenten RICCARDO MUTI angegriffen.

M. hatte Jura und Kommunikationswiss. studiert; erste Erfahrungen im Kulturbereich sammelte er als Programmverantwortlicher für das Flandern Festival; 1981 wurde er Direktor der Belg. Nationaloper und nach HERBERT VON KARAJANS Tod überraschend mit der künstler. Leitung der Salzburger Festspiele betraut.

Movie World: In Bottrop-Kirchhellen eröffnete am 29. Juni Deutschlands größter Freizeitpark, die Warner Bros. M. W., in Anwesenheit von Stars wie MICHAEL DOUGLAS, SOPHIA LOREN und CLAUDIA SCHIFFER. Die 389 Mio. DM teure Anlage, zu der das Land NRW 62 Mio. DM beisteuerte, bietet auf einem 420 000 m² großen Gelände nach dem Vorbild amerikan. Vergnügungsparks 27

Attraktionen und Shows aus dem Filmbereich, wie den ›Batman Ride‹ und eine ›Lethal-Weapon‹-Achterbahn, sowie 20 Restaurants und Filmstudios mit kinogerechten Dimensionen. Sie entstand in zweijähriger Bauzeit und ist nach einem Safaripark, einem ›Traumland‹ und dem ›Bavaria Filmpark‹ der vierte Versuch, auf dem Gelände einen Freizeitpark zu unterhalten.

Müllgebühren: Die kommunalen Entsorgungsgebühren wurden für manchen zur ›zweiten Miete‹: In den letzten zehn Jahren stiegen die Abwassergebühren um 95,6%, die M. sogar um 138,6%. Die allg. Preissteigerung erreichte im selben Zeitraum dagegen nur 22,8%. In NRW z. B. betrugen die Entsorgungsgebühren für Müll, Abwasser und Straßenreinigung nach Angaben des Bundes der Steuerzahler 1996 für eine vierköpfige Familie durchschnittlich knapp 1300 DM. Die Spannbreiten waren groß; in Havixbeck (Kreis Coesfeld) waren 487 DM, in Hellenthal (Kreis Euskirchen) fast 2800 DM zu zahlen.
Die Ursachen für die Preissteigerungen liegen in höheren Personalkosten, im Fehlen billiger Deponien und in immer aufwendigerer Abwasserklärung. Hinzu kommt, dass viele Kommunen in der Vergangenheit teure Müllverbrennungsanlagen gebaut haben, die wegen gesunkener Müllmengen nun hohe Überkapazitäten besitzen.

MULTIMEDIA

Ein großes Löschfest? Die lexikalische Bewegung des 19. Jahrhunderts und das Internet

Der Autor:
Wolfgang Frühwald, geb. 1935. Germanist. Seit 1970 Professor für Neuere Deutsche Literaturgeschichte, seit 1992 auch Präsident der Deutschen Forschungsgemeinschaft in Bonn

Der große Brand der Bibliothek von Alexandria (im Kriegsjahr 47 v. Chr.), in dem vermutlich 700000 Schriftrollen zugrunde gegangen sind, hat sich als das Fanal des Untergangs griechisch-antiker Weltweisheit in das Gedächtnis der Menschen eingebrannt; heute, an der Wende eines Zeitalters vorherrschender Drucküberlieferung des Wissens zur Epoche elektronischer Wissensspeicherung, beginnen viele mit Druck und Schrift beschäftigte Menschen von der Wohltat des Vergessens zu träumen, von einem großen Löschfest, bei dem all das auf unseren Computern gelöscht werden wird, was sich dieses (unser) Jahrhundert zu viel gemerkt hat: »Offiziell... wurde erst 1999 Abschied vom Jahrhundert genommen. Mit einem ›internationalen Löschfest‹... Dieses Jahrhundert hatte sich viel zu viel gemerkt. Es wurden Daten gespeichert, die niemand im Sinne hatte, je wieder abzurufen. So wurde die Kampagne des großen Reinemachens gestartet, der Erfolg war überwältigend« (Hugo Loetscher).
Ein größerer Abstand als der zwischen dem Lösch-Happening des pfiffigen Dürrenmatt-Schülers Hugo Loetscher und dem Entwurf einer gebildeten Bürgergesellschaft, wie sie in den Enzyklopädien und Konversationslexika des 19. Jahrhunderts vorgestellt wurde, ist kaum denkbar. Der ›Surfer‹ im Internet des ausgehenden 20. Jahrhunderts hat zwar scheinbar mit dem von der Fülle des Menschheitswissens faszinierten Leser der Nachschlagewerke des Jahrhundertbeginns oder noch der Jahrhundertmitte zu tun, ihn trennt aber sichtbar eine Welt, nämlich die des emphatischen Bildungsbegriffes, von der ›lexikalischen Bewegung‹ (Utz Haltern) aus der Gründungszeit des Bibliographischen Instituts. So waren Goethe und Clemens Brentano, Theodor Fontane und Hugo von Hofmannsthal, Bert Brecht und Thomas Mann nicht so sehr Benutzer der Wissensenzyklopädien als deren Leser. Viele andere Schriftsteller noch berichten von der lebenslangen Erfahrung, sich im Labyrinth des enzyklopädisch geordneten Wissens zu verlieren, das eine Wort nachzuschlagen, um sich festzulesen und erst nach vielen Stunden aus dem Wanderungstraum von Wissensbrücke zu Wissensbrücke wieder zu erwachen. Max Frisch hat aus dieser Erfahrung eine ganze Erzählung gestaltet: ›Der Mensch erscheint im Holozän‹ (1979). Herr Geiser tastet sich in diesem Buch, um die schmerzhafte Alterserosion und das Sterben erträglicher zu machen, am entfalteten Faden des im Lexikon gesammelten Menschheitswissens zurück in die Anfänge des Menschen und seiner Vorfahren, bis er als Individuum in das Dunkel kollektiver Anfänge eintaucht, in eine Natur, die unbekümmert um das Schicksal ihrer mit Bewusstsein begabten (oder gequälten) Wesen ihren ehernen evolutiven Gang geht.
Frischs Erzählung steht an jenem Punkt der literarischen und kulturellen Entwicklung, an der kulturpessimistische Strömungen von großer Wucht insbesondere die belletristische Literatur der westlichen Industrienationen ergriffen haben. Im Trend dieser Literatur wurden avancierte Techniken und Methoden der modernen Wissenschaft zu Symbolen einer Bildungsdämmerung, für die Herrn Geisers Zerstörung des Lexikons wohl nur eines von vielen Bildern ist. Biotechnologie und Informationstechnologie, die moderne Medienwelt und die apparativen Methoden der Kommunikation (vom Fernsehen über die Sprechanlage, das Diktaphon bis zum Personalcomputer) werden zu Bildern eines Schreckensszenarios, welches die Welt bürger-

licher Bildung, die Welt des in Büchern und Bibliotheken und Lexika gesammelten Wissens humaner Weltverfügung abzulösen scheint. Von BRECHTS ›Das Leben des Galilei‹ über FRIEDRICH DÜRRENMATTS Kritik der modernen Physik bis zu WOLFGANG HILDESHEIMERS Erschrecken vor den Möglichkeiten von Gentechnik und Biotechnik, von MAX FRISCH über HUGO LOETSCHER bis zu HANS MAGNUS ENZENSBERGER und BOTHO STRAUSS reicht die Palette der technik- und wissenschaftsskeptischen Literatur, der 1995 auch JOHN UPDIKE, in einem virtuellen Dialog zwischen JOHANNES GUTENBERG und BILL GATES, seine Stimme geliehen hat. In diesem Text scheint sich, nach langer Vorbereitung im Ausdruck des Erschreckens, das Bewusstsein durchzusetzen, dass ein ganzes Zeitalter zu Ende geht, welches in Literatur, durch Literatur und von Literatur gelebt hat, jene ›Gutenberg-Galaxis‹, die durch die vorherrschende Drucküberlieferung des Wissens definiert ist. Sie war eurozentrisch verfasst, mit Alphabetschriften und einer von durchstilisierten Volkssprachen beherrschten Bildungstradition, in ihr lag der Akzent stärker auf den Inhalten als auf den Medien der Überlieferung und letztlich wurde in dieser Galaxis der Begriff des Individuums geboren, der mit dem Umfeld seiner Herkunft unterzugehen scheint. »You speak«, sagt JOHN UPDIKES Johannes Gutenberg zu seinem Partner im Cyberspace, »of this global Internet as if it transcended human brains; but man is still the measure of all things.« Und Gates antwortet ihm kühl: »That can be fixed, eventually.« (Gutenberg: »Sie sprechen von diesem weltweiten Internet, als wäre es dem menschlichen Gehirn überlegen; aber der Mensch ist immer noch das Maß aller Dinge.« Gates: »Das lässt sich noch richten.«)

Bildung macht frei

Die informations- und medienkritische Literatur unseres Jahrhundertendes hängt an der Kette eines Bildungsbewusstseins, das die Verschiebung der ›Gravitationsfelder‹ (HUGO LOETSCHER) aus dem Westen der Welt in den Osten, aus der industrialisierten Nord- in die völker- und menschenreiche Südhalbkugel noch nicht realisiert hat. Denn es ist aus Erfahrungen gespeist, die im Zeitalter der Aufklärung entstanden sind, nur über einen betont meditativen Umgang mit Literatur zu gewinnen sind und letztlich nicht allein auf Individuation, sondern auf Sozialisation (in einer gleich gebildeten Bürgergesellschaft) zielen. Als JOSEPH MEYER mit 30 Jahren (1826) das Bibliographische Institut gründete, stellte er seinen Verlag im Grundsatz schon unter jenes Motto, das er später jedem Bändchen seiner berühmten, zwischen 1848 und 1854 erschienenen ›Groschen-Bibliothek‹ mitgegeben hat: ›Bildung macht frei‹. MEYER (1796–1856) stand zusammen mit dem älteren FRIEDRICH ARNOLD BROCKHAUS (1772–1823) zwar an der Spitze der ›lexikalischen Bewegung‹ des 19. Jahrhunderts, doch in der Geschichte des Enzyklopädismus der Neuzeit gehört er schon zur dritten Generation, welche zum Entsetzen der Altliberalen die ›Volksbildung‹ auf ihre Fahnen geschrieben hatte, mit der Ausbreitung der Lesekultur lexikalisch und enzyklopädisch und insbesondere auch drucktechnisch Schritt zu halten versuchte und damit die neuen Lexika zu Werkzeugen einer ›intellektuellen Emanzipation‹ machen wollte. MEYERS Lexikon nämlich sollte auch jenen Ungebildeten dienen, die nach dem Einzug der Schnellpresse auf dem Kontinent, nach der Verbilligung der Papierherstellung und des Buchdrucks, nach der Ausbreitung der Lesekenntnisse durch die allgemeine Schulpflicht nun in großer Zahl in die Hallen der einst ständisch begrenzten Literatur strömten und nach neuem Lesestoff verlangten. Insofern war der ›Wundermeyer‹, also JOSEPH MEYERS ›Das große Conversations-Lexicon für die gebildeten Stände‹, dessen erste Lieferung 1839 ausgegeben wurde, dessen erster vollständiger Band das Erscheinungsdatum 1840 trägt und das bis 1855 auf 52 Bände anwuchs, weder ein ›Konversationslexikon‹ im strengen Sinne, also eine Wissenssammlung, wie sie in der klassisch-romantischen Salonkultur an der Wende vom 18. zum 19. Jahrhundert als Stoff geselliger Konversation verwendet werden konnte, noch war diese im Untertitel so genannte ›Encyclopädie des menschlichen Wissens‹ ein Handbuch ausschließlich für die ›denkende Klasse‹, sondern ein Instrument zur Konstitution einer breiten bürgerlichen Öffentlichkeit (UTZ HALTERN).

Friedrich Arnold Brockhaus (1772–1784)

Joseph Meyer (1796–1856)

Denis Diderot (1713–1784)

Das unübertroffene Vorbild all dieser großen und kleinen Lexika aber war DENIS DIDEROTS ›Encyclopédie ou Dictionnaire raisonné des sciences, des arts et des métiers‹ (1751–1777), welches die ›Ordnung und Verkettung der menschlichen Kenntnisse erklären‹ wollte, somit als ›methodisches Sachwörterbuch der Wissenschaften, Künste und Gewerbe‹ angelegt war und trotz ihres eudämonistischen Grundzuges auf die Gelehrten zielte, das heißt eine Leserschaft, von der sich der Eudämo-

nismus des 18. Jahrhunderts die rasche Ausbreitung des emanzipativen Wissens erwartete. Schon FRIEDRICH ARNOLD BROCKHAUS hatte trotz des programmatischen Titels der zweiten Auflage seines Konversationslexikons – er nannte es ›kurz gefasstes Handwörterbuch für die in der gesellschaftlichen Unterhaltung aus den Wissenschaften und Künsten vorkommenden Gegenstände mit beständiger Rücksicht auf die Ereignisse der älteren und neueren Zeit‹ (1809–1811) – die Beschränkung auf die gelehrte Welt aufzubrechen versucht, doch erst JOSEPH MEYER ist es mit der entschiedenen (und, wie sich bald zeigen sollte, auch redundanten) Vermehrung der Stichwörter, freilich auch mithilfe der in den Text eingefügten Illustrationen gelungen, den Anspruch eines Werkzeugs der Emanzipation für breite Volksschichten bewusst zu machen. Sein Lexikon war durchaus von einem Parteistandpunkt aus geschrieben, es war dem ›bürgerlich-liberalen Evolutionsoptimismus‹ des frühen 19. Jahrhunderts verpflichtet (DIETER LANGEWIESCHE), der alle anderen Bewegungen der Zeit (die Adelsbewegung so gut wie die christlichen und die proletarischen Volksbewegungen) als einen ohnmächtigen Schwimmversuch gegen den Strom der Zeit angesehen hat. Sicher hat auch dieses Lexikon das große Ziel der liberalen Bewegung, die Erziehung des mündigen Staatsbürgers, nicht hinreichend erreicht, doch ist es vermutlich vor allem ihm zu verdanken, dass sich die Wissens- und die Lesebewegung rasch über die humanistisch gebildeten Schichten ausdehnte, dass auch jene Realienbewegung konstituiert wurde, in der Technik und Naturwissenschaften des 19. Jahrhunderts dann ein breites gesellschaftliches Fundament gefunden haben. An die Stelle der eudämonistischen Ziele der ›Encyclopédie‹ trat nun die bürgerliche Individuation, als deren Königsweg JÜRGEN HABERMAS die meditative Privatlektüre erkannte. Mit ihr endete die Kultur des Vorlesens und der Gemeinschaftslesungen, die Rezitationskunst und das Deklamatorium, sodass die Konversationslexika zu einem Teil jedes bürgerlichen Haushalts wurden. Vor diesem Hintergrund aber ist es kaum verwunderlich, dass im 19. Jahrhundert schließlich ganz allgemein als gebildet galt, wer eine Enzyklopädie besaß (JÜRGEN HABERMAS).

Strukturwandel der Wissensüberlieferung

Die lexikalische Bewegung des 19. Jahrhunderts verfolgte demnach keineswegs nur informatorische, sondern politische und soziale Absichten. Die Zensur hat diese Absichten rasch erkannt und die Lexikonlektüre vor allem den Berufen verboten, die in den Lexika als Träger des Fortschritts und der Emanzipation identifiziert worden waren: den Beamten. Die elektronische Speicherung und Verbreitung des im 20. Jahrhundert explodierenden Wissensstoffes ist nur scheinbar frei von solchen sozialen und politischen Absichten, in Wahrheit ist auch sie getragen von Aufklärungs- und Emanzipationsgedanken, die sich jetzt nicht mehr regional und national oder gar ständisch abgrenzen lassen, sondern weltweit anzusetzen versuchen. Es entwickelt sich so – zumal in den USA und in Europa – eine Internet-Gemeinde, deren naiver Eudämonismus hinter den von der lexikalischen Bewegung des 19. Jahrhunderts erreichten Stand zurückzufallen scheint und zusammen mit der strukturbedingten Zerstörung insbesondere mittel- und nordeuropäischer Bildungstraditionen dem Erschrecken der fortschrittskritischen Literatur eine reale Basis gibt. Der Medienwechsel, dessen Zeugen wir sind, wäre als solcher kaum bemerkenswert, wenn nicht die Vernetzungsmöglichkeiten der Speicher- und Kommunikationsmedien die Entstehung sozialer Utopien stimulierte. Durch die Vernetzung erst entstehen virtuelle (das heißt nur im Computer existierende) Realitäten, entstehen virtuelle, die Bestände selbst der größten Bibliotheken der Welt übersteigende Bibliotheken, entsteht die zeit- und raumtilgende Möglichkeit der weltweiten Kommunikation, entsteht ›digitales Dasein‹, wie es der Titel von NICHOLAUS NEGROPONTES 1995 in New York erschienenem Buch ›Being digital‹ zu suggerieren versucht. »Wir werden höchstwahrscheinlich noch ein bis zwei Jahrtausende benötigen«, schreibt NEGROPONTE, »um zu entdecken, wie man Menschen (oder Cheeseburger oder Kaschmirpullover) in ihre Einzelteile zerlegt, übermittelt und wieder zusammensetzt«; als Ziel der neuen Technikentwicklung aber scheint er diese Vorstellung aus der Sciencefiction-Literatur doch zu begrüßen. Größere Weltharmonie verspricht er sich von der Ausbreitung der digitalen Technik, der Entwicklung einer (wohl englischen) Allgemeinsprache, die wir angeblich so schmerzlich vermisst haben, der Zerstörung der Nationalismen – zugunsten von Regionalismus und überstaatlichen Zusammenschlüssen, stärkere Mobilität und Flexibilität auf einer zum Dorf schrumpfenden Welt. Auch wer sich von den Glückseligkeitsvisionen einer digitalen Zukunft nicht beeindrucken lässt, wird den Strukturwandel der Wissensüberlieferung doch mit jenen sozialen Veränderungen vergleichen wollen, die sich in Europa (mit dem Stichwort: Reformation) am Übergang von der Schrift- zur Druckkultur ereignet haben.

Unter der realen Entwicklungsperspektive, dass die Computer, vielleicht sogar die von BILL GATES beschriebenen leistungsfähigen Wallet-PCs, spracherkennend und damit wesentlich leichter zu bedienen sein werden als unsere Telefone heute, ist das Internet tatsächlich noch ein schlafender Riese, dessen Einfluss auf die Arbeitswelt, auf Kommunikationsverhalten, auf die Informationsnutzung und sogar auf eine Weltbürgergesellschaft potenziell gleich informierter Menschen (mit allen politischen, sozialen, ökonomischen und kulturellen Folgen) noch kaum abzusehen ist. Wir werden nicht mit 200 oder 500 wählbaren Fernsehkanälen konfrontiert sein, sondern in Kürze mit etwa 15 000 Kanälen. Wir werden Millionen von Buchseiten täglich auf unseren Bildschirm holen können und Milliarden von Zeitungsseiten aus aller Welt. Video on demand wird uns schon in Kürze zur Verfügung stehen und damit auch jenes interaktive Fernsehen, das sich zum Studium und für den Lernprozess ebenso eignet wie zur Unterhaltung, weil wir unseren Lieblingsfilm einmal mit einem glücklichen und dann wieder mit einem traurigen Ende abspielen können. Es geht also nicht mehr um die Popularisierung (oder auch nur um die Laisierung) des gelehrten Wissens, es geht nicht mehr um enzyklopädisch erfasstes, aber zielgerichtet eingesetztes Menschheitswissen, sondern um die Erfahrung einer ganz neuen Dimension von Totalität, wie sie in dieser Form noch keine Enzyklopädie der Welt, nicht einmal die größten Nationalbibliotheken vermitteln konnten. Erst die virtuelle Bibliothek der digitalisierten Zukunft eröffnet im Grundsatz die Schatzkammer des gesamten Menschheitswissens, von der die Enzyklopädisten seit dem 18. Jahrhundert geträumt haben.

Dafür aber ist das Problem der Bewertung des Wissens, das die lexikalische Bewegung des 19. Jahrhunderts durch die kulturelle und politische Perspektivierung enzyklopädischen Wissens (für ihre Zwecke jedenfalls) gelöst hatte, für das unendliche und unüberschaubare Feld elektronisch vernetzter Wissensspeicher zum ungelösten Zentralproblem geworden. Die Zukunft wird denen gehören, denen es mit intelligenten Suchprogrammen gelingen wird, das nötige Wissen aus der ungefilterten Information zu gewinnen, die notwendige Information zur richtigen Zeit am rechten Ort der diese Information verarbeitenden Person bereitzustellen. Von ›Wissensnavigatoren‹ wird gesprochen als den neuen aussichtsreichen Berufen; sie sollen die zu ›netizens‹ gewordenen ›citizens‹, in deren Städten sich die Verkehrswege völlig von den Kommunikationswegen gelöst haben (HERMANN LÜBBE), durch unübersichtliche Informationsmeere geleiten. Auf den Wegen dieser Meere lauern vermutlich die gleichen Risiken und Chancen, die auf die Entdeckungsreisenden des 15. und des 16. Jahrhunderts gewartet haben, Um- und Irrwege, die Gefahr, im ›Infotainment‹ unterzugehen, aber auch die Möglichkeit, wirkliche Schätze und vielleicht sogar das Eldorado zu finden. Noch sind die uns im anarchischen Zustand des Internet gebotenen Informationen von der Art, dass jede Information die Notwendigkeit einer neuen Information nach sich zieht, da eine unendliche Kette von Information der Wissensverarbeitung vorgeschaltet ist; bald aber könnte das Netz unsere Lebensgewohnheiten so verändern, dass es elementares Leben angreift und wir uns neue Möglichkeiten von Natur- und Menschenerfahrung suchen müssen, um das gute Neue mit dem bewahrenswerten Alten intelligent zu vermitteln.

multiple Sklerose: Im Februar wurde in Deutschland das von der Berliner Schering AG entwickelte, gentechnisch hergestellte Interferon-Präparat Betaferon zur Behandlung bestimmter Formen der m. S. zugelassen. Studien hatten gezeigt, dass die körpereigene Substanz Beta-Interferon die Schwere der Schübe mindern und den Zeitraum zw. zwei Krankheitsschüben verzögern kann. Das Präparat ist in den USA seit 1993 auf dem Markt.

Münchener Rückversicherungs-Gesellschaft AG: Mitte Aug. wurde die Übernahme des drittgrößten Rückversicherungskonzerns in den USA, der American Re Corp. (Princeton), durch die M. R.-G. AG vereinbart (Kaufpreis: 3,3 Mrd. US-$). Damit baute die M. R.-G. AG ihre weltweit führende Marktstellung im Rückversicherungsgeschäft aus. Eine Verstärkung ihrer Aktivitäten in der Erstversicherung war durch den Ende Juli vereinbarten Tausch von Beteiligungen zw. der ›Münchener Rück‹ und Europas größtem Versicherungskonzern, der Allianz AG Holding, München, erreicht worden. Die Allianz tritt u. a. ihre 51 % Beteiligung an der Dt. Krankenversicherung AG an die M. R.-G. AG ab und erhält dafür deren 25%ige Beteiligung am zweitgrößten privaten Krankenversicherer, der Vereinte Krankenversicherung AG.

MUSICAL

Viel geschmäht, doch meistbesucht – das Musical im Erfolgsrausch

Der Autor:
Thomas Welke, geb. 1951.
Studierte Musikwissenschaft und Philosophie und ist als freier Autor tätig

Bis vor wenigen Jahren noch wurde das Musical in der deutschsprachigen Theaterlandschaft weitgehend als Stiefkind gehandelt. Von Feuilletonisten und anderen Vertretern eines literarisch wie musikalisch arrivierten Sprech- und Musiktheaters landauf, landab meist als leichte, gar seichte Muse belächelt, von Intendanten bestenfalls als moderner Operettenersatz oder willkommener Kassenfüller begrüßt, sahen viele v. a. im Musical ein typisch amerikanisches Genre, dessen Sujets sich nur schwer mit den Kulturansprüchen hierzulande vereinbaren lassen: »Diese Musicals sprechen den schlechten Geschmack von Leuten an, die durch keinerlei Kultur gebildet sind« (August Everding). Ein Mischprodukt, irgendwo angesiedelt zwischen Oper und Revuetheater, dessen Spielplanpräsenz spätestens am Mangel an Darstellern scheitert, die wie in den USA auf professionell hohem Niveau gleichermaßen gut singen, tanzen und schauspielern können. Nicht von ungefähr galt das Berliner Theater des Westens – neben dem Metropoltheater im Ostteil der Stadt – lange Zeit und eigentlich bis heute unter den subventionierten Theatern als erste weil einzige Adresse für anspruchsvolleres Musicaltheater in Deutschland.
Aber allen Vorurteilen kontinentaler Kulturwächter zum Trotz war dieses ureigene Kind des amerikanischen Showbusiness längst schon seiner Heimat, dem New Yorker Broadway, entwachsen. Zählt doch seit Anfang der 1960er-Jahre zunehmend auch das Londoner Westend mit seinen über 20 Musicaltheatern als offener Geheimtip, ja, als Trendsetter im jüngsten Musicalboom scheint es dem mittlerweile auf rund 25 Bühnen (früher waren es mal über 80) geschrumpften und nunmehr in Nostalgieproduktionen schwelgenden Broadway sogar den Rang abzulaufen.

Sir Andrew Lloyd Webber

Uneingeschränkter Platzherr des Westend ist der britische Komponist Andrew Lloyd Webber (›Cats‹, ›Evita‹, ›Starlight Express‹, ›Phantom of the Opera‹, ›Jesus Christ Superstar‹, ›Sunset Boulevard‹), dessen ›Really Usefull Group‹, eine Art Verwertungsgesellschaft in Sachen eigener Musicals, sowohl über Lizenzen wie als Impresario eigener Häuser den weltweit sich ausbreitenden Musicalmarkt beinahe monopolistisch beherrscht. Dabei unterliegen seine Lizenzvergaben starken Einschränkungen. Neben Auflagen wie z. B. nur ›en suite‹ zu spielen, müssen außer dem Stück selbst im Paket meist auch Bühnenausstattung samt Beleuchtung, Choreographie und Kostüme eingekauft werden. Solche in Fachkreisen spöttisch als ›geklonte‹ Musicals bezeichnete Produktionen sollen zwar einen höchstmöglichen kommerziellen Erfolg garantieren, gleichen sich aber auch wie ein Ei dem anderen, sei es in London, New York, Sidney oder Toronto, und lassen dementsprechend kaum mehr Spielraum für eine kreative Inszenierungsarbeit. Doch ›Nomen est omen‹: Bei einem Tantiemenanteil von bis zu 18 % an jeder Produktion hat diese ›Wirklich Nützliche Gruppe‹ ihrem Betreiber ein auf 900 Mio. DM geschätztes Vermögen eingetragen. Der in musikalischen Fachkreisen als Puccini-verschnitt und Komponist klischeehaft seichter Serienprodukte eher belächelte, von Verehrern dagegen publicityträchtig zum Mozart des 20. Jahrhunderts erkorene Musicalspezialist überrundete Anfang 1996 mit ›Cats‹, seinem Tanzspektakel auf nächtlichen Müllhalden frei nach T. S. Eliots ›Old Possum's book of practical cats‹, in London mit der 6 138. Aufführung und insgesamt rund 6,5 Millionen Besuchern den Broadwayhit ›A Chorus Line‹; damit avancierte es zum meistgespielten Musical der Welt.

Nun scheint ihm und dem Musical auch der Sprung über den Kanal geglückt. Seit zehn Jahren sprießen in Deutschland privat betriebene Musicalhäuser wie Pilze aus dem Boden und lehren mit hierzulande bisher unerreichten Besucher- und Umsatzzahlen sowie einem bundesweit agierenden Vermarktungssystem inklusive Bustransfer, Übernachtungsangebot, Souvenirhandel und weiteren Möglichkeiten der Freizeitgestaltung am Rande der Shows die altehrwürdigen Subventionstheater das Fürchten. MOZARTS Singspiel ›Zauberflöte‹, jahrzehntelanger Spitzenreiter in der deutschen Bühnenstatistik, hat mittlerweile drei Webbermusicals (›Cats‹, ›Phantom‹, ›Starlight Express‹) Platz gemacht und ist auf Platz vier abgerutscht. In Zeiten eines allgemeinen Besucherrückgangs von bis zu 20% schwärmt man beim Musical von Platzausnutzungen über 90%. Und das bei horrenden Kartenpreisen (80–170 DM pro Platz) und bei Produktionen, die bis zu achtmal die Woche gegeben werden. An Spitzentagen verbuchen Kartenagenturen bis zu 18000 Reservierungen. Ob Jung oder Alt, über 70% der Musicalbesucher haben noch nie in ihrem Leben ein Theater von innen gesehen. Intendanten hoffen inzwischen neidvoll auf den Effekt der Seiteneinsteiger: Wer erst einmal in solch einem Musical war, bekommt vielleicht Lust auf mehr, auch auf Kultur- oder Problemtheater. Viel beachteter Höhepunkt dieses zwischen Kunst und Kommerz schwelenden Kampfes um die Gunst des Publikums war 1993, als Duisburgs Stadtväter, von leeren Kassen gebeutelt, ob solcher Erfolgsbilanzen mit dem Gedanken spielten, Oper und Tanztheater auszusiedeln und das Gebäude an einen kommerziellen Musicalbetreiber zu vermieten.

Von New York über London nach Wien

Als das Musical am 27. Dezember 1927 im New Yorker Ziegfeld Theatre mit der Premiere von ›Show Boat‹ das Licht der Welt erblickte, waren es keineswegs nur amerikanische Genres wie Extravaganza, Minstrelshow oder das Ferment des Jazz, die zu seiner Entstehung beigetragen hatten. Auch europäische Formen wie Singspiel, Wiener Gesangsposse (NESTROY, RAIMUND), französisches Vaudeville und v. a. die Operette, bereits seit Mitte des vorigen Jahrhunderts in den USA populär, haben dabei Pate gestanden.

Kein Zufall also, wenn auch der jüngste deutsche Musicalboom in Wien, der Stadt der Operettenseligkeit, seinen Anfang nahm. Schon in den 1950er-Jahren ist es auf Initiative des langjährigen Dramaturgen der Wiener Volksoper, MARCEL PRAWY, v. a. Wien gewesen, das mit Erstaufführungen u. a. von LEONARD BERNSTEINS ›Wonderful Town‹ (1956) und IRVING BERLINS ›Annie Get Your Gun‹ (1957) dazu beigetragen hat, dem deutschsprachigen Publikum nach dem kulturellen Bruch, den der Zweite Weltkrieg in Europa mit sich gebracht hatte, die Musical Comedy, damals noch ›Amerikas Operette‹ genannt, näher zu bringen. Und auch in der Folgezeit machte man immer wieder mit Musical-Highlights weit über die Landesgrenzen hinaus von

Der moderne Musical-Klassiker schlechthin ist ›Cats‹, im Bild der Jellicle-Ball in der Hamburger Inszenierung

sich reden, etwa 1968 mit ›Man Of La Mancha‹ und mit ›West Side Story‹, 1970 mit ›Cabaret‹ oder 1981 mit ›Evita‹.

Doch der eigentliche Aufstieg Wiens zur Musicalmetropole Nr. 1 auf dem Kontinent setzte erst mit der Ära PETER WECKS ein, der 1982 die Intendanz des Theaters an der Wien, einst Uraufführungsstätte von BEETHOVENS ›Fidelio‹, übernahm. WECKS damals neuartiger Anspruch, auch auf deutschen Bühnen Musicals in einem Qualitätsstandard herauszubringen wie sonst nur in den bekannten Zentren, folgte dabei dem Muster amerikanischer bzw. britischer Produzenten, nicht wie beim überkommenen Repertoiretheater ein Stück einem bestehenden Ensemble anzupassen, sondern für jedes Stück ein individuelles Ensemble jeweils neu zusammenzustellen. Der Erfolg sollte ihm Recht geben. Bereits sein Premiereneinstand 1983 mit WEBBERS ›Cats‹ brach mit rund sieben Jahren Laufzeit und über 2000 Vorstellungen alle bisherigen Wiener Theaterrekorde.

Die Anerkennung ließ nicht lange auf sich warten. 1986 legte die Stadt das Raimundtheater und das Varieté Ronacher mit dem Theater an der Wien zusammen. Nun als Vereinigte Bühnen Wien mit drei Spielstätten ausgestattet, wurde parallel gespielt. 1988 folgten WEBBERS ›Phantom‹ sowie das Musical ›Les Misérables‹ des am Westend und in New York ähnlich erfolgsverwöhnten Gespanns CLAUDE-MICHEL SCHÖNBERG und ALAIN BOUBLIL, eine Adaption des gleichnamigen Romans von VICTOR HUGO über die Wirren der Pariser Revolution von 1832. Ferner, als Neuproduktionen, das Psychomusical ›Freudiana‹ von ERIC WOOLFSON (1990), und als Abschiedsgeschenk an Wien mit klassischem Stoff besonders hitverdächtig ›Elisabeth‹ (SYLVESTER LEVAY/MICHAEL KUNZE) über das Leben und Sterben der Kaiserin SISSI, das seit seiner Uraufführung im September 1992 bis heute durchläuft. Mit Beginn der Spielzeit 1995/96 ist nun unter der Ägide von WECKS Nachfolger RUDI

In der Bochumer Halle geht der ›Starlight Express‹ auf zwei Rollschuhbahnen mit einer Gesamtlänge von 250 Metern mitten durchs Publikum

KLAUSNITZER als europäische Erstaufführung ›Disneys Beauty and the Beast‹ (ALAN MENKEN/TIM RICE) angelaufen. 80000 Vorbestellungen schon vor der Premiere scheinen auch dieses Musical zum Renner zu machen.

Von Wien nach Hamburg

Was WEBBER im Westend und PETER WECK in Wien hat nun auch RALF DEYHLE in Deutschland geschafft. Mit derzeit sechs laufenden Produktionen in Hamburg, Bochum, Stuttgart, Duisburg und Essen hat sich der ehemalige Finanzbeamte und Immobilienhändler, der auch im Film- und Sportgeschäft tätig ist, zum fast alleinigen Marktführer aufgeschwungen. Doch anders als in Wien, dessen Vereinigte Bühnen jährlich mit rund 210 Mio. Schilling subventioniert werden, setzte man hierzulande von Anfang an auf Privatinitiative, baute zum Musical auch gleich die Spielstätte samt passendem Ambiente drumherum.

Den Einstieg ins kommerzielle Musicalgeschäft wagte Mitte der 1980er-Jahre der Impresario FRIEDRICH KURZ. Mithilfe der von ihm gegründeten Stella AG, einer Interessengemeinschaft privater Geldgeber, die jeweils 300000 DM investierten, sicherte er sich mietfrei das leer stehende Operettenhaus auf Hamburgs Reeperbahn und brachte dort am 18. April 1986 WEBBERS ›Cats‹ auf die Bühne. Es sollte auch hier auf Anhieb ein Volltreffer werden. Bereits nach knapp einem Jahr waren die rund 10 Mio. DM Produktionskosten eingespielt, und bei steigenden Gewinnen floss die Rendite bald reichlich an die Investoren zurück. Bis heute haben rund 4,5 Millionen ›Cats‹ besucht, und noch immer ist kein Ende abzusehen.

Das Beispiel ›Cats‹ sollte Schule machen, nicht nur bei privaten Musicalbetreibern. Auch die Kommunen waren bald davon überzeugt, dass man über ›indirekte Subventionen‹ wie Überlassung von Liegenschaften, Baukostenzuschüsse, Bürgschaften oder durch Werbebeteiligungen die touristische Attraktivität der Städte nach außen hin erhöhen kann. In Hamburg rechnet man inzwischen mit jährlich rund 650000 zusätzlichen Besuchern.

Gleich zwei Einträge ins Guinessbuch der Rekorde verzeichnete Stellas zweiter Webbercoup ›Starlight Express‹, der im Juni 1988 in Bochum Premiere hatte. Einmal für die Rekordbauzeit des Hauses in nur 13 Monaten. Die Kosten von 24 Mio. DM übernahm die Stadt. Zum anderen, weil hier erstmals ein Theaterbau speziell auf ein Stück zugeschnitten wurde. In der eher handlungsarmen Show, Traumsequenz eines kleinen Jungen, veranstalten Darsteller in stromlinienförmigen Fantasiekostümen und auf Rollschuhe gestellt ein Eisenbahnwettrennen zwischen den Zeiten und Nationen: ›Rusty‹, die altmodische Dampflok, gegen die Macho-Diesellok ›Greaseball‹. Dass ›Rusty‹ schließlich siegt, ist der Anrufung des imaginären ›Starlight Express‹ zu verdanken, dem ›guten Geist‹ auf allen Schienen. 250 Meter Rollschuhbahn mit eingelassenen Neonröhren zur Schwellenmarkierung ziehen sich quer durch die Sitzreihen und machen das Musical neben einer neun Tonnen schweren Stahlbrücke und zwei Laserprojektoren zu einem einzigartigen Hightech-Theatererlebnis.

Für seine dritte Produktion, WEBBERS ›Das Phantom der Oper‹, wählte sich KURZ erneut Hamburg aus. Da der ursprüngliche Plan, im alten Concerthaus ›Flora‹ zu produzieren, am Protest der Anwohner scheiterte, baute man kurzerhand für 120 Mio. DM einen 1800 Plätze fassenden Neubau, die ›Neue Flora‹ am Holstenplatz. Zwar gab es bei der Eröffnungspremiere im Juni 1990 Krawalle, Tomaten und Eier flogen aufs geladene Publikum, doch die autonome Szene konnte den auch hier bis heute anhaltenden Erfolg nicht verhindern. Technischer Höhepunkt der Geschichte vom verunstalteten Gesangslehrer, der in den Kellergewölben der Pariser Oper an einem See voll Trockeneis sein Unwesen treibt, ist ein mit 6000 Perlen besetzter überdimensionaler Kronleuchter, der während der Vorstellung computergesteuert von der Decke des Zuschauerraums aus auf die Bühne geschwenkt wird.

Doch Hamburg, die heimliche Musicalhauptstadt Deutschlands, hat noch mehr zu bieten. Im Dezember 1994 eröffnete die Neue Metropol GmbH mit ›Buddy. Die Buddy-Holly-Story‹ ein rund 1400 Besucher fassendes mobiles Zelttheater im Freihafen. Und auf der Reeperbahn läuft seit August 1994 im Imperial die Musicalversion des Kinohits ›Grease‹ (JIM JACOBS/WARREN CASEY), Rock 'n' Roll und Teenagerprobleme in den USA der 1950er-Jahre. Mit CORNY LITTMANNS ›Schmidts Tivoli‹, 1990 an der Reeperbahn eröffnet, oder der Truppe ›Mägädäm, Aprillfrisch und Schwarz‹ verfügt Hamburg daneben aber auch über eine rege Offszene, die mit nostalgischem Revuetheater bis schriller Musicalgroteske bundesweit von sich reden gemacht hat. Nach dem Ausstieg von KURZ 1991 übernahm RALF DEYHLE, bis dahin schon mit 50% beteiligt, die alleinigen Rechte an Stella und baute das Unternehmen weiter aus. Heute ist die Stella-Musical-Management GmbH eine Holding mit rund 20 Einzelfirmen im Produktions- wie Dienstleistungssektor. Beschäftigt werden rund 3000 Mitarbeiter, der Jahresumsatz betrug 1995 336 Mio. DM.

Musical als Erlebnis

Als vorläufigen Höhepunkt in der Geschichte des Unternehmens baute DEYLE in Stuttgart-Möhringen für rund 500 Mio. DM ein ›Freizeit- und Erlebniszentrum‹. Mit zwei Hotels, einer 6 000 m² großen Sauna- und Bäderlandschaft, diversen Restaurationen und Geschäften sowie einer Tiefgarage mit 1 800 Stellplätzen setzte man dabei voll auf den mittlerweile grassierenden Musicaltourismus, der auch eine Anreise über Hunderte von Kilometern nicht scheut. Den Mittelpunkt der Anlage bildet eine 1 800 Plätze fassende ›Musical Hall‹, in der im Dezember 1994 ›Miss Saigon‹ (SCHÖNBERG/BOUBLIL) seine deutsche Erstaufführung erlebte. Gigantomanie außen wie innen. Beim Melodram um die vietnamesische Prostituierte Kim, deren Liebe zum amerikanischen GI Chris den Kriegswirren der letzten Tage von Saigon 1975 zum Opfer fällt, sorgte v. a. eine leibhaftige Hubschrauberlandung auf offener Bühne für Schlagzeilen.

Dass man in Deutschland mit Musicals Geld verdienen kann, hatte sich inzwischen auch im Westend herumgesprochen. Nun nicht mehr auf Lizenzbasis, sondern als sein eigener ›Excutive Producer‹, baute WEBBER unter der Aufsicht WECKS in der kleinen Taunusgemeinde Niedernhausen für rund 50 Mio. DM das Rhein-Main-Theater, einen mit viel Plüsch- und Jugendstilambiente ausgestatteten, 1 500 Besucher fassenden Musicaltempel für ›Sunset Boulevard‹. Die Geschichte, frei nach dem gleichnamigen Filmklassiker von BILLY WILDER, von der alternden Hollywood-Diva Norma Desmond und dem jungen Drehbuchautor Joe Gillis, der seine Abhängigkeit von dem ehemaligen Stummfilmstar schließlich mit dem Leben bezahlen muss, hatte im Dezember 1995 Premiere und war mit der Rocksängerin HELEN SCHNEIDER und UWE KRÖGER, momentan Deutschlands Musicalstar Nr. 1, hochkarätig besetzt. ›Sunset Boulevard‹ war bereits WEBBERS zweiter Einstand auf dem Kontinent. Hatte er doch kaum acht Wochen zuvor in Basel erneut sein ›Phantom‹ unter die Leute gebracht, in einer umgebauten Messehalle und mit der zurzeit modernsten Bühnentechnik Europas. Ebenfalls auf der ›grünen Wiese mit Autobahnanbindung‹ startete im Mai 1995 in der Euro Musical Hall Alsdorf bei Aachen das Woolfson-Musical ›Gaudí‹ der Gaudí Musicals GmbH, eine Story von Liebe und Verzicht rund um die Biographie des katalanischen Architekten ANTONIO GAUDÍ.

Aber nicht immer scheint der Erfolg vorprogrammiert. Schon WECK musste 1987 in Wien mit ›A Chorus Line‹, am Broadway ein jahrzehntelanger Dauerbrenner, für den hiesigen Geschmack doch wohl zu amerikanisch, einen Flop wegstecken. Auch das Rockmusical ›Tommy‹ von PETE TOWNSHEND, Mitglied von ›The Who‹, das im April 1995 in der umgebauten ehemaligen Synagoge in Offenbach startete, wurde abgesetzt, die Musical Tommy GmbH musste Konkurs anmelden. Ähnlich erging es KURZ, der sich ab 1993 aufs Neue in Berlin versuchte. Bereits nach knapp drei Monaten Spielzeit wurde seine Marlene-Dietrich-Show ›Sag mir wo die Blumen sind‹ am Theater am Kurfürstendamm mangels Platzausnutzung abgesetzt. Sein Nachfolgeprojekt ›Shakespeare & Rock 'n' Roll‹ (BOB CARLTON) an der ehemaligen Freien Volksbühne, jetzt Musical Theater Berlin, scheint inzwischen ebenfalls an der Rentabilitätsgrenze angelangt zu sein.

An den Stadttheatern hat man mittlerweile auf das gestiegene Interesse am Musical reagiert. In den letzten zehn Jahren stieg die Anzahl der Musical-Neuinszenierungen um fast das Doppelte auf jährlich rund 140 an. Mit experimentellen Produktionen wie z. B. ›Time Rocker‹ von ROBERT WILSON und LOU REED (Hamburg 1996) oder Stücken aus der Feder des avantgardistischen Musicaltüftlers STEPHEN SONDHEIM sucht man dabei dem allgemeinen Trend zu Gigantomanie und Verflachung zu begegnen. Auch die gravierenden Besetzungsprobleme hierzulande sind in Angriff genommen. Schon WECK hatte 1984 seinen Theatern in Wien ein spezielles Ausbildungsstudio für Musical-Allround-Talente angegliedert, in seiner Art damals einmalig im deutschsprachigen Raum. Inzwischen sind eine Reihe weiterer Musicalschulen entstan-

Das von dem Architektenteam Christian und Helmut Kohl in 17 Monaten Bauzeit errichtete Musical Theater Duisburg soll der krisengeschüttelten Region auch wirtschaftliche Impulse geben

den, etwa in Berlin an der Hochschule der Künste, in Essen am Folkwangstudio oder in der Hamburger Stage School. Doch noch immer sind in einer professionellen Musicalproduktion kaum mehr als 10% der Rollen mit deutschen Darstellern besetzt. Und nach wie vor wartet man nach dem Welthit ›Linie 1‹ des Berliner Grips Theaters auf weitere neue deutsche Musicals.
Insider der Branche warnen unterdessen vor einem ›Webber-Schönberg-Overkill‹ in Deutschland. Kaum mehr als zehn Produktionen dieser Größenordnung sind bei uns wirtschaftlich zu verkraften. Doch der ›Starlight Express‹ rollt unverdrossen weiter. 1996 eröffnete DEYHLE gleich zwei neue Musicalhäuser, im Januar in Duisburg mit ›Les Misérables‹, im Dezember in Essen mit WEBBERS biblischem Frühwerk ›Joseph and the Amazing Technicolor Dreamcoat‹. In Stuttgart entsteht inklusive eines angegliederten Multiplexkinos zurzeit sein zweiter Musicalpark, geplant ist ›Disneys Beauty and the Beast‹. Und auch in Berlin am Potsdamer Platz scheinen die Verträge schon gemacht...

MUSIK

Umzüge und Neubauten

Das Südwestfunk-Sinfonie-Orchester, das als fester Bestandteil der →Donaueschinger Musiktage unter seinem musikal. Leiter MICHAEL GIELEN zu den wichtigsten Klangkörpern für zeitgenöss. Musik gehört, konnte just in dem Jahr, in dem der SWF-Intendant PETER VOSS die Musiktage in Donaueschingen auf das Biennale-Format zurückstutzen wollte, von Baden-Baden in sein neues, von dem Architekten DIETRICH BANGERT als schwebendes Dreieck gebautes Konzerthaus nach Freiburg im Breisgau umziehen und dort sein fünzigjähriges Bestehen feiern. Ebenfalls ein neues Domizil erhielt die Stuttgarter Hochschule für Musik. Der von JAMES STIRLING, dem Architekten der Stuttgarter Staatsgalerie, konzipierte Gebäudekomplex betont mit einem runden Turm vor einem funktionalen Kastenbau neoklass. Formästhetik. Das 1987 ohne Ausschreibung eines Wettbewerbs begonnene Projekt bleibt jedoch wegen schwäb. Haushaltsdisziplin unvollendet.

Das neue Konzerthaus in Freiburg, ein Bau mit vielfältigen Nutzungsmöglichkeiten, wird auch dem Südwestfunk-Sinfonie-Orchester als Wirkungsstätte dienen

Festivalstürme

Nicht nur die Donaueschinger Musiktage wurden von populistisch orientierten Sparmaßnahmen angeschlagen. Auch die Münchner Biennale für zeitgenöss. Musiktheater, das von HANS WERNER HENZE gegründete Festival mit seinem durch die Vergabe von Kompositionsaufträgen repräsentativem Querschnitt durch das zeitgenöss. Opernschaffen, wird nicht mehr als voller Frachter alle zwei Jahre in Münchens Musiktheaterhafen einlaufen. Stattdessen wird nun zweimal jährlich ein Minifestival im Opernteich dümpeln. Nachdem beim diesjährigen Fest zwangsweise nur Minisegel gesetzt werden konnten, wurde es für 1997 erst einmal abgesagt und Gründer HENZE von der Stadt gar nicht erst darüber informiert.
In Salzburg drohten aufziehende Gemütsgewitter das schwerfällige Festspielschiff von seinem durch den innovationsfreudigen Intendanten GÉRARD →MORTIER bislang noch unbeschadet gehaltenen Reformkurs abzubringen. Der im Streit scheidende Regisseur PETER STEIN forderte die Ablösung MORTIERS. Gleiches bekundete der Dirigent RICCARDO MUTI, gestärkt von den in Salzburg einflussreichen und ohnehin dort stets nörgelnden Wiener Philharmonikern.
Ablösung am Ruder der Bayreuther Festspiele forderte vehement NIKE WAGNER, Tochter von WIELAND WAGNER, wobei sie an sich selbst als neue Hausherrin auf dem Grünen Hügel denkt. Ihrem Onkel und alleinigem Nachlassverwalter des Musikdramatikers, WOLFGANG WAGNER, wirft sie geringes Regiegeschick und eine zitadellenartige Abschottung des Festspielhauses vor dem Opernrepertoire vor. Um Bayreuth zu reformieren, schlägt NIKE WAGNER die Aufnahme der Opern von RICHARD WAGNERS erklärtem Erzfeind GIACOMO MEYERBEER vor.

Kapellmeister

KURT MASUR verlässt das Gewandhaus zu Leipzig im Zorn vorzeitig zum Ende des Jahres. Sein Vertrag verpflichtete den 69-Jährigen bis 1998; danach sollte HERBERT BLOMSTEDT den Dirigierstab von MASUR übernehmen. MASURS Zorn wurde ent-

›Nackter Arm und Drogenspritze‹, das 8. Paar der Geschlechterbeziehungen in Karlheinz Stockhausens Oper ›FREITAG aus LICHT‹, die am 12. September an der Leipziger Oper uraufgeführt wurde

facht, als die Stadt Leipzig ohne Rücksprache mit ihm Strukturveränderungen im Gewandhaus beschloss. Ebenfalls Härte zeigte CLAUDIO ABBADO. Er verklagte seine Plattenfirma Polygram, weil diese gegen seinen ausdrückl. Willen eine Zusammenstellung einzelner Sätze von Mahler-Symphonien als Adagio-Mix aus Abbado-Einspielungen mit versch. Spitzenorchestern herausgebracht hatte. – Einer ungewissen künstler. Zukunft sehen sich die Münchener Philharmoniker gegenüber: Der Tod ihres langjährigen Chefdirigenten SERGIU CELIBIDACHE am 14. Aug. erschütterte die gesamte Musikwelt.

Erfolgreich

Die Dresdener Semperoper verzeichnete in den letzten Jahren einen Besucherrekord: Die Auslastung liegt bei knapp 100%. So leistete man sich in diesem Jahr eine Erweiterung des Orchestergrabens. Statt wie bisher 80 haben dort nun bis zu 109 Musiker Platz. Bei der Premiere von RICHARD STRAUSS' Oper ›Frau ohne Schatten‹ im Nov. unter der Leitung von GIUSEPPE SINOPOLI kamen die neuen Klangmöglichkeiten imponierend zur Geltung.

Der Leipziger Opernintendant UDO ZIMMERMANN hat sein Haus schon früh für eine in der DDR nicht gerade geliebte musikal. Richtung geöffnet. BERT NOGLIK, Programmgestalter der Leipziger Jazztage, bedankte sich in diesem Jahr mit seinen ›Survival Songs‹ dafür. Gemeinsam mit dem Sänger DAVID MOSS war er gut beraten, eben keine Jazzoper zu schreiben, sondern improvisatorisch getanzte und musizierte ›Ereignisse‹ für fünf Stimmen und virtuelles Orchester auf der Bühne zuzulassen.

Das Gegenteil von diesen Freiheiten inszenierte im gleichen Haus der Regisseur UWE WAND. Die schwierigste Arbeit für ihn bestand in seiner Regie von KARLHEINZ STOCKHAUSENS Oper ›FREITAG aus LICHT‹ aus dessen monumentalem und egozentrikverdächtigen Wochenzyklus und in dem Erstellen eines auf Sekundenbruchteile abgestimmten Kursbuchs für die multimedialen Abläufe der Partitur des Werks, in dem die Verführung Evas verhandelt und die Beziehung der Geschlechter dargestellt wird. Wie immer bei Aufführungen seiner Werke steuerte STOCKHAUSEN die Klangregie der vier Aufführungen der ›Oper in einem Gruß, zwei Akten und Abschied für 5 musikal. Darsteller (Sopran, Bariton, Bass, Flöte, Bassethorn), 12 Paare von Tänzer-Mimen, Kinder-Orchester, Kinder-Chor, 12 Choristen, einen Synthesizer-Spieler, Elektron. und Konkrete Musik‹ im Sept. persönlich.

Starker Abgang

Nicht ganz überraschend erklärte SYIVAIN CAMBRELING, künstler. Intendant der Frankfurter Oper, Anfang Dez. seinen Rücktritt zum 1. 7. 1997. Im Zuge der Spardiskussionen hatte die Stadt ihm die Planungen für die Spielzeit 1997/98 untersagt. Frankfurt am Main, die Stadt mit den einst höchsten Pro-Kopf-Ausgaben für Kultur, droht nun in der Kunstliga nur noch Kreisklasse zu spielen. ■

Mykonos-Prozess: Die Übergabe eines Dossiers der iran. Reg. im Nov. führte erneut zu einer Verzögerung des Urteilsspruchs in dem bereits drei Jahre dauernden Berliner Strafverfahren gegen fünf Angeklagte, die sich wegen des Mordes an vier kurd.-iran. Oppositionellen im Sept. 1992 im Berliner Restaurant ›Mykonos‹ verantworten müssen. Nachrichtendienstl. Dokumente sollen die Glaubwürdigkeit wichtiger Belastungszeugen, die die iran. Staatsführung für das Attentat verantwortlich machten, infrage stellen. Der am 15. März gegen Geheimdienstchef ALI FALLAHIAN erlassene Haftbefehl führte zu erhebl. Belastungen des dt.-iran. Verhältnisses. Nachdem die Bundesanwälte während des Verfahrens die iran. Führung als Drahtzieher des Anschlags beschuldigt hatten, drohten iran. Geistliche mit dem Todesbann. In einem Brief an den iran Staatspräs. warnte Bundeskanzler HELMUT KOHL vor weiteren Zuspitzungen, beharrte aber auf »rückhaltloser Aufklärung« und verwies auf die Unabhängigkeit der dt. Gerichte. Großes Aufsehen erregte im Aug. die Zeugenaussage des ehem. iran. Staatspräs. ABOL-HASAN BANI SADR, der die iran. Führung als Auftraggeber des Anschlags beschuldigte. (→Iran)

NAHER OSTEN

Ist der Friedenstraum von Oslo ausgeträumt?

Der Autor:
Marcel Pott, geb. 1946.
Journalist und Rechtsanwalt. 1983 bis 1992 Auslandskorrespondent und Leiter der ARD-Hörfunkstudios Nahost in Beirut und Amman.
Seit 1992 leitender Redakteur im ARD-Studio Bonn

Man muss kein Prophet sein, um vorauszusagen, dass der Friedensprozess im Nahen Osten erst wieder richtig auf die Beine kommen kann, wenn Israel, genauer der israelische Regierungschef BENJAMIN NETANJAHU, zu dessen Grundlagen zurückkehrt. Das heißt, das Prinzip ›Land für Frieden‹ zu akzeptieren. Hier liegt der Kern für die blutigen Zusammenstöße vom September 1996, aber auch der Schlüssel für die Lösung des Konflikts zwischen Israelis und Palästinensern. NETANJAHU hat den von seinen Vorgängern ITZHAK RABIN und SHIMON PERES beschrittenen Weg verlassen und proklamiert einen Frieden mit den Arabern ohne Gegenleistung, also auf der Basis des Status quo.

Verkehrung der Standpunkte

Im Nahen Osten haben sich die Verhältnisse verkehrt. Jahrzehntelang waren es die Araber und insbesondere die Palästinenser, die von einem territorialen Kompromiss als Basis für den Frieden mit Israel nichts wissen wollten. Bis Mitte der 70er-Jahre verharrte die arabische Welt auf dem Standpunkt des dreifachen Nein: Keine Anerkennung Israels, keine Verhandlungen mit dem ›zionistischen Gebilde‹ und kein Frieden mit einem Staat, dessen Existenzrecht man verneinte.
Heute vertritt NETANJAHU eine ähnliche Verweigerungshaltung gegenüber den Palästinensern, denen er prinzipiell das Recht auf staatliche Selbstbestimmung abspricht. NETANJAHU, seine Gesinnungsgenossen von der politischen Rechten und die mit ihnen verbündeten nationalreligiösen Orthodoxen erheben nämlich Anspruch auf das ganze Land. Sie ignorieren die arabische Geschichte Palästinas und erklären es kurzerhand zum exklusiven Erbe aus biblisch-jüdischer Zeit. Diese einseitig proklamierte Legitimität Israels ist für die zionistische Rechte selbstverständlich und für die orthodox religiösen Juden ein quasi gottgegebener Rechtstitel von ewiger Dauer, bei dem es nichts zu verhandeln gibt. BENJAMIN NETANJAHU repräsentiert also die neue Ablehnungsfront auf israelischer Seite. Für sie ist ein Friedensvertrag, der Palästina in einen israelischen und palästinensischen Staat teilt, undenkbar. Der Gedanke, dass in ein und demselben Land zwei Völker zu Hause sind, ist ihnen fremd. Daran ändert auch die Tatsache nichts, dass Israelis und Palästinenser derselben semitischen Völkerfamilie angehören.
Die gegenwärtige Situation in der Region ist durchaus mit einem Stück absurden Theaters zu vergleichen. Jene Kräfte, die seit dem Wahlsieg NETANJAHUS die israelische Politik bestimmen, denken gar nicht daran, den Palästinensern ein staatliches Existenzrecht zuzubilligen, obwohl die PLO und fast alle arabischen Staaten den Friedensprozess mit Israel bejahen. Sie rufen nicht mehr nach der Vernichtung Israels, sondern ihre politischen Kon-

Arbeiter auf einer Baustelle der israelischen Siedlung in Efrat. Das israelische Kabinett hat im August den Bau neuer Siedlungen im Westjordanland gebilligt und damit grünes Licht für die umstrittene Wiederaufnahme der israelischen Siedlungspolitik im Westjordanland gegeben

Im Gaza-Jericho-Abkommen von 1993 und den Zusatzabkommen von 1994 und 1995 sind das (vorläufige) Territorium der Palästinensischen Autonomiegebiete und der Abzug der israelischen Besatzungstruppen festgelegt worden

zepte sind auf ein völkerrechtlich verankertes Miteinander und den grenzüberschreitenden Wirtschaftsaustausch gerichtet. Die Araber tun folglich heute genau das, was Israels Politiker auf der internationalen Bühne seit 1948 immer wieder leidenschaftlich gefordert haben. Israel soll Anerkennung und Frieden zuteil werden, im Gegenzug soll es die im Sechstagekrieg (1967) besetzten arabischen Gebiete zurückgeben.

Doch ist die ausgestreckte Hand der Araber, die Rabin und Peres ergriffen hatten, von der rechtsorientierten Regierung Netanjahus wieder zurückgestoßen worden. Aus arabischer Sicht erscheint das absurd. Betrachtet man allerdings die stark ideologisch bestimmte Grundhaltung dieser Koalition aus nationalistischen und jüdisch-orthodoxen Parteien, dann ist diese Politik nur konsequent. Denn eine Räumung des 1967 eroberten Westjordanlandes (der Westbank) käme der Aufgabe biblischen Erblandes gleich. Außerdem – so argumentierte die zionistische Rechte schon unter Menachem Begin – müsse das ganze biblische Land (Erez Israel) beansprucht werden, sonst verliere Israel gegenüber den Arabern auch das Recht auf staatliche Existenz in den Grenzen von 1948. Alles oder nichts, so klangen in den 50er- und 60er-Jahren die Parolen der Araber, die Israel von der Landkarte streichen wollten. Heute gehören solche schrillen Töne zur Alltagsrhetorik der politischen Rechten und der religiösen Fundamentalisten in Israel. Die radikalen jüdischen Siedler in Hebron sind ein Teil dieser Gruppe. Während sie sich als Stoßtrupp einer Rejudaisierung der palästinensisch bewohnten Westbank verstehen, sind die Siedler auf den Golanhöhen für viele laizistisch denkende Israelis wehrhafte Kämpfer für die Sicherheit des Landes. Die unter hohen Blutopfern (1967 und 1973) den Syrern entrissenen Golanhöhen, deren karge Böden von den Siedlern unter größter Mühe in blühende Gärten verwandelt wurden, sind nach dieser Ansicht heute integraler Bestandteil Israels. Hier hat sich der Kampf ums Überleben sozusagen zum Besitzanspruch von unbegrenzter Dauer verdichtet. Das Bleiberecht der Siedler auf dem Golan darf deshalb nicht infrage gestellt werden.

Dieses Bewusstsein macht einen Ausgleich mit Syrien unmöglich. Denn Damaskus verlangt als Preis für den Frieden die Rückgabe der Golanhöhen. Deshalb hatten Rabin und Peres erste vorsichtige Schritte getan, die langfristig zu einer weitgehenden Räumung des Golan führen sollten. Die Regierung Netanjahu dagegen lehnt das kategorisch ab. Bleibt sie bei dieser Haltung, rückt ein Friedensvertrag mit Syrien in weite Ferne.

Zu einem Stillstand könnte es auch in den Verhandlungen mit den Palästinensern kommen, die von Rabin, Peres und Jasir Arafat ursprünglich als fortschreitender Prozess angelegt waren. Auf dem Weg zu einem souveränen Palästinenserstaat wollten Rabin und Peres vorsichtig, aber stetig vorangehen. Die Mehrheit des israelischen Volkes sollte sehen, dass Frieden mit den Palästinensern auch Sicherheit bedeutet. Anstelle von Hass und Misstrauen sollte allmählich ein funktionierendes Nebeneinander treten, das es erlauben würde, zugunsten der Palästinenser auch auf ›biblisches Land‹ zu verzichten. Die Extremisten auf islamischer wie jüdischer Seite erkannten die Risiken dieser Politik und torpedierten sie erfolgreich. Seit dem Mord an RABIN und den Terroranschlägen durch Hamas ist der Friedensprozess ins Stocken geraten. Inzwischen, bedingt durch den Wahlsieg NETANJAHUS, liegt er fast ganz darnieder. Der Grund ist offensichtlich.

›Präsident mit heißem Draht‹

Netanjahus dreifaches Nein

Die Ironie der Geschichte will es, dass heute NETANJAHU, ein Israeli, den Arabern ein dreifaches Nein entgegenschleudert: kein Baustopp jüdischer Siedlungen in palästinensischen Wohngebieten, kein Recht der Palästinenser auf Ost-Jerusalem und vor allem kein Recht der Palästinenser auf einen souveränen Staat. Diese Ablehnungspolitik kann nur zu einer weiteren Verhärtung der Fronten führen, wenn man die jüngste Entwicklung aus Sicht der Palästinenser betrachtet.
Das Abkommen von Oslo ist die formelle Anerkennung Israels durch die Palästinenser. Sämtliche arabischen Ansprüche, die sich seit 1948 auf das israelische Kernland an der Mittelmeerküste bezogen, sind damit erloschen. Nicht praktisch, wohl aber psychologisch ist das von erheblicher Bedeutung. Denn ARAFAT hat seinem Volk den eigenen Verzicht auf das ganze Palästina als unvermeidbar und gleichzeitig als einzige Chance dargestellt, in den verbliebenen palästinensischen Wohngebieten von Gaza und der Westbank einen souveränen Staat zu errichten.
Der von NETANJAHU beabsichtigte Ausbau jüdischer Siedlungen mitten im Herzen des Landes, das die Palästinenser als ihr künftiges Staatsgebiet betrachten, ist für sie eine Provokation. Warum sollen die Palästinenser Frieden mit Israel schließen, wenn sie auch weiterhin auf ihre staatliche Eigenverantwortung verzichten müssen. Die von NETANJAHU in Aussicht gestellte Selbstverwaltung ihrer Städte in einem von jüdischen Siedlungen durchsetzten Gebiet unter Oberhoheit israelischer Besatzungstruppen ist für die Palästinenser ein Albtraum. Als sie ARAFAT auf der Basis der Verträge von Oslo zum Präsidenten wählten, träumten sie von der Selbstbestimmung und nicht von einem palästinensischen Bantustan. Die Palästinenser fordern das Recht auf Heimat auch in Ost-Jerusalem, das sie als ihr politisches und kulturelles Zentrum ansehen. NETANJAHUS dreifaches Nein lässt den Palästinensern jedoch kaum eine Wahl. Entweder sie verzichten auf ihren Souveränitätsanspruch oder sie flüchten sich wie bei der Intifada in einen permanenten Massenprotest, der immer wieder in einen gewaltsamen Volksaufstand umschlagen kann. Die verlustreichen Straßenkämpfe vom September 1996, die in Ramallah begannen und schnell auf andere palästinensische Städte übergriffen, lassen eine erneute Konfrontation zwischen den Palästinensern und der Regierung NETANJAHU befürchten, falls diese ihre kompromisslose Politik fortsetzt.
Dafür aber spricht vieles. Auch wenn der israelische Regierungschef nach außen vorgibt, er wolle vertragstreu sein, so ist doch deutlich erkennbar, dass er weder Geist noch Buchstaben der Osloer Abkommen zu respektieren bereit ist. Mit seinem ideologisch bestimmten Anspruch auf das ganze Land in Palästina unterläuft er die nationalen Rechte der Palästinenser und fördert bei ihnen das Gefühl der Ausweglosigkeit.
Die soziale und wirtschaftliche Not, die ständig wachsende Arbeitslosigkeit der Palästinenser und nicht zuletzt die schikanöse Praxis der Israelis, palästinensische Agrarprodukte an den Kontrollstellen verrotten zu lassen, erhitzt die Stimmung bis zum Siedepunkt. Das schafft den Nährboden, auf dem antiisraelischer Terrorismus gedeiht, worauf die palästinensischen Gegner ARAFATS nur warten. Denn sie bekämpfen seine Politik der Anerkennung und des Ausgleichs mit Israel unverändert.

Ausschließlichkeitsansprüche der Fundamentalisten beider Seiten

Für Hamas ist ein Frieden der Palästinenser an der Seite Israels aus ideologischen Gründen ausgeschlossen. Der jüdische Staat darf nach Meinung dieser Fundamentalisten nicht fortbestehen, weil er historisch betrachtet auf islamischem Boden errichtet wurde. Dort aber, wo der Islam einmal Fuß gefasst hat, erwachsen ihm zeitlich unbegrenzt territoriale Rechte von höchster Exklusivität. Mit anderen Worten, die Islamisten sprechen den Israelis das Recht auf staatliche Existenz ab, weil Palästina islamisch war, ist und immer bleiben wird. Hier zeigt sich in frappierender Weise, wie ähnlich sich die islamischen und die jüdischen Fundamentalisten in ihren Ausschließlichkeitsansprüchen sind. Ohnehin muss ARAFAT schon heute seine zutiefst frustrierten Anhänger auf eine ungewisse Zukunft vertrösten. Dadurch ist er auch als Führer seines Volkes infrage gestellt. ARAFAT hat den Palästinensern die nationale Freiheit versprochen, wenn sie

Frieden mit Israel schließen. Bleibt aber stattdessen die Erniedrigung durch das israelische Besatzungsregime für den Alltag seines Volkes bestimmend, riskiert der palästinensische Präsident seine Glaubwürdigkeit und damit seine Autorität. Darauf spekulieren die islamistischen Friedensfeinde von Hamas und andere radikalfundamentalistische Gruppierungen schon seit dem Machtwechsel in Israel im Mai 1996. Wenn ihr Einfluss bei der palästinensischen Bevölkerung auch fortan begrenzt bleiben soll, muss Arafat in nicht allzu ferner Zukunft vor sein Volk treten können, um zumindest einen Teilerfolg seiner Versöhnungspolitik vorzuweisen.

Angesichts dessen, dass die Regierung Netanjahu daran festhält, keine einzige Siedlung aufzugeben, dafür jedoch neue im palästinensischen Kernland zu errichten, fällt die Prognose leider düster aus. Wenn schon die Palästinenser in Palästina ›Fremde im eigenen Land‹ sein sollen, welches Schicksal erwartet dann erst die Millionen palästinensischer Flüchtlinge, die im Libanon, in Syrien und Jordanien festsitzen und wohl vergeblich auf ihre Rechte hoffen? Für die Regierung Netanjahu ist das eine rhetorische Frage. Im Übrigen ist das Schicksal dieser Menschen für sie eine Angelegenheit der betroffenen arabischen Staaten, nicht aber Israels.

Politische Eiszeit

Ist damit der Friedenstraum von Oslo ausgeträumt? Die endgültige Antwort auf diese Frage ist noch verfrüht. Doch eines ist sicher: Wenn die Palästinenser ohne staatliche Selbstbestimmung bleiben, wird es keinen tragfähigen und dauerhaften Frieden im Nahen Osten geben. Diese wahrlich nicht neue Erkenntnis wird nur zu wenig beherzigt. Ein wichtiger Impuls könnte dabei von der Europäischen Union ausgehen. Die Europäer, von Arafat jetzt zu einer aktiveren Vermittlerrolle im Konflikt mit Israel gedrängt, vermögen die Amerikaner zwar nicht als Friedensstifter in der Region zu ersetzen. Aber sie können sich stärker engagieren, als das bisher der Fall war. Denn sie verfügen über einige Hebel, die sie wirkungsvoll einsetzen könnten. Etwa in der Handelspolitik. Denn Israel braucht für seinen Export den europäischen Markt.

Europa hat ein gesteigertes Interesse an einem friedlichen Nahen Osten, weil die Region quasi vor der europäischen Haustür liegt und ein Aufflammen des arabisch-israelischen Konflikts destabilisierend auf das geopolitische Umfeld von der Türkei bis zum Persisch-Arabischen Golf wirkt. Wenn auch die USA durch ihre Nähe zu Israel in den Augen der Araber kein ehrlicher Makler sein mögen, so sind doch in erster Linie sie in der Lage, den israelischen Regierungschef Netanjahu wieder auf Friedenskurs zu bringen. Schließlich erhält Israel unverändert eine erhebliche finanzielle Unterstützung aus Washington und ist ebenfalls auf die technologische Zusammenarbeit mit den Amerikanern angewiesen.

Tausende von Palästinensern demonstrieren am 4. März in Gaza gegen den Terror islamischer Fundamentalisten und für die Fortsetzung des Friedensprozesses

Der überwiegende Teil der jüdisch-israelischen Bevölkerung ist für eine Fortsetzung des Friedensprozesses mit den Palästinensern. ›Frieden in Sicherheit‹ lautet die israelische und ›Land gegen Frieden‹ die arabische Formel. Beides miteinander zu verbinden und daraus einen territorialen Kompromiss zwischen Israel, den Palästinensern sowie den anderen arabischen Nachbarn zu formen, liegt in der Verantwortung der Vereinigten Staaten.

Präsident Bill Clinton hat nach seiner Wiederwahl alle Möglichkeiten dazu, den Friedensprozess wieder in Gang zu bringen. Es ist eine opportunistische Schutzbehauptung, wenn Clintons Sprecher Mike McCurry sagt, Druck bewirke im Nahost-Friedensprozess nichts. Denn der ehemalige US-Außenminister James Baker hat es vor allem mit Druck erreicht, dass der damalige israelische Regierungschef Itzhak Schamir nach dem Golfkrieg im Herbst 1991 an der Nahost-Konferenz in Madrid unter dem Patronat der USA und der damaligen Sowjetunion teilnahm.

Ohne Druck auf den geschickt taktierenden Netanjahu wird es ebenso wenig gehen. Freiwillig wird er seine Ablehnungs- und Verzögerungspolitik nicht aufgeben, deren schädliche Auswirkungen auch für Israels Interessen offensichtlich sind. Denn die von Rabin und Peres bewirkte Öffnung der arabischen und islamischen Welt für Israels Diplomatie und Wirtschaft sowie die daraus erwachsene positive ökonomische Entwicklung ist mittlerweile einer neuen politischen Eiszeit gewichen. Selbst Israels Verhältnis zu Ägypten ist auf das Äußerste gespannt. Der kalte Frieden zwischen Jerusalem und Kairo steht symbolhaft für die vorerst gescheiterte Vision eines ›Neuen Nahen Ostens‹, die Shimon Peres 1993 so hoffnungsvoll verkündete.

Am Rande der Münchener Sicherheitskonferenz ziehen NATO-Generalsekretär Javier Solana (rechts) und der amerikanische General George Joulwan am 3. Februar eine Zwischenbilanz des Bosnieneinsatzes

Namibia

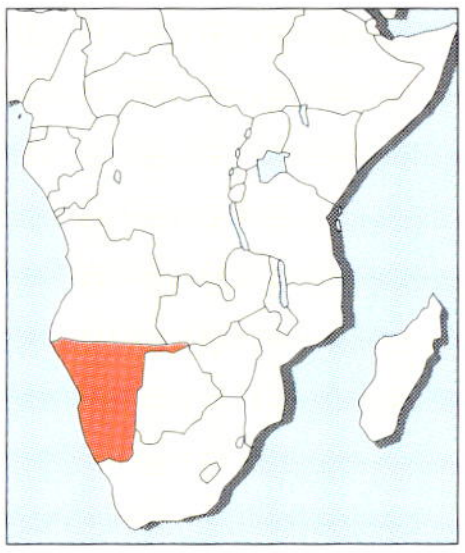

Hauptstadt: Windhuk
Einwohner: 1,5 Mio.
Einwohner/km²: 2
Staatsoberhaupt: S. D. Nujoma
Regierungschef: H. G. Geingob
BSP/Einwohner: 2030 US-$

Die Hauptprobleme N.s sind weiterhin die große Diskrepanz zw. Armen und Reichen, die hohe Arbeitslosigkeit, das hohe Bevölkerungswachstum von über 3% und die niedrige Produktivität der Wirtschaft bei relativ hohen Löhnen. Dringend benötigte Investitionen des Auslands werden durch bürokrat. Verzögerungen bei Arbeits- und Aufenthaltserlaubnissen, durch Importbeschränkungen usw. erschwert oder verhindert. Das BIP stieg 1995 nur noch um knapp 2%. Stark angewachsen ist die private Verschuldung, sie beträgt etwa 55% des BIP (1991: 35%).
Eine Welle von Emotionen löste im März ›The Wall of Silence‹ aus, die engl. Übersetzung des Buches ›Namib. Passion‹, in dem sich Pastor SIEGFRIED GROTH mit dem Schicksal der rd. 2000 Dissidenten der South West Africa Peoples's Organization (SWAPO) befasst, die während des Befreiungskampfes in SWAPO-Lagern in Angola und Sambia als Spione verdächtigt, gefoltert oder ermordet wurden. Nachdem der GenSekr. der regierenden SWAPO und Min. für Arbeit, MOSES GAROËB, das Programm der nat. Versöhnung in N. für gescheitert erklärt und heftige Angriffe gegen N.s größten Entwicklungshilfegeber Deutschland gerichtet hatte, wurde er Mitte April als GenSekr. durch die bisherige stellv. Außenministerin NETUMBU NDAITWAH abgelöst. Damit war der pragmat. Teil der SWAPO erfolgreich und setzte ein Zeichen für die Fortsetzung der Politik der Versöhnung. ■

NATO: Wichtige Themenfelder waren 1996 weiterhin die Frage der Erweiterung des Bündnisses nach Osten, v.a. aber das Engagement im früheren Jugoslawien, wo die mit der Führung der multinat. Implementation Force (Ifor) betraute NATO am 20. 12. 1995 ihren bisher größten Einsatz begonnen hatte (→Bosnien und Herzegowina). Mitte Nov. entschied die Allianz, den Einsatz der Friedenstruppe als Nachfolgemission Sfor (Stabilizing Force) mit einer Stärke von rd. 30000 Mann über den 20. Dez. hinaus fortzuführen, Ende Nov. einigte man sich auf eine Einsatzdauer von 18 Monaten. Am 12. Dez. erteilte der UNO-Sicherheitsrat das Mandat für den neuen Friedenseinsatz.
Nach wie vor betonte die NATO ihre Position, dass der Prozess der Ost-Erweiterung des Bündnisses nicht abhängig von der Haltung der russ. Reg. sei. Gleichzeitig bekundeten die Verteidigungsmin. bei ihrer Herbsttagung Ende Sept. die Bereitschaft der Allianz, mit Moskau ein bes. Verhältnis einzugehen und eine strategische Partnerschaft mit ihm zu entwickeln.
Auf der Frühjahrstagung der Außenmin. Anfang Juni beschloss die NATO eine weit reichende Strukturerneuerung. Kernstück der vorgesehenen ›Europäisierung‹ des Bündnisses – für Frankreich die Voraussetzung für eine Rückkehr in die integrierte Militärstruktur der Allianz – ist die Schaffung von ›Combined Joint Task Forces‹ (CJTF; dt. Alliierte Streitkräftekommandos). Mit diesem Programm sollen flexible Führungsstrukturen für die Krisenbewältigung und Konfliktverhütung v.a. in Europa geschaffen werden. Die CJTF sollen auch der Westeurop. Union (WEU) zur Verfügung stehen, wenn diese nach Abstimmung mit der NATO, aber ohne führende Mitwirkung der USA, in Krisensituationen militärisch tätig werden will. Außerdem sollen sie ein Führungsinstrument für gemeinsame Friedensmissionen mit Staaten sein, die am Programm ›Partnerschaft für den Frieden‹ beteiligt sind. – In der zweiten Jahreshälfte kam es im Zusammenhang mit den Überlegungen zur Neustrukturierung der Kommandoebenen zum Streit zw. Frankreich und den USA, insbes. über die Frage, welche Nation künftig den Oberbefehlshaber Südeuropa stellen soll.

Naumann, Klaus Dieter, General, *München 25. 5. 1939. – Am 14. Febr. trat N. als vierter dt. General den Vorsitz des Militärausschusses der NATO an. Er ist damit für drei Jahre Chef der höchsten Militärinstanz des Bündnisses.
Seit 1958 ist N. bei der Bundeswehr und wurde zum Artillerieoffizier ausgebildet. 1988 übernahm N. als Generalmajor die Leitung der Stabsabteilung ›Militärpolitik‹ im Führungsstab der Streitkräfte. Vom 1. 10. 1991 bis zum 8. 2. 1996 war N., zum Viersternegeneral befördert, Generalinspekteur der Bundeswehr und in seiner Amtszeit mit dem Abbau und der Umstrukturierung der Bundeswehr sowie der Auflösung der Nat. Volksarmee befasst. In N.s Amtszeit als Generalinspekteur fielen die ersten UNO-Einsätze der Bundeswehr. Sein Nachfolger ist HARTMUT BAGGER.

Nauru

Hauptstadt: Yaren (Verwaltungssitz)
Einwohner: 11 000
Einwohner/km²: 524
Staatsoberhaupt und Regierungschef: L. Harris
BSP/Einwohner: 19 640 US-$

Nazi-Gold, in den Medien Bez. zum einen für Wertsachen wie Gold, Schmuck oder auch Kunstwerke, die Holocaust-Opfern von den Nationalsozialisten geraubt und in die Schweiz transferiert oder von dieser aufgekauft wurden, zum anderen für von Juden vor dem Zugriff der Nationalsozialisten auf Schweizer Banken in Sicherheit gebrachte Vermögenswerte, aber auch für die Zentralbankvermögen der während des Dritten Reichs besetzten Staaten, die die Nationalsozialisten über die Schweiz in Umlauf brachten und z. T. als Zahlungsmittel für Warenlieferungen aus Rumänien, Portugal, Spanien und Schweden benutzten. In der Schweiz ist die Bez. ›Raubgold‹ üblich. – Nachdem im April 1996 bei einer Anhörung des Bankenausschusses des US-Senats einst geheime Dokumente amerikan. Regierungsarchive zur Sprache kamen, die darauf hindeuteten, dass schweizer. Banken den Angehörigen ermordeter Juden Millionenbeträge vorenthalten, erklärten diese sich bereit, nochmals nach ›nachrichtenlosen‹ Vermögen zu fahnden und deren Verbleib restlos aufzuklären. 1962 waren die Banken erstmals verpflichtet worden, Vermögen rassisch oder politisch verfolgter Ausländer zu melden; sie hatten lediglich 9,5 Mio. sfr deklariert, die größtenteils den Erben oder anderen Berechtigten ausgezahlt wurden. 1995 waren auf Druck ausländ. Medien Nachforschungen betrieben worden, bei denen sich 775 Konten und Depots mit 39 Mio. sfr fanden, die von ausländ. Kunden vor 1945 eröffnet worden und seither oder mindestens zehn Jahre nachrichtenlos waren. Im Nov. 1996 wurde ein Zwischenergebnis der erneuten Suche vorgelegt: Von den aufgefundenen 1,6 Mio. Franken entfielen lediglich 11 000 sfr auf Nachkommen von Opfern. Teilweise bestätigt sind heute Vermutungen, dass bei (rechtlich problemat.) zwischenstaatl. Abkommen Gelder von Holocaust-Opfern zur Verrechnung herangezogen wurden, so im Falle Polens. Das devisenarme Land hatte damit nach dem Zweiten Weltkrieg den Vereinbarungen eines Entschädigungsabkommens gemäß schweizer. Forderungen beglichen. Zw. Ungarn und der Schweiz gab es eine ähnl. Vereinbarung. Ende Nov. erhob der Jüd. Weltkongress Vorwürfe auch gegen Schweden, unter Ausnutzung seiner Neutralität im Zweiten Weltkrieg in Zusammenarbeit mit dem Dritten Reich mit konfiszierten Kunstwerken und Wertsachen Geschäfte gemacht zu haben.

Nachdem im Sept. in Großbritannien ein Memorandum mit dem Titel: ›N.-G.: Eine Information aus brit. Archiven‹ veröffentlicht worden war, demzufolge das nat.-soz. Regime gegen Ende des Zweiten Weltkriegs geplündertes Goldvermögen aus jüd. Besitz und Zentralbankvermögen besetzter Staaten in Höhe von damals 550 Mio. US-$ in die Schweiz transferiert hatte, forscht die Schweiz nun erneut nach dem Verbleib der Gelder. Außerdem setzte sie eine Kommission unter Leitung des Historikers Jean-François Bergier ein, die sich mit der Problematik der während der NS-Zeit in die Schweiz gelangten Vermögen auseinder setzen soll.

Greville Janner, Vorsitzender des britischen Holocaust Educational Trusts, auf dessen Wirken hin das Memorandum ›Nazi-Gold: Eine Information aus britischen Archiven‹ veröffentlicht wurde, gibt am 10. September in London eine Pressekonferenz

Nepal

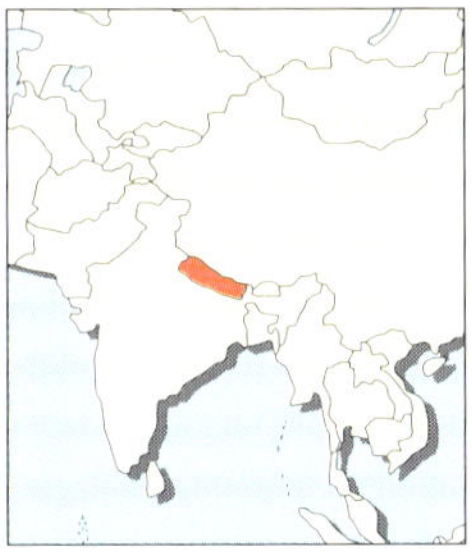

Hauptstadt: Kathmandu
Einwohner: 21,9 Mio.
Einwohner/km²: 156
Staatsoberhaupt: Birendra Bir Bikram
Regierungschef: Sher Bahadur Deuba
BSP/Einwohner: 190 US-$

Der wirtschaftl. Niedergang zeigte sich v. a. bei der Teppich- und Textilindustrie. Die Mitte-Rechts-Koalitionsreg. unter MinPräs. Sher Bahadur Deuba hielt sich aber trotz innerer Flügelkämpfe und personeller Streitigkeiten an der Macht und führte sogar Maßnahmen ihrer Vorgängerin wie die Förderung dörfl. Selbstverwaltung weiter. Mit Indien wurden einige Wassernutzungsverträge geschlossen. Tatenlosigkeit auf dem Gebiet feudaler Strukturen und sozialer Spannungen führten in einigen Bergdistrikten zwar nicht zu dem von der Marxist.-Leninist. Partei ausgerufenen ›Volkskrieg‹, aber zu bewaffneten Auseinandersetzungen mit den Sicherheitskräften. ■

Netanjahu, Benjamin, israel. Politiker (Likud), *Tel Aviv 21. 10. 1949. – Mit einem Vorsprung von nur 26000 Stimmen gewann N., der dem Friedensprozess kritisch bis ablehnend gegenüber steht, am 29. Mai die erste Direktwahl des israel. MinPräs. Mit der Parole ›Frieden in Sicherheit‹ erzielte er 50,5% der abgegebenen Stimmen und schlug überraschend den bisherigen Amtsinhaber SHIMON PERES von der Arbeitspartei, der an der Formel ›Land gegen Frieden‹ festgehalten hatte. Internat. Befürchtungen begegnete er zwar mit dem Versprechen, den Friedensprozess fortzuführen, stoppte aber alle weiteren Entspannungsmaßnahmen. Dies brachte ihm nicht nur international, sondern auch in großen Teilen der israel. Bevölkerung Kritik ein. Der in den USA aufgewachsene N. nahm als 17-Jähriger am Sechstagekrieg teil. 1973 unterbrach er sein Betriebswirtschaftsstudium am Massachusetts Institute of Technology (MIT) in Boston, um am Jom-Kippur-Krieg teilzunehmen. Erschüttert durch das Schicksal seines Bruders JONATHAN, der als Kommandant der Operation zur Befreiung von 103 israel. Geiseln in Entebbe (Uganda) 1976 als einziger israel. Soldat starb, gründete N. in Jerusalem das ›Jonathan-Institut‹, das sich mit dem internat. Terrorismus auseinander setzt, und veröffentlichte mehrere Bücher zu diesem Thema. 1984–88 war N. Botschafter bei der UNO. 1988 wurde er in der Reg. seines Förderers ITZHAK SCHAMIR Stellv. des damaligen Außenmin. DAVID LEVY. 1991 leitete er die israel. Delegation bei der Nahostkonferenz in Madrid. 1993 kandidierte N. erfolgreich gegen LEVY um den Vorsitz des Likud-Blocks.

Netzcomputer: Mit zunehmender Popularität des Internet gewann die Auseinandersetzung an Schärfe, ob der PC schon bald durch preiswertere Netzwerk-Terminals verdrängt wird. Solche N. sollen ohne Festplatte, vorinstallierte Betriebssysteme und teure Programme auskommen und die jeweils benötigte Software via Internet aus Datenbanken abrufen. Entsprechende Hard- und Software präsentierte das Unternehmen Oracle Mitte des Jahres in Frankfurt am Main, und auch der Computerhersteller Sun Microsystems will auf diesem Weg mit seiner Internet-Progammiersprache ›Java‹ dem Marktführer Microsoft Paroli bieten. Da das Microsoft-Betriebssystem ›Windows‹ heute den PC-Markt dominiert, geht es bei dieser Auseinandersetzung im Kern um die kommerzielle Vorherrschaft im Internet.

NEUE WÖRTER

Eine lebende Sprache entwickelt und verändert sich ständig. Wörter werden durch Zusammensetzungen oder Ableitungen neu gebildet oder aus anderen Sprachen übernommen. Wann und in welchen Zusammenhängen die neuen Wörter entstehen, lässt sich nur selten genau feststellen. Manche von ihnen werden fester Bestandteil der Sprache, andere sind ›Eintagsfliegen‹. Welches Schicksal ein neues Wort hat, wird oft erst nach Jahren deutlich.

atmende Fabrik: Fabrik mit einem Arbeitszeitmodell, das mit der Auftragslage ›atmet‹, sich ihr anpasst – bei vielen Aufträgen wird mehr gearbeitet, bei weniger Aufträgen erfolgt ein Freizeitausgleich.

Bodyscanner [engl. body ›Körper‹ und engl. to scan ›abtasten‹, ›rastern‹], *der:* Scanner, der bei einer (geplanten) automatischen Maßschneiderei eingesetzt werden soll (mit automatischer Vermaßungskabine und einem berührungslosen Vermessungsverfahren).

Calling Card, *die:* Karte zum bargeldlosen internationalen Telefonieren.

Code-Sharing [engl. code und engl. to share ›teilen‹], *das:* das Teilen der Flugnummer, wodurch zwei Flüge zu einem kombiniert werden (wenn z.B. die Lufthansa von Frankfurt am Main nach Washington fliegt und von dort die United Airlines weiter nach New Orleans), verbunden mit dem Vorteil, dass das Gepäck bis ans Ziel durchgecheckt wird, mit optimal abgestimmter Anschlusszeit.

EQ (nach DANIEL GOLEMAN): emotionaler Intelligenzquotient; Grad der Fähigkeit, seine Gefühle optimal zu managen, Empfindungen so zu regulieren, dass Zorn effektiv und Furcht bezähmbar wird.

Ethnoterrorismus, *der:* die Vertreibung nicht erwünschter ethnischer Bevölkerungsgruppen durch terroristische Aktionen.

Fake [engl. fake ›gefälscht‹], *das:* Bez. für manipulierte (Film-)Berichte, die z.B. als dokumentarisches Filmmaterial verkauft werden.

Golden Goal [engl. golden ›golden‹ und engl. goal ›Tor‹], *das:* (beim Fußball) das spielentscheidende Tor, das nach einem Unentschieden in der Verlängerung erzielt wird.

Gutmensch, *der:* jemand, der als vorbildhaft gut gilt.

House Running [engl. house ›Haus‹ und engl. running ›laufen‹], *das:* das Hinablaufen an der Wand eines Hochhauses mit einem am Rücken befestigten Sicherungsseil.

Lomographie, *die:* wenn Lomographen (die Besitzer der Fotoapparate des russischen Herstellers Leningradskoje Optiko-Mechanitscheskoje Obedinenije, kurz: Lomo) ihre Fotos machen, visieren sie nicht durch den Sucher, sondern halten die Kamera lediglich in die Richtung des zu fotografierenden Objekts. Wert wird auf Authentizität und Originalität, nicht auf Qualität des Fotos gelegt.

netiquette [engl. net ›Netz‹ und frz. étiquette ›Etikette‹], ungeschriebener Verhaltenskodex für die Nutzer des Internet.

netizen [engl. net ›Netz‹ und engl. citizen ›Bürger‹], der ›vernetzte‹ Bürger der Kommunikationsgesellschaft, z.B. der Nutzer des Internet.

Nimby-Prinzip [KW. zu engl. not in my back yard ›nicht in meinem Hinterhof‹], *das:* angelsächsisches Sankt-Florians-Prinzip; Einsicht in Notwendigkeiten, nur man selbst soll nicht betroffen werden (›Mülldeponie ja, aber nicht in unserer Umgebung‹).

Ökochondrie [Kw. aus Ökologie und Hypochondrie], *die:* Furcht vor Umweltleiden.

Red Ribbon [engl. red ›rot‹ und engl. ribbon ›Band‹, ›Schleife‹], *das:* rote Schleife als Zeichen der Solidarität und der Anteilnahme mit AIDS-Kranken.
Selfscanning, *das:* vom Kunden mittels eines Scanners selbst vorgenommene Kassierarbeit in Supermärkten.
Twike, *das:* umweltfreundliches Fahrzeug, halb Fahrrad, halb Elektroauto, das für Kurzstreckenverkehr eine Alternative ist.
Voice printing [engl. voice ›Stimme‹ und engl. printing ›Druck‹], *das:* ›Fingerabdruck‹ der Stimme zur Identifikation von Personen. ■

Neuseeland

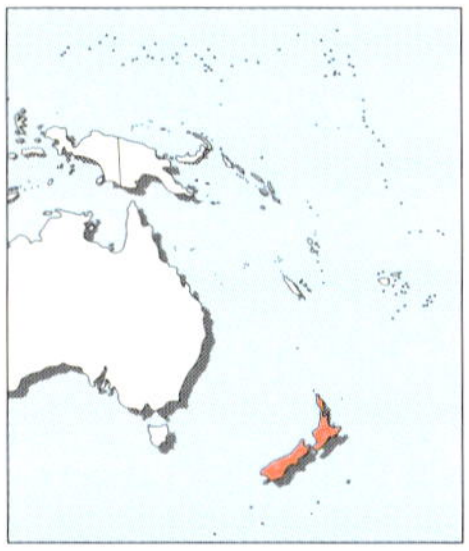

Hauptstadt: Wellington
Einwohner: 3,6 Mio.
Einwohner/km²: 13
Staatsoberhaupt: Elisabeth II.
Regierungschef: J. Bolger
BSP/Einwohner: 13 190 US-$

Die wirtschaftl. Situation N.s erschien trotz eines Inflationsdrucks (Inflationsrate zw. 3 und 3,5%) stabil; das Wirtschaftswachstum sollte 3–4% erreichen. Belebend auf die Investitionstätigkeit wirkten die fortgeführte Privatisierung ehem. staatl. Unternehmen und die Förderung ausländ. Investitonen. Als Wachstumsmarkt erweist sich zunehmend der Tourismus: 1,6 Mio. Besucher kamen 1995, für das Jahr 2000 werden 3 Mio. Gäste erwartet.

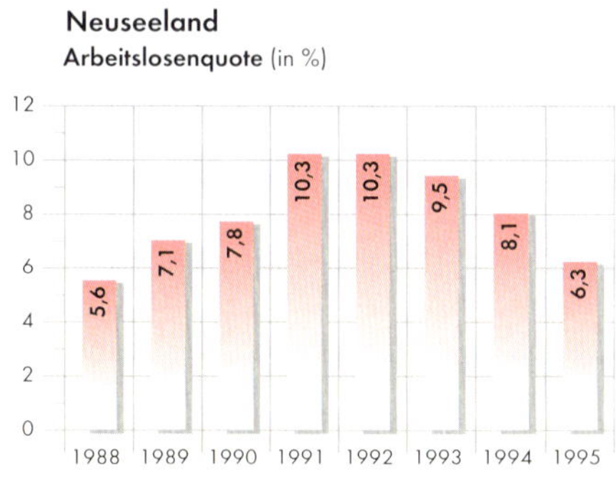

MinPräs. James Bolger setzte Ende Mai für den 12. Okt. Neuwahlen an, nachdem tief greifende Wirtschaftsreformen die Mehrheit seiner National Party (NP) bei den Wahlen von 1993 auf ein Minimum reduziert hatten. Aus den Unterhauswahlen, die erstmals nach dem Verhältniswahlrecht durchgeführt wurden, ging keine der beiden großen Parteien mit einer eindeutigen Mehrheit hervor. Der konservative Block um die NP errang 53 Sitze, der Linksblock um die sozialdemokrat. Labour Party unter Helen Clark 50 Mandate. Die New Zealand First Party (NZFP) des Maori-Politikers Winston Peters bekam auf Anhieb 17 Sitze im von 99 auf 120 Sitze erweiterten Unterhaus. Nach langwierigen Verhandlungen einigten sich NP und NZFP Mitte Dez. auf eine Koalition mit Bolger an der Spitze. ■

Bundespräsident Roman Herzog (4. von links) ist am 8. Mai Gast beim Gipfel der zentralamerikanischen Staaten in Montelimar. Von links nach rechts: M. Esquivel (Belize), E. Pérez Balladares (Panama), J. M. Figueres (Costa Rica), V. Chamorro (Nicaragua), C. Reyna Idíaquez (Honduras), A. Arzú Irigoyen (Guatemala) und A. Calderón Sol (El Salvador)

Nicaragua

Hauptstadt: Managua
Einwohner: 4,4 Mio.
Einwohner/km²: 34
Staatsoberhaupt und Regierungschef: V. Barrios de Chamorro
BSP/Einwohner: 330 US-$

Erfolge erzielte die Reg. bei versch. Umschuldungsverhandlungen. Der Pariser Klub, Deutschland und Russland verzichteten auf Forderungen in Höhe von rd. 4,9 Mrd. US-$. Ferner konnte N. mit gut 100 Mio. US-$ 1,4 Mrd. US-$ Verbindlichkeiten von Auslandsbanken zurückkaufen.
Studentenunruhen führten am 25. Jan. zur Besetzung der Zentralbank und am 31. Jan. zur Besetzung des Außenministeriums, um der Forderung nach den in der Verfassung vorgesehenen Zuschüssen für die staatl. Univ. Nachdruck zu verleihen. Im Vorfeld der Wahlen vom 20. Okt. zeichneten sich Probleme bei der Wählerregistrierung und Ausrüstung mit Wahlausweisen im ländl. Bereich ab, die mit einer Sonderkampagne im Juni behoben wurde. Zu den Präsidentschafts-, Parlaments- und Gemeindewahlen traten 42 Parteien und Wahlko-

alitionen sowie eine Vielzahl von Kandidaten an. Nach dem Ausschluss einiger Bewerber, v. a. ANTONIO LACAYOS, des Schwiegersohns der Präsidentin, durch den Obersten Wahlrat Anfang Juli, ging ARNOLDO ALEMÁN LACAYO von der rechtskonservativen Alianza Liberal Constitucionalista (ALC), der als Bürgermeister der Hauptstadt Popularität erwerben konnte, am 20. Okt. als Gewinner der Wahlen vor dem ehem. sandinist. Präs. DANIEL ORTEGA SAAVEDRA (FSLN) hervor. Nach einer erneuten Auszählung, die von elf Parteien wegen Unregelmäßigkeiten gefordert worden war, lag ALEMÁN mit 51,03% der Stimmen vor ORTEGA (37,75%). Am 24. Nov. wies der Oberste Wahlrat die Einsprüche der FSLN endgültig zurück und erklärte ALEMÁN offziell zum neu gewählten Präs. (Amtsantritt: 10. 1. 1997). Im Parlament verfügt die ALC allerdings nur über 41 der 93 Mandate (FSLN 38 Mandate, kleine Parteien 14 Mandate).

Niederlande

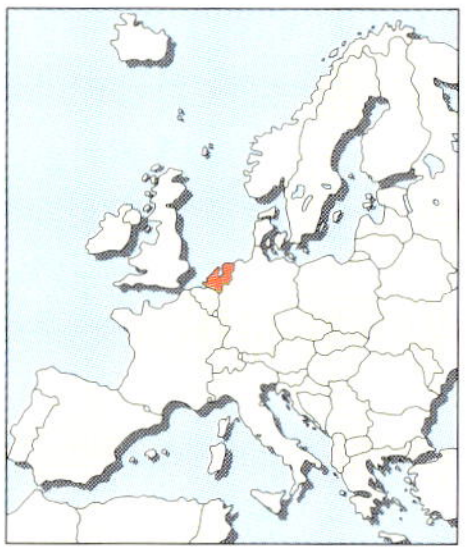

Hauptstadt: Amsterdam
Einwohner: 15,4 Mio.
Einwohner/km²: 378
Staatsoberhaupt: Beatrix
Regierungschef: W. Kok
BSP/Einwohner: 21 970 US-$

Wirtschaft auf Wachstumskurs

Das Wirtschaftswachstum erreichte im ersten Halbjahr 1996 beachtl. 2,3%. Für 1997 wird mit einem Wachstum von 2,5–2,75% gerechnet. Die Arbeitslosenquote stagnierte bei etwa 6,5%. Die Reg. ist bestrebt, durch weitere Einsparungen im Sozialetat und Kostensenkungen für die Wirtschaft die Voraussetzungen für die Teilnahme an der Europ. Wirtschafts- und Währungsunion zu erfüllen.
Eines der bedeutendsten Unternehmen, der Flugzeughersteller →Fokker N. V., musste am 15. März

Niederlande
Arbeitslosenquote (in %)

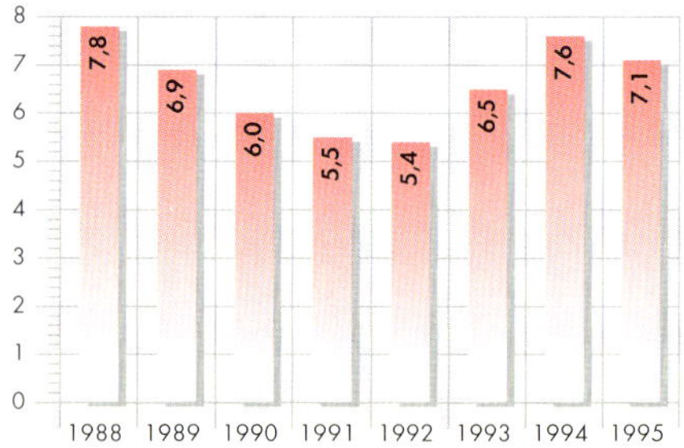

Konkurs anmelden, nachdem die dt. Daimler-Benz AG es am 22. Jan. abgelehnt hatte, weitere Finanzmittel zuzuschießen und die niederländ. Reg. als zweiter Großaktionär eine direkte Subventionierung zurückgewiesen hatte.

Innen- und außenpolitische Situation

Die regierende Koalition aus PvdA (Sozialdemokraten), VVD (Rechtsliberalen) und D'66 (Linksliberalen) führt eine Wirtschaftspolitik in Richtung Deregulierung. Die Lohnfortzahlung im Krankheitsfall wurde ›privatisiert‹: Jedes Unternehmen hat selbst und nicht über einen staatl. Fonds die Lohnfortzahlung sicherzustellen. Ferner wurden die Ladenöffnungszeiten ausgeweitet; u. a. können Läden auch an manchen Sonntagen öffnen.
Große Erregung verursachte der Bericht eines parlamentar. Untersuchungsausschusses über die Fahndungsmethoden der Justiz und der Polizei. Bekannt wurde, dass die Einfuhr großer Mengen von Drogen nicht nur von den Behörden toleriert, sondern sogar organisiert wurde. Zudem wurden offensichtlich Informanten der Polizei im kriminellen Milieu bestochen. Der Bericht führte jedoch nicht zu personellen Konsequenzen im polit. Bereich.
Frz. Kritik an der niederländ. →Drogenpolitik führte zu einer Abkühlung der frz.-niederländ. Beziehungen, während dt. Reaktionen eher zurückhaltend waren. Dennoch wurde in den N. der Um-

Niederlande: Außenhandel

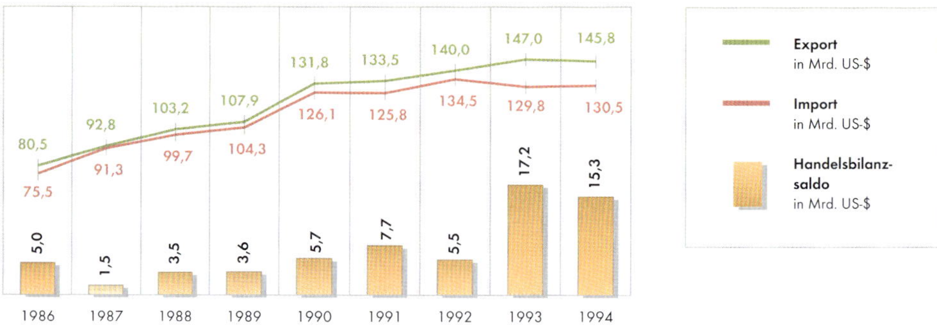

gang mit Drogen stärker reglementiert. So wird u. a. die Anzahl der ›Coffeeshops‹, in denen weiche Drogen gekauft werden können, verringert und die maximal erlaubte Tagesmenge an weichen Drogen auf acht Gramm begrenzt.
Am 1. Febr. wurden die letzten niederländ. Wehrdienstpflichtigen eingezogen. Nach Ablauf ihrer Dienstzeit am 31. Aug. verfügen die N. nur noch über eine Berufsarmee.
Im Mittelpunkt der innenpolit. Erörterungen in Bezug auf Verteidigungsfragen standen die Ereignisse in Srebrenica im Juni 1995. Vorgesehen ist eine Untersuchung des Reichsinstituts für Kriegsdokumentation (RIOD) über die Rolle des niederländ. Truppenkontingents ›Dutchbat‹ unter der Leitung von Oberst Ton Karremans bei der Eroberung der Enklave Srebrenica durch die bosn. Serben. ■

Die niederländischen ›Coffeeshops‹, in denen weiche Drogen verkauft werden dürfen, werden zukünftig stärker reglementiert

Niedersachsen

Hauptstadt: Hannover
Einwohner: 7,7 Mio.
Einwohner/km²: 162
Regierungschef: G. Schröder
BIP/Einwohner: 39 761 DM

Sparmaßnahmen

Die Finanzsituation spitzte sich 1996 mit einer Deckungslücke von 2,3 Mrd. DM im Landesetat weiter zu. Unter der Führung von MinPräs. Gerhard Schröder (SPD) wurden daher eine Reihe von einschneidenden Sparmaßnahmen verabschiedet; im Mittelpunkt standen dabei Bemühungen zur Senkung der Personalkosten, z. B. durch einen generellen Einstellungsstopp für den gesamten Landesdienst. Frei werdende Planstellen an den Schulen können nicht mehr zu 100% wiederbesetzt werden. Die rd. 48 000 Bediensteten in der Landesverwaltung mussten eine Erhöhung ihrer Wochenarbeitszeit von bisher 38,5 auf 40 Stunden (ab April) hinnehmen. N. wies 1996 mit 12,1% die zweithöchste Arbeitslosenquote unter den westl. Flächenländern auf.

Neue Kommunalverfassung und Kommunalwahlen

Bei den Kommunalwahlen am 15. Sept. musste die SPD Verluste hinnehmen. Sie kam landesweit nur auf 38,5% der Stimmen. Die CDU wurde trotz leichter Einbußen erneut zur stärksten Kraft in den Kommunalparlamenten gewählt und errang 41,6%. Für die FDP entschieden sich nur 4,6% der Wähler. Bündnis 90/Die Grünen waren mit einem Zuwachs von 2,7 Prozentpunkten die eigentl. Gewinner und erreichten 9,0% der Stimmen. Zum ersten Mal wahlberechtigt waren die 16- und 17-jährigen Bürger des Landes und die in N. lebenden EU-Ausländer. Erstmals in der Geschichte N.s wurden in Hannover und in 57 weiteren Kommunen und zwei Kreisen die Bürgermeister und Landräte direkt gewählt. Durch eine Reform der Kommunalverfassung, die der Landtag am 6. März verabschiedet hatte, wurde die bisherige kommunale Doppelspitze aus ehrenamtl. Landräten/Bürgermeistern und beamteten Oberkreisdirektoren/Stadtdirektoren zugunsten direktdemokrat. Elemente aufgegeben. Mit Spannung wurde die Oberbürgermeisterwahl in der Landeshauptstadt erwartet. Hier kam es zu einer Stichwahl am 29. Sept. zw. dem seit 1972 regierenden Oberbürgermeister Herbert Schmalstieg (SPD) und seiner Herausforderin Rita Pawelski (CDU), bei der sich Schmalstieg mit 52,9% nur knapp durchsetzen konnte.

Mit flotten Sprüchen versucht Niedersachsens Junge Union im Kommunalwahlkampf, die neue Wählergruppe der 16- und 17-Jährigen zu erreichen

Zwischenlager Gorleben. Familienfilz-Affäre

Ein geplanter zweiter Atommülltransport aus der frz. Wiederaufarbeitungsanlage La Hague in das Zwischenlager Gorleben wurde aufgrund der großen Schwierigkeiten, v.a. der hohen Kosten der Transportsicherung, für 1996 abgesagt. Der Atommülltransport im Frühjahr, der am 8. Mai das Zwischenlager erreichte, war von z.T. militanten Atomkraftgegnern massiv behindert worden. In der Endphase des Transports – allein in N. waren rd. 9000 Beamte von Bundesgrenzschutz und Polizei im Einsatz – gab es bei schweren Zusammenstößen zw. den Demonstranten und der Polizei zahlreiche Verletzte.
Der Landtag schloss am 20. Juni die parlamentar. Untersuchung der ›Familienfilz-Affäre‹ ab, in die Umweltmin. MONIKA GRIEFAHN verwickelt war. Der Min. war vorgeworfen worden, ihren Ehemann im Zusammenhang mit der in Hannover geplanten Weltausstellung Expo 2000 im Amt begünstigt zu haben. Während die Oppositionsparteien CDU und Bündnis 90/Die Grünen den Verdacht gegen GRIEFAHN bestätigt sahen, sprach die SPD von ganz und gar entlastenden Ausschussergebnissen. MinPräs. SCHRÖDER lehnte die Entlassung GRIEFAHNS abermals ab. – Nachfolger des aus Altersgründen Mitte Okt. zurückgetretenen Sozialmin. WALTER HILLER (SPD) wurde der bisherige Fraktionschef im Landtag WOLF WEBER (SPD). Anlass für den überraschenden Rücktritt von Finanzmin. HINRICH SWIETER (SPD) Ende Okt. waren staatsanwaltschaftl. Ermittlungen wegen angebl. sexueller Belästigung, die allerdings Ende Nov. wieder eingestellt wurden. Seine Nachfolge trat der bisherige Chef der Staatskanzlei WILLI WAIKE (SPD) an.

Niger

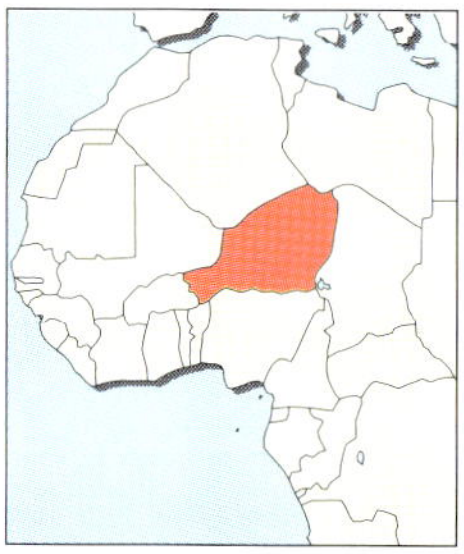

Hauptstadt: Niamey
Einwohner: 9,2 Mio.
Einwohner/km²: 7
Staatsoberhaupt:
I. B. Maïnassara
(seit 27. 1. 1996)
Regierungschef:
B. Adji
(seit 30. 1. 1996)
BSP/Einwohner:
230 US-$

Ende Jan. wurde der bisherige Präs. MAHAMANE OUSMANE durch einen Militärputsch entmachtet. Angesichts der heftigen ausländ. Kritik entschloss sich die Militärjunta unter Führung von Oberst IBRAHIM BARÉ MAÏNASSARA aber zu einer schnellen Rezivilisierung. Am 12. Mai billigte die Bevölkerung eine neue Präsidialverfassung. Die Präsidentschaftswahlen am 7./8. Juli, bei denen MAÏNASSARA gegen die bisher führenden Parteipolitiker antrat, verliefen zwar chaotisch, zunächst aber offenbar fair. Kurz vor Ende der Wahl aber, als die bis dahin verkündeten Ergebnisse gegen MAÏNASSARA liefen, wurde die unabhängige Wahlkommission ihres Amtes enthoben, ein neuer Wahlausschuss mit dessen Anhängern besetzt. Am 10. Juli wurde schließlich bekannt gegeben, dass der inzwischen zum General beförderte MAÏNASSARA die Wahl mit 52% der Stimmen gewonnen habe. Die nach dem Putsch eingesetzte neue Reg. unter BOUKARI ADJI, in die Ende Aug. unter Erhöhung der Zahl der Min. auch Mitgl. der Opposition aufgenommen wurden, bemüht sich um eine Einigung mit dem Internat. Währungsfonds.

Nigeria

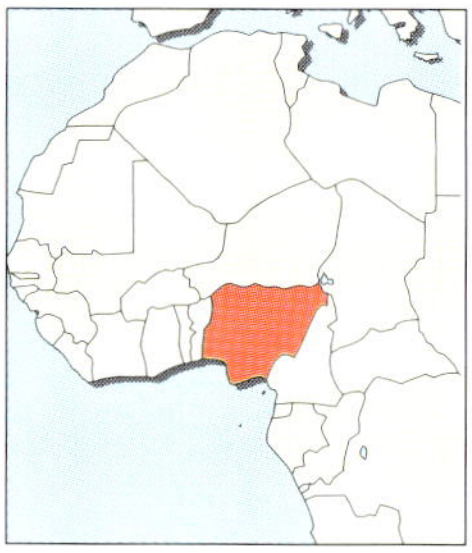

Hauptstadt: Abuja
Einwohner:
111,7 Mio.
Einwohner/km²: 121
Staatsoberhaupt und Regierungschef:
S. Abacha
BSP/Einwohner:
280 US-$

Bemühungen einer Delegation des Commonwealth sowie eine Resolution der UNO, in der das Regime von General SANI ABACHA für seine Menschenrechtsverletzungen angeprangert wurde, blieben folgenlos. Nach einer neuerl. Welle von Repressionen flüchteten bes. Mitgl. des Ogonivolkes nach Benin. Die nigerian. Reg. schloss darauf die Grenze zum Nachbarland. Anfang Juni wurde KUDIRAT ABIOLA, die Frau des inhaftierten Politikers und mutmaßl. Gewinners der von der Militärjunta annullierten Wahlen von 1993, MOSHOOD ABIOLA, bei einem Attentat erschossen. Unter formeller Einhaltung des Zeitplans für den angekündigten Übergang zu einer zivilen Reg. im Okt. 1998 wurden im März Kommunalwahlen durchgeführt. Im Juni kündigte ABACHA programmgemäß die Zulassung polit. Parteien an, die er nach seiner Machtergreifung verboten hatte.
Politisch ist das Regime weitgehend isoliert. Zu umfangreichen Wirtschaftssanktionen, namentlich

Nigeria
Inflationsrate (Veränderung der Verbraucherpreise in %)

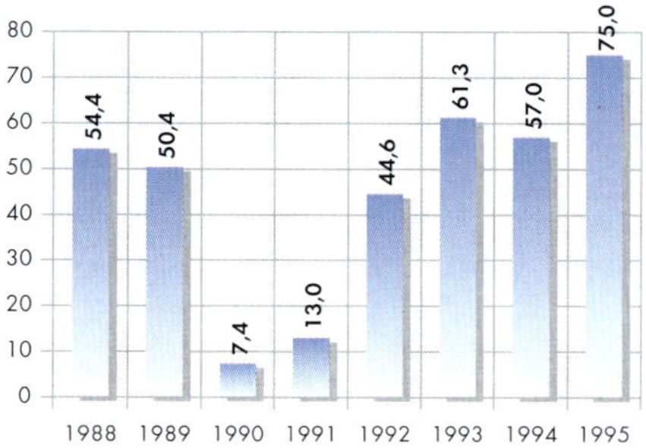

einem Erdölboykott, konnten sich aber weder die Staaten des Commonwealth, die N. nach der Hinrichtung des Schriftstellers und Menschenrechtlers KEN SARO-WIWA 1995 aus ihrer Mitte ausgeschlossen hatten, noch die EU oder die USA durchringen. Das Land erwirtschaftet 80% aller Staatseinnahmen durch die Erdölförderung im Nigerdelta. Der Erdölkonzern Shell hat sich unterdessen bereit erklärt, im Erdölfördergebiet 90 Mio. US-$ in Umweltschutzmaßnahmen und 30 Mio. US-$ in Gemeindeprojekte zu investieren. ■

Nobelpreise: Mit dem N. für Physiologie oder Medizin wurden der Schweizer Immunologe ROLF M. ZINKERNAGEL und ein austral. Kollege ausgezeichnet, die mit ihrer Arbeit den Grundstein zum Verständnis der Abwehr von Virusinfektionen durch das Immunsystem legten. Der Chemie-N. wurde für die spektakuläre Entdeckung der auch als ›Fußballmoleküle‹ bekannten Fullerene, einer neuen künstl. Modifikation des Kohlenstoffs, vergeben. Die drei Preisträger des N. für Physik hatten als erste die lange gesuchte Suprafluidität von Helium 3 (^{3}He) nachgewiesen und damit einen Durchbruch auf dem Gebiet der Tieftemperaturphysik erzielt. Der Literatur-N. ging an die poln. Lyrikerin WISŁAWA SZYMBORSKA für »eine Poesie, die mit iron. Präzision den histor. und biolog. Zusammenhang in Fragmenten menschl. Wirklichkeit hervortreten lässt«.
Obwohl in der Öffentlichkeit v. a. der Bosnien-Vermittler RICHARD HOLBROOKE für den Friedens-N. gehandelt wurde, entschied sich das Nobelkommitee unerwartet für CARLOS F. XIMÉNES BELO und JOSÉ RAMOS HORTA, um deren Einsatz für eine gerechte und friedl. Lösung des Konflikts im von Indonesien annektierten Ost-Timor zu würdigen.
Überschattet wurde die Veröffentlichung der Preisträger durch den Tod des Volkswirtschaftlers WILLIAM S. VICKREY, der nur drei Tage, nachdem ihm der N. zuerkannt worden war, verstarb.

Nordirlandkonflikt: Die von Irland und Großbritannien eingerichtete internat. Kommission unter Vorsitz des ehem. amerikan. Senators GEORGE MITCHELL legte am 24. Jan. ihren Bericht vor. Sie schlug darin vertrauensbildende Maßnahmen wie eine schrittweise Entwaffnung und deren Kontrolle durch eine unabhängige Kommission mit Beginn von Allparteienverhandlungen vor. Nachdem die brit. Reg. darauf nicht einging und es über dem Vorschlag des brit. Premiermin. JOHN MAJOR, eine Instanz für künftige Friedensverhandlungen zu wählen, zum Dissens mit der irischen Reg. gekommen war, erklärte die IRA ihren seit 1. 9. 1994 geltenden Gewaltverzicht am 8. Febr. für beendet und nahm ihre terrorist. Aktivitäten wieder auf. Sinn Féin, der polit. Flügel der IRA, wurde dadurch als Verhandlungspartner der irischen Reg. diskreditiert und politisch isoliert. Die Wahl eines Gremiums für Friedensgespräche fand am 30. Mai statt und brachte einen deutl. Vorsprung für die nationalist. Parteien (→Großbritannien und Nordirland).

Nobelpreise 1996

Physik	David M. Lee Douglas D. Osheroff Robert C. Richardson
Chemie	Robert F. Curl Richard E. Smalley Harold W. Kroto
Physiologie oder Medizin	Peter C. Doherty Rolf M. Zinkernagel
Literatur	Wisława Szymborska
Erhaltung des Friedens	Carlos F. Ximénes Belo José Ramos Horta
Wirtschaftswissenschaften	James A. Mirrlees William S. Vickrey

Die Spannungen zw. den beiden Reg. führten dazu, dass sowohl protestant. wie kath. Nationalisten im Verlauf des Jahres häufiger aufeinander prallten und die Rückkehr zu den bürgerkriegsähnl. Zuständen der vergangenen Jahre zu befürchten war. So musste die Polizei am Ostermontag in Belfast Mitgl. des protestant. Oranier-Ordens gewaltsam vertreiben, nachdem diese 14 Stunden vor einer Polizeisperre demonstriert und schließlich mit Brandsätzen die Polizisten angegriffen hatten. Ebenso kam es bei den histor. Umzügen des Oranier-Ordens im Juli zu massiven Gewaltakten. Das von der Polizei zum Schutz der kath. Wohngebiete in der Stadt Portadown ausgesprochene Durchmarschverbot war aufgehoben worden, nachdem die Mitgl. des Ordens mehrere Tage vor den Polizeisperren demonstriert hatten und die Lage kaum noch zu kontrollieren war.

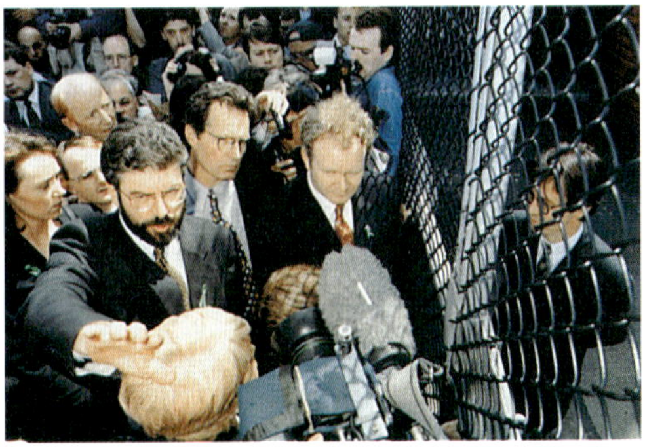

Sinn-Féin-Führer Gerry Adams (links) und Martin McGuinnes (rechts) fordern am 10. Juni vor dem Verhandlungsgebäude in Belfast die Teilnahme ihrer Partei an den Friedensverhandlungen für Nordirland

Die Verhandlungen (ohne Sinn Féin) wurden am 10. Juni aufgenommen, aber schon im Juli wegen der Krawalle unterbrochen; sie kamen erst am 8. Sept. wieder in Gang. Die Positionen der brit. wie der irischen Reg. in der Beurteilung von IRA und Sinn Féin blieben trotz der Gespräche – auch am Rande des EU-Gipfels in Dublin am 9. Dez. – gegensätzlich.

Nordrhein-Westfalen

Hauptstadt: Düsseldorf
Einwohner: 17,8 Mio.
Einwohner/km²: 523
Regierungschef: J. Rau
BIP/Einwohner: 43 316 DM

Wirtschaftliche Lage

Angesichts einer Arbeitslosenquote von über 10% und eines Schuldenstands von 131 Mrd. DM war das polit. Hauptinteresse in NRW auf die Verbesserung der wirtschaftl. Lage gerichtet. Bes. das Ruhrgebiet hat seinen Transformationsprozess von der montan geprägten Schwerindustrieregion hin zum Dienstleistungszentrum noch nicht vollendet. In einigen Revierstädten stiegen die Arbeitslosenquoten auf über 15%. Gewerkschaften, Wirtschaft, Verwaltung und die zuständigen Ressortmin. des Landes einigten sich mit der SPD-Landtagsfraktion im Sept. in einer konzertierten Aktion auf einen ›Ausbildungskonsens‹, der eine Ausbildungsplatzgarantie für Lehrstellensuchende vorsieht.
Das Missfallen der 160 000 Lehrer des Landes erregte die Entscheidung, für die nächsten Jahre ihre Wochenarbeitszeit zu verlängern. Bildungsmin. GABRIELE BEHLER (SPD) hofft, so die steigenden Schülerzahlen der nächsten Jahrgänge ohne Einstellung zusätzl. Lehrkräfte bewältigen zu können.

›Düsseldorfer Intercity‹

Streitigkeiten in der rot-grünen Koalition

Ein Jahr nach Bildung der rot-grünen Koalition zogen SPD und Bündnis 90/Die Grünen eine negative Bilanz. In einer Reihe von Einzelfragen ergaben sich grundlegende Meinungsverschiedenheiten v. a. in der Verkehrs-und Wirtschaftspolitik. Die SPD, die 15 Jahre lang NRW allein regiert hatte, verlangte dem kleineren Koalitionspartner wiederholt schmerzhafte Zugeständnisse ab. So konnte ein geplantes Nachtflugverbot auf dem Flughafen Köln/Bonn gegen den Widerstand der SPD nicht durchgesetzt werden. Ebenso versuchte Bündnis 90/Die Grünen vergeblich, den ICE-Anschluss des Flughafens und die Verlängerung der Autobahn A 44 bei Bochum zu verhindern. An der Frage des Ausbaus des Regionalflughafens Dortmund, für den im Landesetat ein Posten in Höhe von 20 Mio. DM vorgesehen war, drohte die Koalition sogar zu scheitern. Erst nach einer mit Spannung erwarteten Landesdelegiertenversammlung von Bündnis 90/Die Grünen konnte der Haushalt am 20. März verabschiedet werden. Weitere Streitpunkte bestanden bei der Novellierung des Landespolizeigesetzes, in dem nach Willen von Bündnis 90/Die Grünen ein Diskriminierungsverbot aufgenommen werden sollte, und in der Auseinandersetzung um den Braunkohlentagebau Garzweiler II.

Brandkatastrophe

Bei einem schweren Brand auf dem Düsseldorfer →Rhein-Ruhr-Flughafen am 11. April starben 16 Menschen an Rauchvergiftung, zahlreiche weitere erlitten Verletzungen.

Norwegen

Hauptstadt: Oslo
Einwohner: 4,3 Mio.
Einwohner/km²: 13
Staatsoberhaupt: Harald V.
Regierungschef: T. Jagland (seit 25. 10. 1996)
BSP/Einwohner: 26 480 US-$

Vorzügliche wirtschaftliche Verfassung

Im Ggs. zu den meisten anderen europ. Ländern befand sich N. wirtschaftlich in vorzügl. Verfassung. Nach Abschluss der Lohnverhandlungen und Verabschiedung des Haushalts durch die Reg. gingen die Wirtschaftsprognosen für das Gesamtjahr von einem Wachstum des BIP um 4,5% aus. Hierzu trugen neben der weiterhin überaus bedeutenden Offshore-Industrie, deren Investitionsnachfrage wieder anstieg (+7,6%), Sonderentwicklungen bei wie die positive konjunkturelle Entwicklung in den USA, in Großbritannien und in Asien, von der N. als Rohstofflieferant profitieren konnte. Hinzu kamen staatl. und kommunale Ausgabensteigerungen von rd. 2%, die u. a. durch die durch eine Schulreform erforderlich gewordenen Investitionen gefördert wurden. Auch im Bereich des privaten Verbrauchs wurde eine Steigerung verzeichnet (+3,5%). Die Inflationsrate war mit 1,5% die niedrigste Preissteigerung seit den 60er-Jahren. Die Arbeitslosenquote setzte ihren langjährigen Trend nach unten fort und wird mit 4,5% ausgewiesen. Um das wohlfahrtsstaatl. System zu sichern, wurde ein Erdölfonds gegründet, in den 1996 aus den reichlich sprudelnden Profiten aus dem Erdöl- und Erdgasverkauf – 47% vom Wert aller norweg. Ausfuhren entfallen hierauf – eingezahlt wurde. Dadurch werden finanzielle Reserven gebildet.

Regierung fest im Sattel

Die polit. Landschaft war durch eine sattelfeste sozialdemokrat. Minderheitsreg. Brundtland und eine heillos zerstrittene Opposition gekennzeichnet, in der die beiden wichtigsten Parteien, Konservative und Zentrum, in entscheidenden Fragen keinen gemeinsamen Nenner finden konnten. Selbst der ›Geheimdienstskandal‹ vermochte die Position der Arbeiterpartei, trotz takt. Fehler der Regierungschefin bei der Aufdeckung nicht zu schmälern. Es ging dabei um das durch die Presse aufgedeckte systemat. Ausspähen von Kommunisten und Sozialisten und eine darüber angelegte Kartei in der Zeit des Kalten Krieges durch den norweg. Geheimdienst, das von der jeweiligen Arbeiterparteireg. gedeckt oder sogar veranlasst worden war. Überraschend trat am 25. Okt. MinPräs. GRO HARLEM BRUNDTLAND zurück; am selben Tag wurde ihr Nachfolger THORBJØRN JAGLAND gewählt. Der neue MinPräs. will die Politik seiner Vorgängerin fortsetzen, musste aber bereits Ende Nov. einen Rückschlag hinnehmen, als sich Planungsmin. TERJE RÖD-LARSEN, ein enger Vertrauter JAGLANDS, wegen einer Finanzaffäre aus dem Jahr 1986 zum Rücktritt gezwungen sah. ■

Novartis AG, durch Zusammenschluss der Schweizer Chemie- und Pharmakonzerne Ciba-Geigy AG und Sandoz AG entstandenes Unternehmen, das mit einem Weltmarktanteil von 4,4% nach Umsatz als weltweit zweitgrößter Pharmakonzern schwergewichtig in den Bereichen Pharma, Landwirtschaft und Ernährung tätig sein wird und einen Umsatz von über 26 Mrd. sfr erzielen will. Die Fusion erfolgt durch einen Aktientausch. Nach Unternehmensangaben soll durch die Fusion eine jährl. Kostenersparnis von zunächst 900 Mio. sfr, nach drei Jahren von mind. 1,8 Mrd. sfr erzielt werden. Die Fusionsabsicht wurde am 7. März bekannt gegeben. Obwohl die N. AG für mehrere Produkte in einigen EU-Ländern hohe Marktanteile erreichen wird, stimmte die EU-Kommission Mitte Juli der Fusion trotz anfängl. wettbewerbsrechtl. Vorbehalte mit geringfügigen Auflagen zu. Auch die amerikan. Federal Trade Commission (FTC) bewilligte für die USA mit geringen Auflagen Mitte Dez. die Fusion. Der neue Konzern wurde formell am 20. Dez. gegründet, die Aktien der N. AG am 23. Dez. erstmals an der schweizer. Börse gehandelt.

Novel Food: Während die EU weiterhin über die Verabschiedung einer Verordnung über ›neuartige Lebensmittel und Lebensmittelzutaten‹, die N.-F.-Verordnung, beriet, ließ sie mehrere gentechnisch veränderte Lebensmittel zu wie Käse mit dem

Angesichts der Einfuhr nicht gekennzeichneter genmanipulierter Sojabohnen protestieren Mitglieder von Bündnis 90/Die Grünen am 16. Oktober vor dem Europäischen Patentamt gegen gentechnisch veränderte Lebensmittel

gentechnisch hergestellten Labferment Chymosin, Tomaten sowie Milch mit gentechnisch hergestelltem Rinderwachstumshormon. Jüngste Beispiele sind eine Sojabohnensorte des amerikan. Unternehmens Monsanto, die seit Herbst 1996 auf dem europ. Markt ist, sowie eine Maissorte des schweizer. Unternehmens Ciba-Geigy, die Ende Dez. ihre Zulassung erhielt. Nach Schätzungen der Weltgesundheitsorganisation WHO in Genf sollen in den nächsten Jahren 26 gentechnisch veränderte Nutzpflanzenarten angebaut werden.

In Deutschland wurden 1996 erstmals Nachweisverfahren für gentechnisch veränderte Lebensmittel vorgestellt. Einer Arbeitsgruppe am Berliner Bundesinst. für gesundheitl. Verbraucherschutz und Veterinärmedizin gelang es, eine Methode zum Nachweis gentechnisch veränderter Kartoffeln zu entwickeln, Bremer Wissenschaftler stellten ein Verfahren zum Nachweis gentechnisch veränderter Tomaten vor.

Bes. in Deutschland ist die Frage der Kennzeichnungspflicht gentechnisch veränderter Lebensmittel umstritten, während die anderen europ. Staaten zu weniger restriktiven Lösungen neigen. Ein vom EU-Ministerrat und dem Europ. Parlament eingesetzter Vermittlungsausschuss schlug im Dez. einen Kompromiss vor, nach dem eine Kennzeichnungspflicht bestehen soll, wenn sich gegenüber ›konventionellen‹ Nahrungsmitteln Abweichungen hinsichtlich Zusammensetzung, Nährwert oder Verwendungszweck wiss. nachweisen lassen. Die Europ. Kommission lehnte diesen Vorschlag jedoch als zu weit gehend ab.

NS-Widerstandskämpfer: Mehr als ein halbes Jahrhundert nach ihrer Hinrichtung erkannte das Berliner Landgericht am 6. Aug. die Todesurteile eines SS-Standgerichts in Flossenbürg gegen die Widerstandskämpfer DIETRICH BONHOEFFER, WILHELM CANARIS u. a. für aufgehoben. Ein bayer. Landesgesetz von 1946 habe pauschal nat.-soz. Unrechtsurteile beseitigt. Dieser Vorgang belebte die Diskussion über eine bundeseinheitl. Regelung zur

Rehabilitierung von Widerstandskämpfern gegen die nat.-soz. Herrschaft und der Justizopfer von Volksgerichtshof, Sonder- und Standgerichten. Bisher ist nur ein geringer Teil von Hunderttausenden Unrechtsurteilen durch Anordnung der Alliierten oder Wiedergutmachungsgesetze einzelner Bundesländer aufgehoben worden. Anträge zur Überprüfung von Urteilen wurden von Hinterbliebenen der Opfer zumeist als Zumutung empfunden und nur selten gestellt.

O

Öcalan, Abdullah, GenSekr. der Arbeiterpartei Kurdistans (Partîya Karkerén Kurdîstan, Abk. PKK), * Halfeti 1949. – Seit Jan. hatte Ö. mehrmals Äußerungen in dt. Publikationen von sich gegeben, die auf eine Abkehr vom Kurs der Gewalt hindeuteten. Dazu im Widerspruch standen ihm zugeschriebene Attentatsdrohungen gegen dt. Politiker. Ö. war während seines Studiums der Politikwiss. an der Univ. Ankara Führer einer linksextremen Studentenorganisation. Enttäuscht von der antikurd. Haltung auch der türk. Linken propagierte er einen kurd. Nationalismus, verbunden mit einem Marxismus stalinist. Prägung. Die von Ö. angeführte PKK wurde am 27. 11. 1978 gegründet, Guerillaaktionen des militär. Arms der PKK, der Volksbefreiungsarmee Kurdistans, begannen am 15. 8. 1984. Seither sind bei den immer wiederkehrenden Gefechten zw. PKK-Anhängern und der türk. Armee schätzungsweise 20 000 Menschen ums Leben gekommen. Zunehmend verlegte Ö. seine Aktivitäten ins europ. Ausland und ließ auch in Deutschland Anschläge auf türk. Einrichtungen verüben. Am 26. 11. 1993 wurde die PKK in Deutschland verboten, doch gab es weiterhin gewalttätige Übergriffe.

Abdullah Öcalan, der Führer der PKK, in einem Trainingscamp an der syrisch-libanesischen Grenze

OECD, Abk. für **O**rganization for **E**conomic **C**ooperation and **D**evelopment, am 14. 12. 1960 gegr. Organisation der westl. Industrieländer v. a. zur Abstimmung ihrer Wirtschaftspolitik. Auf dem Treffen des OECD-Ministerrats Ende Mai in Paris sorgte das offizielle Beitrittsgesuch Russlands für Überraschung. Nachdem im Dez. 1995 bereits die Tschech. Rep. in die OECD aufgenommen worden war, wurden im April Ungarn, im Nov. Polen und im Dez. Süd-Korea neue Mitglieder. Die OECD umfasst damit 29 Staaten, darunter zwei Schwellenländer und drei ehem. Staatshandelsländer.
Am 1. Juni trat der neue GenSekr. der OECD, der kanad. Jurist und Politiker DONALD JOHNSTON als erster Nichteuropäer sein Amt an. Nach seinen Vorstellungen soll aus dem »Debattier- und Analyseverein ein Aktivist und Fürsprecher des Freihandels« werden.

Oehring, Helmut, Komponist, * Berlin (Ost) 16. 7. 1961. – 1996 war O. bei den wichtigsten dt. und internat. Festivals für Neue Musik vertreten. Seine Tanzoper ›Das D'Amato System‹ wurde bei der Münchener Biennale viel beachtet, in Donaueschingen wurde sein Melodram ›Polaroids (9/12/15)‹ uraufgeführt, und für die Oper ›Dokumentation I‹ erhielt er beim Opernfestival in Spoleto den Premio Orpheus für die »bes. Interaktion zw. musikal. Dramaturgie und Technologie«.
O., Sohn taubstummer Eltern, arbeitete zunächst als Gärtner, Heizer, Forstarbeiter, Küster und beschäftigte sich ab 1984 als Autodidakt mit moderner Musik; 1987–92 erhielt er Kompositionsunterricht bei FRIEDRICH GOLDMANN und GEORG KATZER. In seinem Komponieren verbindet er die Gebärdensprache gehörloser Menschen mit oftmals lautstarken Versatzstücken aus Rock-, Jazz- und zeitgenöss. Musik zu einem synästhet., die versch. Sinne stimulierenden Ganzen. Bereits 1995 wurde in Witten seine ‹Dokumentaroper‹ unter großer Beachtung aufgeführt.

öffentlicher Dienst: Am 4. Okt. legte Bundesinnenmin. MANFRED KANTHER erstmals einen Versorgungsbericht vor. Danach steigt der Anteil der Beamtenpensionen am BIP von (1993) 1,2% auf (2021) 1,44% und geht dann bis 2040 wieder auf den heutigen Stand zurück. Um diesem Anstieg zu begegnen, wurde vorgeschlagen, Beamte und Pensionäre von 2001 bis 2015 mit einem Beitrag von 0,2% der Bezüge zu belasten und auf diese Weise einen Fonds von 60 Mrd. DM zu bilden.
Im Dez. einigten sich Koalition und SPD auf eine Reform des öffentl. Dienstrechts. Der Maßnahmekatalog umfasst u. a. Einsparungen bei künftigen Versorgungsempfängern und neue leistungsfördernde Elemente, die allerdings die Haushalte nicht zusätzlich belasten sollen.

öffentlicher Personennahverkehr, Abk. **ÖPNV:** Im Zuge der Bahnstrukturreform traten zum 1. Jan. die Gesetze des Bundes und der Länder über die Regionalisierung des Schienenpersonennahverkehrs (SPNV) in Kraft. Länder und Kommunen haben nun eine verkehrsträgerübergreifende Aufgaben- und Finanzverantwortung für den gesamten ÖPNV. Die regionalen Gebietskörperschaften konkretisieren ihr gewünschtes ÖPNV-Angebot in Nahverkehrsplänen und kaufen neben den straßengebundenen ÖPNV-Leistungen jetzt auch SPNV-Leistungen selbst ein.

Die Neuordnung geht auf eine EU-Verordnung zurück, nach der die öffentl. Hand den Verkehrsunternehmen gemeinwirtschaftl. – zumeist defizitäre – Verpflichtungen speziell entgelten und darüber hinaus zu den ›geringsten Kosten für die Allgemeinheit‹ erbringen lassen muss.
Für die Finanzierung des SPNV erhalten die Länder vom Bund jährlich gesetzlich fixierte Mittel in Höhe von anfänglich 8,7 Mrd. DM, die u. a. auf Basis des Defizits der Dt. Bahn AG im Nahverkehr im Fahrplanjahr 1993/94 berechnet wurden. Diesen Leistungsumfang wird die Dt. Bahn AG auch in einer Übergangszeit bis 1998 mind. erbringen. Danach können die Länder andere Schienenverkehrsanbieter mit SPNV-Leistungen beauftragen.

Ökumene: Der von den beiden großen christl. Kirchen in Deutschland gemeinsam durchgeführte Konsultationsprozess ›zur wirtschaftl. und sozialen Lage in Deutschland‹ wurde am 9./10. Febr. mit einer Bilanzveranstaltung in Berlin abgeschlossen. Die Beteiligung an diesem Prozess war überraschend groß: Der Text der Diskussionsgrundlage wurde in 400 000 Exemplaren verteilt, es gab über 5 000 Veranstaltungen, die schriftl. Eingaben umfassten mehr als 20 000 Seiten. Dies alles soll in ein gemeinsames Wort der beiden Kirchen münden, das in seiner endgültigen Fassung für Anfang 1997 erwartet wird.
Vom 13. bis 16. Juni fand in Erfurt eine Ökumen. Versammlung der Arbeitsgemeinschaft christl. Kirchen in Deutschland (ACK) statt. Unter dem Motto ›Versöhnung suchen – Leben gewinnen‹ bereiteten 120 Delegierte aus den 13 Mitgliedskirchen und aus fünf Kirchen mit anderem Status sowie 350 Mitgl. von Basisgruppen und Verbänden auf nat. Ebene die für Juni 1997 in Graz geplante Zweite Europ. Ökumen. Versammlung vor. Die erste Versammlung dieser Art hatte im Rahmen des weltweiten ›Konziliaren Prozesses für Gerechtigkeit, Frieden und Bewahrung der Schöpfung‹ 1989 in Basel stattgefunden.
An Pfingsten wurden in Konstanz erstmals zwei Frauen aus der alt-kath. Kirche Deutschlands, Angela Berlis und Regina Pickel-Bossau, zu Priesterinnen geweiht. Dieser Schritt, der nach einem langen Diskussionsprozess von Bischof Joachim Vobbe vorgenommen wurde, traf bei der röm.-kath. Kirche trotz der Anerkennung des alt-kath. Bischofsamts auf Ablehnung. Die Priesterinnenweihe führte auch innerhalb der Utrechter Union, dem weltweiten Zusammenschluss von Kirchen alt-kath. Typs, zu Verstimmungen, da einige Gliedkirchen die Frauenordination ablehnen, andere nur eine gemeinsame Entscheidung für vertretbar halten.
Innerhalb der orth. Kirchen kam es zu einem Streit wegen der estn.-orth. Kirche. Die Entscheidung des Patriarchen Bartholomaios I. von Konstantinopel, die Kirche von Estland, die sich nach der Unabhängigkeit des Landes vom Moskauer Patriarchat, mit dem sie unter Stalin zwangsvereinigt worden war, losgesagt hatte, unter seine Jurisdiktion zu stellen, beantwortete Patriarch Aleksij II. von Moskau Ende Febr. mit dem Abbruch der Beziehungen. In die Auseinandersetzung schaltete sich auch der russ. Präs. Boris Jelzin mit einem Schreiben an den estn. Staatspräs. Lennart Meri ein. Orth. und ökumen. Kreise in aller Welt befürchteten eine tiefe, lang andauernde Spaltung innerhalb der Orthodoxie.

Während seines Deutschlandbesuchs nimmt Papst Johannes Paul II. (rechts) am 22. Juni an einem ökumenischen Gottesdienst im Paderborner Dom teil. Neben ihm (von links) Erzbischof Johannes Degenhardt, Uwe Kühne (evangelische Kirche) und der orthodoxe Metropolit Deutschlands, Augoustinos

OLYMPISCHE SOMMERSPIELE

Die Jahrhundertspiele von Atlanta zwischen Rekorden und Pannen

»Well done, Atlanta« – mit diesem eher nüchternen Urteil anstatt der übl. Floskel von den ›besten Spielen‹ bedachte IOC-Präs. Juan Antonio Samaranch die XXVI. Olymp. Sommerspiele vom 19. Juli bis 4. Aug. in Atlanta (Georgia). Die Feststimmung wurde vom dubiosen Klima des Kommerzes, der Fernsehmitgestaltung und eines oft naiv-chauvinist. Publikums ebenso beeinträchtigt wie von Verkehrsmängeln, organisator. und techn. Pannen und dem bisher nicht aufgeklärten Bombenanschlag im Centennial Park, der zwei Todesopfer forderte. An den ›Jahrhundertspielen‹ mit 271 Entscheidungen in 26 Sportarten beteiligten sich 10 749 Athleten aus 197 Ländern, darunter 3 626 Frauen. Die der Einnahme des Aufputschmittels Bromontan überführten russ. Sportler sprach das IOC-Berufungsgericht frei.
Leichtathletik: Zwei Weltrekorde im Sprint setzten die Höhepunkte: die 9,84 s über 100 m durch den auch in der 4 × 100-m-Staffel erfolgreichen Kanadier Donovan Bailey und Michael Johnsons 200-m-Fabelzeit von 19,32 s; Johnson gewann wie programiert auch die 400 m und verfehlte in 43,49 s seinen Weltrekord knapp. Carl Lewis gewann zum vierten Mal hintereinander den Weitsprung

Am 20. Juli werden im Olympiastadion von Atlanta die ›Jahrhundertspiele‹ feierlich eröffnet. Amerikanische Schulkinder formen die olympischen Ringe und die Zahl ›100‹ zur Erinnerung an die ersten Olympischen Spiele der Neuzeit im Jahr 1896

mit 8,50 m und zugleich seine neunte Goldmedaille seit 1984. In die afrikan. Phalanx der Läufer, die alle Rennen von 1 500 m bis zum Marathon mit dem Sieg des südafrikan. Außenseiters JOSIA THUGWANE gewannen, brach über 800 m der Norweger VEBJÖRN RODAL ein. Im Zehnkampf kam es zu einem unerwarteten harten Duell zw. DAN O'BRIEN und dem dt. Aufsteiger FRANK BUSEMANN. Unangefochten triumphierten der dt. Diskuswerfer LARS RIEDEL und der tschech. Speerwerfer JAN ZELESNY, der zuvor den Weltrekord auf 98,48 m verbessert hatte.
Auch bei den Damen setzten sich mit ASTRID KUMBERNUSS im Kugelstoßen und ILKE WYLUDDA im Diskuswerfen die beiden dt. Weltmeisterinnen durch. Doppelsiege errangen die Französin MARIE-JOSÉ PEREC über 200 und 400 m, die Russin SWETLANA MASTERKOWA über 800 und 1 500 m und die Amerikanerin GAIL DEVERS über 100 m und in der 4 × 100-m-Staffel. Weltmeisterin GHADA SHOUAA (Syrien) bestätigte ihren Platz 1 im Siebenkampf.
Die USA errangen 13 erste Plätze, gefolgt von Russland, Deutschland und Frankreich mit je drei Goldmedaillen. Die 44 Sieger kamen aus 24 Ländern.
Schwimmen: Weitere 13 Goldmedaillen holten Schwimmer aus den USA. Sie feierten dabei einen totalen Triumph in den sechs Staffeln und beim Synchronschwimmen. Weltrekorde verbesserten die Südafrikanerin PENELOPE HEYNS (1:07,2 über 100 m Brust), der Belgier FRANÇOIS DEBURGHGRAEVE (1:00,60 über 100 m Brust), der zweifache Sieger DENIS PANKRATOW aus Russland (52,27 Sekunden über 100 m Schmetterling) und die amerikan. Herren über 4 × 100 m Lagen in 3:34,84. Unerwartet schwammen CLAUDIA POLL aus Costa Rica über 200 m Freistil (vor FRANZISKA VAN ALMSICK) und die Irin MICHELLE SMITH mit drei Siegen (400 m Freistil, 200 und 400 m Lagen) an die Spitze. Erfolgreichste Deutsche war DAGMAR HASE mit dreimal Silber und einmal Bronze. Im Wasserspringen dominierte China mit drei Siegen, darunter beiden Damen-Titeln für MINGXIA FU. Spanien siegte im Wasserball.
Badminton: Die Vorherrschaft der Süd-Koreaner (zweimal Gold), Chinesen und Indonesier durchbrach der Däne POUL-ERIK HOYER-LARSEN im Herreneinzel.
Ballspiele: ›Dream Teams‹ aus den USA bestimmten die Basketballturniere der Herren und Damen. Die Titel im Fußball errangen Nigerias Männer und die Damen der USA. Im Handball setzten sich Kroatien (Herren) und Dänemark (Damen) durch. Hockey-Gold errangen die Niederlande (Herren) und Australien (Damen). Die niederländ. Herren holten den Volleyballtitel, bei den Damen die Kubanerinnen. Im neu eingeführten Beach-Volleyball triumphierten die Brasilianerinnen SILVA/PIRES und die Amerikaner KIRALY/STEFFES. Kuba gewann erneut Gold im Baseball. Das erste olymp. Softballturnier beherrschten die Damen aus den USA.
Bogenschießen: Die Konkurrenz der Herren gewann der Amerikaner JUSTIN HUISH, die der Damen KIM KYUNG WOOK aus Süd-Korea. Den Mannschaftswettbewerb der Männer entschieden die USA für sich, bei den Damen siegte Süd-Korea vor Deutschland.
Boxen: Kubas Faustkämpfer waren die eindeutigen Sieger mit vier Gold- und drei Silbermedaillen. Acht Ländern gelang jeweils ein Finalsieg. Drei Kubaner wiederholten ihren Erfolg von 1992: HECTOR VINENT im Halbweltergewicht (gegen den Deutschen OKTAY URKAL), der Mittelgewichtler ARIEL HERNANDEZ und Schwergewichtler FELIX SAVÓN.
Fechten: Die dt. Vorherrschaft wurde jäh beendet; die einzige Bronzemedaille holten die Florett-Damen. Russland dominierte mit vier Titeln vor Italien (3), Frankreich (2) und Rumänien.
Gewichtheben: Der Held von Atlanta war der türk. Federgewichtler NAIM SÜLEYMANOGLU: er feierte

seinen dritten Olympiasieg in Folge mit Zweikampf-Weltrekord von 335 kg. Mit zweimal Gold und dreimal Silber schnitt Griechenland am erfolgreichsten ab. Im Superschwergewicht schnappte der Russe ANDREJ SCHEMERKIN im letzten Versuch dem Deutschen RONNY WELLER die schon sicher geglaubte Goldmedaille weg. Insgesamt wurden acht Weltrekorde verbessert.

Judo: Mit je drei Olympiasiegen waren hier Japan und Frankreich am erfolgreichsten. UDO QUELLMALZ, in Barcelona Dritter, siegte diesmal im Halbleichtgewicht.

Kanu: Deutschland verteidigte mit neun Medaillen, darunter fünfmal Gold, seine Spitzenstellung vor der Tschech. Rep. (drei Siege), Italien und Ungarn (je zwei Siege). Mit ihrem Erfolg im Kajak-Vierer errang BIRGIT FISCHER ihre fünfte Goldmedaille, dazu kam Silber im Kajak-Zweier mit RAMONA PORTWICH. Im Kajak-Zweier (500 m) wiederholten KAY BLUHM/TORSTEN GUTSCHE ihren Erfolg von Barcelona und wurden Zweite über 1 000 m. Wie 1992 siegte auch der dt. Kajak-Vierer der Männer und der Canadier-Zweier über 1 000 m mit ANDREAS DITTMER/GUNNAR KIRCHBACH. Beim Kanuslalom gewann OLIVER FIX den Kajak-Einer.

Moderner Fünfkampf: Der Kasache ALEXANDER PARYGIN setzte sich in diesem erstmals an einem Tag ausgetragenen Mehrkampf durch.

Radsport: Erstmals starteten Profis bei Olympia. Sie gewannen durch den Schweizer PASCAL RICHARD das Straßenrennen und den Spanier MIGUEL INDURÁIN das Zeitfahren. Die einzige Medaille für Deutschland holte JENS FIEDLER als Olympiasieger im Sprint. Frankreich schnitt mit fünfmal Gold, u.a. durch die Straßenfahrerin JEANNIE LONGO, am erfolgreichsten ab. Beim olymp. Debüt der Mountainbikes setzten sich im Cross-Country-Wettbewerb der Niederländer BART BARTJENS vor dem Schweizer THOMAS FRISCHKNECHT und die Italienerin PAOLA PAZZO durch.

Michael Johnson, der unbestrittene Superstar der Olympischen Spiele, läuft am 1. August seinem ›Fabelweltrekord‹ über 200 m entgegen

Reiten: Deutschlands Reiter feierten im Springreiten und der Dressur gleich vier Olympiasiege, darunter zwei Doppelerfolge durch den Springreiter ULRICH KIRCHHOFF, der das Jagdspringen vor dem Schweizer WILLI MELLIGER sowie mit der Mannschaft gewann, und in der Dressur durch ISABELL WERTH als Einzel- und Mannschaftssiegerin vor der niederländ. Konkurrenz. Im Military-Wettbewerb ging Gold an BLYTH TAIT (Neuseeland) und die Mannschaft Australiens.

Die deutsche Dressurequipe mit (von links) Martin Schaudt, Monica Theodorescu, Isabell Werth und Klaus Balkenhol jubelt am 29. Juli über den Gewinn der olympischen Goldmedaille im Mannschaftswettbewerb

Ringen: Zwölf Länder teilten sich die 20 Goldmedaillen beider Stile, voran Russland mit vier, USA und Polen mit je drei ersten Plätzen. Eine Silbermedaille für den Mittelgewichtler (griechisch-römisch) THOMAS ZANDER und zweimal Bronze bildeten die magere dt. Ausbeute.

Rudern: Die dt. Paradeboote waren die Doppelvierer der Herren und Damen; sie sorgten für die beiden Goldmedaillen, zu denen Silber für den Herren-Achter hinter den Niederlanden und Bronze für THOMAS LANGE im Einer kamen. In dieser Disziplin gewann der Schweizer XENO MÜLLER. Die zweite Schweizer Goldmedaille holten sich die Brüder MICHAEL und MARKUS GIER im Leichtgewichts-Doppelzweier. Neben Deutschland und der Schweiz erkämpften sich auch Australien und Rumäniens Frauen je zwei Olympiasiege. Mit der erfolgreichen Titelverteidigung im Zweier-ohne mit MATTHEW PINSENT gelang dem Briten STEVEN REDGRAVE der vierte Olympiasieg.

Schießen: Hinter Russland (drei Titel) und China (2) bestätigte Deutschland mit ebenfalls zwei Goldmedaillen seine Spitzenposition. RALF SCHUMANN verteidigte erfolgreich seinen Sieg von Barcelona mit der Schnellfeuerpistole. CHRISTIAN KLEES gewann das Kleinkaliberschießen liegend. Mit einem verpatzten letzten Schuss verlor PETRA HORNEBER die sichergeglaubte Goldmedaille um 0,2 Punkte an

Olympische Sommerspiele 1996 in Atlanta

Medaillenspiegel (bis Rang 57 ›Österreich‹)

	Gold	Silber	Bronze		Gold	Silber	Bronze
USA	44	32	25	Norwegen	2	2	3
Russland	26	21	16	Belgien	2	2	2
Deutschland	20	18	27	Nigeria	2	1	3
VR China	16	22	12	Nord-Korea	2	1	2
Frankreich	15	7	15	Algerien	2	0	1
Italien	13	10	12	Äthiopien	2	0	1
Australien	9	9	23	Großbritannien	1	8	6
Kuba	9	8	8	Weißrussland	1	6	8
Ukraine	9	2	12	Kenia	1	4	3
Süd-Korea	7	15	5	Jamaika	1	3	2
Polen	7	5	5	Finnland	1	2	1
Ungarn	7	4	10	Indonesien	1	1	2
Spanien	5	6	6	Jugoslawien	1	1	2
Rumänien	4	7	9	Iran	1	1	1
Niederlande	4	5	10	Slowakei	1	1	1
Griechenland	4	4	0	Armenien	1	1	0
Tschech. Rep.	4	3	4	Kroatien	1	1	0
Schweiz	4	3	0	Portugal	1	0	1
Dänemark	4	1	1	Thailand	1	0	1
Türkei	4	1	1	Burundi	1	0	0
Kanada	3	11	8	Costa Rica	1	0	0
Bulgarien	3	7	5	Ecuador	1	0	0
Japan	3	6	5	Hongkong	1	0	0
Kasachstan	3	4	4	Syrien	1	0	0
Brasilien	3	3	9	Argentinien	0	2	1
Neuseeland	3	2	1	Namibia	0	2	0
Südafrika	3	1	1	Slowenien	0	2	0
Irland	3	0	1	Österreich	0	1	2
Schweden	2	4	2				

die Polin Renata Mauer. Wolfram Waibel jr. holte im Luftgewehrschießen die einzige Silbermedaille für Österreich.

Segeln: Mit seinem dritten Olympiaerfolg im Soling sorgten Jochen Schümann und seine Crew für die einzige dt. Medaille. Acht Länder teilten sich in die zehn Siege; Brasilien und Spanien entschieden je zwei Klassen für sich.

Tennis: In Abwesenheit zahlreicher Spitzenspieler wie Steffi Graf, blieben drei Goldmedaillen in den USA, durch Lindsay Davenport im Dameneinzel, Andre Agassi im Herreneinzel und das Damendoppel Gigi und Mary Joe Fernandez. Das Herrendoppel gewannen die Australier Todd Woodbridge/Mark Woodforde.

Tischtennis: Die Endspiele waren ein Chinafestival, alle vier Gold- sowie drei Silbermedaillen fielen an die Volksrep. China, Taiwan holte einmal Silber. Die Einzeltitel errangen Liu Guoliang (Herren) und Deng Yaping (Damen), die auch in den erfolgreichen Doppeln mitspielten.

Turnen: Der Chinese Li Xiaoshuang und die Ukrainerin Lilia Podkopajewa (zweimal Gold) bestimmten die Mehrkampfentscheidungen. Die Mannschaftstitel gingen an Russlands Herren und die Damen der USA. Der Schweizer Li Donghua am Seitpferd und der Deutsche Andreas Wecker am Reck waren ihrer Konkurrenz überlegen. Osteuropas Sportgymnastinnen mit der Ukrainerin Ekaterina Serebrianskaja an der Spitze beherrschten die Einzelwertung, daher überraschte der Mannschaftssieg Spaniens. ■

Oman

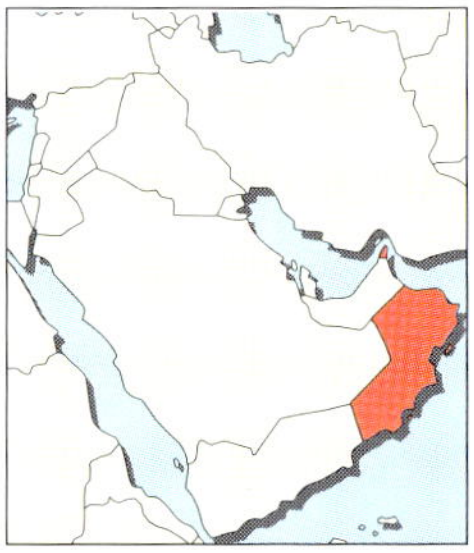

Hauptstadt: Maskat
Einwohner: 2,2 Mio.
Einwohner/km²: 10
Staatsoberhaupt und Regierungschef: Kabus ibn Said ibn Taimur
BSP/Einwohner: 5 200 US-$

Im Ggs. zu den Nachbarstaaten konnte das absolutistisch regierte Sultanat seine innenpolit. Stabilität wahren. Eine ›Omanisierungskampagne‹ mit dem Ziel, ausländ. durch einheim. Arbeitskräfte zu ersetzen, soll die Arbeitslosigkeit mildern. Einsparungen im öffentl. Dienst sorgten für einen ausgeglicheneren Haushalt, doch noch immer flossen rd. 40% der Haushaltsausgaben in Rüstung, Verteidigung und Sicherheit. Privatisierungen betrafen Staatsbetriebe der Strom- und Wasserversorgung, des Großhandels und des Tourismus. Die Einnah-

men aus der Ölausfuhr (76% der Exporteinnahmen) stiegen infolge von Produktionserhöhungen (1995: 850000 Barrel pro Tag); das Wachstum der Ölindustrie (1995: 13%) setzte sich auch 1996 fort. Der Erdgasexport (v.a. nach Ost- und Südostasien) soll zur weiteren wirtschaftl. Stütze werden.
Im April setzte der offizielle Besuch des israel. MinPräs. PERES, bei dem die Einrichtung von Handelsmissionen vereinbart wurde, neue außenpolit. Akzente. ■

organisierte Kriminalität, Abk. **OK**: Immer mehr Staaten, darunter auch Deutschland, sehen ihre innere Sicherheit von der OK bedroht.

›Grenzenlosigkeit‹ der organisierten Kriminalität

Die Summe der Gelder krimineller Herkunft in der ganzen Welt – ein Großteil stammt aus Rauschgiftgeschäften – schätzt der Internat. Suchtstoff-Kontrollrat der UNO (INCB) auf bis zu 1 Billion US-$ pro Jahr; sie übersteigt damit das jährl. BSP der meisten Länder. Allein die Summen aus dem Drogenhandel sind groß genug, um Finanzmärkte zu beeinflussen oder gar zu destabilisieren und die wirtschaftl., polit. und sozialen Grundlagen schwächerer Staaten zu erschüttern. Dies gilt insbes. für Länder, die im Begriff sind, marktwirtschaftl. Prinzipien einzuführen. Dementsprechend wichtig ist ein konsequenteres Vorgehen gegen Geldwäsche. Milliardengewinne werden weltweit auch mit Menschenhandel und -schmuggel gemacht, der u.a. durch das wachsende Ausmaß an Verfilzung und Korruption in Behörden und Verwaltungen ermöglicht wird.
Der ›Grenzenlosigkeit‹ der OK steht die ›Begrenztheit‹ der Polizeien gegenüber. Das eigentl. Problem der Verbrechensbekämpfung ist die Langsamkeit nationalstaatl. und polizeil. Handelns gegenüber der Schnelligkeit der Verbrecherbanden. Europol – als Gegenstück zur amerikan. Bundespolizei FBI gedacht – arbeitet bisher nur mit halber Kraft und soll auf brit. und frz. Bestrebungen hin ohne Exekutivbefugnisse bleiben. Ein Vorschlag von Bundeskanzler KOHL, die Länder Osteuropas an Europol anzuschließen, blieb folgenlos. Ein gemeinsames Handeln wurde auch auf der ›Konferenz über Menschenhandel mit Frauen‹ in Wien im Juni gefordert. Die Zahl der betroffenen Frauen wird allein in Westeuropa auf bis zu 500000 geschätzt. Anfang Mai beschlossen die Regierungschefs der elf Ostsee-Anrainerstaaten im schwed. Visby, künftig gemeinsam die OK zu bekämpfen. Zw. Deutschland, Polen und der Tschech. Rep. wird im kleinen Rahmen bereits eine Zusammenarbeit praktiziert, zw. Bonn und Hanoi gibt es seit Febr. eine entsprechende Vereinbarung.

Die Lage in Deutschland

In der Bundesrepublik herrscht allg. Besorgnis über die Zunahme bei schweren Formen der Kriminalität (z.B. Nuklearhandel, Menschenhandel, Schutzgelderpressung) im Zusammenhang mit dem brutalen Vorgehen von kriminellen Banden v.a. aus Osteuropa und der GUS. Nach einer Studie der Univ. Münster, die das Bundeskriminalamt (BKA) als ›Forschungsbericht über die Auswirkungen des EU-Binnenmarktes auf die Entwicklung der Kriminalität‹ in Auftrag gegeben hatte, werden bis zum Jahr 2000 aber alle Kriminalitätsformen einen erhebl. Anstieg verzeichnen, die Wirtschaftskriminalität z.B. bis zu 25% und die OK bis zu 35%. Als bes. besorgniserregend wird »der Anstieg der Korruption und die Infiltration der OK in Wirtschaft, Medien, Politik, öffentl. Verwaltung, Polizei und Justiz« bezeichnet. Experten gehen davon aus, dass das weitaus größte Ausmaß der Korrumpierung auf der Ebene der Kommunalpolitik stattfindet, gefolgt von Europa-, Landes- und Bundespolitik. In diesem Zusammenhang muss die Schattenwirtschaft gesehen werden, deren illegale Umsätze allein in Deutschland auf rd. 150 Mrd. DM im Jahr geschätzt werden, mit entsprechenden Einnahmeausfällen des Fiskus.
Weitgehend einig sind sich die dt. Politiker über die Notwendigkeit neuer Formen der OK-Bekämpfung. Der ›große Lauschangriff‹ ist trotz der damit verbundenen Grundgesetzänderung (Art. 13 GG: Unverletzlichkeit der Wohnung) in der Bundesreg. unstrittig. Strittig ist der ›Spähangriff‹, die opt. Überwachung, für die Bundesinnenmin. KANTHER eintritt. Dafür lehnt er, zus. mit der FDP, die von SPD- und CDU-Juristen geforderte Umkehr der Beweislast bei der Beschlagnahme verdächtiger Vermögen ab. – Im Juni verabschiedete das Kabinett Gesetzentwürfe zur Verbesserung der Geldwäschebekämpfung, zur Bekämpfung der Korruption, zur Änderung des (die Überwachung des Fernmeldeverkehrs betreffenden) G-10-Gesetzes sowie eine Detailregelung über die Befugnisse des BKA und die Eckpunkte zur ›Wohnraumüberwachung zur Beweismittelgewinnung‹. Die SPD lehnte die Pläne der Koalition nicht grundsätzlich ab, machte jedoch einige modifizierende Gegenvorschläge. Bündnis 90/Die Grünen wies sie insgesamt zurück und verlangte außerdem eine grundsätzl. ›Überwachungsfreiheit‹ für Ärzte, Anwälte, Journalisten und Abgeordnete.

Osheroff, Douglas Dean, amerikan. Physiker, *Aberdeen (Washington) 1. 8. 1945. – Gemeinsam mit DAVID M. LEE und ROBERT C. RICHARDSON wurde O. der Nobelpreis für Physik 1996 zuerkannt. Bei der Abkühlung von flüssigem Helium 3 (^{3}He) bemerkten die Forscher 1971 kleine Unregelmäßigkeiten, die sie als Eigenschaften einer Quantenflüssigkeit erkannten. Das Studium des suprafluiden Helium 3 lieferte neue Einblicke in das Verhalten der Materie auf mikroskop. Ebene und in den Einfluss der Quantengesetze auf die Makrophysik.
O. studierte Physik am California Institute of Technology und an der Cornell University, wo er 1973 promovierte. 1972–82 arbeitete er in der techn. Abteilung der AT&T Bell Laboratories in Murray Hill (New York), bis 1987 leitete er dort die Forschungsabteilung für Festkörper- und Tieftemperaturphy-

sik. 1987 wurde er als Prof. für Physik an die Stanford University nach Kalifornien berufen, wo er 1993–96 dem Physik-Department vorstand.

Österreich

Hauptstadt: Wien
Einwohner: 8,0 Mio.
Einwohner/km²: 96
Staatsoberhaupt: T. Klestil
Regierungschef: F. Vranitzky
BSP/Einwohner: 24 950 US-$

Schwierige wirtschaftliche Situation

Die polit. Landschaft und die wirtschaftl. Lage in Ö. waren 1996 wesentlich durch die brisante Arbeitsmarktsituation und die Einsparungspolitik der Reg. bestimmt. Mit einer energ. Sparpolitik sollte der Standort Ö. gesichert und die Erfüllung der Maastricht-Kriterien erreicht werden. Für 1996 wurde das Wirtschaftswachstum auf 1,25% geschätzt; die Inflationsrate lag im Jahresdurchschnitt bei 1,8% und gab damit wenig Anlass zur Sorge. Die Arbeitslosenquote in Ö. stieg trotz staatl. Arbeitsmarktförderung und lag im Jahresdurchschnitt bei rd. 7% (1995: 6,6%). Ein alarmierendes Indiz für die Verschärfung der Beschäftigungssituation war es, dass ein beträchtl. Teil der jugendl. Absolventen der Grundschulen keinen Ausbildungsplatz finden konnte.

Neuauflage der SPÖ-ÖVP-Koalition

Die ersten Wochen des Jahres waren durch die zähen Koalitionsverhandlungen bestimmt, wobei die Verhandlungspartner SPÖ und ÖVP ihren jeweiligen Handlungsspielraum zu bewahren versuchten. Die schließlich am 12. März gebildete Bundesreg. legte u.a. ein ›Sozialsparpaket‹ mit einschneidenden Maßnahmen (u.a. Reduzierung des Pflegegeldes, Verschärfungen bei der Arbeitslosenversicherung, ›Einfrieren‹ der Pensionen 1997, Erhöhung der Pensionsbeiträge für Selbstständige und Bauern, Reduzierung der Frühpensionen, Selbstbehalte für Kur- und Erholungsaufenthalte sowie Versicherungspflicht für Werkverträge) vor. Der enorme Zeitdruck, der zu einer intensiven Prüfung kaum Zeit ließ (das dem Parlament Mitte März vorgelegte Budgetbegleitgesetz hatte mehr als 500 Seiten), die verfassungsrechtlich problemat. rückwirkenden Bestimmungen, aber auch die (dann schließlich reduzierten) Verfassungsbestimmungen bei den Begleitgesetzen stießen bei der Opposition auf heftige Kritik. Der Nationalrat verabschiedete am 19. April nach einem Beratungsmarathon das ›Sparpaket‹ (Strukturanpassungsgesetz), das eine Entlastung des öffentl. Haushalts um 100 Mrd. öS bewirken sollte. Widerstand gegen die Maßnahmen des ›Sparpakets‹ regte sich v.a. im Hochschulbereich und bei den Werkvertragsregelungen, die so nicht zu realisieren waren und im Sept. revidiert werden mussten. Ende 1996 zeigten sich – v.a. im Bereich der Steuereinnahmen – die ersten positiven Wirkungen der Sparbeschlüsse für den Staatshaushalt. Die Befürchtungen vor einem dritten ›Sparpaket‹ konnten trotzdem nicht ausgeräumt werden. Nicht mehr zu übersehen war auch, dass das auf dem Generationenvertrag basierende staatl. Pensionssystem aufgrund der geänderten Rahmenbedingungen (späterer Berufseinstieg, verkürzte Lebens-

Österreich
Arbeitslosenquote (in %)

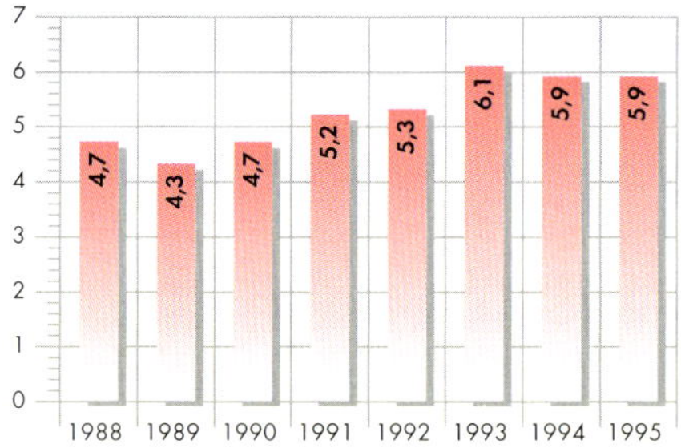

Österreich: Außenhandel

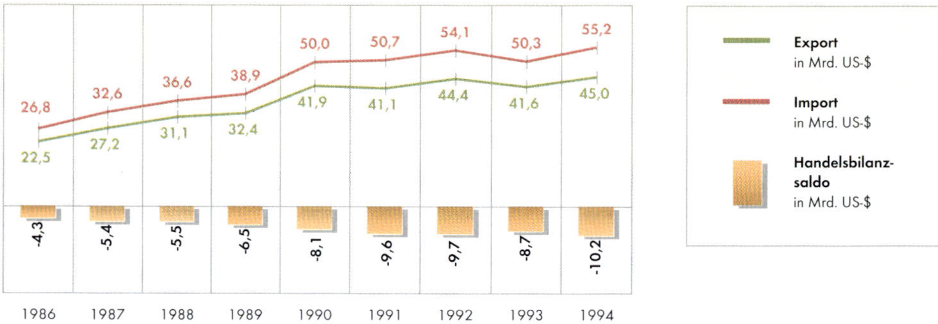

Während seines Staatsbesuchs in Österreich besucht Helmut Kohl (rechts) die ungarische Grenze, über die 1989 mehr als 50 000 DDR-Bürger in den Westen geflohen waren. Der burgenländische Landeshauptmann Karl Stix überreicht ihm zur Erinnerung ein Stück Stacheldraht der ausgedienten Grenzanlagen

arbeitszeit, Anstieg des Lebensalters) so nicht mehr weiterzuführen ist: Im Sommer 1996 betrug die Zahl der Frühpensionäre erstmals über 180 000.

Unpopuläre EU

Wesentlich für das polit. Klima im Ö. des Jahres 1996 war es auch, dass sich im Laufe dieses Jahres die Einstellung der österr. Bevölkerung zur EU-Mitgliedschaft deutlich gewandelt hat und der ›EU-Frust‹ – abzulesen in den Meinungsumfragen – permanent wuchs. Ein ›europ. Identitätsbewusstsein‹ ist in Ö. daher immer noch nur schwach ausgeprägt, und eine – in anderen EU-Ländern durchaus anzutreffende – ›doppelte‹ Identität nur in Ansätzen vorhanden.

Das bestimmende Ereignis der österr. Innenpolitik in der zweiten Jahreshälfte war die Wahl zum Europ. Parlament am 13. Oktober. Knapp zwei Wochen vor der Wahl hatte sich die ›Bajuwar. Befreiungsarmee‹ mit einem diesmal großteils verschlüsselten, aber bald entzifferten Brief zu Wort gemeldet, der weitschweifige histor. Ergüsse, aber auch weitere Bombendrohungen enthielt. Die Wahl, von den Freiheitlichen als ›Denkzettelwahl‹ genutzt, ergab mit der Etablierung von drei annähernd gleich starken Parteien eine deutl. Veränderung in der österr. Parteienlandschaft. Wie schon bei den Landtagswahlen im Burgenland am 2. Juni konnten die Freiheitlichen (FPÖ), die mit dem von Jörg Haider präsentierten Journalisten Peter Sichrovsky neue Wählerschichten anzusprechen versuchten, deutl. Gewinne verzeichnen, während v. a. die SPÖ im Vergleich zur Nationalratswahl 1995 schwere Verluste hinzunehmen hatte: SPÖ: 6 Mandate (29,15 %), ÖVP: 7 Mandate (29,65 %), FPÖ: 6 Mandate (27,53 %), Liberales Forum (LIF): 1 Mandat (4,26 %), Grüne: 1 Mandat (6,81 %).

Ähnlich sah das Ergebnis der Wahl zum Wiener Landtag/Gemeinderat aus: Hier verlor die SPÖ die absolute Mehrheit und rutschte unter die 40 %-Grenze (43 Mandate); die FPÖ konnte sich als zweitstärkste Partei behaupten (29 Mandate); das LIF, das erstmals kandidierte und kurz vor der Wahl seinen Spitzenkandidaten zurückziehen musste, zog in den Landtag/Gemeinderat ein

(6 Mandate), die Grünen hielten ihren Stand (7 Mandate). Bei der gleichzeitig durchgeführten Wiederholung der Nationalratswahl vom Dez. 1995 in Reutte/Tirol und Donnerskirchen/Burgenland verlor die ÖVP ein Mandat an die FPÖ, die bereits kurz vor der Wahl mit dem Wechsel des LIF-Abgeordneten Reinhard Firlinger ein weiteres Mandat ›erwerben‹ konnte.

Heftige Diskussionen gab es um den geplanten Verkauf des Bundesanteils an der Creditanstalt-Bankverein (CA), der seit sechs Jahren anstand und bis Jahresende realisiert werden sollte. Der Nationalrat hatte beschlossen, dass eine ›österr. Lösung‹ gefunden werden müsse, um eine international konkurrenzfähige österr. Bank zu erhalten. Die zum Großteil im Besitz der Stadt Wien befindl. Bank Austria (BA) legte am 12. Dez. ein Übernahmeangebot vor, das der dafür zuständige Finanzmin. nicht ablehnen konnte, da die vom Nationalrat aufgestellten Kriterien erfüllt waren. Darüber geriet die Koalition in Gefahr, weil sich die ÖVP nicht informiert fühlte und unterstellt hatte, dass führende SPÖ-Politiker vom Angebot der BA vorher gewusst hatten. Mit der Übernahme der CA durch die BA entsteht eine gigant. Finanzagglomeration.

Ostseegipfel: Am 3./4. Mai fand in Visby (Insel Gotland) der O. statt, zu dem sich Staats- und Regierungschefs von elf Nationen einfanden – unter ihnen der russ. MinPräs. TSCHERNOMYRDIN, EU-Kommissionspräs. JACQUES SANTER und Bundeskanzler KOHL. Das informelle Treffen war von Schweden in die Wege geleitet worden in der erklärten Absicht, die Aufmerksamkeit Europas – und v. a. der EU – auf diese zukunftsträchtige Region zu lenken. SANTER lancierte eine neue EU-Initiative zur Förderung der Ostseeregion mit dem Ziel, Demokratie und Stabilität in der Region zu stärken sowie die wirtschaftl. Entwicklung mittels Unterstützung von Infrastrukturprojekten zu fördern. Die Ostseeregion erhielt in den Jahren 1990–94 aus Brüssel Gelder in Höhe von insgesamt 4,5 Mrd. Ecu; für die Zeit bis 1999 wurden nun weitere 4,6 Mrd. Ecu in Aussicht gestellt.

Während des Ostseegipfels im schwedischen Visby unternimmt Bundeskanzler Kohl (Mitte) am 4. Mai einen Rundgang durch die alte Hafenstadt

OSZE, Abk. für **O**rganisation für **S**icherheit und **Z**usammenarbeit in **E**uropa: 1996 gehörten der OSZE nach dem Beitritt Andorras 54 Staaten an. Im Juni schied turnusgemäß nach drei Jahren der erste GenSekr. der OSZE, der dt. Diplomat WILHELM HÖYNCK, aus dem Amt. Nachfolger wurde der Italiener GIANCARLO ARAGONA.
Die OSZE bearbeitet v. a. die nach dem Ende des Ost-West-Konflikts aufgebrochenen Kontroversen in den Nachfolgestaaten der Vielvölkerstaaten Jugoslawien und Sowjetunion. Sie unterhält dabei in versch. Krisengebieten Langzeitmissionen zur Konfliktprävention und zum Krisenmanagement. Im Zusammenhang mit dem Abkommen von Dayton kamen Anfang 1996 zwei Missionen neu hinzu: In Bosnien und Herzegowina geht es um die Rüstungskontrolle, den Aufbau demokrat. Institutionen und die Überwachung der Wahlen. Der Mission gehörten zeitweilig 1 200 Personen an, womit sie die umfangreichste Maßnahme der OSZE ist. In Kroatien sollen die internat. humanitären Aufgaben von der OSZE koordiniert werden.
Zum Abschluss des zweitägigen OSZE-Gipfels Anfang Dez. in Lissabon verabschiedeten die Mitgliedsländer eine gemeinsame Erklärung zu einem neuen Sicherheitsmodell für Europa; danach werden alle Mitgliedstaaten gleichberechtigt an der neuen europ. ›Sicherheitsarchitektur für das 21. Jahrhundert‹ mitwirken. Die OSZE erhielt – v. a. im Hinblick auf die Problematik der NATO-Osterweiterung – eine Koordinierungsrolle bei der Erarbeitung eines europ. Sicherheitskonzepts. Die Einigung über die Abschlusserklärung war in letzter Minute erzielt worden, da Aserbaidschan und Armenien zunächst wegen einer umstrittenen Bezugnahme auf den Konflikt um das Autonome Gebiet Bergkarabach ihr Veto angedroht hatten.

P

Pakistan

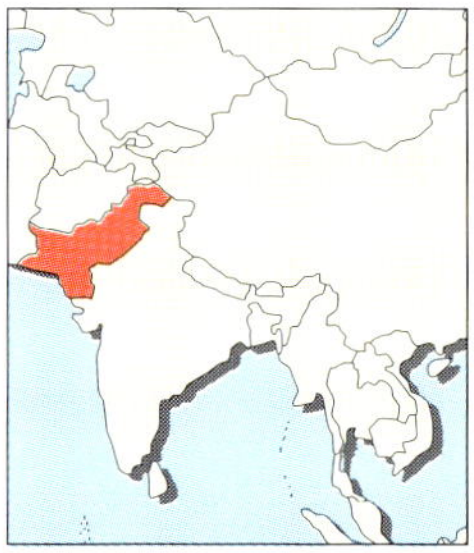

Hauptstadt:
Islamabad
Einwohner:
140,5 Mio.
Einwohner/km²: 176
Staatsoberhaupt:
F. A. Leghari
Regierungschef:
M. Khalid
(seit 5. 11. 1996)
BSP/Einwohner:
440 US-$

Schleppender Wirtschaftsgang

Die pakistan. Wirtschaft wird durch die hohe Staatsverschuldung immer mehr eingeschnürt, was u. a. in einem industriellen Wachstum von nur rd. 1 % zum Ausdruck kam. Die Monetarisierung der Schulden schob auch die Inflationsrate weit über die 10 %-Marke hinaus, und der daraus resultierende Preisanstieg machte die Anstrengungen der Exportindustrie zunichte, ihre Lieferungen auszuweiten. Die Preissteigerungen trafen aber v. a. den Konsumenten, der allein 1996 drei Preiserhöhungen bei Medikamenten hinzunehmen hatte.

Entlassung von Benazir Bhutto

Die Reg. unter Premiermin. BENAZIR BHUTTO, die bisher kein Regierungsjahr ohne Voraussagen ihres baldigen Endes erlebt hatte, geriet auch 1996 in unruhiges Fahrwasser, und BENAZIR BHUTTO musste schließlich zum zweiten Mal in ihrer Laufbahn das Amt als Regierungschefin vorzeitig aufgeben. Die Reg. war ins Kreuzfeuer der Kritik des Internat. Währungsfonds (IWF) geraten und musste einen Sparhaushalt vorlegen, der in fast allen Kreisen der Bevölkerung Widerstand hervorrief. Zudem kam es zum Streit zw. Premiermin. BHUTTO und der obersten Gerichtsbarkeit des Landes. Es ging um die Mitwirkung des Obersten Gerichtshofs bei der

Die abgesetzte pakistanische Ministerpräsidentin Benazir Bhutto (links) geht am 6. November mit ihrer Parteisekretärin zur Pressekonferenz, auf der sie ihre Wiedereinsetzung fordert

Ernennung von Richtern und um ein Urteil, dass die Reg. zur Wiedereinsetzung örtl. Selbstverwaltungsorgane anhielt. Der Oberste Richter und die Anwaltskammer nahmen dies zum Anlass, die Reg. öffentlich zu kritisieren. Die islamist. Jaamat-e-Islami-Partei rief darauf zum Sturz der Reg. auf und forderte ihre Ablösung durch eine aus Richtern gebildete Interimsreg. zur Abhaltung von Neuwahlen. Man orientierte sich dabei offenbar an dem Präzedenzfall Bangladesh. Bhutto reagierte durch härtere Kritik an den Richtern.
Auch Präs. LEGHARI kritisierte die Reg. und beklagte, dass sie mit den Problemen des Landes nicht fertig werde. Er sorgte dennoch für eine Überraschung, als er am 5. Nov. unter dem Vorwurf der Korruption und Misswirtschaft die Reg. von BENAZIR BHUTTO entließ, die Nationalversammlung und die vier Provinzparlamente auflöste und für den 3. 2. 1997 Neuwahlen ankündigte. Als Übergangspremiermin. wurde der fühere Parlamentssprecher MERAJ KHALID verpflichtet, der noch am selben Tag vereidigt wurde. Die Opposition begrüßte die Entlassung der Regierungschefin und zeigte sich auch mit der Wahl des Interimspremiers zufrieden. BENAZIR BHUTTO bezeichnete ihre vorzeitige Entlassung aus dem Amt als verfassungswidrig und reichte eine entsprechende Klage beim höchsten pakistan. Gericht ein, die jedoch am 19. Nov. zurückgewiesen wurde. ■

Palast der Kleopatra: Am 3. Nov. verkündete der frz. Taucher und Hobby-Archäologe FRANCK GODDIO, dass er den P. d. K. im Hafenbecken Alexandrias gefunden habe. Auf über 3500 Tauchgängen hatte er mit seinem Team die 7 m unter Meeresniveau versunkene Palastregion der antiken Stadt vermessen und dabei Funde gemacht, die ihn zu dieser Annahme führten. Seit 1994 wird das Hafenbecken systematisch untersucht, wobei der frz. Archäologe JEAN-YVES EMPEREUR 1995 Blöcke des Leuchtturms von Pharos bergen konnte. Die Fachwelt steht GODDIOS Identifizierung des P. d. K. zwar kritisch gegenüber, erwartet aber von der genauen Kartierung der Palastregion und den weiteren Untersuchungen spektakuläre Funde und v. a. weitere Erkenntnisse über die antike Stadt.

Palästinensische Autonomiegebiete: Die israel. Reg. unter SHIMON PERES setzte die zunächst von großen Teilen der jüd. Bevölkerung unterstützte Politik trotz einer Anzahl von Zwischenfällen fort. Mit der Beendigung des Rückzugs der israel. Armee aus den palästinens. Bevölkerungszentren (mit Ausnahme von Hebron) am 27. 12. 1995, der Entlassung von insgesamt 1200 Palästinensern aus israel. Haft bis Anfang 1996 und der Ratifizierung des israel.-palästinens. Abkommens über die Erweiterung der Autonomie vom 28. 9. 1995 durch das israel. Parlament (17. Jan.) fielen die letzten Hürden für die Abhaltung zur Wahl eines Palästinens. Rats und dessen Vorsitzenden.

Freie Wahlen. Trotz Anschlägen Hoffnung auf Frieden

Die von 650 offiziellen und rd. 1000 regierungsunabhängigen Beobachtern als frei und fair qualifizierten ersten Wahlen am 20. Jan. waren ein Zeichen der neu gewonnenen Autonomie der Palästinenser und die demokrat. Legitimation ihrer Administration. Bei einer Wahlbeteiligung von mehr als 80% entschied sich die Mehrheit der über 1 Mio. Wahlberechtigten im Westjordanland, im Gazastreifen und in Ost-Jerusalem für JASIR ARAFAT (87,1%) und die von ihm geführte Fatah (56%, 50 Sitze) und damit für die Kräfte, deren polit. Zukunft stark an einen Erfolg des Friedensprozesses gebunden ist. Sie folgte nicht der säkularen Opposition oder der islamist. Hamas, die nach langwierigen internen Diskussionen zum Wahlboykott auf-

Trotz des laut Autonomieabkommen längst fälligen Abzugs israelischer Truppen aus Hebron bezieht die israelische Militärpolizei auch am 5. Oktober Position auf dem Marktplatz der Stadt

gerufen hatten und deren Vertreter daher unter den 672 Kandidaten von fünf Parteien und Bewegungen, die sich um die 88 Sitze bewarben, fehlten. 35 Sitze gingen an Unabhängige – von denen 15 der Fatah nahestehen und vier als Anhänger der Hamas gelten –, die drei restl. an kleine Gruppierungen. Insgesamt fünf Mandate gingen an Frauen. Unter den Ratsmitgliedern befinden sich jedoch auch Kritiker ARAFATS und Islamisten, die eine ernst zu nehmende Oppositionsgruppe bilden.
Während die polit. Führung der →Hamas cinc Annäherung an ARAFAT suchte, setzten militante Gruppen die Terroranschläge gegen Israel fort und verübten als Vergeltung für die Ermordung des palästinens. Bombenbauers YAHIA AJASCH am 5. Jan. im israel. Kernland vier Attentate innerhalb von neun Tagen, die 62 Menschen das Leben kosteten. Die Folgen für die palästinens. Bevölkerung in den besetzten Gebieten rührte an deren Lebensnerv. Die von der israel. Reg. als Antwort auf die Attentate verfügte sofortige Abriegelung der ›Grünen Linie‹ bewirkte z. B. in Gaza einen Anstieg der Arbeitslosigkeit von 50 auf 80%. Eine Welle von Razzien und Verhaftungen durch die israel. Armee und durch die von ARAFAT – der unter starkem Handlungsdruck stand – befehligte palästinens. Polizei überzog die besetzten Gebiete. Dessen ungeachtet sprachen sich PERES wie ARAFAT, die beide Iran als Drahtzieher hinter den Attentaten vermuteten, für die Fortführung des Friedensprozesses aus. Am 25. April strich der Palästinens. Nationalrat (mit 504 gegen 54 Stimmen bei 14 Enthaltungen) die Artikel über die Vernichtung Israels aus der Charta der PLO. Am gleichen Tag löste sich die israel. Arbeiterpartei von ihrer bisherigen Ablehnung der Schaffung eines palästinens. Staates.

Stillstand im Friedensprozess

Diese letztendlich hoffnungsvolle Entwicklung wurde jäh unterbrochen, als sich die Mehrheit der israel. Bevölkerung in den Wahlen im Mai nicht für PERES, sondern für Likud-Führer BENJAMIN NETANJAHU entschied. NETANJAHU lehnt die Gründung eines palästinens. Staates ab, betont die Unteilbarkeit Jerusalems als Hauptstadt des jüd. Volkes und leitete eine verstärkte Fortführung der Siedlungstätigkeit auf palästinens. Gebiet ein. Die Leitlinien der neuen israel. Reg. lassen ARAFAT kaum noch Verhandlungsspielraum.

Palau

Hauptstadt: Koror
Einwohner: 18 000
Einwohner/km²: 37
Staatsoberhaupt und Regierungschef:
K. Nakamura
BSP/Einwohner: –

Panama

Hauptstadt: Panama
Einwohner: 2,6 Mio.
Einwohner/km²: 35
Staatsoberhaupt und Regierungschef:
E. Pérez Balladares
BSP/Einwohner:
2 670 US-$

Auch 1996 bewegte die Frage nach einer eventuellen Fortsetzung der amerikan. Truppenstationierung in der Kanalzone über das Jahr 1999 hinaus die Reg. und die Menschen. Wegen der damit verbundenen wirtschaftl. Vorteile sprach sich eine deutl. Mehrheit der Bevölkerung in Umfragen für einen Verbleib der amerikan. Truppen in P. aus. Schließlich war die wirtschaftl. Lage auch 1996 von einem rückläufigen Wirtschaftswachstum gekennzeichnet und die Arbeitslosenquote ist mit rd. 30% bedrückend hoch. Wegen dubioser Wahlkampfspenden geriet Staatspräs. ERNESTO PÉREZ BALLADARES im Sommer ins Zwielicht.
Während der OAS-Vollversammlung in der Landeshauptstadt vom 3. bis 7. Juni lehnten die Teilnehmer, insbes. die NAFTA-Mitgliedstaaten Kanada und Mexiko, die Verschärfung des Handelsembargos gegen →Kuba heftig ab. GenSekr. GAVIRIA betonte in seiner Eröffnungsansprache die Rolle des neu gegr. ›Interamerikan. Rats für Integrale Entwicklung‹ für die Modernisierung der OAS. ■

Papua-Neuguinea

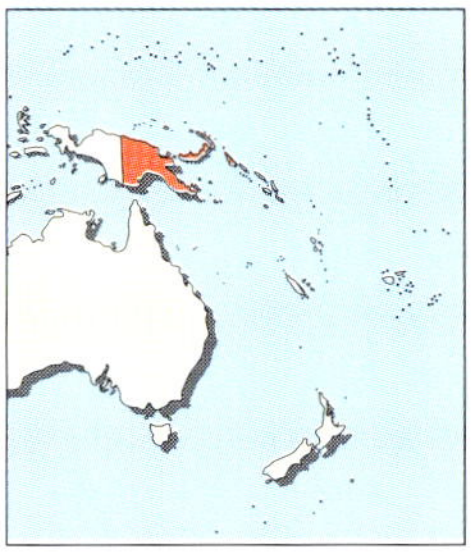

Hauptstadt:
Port Moresby
Einwohner: 4,3 Mio.
Einwohner/km²: 9
Staatsoberhaupt:
Elisabeth II.
Regierungschef:
J. Chan
BSP/Einwohner:
1 160 US-$

Paraguay

Hauptstadt:
Asunción
Einwohner: 5,0 Mio.
Einwohner/km²: 12
Staatsoberhaupt und Regierungschef:
J. C. Wasmosy Monti
BSP/Einwohner:
1 570 US-$

Vereitelter Staatsstreich

In der jungen paraguay. Demokratie kam es auch 1996 bei der Neuordnung der militär.-zivilen Beziehungen zu Spannungen: Nachdem Präs. JUAN CARLOS WASMOSY MONTI am 22. April die Entlassung des Heereschefs General LINO OVIEDO verkündet hatte, verbarrikadierte sich dieser in einer Kaserne der Hauptstadt und forderte seinerseits den Rücktritt des Präsidenten. Der Intervention der drei übrigen MERCOSUR-Partner P.s, der Loyalität des übrigen Offizierskorps sowie der aufgebrachten Öffentlichkeit war es zu verdanken, dass WASMOSY am 24. April die Amtsübergabe an den designierten Nachfolger General OSCAR RODRIGO DÍAZ DELMAS vollziehen konnte. Seine Entscheidung, OVIEDO zum Verteidigungsmin. zu ernennen, nahm WASMOSY aufgrund des öffentl. und parlamentar. Drucks wenig später zurück.
Die Stimmung der Bevölkerung hinsichtlich der von der Reg. betriebenen Sparpolitik verschlechterte sich zunehmend. Von schweren Krawallen begleitet wurde ein 48-stündiger Generalstreik, mit dem die größten Gewerkschaftsverbände des Landes am 2./3. Mai eine Lohnanpassung von 31% durchzusetzen versuchten. Die Bevölkerung litt zudem unter der wachsenden Arbeitslosigkeit, deren Ursache bes. in der schwachen Konjunktur liegt: Das Wirtschaftswachtsum verringerte sich auf ca. 3%. ■

Paralympics
Die Länderwertung

	Gold	Silber	Bronze
1. USA	46	46	65
2. Australien	42	37	27
3. Deutschland	40	58	51
4. Großbritannien	39	42	51
5. Spanien	39	31	36
18. Schweiz	9	6	6
25. Österreich	6	6	10

Paralympics: Die 10. Weltspiele der Behinderten in Atlanta standen mit 267 Weltrekorden im Zeichen eines erneuten Leistungszuwachses, der zunehmenden Professionalisierung und einer unzureichenden Organisation, was die Schweizer Delegation zum Boykott der Schlussfeier veranlasste. Bei der Eröffnung beeindruckte der Querschnittsgelähmte MARK WELLMANN. Die brennende Fackel zwischen den Füßen kletterte er mit den Armen an einem Seil 30 m hoch zur Flammenschale und entzündete dort das P.-Feuer.
In den 532 Entscheidungen unterschiedl. Behinderungsformen und Schadensklassen gewannen Athleten aus 60 Ländern Medaillen; insgesamt nahmen 103 Ländermannschaften teil. Verbesserte Trainingsmethoden und die dank High-Tech ermöglichte Optimierung der Ausrüstungen und der Prothesen legten den Grundstein zu erstaunl. Resultaten. Die erfolgreichsten Athleten ihrer Mannschaft waren die dt. Schwimmerin YVONNE HOPF (4 Siege) und der Schweizer Rollstuhlfahrer HEINZ FREI (3 Siege).

Der Einzug der deutschen Mannschaft in das Olympiastadion von Atlanta während der Eröffnungsfeier der Paralympics am 15. August

Park, Nick, brit. Trickfilmregisseur, *Preston 1958. – P. erhielt 1996 einen ›Oscar‹ für den Film ›A Close Shave‹, der auch als ›Wallace und Gromit unter Schafen‹ in die dt. Kinos kam.
Während des Studiums an der National Film & Television School entwickelte P. zu Beginn der 80er-Jahre die Figur des Wallace mit seinem Hund Gromit. ›A Grand Day Out‹, den ersten Film mit dem glatzköpfigen Junggesellen, der merkwürdige Geräte erfindet, und seinem vierbeinigen Zeitung lesenden Begleiter, realisierte er 1989 mithilfe der in Bristol ansässigen Aardman-Animations. 1991 erhielt er seinen ersten Oscar für die Sozialsatire ›Creature Comforts‹, 1994 den zweiten für ›The Wrong Trousers‹, den zweiten Film mit Wallace und Gromit. An dem nur 31 Minuten langen und 4 Mio. DM teuren ›A Close Shave‹ arbeitete P. insgesamt 13 Monate. Die Filme des die Öffentlichkeit meidenden Regisseurs zeichnen sich nicht nur durch trockenen Humor aus, sondern auch durch den Einsatz filmästhet. Mittel wie Kamerafahrten und Schwenks und den Rückgriff auf Thrillerelemente.

Ein erfolgreiches Trio: Nick Park, Wallace und Gromit

PDS, Abk. für **P**artei des **D**emokrat. **S**ozialismus: Trotz ihrer unbestreitbaren Erfolge im Osten (in den neuen Ländern stellt sie über 6000 Mandatsträger, darunter mehr als 200 Bürgermeister) ist die PDS alles andere als homogen, sie beherbergt Anhänger unterschiedlichster linker Theorien wie Trotzkisten, Marxisten, Sozialisten, Kommunisten, Stalinisten und Sozialreformer. Eine Chance, auch im westl. Teil Deutschlands Fuß zu fassen, hätte die Partei lediglich in einer Zusammenarbeit oder Koalition mit SPD und Bündnis 90/Die Grünen. 1996 war deshalb eine Annäherung an die SPD zu beobachten, die am 22. April in einem formellen Koalitionsangebot an die SPD Sachsen-Anhalts einen Höhepunkt erfuhr.

P. E. N.: Nachdem am 14. Okt. das gesamte Präsidium des P.E.N.-Zentrums der Bundesrep. Deutschland wegen der Querelen um die Vereinigung der beiden dt. Zentren zurückgetreten war, wurde am 24. Nov. auf einer außerordentl. Sitzung der Germanist KARL OTTO CONRADY zum neuen Präs. gewählt. Da das neue Präsidium die Vereinigung energisch vorantreiben will, traten Anfang Dez. Mitgl. wie die ehem. Präs. INGRID BACHÉR, ADOLF ENDLER, KATJA LANGE-MÜLLER, LIBUŠE MONÍKOVÁ und MARCEL REICH-RANICKI aus dem westdt. P.E.N.-Zentrum aus.

Göran Persson spricht am 16. März auf dem Parteitag der schwedischen Sozialdemokraten zu den Delegierten

Persson, Göran, schwed. Politiker, *Vingåker 20. 1. 1949. – Am 16. März wurde P. zunächst zum neuen Vors. der Sozialdemokrat. Arbeiterpartei und am 21. März als Nachfolger von INGVAR CARLSSON auch zum MinPräs. gewählt.
Nach einem nicht beendeten Politik- und Soziologiestudium war P. 1971–79 in der Erwachsenenbildung tätig. 1979 wurde er Abgeordneter des schwed. Reichstags, schied aber 1984 wieder aus, um 1985 das Amt des Bürgermeisters von Katrineholm anzutreten. 1989 berief MinPräs. CARLSSON P. zum Bildungs- und Kulturminister. Nach der Wahlniederlage der Sozialdemokraten 1991 war P. Abgeordneter und wirtschafts- und finanzpolit. Sprecher seiner Partei. Als die Sozialdemokraten 1994 wieder an die Macht kamen, übernahm P. das Finanzressort. Seine Hauptaufgabe lag in der Sanierung der Staatsfinanzen und des schwed. Wohlfahrtsstaats. Als MinPräs. kündigte der überzeugte Europäer P. an, den begonnenen Sparkurs energisch fortzusetzen und die Arbeitslosigkeit zu bekämpfen.

Peru

Hauptstadt: Lima
Einwohner: 23,8 Mio.
Einwohner/km²: 19
Staatsoberhaupt: A. K. Fujimori
Regierungschef: A. Pandolfi Abulu (seit 4. 4. 1996)
BSP/Einwohner: 1 890 US-$

Neues Kabinett setzt neoliberalen Wirtschaftskurs fort

Nachdem es bereits am 8. Jan. mit dem Rücktritt des Verteidigungs-, Justiz- und Transportmin. zu einer Regierungsumbildung gekommen war, trat am 2. April überraschend MinPräs. DANTE CORDOVA BLANCO nach Differenzen mit dem Wirtschaftsmin. zurück. Mit ALBERTO PANDOLFI ABULU kam ein erklärter Verfechter marktwirtschaftl. Reformen an die Regierung. Am 23. Aug. wurde ein Gesetz verabschiedet, das die Wiederwahl von Präs. ALBERTO FUJIMORI im Jahr 2000 ermöglicht.
Trotz einer Abschwächung der Konjunktur wurde noch ein BIP-Wachstum von 3,5% erzielt. Nach Abschluss versch. Verträge mit einem Konsortium internat. Ölgesellschaften zeigte der Erdölsektor neues Wachstumspotenzial. Die Zentralbank verfolgte weiterhin ihre Strategie einer restriktiven Geldpolitik, senkte aber dennoch zur Ankurbelung der Konjunktur die Leitzinsen bis April auf 13%. Die fortgesetzt expansive Fiskalpolitik schlug sich in einem Haushaltsdefizit nieder; eine gewisse

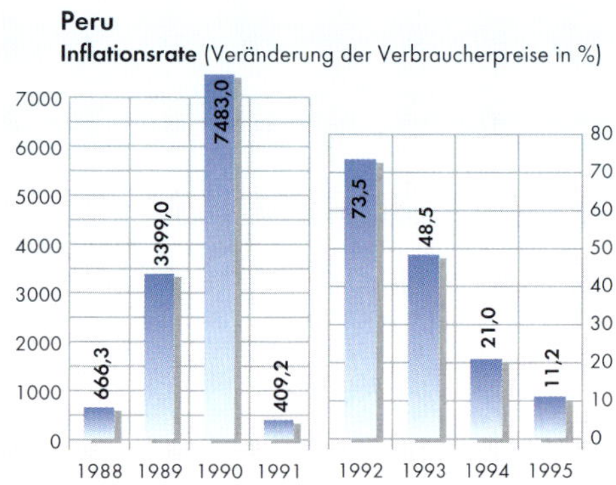

Kompensation brachten Privatisierungsgewinne v. a. aus dem Verkauf der Staatsanteile im Energie- und im Kommunikationswesen. Das Leistungsbilanzdefizit von (1995) 3,7 Mrd. US-$ entspannte sich aufgrund einer deutl. Verbesserung der Handelsbilanz und einer Zunahme kurzfristiger Kapitalzuflüsse aus dem Ausland. Das finanzielle Förderprogramm des IWF wurde verlängert, sodass P. weiterhin Zugang zu multilateralen Krediten und Umschuldungsmaßnahmen hat.

Besetzung der japanischen Botschaft

Nach einer Serie von Attentaten in Lima und im Landesinneren seit Anfang Aug. durch den Sendero Luminoso und die Guerilleros des Túpac Amaru (MRTA) wurde die polit. Stabilität P.s am 17. Dez. durch die Besetzung der japan. Botschaft mit der Geiselnahme von mehr als 480 Menschen durch Mitgl. des MRTA erschüttert; sie forderten die Freilassung von mehreren Hundert inhaftierten Angehörigen ihrer Organisation, ein Treffen mit Fujimori und eine Änderung der harten Sparpolitik seiner Reg. Der Präs. zeigte sich gegenüber den Forderungen unnachgiebig, sah sich aufgrund des internat. Drucks aber auch daran gehindert, die Botschaft stürmen zu lassen. Nach mehreren Freilassungen von Geiseln waren am Silvestertag noch 81 Menschen in der Gewalt der Guerilleros.

Außenpolitik

Am 17./18. Jan. trafen sich die Außenmin. P.s und →Ecuadors, um die endgültige Beilegung der jahrzehntealten Grenzstreitigkeiten vorzubreiten, nachdem es in den vorangegangenen Wochen immer wieder zu kleineren Scharmützeln gekommen war. Vom 8. bis 10. März fand in Trujillo das achte Gipfeltreffen der Staaten des Andenpakts statt, bei dem die Umformung der Organisation nach dem Vorbild der EU zur Comunidad Andina beschlossen wurde. ■

Perwomajskoje: Das kleine Dorf an der dagestan.-tschetschen. Grenze war Schauplatz eines Dramas, das am 9. Jan. in der dagestan. Stadt Kisljar seinen Anfang genommen hatte. An diesem Tag überfielen rd. 200 tschetschen. Freischärler unter dem Kommando von Salman Radujew Kisljar, drangen in das städt. Krankenhaus ein und verschanzten sich dort mit 3 000 Kranken, Angestellten und Passanten. Sie drohten mit der Erschießung der Geiseln, falls ihrer Forderung nach Abzug der russ. Truppen aus Tschetschenien nicht entsprochen werde. Nachdem ihnen in Gesprächen mit Vertretern der dagestan. Reg. freies Geleit bis auf tschetschen. Territorium zugesichert worden war, zogen sie am 10. Jan. unter Mitnahme von rd. 150 Geiseln ab und kamen bis P., wo sie an einer zerstörten Brücke von russ. Truppen umstellt wurden. Nach ergebnislosen Verhandlungen begannen Truppen der Armee, des Innenministeriums und Spezialeinheiten des Föderalen Sicherheitsdienstes am 15. Jan. mit der Beschießung P.s bis zur völligen Vernichtung des Dorfes am 18. Januar. Die nur mit leichten Waffen ausgerüsteten Tschetschenen leisteten erbitterten Widerstand, wahrscheinlich konnten mehr als die Hälfte, darunter Rebellenchef Radujew, trotz der Einkesselung entkommen. Angaben sowohl von Regierungsseite als auch von Medien und Augenzeugen über den Ablauf der Operation und die Zahl der Opfer waren widersprüchlich, es dürften jedoch Hunderte von Toten zu beklagen gewesen sein.

Nach dem russischen Sturmangriff am 15. Januar steht der Ort Perwomajskoje in Flammen

Petronas Tower, →Hochhaus.

Pflegeversicherung: Seit dem 1. Juli ist die zweite Stufe der sozialen P. in Kraft, mit der die vollstationäre Pflege in den Leistungskatalog der P. aufgenommen wurde. Voraussetzung für die Inanspruchnahme ist die Eingruppierung des Versicherten in eine der drei Pflegestufen nach dem Grad der Pflegebedürftigkeit. In Stufe I werden pflegebedingte Aufwendungen bis 2 000 DM, in Stufe II bis 2 500 DM und in Stufe III bis 2 800 DM, in seltenen Fällen bis zu 3 300 DM monatlich übernommen. Finanziert wird diese Ausweitung durch die Erhöhung des Beitragssatzes von 1,0% auf 1,7% zum 1. Juli. Die Beiträge werden je zur Hälfte vom Arbeitgeber und Arbeitnehmer getragen. Auf die zunächst vorgesehene Kompensation zum Ausgleich der Beitragslasten der Arbeitgeber hat der Gesetzgeber wegen der Dringlichkeit des Vorhabens verzichtet. Dem Bundesministerium für Arbeit und Sozialordnung zufolge werden rd. 420 000 Personen vom 1. Juli an Leistungen bei der Pflege im Heim erhalten. Im Rahmen der ersten Stufe der sozialen P. nehmen rd. 1,1 Mio. Pflegebedürftige Sachleistungen oder Pflegegeld bei der häusl. Pflege in Anspruch. Die neue Stufe der sozialen P. hat unterschiedl. Reaktionen hervorgerufen. Überfälligen Ausbau der P. attestieren ihr die einen, übergroße Finanzierungslasten mit abträgl. Wirkungen auf die ›Sparpolitik‹ und Beschäftigung heben andere hervor. Dritte bemängeln, dass weiterhin Lücken bestehen. Auch deckten die Leistungen der P. nicht die gesamten tatsächl. Kosten der Pflege, sodass die entlastende Wirkung auf die Sozialhilfe geschmälert werde.

Philippinen

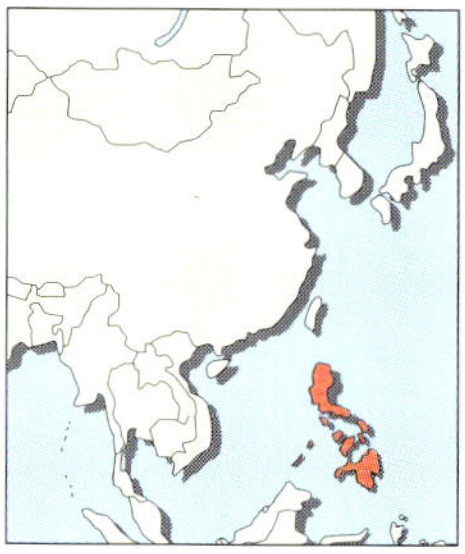

Hauptstadt: Manila
Einwohner: 67,6 Mio.
Einwohner/km²: 225
Staatsoberhaupt und Regierungschef:
F. Ramos
BSP/Einwohner:
960 US-$

Wirtschaftliche Schönwetterlage

Dank einer günstigen Entwicklung sowohl im industriellen Bereich als auch in der Landwirtschaft und bei den Überweisungen der rd. 4,5 Mio. im Ausland arbeitenden Filipinos konnte die Wirtschaft der Inselrepublik bereits im dritten aufeinander folgenden Jahr kräftige Zuwachsraten vorweisen. Gemessen am BIP verzeichnete die philippin. Wirtschaft im ersten Halbjahr 1996 ein Wachstum von 5,1%. Die Inflationsrate bewegte sich auf das Gesamtjahr bezogen zw. 8,5 und 9,5%. Das Handelsbilanzdefizit stieg gegenüber dem Vorjahr um insgesamt 20%, was v. a. auf die Einfuhr von Kapital- und nicht wie in der Vergangenheit von Konsumgütern zurückzuführen war.

Der philippinische Präsident Fidel Ramos (Mitte) und der Vorsitzende der Moro-Befreiungsfront Nur Misuari (links) lassen eine weiße Taube fliegen, nachdem sie am 19. August in Malang einen Friedensvertrag ausgehandelt haben

Friedensabkommen mit muslimischen Separatisten

Am 2. Sept. unterzeichneten Präs. Fidel Ramos und der muslim. Rebellenführer Nur Misuari das am 30. Aug. paraphierte Friedensabkommen, das einen Guerrillakrieg beenden soll, der in den vergangenen 20 Jahren mehr als 100 000 Tote gefordert hatte. Es gesteht Misuari und der von ihm geführten Moro National Liberation Front (MNLF) die Leitung des neu gegr. ›Südphilippin. Rats für Frieden und Entwicklung‹ zu, der die Entwicklung in 14 Provinzen auf der Insel Mindanao überwachen soll. Für 1999 ist eine Volksabstimmung vorgesehen, die dann zu der von den Muslimen geforderten Autonomie der Region führen könnte. Ende Okt. kam es jedoch abermals zu blutigen Zusammenstößen zw. Regierungstruppen und Kämpfern der Moro Islamic Liberation Front (MILF), einer radikalen Splittergruppe der MNLF. ■

Pinakothek der Moderne: In unmittelbarer Nachbarschaft der Alten und der Neuen Pinakothek entsteht seit 9. Sept. in München die P. d. M. für Kunst, Architektur und Design des 20. Jh. Das Projekt des Architekten Stephan Braunfels soll in zwei Bauabschnitten bis zur Jahrtausendwende fertig gestellt sein. 1995 waren 20 Mio. DM private Fördermittel, 10% der Gesamtkosten für den ersten Bauteil, aufgebracht worden, was der Freistaat Bayern zur Voraussetzung für seine Restfinanzierung gemacht hatte. Zunächst werden die Staatsgalerie moderner Kunst, das Architekturmuseum der TU München sowie die Neue Sammlung – Staatl. Museum für angewandte Kunst in dem Baukomplex mit zentraler Treppenrotunde vereint. Die Finanzierung der zweiten Phase mit dem Einzug der Staatl. Graph. Sammlung ist noch nicht gesichert.

Polen

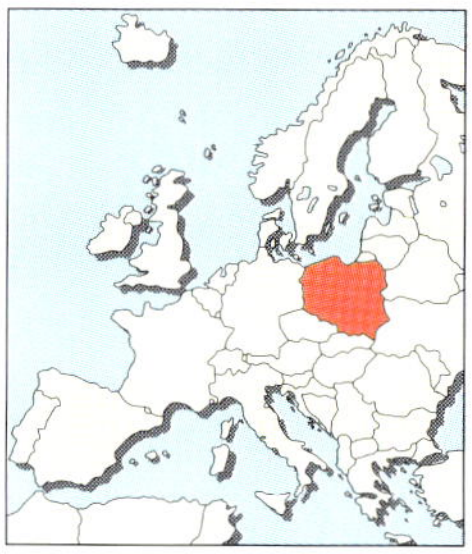

Hauptstadt:
Warschau
Einwohner: 38,4 Mio.
Einwohner/km²: 119
Staatsoberhaupt:
A. Kwaśniewski
Regierungschef:
W. Cimoszewicz
(seit 7. 2. 1996)
BSP/Einwohner:
2 470 US-$

Fortsetzung des Wirtschaftswachstums

Das Wachstum des BIP hielt an und betrug rd. 6%. Bei steigender Arbeitsproduktivität konnte die Arbeitslosigkeit auf rd. 14% abgebaut werden. Die Inflationsrate lag mit 21% etwas niedriger als im Vorjahr (23%). Dabei wirkte der Anstieg der Devisenreserven (1996: 17 Mrd. US-$) durch hohe Kapitalzuflüsse preistreibend. Das Tempo der Privatisierung hat sich verlangsamt. Der Zufluss direkter Auslandsinvestitionen hat sich dagegen mit 4 Mrd. US-$ (1995: 2,5 Mrd. US-$) deutlich verstärkt. Im Nov. 1996 wurde P. neues Mitgl. der OECD.

Innenpolitische Kräfteverhältnisse

Die Regierungskoalition aus Demokrat. Linksallianz (SLD) und Poln. Bauernpartei (PSL) verfügte über eine unverändert stabile parlamentar. Mehrheit. Die unüberbrückbaren Interessengegensätze und ideolog. Profile beider Parteien sorgten jedoch weiterhin für die Aufschiebung dringender Strukturreformen. Zu Anfang des Jahres stand die ›Affäre Oleksy‹ im Vordergrund. Die Beschuldigung des aus dem Amte scheidenden Präs. WAŁĘSA, MinPräs. OLEKSY sei ein Agent des sowjet. Geheimdienstes gewesen, die wegen des Mangels an Beweisen schließlich im Sande verlaufenen Untersuchungen, der Rücktritt OLEKSYS am 24. Jan. und die Suche nach einem geeigneten Nachfolger absorbierten monatelang die Kräfte der Hauptakteure in Reg. und Opposition. Nach Jahren organisator. Zersplitterung formierten sich die Parteien auf der Rechten mit der von der Gewerkschaft Solidarność organisierten ›Wahlaktion für die Parlamentswahlen 1997‹ und der Bewegung zur Erneuerung P.s (ROP) des ehem. MinPräs. OLSZEWSKI.

Kontinuität in der Außenpolitik

Die ersten Aktivitäten von Präs. KWAŚNIEWSKI und Regierungschef CIMOSZEWICZ nach ihren Amtsantritten Ende 1995 bzw. Febr. 1996 bestätigten die Kontinuität des nach 1990 eingeschlagenen außenpolit. Kurses. Die Schwerpunkte lagen einerseits in dem Bemühen um Konkretisierung der Daten für den Beginn von Beitrittsverhandlungen zur EU und NATO, andererseits in der Bereitschaft zur regionalen Kooperation und deren Ausbau im Rahmen von CEFTA und Ostseerat. Die bilateralen und multilateralen Kontakte P.s in der Region wurden ausgeweitet. So vereinbarten die Außenmin. P.s, der Ukraine und Weißrusslands in Brest eine verstärkte regionale Zusammenarbeit. Außenmin. ROSATI sprach in Anlehnung an das ›Weimarer Dreieck‹ vom ›Brester Dreieck‹. Die Zusammenarbeit mit Deutschland entwickelte sich positiv. Seit Ende 1995 ist die gesamte dt.-poln. Grenzregion in Euroregionen zusammengefasst.

Zur Absicherung ihrer Westpolitik setzte die poln. Reg. ihre Bemühungen um Stabilisierung einer neuen polit. Partnerschaft und Intensivierung der wirtschaftl. Beziehungen mit Russland fort und versuchte, die russische Führung von ihrem Widerstand gegen den NATO-Beitritt P.s abzubringen. Seit der Unabhängigkeit Weißrusslands und der Ukraine lag der poln. Reg. an der Stabilisierung des Unabhängigkeitskurses der beiden östl. Nachbarn. Bes. im Verhältnis zur Ukraine ergaben sich Fortschritte. Anlässlich des Besuchs des ukrain. Präs. KUTSCHMA in P. im Juni sprachen beide Seiten von einer ›strateg. Partnerschaft‹ zw. beiden Ländern.

Portugal

Hauptstadt: Lissabon
Einwohner: 9,9 Mio.
Einwohner/km²: 107
Staatsoberhaupt: J. F. Branco de Sampaio (seit 9. 3. 1996)
Regierungschef: A. M. Guterres de Oliveira
BSP/Einwohner: 9 370 US-$

Arbeiter der Danziger Werft hören am 12. Juni den Reden von Gewerkschaftsführern zu, nachdem sie aus Protest gegen die geplante Konkursanmeldung das Werk besetzt haben

Sozialistische Vorherrschaft

Bei den Präsidentschaftswahlen am 14. Jan. verbuchten die portugies. Sozialisten einen großen Erfolg: Der bis dahin amtierende Bürgermeister der Hauptstadt Lissabon, JORGE BRANCO DE SAMPAIO, konnte mit einem Stimmenanteil von 53,8% die Wahlen für sich entscheiden. Um die Nachfolge im Amt des Staatspräs., das der fast zu einer Vaterfigur des demokrat. P. gewordene Sozialist MÁRIO SOARES bereits zehn Jahre innehatte, hatte sich neben SAMPAIO auch der ehem. rechtsliberale Min.-Präs. des Landes, ANIBAL CAVACO SILVA, beworben.

Bei seinem Amtsantritt am 9. März benannte SAMPAIO die europ. Einigung als eines der vordringl. Ziele seiner Politik. Auch die Reg. unter MinPräs. ANTÓNIO GUTERRES, der zugleich GenSekr. der Sozialist. Partei ist, verfolgt seit Übernahme der Amtsgeschäfte eine Politik, in deren Mittelpunkt die Erfüllung der Maastrichter Konvergenzkriterien steht.

Die Reg., der vier Mandate zur absoluten Mehrheit fehlen, operierte bisher erfolgreich mit wechselnden Mehrheiten aus dem grünen, dem kommunist. oder dem rechten Lager. So gelang ihr im März auch die Verabschiedung des Staatshaushalts für 1996. Wesentl. Unterschiede zur vorhergehenden Reg. waren bisher lediglich im Bereich der Sozialpolitik zu registrieren. Dort war man bemüht, die Folgen der Stabilisierung zu dämpfen. Denn sowohl die Sparmaßnahmen zur Verringerung des Haushaltsdefizits als auch die ohnehin schwache Konjunktur hielten die Arbeitslosenrate weiterhin bei etwa 7,4%.

Soll die angestrebte Teilnahme an der Währungsunion 1999 zustande kommen, so bedarf es einer Fortführung dieser Politik. Um Arbeitnehmer wie Arbeitgeber bei dieser Aufgabe in die Pflicht zu nehmen, verhandelte die Reg. Guterres daher seit Mitte des Jahres mit den Sozialpartnern, um unter dem Titel der ›strateg. Konzertierung‹ eine breite Übereinstimmung in Fragen der Wirtschafts- und

Am 7. November wird das historische Rathaus Lissabons durch ein Feuer weitgehend zerstört

Sozialpolitik zu erreichen. Forderungen nach kräftigen Lohnerhöhungen einerseits sowie nach Flexibilisierung des Arbeitsmarkts andererseits standen sich zunächst allerdings noch unversöhnlich gegenüber.

Préval, René, haitian. Politiker, * Fond-des-Nègres 17. 1. 1943. – Am 7. Febr. löste P. JEAN-BERTRAND ARISTIDE im Präsidentenamt ab.
P., der mit seiner Familie 1963 ins belg. Exil gehen musste, studierte dort Agrarwissenschaften. Nach Jahren in New York kehrte P. 1982 nach Haiti zurück und schloss sich der Opposition gegen Diktator JEAN-CLAUDE DUVALIER an. Mit der Unterstützung P.s gewann ARISTIDE die Präsidentschaftswahlen vom 16. 12. 1990. Premiermin. wurde P.; der Militärputsch im Sept. 1991 zwang ARISTIDE und P. ins amerikan. Exil, aus dem sie erst im Okt. 1994 nach Haiti zurückkehrten. Dank seiner polit. Nähe zu ARISTIDE ging P. als Kandidat der Organisation Politique Lavalas mit 87,9% der Stimmen aus den Wahlen im Dez. 1995 hervor. In seiner Regierungserklärung setzte er als Schwerpunkte seiner Politik die Bekämpfung der Armut, die Senkung der Arbeitslosenrate von über 50%, die Demokratisierung der Gesellschaft und die Verbesserung des Verhältnisses zur benachbarten Dominikan. Republik.

Priebke-Prozess: Ein röm. Militärgericht sprach den heute 83-jährigen ehem. SS-Hauptsturmführer ERICH PRIEBKE am 1. Aug. überraschend frei. Das ihm vorgeworfene Verbrechen, die Erschießung von 335 Zivilisten in den Ardeatin. Höhlen am 24. 3. 1944, sei verjährt. In der Folge kam es zu einem verwirrenden Kompetenzstreit in der italien. Justiz. Das Kassationsgericht hob das Urteil wegen Befangenheit des vorsitzenden Militärrichters AGOSTINI QUISTELLI auf. Das röm. Militärgericht erklärte sich am 5. Dez. für unzuständig, da die SS nicht der dt. Wehrmacht unterstand. Die röm. Ziviljustiz lehnte wiederum am 14. Dez. die eigene Zuständigkeit ab, da PRIEBKE als Mitgl. eines ›Korps der Militärpolizei‹ vor das Militärtribunal gehöre. Der Kassationsgerichtshof wurde zur abschließenden Klärung der Kompetenzfrage angerufen.
Eine Neubewertung der Schuld PRIEBKES, der in Erwartung eines dt. Auslieferungsersuchens weiterhin in Haft gehalten wurde, forderte u. a. der ehem. Widerstandshelfer und Salesianerpater ANGELO FAGIOLO, der 1944 als Erster das SS-Massaker entdeckt hatte. Erst das Attentat der Partisanen in der Via Rasella habe die Erschießung der Zivilisten bewusst provoziert. Die kommunist. Parteiführer hätten genau gewusst, dass Hunderte von Italienern dafür barbarisch umgebracht würden. Entsprechende Warnungen seien seinerzeit überall in Rom, das bis zu jenem Attentat kein Kriegsgebiet gewesen sei, zu lesen gewesen.

Primakow, Jewgenij Maximowitsch, russ. Politiker, * Kiew (Ukraine) 29. 10. 1929. – Am 9. Jan. löste P. als neuer Außenmin. Russlands ANDREJ KOSYREW ab. P. leitete einen außenpolit. Kurswechsel ein, bei dem der Großmachtstatus Russlands (→GUS) und die Ablehnung der NATO-Osterweiterung eine zentrale Rolle einnehmen. Der neue Amtsinhaber verfügt über enge Beziehungen im Nahen Osten, v. a. in Irak.

Russlands Außenminister Jewgenij Primakow (rechts) spricht am Rande des G-7-Gipfels in Paris am 29. Juli mit seinem deutschen Amtskollegen Klaus Kinkel

Der promovierte Wirtschaftswissenschaftler arbeitete von 1953–62 für das Staatl. Komitee des Ministerrats der UdSSR für Fernsehen und Rundfunk, 1962–70 u. a. als Auslandskorrespondent im Nahen Osten für die ›Prawda‹ und 1970–77 als stellv. Direktor am Moskauer Inst. für Weltwirtschaft und internat. Beziehungen. 1985 wurde er dessen Direktor und zählte seither auch zum Beraterkreis Michail Gorbatschows.
Seit 1959 Mitgl. der KPdSU, war P. ab 1987 im Unionssowjet des Obersten Sowjets im Auswärtigen Ausschuss tätig. Im April 1989 wurde er Vollmitgl. des ZK der KPdSU, im Frühjahr 1989 Abg. im Kongress der Volksdeputierten, danach in den Unionsrat des Obersten Sowjet gewählt, dessen Vors. er wurde. 1990 wechselte P. unter Präs. Gorbatschow in den neu eingerichteten Präsidialrat und war im Sicherheitsrat für die Koordinierung der Wirtschaftsreformen zuständig. Im Dez. 1991 wurde P. von Gorbatschow zum Leiter des Geheimdienstes für Auslandsaufklärung ernannt (von Jelzin bestätigt).

Prodi, Romano, italien. Politiker, *Scandiano 9. 8. 1939. – Am 21. April erreichte P.s Mitte-Links-Bündnis ›L'Ulivo‹ (Der Ölbaum) bei den Parlamentswahlen im Abgeordnetenhaus 284 von 630 und im Senat 157 von 315 Sitzen. Am 18. Mai wurde P. mit Unterstützung der Rifondazione Comunista, der Partei der Altkommunisten, zum MinPräs. gewählt.
Nach einem Jurastudium in Mailand und Wirtschaftsstudien in London und an der Stanford University war P. Dozent an den Univ. Trient und Bologna und ist seit 1971 Prof. für Wirtschaftswiss. und Industriepolitik an der Univ. Bologna. In den 1970er-Jahren leitete er u. a. einen Verlag, gründete zwei Wirtschaftsforschungsinstitute und sammelte für kurze Zeit polit. Erfahrungen als Industriemin. (1978/79). 1982–89 führte P. als Präs. der italien. Staatsholding IRI den größten Konzern Europas wieder in die Gewinnzone. 1993/94 arbeitete er noch einmal als Präs. des IRI, trat aber nach der Regierungsübernahme Silvio Berlusconis im Juni 1994 zurück. Wegen Unregelmäßigkeiten bei einer Privatisierungsmaßnahme 1993 erhob die Staatsanwaltschaft in Rom im Nov. Anklage gegen P. wegen Amtsmissbrauchs.
Im Febr. 1995 kündigte der sich als linker Christdemokrat begreifende P. seine Kandidatur für das Amt des Regierungschefs an und führte sein Mitte-Links-Bündnis bei den Parlamentswahlen zum Sieg.

PUR, schwäb. Popgruppe mit Hartmut Engler (Gesang), Ingo Reidl (Keyboard), Roland Bless (Schlagzeug), Joe Crawford (Bass) und Rudi Buttas (Gitarre). Der Erfolg des Albums ›Abenteuerland‹, seit Sommer 1995 über zwei Millionen Mal verkauft, setzte sich 1996 fort. Eingängige Melodien und Texte, die sich an die schier unstillbare Sehnsucht nach der heilen Welt richten, machten Lieder wie ›Ich lieb' dich‹ oder ›Abenteuerland‹ zu Ohrwürmern, die auf der '96er Tournee die Fans begeisterten: Das Livealbum ›P. LIVE –

Zusammen mit seinen Verbündeten vom Mitte-Links-Bündnis ›L'Ulivo‹ zeigt sich Romano Prodi am 18. April auf einer Wahlkampfveranstaltung in Rom. Neben ihm (von links) Walter Veltroni (PDS), Lamberto Dini (Italienische Erneuerung) und Massimo D'Alema (PDS)

die Zweite‹ entstand dabei und erreichte Platz 1 in den Hitlisten.
P. wurde zunächst als ›Crusade‹ gegr. und 1981 in ›OPUS‹ umbenannt. Da es bald Verwechslungen mit einer österr. Gruppe gleichen Namens gab, benannten sich die Fünf ab 1983 in P. um. Insgesamt brachten sie bislang acht Alben und zwei Livemitschnitte heraus.

R

José Ramos Horta, zusammen mit Carlos Felipe Ximénes Belo diesjähriger Friedensnobelpreisträger, gibt am 25. November eine Pressekonferenz

Ramos Horta, José, timor. Politiker, *Dili (Ost-Timor) 26. 12. 1949. – Der im Exil lebende Führer der Unabhängigkeitsbewegung Ost-Timors erhielt zus. mit Bischof Carlos Felipe Ximénes Belo 1996 den Friedensnobelpreis für seinen Einsatz für eine gerechte und friedl. Lösung des Konflikts in Ost-Timor. Als Sprecher des Nationalrats des osttimor. Widerstands versucht R. H. auf diplomat. Ebene, Versöhnungsgespräche mit der indones. Reg. voranzubringen und die Unabhängigkeit Ost-Timors zu erreichen.

Der Politikwissenschaftler begann seine polit. Tätigkeit Anfang der 1970er-Jahre als Mitgl. der linksgerichteten Untergrundorganisation Revolutionäre Front für ein unabhängiges Ost-Timor (Fretelin). Nach dem Abzug Portugals war er wenige Monate Außenmin. Ost-Timors bis zur indones. Invasion. Seit seiner Flucht kurz vor dem Einmarsch indones. Truppen im Dez. 1975 lebt R. H. in Australien im Exil. An der University of New South Wales ist er als Dozent für Journalismus und Diplomatie tätig. R. H. ist enger Vertrauter des seit 1992 inhaftierten Widerstandsführers XANANA GUSMÃO, dem nach seiner Ansicht eigentlich der Nobelpreis gebührt.

RAUMFAHRT

Jahrestage in der Raumfahrt

1996 war die russ. Raumstation Mir im zehnten Jahr ständig besetzt. Am 8. Febr. während der europ.-russ. Mission ›Euromir‹ (Start 3. 9. 1995) arbeitete der dt. ESA-Astronaut THOMAS REITER für rd. drei Stunden zum zweiten Mal außerhalb der Station. Zwei Russen, gestartet am 21. Febr., lösten JURI GIDSENKO, SERGEJ AWDEJEW und REITER ab, die am 29. Febr. in Kasachstan landeten – nach 179 Tagen, dem längsten Flug eines Westeuropäers. Die dritte Spaceshuttle-Ankopplung am 23. März brachte die Amerikanerin SHANNON →LUCID zur Mir. Im Shuttle diente das amerikan. Labor Spacehab u.a. zu ESA-Experimenten aus der Biologie. Bis zum 12. April, dem 35. Jahrestag des ersten bemannten Raumflugs, konnten die USA 107 und Russland 82 bemannte Starts vorweisen. Das vorerst letzte große Mir-Modullabor (Priroda; dt. ›Natur‹) wurde am 26. April an den Basisblock gekoppelt. Seitdem ist die Station im Wesentlichen fertig ausgebaut, eine drehkreuzförmige Konstruktion mit 140 t Masse. Priroda dient v.a. der Erdfernerkundung, auch in Deutschland. Zu den Bordgeräten gehören das Spektrometer MOS von der DLR und die Multispektral-Stereokamera MOMS-o2P von der Dasa. Im Juli verzögerten neue Probleme mit den Shuttle-Feststoffraketen LUCIDS Rückholung um sieben Wochen.

Am 17. Aug. startete mit einer Sojuskapsel die erste frz. Astronautin CLAUDINE ANDRÉ-DESHAYS zu einer 16-tägigen frz.-russ. Mir-Mission. Am 2. Sept. landete sie mit JURI ONUFRIJENKO und JURI USATSCHOW. LUCID blieb in der Station bis zur vierten Atlantis-Mir-Kopplung am 18. Sept., während der sie durch JOHN BLAHA abgelöst wurde, und landete nach 188 Tagen am 26. Sept. in Florida. Sie absolvierte damit den längsten Flug einer Frau und eines westl. Astronauten überhaupt.

Weitere Spaceshuttle-Flüge

Im Jan. wurde durch den Japaner KOICHI WAKATA mit dem Manipulatorarm der Endeavour Japans erster wieder verwendbarer Satellit SFU (Space Flyer Unit) geborgen, der am 18. 3. 1995 gestartet worden war.

Ende Febr. waren erstmals vier Europäer gleichzeitig im All: In der Mir REITER, in der Columbia CLAUDE NICOLLIER (Schweiz), MAURIZIO CHELI (Italien), alle für die ESA, und UMBERTO GUIDONI (Italien). Dabei wurde der italien. Fesselsatellit TSS (Tethered Satellite System) an einem 20,7 km langen leitenden Kabel ausgerollt. Die Bewegung des 2,54 mm dünnen Kabels durch die Ionosphäre erzeugte 3 500 V Spannung, bis das bereits 19,7 km ausgefahrene Kabel in der Ladebucht abriss.

Beim insgesamt 190. bemannten Raumflug im Mai setzte die Endeavour den NASA-Satelliten Spartan aus. Darin war eine große Kunststoff-Parabolantenne verpackt, die mittels Stickstoff entfaltet

Blick aus dem Spaceshuttle Atlantis auf die Raumstation Mir (über dem Südpazifik) während des Anflugs am 23. März

wurde (Durchmesser 14m). Ähnl. leichte Komponenten könnten auf künftigen Raumflugkörpern verwendet werden. Im Labor Spacehab und in Ladebuchtbehältern fanden gleichzeitig materialwiss. Versuche statt. Die Mission Spacelab LMS (**L**ife and **m**icrogravity **s**ciences) im Juni und Juli nutzte die dabei zum zwanzigsten Mal verwendete Columbia: 17 Tage lang wurden 43 lebens- und materialwiss. Versuche aus zehn Staaten (u.a. Deutschland, Schweiz) durchgeführt.
Am 2. Juli stellte die amerikan. Reg. die neue Raumtransportergeneration vor, das Projekt ›Venture Star‹ (X-33) der Lockheed Martin Corporation. Keilförmig und einstufig voll wieder verwendbar, könnte der Transporter ab 2012 den derzeitigen Spaceshuttle ablösen. Neben dem Blick in die Zukunft wurde der Vergangenheit gedacht: Am 28. Jan. waren zehn Jahre vergangen seit dem Tod von sieben amerikan. Astronauten bei der Challenger-Explosion 73 Sekunden nach dem Start. Das 3200°C heiße Gas der Feststoffraketen hatte einige Dichtungsringe (›O-Rings‹) verbrannt, sich durch das Stahlgehäuse geschweißt und den Außentank zerstört. Aktuelle Probleme mit angesengten O-Ringen bei Columbia-Starts im Febr. und Juni führten zur Startverschiebung der Atlantis vom 31. Juli auf Mitte September. Mit dem 80. Shuttle-Flug im Nov./Dez. wurde u.a. die dt. Forschungsplattform Astro-SPAS für die Mission ORFEUS-2 ausgesetzt, bei der ab dem 19. Nov. zwei Wochen lang Sterne in versch. Entwicklungsstadien im ultravioletten Spektralbereich untersucht wurden. Durch eine Verschiebung der Landung wurde diese Mission mit 17,5 Tagen zum bisher längsten Shuttle-Einsatz.

Satelliten und Sonden

Einen herben Rückschlag erlebte die europ. Raumfahrt mit der Explosion der ersten Trägerrakete vom neuen Typ →Ariane 5 im Juni, bei der auch vier Dasa-Satelliten ›Cluster‹ verloren gingen. Im Rahmen einer dt.-ind. Zusammenarbeit startete am 21. März erfolgreich der ind. Satellit IRS-P3. Eine ungewöhnl. Odyssee beendete im Jan. die Wiedereintrittskapsel →Express. Während →Galileo den Jupiter und seine größten Monde erkundete, startete am 17. Febr. die amerikan. Raumsonde NEAR (**N**ear **E**arth **A**steroid **R**endezvous) zum Asteroiden Eros, den sie ab Febr. 1999 umkreisen soll.
Zum roten Planeten Mars starteten die amerikan. Sonden ›Mars Global Surveyor‹ am 6. Nov. und ›Mars Pathfinder‹ am 4. Dez. Pathfinder soll am 4. 7. 1997, dem amerikan. Unabhängigkeitstag, auf dem Nachbarplaneten landen und erstmals einen Minirover aussetzen. Surveyor hingegen soll im Sept. 1997 als Satellit in eine Marsumlaufbahn einschwenken. Einen schweren Verlust mussten hingegen die europ. Wissenschaftler hinnehmen: Die russ. Mission Mars'96, an der auch dt. Inst. mit versch. Experimenten beteiligt waren und bei der Landesonden auf der Marsoberfläche abgesetzt werden sollten, scheiterte, weil die Trägerrakete nach ihrem Start am 17. Nov. versagte und abstürzte. Aus den Messergebnissen der 1994 gestarteten amerikan. Sonde Clementine-1 wurde am 3. Dez. bekannt, dass der 12km tiefe Krater Aitkin des Mond-Südpolgebietes möglicherweise große Mengen Wassereis enthält. ■

Das Raumlabor Spacehab wird im Mai in der Ladebucht des Spaceshuttles Endeavour eingesetzt. Dahinter befindet sich der Satellit Spartan, rechts der Shuttle-Manipulatorarm. Auf der Erde ist Kalifornien mit der San Francisco Bay zu sehen

Rechtschreibreform: Am 1. Juli unterzeichneten die Vertreter von Deutschland, Österreich, der Schweiz, Liechtenstein, Belgien, Ungarn, Rumänien und der italien. Region Südtirol eine entsprechende Absichtserklärung. Danach sollen die wenigen verbliebenen Neuregelungen spätestens ab 1. 8. 1998 in den Schulen in Kraft treten und ab 1. 8. 2005 verbindlich gelten. Nachdem der jahrzehnte-

›Nochmal nachsitzen, Herr Grass!‹

Soldaten der Roten Armee verewigen sich 1945 mit Namen und Sprüchen am Reichstagsgebäude

lange Streit um die R. damit abgeschlossen zu sein schien, meldeten sich zur Frankfurter Buchmesse Autoren, Germanisten und Verleger in einer Erklärung zu Wort, der sich die Dt. Akademie für Sprache und Dichtung auf ihrer Herbsttagung anschloss: Sie protestierten gegen »Unsinnigkeit und Kosten der R.«, forderten deren unverzügl. Stopp und riefen zum zivilen Boykott auf.

Reemtsma, Jan Philipp, Mäzen und Literaturwissenschaftler, *Hamburg 26. 11. 1952. – Der Ende März entführte R. wurde nach 33 Tagen am 26. April gegen 30 Mio. DM Lösegeld freigelassen. Die Familie R. kam durch mechanisierte Produktion von Markenzigaretten zu Reichtum. 1980 verkaufte R. für etwa 300 Mio. DM seine Vermögensanteile und förderte von nun an Projekte wie eine Werkausgabe des Schriftstellers ARNO SCHMIDT. Sein wiss. Interesse gilt bes. dem Nationalsozialismus. 1984 gründete er das ›Hamburger Institut für Sozialforschung‹, das in der Tradition krit. Gesellschaftstheorie Prozesse der Gewalt, der Herrschaft und der Technik untersucht (z. B. Verbrechen der Wehrmacht im Zweiten Weltkrieg, sowjet. Internierungslager, Folter und Staatsterrorismus, Fremdenfeindlichkeit und Nationalismus).

›Chef, welche Sau lassen wir heute raus?‹

Der medien- und öffentlichkeitsscheue R. kam durch die Entführung zu großem Bekanntheitsgrad. Die Medien verzichteten auf die Berichterstattung über den Entführungsfall, die Tageszeitung Hamburger Morgenpost spielte jedoch über verschlüsselte Kontaktanzeigen eine wichtige Rolle bei der Kommunikation zw. der Familie R., den Entführern und dem Opfer. Zwei der wahrscheinlich sechs mutmaßl. Entführer wurden im Mai festgenommen, die anderen identifiziert. Von den 30 Mio. DM Lösegeld, der bislang höchsten gezahlten Lösegeldsumme in Deutschland, sind inzwischen rd. 175 000 DM aufgetaucht. Der Bruder des noch flüchtigen Haupttatverdächtigen wurde Anfang Okt. wegen Geldwäsche verurteilt. Gegen die beiden gefassten Tatverdächtigen wurde Ende Okt. Anklage erhoben (Prozessbeginn Jan. 1997).

Reichstag: Der Umbau des R. zum Sitz des Dt. Bundestages stellte sich 1996 zunächst als Entkernung, d. h. als vollständiger Abriss des Altbaus und der Nachkriegseinbauten bis auf die Außenwände, dar. Dabei wurden mehrere Hundert Wandinschriften von Soldaten der Roten Armee gefunden, in denen diese teils ihrer Freude über den Sieg Ausdruck geben, teils in obszön-derber Form HITLER verhöhnen. Die Inschriften sollen z. T. im neuen R. als Zeugnisse der Geschichte sichtbar gemacht werden.

Rentenversicherung: 1996 wurden in der R. der Arbeiter und Angestellten der Beitragssatz von 18,6% auf 19,2% und die monatl. Beitragsbemessungsgrenzen auf 8 000 DM (neue Länder 6 800 DM) angehoben. Zum 1. 1. 1997 steigt der Beitragssatz auf 20,3% des Bruttoarbeitsentgelts bis zur Bemessungsgrenze (ab 1997: 8 200 DM bzw. 7 100 DM). Mit der Rentenanpassung zum 1. Jan. wurde die schrittweise Angleichung der Renten in den neuen Ländern an die der alten Bundesländer fortgeführt. Nunmehr entspricht die Eckrente (die Rente, die bei 45 Versicherungsjahren mit Durchschnittsverdienst gezahlt wird) in den neuen Ländern 82,3% der Eckrente West. Die tatsächl. monatl. Nettorenten (Rentenzahlbeträge) betrugen am 31. 12. 1995 bei der Regelaltersrente von Männern 1 840 DM (neue Bundesländer 1 794 DM) und bei Frauen 781 DM (neue Bundesländer 1 069 DM). Diese Unterschiede erklären sich v. a. durch die unterschiedl. Zahl an Versicherungsjahren und die Höhe des Entgelts als Erwerbstätiger.

Zur Bekämpfung der Kostensteigerung in der R. hat der Gesetzgeber die Regelung der vorgezogenen Altersgrenzen reformiert (→Frührente). Mit dem →Sparpaket wurde u. a. beschlossen, die schrittweise Anhebung der Rentenaltersgrenzen vorzuziehen, und zwar für Frauen ab dem Jahr 2000 und für Arbeitslose und Arbeitnehmer in Altersteilzeit ab 1997 von 60 auf 65 und für langjährig Versicherte (mindestens 35 Versichertenjahre) ab 2001 von 63 auf 65 Jahre. Schwerbehinderte, Berufs- und Erwerbsunfähige sind von der Anhebung ausgenommen. Wer weiterhin mit 60 oder 63 Jahren in Rente gehen will, muss eine Minderung seiner Rente um 3,6% pro vorgezogenes Rentenjahr hinnehmen. Ab 1. Okt. werden auch Studenten in die R. einbezogen, sofern ihr Einkommen die Geringfügigkeitsgrenze überschreitet, und die Fremdrenten für alle künftigen Rentenzugänge von 70% auf 60% gekürzt. Bei den Anrechnungszeiten werden ab 1. 1. 1997 z.B. Zeiten von Arbeitslosigkeit und Krankheit ohne Bezug von Lohnersatzleistungen nicht mehr rentensteigernd angerechnet und Ausbildungszeiten nur noch in Höhe von maximal drei Jahren berücksichtigt (vorher sieben Jahre). Ebenfalls ab 1. 1. 1997 werden die Ausgaben für Rehabilitationsmaßnahmen auf 7,5 Mrd. DM begrenzt, die Dauer von solchen Maßnahmen und die Zuzahlung wie bei den Kuren im Rahmen der Krankenversicherung geregelt (→Gesundheitsreform) und das Übergangsgeld begrenzt.

Rheinland-Pfalz

Hauptstadt: Mainz
Einwohner: 4 Mio.
Einwohner/km²: 199
Regierungschef: K. Beck
BIP/Einwohner: 38 184 DM

Positive Wirtschaftslage

Im Vergleich zu anderen Bundesländern gestaltete sich die Wirtschaftslage in R.-P. positiv. Die starke Exportwirtschaft des Landes mit einem Ausfuhranteil von über 40% erwies sich als wichtigster Wirtschaftsfaktor, kein anderes Bundesland hatte eine höhere Quote aufzuweisen. Das Wirtschaftswachstum entwickelte sich in den vergangenen Jahren überdurchschnittlich. Probleme bestanden allerdings in der Beschäftigungspolitik (die Arbeitslosenquote kletterte 1996 zeitweilig auf 9%) und dem noch nicht überwundenen Abzug der amerikan. Luftwaffe. Aufgrund der angespannten Haushaltssituation ordnete MinPräs. Kurt Beck (SPD) eine Reform der Mittelbewirtschaftung an; alle Ministerien des Landes werden mit Personaletats ausgestattet, die sich an den Landeseinnahmen orientieren.

FDP-Vorsitzender Rainer Brüderle (links) und der rheinland-pfälzische Ministerpräsident Kurt Beck (SPD) besiegeln am 26. April in Mainz die Koalitionsvereinbarungen

Sozial-liberale Koalition

Die einzige verbliebene sozial-liberale Koalition in einem Bundesland wurde bei der Landtagswahl am 24. März bestätigt. Bes. die FDP konnte sich über ein überraschend positives Wahlergebnis freuen. Mit 8,9% und einem Zuwachs von 2% waren die Freidemokraten die eigentl. Gewinner der Wahl. Die FDP entschied sich für eine weitere Zusammenarbeit mit der SPD und blieb damit bei ihrer vor der Wahl getroffenen Koalitionsaussage. Die SPD erreichte 39,8% der Stimmen und konnte mit Kurt Beck abermals den MinPräs. stellen. Für die SPD bedeutete das Ergebnis einen Verlust von immerhin 5%; sie blieb aber weiterhin stärkste Partei.

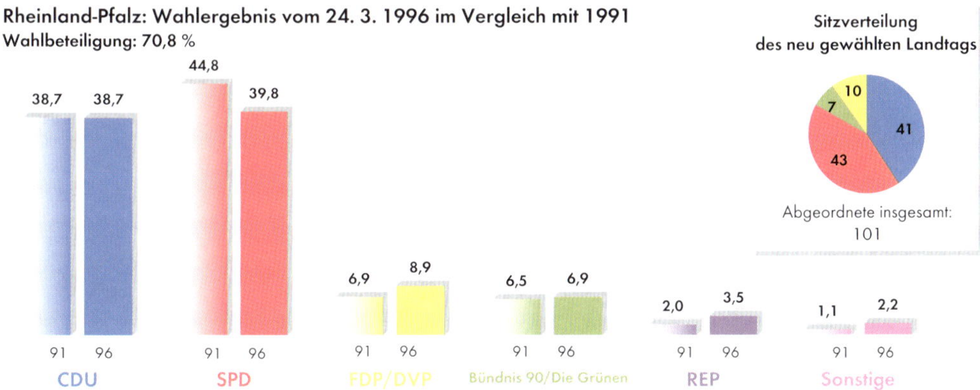

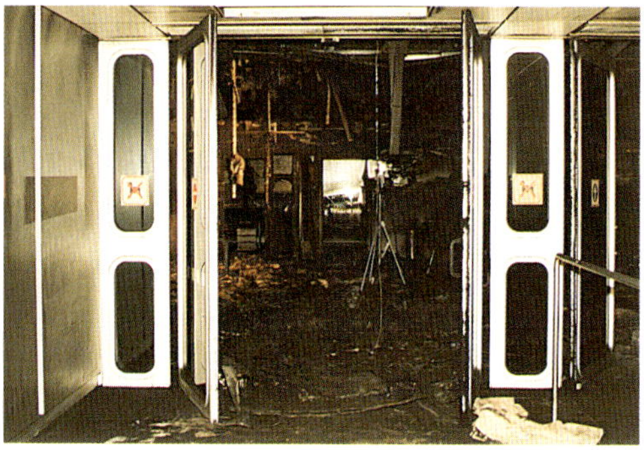

Der Blick durch die Eingangstür zeigt den am 11. April vom Feuer zerstörten Terminal des Rhein-Ruhr-Flughafens

Die CDU wurde zweitstärkste Kraft im Land, sie verzeichnete mit 38,7% exakt dasselbe Ergebnis wie 1991. Bündnis 90/Die Grünen erreichten nur 6,9% der Stimmen und zeigten sich enttäuscht. Sie hatten sich Chancen ausgerechnet, die FDP in der Landesreg. abzulösen, und waren mit einer deutl. Koalitionsaussage zugunsten der SPD ins Rennen gegangen.

Nach der Wahl gab es keine größeren Änderungen in der Besetzung der Landesregierung. Lediglich der Posten der Staatssekretärin für Frauenpolitik im Kulturministerium wurde abgeschafft. Das weiterhin von Rainer Brüderle (FDP) geführte Wirtschaftsministerium wird in Zukunft auch für das Programm zur Dorferneuerung und die Verwaltung und Vermarktung von Konversionsliegenschaften zuständig sein. Ferner wurde im Koalitionsvertrag eine Verwaltungsreform vereinbart, mit der sämtl. Bezirksreg. in R.-P. abgeschafft werden. An ihre Stelle treten Landesbehörden, u.a. fünf Polizeidirektionen.

Für eine Kuriosität sorgte die neue Koalitionsabsprache bei künftigen Abstimmungen im Bundesrat. Für den Fall, dass sich beide Parteien nicht auf eine gemeinsame Position einigen können, entscheidet das Los.

Rhein-Ruhr-Flughafen: Am 11. April kam es durch Schweißarbeiten an einer über einer Ankunftshalle verlaufenden Zufahrtsstraße des Düsseldorfer Flughafens gegen 15.30 Uhr zu einem Schwelbrand in einer Zwischendecke. Dabei entstand durch Verbrennen von Dämmmaterialien und Kabeln dioxinhaltiger Rauch, der sich schließlich explosionsartig in die darunter liegende Halle ausbreitete. 16 Menschen erstickten, sechzig erlitten z.T. schwere Rauchvergiftungen; eine Frau erlag im Mai ihren Verletzungen.

Bei der polizeil. Untersuchung kamen schwere Versäumnisse ans Licht: Entgegen den Brandschutzverordnungen waren brennbare Materialien verbaut worden; die Flughafenfeuerwehr hatte entgegen den Vorschriften keine Kenntnis von den Schweißarbeiten erhalten; nach Ausbruch des Brandes war Reisenden und Mitarbeitern der Fluchtweg auf das Vorfeld des Flughafens versperrt, da die Türen verschlossen und die Schlüssel nicht greifbar waren; eine in den Bauzeichnungen vorgesehene Brandschutztür neben der VIP-Lounge der Air France, wo acht Reisende starben, fehlte. Die Staatsanwaltschaft ermittelt nun wegen des Verdachts auf fahrlässige Brandstiftung, Tötung und Körperverletzung gegen zwei Schweißer, den zuständigen Bauleiter, einen Verantwortlichen in der Düsseldorfer Bauverwaltung sowie gegen den verantwortl. Architekten und mehrere höhere Angestellte der Düsseldorfer Flughafen GmbH.

Richardson, Robert Coleman, amerikan. Physiker, *Washington (D. C.) 26. 6. 1937. – Den Nobelpreis für Physik 1996 erhielt R. zus. mit David M. Lee und Douglas D. Osheroff. Sie experimentierten Anfang der 1970er-Jahre an der Cornell University und fanden dabei die Suprafluidität an Helium 3 (^{3}He). Bei etwa 2 mK über dem absoluten Nullpunkt verhält es sich wie eine Quantenflüssigkeit, die keine innere Reibung mehr hat. Dabei gehen die einzelnen Heliumatome in einen einzigen kollektiven Quantenzustand über, der das makroskop. Phänomen der Suprafluidität bedingt.

R. studierte am Virginia Polytechnical Institute und promovierte 1966 an der Duke University. Seit 1967 arbeitet er an der Cornell University in Ithaca (New York), wo er 1974 zum Prof. für Physik ernannt wurde.

Rinderwahnsinn, umgangssprachl. Bez. für bovine spongiforme Encephalopathie, Abk. →BSE.

Rodionow, Igor Nikolajewitsch, russ. General, *Kurakino 7. 12. 1936. – Am 17. Juli ernannte der russ. Präs. Boris Jelzin auf Vorschlag Aleksandr Lebeds R. als Nachfolger von Pawel Gratschow zum neuen Verteidigungsminister. Mit Erreichen des Pensionsalters beendete R. seinen Militärdienst Anfang Dez. und bekleidete damit sein Ministeramt als erster Zivilist.

R., den seine 1954 begonnene militär. Laufbahn bis zum Kommandeur der Generalstabsakademie (1989–96) führte, befehligte im April 1989 den blutigen Einsatz der sowjet. Streitkräfte gegen die Unabhängigkeitsbewegung in Tiflis. Daraufhin als Befehlshaber des Transkaukas. Militärbezirks entlas-

Der neue russische Verteidigungsminister Igor Rodionow am 14. August in Moskau sen, wurde R. aber 1991 von aller Schuld freigesprochen. Mit LEBED bereits seit dem Afghanistankrieg bekannt, unterstützten sich beide auch in Krisen wechselseitig. Im Tschetschenienkrieg vertrat R. eine harte Linie. Zu LEBEDS Tschetschenien-Friedensplan äußerte sich R. nicht. Nach seinem Amtsantritt als Verteidigungsmin. am 18. Juli nahm R. moderate Positionen hinsichtlich der Ost-Erweiterung der NATO und der weltpolit. Rolle Russlands ein. Die geplante Reform der →russischen Armee konnte er kaum voranbringen.

Romanow: Im März gelang es amerikan. Molekulargenetikern, mithilfe einer Genanalyse das Rätsel um die 1918 ermordete Zarenfamilie der R. endgültig zu klären. Sie fanden in den Knochen der erst 1991 geborgenen Gebeine der Familie eine spezif. Mutation, die zweifelsfrei bewies, dass es sich hierbei um die sterbl. Überreste der Zarenfamilie handelt. In der Vergangenheit waren immer wieder Personen aufgetreten, die behauptet hatten, Überlebende des Massakers oder deren Nachkommen zu sein.

Röstel, Gunda, Politikerin (Bündnis 90/Die Grünen), *Hohenstein-Ernstthal 13. 1. 1962. – Auf der Bundesversammlung am 30. Nov./1. Dez. in Suhl wurde R. neben JÜRGEN TRITTIN zur Sprecherin des Bundesvorstands der Partei gewählt. Sie ist Nachfolgerin von KRISTA SAGER.

R. studierte an der Univ. Rostock Sonderpädagogik und war seit 1985 als Lehrerin tätig. Nachdem sie im Frühjahr 1989 einen Ausreiseantrag gestellt hatte, wurde sie aus dem Schuldienst der DDR entlassen. Nach einer erfolgreichen Klage auf Wiedereinstellung ist R. seit 1990 Rektorin einer Förderschule für Lernbehinderte in Flöha bei Chemnitz. Politisch engagierte sie sich 1989 beim Neuen Forum, später beim Bündnis 90 in der Kommunalpolitik. 1993/94 war R. Sprecherin von Bündnis 90/Die Grünen in Sachsen.

Gunda Röstel, die neue Sprecherin des Bundesvorstands von Bündnis 90/Die Grünen

Ruanda

Hauptstadt: Kigali
Einwohner: 8,0 Mio.
Einwohner/km²: 302
Staatsoberhaupt: P. Bizimungu
Regierungschef: P. C. Rwigema
BSP/Einwohner: 210 US-$ (1993)

Obwohl Richter RICHARD GOLDSTONE (Rep. Südafrika), der Vors. des von der UNO einberufenen R.-Tribunals, im Dez. 1995 die ersten Anklagen gegen Hutu, die der Anstiftung zum Völkermord an Tutsi und an nicht zum Mord an Tutsi bereiten Hutu und der aktiven Beteiligung daran verdächtig waren, unterschrieben hatte, verzögerte sich 1996 zunächst der Prozessbeginn. Nachdem Ende Mai in Arusha (Tansania) mit der Verlesung der Anklageschrift der Prozess u. a. gegen den früheren Vizechef der Hutu-Milizen und den ehem. Bürgermeister einer Kleinstadt begonnen hatte, setzte im Sept. die Vernehmung der Angeklagten und die Zeugenbefragung ein. Das R.-Tribunal muss sich nicht allein mit prozessualen Problemen (z. B. Verschleppungstaktiken) auseinander setzen, sondern steht auch vor der Aufgabe, Zeugen der Anklage gegen Bedrohung ihrer Person zu schützen. Nach Informationen der Menschenrechtsorganisation ›African Rights‹ geht der Völkermord an Tutsi und gemäßigten Hutu weiter mit dem Ziel, Zeugen zu beseitigen.

Mit dem Erlöschen des Mandats der UN-Assistance Mission in R. (UNAMIR) am 8. März verlor die polit. Lage in R. weiter an Stabilität, sie ist geprägt von Hass, Misstrauen und Sprachlosigkeit zw. der Hutu-Mehrheit und der (herrschenden) Tutsi-Minderheit. Die internat. Öffentlichkeit, v. a. die UNO und Menschenrechtsorganisationen, forderten die von der Ruand. Patriot. Front (RPF) getragene und von den Tutsi dominierte Reg. auf, den in ruand. Gefängnissen unter menschenunwürdigen Bedingungen existierenden Insassen (etwa 60 000; meist Hutu, die der Beteiligung am Völkermord von 1994 beschuldigt werden), den Prozess zu machen. Am 22. Aug. beschloss das ruand. Parlament ein ›Genozid-Gesetz‹, das die Verbrechen von 1994 nach Schwere und Schuld in versch. Kategorien einteilt.

Nach unterschiedl. Angaben lebten in den Nachbarländern R.s, in Zaire (bes. in der Grenzregion Bukavu) und Tansania, rd. 2 Mio. Hutu-Flüchtlinge, die sich weigerten, aus Angst vor der Rache der Tutsi ihre Lager zu verlassen und nach R. zurückzukehren. Die schwierige Versorgungslage beschwor die Gefahr einer Hungersnot herauf. Kämpfe zw. Tutsi-Milizen und Angehörigen der Streitkräfte Zaires in der Region Bukavu sowie die Vertreibung der Hutu-Milizen, die lange Zeit die Hutu an der Rückkehr in ihre Heimat gehindert hatten, lösten im Okt. 1996 deren fluchtartige Rückkehr nach R. aus. Nach der Massenflucht von über 600 000 Menschen kam der Exodus in der zweiten Hälfte des Nov. zum Stillstand. Im Dez.

Bei ihrer Rückkehr nach Ruanda passieren Hutu-Flüchtlinge dicht gedrängt am 16. November einen zairischen Grenzposten bei Goma

kehrten rd. 400 000 ruand. Hutu-Flüchtlinge aus Tansania in ihre Heimat zurück, nachdem die dortige Reg. sie zum sofortigen Verlassen des Landes aufgefordert hatte. ■

Rumänien

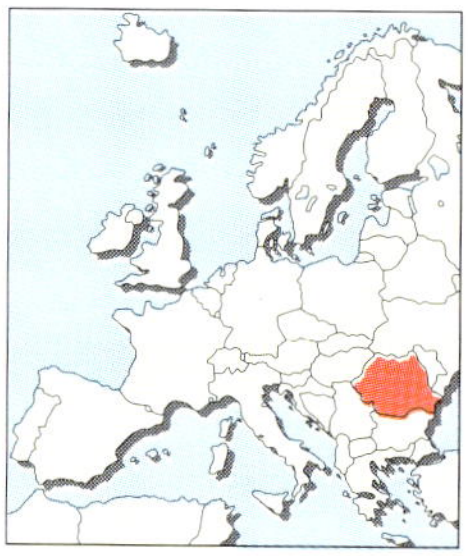

Hauptstadt: Bukarest
Einwohner: 22,8 Mio.
Einwohner/km²: 96
Staatsoberhaupt: E. Constantinescu (seit 29. 11. 1996)
Regierungschef: V. Ciorbea (seit 9. 12. 1996)
BSP/Einwohner: 1 230 US-$

Leichte wirtschaftliche Erholung

Verglichen mit Polen und der Tschech. Rep. befindet sich der Transformationsprozess der Wirtschaft R.s weiterhin in den Anfängen, die Anpassungsrezession nach dem Ende der sozialist. Planwirtschaft wird jedoch allmählich überwunden. So betrug das Wachstum des BIP 1996 immerhin rd. 5%. Durch das ›Gesetz zur Beschleunigung der Privatisierung‹ von 1995 wurden bis Ende April 4000 mittelgroße Betriebe in neue Eigentumsformen überführt. Die Großbetriebe in den Bereichen Energie, Bergbau, Transport und Rüstung stehen nach wie vor unter staatl. Kontrolle. Die Arbeitslosenquote stieg auf 11% an, die Inflationsrate betrug über 40%.

Innenpolitischer Machtwechsel

Die Parlaments- und Präsidentschaftswahlen vom 3. Nov. leiteten einen Machtwechsel ein. Bei den Wahlen zu beiden Kammern des Parlaments (Abgeordnetenhaus und Senat) errang das konservativ-liberale Oppositionsbündnis Demokrat. Konvention (CDR) mit 30,2 bzw. 30,8% der Stimmen einen deutl. Vorsprung vor der bisher regierenden Partei der Sozialen Demokratie (PSDR), die nur 21 bzw. 23% erringen konnte. Die Sozialdemokrat. Union (USD), die 1992 noch nicht als eigenständige Partei angetreten war, erhielt 11,3%. Viertstärkste Kraft wurde erneut der Demokrat. Bund der Ungarn in R. (RMDSZ) mit 7%. Nach den Wahlen bildeten CDR und USD unter Beteiligung des Ungarnverbands eine Koalitionsreg., neuer MinPräs. wurde VICTOR CIORBEA.

Rumänien
Inflationsrate (Veränderung der Verbraucherpreise in %)

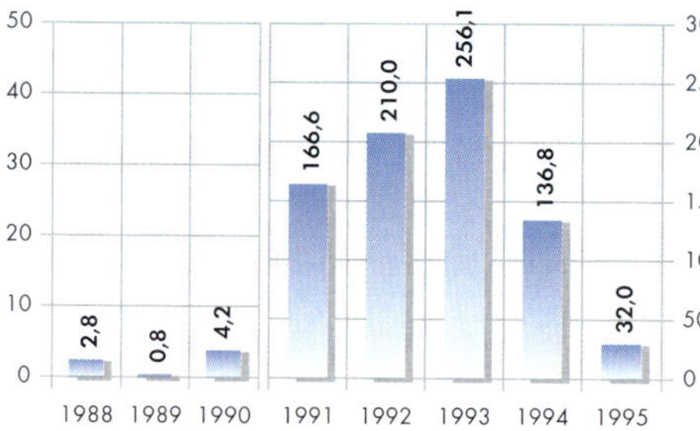

Rumänien
Industrieproduktion
(Veränderung gegenüber der Vorjahresperiode in %)

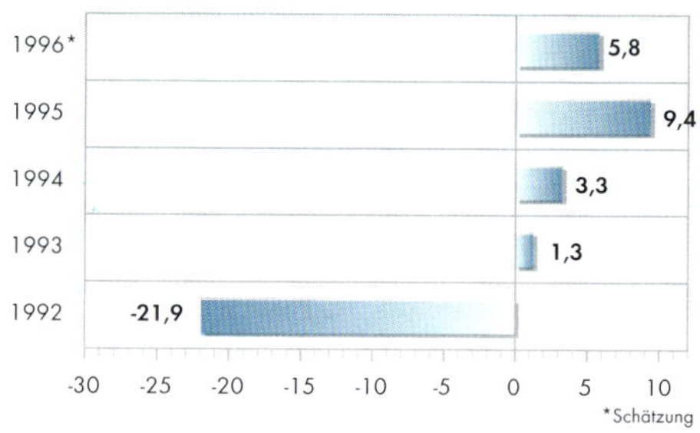

Im ersten Durchgang der Direktwahl des Präs. konnte keiner der 16 Bewerber die absolute Mehrheit erreichen, die meisten Stimmen erhielten hier der bisherige Amtsinhaber Iliescu, knapp hinter ihm sein schärfster Konkurrent, der CDR-Kandidat Emil Constantinescu. In der Stichwahl zw. diesen beiden am 17. Nov. konnte Constantinescu die Stimmenmehrheit erringen, da der im ersten Wahlgang Drittplatzierte, der Kandidat der USD Petr Roman, zu seiner Unterstützung aufgerufen hatte.
Einziges Ereignis von außenpolit. Bedeutung war Mitte Sept. der Abschluss des Vertrages über ›Kooperation und gute Nachbarschaft mit Ungarn‹ nach fünfjährigen Verhandlungen. ■

Rundfunkstaatsvertrag: Im Mittelpunkt des im Aug. unterzeichneten und am 1. 1. 1997 in Kraft getretenen novellierten R. stand neben Beschlüssen zur Erhöhung der Rundfunkgebühren um 4,45 DM auf 28,25 DM monatlich für den Zeitraum 1997–2000, zur Strukturreform der ARD und zur Einrichtung von zwei öffentl.-rechtl. Spartenkanälen (Kinderkanal, Parlamentskanal) die Neuregelung der Konzentrationskontrolle im Privatfernsehen.

In seiner Funktion als Vorsitzender der Rundfunkkommission der Länder unterzeichnet der rheinland-pfälzische Ministerpräsident Kurt Beck am 26. August den neuen Rundfunkstaatsvertrag

Die bisherige Regelung, dass ein Gesellschafter an einem Fernsehsender nur bis zu 50% beteiligt sein und dass ein Unternehmen einen Fernsehsender nicht allein besitzen darf (Beteiligungsmodell), entfällt. Entscheidender Faktor ist stattdessen der Marktanteil eines Senders. Danach darf ein Unternehmen Beteiligungen an mehreren Fernsehsendern erwerben, sofern sein Marktanteil, gemessen an der (jahresdurchschnittl.) Zuschauerquote, 30% nicht überschreitet (Marktanteilsmodell). Mit dieser Beschlussfassung wurden die urspr. Ziele der Novellierung (Eindämmung der Macht großer Medienkonzerne und Sicherung der Angebotsvielfalt) in ihr Gegenteil verkehrt. Eine Konzentrationskontrolle ist zwar durch die neu einzurichtende Kommission gegen Konzentration aus sechs Sachverständigen vorgesehen, findet aber praktisch nicht mehr statt, da die hohe Obergrenze vermutlich kein Unternehmen erreichen wird. Vielmehr wird der heutige Status quo – ein Duopol der beiden ›Medienriesen‹ Kirch (→Kirch-Gruppe) und Bertelsmann (→CLT-Ufa-Gruppe) – festgeschrieben. Einer weiteren Expansion beider Gruppen steht nun nichts mehr im Weg.
Von der Gebührenerhöhung um 4,45 DM erhalten ARD 2,35 DM, ZDF 2,05 DM und die Landesmedienanstalten 0,05 DM. ARD und ZDF müssen von ihren Mehreinnahmen je 0,13 DM für den Kinderkanal und je 0,07 DM für den geplanten Parlamentskanal reservieren, die ARD nochmals 0,11 DM für die Entwicklung des digitalen Hörfunksystems Digital Audio Broadcasting.

russische Armee: Bereits im Jan. kritisierte der ehem. General Aleksandr Lebed, dass die Armee seit dem Zerfall der Sowjetunion in einem desolaten Zustand sei. Die Situation der r. A. ist nicht nur durch Korruption und Kriminalität gekennzeichnet, sondern auch durch einen unzureichenden Ausrüstungszustand, eine mangelhafte Versorgung der Soldaten, die monatelang auf ihren Sold warten – wie in den vergangenen Jahren drohten auch 1996 Soldaten zu verhungern – und die Misshandlung v.a. jüngerer durch ältere Wehrpflichtige mittels der ›Dedowschtschina‹ (Großväterregime). Einen wachsenden Ansehensverlust mussten die Streitkräfte durch den Tschetschenienkrieg hinnehmen, in den zahlreiche noch in der Ausbildung befindl. Wehrpflichtige geschickt worden waren; nach inoffiziellen Schätzungen starben dort 10 000 Soldaten. Er offenbarte auch die eingeschränkte Einsatzfähigkeit der Streitkräfte.
Mit der von Präs. Boris Jelzin im Mai angekündigten Armeereform, der Schaffung einer Berufsarmee bis zum Jahr 2000, wurde der neue Verteidigungsmin. Igor Rodionow betraut; damit würde die Personalstärke von derzeit 1,7 Mio. auf 800 000 Mann gesenkt. Rodionows Bestrebungen stießen in der r. A. auf massiven Widerstand.

Russland

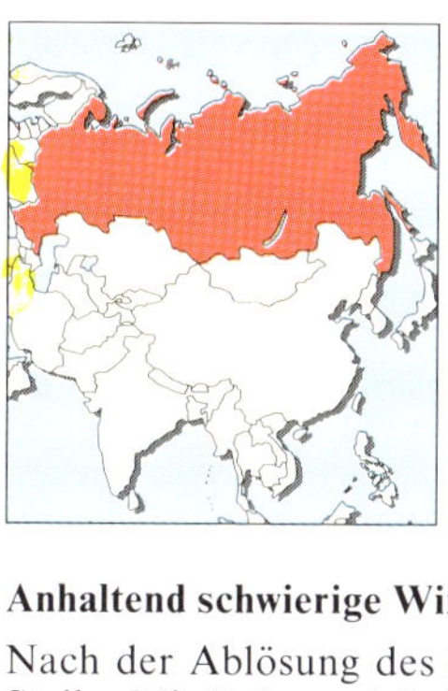

Hauptstadt: Moskau
Einwohner: 147,0 Mio.
Einwohner/km²: 9
Staatsoberhaupt: B. N. Jelzin
Regierungschef: W. S. Tschernomyrdin
BSP/Einwohner: 2 650 US-$

Anhaltend schwierige Wirtschaftslage

Nach der Ablösung des reformorientierten Ersten Stellv. MinPräs. und Leiters der staatl. Privatisierung Anatolij Tschubajs, der später aber auf die polit. Bühne zurückkehrte, durch Wladimir Kadannikow (Amtsantritt: 25. Jan.) kam es zu einem

Stimmabgabe zur Präsidentenwahl am 16. Juni in dem Dorf Schetnikow nahe Moskau

wirtschaftspolit. Kurswechsel. Die Inflationsbekämpfung trat, obwohl die Inflationsrate im Juli auf 0,7% gesenkt werden konnte, hinter sozialpolit. Versprechungen und die Ankündigung einer Subventionierung der Industrie zurück. V. a. ausbleibende Steuerzahlungen verursachten im 1. Quartal einen Deckungsgrad im Staatshaushalt von nur 70%. Deshalb überwies der IWF die Rate über 330 Mio. US-$ des Kredits über 10,2 Mrd. US-$ erst am 21. Aug. Unterdessen fielen im Vergleich zum Vorjahr das BSP im 1. Vierteljahr um 3%, die Industrieproduktion um 4% und die Investitionen um 10%. Bes. hoch blieb der Rückgang in der Leichtindustrie mit 26%, während bei Baumaterial, Technik, Papier und Chemikalien zweistellige Zuwachsraten erzielt wurden. In der Landwirtschaft gingen die Erträge um weitere 7% zurück. Immer wieder legten Bergarbeiter versch. Regionen die Arbeit nieder, weil die Reg. monatelang keine Löhne zahlte. Große Teile der Bevölkerung sind verarmt; ausbleibende Gehalts- und Rentenzahlungen verschlimmern die Lage weiter. Auch in der →russischen Armee nahmen die Versorgungsprobleme zu. Schätzungsweise 6,3 Mio. Menschen (8,5%) waren Ende März ohne Arbeit.

Russland
Wirtschaftswachstum (realer Zuwachs des BIP in %)

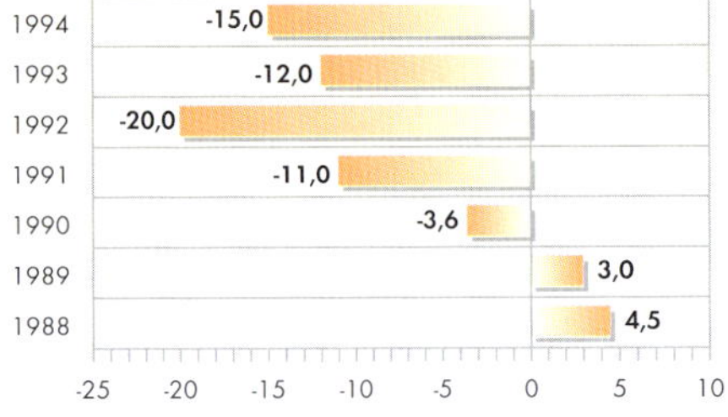

Machtvakuum nach Jelzins Wiederwahl

Zu Beginn des Präsidentschaftswahlkampfs lag Boris Jelzin Umfragen zufolge in der Wählergunst deutlich hinter dem kommunist. Bewerber Gennadij Sjuganow. Durch eine Regierungsumbildung im Jan. auf Kosten der wenigen verbliebenen Reformer, durch kaum finanzierbare Wahlversprechen und durch eine Friedensinitiative in Tschetschenien gelang es Jelzin aber, seine Chancen in kurzer Zeit zu verbessern. Zusätzlich schwächte Sjuganow der am 15. März gefasste (jedoch am 10. April korrigierte) Beschluss der von den Kommunisten dominierten Duma, den Vertrag zur Auflösung der Sowjetunion zu annullieren. Schließlich nahm auch der von den Medien unterstützte Jelzin Zuflucht zu nostalg. Reminiszenzen an die Sowjetzeit, indem er per Dekret die rote Fahne mit Stern, aber ohne Hammer und Sichel offiziell wieder einführte und am 9. Mai, dem Jahrestag des sowjet. Sieges im Zweiten Weltkrieg, eine Truppenparade vor dem Lenin-Mausoleum abnahm, während Sjuganow an Stalins Verdienste um die Heimat erinnerte.

Von den übrigen neun registrierten Kandidaten, u. a. der Führer der liberalen Partei ›Jabloko‹, Grigorij Jawlinskij, der rechtsextreme Nationalist Wladimir Schirinowskij und der ehem. Präs. der Sowjetunion, Michail Gorbatschow, besaß allenfalls Aleksandr Lebed Außenseiterchancen. Vergeblich bemühte sich Jelzin um ein formales Bündnis mit den Reformparteien; auch die Versuche des heterogenen demokrat. Lagers, sich auf einen Gegenkandidaten zu Jelzin und Sjuganow zu verständigen, schlugen fehl.

Tatsächlich ging Jelzin aus der Wahl am 16. Juni als knapper Sieger hervor. Erst die Stichwahl am 3. Juli erbrachte mit 53,7% der Stimmen einen klaren Vorsprung vor Sjuganow. Gesundheitl. Gründe zwangen Jelzin für die Zeit der im Herbst geplanten Herzoperation alle Vollmachten an Min.-Präs. Wiktor Tschernomyrdin (am 10. Aug. im

Amt bestätigt) abzutreten. Zugleich baute der zum Sicherheitsberater ernannte LEBED seine Position im beginnenden Machtkampf aus. Auf seine Empfehlung hin wurde auch IGOR RODIONOW Nachfolger von Verteidungsmin. PAWEL GRATSCHOW. Die ab März von TSCHERNOMYRDIN geleitete staatl. Kommission zur Regelung der Tschetschenienkrise löste JELZIN am 14. Aug. auf und übertrug deren Kompetenzen auf den Sicherheitsrat. Hingegen beschnitt ein am 26. Juli neu geschaffener Verteidigungsrat die Entfaltungsmöglichkeiten LEBEDS. Das von JELZIN zw. TSCHERNOMYRDIN, TSCHUBAJS und LEBED eingerichtete Machtdreieck brach (vordergründig) wegen eigenmächtigen Handelns LEBEDS am 17. Okt. mit dessen Entlassung aus allen Ämtern zusammen.

Beendigung des Tschetschenienkriegs und Machtkämpfe

Erst eine blutig beendete Geiselnahme tschetschen. Rebellen in Dagestan (→Perwomajskoje), eine Schiffsentführung auf dem Schwarzen Meer im Jan. und die Aussichtslosigkeit, eine militär. Entscheidung erzwingen zu können, veranlassten JELZIN am 31. März zu einer Initiative zur Beendigung des Tschetschenienkriegs, die ab 15. April einen dreistufigen Truppenabzug vorsah.
SELIMCHAN JANDARBIJEW, der Nachfolger des in einem Gefecht am 22. April gestorbenen Tschetschenenführers DSCHOCHAR DUDAJEW, ging auf den Friedensplan ein, der einen vage formulierten Sonderstatus für Tschetschenien vorsah, und unterzeichnete am 27. Mai in Moskau ein Waffenstillstandsabkommen (ab 1. Juni). Dennoch flammten danach verlustreiche Kämpfe wegen der auf beiden Seiten fortbestehenden Opposition gegen eine einvernehml. Konfliktlösung und wegen der Zersplitterung der tschetschen. Aufständischen auf.
Ab Mitte Aug. setzte eine Pendeldiplomatie LEBEDS ein, der seit 10. Aug. neuer Tschetschenienbeauftragter JELZINS war; er verhandelte erfolgreich über eine erneute Feuerpause (ab 23. Aug. in Kraft getreten und am 27. Aug. schriftlich besiegelt) und den Rückzug der russ. und tschetschen. Truppen aus Grosnyj sowie über die Bildung einer Kommission zu dessen Überwachung (am 31. Aug. in Chassawjurt [Dagestan] von LEBED und dem tschetschen. Militärchef ASLAN MASCHADOW unterzeichnet). Außerdem wurde vereinbart, dass bis zum 31. 12. 2001 eine definitive Übereinkunft über den polit. Status Tschetscheniens gefunden werden soll. Am 6. Sept. vereinbarten LEBED und MASCHADOW die Bildung einer Übergangsreg. aus Separatisten und moskautreuen Kräften.
Während MinPräs. TSCHERNOMYRDINS und JELZINS Reaktion auf LEBEDS Bemühungen widersprüchlich waren, beschimpfte Innenmin. ANATOLIJ KULIKOW LEBED als ›Hochverräter‹. Dessen Absetzung hatte LEBED, der KULIKOW als Haupträdelsführer des Kaukasuskriegs verantwortlich machte, Mitte Aug. nicht durchsetzen können. Am 3. Okt. unterschrieben JANDARBIJEW, TSCHERNOMYRDIN und LEBED eine Vereinbarung über eine gemeinsame Kommission, die Vorschläge für die Zukunft Tschetscheniens erarbeiten sollte. Am 19. Okt. berief JANDARBIJEW MASCHADOW als MinPräs. an die Spitze einer Interimsreg. bis zu den für den 27. 1. 1997 angesetzten Präsidentschafts- und Parlamentswahlen; das Kabinett des proruss. DOKU SAWGAJEW trat am 16. Nov. zurück.
LEBEDS Nachfolger als neuer Sicherheitschef und Tschetschenienbeauftragter, IWAN RYBKIN (seit 19. Okt.), bot Tschetschenien Ende Okt. einen wirtschaftl. Sonderstatus gegen den Verzicht auf Unabhängigkeit an. Nach überstandener Herzoperation (5. Nov.) ordnete JELZIN am 25. Nov. den Abzug der letzten russ. Brigaden an. Am gleichen Tag unterzeichneten TSCHERNOMYRDIN und MASCHADOW ein bis zu den Wahlen 1997 geltendes ›Abkommen über die Prinzipien zw. dem Föderalen Zentrum und Tschetschenien‹. Ein am 17. Dez. 30 km südlich von Grosnyj verübter Anschlag auf Mitarbeiter des Internat. Komitees vom Roten Kreuz sollte nach Ansicht der tschetschen. Führung dazu dienen, die polit. Situation zu destabilisieren und damit die Wahlen zu verhindern.

Zivilisten fliehen am 12. Juli aus dem Dorf Gechi im Südwesten Tschetscheniens, das trotz des Waffenstillstandsabkommens vom 27. Mai von russischer Artillerie und Luftwaffe beschossen wird

Ostorientierung in der Außenpolitik

JEWGENIJ PRIMAKOW, der Nachfolger des als prowestlich geltenden Außenmin. ANDREJ KOSYREW, leitete einen außenpolit. Kurswechsel ein. Seine ersten Besuchsreisen führten ins krisengeschüttelte Tadschikistan, nach Usbekistan, Kasachstan, Weißrussland und in die Ukraine und unterstrichen die ›eurasische‹ Komponente der Außenpolitik (→GUS). Zwar wurde den USA versichert, R. sei nicht an einer atomaren Rüstung Bagdads interessiert, doch ernteten sie für ihr Eingreifen im Kurdenkonflikt gegen Irak offene Kritik. Zugleich begründete PRIMAKOW den anhaltenden Widerstand gegen eine Ost-Erweiterung der NATO mit einer mögl. Teilung Europas und einer Trennung der ostmitteleurop. Staaten von Russland. Schon Ende Jan. hatte die Duma Neuverhandlungen über den START-II-Abrüstungsvertrag verlangt.

Unter diesen Umständen signalisierte die Entscheidung des Europarats vom 25. Jan., R. trotz Bedenken aufzunehmen, eher ein westl. Bemühen, den von den Verhandlungen der EU und der NATO ausgeschlossenen östl. Nachbarn wenigstens auf unterer Ebene in den europ. Kontext einzubinden. In der Folge verfügte Jelzin zwar am 16. Mai die Abschaffung der Todesstrafe, die Menschenrechtsverletzungen, bes. in Tschetschenien, hielten jedoch an. Am 19./20. April war Moskau erstmals Schauplatz eines Gipfeltreffens der G-7-Staaten. Mit seinem Besuch am 26. April in China bzw. der Unterzeichnung von 14 Abkommen gelang Jelzin eine spürbare Verbesserung der russ.-chin. Beziehungen. Ein Grenzpakt zw. Russland, China, Kasachstan, Kirgisien und Tadschikistan schuf die Voraussetzung für eine Entschärfung der Konflikte in Mittelasien. Die Visite des chin. Regierungschefs Li Peng am 26./27. Dez. diente dem Ausbau der wirtschaftl. und polit. Zusammenarbeit. Das Verhältnis zu Japan entspannte sich trotz eines Besuchs des MinPräs. Ryutaro Hashimoto am 19. April in Moskau wegen des Streits um die Kurileninseln kaum.

S

Saarland

Hauptstadt: Saarbrücken
Einwohner: 1,1 Mio.
Einwohner/km²: 422
Regierungschef: O. Lafontaine
BIP/Einwohner: 39 681 DM

Finanznöte

Um die Ziele des Landesetats 1996, der ein Gesamtvolumen von 6,37 Mrd. DM umfasste und eine Haushaltslücke von 571 Mio. DM aufwies, hinsichtlich der Verringerung des Schuldenstandes zu erreichen, erließ Finanzmin. Christiane Krajewski im Juni eine Haushaltssperre. Die Ministerien mussten 20% ihrer freien Mittel einsparen, wobei Investitionen zur Stärkung der Wirtschaftsstruktur und aus Fremdmitteln finanzierte Vorhaben ausgenommen waren.

Schulpolitik

Als erstes westdt. Bundesland schaffte das S. 1996 die Hauptschule ab. Mit dem Schuljahr 1997/98 können Eltern ihre Kinder nach der Grundschule nur noch bei einer Gesamtschule, einer Realschule oder einem Gymnasium anmelden. Während in der neuen Schulform ›erweiterte Realschule‹ in der fünften Klasse noch alle Schüler gemeinsam unterrichtet werden, beginnt in der Stufe sechs die erste Differenzierung in den Fächern Deutsch, Mathematik und Fremdsprachen. Ab der siebten Jahrgangsstufe werden die Schüler in getrennten Klassen je nach angestrebtem Schulabschluss unterrichtet. Die notwendige Verfassungsänderung, die mit den Stimmen von SPD und CDU am 28. Febr. verabschiedet wurde, sieht vor, dass nunmehr Grundschulen, Schulen für Behinderte, erweiterte Realschulen, Gesamtschulen, Gymnasien und berufl. Schulen in die Verfassung aufgenommen werden. Damit ist künftig auch die Gesamtschule durch die Verfassung geschützt, was bisher in keinem Bundesland der Fall ist.
Aufgrund der massiven Sparpolitik des Landes kam es im Jan. zu der ersten Schulbesetzung in der Geschichte des Saarlands.

Lafontaine gibt SPD-Landesparteivorsitz auf

Nach über achtzehnjähriger Amtszeit verzichtete der saarländ. MinPräs. und SPD-Bundesvors. Oskar Lafontaine im April auf das Amt des SPD-Landesvorsitzenden. Sein langjähriger Weggefährte Reinhard Klimmt, bisher Fraktionsvors. im Saarbrücker Landtag, wurde mit 347 von 363 Stimmen zu seinem Nachfolger gewählt. Im Sept. kam es zu einer Kabinettsumbildung. Kultusmin. Diether Breitenbach ging nach elfjähriger Amtszeit in den Ruhestand und wurde durch den Leiter der Staatskanzlei Henner Wittling ersetzt. Barbara Wackernagel-Jacobs löste die umstrittene Marianne Granz (alle SPD) als Sozialmin. ab.
Gleichzeitig sorgten die beiden Oppositionsparteien im Saarbrücker Landtag für Aufsehen. Nachdem im letzten Jahr mit Peter Müller ein Befürworter schwarz-grüner Bündnisse zum neuen Vors. der saarländ. CDU gewählt worden war, spekulierten jetzt auch Bündnis 90/Die Grünen über eine mögl. Koalition zw. der CDU und ihrer Partei nach den Landtagswahlen 1999. Müller wurde Mitte Nov. vom Parteitag der CDU als Nachfolger von Klaus Töpfer zum Landesvors. gewählt.
1996 wurden im S. die Landräte in vier der sechs Landkreise erstmals direkt gewählt. Neben den 481 000 saarländ. Wahlberechtigten waren auch die knapp 15 000 im S. lebenden Bürger aus anderen EU-Staaten zur Wahl aufgerufen.

Sachsen

Hauptstadt: Dresden
Einwohner: 4,6 Mio.
Einwohner/km²: 249
Regierungschef: K. Biedenkopf
BIP/Einwohner: 23 878 DM

Hohe Wirtschaftskraft

Unter den fünf neuen Bundesländern konnte S.s Wirtschaft weiterhin die beste Entwicklung aufweisen, obwohl das dynam. Wirtschaftswachstum ein wenig nachgelassen hatte und die Produktivität des Landes noch weit unter dem westdt. Niveau blieb. Während die Löhne bereits 77% des Westniveaus erreichten, betrug die Produktivität nur 50%. Als ein wesentl. Wirtschaftsmotor seit der Wiedervereinigung erwies sich die starke sächs. Bauwirtschaft. Doch ging ihr Anteil an der Wertschöpfung des Landes 1996 zurück, nachdem er 1995 18% betragen hatte. Die Beschäftigungssituation blieb weiterhin schwierig. Zwar besaß S. auch 1996 die geringste Arbeitslosenquote unter den neuen Bundesländern, doch bewegte sie sich mit einem Wert von 14,6% im Juli noch erheblich über dem Bundesdurchschnitt. Mit einer geringen Pro-Kopf-Verschuldung (3200 DM), der geringsten unter den ostdt. Bundesländern, und einer hohen Investitionsquote, der höchsten unter allen Bundesländern, sind die Voraussetzungen für die Entwicklung zu einer führenden Wirtschaftsregion Europas gleichwohl nicht schlecht.

Konfrontation mit der Europäischen Kommission

Große Beachtung weit über die Landesgrenzen hinaus fand der Streit zw. der sächs. Landesreg. und der Europ. Kommission. Für die Volkswagenwerke in Mosel (bei Zwickau) und Chemnitz hatte S. urspr. staatl. Beihilfen in Höhe von rd. 780 Mio. DM zugesichert. Am 26. Juni kürzte die EU diese Summe jedoch um rd. ein Drittel, da nach ihrer Ansicht die VW-Investitionen z. T. der Erweiterung eines bestehenden Unternehmens dienten, für das bereits öffentl. Gelder geflossen waren. Unter der Führung von MinPräs. Kurt Biedenkopf (CDU) setzte sich S. über den Beschluss aus Brüssel hinweg und überwies dem Konzern Ende Juli rd. 91 Mio. DM, um die geplante Investition nicht zu gefährden. Während sich Biedenkopf der Zustimmung aller sächs. Landtagsparteien und der Gewerkschaften sicher sein konnte, reagierte der für Wettbewerbsfragen zuständige EU-Kommissar Karel van Miert verärgert und drohte mit einer Klage vor dem Europ. Gerichtshof auf Rückzahlung der Mittel. Das Land S. reichte Ende Aug. Klage gegen die EU-Kommission beim Europ. Gerichtshof ein, um die Rücknahme der Subventionskürzung zu erreichen. Anfang Sept. konnte schließlich eine vorläufige Einigung im Streit um die Subventionen erzielt werden. Die Bundesreg. hielt Investitionszulagen des Bundes zugunsten der VW-Werke zurück – eine Summe, die ungefähr der verbotswidrig gezahlten Zuweisung der sächs. Landesreg. entsprach.

Polizeigesetz

Der Sächs. Verfassungsgerichtshof in Leipzig erklärte im Mai weite Teile des sächs. Polizeigesetzes für verfassungswidrig. Abgeordnete von SPD und Bündnis 90/Die Grünen hatten im Aug. 1994 Klage gegen das bundesweit ›schärfste Polizeigesetz‹ erhoben. Das Gericht beanstandete in seinem abschließenden Urteil Regelungen des bis zu zweiwöchigen Polizeigewahrsams, Teile des Lauschangriffs und den Einsatz verdeckter Ermittler. Der Verfahrensschutz für die Tatverdächtigen sei zudem nur unzureichend gesichert. ■

Sachsen-Anhalt

Hauptstadt: Magdeburg
Einwohner: 2,8 Mio.
Einwohner/km²: 135
Regierungschef: R. Höppner
BIP/Einwohner: 23529 DM

Hohe Arbeitslosigkeit

Wirtschaftlich sah sich S.-A. nach wie vor großen Schwierigkeiten gegenüber, u. a. wegen der Schieflage des Magdeburger Traditionsunternehmens →Sket Schwermaschinenbau Magdeburg GmbH. Die Arbeitslosenquote war wie schon seit Jahren die höchste im gesamten Bundesgebiet. Die Absicht, angesichts der bevorstehenden Landtagswahlen 1998 für die nächsten beiden Jahre einen Doppelhaushalt zu verabschieden, um nicht in Wahlkampfzeiten von der PDS abhängig zu sein, konnte nicht verwirklicht werden. Daher wurde letztendlich nur ein Etat für 1997 verabschiedet, der mit 21 Mrd. DM nur unerheblich höher als im Vorjahr ausfiel.

Sachsen-Anhalts ehemaliger Ministerpräsident Werner Münch am 29. August im Magdeburger Landgericht, vor dem er sich wegen der ›Gehälteraffäre‹, die 1993 zu seinem Rücktritt führte, verantworten muss. Das Verfahren endet am 5. September mit einem Freispruch

Das Magdeburger Modell

Die von der PDS tolerierte Minderheitsreg. von SPD und Bündnis 90/Die Grünen unter MinPräs. REINHARD HÖPPNER (SPD) zeigte sich in der Mitte der Legislaturperiode mit dem Erreichten zufrieden. Bei fast allen Gesetzesvorhaben konnte sie sich auf die Zustimmung der PDS stützen und die Regierungsarbeit weitgehend nach ihren Vorstellungen gestalten. Einzige Ausnahme bildete die Novellierung des Kommunalabgabengesetzes in der ersten Jahreshälfte. Hier war es der Regierungskoalition nicht gelungen, die PDS für ihr Vorhaben zu gewinnen. Im ersten Durchgang scheiterte das Gesetzesvorhaben Ende März im Landtag an den Stimmen der CDU und PDS. Erst nachdem die CDU ihre Forderungen in dem Gesetzesentwurf hatte einbringen können, verhalf sie der Minderheitskoalition zu der benötigten Parlamentsmehrheit.

Misstrauensantrag gegen Höppner. Ministerrücktritt

Am 26. Nov. erhielt MinPräs. HÖPPNER einen Vertrauensbeweis für seine Minderheitsreg., denn das von der CDU-Landtagsfraktion eingebrachte konstruktive Misstrauensvotum wurde mit großer Mehrheit abgelehnt; in geheimer Abstimmung sprachen sich 59 der 99 Abgeordneten gegen den Antrag aus und zwei enthielten sich der Stimme; 38 Stimmen erhielt der CDU-Fraktionsvors. CHRISTOPH BERGNER, der sich als Herausforderer des MinPräs. zur Wahl gestellt hatte.
Nachdem innerhalb von fünf Jahren insgesamt zwei Regierungschefs und zehn Minister hatten zurück treten müssen, traf es 1996 mit HELMUT REHHAHN erstmals auch einen SPD-Minister. Der Landwirtschaftsmin. geriet unter den Verdacht, sein Amt zur persönl. Vorteilsnahme missbraucht zu haben. Seine Nachfolgerin im Amt wurde Umweltmin. HEIDRUN HEIDECKE (Bündnis 90/Die Grünen), die das Landwirtschaftsressort zusätzlich übernahm.

Saint Kitts und Nevis

Hauptstadt: Basseterre
Einwohner: 41 000
Einwohner/km²: 157
Staatsoberhaupt: Elisabeth II.
Regierungschef: D. Douglas
BSP/Einwohner: 4780 US-$

Die Eröffnung einer Dienststelle auf der Karibikinsel Nevis im Juni löste dort die Befürchtung aus, dass die größere Nachbarinsel Saint Kitts Nevis völlig dominieren wolle. In der Folge setzten auf Nevis Sezessionsbestrebungen ein.

Saint Lucia

Hauptstadt: Castries
Einwohner: 141 000
Einwohner/km²: 227
Staatsoberhaupt: Elisabeth II.
Regierungschef: V. Lewis (seit 2. 4. 1996)
BSP/Einwohner: 3450 US-$

Am 2. April wurde VAUGHAN LEWIS, der bereits im Jan. den 70-jährigen JOHN COMPTON in der Führung der regierenden United Workers' Party (UWP) abgelöst hatte, als neuer Premiermin. vereidigt. COMPTON war seit dreißig Jahren Vors. der UWP und seit 1982 auch MinPräs. gewesen.

Saint Vincent and the Grenadines

Hauptstadt: Kingstown
Einwohner: 111 000
Einwohner/km²: 286
Staatsoberhaupt: Elisabeth II.
Regierungschef: J. F. Mitchell
BSP/Einwohner: 2120 US-$

Salomoninseln

Hauptstadt: Honiara
Einwohner: 378 000
Einwohner/km²: 13
Staatsoberhaupt: Elisabeth II.
Regierungschef: S. Mamaloni
BSP/Einwohner: 800 US-$

Sambia

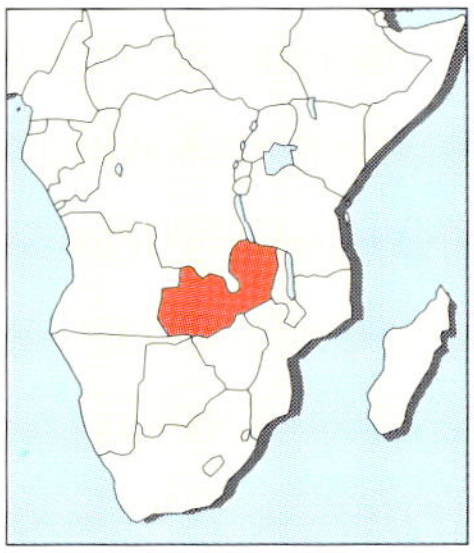

Hauptstadt: Lusaka
Einwohner: 9,5 Mio.
Einwohner/km²: 13
Staatsoberhaupt und Regierungschef: F. Chiluba
BSP/Einwohner: 350 US-$

Am 18. Nov. fanden Wahlen statt, die von unabhängigen Beobachtern als ›weder frei noch fair‹ bezeichnet wurden. Bei den Präsidentschaftswahlen setzte sich der Amtsinhaber FREDERICK CHILUBA mit großem Vorsprung gegen drei Gegenkandidaten durch, nachdem er seinen schärfsten Konkurrenten, den ehem. Staatspräs. KENNETH KAUNDA, durch einen jurist. Kniff von der Teilnahme ausgeschlossen hatte. Im Mai war eine Verfassungsänderung initiiert worden, wonach nur derjenige für das Präsidentenamt kandidieren kann, dessen Eltern samb. Herkunft sind; KAUNDAS Eltern stammen indessen aus Malawi. Bei den Parlamentswahlen errang CHILUBAS Bewegung für Mehrparteien-Demokratie (MMD) 131 von insgesamt 150 Sitzen. ■

Sampaio, Jorge Fernando Branco de, →Branco de Sampaio, Jorge Fernando.

Die Bauarbeiten am Regierungsviertel in Sankt Pölten stehen vor ihrem Abschluss. Im Bild ›Das Schiff‹, der Gebäudekomplex, der den Sitzungssaal des Landtags beherbergt

Sankt Pölten: Seit 1986 ist S. P. Landeshauptstadt des österr. Bundeslandes Niederösterreich, Sitz der Landesreg. war Wien. 1992 war der Grundstein für den neu geplanten Reg.- und Kulturbezirk der 50000-Einwohner-Stadt gelegt worden. Nachdem Parlaments- und Regierungsgebäude errichtet waren, konnten Anfang Sept. die ersten Beamten die neuen Gebäude beziehen.
Neben dem neuen Landhaus, dem Landtagsgebäude ›Das Schiff‹ und einem Verwaltungszentrum von ERNST HOFFMANN stehen das ›Fest.Spiel.Haus‹ von KLAUS KADA, die Landesbibliothek, das Landesarchiv, eine Einkaufsmeile mit Passage und der markante ›Klangturm‹ vor der Vollendung: Bis Herbst 1997 soll der gesamte Komplex eröffnet sein. Die Ausstellungshalle des Wiener Architekten HANS HOLLEIN wurde mit einer Ausstellung zur 1000-Jahr-Feier Österreichs eingeweiht.

San Marino

Hauptstadt:
San Marino
Einwohner: 24000
Einwohner/km²: 396
Staatsoberhaupt und Regierungschef:
›Capitani Reggenti‹
BSP/Einwohner:
14400 US-$

São Tomé e Príncipe

Hauptstadt:
São Tomé
Einwohner: 130000
Einwohner/km²: 135
Staatsoberhaupt:
M. Trovoada
Regierungschef:
R. Bragança
(seit 28. 11. 1996)
BSP/Einwohner:
250 US-$

Im Juni und Juli fanden die eigentlich für März vorgesehenen Präsidentschaftswahlen statt. Nachdem Präs. MIGUEL TROVOADA im ersten Wahlgang nur eine knappe Mehrheit von 1700 Stimmen gegenüber seinem schärfsten Konkurrenten, dem früheren Präs. MANUEL PINTO DA COSTA, erhalten hatte, wurde er in der Stichwahl am 21. Juli schließlich mit rd. 53% der Stimmen für weitere fünf Jahre im Amt bestätigt. ■

Sarandon, Susan, amerikan. Theater- und Filmschauspielerin, *Edison (New Jersey) 4. 10. 1946. – 1996 erhielt S. für die Rolle einer Nonne, die einen Todeskandidaten bis zur Hinrichtung betreut, in dem Film ›Dead Man Walking‹ unter der Regie ihres Lebensgefährten TIM ROBBINS den ›Oscar‹ für die beste weibl. Hauptrolle.
S. studierte an der Kath. Univ. Washington Theater und Literatur. Nach kleineren Rollen hatte sie den Durchbruch als Janet in dem Kultfilm ›The Rocky Horror Picture Show‹ (1974). Immer wieder spielte sie selbstbewusste Frauen: in LOUIS MALLES ›Atlantic City‹ (1979) eine Kellnerin, in ›Thelma & Louise‹ (1991) von RIDLEY SCOTT die Louise und in JOEL SCHUMACHERS ›Der Klient‹ (1993) eine Anwältin. Daneben hat sich S. immer wieder politisch in der Frauen- und Friedensbewegung engagiert. Großes Aufsehen erregte ihr Auftritt bei der Oscarverleihung 1993, als sie und ROBBINS gegen die AIDS-Politik der amerikan. Reg. demonstrierten. (BILD S. 304)

Für ihre beeindruckende schauspielerische Leistung als Nonne in dem Film ›Dead Man Walking‹ erhält Susan Sarandon 1996 einen Oscar

Saudi-Arabien

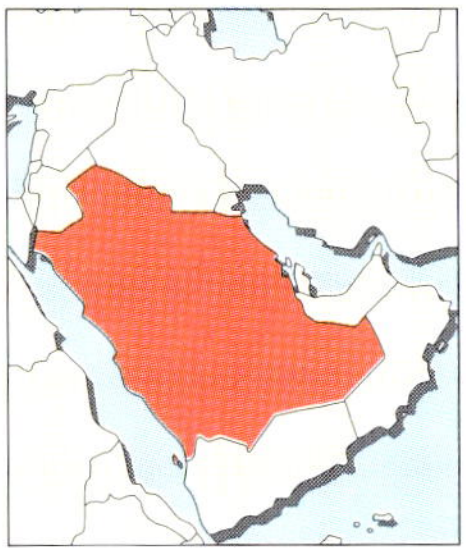

Hauptstadt: Riad
Einwohner: 17,9 Mio.
Einwohner/km²: 8
Staatsoberhaupt und Regierungschef: Fahd ibn Abd al-Asis
BSP/Einwohner: 7240 US-$

Ungeachtet einer Verbesserung der wirtschaftl. Lage durch die Steigerung der Öleinkünfte fror die Reg. die Staatsausgaben auf dem Vorjahresniveau ein. Die Auslandsschulden wurden getilgt; die Inlandsverschuldung blieb hoch (81% des BIP). Die militär. Hochrüstung wurde weiterhin intensiv betrieben.

Die schwere Erkrankung von König FAHD IBN ABD AL-ASIS, der am Jahresanfang die Amtsgeschäfte für zwei Monate auf Kronprinz ABDULLAH IBN ABD AL-ASIS übertrug, verstärkte die Ungewissheit über die künftige innenpolit. Entwicklung. Der Widerstand der islamist. Opposition gegen die amerikan. Militärpräsenz, die als Besatzung im ›geheiligten Ursprungsland des Islam‹ betrachtet wird, führte zu einem zweiten Bombenanschlag (nach Nov. 1995) auf militär. Einrichtungen der USA; dabei wurden am 25. Juni in Dahran 19 amerikan. Soldaten getötet und 400 Personen z.T. schwer verletzt. Am 31. Mai waren vier Extremisten, die sich zu dem Anschlag vom Nov. 1995 bekannt hatten, öffentlich hingerichtet worden.

Einig sind sich die fundamentalist. und die liberale Opposition trotz aller Gegensätze in ihrer negativen Beurteilung der Herrscherfamilie. Verurteilen die einen deren ›antiislam.‹ Verhalten, werfen ihr die anderen neben Korruption und Misswirtschaft auch die Verletzung fundamentaler Menschenrechte vor. ■

Saudi Arabien
Wirtschaftswachstum (realer Zuwachs des BIP in %)

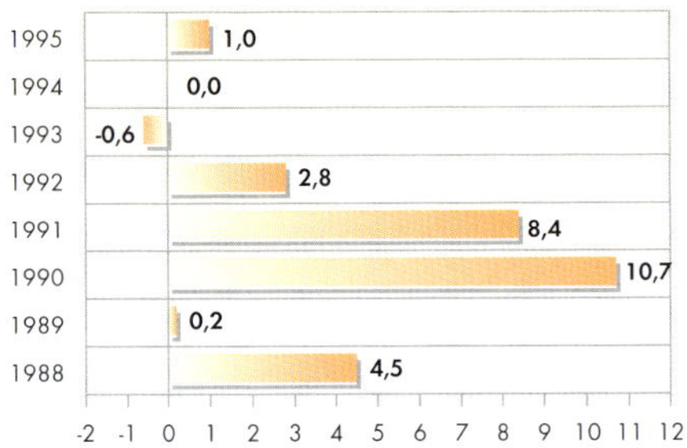

Schausberger, Franz, österr. Politiker (ÖVP), *Steyr 5.2.1950. – Am 24. April wurde S. als Nachfolger des zurückgetretenen HANS KATSCHTHALER mit 30 von 35 Stimmen zum neuen Landeshauptmann des Landes Salzburg gewählt.

Sein Philosophiestudium an der Univ. Salzburg schloss S. 1973 mit der Promotion ab. Schon während seiner Studienzeit hatte er sich politisch bei der Jungen ÖVP engagiert. 1979 zog er als Abgeordneter in den Landtag ein und wurde Landesgeschäftsführer seiner Partei (bis 1989). Seit 1984 war er zunächst stellv. Fraktionsvors., seit 1989 Fraktionsvors. der ÖVP. Als die Salzburger ÖVP bei den Landtagswahlen im März 1994 lediglich 38,6% der Stimmen erzielte, mehrten sich Gerüchte, KATSCHTHALER werde bald zurücktreten. Kaum hatte S. nach seiner Habilitation im Febr. 1996 eine Dozentur für Neuere Österr. Geschichte an der Univ. Salzburg übernommen, trat KATSCHTHALER am 22. Febr. als Landeshauptmann und Landesvors. der ÖVP zurück.

Schießbefehl, →DDR-Regierungskriminalität.

Schiff: Mit 101000t ist die von der italien. Werft Fincantieri in Triest im Sommer fertig gestellte ›Carnival Destiny‹ das größte Passagier-S. der Welt. Sie löste die ›Queen Elizabeth I.‹ ab, die seit 1940 den Rekord hielt. Allerdings waren die früheren Nordatlantik-Liner bis zu 10 kn schneller und auch länger als das im Vergleich eher plump wirkende Kreuzfahrtschiff. Es soll nach Indienststellung in der Karibik kreuzen.

Auf der Schichau-Seebeckwerft in Bremerhaven lief 1996 das weltweit größte Roll-on-roll-off-S. für den kombinierten Transport von Eisenbahn, Lastwagen und Passagieren vom Stapel. Es ist 200m lang, 28,2m breit und 21 kn schnell. Das Hauptdeck kann auf 940m Schienenlänge 50 Eisenbahngüterwagen aufnehmen. Außerdem ist Platz für mind. 50 Lkw und 90 Pkw. Als erstes Fähr-S. der Welt erfüllt es alle nach der Estonia-Katastrophe zusätzlich auferlegten Sicherheitsbestimmungen. Nach Indienststellung soll die Fähre zw. Rostock und dem schwed. Trelleborg verkehren.

Schlechtwettergeld: Das im Baugewerbe vom Arbeitsamt gezahlte S. bei witterungsbedingtem Arbeitsausfall wurde zum 1. Jan. umgestaltet. Das Arbeitsamt zahlt seither in der Schlechtwetterzeit (1. 11. bis 31. 3.) erst ab der 151. Ausfallstunde (i. d. R. ab dem 21. Arbeitstag) **Winterausfallgeld** in Höhe von 67% des Nettoarbeitsentgelts (bei Beschäftigten ohne Kind 60%). Für die ersten 150 Ausfallstunden regelt ein Tarifvertrag zw. Gewerkschaften und Arbeitgebern des Baugewerbes die Zahlung eines Überbrückungsgeldes **(Winterausfallgeld-Vorausleistung)** in Höhe von 75% des Bruttolohns zuzüglich 2 DM netto pro Ausfallstunde. Finanziert wird das Überbrückungsgeld zu rd. zwei Dritteln von den Arbeitgebern und zu rd. einem Drittel von den Arbeitnehmern. Gleichzeitig wurde die Arbeitszeit flexibilisiert. Sie beträgt in den Wintermonaten (1.–12. und 44.–52. Kalenderwoche) 37,5 Stunden, in den Sommermonaten (13.–43. Kalenderwoche) 40 Stunden. Durch die gesamte Neuregelung erwartet die Bundesreg. Einsparungen bei der Bundesanstalt für Arbeit von rd. 600 Mio. DM.

Schleswig-Holstein

Hauptstadt: Kiel
Einwohner: 2,7 Mio.
Einwohner/km²: 172
Regierungschef: H. Simonis
BIP/Einwohner: 40 263 DM

Schwerpunkte der Regierungsarbeit

Die neue Regierungskoalition aus SPD und Bündnis 90/Die Grünen strebt neben der Bekämpfung der Arbeitslosigkeit, die 1996 in S.-H. mit 8,9% unter dem Bundesdurchschnitt lag, eine aktive Wirtschaftspolitik und die Umstellung auf umweltfreundl. Produktionsweisen an. Im Fall des Ausbaus der Ostseeautobahn A 20, die Lübeck mit Stettin verbinden soll, erkannten die Bündnisgrünen die Zuständigkeit des Bundes an, konnten jedoch genauere Umweltverträglichkeitsprüfungen durchsetzen. Darüber hinaus sprachen sich beide Parteien für einen Ausstieg aus der Kernenergie aus. Hinsichtlich des umstrittenen, in der Nähe von Hamburg gelegenen Kernkraftwerks Krümmel entschied das Bundesverwaltungsgericht in Berlin, dass erneute Sicherheitsüberprüfungen durchzuführen sind.

Am 14. Mai stellen Ministerpräsidentin Heide Simonis (SPD) und Grünen-Vorstandssprecher Klaus Müller im Kieler Landeshaus den Koalitionsvertrag für die neue schleswig-holsteinische Regierung vor

Die jährl. Neuverschuldung des Landes soll nach dem Willen der Koalition die Summe der Investitionen nicht überschreiten; Ziel ist es, die Neuverschuldung bis zum Ende der Legislaturperiode auf 800 Mio. DM zu senken. Im öffentl. Dienst sollen in den nächsten vier Jahren 1 600 Stellen abgebaut werden.

Rot-grüne Koalition in Kiel

Nach achtjähriger Alleinreg. büßte die SPD 1996 die absolute Mehrheit ein. Die Sozialdemokraten verloren bei der Landtagswahl am 24. März 6,4 Prozentpunkte und rutschten nach 1967 erstmals

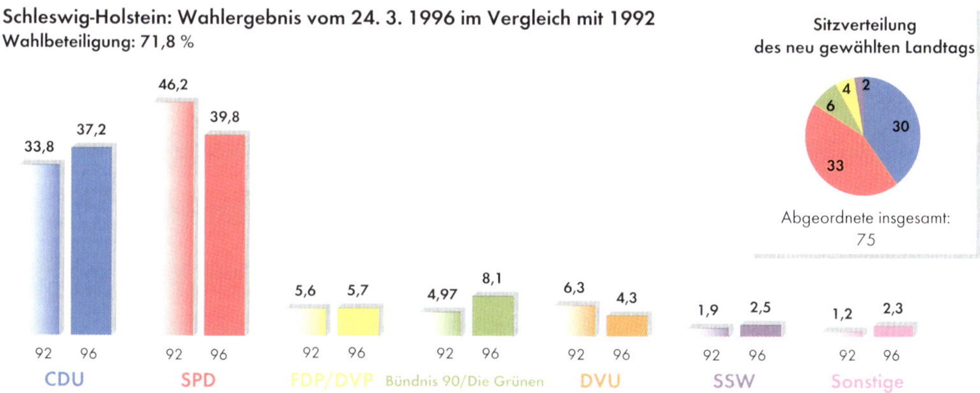

Der neue Bundesjustizminister Edzard Schmidt-Jortzig (links) legt am 17. Januar vor Bundestagspräsidentin Rita Süssmuth und Bundestagsdirektor Rudolf Kabel seinen Amtseid ab

wieder knapp unter die 40%-Marke. Mit 39,8% blieb die SPD dennoch stärkste Kraft vor der CDU, die 37,2% erhielt und sich im Vergleich zu den beiden letzten Wahlen steigern konnte. Die Union erzielte 19 ihrer 30 Sitze im Kieler Landtag durch Direktmandate, nachdem 1988 und 1992 alle Wahlkreise an die SPD gefallen waren. Bündnis 90/Die Grünen überwanden erstmals die Fünf-Prozent-Hürde und wurden mit 8,1% auf Anhieb drittstärkste Fraktion im Kieler Landtag. Auch die FDP (5,7%) schaffte den Wiedereinzug in das Landesparlament. Der Südschleswigsche Wählerverband (SSW), der die dän. Minderheit in S.-H. vertritt und als Regionalpartei von der 5%-Hürde befreit ist, errang 2,5% und ist zukünftig mit zwei Sitzen im Landtag vertreten.
Nach langwierigen Verhandlungen einigten sich SPD und Bündnis 90/Die Grünen auf die Bildung einer rot-grünen Koalition. Am 22. Mai wurde HEIDE SIMONIS (SPD) vom Landtag erneut zur MinPräs. des nördlichsten Bundeslandes gewählt. Zur neuen Vorstandssprecherin des Landesverbandes von Bündnis 90/Die Grünen wurde ANTJE JANSEN gewählt. Sie hatte sich im Vorfeld der Koalitionsverhandlungen vehement gegen eine rot-grüne Zusammenarbeit ausgesprochen.

Anschlag auf Lübecker Asylbewerberheim

Am 18. Jan. kam es in Lübeck zu einer Brandkatastrophe in einem Asylbewerberheim, bei der 10 Menschen starben und 38 z.T. schwer verletzt wurden. Nachdem zunächst dt. rechtsradikale Jugendliche verdächtigt und verhaftet worden waren, geriet der 21-jährige Libanese SAFWAN EID unter Verdacht, den Brandanschlag auf die eigene Asylunterkunft verübt zu haben. Am 16. Sept. begann der Prozess gegen ihn vor der Jugendstrafkammer des Lübecker Landgerichts. ■

Schlömer, Joachim, Tänzer und Choreograph, * Monheim (Kr. Mettmann) 27. 5. 1962. – Im Sommer 1996 wechselte S. als Leiter des Tanztheaters vom Dt. Nationaltheater Weimar an das TanzTheater Basel, wo er mit der Wiederaufnahme von ›Neuschnee in Troja‹ und der Uraufführung von ›Herbst‹ auch das traditionelle Publikum von seinem verstörenden Ausdruckstanz überzeugte.
Nach dem Studium an der Folkwangschule in Essen arbeitete S. als Gasttänzer unter PINA BAUSCH und 1988–91 unter MARK MORRIS am Brüsseler Théatre de la Monnaie. Ab 1990 war er bei der von ihm gegr. Kompanie ›Josch‹ als Choreograph tätig. 1991–94 schloss sich eine Tätigkeit als Ballettdirektor am Ulmer Theater an, wo S. mit ›Lousianna Mama‹ (1992) und ›Neuschnee in Troja‹ (1993) Aufsehen erregte. Seine wichtigsten Arbeiten als Direktor des Tanztheaters in Weimar waren ›Und in der Ferne die Nacht‹ zu BACHS Goldbergvariationen (1994), ›Kraanerg‹ zu der Musik von IANNIS XENAKIS (1995) sowie ›Hochland oder Der Nachhall der Steine‹ (1995).

Schmidt-Jortzig, Edzard, Politiker (FDP), * Berlin 8. 10. 1941. – Am 17. Jan. wurde S.-J. zum Bundesmin. der Justiz ernannt und damit Nachfolger von SABINE LEUTHEUSSER-SCHNARRENBERGER, die nach dem FDP-Mitgliederentscheid zugunsten des ›großen Lauschangriffs‹, dem Abhören von Wohnungen bei der Verbrechensbekämpfung, am 14. 12. 1995 zurückgetreten war.
S.-J. studierte Rechts- und Staatswiss. in Bonn, Lausanne und Kiel. Nach jurist. Staatsexamen (1966/70) und Promotion (1968) war er 1970–77 wiss. Assistent an der Univ. Göttingen und 1977–82 Prof. an der Univ. Münster. Seit 1. 4. 1982 ist S.-J. Prof. für öffentl. Recht mit dem Schwerpunkt Staats- und Kommunalrecht an der Univ. Kiel. Er war auch als Richter tätig, u.a. am Oberverwaltungsgericht Lüneburg (1983–91). 1984 trat S.-J. der FDP bei und engagierte sich in der Kommunalpolitik. 1994 gelang ihm über die Landesliste der Sprung in den Dt. Bundestag.

Schreinemakers, Margarethe, Fernsehjournalistin, * Krefeld 27. 7. 1958. – Ihr komplizierter Steuerstreit um die in den Niederlanden ansässige Produktionsfirma Living Camera, die ihre Sendung ›Schreinemakers live‹ produziert, beschäftigte im Aug. die Medien. In der von ihr an die Öffentlichkeit getragenen Auseinandersetzung hatte S. auch Bundesfinanzmin. THEO WAIGEL persönlich angegriffen. Trotz mehrfacher Ermahnungen des ausstrahlenden Senders SAT. 1, ihre Privatangelegenheiten nicht zum Thema der Sendung zu machen, blieb die Moderatorin bei ihrer Absicht, in ›Schreinemakers live‹ Ende Aug. eine Stellungnahme zu ihrem Steuerstreit abzugeben. SAT. 1 machte daraufhin seine Drohung wahr und brach die Übertragung des umstrittenen Beitrags ab. Erstmals in der dt. Fernsehgeschichte wurde damit eine Livesendung aus inhaltl. Gründen ausgeblendet.
S. studierte Sozialwiss. und begann ihre journalist. Karriere 1980 als Reporterin beim Westdt. Rundfunk. Nachdem sie versch. Unterhaltungsshows bei Radio Bremen und dem Norddt. Rundfunk moderiert hatte, gelang ihr ab Jan. 1992 mit der Talkshow ›Schreinemakers live‹ ein Karrieresprung. Differenzen mit SAT. 1-Programmchef FRED KOGEL

führten dazu, dass sie zum 1. 1. 1997 mit ihrer Sendung, die hohe Einschaltquoten erreichte, zum Konkurrenzsender RTL wechselt.

Schweden

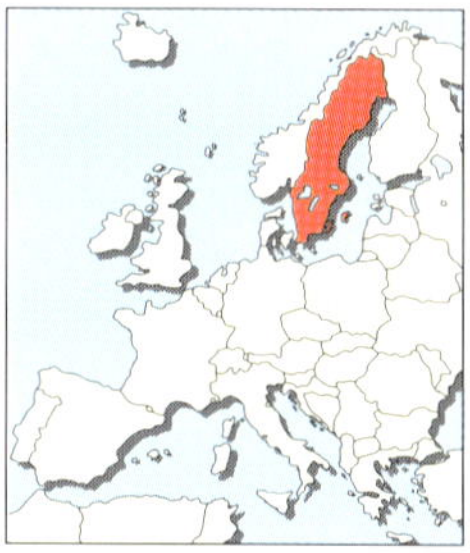

Hauptstadt: Stockholm
Einwohner: 8,8 Mio.
Einwohner/km²: 20
Staatsoberhaupt: Carl XVI. Gustav
Regierungschef: G. Persson (seit 21. 3. 1996)
BSP/Einwohner: 23 630 US-$

Starke Wirtschaft

Die schwed. Konjunktur zeigte sich 1996 überraschend stark. Das BIP wuchs um fast 2%. Dies führte zus. mit einer weiter verlangsamten Inflation und Zinssenkungen zu einer Stabilisierung der Wirtschaftslage. Motor des Wachstums war der Export (+5,5%), der auch die Investitionsneigung v. a. in Industrieanlagen weiter stützte (+15%). Die schwed. Unternehmen konnten nach deutl. Produktivitätsverbesserungen auch überproportional von Deregulierungen im Welthandel profitieren und Marktanteile zurückgewinnen. Auch der private Konsum zeigte nach Jahren der Stagnation Anzeichen einer Belebung. Die Inflationsrate lag im Jahresmittel bei 1%. Dagegen stellte die für S. sehr hohe offene Arbeitslosigkeit von rd. 10% weiterhin ein großes Problem dar.

Regierungswechsel und Fortführung der Austerity-Politik

Das herausragende innenpolit. Ereignis war der Vollzug des bereits im Aug. 1995 angekündigten Rückzugs von MinPräs. INGVAR CARLSSON aus der Politik. Im März wurde der bisherige Finanzmin. GÖRAN PERSSON zu seinem Nachfolger sowohl als Partei- als auch als Regierungschef gewählt. In seiner Regierungserklärung nannte PERSSON v. a. wirtschaftspolit. Themen als Schwerpunkte seiner Politik. Mit der Wahl von ERIK ASBRING zum neuen Finanzmin. unterstrich PERSSON, dass er den von ihm eingeschlagenen Austerity-Kurs fortzusetzen gedenkt. Mit einem Paket ordnungspolit. Maßnahmen hofft die Reg., die Arbeitslosenquote bis zum Jahr 2000 halbieren zu können. Hierbei soll v. a. die Schaffung von neuen Aus- und Weiterbildungsplätzen greifen. Schon 1996 befanden sich knapp 5% der Erwerbsbevölkerung in arbeitsmarktpolit. Maßnahmen. Gleichzeitig stand die Wirtschaftspolitik weiterhin unter dem Druck der hohen Staatsverschuldung (über 80% des BIP), bei der sich aber 1996 eine radikale Besserung ankündigte. Die Bemühungen der Reg. zielten auf eine rasche Sanierung, um die Konvergenzkriterien für die Europ. Wirtschafts- und Währungsunion erfüllen zu können. Mit Jahresbeginn traten Kürzungen u. a. bei der Lohnfortzahlung im Krankheitsfall, den Elternkarenztagen und den Ehepartnerpensionen in Kraft, zudem wurden der Kündigungsschutz gelockert und das Rentenalter um ein Jahr auf 66 Jahre heraufgesetzt. Das Haushaltsdefizit konnte von 8% auf 4% des BIP gesenkt werden. Ein weiteres Sinken unter die im Maastrichter Vertrag geforderte 3%-Grenze wird für das kommende Jahr erwartet. Insgesamt hat die sozialdemokrat. Reg. seit ihrem Amtsantritt im Herbst 1994 Sparpakete in Höhe von insgesamt jährlich 118 Mrd. skr erlassen. Dies entspricht 7,5% des BIP.

3 000 Schweden demonstrieren am 17. Oktober in ihrer Hauptstadt mit dem Transparent ›Uppror‹ (Aufstand) gegen Sozialabbau

Anwalt der baltischen Staaten

Die schwed. Außenpolitik war in erster Linie auf vertrauensbildende Maßnahmen im östl. Ostseeraum ausgerichtet, wobei S. als Anwalt der balt. Staaten fungierte. Sicherheitspolit. Fragen in diesem Zusammenhang wurden während des →Ostseegipfels Anfang Mai auf der Insel Gotland erörtert. Meinungsumfragen zufolge war die schwed. Bevölkerung – trotz ökonom. Vorteile – nach dem ersten Jahr der Mitgliedschaft in der EU mehrheitlich mit Europa unzufrieden.
Aufsehen erregte im Sept. die Erklärung eines ehem. südafrikan. Geheimdienstlers vor einem Gericht in Pretoria, das Apartheidregime sei Drahtzieher des Mordes an OLOF PALME 1986 gewesen. ■

Schweiz

Hauptstadt: Bern
Einwohner: 7,2 Mio.
Einwohner/km²: 174
Staatsoberhaupt: J.-P. Delamuraz (für 1996)
BSP/Einwohner: 37 180 US-$

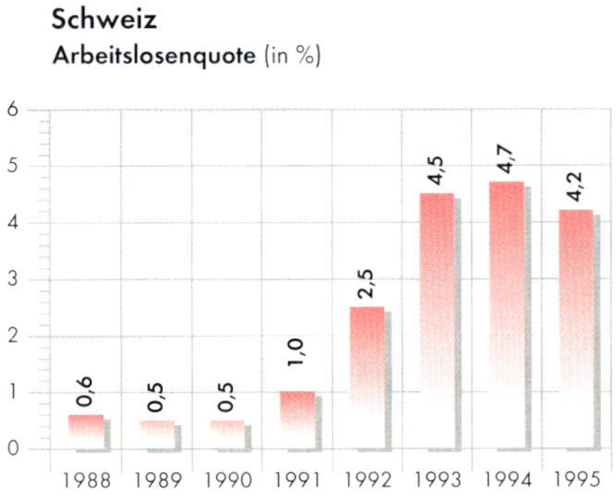

Anzeichen der Rezession

Das BIP der S. sank 1996 in Vergleich zum Vorjahr um 0,6%. Trotz der verstärkten rezessiven Tendenzen stieg der private Konsum um 1,4% an. Die Preisentwicklung blieb stabil (Inflationsrate im Dez.: 0,8%).
Das Bundesbudget 1997 soll nach dem Staatsvoranschlag auf dem Niveau des Voranschlags 1996 (44 Mrd. sfr) belassen werden. Dabei muss ein Einsparungspotenzial von 2,1 Mrd. sfr erfüllt werden. Dennoch weist der Bundeshaushalt immer noch einen Fehlbetrag von 5,5 Mrd. sfr auf. Im Nov. stieg die Arbeitslosenquote auf 4,9% (1995 4,2%). Bes. stark sind Jugendliche betroffen.
Der Bundesrat beabsichtigt, mit einem Sanierungsartikel in den Übergangsbestimmungen der Bundesverfassung Bund und Parlament zu verpflichten, bis zum Jahr 2001 die strukturellen Haushaltsdefizite zu beseitigen. Dabei wurde bis Ende 1997 ein Ausgabenmoratorium beschlossen. Bis 1999 sollen außerdem auf Bundesebene keine neuen Aufgaben übernommen werden. Dadurch ließe sich der defizitäre Bundeshaushalt um 3 bis 5 Mrd. sfr entlasten. Das Reformvorhaben bedingt Subventionsabbau, eine Neubestimmung des Finanzausgleichs, eine Verwaltungsreform sowie eine Umstrukturierung im Hoch- und Straßenbau. Einem rein nominellen Ausgabenzuwachs von 1,5% soll eine Teuerungsannahme von 2% gegenüberstehen, was einem realen Abbau der Bundesausgaben entspricht. Die Gesamtverschuldung von Bund (82,2 Mrd. sfr), Kantonen und Gemeinden betrug Ende 1995 rund 180 Mrd. sfr.

Innenpolitik

Durch eine eidgenöss. Abstimmung (10. März) über die Revision von Art. 116 der Bundesverfassung (›Sprachenartikel‹) wurde das Rätoromanische ›Teilamtssprache‹ im Verkehr mit Personen rätoroman. Sprache. Ferner verpflichtete sich der Bund zur Unterstützung der rätoroman. und der italien. Sprache. Hingegen wurde das Regierungs- und Verwaltungsorganisationsgesetz ebenso abgelehnt (9. Juni) wie auch die Militärausrüstungsvorlage mit einer vorgesehenen Zentralisierung (10. März). Eine Revision des Arbeitsgesetzes und des Asylrechts verwarfen die Stimmbürger Anfang Dezember.
Auf die Auswirkungen der Rinderseuche BSE reagierte der Bundesrat (Sept. 1996) mit einem Schlachtplan für 230 000 Kühe, die vor Dez. 1990 (Inkrafttreten des Fütterungsverbots mit Tiermehl) geboren wurden und die nicht auf den Fleischmarkt gelangen dürfen. Die Kosten dafür werden auf 320 Mio. sfr geschätzt.
Im Sept. kam es zu einer vom Bundesrat unterstützten parlamentar. Initiative zur Untersuchung der Rolle des Finanzplatzes S. (insbes. der Nationalbank) während der Zeit des Nationalsozialismus (→Nazi-Gold).
Am 1. Okt. traten eine Zivildienstverordnung und das Zivildienstgesetz in Kraft, die die Militärdienstverweigerung aus Gewissensgründen entkriminalisieren und einen Ersatzdienst einführen.

Außenpolitik

Im Rahmen der schweizer. Unterstützung der Bosnienpolitik der UNO und der Ifor-Truppen gestattete die S. den NATO-Truppen Überflugs- und Transitrechte. Durch die Übernahme der Präsidentschaft der OSZE (Jan. 1996) engagierte sich Außenmin. Flavio Cotti für eine reibungslose Durchführung der Wahlen in Bosnien und Herzegowina unabhängig von amerikan. Zeitplänen. Ne-

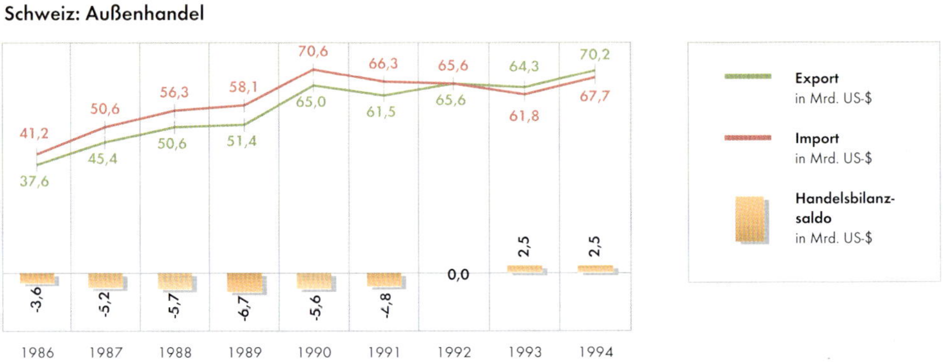

ben einer großzügigen humanitären Hilfe (Kriegsopfer- und Flüchtlingshilfe) entsandte die S. außerdem ein unbewaffnetes Truppenkontingent (›Gelbmützen‹) für logist. Arbeiten, Reparatur- und Sanitätsdienst nach Bosnien und Herzegowina (Entscheid des Bundesrats vom 31. Jan. 1996). Darüber hinaus wurden im Sept. schweizer. Wahlbeobachter und Dolmetscher eingesetzt.

Die seit Febr. laufenden Gespräche über eine Mitgliedschaft der S. im NATO-Programm ›Partnerschaft für den Frieden‹ (PFF) führten am 11. Dez. zum Beitritt in die PFF, nachdem sich am 4. Sept. der Bundesrat unter Vorbehalt der Neutralität der S. für eine Beteiligung ausgesprochen hatte. Ein Beitritt zur NATO steht nicht zur Diskussion, aber eine Mitwirkung an der polit. Initiative der Allianz. Die bilateralen Verhandlungen mit der EU über ein Landverkehrsabkommen, um schrittweise bis ins Jahr 2005 techn. Einheitsstandards zu übernehmen, machten im Detail Fortschritte (von der EU geforderter Zugang von 40-Tonnen-Lastwagen zum Mittelland). Gleichzeitig stellte die S. im Sept. aber klar, dass sie keinem Abkommen zu einem automat. Übergang zum freien Personenverkehr zustimmen werde. Über die nördl. Zufahrtsstrecken zur ›Neuen Eisenbahn-Alpentransversale‹ (NEAT) schlossen die S. und Deutschland eine Vereinbarung. Danach muss auf dt. Seite ein entsprechender Ausbau der Autobahn Basel–Karlsruhe stufenweise beidseits auf vier Spuren erfolgen. Für den Südanschluss wurde mit Italien ein analoges Abkommen getroffen. ■

Wegen der Entscheidung der Schweizer Regierung, bis 1999 rund 230000 Rinder schlachten zu lassen, liefern sich Bauern und Polizisten am 23. Oktober Straßenschlachten

Sea Empress: Am 15. Jan. lief der Erdöltanker ›Sea Empress‹ auf ein Felsenriff vor der Küste von Wales auf. Durch versch. Lecks verlor der Supertanker etwa 70000 t Rohöl, von denen ein Teil das einzige brit. Küsten-Naturschutzgebiet ruinierte. Meldungen zufolge hätte sich die Katastrophe vermeiden lassen, wenn der Tanker sofort nach dem Auflaufen nach Milford Haven, dem zweitgrößten Erdölhafen Europas, geschleppt worden wäre: Der Tanker war wieder freigekommen und befand sich im Schlepptau von Bergungsschiffen; diese durften jedoch die Raffinerien in Milford Haven, wo die Ladung hätte gelöscht werden können, nicht anlaufen. Einige Tage später lief das Schiff in einem Sturm wiederum auf einen Felsen auf und verlor danach fast den gesamten Rest seiner Ladung; infolge schlechten Wetters konnte es erst Tage später an einer stillgelegten Erdölpier gesichert werden.

Sendung mit der Maus: Das bereits seit 25 Jahren wöchentlich mit Erfolg sonntags in der ARD ausgestrahlte Programm gehört neben der Sesamstraße zu den Klassikern des Kinderfernsehens. Nach einer Idee von GERT K. MÜNTEFERING werden vom Westdt. Rundfunk (WDR) ›Lach- und Sachgeschichten‹ für Kinder von 3 bis 13 Jahren produziert (Erstsendung 7. 3. 1971, seit 23. 1. 1972 unter dem Titel ›Sendung mit der Maus‹). In lockerer Magazinform wechseln informative Inhalte, Zeichentrickfilme oder Bilderbuchgeschichten und Musikbeiträge einander ab, wobei die orangefarbene Trickmaus (Debüt am 10. 3. 1971) als ›stummer Moderator‹ die einzelnen Teile verbindet, seit einigen Jahren zus. mit dem kleinen blauen Elefanten (Debüt am 23. 2. 1975) und der kleinen gelben

Nach der Havarie des Tankers ›Sea Empress‹ säubern im Februar zahlreiche Helfer den ölverseuchten Strand an der walisischen Küste

›Meine Damen und Herren, hier kommt die Maus‹: Zusammen mit Moderator Wolfgang Lippert und ungezählten Kindern feiert der Bildschirmliebling am 10. März in Köln den 25. Geburtstag der ›Sendung mit der Maus‹

Ente (Debüt am 2. 1. 1987). Die Beliebtheit der Sendung bei Kindern und Erwachsenen gleichermaßen erklärt sich zum einen aus der Liebenswürdigkeit der etwas molligen und recht langsamen, aber auch unternehmungslustigen und neugierigen Maus mit ihren Kulleraugen, zum anderen aus der Qualität der journalistisch und didaktisch kompetent aufbereiteten kurzweiligen Beiträge, die die kindl. Neugier und Lernbereitschaft ebenso ansprechen wie die Fantasie und Spielfreude der jungen Zuschauer. Zum Jubiläum der mit zahlreichen nat. und internat. Preisen ausgezeichneten Kindersendung wurden u. a. Sondersendungen produziert, Sonderveranstaltungen durchgeführt und eine Wanderausstellung mit dem Titel ›Maus Oleum‹ gestaltet.

Senegal

Hauptstadt: Dakar
Einwohner: 8,3 Mio.
Einwohner/km²: 42
Staatsoberhaupt:
A. Diouf
Regierungschef:
H. Thiam
BSP/Einwohner:
610 US-$

Auf einem lange erwarteten Parteikongress setzte sich Präs. Abdou Diouf Ende März mit seinen Personalvorstellungen durch und gab bereits seine erneute Kandidatur für die Wahlen im Jahr 2000 bekannt. Der Kongress beendete die innerparteil., gewaltsam verlaufenen Machtauseinandersetzungen, die das polit. Leben in den vorangegangenen Monaten gelähmt hatten. Die Bemühungen der Reg., den Konflikt in der Region Casamance zu regeln, blieben nach gescheiterten Gesprächen im April erfolglos, da die Rebellen die Vermittlerposition Guinea-Bissaus nicht mehr anerkannten. – Internat. Aufsehen erregten die aus ökonom. Gründen aufgenommenen diplomat. Beziehungen zu Taiwan und der daraufhin erfolgte Abbruch der langjährigen Beziehungen durch die VR China. ■

Seychellen

Hauptstadt: Victoria
Einwohner: 73 000
Einwohner/km²: 160
Staatsoberhaupt und Regierungschef:
F. A. René
BSP/Einwohner:
6 210 US-$

Shinkansen: Da für den japan. Hochgeschwindigkeitszug S. die Kapazität auf der 515 km langen Strecke zw. Tokio und Osaka erschöpft ist – die Züge fahren bei 270 km/h im Abstand von 6 Minuten –, baut Japan im Bezirk Yamanashi eine 18 km lange Teilstrecke für die Magnetschnellbahn MLX 01. Ab April 1997 soll der Testbetrieb mit Geschwindigkeiten von 550 km/h erfolgen. Die Strecke ist als Teilstück einer künftigen Verbindung der beiden Millionenstädte konzipiert. Sollte man sich gegen die Schwebetechnik entscheiden, so kann die Trasse auch für den S. im Rad-Schiene-Betrieb verwendet werden.

Sierra Leone

Hauptstadt: Freetown
Einwohner: 4,5 Mio.
Einwohner/km²: 63
Staatsoberhaupt und Regierungschef:
A. T. Kabbah
(seit 29. 3. 1996)
BSP/Einwohner:
150 US-$

Interne Differenzen in der Militärführung brachten am 16. Jan. in einem Putsch zunächst General Julius Maada Bio an die Macht. Nach starkem internat. Druck musste dieser aber die Macht im März an den in zwei Präsidentschaftswahlgängen (25./26. Febr. und 15. März) gewählten neuen Präs. Ahmed Tejan Kabbah abgeben. Bei den ersten Mehrparteienwahlen seit 1977 ebenfalls am 25./26. Febr. wurden die von Kabbah geführte Sierra Leone People's Party (SLPP) mit Abstand stärkste Kraft; sie errang 27 von 68 Parlamentssitzen. Auch unter der neuen Reg. sind jedoch Terror, Plünderungen und Morde an der Tagesordnung.
Nach mehr als fünf Jahren Bürgerkrieg und achtmonatigen Verhandlungen unter Vermittlung der Elfenbeinküste schlossen Reg. und die Rebellen der Revolutionary United Front (RUF) am 30. Nov. ein

Friedensabkommen. Dessen Kernpunkte sind ein sofortiger Waffenstillstand und die Umwandlung der RUF in eine polit. Partei. ■

Simbabwe

Hauptstadt: Harare
Einwohner: 11,3 Mio.
Einwohner/km²: 29
Staatsoberhaupt und Regierungschef:
R. G. Mugabe
BSP/Einwohner:
490 US-$

Trotz eines durch hohe Tabakpreise begünstigten Wirtschaftswachstums von 7% und eines Absinkens der Inflationsrate auf 22% manövrierte sich die Reg. durch mangelhafte Haushaltsdisziplin in eine schwierige Lage; das zu hohe Etatdefizit gefährdete weitere Hilfszusagen der internat. Finanzorganisationen. Abgesehen davon wurde die wirtschaftl. Privatinitiative durch die anwachsende Steuerlast beeinträchtigt. Die Industrieproduktion sank auf den niedrigsten Stand seit zehn Jahren. Obwohl S. ohne ausländ. Investoren keine Aussicht hat, seine Arbeitslosenquote von 40% abzubauen, will Präs. Mugabe internat. Anlegern weiterhin die Investitionsbedingungen in S. diktieren.
Trotz massiver Wahlaufrufe der Zimbabwe African National Union/Patriotic Front (ZANU/PF) und der von der Reg. beherrschten Massenmedien beteiligten sich an den Präsidentschaftswahlen Mitte März nur 31,7% der rd. 5 Mio. Wahlberechtigten. Nachdem zuvor Pastor Sithole und Bischof Muzorewa ihre Kandidatur zurückgezogen hatten, wurde Präs. Mugabe mit 92,7% der abgegebenen Stimmen wieder gewählt.

Im August trifft der neue griechische Ministerpräsident Konstantinos Simitis mit dem Staatspräsidenten der griechischorientierten Republik Zypern, Glafkos Klerides, zusammen

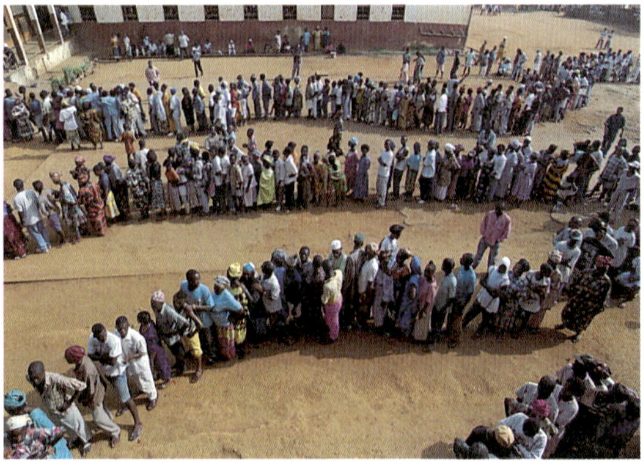

Geduldig stehen die Menschen am 26. Februar Schlange, um bei den ersten demokratischen Wahlen seit 1977 in Sierra Leone ihren Stimmzettel abzugeben

Simitis, Konstantinos, griech. Politiker (Panhellenist. Sozialist. Bewegung, PASOK), *Athen 23. 6. 1936. – S. trat am 18. Jan. die Nachfolge des aus Gesundheitsgründen am 15. Jan. zurückgetretenen MinPräs. Andreas Papandreu an. Am 31. Jan. gewann S. die Vertrauensabstimmung im Parlament, am 30. Juni wurde er auch zum Vors. der PASOK gewählt.
S. studierte bis 1959 Rechts- und Wirtschaftswiss. in Marburg und kehrte 1961 nach Athen zurück, wo er als Anwalt am Areopag, dem obersten Gericht Griechenlands, tätig war. Er kämpfte als Mitgl. der Gruppe Demokrat. Verteidigung gegen die Militärdiktatur, floh 1969 nach Deutschland und war 1971–74 Prof. an der Univ. Gießen. 1974 kehrte S. nach Griechenland zurück, schloss sich politisch der PASOK an und übernahm 1975 eine Professur an der Univ. Athen.
Seine polit. Laufbahn ist eng mit Papandreu verbunden. Unter ihm wurde S. 1981 Landwirtschaftsmin. und 1985 Wirtschaftsmin., trat aber 1987 im Streit mit Papandreu zurück. 1993 wurde S. Min. für Industrie, Energie, Technologie und Handel. Mit scharfer Kritik an Papandreus Führungsstil verließ er im Sept. 1995 sowohl die Reg. als auch die PASOK-Führung. Umso überraschender war, dass sich S. als Nachfolger Papandreus innerhalb der PASOK durchsetzen konnte.

Singapur

Hauptstadt:
Einwohner: 2,8 Mio.
Einwohner/km²: 4608
Staatsoberhaupt:
Ong Teng Cheong
Regierungschef:
Goh Chok Tong
BSP/Einwohner:
28250 US-$

Singapur: Außenhandel

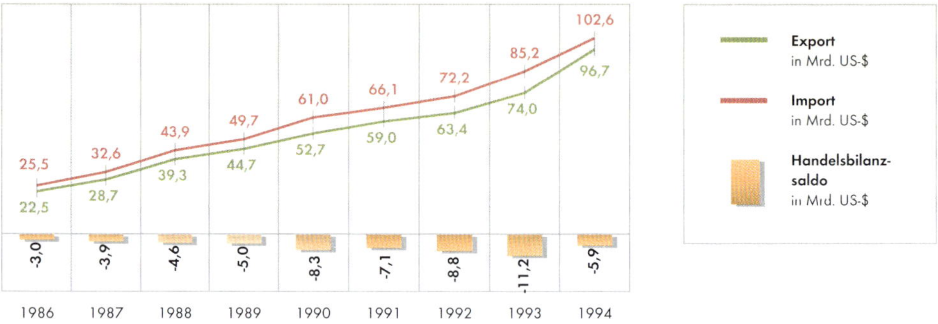

Die wirtschaftl. Entwicklung flachte nach Jahren gleich bleibend hoher Wachstumsraten 1995/96 deutlich ab, 1995 waren es 8,5%, für 1996 wurde mit einem Wirtschaftswachstum von 7 bis 8% gerechnet. Die Verbraucherpreise stiegen 1995 nur um 1,7%. Hunderte von multinat. Unternehmen haben S. im Vertrauen auf seine Stabilität zu ihrer Basis in Asien gemacht. Dennoch gibt es Alarmsignale: Die Exporte S.s (ohne Mineralölprodukte) sanken im ersten Halbjahr 1996 um 6,1% gegenüber 1995, die weltweite Flaute im Elektroniksektor beeinträchtigte auch Umsätze und Gewinne der singapur. Elektronikindustrie. Ausländ. Direktinvestitionen erreichten 1995 insgesamt 6,2 Mrd. US-$ oder 8,1% des BIP, weltweit die höchste Rate. Die singapur. Exporte beliefen sich 1995 auf ein Volumen von 60,5 Mrd. US-$, die Einfuhren lagen bei 125,9 Mrd. US-$.

Der Stadtstaat war auch 1996 durch innenpolit. Stabilität gekennzeichnet. Die Regierungspartei People's Action Party (PAP) hielt mit MinPräs. GOH CHOK TONG unangefochten die Macht. Die Opposition ist im Parlament mit nur vier von insgesamt 81 Sitzen vertreten. ■

Sjuganow, Gennadij, russ. Politiker (Kommunist. Partei der Russ. Föderation, KPRF), *Mytrino (Bezirk Orel) 26. 6. 1944. – S., der nach der ersten Runde der Präsidentschaftswahlen am 16. Juni nur 3% weniger Stimmen als BORIS JELZIN erhalten hatte, unterlag in der Stichwahl am 3. Juli dem Amtsinhaber mit 40,4% gegenüber 53,7% der Stimmen.

S. war 1969/70 und 1980 als Lehrer bzw. Dozent tätig. In seiner Parteikarriere gelang ihm 1983 der Sprung in die ZK-Abteilung für Agitation und Propaganda. 1990 wurde er ins Politbüro der neu gegr. KPRF gewählt, 1993 zu deren Vors. gewählt. Obwohl S. der Perestroika reserviert bis ablehnend gegenüberstand, war ihm eine aktive Teilnahme am Putsch vom 19. 8. 1991 und an der Oktoberrevolte 1993 nicht nachzuweisen. Bei den Wahlen zur Duma am 12. 12. 1993 konnte seine Partei 12,4% der Stimmen auf sich ziehen, am 17. 12. 1995 erreichte sie mit 22,3% der Stimmen den ersten Platz und wurde stärkste Fraktion vor den Nationalisten und den demokrat. Reformern. Gestärkt durch diesen Erfolg beschloss S., an den Präsidentschaftswahlen teilzunehmen.

Sket Schwermaschinenbau Magdeburg GmbH: Die Geschäftsführung des Traditionsunternehmens mit Sitz in Magdeburg beantragte am 15. Okt. die Gesamtvollstreckung (gleichbedeutend mit Konkurs nach weiter geltendem DDR-Recht), nachdem jahrelange Sanierungsversuche gescheitert waren. Das Stammwerk der Sket Maschinen- und Anlagenbau AG, die bis 1990 als VEB Schwermaschinenbaukombinat Ernst Thälmann (Sket) firmierte, geriet v. a. wegen der hohen Investitionskosten (Modernisierung der Maschinen und Anlagen) und der unerwarteten zeitl. Verzögerung einiger wichtiger Aufträge aus Osteuropa und Indien in Schieflage (Umsatz 1996: rd. 120 Mio. DM; Verlust

Der wichtigste Herausforderer Jelzins bei den russischen Präsidentschaftswahlen ist KP-Chef Gennadij Sjuganow (rechts), im Bild mit dem früheren russischen Vizepräsidenten Aleksander Ruzkoj während einer Kundgebung von Nationalisten und Kommunisten am 9. Mai in Moskau

voraussichtlich 190 Mio. DM). Schließlich stand die Genehmigung einer erneuten Finanzspritze der Bundesanstalt für vereinigungsbedingte Sonderaufgaben (BvS) in Höhe von 352 Mio. DM durch die EU-Kommission noch aus.
Ende Nov. einigten sich die Eigentümerin und Hauptgläubigerin BvS und der vorläufige Gesamtvollstreckungsverwalter auf ein Lösungspaket für das Unternehmen: Einzelne Geschäftsbereiche sollen in fünf selbstständige Auffanggesellschaften, die einen Teil der jetzigen Belegschaft (425 von bisher 1 850 Beschäftigten und rd. 200 Auszubildende) weiterbeschäftigen, überführt und privatisiert werden. Die restl. Belegschaft kommt in einer Beschäftigungsgesellschaft unter.
Anfang Dez. bekundete der Iran unter Zugrundelegung des vorliegenden Sanierungskonzepts Kaufinteresse an den fünf Auffanggesellschaften.

Mitarbeiter des von drastischem Personalabbau bedrohten Unternehmens Sket fordern die Landesregierung bei ihrer Demonstration am 8. Oktober in Magdeburg auf, das Unternehmen zu unterstützen

Slowakische Republik

Hauptstadt: Preßburg
Einwohner: 5,4 Mio.
Einwohner/km²: 109
Staatsoberhaupt: M. Kováč
Regierungschef: V. Mečiar
BSP/Einwohner: 2 230 US-$

Nach wie vor überrascht die S. R. durch anhaltendes Wirtschaftswachstum; das BIP stieg um rd. 6 %. Die Arbeitslosenquote von etwa 13 % ist weiterhin rückläufig. Ebenfalls verringert hat sich die Inflationsrate, die im Jahresdurchschnitt rd. 6 % betrug. Allerdings ist erstmals ein Außenhandelsdefizit zu verzeichnen, und zwar in Höhe von etwa 128 Mrd. Sk (1,35 Mrd. DM). Zu seiner Behebung wären v. a. höherer Auslandsinvestitionen notwendig. Die Privatisierung wird nach bisherigem Muster fortgesetzt.
Fast vier Jahre nach der Anerkennung als selbstständiger Staat muss die S. R. zunehmend um ihr Ansehen fürchten. Abgesehen von der Behandlung der ungar. Minderheit ist die Entwicklung der polit. Kultur bedenklich. Die vielfach irrational anmutenden Versuche von MinPräs. MEČIAR, Staatspräs. KOVÁČ zum Rücktritt zu zwingen, seine offensichtlich enge Zusammenarbeit mit dem Geheimdienst, seine Versuche, die Medien unter seine Kontrolle zu bringen und gegen die Reg. gerichtete Demonstrationen als staatsgefährdend unter Strafe stellen zu lassen, haben die EU und die USA mehrfach veranlasst, die S. R. zur Einhaltung der Grundregeln der pluralist. Demokratie aufzufordern. Die Regierungsumbildung vom Aug., bei der Außen-, Innen- und Wirtschaftsmin. wechselten, brachte weder in der parteipolit. Zusammensetzung noch in der polit. Grundrichtung der Koalition Veränderungen. Immerhin signalisierte die vorangegangene Regierungskrise, während der die beiden kleineren Koalitionsparteien ein Zusammengehen mit der Opposition angedroht hatten, dass MEČIAR an polit. Rückhalt einzubüßen scheint.
In der Außenpolitik verfolgte die S. R. weiter beharrlich den Weg in Richtung EU und NATO. Der von Russland erhobenen Forderung, dass die S. R. neutral bleiben müsse, widersetzte sich MEČIAR erfolgreich. Der 1995 unterzeichnete slowak.-ungar. Grundlagenvertrag wurde Ende März vom slowak. Parlament ratifiziert, im Mai trat er in Kraft. Das dt.-slowak. Verhältnis verbesserte sich wieder, nachdem die slowak. Reg. akzeptiert hatte, dass in mehreren unterschriftsreifen Verträgen die slowak. Bez. für ›Bundesrep. Deutschland‹ verwendet wird (und nicht die für ›Dt. Bundesrepublik‹). ■

Slowenien

Hauptstadt: Ljubljana
Einwohner: 1,9 Mio.
Einwohner/km²: 96
Staatsoberhaupt: M. Kučan
Regierungschef: J. Drnovšek
BSP/Einwohner: 7 140 US-$

Trotz des anhaltenden Booms der slowen. Wirtschaft – das BIP stieg um 3 % – sank die Arbeitslosenquote nur leicht auf etwa 13 %. Die Inflationsrate konnte auf knapp unter 10 % reduziert werden. Das BSP je Ew. betrug 1996 mehr als das Doppelte als etwa in Ungarn oder Polen.
Am 10. Nov. fanden Parlamentswahlen statt, die zu einer polit. Pattsituation in der 90-köpfigen Volks-

Slowenien
Inflationsrate (Veränderung der Verbraucherpreise in %)

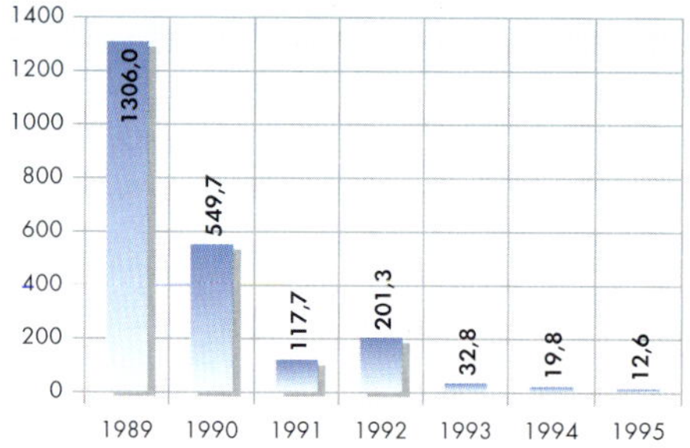

Slowenien
Industrieproduktion*
(Veränderung gegenüber der Vorjahresperiode in %)

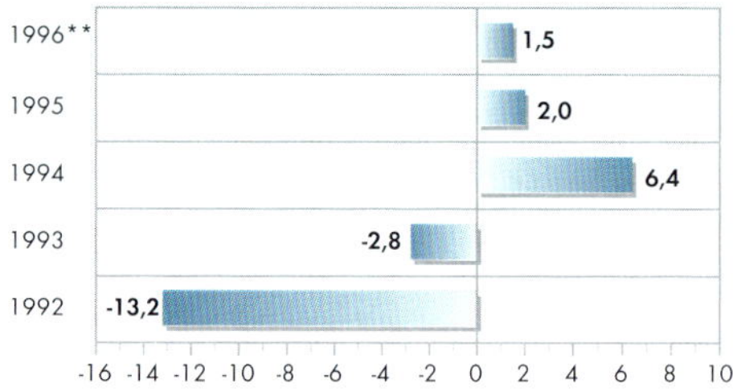

*Betriebe mit mehr als zehn Beschäftigten **Schätzung

vertretung führten. Die im Bündnis ›Parteien des slowen. Frühlings‹ zusammengeschlossenen Partner Slowen. Volkspartei (SLS), Sozialdemokraten (SDSS) und Christdemokraten (SKD) erreichten ebenso viele Mandate wie die Liberaldemokraten (LDS) unter dem bisherigen MinPräs. JANEZ DRNOVŠEK und deren Verbündete; die Regierungsbildung erwies sich deshalb als ausgesprochen schwierig und konnte bis zum Jahresende nicht abgeschlossen werden. Bei einer Volksabstimmung über ein neues Wahlrecht im Dez. erhielt keiner der drei Änderungsvorschläge eine Mehrheit.
Die Unterzeichnung des im Sommer 1995 paraphierten Assoziierungsabkommens mit der EU zog sich infolge der italien. Blockadehaltung bis Juni 1996 hin. Hintergrund der italien. Verweigerung war der Streit um die Rückgabe enteigneter Immobilien von Angehörigen der italien. Minderheit in Istrien, die nach dem Zweiten Weltkrieg nach Italien geflüchtet waren. Am 11. April hatte das slowen. Parlament in erster Lesung einen span. Kompromissvorschlag angenommen, der vorsah, dass Ausländer nach Unterzeichnung des Assoziierungsabkommens mit der EU in S. Immobilien besitzen dürften, sofern sie mind. drei Jahre im Lande lebten. Erst nach einem Einlenken der auch mit dieser Regelung zunächst unzufriedenen italien. Reg. konnte das Assoziierungsabkommen am 10. Juni in Luxemburg unterzeichnet werden. ■

Smalley, Richard Errett, amerikan. Chemiker, *Akron (Ohio) 6. 6. 1943. – Gemeinsam mit ROBERT F. CURL und HAROLD W. KROTO erhielt S. den Nobelpreis für Chemie 1996. Mit der Entdeckung der ›Buckminster-Fullerene‹ rückten sie eine Klasse von Kohlenstoffmolekülen in den Blickpunkt, die ein großes Anwendungspotenzial verspricht. Zuerst aber hatten die neuen Moleküle die Fachwelt durch ihre geometr. Schönheit beeindruckt, die an Kuppelbauten des Architekten RICHARD BUCKMINSTER FULLER erinnern.
S. studierte an der University of Michigan Chemie und promovierte 1973 an der Princeton University. Berufserfahrung sammelte er 1965–69 in der Forschung der Shell Chemical Company. 1973–76 war er am James Franckh Institute der University of Chicago tätig, bevor er als Assistant Professor an die Rice University in Houston (Texas) ging. Seit 1981 lehrt er dort als Prof. für Chemie, seit 1990 außerdem als Prof. für Physik.

Solidaritätszuschlag: Die Frage, ab wann und in welchem Maße der als Zuschlag zur Einkommen- und Körperschaftsteuer zum 1. 1. 1995 eingeführte S. wieder abgebaut wird, war 1996 ein bestimmendes Element der steuerpolit. Diskussion. Nach dem ursprüngl. Beschluss der Bundesreg. vom Jan. sollte der S. zum 1. 7. 1997 von 7,5% auf 5,5% reduziert werden, im April war stattdessen eine schrittweise Senkung zum 1. 1. 1997 auf 6,5% und zum 1. 1. 1998 auf 5,5% vorgesehen. Nach längerem Widerstand der FDP gaben die Koalitionspartner dann am 19. Okt. den Beschluss bekannt, den S. erst zum 1. 1. 1998 zu reduzieren. Begründet wurde dies mit dem erhöhten Finanzbedarf des Bundes infolge des Widerstands der Opposition gegen Teile des Sparpakets. Am 18. Dez. schließlich vereinbarten die Spitzen der Regierungskoalition, den S. zum 1. 1. 1998 um zwei Prozentpunkte auf 5,5% zu senken.

Somalia

Hauptstadt: Mogadischu
Einwohner: 9,3 Mio.
Einwohner/km²: 15
Staatsoberhaupt: –
Regierungschef: –
BSP/Einwohner: 170 US-$ (1989)

Auch in diesem Jahr konnte keine einheitl. Reg. etabliert werden, vielmehr dauerte der Bürgerkrieg nach dem Abzug der UNO-Truppen aus S. 1995 weiter an. Zahlreiche schwer bewaffnete Milizen um drei selbst ernannte Präs. kämpften um die Macht. Den Norden des Landes (Somaliland) beherrschte MOHAMED IBRAHIM EGAL, den Süden sowie Teile Mogadischus MOHAMED FARAH AIDID; im Norden der Hauptstadt hatte ALI MAHDI

Manfred Sorg, der neue Präses der evangelischen Kirche von Westfalen

MOHAMED das Sagen. An den Kämpfen zw. den verfeindeten Milizen, die den ganzen Sommer über zahlreiche Todesopfer forderten, waren auch die Truppen OSMAN HASSAN ALI ATTOS beteiligt, eines langjährigen Weggefährten AIDIDS, der sich jedoch 1995 von ihm losgesagt hatte. Im Juli wurde AIDID bei heftigen Gefechten um die Herrschaft über einen Stadtteil Mogadischus schwer verletzt, am 1. August starb er.
Auf AIDIDS Tod hin erklärten seine Gegner eine Waffenruhe. Nachdem jedoch bereits am 4. Aug. HUSSEIN MAALIM AIDID Nachfolger seines Vaters geworden war, flammten die Kämpfe sofort wieder auf. Im Dez. lud MAHDI zu Friedensgesprächen ein, die zu einer gemeinsamen Interimsreg. führen und so lange andauern sollen, bis eine umfassende polit. Lösung gefunden ist. ■

Sonnenkraftwerk: Das weltweit größte Solarturmkraftwerk ›Solar Two‹ ging am 5. Juni bei Daggett (USA) in der kaliforn. Mojavewüste in Betrieb. Die Demonstrationsanlage erreicht eine elektr. Spitzenleistung von 10 MW. Sie ist für eine Lebensdauer von etwa 30 Jahren ausgelegt und soll bis 1998 zeigen, dass mit dieser Technik prinzipiell Solarstrom zu marktfähigen Preisen erzeugbar ist. 1 926 Spiegel (Heliostaten) sind kreisförmig um den 104 m hohen Turm angeordnet. Sie werden rechnergesteuert der Sonne nachgeführt, damit der Brennpunkt stets im Absorber auf der Turmspitze liegt. Durch diesen wird ein flüssiges Salzgemisch gepumpt, von der Wärme auf 560 °C aufgeheizt und in einem Vorratstank am Boden gespeichert. Von dort kann es bei Bedarf zum Dampferzeuger geleitet werden, wo es Wärme an Wasser abgibt. Der entstehende Dampf treibt eine Turbine mit Generator zur Stromerzeugung. Dadurch kann das S. auf schwankende Stromnachfrage reagieren und bis drei Stunden nach Sonnenuntergang volle Leistung abgeben. Für wettbewerbsfähige Preise müsste allerdings die Leistung erhöht werden. Bei Anlagen mit mehr als 200 MW werden die Erzeugungskosten auf rund 10 Pf/kWh geschätzt.

Sorg, Manfred, Theologe, *Darmstadt 25. 10. 1938. – Am 29. Febr. wurde S. in Bielefeld als neuer Präses der Ev. Kirche von Westfalen in sein Amt eingeführt. Im Nov. 1995 war er von der Landessynode zum Nachfolger von HANS-MARTIN LINNEMANN gewählt worden, der in den Ruhestand trat. Nach seinem Theologiestudium in Wuppertal, Mainz und Münster war S. – nach eigener Aussage während seiner Kindheit in Hagen durch die westfäl. Sprache und Mentalität geprägt – Vikar in Bochum und Hattingen, wo er 1967 auch Gemeindepfarrer wurde. Daneben arbeitete S. ab 1972 als Dozent am Pädagog. Inst. der Ev. Kirche von Westfalen in Schwerte-Villigst, dessen Leitung er 1988 übernahm. S. sieht seinen Arbeitsschwerpunkt im Dialog zw. Theologie und Pädagogik, der für ihn ein prägendes Element der Gemeindearbeit ist.

Sozialhilfe: Seit 1. Aug. sind die wichtigsten Bestandteile des Gesetzes zur Reform der S. vom 23. 7. 1996 in Kraft. Mit ihm will die Bundesreg. v. a. die Sozialhilfekosten eindämmen, die Finanzmittel zielgenauer einsetzen, Langzeitbezug von S. vermeiden und Sozialhilfeempfängern den Wiedereintritt ins Arbeitsleben erleichtern. Die Reform der S. war zw. Reg. und Opposition und zw. Bund und Ländern heftig umstritten. Der nach langen Auseinandersetzungen gefundene Kompromiss sieht u. a. vor:
1) Der Regelsatz wird ab 1999 nach dem ›Statistikmodell‹ angepasst. Die entscheidenden Größen sind demnach die Entwicklung der Nettoeinkommen, das statistisch ermittelte Verbraucherverhalten in Haushalten der unteren Einkommensgruppen und die Lebenshaltungskosten. Bis 1999 gelten Sonderregelungen, z. B. die Erhöhung des Regelsatzes zum 1. Juli um 1 %. Hierdurch beträgt der Regelsatz für einen Haushaltsvorstand durchschnittlich 530 DM monatlich in den alten und 512 DM monatlich in den neuen Bundesländern, für einen weiteren Haushaltsangehörigen von Beginn des 19. Lebensjahres an 424 DM bzw. 410 DM.
2) Die Sozialhilfeträger können künftig Zuschüsse an Arbeitgeber leisten. Damit werden die rechtl. Voraussetzungen für die Eingliederung von Sozialhilfeempfängern in Arbeitsverhältnisse geschaffen. Bei Ablehnung zumutbarer Arbeit durch einen Sozialhilfeempfänger ist die Hilfe zum Lebensunterhalt um mindestens 25 % des Regelsatzes zu kürzen.
3) Zum Kompromiss zw. Bund und Ländern gehörte der Verzicht darauf, den Abstand zw. der S. und niedrigen Löhnen (›Lohnabstand‹) auf mind. 15 % unter den verfügbaren Einkommen der unteren Lohn- und Gehaltsgruppen zu fixieren. Der Lohnabstand liegt der Bundesreg. zufolge bei rd. 12 % und Zahlen des DGB zufolge bei rd. 7 %. Der geringe Lohnabstand wird unterschiedlich bewertet. Als Hindernis für die Arbeitsaufnahme sehen ihn Bundesreg. und Dt. Bundesbank, als Anzeiger von zu niedrigen Löhnen v. a. die Gewerkschaften. Die Ausgaben für S. waren 1995 zwar weiterhin um 4,7 % auf 52,1 Mrd. DM angestiegen, durch die

Entwicklung der Sozialhilfeausgaben 1991–1995
in Mrd. DM

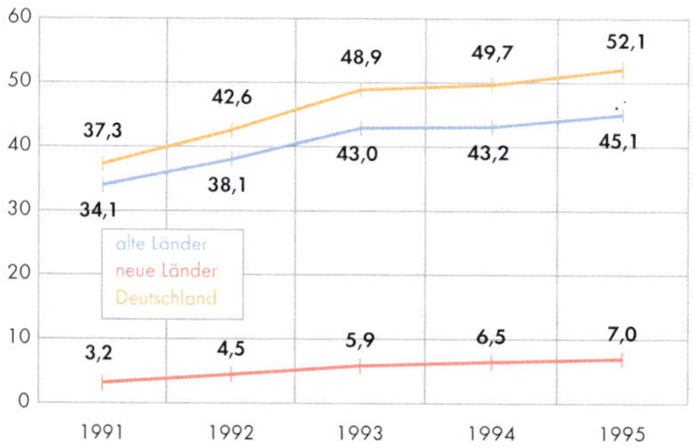

Struktur der Sozialhilfeausgaben 1995
in Mrd. DM

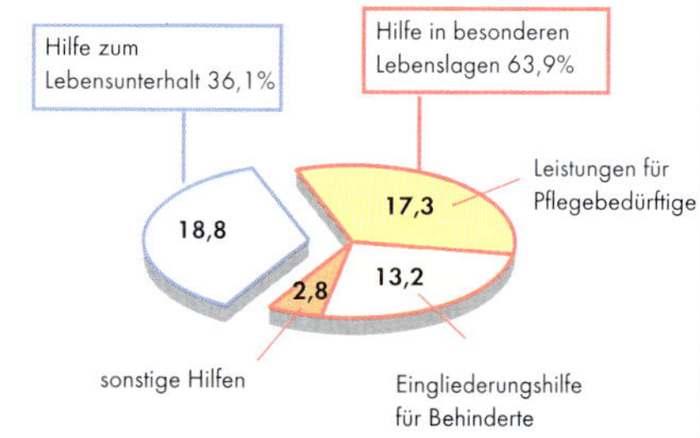

Sozialhilfereform und die Einführung der sozialen Pflegeversicherung erhofft sich die Bundesreg. allerdings eine Kostenentlastung.

Spanien

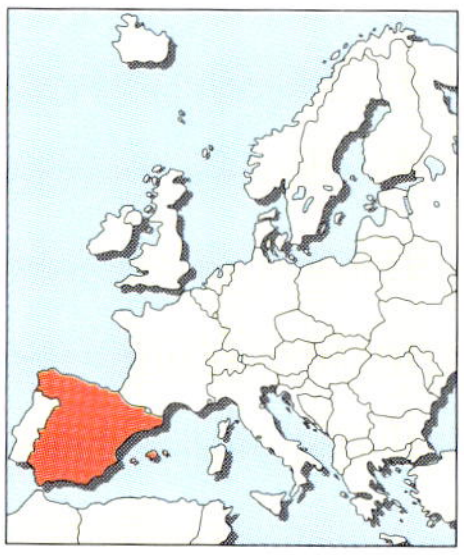

Hauptstadt: Madrid
Einwohner: 39,2 Mio.
Einwohner/km²: 77
Staatsoberhaupt: Juan Carlos I.
Regierungschef: J. M. Aznar López (seit 4. 5. 1996)
BSP/Einwohner: 13 280 US-$

Positive Wirtschaftsentwicklung

Bei ihrem Regierungsantritt im Mai fand die konservative Reg. unter MinPräs. José María Aznar López positive volkswirtschaftl. Zahlen vor: Die Aktienkurse waren auf einem Höchststand, die Zinsen auf dem niedrigsten Niveau seit mehreren Jahren, die Pesete stieg auf ein neues Jahreshoch. Mit rd. 2,2 Mio. Personen erreichte die Arbeitslosigkeit Mitte 1996 den niedrigsten Stand seit 1982. Ende 1996 schickte sich S. dann an, die Maastrichter Konvergenzkriterien zu erfüllen: Die Inflation betrug im Jahresschnitt 3,2%, die Leistungsbilanz zeigte wieder Überschüsse, die Währung erwies sich als stabil und die Staatsverschuldung lag im Verhältnis zum Sozialprodukt unter dem EU-Durchschnitt (Gesamtverschuldung: 67% des BIP). Außerdem hatten die Devisenreserven (56 Mrd. US-$) erheblich zugenommen.
Anfang Okt. legte Wirtschafts- und Finanzmin. Rodrigo Rato einen Haushaltsentwurf für 1997 mit einer Steigerungsrate von nur 1,7% vor. Ausgabenkürzungen und Gebührenerhöhungen sollen das Defizit Ende 1997 auf die von Maastricht erlaubten 3% des BIP begrenzen. Die Zustimmung der bask. Nationalisten zum Haushalt erhielt Min.-Präs Aznar, nachdem er der Reg. des Baskenlandes trotz heftiger Kritik anderer Regionen steuerl. Zugeständnisse gemacht hatte. Auf die Drohungen der Gewerkschaften mit Streiks und Massendemonstrationen v.a. wegen der vorgesehenen Nullrunde im öffentl. Dienst reagierte Aznar im Okt. mit Entgegenkommen bei der Rentenreform: Die Rentenerhöhungen werden künftig durch ein Gesetz an die Inflation gekoppelt. Gleichwohl demonstrierten am 24. Nov. rd. 200 000 Menschen v.a. gegen die Sparpläne der Reg., für den 12. Dez. wurde ein Generalstreik ausgerufen.

Der Machtwechsel in Madrid

Schon Ende 1995 hatte sich ein Niedergang des regierenden Partido Socialista Obrero Espanõl (PSOE, dt. Span. Sozialist. Arbeiterpartei) und der sie unterstützenden katalan. Regionalpartei Convergeńcia i Unió (CiU, dt. Konvergenz und Union) in der Wählergunst abgezeichnet. Während des Wahlkampfs häuften sich Korruptions- und Betrugsverfahren: Das Strafverfahren gegen die Bank Banesto wurde eröffnet, deren ehem. Führung unter Mario Conde Betrug, Veruntreuung und Urkundenfälschung vorgeworfen wurde. Der Agent des Kuwait Investment Office (KIO), Javier de la Rosa, wurde der Dokumenten- und Bilanzfälschung angeklagt, durch die er den größten Firmenzusammenbruch der span. Geschichte ausgelöst hatte. Nach jahrelangen Ermittlungen wurde eine Massenvoranklage gegen zahlreiche Spitzenvertreter der span. Wirtschaft erhoben, die in die Parteispendenaffäre um die PSOE verwickelt waren. Die vielen Enthüllungen wirkten sich auf den zusehends polemischer werdenden Wahlkampf aus. Bei den Wahlen vom 3. März wurde der Partido Popular (PP; dt. Volkspartei) zwar zur stärksten polit. Kraft, der Vorsprung vor den Sozialisten war jedoch weitaus geringer als allgemein erwartet. Der PP erhielt 38,85% der Stimmen und damit 156 (von 350) Sitze, der PSOE 37,48% (141 Sitze), das Linksbündnis Izquierda Unida 10,6% (21 Sitze). Die katalan. CiU zog mit 16, die bask. Nationalisten (Partido Nacionalista Vasco, PNV) mit fünf, die kanar.

(Coalición Canaria, CC) mit vier Abgeordneten ins Parlament. Die Wahlbeteiligung lag bei 78%.
Der knappe Wahlsieg des PP hatte zur Folge, dass AZNAR die Unterstützung der CiU, des PNV und der CC braucht. Die Mehrheit im Parlament konnte die Reg. nur nach langen Verhandlungen und mit der Zusage großzügiger Finanzleistungen für die Autonomen Regionen erreichen, die jetzt z. B. über 30% der Lohn- und Einkommensteuer eigenständig verfügen (früher 15%). Dem bask. PNV gegenüber verpflichtete sich die Reg. zur Aufnahme von Verhandlungen über die vollkommene bask. Autonomie sowie zur Rückzahlung des nach dem Bürgerkrieg enteigneten PNV-Vermögens. PP und CiU einigten sich auf die Abschaffung der Wehrpflicht für das Jahr 2001 und die Bildung einer Berufsarmee. Aufgrund der Zugeständnisse an die Regionalparteien gründeten am 15. Dez. ehem. führende Politiker des PP eine neue Rechtspartei (Partido Democrático Español, PDE; dt. Demokrat. Partei Spaniens).
Das Regierungsprogramm AZNARS enthält vier Schwerpunkte: Maßnahmen zur Stimulierung der Wirtschaft und zur Schaffung neuer Arbeitsplätze, Vertiefung der regionalen Autonomie, Stärkung der demokrat. Institutionen, Fortführung des europapolit. Engagements. In der Europapolitik soll der Erfüllung der Konvergenzkriterien zur Teilnahme an der Europ. Wirtschafts- und Währungsunion oberste Priorität eingeräumt werden. In der Verteidigungspolitik will sich S. auch in die militär. Kommandostruktur der NATO eingliedern. Am 14. Nov. fasste das Parlament den entsprechenden Beschluss. Obwohl AZNAR von einem ›Kabinett der Mitte und der Reformen‹ sprach, wurden wichtige Posten mit streng konservativen Personen besetzt: ORTIZ URCULU, der neue Generalstaatsanwalt, gehört der rechten Fraktion innerhalb des PP an, umstritten ist der äußerst konservative stellv. Regierungschef FRANCISCO ALVARES CASCOS. Eine Schlüsselrolle hat Finanz- und Wirtschaftsmin. RATO inne, er verficht einen strikt wirtschaftsliberalen Kurs. Außenmin. ABEL MATUTES, ein früherer EU-Kommissar, hat manchen Missgriff, v. a. gegenüber Lateinamerika, zu verantworten. Zum rechten Parteiflügel gehören auch die meisten Frauen in der Reg., Erziehungs- und Kulturmin. ESPERANZA AGUIRRE lehnt im Prinzip jede staatl. Subvention für Kultur ab (nicht jedoch für die Privatschulen, auf die die Kinder der Reichen gehen). Justizmin. MARGARITA MARISCAL ist zwar parteilos, wird aber dem rechten Umfeld des PP zugerechnet, und Umweltmin. ISABEL TOCINO gehört der umstrittenen kath. Laienorganisation Opus Dei an. ■

Sparpaket, zum ›Wort des Jahres 1996‹ gewählte Kurzbez. für versch. Gesetze, die im Rahmen des ›Programms für mehr Wachstum und Beschäftigung‹ der Bundesreg. vom April 1996 nach langem Tauziehen zw. Reg. und Opposition sowie zw. Bundestag und Bundesrat am 13. Sept. vom Bundestag beschlossen wurden. Das S. umfasst das **Wachstums- und Beschäftigungsförderungsgesetz,** das Anpassungen und Einschränkungen in den Bereichen →Rentenversicherung und Arbeitsförderung (→Arbeitsmarkt) regelt und von Ausnahmen abgesehen zum 1. 1. 1997 in Kraft tritt, das **Arbeitsrechtliche Beschäftigungsförderungsgesetz** mit Änderungen zum →Kündigungsschutz und zur →Entgeltfortzahlung im Krankheitsfall, die am 1. Okt. in Kraft traten, und das **Beitragsentlastungsgesetz,** das Bestimmungen zur Kostenentlastung bei der gesetzl. Krankenversicherung enthält und zum 1. 1. 1997 in Kraft tritt (→Gesundheitsreform). Die Bundesreg. rechnet damit, dass durch die beschlossenen Maßnahmen 1997 die Rentenkassen um 11,5 Mrd. DM, der Haushalt der Bundesanstalt für Arbeit um 6,5 Mrd. DM und die gesetzl. Krankenversicherung um 7,5 Mrd. DM entlastet werden. Hinzu kommen finanzielle Einsparungen bei den Arbeitgebern.
Das S. hat einen heftigen polit. Streit entfacht und am Beispiel der Kürzung der Entgeltfortzahlung zu erhebl. tarifpolit. Auseinandersetzungen geführt (→Tarifpolitik). Die Opposition und die Gewerkschaften werteten die mit dem S. beschlossenen Maßnahmen als Angriff auf den Sozialstaat. Mit

Gegen das Sparpaket der Bundesregierung sind am 19. Juni in Dresden wie auch andernorts in Deutschland die Proteste von Gewerkschaftern und Oppositionsparteien gerichtet

›Und wie würde Ihr Sparpaket aussehen ...‹

dem S. betreibe die Reg. ›Sozialabbau‹ und verletze Prinzipien sozialer Gerechtigkeit, da einseitig die Masse der Arbeitnehmer und die sozial Schwachen belastet würden. Demgegenüber entlaste das S. die Unternehmen, ohne dass Zusagen zur Schaffung neuer Arbeitsplätze eingefordert würden, und auch die Subventionen für Unternehmen blieben unangetastet. Weiterhin sei das S. wirtschaftspolitisch verfehlt, da es die gesamtwirtschaftl. Nachfrage zur Unzeit schwäche. Den Regierungsparteien zufolge ist ein ›Umbau des Sozialstaats‹ zwingend erforderlich. Das S. liefere einen unverzichtbaren Beitrag dafür, die Finanzierbarkeit der sozialen Sicherungssysteme zu erhalten, die gesetzl. Arbeitsnebenkosten zu verringern, um die Grundlagen für Wirtschafts- und Beschäftigungswachstum sowie die Wettbewerbsfähigkeit der dt. Wirtschaft zu verbessern und die öffentl. Haushalte mit Blick auf die Erfordernisse für die Teilnahme an der Europ. Wirtschafts- und Währungsunion zu sanieren. Bei einer krit. Würdigung des S. müssten auch andere sozialpolit. Maßnahmen der Bundesreg. wie die zweite Stufe der Pflegeversicherung und die Reformen bei Sozialhilfe und Frührente sowie finanzpolit. Maßnahmen wie das Jahressteuergesetz einbezogen werden.

Der Bundesrat hatte das S. mit den Stimmen der Mehrheit der SPD-geführten Länder abgelehnt und Einspruch gegen das Vorhaben erhoben. Größtenteils bedurften die Gesetze des S. jedoch nicht der Zustimmung des Bundesrats. Angesichts der knappen Mehrheitsverhältnisse im Bundestag wurde die entscheidende Abstimmung im Parlament als Machtprobe und Test der Regierungsfähigkeit der Koalition gewertet. Die Regierungsparteien erreichten bei der Abstimmung am 13. Sept. ihr Ziel: Mit der ›Kanzlermehrheit‹ (mindestens 337 der 672 Abg.) wies der Bundestag den Einspruch des Bundesrats zurück und machte damit den Weg zur Verwirklichung des S. frei.

SPD, Abk. für **S**ozialdemokrat. **P**artei **D**eutschlands: Unter dem neuen Vors. OSKAR LAFONTAINE gelangte die Partei in etwas ruhigeres Fahrwasser. Dennoch musste sie bei den Landtags- und Kommunalwahlen Verluste hinnehmen. Bei den Landtagswahlen am 24. März ging ihr Stimmenanteil in Rheinland-Pfalz von 44,8% auf 39,8%, in Schleswig-Holstein von 46,2% auf 39,8% zurück, in Baden-Württemberg musste sie gar eine Einbuße von 4,3 Prozentpunkten hinnehmen, sodass sie nur noch über 25,1% der Wählerstimmen verfügte und aus der großen Koalition mit der CDU ausschied. In Schleswig-Holstein ging die SPD nach dem Verlust der absoluten Mehrheit eine Koalition mit Bündnis 90/Die Grünen ein. Ende 1996 stellt die SPD zwar zehn der 16 MinPräs., verfügt jedoch nur im Saarland, in Niedersachsen und Brandenburg über die absolute Mehrheit. In Berlin, Bremen und Mecklenburg-Vorpommern praktiziert sie eine große Koalition mit der CDU, in Hessen, Nordrhein-Westfalen, Schleswig-Holstein und in Sachsen-Anhalt koalieren SPD und Bündnis 90/Die Grünen, in Hamburg wird die SPD von der Statt-Partei unterstützt. Die in Rheinland-Pfalz regierende einzige sozial-liberale Koalition wurde im Frühjahr bestätigt.

Mit ihrer von Helge Bofinger entworfenen neuen Parteizentrale mitten im Berliner Bezirk Kreuzberg will die SPD nicht nur architektonische Akzente setzen, sondern auch ein Beispiel für umweltfreundliches Bauen bieten. ›Große Politik‹ wird hier allerdings erst nach Umzug des Parteivorstands 1999 stattfinden

Im parlamentar. Raum versuchte die SPD 1996 mithilfe ihrer Mehrheit im Bundesrat das Sparpaket der Bundesreg. zu stoppen. Im außerparlamentar. Raum unterstützte die SPD v.a. die von den Gewerkschaften gegen die Bundesreg. initiierten Massendemonstrationen. Programmatisch befindet sich die SPD in einer Übergangsphase und könnte zu einer stärker links orientierten Volkspartei werden, da nur im Zusammengehen mit Bündnis 90/Die Grünen unter Tolerierung der PDS eine Ablösung der Bundesreg. gelingen kann. 1996 fanden innerhalb der SPD versch. Versuche statt, die bislang eindeutig ablehnende Haltung gegenüber der PDS aufzuheben. Dies führte dazu, dass die ehem. DDR-Bürgerrechtlerin und Mitbegründerin der Ost-SPD ANGELIKA BARBE im Dez. zur CDU übertrat.

Speck von Sternburg, Sammlung: Mit der Gründung der Maximilian Speck von Sternburg-Stiftung am 12. Nov. durfte im Leipziger Museum der Bildenden Künste gefeiert werden: Die S. S. v. S., mit ihren 207 Gemälden, rd. 700 Zeichnungen und Grafiken sowie einer Bibliothek ein Pfeiler des Bestandes, bleibt dem Museum erhalten. Die Sammlung, deren Wert auf über 100 Mio. DM geschätzt wurde, war im 19. Jh. von dem Leipziger Kaufmann MAXIMILIAN SPECK VON STERNBURG zusammengetragen worden, wurde 1945 vor dem Abtransport in die Sowjetunion bewahrt und später in das Museum der Bildenden Künste eingegliedert. Die 1994 wieder in ihre Rechte eingesetzten Erben einigten sich nun darauf, durch den Verkauf von ROGIER VAN DER WEYDENS ›Heimsuchung‹ für Leipzig und einer Altartafel von LUCAS CRANACH D. Ä. für Dresden das Stiftungsvermögen zu bilden und Erbansprüche abzugelten.

SPORTCHRONIK

6. Januar. JENS WEISSFLOG gewinnt durch seinen Sieg in Bischofshofen als erster Skispringer zum vierten Mal die Vierschanzentournee.
21. Januar. Die Erfurterin GUNDA NIEMANN wird in Heerenveen zum siebten Mal seit 1989 Europameisterin im Eisschnelllauf.
27./28. Januar. BORIS BECKER gewinnt zum zweiten Mal nach 1991 die Australian Open in Melbourne durch einen Viersatzsieg über den Amerikaner MICHAEL CHANG. In ihrem ersten Grand-Slam-Finale unterliegt ANKE HUBER der Amerikanerin MONICA SELES in zwei Sätzen.
4. Februar. In Inzell gewinnt GUNDA NIEMANN als erste Eisschnellläuferin zum fünften Mal die Mehrkampfweltmeisterschaft. Bei den Herren siegt der Niederländer RINTJE RITSMA.
11. Februar. ANDREAS GOLDBERGER holt in Bad Mitterndorf im Skifliegen erstmals die Weltmeisterschaft nach Österreich.
17. Februar. HENRY MASKE verteidigt in Dortmund die Boxweltmeisterschaft im Halbschwergewicht (Version IBF) mit einem sicheren Punktsieg über den Amerikaner DURAN WILLIAMS zum neunten Mal mit Erfolg.
18./25. Februar. Mit seinen Weltmeisterschaftssiegen von Calgary im Zweier- und Viererbob schafft CHRISTOPH LANGEN als erster Pilot den Gewinn der Europa- und Weltmeisterschaft mit beiden Schlitten. (BILD S. 320)
25. Februar. Die Schwedin PERNILLA WIBERG und der Italiener ALBERTO TOMBA sind mit je zwei Titeln die erfolgreichsten Teilnehmer der alpinen Skiweltmeisterschaften in der span. Sierra Nevada. (→Wintersport)
7. März. Der Norweger LASSE KJUS und KATJA SEIZINGER (als zweite Deutsche nach ROSI MITTERMAIER 1976) sind die Gewinner des alpinen Ski-Weltpokals.

Gunda Niemann gewinnt am 21. Januar in Heerenveen (Niederlande) zum siebten Mal die Europameisterschaft im Eisschnelllauf

10. März. Mit neuem Schanzenrekord von 204 m gewinnt der Österreicher ANDREAS GOLDBERGER das Skifliegen in Harrachov und nach der Weltmeisterschaft auch den Weltpokal.
16. März. Durch einen Abbruchsieg in der dritten Runde über den Briten FRANK BRUNO holt sich der Amerikaner MIKE TYSON in Las Vegas den Weltmeistertitel im Schwergewichtboxen (Version WBC) zurück.
16. März. In Berlin verteidigt RALF ROCCHIGIANI seinen WBO-Weltmeistertitel im Cruisergewicht durch K. o. in der vierten Runde über den Amerikaner JAY SNIDER.
21. März. Die Damen des BTV Wuppertal erringen als erste dt. Mannschaft den Basketballeuropapokal der Landesmeister. In Sofia bezwingen sie im Finale Cupverteidiger SFT Como.
24. März. Bei den Weltmeisterschaften der Eiskunstläufer in Edmonton (Kanada) siegen in den Einzelkonkurrenzen TODD ELDREDGE und MICHELLE KWAN aus den USA sowie die russischen Paare MARINA JELTSOWA/ANDREJ BUSCHKOW und OKSANA GRITSCHUK/JEWGENIJ PLATOW (Eistanz). Die Deutschen MANDY WÖTZEL/INGO STEUER werden zum zweiten Mal Zweite.
27. März. Ein Gericht in Newark (USA) spricht dem südafrikan. Boxer FRANÇOIS BOTHA wegen Dopings den IBF-Weltmeistertitel im Schwerge-

wicht ab und setzt einen WM-Kampf zwischen dem Amerikaner MICHAEL MOORER und dem Deutschen AXEL SCHULZ an.
7. April. Bei den Boxeuropameisterschaften im dän. Vejle siegen drei Deutsche: SVEN OTTKE im Mittel-, OKTAY URKAL im Halbmittel- und LUAN KRASNIQUI im Schwergewicht.
14. April. Zum dritten Mal hintereinander gewinnt die Deutsche UTA PIPPIG den Boston-Marathon, der 1996 sein 100-jähriges Jubiläum begeht.
21. April. Der für Österreich startende Springreiter HUGO SIMON wird in Genf auf E. T. nach 1979 zum zweiten Mal Sieger im Weltcup-Finale.
21. April. Russland schneidet bei den Einzelweltmeisterschaften der Kunstturner in San Juan mit drei Siegen und sechs Medaillen am besten ab. Dank seiner Damen belegt Rumänien mit zwei Titeln durch GINA GOGEAN und fünf Medaillen Platz 2.
27. April. Auf außerordentl. Versammlungen in Bern beschließen der Schweizer. Landesverband für Sport (SLS) und das Schweizer. Olymp. Komitee (SOK) den Zusammenschluss zum 1. 1. 1997 unter der Bezeichnung Schweizer. Olymp. Verband (SOV).
28. April. Der TBV Lemgo holt sich gegen Teka Santander den Handballeuropapokal der Pokalsieger.
29. April. Die Tennisspielerin MONICA SELES reicht eine Schadensersatzklage in Höhe von 24,4 Mio. DM gegen den Veranstalter des Hamburger Turniers ein, bei dem sie am 30. 4. 1993 durch ein Messerattentat verletzt worden war.
5. Mai. Die Tschech. Rep. trägt sich erstmals in die Liste der Eishockeyweltmeister ein. Im Finale von Wien besiegen die Tschechen Kanada mit 4:2. Dritter werden die USA vor Russland. Deutschland scheidet im Viertelfinale mit 1:6 gegen den späteren Turniersieger aus. Österreich steigt nach zwei Niederlagen gegen Frankreich aus der A-Gruppe ab.

Nach 20 Jahren ohne internationalen Titel gewinnt der FC Bayern München am 15. Mai in Bordeaux den UEFA-Cup. Von links: Andreas Herzog, Marcel Witeczek, Michael Probst, Thomas Helmer, Mehmet Scholl, Alexander Zickler, Lothar Matthäus, Thomas Strunz, Markus Babbel

Mit Bob ›Deutschland 2‹ gewinnt Christoph Langen (vorne) am 25. Februar in Calgary nach der Zweier- auch die Viererbob-Weltmeisterschaft

5. Mai. Titelverteidiger Grasshoppers Zürich wird vorzeitig zum 24. Mal schweizer. Fußballmeister vor dem FC Sitten.
8. Mai. Die Fußballer von Paris St.-Germain gewinnen zum ersten Mal den Europapokal der Pokalsieger durch einen 1:0-Sieg über Rapid Wien.
11. Mai. Borussia Dortmund verteidigt einen Spieltag vor Ende der Bundesligasaison erfolgreich die dt. Fußballmeisterschaft. Die nächsten Plätze belegen Bayern München, Borussia Mönchengladbach, Schalke 04 und der Hamburger SV. Absteiger sind neben KFC Uerdingen Eintracht Frankfurt und der 1. FC Kaiserslautern, zwei Klubs, die der Bundesliga seit ihrer Gründung angehört hatten.
12. Mai. Die Handballerinnen des TV Lützellinden gewinnen gegen Kras Zagreb den Europapokal der Pokalsieger.
15. Mai. Der FC Bayern München holt sich zum ersten Mal den UEFA-Pokal. Dem 2:0-Sieg im Final-Hinspiel folgt bei Girondins Bordeaux ein 3:1-Erfolg.
19. Mai. Im schweizer. Fußballpokalfinale in Bern setzt sich Vorjahressieger FC Sitten mit 3:2 gegen Servette Genf durch.
22. Mai. Juventus Turin gewinnt in Rom die Fußball-Champions-League. Im Finale setzen sich die Italiener gegen Titelverteidiger Ajax Amsterdam im Elfmeterschießen mit 4:2 durch: Nach 120 Minuten hatte es 1:1 gestanden.
25. Mai. Bundesliga-Absteiger 1. FC Kaiserslautern wird in Berlin dt. Fußballpokalsieger durch ein 1:0 gegen den Karlsruher SC.
25. Mai. HENRY MASKE verteidigt zum zehnten Mal seine IBF-Boxweltmeisterschaft im Halb-

schwergewicht mit Erfolg. In Leipzig besiegt er in einem Kampf über zwölf Runden den Amerikaner JOHN SCULLY sicher nach Punkten.

26. Mai. Die Schweiz holt mit MARC ROSSET und JAKOB HLASEK in Düsseldorf erstmals den World Team Cup im Tennis durch ein 2:1 über die Tschech. Republik.

2. Juni. Rapid Wien holt sich zum 30. Mal die österr. Fußballmeisterschaft durch einen 2:0-Sieg im letzten Rundenspiel gegen den Tabellenzweiten Sturm Graz. FC Tirol Innsbruck und der Grazer AK belegen die weiteren Plätze.

5. Juni. Sturm Graz gewinnt den österr. Fußballpokal durch einen 3:1-Sieg im Endspiel über Admira Wien.

8./9. Juni. Zum fünften Mal triumphiert STEFFI GRAF im Finale der French Open in Paris durch 10:8 im dritten Satz über die Spanierin ARANTXA SÁNCHEZ VICARIO. Dem Russen JEWGENIJ KAFELNIKOW gelingt im Herreneinzel der erste Grand-Slam-Sieg durch einen Dreisatzsieg gegen MICHAEL STICH.

9. Juni. Der Russe PAWEL TONKOW gewinnt den 79. Giro d'Italia.

20. Juni. Der Österreicher PETER LUTTENBERGER gewinnt die Tour de Suisse.

23. Juni. AXEL SCHULZ gelingt es auch im dritten Versuch nicht, Boxweltmeister im Schwergewicht nach Version IBF zu werden. In Dortmund unterliegt er dem Amerikaner MICHAEL MOORER nach zwölf Runden.

30. Juni. Mit einem 2:1-Sieg über die Tschech. Rep. gewinnt Deutschland in London zum dritten Mal die →Fußball-Europameisterschaft.

6./7. Juli. Mit ihrem siebten Finaltriumph in Wimbledon feiert STEFFI GRAF zugleich ihren 20. Grand-Slam-Erfolg und 100. Turniersieg. Gegen die Spanierin ARANTXA SÁNCHEZ VICARIO wiederholt sie ihren Vorjahressieg. Im ersten Herrenfinale zweier ungesetzter Spieler setzt sich der Niederländer RICHARD KRAJICEK in drei Sätzen gegen den Amerikaner MALIVAI WASHINGTON durch. Durch ihren Erfolg im Damendoppel mit der Tschechin HELENA SUKOVA wird die 16-jährige Schweizerin MARTINA HINGIS die bisher jüngste Siegerin in Wimbledon.

11. Juli. ANATOLIJ KARPOW bleibt Schachweltmeister der FIDE. Durch ein Remis in der 18. Runde verteidigt er mit 10,5:7,5 Punkten seinen Titel gegen den amerikan. Herausforderer GATA KAMSKI.

18. Juli. THOMAS BACH wird in Atlanta (Georgia) mit großer Mehrheit in das Exekutivkomitee des Internat. Olymp. Komitees gewählt.

19. Juli. In Atlanta (Georgia) werden die XXVI. →Olympischen Sommerspiele eröffnet.

21. Juli. Der Vorjahresdritte BJARNE RIIS vom Team Dt. Telekom gewinnt als erster Däne die Tour de France. Mit 1:41 Minuten Abstand kommt sein Teamkamerad JAN ULLRICH auf den zweiten Platz. Dritter wird der Franzose RICHARD VIRENQUE. Platz 4 belegt der Schweizer LAURENT DUFAUX, Platz 5 der Österreicher PETER LUTTENBERGER. Das Team Dt. Telekom, das fünf Etappensiege verbuchen kann, stellt mit ERIK ZABEL auch den Gewinner des Grünen Trikots für den besten Sprinter.

14. August. ROLF FRINGER, bisher Trainer beim VfB Stuttgart, wird als Nachfolger des Portugiesen ARTUR JORGE neuer Coach der Schweizer Fußball-Nationalmannschaft.

15. August. In Atlanta (Georgia) beginnen die 10. Weltspiele der Behinderten (→Paralympics).

1. September. Bei den Weltmeisterschaften im Bahnradsport in Manchester schneidet Frankreich mit drei Siegen am erfolgreichsten ab. Deutschland gewinnt je vier Silber- und Bronzemedaillen.

6. September. Der brit. Radfahrer CHRIS BOARDMAN verbessert in Manchester den Stundenweltrekord des Schweizers TONY ROMINGER um 1,184 km auf 56,375 km.

8. September. Wie im Vorjahr heißen die Sieger der US-Open STEFFI GRAF und PETE SAMPRAS. Ohne Satzverlust gewinnt die Deutsche zum fünften Mal in Flushing Meadows. Im Endspiel bezwingt sie trotz Kniebeschwerden die Amerikanerin MONICA SELES. Im Halbfinale hatte sie die zwölf Jahre jüngere Schweizerin MARTINA HINGIS ausgeschaltet. Im Herrenfinale schlägt PETE SAMPRAS seinen amerikan. Landsmann MICHAEL CHANG glatt in drei Sätzen.

Die ersten drei im Gesamtklassement der Tour de France winken am 21. Juli vom Siegerpodest auf den Pariser Champs-Élysées. In der Mitte Tourgewinner Bjarne Riis, rechts der Zweite Jan Ullrich, links der Drittplatzierte Richard Virenque

13. September. Gastgeber Schweiz gewinnt bei den Weltmeisterschaften der Straßenradfahrer in Lugano zwei Titel: Im Einzelzeitfahren durch ALEX ZÜLLE und beim Straßenrennen der Damen durch BARBARA HEEB. Das Straßenrennen entscheidet der Belgier JOHAN MUSEEUW im Spurt vor dem Schweizer MAURO GIANETTI für sich. Mit ihrem Sieg im Einzelzeitfahren erringt die Französin JEANNIE LONGO-CIPRETTI ihren 11. WM-Titel.

13. September. MARTINA HINGIS gelingt in Filderstadt gegen ANKE HUBER ihr erster Sieg in einem WTA-Turnier.

14. September. Die USA gewinnen nach einem 5:2-Sieg über Kanada in Montreal den erstmals

Tony Amonte (Mitte) vom Team USA springt nach seinem Siegtor im Finale des Eishockey-Weltpokals am 14. September in Montreal in die Arme seines Mitspielers Derian Hatcher

ausgetragenen Eishockey-Weltpokal mit 2:1 Erfolgen. Deutschland war im Viertelfinale mit 1:4 an Kanada gescheitert.

21. September. Österreichs Davispokalteam verliert das Abstiegsspiel der Weltgruppe in São Paulo gegen Brasilien mit 1:4, nachdem das Doppel THOMAS MUSTER/UDO PLAMBERGER vorzeitig das Spielfeld verlassen hatte. Die Österreicher waren beschimpft, bespuckt, mit Gegenständen beworfen und mit Spiegeln geblendet worden.

29. September. Einen einmaligen Triumph feiern die schweizer. Radfahrer: Sie belegen mit ALEX ZÜLLE, LAURANT DUFAUX und TONY ROMINGER, der die Bergwertung für sich entscheidet, die ersten drei Plätze der Spanien-Rundfahrt.

29. September. Die Tennisdamen der USA tragen sich in Atlantic City durch einen 5:0-Sieg über Spanien zum 15. Male in die Siegerliste des Federation-Cups ein.

13. Oktober. Der brit. Williams-Pilot DAMON HILL sichert sich in Suzuka (Japan) mit seinem achten Saisonsieg im letzten Lauf zur Formel-1-Weltmeisterschaft den Titel mit 97 Punkten vor seinem Teamgefährten JACQUES VILLENEUVE, der als Formel-1-Neuling auf 78 Punkte kommt. Mit HILL gewinnt erstmals der Sohn eines früheren Weltmeisters den WM-Titel. Der zweimalige Weltmeister MICHAEL SCHUMACHER wird auf Ferrari Dritter des Gesamtklassements (59 Punkte), der Österreicher GERHARD BERGER (21 Punkte) Sechster.

27. Oktober. Der Belgier LUC VAN LIERDE siegt als erster Europäer in Kailua Kona im Hawaii-Triathlon mit neuem Streckenrekord vor dem Deutschen THOMAS HELLRIEGEL. Bei den Damen trägt die Australierin PAULA NEWBY-FRASER zum achten Mal den Sieg davon. Die Schweizerin NATASCHA BADMANN wird Zweite.

27. Oktober. Der Weltmeisterschaftszweite MAURO GIANETTI aus der Schweiz gewinnt im japan. Utsunomiya das Weltcupfinale der Straßenradfahrer. Die Gesamtwertung geht an Weltmeister JOHAN MUSEEUW aus Belgien.

3. November. Nach 13 Monaten gelingt Golfer BERNHARD LANGER beim Asian Cup in Tokio wieder ein Turniersieg.

9. November. Der amerikanische Berufsboxer EVANDER HOLYFIELD erobert zum dritten Mal den Weltmeistertitel im Schwergewicht (Version WBA) zurück. In Las Vegas schlägt er in der 11. Runde durch technischen K.o. den Favoriten MIKE TYSON, der seine zweite Niederlage erleidet. MICHAEL MOORER bleibt Schwergewichtsweltmeister der IBF durch einen technischen K.o. über den Südafrikaner FRANÇOIS BOTHA. Der Engländer HENRY AKINWANDA, Schwergewichtsweltmeister der WBO, verteidigt ebenfalls in Las Vegas seinen Titel erfolgreich gegen den Russen ALEKSANDR ZOLKIN.

10. November. Die Schweizerin MARTINA HINGIS fegt im Finale von Oakland (Kalifornien). MONICA SELES mit 6:2, 6:0 vom Platz und gewinnt ihr zweites WTA-Turnier.

20. November. In einem Grundsatzurteil erklärt das Bundesarbeitsgericht in Kassel im Fall des Eishockeyspielers TORSTEN KIENASS die Zahlung von Ablösegeldern für einen Berufssportler nach Auslaufen seines Vertrages für unrechtmäßig. (→Bosman-Urteil)

23. November. HENRY MASKE, der nach elf Titelverteidigungen seine Karriere beendet, verliert erstmals einen Profiboxkampf. In seinem 31. Kampf unterliegt er in München und verliert die IBF-Weltmeisterschaft an den amerikan. WBA-Weltmeister im Halbschwergewicht VIRGIL HILL.

Damon Hill reckt seine Faust in die Höhe, nachdem er mit einem Sieg im japanischen Suzuka am 13. Oktober die Formel-1-Weltmeisterschaft gewonnen hat

23. November. In Bern wird Rene Burkhalter zum ersten Präsidenten des Schweizer. Olymp. Verbandes (SOV) gewählt.
24. November. Zum dritten Mal wird Pete Sampras ATP-Weltmeister. Im Finale von Hannover bezwingt der Amerikaner in fünf Sätzen Titelverteidiger Boris Becker. Beim Masters-Endspiel der Tennisdamen in New York triumphiert Steffi Graf zum fünften Mal, ihre Finalgegnerin Martina Hingis gibt sich aber erst nach fünf Sätzen geschlagen.

Pete Sampras (links) und Boris Becker umarmen sich, nachdem der Amerikaner am 24. November in Hannover in einem dramatischen Finale zum dritten Mal Tennis-Weltmeister geworden ist

1. Dezember. Frankreichs Tennisequipe entscheidet in Malmö das Endspiel im Davispokal gegen Schweden mit 3:2 für sich.
1. Dezember. Deutschland, die Schweiz und Österreich scheitern bei der Qualifikation zur Handball-Weltmeisterschaft. Der dt. Bundestrainer Arno Ehret und der schweizer. Nationaltrainer Armin Emrich treten daraufhin zurück.
7. Dezember. João Havelange kündigt seinen Verzicht auf eine weitere Kandidatur als Präsident des Fußball-Weltverbandes FIFA an. Der 80-jährige Brasilianer, der die FIFA seit 1975 leitet, nennt als seinen möglichen Nachfolger Franz Beckenbauer.
8. Dezember. Boris Becker gewinnt durch einen Dreisatzsieg über Goran Ivanisevic zum ersten Mal den Grand-Slam-Cup in München.
13. Dezember. Die Ski-Weltcupsiegerin Katja Seizinger und der Zehnkampf-Olympiazweite Frank Busemann werden zu Deutschlands Sportlern, die Fußball-Europameisterschaftself zu Deutschlands Mannschaft des Jahres gewählt.
24. Dezember. Matthias Sammer wird Europas Fußballer des Jahres. ■

Sri Lanka

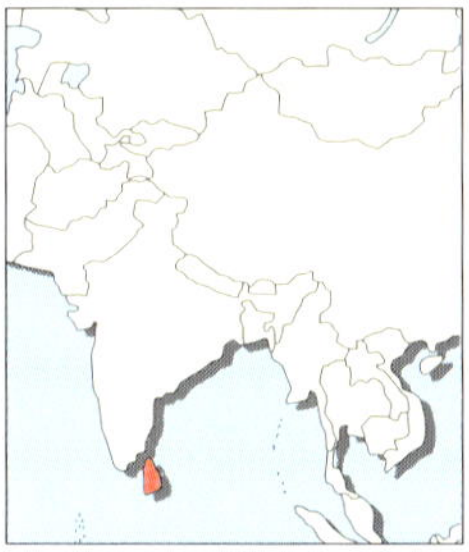

Hauptstadt: Colombo
Einwohner: 18,4 Mio.
Einwohner/km²: 280
Staatsoberhaupt:
C. Kumaratunga
Regierungschef:
S. Bandaranaike
BSP/Einwohner:
640 US-$

Das Hauptproblem für Präs. Chandrika Kumaratunga blieben weiterhin die ›Befreiungstiger von Tamil Eelam‹ (LTTE), die mit dem Selbstmordanschlag auf die Zentralbank in Colombo Ende Jan. (mehr als 80 Tote und rd. 1 200 Verletzte) für das schwerste Attentat in der Geschichte S. L.s seit der Unabhängigkeit verantwortlich waren.
Kumaratunga setzte unbeirrt ihren Kurs fort, durch die Einführung einer föderalist. Verfassung mit weitgehender Autonomie der acht Regionen – davon zwei tamil. – eine polit. Lösung anzustreben, andererseits aber militär. Härte zu zeigen. Die Apriloffensive der Armee brachte den gewünschten Erfolg. Es gelang, die Tamilenhochburg Jaffna im N des Landes einzunehmen und die Zivilbevölkerung zur Rückkehr in die Stadt zu veranlassen, die ihr von den LTTE verboten worden war. Zunächst zeigten sich die ›Tamil Tigers‹ daraufhin zur Wiederaufnahme von Verhandlungen, eventuell mit neutraler ausländ. Vermittlung, bereit, starteten im Juli jedoch eine Großoffensive, bei der im Kampf um den strategisch wichtigen Armeestützpunkt Mullaittivu im NO über 1 000 Soldaten sowie mehrere Hundert Partisanen ums Leben kamen. Die Regierungstruppen antworteten ihrerseits mit neuen Offensiven.
Die wirtschaftl. Entwicklung war weiterhin durch den Bürgerkrieg gefährdet. Der Verteidigungsetat

Ein Selbstmordattentat vermutlich tamilischer Separatisten auf die sri-lankische Zentralbank in Colombo fordert am 31. Januar über 80 Menschenleben

für 1996 wurde bereits im ersten Halbjahr überschritten. Die Einnahmen aus dem Tourismus sanken, und nach unzureichenden Monsunregen wurden tägl. Stromsperren für die Bevölkerung zur Normalität. ■

Strafprozess: Mit dem Bundestagsbeschluss vom 6. Dez. wurden in das StGB Gesetzesregeln zum genet. Fingerabdruck neu eingeführt, der seit Aug. 1988 auch von dt. Strafverfolgungsbehörden zur Identifizierung von Personen akzeptiert wird. Zur Aufklärung schwerer Verbrechen dürfen nur Richter die DNA-Analyse z. B. von Blut- und Haarproben anordnen und zugleich die Gutachterstelle benennen, die nicht mit den ermittelnden Behörden identisch sein darf. Im Sinne der geninformationellen Selbstbestimmung dürfen die entnommenen Körperzellen nur für ein bestimmtes Strafverfahren verwendet werden und sind im Anschluss sofort zu vernichten. Das Untersuchungsmaterial muss den Instituten anonymisiert übermittelt werden. Überschussinfomationen, z. B. über Erbanlagen, dürfen nicht erhoben werden. Datenschutzbeauftragte überprüfen die korrekte Handhabung.
Zur Schonung von Kinderzeugen in S. soll nach einer Bundesratsinitiative künftig auch gesetzlich die Vernehmung über Videokamera ermöglicht werden. Die Vertreter von Anklage und Verteidigung sowie die angeklagte Person könnten so, allerdings nicht unmittelbar, die oft entscheidenden Belastungszeugen befragen, obwohl die S.-Ordnung eigentlich eine unmittelbare Befragung verlangt.
Die ›Hauptverhandlungshaft‹ zur Sicherung eines beschleunigten Verfahrens binnen einer Woche nach Festnahme eines Tatverdächtigen ist vom Bundesrat als verfassungswidrig abgelehnt worden.

Bei einer Versammlung des Arbeitgeberverbandes Gesamtmetall am 21. Juni in Freiburg übergibt Hans-Joachim Gottschol (links) sein Präsidentenamt offiziell an Werner Stumpfe

Stumpfe, Werner, Manager, *Liegnitz 16. 6. 1937. – Seit dem 21. Juni ist S. hauptamtl. Präs. des Gesamtverbandes der metallindustriellen Arbeitgeberverbände e. V. (Gesamtmetall). Der Arbeitgeberverband hatte die Ämter des Hauptgeschäftsführers und des ehrenamtl. Präs. zu Jahresbeginn zusammengeführt und S. bereits zum 1. Jan. zum geschäftsführenden Präsidiumsmitgl. gewählt.
Der promovierte Jurist war in den 1970er-Jahren beim Arbeitgeberverband Eisen- und Stahlindustrie tätig, zuletzt als Hauptgeschäftsführer. Danach arbeitete S. als Personalvorstand bei der Mannesmann Demag AG (1981–91), der Axel Springer Verlag AG (1992–94) und als Personalberater. Bereits 1983–91 vertrat er die Interessen der Metallarbeitgeber, 1985–91 als ehrenamtl. Präs. von Gesamtmetall.

Sturm, Herwig, österr. ev. Theologe, *Lilienfeld (Niederösterreich) 15. 8. 1942. – Seit 1. Jan ist S. neuer Bischof der Ev. Kirche Augsburg. Bekenntnisses in Österreich. Er war im Okt. 1995 von der Synode zum Nachfolger des Bischofs Dieter Knall gewählt worden, der in den Ruhestand trat. S., der urspr. Techniker werden wollte, studierte dann doch Theologie in Wien, Heidelberg und Zürich. Nach seiner Zeit als Vikar in Zell am See und im Osttiroler Lienz hatte er in Lienz 13 Jahre lang eine Pfarrstelle inne. Danach ab 1980 in Klagenfurt tätig, wurde S. 1988 Superintendent der Diözese Kärnten und Osttirol. Er selbst sieht sich als Reformer und möchte als Bischof u. a. enttäuschten Protestanten wieder eine ›geistige Heimat‹ geben.

Südafrika

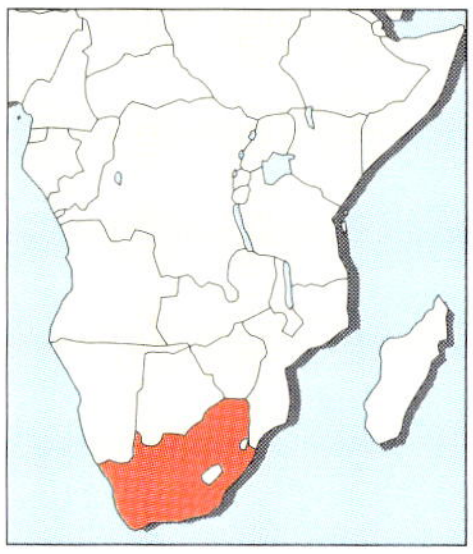

Hauptstadt: Pretoria
Einwohner: 41,2 Mio.
Einwohner/km²: 34
Staatsoberhaupt und Regierungschef: N. Mandela
BSP/Einwohner: 3010 US-$

Ausbleibender Wirtschaftsaufschwung

Als Hindernis für einen wirtschaftl. Aufschwung wird allg. die Untätigkeit der Reg. angesehen. Die geringe Produktivität der Wirtschaft hält keinem Vergleich stand mit Konkurrenten in Afrika, Asien, Lateinamerika und Osteuropa. Arbeitslosigkeit und illegale Einwanderung, beides auch Ursachen der wachsenden Kriminalität, sind statistisch kaum zu erfassen. Die Arbeitslosenquote wird auf 20–50% geschätzt, die Zahl der illegalen Zuwanderer auf 2,5–8 Mio. Um nur die Schulabgänger mit Arbeitsplätzen zu versorgen, müsste die Wirtschaft um 6% wachsen, doch 1995/96 betrug das Wachstum nur 3–3,5%. Stark rückläufig sind die Arbeitsmöglichkeiten im Bergbau, v. a. die Goldförderung nahm weiter ab (1975 60%, 1995 nur noch 23% der Weltproduktion). Der Tourismus leidet unter starkem Preisanstieg, unter der Angst vor Überfällen und Malaria. Die hohe Kriminalitätsrate gefährdet dringend benötigte Auslandsinvestitionen. Der dem regierenden ANC nahe stehende Gewerkschaftsdachverband Cosatu versuchte, die geplante Privatisierung von Staatsunternehmen zu verhindern, Vizepräs. MBEKI verteidigte sie jedoch als unverzichtbaren Anreiz für Investitionen. Deutschland ist größter Handelspartner S.s und zweitwichtigster ausländ. Investor. Der dt.-südafrikan. Außenhandel stieg um 12,2% auf 8,4 Mrd. DM.

Neue Verfassung. Innere Probleme

Die verfassunggebende Versammlung verabschiedete am 8. Mai den Entwurf der neuen Verfassung; eine Überprüfung durch das Verfassungsgericht auf Einhaltung der Ende 1993 in Kempton Park aufgestellten 34 Verfassungsgrundsätze führte im Aug. jedoch zur Anfechtung. Umstritten blieben v. a. die Befugnisse der Prov., also die Machtverteilung zw. Zentralreg. und Provinzregierungen. Der ANC, der in sieben von neun Prov. die Mehrheit hat, will eine starke Zentralgewalt, die anderen Parteien wollen mehr Föderalismus. Strittig blieben auch die Garantie der Aussperrung, der Mandatsverlust bei Parteiwechsel, die Freigabe der Abtreibung und die ungenügende Berücksichtigung der traditionellen Rolle der Häuptlinge. Nach der Verabschiedung des Verfassungsentwurfs verließ die Nationalpartei (NP) am 30. Juni die mit dem ANC und der Inkatha Freedom Party (IFP) gebildete Reg. der nat. Einheit. Ihr Führer FREDERIK DE KLERK will nun in der Opposition die Mehrparteiendemokratie voranbringen. Auch die NP-Min. in acht der neun Provinzreg. traten zurück. Nachdem das Verfassungsgericht den Entwurf in bereinigter Form am 4. Dez. akzeptiert hatte, trat die Verfassung mit der Unterzeichnung durch Präs. NELSON MANDELA am 10. Dez. in Kraft.
Vor der von Bischof DESMOND TUTU geleiteten ›Wahrheitskommission‹ wurden nach monatelanger Anhörung der Opfer der Apartheid im Aug. auch die Vertreter der polit. Parteien gehört; DE KLERK entschuldigte sich für die Menschenrechtsverletzungen während der Zeit der Apartheid, Vizepräs. MBEKI für die damaligen Übergriffe des ANC. In der Unruheprovinz KwaZulu/Natal kam es erneut zu Massakern zw. ANC- und Inkatha-Anhängern. Wegen der Unruhen zweimal verschoben, brachte die dortige Kommunal- und Regionalwahl Ende Juni Verluste für die IFP, die aber mit 44,5% stärkste Partei vor dem ANC (33,2%) und der NP (12,7%) blieb. Für wachsende Unruhe bei Bevölkerung, Wirtschaft und Touristen sorgte die rapide Zunahme von Gewaltverbrechen. Klagen über eine teils korrupte Polizei und die Justiz will die Reg. mit Antikorruptionseinheiten begegnen; auch soll verhindert werden, dass S. zu einem Transitland für Drogen wird. Neue Hochsicherheitsgefängnisse sollen die überfüllten, nicht ausbruchsicheren Haftanstalten entlasten, erörtert wird auch die Wiedereinführung der Todesstrafe.
Die Durchsetzung der allg. Schulpflicht für schwarze Kinder ist schwierig. Im Febr. schlug der Erziehungsmin. vor, die privilegierten Schulen der Weißen, die mit Staatszuschüssen arbeiten, zu schließen. ■

Der Führer der Nationalpartei, Frederik de Klerk (rechts), übergibt Erzbischof Desmond Tutu, der die ›Wahrheitskommission‹ leitet, am 21. August ein Dossier über das Verhalten seiner Partei während des Apartheidregimes

Sudan

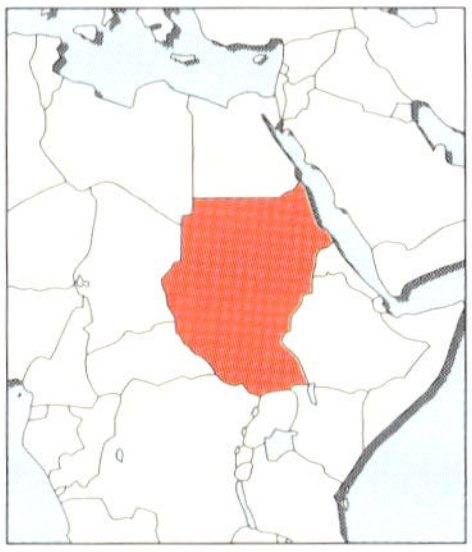

Hauptstadt: Khartum
Einwohner: 28 Mio.
Einwohner/km²: 11
Staatsoberhaupt und Regierungschef:
O. A. H. al-Bashir
BSP/Einwohner:
400 US-$ (1990)

Der durch den Gegensatz zw. der christlich-animistisch geprägten schwarzafrikan. Bevölkerung im Süden des Landes und der von der Nat. Islam. Heilsfront (NIF) beherrschten Zentralreg. enstandene Bürgerkrieg dauerte an. Die Städte im Süden stehen unter der Kontrolle der arabisch-islamist. Regierungstruppen, die ländl. Gebiete werden von der Sudanes. Volksbefreiungsarmee (SPLA) kontrolliert. Im Okt. riefen die kath. Bischöfe S.s die europ. Staaten auf, dem Völkermord im S des Landes nicht länger untätig zuzusehen.
Vom 6. bis 17. März fanden Präsidentschafts- und Parlamentswahlen statt. Der am 1. Jan. zusammengetretene Nationalkongress hatte zuvor 125 der 400 Parlamentsmitgl. ernannt. Für die restl. 275 Sitze konnte unter ›unabhängigen‹ Kandidaten gewählt werden. Die Opposition rief zum Boykott auf, die Wahlbeteiligung war sehr gering. Zur Präsidentenwahl traten 41 Kandidaten an, OMAR HASSAN AHMAD AL-BASHIR wurde jedoch mit rd. 75% der Stimmen im Amt bestätigt. Zum Parlamentspräs. wurde der GenSekr. der NIF, HASSAN AL-TURABI, gewählt.
Mit seinen Nachbarstaaten Ägypten, Äthiopien, Eritrea und Uganda trug S. auch in diesem Jahr zahlreiche Grenzstreitigkeiten aus, jeweils verbunden mit gegenseitigen Vorwürfen der Unterstützung von Oppositionsbewegungen. Auch weltweit

nahm die Isolation S.s zu. Nach Ablauf eines Ultimatums der UNO zur Auslieferung dreier Sudanesen an Äthiopien, die 1995 ein Attentat auf den ägypt. Präs. Mubarak verübt haben sollen, traten am 10. Mai Sanktionen in Kraft, die v. a. die diplomat. Beziehungen einschränken; bereits im Jan. hatten die USA ihre Vertretung in S. aus Sicherheitsgründen geschlossen, im Nov. verhängte die amerikan. Reg. ein Einreiseverbot für sudanes. Funktionäre. ■

Sumitomo Corp., Japans viertgrößtes Universalhandelshaus, das als Folge jahrelanger betrüger. Kupfertermingeschäfte enorme Verluste erlitten hat. Der S. Corp. war innerhalb von zehn Jahren ein Verlust von insgesamt 2,6 Mrd. US-$ entstanden. Der bis Ende Mai als Chefkupferhändler des Handelshauses tätige Yasuo Hamanaka hatte ohne Autorisation der Unternehmensleitung an den Metallbörsen in London und New York Transaktionen unter Fälschung der Bücher getätigt. Nach Bekanntwerden des Betrugs fielen die Kupferpreise um knapp 14% auf den niedrigsten Stand seit zwei Jahren. Die Aufsichtsbehörden in den USA und in Großbritannien ermittelten gegen die S. Corp.

Surinam

Hauptstadt: Paramaribo
Einwohner: 423 000
Einwohner/km²: 3
Staatsoberhaupt und Regierungschef: J. A. Wijdenbosch (seit 15. 9. 1996)
BSP/Einwohner: 870 US-$

Aus den Parlamentswahlen am 23. Mai ging das aus vier Parteien bestehende Regierungsbündnis der Nieuw Front (NF) von Präs. Ronald Venetiaan wieder als Gewinner hervor, doch büßte es seine absolute Mehrheit ein. Bei der Präsidentenwahl im Parlament am 5. Sept. setzte sich im dritten Wahlgang Jules Albert Wijdenbosch, der Kandidat der National Democratic Party des früheren Armeechefs Désiré Bouterse, durch. ■

Swasiland

Hauptstadt: Mbabane
Einwohner: 855 000
Einwohner/km²: 49
Staatsoberhaupt: Mswati III.
Regierungschef: Mbilini Dlamini
BSP/Einwohner: 1 160 US-$

1996 kam es wiederholt zu Streiks und Demonstrationen gegen die absolutist. Herrschaft König Mswatis und seines Dlamini-Clans. Die von der Gewerkschaftsföderation angeführten Streikenden forderten u. a. die Aufhebung des 1973 verhängten Ausnahmezustands und des damit verbundenen Parteienverbots sowie das Streikrecht. ■

Syrien

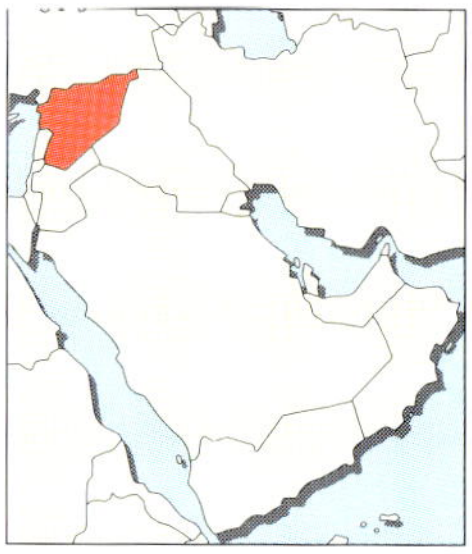

Hauptstadt: Damaskus
Einwohner: 14,7 Mio.
Einwohner/km²: 79
Staatsoberhaupt: H. al-Assad
Regierungschef: M. as-Subi
BSP/Einwohner: 1 110 US-$ (1991)

Verschlechterte Lebensbedingungen

Die Liberalisierungsmaßnahmen führten zwar zu einer besseren Versorgungslage der rasch wachsenden Bevölkerung (3,4% jährlich), aber auch zu einem teilweise drast. Preisanstieg bei fallenden Reallöhnen. Arbeitsplätze oder bezahlbare Wohnungen für junge Menschen sind rar. Durch die Bemühungen, dem Privatsektor Anreize zu bieten, sieht sich die Reg. einer zunehmenden Korruption unter Beamten gegenüber. In der Bevölkerung mehren sich krit. Stimmen.

Verhärtete Fronten mit der Türkei, den USA ...

Als unfreundl. Akt bezeichnete S. ein im Febr. abgeschlossenes türk.-israel. Militärabkommen; Ankara warf seinerseits S. vor, die Kurd. Arbeiterpartei (PKK) zu unterstützen und drohte mit Konsequenzen. Als es – nach Angaben ausländ. Beobachter – im Mai/Juni zu Sprengstoffanschlägen in Damaskus, Latakia, Aleppo und anderen Städten entlang der syr.-türk. Grenze kam, machten die syr. Sicherheitsbehörden die türkischstämmige Minderheit dafür verantwortlich und nahmen in größerem Umfang Verhaftungen vor. Syr.-türk. Truppenbewegungen beiderseits der Grenze gaben zu Besorgnis Anlass. In Reaktion auf die Kämpfe in Nordirak trat Assad für die territoriale Integrität Iraks ein und verurteilte die amerikan. Luftangriffe. Die USA führen S. weiterhin auf der ›schwarzen Liste‹ der den Terrorismus unterstützenden Staaten. Doch auch vor S. macht der Terrorismus nicht halt; in Damaskus wurde am 29. Dez. ein Bombenattentat verübt, bei dem bis zu 40 Menschen starben; eine extremist. Muslimorganisation bekannte sich zu dem Anschlag.

... und mit Israel

Die von der Wiederaufnahme der syr.-israel. Gespräche im Dez. 1995 und dem erstmalig ausgedrückten Bedauern S.s über antiisrael. Terroranschläge im Febr. geweckten Hoffnungen auf einen Durchbruch in den Beziehungen erfüllten sich nach der israel. Militäroperation in Libanon im April und dem Wahlsieg BENJAMIN NETANJAHUS im Mai nicht. Israel fordert von S. als dem maßgebl. Machtfaktor in Libanon, den Hisbollah-Angriffen ein Ende zu setzen. S. bezweifelt die Friedensbereitschaft Israels, da die neue Reg. die 1991 festgelegte Verhandlungsgrundlage ›Land gegen Frieden‹ ablehnt, was u.a. der syr. Forderung nach der Rückgabe der Golanhöhen entgegensteht. Syr. und israel. Raketentests sowie ein syr. Truppenaufmarsch an der südlibanesisch-israel. Grenze verschärften die Spannungen. Mehrfach besuchten der amerikan. Außenmin. CHRISTOPHER sowie versch. arab. Staatsoberhäupter Präs. HAFIS AL-ASSAD zu Konsultationen über die Lage im Nahen Osten. Im Okt. forderte der frz. Staatspräs. CHIRAC bei seinem Besuch in Damaskus eine stärkere Mitsprache der Europäer. Diese Aufgabe soll der bisherige Botschafter Spaniens in Israel, MIGUEL MORATINOS, übernehmen, der zum Sonderbotschafter der EU für den Nahen Osten ernannt wurde. ■

Szymborska, Wisława, poln. Lyrikerin, * Bnin (heute zu Kórnik, Woiwodschaft Posen) 2. 7. 1923. – Nach 1995 ging der Nobelpreis für Literatur erneut an die Lyrik: Preisträgerin wurde 1996 die zuvor fast nur Fachleuten bekannte Polin.
Ihr Œuvre umfasst zwölf Gedichtbände und ist im dt. Sprachraum durch die Übersetzungen von KARL DEDECIUS verbreitet: Der Band ›Hundert Freuden‹ von 1986 ist im Wesentlichen eine erweiterte Ausgabe von ›Salz‹ (1973) und ›Deshalb leben wir‹ (1980). 1995 erschien die Ausgabe ›Auf Wiedersehn. Bis morgen‹. Anfangs schrieb S. stalinist. Propagandagedichte; in ihrer späteren Lyrik, die von privaten Erlebnissen wie auch von existenziellen Erfahrungen des Menschen handelt, gibt sie in schlichter, präziser Sprache genaue Beschreibungen der alltägl. Dinge, der gewöhnl. Ereignisse und Gefühle. S. lebt seit ihrem Studium in Krakau und verfasst auch Rezensionen; sie erhielt 1991 den Goethepreis der Stadt Frankfurt am Main, 1995 einen der Gottfried-von-Herder-Preise.

T

Tadschikistan

Hauptstadt: Duschanbe
Einwohner: 6,1 Mio.
Einwohner/km²: 43
Staatsoberhaupt: E. Rachmanow
Regierungschef: J. Asimow (seit 8. 2. 1996)
BSP/Einwohner: 350 US-$

Am 19. Oktober trifft der französische Staatspräsident Jacques Chirac (links) in Damaskus Syriens Staatsoberhaupt Hafis al-Assad

Kein Ende des Bürgerkriegs in Sicht

In dem seit vier Jahren anhaltenden Bürgerkrieg agieren bewaffnete Oppositionsverbände in den Regionen Garmis und Badachschan bzw. von afghan. Lagern aus über die von GUS-Friedenstruppen kontrollierte tadschik. Grenze. Trotz der im Nov. 1995 von der UNO vermittelten Verhandlungen lieferten sich die Kriegsparteien seit März 1996 im Vorgebirge des Pamir erbitterte Gefechte. Die innertadschik. Gespräche mit dem neuen UNO-Vermittler GERD DIETRICH MERREM vom 8. bis 21. Juli erbrachten nur ein formales Bekenntnis zur Verlängerung des Waffenstillstands bis Jahresende (erneuert am 12. Dez.), die Wiedereröffnung der einzigen Verbindungsstraße zw. Duschanbe und Bergbadachschan und einen Kriegsgefangenenaustausch. Einen Monat vor Ablauf des UNO-Mandats im Jan. 1997 presste Rebellenchef RISWON SADIROW mit der Geiselnahme von UNO-Beobachtern am 20. Dez. seinen Bruder frei.

Angespannte innenpolitische Lage

Mit der Entlassung mehrerer Kabinettsmitgl. (4. Febr.) und des Regierungschefs DSCHAMSCHED KARIMOW (8. Febr.) sowie einer Amnestie für die Aufständischen entsprach Präs. EMOMALI RACHMANOW den Forderungen aufständ. Offiziere, deren Truppen am 2. Febr. 5 km vor Duschanbe standen. Selbst in Chodschent, einer Hochburg der Kommunisten, demonstrierten Mitte Mai ca. 30 000 Menschen mehrere Tage für die Abberufung von 70 Beamten, deren Einsetzung durch die Reg. die Traditionen regionaler Balance verletzt habe. Zugleich gab es Protest gegen die auf den Einsatz gegen die Opposition im Gebiet Tavildar zielende Rekrutierung und Forderungen nach besseren Lebensbedingungen. Auch hier musste RACHMANOW zum Erhalt seiner Macht, die nicht unwesentlich durch russ. Truppen und internat. humanitäre Hilfe gestützt wird, Kompromisse eingehen. Ende Aug. trat der Block ›Nat. Wiedergeburt‹ (Vors. ABDUMALIK ABDULLADSCHANOW) mit einem Programm zur Konfliktregulierung an die Öffentlichkeit, das von prominenten Mitgl. wie dem ehem. MinPräs. KARIMOW unterstützt wurde. ■

Taiwan

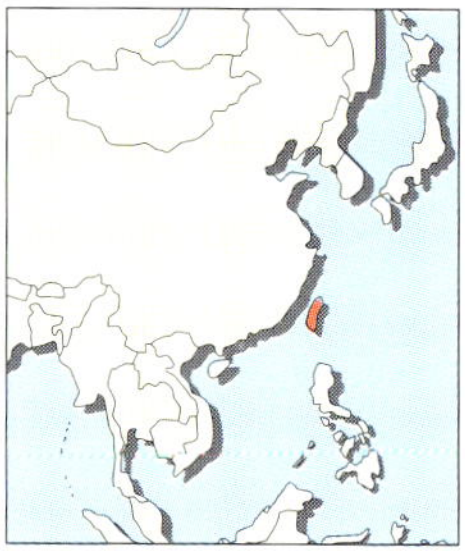

Hauptstadt: T'aipei
Einwohner: 21,1 Mio.
Einwohner/km²: 587
Staatsoberhaupt:
Li Teng-hui
Regierungschef:
Lien Chan
BSP/Einwohner:
11 296 US-$

Taiwan
Wirtschaftswachstum (realer Zuwachs des BIP in %)

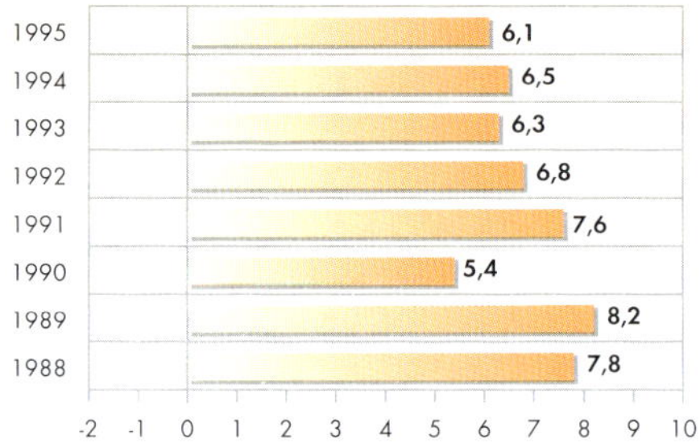

Infolge der neuen Krise in der Straße von Taiwan verlangsamte sich das Wirtschaftswachstum in den ersten beiden Quartalen 1996 auf 5,1 % bzw. 5,4 % (1995: 7 % bzw. 6,5 %). Im Nov. korrigierte das Amt für Statistiken und Budget seine Voraussage für die Zuwachsrate für das Gesamtjahr zum vierten Mal nach unten, und zwar von urspr. 6,5 % auf 5,7 %.
Die Spannungen mit China erreichten im März im Vorfeld der ersten direkten Präsidentschaftswahl der Inselrep. einen neuen Höhepunkt. Peking, für das T. eine abtrünnige Provinz der VR China ist, verstärkte seine Drohgebärden, um potenzielle Wähler der Unabhängigkeitsbewegung T.s einzuschüchtern. Zw. dem 8. und 13. März wurden insgesamt vier M-9-Boden-Boden-Raketen vom chin. Festland auf ein Seegebiet rd. 35 km nordöstlich und 52 km südwestlich von T. abgeschossen. Ferner fanden vom 12. bis 20. März 53 km südlich der Insel Quemoy und 70 km südwestlich der Inselgruppe Pescadores – beide Archipele sind unter der Kontrolle T.s – vor der Küste der südostchin. Provinz Fujian Luft- und Seemanöver der chin. Armee statt. Die taiwanes. Streitkräfte wurden in Alarmbereitschaft versetzt, die USA schickten zwei Flugzeugträger sowie drei Atom-U-Boote in die Region, zogen diese nach Beruhigung der Lage Ende März aber wieder ab.

Siegesgewiss zeigt sich Li Teng-hui auf einer Wahlkampfveranstaltung vor den ersten freien Präsidentenwahlen in Taiwan am 24. März

Bei den Wahlen vom 23. März wurde Li Teng-hui erstmals direkt mit 54 % der Stimmen für vier Jahre ins Präsidentenamt gewählt. Am gleichen Tag wurde auch die 334 Sitze zählende Nationalversammlung neu gewählt. Dabei erreichte die Regierungspartei KMT (Kuomintang) nicht die für Verfassungsänderungen erforderl. Zweidrittelmehrheit. ■

Tansania

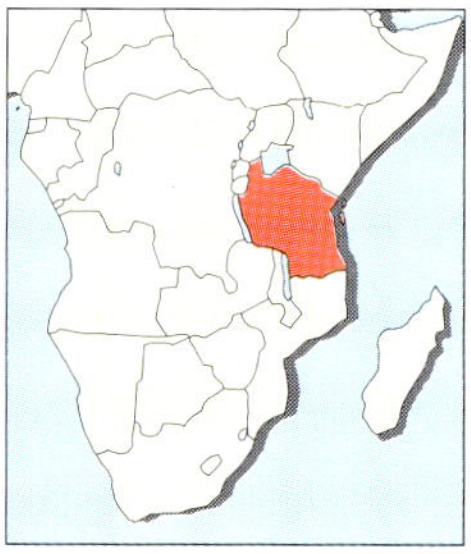

Hauptstadt: Dodoma
Einwohner: 29,7 Mio.
Einwohner/km²: 34
Staatsoberhaupt:
B. W. Mkapa
Regierungschef:
F. T. Sumaye
BSP/Einwohner:
90 US-$

Bei einem Treffen im Jan. bekräftigten die Staatschefs von Kenia, Uganda und T. ihre Absicht, die 1977 zusammengebrochene Ostafrikan. Wirtschaftsgemeinschaft wieder zu beleben. Nach zweijähriger Suspendierung seines Hilfsprogramms für T., das zu den ärmsten Ländern Afrikas zählt, will der IWF seine Finanzhilfe wieder gewähren. Als Vorleistung forderte er die Kürzung der Regierungsausgaben, die Installierung einer Steuerbehörde sowie den Umbau des Bankwesens. Mit dem Bau einer 600 km langen Hochspannungsleitung von Sambia nach T. soll das Land Anschluss an den Stromverbund der Südafrikan. Entwicklungsgemeinschaft SADC finden.
Anfang Dez. forderte die Reg. die etwa 400 000 ruand. Hutu-Flüchtlinge auf, bis zum 31. Dez. die Lager in der Region Kugwera im Nordwesten des Landes zu verlassen und in ihre Heimat zurückzukehren. Die daraufhin einsetzende Fluchtbewe-

gung ins Innere T.s wurde nach kurzer Zeit von tansan. Soldaten und Polizisten gestoppt, die Flüchtlinge entweder zur Rückkehr in die Lager gezwungen oder in Richtung ruand. Grenze abgedrängt. ■

Tarifpolitik: Die diesjährige Tarifrunde wurde überlagert von Diskussionen und Auseinandersetzungen über die künftige Wirtschafts-, Finanz- und Sozialpolitik. In mehreren ›Kanzlerrunden‹ verhandelten Reg., Arbeitgeber und Gewerkschaften seit Ende 1995 über ein Bündnis für Arbeit. Die Gespräche scheiterten allerdings, da die Gewerkschaften nach Vorlage des Programms für mehr Wachstum und Beschäftigung im April (→Sparpaket) die Teilnahme an den Gesprächen aufkündigten. Im Gefolge der polit. Diskussion um die beabsichtigten Maßnahmen kam es zu Protestaktionen wie eine Großkundgebung in Bonn am 15. Juni. Auch die Umsetzung des im Sept. beschlossenen Sparpakets rief gewerkschaftl. Widerstand hervor und führte bezogen auf die Kürzung der Entgeltfortzahlung bei Krankheit zu heftigen tarifpolit. Auseinandersetzungen mit Arbeitsniederlegungen, nachdem von Arbeitgeberseite versucht worden war, die gesetzl. Absenkung bei der Entgeltfortzahlung ohne Rücksicht auf bestehende tarifvertragl. Regelungen durchzusetzen. Nach langwierigen Verhandlungen wurde z. B. im Einzelhandel im Zusammenhang mit Tarifverhandlungen über die Umsetzung der verlängerten Ladenöffnungszeiten sowie in der Metall- und Elektroindustrie die Beibehaltung der 100%igen Entgeltfortzahlung vereinbart. In der Metall- und Elektroindustrie mussten die Gewerkschaften allerdings eine Kürzung des Weihnachtsgelds um fünf Prozentpunkte hinnehmen.

Die DGB-Gewerkschaften haben in den alten Bundesländern neue Lohn- und Gehaltstarifverträge für rd. 15 Mio. Beschäftigte abgeschlossen. Bezogen auf das Vorjahr ergibt sich für 1996 eine durchschnittl. Einkommenserhöhung von 2,3% (1995: 3,6%). Damit liegen die Tarifabschlüsse über der Inflationsrate von 1,4%. Neben den Entgelterhöhungen wurden auch zahlreiche beschäftigungssichernde Maßnahmen (z. B. flexible Arbeitszeitregelungen, Freizeitausgleich für Mehrarbeit, befristete Arbeitszeitverkürzungen ohne Lohnausgleich) und vereinzelt auch längere Laufzeiten der Tarifverträge vereinbart.

Bei den Tarifabschlüssen ergeben sich deutl. Unterschiede zw. den versch. Wirtschaftsbereichen. An der Spitze liegen mit jeweils 2,8% Nahrungs- und Genussmittelgewerbe, Energie- und Wasserversorgung sowie Eisen- und Stahlindustrie, am Ende rangieren Kreditinstitute und Versicherungsgewerbe (1,5%), Post und Telekom (1,4%) sowie der öffentl. Dienst (1,3%).

In Ostdeutschland sind die Löhne und Gehälter weiter an das westl. Niveau angepasst worden. In den Bereichen Eisen- und Stahlindustrie (seit 1. März), Metall- und Elektroindustrie sowie Papierverarbeitung (seit 1. Juli) wurde im Verlauf des Jahres das Westniveau erreicht; in der Druckindustrie geschah dies schon 1995. Relativ nahe liegen auch die Bereiche Banken (96%, seit 1. Okt.), Versicherungen (94%), das Bauhauptgewerbe (95%, seit 1. Okt.) und der Einzelhandel (91,5%, seit 1. Juli). Bei 75% und darunter befinden sich die Branchen Textilindustrie (75,4%), privates Transport- und Verkehrsgewerbe Sachsen (69,5%) und die Bekleidungsindustrie (67,2%). Allerdings sehen sich nicht wenige Unternehmen außerstande, die tarifl. Entgelte zu zahlen.

Telefonbuch, →elektronisches Telefonbuch.

Telekom, →Deutsche Telekom AG.

Telekommunikationsgesetz: Das am 25. Juli verabschiedete T. beseitigt ab 1. 1. 1998 die letzten Postmonopole der Dt. Telekom AG und schafft in Erfüllung des Verfassungsauftrags aus Art. 87f GG und europ. Richtlinien den ordnungspolit. Rahmen für einen regulierten Wettbewerb auf dem dt. Telekommunikationsmarkt. Das Gesetz grenzt lizenzpflichtige und lizenzfreie Bereiche gegeneinander ab. Eine Regulierungsbehörde registiert und lizenziert Sprachtelefon-Dienstleitungen und den Betrieb von öffentlich genutzten Übertragungswegen (d. h. Mobilfunk, Satellitenfunk u. a.). Für die Bereitstellung von Telekommunikationsdiensten für jedermann zu erschwingl. Preisen kann die Regulierungsbehörde einem oder mehreren marktbeherrschenden Unternehmen gegen entsprechenden finanziellen Ausgleich Universaldienstleistungen auferlegen. Nach Beseitigung der Postmonopolrechte wird andererseits neuen Anbietern der Zugang zum Netz des dominanten Anbieters zu wirtschaftlich angemessenen Bedingungen ermöglicht. Umstritten ist das unentgeltlich genutzte Fernmeldeleitungsrecht, d. h. die Befugnis, öffentl. Wege für öffentl. Telekommunikationszwecke ohne Entgelt für die Stadt- oder Gemeindekasse zu nutzen.

Tennis: Der amerikan. Weltranglistenerste PETE SAMPRAS, in der ersten Jahreshälfte zeitweilig von seinem Landsmann ANDRE AGASSI und

Mit ihrem siebten Wimbledon-Sieg am 6. Juli kann Steffi Graf ihren 100. Turniererfolg ihrer Karriere feiern

dem Österreicher THOMAS MUSTER abgelöst, bestimmte mit acht Turniererfolgen, darunter bei den US-Open und der ATP-Weltmeisterschaft, die Szene. BORIS BECKER startete mit dem Sieg in Melbourne, musste jedoch nicht selten wegen Verletzungen absagen oder aufgeben. Im Herbst erlebte das Publikum einen BECKER in Höchstform: Dem Sieg in Stuttgart über SAMPRAS folgte gegen diesen eine Niederlage nach ausgegl. Match beim ATP-Weltmeisterschafts-Finale in Hannover sowie der erste Triumph BECKERS beim Münchener Grand-Slam-Cup. Vier Sieger gab es bei den Grand-Slam-Turnieren: BECKER (Melbourne), JEWGENIJ KAFELNIKOW (Paris), RICHARD KRAJICEK (Wimbledon) und SAMPRAS (Flushing Meadows). Wenig erfolgreich verlief die Saison für MICHAEL STICH mit einem Turniersieg und der Finalteilnahme in Paris. THOMAS MUSTER (im Febr. eine Woche an der Weltspitze) gewann alle sieben erreichten Endspiele. Mit der 2:3-Niederlage Schwedens im Davispokalendspiel gegen Frankreich beendete STEFAN EDBERG seine 13-jährige Karriere.
Bei den Damen hat STEFFI GRAF trotz mancher Blessuren ihre Spitzenstellung gehalten: durch Grand-Slam-Erfolge in Paris, Wimbledon und Flushing Meadows gegen die bis dahin ebenfalls als Ranglistenerste geführte MONICA SELES sowie den Erfolg im Masters-Turnier. Hier triumphierte im Finale über fünf Sätze gegen die 16-jährige Schweizer Aufsteigerin des Jahres MARTINA HINGIS der Siegeswille der von Verletzungen geplagten Deutschen. Die Schweizerin hatte GRAF in Rom besiegt, gewann in Filderstadt und Oakland (hier im Endspiel jeweils gegen SELES) ihre ersten beiden Turniere und kletterte auf Platz 4 der Weltrangliste. MONICA SELES konnte nach dem Gewinn der Australian Open gegen die Deutsche ANKE HUBER noch nicht wieder zur einstigen Form finden.

Teststoppabkommen, eigtl. **Partial Test Ban Treaty,** Abk. **PTBT:** 1963 von den USA, der UdSSR und Großbritannien geschlossenes und in Kraft getretenes Abkommen über das Verbot von Kernwaffenversuchen in der Atmosphäre, im Weltraum und unter Wasser. Zur Erreichung eines umfassenden Verbots von Kernwaffentests gab die UNO 1993 den Auftrag, entsprechende Verhandlungen über einen ›Comprehensive Test Ban Treaty‹ (CTBT) aufzunehmen, im Jan. 1994 begannen Gespräche in Genf. Am 24. 9. 1996 wurde das T. bei der UNO in New York unterzeichnet, es tritt aber erst in Kraft, wenn es alle 44 Staaten, die über eine ›nukleare Kapazität‹ verfügen, ratifiziert haben. Falls die Staaten, die derzeit den Vertrag ablehnen (darunter Indien), dazu nicht innerhalb von drei Jahren bereit sind, sollen die Bestimmungen so geändert werden, dass sie für die Unterzeichner bindende Wirkung haben.

Teufel, Erwin, Politiker (CDU), * Rottweil 4. 9. 1939. – Nach dem Erfolg für die CDU bei der baden-württemberg. Landtagswahl am 24. März wurde T. am 12. Juni als MinPräs. bestätigt, allerdings erst im zweiten Wahlgang, da er im ersten nicht die erforderl. Mehrheit erzielte, obwohl die Regierungskoalition aus CDU und FDP über 83 von 155 Mandaten verfügt. Als Grund für die Tatsache, dass Abgeordnete der eigenen Partei gegen ihn gestimmt hatten, galten einige umstrittene Personalentscheidungen T.s bei der Regierungsbildung. Der Bundesrat wählte ihn in seiner Sitzung am 18. Okt. turnusgemäß zu seinem Präs. für die Zeit vom 1. 11. 1996 bis 31. 10. 1997.
Der Verwaltungsfachmann (1964 in Spaichingen zum damals jüngsten Bürgermeister in der Bundesrep. gewählt) ist seit 1972 MdL in Baden-Württemberg, 1978–91 war er Vors. der CDU-Landtagsfraktion. Seit 22. 1. 1991 ist T. MinPräs., seit Okt. 1991 CDU-Landesvors.; seit Okt. 1992 ist er auch stellv. Bundesvors. der CDU.

Thailand

Hauptstadt: Bangkok
Einwohner: 60 Mio.
Einwohner/km²: 115
Staatsoberhaupt: Rama IX.
Regierungschef: Chavalit Yongchaiyudh (seit 25. 11. 1996)
BSP/Einwohner: 2 750 US-$

Thailand: Außenhandel

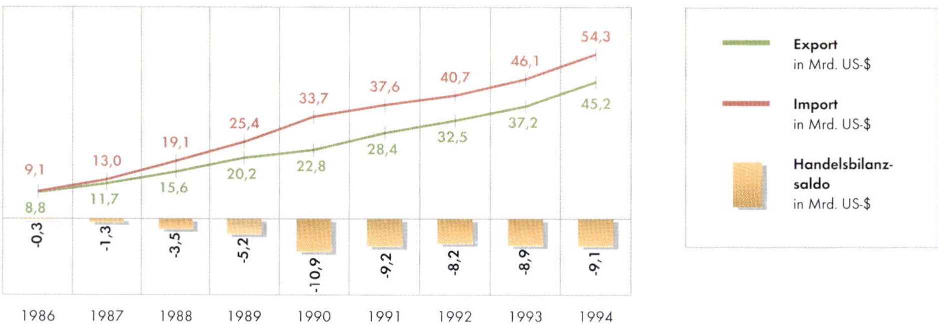

Die Lage der Wirtschaft verschlechterte sich deutlich. Am schlimmsten war der Einbruch bei den Exporten (revidierte Erwartung für 1996: Zunahme um 10%, nach einem Plus von 24% im Vorjahr). Hauptgrund war die schwindende Wettbewerbsfähigkeit, mitverursacht durch den Mangel an zukunftsorientierter Wirtschaftspolitik. Für 1996 wurde ein Wachstum des BIP von 7,5% (1995: 8,6%) erwartet.

Der Mangel an Vertrauen in die Eignung der Reg., T. durch den schwierigen Prozess der Strukturanpassungen (Übergang von einer arbeitskräfte- zu einer technologie- und kapitalintensiven Wirtschaft) zu führen, sowie die Frage der Kompetenz einzelner Kabinettsmitgl. beherrschten den polit. Alltag. Innerhalb der Koalition kam es zu einem frühzeitigen Kampf um die Nachfolge von Min.-Präs. BANHARN, der dann im Aug. anlässlich des zweiten Misstrauensantrags der Opposition gegen den Regierungschef offen ausbrach. Die Palang Dharma Party verließ die Reg., die New Aspiration Party (NAP) und andere Koalitionspartner unterstützten BANHARN erst, als er versprach, binnen einer Woche nach der Abstimmung am 18. Sept. zurückzutreten. Nachdem sich die Parteien nicht auf einen Nachfolger einigen konnten, löste BANHARN Ende Sept. das Parlament auf und setzte für den 17. Nov. Neuwahlen an. Aus diesen ging die NAP mit 125 Mandaten als Siegerin hervor. Die Democrat Party errang 123 Sitze. Die Chart Thai Party von BANHARN erhielt 39 Mandate. Der NAP-Vors. und neue MinPräs. CHAVALIT YONGCHAIYUDH bildete eine Sechs-Parteien-Koalition ohne die Chart Thai Party. ■

THEATER

Die Höhepunkte des Theaterjahres gingen in Hamburg und Wien über die Bühne: Am Dt. Schauspielhaus in Hamburg bestätigte der Schweizer CHRISTOPH MARTHALER seinen Ruf als einer der innovativsten Theaterregisseure der 90er-Jahre; am Wiener Akademietheater gelang dem Regie-Altmeister PETER ZADEK eine Meisterinszenierung.

›Stunde Null oder die Kunst des Servierens‹ (Premiere im Okt. 1995) heißt der Abend, den MARTHALER 50 Jahre nach Ende des Zweiten Weltkriegs inszeniert hat: In einem von ANNA VIEBROCK gestalteten Raum (»ein gutbürgerl. Bunker zw. 0 und 50 nach 45«) bereiten sich sechs dt. Männer unter fachkundiger Anleitung einer Frau namens Stunde Null auf den Wiederaufbau der Bundesrepublik vor. In dem Gedenktraining für Führungskräfte werden u.a. das Ausrollen von roten Teppichen, das Durchschneiden von Bändern und der richtige Händedruck geübt; auch die Reden, die in unzählige Mikrofone gehalten werden, wirken unangenehm vertraut – mit STEFANIE CARP hat MARTHALER den Text aus Politikerreden, Dichteransprachen u.ä. Originalquellen der Nachkriegszeit zusammengestellt. Große Gesten und kleine Geister, der dt. Wiederaufbau als Slapstick-Komödie mit Gesang: ›Stunde Null‹ war nicht nur in Hamburg MARTHALERS bisher größter Erfolg – das Stück wurde bei zahlreichen Festivals, darunter das Berliner Theatertreffen, zur Aufführung gebracht.

Mit seiner Wiener Inszenierung von ANTON TSCHECHOWS Stück ›Der Kirschgarten‹, die am 16. Febr. Premiere hatte, gelang PETER ZADEK nach mehrjähriger Krise wieder eine überzeugende

Einen Triumph feiert Peter Zadek am 16. Februar in Wien mit der Inszenierung von Tschechows ›Der Kirschgarten‹. Im Bild Angela Winkler als Gutsbesitzerin Ljubow Ranjewskaja (rechts) und Theresa Hübchen als ihre Tochter Anja (links)

Regiearbeit. Beinahe sechs Jahre nach seiner inzwischen legendären ›Iwanow‹-Inszenierung am selben Ort erwies sich der ›Menschenforscher‹ ZADEK abermals als kongenialer Regisseur für die tschechowschen Menschenerfindungen. Die Geschichte der verarmten Gutsbesitzerin Ranjewskaja, die ihren Hof samt Kirschgarten an den neureichen Bauernsohn Lopachin verliert, wird meist als Zeitenwende-Parabel gelesen; Z. erzählt das Stück mit souveräner Leichtigkeit als unmögl. Romanze: Der tumbe, aber ehrl. Lopachin ist unfähig, der melanchol., aber liebeslustigen Ranjewskaja seine Gefühle zu offenbaren – der Kauf des Gutes ist in dieser Aufführung ein letzter Annäherungsversuch Lopachins an die Geliebte und ein verzweifelter Racheakt zugleich. Die Hauptdarsteller ANGELA WINKLER und JOSEF BIERBICHLER wurden bei der Kritikerumfrage der Zeitschrift ›Theater heute‹ zu den ›Schauspielern des Jahres‹ erklärt, die Inszenierung des im Mai 70 Jahre alt gewordenen ZADEK wurde mit großer Mehrheit zur ›Aufführung des Jahres‹ gewählt.

Neues von der neuen Generation

Der in den vergangenen Jahren eingeleitete Generationenwechsel im deutschsprachigen Theater setzte sich in der Saison 1995/96 fort. Der Regisseur LEANDER →HAUSSMANN, eine Galionsfigur der ›jungen Wilden‹, verließ Weimar und übernahm im Okt. 1995 die Leitung des renommierten Schauspielhauses in Bochum. Er versprach für seine erste

Unter der Regie von Leander Haußmann wird Heiner Müllers ›Germania 3 – Gespenster am Toten Mann‹, eine Szenenfolge der Schrecken der deutschen Geschichte, am 24. Mai in Bochum uraufgeführt. Im Bild (von links nach rechts) Heiner Stadelmann, Thorsten Ranft und Ralf Dittrich

Spielzeit viel Spaß – was dann allerdings nur bedingt eingelöst werden konnte.
Abermals auffällig hoch war der Anteil neuer Namen beim Berliner Theatertreffen: Fünf von zehn Aufführungen stammten von jüngeren Regisseurinnen und Regisseuren.
KARIN BEIERS Düsseldorfer Inszenierung von SHAKESPEARES ›Ein Sommernachtstraum‹ bezog ihren besonderen Reiz aus dem international besetzten, insgesamt neunsprachigen Ensemble; der Schauspieler SVEN-ERIC BECHTOLF war mit einer spielerisch-sinnl. Inszenierung der Marivaux-Komödie ›Der Streit‹ (Thalia Theater Hamburg) geladen; GERHARD WILLERT löste mit einer extrem stilisierten Interpretation des Ibsen-Dramas ›Baumeister Solness‹ (Nationaltheater Mannheim) bei Publikum und Kritik kontroverse Reaktionen aus; ELMAR GOERDEN hatte in Stuttgart das Fragment ›Blunt oder der Gast‹ von KARL PHILIPP MORITZ mehr als 200 Jahre nach der Veröffentlichung zu einer späten, aber durchaus überzeugenden Uraufführung gebracht; der junge Schweizer Regisseur STEFAN BACHMANN schließlich zeigte eine am Theater Neumarkt in Zürich herausgebrachte, ebenso respektlose wie spielfreudige Bühnenfassung von GOETHES ›Wahlverwandtschaften‹. BACHMANN überzeugte Publikum und Kritiker auch bei den Wiener Festwochen mit der Uraufführung von WOLFGANG BAUERS autobiograph. Stück ›Skizzenbuch‹ und galt als die auffälligste unter den Neuentdeckungen des Theaterjahres.
Für heftige Reaktionen sorgten einmal mehr die Aufführungen von CHRISTOPH SCHLINGENSIEF: In Graz inszenierte der Film- und Theaterregisseur im Sept. 1995 zur Eröffnung des Festivals ›steirischer herbst‹ die unheilige Messe ›Hurra, Jesus! Ein Hochkampf‹. In dem Stück ›Rocky Dutschke, 68‹ demontierte er im Mai an der Berliner Volksbühne eine ganze Generation. Seine Kritiker sehen in ihm einen zwanghaften Provokateur von fahrlässiger Leichtfertigkeit; für seine Anhänger bedeuten seine anarchisch-aktionist. Aufführungen wichtige Impulse für das zeitgenöss. Theater.

Heiner Müllers Vermächtnis

Die wichtigste Uraufführung eines dt. Stücks fand postum statt: Der im Dez. 1995 verstorbene Dramatiker HEINER MÜLLER, zuletzt Intendant des Berliner Ensembles, erlebte die Premiere seines dramat. Vermächtnisses ›Germania 3 – Gespenster am Toten Mann‹ nicht mehr. Nachdem er jahrelang ausschließlich Lyrik geschrieben hatte, unternahm MÜLLER in ›Germania 3‹ einen letzten Versuch, sein Lebensthema – die dt. Geschichte des 20. Jh. – szenisch zu verdichten: Vom Ersten Weltkrieg bis zum Fall der Berliner Mauer spannt sich der Bogen der Szenenfolge, die am 24. Mai in Bochum in der Regie von LEANDER HAUSSMANN uraufgeführt wurde. Der zwiespältige Eindruck, den diese (wie auch die von MARTIN →WUTTKE mit dem Berliner Ensemble herausgebrachte) Inszenierung hinterließ, legt allerdings die Vermutung nahe, dass der Autor starb, bevor sein Text die endgültige Fassung erfahren hatte.
Zum ›Stück des Jahres‹ wurde in der ›Theater heute‹-Umfrage ELFRIEDE JELINEKS ›Stecken, Stab und Stangl‹ gewählt. In der u. a. aus Boulevardzeitungstexten und Paul-Celan-Gedichten geklitterten Collage verarbeitet die österr. Autorin auf sarkastisch-satir. Weise ein rechtsradikales Bombenattentat, dem im Febr. 1995 im burgenländ. Oberwart vier österr. Roma zum Opfer gefallen sind. Auf Wunsch der Autorin fand die Uraufführung nicht in Österreich, sondern im April in Hamburg statt; im Malersaal des Dt. Schauspielhauses gelang der jungen Regisseurin THIRZA BRUNCKEN für den schwierigen Text eine überzeugende Lösung.
Bei den 21. Theatertagen in Mülheim gingen die arrivierten Autoren diesmal leer aus: Weder HERBERT ACHTERNBUSCHS Antiken-Ulk ›Letzter Gast‹, uraufgeführt im Jan. an den Münchener Kammerspielen, noch TANKRED DORSTS schauspieltheoret. Triptychon ›Die Geschichte der Pfeile‹, uraufgeführt im März am Kölner Schauspiel, noch KLAUS POHLS Ex-DDR-Reportage ›Wartesaal Deutschland‹, uraufgeführt im Okt.

1995 am Dt. Theater Berlin, vermochten die Jury zu überzeugen; der Dramatikerpreis ging überraschend an den Magdeburger Autor WERNER →BUHSS, der in seinem Stück ›Bevor wir Greise wurden‹, uraufgeführt im Okt. 1995 in Magdeburg, das Stimmungsbild einer DDR-Kleinstadt in den 50er-Jahren zeichnet.
Die Homer-Dramatisierung ›Ithaka‹, das nach den Aufregungen um seinen Essay ›Anschwellender Bocksgesang‹ mit Spannung erwartete neue Stück von BOTHO STRAUSS, erwies sich bei der Uraufführung im Juli an den Münchener Kammerspielen in der Regie von DIETER DORN als langatmige Enttäuschung – die herausragende Leistung des Abends bot BRUNO →GANZ als Odysseus.

Ein ›Kunst‹-Stück aus Frankreich

Das erfolgreichste Stück des Jahres kam aus Frankreich: Die Edelboulevardkomödie ›KUNST‹ von YASMINA REZA wurde nach der dt. Erstaufführung an der Berliner Schaubühne im Okt. 1995 bis Ende 1996 an insgesamt 25 Bühnen im dt. Sprachraum nachgespielt. Ihr Erfolg dürfte jedoch nicht nur den brillanten Dialogen, sondern auch der latent kunstfeindl. Botschaft zu verdanken sein: Die Freundschaft zw. drei Männern gerät in eine Krise, nachdem einer von ihnen für 200 000 Francs ein monochromweißes Gemälde erstanden hat – und das soll Kunst sein?
Eine Frage, die sich auch die Frankfurter Kulturpolitiker gestellt haben dürften: Anders lässt sich nicht erklären, dass das Theater am Turm (TAT), in den vergangenen Jahren eine der wichtigsten europ. Institutionen für internat. Theaterprojekte, mit Ende der Spielzeit 1995/96 aus Einsparungsgründen geschlossen wurde. Ein vergleichsweise kleiner Schnitt für den Frankfurter Stadthaushalt – ein großer Einschnitt nicht nur für das dt. Theater. ■

Thüringen

Hauptstadt: Erfurt
Einwohner: 2,5 Mio.
Einwohner/km²: 156
Regierungschef: B. Vogel
BIP/Einwohner: 23 392 DM

Spekulation um Fortbestand der großen Koalition

Nach zwei Jahren großer Koalition in T. kamen in der Mitte der Legislaturperiode Spekulationen über eine Zusammenarbeit von SPD und PDS nach den Landtagswahlen 1999 auf. Angesichts der großen Schwierigkeiten des Landes schloss der thüring. Innenmin. RICHARD DEWES (SPD) eine Kooperation mit der PDS nicht kategorisch aus. DEWES war erst im März zum Nachfolger des heftig umstrittenen SPD-Landesvors. GERD SCHUCHARDT gewählt worden, der als einer der entschiedensten Gegner der PDS galt.

Wirtschaftliche Entwicklung

Die wirtschaftl. Situation T.s ist zwiespältig. Zwar stellt der Freistaat eine der größten Wachstumsregionen Europas dar, doch sind die ökonom. Schwierigkeiten des Landes nicht zu übersehen. Die Arbeitslosigkeit betrug im Aug. 14,8 % und wurde nur noch von der Mecklenburg-Vorpommerns übertroffen. Die Pro-Kopf-Verschuldung wuchs in den vergangenen Jahren stetig an und wird nach den Berechnungen des Landesrechnungshofs 1999 eine Größenordnung von 6 961 DM (1991: 461 DM) erreicht haben. Zudem zeigte sich die Investitionstätigkeit im Land rückläufig. Angesichts eines erwarteten Steuerausfalls von 315 Mio. DM kündigte MinPräs. BERNHARD VOGEL (CDU) verstärkte Einsparungen an, die v. a. durch einen Stellenabbau im öffentl. Dienst erreicht werden sollen.

Thüringische Verkehrsprojekte und Gebietsreform

Im April starteten in Erfurt die beiden letzten der insgesamt 17 ›Verkehrsprojekte Dt. Einheit‹. Es handelt sich zum einen um die Thüringer Waldautobahn von Erfurt nach Lichtenfels und Schweinfurt in Franken, zum anderen um die Eisenbahnneubautrasse Erfurt–Nürnberg. Beide Projekte wurden vom Bund für Umwelt und Naturschutz Deutschland (BUND) sowie von Bündnis 90/Die Grünen heftig kritisiert, da die Linienführungen quer durch den Thüringer Wald gehen. Bes. die Waldautobahn zerstört nach Meinung der Umweltschützer die zusammenhängende Waldregion rund um den Rennsteig. Die Landesreg. wies die Vorwürfe mit dem Hinweis auf die wirtschaftl. Bedeutung der Infrastrukturmaßnahmen zurück. Allein der Bau der Waldautobahn lasse jährl. Investitionen von bis zu 300 Mio. DM in T. erwarten.
Im März verabschiedete das Kabinett einen Gesetzentwurf zur letzten Stufe der 1993 eingeleiteten Gebietsreform. Statt der bisher über 1 700 Gemeinden im Freistaat T. wird es künftig nur noch 253 kommunale Einheiten geben. ■

Tic Tac Toe, deutschsprachige Mädchenrapband aus dem Ruhrgebiet. JAZZY, RICKY und LEE – die Nachnamen bleiben geheim –, jeweils 18 Jahre alt und aus kulturell bunt gemischten Künstlerfamilien, formierten sich spontan auf einer Freestyle-Jamsession zu der späteren Gruppe. Eine begeisterte Plattenmanagerin bot den Mädchen sofort eine Aufnahme für ihre Lieder an, bei denen sich verschiedenartige musikal. Stile mit herzhaft ordinären Texten vereinen. Das Album trägt den Namen der Gruppe, mit Platin prämiert wurde der Titel ›Ich find dich Scheiße‹; zu einem Ohrwurm aber entwickelte sich ›Funky‹ mit der zweideutigen Refrainzeile: »Ich sitz auf seinem Schoß, ein kleiner Traum wird riesengroß ...« (BILD S. 334)

Tieftemperaturphysik: Auf der Suche nach einer kernphysikal. Entsprechung des Ferromagne-

›Verpiss dich!‹ – mit ihren zornigen Liedern erobern drei Mädchen aus dem Ruhrgebiet unter dem Namen Tic Tac Toe die deutschen Hitparaden

tismus stellte die Arbeitsgruppe um Frank Pobell an der Univ. Bayreuth einen neuen Tieftemperaturrekord auf. Dabei wurde ein 31 g schweres Stück Platin in einem äußeren Magnetfeld auf 3 μK abgekühlt, wobei das Feld die Ausrichtung der magnet. Momente der Atomkerne des Platins erzwingt. Die Forscher wollten wissen, ob sich bei ausreichend tiefen Temperaturen die magnet. Momente von selbst ausrichten. Nach Abschalten des Felds stellte sich aber die frühere Unordnung wieder ein. Permanente Magnetisierung behält das Platin wahrscheinlich erst dann bei, wenn beim Abschalten des Felds ein Zehntel der jetzt erreichten Temperatur herrscht.

Tierstämme: Erhebl. Bauplanunterschiede zu bekannten Tiergruppen veranlassten zwei dän. Biologen im Jan., die nur 0,3 mm große Tierart Symbion pandorea als ersten Vertreter des neuen T. Cycliophora (Rädchenträger) einzuordnen. Bei T. handelt es sich um grundlegende Bauplantypen. Bisher unterteilte man das Tierreich in 35 Stämme. Die marine Art Symbion lebt auf den Mundwerkzeugen des Norweg. Hummers. Die Biologen entdeckten sie auf einem Tier, das im Kattegatt gefangen wurde.

Togo

Hauptstadt: Lomé
Einwohner: 4,1 Mio.
Einwohner/km²: 73
Staatsoberhaupt: É. G. Eyadéma
Regierungschef: K. Klutse (seit 27. 8. 1996)
BSP/Einwohner: 320 US-$

Aufgrund der unsicheren Lage im Lande verläuft die Rückkehr der rd. 100 000 Flüchtlinge, die T. 1993 verlassen hatten, nur zögerlich. Nach dem Wahlsieg des Rassemblement du Peuple Togolais (RTP) bei den von der Opposition boykottierten Nachwahlen in drei Bezirken verfügt Präs. Eyadéma im Parlament wieder über eine Mehrheit. Mit der Annullierung der Ergebnisse in diesen Bezirken nach den Wahlen 1994 war eine Parlamentsmehrheit der Opposition verhindert worden. Die zunehmende Verschlechterung der Beziehungen zw. Eyadéma und MinPräs. Edem Kodjo führten im Aug. zum Rücktritt des Regierungschefs. Am Kabinett des neuen MinPräs. Kwassi Klutse ist keine der im Parlament vertretenen Oppositionsparteien beteiligt. Neben der Verbesserung der inneren Sicherheit will Klutse die bislang noch stark von den innenpolit. Schwierigkeiten beeinträchtigte Wirtschaft fördern. ■

Tonga

Hauptstadt: Nuku'alofa
Einwohner: 98 000
Einwohner/km²: 131
Staatsoberhaupt: Taufa'ahau Tupou IV.
Regierungschef: Baron Vaea
BSP/Einwohner: 1 640 US-$

transeuropäische Netze, Abk. **TEN,** Bez. für den europaweiten Ausbau der Verkehrsinfrastruktur sowie der Energie- und Telekommunikationsnetze zur Überwindung der traditionell national ausgerichteten Infrastrukturpolitik. Dazu sind der Verbund und die Interoperabilität der einzelstaatl. Netze zu fördern sowie der freie Zugang zu diesen Netzen sicherzustellen. Auf den Verkehrssektor bezogen, ist ein umfassender Aus- und Neubau bei allen Verkehrsträgern erforderlich, wobei den Eisenbahnen und hier v. a. der Errichtung eines Hochgeschwindigkeitsnetzes die größte Bedeutung zukommt – insgesamt sind 23 000 km Aus- und Neubaustrecken vorgesehen. Die Kosten für die geplante Verwirklichung der TEN bis zum Jahr 2010 werden auf über 400 Mrd. Ecu geschätzt.
Nach mehr als einjährigen Auseinandersetzungen mit den Reg. der EU-Mitgliedstaaten billigte das Europaparlament im Juli die Leitlinien für den Aufbau der TEN, in denen 14 vorrangige Vorhaben, u. a. die Hochgeschwindigkeitsverbindung Paris–Ostfrankreich–Süddeutschland und die N–S-Verbindung Berlin–Nürnberg/München–Verona, aufgelistet sind, die mit Haushaltsmitteln der EU bezuschusst werden können. Mitte Okt. lehnten die EU-Finanzmin. jedoch vorerst zusätzl. Mittel aus dem EU-Haushalt zur Verwirklichung dieser 14 Projekte ab.

Transrapid: Am 9. Mai beschloss der Bundestag mit den Stimmen der Regierungskoalition den Bau der Trasse des T., die den Hamburger Hauptbahnhof mit dem Lehrter Bahnhof im Berliner Regierungsviertel verbinden soll. Der Baubeginn ist für 1998 vorgesehen, die Inbetriebnahme für das Jahr 2005. Die Fahrtzeit soll bei einer Höchstgeschwindigkeit von ca. 400 km/h knapp 60 Minuten betragen, wobei der T. auf 131 km der 292 km langen Strecke aufgeständert, ansonsten ebenerdig fahren wird. An den Fahrwegkosten von rd. 7,4 Mrd. DM wird sich der Bund mit ca. 5,6 Mrd. DM beteiligen, für die er Nutzungsentgelte von einer privaten (noch zu gründenden) Betreibergesellschaft erhalten soll. An dieser soll sich auch die Dt. Bahn AG beteiligen.

Polizisten entfernen am 14. Juni am Berliner Bahnhof Zoo ein Transparent der Umweltschutzorganisation Robin Wood. Am selben Tag gibt der Bundesrat seine Zustimmung zum Bau des Transrapid

Der T. ist v. a. aus ökonom. Sicht umstritten. Die Befürworter betonen die industrie- und arbeitsmarktpolit. Bedeutung der hochmodernen Technologie, die erst mit einer längeren Anwendungsstrecke Exportreife erlangen könne. Seine Gegner sehen hierin keine legitime Aufgabe der Politik. Sie kritisieren, dass der Bund ausufernde finanzielle Lasten riskiere, zumal die Wirtschaftlichkeit des T. wegen überhöhter Fahrgastprognosen (14 Mio. Passagiere im Jahr 2010) und Erlösschätzungen fragwürdig sei. Zudem böte eine ausgebaute Eisenbahnstrecke die kostengünstigere Alternative: Der ICE könnte eine Fahrtzeit von ca. 90 Minuten erreichen.

Transurane: Ein weiteres neues chem. Element entdeckte am 9. Febr. eine internat. Arbeitsgruppe bei der →Gesellschaft für Schwerionenforschung mbH in Darmstadt. Das Isotop des Elements 112 ist das nunmehr schwerste von Menschen hergestellte Atom. Es besitzt ein Atomgewicht von 277, ist sehr kurzlebig und zerfällt in Isotope der Elemente 110 und 108. Das neue Element bildete sich beim Zusammenstoß eines Bleiatoms mit einem auf hohe Energien beschleunigten Zinkatom. Die Zerfallskette bestätigt theoret. Vorhersagen der Kernmodelle, wonach Atomkerne mit 162 Neutronen wegen ihrer inneren Ordnung stärker gebunden sein sollten als ihre Nachbarkerne.

Travolta, John, amerikan. Filmschauspieler, *Englewood (New Jersey) 18. 2. 1954. – Nach seinem Erfolg in QUENTIN TARANTINOS ›Pulp Fiction‹ begann für T. ein unerwartetes Comeback: Er gehörte 1996 zu den bestbezahlten Schauspielern Hollywoods und war mit drei Filmen in den dt. Kinos zu sehen, in BARRY SONNENFELDS ›Schnappt Shorty!‹, in JOHN WOOS ›Operation Broken Arrow‹ und in JOHN TURTELTAUBS ›Phenomenon‹.
Mit seiner Rolle in JOHN BADHAMS ›Saturday Night Fever‹, in der er sowohl seine darsteller. als auch seine tänzer. Fähigkeiten unter Beweis stellte, avancierte T., der zuvor nur in wenigen Filmen und der Serie ›Welcome Back, Kotter‹ mitgewirkt hatte, 1977 über Nacht weltweit zum Jugendidol. Danach übernahm er weitere Rollen in Musikfilmen wie ›Grease‹ (1978), ›Urban Cowboy‹ (1980) und ›Staying Alive‹ (1983). Obwohl sich T. in den 80er-Jahren auch in ernsten Rollen profilieren konnte, schwand in dieser Zeit sein Starimage durch einige Kassenflops. Zum Start seines neuesten Films ›Phenomenon‹ erhoben sich in der dt. Öffentlichkeit Proteste gegen T., da er seit 1975 Mitgl. der Scientology-Organisation ist.

Trinidad und Tobago

Hauptstadt: Port of Spain
Einwohner: 1,3 Mio.
Einwohner/km²: 255
Staatsoberhaupt: N. Hassanali
Regierungschef: B. Panday
BSP/Einwohner: 3 740 US-$

Tschad

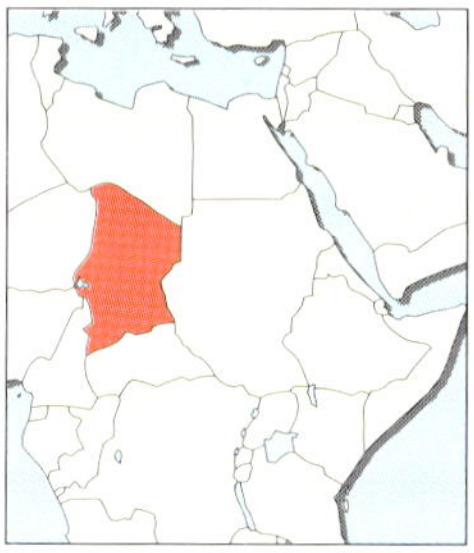

Hauptstadt: N'Djamena
Einwohner: 6,4 Mio.
Einwohner/km²: 5
Staatsoberhaupt: I. Déby
Regierungschef: K. Djimasta
BSP/Einwohner: 190 US-$

Die Demokratisierung des Landes kam voran. Ende März stimmte die Bevölkerung per Referendum einer neuen Verfassung zu, die eine starke Position des Präs. und die zentrale Verwaltung des Landes vorsieht. Als offizielle Landessprachen sind Französisch und Arabisch festgeschrieben. Getragen wurde das Ergebnis der Abstimmung v. a. von den Menschen im arabisch geprägten N, weniger von denen im christlich-animist. Süden.
Im ersten Durchgang der Präsidentenwahl erhielt im Juni keiner der 15 Kandidaten die erforderl. absolute Mehrheit. Erst in der Stichwahl am 3. Juli

konnte sich der amtierende Präs. DÉBY mit 70% der Stimmen gegen General ABDELKADER WADAL KAMOUGUÉ durchsetzen. Nach der Vereidigung DÉBYS im Aug. wurde eine neue Reg. ernannt, der auch einige Oppositionspolitiker angehören. ■

Tschechische Republik

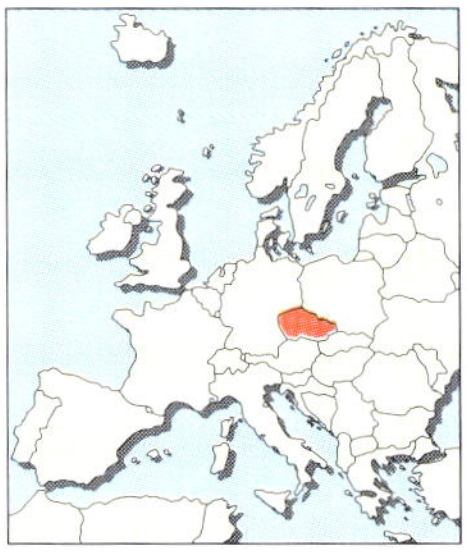

Hauptstadt: Prag
Einwohner: 10,3 Mio.
Einwohner/km²: 131
Staatsoberhaupt: V. Havel
Regierungschef: V. Klaus
BSP/Einwohner: 3 210 US-$

Wirtschaftliche Entwicklung

In der Wirtschaftspolitik stehen sich MinPräs. VÁCLAV KLAUS mit der Doktrin ›Marktwirtschaft ohne Adjektive‹ und Oppositionsführer MILOŠ ZEMAN mit dem Slogan ›Kapitalismus mit menschl. Antlitz‹ z.T. unnachgiebig gegenüber. Dies hatte Folgen für den Fortgang des Transformationsprozesses. Die Opposition will die noch ausstehende Privatisierung der Banken und der Stahlindustrie, v.a. aber der Betriebe im Energie- und Verkehrssektor blockieren. Bei einem weiterhin 5%igen Wachstum betrug die Arbeitslosenquote nach wie vor nur 3%. Die Reallöhne stiegen bei einer rückläufigen Inflationsrate von 9% um annähernd 10%. Sorgen machte neben dem Rückgang des Tourismus das zunehmende Außenhandelsdefizit, das zu Investitionskürzungen zwang.

Der tschechische Präsident Václav Havel verfolgt am 16. November die Wahlberichterstattung über die Senatswahlen im Fernsehen

Innen- und Außenpolitik

Bei den Parlamentswahlen am 31. Mai und 1. Juni wurde die konservative Demokrat. Bürgerpartei (ODS) unter MinPräs. KLAUS mit 68 Mandaten stärkste Kraft, doch konnte sie mit ihren Koalitionspartnern Demokrat. Bürgerallianz (ODA, 13 Sitze) und Christlich Demokrat. Union/Tschech. Volkspartei (KDU-ČSL, 18 Sitze) nicht die absolute Mehrheit im 200-köpfigen Abgeordnetenhaus erringen. Zweitstärkste Partei mit 61 Sitzen wurden die Tschech. Sozialdemokraten (ČSSD), deren Mandate sich gegenüber der letzten Wahl im Juni 1992 vervierfachten. KLAUS bildete eine Minderheitsreg., die auf die Tolerierung durch die ČSSD angewiesen ist. Bei den im Nov. erstmals durchgeführten Wahlen zum 81-köpfigen Senat, der über nur wenige Kompetenzen verfügenden zweiten Kammer des Parlaments, errangen die Parteien der Regierungskoalition mit 52 Mandaten eine deutl. Mehrheit.
Am 23. Jan. stellte die T. R. den Antrag auf Beitritt zur EU. Am 20. Dez. unterzeichneten nach langwierigen Verhandlungen die T. R. und Deutschland eine Protokollnotiz über den Text einer dt.-tschech. Deklaration, die die Aussöhnung beider Staaten dokumentieren soll; Wert und Wirkung dieser Erklärung bleiben jedoch umstritten. ■

Tschernobyl: Zehn Jahre nach der Reaktorhavarie im ukrain. Kernkraftwerk T. am 26. 4. 1986 war der damals zerstörte Reaktorblock 4 noch immer nicht stabilisiert; so wurde im Sept. mehrfach ein erhöhter Neutronenfluss im Unglücksreaktor gemessen, mit unklarer Ursache. Auch bei der Einschätzung mögl. Gefahren hierdurch gingen die Meinungen weit auseinander.
Die internat. Besorgnis wurde v.a. dadurch genährt, dass Unfälle und Störungen in T. von den Verantwortlichen teilweise verschleiert oder zu niedrig eingestuft wurden. So kam es schon am 17. 11. 1995 zu einem schweren Störfall in Block 1, bei dem vermutlich mindestens ein Arbeiter stark verstrahlt wurde. Doch erst am 8. März bezog das ukrain. Ministerium für Umwelt und Reaktorsicherheit Stellung. Der Unfall hatte sich beim Einführen eines Brennelements ereignet, wobei dieses zerbrach und in der Folge die Halle verseuchte. Nach Darstellung des Ministeriums handelte es sich um einen Störfall der Kategorie 3 auf einer sechsstufigen Skala; die Kraftwerksleitung hatte ihn dagegen nur in Kategorie 1 eingeordnet. Im Sept. kam es bei Wartungsarbeiten erneut zur Freisetzung von Strahlung im Reaktorblock 1, der gemäß einer Vereinbarung mit den G-7-Staaten schließlich Anfang Dez. stillgelegt wurde. Am 20. 12. 1995 hatten die sieben führenden Industrienationen und die Urkaine ein Memorandum of Understanding für ein Gemeinschaftsprojekt unterzeichnet, mit dem die Voraussetzungen geschaffen werden sollen, unter denen das Kernkraftwerk T. im Jahr 2000 vollständig abgeschaltet werden kann. Neben der Schaffung neuer Kraftwerkskapazitäten beinhaltet dies auch die Erneuerung des ›Sarkophags‹, der ebenfalls Anlass zu Besorgnis gibt. Er war von Mai bis Okt. 1986 aus Stahl und Beton um den durch Brand und Explosionen völlig zerstörten Reaktorblock 4 errichtet worden, um die verbliebenen radioaktiven Stoffe einzuschließen. Er ist allerdings mittlerweile brüchig und dringend sanie-

Blick auf den ›Sarkophag‹ im ukrainischen Kernkraftwerk Tschernobyl, in dem der havarierte Reaktorblock 4 einbetoniert wurde

rungsbedürftig, wie die Internat. Atomenergie-Behörde (IAEA) am 12. April auf der T.-Konferenz in Wien konstatierte. Außerdem ist am Kraftwerkstandort das Grundwasser bedroht, weil provisorisch vergrabener Brennstoff und radioaktive Abfälle noch immer der Behandlung und Entsorgung harren. Als erstes konkretes Projekt zur Umsetzung dieser Vorhaben wurde am 3. Sept. die Schaffung von Stromersatzkapazitäten für T. vereinbart: Ein dt. Firmenkonsortium unter Führung von Siemens und ABB wird Block 8 des Kohlekraftwerks Smijew ertüchtigen und die Kapazität um gut 20% auf 325 MW elektr. Leistung erhöhen. Das 130 Mio. DM teure Pilotprojekt wird von Deutschland mit einer Hermesbürgschaft unterstützt. →Kernenergie

Tschetschenien, →Russland.

Tschubajs, Anatolij Borisowitsch, russ. Politiker, *Borisow (Weißrussland) 16. 6. 1955. – Nachdem der russ. Präs. BORIS JELZIN am 3. Juli die Präsidentschaftswahl gewonnen hatte, ernannte er T. zum Leiter der Präsidialverwaltung. Polit. Beobachter sehen in T. einen der derzeit mächtigsten Männer Russlands. Am 16. Jan. war T. als stellv. MinPräs. zurückgetreten, womit JELZIN die Angriffe seines kommunist. Herausforderers GENNADIJ SJUGANOW bei den Präsidentschaftswahlen gegen die Privatisierungspolitik von T. ins Leere laufen ließ. Allerdings wollte JELZIN auf den guten Organisator nicht verzichten und machte T. am 21. Febr. zu seinem Wahlkampfleiter. Im Nov. spitzte sich die Affäre um umstrittene Wahlkampfgelder für JELZIN zu, die auch Ermittlungen der Generalstaatsanwaltschaft gegen T. zur Folge hatte.
Nach seiner Promotion war T. 1982–91 Assistenzprof. an der Leningrader Fachhochschule für Ingenieurwesen und Wirtschaftswissenschaften. 1990/91 arbeitete er als Wirtschaftsberater von Bürgermeister ANATOLIJ SOBTSCHAK in Leningrad/Sankt Petersburg, bevor ihn JELZIN im Nov. 1991 zum Vors. des Staatskomitees für die Verwaltung des Staatseigentums ernannte. Als Verantwortlicher für die Privatisierungspolitik war T. umstritten, stieg allerdings 1992 zum stellv. MinPräs. auf.

Tunesien

Hauptstadt: Tunis
Einwohner: 8,9 Mio.
Einwohner/km²: 54
Staatsoberhaupt: Z. al-A. Ben Ali
Regierungschef: H. Karoui
BSP/Einwohner: 1 800 US-$

Die Privatisierung und Liberalisierung der Wirtschaft dauerte an. Aufgrund des 1995 mit der EU geschlossenen Freihandelsabkommens versuchte T. verstärkt, ausländ. Investoren auch außerhalb des Energiesektors anzuziehen. Auch der IWF drängte auf eine Beschleunigung der Privatisierungsmaßnahmen, doch konnte die Reg. mit Rücksicht auf die hohe Arbeitslosigkeit nicht alle Monopole aufgeben. Die Diskrepanz zw. den positiven Entwicklungen der Außenwirtschaft und den Problemen der Binnenwirtschaft blieb bestehen.
In der Innenpolitik blieb die staatl. Kontrolle durch Polizeipräsenz und Kontrolle der Medien straff; dies sollte v. a. zur Bekämpfung jegl. islamist. Gruppierungen dienen. Die Verurteilung des Führers der Oppositionspartei Mouvement des Démocrates Socialistes (MDS), MOHAMMED MOADA, wegen illegaler Verbindungen zum Ausland sowie des Oppositionspolitikers KHEMAIS CHAMMARI wegen des Verrats militär. Geheimnisse riefen Proteste internat. Menschenrechtsorganisationen hervor, die der Reg. Menschenrechtsverletzungen vorwarfen.

Tunnel: Am 27. März begann der Bau des künftig längsten Straßen-T. in Deutschland. Mit einer Länge von 3,3 km wird er die Königshainer Berge bei Görlitz unterfahren. Er bildet ein Teilstück der Autobahn A 4, die die Zentren an Rhein-Main und Rhein-Ruhr mit Thüringen und Sachsen sowie dem

Mit einer symbolischen Sprengung wird am 27. März der Bau des Straßentunnels in den Königshainer Bergen bei Görlitz aufgenommen

poln. Industriegebiet um Liegnitz und Breslau verbinden soll.
Beim Bau des Tiergarten-T. in Berlin, in dem auf 2,4 km Länge Fernbahn, U- und S-Bahn sowie Autos das Regierungsviertel unterqueren sollen, wurde für zwei Jahre das Bett der Spree verlegt. Dies wurde nötig, weil im Spreebogen die T.-Röhren gebündelt mit einer Gesamtbreite von 100 m geführt werden und ein solcher Querschnitt nur in offener Bauweise ausgeführt werden kann. Die Klage einer Umweltschutzorganisation gegen den Bau wegen Gefährdung des Grundwasserhaushalts blieb erfolglos.

Türkei

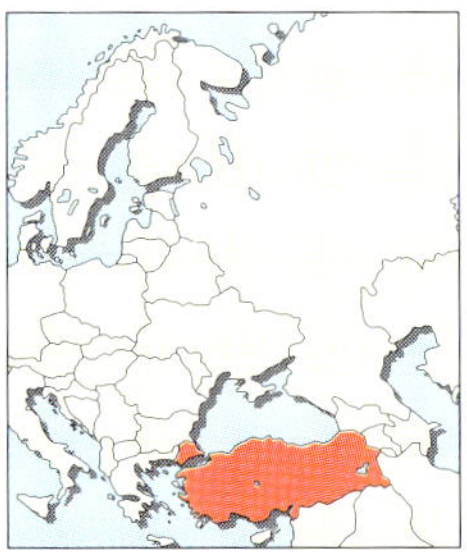

Hauptstadt: Ankara
Einwohner: 59,6 Mio.
Einwohner/km²: 76,5
Staatsoberhaupt: S. Demirel
Regierungschef: N. Erbakan (seit 29. 6. 1996)
BSP/Einwohner: 2 120 US-$

Erster islamistischer Regierungschef seit Atatürk

Die erst am 7. März nach langwierigen Verhandlungen zustande gekommene konservative Regierungskoalition aus Mutterlandspartei (ANAP) von Mesut Yilmaz und Partei des rechten Weges (DYP) von Tansu Çiller unter Führung von Yilmaz zerbrach bereits am 6. Juni nach gegenseitigen Korruptionsvorwürfen. Am 29. Juni vereinbarten die islamist. Wohlfahrtspartei (Refah Partisi/RP) von Necmettin Erbakan, die bei den Parlamentswahlen Ende Dez. 1995 stärkste polit. Kraft geworden war, und die DYP eine Koalition. Regierungschef für die ersten beiden Jahre der Amtszeit ist Erbakan; damit wird erstmals seit 1923 eine türk. Reg. von einer religiösen Partei geführt. Die RP besetzt u. a. die ihr wichtigen Bereiche Arbeit, Kultur und Religion, die DYP sicherte sich die Schlüsselressorts Wirtschaft und Verteidigung. Tansu Çiller wurde stellv. MinPräs. und Außenministerin. Ihre Stellung ist trotz Korruptionsvorwürfen und der ihr und ihrer Partei nachgesagten Verbindungen zu kriminellen Kreisen – was u. a. zum Rücktritt des Innenmin. Mehmet Agar am 8. Nov. führte – bislang unangefochten.
Um internat. Befürchtungen auszuräumen, betonte Erbakan, er fühle sich den Prinzipien Kemal Atatürks verpflichtet. Er hatte bereits im Wahlkampf auf die radikalsten Forderungen seiner Partei verzichtet (z. B. Austritt aus der NATO, Kündigung des im Febr. geschlossenen Militärabkommens mit Israel). Seine Reg. führt auch die liberale Wirtschaftspolitik des vorherigen Kabinetts weiter und hält am Ziel eines EU-Beitritts fest.

Wirtschaftliche Krisenstimmung

Die monatelange polit. Ungewissheit hatte die chron. Wirtschaftsprobleme verschärft. Unmittelbar nach Amtsantritt legte das neue Kabinett einen 10-Punkte-Plan zur Erhöhung der Staatseinnahmen und zur Senkung des Haushaltsdefizits von umgerechnet 10 Mrd. US-$ vor. Zusätzl. Einnahmen sollen der Verkauf weiterer Staatsbetriebe sowie Anlagevergünstigungen für im Ausland lebende türk. Arbeitnehmer bringen. Im Sept. legte Erbakan ein zweites Maßnahmenpaket vor.

Türkei
Wirtschaftswachstum (realer Zuwachs des BIP in %)

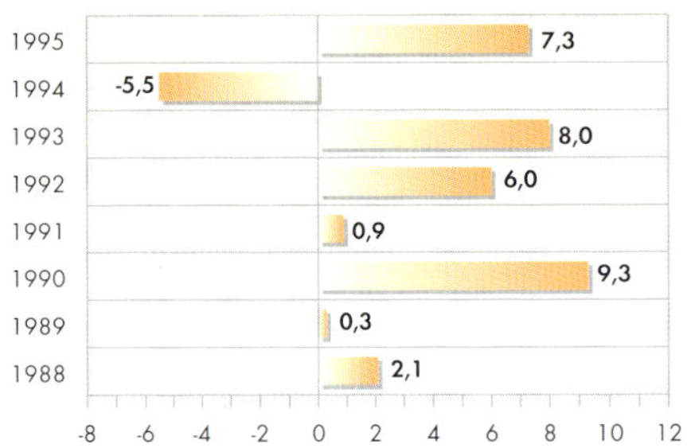

Türkei
Inflationsrate (Veränderung der Verbraucherpreise in %)

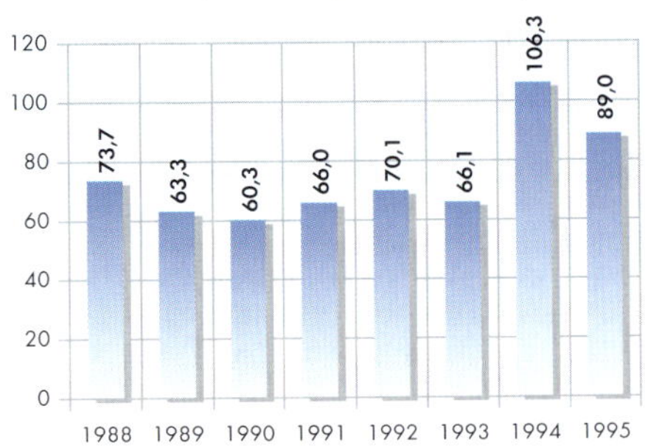

Misslungene Privatisierungen trugen zu einem weiteren Anstieg der Arbeitslosenzahlen (bis zu 10 Mio.) bei. Der Mindestlohn wurde zwar auf umgerechnet 125 US-$ monatlich erhöht, aber die Lebenshaltungskosten einer Durchschnittsfamilie betragen mindestens 850 US-$. Angekündigte Gehaltserhöhungen für Staatsbedienstete um 40% und für Sicherheitskräfte um 30% blieben deutlich unter der Inflationsrate von rd. 100%. Die Militärausgaben überstiegen 10 Mrd. US-$, über die Hälfte davon beanspruchte der Krieg in Kurdistan.

Kurdenpolitik. Meutereien und Hungerstreiks von politischen Gefangenen

PKK-Chef Abdullah Öcalan hatte Ankara im Aug. eine »letzte Chance für einen Waffenstillstand« gegeben, ansonsten würde der Krieg gegen wirtschaftl. und tourist. Einrichtungen ausgeweitet. Anfang Sept. hob das Parlament das 1987 verhängte Ausnahmerecht in zehn kurd. Provinzen auf. Diskreditierte Institutionen wie die regierungstreuen kurd. Dorfschützer-Milizen wurden aufgelöst. Zugleich wurden aber neue Kriegsrechtsbestimmungen eingeführt, die Machtbefugnisse der Provinzgouverneure erweitert und eine Medienzensur in die Kompetenz des Generalstabs gegeben. Einen offenbar von Erbakan gebilligten Neu-

Jeden Samstag protestieren in Istanbul türkische Mütter gegen das ›Verschwinden‹ ihrer Kinder, das den Sicherheitskräften angelastet wird

ansatz für Verhandlungen mit der PKK vereitelte Ende Juli der Einspruch des Militärs. Ende Dez. starteten türk. Truppen erneut eine Offensive gegen die PKK im Nordirak. →Kurden

Nachdem auf einem Parteitag der – legalen – kurd. Demokratiepartei des Volkes (Hadep) Symbole der PKK aufgetaucht waren, wurden am 26. Juni Parteichef Murat Bozlak sowie die gesamte Parteiführung verhaftet und unter Anklage wegen Mitgliedschaft in einer terrorist. Vereinigung gestellt. Der türk. Schriftsteller →Yaşar Kemal wurde im Frühjahr der Volksverhetzung angeklagt und zu einer Freiheitsstrafe auf Bewährung verurteilt. 1996 waren Verfahren gegen rd. 20 000 Intellektuelle wegen ›Meinungsvergehen‹ anhängig, 150 von ihnen befanden sich in Haft.

Meutereien von polit. Gefangenen wegen der Haftbedingungen in den Sondergefängnissen wurden

Türkische Soldaten marschieren 1996 mehrfach in die Kurdenregion in Nordirak ein

von den Sicherheitskräften niedergeschlagen; es gab Tote und Verletzte. Ein von Demonstrationen begleiteter, 70 Tage dauernder Hungerstreik von über 2000 polit. Häftlingen in 40 Gefängnissen konnte erst am 28. Juli nach dem Tod von zwölf Gefangenen durch die Zusicherung besserer Haftbedingungen beendet werden. Nachdem ein Journalist im Jan. in Polizeigewahrsam zu Tode geprügelt worden war, ließ die Reg. unter starkem öffentl. Druck erstmals die gerichtl. Verfolgung von Polizisten zu, die einen Gefangenen misshandelt hatten. Die Menschenrechtsverletzungen führten auch dazu, dass die EU im Dez. Finanzhilfen an die T. sperrte.

Außenpolitische Umorientierung

Eine erste Auslandsreise führte Erbakan im Juli in die international nicht anerkannte ›Türk. Rep. Nordzypern‹. Eine gewisse Umorientierung in der Außenpolitik machten im Aug./Okt. die Reisen Erbakans nach Syrien, Iran, Pakistan, Malaysia und Indonesien sowie nach Ägypten, Libyen und Nigeria deutlich. Der libysche Staatschef Gaddhafi dankte den Besuch schlecht, indem er einen eigenen Kurdenstaat forderte. Dies führte zu einem Misstrauensantrag gegen die Reg., der jedoch am 16. Okt. abgelehnt wurde. Im Dez. stattete der iran. Staatspräs. in Ankara einen Gegenbesuch ab. – Bereits vor dem Regierungswechsel waren die Spannungen mit Griechenland wieder aufgelebt. Die USA vermittelten erfolgreich. ■

Turkmenistan

Hauptstadt: Aschchabad
Einwohner: 4,5 Mio.
Einwohner/km²: 8
Staatsoberhaupt: S. Nijasow
Regierungschef: Scheich Muradow
BSP/Einwohner: 1 270 US-$ (1992)

Ein flaggengeschmückter Zug weiht am 13. Mai die neue Bahnverbindung (295 km) zwischen dem turkmenischen und dem iranischen Eisenbahnnetz ein, mit der Turkmenistan Anschluss an das internationale Bahnnetz gewinnt

Die wirtschaftl. Situation ist weiterhin geprägt von einer hohen Inflationsrate (über 1 000 %) und einem schrumpfenden realen BIP. Die Abhängigkeit von der Zahlungsfähigkeit der Rohstoffabnehmer innerhalb der GUS, das Fehlen einer verarbeitenden Industrie und das Beharren auf einem eigenen, nichtmarktwirtschaftl. Entwicklungskonzept führten zu Jahresbeginn zu deutl. Einbrüchen im Staatshaushalt. Diese zwangen die Reg. im Rahmen eines Stabilisierungsprogramms des IWF auch erstmals ab 1. Juli zu Kürzungen von Subventionen für Benzin und andere Brennstoffe. Nach der unbegrenzten Zulassung ausländ. Beteiligungen bei Unternehmen und Banken (Dez. 1995) wurde verstärkt auf Diversifizierung und Verarbeitung von Rohstoffen v. a. im Textilsektor gesetzt. Zwei vielversprechende Projekte, eine Pipeline nach Westeuropa und eine Erdgasleitung zum Japan. Meer, kommen aus finanziellen Gründen nicht voran.
Wegen der Verschlechterung der Lebensbedingungen wurde die Reg., die sich immer mehr zu einer Präsidialautokratie Separmurad Nijasows entwickelte, zunehmend kritisiert. – Nach der erstmals seit Erlangung der Unabhängigkeit am 19. Febr. durchgeführten Volkszählung stieg die Zahl der Bevölkerung von (1990) 3,6 Mio. auf 4,5 Mio. Ew.; davon waren 77 % Turkmenen, der Anteil der Russen ging von (1989) 9,5 % auf 6,7 % zurück. ■

Tuvalu

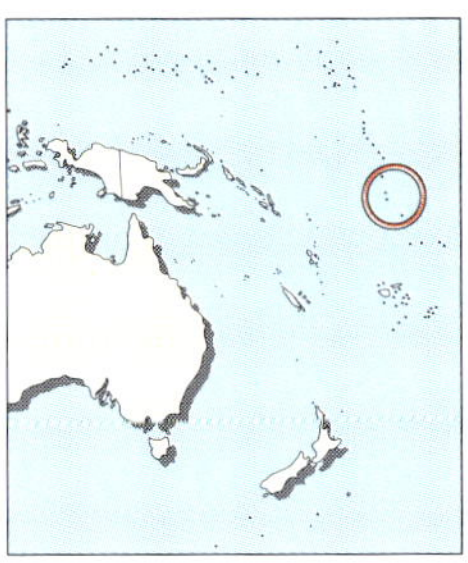

Hauptstadt: Funafuti
Einwohner: 9 000
Einwohner/km²: 346
Staatsoberhaupt:
Elisabeth II.
Regierungschef:
K. Laatasi
BSP/Einwohner: -

U

Uganda

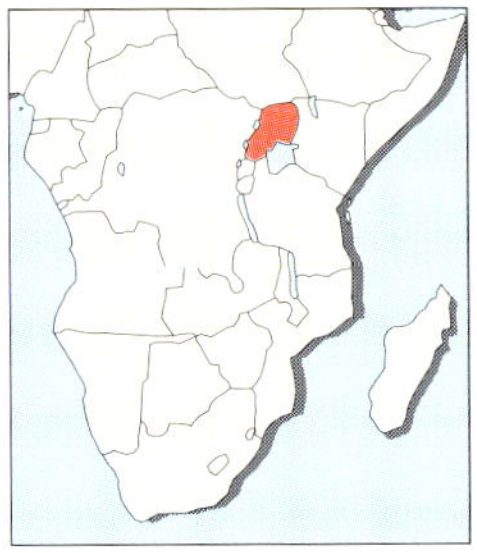

Hauptstadt: Kampala
Einwohner: 21,3 Mio.
Einwohner/km²: 88
Staatsoberhaupt:
Y. K. Musevini
Regierungschef:
K. Musoke
BSP/Einwohner:
200 US-$

Gestützt auf die National Resistance Army (NRA) und ihren polit. Arm National Resistance Movement (NRM) gelang es Staatschef Yoweri Kaguta Musevini, die ethn. Gegensätze im Lande abzubauen und eine wirtschaftl. Stabilisierung einzuleiten. Ungeachtet der Normalisierung der polit. Gesamtlage versuchten radikale christl. Kräfte, die von Sudan unterstützten Rebellen der Lord's Resistance Army (LRA), im Norden U.s einen Gottesstaat zu errichten. Bei der im Mai durchgeführten ersten Präsidentenwahl seit 16 Jahren siegte Musevini mit 74,2 % der Stimmen; sein Hauptrivale, der frühere Außenmin. Paul Ssemogerere, erreichte 23,7 %. Westl. Wahlbeobachter bezeichneten die Wahl trotz Unregelmäßigkeiten an einigen Orten als weitgehend fair. Im Juni fanden erstmals Parlamentswahlen statt. Entsprechend dem in der Verfassung vom Okt. 1995 verankerten Parteienbetätigungsverbot durften nur Einzelkandidaten antreten. In die 276-köpfige Nationalversammlung wurden fast ausschließlich Anhänger des Staatspräs. gewählt. ■

Ukraine

Hauptstadt: Kiew
Einwohner: 51,4 Mio.
Einwohner/km²: 85
Staatsoberhaupt:
L. D. Kutschma
Regierungschef:
P. Lasarenko
(seit 28. 5. 1996)
BSP/Einwohner:
1 570 US-$

Hoffnungszeichen im wirtschaftlichen Niedergang

Der wirtschaftl. Niedergang umfasste 1996 alle Sektoren. Die gestiegene verdeckte Arbeitslosigkeit betraf nach inoffiziellen Schätzungen über 5 Mio. Menschen. Dramatisch war der Produktionsrückgang in der Landwirtschaft und im Bergbau, den die Bergarbeiter seit Febr. immer wieder wegen der monatelang ausbleibenden Lohnzahlungen bestreikten. Grundlegende Reformgesetze konnten nur mit massiven Einschränkungen oder einer jeweils knappen Mehrheit in der Rada durchgesetzt werden. Immerhin wurde die Privatisierung von rd. 33 000 Kleinunternehmen bis zur Jahresmitte abgeschlossen. Da die Inflationsrate seit Jahresbeginn kontinuierlich zurückgegangen war, wurde am 2. Sept. die neue Währung, die Hrywna, eingeführt.

Regierungsumbildung und Streit um die neue Verfassung

Die Innenpolitik stand im Zeichen der Auseinandersetzung zw. Reg. und linker Parlamentsopposition. Nach den Nachwahlen zur Obersten Rada am 7. April blieben immer noch 26 Abgeordnetensitze unbesetzt. Wegen mangelnder Erfolge in der Wirtschaftspolitik, vielleicht auch, um einen Konkurrenten zu neutralisieren, ersetzte Präs. LEONID KUTSCHMA am 27. Mai den MinPräs. JEWGENIJ MARTSCHUK durch dessen Ersten Stellvertreter PAWEL LASARENKO, der am 16. Juli nur knapp einem Attentat entging. Am 16./18. Juni wurden der Landwirtschafts-, Energie-, Finanz- und Verteidigungsmin. ausgewechselt. Per Dekret hat sich KUTSCHMA am 19. Dez. Außen-, Innen-, Verteidigungs- und Informationsministerium direkt unterstellt.
Ein Hauptthema der Innenpolitik war die Diskussion um die neue Verfassung. Dank geschickten Taktierens und der Drohung KUTSCHMAS, andernfalls den Verfassungsentwurf durch ein Referendum sanktionieren zu lassen, wurde das neue Grundgesetz am 28. Juni mit 315 Jastimmen bei 36 Gegenstimmen und 12 Enthaltungen verabschiedet.

Die Hrywna, seit Anfang September die neue Währung der Ukraine

Außenpolitische Kontinuität

Präs. und Reg. verfolgten auch 1996 einen Kurs der militär. Neutralität. Am 1. Juni konnte der Abzug aller Atomwaffen vom Territorium der U. gemeldet werden. In der zw. Russland und der U. umstrittenen Frage der Schwarzmeerflotte einigten sich zwar BORIS JELZIN und KUTSCHMA am 24. Okt. darauf, dass Sewastopol, der Heimathafen der Flotte, für 20 Jahre an Russland verpachtet und 85% der Flotte an Russland fallen solle, die russ. Duma bestritt jedoch aus histor. Gründen die Zugehörigkeit Sewastopols zur Krim und damit zur U. und votierte für eine Beendigung der Aufteilung der Flotte. Im Übrigen verfolgten Präs. und Reg. eine Politik multilateraler und weitreichender Beziehungen, in deren Rahmen die GUS nur noch eine für den Außenhandel wichtige und die Lieferung von Energieträgern garantierende Rolle spielte.

Auf der Krim, die wiederholt Nationalitätenunruhen, aber auch Zuwächse in der ökonomisch sehr bedeutenden Tourismusbranche meldete, folgte am 28. Febr. ARKADIJ DEMYDENKO dem im Vorjahr zurückgetretenen ANATOLIJ FRANTSCHUK als MinPräs. Am 4. April nahm die Oberste Rada eine neue Krim-Verfassung an, der zufolge die Halbinsel eine Autonome Rep. innerhalb der U. darstellt, aber keine eigene Staatsbürgerschaft vergibt. ■

Jan Ullrich, Zweiter der Tour de France und neuer deutscher Radsportstar, wird am 22. Juli von seinem Heimatverein in Merdingen (Baden) begeistert empfangen

Ullrich, Jan, Radrennfahrer, *Rostock 2. 12. 1973. – Mit seinem zweiten Platz fuhr der Mecklenburger als Neuling bei der Tour de France 1996 ins Rampenlicht. Der Amateur-Straßenweltmeister von 1993 gewann souverän eine Etappe und das längste Zeitfahren. Als ›Wasserträger‹ im Team Dt. Telekom trug er überdies erheblich zum Gesamtsieg seines Mannschaftskameraden BJARNE RIIS bei.

umweltökonomische Gesamtrechnung: Das Statist. Bundesamt legte 1996 erstmals einen Teil einer u. G. für Deutschland vor. Darin wird der Umweltschutz nicht isoliert betrachtet, sondern mit wirtschaftl. und sozialen Aspekten vernetzt. Die u. G. ist jedoch weder die oft geforderte ›Ökobilanz der Nation‹ noch ein ›Ökosozialprodukt‹, aber sie kann der erste Schritt auf dem Weg dahin sein. Entsprechende Forderungen waren in den letzten Jahren lauter geworden, weil Höhe und Wachstum des Sozialprodukts zwar als Wohlstandsmaßstäbe gelten, in Wirklichkeit aber wenig über Lebensqualität aussagen, da z. B. Wasser-, Luft- und Bodenqualität nicht berücksichtigt werden.
Die u. G. soll u. a. in Zahlen ausdrücken, wie viel Natur bei der Herstellung und Verwendung von Gütern eingesetzt und verbraucht wird. Die Daten des Statist. Bundesamts könnten auch Entscheidungsgrundlagen für die Umweltpolitik liefern, z. B. Branchenprofile, die den Zusammenhang zw. ökolog., ökonom. und sozialen Aspekten verdeutlichen sollen. Auch werden ›Was wäre, wenn?‹-Fragen beantwortet. Wenn z. B. die Verbraucher sich heute so ernähren würden wie 1960, würden die Emissionen des Treibhauseffektgases Methan um 6% sinken, denn 1960 wurde mehr pflanzl. Kost

und weniger Fleisch gegessen. Andere Ergebnisse der u. G.: Die Entnahme von Rohstoffen stieg in der Zeit von 1960 bis 1990 in den alten Bundesländern um 65%, der Primärenergieverbrauch nahm sogar um 85% und die Gütertransportleistung um 147% zu. Das Statist. Bundesamt errechnete auch, welche Branchen bes. viel Luftschadstoffe verursachten, und setzte die Menge dieser Schadstoffe ins Verhältnis zu den jeweiligen Arbeitsplätzen. In der Elektrizitätserzeugung entstehen danach pro Arbeitsplatz 50% mehr Luftschadstoffe als bei der Eisen- und Stahlerzeugung.

UMWELTPOLITIK

Umweltpolitik im Zeichen der Krise

Der Autor:
Ernst Ulrich von Weizsäcker, geb. 1939.
1984-91 Direktor des Instituts für Europäische Umweltpolitik in Bonn. Seit 1991 Präsident des Wuppertal-Instituts für Klima, Umwelt und Energie. Mitglied des Club of Rome

Die deutsche Wirtschaft hat seit ein paar Jahren größte Mühe mit der Wettbewerbsfähigkeit. Unternehmenszusammenbrüche und Arbeitslosigkeit sind auf Nachkriegshöchststand. Die Staatsverschuldung lässt nicht mehr genügend Spielraum für arbeitsmarkt- und sozialpolitische Maßnahmen. Trotz eines ansonsten hohen Wohlstandsniveaus kann man daher von wirtschaftlichen Krisenzeiten sprechen. Und in diesen Zeiten scheint es der Umweltschutz besonders schwer zu haben.

Umweltschutz ist in der Vergangenheit fast immer im Gewande eines Kostenfaktors aufgetreten. Mit besonderer Verärgerung hat die private Wirtschaft registriert, dass im Umweltschutz von der Politik mit Unterstützung der Medien immer ehrgeizigere Ziele formuliert und dabei die Kosten weitgehend vernachlässigt wurden. Das war beim Gewässerschutz, bei der Luftreinhaltung und der Abfallwirtschaft der Fall. Zwar gab es für den rechnenden Manager auch Georg Winters Buch ›Das umweltbewußte Unternehmen‹ mit seinen Checklisten, bei denen immer erst einmal nach Umweltschutzmaßnahmen gefragt wird, die sich positiv auf das Betriebsergebnis auswirken, und das sind weit mehr, als man naiverweise dachte. Manche Unternehmen konnten auch durch ehrgeizigen und sichtbaren Umweltschutz ihre Kundenbindung oder Mitarbeiterbindung deutlich verbessern. Aber letztlich lässt sich nicht leugnen, dass strenge Schadstoffbegrenzungsauflagen und lange Genehmigungszeiten Kostenfaktoren sind, die in wirtschaftlichen Krisenzeiten unvermeidlich unter Beschuss kommen.

So sind denn im Laufe der Jahre 1995 und 1996 kaum noch neue umweltpolitische Initiativen ergriffen worden. Das Bundesministerium für Umwelt, Naturschutz und Reaktorsicherheit setzte mehr und mehr auf freiwillige Vereinbarungen. Prominentes Beispiel war die Selbstverpflichtung der deutschen Industrie zur Reduktion der Treibhausgase, angekündigt im März 1995. Ausgehend von einem Basisjahr (1988), welches noch durch extrem hohe Emissionen in der damaligen DDR gekennzeichnet war, bot die Industrie Reduktionen an, die im Wesentlichen dem ohnehin geplanten Erneuerungsprogramm entsprachen. Eine glaubwürdige Kontrolle war nicht vorgesehen. Und doch sollte die Bundesregierung ›im Gegenzug‹ für dieses fast inhaltsleere Versprechen auf die Umsetzung der längst beschlossenen Wärmeschutzverordnung sowie auf jegliche Initiativen in Richtung einer Energie- bzw. Kohlendioxidsteuer verzichten. Unter dem Druck der Argumente, dass dieses Vorgehen kein Ersatz für Umweltpolitik sein kann, dass sich hier also das Prinzip der freiwilligen Selbstverpflichtungen selbst diskreditieren könnte, kündigte die Industrie dann im April 1996 eine Nachbesserung an, bei welcher vom Basisjahr 1991 ausgegangen und eine Kontrolle (durch das Rheinisch-Westfälische Institut für Wirtschaftsforschung) akzeptiert wird. Dennoch herrscht sowohl bei Umweltschützern wie auf Industrieseite und auch in der breiten Öffentlichkeit der Eindruck eines Stillstands, ja Rückwärtsgangs der Umweltpolitik vor.

Ist dies ein unabänderliches Schicksal? Und ist es ökologisch akzeptabel? Beide Male nein. Aber der Umweltschutz und vor allem die Umweltpolitik müssen ihr Gesicht verändern.

Die umweltpolitische Herausforderung bleibt

Die globale Umweltsituation ist weiterhin überaus alarmierend. Die Artenvielfalt schwindet mit der beängstigenden Geschwindigkeit von rund fünfzig Tier- oder Pflanzenarten pro Tag. Die Beständigkeit des Klimas ist in Gefahr. Die Rückversicherungsgesellschaften, die für die Katastrophenrisiken zuständig sind, bekommen es bereits geschäftlich zu spüren. Die Überfischung der Weltmeere wird zum Skandal. Streit um knappes Wasser kann über Nacht zum Kriegsauslöser in manchen Gegenden werden. Das sind allerdings alles Themen, die mit dem deutschen Immissionsschutz- oder Abfallrecht, in denen wir uns so gern als Weltmeister fühlen, schlechterdings nicht beeinflusst werden. Mit dem Immissionsschutz liegen wir heute thematisch daneben.

Worum geht es thematisch? Das ist recht klar in der Agenda 21 von Rio de Janeiro sowie in den beiden großen Umweltschutzkonventionen von Rio gesagt. Es geht um nachhaltiges Wirtschaften, es geht um Arten- und Biotopschutz, und es geht um Klimaschutz. Der gemeinsame Nenner ist in Kapitel 4 der Agenda 21 formuliert. Dort wird von einem ökologisch nachhaltigen Konsumstil gesprochen. Und der heutige deutsche ist alles andere als nachhaltig. Wir verbrauchen trotz all der schönen Immissionsschutzbestimmungen pro Kopf der Bevölkerung ungefähr zehnmal so viel Natur wie die Menschen in den Entwicklungsländern. Wenn diese konsummäßig zu uns aufschließen, dann ist das Klima vermutlich nicht mehr zu stabilisieren, dann haben frei lebende Tiere und Pflanzen praktisch keine Rückzugsgebiete mehr und sterben massenweise aus, dann sind die Meeresfische weg und das Trinkwasser katastrophal knapp. Und dann sind eines Tages auch Erdöl und Erdgas aufgezehrt, die heute zu Schleuderpreisen auf den Weltmarkt kommen. Müssen wir Deutschen nun also den Gürtel gewaltig enger schnallen und müssen wir gleichzeitig den Chinesen mit Gewalt beibringen, unseren verschwenderischen Konsumweg gar nicht erst zu betreten? Beides, vor allem das Letztere, ist politisch undenkbar. Müssen wir uns dann eben auf die ökologische Katastrophe einstellen?

Nein, es gibt, wie mir scheint, einen Ausweg, der auch in wirtschaftlichen Krisenzeiten gangbar ist. Dieser hängt zentral damit zusammen, dass wir den Umweltschutz und vor allem den technischen Fortschritt neu definieren und die neue Richtung auch politisch durchsetzen. Neben den technischen Fortschritt bei der Arbeitsrationalisierung muss dringend als zweites, gleich großes Thema die Ressourcenrationalisierung treten.

Die Arbeitsproduktivität ist heute gut zwanzigmal so hoch wie zu Beginn der Industrialisierung. Der Produktivitätsfortschritt ist rascher als die politisch und ökologisch mögliche Marktausweitung. Also schafft er weltweit Arbeitslosigkeit. Etwa 800 Millionen Menschen leiden heute bereits an Arbeitslosigkeit oder Unterbeschäftigung.

Die Ressourcenproduktivität, also die Menge Wohlstand pro eingesetzte Einheit Energie oder Rohstoffe, ist im Vergleich kläglich zurückgeblieben. Sie hat sich während der Frühindustrialisierung sogar laufend verschlechtert und anschließend nur Fortschritte im Schneckentempo gemacht, etwa um ein Prozent pro Jahr. Das gilt es jetzt zu ändern.

Wenn in einem Land bereits hohe Arbeitslosigkeit herrscht, dann kann es auch volkswirtschaftlich sinnvoll sein, die Rationalisierungsanstrengungen teilweise auf das Thema Ressourcen zu verlagern und auf diese Weise Importe von Rohöl und Erzen durch heimische Arbeitsleistungen zu substituieren. Wenn unsere Autos aufgrund von arbeitsplatzwirksamen Innovationen unserer Autoindustrie nur noch halb so viel Treibstoff verbrauchen, dann wird genau das erreicht.

Ein ökonomischer und ein physikalischer Einwand

Hierüber erzielt man heute in Gesprächen rasch Konsens, und zwar in den meisten Ländern der Welt. Aber häufig wird eingewandt, dass diese wünschenswerte Neuausrichtung des technischen Fortschritts leider den Gesetzen der Ökonomie, des Weltmarkts widerspreche und dass wir leider auch längst an die physikalischen Grenzen der Rationalisierung von Energie und Stoffen gestoßen seien. Dieser doppelte skeptische ›Realismus‹ kann in Wirtschaftskreisen immer auf Resonanz zählen. Hiergegen müssen wir aber nun fragen, was eigentlich ›Weltmarkt‹ bedeutet. Was hat eigentlich den stetigen Verfall der Erdöl- und Erdgaspreise von 1982 bis 1995 ausgelöst? Es war im Wesentlichen der technische Fortschritt beim Ausbeuten von prinzipiell endlichen Naturschätzen. Wir haben es hier mit einer »Ökonomie des Schatztruhen-Knackens« zu tun, wie Hans Peter Dürr das ausdrückt. Irgendwann kommt diese Strategie an ihr natürliches Ende. Und im Übrigen ist die eigentliche Grenze vielleicht gar nicht der Rohstoffvorrat, sondern die Aufnahmekapazität der Atmosphäre für die Treibhausgase. Wenn sich unsere Zivilisation dem schlichten Marktgeschehen unterwirft

Der österreichische Bundeskanzler Franz Vranitzky spricht im Juni 1992 zum Plenum des Weltklimagipfels in Rio de Janeiro

und sich aus ideologischen Gründen keine rechtzeitige Korrekturstrategie erlaubt, kann sie leicht ins Verderben rennen. Denn wenn die Knappheitssignale dann auftreten, womöglich durch plötzliche Kartellbildungen (wie 1973) abrupt beschleunigt, dann sind politische Brüche und Kapitalvernichtungen die Folge.
Auch der physikalische Einwand sticht nicht. Die Ressourcenrationalisierung ist (wie die Arbeitsrationalisierung) ein komplexer Prozess. Ein Beispiel: Es trifft zu, dass das Aluminiumschmelzen aus Bauxit technologisch so weit entwickelt ist, dass man aus physikalischen Gründen die Energieproduktivität nicht mehr wesentlich verbessern kann. Sobald man aber dazu übergeht, das Aluminium zu recyceln, winkt ein Faktor zwanzig in der Energieproduktivität. Das ist der energetische Unterschied zwischen dem Schmelzen des Metalls aus Bauxit gegenüber dem Schmelzen des Metalls aus Schrott. Darüber hinaus lassen sich manche Funktionen des Aluminiums mit geringfügigen Einbußen (und manchen Vorteilen) auch mit Holz erfüllen.

Im August stellt die Umweltschutzorganisation Greenpeace in Luzern mit dem ›Twingo SmILE‹ – für ›Small, Intelligent, Light, Efficient‹ – eine neue Studie eines Dreiliterautos vor. Das Fahrzeug mit aerodynamischer Karosserie wiegt 195 kg weniger als die Normalversion und ist mit einem 55 PS starken, verbrauchsarmen Zweizylindermotor ausgerüstet

Faktor vier – die Effizienzrevolution

Insgesamt halte ich zumindest eine Vervierfachung der Ressourcenproduktivität für technisch möglich. Aus einem Fass Rohöl oder einer Tonne Erdreich können wir gut viermal so viel Wohlstand herausholen wie heute. Die Beweisführung unternehme ich mit zwei amerikanischen Koautoren in dem Buch ›Faktor Vier‹. Wenn dieser Faktor vier tatsächlich erreicht wäre, könnten wir den Wohlstand weltweit verdoppeln und gleichzeitig weltweit den Naturverbrauch halbieren.
Aus deutscher Perspektive: Wenn wir auf dem Weltmarkt Waren und Dienstleistungen anbieten, die doppelt, dreimal, viermal so effizient mit Energie und Rohstoffen umgehen wie die heute marktüblichen, dann sollten uns weite Exportmärkte sicher sein. Selbst wenn deutsche Exportgüter teuer sind, lohnen sie sich für den Einkäufer, wenn sie ihm noch teurere jahrzehntelange Rohölimporte, Kraftwerke oder Rohstoffe einsparen.
Die geforderte Neuausrichtung des technischen Fortschritts ist allerdings wie die der industriellen Revolution eine Aufgabe für Generationen. Diesmal haben wir kaum mehr als 50 Jahre Zeit dafür. Der Zeitdruck rührt von der Umweltkrise und der Entwicklung der Weltbevölkerung her.
Weitere Beispiele: Bekannt sind die Sparglühbirnen, die etwa um einen Faktor vier besser in der Lichtausbeute pro Kilowattstunde sind. Nicht ganz so dramatisch sieht es bei Haushaltsgeräten aus. Dafür hört man neuerdings viel von Häusern mit radikal vermindertem Heizölbedarf. Mit einer wirklichen Sensation hat Amory Lovins aufzuwarten: Autos, so genannte ›Hyperautos‹, die nur noch 1,5 bis 2 Liter Treibstoff pro 100 Kilometer brauchen. Ein ganz anderes Faktor-vier-Beispiel ist die ohne weiteres mögliche Verminderung der Transportintensität z. B. bei der Herstellung von Erdbeerjoghurt. Wieder andere Beispiele sind die Wiedereinführung dauerhafter Möbel, Maschinen oder Baustoffe. Und schließlich ist das Potenzial der Telekommunikation nicht zu verachten, Reisen und Stoffströme durch Information zu ersetzen.

Die Rahmenbedingungen verändern

Ein großes Problem für die Durchsetzung der Effizienzrevolution liegt in den heute vorherrschenden Rahmenbedingungen. Der Verbrauch von Energie, Wasser und festen Rohstoffen ist oft noch zu billig, um nennenswerte Anstrengungen zu seiner Verminderung betriebswirtschaftlich zu rechtfertigen. Eine der besten Erfindungen Lovins zur Änderung der Rahmenbedingungen war das ›Least-cost Planning‹. Angesichts der enormen Energieverschwendung in den USA fragte er sich, warum eigentlich immer mehr Kraftwerke gebaut wurden. Und tatsächlich setzten die Energieaufsichtsbehörden in vielen Staaten das Prinzip durch, nach welchem neue Kraftwerke nur noch dann genehmigt werden, wenn keine billigere Strategie in Sicht ist, um den angenommenen Energiebedarf zu befriedigen. Und das Eindämmen von Verschwendung erwies sich in Haushalten und Betrieben über weite Strecken als billig genug, um auf Dutzende geplanter Kraftwerke verzichten zu können.
Die Energieversorger subventionierten sogar das Sparen bei den Endnutzern. Wie das? Wie können sie dann noch zu ihren nötigen betrieblichen Gewinnen kommen? Zwei Antworten kommen zusammen: Erstens gelangen beim Energiesparen immer mehr der vorhandenen Kraftwerke in das ›goldene Ende‹, wo das Kapital abgeschrieben ist und folglich jede verkaufte Kilowattstunde zum satten Gewinn wird. Zweitens erlaubt die Energieaufsicht höhere Tarife, wenn die Monatsrechnungen für die Kunden deutlich niedriger werden.
Die Europäische Kommission hat im September 1995 eine Richtlinie vorgeschlagen, die jetzt unter

dem Namen ›Rationale Planungstechniken‹ läuft, die dasselbe bewirken soll. Allerdings hat Deutschland bisher eine Verabschiedung dieser Richtlinie verhindert. Deutschland war sogar Hauptantriebskraft für die in entgegengesetzter Richtung wirkende, im Juli 1996 verabschiedete Richtlinie der (weitgehend) freien Energiedurchleitung, die nach der Abschaffung des Kohlepfennigs noch einen zweiten kräftigen Schub der Energieverbilligung mit sich bringt, die also die Energieeffizienz noch unrentabler macht.

Ganz anders verhält sich Dänemark. Hier wird durch eine vielfältige Anwendung des ›Least-cost Plannings‹ und eine zusätzliche ›ökologische Steuerreform‹ ein starker Druck auf Konsumenten und Anbieter in Richtung Energierationalisierung ausgeübt. Bei der ökologischen Steuerreform wird die Abgabenlast von den Faktoren Arbeit und Kapital teilweise und schrittweise abgezogen, und dafür werden Energie und Kohlendioxidemissionen schrittweise höher besteuert. Allerdings wird die industrielle Prozessenergie weitgehend geschont, denn man will natürlich nicht eine bloße Verlagerung von energieintensiven Prozessen ins Ausland provozieren. Die dänische Wirtschaft entwickelt trotz oder sogar wegen der Ökosteuer eine im Vergleich zu Deutschland hohe Wachstumsdynamik.

In Deutschland ist der Reformelan in Richtung einer ökologischen Steuerreform in den Jahren 1995 und 1996 praktisch zum Erliegen gekommen. Auch hier wird wie beim klassischen Umweltschutz argumentiert: In Zeiten wirtschaftlicher Schwäche könne man sie sich auf keinen Fall leisten. Das liegt u.a. an einer engen Interpretation des Gutachtens von Greenpeace und Deutschem Institut für Wirtschaftsforschung ›Wirtschaftliche Auswirkungen einer ökologischen Steuerreform‹ von 1994. Bei diesem wird zwar von der Schaffung einer halben Million zusätzlicher Arbeitsplätze durch eine Ökosteuerreform gesprochen, aber in Kauf genommen, dass die Verliererbranchen außer Landes gehen. Dies könnte im (von den Industrieverbänden an die Wand gemalten) Extremfall zum Verlust von wesentlich mehr Arbeitsplätzen führen als nach dem Gutachten neu geschaffen würden. Die dänische Lösung mit der Ausnahmeregelung für die Prozessenergie ist die Antwort auf diese Sorge.

Für die tatsächliche Neuausrichtung des technischen Fortschritts ist indessen die Instrumentendiskussion eher nachrangig. Das Wichtigste ist, dass sich das Bewusstsein durchsetzt, dass die Neuausrichtung technisch möglich und weltpolitisch auf mittlere Sicht völlig unausweichlich ist. Liegt das Ziel einmal klar vor Augen, finden Wirtschaft und Politik auch einen gangbaren Weg, um das Ziel zu erreichen.

Die neue Devise der Umweltpolitik würde demnach lauten, dass man weniger kostenträchtige Schadstoffvorschriften benötigt, die das ökologische Elend der Welt kaum beeinflussen können, dafür aber durch eine Bewusstseins- und Rahmenveränderung dem zivilisatorisch-technischen Fortschritt eine neue Richtung gibt. Die internationale Wettbewerbsfähigkeit sollte dadurch überhaupt nicht gefährdet, sondern sogar eher gestärkt werden.

Dabei darf man sich nicht auf nationales Handeln auf einer ökologischen Insel beschränken. Die Wirkungen für den Klima- und Artenschutz wären viel zu gering. Es gilt auch, die internationale Umweltdiplomatie erheblich zu intensivieren. Bei der Zweiten Vertragsstaatenkonferenz der Klimakonvention in Genf im Juli 1996 hat sich die Stimmung etwas verbessert. Insbesondere wird zum gemeinsamen Anpacken der Reduktionsverpflichtungen aufgerufen, was den Interessen der deutschen Industrie durchaus entgegenkommt, die ihre Anstrengungen zur Reduktion von Treibhausgasen am liebsten in Ländern unternehmen würde, wo die eingesetzte Mark einen wesentlich größeren Effekt hat als in Deutschland.

Unabomber: Im Juni wurde vor einem Gericht in Sacramento (Kalifornien) Anklage gegen den am 5. April in einer Blockhütte in den Wäldern Montanas festgenommenen 53-jährigen ehem. Mathematikdozenten THEODORE KACZYNSKI erhoben. Er wird verdächtigt, der seit 17 Jahren gesuchte U. zu sein, der für 16 Briefbombenanschläge mit drei Toten und 23 Verletzten verantwortlich ist. Die Opfer waren hauptsächlich Universitätsprof. sowie Mitarbeiter von Fluggesellschaften (**Un**iversities/**A**irlines; daher die Bez. U.), die der U. in Bekennerbriefen als mitverantwortlich für den Zerfall der Gesellschaft durch fortschreitende Industrialisierung und Technisierung bezeichnete. Im Sept. 1995 hatten die ›Washington Post‹ und die ›New York Times‹ eine Forderung des ›Ökoterroristen‹ erfüllt und ein ›Manifest wider die industrielle Revolution‹ veröffentlicht, durch das er sich als fanat. Kritiker der modernen Zivilisation erwies; im Gegenzug sagte er eine Beendigung der Anschläge zu.

Ungarn

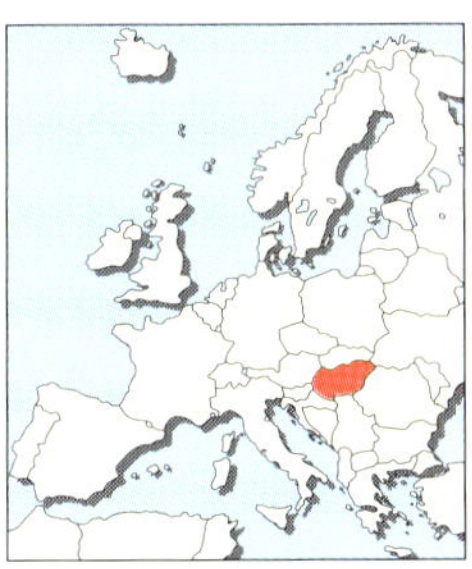

Hauptstadt: Budapest
Einwohner: 10,1 Mio.
Einwohner/km²: 109
Staatsoberhaupt:
A. Göncz
Regierungschef:
G. Horn
BSP/Einwohner:
3 840 US-$

Auch 1996 wurde die Entwicklung in U. maßgeblich von der Wirtschaftspolitik bestimmt. Der im Vorjahr eingeschlagene Stabilitäts- und Reformkurs wurde ungeachtet des Wechsels im Amt des Finanzmin. fortgesetzt. LAJOS BOKROS trat Ende Febr. wegen mangelnder Unterstützung seiner

Die USA – im Bild der amerikanische Präsident Bill Clinton (rechts) – stellen sich einer Wiederwahl von UNO-Generalsekretär Boutros Boutros Ghali in den Weg

Sparvorschläge bei den Sozialausgaben zurück. Sein Nachfolger PETER MEDGYESSY verfolgte die zur dauerhaften Konsolidierung des Staatshaushalts notwendige, aber unpopuläre Sozialversicherungsreform energisch weiter. Zur bisherigen Erfolgsbilanz des Stabilisierungsprogramms gehören die Reduzierung der Defizite im Staatshaushalt und in der Leistungsbilanz, die Verringerung der Auslandsverschuldung, die Einführung der Konvertibilität des Forint zum 1. Jan., die Gewährung eines neuen IWF-Beistandskredits und die Aufnahme des Landes in die OECD im März. Die Nachteile des Sparkurses sind die Dämpfung des Wirtschaftswachstums (Zunahme des BIP um nur 1%), die Stagnation im Bereich der Investitionen, eine Inflationsrate von 25% und die – wenn auch im Vergleich zum Vorjahr geringeren – Reallohnverluste in Höhe von etwa 5 %.
Nachdem Ende März auch das Parlament der Slowak. Rep. den slowak.-ungar. Grundlagenvertrag, der u.a. die Rechte der ungar. Minderheit in der Slowakei regelt, ratifiziert hatte, konnte dieser im Mai in Kraft treten. Mitte Sept. wurde nach fünfjährigen Verhandlungen mit Rumänien der Vertrag über Kooperation und gute Nachbarschaft unterzeichnet, am 11. Dez. ratifizierte ihn das Parlament. Im Okt. entwickelte sich eine Affäre um die Staatl. Gesellschaft für Privatisierung und Vermögensverwaltung zum polit. Skandal, der nicht nur zur Entlassung eines verantwortl. Min., sondern auch zu neuen Spannungen zw. den Partnern der Regierungskoalition und weiteren Vertrauensverlusten der Reg. Horn in der Bevölkerung führte. ■

Ungers, Oswald Mathias, Architekt, * Kaisersesch (Kr. Cochem-Zell) 12. 7. 1926. – Im Aug. wurde der von U. entworfene Erweiterungsbau der Hamburger Kunsthalle für Kunst ab 1960 eingeweiht; er soll im Febr. 1997 u. a. mit einer neuen Bilderfolge von GERHARD RICHTER und Dauerleihgaben aus Privatsammlungen eröffnet werden. Der 30 m hohe Kubus aus weißem Kalkstein mit zentralem Lichthof steht auf einem abgeschrägten roten Granitsockel. Der wegen seiner Strenge und wegen der Kosten von über 100 Mio. DM kritisierte Bau verdoppelt den bisher für zeitgenöss. Kunst verfügbaren Raum der Alten Hamburger Kunsthalle, mit der er unterirdisch verbunden ist. Am 27. Juni wurde zudem in Köln entschieden, den Neubau des Wallraff-Richartz-Museums, für den U. mit seinem Partner STEPHAN VIETHS den offenen Wettbewerb gewonnen hatte, von diesen neben dem Gürzenich errichten zu lassen.
Bis 1950 studierte U. Architektur an der TH Karlsruhe; er lehrte bis zu seiner Emeritierung 1991 u. a. in den USA und in Düsseldorf und führt Architekturbüros in Köln, Berlin und New York.

UNO, Abk. für **U**nited **N**ations **O**rganization, dt. Vereinte Nationen: 1996 gehörten der UNO 185 Mitgliedstaaten an, d.h. alle Staaten außer Kiribati, Nauru, Westsahara (DARS), Schweiz, Taiwan, Tonga, Tuvalu und Vatikanstadt.
Für Deutschland war es das zweite Jahr als nichtständiges Mitgl. des UNO-Sicherheitsrats, dessen Vors. es im Aug. innehatte. Deutschland saß dem Irak-Sanktionsausschuss vor und war gemeinsam mit Frankreich maßgeblich am Zustandekommen der Lockerung der Sanktionsbestimmungen am 20. Mai beteiligt, die dem Irak den Export von Erdöl in Höhe von 2 Mrd. US-$ erlaubte. Diese Erlaubnis wurde allerdings nach dem Einsatz irak. Streitkräfte gegen Kurden in der nordirak. UNO-Schutzzone Anfang Sept. bis Dez. ausgesetzt.
Das UNO-Waffenembargo gegen alle Nachfolgestaaten des ehem. Jugoslawien sowie die Handelssanktionen gegen Rest-Jugoslawien (Serbien und Montenegro) wurden nach dem Abschluss des Dayton-Abkommens unterbrochen. Die Aufgaben der UNPROFOR in Bosnien und Herzegowina gingen gleichzeitig an Ifor über. UNPROFOR blieb aber in Teilen Kroatiens und in Makedonien auch 1996 präsent. Die UNHCR-Luftbrücke zur Versorgung Sarajevos wurde nach dreieinhalb Jahren am 9. Jan. beendet.
Am 30. April wurde die UNO-Mission in El Salvador (ONUSAL) zur Überwachung der Einhaltung des Friedensabkommens offiziell beendet. Die Umsetzung des Abkommens von Chapultepec nach zwölf Jahren Bürgerkrieg und über 75 000 Todesopfern war problemlos verlaufen.
Die Welthandelskonferenz (UNCTAD IX), die vom 27. April bis 11. Mai in Midrand (Rep. Südafrika) stattfand, beschloss, dass Verhandlungs- und Entscheidungskompetenzen künftig bei der Welthandelsorganisation (WTO) liegen sollen, während sich UNCTAD auf Diskussion, Analyse und Beratung im Nord-Süd-Dialog beschränkt.
Unmittelbar vor der vom 3. bis 14. Juni in Istanbul abgehaltenen UNO-Konferenz über menschl. Siedlungen (→Habitat II) veröffentlichte der UNO-Bevölkerungsfonds (UNFPA) am 29. Mai seinen Bericht über den Stand der Weltbevölkerung. Demzufolge leben 1996 von insgesamt 5,8 Mrd. Menschen 2,6 Mrd. in Städten oder stadtähnl. Agglomerationen. In zehn Jahren wird die Weltbevölkerung voraussichtlich auf über 6,5 Mrd. angewachsen

sein, von denen ungefähr 3,3 Mrd. Menschen in Städten leben werden, die meisten in den Stadtregionen der Dritten Welt.
Weitere große Konferenzen waren die →Weltklimakonferenz im Juli in Genf und der →Welternährungsgipfel im Nov. in Rom.
Im →Internationalen Jahr für die Ausrottung der Armut erklärte GenSekr. Boutros Boutros Ghali, die Hauptaufgabe der UNO liege künftig bei der Entwicklung. Schon heute werden etwa 70% ihrer Ausgaben im Wirtschafts- und Sozialbereich getätigt. Nachdem auf der Genfer Abrüstungskonferenz im Laufe des Sommers 1996 keine Einigkeit über ein umfassendes →Teststoppabkommen erzielt werden konnte, wurde der Vertragstext am 10. Sept. der UNO-Generalversammlung zur Abstimmung vorgelegt und von dieser mit 158 Stimmen, darunter die fünf offiziellen Atommächte, gegen die Stimmen Indiens, Bhutans und Libyens bei wenigen Enthaltungen angenommen. Er erlangt erst Gültigkeit, wenn alle 44 Staaten, die über Atomtechnologie verfügen, ihn ratifiziert haben. Da Indien und in der Folge Pakistan schon angekündigt haben, den Vertrag nicht unterzeichnen zu wollen, wird er vorläufig unverbindlich bleiben.

Bonn und Hamburg werden UNO-Städte

Für Deutschland kann 1996 in bes. Weise als UNO-Jahr gelten: Am 20. Juni wurde von Boutros Ghali in Bonn das ›UN-Haus‹ eingeweiht, in dem das Freiwilligenprogramm der UNO (UNV) sowie das Sekretariat der Klimarahmenkonvention (UNFCCC) und ein UNO-Informationszentrum (UNIC) als erste UNO-Einrichtungen in der Bundesrepublik untergebracht werden. UNV beschäftigt 130 Mitarbeiter und lenkt knapp 4000 Freiwillige bei ihrer humanitären Hilfe und Wahlbeobachtung in vielen Ländern der Erde. UNFCCC beschäftigt etwa 70 Angestellte und soll Koordinierungsaufgaben bei der Umsetzung der Beschlüsse der Weltklimakonferenzen übernehmen. Darüber hinaus wurde Hamburg als Sitz des →Internationalen Seegerichtshofs UNO-Stadt.

Finanzlage. Kofi Annan wird Generalsekretär

Die Finanzlage der UNO ist nach wie vor kritisch, obwohl in den vergangenen zehn Jahren die Gesamtzahl der Mitarbeiter um 20%, die der hochrangigen Posten um 10% und die der Abteilungen von 20 auf 12 vermindert und der Haushalt dadurch drastisch gekürzt werden konnte. Doch Mitte 1996 schuldeten die Mitgliedstaaten der UNO etwa 2,7 Mrd. US-$, davon allein die USA 1,4 Mrd. US-$. Deutschland leistet mit 9% (98,4 Mio. US-$) den drittgrößten Beitrag zum regulären Haushalt der UNO.
Am 17. Dez. wurde Kofi Annan als siebter UNO-Generalsekretär vereidigt. Der Ghanaer war von der Vollversammlung gewählt worden, nachdem die USA durch ihr Veto eine zweite Amtsperiode seines Vorgängers Boutros Ghali verhindert hatten. Annan, bislang stellv. Generalsekretär und seit 1962 für die UNO tätig, übernimmt das Amt am 1. 1. 1997.

Uruguay

Hauptstadt:
Montevideo
Einwohner: 3,2 Mio.
Einwohner/km²: 18
Staatsoberhaupt und Regierungschef:
J. M. Sanguinetti
BSP/Einwohner:
4650 US-$

Trotz der Reformbemühungen der Koalitionsreg. blieb U. in einer konjunkturellen Talsohle. Nach einem Rückgang der Wirtschaftsleistung um 2,4% (1995) kletterte 1996 der Wert für die Veränderung des realen BIP kaum über die Null-Prozent-Marke. Verantwortlich dafür war v. a. die wirtschaftl. Abhängigkeit von Argentinien und Brasilien. Zwar konnte die Ausfuhr von Fertigprodukten nach Brasilien gesteigert werden, die Krise beim argentin. Nachbarn führte allerdings zu starken Einbrüchen in der uruguay. Tourismusbranche. Die restriktive Geldpolitik der Zentralbank bewirkte einen Rückgang der Teuerungsrate von (1995) 42,2% auf etwa 26% (Ende Okt.). Die offizielle Arbeitslosenquote wurde mit 13% angegeben.
Ende Mai forderten rd. 30000 Demonstranten die Reg. auf, die Hintergründe des ›schmutzigen Kriegs‹ während der Militärdiktatur aufzuklären. Die im Okt. im Kongress verabschiedeten Verfassungs- und Wahlrechtsreformen – mehr Vollmachten für den Präs., jede Partei soll künftig nur einen Kandidaten bei Präsidentschaftswahlen stellen, eine Stichwahl entscheidet, falls im ersten Wahlgang nicht die absolute Mehrheit erreicht wurde – wurden am 8. Dez. in einem Referendum mit knapper Mehrheit bestätigt. ■

USA

Hauptstadt:
Washington (D. C.)
Einwohner:
263,3 Mio.
Einwohner/km²: 28
Staatsoberhaupt und Regierungschef:
W. J. Clinton
BSP/Einwohner:
25860 US-$

Am 5. Nov. fanden die 53. Präsidentschafts- und die 105. Kongresswahlen statt. Sie hielten die USA auf bes. Weise gefangen, denn die Ausgangslage war außergewöhnlich. Im Nov. 1994 hatten die Wähler erstmals seit den 50er-Jahren einem Präs. der Demokraten einen von Republikanern beherrschten Kongress gegenübergestellt, der sich zwei Ziele gesetzt hatte: das Land nach radikalkonservativen Vorstellungen umzugestalten und Präs. BILL CLINTON als innenpolit. Gewicht auszuschalten.

Dauerkonflikt zwischen Kongress und Präsident

Der Konflikt zw. Kongress und Präs. über die Gesetzgebung für das Haushaltsjahr 1996, der gegen Ende des Jahres 1995 mit der vorübergehenden Einstellung staatl. Dienstleistungen einen vorläufigen Höhepunkt erreicht hatte, schwelte weiter und führte im Jan. erneut zum ›Shut down‹ großer Teile der Administration. Ein langsamer Stimmungsumschwung in der Öffentlichkeit zugunsten des Präs. – dieser war den Republikanern zwar in vielen Punkten entgegengekommen, z. B. bei der Gesundheits- und Sozialfürsorge, hatte im Erziehungswesen, beim Umweltschutz und bei der Verbrechensbekämpfung Kürzungsvorschlägen jedoch seine Zustimmung verweigert – bewegte die Republikaner unter Führung von NEWT GINGRICH, dem Sprecher des Repräsentantenhauses, schließlich zum Einlenken. Bis April verständigte man sich auf einen Kompromiss: Der Präs. akzeptierte Haushaltskürzungen, die Lösung offener Probleme wie die Gewährleistung der Gesundheits- und Sozialfürsorge für Rentner wurde vertagt. Im Sept. wurde der Haushalt 1997 verabschiedet, lediglich über eine grundsätzl. Reform des Sozialwesens kam es noch einmal zu einer heftigen Kontroverse. CLINTON stimmte schließlich einer Gesetzesvorlage zu, mit der staatl. Leistungsverpflichtungen drastisch eingeschränkt, die Empfänger von Sozialhilfe zu bezahlter Arbeit angehalten und viele Zuständigkeiten des Bundes in die Einzelstaaten zurückverlagert wurden.

Dies trug ihm innerhalb der Demokrat. Partei zwar viel Kritik ein, doch schadete es seinen Bemühungen um eine Nominierung zur Wiederwahl nicht. CLINTON verstand es, potenzielle Gegenkandidaten auszumanövrieren. Im Verlauf des Wahlkampfes kamen ihm einige wirtschafts- und innenpolit. Erfolge zu Hilfe. Die Wirtschaftsdaten – mehr als 3% Wachstum, Arbeitslosigkeit wenig mehr als 5%, Inflation unter 3%, steigende Einkommen, sinkende Haushaltsdefizite und eine Hausse an der Wall Street – waren so gut wie schon lange nicht

USA
Wirtschaftswachstum (realer Zuwachs des BIP in %)

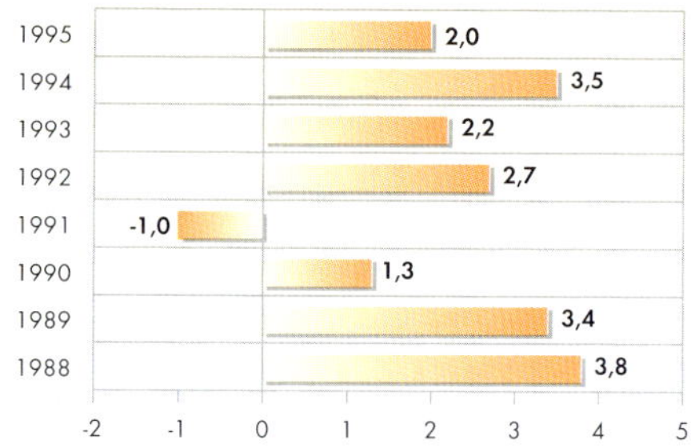

mehr. Die Olymp. Spiele in Atlanta, wenn auch durch einen Bombenanschlag überschattet und wegen ihrer Kommerzialisierung mit Kritik bedacht, trugen ebenfalls zur guten Stimmung der Öffentlichkeit bei.

Außenpolitische Aktivitäten

Außenpolitisch war die Administration moderat erfolgreich. In Bosnien und Herzegowina, wo seit Dez. 1995 im Rahmen der NATO-Friedenstruppe 20 000 amerikan. Soldaten für die Einhaltung der Bestimmungen des Dayton-Abkommens sorgen, trat die von vielen befürchtete Verschlechterung der Lage nicht ein; der Rücktritt des bosn. Serbenführers KARADŽIĆ war u. a. dem von den USA ausgeübten Druck zu verdanken. Der chin.-taiwanes. Konflikt um den Status von Taiwan, der Washington im März zur Entsendung zweier Flugzeugträger bewogen hatte, wurde durch ein Einlenken Chinas entschärft. Am Rande des APEC-Treffens im Nov. erklärte sich China bereit, mit den USA Verhandlungen über einen nuklearen Sicherheitsvertrag aufzunehmen. Die USA boten China ihrerseits eine enge Zusammenarbeit und Führungspartnerschaft bei der »Sicherung von Frieden und Wohlstand« an und stellten damit ihre Beziehungen zu Peking auf eine neue Grundlage. Vom 16. bis 18. April besuchte CLINTON Japan, wo er ein bilaterales Sicherheitsabkommen unterzeichnete. Wenige Tage zuvor

USA: Leistungsbilanzsaldo

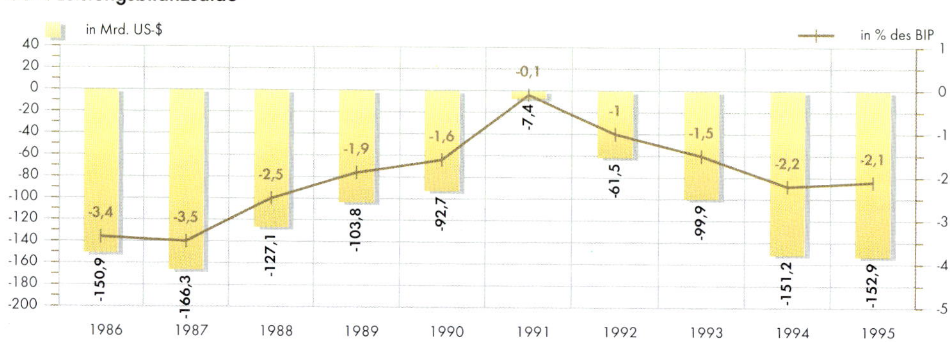

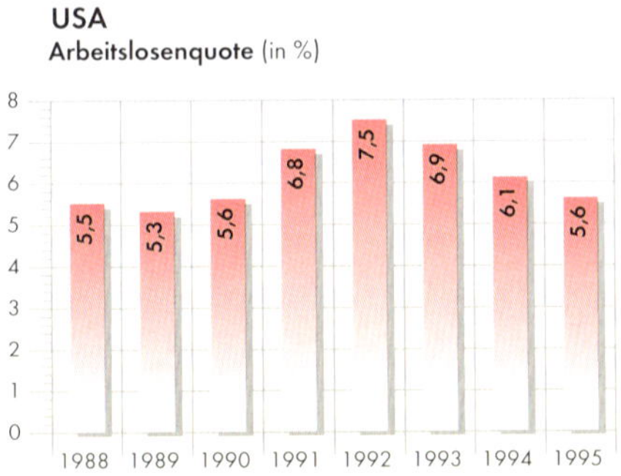

war eine Verringerung der amerikan. Truppenpräsenz auf Okinawa vereinbart worden.
Nachdem die kuban. Luftwaffe am 24. Febr. zwei Privatflugzeuge von Exilkubanern über der Straße von Florida abgeschossen hatte, verschärfte die Reg. die Sanktionen gegen die Karibikinsel. Am 5. März verabschiedete der Senat das Helms-Burton-Gesetz, das CLINTON am 12. März ungeachtet der Kritik Kanadas, lateinamerikan. und europ. Staaten unterzeichnete. Es sieht u. a. vor, dass in den USA lebende Exilkubaner künftig Unternehmen aus Drittländern verklagen können, die auf Kuba Vermögenswerte erwerben, die früher Exilanten gehörten. Drittländer dürfen keine von Kuba erworbenen Produkte in die USA verkaufen. Außerdem erschwert das Gesetz Reisen und den Transfer von US-Dollars nach Kuba. Unter internat. Druck setzte CLINTON am 16. Juli den Teil des Gesetzes, der Schadensersatzklagen gegen auf Kuba tätige ausländ. Firmen vorsieht, für sechs Monate aus.
Ein Bombenanschlag am 25. Juni auf amerikan. Militärpersonal in Saudi-Arabien, bei dem 19 Amerikaner starben, erschütterte die Öffentlichkeit in den USA, zumal es schon im Nov. 1995 einen Bombenanschlag auf ein Ausbildungszentrum der amerikan. Streitkräfte in Riad gegeben hatte. Das Eingreifen der Truppen SADDAM HUSAINS im innerkurd. Konflikt in Nordirak wurde im Sept. mit amerikan. Raketenangriffen auf die militär. Infrastruktur in Südirak beantwortet.
Schwieriger als bisher gestaltete sich durch die Politik des neuen israel. MinPräs. BENJAMIN NETANJAHU die amerikan. Nahostpolitik. Auch dem unermüdl. Einsatz von Außenmin. WARREN CHRISTOPHER und dem nachdrückl. Beharren Präs. CLINTONS auf einer Fortsetzung des Friedensprozesses gelang es nicht, die verhärteten Fronten zw. Israel und dem arab. Lager aufzuweichen. Ein von CLINTON kurzfristig anberaumtes Gipfeltreffen am 1./2. Okt. in Washington mit NETANJAHU, Palästinenserführer ARAFAT und König HUSAIN von Jordanien endete ergebnislos.
Das Verhältnis zu Russland war bis auf Differenzen über die NATO-Osterweiterung weitgehend entspannt.

Die Wahlen

Aufgrund dieser insgesamt recht erfolgreichen Bilanz für CLINTON waren die Aussichten für den Präsidentschaftskandidaten der Republikaner nicht sehr günstig. Es bewarben sich u. a. der Verleger STEVE FORBES und der Fernsehmoderator PAT BUCHANAN, doch setzte sich im Vorwahlkampf mit dem 73-jährigen ROBERT DOLE, Mehrheitsführer im Senat, ein Kandidat durch, dem zwar viele Republikaner loyal ihre Stimme gaben, der aber – wegen seines Alters, seiner mangelnden Ausstrahlung und seiner langjährigen Zugehörigkeit zum polit. Establishment – nicht zu überzeugen oder gar zu begeistern wusste. Auch fehlte es ihm an zündenden Wahlkampfthemen, denn CLINTON hatte es geschickt vermocht, traditionell republikan. Positionen zu okkupieren. Zwar warf DOLE CLINTON polit. Skandale (→Whitewater-Affäre) und charakterl. Schwächen vor, doch stieß dies in der Öffentlichkeit weitgehend auf Desinteresse. Der Wahlkampf wurde von Experten wegen der Art der Finanzierung als der schmutzigste in der Geschichte der USA apostrophiert. Beide Kandidaten hielten sich nicht an die Bestimmungen, die mit der Annahme von Bundesgeldern für ihren Wahlkampf verknüpft waren, und Wahlkampfspenden wurden auch von dubiosen Geldgebern angenommen.

Bill Clinton (Mitte) fürchtet um den Erfolg des inzwischen gefährdeten Friedensprozesses im Nahen Osten und beruft am 1. Oktober einen Krisengipfel in Washington ein. Nach dessen Beendigung reichen sich Palästinenserführer Arafat (links) und Israels Ministerpräsident Netanjahu die Hand, ein entscheidender Durchbruch wird jedoch nicht erreicht

Bei einer Beteiligung von lediglich 49% der Wahlberechtigten – der niedrigsten seit Ende des Zweiten Weltkriegs – wurde CLINTON mit 49,9% der Stimmen und 379 Wahlmännerstimmen wieder gewählt; DOLE erzielte 41,5%, nur 159 Wahlmänner stimmten für ihn. Der Sensationskandidat von 1992, der Milliardär ROSS PEROT, gewann lediglich 8,6% der Stimmen. Im Kongress behaupteten die

In der Fernsehdebatte vom 16. Oktober in der Universität von San Diego attackiert der republikanische Präsidentschaftskandidat Bob Dole (links) den Amtsinhaber Bill Clinton

Republikaner ihre Mehrheiten. Im Repräsentantenhaus erhielten sie 225 Sitze (bisher 235), im Senat 55 Sitze (bisher 53), die Demokraten 208 (bisher 197) bzw. 45 Sitze (bisher 47). Damit bestätigten die Wähler den Amtsinhaber und das polit. Patt. CLINTON wird mit einer neuen sicherheitspolit. Mannschaft (Außenmin. MADELEINE ALBRIGHT, Verteidigungsmin. WILLIAM COHEN, ein Republikaner, Sicherheitsberater SAMUEL BERGER, Stabschef im Weißen Haus ERSKINE BOWLES) in die zweite Amtszeit gehen. ■

Usbekistan

Hauptstadt: Taschkent
Einwohner: 22,8 Mio.
Einwohner/km²: 51
Staatsoberhaupt: I. A. Karimow
Regierungschef: O. Sultonow
BSP/Einwohner: 950 US-$

1996 verlangsamten sich Inflationstempo und Talfahrt des BIP. Infolge einer überproportionalen Steigerung im Erdöl- und Erdgasanlagenbereich kam es im Industriesektor sogar zu einer 8%igen Erhöhung, während in der Landwirtschaft der Plan von 4,5 Mio. t Getreide und 4 Mio. t Baumwolle nicht erreicht wurde. Im Nahrungsmittelsektor waren für Importe mehr Devisen nötig, als wegen der fallenden Baumwollpreise auf dem Weltmarkt erwirtschaftet werden konnten. Zugleich wurde der gemäßigte Privatisierungskurs fortgesetzt: Ende 1996 waren laut offizieller Mitteilung 64 900 Betriebe in Aktionärseigentum oder in Pachtverhältnisse sowie 700 000 ha der bewässerten landwirtschaftl. Nutzfläche in Privat- oder Genossenschaftseigentum überführt worden. Außerdem waren 1 400 Jointventures und 166 ausländ. Vertretungen, Banken und Gesellschaften registriert. Große Hoffnungen verbanden sich dabei mit Deutschland, dem Außenhandelspartner Nr. 1 in Westeuropa (1995 Export: 467 Mio. DM, Import: 548 Mio. DM). Dem Besuch von Außenmin. KLAUS KINKEL (29.–31. Mai) folgte im Juni ein erster dt.-usbek. Wirtschaftstag, in dessen Folge 29 Verträge und Absichtsprotokolle über die Zusammenarbeit von Unternehmen im Umfang von 60 Mio. DM unterzeichnet wurden.
Unter Hinweis auf das abschreckende Beispiel des Bürgerkriegs in Tadschikistan und unter Nutzung traditioneller Denk- und Verhaltensmuster baute ISLAM KARIMOW seine präsidiale Macht durch Repressionen aus, die eine innerstaatl. Opposition in den Untergrund oder wie den Führer der Freiheitspartei, MUHAMMAD SALIH, Mitte 1996 ins Ausland verdrängten. Presse und Medien wurden einer staatlichen Zensur unterworfen. – Angesichts des Machtwechsels in Afghanistan kam es zu einem Sondergipfel der →GUS. ■

V

Vanuatu

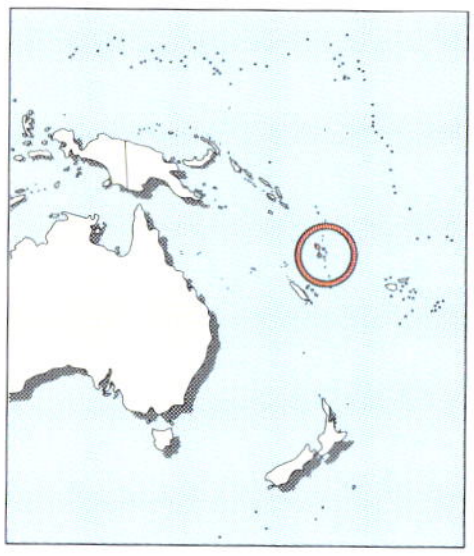

Hauptstadt: Vila
Einwohner: 169 000
Einwohner/km²: 14
Staatsoberhaupt: J.-M. Leyé
Regierungschef: M. Carlot
BSP/Einwohner: 1 150 US-$

Vargas Llosa, Mario, peruan. Schriftsteller, *Arequipa 28. 3. 1936. – Am 6. Okt. erhielt V. L. in der Frankfurter Paulskirche den Friedenspreis des Dt. Buchhandels, da er »Freiheit und Gerechtigkeit als Bedingungen des Friedens ins Zentrum seines erzähler. und essayist. Schaffens gestellt« habe.
Der Schriftsteller, einer der bedeutendsten zeitgenöss. Erzähler Lateinamerikas, war in seinem Heimatland auch politisch aktiv. 1988 gründete er den Movimiento Libertad (dt. Freiheitsbewegung) und wurde 1989 Präsidentschaftskandidat des liberalkonservativen Frente Democrático (dt. Demokrat. Front), unterlag jedoch 1990 überraschend in der Stichwahl ALBERTO FUJIMORI. Wegen seiner Kritik an der Auflösung des Parlaments und der Außerkraftsetzung der Verfassung durch FUJIMORI 1992 und seines Aufrufs zum Wirtschaftsboykott Perus wurde er aus dem peruan. Schriftstellerverband ausgeschlossen; 1993 erhielt er auf seinen Antrag hin die span. Staatsbürgerschaft. – 1995 erschien auf Deutsch ›Der Fisch im Wasser‹, die Bilanz V. L.s polit. Aktivitäten, 1996 der Roman ›Tod in den Anden‹.

Vatikanstadt

Einwohner: ca. 800
Einwohner/km²: 1 886
Staatsoberhaupt:
Johannes Paul II.
BSP/Einwohner: -

Mit der Apostol. Konstitution ›Universi Dominici Gregis‹ (dt. Der gesamten Herde des Herrn) vom 23. Febr. änderte Papst Johannes Paul II. die Regeln für die Papstwahl. In Zukunft ist die geheime Wahl durch alle Kardinäle unumgänglich; Akklamation oder Delegierung des Wahlrechts auf eine kleinere Gruppe von Kardinälen sind ausdrücklich untersagt. Erst nach dem 28. Wahlgang kann sich das Konklave, nach mehreren Tagen des Überdenkens, mit absoluter Mehrheit für eine Änderung dieses Verfahrens entscheiden. – Aufsehen erregte der erstmalige Besuch des kuban. Präs. Fidel Castro bei Papst Johannes Paul II. am 19. November. →katholische Kirche ■

Venezuela

Hauptstadt: Caracas
Einwohner: 21,8 Mio.
Einwohner/km²: 24
Staatsoberhaupt und Regierungschef:
R. Caldera Rodríguez
BSP/Einwohner:
2 760 US-$

Anhaltende Rezession

Am 15. April verkündete die Minderheitsreg. von Präs. Rafael Caldera Rodríguez den Abbau der Devisen- und Preiskontrollen, die Freigabe der Zinssätze, eine Erhöhung der Mehrwertsteuer um 10%, eine Anhebung der Benzinpreise um 850%, eine beschleunigte Privatisierung sowie eine Stärkung des seit der Krise von 1994 angeschlagenen Finanzsektors. Trotz sozialer Abfederung der geplanten Maßnahmen gab es am 13. März eine Großdemonstration in Caracas, wo es bereits am 25. Jan. wegen Fahrpreiserhöhungen zu heftigen Straßenschlachten gekommen war. Etwa 80% der Bevölkerung leben unterhalb der Armutsgrenze. Das Anpassungsprogramm führte zunächst zu einem Rückgang des BIP; die Inflationsrate erhöhte sich drastisch auf 99,5%, der Bolívar erlebte nach der Wechselkursfreigabe einen herben Kurssturz. Demgegenüber verbesserten sich der Staatshaushalt und die außenwirtschaftl. Situation. Erst für 1997 wird wieder mit Wirtschaftswachstum und niedrigeren Inflationsraten gerechnet.

Venezuela
Wirtschaftswachstum (realer Zuwachs des BIP in %)

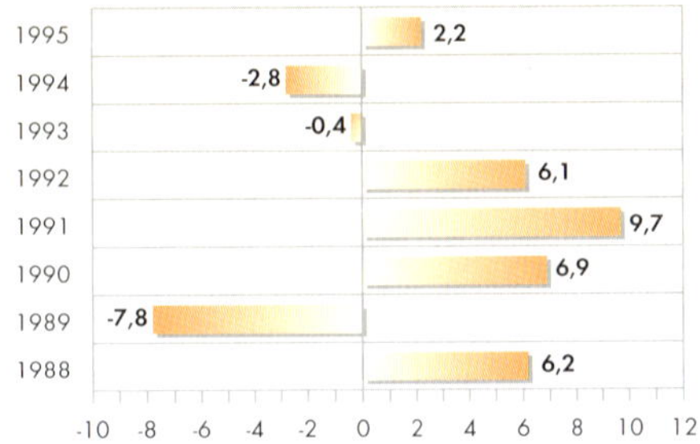

Am 30. Mai wurde der ehemalige Präs. Carlos Andres Pérez Rodríguez vom Obersten Gericht wegen Unterschlagungen in Millionenhöhe zu knapp 2½ Jahren Haft verurteilt.
Während seines Aufenthalts in V. am 24./25. Mai kam der russ. Außenmin. Jewgenij Primakow mit Präs. Caldera überein, das 1990 ausgelaufene russ.-venezolan.-kuban. Erdölabkommen zu erneuern, in dessen Rahmen die frühere Sowjetunion – im Gegenzug für venezolan. Lieferungen an Kuba – Erdöl an europ. Partner V.s lieferte. ■

Vereinigte Arabische Emirate

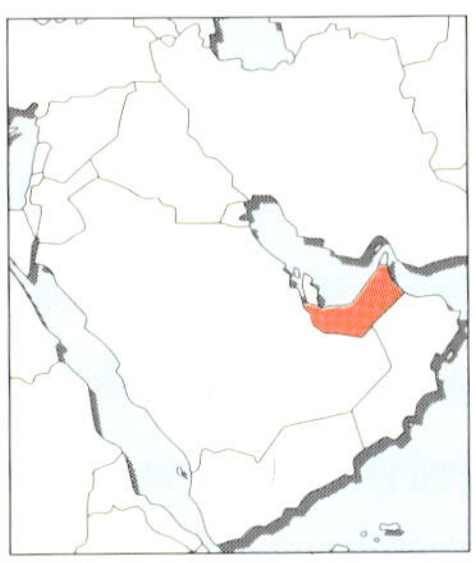

Hauptstadt:
Abu Dhabi
Einwohner: 1,9 Mio.
Einwohner/km²: 23
Staatsoberhaupt:
S. ibn Sultan an-Nuhajan
Regierungschef:
M. ibn Rashid al-Maktum
BSP/Einwohner:
22 220 US-$ (1992)

Das im April beschlossene Budget setzte den Kurs der weiteren Konsolidierung der Staatsfinanzen fort. Politisch gingen die Golfemirate vorsichtig auf Distanz zur Militärstrategie der USA gegenüber Irak. ■

Vergewaltigung in der Ehe: Die Gesetzesreform zur Strafbarkeit der V. i. d. E. verzögerte sich wegen unterschiedl. Positionen zur Widerspruchsklausel, wonach vergewaltigte Ehefrauen während eines Strafverfahrens ihre Anzeige gegen den Ehemann zurückziehen können. Die Widerspruchsklausel ist deshalb so umstritten, weil sie die Gefahr in sich birgt, dass der Täter erneut Gewalt oder Drohungen einsetzt, um die Frau zum Widerspruch

zu veranlassen. Die Befürworter der Widerspruchsklausel verweisen u. a. auf den bei Strafhaft des Mannes ggf. entfallenden Unterhalt für Frau und Kinder.
Der Bundesrat lehnte im Okt. die von der Regierungskoalition beschlossene Gesetzesvorlage ab; dieser Bundesrateinspruch ist nur mit absoluter Mehrheit vom Bundestag zurückzuweisen. Da auch weibl. Bundestagsabgeordnete der die Reg. tragenden Fraktionen die Widerspruchsklausel ablehnen, planen die Oppositionsfraktionen von SPD und Bündnis 90/Die Grünen mit einem Gruppenantrag, doch noch die generelle Bestrafung von V. i. d. E. durchzusetzen.

William Vickrey, einer der beiden Nobelpreisträger für Wirtschaftswissenschaften 1996

versicherungsfremde Leistungen, Leistungen, die der Gesetzgeber den gesetzl. Sozialversicherungen auferlegt hat, obwohl sie nicht oder nur teilweise dem eigentl. Versicherungszweck dienen. Beispiele sind Kriegsfolgelasten, DDR-Folgelasten, Finanzierung von Kindererziehungszeiten in der Rentenversicherung, die beitragsfreie Familienversicherung in der Krankenversicherung sowie die Frührente und Arbeitsbeschaffungsmaßnahmen in der Arbeitslosenversicherung. Die Abgrenzung versicherungsfremder von originären Leistungen ist umstritten, nicht zuletzt wegen der Verteilung der Finanzierungslasten. Das Institut der Dt. Wirtschaft beziffert die v. L. auf (1994) 197,3 Mrd. DM; 70,2 Mrd. DM davon habe der Bund durch ausgleichende Bundeszuschüsse an die Sozialversicherung finanziert.
Wenn die Sozialversicherung von v. L. entlastet würde, könnten die Sozialabgaben gesenkt und hierdurch auch beschäftigungsfördernde Effekte erzielt werden. Der Gegenposition zufolge sind von der alleinigen Verlagerung der Finanzierung der v. L. auf andere öffentl. Haushalte keine nennenswerten wirtschafts- und beschäftigungspolit. Wirkungen zu erwarten.

Vickrey, William Spencer, kanad. Volkswirtschaftler, * Victoria 21. 6. 1914, † New York 11. 10. 1996. – Für seine Forschung über die wirtschaftl. Anreize bei asymmetr. Informationsverteilung erhielt V. zus. mit JAMES MIRRLEES den Nobelpreis für Wirtschaftswiss. 1996. Der zu den Begründern der Informationsökonomie zählende V. war seit 1958 Prof. für Volkswirtschaftslehre an der University of Columbia (New York).
In den 1940er-Jahren entwarf V. ein Modell für eine optimale Einkommensteuer, bei dem der Steuertarif keine falschen, leistungshemmenden Anreize schafft und das MIRRLEES in den 1970er-Jahren weiterentwickelte. Bekannt wurde V. durch seine Untersuchungen über die volkswirtschaftl. Effizienz bei Auktionen und bei der Preisgestaltung für öffentl. Dienstleistungen. Bei Versteigerungen, bei denen der Auktionator nur unzureichend über die Zahlungsbereitschaft der Bieter informiert ist, soll zwar derjenige, der das höchste Gebot abgibt, auch den Zuschlag erhalten. Allerdings soll dieser Bieter nur den Preis des zweithöchsten Gebots zahlen, weil dieser Preis gerade den Alternativkosten für die Volkswirtschaft entspreche. Außerdem führe ein solches Verfahren tendenziell dazu, dass die Bieter ihre wahre Zahlungsbereitschaft offenbaren. Diese Theorie der Auktion wurde z. B. bei der Versteigerung von Rundfunklizenzen in den USA erfolgreich in die Praxis umgesetzt. V. gilt auch als Erfinder eines Systems verkehrsbelastungsabhängiger Straßenbenutzungsgebühren (Road pricing).

Video-CD, →DVD.

Vietnam

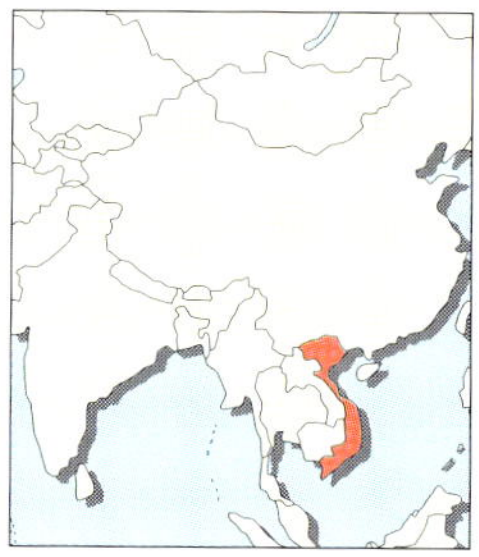

Hauptstadt: Hanoi
Einwohner: 74,5 Mio.
Einwohner/km²: 225
Staatsoberhaupt: Le Duc Anh
Regierungschef: Vo Van Kiet
BSP/Einwohner: 190 US-$

Mit einer Zunahme des BIP von rd. 9% verzeichnete V. weiterhin hohe Wachstumsraten bei einem gleichzeitigen Rückgang der Inflationsrate. Dagegen erreichten die ausländ. Direktinvestitionen nicht mehr die Werte des Vorjahres, außerdem bestand ein unverändert hohes Handelsbilanzdefizit. Die wichtigsten Handelspartner und Hauptinvestoren waren Staaten aus dem südost- und ostasiat. Raum, allen voran Taiwan, Japan und Singapur. Der achte Parteitag der Kommunist. Partei (KP) vom 28. Juni bis zum 1. Juli stand unter dem Zeichen von Kontinuität und der Fortführung der 1986 eingeleiteten Reformpolitik. Die alte Führungsriege mit Parteichef DO MUOI, Staatschef LE DUC ANH und MinPräs. VO VAN KIET wurde entgegen anders lautenden Spekulationen über eine Verjüngung der Parteispitze wieder gewählt. Die neue Parole für die Entwicklung V.s bis zum Jahre 2020 lautet ›Industrialisierung und Modernisierung‹. Daneben hat die Bekämpfung der weit verbreiteten Korruption und der Armut für die Reg. nach wie vor höchste Priorität. Auf der außenpolit. Ebene setzte V. seine Öffnungspolitik fort. ■

Vorruhestand, →Frührente.

W

Wasserstoffbus: Mehrere Hersteller wie Daimler-Benz oder MAN stellten 1996 Fahrzeuge vor, die mit Wasserstoff angetrieben werden. Die Palette der Entwickler reicht vom Pkw über den Bus zum Lkw; einzelne Fahrzeuge haben den Testbetrieb aufgenommen. Wasserstoff gilt als eine wichtige Säule der zukünftigen Energiewirtschaft. Er verbindet sich mit Sauerstoff zu Wasser und setzt dabei Energie frei, die in elektr. Strom umgewandelt werden kann. Schlüsselkomponente dieses umweltfreundl. Prozesses ist die Brennstoffzelle, die allerdings noch nicht in großtechn. Maßstab produziert wird.

Als Kandidat mit großem Potenzial gilt die Niedertemperatur-Brennstoffzelle mit Polymer-Elektrolyt-Membran (PEM), die im Heck eines Busses installiert werden kann. Auch die Kraftübertragung erfolgt anders als gewohnt mit einem Radnabenantrieb: Elektromotoren, die in der Radnabe untergebracht sind, treiben jeweils ein Rad direkt an, wobei lediglich ein Außenplanetengetriebe zwischengeschaltet ist. Dadurch ergibt sich nebenbei ein Raumgewinn, der die Konstruktion eines durchgehend ebenen Wagenbodens mit stufenlosen Einstiegen erlaubt. Bestehende Tankstellen und Pipelines können, leicht modifiziert, auch zur Versorgung mit Wasserstoff verwendet werden.

Wattenmeer: Schwarze, abgestorbene Flächen im W., teilweise so groß wie Fußballplätze, alarmierten Ende Mai die Ökologen. Im Juli bedeckten die Flecken nach Luftbeobachtungen ein Fünftel des W.-Bodens zw. der niedersächs. Küste und den Ostfries. Inseln, v. a. vor Norderney, Baltrum und Langeoog. Es kam dort zu einem Massensterben von Kleinlebewesen wie Würmern, Schnecken und Muscheln. Weder in den Niederlanden noch in Dänemark und dem schleswig-holstein. W. traten die Flecken auf.

Eine eigens einberufene internat. Expertenkommission fand zwar keine endgültige Erklärung für das Phänomen, benannte jedoch als eine Hauptursache die Überdüngung des W. Mit unzureichend geklärten Abwässern gelangen große Mengen an Nährstoffen, z. B. Nitrat und Phosphat, sowie Schwermetalle in die See. Rd. die Hälfte der Nährstoffe stammt aus der Landwirtschaft. Auch der lange Eiswinter wurde als eine mögl. Ursache genannt. Er führte zum Tod vieler Tiere, die später, von Sand und Schlick bedeckt, verfaulten; dabei entsteht Eisensulfid, das zu einer Schwarzfärbung führt. Im Laufe des Sommers verschwand ein Teil der schwarzen Flecken wieder unter einer grauen Sedimentschicht, die allerdings mit nur zwei bis drei Millimetern Dicke keinen ausreichenden Lebensraum für Kleintiere bietet.

Wedel, Dieter, Autor, Regisseur und Produzent, *Frankfurt am Main 12. 11. 1942. – Mit seinem Fernsehkrimi ›Der Schattenmann‹ (ZDF) sorgte W. Anfang Jan. für spannende Fernsehunterhaltung. Der Fünfteiler, eine der teuersten europ. TV-Produktionen, erzählt von einem ehem. Türsteher im Frankfurter Bahnhofsviertel (MARIO ADORF), der sich zum Immobilienhai gemausert hat und endlich sein Ganovenimage abstreifen will. W. arbeitete zunächst als Autor und Hörspielregisseur und inszenierte u. a. ›Gedenktag‹ (1969), eine Rekonstruktion des Bitterfelder Aufstands, ›Einmal im Leben‹ (1970), die Geschichte eines Ehepaars, für das der Traum vom Eigenheim zum Albtraum wird, und ›Mittags auf dem roten Platz‹ (1977), in dem er das Schicksal von Dissidenten in der Sowjetunion aufgriff. Für Aufsehen sorgte 1983 ›Das Protokoll‹, eine live übertragene szen. Lesung aus den 1960/61 aufgenommenen Vernehmungsprotokollen ADOLF EICHMANNS. In den 90er-Jahren widmete er sich in Fernsehmehrteilern der Verflechtung von Wirtschaft, Politik und Verbrechen.

Weimar-Prozess: Auch im Wiederaufnahme-Verfahren (seit 5. Juni) gegen die wegen Mordes an ihren beiden Töchtern 1988 verurteilte MONIKA BÖTTCHER (vormals WEIMAR) vor dem Landgericht in Gießen hält die Staatsanwaltschaft die Angeklagte weiterhin für dringend tatverdächtig. Das Oberlandesgericht Frankfurt hatte im Dez. 1995 den Schuldspruch aufgehoben und eine neue Verhandlung angesetzt, da das Fasergutachten, ein zentrales Beweisstück im W.-P., durch neue Erkenntnisse entkräftet sei. Ein Experte des Landeskriminalamts beharrte aber im Wiederaufnahme-Verfahren darauf, dass die sichergestellten Faserspuren MONIKA BÖTTCHERS Version vom Tathergang widerlegten. Für eine Überraschung sorgten auch die erstmals präsentierten Protokolle von Telefonaten, die die Angeklagte im Herbst 1986 nach

Niedersachsens Umweltministerin Monika Griefahn lässt sich am 13. Juni von Wattführer Ulrich Bauer über den Zustand der abgestorbenen Flächen im Wattenmeer vor der Insel Spiekeroog informieren

dem Tod ihrer Kinder mit ihrem ehem. Geliebten, dem amerikan. Soldaten KEVIN PRATT, geführt hatte. In Interviews soll PRATT, der inzwischen wieder in den USA lebt, MONIKA BÖTTCHER ebenfalls belastet haben. BÖTTCHER hat den Mordvorwurf immer bestritten und ihren psychisch kranken Ex-Mann beschuldigt, die Kinder getötet zu haben. Er ist allerdings nach Angaben seiner Ärzte nicht mehr vernehmungsfähig.

Weißrussland

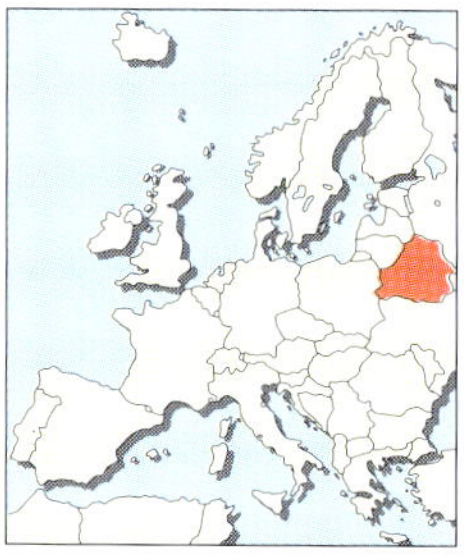

Hauptstadt: Minsk
Einwohner: 10,1 Mio.
Einwohner/km^2: 49
Staatsoberhaupt: A. Lukaschenka
Regierungschef: M. Tschigir (bis 18. 11. 1996)
BSP/Einwohner: 2 160 US-$

Verlangsamung des wirtschaftlichen Niedergangs

Während die Arbeitslosigkeit weiter anstieg, nahm die Geldwertstabilität zu. Der katastrophale Zustand der Wirtschaft war v. a. ein Ergebnis fehlender Modernisierungs- und Privatisierungsbemühungen. Das gerade erst entstaatlichte Bankwesen und die Valuta-Börse in Minsk wurden wieder nationalisiert. Die sich sehr an sowjet. Vorstellungen orientierende und Reformversuche im Ansatz erstickende Wirtschaftspolitik veranlasste die Weltbank, alle Hilfen für das Jahr 1996 zu streichen.

Umstrittenes Referendum

Nach fünf Wahlgängen trat am 9. Jan. der Oberste Sowjet zu seiner konstituierenden Sitzung zusammen. Die Kommunist. Partei erhielt 42, die Agrarpartei 33, die Bürgerpartei 16 und die Sozialdemokratische Partei 12 Mandate. Unabhängige Kandidaten erreichten 95 Parlamentssitze. Verlierer war die Volksfront, die nat. Oppositionsbewegung, die kein Mandat gewinnen konnte. Zum Parlamentspräs. wurde SEMJON SCHAREZKIJ (Agrarpartei) gewählt.

Die Innenpolitik wurde durch die anhaltende Auseinandersetzung zw. Oberstem Sowjet und Präs. ALEXANDER G. →LUKASCHENKA bestimmt, der auf Kosten von Parlament und Verfassungsgericht eine Ausweitung seiner weit reichenden Kompetenzen und eine nicht verfassungskonforme Verlängerung seiner Amtszeit forderte. Er ließ jede öffentl. Kritik verbieten und die Sicherheitskräfte gegen Oppositionelle vorgehen, bes. brutal, als einige Tausend Menschen am 24. März gegen die Minsker Bündnispolitik mit Russland und am 26. April Zehntausende anlässlich der Gedenkveranstaltungen für Tschernobyl auch gegen die Politik des Präs. protestierten. Die beiden prominentesten Oppositionsführer SENON PASNJAK und SERGEJ NAUMTSCHUK von der Volksfront ersuchten (und erhielten) aus Furcht vor drohender Verhaftung in den USA Asyl.

Auf Betreiben des Parlaments und Russlands wurde der Termin für das Referendum vom 7. Nov. auf den 24. Nov. verschoben. Zur Abstimmung standen die von LUKASCHENKA angestrebte Verlängerung seiner Amtszeit um zwei Jahre, eine Umwandlung des Obersten Sowjet in ein Zweikammerparlament, das pro Jahr nur zwei Sitzungsperioden abhalten können soll, sowie weitere Verfassungsänderungen, wonach der Präs. u. a. das Parlament auflösen und Referenden ohne Zustimmung der Abgeordneten anberaumen können soll. Daneben hatte das am 28. Aug. aus 14 Parteien gebildete Oppositionsbündnis die Abschaffung des Präsidentenamtes und die Übertragung seiner Befugnisse auf einen Ministerrat in den Referendumsentwurf eingebracht. MinPräs. MICHAEL TSCHIGIR protes-

Anlässlich des 10. Jahrestages der Katastrophe von Tschernobyl kommt es am 26. April 1996 in Minsk zu blutigen Zusammenstößen zwischen Sicherheitskräften und Demonstranten, die die 1995 von Präsident Lukaschenka verbotene nationale ›Unabhängigkeitsflagge‹ mit sich führen und ›Nieder mit dem Tyrannen‹ skandieren

tierte gegen das Referendum, indem er am 18. Nov. zurücktrat. Am gleichen Tag setzten sich 76 Parlamentarier für eine Amtsenthebung des Präs. ein, die auch von Demonstranten gefordert wurde. Auf russ. Druck hin (21./22. Nov.) konzedierte LUKASCHENKA, dass das Referendum – der Verfassung entsprechend – nur empfehlenden Charakter haben werde. Da der Staatschef diese Zusage zurücknahm, riefen zahlreiche Abgeordnete erneut das Verfassungsgericht an, um die Absetzung LUKASCHENKAS zu erwirken.
Hinsichtlich des Abstimmungsergebnisses – mehr als 70% der Wähler befürworteten u. a. die neue Präsidialverfassung – wurde von der Opposition und im westl. Ausland der Vorwurf massiver Fälschung erhoben und jegl. Legitimität bestritten. Am 27. Nov. ließ LUKASCHENKA, der die Mehrheit der Abgeordneten auf seine Seite ziehen konnte, die neue Verfassung von diesem ›Gegenparlament‹ billigen. Zu dessen Präs. wurde am 28. Nov. der ehem. Erste Sekr. der KP W.s, ANATOLIJ MALOFEEV, gewählt. Da LUKASCHENKA seit dem Referendum alle Entscheidungen des Verfassungsgerichts ignoriert hatte und dessen Existenzberechtigung immer stärker in Zweifel zog, traten dessen Präs. WALERI TICHINJA sowie zwei weitere Verfassungsrichter am 4. Dez. aus Protest zurück.

Prorussische Außenpolitik

Trotz zunehmender Proteste setzte LUKASCHENKA seine Politik der Reintegration mit Russland fort. Nachdem am 27. Febr. sechs Kooperationsverträge zw. beiden Staaten unterschrieben worden waren, trat Minsk am 29. März der Gemeinschaft Integrierter Staaten bei (→GUS). Am 2. April erfolgte der Zusammenschluss W.s mit Russland zur Gemeinschaft Souveräner Republiken, der am 29. Aug. in Kraft trat.
Ende Nov. wurden die letzten strateg. Atomraketen nach Russland gebracht. Ein Erfolg war LUKASCHENKAS Staatsbesuch in Frankreich, wo er am 12. Juli ein weißruss.-frz. Verständigungs- und Kooperationsabkommen unterzeichnen konnte. ■

Wellensiek, Jobst, Rechtsanwalt und Insolvenzverwalter, * Mannheim 19. 11. 1931. – Der Sanierungsspezialist W. wurde im Febr. mit der Vergleichsabwicklung der →Bremer Vulkan Verbund AG betraut.
Nach einem Studium der Rechtswiss. in Heidelberg und München promovierte W. in Heidelberg, wo er seit Febr. 1961 als Rechtsanwalt tätig ist. Seit 1964 war W. in über 350 Insolvenzverfahren als Liquidator, Vergleichs- und Konkursverwalter, Sachverwalter sowie Treuhänder tätig, darunter bei Großunternehmen wie Maxhütte oder Unternehmen des Klöckner-Konzerns. W. ist Aufsichtsratsvors. der Wilhelm Karmann GmbH und der Kraftwerks- und Anlagenbau AG Berlin-Marzahn sowie Mitgl. des Aufsichtsrates der Firmen NMH Stahlwerke GmbH und Georgsmarienhütte GmbH. Seit 1992 ist er auch Mitgl. des Beirates für Abwicklungen beim Vorstand der Treuhandanstalt bzw. Bundesanstalt für vereinigungsbedingte Sonderaufgaben. Darüber hinaus nimmt W. eine Dozententätigkeit an einer Reihe von Instituten, Univ. und Fachhochschulen wahr.

Welternährungsgipfel: Am 13. Nov. begann in Rom, dem Sitz der UNO-Organisation für Landwirtschaft und Ernährung (FAO), mit der Verabschiedung eines Aktionsprogramms ›zur Abschaffung des Hungers in allen Ländern‹ die Konferenz zur Ernährungssicherung, an der 194 Staaten sowie 500 Nicht-Regierungsorganisationen teilnahmen. Sie endete am 17. Nov. mit der Absichtserklärung, die Zahl der Hungernden in der Welt bis 2015 zu halbieren. – In 82 Staaten der Erde leiden rd. 839 Mio. Menschen an Unterernährung. Nach Ansicht der FAO kann dies geändert werden, wenn in den betroffenen Ländern durch verbesserte Rahmenbedingungen für die Landwirtschaft Menge und Qualität der Nahrungsmittel erhöht werden. Schlecht ist die Prognose der FAO für viele Länder südlich der Sahara, wo Wasserarmut, Naturkatastrophen, Kriege, eine verfehlte Agrarpolitik sowie ein hohes Bevölkerungswachstum zu einem weiteren Anstieg der Zahl der Hungernden führen werden.

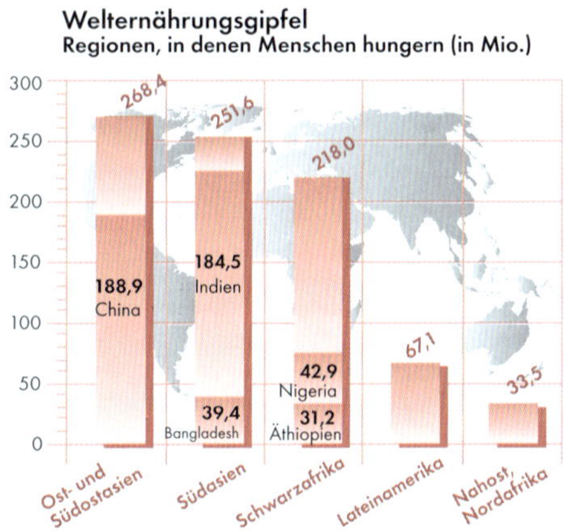

Welthandel: Trotz verhaltener Konjunktur in Westeuropa und Japan wird der W. weiterhin wachsen. Für 1996 wurde die Steigerung des internat. Handelsvolumens auf 6,5% geschätzt. Das wären lediglich 1,5% weniger als 1995. Damit würde der W. das siebte Jahr in Folge die Zuwachsrate der Produktion deutlich übertreffen.
Die asiat. Länder, die schon seit Jahren zu den dynamischeren Exporteuren gehören, schnitten auch 1995 besser ab. Hongkong, Süd-Korea, Malaysia, Singapur, Taiwan und Thailand erzielten eine mittlere Zuwachsrate von 14,5%, während die Weltexporte um 8% stiegen. Mit wachsendem Wohlstand ist Asien allerdings auch ein bedeutender Importeur geworden; bereits seit vier Jahren übersteigt die Zuwachsrate der Importe jene der Exporte. Die Einfuhren der sechs asiat. ›Tiger‹-Staaten nahmen 1995 um 15% zu, verglichen mit den Weltimporten von 8,5%.

Über dem Durchschnitt lagen auch die osteurop. Transformationsökonomien. Wegen des großen wirtschaftl. Nachholbedarfs und der Devisenarmut ist allerdings die Ausfuhr noch größer als die Einfuhr. 1995 stiegen die Ausfuhren Osteuropas und der GUS-Länder um 9,5%. Sie lagen damit zum dritten Mal in Folge über der durchschnittl. Wachstumsrate der Weltexporte. Wegen der Aufwertung zahlreicher Währungen gegenüber dem Dollar und der steigenden Rohstoffpreise erhöhte sich der Wert des internat. Güterhandels 1995 um 19% auf 4900 Mrd. US-$; dies entspricht der höchsten nominalen Steigerungsrate seit 1979. Der Wechselkurseffekt beschleunigte auch das Wachstum bei den kommerziellen Dienstleistungen, deren Exportwert sich um 14% auf 1200 Mrd. US-$ erhöhte. Der Wert des W. mit Waren und Dienstleistungen übertraf damit erstmals die Marke von 6000 Mrd. US-$. Die Außenhandelsüberschüsse der Industriestaaten stiegen 1995 durchschnittlich an. Dabei waren die Einzelentwicklungen durchaus unterschiedlich. Deutschland erzielte mit einer Zunahme der Überschüsse um 19,8 Mrd. auf 65,1 Mrd. US-$ den größten Zuwachs. Die USA mussten bei einer Zunahme um 10,6 Mrd. auf 187,3 Mrd. US-$ das größte Defizit hinnehmen. Japans Exportüberschüsse sanken um 14,7 Mrd. auf 107,1 Mrd. US-$. 1997 dürfte die Expansion des Welthandels mit erwarteten 7,5% noch über dem Ergebnis von 1996 (6,5%) liegen.

Anfang Okt. beschloss die EU, bei der Welthandelsorganisation ein Verfahren gegen die USA wegen des umstrittenen Helms-Burton-Gesetzes einzuleiten. Das Gesetz droht ausländ. Firmen Sanktionen in den USA an, wenn sie auf Kuba von enteigneten amerikan. Vermögen profitieren. Zugleich beschlossen die EU-Außenmin., europ. Unternehmen, die in den USA wegen der Kuba-Gesetzgebung juristisch verfolgt werden, Rechtsbeistand zu gewähren. Außerdem sollen amerikan. Firmen, wenn sie gegen europ. Unternehmen klagen, auf eine Beobachtungsliste gesetzt werden. Im Juni legten amerikan. und chin. Unterhändler durch chin. Zugeständnisse den lang andauernden Copyright-Konflikt erneut bei und vermieden somit einen Handelskrieg. Im Nov. verhängte die chin. Reg. als Antwort auf die amerikan. Einfuhrquoten für chin. Textilien ein vorübergehendes Importverbot für landwirtschaftl. Produkte, Früchte, alkohol. Getränke sowie einige Textilien aus den USA.

Weltklimakonferenz: Vertreter von 159 Ländern trafen sich vom 8. bis 19. Juli in Genf zur zweiten Vertragsstaatenkonferenz zur Klimakonvention. Die W. war eine Fortsetzung des Klimagipfels 1992 in Rio de Janeiro und der ersten Vertragsstaatenkonferenz der Klimarahmenkonvention der UNO 1995 in Berlin. Zu allgemein verbindl. Beschlüssen kam es bei der Genfer Konferenz nicht. Der Schlusserklärung entsprechend sollen die Teilnehmerstaaten lediglich in Zukunft verbindlich angeben, welche Ziele sie bei der Verringerung ihres Schadstoffausstoßes anstreben. Die genaue Bestimmung der Ziele und deren endgültige Festlegung in einem internat., völkerrechtlich gültigen Vertrag zum Schutz des Klimas wurde jedoch auf die Nachfolgekonferenz verschoben, die 1997 in Kyōto stattfinden soll.

Die deutsche Umweltministerin Angela Merkel, die in ihrer Eigenschaft als Präsidentin des Berliner Klimagipfels 1995 am 8. Juli die Weltklimakonferenz in Genf eröffnet, unterhält sich mit Exekutivsekretär Michael Zammit Cutajar

Weltkongress gegen die kommerzielle sexuelle Ausbeutung von Kindern: Am ersten Kongress gegen Kinderhandel, Kinderpornographie und Kinderprostitution vom 27. bis 31. Aug. in Stockholm nahmen rd. 1200 Delegierte aus 130 Ländern teil. Auf der Veranstaltung unter der Schirmherrschaft der schwed. Königin SILVIA wurde einstimmig ein Aktionsplan gegen kommerzielle Ausbeutung von Kindern verabschiedet, in dem v.a. die Bestrafung von Kindersextouristen auch in ihrem Heimatland gefordert wird (→Kindesmissbrauch).

Wernicke, Herbert, Regisseur und Bühnenbildner, *Auggen (Kr. Breisgau-Hochschwarzwald) 24. 3. 1946. – Mit Sir GEORG SOLTI als Dirigenten sorgte W. bei den Salzburger Festspielen 1996 mit BEETHOVENS ›Fidelio‹ für Aufsehen: In einer düsteren Bühneninstallation mit tiefen metallenen Raumfluchten stellte W. die Unterdrückungsmaschinerie eines Zwangsstaates dar und hielt die Aussage seiner Inszenierung zw. kleinseliger Gattenliebe und utop. Menschheitsbefreiung in der Schwebe.

Nach dem Musikstudium in Braunschweig und der Ausbildung zum Bühnenbildner in München hatte W. 1978 sein Regiedebüt mit HÄNDELS Oper ›Belsazar‹ und galt schnell als geschickter ›Entplunderer‹ vorklass. Schätze des Musiktheaters. Er inszenierte bald auch das klass. Repertoire, zeitgenöss. Opern und Operetten. 1991 erntete er großen Beifall für seine Verlegung der Spielorte von WAGNERS ›Ring‹-Tetralogie in HITLERS ausgebranntes Arbeitszimmer auf dem Obersalzberg.

Werth, Isabell, Dressurreiterin, *Rheinberg 21. 7. 1969. Nachdem die Jurastudentin bereits 1992 und 1996 auf der obersten Stufe des Siegespodests gestanden hatte, gelang ihr in Atlanta dank einer außergewöhnlich harmon. Kür auf Gigolo ihr dritter olymp. Goldgewinn gegen die niederländ. Rivalin ANKY VAN GRUNSVEN. Schon in Barcelona hatte sie Rang 2 in der Einzelwertung belegt. Mit dem Doppeltriumph von Atlanta krönte sie nach den beiden Weltmeistertiteln 1994 sowie drei Einzel- und vier Mannschafts-Europameisterschaften seit 1989 ihre sicher noch nicht abgeschlossene Karriere.

Westeuropäische Union, Abk. **WEU:** Die NATO und die WEU schlossen am 6. Mai in Brüssel ein Sicherheitsabkommen, das v.a. den Schutz und den Austausch militär. Informationen vorsieht und von den GenSekr. JAVIER SOLANA und JOSÉ CUTILEIRO unterzeichnet wurde. Die Vereinbarung ist Teil des Planes, die WEU langfristig zum bewaffneten Arm der EU auszubauen. Am 7. Mai fand in Birmingham eine Tagung der Außen- und Verteidigungsmin. der zehn WEU-Mitgliedstaaten sowie von 17 assoziierten und Beobachterländern statt; im Mittelpunkt der Beratungen stand die künftige sicherheitspolit. Rolle der WEU. Ende Juni wurde Slowenien als 28. WEU-Nation in den Kreis der Assoziierten Partner aufgenommen.

Westsamoa

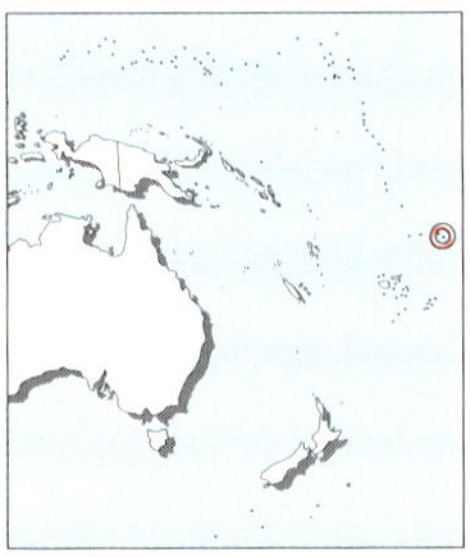

Hauptstadt: Apia
Einwohner: 171 000
Einwohner/km²: 60
Staatsoberhaupt: Malietoa Tanumafili II.
Regierungschef: Tofilau Eti Alesana
BSP/Einwohner: 970 US-$

Wettiner Silberschatz: Am 4./5. Okt. wurde im Wald nahe der Moritzburg der Inhalt von drei Kisten aus der Hofsilberkammer des früheren sächs. Königshauses geborgen. Private Schatzsucher hatten am 2. Okt. erste Stücke ausgegraben und zu Hause aufbewahrt, den Fund zwei Tage später aber doch gemeldet. Der gut erhaltene W. S. war getrennt von dem Rest der Hofsilberkammer 1944 vergraben worden; die übrigen 40 Kisten waren nach Kriegsende von den sowjet. Machthabern aufgefunden und in Geheimdepots nach Leningrad gebracht worden. Am 15. Okt. sprach die sächs. Landesreg. per Kabinettsbeschluss den Fund den Wettinererben zu, die die Absicht äußerten, den W. S. gegen das nach dem Krieg enteignete Schloss Wachwitz zu tauschen.

Whitewater-Affäre: Am 28. Mai befand ein Gericht in Little Rock (Arkansas) im Zusammenhang mit der W.-A. (Grundstücksspekulationen am White River Ende der 1970er-Jahre, an denen das Ehepaar Clinton beteiligt war) den Gouv. von Arkansas, JIM G. TUCKER, sowie die Geschäftsleute JAMES und SUSAN MCDOUGAL für schuldig, sich von Banken in betrüger. Absicht durch Steuergelder rückversicherte Kredite in Höhe von rd. 3 Mio. US-$ besorgt zu haben. Die Clintons hatten als Zeugen der Verteidigung ihre Aussagen gemacht; HILLARY RODHAM CLINTON persönlich; Präs. CLINTON wies per Videoaufzeichnung die Anschuldigung zurück, er habe 1986 als Gouv. von Arkansas auf den Hauptbelastungszeugen DAVID HALE Druck ausgeübt, um die Vergabe eines Darlehens an SUSAN MCDOUGAL zu erreichen. TUCKER erklärte unmittelbar nach dem Verdikt seinen Rücktritt als Gouverneur.

Willmann, Helmut, General, * Konstanz 10. 3. 1940. – Am 6. Febr. übernahm W. das Amt des Heeresinspekteurs von General HARTMUT BAGGER, der seinerseits Generalinspekteur der Bundeswehr wurde.
Mit 19 Jahren trat W. als Offiziersanwärter in die Bundeswehr ein. Seine Karriere führte ihn zw. 1961 und 1993 bis in den Rang eines Generalmajors. Am 1. 10. 1993 wurde er zum Kommandierenden General des im Aufbau befindlichen dt.-frz. Eurokorps ernannt. Die Zusammenarbeit mit den frz. Militärs war derart vertrauensvoll, dass am 14. 7. 1994 erstmals dt. Einheiten an der Parade zum frz. Nationalfeiertag auf den Champs-Élysées teilnahmen.

Windkraftwerke: Nach stürm. Wachstum – allein 1995 gingen W. mit zus. fast 500 MW Leistung neu ans Netz – liegt Deutschland mit einer installierten Gesamtleistung von mehr als 1 200 MW (Stand April) weltweit auf Rang 2 nach den USA (ca. 1 600 MW). Dabei sind v.a. zwei neue Trends bemerkenswert: Zum einen hat sich der Schwerpunkt von der Küstenregion ins Binnenland verschoben, wo etwa die Hälfte der neuen Anlagen errichtet wurde. Zum anderen haben die W. an Größe und Leistung zugenommen. Dies wurde auf der Hannover-Messe im April deutlich, wo die Hersteller eine neue Generation von W. präsentierten, die eine Leistung von 1 MW oder sogar 1,5 MW aufweisen. Die früheren Anlagen hatten im Mittel Generatorleistungen von knapp 500 kW. Die größeren Einheiten brauchen weniger Platz als mehrere kleine, und die Rotoren drehen langsamer und geräuschärmer. Damit will man u.a. dem zunehmen-

Am 8. Oktober wird der Wettiner Silberschatz im Dresdener Schloss der Öffentlichkeit vorgestellt. Dirk Syndram, Direktor des ‹Grünen Gewölbes›, mit einem der bedeutendsten Stücke, einem Pokal, der als Kopf eines Mohren gestaltet ist

den Widerstand von Umweltschützern gegen die Installation von W. begegnen. Hemmend auf Investitionen wirkte auch die Kritik der Energieversorger am Stromeinspeisungsgesetz, das sie zur Abnahme von Windstrom verpflichtet. Günstige Steuerkonditionen und Vorzugsbedingungen ließen dagegen im notorisch stromknappen Indien die vornehmlich mit Privatkapital installierte Kapazität innerhalb kürzester Zeit auf 750 MW anschwellen.

Katja Seizinger (rechts) und Martina Ertl feiern am 7. März das deutsche ›Doppel‹ beim Ski-Weltpokal

Wintersport: Die alpine Skisaison erlebte im Febr. in der span. Sierra Nevada mit den nachgeholten Weltmeisterschaften, die 1995 wegen Schneemangels ausgefallen waren, ihren Höhepunkt. Am erfolgreichsten schnitt Italien mit vier Titeln durch den Doppelsieger im Slalom und Riesenslalom ALBERTO TOMBA, ISOLDE KOSTNER (Super G) und DEBORAH COMPAGNONI (Riesenslalom) ab. Schwedens zweiter Rang geht auf die beiden Erfolge von PERNILLA WIBERG (Kombination und Abfahrt) zurück. Österreich stellte mit PATRICK ORTLIEB den Gewinner der Abfahrt. Der Wahlluxemburger MARC GIRARDELLI setzte sich in der Kombination durch. Sieglos blieb neben der Schweiz auch Deutschland. Als Ausgleich dafür sorgte KATJA SEIZINGER für den zweiten dt. Gewinn des Weltpokals (nach ROSI MITTERMAIER 1976), den zweiten Platz belegte hier MARTINA ERTL. Bei den Herren holte sich der Norweger LASSE KJUS die große ›Kristallkugel‹ und entthronte ALBERTO TOMBA. Dominierende Nation bei den Biathlon-Weltmeisterschaften in Ruhpolding war mit vier Goldmedaillen Russland. Im Weltcup der Damen belegten die dt. Biathletinnen USCHI DISL und PETRA BEHLE hinter der Französin EMMANUELLE CLARET die Plätze zwei und drei. Bei den Skispringern endete mit seinem vierten Tournee-Erfolg die lange Ära von JENS WEISSFLOG. Als Nachfolger empfahl sich der Österreicher ANDREAS GOLDBERGER, der Weltmeister im Skifliegen und erneut Weltpokalsieger wurde. Im Bobsport sorgte der Deutsche CHRISTOPH LANGEN für ein Novum. Am Steuer seines Zweier- und Viererbobs heimste er bei den Europa- und den Weltmeisterschaften alle Goldmedaillen ein. Ebenfalls eine Klasse für sich war die Eisschnellläuferin GUNDA NIEMANN mit ihrem Europa- und Welttitel im Vierkampf. Die Szene im Eiskunstlauf wird von den russ. Paaren und amerikan. Einzelläufern beherrscht. Sie teilten sich bei den Weltmeisterschaften in Edmonton die Siege. Das dt. Paar MANDY WÖTZEL/INGO STEUER belegte bei den Welt- und Europameisterschaften jeweils Platz 2.

Wismut GmbH: Die ehem. sowjet.-dt. Aktiengesellschaft (SDAG) Wismut und nunmehr bundeseigene W. GmbH gilt als größtes flächenhaftes Umweltproblem Westeuropas: Bis zu 30 000 Bergleute schürften zu DDR-Zeiten im Erzgebirge und im Thüringer Wald nach Uran. Zurück blieben riesige Mengen an radioaktiv strahlenden Abraumrückständen. Sie bedecken 32 km^2 und bilden u.a. 48 Schuttberge sowie 14 Absetzbecken mit zus. 7 km^2 Fläche. Die Schlammteiche enthalten flüssige Produktionsrückstände, die mit Uran, Arsen und Schwermetallen versetzt sind und das Grundwasser bedrohen. Im Febr. teilte die W. GmbH mit, 70% des Untertagebaus seien unter Aufwendung von rd. 4 Mrd. DM mittlerweile bewältigt. Die gesamten Sanierungsarbeiten werden jedoch mind. bis ins Jahr 2010 dauern, für die Kosten veranschlagt das Unternehmen 13 Mrd. DM.

WTO, Abk. für **W**orld **T**rade **O**rganization, dt. Welthandelsorganisation: Vom 9. bis 13. Dez. fand erstmals eine Konferenz der seit 1. 1. 1995 bestehenden WTO statt. Die Wirtschaftsmin. und Handelsbeauftragten der 128 Mitgliedstaaten bemühten sich bei ihrem Handelstreffen in Singapur, die Grundlage für eine weitere Liberalisierung der Märkte zu schaffen. So kam es zu einer Vereinbarung zw. den USA, Japan und der EU, die Zölle auf Computertechnik, bestimmte elektron. Büromaschinen, Halbleiter und Telekommunikationseinrichtungen binnen vier Jahren von je 25% auf null zu senken. Dem künftigen Abkommen (Information Technology Agreement, Abk. ITA), das zur Jahresmitte 1997 in Kraft treten soll, werden mind. 29 Länder beitreten.
Demgegenüber gab es keine Einigkeit über die Einführung sozialer Mindeststandards für Arbeitnehmer, die v.a. Industrie- und Entwicklungsländer kontrovers diskutierten. Umweltschutzvorschriften wurden dagegen in die internat. Freihandelsregeln eingeführt, wenn auch nur indirekt über die Anerkennung internat. Umweltschutzabkommen.

Wuttke, Martin, Schauspieler und Intendant, *Gelsenkirchen 8. 2. 1961. – Nach HEINER MÜLLERS Tod im Dez. 1995 wurde W. im Jan. zum künstler. Direktor des Berliner Ensembles (BE) ernannt und debütierte als Regisseur dort im Juni mit der Zweitinszenierung von MÜLLERS letztem Stück ›Germania 3 – Gespenster am Toten Mann‹.
W. studierte an der Westfäl. Schauspielschule in Bochum und machte erstmals auf sich aufmerksam, als er 1985 in Frankfurt am Main kurzfristig die Titelrolle in ›Hamlet‹ übernahm. Seine Karriere ist geprägt von der Arbeit mit antinaturalistisch, konzeptionell arbeitenden Regisseuren: In Frankfurt arbeitete er unter EINAR SCHLEEF, in Berlin spielte

er unter ROBERT WILSON und in Hamburg unter RUTH BERGHAUS. In der umstrittenen Uraufführung von ROLF HOCHHUTS ›Wessis in Weimar‹ spielte W. 1993 erstmals am BE, es folgten u. a. die Hauptrollen in MÜLLERS Inszenierungen ›Quartett‹ (1994) und ›Der unaufhaltsame Aufstieg des Arturo Ui‹ (1995) – für seine Darstellung des Arturo Ui wurde W. in der Kritikerumfrage der Zeitschrift ›Theater heute‹ zum Schauspieler des Jahres 1995 gewählt.

X

Xenotransplantation, die Übertragung von lebenden Zellen, Geweben oder Organen von einer Tierart auf eine andere. Seit einigen Jahren versuchen Mediziner weltweit, einen Weg zu finden, um Tierorgane als Spendermaterial für Menschen zu nutzen. Xenotransplantate, so hofft man, könnten in Zukunft den akuten Mangel an Spenderorganen lindern. Anfang 1996 stellten die USA und Großbritannien Richtlinien auf, unter denen tier. Organe einem menschl. Empfänger übertragen werden dürfen. Doch schon vorher fanden in vielen Ländern der Welt X. statt, allerdings bislang ausnahmslos mit sehr geringem Erfolg. So wuchsen z. B. die Knochenmarkzellen eines Affen, die man im Dez. 1995 einem AIDS-kranken Patienten in Kalifornien einpflanzte, um seinen Immunstatus zu verbessern, nicht an. Die Ärzte berichteten im Febr. vom Scheitern des Versuchs.
Die größte Hürde bei der Verpflanzung tier. Organe stellt wie bei jeder Organtransplantation die Abstoßungsreaktion des Empfängers gegenüber dem als fremd erkannten Spenderorgan dar. Mind. drei immunolog. Prozesse spielen hierbei eine Rolle: Die hyperakute Abstoßung, die innerhalb weniger Minuten zur Organzerstörung führen kann, wird von so genannten Komplementmolekülen des Immunsystems hervorgerufen. Für die akute Abstoßung sorgen Antikörper des Empfängers. Sie und die Abwehrzellen des Immunsystems etablieren schließlich auch noch eine lang anhaltende Abstoßung. In der jüngsten Vergangenheit gelang es, zumindest die hyperakute Abstoßungsreaktion im Tierversuch zu vermeiden. Man benutzte dazu als Spendertiere transgene Schweine. Diese Tiere wurden gentechnisch so verändert, dass ihre transplantierten Organe für begrenzte Zeit (zw. 24 Stunden und 60 Tagen) ohne Abstoßung im Körper von Affen überlebten. In Großbritannien planen Kliniker, im Frühjahr 1997 eine X. mit einem transgenen Schweineherz bei einem Patienten vorzunehmen. Gedacht ist diese Operation nur, um dem Patienten zusätzl. Zeit für die Suche nach einem menschl. Spenderherz zu verschaffen.
Solche Versuche sind jedoch umstritten. Virologen befürchten, dass bekannte oder noch unbekannte tier. Krankheitserreger durch transplantierte Tierorgane Eingang in die menschl. Population finden und dort für völlig neue Epidemien sorgen könnten.

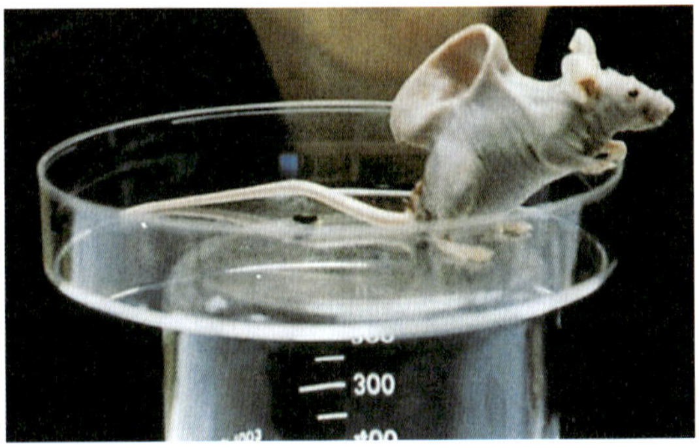

Eine gentechnisch veränderte Maus, auf deren Rücken aufgepflanzt ein menschliches Ohr nachgebildet wurde, erregte Ende 1995 Aufsehen. Britische Forscher züchteten die Maus im Rahmen von Untersuchungen zur Nutzung von Xenotransplantaten

Unbegründet ist diese Sorge nicht: Auch das AIDS verursachende HI-Virus hat wahrscheinlich die Artgrenze vom Affen zum Menschen übersprungen und dort eine für den Menschen neue Infektionskrankheit ausgelöst. Kritiker bemängeln v. a., dass für X. auch Primaten verwendet werden, bei denen man bereits eine Reihe von Viren entdeckt hat, die höchstwahrscheinlich oder sogar tatsächlich auch den Menschen infizieren können. In Deutschland existieren weder gesetzl. Regelungen noch standesrechtl. Richtlinien für die Xenotransplantation.

Y

Yaşar Kemal, türk. Schriftsteller, eigtl. **Kemal Sadık Gökçeli,** *Gökçeli (Prov. Adana) 1922 (1923?). – Im März wurde Y. K. für seine krit. Äußerungen über die Türkei u. a. in zwei Artikeln für das dt. Wochenmagazin ›Der Spiegel‹ wegen ›Volksverhetzung‹ zu einer Freiheitsstrafe von 20 Monaten auf fünf Jahre Bewährung verurteilt; im gleichen Monat erhielt er noch den achten Katalonien-Preis. Wegen wiederholten Morddrohungen reiste Y. K. im Nov. nach Schweden aus.
Der kurdischstämmige Y. K., der durch seine realist.-gesellschaftskrit. Romane internat. Anerkennung erlangt hat, wurde 1971 erstmals wegen seiner Arbeit für die Arbeiterpartei Kurdistans (PKK) inhaftiert und lebte aus Angst vor Anschlägen zeitweilig in Schweden. 1995 wurde wegen Unterstützung des kurd. Separatismus gegen ihn ermittelt und sein Buch ›Die Freiheit der Gedanken und die Türkei‹ beschlagnahmt; im Dez. 1995 wurde er vom Staatssicherheitsgericht der Türkei, die vor dem Vollzug der Zollunion mit der EU stand, zunächst vom Vorwurf der separatist. Propaganda freigesprochen. Sein Hauptwerk, die Romantrilogie ›Memed mein Falke‹, wurde in mehr als vierzig Sprachen übersetzt. 1996 erschien von Y. K. auf Deutsch der Roman ›Zorn des Meeres‹.

Z

Zahnfüllungen: Eine im Mai von Chemikern der Univ. Tübingen vorgelegte Studie zur Quecksilberbelastung im Speichel von 17 500 freiwilligen Versuchspersonen sorgte für neuen Streit um die Gefährdung durch quecksilberhaltige Z. Im Durchschnitt erreichte die Quecksilberbelastung bei den Versuchspersonen mit 40 µg nach dem Essen den von der Weltgesundheitsorganisation (WHO) festgesetzten Grenzwert. Bei etwa 40% der Personen stieg dieser Wert bis auf das Zehn- oder gar Hundertfache des WHO-Grenzwerts an.
Die Dt. Gesellschaft für Zahnerhaltung kritisierte jedoch die in der Studie verwendete Messmethode als ungeeignet und beurteilte die Ergebnisse als nicht aussagekräftig. Inzwischen mehrten sich die Hinweise, dass auch die alternativ verwendeten Kunststofffüllungen Risiken in sich bergen. Chemiker der Univ. Köln etwa fanden heraus, dass die Polymermaterialien vieler Hersteller Zellgifte im Mund freisetzen, die für Entzündungen der Zahnnerven verantwortlich sein können.

Zaire

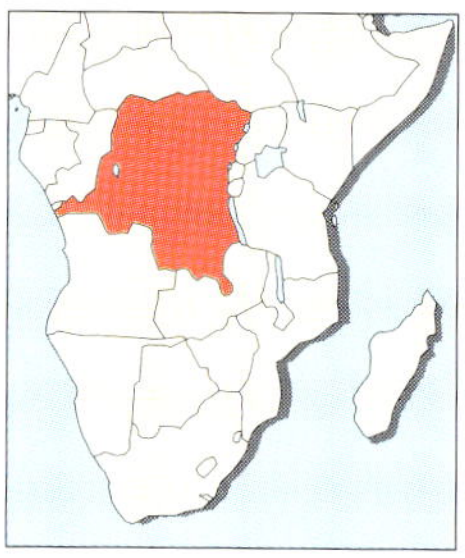

Hauptstadt: Kinshasa
Einwohner: 43,9 Mio.
Einwohner/km²: 19
Staatsoberhaupt: Mobutu Sésé Séko
Regierungschef: J. L. Kengo wa Dondo
BSP/Einwohner: 220 US-$ (1990)

Am 28. Jan. erklärte Parlamentspräs. Erzbischof Laurent Mossengwo seinen Rücktritt, da er seinen Reformkurs als gescheitert betrachtete. Am 26. Febr. kam es zu einer Regierungsumbildung. Dem neuen Kabinett unter dem alten MinPräs. Joseph Léon Kengo wa Dondo gehören Mitgl. der präsidententreuen Forces Politiques du Conclave (FPC) sowie des gemäßigten Oppositionsbündnisses Union pour la République et la Démocratie (URD) an. Am 3. April setzte das Übergangsparlament eine Kommission zur Vorbereitung der für 1997 geplanten allg. Wahlen ein.

Angesichts der eskalierenden Kämpfe im Osten Zaires machen sich Hunderttausende ruandische Hutu-Flüchtlinge am 27. Oktober auf den Rückweg in ihre Heimat

Flüchtlingselend

Eine dramat. Entwicklung nahm ab dem Sommer die Flüchtlingskrise in den ostzair. Prov. Nord- und Südkivu, wo sich seit dem Bürgerkrieg in Ruanda 1994 rd. 1,2 Mio. ruand. Hutu in Flüchtlingslagern aufhielten. Seit Juli versuchten extremist., ihren Rückhalt in den Lagern findende Hutu-Milizen in Verbindung mit der zair. Armee in Ost-Z. ein ›Huturland‹ zu errichten. Tausende Tutsi-Flüchtlinge aus Ruanda sowie seit dem 18. Jh. in Ost-Z. ansässige Tutsi vom Volk der Banyamulenge wurden vertrieben. Als die Tutsi Gegenwehr leisteten, kündigten die zair. Behörden Ende Sept. eine Vertreibung aller rd. 400 000 Banyamulenge über die Ostgrenze an. Es kam zu schweren Gefechten zw. Regierungstruppen und Tutsi-Rebellen, die bald auch zum Sturz von Staatspräs. Mobutu aufriefen. Die durch die Kämpfe Mitte Okt. ausgelöste Massenflucht der Hutu-Flüchtlinge verstärkte sich Mitte Nov. noch, nachdem Tutsi-Rebellen die bewaffneten Hutu-Gruppen, die bis dahin die Flüchtlinge an einer Rückkehr in ihre Heimat gehindert hatten, vertreiben konnten; Hunderttausende setzten sich in Richtung Osten in Bewegung, bis Ende Nov. kehrten etwa 600 000 Hutu nach Ruanda zurück, andere (v. a. Angehörige der Milizen) flohen ins Landesinnere oder in andere Nachbarstaaten. Der geplante Einsatz einer multinat. Eingreiftruppe wurde daraufhin abgesagt.
Internat. Bedeutung bekam der Konflikt durch die sich abzeichnende Verschiebung von Machtgewichten in der mittelostafrikan. Großregion. Zum einen führte die Abwesenheit Staatspräs. Mobutus, der sich wegen einer Krebserkrankung monatelang im Ausland aufhielt, zu einer Destabilisierung des Vielvölkerstaats. Zum anderen brachen Konflikte zw. Z. und den Nachbarstaaten Ruanda und Burundi, später auch Uganda auf, denen die zair. Reg. vorwirft, die Tutsi-Rebellen militärisch zu unterstützen und damit ›Krieg gegen Z.‹ zu führen. ■

Zeit, Die Zeit: Für eine Kaufsumme von 140 Mio. DM übernahm der Stuttgarter Holtzbrinck-Konzern zum 1. 7. 1996 den Zeitverlag, in dem die liberale Wochenzeitung ›Die Zeit‹ (gegr. 1946; Auflage 480 000 Exemplare) erscheint. Die Konzernleitung verpflichtete sich, ›Die Zeit‹ im Sinne des am 29. 9. 1995 verstorbenen Gründers Gerd Bucerius weiterzuführen und das Redaktionsstatut aufrechtzuerhalten.
Mit einem Umsatz von 2,8 Mrd. DM und 9 200 Mitarbeitern zählt die in Familienbesitz befindl. Holtzbrinck-Gruppe zu den größten dt. Medienunternehmen. Zu dem Konzern gehören u. a. Tageszeitungen (z. B. Berliner Tagesspiegel, Südkurier), di-

verse fach- und Wirtschaftszeitschriften (z. B. Wirtschaftswoche, Handelsblatt), mehrere größere Buchverlage (z. B. S. Fischer, Rowohlt, Kindler, Macmillan, Moritz Diesterweg, Schäffer-Poeschel), Beteiligungen an privaten Hörfunk- und Fernsehsendern (z. B. SAT. 1, n-tv sowie das Forschungs- und Beratungsunternehmen Prognos AG).

Zentralafrikanische Republik

Hauptstadt: Bangui
Einwohner: 3,3 Mio.
Einwohner/km²: 5
Staatsoberhaupt:
A. F. Patassé
Regierungschef:
J. P. Ngoupandé (seit 6. 6. 1996)
BSP/Einwohner: 370 US-$

Im Juni wurde eine neue Reg. unter JEAN-PAUL NGOUPANDÉ eingesetzt. – Im Laufe des Jahres kam es drei Mal zu Meutereien der Armee, die jeweils mit der Unterstützung frz., im Rahmen eines Militärabkommens mit Frankreich in Bangui stationierter Truppen niedergeschlagen wurden. Anlass für die Meutereien war die vor dem Hintergrund der Finanzkrise seit mehreren Monaten ausstehende Zahlung von Wehrsold. Bei der letzten Rebellion im Dez. stellten die Soldaten allerdings erstmals ihre materiellen Forderungen zurück und verlangten nun in erster Linie den Rücktritt des Staatspräs., den dieser jedoch kategorisch ablehnte. ■

Zigarettenmafia: Der in den einstigen sozialist. Staaten Russland, Polen und Tschech. Rep. florierende illegale Zigarettenmarkt wurde ab 1989/90 mithilfe ehem. nordvietnames. Kontraktarbeiter der DDR auf Deutschland ausgedehnt, wo sich insbes. im Osten mafiose Strukturen bildeten. In der Hierarchie der Z. arbeiten vietnames. Straftäter auf der unteren (Straßenverkauf) und mittleren Ebene (Zwischenhandel); russ., poln. und tschech. Gruppen stellen mit Beschaffung und Transport der Ware die obere Ebene. Konkurrierende Banden gehen mit äußerster Brutalität vor: Von 1992–96 forderten Revierkämpfe zw. zentral- und nordvietnames. Zigarettenschmugglern über 70 Todesopfer, 35 allein in Berlin.
Bei mehreren Milliarden illegal eingeführter Zigaretten jährlich wird der Steuerausfall für die Bundesrep. auf über 1 Mrd. DM im Jahr geschätzt. Allein 1992/93 wurden zw. 100 und 150 Mio. DM, die aus Zigarettenschmuggel stammen, nach Vietnam transferiert. Ein von vietnames. Seite nur sehr zögerlich umgesetztes Abkommen zw. Bonn und Hanoi vom Sept. 1995 sieht die Rückführung der 40 000 illegal in Deutschland lebenden Vietnamesen in ihre Heimat vor; über 10 000 von ihnen sind in den Zigarettenschmuggel involviert. Ausländer, die in Deutschland gewerbsmäßig Zigaretten schmuggeln, können nach einer Entscheidung des Oberverwaltungsgerichts Koblenz von 1996 mit sofortiger Wirkung ausgewiesen werden.

Zinkernagel, Rolf Martin, schweizer. Immunologe, *Riehen (Basel) 6. 1. 1944. – Zus. mit PETER DOHERTY erhielt Z. den Nobelpreis für Medizin 1996. Den beiden Immunologen gelang es Anfang der 1970er-Jahre an der austral. University of Canberra herauszufinden, wie die Immunzellen der Körperabwehr virusinfizierte Zellen als fremd erkennen und schließlich bekämpfen. Ihre Forschungsergebnisse erwiesen sich nicht nur für das Verständnis von immunolog. Abwehrreaktionen als bedeutsam, sondern auch für die Abstoßungsmechanismen nach einer Gewebe- oder Organtransplantation.

Der schweizerische Immunologe und Medizin-Nobelpreisträger Rolf Zinkernagel in seinem Züricher Institut

Z. studierte an der Univ. Basel Medizin und promovierte 1975 an der University of Canberra. Ab 1976 arbeitete er an der Scipps Clinic and Research Foundation in La Jolla (Kalifornien), wo er 1979 eine Professur erhielt, sowie an der University of California in San Diego. 1979–92 war Z. Prof. am Inst. für Pathologie des Universitätsspitals Zürich und leitet seit 1992 das Inst. für Experimentelle Immunologie an der Univ. Zürich.

Zypern

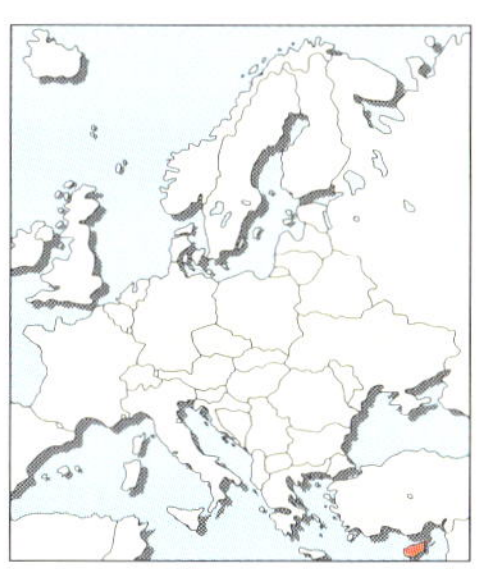

Hauptstadt: Nikosia
Einwohner: 742 000
Einwohner/km²: 80
Staatsoberhaupt:
G. Klerides
BSP/Einwohner:
11 121 US-$ (1993)

Nach der Trauerfeier für einen von türkischen Soldaten erschossenen Demonstranten sind am 14. August griechische Zyprer in die Zone an der Demarkationslinie eingedrungen. Ein UNO-Soldat ruft nach Hilfe für seinen Kameraden, der bei den Ausschreitungen verwundet worden ist

Schüsse im geteilten Nikosia

Die durch die türk. Invasion 1974 herbeigeführte Teilung der Insel forderte 1996 Menschenleben. Am 11. Aug. wurden zwei griech. Zyprer während einer Demonstration gegen die durch Nikosia verlaufende Demarkationslinie getötet. Auch zwei Blauhelmsoldaten der UNO wurden von türk. Gewehrkugeln verletzt. Schon im Juni war in der Pufferzone ein griech.-zypr. Soldat von türk. Soldaten erschossen worden. Vermittlungsbemühungen der UNO, der USA und der EU führten nicht zu greifbaren Ergebnissen.

Wiederannäherung durch EU-Beitritt?

Aus den Parlamentswahlen vom 26. Mai gingen die Regierungsparteien (DISY und DIKO) etwas geschwächt hervor, GLAFKOS KLERIDES verfügt indes weiterhin über die absolute Parlamentsmehrheit (30 von 56 Sitzen). Die Rep. Z. erfüllte laut Brüsseler Kommission alle wirtschaftl. Kritierien für eine EU-Mitgliedschaft. Die Beitrittsverhandlungen sollen sechs Monate nach Abschluss der EU-Regierungskonferenz beginnen. Nach Auffassung der EU würde ein Beitritt der Inselrepublik auch den türk. Zyprern beträchtl. Vorteile bieten und somit ein Mittel zur Wiederannäherung der beiden Volksgemeinschaften darstellen. Dies brachte jedoch die Türkei auf den Plan, die eine Mitgliedschaft Z.s in der EU kategorisch ablehnt. Der türkisch besetzte Norden sieht sich mit wirtschaftl. Problemen konfrontiert, die sich z. T. auch in den Antagonismen zw. den türk. Siedlern aus Kleinasien und der türk.-zypr. Volksgemeinschaft widerspiegeln. Türk.-zypr. Politiker wie ÖZKER ÖZGÜR kritisierten den Kurs RAUF DENKTASCHS, des ›Präs.‹ der international nicht anerkannten ›Türk. Rep. Nordzypern‹.

VERSTORBENE

Aba, Noureddine, alger. Schriftsteller frz. Sprache, * 1932, † Paris 19. 9. 1996
Abdelghani, Mohamed Ben Ahmed, alger. Politiker, * 1927, † Algier 22. 9. 1996
Agnew, Spiro Theodore, amerikan. Politiker, * 1918, † Berlin (Md. oder Ocean-City, Md.?) 17. 9. 1996
Ahlfors, Lars Valerian, finn. Mathematiker, * 1907, † Pittsfield (Mass.) 11. 10. 1996
Aidid, Mohammed Farah Hasan, somal. Politiker, * 1935, † Mogadischu 1. 8. 1996
Ai Qing, chin. Lyriker, * 1910, † Peking 5. 5. 1996
Alberti, Guido, italien. Spirituosenfabrikant, * 1909, † Rom 3. 8. 1996

Herzog Albrecht von Bayern, das Familienoberhaupt des einstigen bayerischen Königshauses

Albrecht, Herzog von Bayern, Familienoberhaupt des Hauses Wittelsbach, * 1905, † Schloss Berg (am Starnberger See) 8. 7. 1996
Alea, Tomás Gutiérrez, kuban. Filmregisseur, * 1928, † Havanna 16. 4. 1996
Allemann, Fritz René, schweizer. Publizist, * 1910, † Kleinrinderfeld 29. 10. 1996
Antonio, eigtl. A. Ruíz Soler, span. Tänzer und Choreograph, * 1922, † Madrid 5. 2. 1996
Aranguren, José Luis, span. Philosoph und Essayist, * 1909, † Madrid 17. 4. 1996
Atabay, Cyrus, Schriftsteller pers. Herkunft, * 1929, † München 26. 1. 1996
Axmann, Artur, Politiker und Kaufmann, * 1913, † 24. 10. 1996
Azikiwe, Nnamdi, nigerian. Politiker, * 1904, † Enugu 11. 5. 1996

Bagge, Erich Rudolf, Physiker, * 1912, † Kiel 5. 6. 1996
Barth von Wehrenalp, Erwin, Verleger, * 1911, † Paris 21. 4. 1996
Bastide, François-Régis, frz. Schriftsteller und Diplomat, * 1926, † Paris 16. 4. 1996
Baumgartner, Hans, schweizer. Fotograf, * 1911, † Frauenfeld 28. 12. 1996
Bazin, Hervé, frz. Schriftsteller, * 1911, † Angers 17. 2. 1996
Beier, Peter, Präses der Ev. Kirche im Rheinland, * 1934, † Düsseldorf 10. 11. 1996
Berghaus, Ruth, Regisseurin und Theaterleiterin, * 1927, † Zeuthen (bei Berlin) 25. 1. 1996
Bergius, C. C., eigtl. Egon-Maria Zimmer, Schriftsteller, * 1910, † Vaduz 22. 3. 1996
Bernardin, Joseph, amerikan. Kardinal, * 1928, † Chicago (Ill.) 14. 11. 1996
Blumenberg, Hans, Philosoph, * 1920, † Altenberge 28. 3. 1996
Bokassa, Jean-Bedel, zentralafrikan. Politiker, * 1921, † Bangui 3. 11. 1996
Bolls, Gerd, Medienmanager, * 1941, † (verunglückt) bei Offenburg 8. 8. 1996

Der rheinische Präses Peter Beier kurz vor seinem Tod während des Reformationsgottesdienstes in der Wittenberger Schlosskirche

Regisseurin Ruth Berghaus in einer Fernsehdiskussion 1989

Bourassa, Robert, kanad. Politiker, * 1933, † Montreal 2. 10. 1996
Bourdet, Claude, frz. Publizist, * 1909, † Paris 20. 3. 1996
Bremer, Claus, Schriftsteller, Dramaturg und Regisseur, * 1924, † Forch (bei Zürich) 15. 5. 1996
Brodkey, Harold, amerikan. Schriftsteller, * 1930, † New York 26. 1. 1996
Brodskij, Iossif Aleksandrowitsch, amerikan. Lyriker russ. Herkunft, * 1940, † New York 28. 1. 1996
Brown, George Mackay, schott. Schriftsteller, * 1921, † Kirkwall 13. 4. 1996
Brown, Ronald H., amerikan. Politiker, * 1941, † (verunglückt) bei Velji Do (nahe Dubrovnik) 3. 4. 1996
Brückner, Christine, Schriftstellerin, * 1921, † Kassel 21. 12. 1996
Buchthal, Hugo, brit. Kunsthistoriker dt. Herkunft, * 1909, † London 10. 11. 1996
Bufalino, Gesualdo, italien. Schriftsteller, * 1921, † (verunglückt) bei Comiso 14. 6. 1996
Bundy, McGeorge, amerikan. Politologe und Politiker, * 1919, † Boston (Mass.) 16. 9. 1996
Burns, George, amerikan. Schauspieler, * 1896, † Beverly Hills (Calif.) 9. 3. 1996

Carné, Marcel, frz. Filmregisseur, * 1906, † Clamart (bei Paris) 31. 10. 1996
Casarès, Maria, frz. Schauspielerin, * 1922, † La Vergne 22. 11. 1996
Castiglioni, Niccolò, italien. Komponist, Pianist und Musikforscher, * 1932, † Mailand 7. 9. 1996

Celibidache, Sergiu, Dirigent rumän. Herkunft, * 1912, † Paris 14. 8. 1996

Sergiu Celibidache – im Bild bei Proben im Januar 1996 – leitete seit 1979 als Chefdirigent die Münchener Philharmoniker

Chermayeff, Serge Ivan, amerikan. Architekt russ. Herkunft, * 1900, † Wellfleet (Mass.) 8. 5. 1996
Christian Ludwig, Herzog zu Mecklenburg, Familienoberhaupt des Hauses Mecklenburg, * 1912, † Gut Hemmelmark (bei Barkelsby) 18. 7. 1996
Christ, Liesel, Volksschauspielerin, * 1919, † Frankfurt am Main 16. 8. 1996

Die Frankfurter Volksschauspielerin Liesel Christ war vor allem durch Fernsehserien wie ›Familie Hesselbach‹ und ›Mit Leib und Seele‹ bundesweit beliebt

Cieálewicz, Roman, frz. Grafiker und Illustrator poln. Herkunft, * 1930, † 21. 1. 1996
Clément, René, frz. Regisseur, * 1913, † Monte Carlo 17. 3. 1996
Colbert, Claudette, amerikan. Filmschauspielerin frz. Herkunft, * 1903, † Bellerive (Barbados) 30. 7. 1996
Colby, William E., amerikan. Politiker (ehem. CIA-Direktor), * 1920, † bei Rock Point (Md.) 27. 4. 1996
Conde, Carmen, span. Schriftstellerin, * 1907, † Majadahonda 8. 1. 1996
Condon, Richard, amerikan. Schriftsteller, * 1915, † Dallas (Tex.) 9. 4. 1996
Copley, William, amerikan. Maler, * 1919, † Sugar Loaf Key (Fla.) 7. 5. 1996
Cray, Seymour R., amerikan. Computerpionier, * 1925, † Colorado Springs (Col.) 5. 10. 1996

Danz, Tamara, Rocksängerin, * 1952, † Berlin 22. 7. 1996
Daume, Willi, Sportfunktionär (ehem. NOK-Präsident), * 1913, † München 20. 5. 1996
Debré, Michel, frz. Politiker, * 1912, † Montlouis-sur-Loire 2. 8. 1996
De Felice, Renzo, italien. Historiker, * 1929, † Rom 25. 5. 1996
Denissow, Edisson Wassiljewitsch, russ. Komponist, * 1929, † Paris 24. 11. 1996
Disler, Martin, schweizer. Maler und Zeichner, * 1949, † Genf 27. 8. 1996
Doerr, Wilhelm Georg, Pathologe, * 1914, † Heidelberg 21. 5. 1996
Donoso, José, chilen. Schriftsteller, * 1925, † Santiago de Chile 7. 12. 1996
Droguett, Carlos, chilen. Schriftsteller, * 1912, † Bern 30. 7. 1996
Duby, Georges Michel Claude, frz. Historiker, * 1919, † Aix-en-Provence 3. 12. 1996
Dudajew, Dschochar Mussajewitsch, tschetschen. Politiker und General, * 1944, † Gechi-Tschu (bei Grosnyj) 21. 4. 1996
Dulles, Eleanor, amerikan. Diplomatin, * 1895, † Washington (D. C.) 30. 10. 1996
Duras, Marguerite, frz. Schriftstellerin, * 1914, † Paris 3. 3. 1996
Dürig, Günter, Jurist, * 1920, † Tübingen 22. 11. 1996
Durlacher, Gerhard Leopold, niederländ. Soziologe und Schriftsteller dt. Herkunft, * 1928, † Haarlem 2. 7. 1996
Duval, Léon Étienne, frz. Kardinal und ehem. Erzbischof von Algier, * 1903, † Algier 30. 5. 1996
Duvanel, Adelheid, schweizer. Schriftstellerin, * 1936, † (Freitod) Basel 7. 8. 1996

Einem, Gottfried von, österr. Komponist, * 1918, † Oberdürrnbach (Oberösterreich) 12. 7. 1996
Ellington, Mercer, amerikan. Jazzmusiker, * 1919, † Kopenhagen 9. 2. 1996
Elytis, Odysseas, neugriech. Schriftsteller, * 1911, † Athen 18. 3. 1996
Engelmann, Heinz, Schauspieler und Synchronsprecher, * 1911, † Tutzing 26. 9. 1996
Erdös, Paul, ungar. Mathematiker, * 1913, † Warschau 22. 9. 1996

Faktor, Max, amerikan. Kosmetikhersteller, * 1904, † Los Angeles (Calif.) 7. 6. 1996
Falaturi, Aboldjavan, iran. Islamwissenschaftler, Prof. für Islamkunde in Köln, * 1926, † Berlin 30. 12. 1996
Feddersen, Jens, Journalist, * 1928, † Essen 28. 5. 1996
Ferreira, Vergilio, portug. Dichter, * 1916, † Sintra 1. 3. 1996
Fini, Leonor, italien. Malerin und Grafikerin, * 1918, † Paris 18. 1. 1996
Fitzgerald, Ella, amerikan. Jazzsängerin, * 1918, † Beverly Hills (Calif.) 15. 6. 1996
Flavin, Dan, amerikan. Künstler, * 1933, † Riverhead (N. Y.) 29. 11. 1996
Forck, Gottfried, Altbischof der Ev. Kirche in Berlin-Brandenburg, * 1923, † Rheinsberg 24. 12. 1996
Fränkel, Hans-Joachim, Altbischof der Ev. Kirche der schles. Oberlausitz, * 1909, † Marburg 21. 12. 1996
Frömming, Johannes (Hänschen), Trabertrainer, * 1910, † Hamburg 8. 11. 1996

Gabrieli, Francesco, italien. Orientalist, * 1904, † Rom 13. 12. 1996
Galland, Adolf, Jagdflieger des Zweiten Weltkriegs, * 1912, † Remagen 9. 2. 1996

Die ostdeutsche Rocksängerin Tamara Danz, die schon zu DDR-Zeiten kein Blatt vor den Mund nahm

Jazzlegende Ella Fitzgerald bei einem Konzert 1985

Garson, Greer, amerikan. Filmschauspielerin irischer Herkunft, *1908, †Dallas (Tex.) 6. 4. 1996
Gavazzeni, Gianandrea, italien. Dirigent, Komponist und Musikschriftsteller, *1909, †Bergamo 5. 2. 1996
Gehr, Ferdinand, schweizer. Maler, *1896, †Altstätten 10. 7. 1996
Geisel, Ernesto, brasilian. General und Politiker, *1908, †Rio de Janeiro 12. 9. 1996
Girardet, Wilhelm, Verleger, *1902, †Essen 26. 5. 1996
Goldschmidt, Berthold, brit. Komponist und Dirigent dt. Herkunft, *1903, †London 17. 10. 1996
Goldsmith, Myron, amerikan. Architekt, *1918, †Wilmette (Ill.) 15. 7. 1996
Gould, Morton, amerikan. Komponist, *1913, †Orlando (Fla.) 21. 2. 1996
Graf, Maximilian (Maxl), Schauspieler, *1933, †München 18. 3. 1996
Grimal, Pierre, frz. klass. Philologe, *1912, †Paris 2. 11. 1996
Grósz, Károly, ungar. Politiker, *1930, †Gödöllö (bei Budapest) 8. 1. 1996
Gruber, Edmund, Fernsehjournalist und Intendant, *1936, †München 8. 11. 1996
Guerlain, Jean-Pierre, frz. Parfümeur, *1914, †Paris 12. 12. 1996
Gulliksen, Harold, amerikan. Psychologe, *1903, †Princeton (N. J.) 27. 10. 1996
Gullikson, Tim, amerikan. Tennisspieler und Trainer, *1952, †Wheaton (Ill.) 3. 5. 1996

Habibi, Emil Schurka, israel.-palästinens. Schriftsteller, *1922, †Nazareth 2. 5. 1996
Hahn, Wilhelm, Politiker (CDU), *1909, †Heidelberg 9. 12. 1996
Hajdu, Étienne, frz. Bildhauer ungar. Herkunft, *1907, †Paris 24. 3. 1996
Hamer, Jean Jerome, belg. Kardinal, *1916, †Rom 2. 12. 1996
Hanson, Duane, amerikan. Bildhauer, *1925, †Boca Raton (Fla.) 6. 1. 1996
Hanstein, Fritz Sittig Huschke von, Motorsportler, *1911, †Stuttgart 5. 3. 1996
Harell, Marte, österr. Schauspielerin, *1907, †Wien 12. 3. 1996
Haudricourt, André Georges, frz. Sprachwissenschaftler, *1911, †Paris 21. 8. 1996
Havlova, Olga, Frau des tschech. Präs. Václav Havel, *1933, †Prag 27. 1. 1996
Heinen, Edmund, Betriebswirtschaftler, *1919, †München 22. 6. 1996
Heißenbüttel, Helmut, Schriftsteller, *1921, †Glückstadt 19. 9. 1996
Helm, Brigitte, Filmschauspielerin, *1908, †Ascona 11. 6. 1996
Hemingway, Margaux, amerikan. Filmschauspielerin, *1955, †(tot aufgefunden) Santa Monica (Calif.) 1. 7. 1996
Hensel, Georg, Schriftsteller und Theaterkritiker, *1923, †Darmstadt 17. 5. 1996
Hering, Gerhard Friedrich, Regisseur, Theaterleiter und Schriftsteller, *1908, †Darmstadt 12. 4. 1996
Hersant, Robert Joseph Émile, frz. Kommunikationsunternehmer, *1920, †Paris 21. 4. 1996
Höber, Heinz Werner, Kriminalschriftsteller (›Jerry Cotton‹), *1932, †Berlin 15. 5. 1996
Hoelscher, Ludwig, Violoncellist, *1907, †Tutzing 8. 5. 1996
Hogarth, Burne, amerikan. Comiczeichner, *1911, †Paris 28. 1. 1996
Holmboe, Vagn, dän. Komponist, *1909, †Ramloese 1. 9. 1996
Holm, Claus, Schauspieler, *1918, †Berlin 21. 9. 1996
Hölscher, Uvo, klass. Philologe, *1914, †München 31. 12. 1996
Holtz-Baumert, Gerhard, Kinder- und Jugendbuchautor, *1927, †Heinrichsfelde (bei Gransee) 17. 10. 1996
Horn, Camilla, Filmschauspielerin, *1903, †Gilching 14. 8. 1996
Huncke, Herbert, amerikan. Schriftsteller, *1915, †New York 8. 8. 1996

Iserloh, Erwin, kath. Theologe (Prof. für Kirchengeschichte), *1915, †Münster 14. 4. 1996

Jacomuzzi, Stefano, italien. Schriftsteller und Literaturwissenschaftler, *1924, †Turin 10. 5. 1996
Jayawardene, Junius Richard, sri-lank. Politiker, *1906, †Colombo 1. 11. 1996

Helmut Heißenbüttel, Georg-Büchner-Preisträger und bedeutender Vertreter der ›experimentellen Literatur‹, drei Monate vor seinem Tod

Jente, Martin, Fernsehproduzent und Schauspieler, *1909, †Wiesbaden 14. 2. 1996
Johann, A. E., eigtl. Alfred Ernst Wollschläger, Schriftsteller, *1901, †Oerrel 8. 10. 1996
Jubany, Narcís, span. Kardinal, *1913, †Barcelona 26. 12. 1996

Als Butler in der Fernsehshow ›Einer wird gewinnen‹ lieferte sich Martin Jente (rechts) stets einen ironischen Schlagabtausch mit Showmaster Hans-Joachim Kulenkampff

Kabua, Amata, Präsident der Marshallinseln, *1928, †19. 12. 1996
Karmal, Babrak, afghan. Politiker, *1929, †Moskau 1. 12. 1996
Katzer, Hans, Politiker (CDU), *1919, †Köln 18. 7. 1996

Gene Kelly in der berühmten Tanzszene aus dem Filmmusical ›Singin' in the rain‹ (1952)

Kelly, Gene, amerikan. Tänzer und Schauspieler, *1912, †Los Angeles (Calif.) 2. 2. 1996
Kemelman, Harry, amerikan. Schriftsteller, *1908, †Marblehead (Mass.) 15. 12. 1996
Kesten, Hermann, Schriftsteller, *1900, †Riehen bei Basel 3. 5. 1996
Keuris, Tristan, niederländ. Komponist, *1946, †Amsterdam 15. 12. 1996
Kieślowski, Krzysztof, poln. Filmregisseur, *1941, †Warschau 13. 3. 1996
Kindler, Nina, Verlegerin, *1914, †Küsnacht (bei Zürich) 1. 9. 1996
Kirschner, Milos, tschech. Puppenspieler, *1927, †Prag (?) 2. 7. 1996
Kirstein, Lincoln, amerikan. Ballettdirektor und -schriftsteller, *1907, †Rochester (N. Y.) 5. 1. 1996
Klein, Hans (Johnny), Politiker (CSU), *1931, †Bonn 26. 11. 1996
Kobayashi Masaki, japan. Filmregisseur, *1916, †Tokio 5. 10. 1996
Koeppen, Wolfgang, Schriftsteller, *1906, †München 15. 3. 1996
Kokkonen, Joonas, finn. Komponist, *1921, †Järvenpää (bei Helsinki) 2. 10. 1996
Koss, Irene, Fernsehansagerin und -moderatorin, *1928, †München 1. 5. 1996
Köster, Johannes Theodor (Hans), Verleger, *1902, †24. 10. 1996
Kubelík, Jeroným Rafael, schweizer. Dirigent und Komponist tschech. Herkunft, *1914, †Luzern 11. 8. 1996
Kühn, August, Schriftsteller, *1936, †Unterwössen (bei Traunstein) 9. 2. 1996
Kuhn, Thomas Samuel, amerikan. Wissenschaftstheoretiker und -historiker, *1922, †Cambridge (Mass.) 17. 6. 1996
Kuttner, Stephan George, amerikan. Kanonist und Rechtshistoriker dt. Herkunft, *1907, †Berkeley (Calif.) 1. 8. 1996

Lacoste, Jean René, frz. Tennisspieler und Textilunternehmer, *1905, †Saint-Jean-de-Luz 12. 10. 1996
Lamour, Dorothy, amerikan. Filmschauspielerin, *1914, †Los Angeles 22. 9. 1996
Lanusse, Alejandro Agustín, argentin. General und Politiker, *1918, †Buenos Aires 26. 8. 1996
Leakey, Mary Douglas, brit. Archäologin und Anthropologin, *1913, †Nairobi 9. 12. 1996
Leary, Timothy, amerikan. Schriftsteller und Psychologe, *1920, †Beverly Hills (Calif.) 31. 5. 1996
Leiser, Erwin, schwed. Journalist und Filmregisseur, *1923, †Zürich 22. 8. 1996
Leitner, Ferdinand, Dirigent, *1912, †Forch 3. 6. 1996
Lettau, Reinhard, Schriftsteller und Literaturwissenschaftler, *1929, †Karlsruhe 17. 6. 1996
Libuda, Reinhard (Stan), Fußballspieler, *1943, †Gelsenkirchen 25. 8. 1996

Hans ›Johnny‹ Klein, zuletzt Vizepräsident des Deutschen Bundestags, im Frühjahr 1989

Ligges, Fritz, Vielseitigkeits- und Springreiter, *1938, †Herbern 21. 5. 1996
List, Hans, österr. Maschinenbauer (Dieselmotorenpionier), *1896, †Graz 11. 9. 1996
Lorengar, Pilar, span. Sängerin, *1928, †Berlin 2. 6. 1996
Ludwig, Peter, Fabrikant und Kunstsammler, *1925, †Aachen 22. 7. 1996
Luening, Otto Clarence, amerikan. Komponist, *1900, †New York 2. 9. 1996
Lukanow, Andrej, bulgar. Politiker, *1938, †(erschossen aufgefunden) Sofia 2. 10. 1996

MacLean, Sorley, schott.-gäl. Schriftsteller, *1911, †Inverness 24. 11. 1996
Magnani, Franca, italien. Journalistin, *1925, †Rom 28. 10. 1996
Malet, Léo, frz. Schriftsteller, *1909, †Châtillon-sous-Bagneux 3. 3. 1996

Marcello Mastroianni und die französische Schauspielerin Jeanne Moreau bei den Filmfestspielen 1991 in Cannes

Malpass, Eric Lawson, engl. Schriftsteller, *1910, †Bishop's Waltham 16. 10. 1996
Mann, Irene, Tänzerin und Choreographin, *1928, †Pfaffenhofen a. d. Ilm 19. 9. 1996
Maruyama Masao, japan. Philosoph, *1914, †Tokio 15. 8. 1996
Mastroianni, Marcello, italien. Filmschauspieler, *1924, †Paris 19. 12. 1996
Mauriac, Claude, frz. Schriftsteller, *1914, †Paris 22. 3. 1996
Mayer, Daniel, frz. Politiker, *1909, †Orsay 28. 12. 1996
McGee, Brownie, amerikan. Jazzmusiker, *1915, †Oakland (Calif.) 16. 2. 1996
Meinrad, Josef, österr. Schauspieler, *1913, †Großgmain (bei Salzburg) 18. 2. 1996
Menz, Maria, Schriftstellerin, *1903, †Oberessendorf 7. 3. 1996

Mercanton, Jacques, schweizer. Schriftsteller frz. Sprache, * 1910, † Lausanne 27. 4. 1996
Miedzyrecki, Artur, poln. Schriftsteller, * 1922, † Warschau 2. 11. 1996
Miron, Gaston, kanad. Schriftsteller frz. Sprache, * 1928, † Montreal 14. 12. 1996
Mitford, Jessica, amerikan. Schriftstellerin, * 1917, † Oakland (Calif.) 23. 7. 1996
Mitterrand, François, frz. Politiker, * 1916, † Paris 8. 1. 1996
Monroe, Bill, amerikan. Country(Bluegrass)-Sänger, * 1911, † Springfield (Tenn.) 9. 9. 1996
Moschajew, Boris Andrejewitsch, russ. Schriftsteller, * 1923, † Moskau 2. 3. 1996
Moshoeshoe II., König von Lesotho, * 1936, † (verunglückt) bei Maseru 15. 1. 1996
Mott, Sir Nevill Francis, brit. Physiker, * 1905, † Milton Keynes (Buckinghamshire) 8. 8. 1996
Mourão-Ferreira, David, portug. Schriftsteller, * 1927, † Lissabon 16. 6. 1996
Mulligan, Gerry, amerikan. Jazzmusiker und Arrangeur, * 1927, † Darien (Conn.) 20. 1. 1996
Muskie, Edmund Sixtus, amerikan. Politiker, * 1914, † Washington (D.C.) 26. 3. 1996

Najibollah, afghan. Politiker, * 1947, † (hingerichtet) Kabul 27. 9. 1996
Nannen, Henri, Publizist, * 1913, † Hannover 13. 10. 1996
Nassauer, Rudolf, engl. Schriftsteller dt. Herkunft, * 1924, † London 5. 12. 1996
Nguyen Huu Tho, vietnames. Politiker, * 1910, † Saigon 24. 12. 1996
Niarchos, Stavros, griech. Reeder, * 1909, † Zürich 15. 4. 1996
Nobre da Costa, Alfredo, portug. Politiker, * 1923, † Lissabon 1. 4. 1996
Nowakowski, Tadeusz, poln. Schriftsteller und Journalist, * 1920, † Bromberg 11. 3. 1996

Ohly, Friedrich, Germanist und Mediävist, * 1914, † Münster 5. 4. 1996
Okello, Tito, ugand. Politiker und Militär, * 1914, † Kampala 3. 6. 1996
Osswald, Albert, Politiker (SPD), ehem. MinPräs. von Hessen, * 1919, † Schwangau 15. 8. 1996
Österreich-Este, Robert Erzherzog von, * 1915, † Basel 7. 2. 1996

François Mitterrand bei der Eröffnung des Eurotunnels mit der britischen Königin Elisabeth II. im Mai 1994 in Calais. Links im Bild seine Ehefrau Danielle Mitterrand

Overbeck, Egon, Industriemanager (Mannesmann), * 1918, † Schermbeck 12. 8. 1996

Packard, David, amerikan. Industrieller (Hewlett-Packard Company), * 1912, † Palo Alto (Calif.) 26. 3. 1996
Packard, Vance Oakley, amerikan. Publizist, * 1914, † Martha's Vineyard (Mass.) 12. 12. 1996
Pandit Pran Nath, ind. Musikpädagoge, * 1919, † Berkeley (Calif.) 13. 6. 1996
Papandreu, Andreas, griech. Politiker, * 1919, † Athen 23. 6. 1996 (BILD S. 368)
Paryla, Karl, österr. Schauspieler und Regisseur, * 1905, † Wien 14. 7. 1996
Pascal, Christine, frz. Schauspielerin und Filmregisseurin, * 1953, † (Freitod) Paris 30. 8. 1996
Pasetti, Peter, Schauspieler, * 1916, † Dießen (am Ammersee) 23. 5. 1996
Philippot, Michel Paul, frz. Komponist, * 1925, † Vincennes 28. 7. 1996
Poher, Alain, frz. Politiker, * 1909, † Paris 9. 12. 1996
Posener, Julius, Architekt und Architekturhistoriker, * 1904, † Berlin 29. 1. 1996
Post, Sir Laurens Jan van der, südafrikan. Schriftsteller, * 1906, † London 15. 12. 1996

Rappan, Karl, österr. Fußballspieler und -trainer, * 1905, † Bern 2. 1. 1996

Der Publizist Henri Nannen inmitten seiner Sammlung von Bildern russischer Künstler in der Emder Kunsthalle im Mai 1996

Ministerpräsident Andreas Papandreu während einer Pressekonferenz im Januar 1994 anlässlich der griechischen EU-Präsidentschaft

Reddy, Neelam Sanjiva, ind. Politiker, *1913, †Bangalore 1. 6. 1996
Reichstein, Tadeusz, schweizer. Chemiker poln. Herkunft, *1897, †Basel 1. 8. 1996
Reiser, Rio, eigtl. Ralph Möbius, Rocksänger, *1950, †Fresenhagen 20. 8. 1996
Robert, Marthe, frz. Essayistin und Übersetzerin, *1914, †Paris 12. 4. 1996
Rosenberg, Wolf, Musikschriftsteller, *1915, †Frankfurt am Main 18. 1. 1996
Rosenhauer, Theodor, Maler, *1901, †Berlin 14. 6. 1996
Rosselli, Amelia, italien. Schriftstellerin, *1930, †(Freitod) Rom 11. 2. 1996
Ruffmann, Karl-Heinz, Prof. für osteurop. Geschichte, *1922, †Ruhpolding 17. 12. 1996
Rusconi, Edilio, italien. Publizist, *1916, †Mailand 10. 7. 1996

Sagan, Carl, amerikan. Astrophysiker, *1934, †Seattle (Wash.) 20. 12. 1996
Salam, Abdus, pakistanischer Physiker, *1926, †Oxford 21. 11. 1996
Salis, Jean Rodolphe von, schweizer. Historiker und Publizist, *1901, †Schloss Brunegg (Kt. Aargau) 14. 7. 1996
Santos, Bienvenido N., philippin. Schriftsteller, *1911, †Legaspi 7. 1. 1996
San Yu, birman. General und Politiker, *1919, †Rangun 28. 1. 1996
Schädel, Hans, Architekt, *1910, †Randersacker 31. 12. 1996
Schapiro, Meyer, amerikan. Kunsthistoriker litauischer Herkunft, *1904, †New York 3. 3. 1996
Scheller, Jürgen, Kabarettist und Schauspieler, *1922, †München 31. 3. 1996
Schmücker, Kurt, Politiker (CDU), *1919, †Löningen 6. 1. 1996
Schneider, Magda, Filmschauspielerin, *1909, †Schönau 30. 7. 1996
Schön, Helmut, Fußballtrainer, *1915, †Wiesbaden 23. 2. 1996
Schramm, Margit, Operettensängerin, *1935, †München 12. 5. 1996
Schulten, Rudolf, Physiker, *1923, † 27. 4. 1996
Schulthess, Emil, schweizer. Fotograf, *1913, †Maur (bei Zürich) 22. 1. 1996
Schwier, Hans, Politiker (SPD), ehem. Kultusmin. in NRW, *1926, †(ertrunken) bei Kap Finisterre 31. 7. 1996
Scott, Ronnie, brit. Jazzmusiker (Tenorsaxophon), *1927, †London 23. 12. 1996
Shiba Ryōtarō, japan. Schriftsteller, *1923, †Tokio 12. 2. 1996
Siegel, Jerome, amerikan. Comicautor (›Superman‹), *1914, †Los Angeles (Calif.) 28. 1. 1996
Siles Zuazo, Hernan, bolivian. Politiker, *1912, †Montevideo 6. 8. 1996
Snell, George Davis, amerikan. Genetiker, *1903, †Bar Harbor (Me.) 6. 6. 1996
Soler Puig, José, kuban. Schriftsteller, *1917, †Havanna 31. 8. 1996
Sorescu, Marin, rumän. Schriftsteller, *1936, †Bukarest 8. 12. 1996
Soupault, Ré, frz. Fotografin, Schriftstellerin und Übersetzerin, *1901, †Paris 12. 3. 1996

Der frühere Bundestrainer Helmut Schön mit seiner Frau Anneliese im Jahr 1980. Mit dem ›Mann mit der Mütze‹ wurde die Fußball-Nationalmannschaft 1972 Europameister und 1974 Weltmeister

Spinola, António Sebastião Ribeiro de, portug. General und Politiker, *1910, †Lissabon 13. 8. 1996
Stadlen, Peter, brit. Pianist österr. Herkunft, *1910, †London 21. 1. 1996
Stastny, Leopold, österr. Fußballspieler und -trainer slowak. Herkunft, *1911, †in Kanada 14. 5. 1996
Steinboeck, Rudolf, österr. Schauspieler, Regisseur und Theaterleiter, *1908, †Wien 19. 8. 1996
Stimpfle, Joseph, kath. Theologe, *1916, †Augsburg 12. 9. 1996
Strobel, Käthe, Politikerin (SPD), *1907, †Nürnberg 26. 3. 1996
Stryjkowski, Julian, eigtl. Julian Stark, poln. Schriftsteller, *1905, †Warschau 8. 8. 1996

António Sebastião Ribeiro de Spinola war der erste portugiesische Staatspräsident nach der ›Nelkenrevolution‹ 1974

Suenens, Leo Jozef, belg. kath. Theologe und Kardinal, *1904, †Brüssel 6. 5. 1996
Sugai Kumi, japan. Maler und Bildhauer, *1919, †Kōbe 14. 5. 1996

Takemitsu Tōru, japan. Komponist, *1930, †Tokio 20. 2. 1996
Talma, Louise, amerikan. Pianistin und Komponistin frz. Herkunft, *1906, †Yaddo (bei Saratoga Springs, N. Y.) 13. 8. 1996
Thadden, Adolf von, Politiker (NPD), *1921, †Bad Oeynhausen 17. 7. 1996
Travers, Pamela Lyndon, engl. Schriftstellerin austral. Herkunft, *1906, †London 23. 4. 1996
Tschukowskaja, Lidija Kornejewna, russ. Schriftstellerin, *1907, †Moskau 8. 2. 1996

Tudor, David Eugene, amerikan. Pianist und Komponist, * 1926, † Tomkins Cave (N. Y.) 13. 8. 1996

Uno Chiyo, japan. Schriftstellerin, * 1897, † Tokio 10. 6. 1996

Valverde, José María, span. Schriftsteller, * 1926, † Barcelona 6. 6. 1996
Vernon-Lippert, Howard, schweizer. Schauspieler, * 1914, † Issy-les-Moulineaux 25. 7. 1996
Vialar, Paul, frz. Schriftsteller, * 1898, † Vaucresson (bei Paris) 8. 1. 1996
Vickrey, William, kanad. Wirtschaftswissenschaftler, * 1914, † New York 11. 10. 1996
Vinay, Ramón, chilen. Sänger, * 1912, † Puebla 4. 1. 1996

Waerden, Bartel Leendert van der, niederländ. Mathematiker, * 1903, † Zürich 12. 1. 1996
Watson, Johnny (Guitar), amerikan. Blues-Gitarrist, * 1935, † Yokohama 17. 5. 1996

Die Schauspielerin Maria Wimmer in ihrer Rolle als Gertrude Stein an den Münchener Kammerspielen 1984

Weiskirch, Willi, Politiker (CDU), ehem. Wehrbeauftragter, * 1923, † Altenhundem 11. 9. 1996
Welitsch, Ljuba, österr. Sängerin bulgar. Herkunft, * 1913, † Wien 1. 9. 1996
Wendland, Gerhard, Schlagersänger, * 1916, † München 21. 6. 1996
Wenzinger, August, schweizer. Violoncellist und Gambist, * 1905, † bei Basel 25. 12. 1996
Whittle, Sir Frank, brit. Ingenieur, * 1907, † Columbia (Md.) 9. 8. 1996
Wideroe, Rolf, schweizer. Physiker norweg. Herkunft, * 1902, † Nussbaumen (bei Baden) 11. 10. 1996
Wiegand, Clyde, amerikan. Physiker, * 1915, † Oakland (Calif.) 5. 7. 1996
Wilen, Barney, frz. Jazzmusiker, * 1937, † Paris 25. 5. 1996
Wimmer, Maria, Schauspielerin, * 1911, † Bühlerhöhe 4. 1. 1996
Wissing, Wilhelm, kath. Theologe, * 1916, † Coesfeld 12. 11. 1996
Woroszylski, Wiktor, poln. Schriftsteller, * 1927, † Warschau 14. 9. 1996

Zehrfuss, Bernard-Louis, frz. Architekt, * 1911, † Neuilly-sur-Seine 3. 7. 1996
Zöllner, Erich, österr. Historiker, * 1916, † Wien 12. 12. 1996
Zweigert, Konrad, Jurist, * 1911, † Wedel 12. 2. 1996

ABKÜRZUNGSVERZEICHNIS

Abb. . . . . . . Abbildung
ABGB . . . . Allgemeines Bürgerliches Gesetzbuch (Österreich)
Abk. . . . . . . Abkürzung
Abs. . . . . . . Absatz
AG . . . . Aktiengesellschaft
allg. . . . . . . allgemein (Adj. u. Adv.)
AO . . . . Abgabenordnung
Art. . . . . . . Artikel
A.T. . . . . . Altes Testament
Aufl. . . . . . Auflage
Aug. . . . . . August
bes. . . . . . . besonders, besonderer
Bez. . . . . . . Bezeichnung
BGB . . . . . Bürgerliches Gesetzbuch
BGH . . . . . Bundesgerichtshof
BIP . . . . . . Bruttoinlandsprodukt
BSP . . . . . . Bruttosozialprodukt
bzw. . . . . . . beziehungsweise
ca. . . . . circa
chin. . . . . . chinesisch
D.C. . . . . . District of Columbia
Dez. . . . . . Dezember
dgl. . . . . . . dergleichen, desgleichen
d.h. . . . . . . das heißt
d.i. . . . . das ist
Distr. . . . . . Distrikt
dt. . . . . deutsch
DDR . . . . . Deutsche Demokratische Republik
ebd. . . . . . . ebenda
EG . . . . Europäische Gemeinschaft(en)
EU . . . . Europäische Union
ehem. . . . . ehemalig, ehemals
eigtl. . . . . . eigentlich
einschl. . . . einschließlich
EStG . . . . . Einkommensteuergesetz
europ. . . . . europäisch
ev. . . . . evangelisch
e.V. . . . . . . eingetragener Verein
evtl. . . . . . . eventuell
Ew. . . . . . . Einwohner
Febr. . . . . . Februar
frz. . . . . französisch
geb. . . . . . . geborene(r)
gegr. . . . . . gegründet(e)
Gem. . . . . . Gemeinde
GenSekr. . . Generalsekretär(in)
GG . . . . Grundgesetz
ggf. . . . . . . gegebenenfalls
Ggs. . . . . . . Gegensatz
GmbH . . . . Gesellschaft mit beschränkter Haftung
Gouv. . . . . Gouverneur(in), Gouvernement
hebr. . . . . . hebräisch
Hg. . . . . Herausgeber(in)
HGB . . . . . Handelsgesetzbuch
hg. v. . . . . . herausgegeben von
hpts. . . . . . . hauptsächlich
i.A. . . . . . . im Allgemeinen
i.d.F. v. . . . in der Fassung vom
i.d.R. . . . . in der Regel
i.e.S. . . . . . im engeren Sinn
insbes. . . . . insbesondere
Inst. . . . . . Institut
internat. . . international
IWF . . . . . . Internationaler Währungsfonds
i.w.S. . . . . . im weiteren Sinn
Jahrtsd. . . . Jahrtausend
Jan. . . . . . . Januar
Jh. . . . . Jahrhundert
jr. . . . . junior
kath. . . . . . katholisch
Kfz . . . . . . Kraftfahrzeug
KG . . . . Kommanditgesellschaft
Kr. . . . . . . Kreis
Kt. . . . . . . Kanton
Kw. . . . . . . Kunstwort, Kurzwort
kW . . . . Kilowatt
l . . . . Liter
lat. . . . . lateinisch
Lit. . . . . . . Literatur
M-. . . . . Mittel...
max. . . . . . maximal
MdB . . . . . Mitglied des Bundestages
MdEP. . . . . Mitglied des Europäischen Parlaments
MdL . . . . . Mitglied des Landtages
min. . . . . . . minimal
Min. . . . . . . Minister(in)
mind. . . . . . mindestens
MinPräs. . . Ministerpräsident(in)
Mio. . . . . . Million
Mitgl. . . . . Mitglied
Mrd. . . . . . Milliarde
N . . . . Nord(en)
nat. . . . . . . national
nat.-soz. . . . nationalsozialistisch
n.Br. . . . . . nördliche Breite
n.Chr. . . . . nach Christi Geburt
nlat. . . . . . . neulateinisch
NO . . . . Nordost(en)
Nov. . . . . . November
Nr. . . . . Nummer
NRW . . . . . Nordrhein-Westfalen
N.T. . . . . . . Neues Testament
NW . . . . . . Nordwest(en)
N.Y. . . . . . New York
O . . . . Ost(en)
o.ä. . . . . . . oder ähnlich
Okt. . . . . . . Oktober
ö.L. . . . . . . östliche Länge
OLG . . . . . Oberlandesgericht
OR . . . . Obligationenrecht (Schweiz)
orth. . . . . . . orthodox
österr. . . . . österreichisch
Pl. . . . . Plural
portug. . . . portugiesisch
Präs. . . . . . Präsident(in)
Prof. . . . . . Professor(in)
prot. . . . . . . protestantisch
Prov. . . . . . Provinz
rd. . . . . rund
Reg. . . . . . Regierung
Rep. . . . . . Republik
s. . . . . siehe
S . . . . Süd(en)
S. . . . . Seite
s.Br. . . . . . . südliche Breite
Sekr. . . . . . Sekretär(in)
Sept. . . . . . September
Sg. . . . . Singular
SO . . . . Südost(en)
sog. . . . . . . so genannt
St. . . . . Sankt
Staatspräs. Staatspräsident(in)
Std. . . . . . . Stunde
stellv. . . . . stellvertretende(r)
Stellv. . . . . . Stellvertreter(in)
StGB . . . . . Strafgesetzbuch
StPO . . . . . Strafprozessordnung
svw. . . . . . . so viel wie
SW . . . . Südwest(en)
t . . . . Tonne
Tab. . . . . . Tabelle
Tsd. . . . . . . Tausend
u.a. . . . . . . und andere; unter anderem
u.a.m. . . . . und anderes mehr
u.ä. . . . . . . und ähnlich
UdSSR . . . Sowjetunion
u.d.T. . . . . unter dem Titel
Univ. . . . . . Universität
Urauff. . . . Uraufführung
urspr. . . . . ursprünglich
USA . . . . . . Vereinigte Staaten von Amerika
usw. . . . . . und so weiter
u.U. . . . . . . unter Umständen
u.v.a. . . . . und viele(s) andere
v.a. . . . . . . vor allem
v.Chr. . . . . vor Christi Geburt
verh. . . . . . verheiratete(r)
versch. . . . verschieden (Adj.)
Verw. . . . . Verwaltung
vgl. . . . . vergleiche
VO . . . . Verordnung
Vors. . . . . . Vorsitzende(r)
VR . . . . Volksrepublik
W . . . . West(en)
wiss. . . . . . . wissenschaftlich
...wiss. . . . .wissenschaft(en)
Wiss. . . . . . Wissenschaft(en)
w.L. . . . . . . westliche Länge
z.B. . . . . . . zum Beispiel
ZGB . . . . . Zivilgesetzbuch
ZPO . . . . . . Zivilprozessordnung
z.T. . . . . . . zum Teil
zus. . . . . . . zusammen
zw. . . . . zwischen
z.Z. . . . . . . zur Zeit

DIE MITARBEITERINNEN UND MITARBEITER DES JAHRBUCHS 1996

Dr. Eva-Maria Auch, Greifswald
Monika Bader, Altfraunhofen
Gerhard Baum, Weinheim
Prof. Dr. Walther L. Bernecker, Nürnberg
Dr. Dieter Bingen, Köln
Marianne Bleckmann, Hamburg
Dr. Robert Bohn, Kiel
Ralf Borchard, München
Henrik Bork, Frankfurt a. M.
Dr. Heinz Brahm, Köln
Andrea Damm, Mannheim
Ursula Dann M. A., Mannheim
Daniel Daul, Bühl (Baden)
Dr. Wolf Donner, Köln
Dipl.-Phys. Bernd Eusemann, Ihringen
Prof. Dr. Stefan Fisch, Mannheim
Prof. Dr. Gottfried Fischer, Köln
Dr. Eberhard Franz, Hamburg
Anne-Sophie Fröhlich, Hamburg
Prof. Dr. Wolfgang Frühwald, Bonn
Sieglinde Gauer-Lietz, Isernhagen
Lic. phil. Seraina Gilly, Zürich
Arndt Graf, Hamburg
Dr. Martina Graf, Seeheim
Prof. Dr. Horst Grienig, Berlin
Dr. Martin Grossheim, Passau
Dr. Hildegard Hamm-Brücher, München
Dr. Marianne Hausleitner, Berlin
Achim Heidenreich M. A., Mainz
Landesbischof D. Horst Hirschler, Hannover
Dr. Sabine Hofmann, Berlin
Rudolf Hofstätter, Salzburg
Dr. Dieter Hundt, Uhingen
Dr. Werner Karr, Erlangen
Prof. Dr. Nikolaus Katzer, Königstein
Dr. Anette Kleszcz-Wagner, Kassel
Wolfgang Kralicek, Wien
Hans-Dieter Krebs, Bergheim
Prof. Dr. Heinrich Lamping, Frankfurt a. M.
Carsten Lehmann, Münster
Hans Peter Liederbach, Tübingen
Dr. Ingrid Mährdel, Berlin
Dr. Peter Malina, Wien
Dr. Rudolf A. Mark, Lüneburg
Dr. Berthold Meyer, Rodenbach
Peter Michalzik M. A., München
Dr. Werner Müller, Saarbrücken
Dr. Wolfgang Müller, Mannheim
Dr. Nieh Yu-hsi, Hamburg
Britta-Christina Niermann, Mannheim
Dipl.-Sozialökonom Klaus-D. Oelmann, Hamburg
Julia Pietrucha, Langenargen
Prof. Dr. Manfred Pohl, Hamburg
Prof. Dr. Rüdiger Pohl, Halle (Saale)
Marcel Pott, Bonn
Dr. Klaus-Albrecht Pretzell, Hamburg
Michael Reissenberger, Karlsruhe
Walter Riester, Frankfurt a. M.
Prof. Dr. Dietmar Rothermund, Heidelberg
Thomas Ruttig, Berlin
Prof. Dr. Christian Scheer, Hamburg
Ulrike Scheffer, Frankfurt a. M.
Dr. Karin Schmid, Bonn
Prof. Dr. Manfred G. Schmidt, Heidelberg
Dr. Margot Schüller, Hamburg
Prof. Dr. Rainer-Olaf Schultze, Augsburg
Gerhard Schwabenthal, Frankfurt a. M.
Wolfram Schwachulla, Mannheim
Dr. Gebhard Schweigler, Ebenhausen
Dr. Katrin Sitzler-Vondung, München
Prof. Dr. Udo Steinbach, Hamburg
Dorit Stenke, Dresden
Prof. Dr. Holm Sundhaussen, Berlin
Berndt Georg Thamm, Berlin
Prof. Dr. Dietrich Thränhardt, Münster
Dr. Pavlos Tzermias, Zürich
Lutgard Vrints, Münster
Dipl.-Volkswirt Wolf-Dieter Wabschke, Asendorf
Frederik Wanink, Münster
Jörg Weber, Dortmund
Regina Wegemund, Hamburg
Dr. Oskar Weggel, Hamburg
Prof. Dr. Ernst-Ulrich von Weizsäcker, Wuppertal
Thomas Welke M. A., Freiburg i. Br.
Rudolf Worschech, Frankfurt a. M.
Prof. Dr. Wichard Woyke, Münster
Rolf Andreas Zell, Stuttgart
Dr. Wilhelm Ziehr, Udligenswil (Schweiz)

BILDQUELLENVERZEICHNIS

Archiv für Kunst und Geschichte, Berlin: *239, 249, 292.*
BMG Ariola Musik, Foto: A. Jansen, Hamburg: *334.*
The Associated Press, Frankfurt am Main: *47, 157, 185, 206, 240, 246, 311, 325, 341, 352, 356, 361.*
W. Böing, Berlin: *332.*
BONGARTS Sportfotografie, Hamburg: *283, 319.*
Burgtheater Wien: *331.*
Camera Press Deutschland, Hamburg: *92, 224.*
DARA, Deutsche Agentur für Raumfahrtangelegenheiten, Bonn: *141.*
Deutsche Bank, Frankfurt am Main: *79.*
Deutsches Institut für Filmkunde, Frankfurt am Main: *143, 144, 215, 304.*
dpa Bildarchiv, Frankfurt am Main und Stuttgart: *9, 10, 13, 14, 15, 16, 17, 18, 19, 20, 21, 22, 23, 24, 25, 26, 27, 28, 29, 30, 31, 32, 33, 34, 35, 36, 37, 38, 39, 40, 41, 42, 43, 44, 45, 46, 47, 48, 49, 50, 52, 53, 54, 55, 56, 57, 58, 59, 64, 65, 66, 67, 68, 69, 70, 72, 73, 74, 76, 77, 80, 81, 82, 83, 84, 85, 87, 88, 89, 90, 93, 95, 97, 98, 99, 100, 102, 103, 105, 108, 109, 110, 112, 114, 118, 127, 131, 132, 133, 135, 141, 142, 146, 149, 150, 151, 152, 154, 157, 159, 161, 162, 163, 165, 166, 167, 169, 170, 171, 173, 174, 175, 176, 178, 180, 181, 183, 184, 187, 188, 192, 193, 195, 200, 203, 208, 209, 210, 213, 216, 217, 219, 220, 222, 225, 226, 227, 228, 229, 230, 233, 234, 236, 237, 242, 244, 257, 258, 261, 262, 263, 265, 267, 269, 271, 273, 274, 279, 280, 281, 284, 285, 286, 287, 288, 289, 293, 294, 295, 296, 297, 298, 299, 301, 305, 306, 307, 309, 310, 312, 313, 315, 317, 318, 320, 321, 322, 323, 324, 328, 329, 335, 336, 337, 338, 339, 340, 341, 342, 344, 346, 349, 350, 353, 357, 359, 360, 362, 363, 364, 365, 366, 367, 368, 369.*
epd-Film, Frankfurt am Main: *363.*
Format, Foto: W. Scheible, Köln: *199.*
Studio X, Gamma, Limours: *51, 56, 105, 107, 125, 153, 165, 227, 267, 272, 283, 311, 327, 339, 354, 365, 366.*
H. Haitzinger, München: *113, 131, 210, 292.*
Agentur Hilleke, Foto: T. Höller, Freiburg im Breisgau: *256.*
INTERCORD TONTRÄGER, Stuttgart: *147.*
Interfoto Friedrich Rauch, München: *363.*
Keystone Pressedienst, Hamburg und Zürich: *343.*
Bildkunstverlag G. + W. Klammet, Ohlstadt: *207.*
Landesamt für Denkmalpflege Hessen, Wiesbaden: *156.*
G. Mester, Wiesbaden: *89, 101, 115, 120, 152, 204, 225, 250, 260.*
B. Mohr, Bonn: *279.*
MPI für extraterrestrische Physik, Garching: *171.*
NASA, Washington D.C.: *235, 290, 291.*
NASA/JPL/RPIF/DLR: *153.*
T. Plaßmann, Essen: *129.*
Ringier Dokumentation Bild, Zürich: *106.*
M. Rittershaus, Berlin: *214.*
A. Rulle, Worms: *291.*
Schauspielhaus Bochum: *332.*
Stella Kultur Management, Hamburg: *253.*
STELLA MUSICAL MANAGEMENT, Bochum, Foto: R. Brinkhoff: *254.*
STELLA MUSICAL MANAGEMENT, Duisburg: *255.*
Theater Basel, Foto: C. Schnur: *218.*
J. Tomicek, Werl: *85, 96, 111, 138, 168, 179, 271, 318.*
VISUM, Hamburg: *212.*
Internationale Pressebildagentur VOTAVA, Wien: *303.*
R. Walz, Berlin: *331.*
WEREK Pressebildagentur, Gröbenzell: *275, 358.*
G. Wiener, Bildarchiv, Langen: *215.*
Yes Productions, Luzern: *126.*

Weitere grafische Darstellungen, Karten und Zeichnungen Bibliographisches Institut & F.A. Brockhaus, Mannheim.

Reproduktionsgenehmigungen für Abbildungen künstlerischer Werke von Mitgliedern und Wahrnehmungsberechtigten wurden erteilt durch die Verwertungsgesellschaft BILD-KUNST/Bonn.

PERSONENREGISTER

Vorbemerkung: Das Personenregister führt in alphabetischer Reihenfolge alle Personennamen auf, die im Einleitungsessay, in der Chronik und im Lexikon enthalten sind. Seitenzahlen in Normalschrift weisen auf Erwähnungen im Text hin, Seitenzahlen in *kursiver Schrift* auf Bildunterschriften. Ist eine Seitenzahl in **fetter Schrift** angegeben, so beginnt auf dieser Seite ein biographischer Artikel über die betreffende Person.

C

D

E

F

G

H

N

O

P

Q

R

S

T

Z